개정2판

최신 중국세법 실무

삼화회계법인 저

(주)영화조세통람

추 천 사

1992년 한국과 중국이 국교를 수립한 이래 한국과 중국의 경제교류는 하루가 다르게 증가하였습니다. 이제 중국은 우리의 최대 무역교역국이자 경제발전의 중요한 파트너입니다.

사단법인 한국세무학회에서는 세무학 분야에서의 한중간 교류의 중요성을 인식하고 지난 16년간 매년 중국과 한국을 오가며 국제학술대회를 개최해왔습니다. 한중세무학 국제학술대회에서는 그 동안 세무와 관련된 다양한 주제가 다루어졌으며 이를 통해 양국 경제시스템의 특성을 반영하고 있는 조세제도의 배경과 특징에 대해 이해의 폭을 넓힐 수 있었습니다. 세금이라는 변수는 궁극적인 투자수익률에 직접적인 영향을 미침으로써 국제간 자본흐름을 확대케 하는 기회요인이자 때론 위축시키기도 하는 위험요인이기도 합니다. 따라서 국제간 거래를 행하는 기업들에 있어 현지 국가의 현행 세법과 세무행정 정보를 정확하게 이해하는 것은 무엇보다 중요한 일입니다.

이번 삼화회계법인에서 개정2판으로 출판하게 된 〈최신 중국세법실무〉는 중국의 현행 세무실무에 대한 정확한 이해와 통찰을 제공하기 위해 쓰여진 책입니다. 이 책에는 삼화회계법인에서 실제 중국 관련 세무와 회계 업무를 오랫동안 담당했던 여러 전문가들의 다년간에 걸친 중국 세법에 대한 연구 결과와 중국 현지에서 직접 적용하는 과정에서 축적된 경험과 노하우가 구석구석 배어 있습니다.

특히 책임저자로 참여한 김준호박사는 현직 공인회계사로서 中國社會科學院에서 회계학을 전공하였습니다. 이후 2009년 경영학 박사학위를 받은 후 귀국하여 한국에 중국 회계와 중국 세법을 소개하는데 힘쓰고 있습니다. 또한 현재는 한국세무학회 이사로서 실무분야에서뿐만 아니라 학계에서도 활발하게 활동하고 있습니다.

삼화회계법인에서는 2012년 〈최신 중국세법실무〉 초판을 출판한 이래 중국 세무당국이 경제발전과정에서 보완하고 있는 세법의 개정내용을 반영하여 2014년에는 개정판을 펴낸 것으로 알고 있습니다. 그리고 그에 이어 올해 2017년에 개정2판을 발간하게 되었습니다. 삼화회계법인 임직원들의 그 동안의 노고에 대해 고마움과 함께 찬사를 보냅니다.

한국세무학회 회장으로서 이번에 출판하는 〈최신 중국세법실무〉가 관련 실무분야에서 유용하게 사용됨은 물론이고 중국 세법에 대해 관심을 가지고 계신 한국세무학회 회원을 비롯한 세무학계 여러분들에게도 많은 도움이 되리라 기대합니다.

또한 저자분들께는 앞으로도 중국 세법에 대한 연구를 계속 하셔서 한국의 독자들에게 최신의 중국 세법실무 관련 정보를 지속적으로 소개해 주시기를 부탁드립니다.

감사합니다.

2017년 6월 23일

한국세무학회장 김 갑 순

개정2판을 내면서

한중간의 교역의 증대 및 중국에 진출한 한국기업의 중국 세법의 이해를 돕고자 초판을 출판한 때가 엊그제 같은데 벌써 개정2판을 내기에 이르렀다.

초판을 출판한 이후에도 중국의 경제는 비약적으로 발전하였으며, 중국 경제의 글로벌화에 따른 국제 조세 등 중국의 세무환경이 갈수록 복잡다단해지고 있다. 중국 정부도 이에 대응하여 세법의 개정을 통하여 과세권을 계속 강화하고 있다.

이와 같은 중국 세법의 개정내용을 반영하여 이번 개정2판에 새롭게 보완하거나 추가한 내용은 다음과 같다.

첫째, 중국에 진출한 한국기업이 적용하여야 할 중국 회계기준의 체계를 소개하였으며, 일정 규모 이상의 기업이 적용하여야 하는 「企业会计准则(기업회계준칙)」을 한국에서 적용되고 있는 K-IFRS와 제목 별로 비교하여 이해를 돕도록 하였다.

둘째, 중국 정부에서 '영업세를 증치세로 전환하는 정책'[이하 "영개증정책(营改增政策)"]을 실시하여 기존 영업세를 과세해오던 부분을 증치세로 과세하게 되어 2016년 5월 1일 영업세가 폐지되었으며, 이러한 영개증정책의 실시과정을 간략하게 소개하였다.

셋째, 영개증정책의 실시와 관련하여 증치세법의 개정 내용을 반영하였다.

넷째, 중국의 경제성장에 따라 국제 거래가 활발해지면서 중국 정부는 여러 가지 형태의 국제 거래에 수반되는 국제조세에 관한 내용을 계속 보완하고 있으며, 한국과 중국의 거래 또한 이러한 국제 거래에 속하므로 중국 정부의 입장에서 바라보는 국제조세의 이해를 돕기 위해 국제조세 부분을 새로 추가하였다.

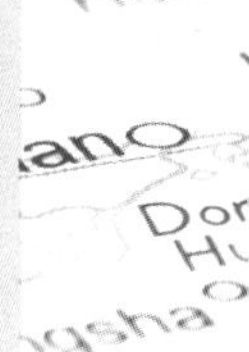

다섯째, 한국의 인지세에 해당하는 인화세법(印花税法)의 내용을 새롭게 추가하였다.

한중간 경제교류의 급속한 성장에 따른 중국 회계 및 세무의 수요에 대응하기 위하여 삼화회계법인은 중국 회계 및 세무의 전문인력을 보강하고 이에 대한 연구를 강화하고 있으며, 중국 세법의 내용을 국내에 소개하고 실무자의 이해를 돕고자 2012년에 〈최신 중국세법실무〉를 처음 출간하였으며, 주기적으로 중국 세법의 개정내용을 반영한 개정판을 거쳐 개정2판을 출판하기에 이르렀다. 본 서의 내용은 아직 부족한 점이 많이 있어 이러한 부분은 독자 여러분의 조언과 집필자들의 노력으로 차차 극복할 계획이니 독자 여러분의 많은 조언을 바란다.

끝으로 본 개정2판 집필에 참여해준 삼화회계법인의 박진수 회계사, 김형준 회계사, 이주엽 회계사 및 류종보 회계사에게 감사드리며, 교정 및 출판을 위해 애써주신 ㈜영화조세통람의 김현영 상무님 및 권아정 대리님을 비롯한 편집부 직원에게도 다시 한 번 감사드린다.

2017년 6월
삼화회계법인에서
책임집필 김 준 호

머리말

1992년 한국과 중국이 수교된 이후 양국은 정치, 경제, 사회, 문화 등 여러 방면에서 교류를 확대하여 왔다. 특히, 무역 및 직접투자에 있어서 중국은 이미 한국의 최대 교역국이 되었으며 중국 시장이 커짐에 따라 많은 한국의 기업이 여러 형태로 중국에 진출하여 사업을 영위하여 왔다.

최근 중국 경제의 급격한 발전과 더불어 중국 정부에서도 이러한 현실을 반영하여 세법을 현실에 맞게 대대적으로 개정하고 있는데, 이러한 중국의 세법의 변화를 제때에 이해하고 파악하여 실무에 반영하지 못한다면 그 불이익은 납세의무자가 고스란히 떠안아야 할 것이다.

책임집필을 포함하여 본서의 저술에 참여한 회계법인 대광의 여러 회계전문가들은 십여년 전부터 중국 시장의 중요성 및 발전가능성을 염두에 두고 중국에 대하여 관심을 기울이고 중국의 회계 및 세법에 대한 연구를 계속하여 왔다. 이들 전문가들은 중국의 저명한 대학에서 석사 또는 박사과정을 거치며 중국 세법에 대해 이론적인 방면에 대한 연구를 하면서 한국의 현지기업 및 중국기업에 중국의 회계 및 세법과 관련된 용역을 제공하며 실무적인 방면에서 경험도 동시에 축적하여 왔다.

따라서 이들 전문가들은 중국어로 된 중국 세법의 내용을 제대로 이해할 수 있음은 물론 중국 현지에 상주하면서 중국 회계 및 세법에 대한 용역을 제공함으로써 이론과 실무 양 방면에서 중국 세법에 대한 실력을 갖추어 왔다.

본서의 구성은 다음과 같다.

제1편은 중국 세법에 대한 개론으로서 중국 세법에 대한 이해를 돕기 위한 개괄적인 소개(제1장)와 중국의 세수징수관리법(제2장)에 대해 소개를 하였다.

제2편은 소득세와 관련된 세법으로서 한국의 법인세법에 해당하는 기업소득세법(제3장), 한국의 소득세법에 해당하는 개인소득세법(제4장) 및 한국의 양도소득세법에 해당하는 토지증치세법(제5장)에 대해 설명하고 있다.

제3편은 거래세와 관련되는 내용으로서 증치세법(제6장), 소비세법(제7장), 영업세법(제8장), 성시유호건설세법(제9장) 및 관세법(제10장)에 대해 설명하고 있다.

제4편은 기타의 세법으로서 취득세법(제11장 계약세, 차량취득세법), 재산세법(제12장 방산세, 성진토지사용세, 경지점용세 및 차량선박세), 자원세법(제13장), 국제조세협정(제14장) 및 한중조세협정(제15장)에 대해 설명하고 있다.

부록에서는 중국 주요 세법에 대한 중한대조(부록Ⅰ), 한중조세협정의 중한대조(부록Ⅱ)를 부록으로 첨부하여 독자가 중국 세법을 이해하는데 도움이 되도록 하였다.

본서가 가지는 특징은 다음과 같다.

첫째, 책임집필을 포함한 저자들은 수년간 중국에 거주하면서 파악한 중국의 현행 세법의 내용을 연구하여 제대로 이해하고 직접 번역하여 기술함으로써 독자가 중국의 세법을 정확하게 이해할 수 있도록 하였다.

둘째, 중국 세법의 용어 중에서 한국에서 사용되지 않거나 한국과 다른 용어들에 대해서 내용에 따라 「TIP」, 「용어설명」, 「참고」로 구분하여 설명을 덧붙임으로써 독자들이 낯선 중국의 회계 및 세무 용어들을 이해하기 쉽도록 하였다.

셋째, 각 세법에서 세액계산에 대한 설명 뒤에 [사례]를 추가함으로써 독자들이 사례를 통하여 중국의 세법을 쉽게 이해할 수 있도록 하였다.

넷째, 중국의 세법의 내용 중에서 생소한 부분에 대해서는 한국의 세법과 대조하여 설명함으로써 중국의 세법을 이해하는데 도움이 될 수 있도록 하였다.

다섯째, 중국의 세법 중에서 한국의 기업활동과 밀접한 관련이 있는 「기업소득세법」, 「개인소득세법」, 「증치세법」, 「영업세법」, 「소비세법」의 법률 및 실시세칙을 한글과 중국어로 대비하여 첨부함으로써 업무에 참조하도록 하였다.

여섯째, 한국과 중국간에 체결된 한중조세협정을 한글과 중국어로 대비하여 첨부함으로써 실무에서 한국 또는 중국의 세법에 대해 우선 적용되는 한중조세협정의 내용을 이해하는데 도움이 되도록 하였다.

일곱째, 중국과의 무역과정에서 발생하게 되는 관세에 대한 내용을 개괄적으로 설명함으로써 중국의 관세법을 이해하기 쉽도록 하였다.

책임집필을 맡은 김준호회계사는 37세이던 2002년 중국어를 처음부터 배우기 시작하여 40세가 되던 2005년에 중국의 저명한 연구기관인 중국사회과학원(中國社會科學院) 박사과정에 입학하여 회계학을 공부하러 중국으로 떠났는데, 지도교수인 중국사회과학원의 장궈추(張國初)교수는 외국 유학생으로는 처음으로 김준호회계사를 제자로 거두어 열정적으로 가르치고 지도하여 중국의 회계와 세법에 대한 이론과 실무를 겸비한 중국 전문가가 될 수 있도록 하였다. 또한 책임집필을 맡은 안성진회계사는 2006년부터 영국계 회계법인인 Lehman Brown 북경지점에서 근무하면서 중국 청화대학 대학원에서 2008년 석사과정을 수료할 때까지 주경야독을 하였으며 그 후 중국회사의 한국거래소시장 상장업무를 NH증권 및 산업은행과 함께 진행하였다. 또한 집필에 참여한 김도균회계사와 중국 현지에서 법인장으로 실무를 맡고 있는 조재성회계사와 고현승박사의 노고로 인해 본서의 완성도를 높일 수 있었다.

본서는 이제 초판이 발간되어 당초 계획하였던 내용 중에서 많은 부분들이 제대로 반영되지 못하여 부족한 부분들이 아직 많이 있다. 본서의 부족한 부분에 대해서는 저자들이 좀더 연구와 실무의 경험을 바탕으로 추후에 계속 보완하여 개정판에서는 반영할 것을 여러 독자들에게 약속한다.

본서는 한국산업기술진흥원(KIAT)의 예산을 지원받아 발간하게 되었으며 KIAT의 원장님을 비롯한 관계자 여러분에게 감사의 뜻을 전한다. 또한 본서를 발간하도록 흔쾌히 승낙하신 ㈜영화조세통람의 정영수 사장님과 본서가 발간될 수 있도록 도와주고 이끌어 준 김현영본부장 및 이은희과장을 비롯한 편집부 직원들에게 감사하며, 본서의 교정에 참여해주신 회계법인 대광의 박지환회계사, 박진수회계사 및 여러 임직원에게도 감사드린다.

2012년 3월

회계법인 대광

대표이사 공인회계사 이 영우

일러두기

본서는 한국 및 중국에 파견되어 있는 주재원들에게 중국의 세법을 소개하기 위하여 발간되었으며 중국 세법을 이해하고자 하는 독자들에게도 도움을 주고자 한다.

본서에서는 중국의 세법 용어를 설명함에 있어서 상황에 따라 아래와 같은 형식으로 구분하여 설명함으로써 독자들이 이해하기 쉽도록 하였는데, 각각의 내용은 다음과 같다.

1. TIP

「TIP」은 독자들이 생소한 중국 세법의 용어를 이해하기 쉽도록 용어에 대한 설명과 함께 한국의 세법에서 사용되는 용어와 비교하여 설명함으로써 독자들이 중국 세법의 용어를 이해하기 쉽도록 하였다.

2. 용어설명

「용어설명」은 중국 세법의 용어 중에서 독자들이 이해하기 어려운 부분에 대한 추가적인 설명을 하였다.

3. 참고

「참고」에서는 중국 세법의 용어 중에서 위의 TIP이나 용어설명 이외에 보충 설명이 필요한 용어에 대해 설명함으로써 독자들의 편의를 도모하였다.

4. 중국 세법 명칭

중국의 세법체계에서는 법률의 명칭을 가진 것과 잠행조례의 명칭을 가진 것으로 구분할 수 있는데, 비록 이들의 명칭은 서로 다르지만 법적인 지위 또는 효과는 법률과 동일하다. 중국 정부에서는 잠행조례로 되어있는 세목의 명칭을 전인대 상무위의 의결을 거쳐 정식 법률로 공포하여 종전의 잠행조례를 점차 대체해 나가고 있다.

또한 법률의 하위에 해당하는 것으로는 실시조례, 실시세칙, 세칙 등이 있는데 이들의 명칭도 개별 세법에 따라 조금씩 다르다는 점이 한국과는 다르다.

5. 중국 세법 용어

중국 세법에서 사용되는 용어들은 한국과 같은 부분도 있으나 많은 부분에서 차이를 보이고 있다. 예를 들어 재고자산을 *在库资产*(*在庫資産*)으로 써서 보여주면 잘 모르며, 재고자산을 뜻하는 *存货*(*存貨*)라고 써야 이해한다. 이와 같이 중국 현지에서 쓰이는 용어들에 설명을 하고 가능하면 중국의 용어를 그대로 사용하여 향후 실무에 도움이 될 수 있게 하였다.

6. 한국과 중국의 세법 체계의 비교

본서의 체계에 있어서 각 장에 대한 내용을 한국식과 중국식으로 비교하여 설명하면 다음과 같다.

	한국식 표현	중국식 표현
제1편	**중국 세법 개론 편**	中国税法概论
제1장	중국 세법에 대한 이해	中国税法概念
제2장	국세기본법 및 국세징수법	税收征收管理法
제2편	**소득세 편**	所得税类
제3장	법인세법	企业所得税法
제4장	소득세법	个人所得税法
제5장	양도소득세법	土地增值税法
제3편	**거래세 편**	流转税类
제6장	부가가치세법	增值税法
제7장	소비세법	消费税法
제8장	도시유지보호건설세법	城市维护建设税法
제9장	관세법	关税法
제4편	**기타 세법 편**	其他税类
제10장	취득세법	
Ⅰ.	Ⅰ. 계약세법	Ⅰ. 契税
Ⅱ.	Ⅱ. 차량취득세법	Ⅱ. 车辆购置税
제11장	재산세법	财产税法
Ⅰ.	Ⅰ. 건물분 재산세	Ⅰ. 房产税
Ⅱ.	Ⅱ. 토지분 재산세	Ⅱ. 城镇土地使用税
Ⅲ.	Ⅲ. 경지점용세	Ⅲ. 耕地占用税
Ⅳ.	Ⅳ. 차량 및 선박분 재산세	Ⅳ. 车船税
제12장	자원세법	资源税法
제13장	국제 조세	国际税收
제14장	한중조세협정 해설	中韩税收协定
부록		
부록1	중국 세법 중한대조	中国税法中韩对照
부록2	한중조세협정 중한대조	中韩税收协定中韩对照

차 례

제1편 중국세법개론

제2편 소득세편

제3편 거래세편

제4편 기타 세법편

부 록

제 1 편

중국세법개론

제 1 장

중국세법에 대한 이해

I. 중국의 조세와 세법의 개념

1. 조세의 개념

국가 또는 지방자치단체가 그 재정수요를 충족하기 위하여 국가 또는 지방자치단체의 구성원이 경제활동을 통하여 취득하고 소유하고 있는 재산으로부터 일부를 대가 없이 강제적인 방법에 의하여 징수하고, 이 과정에서 구성원의 재산을 국가 또는 지방자치단체의 소유로 이전시키는 수단을 조세라고 한다.

일반적으로 조세제도는 강제성으로 인한 국가 구성원의 부당한 재산권 침해를 방지하기 위하여 법률에 근거를 두도록 하고 있으며, 이에 따라 각국의 조세제도는 세법으로 구체화된다. 따라서 조세의 개념을 이해하는 것은 세법의 개념을 이해하는 전제 조건이 된다.

중국의 경우 세법에 조세를 정의하는 규정을 두고 있지 않다. 다만, 조세의 개념에 대하여 일반적으로 받아들여지는 다음의 내용을 고려하여야 한다.

(1) 조세는 재정수입의 중요한 원천으로서 조세의 본질적 기능은 분배기능에 있다.

국가 및 지방자치단체 등은 그 재정수요를 충족시키기 위하여 재정수입을 필요로 하는데, 재정수입을 조달하는 방법에는 조세수입, 화폐발행, 국채발행, 수수료수입, 벌금 등이 있으며, 그 중 조세수입이 차지하는 비중이 매우 크다고 할 수 있다. 중국은 1994년 세제개혁 이후 재정수입에서 조세수입이 차지하는 비중이 대략 90% 이상 되고 있다.

사회내의 경제적 재분배과정은 생산과 소비를 연결시켜주기 위해 필요한 과정이다. 중국에서 조세가 해결해야 할 중요한 역할은 사회내의 경제적 분배문제이다.

(2) 조세의 목적은 사회의 공공수요를 만족시키는 것이다.

국가가 공공기능을 수행하는 과정 중에는 재정지출을 필요로 하는데, 이런 공공재의 특수성으로 인해 그 부담을 개인 또는 기업이 자발적으로 부담할 수는 없으므로, 국가가 강제적으로 징수하는 방법을 채택하여 경제단체, 조직 및 개인이 부담하게 한다. 국가가 조세를 과세하는 목적은 국가가 공공재에 대한 수요를 충족하기 위한 것으로서 여기에는 시장실패에 대한 정부의 보조, 공평분배의 촉진 등을 포함한다.

(3) 조세는 무대가성, 강제성과 고정성의 특징을 지닌다.

조세의 이러한 특징은 조세의 본질적 속성을 결정짓는 것으로 조세와 비조세를 구분하는 외재적 척도이다.

첫째, 조세의 무대가성은 조세의 반대급부가 없다는 것이며, 이러한 특징은 국채발행 등을 통한 재정수입과 구별되는 것이다. 이러한 무대가성으로 인하여 조세는 경제를 조절하고 사회분배의 불공평을 바로잡는 도구가 된다.

둘째, 조세의 강제성은 국가 등이 정치권력을 통하여 강제적 방법으로 부를 이전시키는 것이다. 이러한 조세의 강제성으로 인해 개인과 기업은 재산권을 침해당하게 마련이다. 따라서 조세의 부과 및 징수는 법률에 근거를 두도록 하는 조세법률주의가 엄격히 요구된다.

셋째, 조세의 고정성은 국가가 법률적 형식을 통해 과세대상 및 세율 등의 조세요소를 사전에 미리 결정해 놓고 연속성과 안정성을 유지하는 것을 말한다. 조세요소의 구체적인 내용은 상황의 변화에 따라 변화가 있을 수는 있지만 이러한 변화 또한 사전에 법률형식을 통해 규정되어야 하며 변화 후에는 일정기간 동안 안정적이어야 한다는 것이다.

2. 세법의 개념

세법은 국가가 국가와 납세의무자 사이의 과세 및 납부와 관련한 권리와 의무관계를 조정하기 위해 제정한 법률규범의 총칭이다. 세법은 국가는 법에 따라 과세하며 납세의무자는 법에 따라 납부하는 행위에 대한 준칙으로서, 그 목적은 국가이익과 납세의무자의 합법적인 권익을 보장하고 정상적인 세수질서를 보호하며 국가의 재정수입을 보증하는데 있다.

3. 세법의 지위

세법은 중국의 법률체계 중에서 중요한 법률이며 국가와 각 경제주체 및 국민개인 사이의 분배관계를 조절하는 기본규범이다.

조세의 징수와 납부와 관계된 법률규범에는 조세실체법, 조세절차법, 조세쟁송법, 조세처벌법에서 규정하는 것 이외에도 상황에 따라서는 다른 법률을 원용하는 경우가 있다.

1) 헌법과의 관계

헌법은 중국의 최상위의 법으로서 입법의 기초가 되며 세법은 국가 법률의 한 부분으로서 헌법의 원칙에 따라 제정되어야 한다.

중국 '헌법' 제56조에서 '중국의 공민(국민)은 법에 따라 납세할 의무를 진다'라고 규정하고 있는데, 이것은 국가가 국민에게 과세할 수 있으며 국가가 과세할 때에는 법에 따라야 한다는 것을 명확히 한 것이다. 따라서 헌법의 이 조항은 입법기관이 세법을 제정하여 국민에게 과세하고, 국민이 세법에 따라 세금을 납부하여야 하는 가장 직접적인 법률근거가 된다.

2) 민법과의 관계

조세는 국가 구성원의 경제활동에서 발생하는 경제적 가치를 그 대상으로 부과되며, 이러한 경제활동은 기본적으로 민법에서 규율되는 것이다. 따라서 민법에서 규정하는 경제활동에 대한 규정 및 용어를 세법에서 차용하고 있어 세법을 해석하고 적용할 때 민법에 대한 이해는 필수불가결하다.

중국의 민법은 국민과 국민 사이, 법인과 법인 사이, 국민과 법인 사이와 같은 평등한 주체간의 재산관계와 인간관계를 조정하는 법률규범이며 민법의 가장 주요한 특징으로는 '평등', '등가' 그리고 '대가'가 있다. 이에 반하여 세법의 본질은 국가가 정치권력에 의거하여 국민에게 과세하는 것으로서 국가와 납세의무자의 관계를 조정하는 법률이다. 이러한 과세와 납부관계는 다른 경제거래와는 달리 국가의 정치권력과 강제성이라는 특징을 지니고 있으며 '명령'과 '복종'의 조정방법을 사용하고 있어, 세법과 민법의 본질적인 차이가 있다.

3) 형법과의 관계

중국의 세법과 형법은 각각 세법규정의 위반에 대해 처벌조항을 두고 있다. 양자 사이에는 밀접한 관계가 있으나, 형법은 범죄 및 형사책임과 형벌에 대한 법률의 규범으로서 과세와 납부관계를 조정하는 세법과는 규정하고 있는 범위가 다르다. 즉, 세법을 위반하는 것이 모두 범죄가 되는 것이 아니며 동일한 행위에 대하여도 처벌의 범위가 다르다.

예를 들어 중국 형법 제201조에서는 '납세의무자가 위조, 변조, 은닉, 임의훼손 등의 방법을 사용하여 과세소득을 감소시켰을 경우 일정한 절차를 거친 세무기관의 납부지시에도 불구하고 납부하지 않은 세액이 납부세액의 10%~30% 사이이고 탈세액이 1만위안 이상 10만위안 사이인 경우 또는 탈세로 인하여 세무기관이

2차 행정처벌에 처하였으나 또다시 납부하지 않은 경우에는 3년 이하의 징역이나 구류에 처한다'라고 규정하고 있다. 그러나 중국 세수징수관리법 제63조에서는 '납세의무자가 위조, 변조, 은닉, 임의훼손 등의 방법을 사용하여 과세소득을 감소시켰을 경우 일정한 절차를 거친 세무기관의 시정조치에도 불구하고 납부하지 않은 것'은 '탈세'라고 규정하고 있다. 이러한 탈세에 대해서 세무기관은 '납부세액 및 가산금을 추징하고 과소납부세액의 50% 이상 5배 이하의 벌금에 처하며, 만약 범죄행위에 해당될 경우에는 형사책임을 물을 수 있다'고 규정하고 있다.

위에서 보는 바와 같이 두 규정의 차이는 상황이 중대한지의 여부에 있는데, 가벼운 경우에는 행정처벌에 처하고, 상황이 중대한 경우에는 형사처벌을 하게 된다.

4) 행정법과의 관계

세법과 행정법은 매우 밀접한 관련이 있으며 세법은 행정법의 특성을 많이 지니고 있다. 조세의 실체법과 절차법의 많은 부분이 국가기관 사이, 국가기관과 기업 혹은 자연인 사이에 대한 법률관계의 조정이다. 또한 조세법률관계 중 쟁의의 해결은 행정불복절차 혹은 행정소송의 절차에 따라 진행된다. 다만, 세법은 경제분배의 성질을 가지고 있을 뿐만 아니라 경제이익은 납세의무자한테서 국가로 무상으로 이전되는데, 이것은 행정법이 다루고 있지 않은 부분이다.

II. 중국세법의 기본이론

1. 중국세법의 원칙

중국세법의 원칙은 크게 세법 기본원칙과 세법 적용원칙으로 구분할 수 있다.

1) 세법 기본원칙

세법 기본원칙은 모든 조세규범에 적용되는 기본원칙으로 세법을 바르게 이해하고 해석하여 이를 적용하는 조세활동에서 준수하여야 할 기준이다.

(1) 조세 법률주의 원칙

조세 법률주의는 조세법정주의라고도 하며, 조세의 부과 및 징수는 반드시 법률에 근거하여야 한다는 원칙이다. 이러한 조세법률주의는 입법과 조세집행의 모든 영역에 연관되며 그 내용은 조세요건의 법정주의와 집행의 합법성 원칙을 포함한다. 조세요건의 법률주의는 납세의무자, 과세대상, 과세표준 등의 과세요건은 법률형식으로 규정되어야 하고 과세요소에 대한 규정은 최대한 명확해야 한다는 것이며, 집행의 합법성 원칙은 세무기관이 법에서 규정한 절차에 따라 조세를 징수해야 하며 임의대로 세액을 변경하여서는 안된다는 것을 의미한다.

(2) 조세 평등주의 원칙

조세 평등주의는 조세의 부담이 공평하게 구성원 사이에 배분되도록 입법하고 각 당사자는 세법의 적용에 있어서 평등하게 취급되어야 한다는 원칙이다. 이러한 원칙은 납세의무자의 부담능력이 같은 경우에는 동일한 세부담이 부과되고 납세의무자 사이에 불평등적인 대우 혹은 특례를 금지하게 하는 것이다.

(3) 조세 효율의 원칙

조세 효율의 원칙은 경제적 효율과 행정적인 효율을 지향해야 한다는 것이다. 경제적 효율은 세법의 제정은 자원의 효율적 분배와 경제주체의 효율적인 운영을 의미하며, 행정적 효율은 조세의 징수과정에 있어서 행정적인 효율을 향상시켜야 하는 것을 의미한다.

(4) 실질과세의 원칙

실질과세의 원칙은 경제적 실질과 법적 실질이 다를 경우 경제적 실질에 따라 과세한다는 원칙이다. 즉, 객관적 사실에 따라 과세요건에 부합하는지를 결정하고 납세의무자의 외관이나 형식이 아닌 실질에 따라 과세되어야 한다는 것이다.

2) 세법 적용의 원칙

세법 적용의 원칙은 세무행정기관과 사법기관이 조세법률을 적용하는 과정에서 준수하여야 할 원칙이다. 세법 적용의 원칙은 세법 기본원칙에 위배되어서는 안되며 세법 기본원칙 하에서 구현해야 한다. 다만, 세법 적용의 원칙은 법률의 기술적 원칙을 포함하여 구체화하는데 여기에는 다음과 같은 것이 있다.

(1) 법률 우선의 원칙

법률의 효력이 행정법규의 효력에 우선하는 원칙이다. 법률의 효력이 행정법규의 효력보다 높은 것으로서 효력이 낮은 세법과 효력이 높은 세법이 서로 충돌할 경우 효력이 낮은 세법의 효력이 무효가 되는 것이다. 예를 들어 법의 조항과 시행령의 조항이 서로 위배되는 경우에는 법의 조항이 적용되며 시행령의 규정은 '위법'의 규정이 되어 무효가 되는 것이다.

(2) 법률 불소급의 원칙

법률 불소급의 원칙은 새로운 법률이 시행되기 이전에 발생한 행위에 대해서는 새로운 법률을 적용할 수 없으며 구법에 따라야 한다는 것이다. 이러한 원칙의 목적은 세법의 안정성과 예측가능성을 지켜주기 위한 것으로서 납세의무자로 하여금 납세결과를 알고 있다는 전제하에서 경제적 의사결정을 하게 하는데 있다.

(3) 신법 우선의 원칙

신법 우선의 원칙은 신법과 구법이 동일한 사안에 대하여 서로 다를 경우 신법의 효력이 구법에 우선한다는 것이다. 신법 우선의 원칙은 세법에서 보편적으로 적용되나, 신법과 구법이 보통법과 특별법의 관계에 놓이는 경우 및 어떤 절차법에서 '실체는 구법으로 절차는 신법으로'라고 인용할 경우 예외사항이 발생할 수 있다.

(4) 특별법 우선의 원칙

동일한 사항에 대하여 보통법과 특별법이 서로 다른 경우에는 특별법의 효력이 우선한다는 원칙이다.

(5) 실체법은 구법 우선, 절차법은 신법 우선의 원칙

이 원칙은 두 가지의 의미를 담고 있다.

첫째, 실체법은 소급력이 전혀 없다. 즉, 납세의무의 확정에 있어서 납세의무가 성립될 때의 세법 규정을 기준으로 하여 실체성의 세법 규정은 소급력을 가지지 못한다.

둘째, 절차법은 특정 조건하에서는 일정한 소급력을 가지고 있다. 즉, 신법의 실시 이전에 발생한 납세의무에 대하여 신법의 실시로 세액징수절차에 포함되는 경우 원칙적으로 신법은 구속력을 가진다는 것이다.

(6) 절차 우선의 원칙

절차 우선의 원칙은 조세쟁송법과 관련이 있는 원칙으로서 소송이 발생할 경우 조세절차법이 조세실체법에 우선하여 적용되는 것을 말한다. 이 원칙을 적용하는 것은 국가의 과세권의 실현을 확보하기 위한 것으로서 쟁의의 발생으로 세액의 징수에 영향을 주지 않기 위함이다.

2. 중국 세법의 구성요소

조세는 법률요건에 의하여 확정된다. 이를 위하여 각 세법은 납세의무의 성립과 확정 및 납세 단계를 규정하는 공통적인 구성요소를 가진다. 중국 세법은 일반적으로 총칙, 납세의무자, 과세대상, 세목, 세율, 납세단계, 납세기한, 납세지, 면제와 감면, 벌칙, 부칙 등 11가지의 항목으로 구성되며, 대부분의 세법이 이 순서로 공포 및 시행된다.

1) 총칙

각 세법의 입법의 근거 및 목적, 원칙 적용 등에 대한 내용을 기재하고 있다.

2) 납세의무자

납세의무자는 납세주체라고도 하며 직접 납세의무를 부담하는 단위와 개인을 말한다. 각 세법에 있어 우선적으로 해결해야 하는 것이 바로 누구에게 세금을 징수할 것인가에 대한 것이다. 중국의 개인소득세법, 증치세법, 소비세법, 자원세법 및 인화세법 등의 제1조에서 규정하는 것은 모두 각 세목의 납세의무자이다.

중국의 세법에서 규정하고 있는 납세의무자는 크게 자연인과 법인으로 구분된다.

구분	내용
자연인	자연인은 자연적으로 생긴 것으로서 민사적 권리와 의무가 있는 주체이며 중국의 국민과 외국인 그리고 무국적인을 포함한다.
법 인	법인은 자연인과 대칭되며「중국 민법통칙」제36조 규정에 따라 법인은 법률의 규정에 의하여 권리능력과 행위능력을 가질 수 있고, 독립적인 재산과 경비를 가지며, 법에 의해 독립적으로 민사책임을 부담하는 사회조직이다. 중국의 법인의 종류는 크게 기관법인, 사업법인, 기업법인, 사단법인의 네 종류가 있다.

납세의무자와 밀접한 관계에 있는 개념으로는 원천징수의무자(代扣代缴义务人)와 대리징수의무자(代收代缴义务人)가 있다.

구분	내용
원천징수의무자(代扣代缴义务人)	원천징수의무자는 비록 납세의무를 지고 있지는 않지만 관련 규정에 따라 납세의무자에게 대금을 지급할 경우 납세의무자로부터 납

	부세액을 원천징수하여 납부할 의무가 있는 단위와 개인을 말한다.
대리징수의무자 (代收代缴义务人)	대리징수의무자는 비록 납세의무는 지고 있지는 않지만 관련 규정에 따라 납세의무자로부터 상품 혹은 용역을 수취할 때 그 납부세액을 대리징수하여 납부할 의무가 있는 단위와 개인을 말한다.

3) 과세대상

과세대상은 각 세법에서 무엇에 대해 과세할 것인지를 규정하는 것을 말한다. 과세대상은 과세관청과 납세의무자 쌍방의 권리의무가 공동으로 가리키는 객체 또는 표적물이며 각 세목을 구별하는 중요한 표식이다. 예를 들어 소비세의 과세대상은 소비세 잠행조례에 열거된 과세대상 소비품이며, 방산세(房产税)의 과세대상은 건축물 등이다.

과세대상은 특정 세금의 기본적인 과세범위를 결정짓기도 하며 세금의 명칭을 결정하기도 한다. 예를 들어 소비세, 토지증치세, 개인소득세 등은 과세대상이 다르기 때문에 성질도 다르고 세금의 명칭 또한 다르다. 과세대상은 일반적으로 거래, 소득, 재산, 자원, 특정 행위 등으로 구분하며, 이를 기준으로 세법을 거래세, 소득세, 재산세, 자원세와 특정행위세로 구분한다.

과세대상과 관련이 있는 개념으로 세목과 과세표준이 있다. 과세표준은 과세기준이라고도 하며 과세대상에 대하여 세율을 적용할 때 기준이 되는 것을 말한다. 과세표준은 화폐로 표시되는 것과 물리적인 형태(면적, 중량 등)로 표시되는 것으로 구분할 수 있다. 화폐로 표시되는 과세기준을 종가세라고 하며 물리적인 형태를 과세기준으로 하는 것을 종량세라고 한다.

4) 세목

세목은 과세대상에 대한 구체적인 과세항목으로서 여기에서는 구체적인 과세범위를 규정한다.

모든 세금에 대해 세목이 규정되어 있는 것은 아니며, 일부 세금은 구체적으로 과세대상의 항목을 나누지 않고 과세대상의 과세표준에 따라 일률적으로 동일한 세율을 적용하여 과세하기도 한다. 예를 들어 기업소득세와 같은 경우에는 세목을 설치할 필요가 없다. 반면, 소비세와 같은 경우에는 과세대상이 비교적 복잡하여 구체적인 세목을 규정하여야 하며 일반적으로 서로 다른 세목을 규정하고 있다.

5) 세율

세율은 과세대상에 대한 징수비율 또는 징수의 정도를 말한다. 세율은 세액을 계산하는 척도임과 동시에 세부담의 경중 여부를 가늠하는 중요한 지표이다. 각 세법에서 규정하고 있는 세율로는 다음과 같은 것이 있다.

비례세율	동일한 과세대상에 대해 금액에 관계없이 모두 같은 징수비율을 적용하는 것을 말한다. 중국의 증치세, 성시유호건설세, 기업소득세 등은 모두 비례세율을 적용한다. 비례세율은 다시 단일비례세율, 차별비례세율, 탄력비례세율로 형식이 구분된다.
누진세율	누진세율은 일반적으로 소득에 대한 과세에 사용되며, 납세의무자의 소득이 증가함에 따라 높아지는 세율을 말한다. 동 세율은 소득재분배 기능과 경기안정에 순기능이 있다. 누진세율은 단순누진세율과 초과누진세율이 있으며, 중국의 누진세율은 대부분 초과누진세율이다.
정액세율	과세대상의 계산단위에 따라 하나의 고정된 세액을 직접 규정한다. 자원세, 성진토지사용세(종합토지세), 차량선박세에서 정액세율을 적용하고 있다.
초과율 누진세율	과세대상금액의 상대적인 비율을 몇 등급으로 나누어 그 비율에 따라 서로 다른 세율을 규정하여, 그 비율이 속한 등급의 세율을 적용하여 계산하며 누진공제액을 적용한다. 중국은 토지증치세에서 이러한 초과율 누진세율을 적용하고 있는데, 토지를 양도함에 있어 획득한 상대적인 이익율에 따라 서로 다른 세율을 적용한다.

6) 납세단계(纳税环节)

납세단계에서는 과세대상이 생산에서 소비에 이르는 과정 중 어느 단계에서 세액을 납부하여야 하는지를 규정한다. 예를 들어 거래세(증치세, 소비세)는 생산과 거래단계에 과세하며, 소득세는 분배단계에서 과세한다.

7) 납세기한

납세기한에서는 세액을 신고하고 납부하여야 하는 시간적인 관점에 대해 규정한다. 중국의 세법에서 나타나는 납세기한에 대한 규정은 다음과 같이 구분할 수 있다.

첫째, 납세의무의 발생시점

납세의무의 발생시점이란 과세행위가 발생한 시점을 말하는 것이다. 예를 들어, 증치세법에서 선수금방식으로 재화를 판매한 경우 납세의무는 재화를 인도한 날에 성립한다고 규정하고 있다.

둘째, 납세기한(과세기간)

납세의무자는 납세의무가 성립할 때마다 바로 세액을 신고할 수는 없다. 세법은 각종 세목의 납세기한을 규정하고 있는데, 일정한 기간으로 나누어진 과세기간별로 납세의무를 합계하여 신고하도록 하고 있다.

셋째, 납부기한

세법이 규정한 과세기간이 지난 후 납세의무자가 납부세액을 국고에 납부하는 기한을 말한다.

예를 들어 증치세법에서 납세기한은 1개월 또는 매분기로 할 경우 15일 이내 신고납부하고, 1개월 이하일 경우 5일 이내 세액을 예납하고 익월 15일 이내 정산하도록 하고 있다.

8) 납세지

납세지에서는 납세의무자가 각 세목별 납부금액을 신고하고 납부하는 기준이 되는 장소를 규정하고 있다.

9) 면제와 감면

면제와 감면부분에서는 특정 납세의무자와 과세대상에 대해 세액을 감면하거나 면제해 주는 규정을 열거하고 있다.

10) 벌칙

납세의무자가 세법을 위반하는 행위에 대한 처벌조항을 규정하고 있다.

11) 부칙

부칙은 일반적으로 관련법의 시행과 관련된 내용을 규정하고 있으며, 세법의 해석권, 효력발생시간 등이 있다.

III. 세법의 입법과 시행

세법의 입법이란 권한이 있는 기관이 일정한 절차를 거쳐 일정한 원칙에 따라 조세법률, 법규, 규장을 제정, 공포, 개정, 보충 및 폐지하는 활동을 말한다. 세법의 입법은 세법을 실시하는 전제이며 법에 의해서만, 법에 따라, 엄격하게 법을 집행하며, 법을 위반할 경우 책임을 묻는다는 것이 세법의 입법 및 세법의 시행 과정 중 준수하여야 할 기본원칙이다.

1. 세법의 입법기관

중국의 세법은 전인대와 상무위가 제정하여 반포한 조세법률을 의미한다. 그러나 조세관계를 조정하는 모든 법률, 법규, 규장과 규범성 문서를 모두 넓은 의미의 세법의 개념에 포함하기도 한다.

중국의 세법 관련 입법체계는 다음과 같다.

입법기관	법률 명칭
전인대와 상무위	조세법률
국무원 및 소속 각 부 위원회	행정법규 및 규장
지방인민대표회의와 상무위	지방성 법규(전인대와 국무원에 보고)
민족자치지방의 인민대표회의	민족 자치조례 및 특별지역용 조례

2. 입법기관과 효력

위와 같이 중국에서는 조세법률, 법규와 규장을 제정하는 기관이 서로 다르므로 그 효력 또한 다르다.

(1) 전국 인민대표대회와 상무위(전인대 상무위)가 제정한 조세법률

중국 헌법 제58조에서는 '전인대와 전인대 상무위가 국가입법권을 행사한다.'라고 규정하고 있다. 이 규정은 중국의 조세법률의 입법권이 전인대와 전인대 상무위가 행사한다는 것을 명확히 한 것으로서 전인대 이외의 어떠한 기관도 조세법률을 제정할 권리가 없다. 헌법을 제외한 조세법률은 가장 높은 법률효력을 가지고 있으며 기타의 기관이 제정한 법규, 규장의 법률적 바탕이 된다. 또한 기타의 기관이 제정한 법규, 규장은 모두 헌법과 조세법률에 저촉되어서는 안된다.

(2) 전인대와 전인대 상무위의 수권입법

'수권입법'이란 전인대와 전인대 상무위가 필요에 따라 국무원에게 법률적 효력을 가진 잠정규정 혹은 잠행조례를 제정하도록 권한을 부여한 것을 말한다. 국무원이 전인대 상무위로부터 수권받아 제정 공포한 잠행조례 등은 국가 법률과 동등한 지위를 가지고 있으며 입법절차에 있어서 전인대 상무위에 보고하여야 한다.

(3) 국무원이 제정한 행정법규

중국 헌법에서는 '국무원은 헌법과 법률에 따라 행정조치를 규정할 수 있으며 행정법규를 제정하여 결정과 명령을 공포할 수 있다'라고 규정하고 있다. 행정법규는 하나의 법률형식으로서 중국의 법률관계에 있어서 헌법과 법률보다는 낮고, 지방법규와 부문규장, 지방규장보다는 높은 지위를 가지고 있으며, 전국을 대상으로 보편적으로 적용된다. 행정법규의 입법목적은 헌법과 법률의 시행을 보장하는데 있고, 행정법규는 헌법과 법률에 저촉되어서는 안되며, 그렇지 않을 경우에는 무효가 된다. 국무원이 공포한 「기업소득세법」의 「기업소득세법 실시조례」와 「세수징수관리법」의 「세수징수관리법 실시세칙」 등은 모두 행정법규에 해당한다.

(4) 지방인민대표회의 및 상무위가 제정한 지방성 법규

「지방 각급 인민대표 대회 및 지방 각급 인민정부 조직법」의 규정에 따라 성, 자치구, 직할시 등의 인민대표대회는 지방성 법규를 제정할 수 있다. 중국은 세법의 입법에 있어서 '통일세법'의 원칙을 채택하고 있기 때문에 지방권력기관이 조세지방법규를 제정하는데 있어서 무제한이 아니라 조세법률의 수권범위에 따라 행사하여야 한다. 현재 해남성 및 민족자치지구만 지방성 법규를 제정할 수 있고 기타의 지역에서는 지방성 법규를 제정할 수 없다.

(5) 국무원 세무 주관부문이 제정한 세무부문 규장

중국 헌법 제90조에서는 '국무원 각 부 및 각 위원회는 법률, 국무원의 행정법규, 결정, 명령에 따라 본 부문의 권한 내에서 명령, 지시, 규장을 공포할 수 있다'라고 규정하고 있다. 세무부문 규장을 제정할 수 있는 세무주관기관은 재정부, 국가세무총국 및 해관총서이다. 규장의 제정 범위는 조세 법률과 법규에 대한 구체적인 해석, 조세징수관리의 구체적인 기준과 방법을 포함하며, 세무부문 규장은 전국적으로 보편적인 적용의 효력을 가지며, 조세법률과 행정법규에 저촉되어서는 안된다. 재정부가 공포한 「증치세 잠행조례 실시세칙」과 국가세무총국이 공포한 「세무대리 시행방법」 등이 세무부문 규장에 해당한다.

국가세무총국과 해관총서

중국의 세무관련기관에서 국가세무총국은 한국의 국세청에 해당하고 해관총서는 관세청에 해당한다.

(6) 지방정부가 제정한 조세 관련 지방규장

「지방 각 급 인민대표회의 및 지방 각급 인민정부 조직법」에서는 '성, 자치구, 직할시 등의 인민정부는 법률과 국무원의 행정법규에 따라 지방규장을 제정할 수 있다'라고 규정하고 있다. '통일세법'의 원칙에 따라 위의 지방정부가 지방규장을 제정할 경우 모두 조세법률과 법규가 위임한 전제하에서만 가능하며 법률과 행정법규에 저촉되어서는 안된다.

법률과 행정법규의 위임이 없을 경우 지방정부는 이러한 지방규장을 제정할 수 없다. 국무원이 공포하여 실시하는 「도시 유지보호 건설세」, 「차량선박세」, 「재산세」 등 지방성 세목의 잠행조례는 모두 성, 자치구, 직할시의 인민정부가 잠행조례에 따라 실시세칙을 제정하고 있다.

3. 세법의 입법과 개정 및 폐지절차

현재 중국의 세법의 입법절차는 다음과 같이 구분한다.

입법단계	내 용
제의단계	국무원이 세무 주관부문(재정부, 국가세무총국 또는 해관총서)에게 권한을 위임하여 입법의 조사연구 등 준비작업을 책임지게 하고 입법방안 혹은 세법초안을 제출하고 국무원에 보고한다.
심의단계	조세 법규는 국무원이 심의를 하며, 조세 법률은 국무원의 심의 통과 후 의안의 형식으로 전인대 상무위의 관련부서에 제출되어 광범위하게 의견을 듣고 수정을 가한 후 전인대 상무위에서 심의한다.
통과와 공포단계	세법의 행정법규는 국무원의 심의를 거쳐 통과되면 국무원 총리의 명의로 공포하여 시행된다. 조세법률은 전인대 상무위의 개회

입법단계	내 용
	기간에 국무원의 세법을 제정하는 의안의 설명을 들은 후 토론을 거쳐 다수결의 방식으로 결의하여 국무원 주석의 명의로 공포하여 시행한다.

4. 세법의 시행

세법의 시행시 세무기관과 세무공무원은 조세법률을 정확하게 운용하고 준수하여야 한다. 중국 세법의 시행시 고려할 사항은 다음과 같다.

첫째, 상위의 법률은 하위의 법률에 우선한다.
둘째, 동일한 단계의 법률 중에서 특별법이 보통법에 우선한다.
셋째, 국제법이 국내법에 우선한다.
넷째, 실체법은 구법으로부터, 절차법은 신법으로부터이다.

IV. 중국 조세제도 연혁과 특징

1. 중국 조세제도의 연혁

중국이 설립된 이후 국가의 정치와 경제의 발전에 따라 조세 제도의 성립과 발전은 많은 변화를 겪어왔다. 전체적으로 볼 때 60여년 동안 중국은 5차례의 중대한 세제개혁을 하였다. 중국의 현행 세법체계는 기본적으로 1994년 5차 세제개혁 시 형성되었으며, 여기서는 5차 개혁 이후 현재까지의 세제개혁과 변화에 대하여 소개하기로 한다.

(1) 1994년 세제개혁

1994년의 세제개혁의 중요한 내용은 다음과 같다.

첫째, 거래세제(流转税制)를 전면적으로 개혁하여 증치세를 기준으로 하여 영업세와 소비세를 병행하여 실시하기 시작하였다.

둘째, 기업소득세를 개혁하여 과거 국영기업, 집체기업과 사영기업에 대해 구분하여 징수하던 여러 종류의 소득세를 하나의 기업소득세로 통일하였다.

셋째, 개인소득세를 개혁하여 과거 외국인에 대해 징수하던 개인소득세와 중국인에 대해 징수하던 「개인수입 조절세」와 「개인사업자 소득세」를 하나의 개인소득세로 통일하였다.

넷째, 자원세와 특별목적세, 재산세 그리고 행위세에 대해 대폭적인 조정을 하여 자원세의 징수범위를 확대하고, 토지증치세의 징수를 개시하였으며, 소금세와 상금세 및 시장교역세 등 7가지의 세금을 폐지하였고, 도축세와 연회세의 관리권을 성급 지방정부에 이양하였으며, 상속세와 증권거래세를 신설(아직 관련 법률이 제정되지 아니하여 징수하지 못하고 있음)하기로 하였다.

1994년의 세제개혁은 중국의 사회주의 시장경제체제에 필요한 기본적인 조세제도를 구축한 것으로 평가된다.

(2) 2003년의 세제개혁

2003년 당의 16기 제3차 전체회의(三中全会)에서는 조세제도의 개혁을 단계적으로 실시해야 한다는 것을 명확히 하였다. 이때 확정한 내용은 다음과 같다.

- 수출 환급제도 개혁
- 각종 기업 조세제도의 통일
- 증치세를 생산형에서 소비형으로 변경
- 소비세를 개선하여 세수를 적정하게 확대
- 개인소득세 개선
- 성진(도시와 농촌)건설세 개혁의 실시
- 세정통일의 전제하에서 지방에 세정관리권 이양
- 점진적으로 성진(도시와 농촌)의 세제를 통일시키는 조건의 구축

(3) 2004년 세제개혁

2004년 6월 30일 재정부, 국가세무총국은 「잎담배 이외의 농업특산세의 취소에 관한 통지」를 하달하였으며, 2005년 12월 29일 제10기 전인대 상무위 제19차 회의에서는 2006년 1월 1일부터 「중국 농업세 조례」를 폐지하기로 결정하였다. 이 개혁으로 인하여, 2600여년 동안 계속되어 온 중국의 농업세가 없어지게 되었다.

(4) 2005년 세제개혁

2005년 12월 14일 제10기 전인대 상무위 제18차 전체회의에서 근로소득의 공제표준을 매월 800위안에서 매월 1,600위안으로 상향시키고 2006년 1월 1일부터 시행하였다. 2007년 6월 29일 전인대 상무위는 법을 개정하여 개인소득세의 공제표준을 매월 2,000위안까지 상향시켰다.

(5) 2006년 세제개혁

2006년 4월 1일부터 중국의 현행 소비세의 세목과 세율 및 관련 정책에 대해 조정하였다. 이번의 정책 조정은 1994년 세제개혁 이후 소비세에 대한 최대 규모의 조정이었다.

(6) 2007년 세제개혁

2007년 1월 제10기 전인대 제5차 회의에서 「중국 기업소득세법」을 심의 통과시켜 공포하였다. 이 신기업소득세법은 2008년 1월 1일부터 실시되어 오랫동안 내외국기업에 대해 구별되어 실시되어 왔던 「중국 기업소득세 잠행조례」와 「외상투자기업과 외국기업 소득세법」의 역사를 끝내고 내외국 기업에 대한 기업소득세의 과세를 통일하여 실시하게 되었다.

(7) 2008년 세제개혁

2008년 11월 10일 국무원은 「중국 증치세 잠행조례」와 「중국 소비세 잠행조례」 및 「중국 영업세 잠행조례」를 개정하여 공포하였다. 개정된 3가지의 잠행조례는 2009년 1월 1일부터 시행되었으며, 이러한 잠행조례의 개정으로 중국의 증치세는 생산형에서 소비형으로 전환하는 중대한 개혁을 하게 되었다. 그와 동시에 기존의 소비세 잠행조례와 영업세 잠행조례에 대해서도 상응한 수정을 하였다.

위에서 언급한 중대한 개혁조치 외에도 최근 중국은 기타 여러 항목의 개혁조치를 잇따라 내놓고 있으며 그 중 주요한 조치는 다음과 같다.

무역부문	수출 환급제도를 개혁하고, 비교적 대폭적으로 수출환급정책을 조정하였으며, 높은 에너지를 사용하며 오염도가 높고 자원을 많이 사용하는 제품의 수출을 억제하고, 외국 무역을 성장시키는 방식의 전환을 촉진하였다.
토지이용에 대한 세수조절	「경지점용세 잠행조례」와 「성진토지사용세 잠행조례」의 개정을 통해 토지 이용에 대한 세수조절을 강화하였다.
차량선박세	차량과 선박에 대한 사용세 제도를 개혁하여 내국기업과 외국기업의 차량 선박세 제도를 통일하였다.
자원세	자원세의 세부담을 늘리고, 서부 자원채굴지의 재정수입을 증가시키며, 자원세의 체계를 완성시키고, 자원의 보호와 이용을 촉진시키는 의도에 따라 부분적인 자원세 납부세액의 과세표준을 조정함과 동시에 자원세의 총체적인 개혁방안을 연구하고 제정하였다.

2003년 이래로 세무관련부문은 제16기 제3차 전체회의가 제출한 '세제의 간략화, 세원의 확충, 저세율, 엄중한 징수관리'의 원칙에 따라 세제개혁을 지속적으로 추진하고 있다.

2. 중국 세법의 분류

중국의 세제는 그 실체법을 기준으로 과세대상의 특정에 따라 다음과 같이 분류된다.

구 분	대상 조세	기 능
거래세류	증치세, 소비세, 관세	생산, 유통 및 소비 단계의 경기조절 및 분배 기능
자원세류	자원세, 토지증치세와 성진토지사용세	자연 자원의 개발 단계의 경기조절 및 분배기능

구 분	대상 조세	기 능
소득세류	기업소득세, 개인소득세	개인 및 기업의 소득에 대한 경기조절 및 분배기능
특정 목적세류	성시유호건설세(도시유지보호건설세), 차량취득세, 경지점용세, 선박톤세와 담배세	특정 대상과 특정 행위에 대한 조절기능
재산세와 행위세류	재산세, 차량선박세, 취득제세 및 인지세	재산의 가치와 행위에 대한 조절기능

상기 조세 중에서 해관(海关)에서 징수관리하고 있는 관세와 선박톤세를 제외하고 모든 조세는 세무기관이 징수관리를 담당하고 있다.

위의 실체법 이외에 중국에서 세수징수관리에 적용되는 법률은 아래와 같은 것이 있다.

구 분	법 률 체 계
세무기관이 징수하는 세목	세수징수관리법
해관이 징수하는 세목	해관법, 수출입관세조례

3. 중국세법의 특징

중국의 세법체계는 한국의 세법체계와 비교하여 다른 점을 많이 지니고 있는데 각각 나누어 설명하면 다음과 같다.

1) 세법의 명칭

중국의 세법 명칭을 자세히 들여다보면 명칭 뒤에 「××××법」 또는 「××××잠행조례」로 이원화되어 표시되고 있는데, 이 두 가지 종류의 명칭은 비록 서로 다르지만 이들의 효력은 모두 법률과 동등한 위치에 있다. 한국에서의 법률의 제정기관이 국회이듯 중국에서의 입법기관은 전인대 상무위이다.

중국에서 정식으로 법률의 제정절차에 따라 전인대 상무위를 거쳐 제정된 세법은「××××법」이라고 하고, 전인대 상무위가 국무원에게 제정을 수권하여 국무원에서 제정한 것은「××××잠행조례」라는 명칭을 사용하고 있는데, 현재 중국의 세법의 명칭의 대부분은「××××법」이라는 명칭보다는「××××잠행조례」라는 명칭으로 되어있다.

현행 중국 세법에서 정식으로 전인대 상무위에서 제정한 법률로는 세수징수관리법(税收征收管理法), 기업소득세법(企业所得税法), 개인소득세법(个人所得税法) 및 차량선박세법(车船税法)의 네 가지가 있으며 세법의 명칭 뒤에 '법(法)'을 사용하고 있으며, 그 외 대부분의 세법은 아직 전인대 상무위가 제정하지 않고 국무원에서 수권받아 제정한 것으로서 모두 세법의 명칭 뒤에 '법(法)'이라는 명칭 대신 '잠행조례(暂行条例)'라는 명칭이 붙는데, 잠행조례의 의미는 '아직 전인대 상무위에서 정식으로 제정한 것이 아니라 국무원에서 전인대의 수권을 받아 제정하여 잠정적으로 시행하는 조례(條例)'라는 의미이며 향후 전인대 상무위에서 점차 제정하여 대체해 나갈 계획에 있다.

그러나 명칭이 비록「××××잠행조례」라고 되어 있다 하더라도 이 잠행조례의 효력이나 법적 지위는 법률과 같다.

중국의 세법의 명칭을 한국의 세법명칭과 비교하여 나열해보면 다음과 같다. 이해의 편의를 돕기 위해서 한국의 세법 명칭, 중국의 정식 명칭, 직역할 경우의 세 가지로 각각 나누어 표기하였다.

한국의 세법 명칭	중국의 정식 명칭	직역할 경우
국세기본법/국세징수법	税收征收管理法	세수징수관리법
법인세법	企业所得税法	기업소득세법
소득세법	个人所得税法	개인소득세법
양도소득세법	土地增值税暂行条例	토지증치세 잠행조례
부가가치세법	增值税暂行条例	증치세 잠행조례
개별소비세법	消费税暂行条例	소비세 잠행조례
도시유지보호건설세법	城市维护建设税暂行条例	성시유호건설세 잠행조례
관세법	进出口关税条例	수출입관세조례
재산세법(건축물)	房产税暂行条例	방산세 잠행조례

한국의 세법 명칭	중국의 정식 명칭	직역할 경우
재산세법(토지)	城镇土地使用税暂行条例	성진토지사용세 잠행조례
재산세법(차량, 선박)	车船税法	차량선박세법
취득세법	契税暂行条例	계약세 잠행조례
차량취득세법	车辆购置税暂行条例	차량취득세 잠행조례
자원세법	资源税暂行条例	자원세 잠행조례
인지세법	印花税暂行条例	인화세 잠행조례

(주) 중국에서 주로 용역의 제공에 대해 과세해오던 영업세법은 중국 정부의 영개증정책에 따라 2016년 5월 1일부터 증치세법으로 통합되었다.

위에서 보는 바와 같이 중국 세법의 대부분은 명칭은 '잠행조례'라는 용어를 사용하고 있고 법률의 명칭을 사용하는 부분은 아직까지 많지는 않다.

한국의 정서라면 가능한 빨리 국회에서 세법을 제정하여 시행할 테지만 이러한 점에서 보면 중국은 한국과 차이가 있다는 것을 알 수 있다.

2) 세법의 체계

한국의 세법은 헌법으로부터 시작하여 법률, 시행령, 시행규칙, 시행통칙, 예규 및 판례로 구성되어 있어 상위법률에서 위임하지 않은 사항 또는 상위 법률에 위배되는 하위 법률의 내용은 모두 위헌 또는 위법으로 무효가 된다.

예를 들어 법률에서 시행령에 위임하지 않은 사항을 시행령에서 규정할 경우 시행령의 내용은 무효가 된다.

중국에서는 한국과 같이 엄격한 위임제도는 두지 않고 있으며 법률 또는 잠행조례에서 추가로 필요한 사항에 대해서 한국의 시행령에 해당하는 '실시세칙'이나 '실시조례'를 제정하고 있는데 그 명칭에 있어서 개별 세법에 따라 사용하는 명칭이 다르다.

3) 통지의 역할 및 중요성

중국의 세법체계는 한국의 세법체계에 비하여 상당히 간단하다. 그러나 중국 정부(재정부 및 국가세무총국)는 이러한 세법의 구체적인 시행을 위하여 필요할 경우 「통지(通知)」를 제정하여 시행하는데, 이러한 통지가 교재에서의 '세무 주관부문이 제정한 세무 관련 규장'에 해당하며 일선 세무기관에 있어서 실무지침이 되고 있으며 납세의무자 또한 실제 납부과정에서 참고하여야 할 중요한 법률 규범의 하나이다.

참고 … '통지'의 실시 사례

> 중국에서는 대부분의 용역제공에 대해서는 증치세를 과세하는 것이 아니라 영업세를 과세하여 왔으며, 중국 정부에서 영업세를 증치세로 전환하는 정책[이하 "영개증정책(营改增政策)"]을 시행하면서 영업세가 증치세로 전환되었다.
> 중국에서는 영개증정책을 실시하면서 상위법인 영업세법과 증치세법의 내용은 아직 그대로 존재하고 있는 상태에서 중국 정부(재정부 및 국가세무총국)에서 공포한 '통지'를 통해서 영개증정책을 실시하고 있다.
> 이와 같은 상황을 볼 때 중국에서 이러한 '통지'의 중요성을 알 수 있다.

4) 조세특례제한법

한국의 세법에서는 「조세특례제한법」이 있어 특정 목적을 달성하기 위한 조세특례제도를 시행하고 있으나, 중국의 세법에서는 한국과 같은 「조세특례제한법」이라는 별도의 법률이 없다. 비록 각 세법에서 조세특례를 규정하고 있으나 한국처럼 법률에서 자세히 규정하지 않고 중국 정부에서 「통지」를 통하여 세법의 지침을 정하여 시행하고 있다. 예를 들어 과거 쓰촨(四川)성 지역에서 큰 지진이 발생하였을 때 국가세무총국에서 지진피해지역에 대해 조세특례를 시행하면서 「통지」를 제정하여 적용한 경우가 여기에 속한다.

5) 중국 세법의 제정 및 개정 현황

현재 중국에서 시행되고 있는 주요 세법의 최종 제정 또는 개정일자를 살펴보면 다음과 같다.

한국식 세법 명칭	중국어 정식 명칭	최종 제정 또는 개정일자
1. 국세기본법/국세징수법	税收征收管理法	2001년 4월 28일 개정

한국식 세법 명칭	중국어 정식 명칭	최종 제정 또는 개정일자
동 실시세칙	实施细则	2002년 9월 7일 제정
2. 법인세법	企业所得税法	2007년 3월 16일 제정
동 실시조례	实施条例	2007년 12월 1일 제정
3. 소득세법	个人所得税法	2011년 6월 30일 개정
동 실시조례	实施条例	2008년 2월 18일 개정
4. 양도소득세법	土地增值税暂行条例	2011년 1월 8일 개정
동 실시세칙	实施细则	1995년 1월 27일 제정
5. 부가가치세법	增值税暂行条例	2008년 12월 15일 개정
동 실시세칙	实施细则	2011년 10월 28일 개정
6. 개별소비세법	消费税暂行条例	2008년 12월 15일 개정
동 실시세칙	实施细则	2011년 10월 28일 개정
7. 부가가치세법(용역)	营业税暂行条例	2008년 11월 5일 개정
동 실시세칙	实施细则	2011년 10월 28일 개정
8. 도시유지보호건설세법	城市维护建设税暂行条例	2011년 1월 8일 개정
9. 관세법	进出口关税条例	2011년 1월 8일 개정
10. 재산세법(건물분)	房产税暂行条例	2011년 1월 8일 개정
11. 재산세법(토지분)	城镇土地使用税暂行条例	2011년 1월 8일 개정
12. 농지세법	耕地占用税暂行条例	2007년 12월 1일 개정
동 실시세칙	实施细则	2008년 2월 26일 제정
13. 재산세법(차량, 선박분)	车船税法	2011년 2월 25일 제정
동 실시조례	实施条例	2011년 12월 23일 제정
14. 취득세법	契税暂行条例	1997년 7월 7일 제정
동 세칙	细则	1997년 10월 28일 제정
15. 차량취득세법	车辆购置税暂行条例	2000년 10월 22일 제정
16. 자원세법	资源税暂行条例	2011년 9월 30일 개정
동 실시세칙	实施细则	1993년 12월 30일 제정

위의 표에서 각 세법 또는 잠행조례에 대한 실시조례, 실시세칙, 시행세칙 또는 세칙이 없는 세목은 각 성, 직할시, 자치구 등의 인민정부가 현지의 상황을 감안하여 제정하고 재정부에 보고하여야 한다.

V. 중국 조세관리체계

1. 조세관리체계의 개념

조세관리체계는 각 급 국가기관 사이에 세수 관할권을 구분하는 제도이다. 조세의 관리권한은 조세 입법권, 조세 법률과 법규의 해석권, 세종(税种)의 징수개시 혹은 징수정지권, 세목과 세율의 조정권, 세수의 추가징수와 감면권 등을 포함한다. 조세관리권을 크게 조세입법권과 조세집행권 두 가지로 나눌 수 있다. 세수 관할권의 분류는 수직분류와 수평분류로 구분할 수 있는데, 수직분류는 세수 관할권을 중앙과 지방 기구간으로 분류하는 것을 말하며, 수평분류는 세제 관할권을 동급의 입법, 사법, 행정 등 국가기관별로 분류하는 것을 말한다.

중국의 조세관리체계는 조세제도의 중요한 구성부분이면서 재정관리체제의 중요한 내용이기도 하다.

2. 중국의 조세입법권

조세입법권은 조세법률, 법규, 규장과 규범성 문건을 제정, 수정, 해석이나 폐지할 수 있는 권리를 말한다. '제3절 세법의 입법과 시행'에서 어떠한 기관이 조세입법권을 가지고 있는지에 대해 설명을 하였다. 여기서는 중앙과 지방의 각 기관별 조세입법권을 어떻게 구분할 것인가에 대하여 설명한다.

구 분	조세입법권
중앙세, 중앙과 지방의 공유세 및 전국적으로 통일되게 시행되는 지방세	동 세법의 제정 및 공포와 징수개시 및 징수정지권은 모두 전인대 및 상무위가 가지고 있다. 국무원은 전인대 및 상무위의 수권을 받아 동 조세의 조례 혹은 잠행조례를 공포할 수 있다. 또한, 국무원은 상기 세법의 해석권을 가지며, 국무원의 수권을 받아 국가세무 주관부문(재정부와 국가세무총국)은 세법과 관련된 조례의 해석권과 세법의 실시세칙을 제정하는 권한을 가진다.
전국적 세금 이외의 지방세	성급 인민대표대회 및 상무위는 전국적 세금 이외의 지방세를 징수할 수 있는 조세입법권을 가진다. 또한, 성급 인민대표대회 및 상무위의 수권을 받아 성급 인민정부는 관할지역 지방세법의 해석권과 세법 실시세칙의 제정, 세목과 세율을 조절하는 권한을 가지며, 지방세에 대한 세수징수방법을 제정할 수 있고, 전국적 지방세 조례의 규정 내에서 관할지역에서 적용할 세율 또는 세액을 정할 수 있다.

중국의 현행 조세입법권의 구분 문제는 아직 일부 법률에 대해서는 완전한 규정이 없으며 단지 일부 재정과 조세법률과 법규 중에서 볼 수 있으며, 아직 조세 기본법에 통일된 규정을 내리기에는 시간이 필요하다.

3. 중국의 조세집행권

조세집행권과 행정관리권은 국가가 세무기관에 부여한 기본 권력이며, 세무기관이 조세관리와 체계적인 행정관리를 실시하는 법률수단이다. 그 중 조세집행권은 조세기관이 법에 의해 세금을 징수하는 것을 말하며 법에 따라 조세관리활동을 하는 권력을 의미한다. 구체적으로 말해서 세금징수권, 세무조사권, 세무검사권, 조세행정불복 재결권 및 기타 세무 관리권을 포함하고 있다.

1) 세금징수권

중국의 「세수징수관리법」 제28조에서는 '세무기관은 법률과 행정법규의 규정에 따라 세금을 징수한다'라고 규정하고 있다.

(1) 중앙정부와 지방정부 권한의 구분

국무원의 「재정 분리징수제의 시행과 관련 있는 문제에 대한 통지」 등 관련 법률과 법규에 의하여 세금의 종류에 따라 중앙정부와 지방정부가 관리권한 및 수입을 안분하고 있다. 일반적으로 국가의 권익을 보호, 유지하고 거시적인 조절과 통제를 하는데 필요한 세목은 중앙세로 하고, 국민경제의 발전에 직접 관계가 있는 주요한 세금은 중앙과 지방의 공유세로 하며, 지방의 징수관리에 적합한 세금을 지방세로 한다.

중앙정부와 지방정부의 조세관리권한은 다음과 같다.

구 분	조세관리권
중앙세	국무원 및 세무 주관부문(재정부와 국가세무총국)이 가지고 있으며, 국가세무국이 징수
지방세	지방 인민정부 및 세무 주관부문이 가지고 있으며, 지방세무국이 징수
중앙과 지방 공유세	원칙적으로 국가세무국이 징수하며, 공유세 중 지방이 공유하는 부분은 국가세무국이 지방정부 국고로 지급

지방정부는 대외조세 등에 있어 조세관리권한을 위배하여 우대정책을 독자적으로 제정할 수 없으며, 세법규정 이외의 감면도 할 수 없다.

(2) 세무기관

중국의 현행 세무기관의 설치는 중앙정부가 국가세무총국을 설립하고, 성 및 성급 이하 세무기관은 국가세무국과 지방세무국 두 가지를 설치한다.

성급 국가세무국은 국가세무총국에 직속한 정부기관급 행정기관으로 해당 지역의 국가조세징수를 주관하며, 지방세무국은 성급 인민정부가 속한 본 지방의 조세업무를 관리한다.

(3) 주요 기관별 조세 징수관리 범위

중국의 조세는 세목별로 국가세무국, 지방세무국, 지방재정부문, 해관 등의 기관이 구분하여 관리 및 징수하고 있다.

징수관리기관	대상 세목
국가세무국	• 증치세, 소비세, 차량취득세 • 은행 본점 · 보험회사의 본점이 총괄납부하는 기업소득세 및 성시유호건설세 • 중앙기업이 납부하는 소득세 • 중앙과 지방정부에 소속된 기업 및 조직이 결성한 공동기업과 주식회사가 납부하는 소득세 • 지방은행과 비금융기관이 납부하는 소득세 • 해양석유기업이 납부하는 소득세와 자원세 • 일부 기업(部分企业)의 기업소득세 • 증권거래세 • 개인소득세 중 저축예금 이자에 대해 징수되는 부분 • 중앙세의 체납세액, 가산세, 벌금
지방세무국	• 성시유호건설세(위의 국가세무국이 징수하는 부분 제외) • 지방의 국유기업, 집체기업, 사영기업이 납부하는 소득세 • 일부 기업(部分企业)의 기업소득세, 개인소득세, 자원세, 성진토지사용세, 경지점용세, 토지증치세, 재산세(房产税), 차량선박세, 인지세, 취득제세(契税) 등 • 지방세의 체납세액, 가산세, 벌금
해관(海關)	관세, 선박톤세, 수출입단계에서의 증치세와 소비세의 원천징수

조세의 징수관리를 강화하고 징수비용을 줄이고 업무중복을 피하고 징수절차를 줄이고 납세의무자의 편의를 도모하기 위해, 국가세무국과 지방세무국은 특정 조세에 대해 상호간 위탁하여 대리징수할 수 있다.

한편, 国税发 [2002] 8호에서 규정된 기업소득세와 개인소득세의 징수관리에 대한 주요 내용은 다음과 같다.

2001년 12월 31일 이전 국가세무국과 지방세무국이 징수관리하던 기업소득세, 개인소득세(저축예금 이자소득의 개인소득세 포함) 및 현행 규정에 따라 징수관리하던 외상투자기업과 외국기업의 기업소득세는 계속 원래의 징수관리기관이 관리한다.

2002년 1월 1일부터, 국가 공상행정 관리총국의 관련 규정에 따라, 각급 공상행정 관리부문이 처리하여 설립등기를 한 기업의 기업소득세는 국가세무총국이 징수관리를 담당한다. 다만, 합병과 분할 전 지방세무국이 징수관리하던 경우는 지방세무국이 계속 징수관리를 담당한다.

2002년 1월 1일부터 기타행정 관리부문에서 새로운 등기등록을 하여 허가증을 받은 사업단위와 사회단체, 법률사무소, 의원, 학교 등 기업소득세를 납부하는 기타 조직의 기업소득세는 국가세무국이 징수관리를 담당한다.

소득세 공유를 하지 않는 철도운수(광철그룹 포함), 국가우체국, 중국공상은행, 중국농업은행, 중국은행, 중국건설은행, 국가개발은행, 중국농업발전은행, 중국수출입은행 및 해양 석유 천연가스 기업은 국가세무국이 징수관리를 담당한다.

(4) 중앙정부와 지방정부의 조세수입의 안분

국무원의 「분세제 재정관리체제의 실행에 관한 규정」에 따라 중국의 조세수입은 중앙정부 고정수입과 지방정부 고정수입 그리고 중앙정부와 지방정부 공유수입으로 구분된다.

<table>
<tr><th colspan="2">구 분</th><th colspan="2">대상 세목</th></tr>
<tr><td colspan="2">중앙정부 고정수입</td><td colspan="2">• 소비세(수입단계에서 해관이 원천징수하는 부분 포함)
• 차량취득세, 관세, 해관이 징수하는 수입단계의 증치세 등</td></tr>
<tr><td colspan="2">지방정부 고정수입</td><td colspan="2">• 성진토지사용세, 경지점용세, 토지증치세, 재산세(房产税)
• 차량선박세, 취득제세</td></tr>
<tr><td rowspan="5">공
유
수
입</td><td>세목</td><td>중앙정부</td><td>지방정부</td></tr>
<tr><td>증치세(해관이 징수하는 증치세 제외)</td><td>75%</td><td>25%</td></tr>
<tr><td>영업세</td><td>각 은행 본점, 각 보험사 본사가 총괄납부하는 부분</td><td>기타 영업세</td></tr>
<tr><td>기업소득세</td><td>60%(단, 중국철도 본사, 은행 본점 및 해양석유기업이 납부하는 부분은 모두 중앙정부에 귀속)</td><td>40%</td></tr>
<tr><td>개인소득세(저축예금 이자소득 제외)</td><td>60%</td><td>40%</td></tr>
</table>

구 분	대상 세목	
자원세	해양석유기업이 납부하는 부분	기타 자원세
성시유호건설세	중국철도 본사, 은행 본점, 보험사 본사에서 총괄납부하는 부분	기타 성시유호건설세
인지세	증권거래 인지세 수입의 97%	증권거래 인지세 수입의 3% 및 기타 인지세

2) 세무검사권

세무검사는 세무기관이 국가의 조세 법률과 법규에 따라 납세의무자 등이 법정의무를 이행하는 것에 대해 조사, 감독하는 것을 말한다. 세무검사는 크게 일반검사와 특별검사로 구분한다.

- 세무기관은 세액을 확정하는데 필요한 자료, 즉 납세의무자가 신고한 자료의 진실성과 정확성을 얻기 위해 '일반검사'를 진행하며 세법이 세무기관에게 부여한 행정검사권에 근거하여 진행한다.
- 조세를 위반하는 범죄행위를 없애기 위해 진행되는 '특별검사'는 행정성 조사와 형사성 조사로 구분한다.

3) 세무조사권

세무조사는 세무기관이 법에 따라 납세의무자, 원천징수의무자가 납세의무와 원천징수의무를 행한 부분에 대해 실시하는 세무조사와 처리업무의 총칭이다. 세무조사권은 조세집행권의 중요한 요소이며 국가 전체의 행정감독체계에 있어서 특수한 감독권 행사 형식이다.

세무조사는 사실의 바탕 위에서 조세법률, 법규, 규장을 표준으로 하여 사법기관 및 기타 유관기관과의 연계와 협조하에 진행한다.

4) 세무행정불복 재결권

「중국 행정불복법」, 「중국 세수징수관리법」 및 기타 관련 규정에 따라 납세의무자 및 기타 당사자가 세무기관의 구체적인 행정행위가 자신의 합법적인 권익을 침범하였다고 여길 경우 법에 따라 세무기관의 행정재심기관에 세무행정불복(이하 '조세불복'이라 한다)을 신청할 수 있다.

조세불복기관은 조세불복 신청을 수리하여 조세불복에 대한 결정을 내려야 한다. '조세불복기관'이란 법에 따라 조세불복 신청을 수리하고 구체적인 행정행위에 대해 심사를 하여 결정을 내리는 세무기관을 말한다.

납세의무자는 기타 당사자가 행정 재심 결정에 불복할 경우, 행정소송법의 규정에 따라 인민법원에 행정소송을 제기할 수 있다.

5) 기타 조세집행권

위의 조세집행권 이외에 법률규정에 따라 세무기관은 기타 조세와 관련된 조세집행권을 가지고 있다. 그 중 주요한 것으로는 세무행정 처벌권 등이 있다.

세무행정 처벌권은 세무기관이 법에 따라 납세주체가 범죄에는 해당하지 아니하나 세법을 위반하여 이에 상응하는 법률책임을 져야 하는 행위에 대해 제제조치를 가하는 것을 말한다.

세무행정 처벌권은 행정처벌의 기본적인 구성부분이며 세무행정 처벌권의 행사는 국가의 조세이익을 확보하고 납세의무자가 법에 따른 납세를 하도록 하는데 있어 중요한 역할을 하고 있다.

세무행정 처벌권의 법적인 근거는 「행정처벌법」과 「세수징수관리법」이다. 「세수징수관리법」의 규정에 따라 세무행정 처벌의 종류로는 경고(기한 내에 개정하도록 명령을 내린다), 벌금, 수출 환급권의 정지, 위법소득의 몰수, 세금계산서의 몰수 혹은 세금계산서 발급의 정지, 영업허가의 취소, 출입국 관리기관에 출국정지의 통지 등이 있다.

VI. 중국 회계기준의 체계

1. 중국 회계기준의 기본체계

중국에서 적용되고 있는 회계기준은 크게 두 가지가 있는데, 주로 상장기업에 적용되는 「기업회계준칙(企业会计准则)」과 일정규모 이하의 중소기업에 적용되는 「소기업회계준칙(小企业会计准则)」이 있다.

상장기업에 적용되는 「기업회계준칙」은 2006년 2월 15일 중국 재정부가 제정하고 2007년 1월 1일부터 모든 상장기업 및 일부 비상장기업에 적용되고 있으며, 비상장기업에 적용되는 「소기업회계준칙」은 2011년 10월 18일 재정부가 财会 [2011] 17호로 제정하고 2013년 1월 1일부터 적용되고 있다.

현재 중국에서 적용되는 회계기준을 한국과 비교하여 도표로 나타내면 다음과 같다.

구 분		한 국	중 국
상장기업	적용기준	K－IFRS	企业会计准则
	적용시기	2011년부터	2007년 1월 1일
비상장기업 (중형 이상)	적용기준	일반기업회계기준	小企业会计准则
	적용시기	2011년부터	2013년 1월 1일
비상장기업 (소형 이하)	적용기준	중소기업회계기준	小企业会计准则
	적용시기	2014년부터	2013년부터
비상장기업의 선택가능 여부		적용가능	

위의 표에서 보는 바와 같이 중국의 회계기준체계는 한국과 비슷하다는 것을 알 수가 있다.

상장기업에 적용되는 「기업회계준칙」은 중국 정부가 IFRS의 체계를 받아들여 2006년 2월 15일 제정하였으며, 기본준칙과 38개의 구체준칙으로 구성되어 있다.

2. 기업회계준칙(企业会计准则)

중국 정부가 회계의 국제화를 위하여 IFRS를 받아들여 제정한 회계기준으로서 2006년 2월 15일 제정하였으며, 2007년도부터 모든 상장법인이 적용하도록 하고 있다.

1) 기업회계준칙의 구성

현행 적용되는 기업회계준칙이 제정되기 이전에도 중국에서는 기업회계준칙이 있어 왔으며, 기업회계준칙을 국제재무보고준칙(IFRS)과 맞추기 위하여 2007년 현재의 기업회계준칙을 중국 재정부가 2006년 2월 15일 재정부령으로 제정하고 2007년 1월 1일부터 중국내 모든 상장법인 및 일부 금융기관이 의무적으로 적용하도록 하고 있다.

기업회계준칙은 기본준칙과 38개의 구체준칙으로 구성되어 있으며, 기업회계기준을 제정함에 있어서 국제적인 회계기준으로 자리잡은 IFRS의 내용을 대부분 반영하여 제정하였다.

참고 … **기업회계준칙(企业会计准则)**

> 중국에서 적용되고 있는 회계기준은 "기업회계준칙"과 "소기업회계준칙" 두 가지가 있는데, 기업회계준칙이라는 용어도 회계기준이라는 용어를 사용하는 우리에게는 다소 생소한 용어일 수 있으나, 중국에서는 회계준칙이라는 용어를 사용하고 있다. 기존의 기업회계준칙에 국제회계재무보고준칙의 내용을 반영하여 2006년 제정한 것도 기업회계준칙이어서 같은 용어를 사용하고 있어 이를 구분하기 위하여 중국 현지에서는 현행 기업회계준칙을 "新기업회계준칙"으로 부르기도 한다.

2) 중국 기업회계준칙과 국제재무보고준칙(IFRS)의 비교

중국의 상장기업에 적용되는 기업회계준칙과 IFRS의 해당 조항을 비교하면 다음과 같다.

중국 기업회계준칙	국제회계준칙(IFRS)
CAS 1 存货 재고자산	IAS 2 재고자산
CAS 2 长期股权投资 장기주식투자	IAS 27 연결재무제표 및 별도재무제표 IAS 28 관계기업투자 IAS 31 조인트벤처 투자지분
CAS 3 投资性房地产 투자성부동산	IAS 40 투자부동산
CAS 4 固定资产 유형자산	IAS 16 유형자산 IFRS 5 매각예정 비유동자산과 중단영업
CAS 5 生物资产 생물자산	IAS 41 농림어업
CAS 6 无形资产 무형자산	IAS 38 무형자산
CAS 7 非货币资产交换 비화폐성자산 교환	IAS 16 유형자산 IAS 38 무형자산 IAS 40 투자부동산
CAS 8 资产减值 자산손상	IAS 36 자산손상
CAS 9 职工薪酬 종업원급여	IAS 19 종업원급여
CAS 10 企业年金 기업연금	IAS 26 퇴직급여제도에 의한 회계처리와 보고
CAS 11 股份支付 주식보상	IFRS 2 주식기준보상
CAS 12 债务重组 채무재조정	IAS 39 금융상품 : 인식과 측정
CAS 13 或有事项 우발사항	IAS 37 충당금, 우발채무 및 우발자산
CAS 14 收入 수입	IAS 18 수익
CAS 15 建造合同 건설계약	IAS 11 건설계약
CAS 16 政府补助 정부보조	IAS 20 정부보조금의 회계와 정부지원의 공시
CAS 17 借款费用 금융비용의 자본화	IAS 23 차입원가
CAS 18 所得税 법인세	IAS 12 법인세
CAS 19 外币折算 외화환산	IAS 21 환율변동효과 IAS 29 초인플레이션에서의 재무보고
CAS 20 企业合并 사업결합	IFRS 3 사업결합

중국 기업회계준칙	국제회계준칙(IFRS)
CAS 21 租赁 리스	IAS 17 리스
CAS 22 金融工具确认和计量 금융상품의 인식과 측정 CAS 23 金融资产转移 금융자산 이전 CAS 24 套期保值 헷지	IAS 39 금융상품 : 인식과 측정
CAS 25 原保险合同 원보험계약 CAS 26 再保险合同 재보험계약	IFRS 4 보험계약
CAS 27 石油天然气开采 석유와 천연가스 채굴	IFRS 6 광산자원의 탐사와 평가
CAS 28 会计政策, 会计估计变更和差错更正 회계정책, 회계추정의 변경 및 오류	IAS 8 회계정책, 회계추정의 변경 및 오류
CAS 29 资产负债表日后事项 보고기간 후 사건	IAS 10 보고기간 후 사건
CAS 30 财务报表列报 재무제표의 표시	IAS 1 재표제표의 표시 IFRS 5 매각예정 비유동자산과 중단영업
CAS 31 现金流量表 현금흐름표	IAS 7 현금흐름표
CAS 32 中期财务报告 중간재무보고	IAS 34 중간재무보고
CAS 33 合并财务报表 연결재무제표	IAS 27 연결재무제표와 개별재무제표
CAS 34 每股收益 주당순이익	IAS 33 주당순이익
CAS 35 分部报告 부분별 보고	IFRS 8 부문별 보고
CAS 36 关联方披露 특수관계자 공시	IAS 24 특수관계자 공시
CAS 37 金融工具列报 금융상품의 표시	IFRS 7 금융상품 : 공시 IAS 32 금융상품 : 표시
CAS 38 首次执行企业会计准则 기업회계준칙의 최초 채택	IFRS 1 IFRS의 최초채택

(주1) 會計, 2011年, 中國注册會計師協會, 中國財政出版社.

(주2) 이 표는 중국 기업회계준칙과 국제재무보고준칙의 각 내용을 항목별로 비교하여 비교하기 위함이며, 이 자료는 중국에서 출판된 서적을 기준으로 작성되었으며 중국의 시각에서 바라본 비교표라고 할 수 있다.

3) 중국 기업회계준칙에 대한 평가

중국이 국제재무보고준칙(IFRS)에 맞춰 새로 제정하여 적용하고 있는 기업회계준칙에 대한 중국내외의 평가가 엇갈리고 있다.

(1) 중국내 평가

- 2005년 하반기에 기본원칙과 구체원칙에 대한 의견서가 마무리될 때 중국과 국제회계준칙이사회(IASB)의 여러 이사들과 전문가들은 중국 회계준칙과 IFRS의 정합(趋同)문제에 대해 수 차례 전면적인 토론을 하였으며 양쪽 모두 공감하였다.
- 중국에서 현재 특수한 상황을 제외하고는 거의 대부분 IFRS를 반영하였으며 IASB 의장인 David Teddy도 여기에 동의하였다고 재정부 회계사(会计司)(한국의 회계국에 해당) 국장도 기업회계준칙의 서문에서 주장하고 있다.
- 그 외에 중국내에서 발표된 수많은 연구논문에서도 이와 같은 주장을 하고 있다.

(2) 중국외 평가

위와 같은 중국내의 평가와는 다르게 해외에서 바라보는 시각은 부정적이라고 할 수 있는데 그 이유는 다음과 같다.

- 제정 주체 : 중국은 정부 주도로 재정부가 기업회계준칙을 제정하고 있어 국제적인 관행과는 차이가 있어 여기에 대한 비판이 있다.
- 준칙의 형식 : 기업회계준칙은 기본준칙 및 38개의 구체준칙으로 되어 있는데, 구체준칙은 모두 조문식으로 나열되어 있어 설명식으로 되어있는 IFRS의 형식과 차이를 보이고 있다.

(3) 저자의 의견

- 조문식으로 나열된 부분 : 구체준칙을 적용하기 위한 지침인 해석서(企业会计准则讲解(2006))의 내용을 들여다 보면 조문식에서 벗어나 설명식으로 자세하게 규정하고 있음을 알 수 있다.
- 중국에서 발표된 기업회계준칙과 IFRS를 비교하는 수많은 논문 및 소논문에는 두 가지 회계준칙의 내용은 거의 비슷하고 다른 부분은 재무제표에 큰 영향을 미치지

않는다는 연구결과가 대부분이어서, 논문의 내용이 맞을 경우 기업회계준칙은 대부분 IFRS를 수용한 것으로 보인다.

참고 … **저자의 경험**

저자가 2005년 9월 중국사회과학원 박사과정에 회계학전공으로 입학하여 2006년 가을 처음으로 중국의 기업회계기준을 접하게 되었다.
그때까지만 해도 중국의 회계기준에 대해 의구심을 가지고 있는 저자로서는 국제회계기준을 받아들여 제정하였다는 "기업회계준칙"을 읽어보면서 받았던 충격을 지금도 또렷이 기억하고 있다.
회계에 관해서 후진국일 것이라는 주위의 평가 및 저자의 선입관과는 달리 기업회계준칙을 읽는 내내 그 당시 한국의 기업회계기준(서)보다 훨씬 더 이론이 정교하고 잘 되어있다는 사실을 당시로서는 받아들이기 어려웠으며 중국의 기업회계준칙을 제정하고 적용하는 중국 정부가 놀라울 뿐이었다.
이 기업회계준칙이 중국에서 IFRS를 2006년 미리 도입하여 2006년 제정하고 2007년부터 시행하는 회계준칙이라는 사실은 나중에 알게 되었는데, 그 당시 한국은 IFRS를 도입하기로 하고 이와 관련된 로드맵을 준비하던 상황이었다.

3. 소기업회계준칙(小企业会计准则)

1) 적용대상

「소기업회계준칙」의 적용대상은 중국 내에서 법에 따라 설립된 기업으로서 「중소기업 분류 표준」에서 규정하는 소형 및 영세기업에 해당하는 기업으로서, 이에 해당되더라도 아래의 소기업은 적용대상에서 제외된다.

- 주권 또는 채권이 시장에 공개되어 거래되는 소기업
- 금융기관 또는 기타 금융업을 영위하는 소기업
- 기업 집단(그룹) 내의 모회사와 자회사

[표 1-1] 중소기업 분류 표준《中小企业划型标准规定》工信部联企业[2011] 300号

(금액단위 : 만 위안)

구분	업 종	유형	종업원수	매출액	판단기준
1	농, 임, 목, 어업 (农, 林, 牧, 渔业)	중형		500~20,000	
		소형		50~500	
		영세형		50 이하	
2	제조업 (工业)	중형	300~1,000	2,000~40,000	동시 충족
		소형	20~300	300~2,000	동시 충족
		영세형	20 이하	300 이하	
3	건설업 (建筑业)	중형	자산총계 : 5,000~80,000	6,000~80,000	동시 충족
		소형	자산총계 : 300~5,000	300~6,000	동시 충족
		영세형	자산총계 300 이하	300 이하	
4	도매업 (批发业)	중형	20~200	5,000~40,000	동시 충족
		소형	5~20	1,000~5,000	동시 충족
		영세형	5 이하	1,000 이하	
5	소매업 (零售业)	중형	50~300	500~20,000	동시 충족
		소형	10~50	100~500	동시 충족
		영세형	10 이하	100 이하	
6	교통운수업 (交通运输业)	중형	300~1,000	3,000~30,000	동시 충족
		소형	20~300	200~3,000	동시 충족
		영세형	20 이하	200 이하	
7	창고업 (仓储业)	중형	100~200	1000~30,000	동시 충족
		소형	20~100	100~1,000	동시 충족
		영세형	20 이하	100 이하	

구분	업 종	유형	종업원수	매출액	판단기준
8	우정업 (邮政业)	중형	300~1,000	2,000~30,000	동시 충족
		소형	20~300	100~1,000	두 가지 동시 충족
		영세형	20 이하	100 이하	
9	숙박업 (住宿业)	중형	100~300	2,000~30,000	동시 충족
		소형	10~100	100~1,000	동시 충족
		영세형	10 이하	100 이하	
10	음식업 (餐饮业)	중형	100~300	2,000~30,000	동시 충족
		소형	10~100	100~1,000	동시 충족
		영세형	10 이하	100 이하	
11	정보전달업 (信息传输业)	중형	100~2,000	1,000~100,000	동시 충족
		소형	10~100	100~1,000	동시 충족
		영세형	10 이하	100 이하	
12	S/W 및 정보기술 용역업 (软件和信息技术服务业)	중형	100~300	1,000~10,000	동시 충족
		소형	10~100	50~1,000	동시 충족
		영세형	10 이하	50 이하	
13	부동산개발업 (房地产开发经营)	중형	자산총계 : 5,000~10,000	1,000~200,000	동시 충족
		소형	자산총계 : 2,000~5,000	100~1,000	동시 충족
		영세형	자산총계 2,000 이하	100 이하	
14	물류관리 (物流管理)	중형	300~1,000	1,000~5,000	동시 충족
		소형	100~300	500~1,000	동시 충족
		영세형	100 이하	500 이하	

구분	업 종	유형	종업원수	매출액	판단기준
15	임대업 및 상업서비스업 (租赁和商务服务业)	중형	100~300	자산총계 : 8,000~12,000	동시 충족
		소형	10~100	자산총계 : 100~8,000	동시 충족
		영세형	10 이하	자산총계 : 100 이하	
16	기타의 업종 (企业未列明行业)	중형	100~300		
		소형	10~100		
		영세형	10 이하		

위의 표에서 보는 바와 같이 중국의 「중소기업 분류표준」은 대부분 매출액기준 및 종업원수를 기준으로 하고 있는데 예외적으로 적용되는 업종은 다음과 같다.

- 건설업과 부동산개발업 : 종업원수 대신 자산총계를 적용
- 임대업 및 상업서비스업 : 매출액 대신 자산총계를 적용

이는 산업의 특성을 반영한 것으로 보인다.

사 례 1－1

한국에서 중국에 가장 많이 진출한 업종인 제조업의 경우 소형기업의 범위는 :

- 종업원 수가 20인에서 300인 사이
- 매출액이 300만 위안 이상 2,000만 위안 이하

인 경우로서 두 가지 모두 초과하여야 소형기업에서 벗어나므로,

매출액이 3,000만 위안(한화 약 54억원) 초과하더라도 종업원 수가 300인 이하인 경우에는 소형기업에 해당되어 「소기업회계준칙」의 적용대상이 되며, 300인을 초과하는 경우에는 중형기업에 해당되어 「소기업회계준칙」이 아닌 「기업회계준칙」을 적용하여야 한다.

2) 소기업회계준칙의 체계

「소기업회계준칙」은 전체 90개의 조문으로 되어 있으며 개략적으로 나타내면 다음과 같다.

구 분	내 용
제 1 장	총칙(1조~4조)
제 2 장	자산(5조~6조)
제 1 절	유동자산(7조~15조)
제 2 절	장기투자(16조~26조)
제 3 절	유형자산, 생산성 생물자산(27조~37조)
제 4 절	무형자산(38조~42조)
제 5 절	장기이연비용(43조~44조)
제 3 장	부채(45조)
제 1 절	유동부채(7조~15조)
제 2 절	비유동부채(51조~52조)
제 4 장	소유자권익(53조~57조)
제 5 장	수입(58조~64조)
제 6 장	비용(65조~66조)
제 7 장	이윤 및 이윤분배(제67조~72조)
제 8 장	외환업무(73조~78조)
제 9 장	재무제표(79조~88조)
제10장	부칙(89조~90조)

3) 회계기준 적용의 일관성

「소기업회계준칙」을 적용할 수 있는 기업은 「소기업회계준칙」을 적용할 수도 있고 「기업회계준칙」도 적용할 수 있다(제3조).

- 발생된 거래 또는 사항이 본 준칙에서 규정하고 있지 않은 경우에는 「기업회계준칙」의 관련 규정에 따라 처리할 수 있다.
- 「기업회계준칙」을 적용하면서 본 준칙의 규정을 적용할 수는 없다.

• 「소기업회계준칙」을 적용하던 기업이 주권 또는 채권을 공개 발행할 경우에는 「기업회계준칙」으로 전환하여야 한다. 경영규모 또는 기업형식의 변경으로 대중형기업 또는 금융기업이 될 경우에는 다음 해 1월 1일부터 「기업회계준칙」을 적용하여야 한다.
• 이미 「기업회계준칙」을 적용하고 있는 상장기업, 중대형기업과 소기업은 본 준칙을 적용할 수 없다.
• 「소기업회계준칙」을 적용하다가 「기업회계준칙」을 적용하게 될 경우 「기업회계준칙 제38호－기업회계준칙의 최초적용」 등의 규정에 따라 회계처리하여야 한다(제4조).

4) 자산의 회계처리

• 자산은 과거의 거래 또는 사항으로 일어난 것으로서 기업이 소유 또는 통제하고 미래 경제효익을 가져올 것으로 예상되는 자원을 말하며, 자산은 유동성에 따라 유동자산과 비유동자산으로 나눌 수 있다(제5조).
• 소기업의 자산은 원가에 따라 측정하여야 하며 자산손상을 인식할 수 없다(제6조).

자산손상에 관한 회계처리

한국의 일반기업회계기준에서는 자산에 대해서 자산손상의 규정을 엄격히 적용하고 있으나 중국의 「소기업회계준칙」에서는 소형기업에 해당되는 기업은 기업의 규모를 감안하여 회계처리를 간편하게 한다는 취지에서 자산손상을 인식할 수 없도록 규정하고 있어 한국과 차이를 보이고 있다.

(1) 유동자산(流动资产)

유동자산은 1년(1년 포함, 이하 같다) 또는 한 영업주기 내에 현금화, 판매 또는 사용될 것으로 예상되는 자산을 말하며, 유동자산은 화폐자금, 단기투자, 매출채권, 선급금 및 재고자산 등이 있다(제7조).

① 단기투자(短期投资)

단기투자란 소기업이 구입한 것으로서 수시로 현금화할 수 있고 보유기간이 1년을 넘지 않는 투자를 말하며, 소기업이 염가구매를 목적으로 유통시장에서 구입한 주권 또는 채권, 기금 등이 있다.

단기투자는 아래의 규정에 따라 회계처리하여야 한다(제8조).

구 분	회 계 처 리
현금으로 취득하는 경우	매입대가와 부대비용으로 원가를 인식하며, 실제 지급한 대가 중에 포함된 이미 배당을 결의하였으나 지급하지 않은 현금배당 또는 이자지급시기가 도래하였으나 수령하지 않은 채권이자는 별도로 미수수익 또는 미수배당금으로 인식하여야 하며 단기투자의 원가로 계상할 수 없다.
투자수익의 인식	단기투자의 보유기간 중 피투자회사가 결의하여 배당한 현금배당 또는 채무자가 이자지급일에 표면금리에 따라 지급하여야 할 이자수익은 투자수익으로 계상한다.
처분손익	단기투자를 처분하여 처분대가에서 장부가액과 부대비용을 차감한 후의 잔액을 투자수익으로 계상한다.

② 매출채권(应收账款)

매출채권 또는 선급금은 소기업이 일반 경영활동과정에서 발생한 각종 채권을 말하며, 받을어음, 외상매출금, 미수배당금, 미수수익 및 기타미수금 등의 채권과 선급금을 포함한다.

- 매출채권 및 선급금은 발생액에 따라 계상한다(제9조).
- 소기업의 매출채권 및 선급금이 아래에 해당할 경우, 회수가능가액을 차감한 후 회수할 수 없는 부분은 대손상각으로 처리한다(제10조).
  - 채무자가 파산, 폐업, 해산, 말소되거나 법에 따라 영업집조가 말소되어 청산재산으로 상환할 수 없을 경우
  - 채무자의 사망 또는 실종 또는 사망을 선고 받아 그 재산 또는 유산으로 상환할 수 없는 경우
  - 채무자가 3년 이상 상환하지 않고 채무를 상활 수 없다는 확실한 증거가 있는 경우
  - 채무자와 채무재조정협의를 하거나 법원이 파산 재조정계획을 비준한 후 상환할 수 없는 경우
  - 자연재해, 전쟁 등 불가항력으로 회수할 수 없는 경우
  - 국무원의 재정, 세무주관부문이 규정한 기타 조건
  - 매출채권 및 선급금의 대손상각은 실제 발생될 때 영업외비용으로 처리하고 해당 매출채권이나 선급금에서 차감한다.

③ 재고자산(存货)

• 개념

재고자산은 일상 사업활동과정 중 판매하기 위해 보유하고 있는 제품 또는 상품, 재공품, 원재료와 부자재 및 소기업(농, 임, 목, 어업)이 판매하기 위하여 보유 또는 장래 농산품을 수확하기 위한 소모성 생물자산을 말한다(제11조).

구 분	설 명
원재료(原材料)	생산과정에서 가공하여 그 형태 또는 성질을 바꾸어 제품을 생산하는데 필요한 각종 원재료 및 주요재료, 부자재, 수리부품, 포장재료, 연료 등을 말한다.
재공품(在产品)	각종 생산단계에서 가공 중에 있는 제품을 말하며, 가공은 완료되었으나 아직 검사를 거치지 않았거나 검사는 거쳤으나 아직 입고되지 않은 제품을 포함한다.
반제품(半成品)	일정한 생산과정을 거치고 검사를 통과하여 반제품창고에 입고되었으나 아직 추가적인 생산이 필요한 것을 말한다.
제 품(产成品)	모든 생산과정을 마치고 검사를 통과하여 입고된 것으로서 외부에 판매할 수 있는 것을 말한다.
상 품(商品)	도소매업을 영위하는 기업이 외부에서 구매하거나 위탁가공을 거쳐 입고되어 판매하는 각종 상품을 말한다.
저장품(周转材料)	여러 번 사용할 수 있는 것으로 그 가치는 점차 이전되나 원형은 유지하는 것으로서 유형자산으로 인식하지 않는 재료를 말한다.
위탁가공품(委托加工物资)	외부에 가공을 위탁한 각종 재료, 상품 등을 말한다.
소모성 생물자산(消耗性生物资产)	성장 중의 밭작물, 채소, 용재림 및 판매용으로 사육중인 가축을 말한다.

• 인식기준

재고자산의 인식기준은 다음과 같다(제12조).

구 분	재고자산 인식기준
외부에서 취득한 경우	취득가액 및 제세공과금, 부대비용 등 매입과정에서 발생한 직접비용을 포함하며, 증치세 매입세액은 포함하지 아니한다.

구 분	재고자산 인식기준
직접 생산한 경우	직접재료비, 직접가공비 및 제조경비를 포함한다. 1년 이상의 제조기간이 필요한 재고자산에 발생된 차입금의 금융비용도 재고자산의 원가로 계상할 수 있다
현물출자한 경우	감정가액 등 평가가액으로 인식한다.
용역을 제공한 경우	용역제공과 직접 관련이 있는 인건비, 재료비 및 간접비용을 포함한다.
직접 재배, 조림, 양식한 소모성 생물자산의 경우	• 직접 재배한 밭작물과 채소의 원가는 수확 전에 소모된 종자, 비료, 농약 등의 재료비와 인건비 및 간접비용을 포함한다. • 직접 조립한 목재류 소모성 생물자산의 원가는 조림비, 육성비, 조림시설비, 조사설계비와 간접비용을 포함한다. • 직접 번식한 비육가축의 원가는 판매 전까지 발생한 사료비, 인건비와 간접비용을 포함한다. • 수산 양식한 동물과 식물의 원가는 판매 전 또는 입고 전까지 사용된 재료비와 인건비 및 간접비용을 포함한다.
부외재고의 원가	동종 또는 유사한 재고자산의 시장가격 또는 평가가액에 따라 확정한다.

• 재고자산 평가방법

구 분	재고자산 인식기준
재고자산 평가원칙	선입선출법, 가중평균법 또는 개별법으로 재고자산의 원가를 계산하여야 하며, 한번 선택한 방법은 임의로 변경할 수 없다(제13조). 성질과 용도가 유사한 재고자산은 동일한 원가계산방법을 사용하여 재고자산의 원가를 계산하여야 한다.
특정한 경우	대체가 불가능한 재고자산과 특정용도를 위하여 구입하거나 제조한 재고자산 및 제공한 용역은 개별법을 사용하여 재고자산의 원가를 계산한다.
저장품	일차상각법으로 회계처리하며, 금액이 비교적 큰 저장품은 다차상각법으로 회계처리한다. 임차한 저장품은 그 원가를 인식할 필요가 없으며 비망 기록하여 관리한다.

구 분	재고자산 인식기준
매출원가 인식	판매된 재고자산은 해당 원가를 매출원가로 인식한다.

• 재고자산의 원가계산

업종의 특성 및 생산관리의 필요에 따라 자신에 맞는 원가계산대상, 원가항목 및 원가계산방법을 결정하여야 하며, 제조비용은 원가계산대상과 원가항목에 따라 각각 집계하여야 한다(제14조).

구 분	원 가 계 산 방 법
직접비용	재료비 및 인건비 등 직접비용에 속하는 것은 직접 기본제조원가와 보조제조원가에 계상한다.
간접비용	보조부문에서 제품생산에 제공되는 동력 등 직접비용에 속하는 것은 먼저 보조제조원가로 집계한 다음 합리적인 방법으로 기본제조원가에 배분할 수도 있고 직접 제품생산에 발생된 제조원가에 계상할 수도 있다.
기타 간접비용	제조비용으로 집계하여 매월 종료시점에 다시 미리 정한 배부기준에 따라 해당 제품의 원가에 배부한다.

• 재고자산 감모손실

재고자산 감모손실이 발생한 경우 처분가액과 책임자의 배상금액 및 보험금액에서 해당 원가와 부대비용을 차감한 후의 잔액을 영업외비용 또는 영업외수익으로 처리한다(제15조).

④ 장기채권투자(长期债券投资)

장기채권투자는 장기간 보유하려는 의도를 가진 채권투자를 말한다(제17조).

구 분	내 용
취득원가	매입대가와 부대비용을 취득원가로 하며, 취득원가 중에 포함된 만기가 도래하였으나 아직 지급받지 못한 채권이자는 별도로 미수수익으로 인식하고 장기채권투자의 원가로 계상할 수 없다(제18조).
회수할 경우	만기가 되어 장기채권투자를 회수할 때에는 그 장부가액을 차감하고, 처분할 경우 처분대가에서 장부가액과 부대비용을 차감한 후의 잔액을 투자수익으로 계상하여야 한다(제20조).

장기채권투자의 이자수익은 다음과 같이 투자수익으로 인식한다(제19조).

구 분	이자수익의 인식방법
이자를 분할 지급하는 경우	채무자가 이자지급일에 표면금리에 따라 계산한 받을 이자수익을 미수수익으로 처리하고 장기채권투자의 장부가액을 증가시키지 아니한다.
이자를 일시 지급하는 경우	채무자가 이자지급일에 표면금리에 따라 계산한 이자수익액을 장기채권투자의 장부가액에 계상하여야 한다.
채권의 할인 또는 할증가액	채권의 보유기간 내 채권이자수입을 인식할 때 정액법으로 상각한다.
장기채권 투자손실	장기채권투자가 본 준칙 제10조에 열거된 조건에 해당되어 회수할 수 없을 경우 장기채권투자손실로 영업외비용으로 계상하고 동시에 장기채권투자의 장부가액에서 차감한다(제21조).

⑤ 장기주식투자(长期股权投资)

장기주식투자는 소기업이 장기간 보유하는 지분투자를 말한다(제22조).

구 분	내 용
취득원가	현금으로 취득한 장기주식투자는 취득가액과 부대비용을 원가로 인식하고, 실제 지급한 대가 중에 포함되어 있는 미수배당금은 별도로 미수배당금으로 인식하고 장기주식투자로 계상할 수 없다(제23조).
	현물교환으로 취득한 장기주식투자는 지급한 현물의 평가가액과 부대비용을 취득원가로 인식한다.
회계처리	장기주식투자는 원가법으로 회계처리하고 보유기간 중 피투자회사가 배당한 현금배당 또는 이윤은 배당받은 금액을 투자수익으로 인식한다(제24조).
처분할 경우	장기주식투자를 처분할 경우 처분대가에서 해당 원가 및 부대비용을 차감한 후의 잔액을 투자수익으로 인식한다(제25조).
장기주식 투자손실 인식 (제26조)	• 피투자회사가 법에 의해 파산, 폐업, 해산, 말소 또는 법에 따라 영업집조가 취소 또는 말소되는 경우 • 피투자회사의 재무상태가 매우 악화되어 누적으로 거액의 결손이 발생하여 3년 이상 영업이 정지되고 경영개선계획을 회복할

구 분	내 용
	수 없는 경우 • 피투자회사에 대해 지배권이 없고 투자기간 종료시 또는 투자기간이 10년 이상 초과하고 피투자회사가 연속 3년 동안 결손이 발생하여 부채초과상태인 경우 • 피투자회사의 재무상태가 매우 악화되어 거액의 결손이 발생하여 이미 청산이 완료되었거나 청산기간이 3년 이상인 경우 • 국무원의 재정, 세무 주관부문이 규정한 기타의 조건 • 장기주식투자손실은 실제 발생할 때 영업외비용으로 계상하고 동시에 장기주식투자의 장부가액에서 차감한다.

⑥ 유형자산(固定资产)

• 유형자산의 개념

유형자산은 소기업이 제품생산, 용역제공, 임대 또는 경영관리를 위하여 보유하고 있는 것으로서 내용연수가 1년을 초과하는 유형의 자산으로서 건축물, 기계장치, 차량운반구, 설비, 기구, 공구 등을 포함한다(제27조).

• 유형자산의 인식기준

유형자산은 취득원가로 인식하여야 한다(제28조).

구 분	인 식 기 준
취득할 경우	취득가액, 세금과공과, 운반비, 보험료 및 설치비를 포함하며, 다량 취득한 유형자산은 각 유형자산 또는 동일한 자산의 시장가격이나 평가가액을 기준으로 배부하여 확정한다.
자체 제작한 경우	해당 자산을 제작하면서 준공결산 전까지 발생한 지출(차입원가 포함)을 포함하며, 시운전 과정 중 발생한 제품, 부산품 또는 시운전수입은 건설중인자산의 원가에서 차감한다.
현물출자한 경우	현물출자한 경우에는 평가가액과 부대비용을 포함한다.
금융리스자산의 경우	리스계약에 약정된 지급총액과 리스계약 체결과정에서 발생한 부대비용 등을 포함한다.
부외 유형자산의 경우	동종 또는 유사 유형자산의 시장가격 또는 평가가액에서 기간경과를 감안한 상각누계액을 차감한 잔액으로 한다.

• 감가상각

• 모든 유형자산에 대해서 감가상각을 하여야 하며, 상각이 완료되었으나 계속 사용하고 있는 유형자산 및 별도로 계상한 토지는 상각할 수 없다.
• 유형자산의 감가상각비는 수익대상에 따라 관련 자산의 원가 또는 손익에 계상하여야 한다.
• 감가상각비는 유형자산의 내용연수 동안 일정한 방법으로 상각대상액에 대해 비용을 배분하는 것을 말한다.

구 분	정 의
상각대상액	상각하여야 할 유형자산의 취득원가에서 예상 잔존가액을 차감한 후의 잔액
예상 잔존가액	유형자산의 내용연수가 경과한 뒤 유형자산의 처분대가에서 처분비용을 차감한 후의 순실현가능가액
상각이 완료된 경우	유형자산의 상각대상액을 모두 상각할 경우(제29조)

• 감가상각방법

구 분	상 각 방 법
감가상각방법	원칙 : 정액법 예외 : 기술진보 등의 원인으로 가속상각이 필요한 경우에는 이중체감법이나 연수합계법을 적용할 수도 있다(제30조).
내용연수와 잔존가액의 결정	유형자산의 성질과 사용상황에 따라 세법의 규정을 고려하여 내용연수와 예상 잔존가액을 결정하여야 한다(제30조).
계속적용의 원칙	유형자산의 상각방법, 내용연수, 예상 잔존가액을 한번 정하면 임의로 변경할 수 없다(제30조).
월할상각	당월에 증가한 유형자산은 취득한 달에는 상각하지 않고 익월부터 상각을 개시하고 당월에 처분한 유형자산은 처분한 달까지 상각하고 익월부터는 상각하지 아니한다(제31조).
수익적지출	수익적지출은 발생시에 유형자산의 수익대상에 따라 관련 자산의 원가 또는 당기 손익에 계상한다(제32조).
자본적지출	일반적인 개축 : 유형자산의 원가에 계상하고, 상각이 완료된 유형자산과 운용리스로 리스한 유형자산에 발생한 개축은 장기이연비용으로 처리한다.

구 분	상 각 방 법
	전항에서 말하는 유형자산의 개축은 건축물의 구조를 변경하거나 내용연수를 연장하는 지출을 말한다(제33조).
유형자산을 처분할 경우	처분대가에서 장부가액과 부대비용 및 처분비용을 차감한 후의 잔액을 영업외수익 또는 영업외비용으로 처리한다. 유형자산의 장부가액은 유형자산의 취득원가에서 상각누계액을 차감한 후의 잔액을 말한다. 실물이 없는 유형자산에서 발생된 손실은 영업외비용으로 처리한다(제34조).

⑦ 생산성 생물자산(生产性生物资产)

생산성 생물자산은 소기업(농, 임, 목, 어업)이 농산품의 생산, 용역제공 또는 임대 등의 목적으로 보유하고 있는 생물자산을 말하며, 경제림, 신탄림, 가축 등을 말하며 취득원가의 인식기준은 다음과 같다(제35조 및 제36조).

구 분	인 식 기 준
외부에서 구입한 생산성 생물자산	취득원가와 부대비용에 따라 확정한다.
직접 조림한 목재류 생산성 생물자산	예정 사업목적에 도달할 때까지 발생된 조림비, 육성비, 조림시설비, 우량종 시험비, 조사설계비와 간접비용 등의 필요비용을 포함한다.
직접 번식한 가축	예정 사업목적에 도달할 때까지 발생된 사료비, 인건비와 간접비용 등의 필요비용을 포함한다.

위의 표에서 '예정 사업목적에 도달하는 것'이란 생산성 생물자산이 정상적인 생산기에 접어들어서 수년간 연속해서 안정적으로 농산품의 생산, 용역의 제공 및 임대할 수 있는 것을 말한다.

생산성 생물자산에 대한 상각은 다음과 같다.

구 분	내 용
상각방법	정액법(제37조)
내용연수 및 잔존가액	생산성 생물자산의 성질과 사용상황에 따라 세법의 규정을 고려하여 합리적으로 결정하여야 한다.

구 분	내 용
계속 적용	생산성 생물자산의 감가상각방법, 내용연수, 잔존가액을 한 번 결정하면 임의로 변경할 수 없다.
상각대상기간	업무에 사용한 다음 달부터 상각하며, 사용을 중지한 익월부터 상각을 중지하여야 한다.

⑧ 무형자산(无形资产)

• 개념

무형자산은 소기업이 제품 생산, 용역 제공, 임대용 또는 경영관리를 목적으로 보유하고 있는 것으로서 무형의 비화폐성자산을 말하며, 토지사용권, 특허권, 상표권, 저작권, 비특허기술 등을 포함한다(제38조).

직접 건축물을 건설하는 경우 관련된 토지사용권과 건축물은 구분하여 회계처리하여야 한다.

토지 및 건축물을 동시에 구입하면서 지급한 대가는 합리적인 방법으로 건축물과 토지사용권에 배분하여야 하며, 합리적으로 배분할 수 없는 경우에는 모두 유형자산으로 처리하여야 한다.

• 인식기준

무형자산은 취득원가로 인식하여야 한다(제39조).

구 분	인 식 기 준
외부에서 구입한 무형자산	구입대가, 세금과공과 및 기타 부대비용(차입원가 포함)을 포함한다.
현물출자한 무형자산	평가가액과 관련 부대비용으로 확정한다.
직접 개발한 무형자산	자본화조건을 갖춘 후부터 예정용도에 다다르기 전까지 발생한 지출(차입원가 포함)을 포함한다.

• 개발비

직접 무형자산을 개발하면서 발생한 비용은 동시에 아래의 조건을 갖출 경우 무형자산으로 인식할 수 있다(제40조).

- 해당 무형자산을 완성한 후 사용 또는 판매할 때 기술적으로 타당성을 지니고 있을 것
- 해당 무형자산을 완성하고 사용 또는 판매할 의도가 있을 것
- 해당 무형자산으로 생산한 제품 또는 무형자산의 시장이 있다는 것을 증명할 수 있어야 하며, 무형자산이 내부에서 사용되는 경우에는 유용하다는 것을 증명할 수 있을 것
- 기술, 재무자원과 기타 자원의 충분한 지원이 있어서 무형자산의 개발을 완성하여 해당 무형자산을 사용 또는 판매할 수 있을 것
- 해당 무형자산의 개발단계에서의 지출을 신뢰성 있게 측정할 수 있을 것

• 상각

무형자산은 내용연수에 따라 정액법으로 상각하여야 하며, 관련 자산의 원가 또는 당기손익으로 인식하여야 한다(제41조).

무형자산의 상각기간은 사용을 개시할 때부터 사용을 정지하거나 양도할 때까지이다. 관련 법률의 규정 또는 계약에서 사용기간을 정할 경우에는 그 기간 동안 상각을 실시한다.

소기업이 무형자산의 내용연수를 신뢰성 있게 측정할 수 없는 경우 그 내용연수는 10년보다 작을 수 없다.

• 처분

무형자산의 처분은 처분대가에서 장부가액과 부대비용을 차감한 후의 잔액을 영업외수익 또는 영업외비용으로 처리한다(제42조).

⑨ 장기이연비용(长期待摊费用)

장기이연비용은 이미 상각이 완료된 유형자산의 개축비용, 운용리스한 유형자산의 개축비용, 유형자산의 대수리지출과 기타 장기이연비용 등을 포함한다(제43조).

'유형자산의 대수리지출'은 동시에 아래의 조건에 해당하는 지출을 말한다.

- 수리지출금액이 유형자산 취득시의 과세기초가액의 50% 이상인 경우
- 수리 후 유형자산의 수명이 2년 이상 연장될 것

장기이연비용은 상각기간 동안 정액법으로 상각하여야 하며, 수익대상에 따라 관련자산의 취득원가 또는 관리비용으로 처리하고 장기이연비용에서 차감한다(제44조).

- 이미 상각이 완료된 유형자산의 개축비용은 유형자산의 예상 내용연수에 따라 상각한다.
- 운용리스한 유형자산의 개축비용은 계약서에 약정된 잔여 리스기간 동안 상각한다.
- 유형자산의 대수리지출은 유형자산의 예상 내용연수에 따라 상각한다.
- 기타 장기이연비용은 지출이 발생한 달의 익월부터 상각하며 상각기간은 3년보다 작을 수 없다.

5) 부채의 회계처리

부채는 과거의 거래 또는 사건으로 형성되어 장래 경제이익의 유출이 발생할 것으로 예상되는 현재의 의무를 말하며, 부채는 유동성에 따라 유동부채와 비유동부채로 나눈다(제45조).

(1) 유동부채(流动负债)

유동부채는 1년 내 또는 1년을 초과하는 영업주기 내에 상환하여야 하는 채무를 말하며, 유동부채는 단기차입금, 매입채무, 선수금, 미지급급여, 미지급세금, 미지급이자 등을 포함한다(제46조).

유동부채는 실제 발생액에 따라 인식하여야 하며, 유동부채로 인식한 부채 중에서 상환할 필요가 없는 매입채무는 영업외수익으로 인식하여야 한다(제47조).

(2) 미지급이자(应付利息)

단기차입금은 차입원금과 차입약정서상의 이율에 따라 계산한 기간경과분 이자를 미지급비용과 이자비용을 계상하고 재무비용으로 처리한다(제48조).

(3) 미지급급여(应付职工薪酬)

급여는 종업원에게 지급하는 각종 형식의 보수와 기타 지출을 말하며 다음을 포함한다(제49조).

- 종업원 급여, 상여금, 수당 및 보조금 등
- 종업원 복리후생비
- 의료보험비, 양로보험비, 실업보험비, 공상보험비와 생육보험비 등 사회보험비
- 주택적립금
- 노동조합경비와 종업원 교육경비
- 비화폐성 복리비
- 종업원과의 노동계약 해지로 지급하는 보상금
- 기타 종업원이 제공하는 용역의 제공과 관련 있는 지출 등

종업원이 업무를 제공한 회계기간 동안 지급하여야 할 급여를 미지급급여로 인식하고 원가대상에 따라 아래와 같이 회계처리한다(제50조).

구 분	회 계 처 리
제품생산 및 용역제공으로 부담하여야 하는 종업원급여	매출원가 또는 용역원가로 처리
건설중인자산, 무형자산의 개발항목으로 부담하는 종업원급여	유형자산 또는 무형자산의 원가로 처리
기타 종업원보수(계약해지로 종업원에게 부담하는 경제보상금 포함)	당기 손익으로 처리

(4) 비유동부채(非流动负债)

- 비유동부채는 유동부채 이외의 부채를 말하며, 장기차입금, 장기미지급금 등을 포함한다(제51조).
- 비유동부채는 실제 발생액에 따라 계상한다(제52조).
- 장기차입금의 원금과 차입계약서의 금리에 따라 계산한 기간경과분 이자를 미지급비용과 이자비용으로 인식하고 차입금의 성격에 따라 자산의 원가 또는 재무비용으로 처리한다(제51조).

6) 자본의 회계처리

자본은 자산총계에서 부채총계를 차감한 후 주주(출자자)가 누리는 잔여지분을 말하며, 자본에는 실수자본(자본금), 자본잉여금, 이익잉여금 및 미처분이익잉여금

등이 있다(제53조).

(1) 자본금(实收资本)

자본금은 투자자가 계약서의 약정 또는 규정에 따라 투자하여 자본금(注册资本)이 되는 부분을 말하며 현물출자형식으로 투자를 받을 경우에는 자본금에 해당하는 부분은 자본금으로 처리하고 이를 초과하는 부분은 자본잉여금으로 처리한다(제54조).

(2) 자본잉여금(资本公积)

자본잉여금은 투자자로부터 자본금을 초과하여 투자를 받은 부분을 말하며, 자본잉여금을 자본금으로 전환할 경우에는 자본잉여금을 감소시키며, 자본잉여금은 결손금 보전에 사용될 수 없다(제55조).

(3) 이익잉여금(盈余公积)

이익잉여금은 세후순이익에서 법률의 규정에 따라 적립한 각종 법정적립금과 임의적립금을 말한다.

이익잉여금으로 이월결손금을 보전하거나 무상증자를 할 수 있으며, 적립된 이익잉여금으로 사업규모를 확장하는데 사용할 수 있다(제56조).

(4) 미처분이익잉여금(未分配利润)

미처분이익잉여금은 소기업이 실현한 순이익에서 이월결손금의 보전, 법정적립금과 임의적립금의 적립 및 배당을 실시하고 기업에 유보되어 있는 것으로서 매년 이월되는 이익을 말한다(제57조).

자본의 회계용어 비교

중국과 한국의 자본에 대한 용어를 비교하면 다음과 같다.

한 국	중 국	비 고
자 본	所有者权益	Stockholders' Equity의 번역
자 본 금	实收资本	

자본잉여금	资本公积	
이익잉여금	盈余公积	각종 목적으로 적립된 이익잉여금
미처분이익잉여금	未分配利润	

7) 수입의 회계처리

(1) 수입의 개념(收入)

수입은 사업활동을 하면서 취득한 것으로 자본의 증가를 가져오는 것으로서 주주가 투자한 자본과는 무관한 경제이익의 총유입을 말하며, 상품매출액 또는 용역제공수입을 포함한다(제58조).

(2) 매출액(销售商品收入)

① 매출액의 인식시기

매출액은 상품(제품, 원재료 등을 포함)을 판매하고 취득한 수입을 말하며, 통상적으로 상품을 발송하고 대가를 수령하거나 대금수취증빙을 받을 때 상품매출액을 인식한다(제59조).

구 분	수 입 인 식 시 기
추심결제방식	추심결제의 절차를 거쳤을 때 수입을 인식한다.
선금을 받을 경우	상품을 발송할 때 수입을 인식한다.
할부방식에 의할 경우	계약에 약정된 대금 수입시기에 수입을 인식한다.
설치와 검수가 필요할 경우	구매자가 상품을 수령하고 설치 및 검수가 완료될 때 수입을 인식하며, 설치작업이 비교적 간단한 경우에는 상품을 발송할 때 수입을 인식할 수 있다.
위탁판매할 경우	위탁판매 명세서를 받을 때 수입을 인식한다.
공동생산방식으로 취득할 경우	생산품을 나눌 때 생산품의 시장가격 또는 평가가액으로 상품매출액을 인식한다.

② 매출액의 인식기준

할부계약서 또는 협의된 대가에 따라 구매자로부터 받았거나 받아야 할 금액을 매출액으로 인식하여야 한다(제60조, 제61조).

구 분	수 입 인 식 금 액
매출할인이 있을 경우	총액으로 상품 매출액을 인식하고 실제 매출할인이 발생할 때 당기 손익으로 인식한다.
매출에누리가 있을 경우	매출에누리를 차감한 후의 금액으로 상품 매출액을 인식한다.
매출환입이 발생할 경우	매출환입이 발생할 때 당기 상품 매출액에서 차감한다.
반품이 발생할 경우	반품이 발생할 때 당기 상품 매출액에서 차감한다.

위의 표에서의 매출할인은 채무자가 일정한 기간 내에 대금을 지급하도록 채권자가 채무자에게 제공한 채무의 할인을 말하며, 매출에누리는 상품의 판매를 촉진하도록 상품 가격에 에누리를 해주는 것을 말한다.

위의 표에서의 매출환입은 판매한 상품의 품질, 품종이 요구와 맞지 않는 등의 이유로 환입되는 것을 말하며, 반품이란 소기업이 판매한 상품의 품질이 불합격 등의 원인으로 판매한 기업에게 돌려보내는 것을 말한다.

(3) 용역수입(服务收入)

① 용역수입의 종류

용역수입은 건축설비, 수리수선, 교통운수, 창고임대, 우정통신, 자문중개, 문화체육, 과학연구, 기술용역, 교육훈련, 중개대리, 위생보건, 사회용역, 음식, 숙박, 오락, 가공 및 기타 용역을 제공하고 취득한 수입을 말한다(제62조).

② 용역수입의 인식기준

용역의 종류 및 제공기간에 따라 다음과 같이 수입을 인식한다(제63조).

구 분	수 입 인 식 금 액
완성기준에 의하는 경우	동일한 회계연도 내에 시작하고 완성하는 경우에는 용역제공을 완성하고 대금 또는 대금을 받을 증빙을 받을 때 용역수입을 인

구 분	수 입 인 식 금 액
	식한다.
진행기준에 의하는 경우	용역의 제공과 완성이 다른 회계연도에 속할 경우, 재무상태표일에 용역수입의 총액에 진행율을 곱한 후 전기에 인식한 용역수입을 차감한 후의 금액이 당기에 인식할 용역수입이 된다.

③ 수입의 구분

외부와 체결한 계약 또는 협의에 상품의 판매와 용역제공을 포함할 경우 상품판매와 용역 제공의 부분을 구분할 수 있고 개별적으로 측정할 수 있는 경우에는 구분하여 각각 상품 판매와 용역 제공으로 처리하며, 구분할 수 없거나 구분하더라도 개별적으로 측정할 수 없는 경우에는 상품 판매로 보아 처리한다(제64조).

8) 비용의 회계처리

비용은 사업활동 중에서 발생하여 소유자권익의 감소를 가져오는 것으로서 배당과 무관한 경제이익의 총지출을 말하며, 비용은 매출원가, 매출세금 및 부가, 판매비용, 관리비용, 재무비용 등을 포함한다(제65조).

구 분	내 용
매출원가 (营业成本)	소기업이 판매한 상품의 원가와 제공한 용역의 원가를 말한다.
영업세금 및 부가 (营业税金及附加)	사업활동과정에서 부담하는 소비세, 성시유호건설세, 자원세, 토지증치세, 성진토지사용세, 방산세, 차량선박세, 인지세 및 교육비부가 등을 포함한다.
판매비용 (销售费用)	상품 판매 또는 용역 제공 과정에서 발생한 판매부서의 인건비, A/S비용, 운반비, 상하차비, 포장비, 보험료, 광고비, 접대비, 전시비 등의 비용을 포함한다. 도소매업의 상품 구매과정에서 발생한 비용(운반비, 포장비, 보험료, 합리적인 감손 등)은 판매비용이 된다.
관리비용 (管理费用)	사업활동을 조직 및 관리하면서 발생한 개업비, 감가상각비, 수리비, 사무비용, 수도전기료, 출장비, 관리부서의 인건비, 접대

구 분	내 용
	비, 연구비용, 기술양도비, 장기이연비용의 상각, 재산보험료, 지급수수료 등을 포함한다.
재무비용 (财务费用)	자금조달과정에서 발생한 이자비용(이자수입 차감), 외환차손, 은행수수료, 매출할인 등의 비용을 포함한다.

통상적으로 비용은 발생할 때 당기 손익으로 인식하여야 하며, 상품판매수입과 용역제공수입을 이미 인식한 경우에는 이에 대응하는 매출원가를 당기 손익으로 인식하여야 한다(제66조).

도소매업의 취득부대비용

소기업회계준칙에서는 상품의 취득부대비용을 판매비용으로 처리하도록 규정하고 있어 한국과 차이를 보이고 있다.

9) 순이익의 회계처리

(1) 순이익의 구분

순이익은 일정 회계기간 동안의 영업성과로서 영업이익, 세전순이익과 세후순이익이 있다(제67조).

구 분	중국어	설 명
영업이익	营业利润	매출액에서 매출원가, 세금 및 판매비용, 관리비용, 재무비용을 차감하고 투자수익을 가산한 후의 금액이다.
세전순이익	会计总利润	영업이익에서 영업외수익을 가산하고 영업외비용을 차감한 후의 금액이다.
당기순이익	净利润	당기순이익은 세전순이익에서 기업소득세를 차감한 후의 잔액이다

여기서 매출액은 상품 판매 또는 용역의 제공으로 취득한 수입총액을 말하며, 투자수익은 기업이 지분투자를 하여 받은 현금배당금, 채권투자로 받은 이자수입 및 주식과 채권의 처분가액에서 장부가액과 관련 세금을 공제한 금액이 된다.

(2) 영업외수익

영업외수익은 비경상적인 사업활동으로 취득한 것으로 당기 손익에 반영하여 소유자권익의 증가를 가져오면서 투자자가 투자한 자본과는 무관한 경제이익의 순유입을 말한다(제68조).

- 영업외수익은 비유동자산처분이익, 정부보조, 수증이익, 재고차익, 외환차익, 포장물과 상품의 임대수입, 포장물 보증금 환입이익, 채무면제이익, 상각채권추심이익 및 위약금수입 등이 있다.
- 통상적으로 영업외수익은 실현할 때 현금수입액으로 당기 손익에 계상한다.

(3) 정부보조

정부보조는 소기업이 정부로부터 무상으로 취득한 화폐성 및 비화폐성자산을 말하며, 정부가 소기업의 소유자를 위하여 투입한 자본은 제외한다(제69조).

구 분	회 계 처 리
자산 등 현물로 정부보조를 받을 경우	이연수입으로 계상하고 관련 자산의 내용연수 동안 평균적으로 배분하여 영업외수익으로 계상한다.
기타의 정부보조를 받은 경우	이후 기간의 관련 비용 또는 결손을 보전하는 경우에는 이연수입으로 계상하여 관련 비용 또는 결손이 발생하는 기간에 영업외수익으로 처리하고, 이미 발생된 관련 비용 또는 결손을 보전할 경우 직접 영업외수익으로 계상한다.
인식기준	화폐성자산으로 정부보조를 받는 경우에는 수령한 금액으로 측정하고, 비화폐성자산으로 정부보조를 받은 경우 정부가 관련 증빙을 제출하는 경우에는 증빙에 명시된 금액으로 하고, 정부가 관련 증빙을 제출하지 않는 경우에는 동종 또는 유사 자산의 시장가격이나 평가가격으로 한다.

- 기업소득세, 증치세(수출환급 제외), 소비세 등을 선징수하고 후환급받는 경우 환급받을 때 영업외수익으로 처리한다.

(4) 영업외비용

영업외비용은 소기업이 비경상적인 사업활동과정에서 발생하여 당기 손익으로 인식하여야 하는 것으로서 자본의 감소를 가져오는 경제적이익의 순유출을 말한다(제70조).

- 영업외비용에는 재고자산의 감모손실, 훼손, 폐기손실, 비유동자산처분손실, 회수가 불가능한 장기채권투자손실 및 장기지분투자손실, 자연재해 등 불가항력으로 발생된 손실, 세액가산금, 벌금, 재산의 몰수손실, 기부금, 찬조지출 등이 있다.
- 통상적으로 영업외비용은 발생할 때 발생금액에 따라 당기 손익에 계상한다.
- 기업소득세법의 규정에 따라 납부하여야 할 세액을 소득세비용으로 인식하며, 세전순이익에서 기업소득세법의 규정에 따라 세무조정을 하여 소득금액을 계산하고 세율을 적용하여 당기 납부세액을 계산한다(제71조).
- 당기순이익에서 과거의 결손금을 상계한 후의 이익잉여금은 배당할 수 있으며, 배당할 때에는 회사법에서 규정하는 법정적립금과 임의적립금을 먼저 적립하여야 한다(제72조).

10) 외환업무

외환업무에는 외화거래와 재무제표의 외화환산이 있다.

(1) 외화거래(外币交易)

외화거래는 외화로 거래하거나 결산하는 거래를 말하며, 외화로 상품 또는 용역을 구매하거나 판매하는 경우, 외화자금으로 차입 또는 대출하거나, 기타 외화로 거래하거나 결산하는 거래를 포함한다.

'외화'란 기장통화 이외의 화폐를 말하며, 기장통화는 사업활동이 소재하고 있는 주요 경제환경에서의 화폐를 말한다(제74조).

소기업은 인민폐를 기장통화로 하여야 한다. 업무의 수지를 인민폐 이외의 화폐로 하는 소기업은 그 중 한 종류의 화폐를 기장통화로 선택하여야 하며, 재무제표를 작성할 때에는 인민폐로 환산하여야 한다.

소기업이 기장통화를 한번 정하면 임의로 변경할 수 없으며, 소기업이 처한 주요 경제환경에 중대한 변화가 있는 경우에는 예외로 한다.

소기업이 처한 주요 경제환경의 중대한 변화로 인하여 기장통화를 변경할 필요가 있는 경우에는 모든 항목을 변경당일의 현행환율로 환산하여 변경 후의 기장통화로 변경하여야 한다.

전항에서 말하는 현행환율은 중국인민은행이 공포한 당일의 인민폐 환율표에서의 기준환율을 말한다(제75조).

소기업은 외화거래에 대해 외화금액을 기장통화로 환산하여야 한다.

외화거래를 처음 인식할 때에는 거래가 발생한 날의 현행환율로 환산할 수도 있고 거래가 발생한 연도의 평균환율로 환산할 수도 있다.

투자자로부터 외화로 투자를 받을 때에는 거래발생일의 현물환율로 환산하여야 하며, 계약상의 약정환율 또는 거래가 발생한 연도의 평균환율로 할 수 없다(제76조).

(2) 외화환산(外币折算)

재무제표일에 화폐성항목과 비화폐성항목으로 각각 구분하여 회계처리를 하여야 한다.

구 분	회 계 처 리
화폐성 외화항목	재무제표일의 현행환율로 환산하여 장부가액과의 차액은 당기손익으로 처리한다.
비화폐성 외화항목	거래발생일의 현행환율로 환산하고 그 기장통화의 금액을 변경하지 아니한다.

화폐성항목은 화폐성자산과 화폐성부채로 나눌 수 있는데, 화폐자금 또는 미래에 고정 또는 예측가능한 금액으로 회수할 자산 또는 상환할 부채를 말한다.

구 분	종 류
화폐성자산	현금시재, 제예금, 매출채권, 미수금, 대출금 등
화폐성부채	단기차입금, 매입채무, 미지급금, 장기차입금, 장기미지급금 등

비화폐성항목은 화폐성항목 이외의 것으로서 재고자산, 장기주식투자, 유형자산 무형자산 등이 있다(제77조).

외화재무제표에 대하여 환산할 때에는 재무제표일의 현행환율로 외화 재무상태표, 손익계산서와 현금흐름표의 모든 항목에 대하여 환산하여야 한다(제78조).

11) 재무제표

재무제표는 한 기업의 재무상태, 경영성과와 현금흐름을 나타내는 표를 말하며 아래와 같은 것이 있다(제79조).

한 국	중 국	비 고
재무상태표	资产负债表	자산과 부채를 나타내는 표
손익계산서	利润表	이윤(당기순이익)의 현황을 나타내는 표
현금흐름표	现金流量表	현금의 유량을 나타내는 표
주석	附注	

(1) 재무상태표(资产负债表)

재무상태표는 특정 시기의 재무상태를 나타내는 표로서, 자산은 유동자산과 비유동자산의 합계를 포함하고, 부채는 유동부채와 비유동부채의 합계를 포함하며, 자본은 자본총계를 포함한다(제80조).

「소기업회계준칙」에서의 재무상태표 양식을 나타내면 다음과 같다.

재무상태표(资产负债表)

会小企01表

编制单位： 年 月 日 单位：元

중 국	한 국	중 국	한 국
资 产	자산	负债和所有者权益	부채 및 자본
流动资产：	유동자산	流动负债：	유동부채
货币资金	화폐자금	短期借款	단기차입금
短期投资	단기투자	应付票据	지급어음
应收票据	받을어음	应付账款	외상매입금
应收账款	외상매출금	预收账款	선수금
预付账款	선급금	应付职工薪酬	미지급급여
应收利息	미수수익	应交税费	미지급세금
其他应收款	기타미수금	应付利息	미지급이자
存货	재고자산	应付利润	미지급배당금
其中：原材料	원재료	其他应付款	기타미지급금
在产品	재공품	其他流动负债	기타유동부채
库存商品	상품	流动负债合计	유동부채 합계
其他流动资产：	기타유동자산	非流动负债：	비유동부채
流动资产合计	유동자산 합계	长期借款	장기차입금
非流动资产	비유동자산	长期应付款	장기미지급금
长期股权投资	장기주식투자	递延收益	이연수입
固定资产原价	유형자산 취득원가	其他非流动负债	기타비유동부채
减：累计折旧	감가상각누계액	非流动负债合计	비유동부채 합계
固定资产账面价值	유형자산 장부가액	负债合计	부채총계
在建工程	건설중인자산		
固定资产清理	매각중인 유형자산	所有者权益：	자본
生产性生物资产	생산성 생물자산	实收资本(或股本)	자본금
无形资产	무형자산	资本公积	자본잉여금

중　국	한　국	중　국	한　국
开发支出	연구개발비	盈余公积	이익잉여금
长期待摊费用	장기이연비용	未分配利润	미처분이익잉여금
其他非流动资产	기타비유동자산	所有者权益合计	자본총계
资产总计	자산총계	负债和所有者权益(或股东权益)总计	부채 및 자본총계

(2) 손익계산서(利润表)

손익계산서(利润表)는 일정 회계기간 동안의 소기업의 경영성과를 나타내는 재무제표이며, 비용은 그 성격에 따라 매출원가, 영업세금 및 부가, 판매비용, 관리비용, 재무비용 등으로 구분한다(제81조).

손익계산서(利润表)

会小企02表

编制单位： 年 月 单位：元

중　국	한　국	本期金额	上期金额
一、营业收入	Ⅰ. 영업수입(매출액)		
减：营业成本	차감：매출원가		
营业税金及附加	영업세금 및 부가		
其中：消费税	소비세		
营业税	영업세		
城市维护建设税	성시유호건설세		
资源税	자원세		
土地增值税	토지증치세		
城镇土地使用税、房产税、车船税、印花税	성진토지사용세, 재산세, 차량선박세, 인지세		
教育费附加、矿产资源补偿费、排污费	교육비부가, 광산자원보상비, 오수처리비		

중 국	한 국	本期金额	上期金额
销售费用	판매비용		
其中：商品维修费	상품 A/S비용		
广告费和业务宣传费	광고선전비		
管理费用	관리비용		
其中：开办费	개업비		
业务招待费	접대비		
研究费用	연구개발비		
财务费用	재무비용		
其中：利息费用(收入以“－”号填列)	이자비용		
加：投资收益(损失以“－”号填列)	가산：투자수익		
二、营业利润	Ⅱ. 영업이익		
加：营业外收入	가산：영업외수익		
其中：政府补助	정부보조		
减：营业外支出	차감：영업외비용		
其中：坏账损失	대손상각		
无法收回的长期债券投资损失	회수 불가능한 채권투자손실		
无法收回的长期股权投资损失	회수 불가능한 지분투자손실		
自然灾害等不可抗力因素造成的损失	자연재해 등 불가항력으로 인한 손실		
税收滞纳金	체납세액		
三、利润总额(亏损总额以“－”号填列)	Ⅲ. 법인세비용차감전순이익		

중 국	한 국	本期金额	上期金额
减：所得税费	차감：법인세비용		
四、净利润	Ⅳ. 당기순이익		

(3) 현금흐름표(现金流量表)

현금흐름표는 일정 회계기간 동안의 현금유입과 현금유출 상황을 나타내는 재무제표이며, 영업활동, 투자활동, 재무활동으로 구분하여 현금흐름을 나타낸다. 현금흐름은 현금유입과 현금유출의 총액으로 표시한다(제82조).

현금흐름표에서의 현금은 소기업의 현금시재와 현금화가 가능한 제예금 및 기타 화폐자금을 포함한다.

현금흐름표(现金流量表)

会小企03表

编制单位： 年 月 单位：元

중 국	한 국	本期金额	上期金额
一、经营活动产生的现金流量：	Ⅰ. 경영활동으로부터 조달된 현금흐름：		
销售产成品、商品、提供劳务收到的现金	제품, 상품의 판매 및 용역제공으로 받은 현금		
收到其他与经营活动有关的现金	기타 경영활동과 관련되어 받은 현금		
购买原材料、商品、接受劳务支付的现金	원재료와 상품의 구매, 용역을 제공받아 지급한 현금		
支付的职工薪酬	종업원급여로 지급한 현금		
支付的税费	세금과 공과로 지급한 현금		
支付其他与经营活动有关的现金	기타 경영활동과 관련되어 지급한 현금		
经营活动产生的现金流量净额	경영활동으로부터 조달된 순현금흐름		

중　국	한　국	本期金额	上期金额
二、投资活动产生的现金流量：	Ⅱ. 투자활동으로 조달된 현금흐름		
收回短期投资、长期债券投资和长期股权投资收到的现金	단기투자, 장기채권투자 및 장기지분투자를 회수함으로 받은 현금		
取得投资收益收到的现金	투자수익으로 받은 현금		
处置固定资产、无形资产和其他非流动资产收回的现金净额	유형자산, 무형자산 및 기타 비유동자산을 처분하고 받은 현금		
短期投资、长期债券投资和长期股权投资支付的现金	단기투자, 장기채권투자 및 장기지분투자로 지급한 현금		
购建固定资产、无形资产和其他非流动资产支付的现金	유형자산, 무형자산 및 기타 비유동자산을 취득하고 지급한 현금		
投资活动产生的现金流量净额	투자활동으로부터 조달된 순현금흐름		
三、筹资活动产生的现金流量：	Ⅲ. 재무활동으로부터 조달된 현금흐름		
取得借款收到的现金	자금의 차입으로 조달된 현금		
吸收投资者投资收到的现金	유상증자로 조달된 현금		
偿还借款本金支付的现金	차입금을 상환하여 지급된 현금		
偿还借款利息支付的现金	차입금이자로 지급된 현금		
分配利润支付的现金	배당금으로 지급된 현금		
筹资活动产生的现金流量净额	재무활동으로 조달된 순현금흐름		
四、现金净增加额	Ⅳ. 현금순증가액		

① 영업활동으로 인한 현금흐름

영업활동은 투자활동과 재무활동 이외의 모든 거래와 사건을 말하며, 아래의 정보를 반영하는 항목으로 표시하여야 한다(제83조).

- 제품 또는 상품의 판매와 용역의 제공으로 받은 현금
- 원재료와 상품의 구매, 용역을 제공받아 지급한 현금
- 지급한 종업원급여
- 지급한 영업세금 및 부가

② 투자활동으로 인한 현금흐름

투자활동은 유형자산, 무형자산, 기타비유동자산의 취득과 단기투자, 장기채권투자, 장기주식투자의 처분활동을 말하며 아래의 정보를 반영하는 항목으로 표시한다(제84조).

- 단기투자, 장기채권투자 및 장기주식투자를 회수하고 받은 현금
- 투자수익을 취득하여 받은 현금
- 유형자산, 무형자산 및 기타비유동자산을 처분하여 받은 현금
- 단기투자, 장기채권투자 및 장기주식투자를 하여 지급한 현금
- 유형자산, 무형자산 및 기타비유동자산을 취득하여 지급한 현금

③ 재무활동으로 인한 현금흐름

재무활동은 자본 및 부채의 규모와 구성에 변화를 가져오는 활동을 말하며, 아래의 정보를 반영하는 항목으로 표시한다(제85조).

- 차입으로 조달된 현금
- 투자자로부터 투자를 받아 조달된 현금
- 차입금 원금을 상환하면서 지급한 현금
- 차입금 이자를 상환하면서 지급한 현금
- 배당을 실시하면서 지급한 현금

④ 주석(附注)

주석은 재무상태표, 손익계산서 및 현금흐름표 등 재무제표에 나타낸 항목에 대한 보충설명 및 재무제표에 나타낼 수 없는 설명 등을 말하며, 아래와 같은 순서대

로 공시한다(제86조).

- 「소기업회계준칙(小企业会计准则)」을 준수한다는 내용
- 단기투자, 매출채권, 재고자산, 유형자산의 설명
- 미지급급여, 미지급세금 항목의 설명
- 이윤분배의 설명
- 외부에 담보로 제공된 자산의 내용, 장부가액 및 그 원인 및 소송 중인 사건, 중재 중인 사건 및 담보로 제공된 자산에 관련된 금액
- 중대한 결손이 발생한 경우 계속경영의 계획 및 미래 경영계획을 공시하여야 한다.
- 재무상태표, 손익계산서 중에 열거된 항목과 기업소득세법의 규정에 차이가 있는 납세조정과정
- 기타 주석에서 설명이 필요한 사항

⑤ 작성기준

실제 발생한 거래 및 사건에 따라 본 준칙의 규정에 따라 인식하고 측정하여야 하며 재무제표는 월별 또는 분기별로 작성하여야 한다(제87조).

⑥ 전진법의 적용(未来适用法)

- 회계정책의 변경, 회계추정의 변경 및 회계오류의 수정에 대해서는 전진법을 적용하여 회계처리하여야 한다.
- 전진법은 변경 후의 회계정책과 회계추정을 변경일 및 이후에 발생된 거래 또는 사건에 적용하는 것을 말하며, 회계오류의 발생 또는 발견시 오류를 수정하는 방법을 말한다(제88조).

구 분	설 명
회계정책의 변경(会计政策变更)	회계인식, 측정 및 보고에 있어서 채택한 원칙, 기초와 정책을 변경하는 것을 말한다.
회계추정의 변경(会计估计变更)	자산과 부채의 현재 상황 및 미래 경제이익과 의무에 변화가 발생하여 자산과 부채의 장부가액 또는 자산의 정기적인 사용금액에 대해 조정하는 것을 말한다.
전기오류수정(会计差错更正)	계산 착오, 회계정책의 착오, 회계추정의 착오 등을 포함한다.

12) 부칙

- 중소기업 분류 기준에서 규정하는 소형기업에 해당하는 기업은 본 준칙을 참조하여 적용한다(제89조).
- 본 준칙은 2013년 1월 1일부터 시행한다. 이와 동시에 재정부가 2004년 공포한 「소기업회계제도」(财会 [2004] 2호)는 폐지한다(제90조).

13) 해외현지법인 재무상황표

해외에 현지법인을 설립한 법인이 법인세신고서를 작성할 때 첨부하여야 할 해외현지법인 재무상황표(법인세법시행규칙 별지 제82호 서식)를 작성할 때 도움이 될 수 있도록 한국의 계정과목과 중국의 계정과목을 비교하여 첨부하였다.

법인세법시행규칙 [별지 제82호 서식] (2014.3.14. 개정) (앞 쪽)

① 모법인명	해외현지법인 재무상황표 [ ]확정분, [ ]가결산	② 모법인 사업연도
		. . ~ . .
③ 모법인 사업자등록번호		④ 해외현지법인 사업연도
		. . ~ . .

Ⅰ. 해외현지법인 재무상황표 자료제출 현황(총계)

⑤ 제출대상 현지법인 수	⑥ 제출 현지법인 수	⑦ 미제출 현지법인 수 (⑤－⑥)

Ⅱ. 해외현지법인 재무상황(해외현지법인별로 작성) (단위 : 원)

⑧ 해외현지법인명			⑨ 해외현지기업고유번호		
1. 해외현지법인 요약대차대조표 (⑩ 적용환율 :)			2. 해외현지법인요약손익계산서 (⑪ 적용환율 :)		
Ⅰ. 자 산 총 계	1	资产总计	Ⅰ. 매출액	27	主营业收入
1. 현금과예금	50	货币资金	1. 특수관계자에 대한 매출	28	主营业收入(关联方)
2. 특수관계자에 대한 매출채권	2	应收账款、应收票据(关联方)	2. 기타 매출	29	主营业收入(其他)
3. 기타매출채권	3	其他应收款	Ⅱ. 매출원가	30	营业成本
4. 재고자산	4	存货	1. 특수관계자으로부터 매입	51	从关联方购买额
5. 유가증권	5	短期投资(债券)	2. 기타 매입	52	其他购买额
6. 투자유가증권	55	短期投资(权益性投资)	Ⅲ. 매출총손익	56	毛利
7. 특수관계자에 대한 대여금	6	贷款(关联方)	Ⅳ. 판매비와 일반관리비	31	销售费用、管理费用
8. 기타대여금	7	其他贷款	1. 급여 (모회사파견직원)	32	薪金(母公司派遣)
9. 유형자산	8	固定资产	2. 급여(기타)	33	薪金(其他)
1) 토지 및 건축물	9	房屋及建筑物	3. 임 차 료	34	租赁费
2) 기계장치, 차량운반구	10	机器设备	4. 연구개발비	35	研发费
3) 기타유형자산	11	其他固定资产	5. 대손상각비	36	坏账
10. 무형자산	12	无形资产	6. 기타판매비와관리비	37	其他
11. 위 분류과목 이외 자산	13	其他资产	Ⅴ. 영업손익	57	营业利润
Ⅱ. 부 채 총 계	14	负债合计	Ⅵ. 영업외수익	38	营业外收入
1. 특수관계자에 대한 매입채무	15	应付账款、应付票据(关联方)	1. 이자수익	39	财务费用(净额)
2. 기타매입채무	16	其他应付账款	2. 배당금수익	40	股利收入
3. 특수관계자에 대한 차입금	17	借款(关联方)	3. 채무면제익	53	债务重组利得
4. 기타차입금	18	其他借款	4. 기타영업외수익	41	其他营业外收入
5. 미지급금	19	其他应付款	Ⅶ. 영업외비용	42	营业外费用
6. 위 분류과목 이외 부채	20	其他负债	1. 이자비용	43	财务费用(净额)
Ⅲ. 자 본 금 총 계	21	所有者权益合计	2. 기타영업외비용	44	其他营业外费用
1. 자 본 금	22	实收资本(股本)	Ⅷ. 법인세비용차감전 손익	58	利润总额
2. 기타 자본금	23	其他	Ⅸ. 법인세비용	47	所得税
1) 자본잉여금	24	资本公积	Ⅹ. 당기순손익	48	净利润('－' 亏损)
2) 이익잉여금	25	盈余公积			
3) 기 타	26	其他			

(뒤 쪽)

3. 해외현지법인 이익잉여금 처분계산서 (⑩ 적용환율 :)			4. 해외현지법인 결손금 처리계산서 (⑩ 적용환율 :)		
Ⅰ. 미처분이익잉여금	71	未分配利润	Ⅰ.미처리결손금	83	未处理亏损
1. 전기이월미처분이익잉여금 (전기이월미처리결손금)	72	年初未分配利润	1. 전기이월미처리결손금 (전기이월미처분이익잉여금)	84	年初未处理亏损
2. 전기오류수정이익 (전기오류수정손실)	73	前期差错更正	2. 전기오류수정손실 (전기오류수정이익)	85	前期差错更正
3. 중간배당액	74	中期股利	3. 중간배당액	86	中期股利
4. 당기순이익 (당기순손실)	75	净利润	4. 당기순손실 (당기순이익)	87	净利润('－' 亏损)
Ⅱ. 임의적립금 등의 이입액	76	其他转入	Ⅱ. 결손금 처리액	88	处理亏损额
Ⅲ. 이익잉여금 처분액	77	处分未分配利润	1. 임의적립금 이입액	89	转入任意盈余公积
1. 현금배당	78	现金股利	2. 그 밖의 법정적립금 이입액	90	转入其他法定盈余公积
2. 주식배당	79	股份股利	3. 이익준비금 이입액	91	转入盈余公积
3. 의무적립금	80	提取法定盈余公积	4. 자본잉여금 이입액	92	转入资本公积
4. 그 밖의 임의적립금 및 상여 등	81	提取任意盈余公积	Ⅲ. 차기이월미처리결손금	93	年底未处理亏损
Ⅳ. 차기이월이익잉여금	82	年底未分配利润			

「법인세법」 제121조의 2 및 「법인세법 시행령」 제164조의 2에 따라 해외현지법인 재무상황표를 제출합니다.

년 월 일

제출인 (서명 또는 인)

세무서장 귀하

제 2 장

세수징수관리법(税收征收管理法)

「세수징수관리법」은 조세의 징수 및 관리와 관련 있는 법률과 규범을 총칭하는 것으로서 세수징수관리법과 이와 관련이 있는 법률, 법규 및 규장을 포함한다.

「중국 세수징수관리법」은 1992년 9월 4일 제7기 전인대 상무위 제27차 회의에서 통과되어 1993년 1월 1일부터 시행되었으며, 1995년 2월 28일 제8기 전인대 상무위 제12차 회의에서 개정되었다. 2001년 4월 28일 제9기 전인대 상무위 제21차 회의에서 통과된 개정 후의 「중국 세수징수관리법」(이하 '징수관리법'이라 한다)은 2001년 5월 1일부터 현재까지 시행되고 있으며, 2012년과 2015년 전인대 상무위에서 두차례 다시 개정하였다.

Tip 세수징수관리법

중국의 세수징수관리법은 한국에서는 국세기본법과 국세징수법에 해당한다고 볼 수 있으며, 여기서는 '징수관리법'으로 줄여서 사용하기로 한다.

I. 세수징수관리법의 개론

1. 세수징수관리법의 입법목적

징수관리법 제1조에서는 '세수징수관리를 강화하기 위하여 세수징수와 납부행위를 규정함으로써, 국가 세수수입을 보장하고 납세의무자의 합법적인 권익을 보호하고 경제와 사회발전을 촉진하기 위하여 본법을 제정한다'라고 규정하여, 징수관리법의 입법목적에 대해 선언하고 있다.

1) 세수징수관리의 강화

세수징수관리는 국가의 과세관청이 국가의 세수법률과 행정법규의 규정에 의하여 통일된 표준에 따라 일정한 절차를 거쳐 납세의무자가 세액을 납부하도록 하는 일련의 행정행위이다. 즉, 국가가 세수정책을 각 납세의무자에게 적용함으로써 세수수입이 효율적으로 즉시, 그리고 충분히 국고에 납입되도록 하는 일련의 활동을 일컫는다.

2) 세수징수와 납부행위를 규정

징수관리법은 세무기관과 납세의무자에게 모두 적용되는 법률로서 다음과 같은 입법목적이 있다.

(1) 세무기관 및 세무공무원

세무기관 및 세무공무원에게 법에 의한 표준과 규범을 제공하여, 세무기관과 세무공무원이 법의 규정에 따라 조세를 징수할 수 있도록 한다. 그 일체의 행위는 법에 의거하여야 하며 위반자는 법규에서 정한 일정한 책임을 져야 한다.

(2) 납세의무자

납세의무자가 세액을 납부하는데 있어서 표준과 규범을 명확히 함으로써 납세의무자가 법규에서 정한 절차와 방법에 의해서 세액을 납부하면 납세의무자 자신의 이익을 보장받을 수 있게 된다.

해당 법에서 '조세징수와 납부행위를 규범한다'라는 문구를 명시하여 조세법률주의 원칙을 준수하고 징수관리법 기타조항의 개정에 분명한 방향성을 제시하고 있다.

3) 국가 조세수입의 보장

조세수입은 국가재정의 주요한 원천으로서 징수관리법은 세수징수관리의 표준과 규범이 되며 기본적인 목적은 충분한 조세수입을 제때에 확보하는 것이다.

4) 납세의무자의 합법적인 권익 보장

세수징수관리는 국가의 행정행위로서 국가의 이익을 보호하면서 동시에 납세의무자의 합법적인 권리가 침해당하지 않도록 하여야 한다.

납세의무자는 법률과 행정법규의 규정에 따라서만 세금을 납부하여야 하며 이에 위반한 어떠한 명목의 침해로부터도 보호되어야 한다. 납세의무자의 합법적인 권리를 보호하는 것이 징수관리법의 중요한 입법목적 중의 하나이다.

5) 경제발전과 사회진보의 촉진

조세는 국가의 거시경제조절의 중요한 요소로서 징수관리법은 시장경제의 중요한 법률규범이기도 하다. 세수징수관리 조치들(예를 들어 세무등기, 납세신고, 세액징수, 세무조사 및 세무정책 등)이 경제와 사회발전을 목표로 하면서도 한편으로는 납세의무자들의 권익을 보호하도록 하고 있다.

2. 세수징수관리법의 적용 범위

징수관리법 제2조에서는 '법에 따라서 세무기관이 징수하는 각종 세수의 징수관리는 모두 본 법을 적용하여야 한다'라고 규정함으로써 징수관리법의 적용범위를 분명하게 하고 있다.

중국의 세수를 징수하는 기관에는 세무기관, 해관(海关), 재정부문 등의 부처가 있으며 세무기관은 관세를 제외한 각종 공상세를 징수하며 해관은 관세를 징수한다.

(1) 징수관리법의 적용범위

징수관리법은 세무기관이 징수하는 각종 세수의 징수관리에만 적용이 된다(따라서 해관의 관세징수에는 적용되지 아니한다).

(2) 경지점용세와 취득제세

농업세 징수기관이 담당하는 경지점용세와 취득제세(契税)의 징수관리는 국무원이 별도로 규정하고 있다.

(3) 관세

해관이 징수하는 관세 및 수입과정에서 대리징수하는 증치세와 소비세는 기타의 법률과 법규의 규정을 적용한다.

(4) 기타

교육비부가와 같은 세금은 세무기관이 징수하고 있으나 이것은 징수관리법을 적용받지 아니하므로 징수관리법이 규정하는 조치를 취할 수 없으며 구체적인 관리방법은 각각의 조례와 규장에서 정한다.

용어설명 공상세의 의미

공상세는 공업과 상업에 종사하는 단위와 개인에 대해서 매출수입과 사업수입에 대해 징수하는 거래세(流转税)로서 크게 증치세, 소비세가 있다.

3. 세수징수관리법의 준수 주체

1) 세무행정주체 – 세무기관

국무원 세무 주관부문이 전국적인 세수징수관리 업무를 주관하며 각 지역의 국가세무국과 지방세무국은 국무원이 규정한 세수징수관리의 범위에 따라 각각 징수관리를 하여야 한다(징수관리법 제5조).

세무기관은 각급 세무국, 세무분국, 세무소와 성급 이하 세무국의 조사국을 의미하며 조사국은 탈세의 추징 등 조사업무를 담당한다. 국가세무총국은 세무국과 조사국의 직책을 명확히 구분하여 업무의 중복을 피하여야 한다.

이러한 규정은 세수징수관리의 행정주체를 명확히 함과 동시에 징수관리법의 준수주체도 명확히 하고 있다.

2) 세무행정관리의 상대방 – 납세의무자 등

납세의무를 부담하는 법인과 개인은 납세의무자가 되며, 원천징수의무가 있는 법인과 개인은 원천징수의무자가 된다.

납세의무자와 원천징수의무자는 세액 또는 원천징수세액을 납부하여야 할 의무가 있으며, 사실에 근거하여 진실되게 세무기관에 납세 및 원천징수와 관련되는 정보를 제공하여야 한다(징수관리법 제6조).

이러한 규정에 따라 납세의무자와 원천징수의무자는 세무행정관리의 법률적 상대방으로서 징수관리법의 준수주체가 된다. 아울러 징수관리법의 규정에 따라 세무관리를 받아야 하고 합법적인 권리도 누릴 수 있다.

용어설명 단위의 개념

중국의 세법규정에서 단위라는 용어가 많이 등장하는데 한국의 조직, 기관, 법인 등의 여러 가지 개념을 포함하고 있으며, 일반 개인과 대비되는 개념으로서 법인의 개념과 유사하다.

3) 기타 관련기관과 부문

지방의 각급 인민정부는 법에 따라 해당 행정구역 내의 세무기관이 업무를 처리할 수 있도록 협조를 하여야 하는데, 지방의 각급 인민정부를 포함한 관련 기관과 부문은 모두 징수관리법의 준수주체로서 징수관리법의 관련 규정을 준수하여야 한다(징수관리법 제5조).

참고 … 납세의무자의 범위

> 납세의무자의 범위는 크게 두 가지로 구분할 수 있는데, 자기가 부담하는 세액을 직접 납부하는 경우(협의의 납세의무자)와 법규에 따라 원천징수 또는 대리징수하여 납부하는 경우(원천징수의무자, 대리징수의무자)로 나뉠 수 있다.
> 이하 납세의무자와 원천징수의무자 및 대리징수의무자를 통칭하여 '납세의무자'라고 하기로 한다.

4. 세수징수관리 권리와 의무의 성립

1) 세무기관과 세무공무원의 권리와 의무

(1) 세무기관과 세무공무원의 권리

- 세수징수관리 업무의 수행
- 세무기관은 법에 따라 직무를 수행하여야 하며, 어떠한 기관이나 개인으로부터도 방해받지 아니한다.

(2) 세무기관과 세무공무원의 의무

- 세무기관은 세수법률, 행정법규를 널리 알려야 하며, 납세지식을 보급하고 무상으로 납세의무자에게 납세자문을 제공하여야 한다.
- 세무기관은 업무를 정비하고 세무공무원의 업무자질을 함양하여야 한다.
- 세무기관과 세무공무원은 공평하게 법을 집행하고, 직무에 충실하고, 청렴, 예의 및 교양 등의 덕목을 갖추어야 한다. 또한 납세의무자와 원천징수의무자의

권리를 보호하여야 하며 법에 따라 소정의 감독을 받아야 한다.

- 세무공무원은 수뢰, 부정행위 및 직무소홀이 금지되며 징수하여야 할 세액을 모두 징수하여야 한다. 직권을 남용하여 세액을 과다징수하거나 고의로 납세의무자와 원천징수의무자를 곤경에 처하게 해서는 아니된다.
- 각급 세무기관은 내부통제와 감독제도를 정립 관리하여야 한다.
- 상급 세무기관은 하급 세무기관의 업무활동을 감독하여야 한다.
- 각급 세무기관은 소속 직원들의 법률과 행정법규의 집행 및 청렴에 대해 감독과 조사를 하여야 한다.
- 세무기관은 징수, 관리 그리고 조사를 책임지며, 행정불복 담당자의 직분은 명확하게 서로 분리되어 통제되어야 한다.
- 세무기관은 고발자에 대한 비밀을 유지하여야 하며 규정에 따라 상금을 지급하여야 한다.
- 세무공무원은 세무와 관련된 업무(세액의 심의, 세무조사의 실시, 세무 행정처벌의 실시, 세무불복의 처리 등)를 처리함에 있어 납세의무자와 원천징수의무자 혹은 법정대리인, 직접적인 책임이 있는 자와 아래의 특수관계가 있을 경우 그 업무를 담당할 수 없다.
  - 부부관계
  - 직계혈족관계
  - 3대 이내 방계 혈족관계
  - 가까운 인척관계
  - 공정한 집행에 영향을 줄 수 있는 기타 이익관계

2) 납세의무자의 권리와 의무

(1) 납세의무자의 권리

- 납세의무자와 원천징수의무자(이하 '납세의무자'라 한다)는 세무기관에 조세법률과 행정법규의 규정 및 납세절차에 대해 설명해 줄 것을 요구할 수 있다.
- 납세의무자는 세무기관에 자신의 비밀유지를 보장할 것을 요구할 수 있으며, 세무기관은 이러한 비밀유지를 보장해 주어야 한다.
- 납세의무자는 법에 따라 면제, 감면 및 환급을 받을 수 있다.

• 납세의무자는 세무기관이 내린 결정에 대해 진술권 등의 권리가 있으며, 조세불복절차와 행정소송을 제기할 수 있으며 국가배상을 청구할 수 있다.
• 납세의무자는 세무기관과 세무공무원의 위법행위에 대해 고소, 고발할 수 있다.

(2) 납세의무자의 의무

• 납세의무자는 법률과 행정법규의 규정에 따라 세액과 원천징수세액을 납부하여야 한다.
• 납세의무자는 사실에 근거하여 세무기관에 납세와 원천징수 관련자료를 제출하여야 한다.
• 납세의무자는 세무기관의 세무조사에 응하여야 한다.

3) 지방 각급 인민정부, 관련 부문과 기관의 권리와 의무

(1) 지방정부의 권리

• 지방 각급 인민정부, 관련 부문과 기관(이하 '지방정부'라 한다)은 해당 지역내의 세수징수관리 업무에 협력하고 세무기관의 법 집행에 협조하여야 하며, 세법에 따라 세액을 계산하고 징수하여야 한다.
• 기관 또는 개인은 조세법률과 행정법규에 위반하는 행위를 고발할 권리가 있다.

(2) 지방정부의 의무

• 지방정부도 법률과 행정법규를 위반할 수 없으며 임의로 조세법규와 행정법규에 저촉되는 세액징수와 관련된 행위를 할 수 없다.
• 조세법률과 행정법규에 위반되는 행위에 대해 고발을 접수받은 기관과 조사를 담당하는 기관은 고발인의 비밀을 보장하여야 한다.

II. 세무관리

1. 세무등기 관리

세무등기는 세무기관이 납세의무자의 사업활동에 대해 등록을 하고 그것을 근거로 납세의무자에게 세무관리를 실시하는 법적인 제도이다. 세무등기는 납세등기라고도 하는데 세무기관이 납세의무자에 대해 세무관리를 실시하는 기초적인 업무로서, 징수와 납부 쌍방간의 법률관계가 성립되는 근거와 증명이 되며 납세의무자가 이행하여야 하는 의무이기도 하다.

「징수관리법」과 국가세무총국이 하달한 「세무등기 관리방법」에 따라 중국의 세무등기제도는 아래의 내용을 포함하고 있다.

1) 개업 세무등기(사업자등록)

(1) 개업 세무등기의 대상

개업 세무등기를 하여야 하는 납세의무자는 다음과 같다.

① 영업집조를 받아 사업활동에 종사하는 납세의무자

- 사업활동에 종사하는 단위 또는 조직으로서, 국유기업, 집체기업, 민영기업, 중외합자합작기업, 외상독자기업 및 각종 동업기업과 주식형기업을 포함한다.
- 외지에 설립한 지점과 사업활동을 하는 장소
- 개인사업자
- 사업활동을 하는 사업기구

② 기타의 납세의무자

사업활동은 하고 있지 않지만 국가기관, 개인 및 고정사업장이 없는 이동형 농촌소판매상 이외의 납세의무자는 모두 세무기관에 세무등기를 하여야 한다.

(2) 개업 세무등기의 시간 및 장소

① 사업활동을 하는 납세의무자는 영업집조를 받은 날부터 30일 내에 사업장 또는 납세의무 발생지의 관할 세무기관에 세무등기를 신청하여야 한다. 세무등기 신청서를 사실에 근거하여 작성하고 세무기관이 요구하는 증명과 자료를 제공하여야 한다.

② 위의 경우 이외의 기타의 납세의무자는 국가기관, 개인 및 고정사업장이 없는 농촌 소판매상 이외에는 모두 납세의무가 발생한 날부터 30일 내에 납세의무 발생지의 관할 세무기관에 세무등기를 하여야 하며, 세무기관은 세무등기증 및 부본을 발급한다.

또한, 아래의 경우에도 개업으로 보아 개업 세무등기를 하여야 한다.

구 분	개업 세무등기
원천징수의무자	원천징수의무가 발생한 날부터 30일 내에 소재지 관할 세무기관에 원천징수 세무등기를 신청하고 세무등기증을 수령하여야 한다.
관할 밖에 설치된 지점	설치일로부터 30일 내에 소재지 관할 세무기관에 세무등기를 하여야 한다.
위탁자 또는 임대인에게 정기적으로 도급비 또는 임차료를 지급하는 도급경영자 또는 수탁경영자	계약체결일부터 30일 내에 해당 업무가 발생한 지역의 세무기관에 세무등기를 하여야 하며, 세무기관은 임시세무등기증과 부본을 발급한다.
사업활동을 하는 납세의무자가 타지의 동일 지역에서 12개월 동안 누계로 180일 이상 사업활동을 하는 경우	기간 만료일 이후 30일 내에 사업활동을 하는 소재지 세무기관에 세무등기를 하여야 한다. 세무기관은 심사하여 임시 세무등기증과 부본을 발급한다.
외국기업이 중국내에서 건축, 설치, 인테리어, 탐사공사를 도급받거나 용역을 제공하는 경우	계약체결일로부터 30일 내에 해당 공사 현장의 소재지 세무기관에 세무등기를 하여야 하며, 세무기관은 심사하여 임시세무등기증과 부본을 발급한다.

(3) 개업 세무등기의 내용

- 기업의 명칭, 법정대표자 및 업주의 성명과 신분증, 여권 등
- 주소, 사업장
- 등기유형과 주관기관
- 결산방식(核算方式)
- 업종, 사업범위, 사업방식
- 등록자본금, 투자총액, 계좌개설 은행 및 계좌번호
- 사업기한, 종업원수, 영업집조 번호
- 재무책임자, 세무담당자
- 기타 필요한 사항

기업이 타지에서 지점 또는 사업활동을 하는 사업장의 경우 본점의 명칭, 주소, 법정대표, 주요 사업범위와 재무책임자를 등기하여야 한다.

(4) 개업 세무등기의 절차

① 세무등기의 신청

납세의무자는 기한 내에 관할 세무기관에 등기수속을 하여야 하며, 사실에 근거하여 등기내용을 작성하고 세무기관의 질의에 답하여야 한다. 납세의무자가 속한 현(시)의 다른 지역에 있는 지점은 본사의 등기신청과 별도로 30일 내에 지점소재지 세무기관에 세무등기를 하여야 한다. 세무등기 신청시 납세의무자는 「세무등기 신청서」를 사실에 근거하여 작성하여야 한다.

② 세무등기수속시 제공하여야 할 자료 및 제증명

- 영업집조 및 기타 사업허가 증명서 및 공상등기표 및 그의 사본
- 관련기관이 설립을 비준한 문서
- 관련 계약서, 정관, 협의서
- 법정대표자 및 이사회 명단
- 법정대표자 또는 업주의 신분증, 여권 또는 기타 신분증
- 조직과 기구의 코드번호
- 주소 또는 사업장 증명
- 위탁대리협의서 사본

• 조세특례를 받는 기업이 제출하여야 하는 자료 및 제증명으로서 세무기관이 요구하는 기타 자료

타지에 설립된 지점 또는 사업활동을 하는 사업장이 세무등기를 할 때에는 본점 소재지 세무기관이 발행한 타지에 설립한 지점에 관한 증명을 제출하여야 한다.

2014년 국가세무총국의 규정에 따라 납세의무자가 세무등기를 신청할 때 세무기관은 납세의무자의 상황에 따라 등록지 및 사업장의 증명서류와 험자보고(验资报告)를 더 이상 요구하지 않으며, 실제조사도 하지 않는다.

③ 세무등기 신청서의 종류 및 적용대상

구 분	세무등기 신청서 적용대상
내국법인의 세무등기를 신청하여야 하는 경우	국유기업, 집체기업, 주식합작기업, 국유연영기업(国有联营企业), 집체연영기업(集体联营企业), 기타 연영기업, 국유독자기업, 기타 유한회사, 주식회사, 민영독자기업, 민영합작기업, 민영유한회사, 민영주식회사, 기타기업
지점의 세무등기를 신청하여야 하는 경우	각 기업의 지점
개인사업자의 세무등기를 신청하여야 하는 경우	개인사업자(个体工商户)
세무등기를 신청하여야 하는 기타의 경우	공상행정관리국 이외의 기관에서 세무등기를 비준한 납세의무자
외자기업의 세무등기를 신청하여야 하는 경우	중외합자경영기업, 중외합작경영기업 및 외국기업

④ 세무등기 신청서의 수리 및 심사

구 분	해 당 업 무
수 리	세무기관은 신청인이 제출한 「세무등기 신청보고서」 및 각종 자료를 심사한 후 조건에 맞을 경우, 등기를 수리하고 업종별로 세무등기표를 발급한다.
심 사	세무등기의 심사는 세무등기업무의 핵심업무로서 세무등기 신청서의 심

구 분	해 당 업 무
	사를 통하여 세무관리정보를 파악하여 세무관서에 사용한다.

⑤ 세무등기증의 발급

중국에서 실제 사용되고 있는 세무등기증은 다음과 같다.

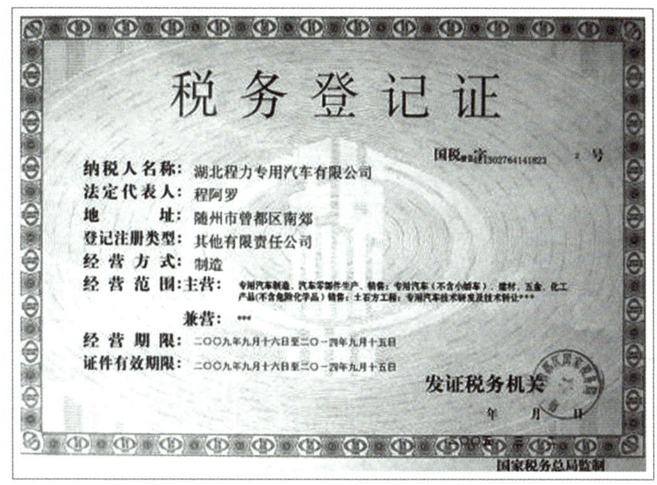

税务登记证

国税字 号

纳税人名称: 湖北程力专用汽车有限公司
法定代表人: 程阿罗
地　　址: 随州市曾都区南郊
登记注册类型: 其他有限责任公司
经营方式: 制造
经营范围: 主营:
兼营: ***
经营期限: 二〇〇九年九月十六日至二〇一四年九月十五日
证件有效期限: 二〇〇九年九月十六日至二〇一四年九月十五日

发证税务机关
年　月　日

国家税务总局监制

세무등기증의 주요 기재 내용은 다음과 같다.

- 납세의무자 명칭(纳税人名称)
- 법정 대표자(法定代表人)
- 주소(地址)
- 등기유형(登记注册类型)
- 업종(经营方式)
- 사업범위(经营范围)
- 사업영위기한(经营期限)
- 등기증 유효기간(证件有效期限)

납세의무자가 제출한 서류와 제증명이 완전하고 세무등기 신청서의 내용이 규정에 맞을 경우 세무기관은 당일 세무등기증을 발급하여야 하며, 그렇지 않은 경우 보완할 것을 통지한다.

중국의 영업집조

세수징수관리법의 규정에 따라 세무등기를 하기 전에 우선 법인을 설립하여야 하는데 법인 설립을 하기 위해서는 관할 공상국에서 영업집조를 받아야 하는바, 그 내용은 다음과 같다.

① 영업집조의 개념

영업집조(營業執照, 营业执照)는 공상국(회사등기의 담당기관)에 회사의 설립등기를 마치고 나면 공상국에서 기업에 발급교부하는 허가증으로서 회사의 설립을 확인하고 이후 중국내에서 사업활동을 할 수 있다는 의미로, 한국으로 이야기하면 관할 등기소에서 법인등기를 하는 과정이라고 할 수 있으며 영업집조는 법인등기부와 유사한 개념이다. 이 영업집조는 세무상 세무등기증과 함께 중국 현지법인 설립에 있어서 실체를 구성하는 중요한 허가증이다.

② 영업집조의 표시사항

- 명칭 : 상호에 해당하며 신청자가 준비한 수개의 상호 중에서 등록 가능한 상호 1개를 등기한다.
- 주소 : 법인의 설립근거지 또는 주사무소로 신청한 주소를 표시
- 법정대표자 : 법인이 기관 중 법인을 대표할 대표자를 표시
- 주책자본금 : 법인의 설립과 관련하여 자본금 납입 신청금액으로 등록자본금
- 실수자본금 : 외자법인(외상투자기업, 외국기업)은 법인설립시에는 주책자본금의 일정 부분(중국 지방정부에 따라 다르며 통상 20% 이상)을 납입하여야 하며 향후 2년 내에 잔여분에 대하여 납입하여야 한다. 예를 들어 영업집조상에 주책자본금이 100만위안, 실수자본금이 20만위안으로 기재되어 있는 경우에는 향후 2년 내에 나머지 잔여자본금 80만위안을 외환자본금계좌를 통하여 중국내로 입금되어야 한다. 잔여자본금 80만위안의 납입이 완료되면 주책자본금과 실수자본금은 동일하므로 실수자본금이라는 명칭은 삭제되고 투자총액항목으로 대체되어 표시된다. 실수자본금이 없어지는 대신 주책자본금보다 다소 많은 금액의 '투자총액'이라는 항목이 표시되게 된다. 위의 예를 계속하여 설명하면 영업집조상에 새로이 투자총액 120만위안과 주책자본금 100만위안으로 금액 표시가 나타나게 된다. 투자총액은 외상투자기업에 소요되는 자본과 부채를 합한 총투자금액이며 주책자본금은 투자자가 납입을 완료한 출자금액이다.
- 회사유형 : 회사의 형태
- 사업범위 : 법인 설립 후 하고자 하는 사업의 범위로서 목적사업에 해당한다.
- 주주 구성 : 주주 또는 출자자의 금액 및 지분율
- 사업기간 : 법인의 존속기간
- 투자총액 = 자기자본(등록자본금) + 차입금(대출금, 대여금 등)

이의 용도는 만약 외상투자기업이 자금부족 등의 이유로 외국본사로부터 차입하려 할 때 차입한도의 역할을 한다. 가령 중국에 있는 위의 자회사가 자금부족으로 한국의 본사로부터 차입이 필요할 때 20만위안까지만 차입이 가능하다. 과소자본세제에 대한 일종의 제한으로 이해할 수 있다.

등록자본금으로는 화폐뿐 아니라 현물(설비 및 토지사용권 등), 지적재산권(상표 및 특허권 등) 등 화폐로 가치평가가 가능하고 양도가 가능한 자산을 금액으로 환산하여 출자할 수 있다. 화폐로 출자하는 금액이 회사 등록자본금 총액의 30% 이상을 반드시 초과해야 하는

제한이 있다. 예를 들어, 설비 등 고정자산 또는 토지사용권 등으로 100% 변태설립하는 것은 불가능하며 현물 출자금액은 등록자본금의 70% 미만으로 제한된다.

③ 영업집조(營業執照,营业执照)의 양식

중국에서 실제 비준 발급된 영업집조의 견본은 다음과 같다.

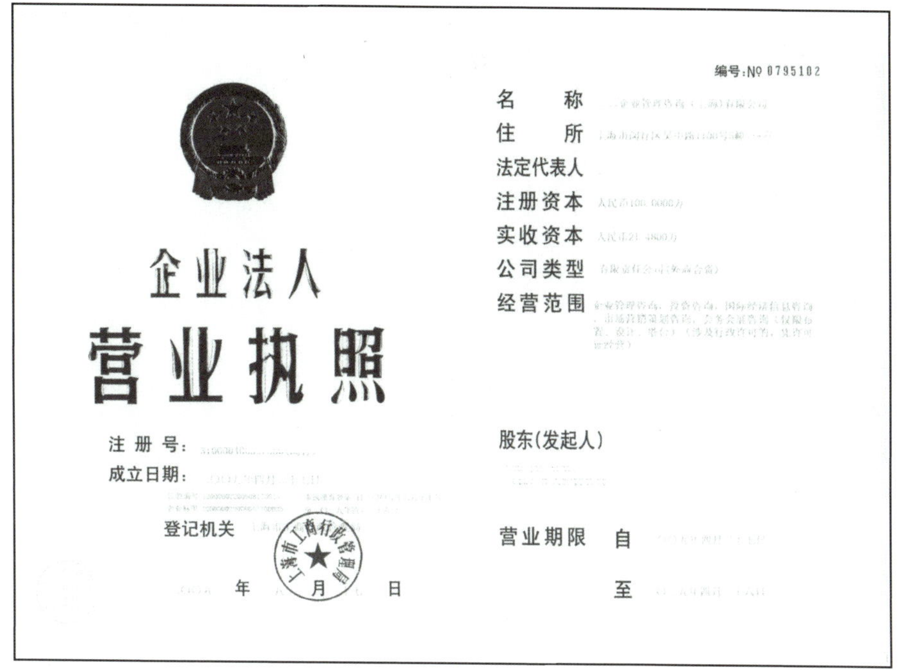
编号:№ 0795102

企业法人
营业执照

名称
住所
法定代表人
注册资本
实收资本
公司类型
经营范围

注册号:
成立日期:
登记机关

股东(发起人)

营业期限 自
至

年 月 日

2) 세무등기의 변경 및 말소

세무등기의 변경은 납세의무자의 세무등기 내용에 변동사항이 발생하여 세무기관에 변경을 신청하는 절차이다.

세무등기의 말소는 납세의무자의 세무등기에 근본적인 변화가 발생하여 납세의무의 이행을 종료하여야 할 때 세무기관에 신청하는 절차이다.

(1) 세무등기 변경의 범위와 변경기한

① 세무등기 변경의 범위

납세의무자가 세무등기를 한 후 아래의 내용에 변동이 있을 경우 세무등기 변경을 하여야 한다.

- 상호 및 법정대표자의 변경
- 업종 또는 종목의 변경
- 주소 및 사업장의 변경(관할 세무기관이 변경된 경우는 제외)
- 사업방식의 변경
- 자본금의 증자 및 감자
- 지배관계의 변화
- 사업기간의 변화
- 은행계좌의 증가 및 감소
- 경영권의 변동 및 기타 세무등기 내용의 변화

② 변경기한

납세의무자가 세무등기의 내용에 변화가 있을 경우 공상행정 관리기관에 변경등기를 한 날부터 30일 내에 원래의 관할 세무기관에 변경등기를 신청한다.

세무등기 내용에 변동이 있으나 공상행정 관리기구에 변경등기를 할 필요가 없는 경우 발생한 날부터 30일 내에 원래의 관할 세무기관에 변경등기를 신청한다.

(2) 세무등기 변경절차 및 방법

세무등기 변경절차를 요약하면 다음과 같다.

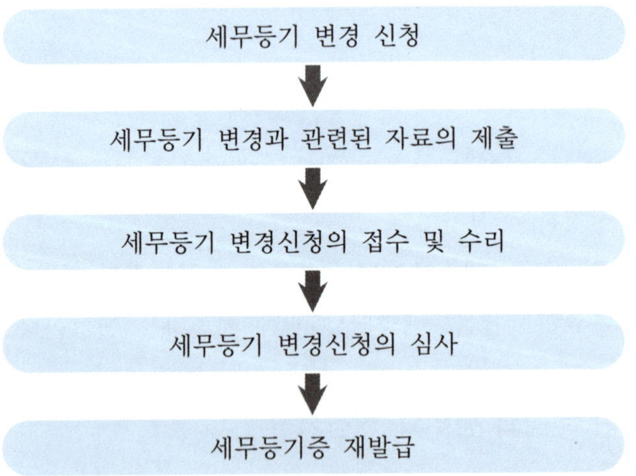

세무등기의 변경과 관련된 절차를 단계별로 설명하면 다음과 같다.

① 신청

납세의무자는 세무등기 변경시 관할 세무기관에서 「세무등기 변경표」를 수령하여 변경등기 전후의 내용을 구체적으로 작성한다.

② 변경등기와 관련된 자료의 제출

③ 세무등기 변경신청서의 내용

- 납세의무자 명칭
- 변경항목
- 변경 전/후 내용
- 제출서류 목록 및 내용

④ 접수 및 수리

세무기관은 납세의무자가 작성하여 제출한 서류를 심사하여 서류에 문제가 없을 경우 수리한다.

⑤ 심사

관할 세무기관은 납세의무자가 제출한 서류에 대해서 심사를 실시한다.

⑥ 재발급

심사 후 세무등기의 내용에 변경이 필요한 경우 관할 세무기관은 구 세무등기증을 회수하고 변경내용을 반영하여 신 세무등기증을 발급한다.

(3) 세무등기 말소의 적용범위 및 변경시기

① 적용범위

세무등기를 말소하여야 하는 경우는 다음과 같다.

- 사업기간이 만료되어 자동으로 해산하는 경우
- 구조조정, 분할, 합병 등의 원인으로 말소하는 경우
- 부채초과로 인하여 파산하는 경우
- 주소 또는 사업장의 이전으로 관할 세무기관이 변경되는 경우

- 영업집조가 취소 또는 말소되는 경우
- 납세의무자의 납세의무의 이행이 종료되는 기타의 상황

② 말소시기

납세의무자가 해산, 파산 및 기타 말소상황으로 납세의무가 종료된 경우 공상행정 관리기관에 말소등기를 하기 전에 관할 세무기관에 세무등기 말소를 신청한다. 공상행정 관리기관의 말소등기를 할 필요가 없는 경우 사업종료의 비준 또는 선고일로부터 15일 내에 관할 세무기관에 세무등기 말소를 하여야 한다.

납세의무자의 주소 또는 사업장의 이전으로 관할 세무기관이 변동되는 경우 공상행정 관리기관에 등기의 변경 또는 말소를 신청하기에 앞서 주소(사업장)가 변동되기 전 당초의 관할세무기관에 세무등기의 말소를 신청하여야 하며, 30일 내에 전입지 세무기관에 세무등기를 신청하여야 한다.

(4) 세무등기 말소의 절차 및 방법

① 세무등기 말소신청서 작성

납세의무자가 세무등기를 말소할 경우 당초의 관할 세무기관에서 「세무등기 말소신청 심사표」를 받아서 말소사실과 사유를 기재한다.

② 제출서류

- 세무등기 말소신청 심사표
- 주관기관의 비준 또는 이사회, 공회(노조)의 결의 및 기타 증명문서
- 영업집조가 말소된 경우에는 공상행정 관리기관의 말소 결정
- 세무등기증(정, 부본)
- 기타 관련 자료

③ 세무등기 말소신청 심사표의 내용

- 납세의무자 명칭(지점 명칭 포함)
- 말소원인
- 비준기관 명칭

• 비준문서 번호 및 일시

세무기관이 기재할 내용은 납세의무자의 실제 경영기간, 조세특례, 계산서 발행상황, 세액납부현황, 세무등기증 회수상황 등을 포함한다.

④ 접수 및 수리

세무기관은 납세의무자가 작성한 신청표를 접수하여 내용과 첨부서류가 완전한지 확인한 후 납세의무자가 아래와 같은 준비를 하도록 한다.

납세의무자는 「세무등기 말소신청 심사표」와 세무기관이 확인하지 않은 계산서와 「계산서 수령대장」을 계산서 관리부문에 반납한다. 계산서 관리부문은 계산서의 금액 및 매수를 확인하고 「세무등기 말소신청 심사표」에 계산서 반납상황을 기재하고 납세의무자에게 신청표를 반환한다.

납세의무자는 과세기관에 세액을 납부하면 과세기관은 납세의무자가 납부한 후 「세무등기 말소신청 심사표」에 납부상황을 기재하고 난 뒤 심사표를 납세의무자에게 반환한다.

⑤ 심사

납세의무자는 계산서 관리부문과 과세부문의 확인을 거쳐 신청표를 등기관리부문에 제출한다. 등기관리부문은 심사확인 후 「세무문서 수령통지서」를 납세의무자에게 발급하고 동시에 「세무문서 송달서」를 작성하여 「세무등기 말소신청 심사표」와 함께 이를 조사국(稽査局)에 전달한다.

조사국은 말소등기를 신청한 납세의무자에 대해 실제조사가 필요할 경우, 「세무문서 송달서」에 정한 기한 내에 조사업무를 완료하여야 한다. 「세무등기 말소신청 심사표」에 세액청산상황을 기재하여 「세무문서 송달서」와 「세무등기 말소신청 심사표」를 세무등기부문에 전달하고 등기부문은 납세의무자가 세액청산(가산금, 벌금 포함)을 완료한 후 등기말소를 한다.

납세의무자의 사업장이 변경되어 관할 세무등기기관을 변경시켜야 할 경우 세무등기 말소를 신청할 때 당초의 관할 세무기관이 세무등기를 말소함과 동시에 전입지 세무기관에 「납세의무자 이전통지서」와 「납세의무자 서류 전달목록」을 전달하면 전업지 세무기관이 세무등기를 한다. 납세의무자가 조세특례를 받고 있는 경우 당초의 관할 세무기관은 「납세의무자 이전통지서」에 이에 대한 사항을 기재하여야 한다.

3) 휴업 및 재개업 세무등기

납세의무자가 영업집조에서 비준한 사업기간 중 휴업을 해야 할 경우 관할 세무기관에 휴업등기를 하여야 하며, 휴업등기를 할 때에는 휴업사유, 휴업기간, 휴업 전 납세상황 및 계산서의 수령, 발행, 보관상황을 사실에 근거하여 휴업등기 신청표에 기재하여야 한다. 세무기관은 심사(필요할 경우 현장조사를 할 수도 있음)를 하여 휴업을 신청한 납세의무자가 세액을 완납하게 하고 세무등기증, 계산서 수령부와 계산서를 회수하고 휴업등기를 한다. 휴업기간은 1년을 초과할 수 없으며, 납세의무자의 휴업기간 중 납세의무가 발생할 경우에는 관할 세무기관에 신고하고 세액을 납부하여야 한다.

납세의무자는 영업을 재개하기 전에 세무기관에 재개업 등기신청을 하여 계산서 등의 관련자료를 사용하여 정상적인 사업활동을 재개한다.

납세의무자가 휴업기간이 만료된 후에도 재개업할 수 없을 경우 휴업기간 만료 전 세무기관에 휴업연장등기를 하여야 한다. 납세의무자가 휴업기간 만료 후 재개업하지 않거나 휴업연장등기를 하지 않을 경우, 세무기관은 영업을 재개한 것으로 간주하고 정상적인 징수관리업무를 진행한다.

4) 외지사업의 등기에 대한 검사신청

(1) 외관증의 신청

납세의무자가 외지의 현(시)에서 임시로 사업활동을 할 경우, 외지사업을 시작하기 전에 세무등기증을 소지하고 관할 세무기관에 「외지 사업활동에 대한 세수관리 증명」(이하 '외관증'이라 한다)을 신청한다.

(2) 외관증의 발행

세무기관은 '사업장별 사업등록'의 원칙에 따라 외관증을 발행한다. 유효기간은 보통 30일로 하고 최대 180일을 초과하지 못한다.

(3) 세무등기 신청

납세의무자는 외관증에 기재된 지역에서 사업활동을 하기 전에 현지 세무기관에 등기의 검사를 신청하고 아래의 자료를 제출하여야 한다.

- 세무등기증 사본
- 외관증

납세의무자는 외관증에 기재된 지역에서 재화를 판매할 경우 위의 자료를 제출함과 동시에 사실에 근거하여 「외지사업재화의 검사신청서」를 작성하여 검사할 재화를 신고한다.

(4) 사업이 종료된 경우

외지의 사업활동이 끝나면 사업지 세무기관에 「외지 사업활동상황 심사표」를 제출하고 세액을 완납하고 미사용 계산서를 반납한다.

(5) 외관증의 말소수속

납세의무자는 외관증의 유효기간이 만료된 후 10일 내 외관증을 소지하고 세무기관을 방문하여 외관증의 말소수속을 진행한다.

5) 세무등기증의 기능과 관리

(1) 세무등기증의 기능

세무등기증의 발행이 불필요한 경우를 제외하고 납세의무자가 아래의 업무를 할 때에는 세무등기증을 소지하여야 한다.

- 은행계좌의 개설
- 감세, 면세, 환급의 신청
- 세무신고의 연기, 납부연기 신청
- 계산서 수령
- 외지 사업활동 세수관리증명 신청
- 휴업 신청
- 기타 세무업무

(2) 세무등기증의 관리

- 세무기관은 세무등기증의 정기검사와 증서교환을 실시한다. 납세의무자는 규정된 기한 내에 세무등기증을 소지하고 관할 세무기관에서 검사 및 교환을 받아야 한다.
- 납세의무자는 세무등기증 원본을 사업장에 게시하고 세무기관의 검사를 받아야 한다.
- 납세의무자가 세무등기증을 분실한 경우 15일 내에 서면으로 관할 세무기관에 보고하고 분실공고를 한 다음 신문잡지의 분실공고를 첨부하여 세무기관에 세무등기증의 재발급을 신청하여야 한다.

6) 비정상 사업자의 처리

(1) 납세신고를 하지 않는 경우

세무등기를 마친 납세의무자가 규정된 기간에 납세신고를 하지 않아서 세무기관의 독촉에도 납세신고를 하지 않을 경우, 세무기관은 인원을 파견하여 현지조사를 진행한다. 현지조사 결과 납세의무를 이행할 수 없다고 판단될 때 조사인원은 '비정상 사업자 인증서'를 작성하여 관련 대장에 기입하고 세무기관은 세무등기증, 계산서 수령부 및 계산서의 사용을 잠정 중지시킨다.

(2) 3개월이 경과한 경우

납세의무자가 비정상 사업자가 된지 3개월이 경과할 경우 세무기관은 세무등기증의 효력상실을 선고하고 미납세액의 추징은 「징수관리법」과 동 「실시세칙」에 따라 집행한다.

2. 장부와 증빙의 관리

'장부'는 납세의무자와 원천징수의무자가 각종 거래상황을 연속적으로 기록한 것을 말하며, '증빙'은 납세의무자가 거래상황을 기록하고 경제책임을 명확히 하기 위해 장부에 기록하는 서면 증명이다.

1) 장부 및 증빙의 관리

(1) 장부와 증빙의 비치 관리

① 장부설치의 범위

모든 납세의무자와 원천징수의무자는 법규, 행정법규와 국무원 재정, 세무주관부문의 규정에 따라 장부를 비치하여야 한다(징수관리법 제19조, 동 실시세칙 제22조).

'장부'는 총계정원장, 명세장, 일기장(일계표) 및 기타 보조장부를 말하며 총계정원장과 일기장은 제본하여 책으로 관리한다.

사업활동을 하는 납세의무자는 영업집조를 수령한 날 또는 납세의무 발생일로부터 15일 내에 장부를 비치하여야 한다.

원천징수의무자는 원천징수의무가 발생한 날부터 10일 내에 원천징수의 내용별로 세무장부를 각각 구비하여야 한다.

사업규모가 영세하거나 기장능력이 없는 납세의무자는 회계대리 및 기장업무의 비준을 받은 전문기구 혹은 세무기관의 인증을 받은 회계전문가를 초빙하여 장부설치 및 관리를 할 수 있다. 위의 전문가 또는 기구를 사용할 수 없는 경우 현(縣)급 이상 세무기관의 비준을 얻어 세무기관의 규정에 따라 수입지출증빙기록부(收支凭证粘贴簿), 재화수불부(进货销货登记簿) 혹은 세금통제장치(税控设备装置)를 사용할 수 있다.

② 회계결산의 실시

모든 납세의무자와 원천징수의무자는 반드시 합법・유효한 증빙에 근거하여 회계처리하여야 한다(징수관리법 제19조).

납세의무자가 설치한 회계전산시스템은 국가의 규정에 따라 정확하게 수입 또는 과세소득을 결산하여야 한다.

납세의무자가 회계전산프로그램을 이용하여 기장할 경우, 사용하기 전에 회계전산시스템의 회계전산프로그램, 사용설명서 및 관련 자료를 관할 세무기관에 등록하여야 한다.

납세의무자가 회계전산프로그램을 이용하여 정확하게 과세소득을 계산하여 원천징수할 경우에도 총계정원장 및 납세 또는 원천징수와 관련된 기타 장부를 비치하여야 한다.

장부, 회계증빙과 재무제표는 중국어로 작성한다. 민족자치지역은 통용되는 민족어를 동시에 사용할 수 있으며, 외상투자기업과 외국기업도 외국어를 동시에 사용할 수 있다. 외상투자기업, 외국기업의 회계기록이 중국어를 사용하지 않을 경우에는 「징수관리법」 제63조 제2항 '규정에 위배되는 장부, 기장원장 및 관련자료의 설치 및 보관'으로 처리한다.

(2) 회계제도의 관리

① 제출 및 보관제도

사업활동을 하는 납세의무자는 사용하고 있는 회계제도와 구체적인 회계처리방법을 세무기관의 규정에 따라 세무등기증을 수령한 날부터 15일 내에 관할 세무기관에 송부하여 보관하도록 하여야 한다(징수관리법 제20조, 동 실시세칙 제24조).

② 회계처리방법이 조세규정에 저촉되는 경우의 처리방법

사업활동을 하는 납세의무자와 원천징수의무자가 사용하는 회계제도와 구체적인 회계처리방법이 국무원, 재정부와 국가세무총국의 조세규정에 저촉되는 경우 납세의무자와 원천징수의무자는 국무원이 제정한 조세법규 또는 재정부, 국가세무총국이 정한 규정에 따라 세액을 계산하여야 한다(징수관리법 제20조).

(3) 장부와 증빙의 보관

사업활동을 하는 납세의무자와 원천징수의무자는 국무원의 재정, 세무 주관부문이 규정한 보관기한에 따라 장부, 기장증빙, 완납증명 및 기타 자료들을 보관하여야 하며 이러한 자료들을 위조, 변조 및 훼손하면 안된다(징수관리법 제24조).

장부, 기장증빙, 완납증명, 계산서, 수출증빙 및 기타 세금관련 자료는 10년간 보관하여야 한다(실시세칙 제29조).

2) 계산서(发票) 관리

세무기관은 계산서의 주관기관으로서 계산서의 인쇄, 수령, 발행, 취득, 보관, 회수의 관리와 감독을 책임진다(징수관리법 제21조).

(1) 계산서의 인쇄

증치세 전용계산서(한국의 '세금계산서')는 국무원 세무 주관부문이 지정한 기업이 인쇄하며, 기타 계산서는 국무원 세무 주관부문의 규정에 따라 성, 자치구, 직할시 국가세무국, 지방세무국이 지정한 기업이 인쇄한다.

(2) 계산서의 수령(领购)

세무등기를 마친 사업자가 세무등기증을 수령한 뒤 관할 세무기관에 계산서의 수령을 신청한다. 고정 사업장이 없거나 회계결산을 수행할 수 없는 납세의무자가 계산서를 구매할 경우 관할 세무기관이 보증인을 요구하거나, 보증인이 없는 경우에는 보증금을 요구하고 기한을 정하여 계산서를 교부할 수 있다. 계산서 보증금은 전용계좌에서 관리하며 다른 용도로 전용할 수 없다. 납세의무자는 자기의 필요에 따라 보통계산서를 수령할 수 있으며, 증치세 전용계산서는 증치세 일반납세의무자만 수령하여 사용할 수 있다.

(3) 계산서 발행, 사용 및 보관

사업자가 재화 또는 용역거래를 할 경우에는 계산서를 사용하여 발행하여야 한다(징수관리법 제21조).

보통계산서의 수령, 발행 및 보관에 대한 관리는 아래의 사항을 주의하여야 한다(증치세 전용계산서의 수령, 발행 및 보관에 대한 관리는 증치세법 참조).

- 판매자는 계산서를 작성하여 발행한다.
- 구매자는 계산서를 수령한다.
- 납세의무자가 전자상거래를 할 경우 계산서를 발행 및 취득하여야 한다.
- 계산서는 동일하게 4매 전체를 한 번에 작성한다.
- 계산서는 다른 성, 직할시, 자치구에서 사용할 수 없다. 계산서는 계산서를 수령한 사업자가 속한 성, 자치구, 직할시 내에서만 발행하여야 한다. 계산서를 수령한 사업자는 비준없이 관할구역을 넘은 지역에서 백지 계산서를 휴대하거나 우편으로 보낼 수 없으며 국경을 넘을 수도 없다.
- 계산서 발행시 재무인감과 계산서 전용인감을 날인한다.
- 계산서 발행 후 매출환입 등으로 적색계산서를 발행할 경우, 당초의 계산서를 회수하여 '폐기'를 표기하거나 상대방의 증명을 취득한다. 매출할인의 경우 당초의 계산서를 회수하여 '폐기'를 표기하고 새로 계산서를 발행한다.

(4) 계산서의 보관

계산서 관리규정에 따라 계산서의 보관은 세무기관과 납세의무자가 이중으로 관리하며 전문인 보관제도, 전용금고 보관제도, 전용장부 등기제도, 보관의 인수인계제도, 정기실사제도와 같은 관리제도를 수립하여야 한다.

(5) 계산서의 폐기와 반납

계산서 폐기는 계산서의 회수(收缴)와 폐기(销毁)를 포함한다.

'계산서의 회수'란 계산서를 사용하는 사업자가 세무기관에 사용하였거나 사용하지 않은 계산서를 반환하는 것을 말하며, '계산서의 폐기'란 세무기관이 사용하였거나 사용하지 않은 계산서를 모아서 한꺼번에 폐기하는 것을 말한다.

회수와 폐기는 유사한 개념이면서도 차이점이 있다. 계산서 폐기는 먼저 계산서 회수를 하여야 하며, 회수는 폐기를 하여야 하는 것은 아니다. 일반적으로 법규가 정한 일정한 보관기간이 경과한 후 폐기한다.

2014년 국가세무총국이 〈조세서비스와 관리를 창조하는 의견〉을 통하여 계산서의 교부 및 수령과 관련된 서비스와 감독에 대하여 새로운 조치를 취하였다.

- 즉시 납세의무자에게 명확한 계산서 수령 지침을 제공
- 계산서의 신청과 수령절차의 간략화

• 계산서 관리 정보화 수준의 향상

증치세 전용계산서(세금계산서)

① 증치세 전용계산서와 보통계산서의 차이점

- 증치세 전용계산서(专用发票) : 증치세 일반납세의무자만 발행할 수 있는 것으로서 한국의 세금계산서에 해당하며, 여기서는 '전용계산서'라고 사용하기로 한다.
  전용계산서에는 공급가액과 세액이 별도로 분리되어 기재되며 매입자는 증치세를 매입세액으로 공제할 수 있다.
- 보통계산서(普通发票) : 전용계산서와 구분되는 경우로서 일반소비자와 같은 매입세액공제가 필요 없는 매입자가 요구하는 경우 발행할 수 있으며 매입세액공제를 할 수가 없다. 여기서는 '보통계산서'라고 사용하기로 한다.
  보통계산서에는 공급가액과 세액이 포함되어 있어 보통계산서의 공급가액을 계산하기 위해서는 환산하여야 한다. 한국에서 구입자가 최종소비자일 경우 주민등록번호로 세금계산서를 발행하는 것과 동일하다고 볼 수 있다.

중국에서는 일반납세의무자라도 구매자의 요구에 따라 전용계산서 또는 보통계산서를 각각 발행할 수 있다.

② 전용계산서의 수령

한국에서는 세금계산서는 각자가 정한 양식을 사용하여 세금계산서를 직접 발행할 수 있으나, 중국에서는 세무기관에 가서 계산서의 발행 및 사용과 관련된 절차를 거친 후 전용계산서를 수령하여 사용하여야 한다.

3) 세무통제관리(税控管理)

세무통제관리는 세수관리의 주요한 부분이며 새로운 개념으로서 세무기관이 세무통제장치를 이용하여 납세의무자의 사업활동에 대해 관리감독을 함으로써 세수수입의 보장, 세금유실의 방지, 세수관리업무 효율제고, 징수관리 비용감소 등을 포함하는 개념이다.

국가는 세수징수관리의 필요에 따라 적극적으로 세무통제장치를 보급하며 납세의무자는 세무통제장치를 설치하여 사용하여야 하고 훼손 또는 임의로 개조할 수 없다(징수관리법 제23조).

사업자가 세무통제장치를 설치하여 사용하지 않거나 임의로 훼손 또는 개조할 경우 세무기관은 일정기간 내 시정을 명하고 2,000위안 이하의 벌금을 추징할 수 있으며 법규 위반이 중대한 경우, 2,000위안 이상 1만위안 이하의 벌금을 추징할 수 있다(징수관리법 제60조).

이러한 규정은 세무통제장치를 보급하여 사용하게 할 뿐만 아니라 세무통제장치의 사용과정에서 발생하는 위법행위를 없게 하는 데 목적이 있다.

3. 납세신고의 관리

납세신고는 납세의무자가 규정된 기한과 내용에 따라 세무기관에 납세와 관련된 사항을 서면으로 신고하는 법률행위로서 납세의무자가 납세의무를 이행하고 납세의무자의 법률책임을 확정하는 주요한 근거이며, 세무기관에 있어서 세수관리정보의 주요 원천이며 세무관리의 중요한 제도이다.

1) 납세신고의 대상

납세신고의 대상은 납세의무자와 원천징수의무자다. 납세의무자는 납세기간 내 납부세액이 없는 경우에도 납세신고를 하여야 하며, 납세의무자가 감면 또는 면세를 받는 경우 감면 또는 면세기간 중에도 납세신고를 하여야 한다(징수관리법 제25조).

2) 납세신고의 내용

납세신고의 내용은 주로 각 세목의 「납세신고표」와 「원천징수세액 보고표」 및 「대리징수세액 보고표」에 나타나 있으며 납세신고표에 첨부되는 재무제표 및 각종 납세자료에 나타나 있다. 납세의무자와 원천징수의무자의 납세신고표, 원천징수세액 보고표 및 대리징수세액 보고표에 포함되는 주요내용은 다음과 같다.

- 세금의 종류 및 세목
- 납세항목 및 원천징수세액의 항목 또는 대리징수세액의 항목
- 과세표준의 계산근거
- 공제항목 및 표준
- 적용세율 및 기준세액
- 환급항목 및 세액

- 감면 또는 면세 항목 및 세액
- 납부세액 또는 원천징수세액 및 대리징수세액
- 세액의 귀속시기, 납부기한의 연기, 체납, 가산금 등

3) 납세신고 기한

「징수관리법」에서는 ‘납세의무자와 원천징수의무자는 규정된 기한 내에 납세신고를 하여야 한다’라고 규정하고 있으며 신고기한은 두 종류가 있는데, 모두 동등한 법적 효력을 갖는다.

첫째, 법규 및 행정법규에서 규정한 기한
둘째, 세무기관이 법규 및 행정법규에 따라 납세의무자의 사정을 참작하여 결정한 기한

4) 납세신고시 제출서류

납세의무자가 납세신고를 할 때 사실에 근거하여 납세신고표를 작성하고 아래의 증빙과 자료를 함께 제출하여야 한다.

- 재무제표 및 그의 설명자료
- 납세와 관련이 있는 계약서 등 증빙
- 세무통제장치의 전산자료(파일 등)
- 외지 사업활동 조세관리증명 및 세액완납증빙
- 국내/외 공증기관이 발급한 증명서류
- 세무기관이 규정한 기타 제출서류
- 원천징수세액 보고표, 납부한 세액에 대한 증빙 및 세무기관이 정한 기타 서류

5) 납세신고 방식

납세의무자와 원천징수의무자는 직접 세무기관에서 납세신고서 또는 원천징수 납세보고표를 제출하거나 우편, 전자파일 혹은 기타 방식으로 신고할 수 있다(징수관리법 제26조).

현재 납세신고의 주요 형식은 아래 3가지가 있다.

구 분	납 세 신 고 방 법
직접신고	직접신고는 납세의무자가 직접 세무기관에 방문하여 신고하는 방식으로서 전통적인 방식이다.
우편신고	우편신고는 세무기관의 비준을 거쳐 납세의무자가 납세신고서를 우편을 이용하여 신고하는 것으로서 체신관청이 발행한 수령증서가 신고 증빙으로 사용된다. 납세의무자는 우편방식으로 납세신고를 할 경우 납세신고 전용우편을 사용하여야 하며, 우편신고의 발송일을 신고일로 간주한다.
전자신고	전자신고는 세무기관이 규정한 전산자료의 교환 및 인터넷을 통한 자료전송을 말한다. 납세의무자는 전자신고를 할 경우 세무기관이 규정한 기한과 요구에 맞게 관련자료를 보관하고 관할 세무기관에 서면으로 제출한다. 납세의무자와 원천징수의무자가 전자신고를 할 경우 신고일자는 세무기관이 전산시스템에서 전자신고 내용을 접수받은 날이 된다.

6) 납세신고를 연기할 경우

'신고의 연기'는 납세의무자와 원천징수의무자가 세법이 정한 기한 내 납세신고 및 원천징수납세보고를 할 수 없는 경우에 신고기한을 연기하는 것을 말한다.

납세의무자가 특별한 사정으로 기한 내 납세신고를 할 수 없을 경우 현급 이상의 세무기관의 비준을 거쳐 신고를 연기할 수 있으며, 세무기관에 서면으로 연기신청을 하여 세무기관의 비준을 거쳐 허용한 기한 내에 신고할 수 있다. 납세의무자와 원천징수의무자가 불가항력으로 납세신고를 기한 내 할 수 없을 경우 신고를 연기할 수 있으며 불가항력이 해소될 경우에는 즉시 세무기관에 신고하여야 한다(징수관리법 제27조, 동 실시세칙 제37조 및 기타 규정).

비준을 거쳐 납세신고가 연기되면 납세기한 내 전기의 실제납세액 혹은 세무기관이 결정한 세액을 우선 납부하고 연기한 기간까지 잔액을 납부하여야 한다.

III. 세액징수

세액징수는 세수징수관리업무 중에서 가장 중요한 업무로서 전체 세수징수관리업무의 목적이자 완성단계이며 세수업무에 있어 가장 중요한 부분 중의 하나이다.

참고 …

> 중국의 「세수징수관리법」에서 '세액징수' 부분은 한국의 경우 '국세징수법'에 해당하는 부분으로서 세무기관이 납세의무자가 납부하여야 할 세액을 납부하지 않는 경우 세액을 징수하기 위한 법적인 절차를 규정한 부분이다.

1. 세액징수의 원칙

1) 세액징수의 주체

- 세무기관, 세무공무원 및 세무기관이 위임한 기관과 개인 이외에는 어떤 기관 또는 개인도 세액징수활동을 할 수 없다(징수관리법 제29조).
- 세수보전조치와 강제집행조치를 취할 수 있는 권리는 세무기관 이외의 어떠한 기관 또는 개인도 가질 수 없다(징수관리법 제41조).

2) 세액징수 방법

세무기관은 법률과 행정법규의 규정에 의해서만 세액을 징수할 수 있다. 법정기관과 법정절차상의 조정을 거치지 않고서는 징수기관 및 납세의무자 모두 임의로 변동될 수 없다. 세무기관은 국가를 대표하여 납세의무자에게 세액을 징수하며, 임의로 징수할 수 없고 법에 의해서만 징수한다(징수관리법 제28조).

3) 법에 의한 세액징수

- 세무기관은 세법을 집행하는 정부기관으로서 법률과 행정법규에 의해서만 징수하여야 하며 법규에 위반하여 세액을 징수, 중지, 과다징수, 과소징수, 사전징수, 기한 후 징수, 분할징수를 할 수 없다.
- 세액을 징수하는 과정에서 세무기관은 법규가 미리 정한 과세표준에 따라서 징수하여야 하며 세목의 변경, 세율의 변동, 조세특례 및 징수시기를 임의로 조정할 수 없다(징수관리법 제28조).

4) 법적권한과 법적절차의 준수

세무기관은 세액징수 과정에서 법적권한과 법적절차를 준수하여야 하며 다음과 같은 경우가 있다.

- 세수보전조치 또는 강제집행조치를 할 때
- 감세, 면세, 환급수속을 처리할 때
- 납부세액을 추계결정할 때
- 납세조정을 할 때
- 납세의무자의 체납세액에 대한 정산과정에서 각종 조치를 취할 때

위와 같은 징수과정에서 세무기관은 법규가 정한 권한과 절차에 따라야 하며 그렇지 않을 경우 위법행위가 된다.

5) 관련 증명의 제시

세무기관이 세액을 징수할 때에는 납세의무자에게 완납증명을 발급하여야 하고, 세무기관이 재산을 압류한 때에는 관련 증서를 발급하여야 하며, 상품 및 기타 재산을 압류할 때에는 해당 명세서를 발급하여야 한다(징수관리법 제34조 및 제47조).

6) 세액, 가산금 및 벌금은 국고에 귀속

국가세무국과 지방세무국은 국가가 규정한 징수관리범위와 세액관리절차에 따라 징수된 세액을 모두 국고에 귀속시켜야 한다(징수관리법 제53조).

7) 세액우선의 원칙

조세법률에서 세액우선의 지위를 부여함으로써 세액징수와 납세의무자가 지급하여야 할 각종 채무와 상환하여야 할 채무와의 순서를 정하였다. 세액우선의 원칙은 세법의 지위를 강화시켰을 뿐 아니라 세법의 집행에 있어서의 집행력을 강화시킨다(징수관리법 제45조).

(1) 조세채권은 무담보채권에 우선한다.

조세채권의 무담보채권 우선의 원칙은 조건부로서 모든 무담보채권에 적용되지는 않으며 법률에서 별도의 규정이 있는 무담보채권에 대해서는 우선하지 않는다.

(2) 조세채권은 저당권, 질권과 유치권에 우선하여 집행된다.

납세의무자의 체납세액이 저당권의 설정보다 먼저 발생한 경우 조세채권은 저당권, 질권, 유치권에 우선하여 집행된다.

(3) 조세채권은 벌금과 불법소득의 몰수에 우선한다.

- 납세의무자가 세액을 체납하고 동시에 세무기관에 의해 벌금 및 불법소득의 몰수를 당할 경우, 세액은 벌금과 불법소득의 몰수에 우선한다.
- 납세의무자가 세액체납과 동시에 세무기관 이외 행정기관에 의해 벌금, 불법소득의 몰수를 당할 경우, 세액은 벌금과 불법소득의 몰수에 우선한다.

2. 세액징수의 방법

세액징수방식은 세무기관이 각종 상황에 따라 정한 징수세액을 계산하는 방법과 형식을 말하며 아래와 같은 방법이 있다.

방 식	중국어	세액징수방법
기장방식 징수	查账征收	납세의무자가 작성한 장부에 따라 징수하는 방식

방 식	중국어	세액징수방법
추계결정 징수	查定征收	납세의무자의 상황을 고려하여 세액을 추정하여 징수하는 방식
실제조사 징수	查验征收	수량의 실제조사를 실시하여 매출액을 추정하여 징수하는 방식
정기정액 징수	定期定额征收	기준이 되는 납세의무자를 선정하여 이를 기준으로 세액을 징수하는 방식
위탁대리징수	委托代征税款	세액을 대리징수인에게 위탁하여 징수하는 방식
우편납부	邮寄纳税	우편을 통하여 납부하는 방식
기타의 방식	其他方式	인터넷신고, IC카드 신고방식 등

3. 세액징수제도

1) 원천징수제도 및 대리징수제도

- 법률과 행정법규에서 원천징수의무 또는 대리징수의무를 지지 않는 단위 또는 개인에 대해 세무기관은 원천징수 또는 대리징수의무를 요구할 수 없다.
- 세법이 규정한 원천징수의무자는 법에 따라 원천징수의무 또는 대리징수의무를 이행하여야 하며 이를 이행하지 않을 경우 법적 책임을 진다. 징수관리법과 실시세칙이 규정한 처벌 이외에 원천징수의무자 및 대리징수의무자가 그 의무를 다하지 못할 경우에는 해당 세액을 추가로 납부하여야 한다.
- 원천징수의무자가 법에 따라 원천징수를 이행할 때 납세의무자는 거절할 수 없으며, 만약 납세의무자가 거절할 경우 원천징수의무자는 1일 내에 관할 세무기관에 신고하여 처리한다. 세무기관에 신고하지 않을 경우 원천징수의무자가 원천징수하지 않은 세액에 대한 책임을 진다.
- 세무기관은 원천징수의무자에 원천징수행위에 대한 수수료를 지급한다. 원천징수수수료는 현(시)급 이상의 세무기관이 일괄하여 지급하며 원천징수한 금액과 수수료를 상계할 수 없다.

2) 세액납부 연기제도

납세의무자와 원천징수의무자는 세법이 규정한 기한 내에 세액을 모두 납부하여야 하며 만약 납세의무자가 납세의무를 이행하는 과정에서 곤란한 상황이 발생할 경우 납세의무자의 합법적인 권익을 보호하기 위하여 다음과 같이 규정하고 있다.

납세의무자가 특수한 사정으로 납세기한 내 납부할 수 없을 경우 성, 자치구, 직할시의 국가세무국과 지방세무국의 비준을 거쳐 세액납부를 연기할 수 있으며, 3개월을 초과할 수 없다(징수관리법 제31조).

특수한 사정은 주로 다음과 같은 두 가지를 포함하고 있다.

- 불가항력으로 인하여 납세의무자의 거액의 손실이 발생하여 정상적인 사업활동에 영향을 미치는 경우
- 당기의 화폐자금의 여력이 급여와 사회보험료를 지급하고 난 후 세액을 납부할 수 없는 경우

위에서 화폐자금은 납세의무자가 납세연기를 신청한 날의 현금잔액을 말하며 이 중 법규가 정한 적립금 등 기업이 사용할 수 없는 자금은 제외한다.

납세의무자가 납세연기신청을 하는 경우에는 아래의 사항을 주의하여야 한다.

① 규정한 기간 내에 서면으로 신청하여야 한다.

납세의무자가 세액납부의 연기신청을 필요로 할 경우에는 납세기한 전에 신청하여야 하며 아래의 자료를 제출하여야 한다.

- 세액납부 연기신청서
- 당기 화폐자금 잔액현황표 및 은행예금잔고 및 거래내역서
- 재무상태표
- 급여 지급내역과 사회보험료 등 세무기관이 제출을 요구한 지출예산

세무기관은 세액납부 연기신청을 받은 날부터 20일 내 비준 또는 거부의 결정을 내려야 하며, 거부할 경우에는 납세기한 만료일부터 가산금이 발생한다.

② 세액납부의 연기는 성, 자치구, 직할시의 국가세무국과 지방세무국이 비준하여야 법적 효력이 발생한다.

③ 세액납부의 연기는 3개월을 초과할 수 없으며 중복하여 연기할 수 없다.

④ 세액납부 연기신청에 대한 비준기간 중에는 가산금을 징수하지 않는다.

3) 가산금 징수제도

납세의무자 또는 원천징수의무자가 기한 내에 세액을 납부하지 않을 경우 세무기관은 납부를 독촉함과 동시에 가산금 기산일로부터 매일 체납세액의 5/10,000를 가산금으로 징수한다(징수관리법 제32조).

가산금 징수의 구체적인 방법은 아래의 절차에 따른다.

- 먼저 세무기관이 납부독촉통지서를 발송하여 납세의무자가 기한까지 세액을 납부하지 않을 경우 체납세액에 대해 일변 5/10,000의 가산금이 발생한다고 고지한다.
- 체납일로부터 가산금을 징수한다(가산금을 징수하는 기간은 세액납부 만료일의 익일부터 납세의무자가 실제로 납부한 날까지이다).
- 가산금의 징수를 거부할 경우 납세의무 불이행에 따른 강제집행조치를 할 수 있으며 강제징수 또는 압류 등의 조치가 있다.

4) 조세감면제도

「징수관리법」 제33조에 따라 조세를 감면 또는 면제할 경우 아래의 사항을 주의하여야 한다.

(1) 법규에 의한 감면 또는 면제

감면 또는 면제는 법률과 행정법규의 명문규정에 따른다(구체적인 규정은 각 조세실체법에 나타나 있다). 지방 각급 인민정부, 인민정부 주관부문 및 개인이 법률과 행정법규를 위반하여 임의로 한 감면 또는 면제결정은 무효로서 세무기관은 집행할 수 없으며 상급 세무기관에 보고하여야 한다.

(2) 서면신청

납세의무자가 감면을 신청할 경우 관할 세무기관에 서면으로 신청하며 관련자료를 함께 제출하여야 한다.

(3) 심사비준

감면 몇 면제의 신청은 법률 및 행정법규가 규정한 감면 또는 면제 심사비준기관의 심사비준을 거쳐야 한다.

(4) 납세신고의 실시

납세의무자가 감면 또는 면제혜택을 적용받는 기간 동안에도 납세신고는 하여야 한다.

(5) 상황이 변경된 경우

납세의무자가 감면 또는 면제의 조건에 변동이 발생할 경우 그 사실이 발생한 날부터 15일 내에 세무기관에 보고하여 세무기관의 심사를 거쳐 감면 또는 면제혜택을 정지한다. 보고하지 않거나 감면 또는 면제조항에 맞지 않을 경우 세무기관은 이미 감면 또는 면제한 세액을 추징한다.

(6) 감면기간이 만료된 경우

감면 또는 면제기간이 만료된 경우 납세의무자는 그 익일부터 납부하여야 한다.

(7) 감면 또는 면제의 종류

감면 또는 면제는 심사비준형 감면과 신고형 감면이 있다. 심사비준형은 세무기관이 심사비준하는 항목이며 신고형은 심사비준이 필요 없는 항목을 말한다.

납세의무자가 심사비준형 감면을 받으려면 관련 자료를 제출하고 신청한 후 심사권이 있는 세무기관이 심사비준 후 이행한다. 신청하지 않거나 심사권을 보유한 세무기관의 심사를 거치지 않은 경우에는 감면을 누릴 수 없다.

납세의무자가 신고형 감면을 받으려면 관련 자료를 제출하고 신청한다. 세무기관의 등기접수 후, 등기접수일부터 감면을 적용받을 수 있다. 납세의무자가 신고 및 신청을 하지 않을 경우에는 감면을 적용받을 수 없다.

(8) 구분경리

납세의무자가 감면사업과 비감면사업을 동시에 하는 경우 구분하여 결산하여야 한다. 만약 구분하지 못할 경우에는 감면을 적용받을 수 없으며 결산이 불분명할 경우에는 세무기관이 합리적인 방법으로 심사한다.

(9) 환급신청

납세의무자가 법에 따라 감면혜택을 받을 수 있으나 감면을 받지 못하여 과다납부한 경우로서, 세무기관의 심사 또는 신청기한에 대한 명확한 규정이 없는 경우에는 「징수관리법」 제51조에서 정한 기한 내에 감면 및 과다납부한 세액의 환급을 신청하여 환급받을 수 있으나 환급이자는 없다.

(10) 감면 심사기관

감면의 심사기관은 법률, 법규, 규장에서 정한다. 국가세무기관이 심사비준하는 것으로 규정된 경우에는 각 성, 자치구, 직할시 및 계획시의 세무기관을 거쳐 국가세무총국에 보고한다.

각 성급 세무기관 및 성급 이하 세무기관이 비준하는 것으로 규정된 경우에는 각 성급 세무기관이 심사하거나 심사권한을 결정하고 원칙적으로는 납세의무자 소재지의 현(구)세무기관이 심사비준하며, 감면세액이 비교적 크거나 감면조건이 복잡할 경우에는 각 성, 자치구, 직할시 및 계획시의 세무기관이 심사비준의 권한을 조정할 수 있다.

(11) 신청시 제출서류

납세의무자가 심사비준형 감면을 신청할 경우에는 정책이 규정한 감면기한 내 관할 세무기관에 서면으로 신청서를 제출하며 아래의 서류를 동시에 제출한다.

① 감면 신청서, 감면 이유, 근거, 범위, 기한, 수량, 금액 등 필요적 기재사항
② 재무제표, 납세신고서
③ 관련부문이 발행한 증명자료
④ 세무기관이 제출을 요구하는 기타 자료

납세의무자가 제출하는 자료는 진실, 정확, 완전하여야 한다. 세무기관은 납세의무자에게 감면사항과 관계없는 자료를 요청할 수 없다.

(12) 신청기관

납세의무자는 관할 세무기관에 감면을 신청할 수도 있고 심사비준 권한이 있는 세무기관에 직접 신청할 수도 있다.

납세의무자의 소재지 관할 세무기관이 수리하고 상급 세무기관이 심사비준하는 감면신청에 대해서는 관할 세무기관이 수리한 후 10영업일 내에 직접 심사비준 권한이 있는 상급 세무기관에 보고하여야 한다.

세무기관은 납세의무자가 제출한 감면신청에 대해 아래의 상황별로 처리한다.

구 분	처 리 방 법
신청한 감면내역이 세무기관이 심사한 후 집행할 필요가 없는 경우	수리하지 않음을 납세의무자에게 즉시 통지한다.
신청한 감면자료가 자세하지 않고 착오가 있을 경우	납세의무자가 수정하도록 고지하여야 한다.
신청한 감면자료가 불완전하고 법정형식에 맞지 않을 경우	5영업일 내 1차로 납세의무자에 보충이 필요한 내용을 고지한다.
신청한 감면자료가 완전하고 법정형식에 맞거나 또는 세무기관의 요구사항을 보완한 경우	납세의무자의 감면신청을 수리하여야 한다.

(13) 접수증의 발행

세무기관이 감면신청을 수리하거나 수리하지 않을 경우 세무기관의 직인과 일자가 기재된 서면증서를 발행한다.

(14) 심사비준 대상

감면신청에 대한 심사비준은 납세의무자가 제출한 자료가 감면의 법정조건에 맞는지에 대해 심사를 진행하며 납세의무자의 진실성 여부는 심사하지 않는다.

세무기관이 신청자료의 내용에 실사를 진행할 필요가 있을 경우 2명 이상의 인원을 파견하여 실사를 진행하고 실사내용을 기록한다. 상급 세무기관은 감면신청에 대한 실사의 업무량이 많고 시간이 많이 걸릴 경우 소재지 현급 세무기관에 위탁하여 실사하게 할 수 있다.

(15) 심사의 실시

감면기한이 한 과세연도를 초과할 경우에도 심사는 1회만 실시한다.

납세의무자의 감면 받는 조건에 변화가 발생할 경우 사실 발생일로부터 15일 내에 세무기관에 보고하고 세무기관의 심사를 거쳐 감면을 중지한다.

심사권한이 있는 세무기관은 납세의무자의 감면신청에 대해 아래의 기한에 따라 심사비준업무를 진행하고 심사결정을 내린다.

구 분	심 사 기 한
현급 및 구급 세무기관이 담당하는 감면심사	20영업일 내에 심사결정한다.
지방의 시급 세무기관이 담당하는 감면심사	30영업일 내 심사결정한다.
성급 세무기관이 담당하는 감면심사	60영업일 내 심사결정한다.
규정한 기한 내 결정하지 못할 경우	본급 세무기관 책임자의 비준을 거쳐 10일을 연장할 수 있으며 연장이유를 납세의무자에게 고지한다.

(16) 감면신청에 대한 결정

감면신청 내용이 법정조건과 기준에 맞을 경우 관할 세무기관은 규정된 기한 내 감면신청에 대해 서면결정을 하여야 한다. 법에 따라 감면을 허가하지 않을 경우 그 이유를 설명하고 납세의무자에게 행정불복 및 행정소송을 할 수 있다는 권리를 고지하여야 한다.

세무기관은 감면결정이 있는 날부터 10영업일 내에 납세의무자에게 서면으로 결정내용을 송달하여야 하며 감면에 대한 비준이 있기 전까지는 납세의무자는 규정에 따라 세액을 신고납부하여야 한다.

(17) 자료의 제출

납세의무자가 신고형 감면을 신청하는 경우 관할 세무기관에 아래의 자료를 제출하여야 한다.

- 감면 또는 면세정책의 집행상황
- 관할 세무기관이 제출을 요청한 관련자료

관할 세무기관은 납세의무자의 감면신청을 수리한 날부터 7영업일 이내 등기를 마치고 납세의무자에게 집행을 고지한다.

(18) 감면받는 경우

납세의무자가 이미 감면을 받고 있는 경우에는 정상신고를 하고 감면신청을 하여야 한다. 감면기한이 만료된 경우에는 세액을 신고납부하여야 한다.

세무기관과 세무공무원은 납세의무자의 감면현황에 대해 관리감독한다. 세무기관이 세무조사를 통하여 매년 정기적으로 납세의무자의 감면사항에 대해 조사를 실시하여야 하며 주요 내용은 다음과 같다.

- 납세의무자가 감면조건을 갖추었는지 또는 허위자료의 제공 등으로 감면을 적용받았는지의 여부
- 납세의무자의 감면조건에 변화가 발생할 경우 세무기관이 다시 심사한 후 감면을 받고 있는지 여부
- 감면용도가 정해져 있는 경우 납세의무자가 규정용도에 맞게 감면을 받고 있는지 또는 감면기한이 있는 경우에 기한이 만료되었는지 여부
- 납세의무자가 세무기관의 비준을 받지 않고 스스로 감면을 적용하고 있는지 여부
- 감면을 받고 있는 부분의 미신고 여부

5) 추계결정제도와 세액조정제도

(1) 추계결정제도(税额核定)

납세의무자(법인 및 개인 포함)가 아래의 경우에 해당할 경우 세무기관은 납부세액을 추계결정할 수 있다(징수관리법 제35조).

구 분	내 용
추계결정대상	• 법규에 따라 장부를 갖출 필요가 없는 경우 • 법규에 따라 장부를 갖추어야 하나 장부를 갖추지 않은 경우 • 임의로 장부를 훼손하거나 세무자료의 제출을 거부하는 경우

구 분	내 용
	• 장부가 있으나 장부를 정리하지 않고 증빙서류가 불완전하여 장부기장이 어려운 경우 • 납세의무가 발생하였으나 납세신고를 하지 않고 세무기관의 독촉 후에도 신고하지 않은 경우 • 납세의무자가 신고한 과세표준이 현저히 낮고 정당한 이유가 없는 경우
추계결정방법	• 해당 지역의 동일업종 또는 유사업종 중에서 경영규모와 수입수준이 비슷한 납세의무자의 수입과 이윤율을 참조하여 추계결정하는 방법 • 원가에 합리적인 비용과 이윤을 가산하는 방법으로 추계결정하는 방법 • 원재료, 연료, 에너지 사용액을 기준으로 추산하여 추계결정하는 방법 • 기타 합리적인 방법으로 추계결정하는 방법

위의 방법 중에서 한 가지 방법으로 추계결정하는 것이 어려울 경우에는 동시에 두 가지 이상의 방법을 사용하여 추계결정할 수 있다.

납세의무자는 세무기관이 추계결정한 세액에 이의가 있을 경우 관련 증거를 제출하여 세무기관의 확인을 거쳐 세액을 조정할 수 있다.

(2) 세액조정제도

여기서의 세액조정제도는 주로 특수관계자의 세액조정제도를 말한다.

기업 또는 외국기업이 중국내에 설립하여 사업활동을 영위하는 기구(장소)와 특수관계자 사이의 거래는 정상거래에 따른 대가와 비용을 받거나 지급하여야 한다. 만약 정상거래에 의하지 않아서 과세소득을 감소시킬 경우에는 세무기관이 조정을 할 수 있다(징수관리법 제36조).

① 특수관계자의 범위

특수관계자는 아래의 관계가 있는 법인과 기타 조직을 말한다.

- 자금, 경영, 판매와 구입 등의 방면에서 직간접적인 지배관계가 있는 경우
- 직접 또는 간접적으로 동일한 제3자에 의해 소유 또는 지배되는 경우

- 경제적으로 서로 특수관계가 있는 기타의 관계

② 납부세액의 조정

납세의무자와 특수관계자의 거래가 아래에 해당할 경우 세무기관은 납부세액을 조정할 수 있다.

- 판매 또는 구매가 정상거래가격에 따르지 않을 경우
- 자금을 융통할 때 이자금액이 정상거래가격에 따르지 않고 정상수준보다 현저히 낮거나 높은 경우
- 용역제공시 정상거래가격에 따르지 않고 용역비용을 받거나 지급하는 경우
- 재산양도, 재산사용권의 제공 등의 거래에 있어서 정상거래가격에 따라 수수하지 않는 경우
- 정상거래가격에 따르지 않은 기타 상황

③ 수입금액과 소득금액의 조정

납세의무자가 특수관계자와의 거래에 있어서 위의 상황에 해당할 경우 세무기관은 아래의 방법에 따라 수입금액과 소득금액을 조정할 수 있다.

- 정상거래가격에 의한 가격
- 특수관계가 없는 제3자에게 판매하는 가격에 의한 수입금액과 이윤수준
- 원가에 합리적인 비용과 이윤 가산
- 기타 합리적인 방법

④ 조정기한

납세의무자와 특수관계자가 정상거래가격에 의한 가격에 따르지 않을 경우 세무기관은 거래가 발생한 과세연도부터 3년 내에 조정을 진행하며, 특수한 상황이 있을 경우에는 10년 내에 조정을 진행할 수 있다.

위의 특수한 상황은 납세의무자가 아래의 상황에 해당되는 경우를 말한다.

- 납세의무자가 전년도에 특수관계자와의 누적 거래금액이 10만위안을 초과하는 경우
- 세무기관의 심사분석을 거쳐 납세의무자가 전년도에 특수관계자와의 거래에 대해 조정하여야 할 수입금액 또는 소득금액의 예상금액이 50만위안을 초과하는 경우
- 납세의무자가 전년도에 조세피난처에 설치한 특수관계자와 거래가 있는 경우

• 납세의무자가 전년도에 특수관계자와의 거래내역을 신고하지 않거나 신고내용이 사실과 맞지 않거나 관련되는 가격과 비용의 기준을 제공하지 않은 경우

6) 세무등기를 하지 않은 경우 및 임시로 사업하는 경우

세무등기를 하지 않고 사업활동을 하거나 임시로 사업활동을 하는 납세의무자에 대해서는 세무기관이 납부세액을 추계결정하여 납부하도록 한다. 납세의무자가 세액을 납부하지 않을 경우 처리방법은 다음과 같다(징수관리법 제37조).

• 세무기관은 납부세액에 해당하는 상품 또는 재화를 압류할 수 있다.
• 압류 후 납부하는 경우에는 세무기관은 압류를 해제하여 반환한다.
• 압류 후에도 납부하지 않는 경우 현급 이상 세무국(분국) 국장의 비준을 받아 경매 또는 공매하여 그 대금으로 납부세액에 충당한다.

위의 규정에 의할 경우 적용대상과 집행절차에 주의를 기울여야 한다.

(1) 적용대상

세무등기를 하지 않은 납세의무자 및 임시로 사업활동을 하는 납세의무자

(2) 집행절차

• 제1단계 : 납부세액의 추계결정
세무기관은 일정한 기준에 따라 합리적으로 납세액을 추계결정한다.

• 제2단계 : 납부독촉
세무기관이 추계결정을 한 후 납세의무자에게 납부독촉을 한다.

• 제3단계 : 상품 또는 재화의 압류
세무기관의 독촉에도 납부하지 않는 납세의무자에 대해 세무기관은 세액상당의 상품 또는 재화를 압류할 수 있으며 납세의무자는 압류일로부터 15일 내 납부하여야 한다.
부패 또는 상하기 쉬운 상품과 재화는 압류기한을 단축할 수 있다.

• 제4단계 : 압류해제 및 경매, 매각
  압류 후 납부할 경우 세무기관은 압류를 해제하고 반환하여야 한다.

• 제5단계 : 세액충당
  세무기관이 압류한 상품 혹은 화물을 경매 혹은 공매 후 매각대금을 세액에 충당한다.

7) 세수보전조치

세수보전조치는 세무기관이 납세의무자의 행위 또는 객관적인 원인으로 세액징수를 보장할 수 없을 경우 납세의무자가 상품, 재화 또는 기타 재산을 이전시키는 것을 제한하는 조치를 말한다.

세무기관이 사업활동을 영위하는 납세의무자의 납세의무 회피행위가 있다고 판단되는 경우에는 납세기한 전에도 납부를 명할 수 있으며, 기한 내 납세의무자가 납부하여야 할 재산을 이전, 은닉하려는 정황이 있을 경우 세무기관은 납세담보를 제공할 것을 명할 수 있다.

납세의무자가 담보제공을 할 수 없을 경우 현급 이상의 세무국(분국 포함) 국장의 비준을 얻어 세무기관은 아래의 세수보전조치를 취할 수 있다(징수관리법 제38조).

① 서면으로 납세의무자의 계좌개설은행 또는 기타 금융기관에 통지하여 납세의무자의 세액에 상당하는 예금을 동결한다.
② 납부세액에 상당하는 납세의무자의 상품, 재화 또는 기타 재산을 압류 또는 차압하며, 기타 재산에는 납세의무자의 부동산, 현금, 유가증권 등 부동산과 동산을 포함한다.
③ 납세의무자가 기한 내에 세액을 납부하는 경우 세무기관은 세수보전조치를 해제하여야 하며, 기한 후에도 납부하지 않은 경우 현급 이상 세무국(분국포함) 국장의 비준을 거쳐 세무기관이 서면으로 납세의무자의 계좌개설은행 또는 기타 금융기관에 통지하여 동결된 예금에서 세액을 충당하거나 압류한 상품, 재화 또는 기타 재산을 경매 또는 공매한 대금으로 세액에 충당한다.
④ 세수보전조치가 부당하거나 기한 내 세액을 납부하였으나 세무기관이 즉시 세수보전조치를 해제하지 않아 납세의무자가 재산상의 손실을 입은 경우 세무기관은 손해배상의 책임이 있다.
⑤ 개인 및 그 부양가족이 생활하는데 필요한 주택과 생필품은 세수보전조치의 범위에서 제외되며, 부양가족의 범위는 납세의무자가 같이 거주하는 배우자, 직계친척

> 및 무능력자로서 납세의무자가 부양하는 기타 친족을 포함한다. 생활하는데 필요한 주택과 생필품에는 자동차, 금은보석, 골동품, 호화주택 또는 1채 이상의 주택은 포함되지 않는다. 세무기관은 개별적으로 5,000위안 이하인 기타 생활용품에 대해서는 세수보전조치와 강제집행조치를 취하지 않는다.

위의 규정에 따라 세수보전조치를 할 때 주의하여야 할 사항은 다음과 같다.

(1) 세수보전조치의 전제 조건

세무기관이 취하는 세수보전조치의 전제 조건은 사업활동을 영위하는 납세의무자가 납세의무를 회피하는 경우로서 두 가지의 조건에 해당되어야 한다.

첫째, 납세의무자의 납세의무회피 행위가 있어야 한다.

납세의무자의 납세회피행위가 없으면 세수보전조치를 취할 수 없다. 납세의무회피행위의 최종적인 목적은 세액을 납부하지 않는 행위로서 주로 재산의 이전 및 은닉이 있다.

둘째, 납부기한 종료일 또는 납부독촉의 기한 내이어야 한다.

납부기한이 만료된 후에도 납세의무자가 납부하지 않을 경우 세무기관은 강제집행조치를 할 수 있어 세수보전조치를 할 필요가 없게 된다.

(2) 세수보전조치의 법정절차

세수보전조치의 법정절차는 다음과 같다.

- 제1단계 : 납세의무자가 세액을 납부하도록 독촉
  세무기관은 사업활동을 하는 납세의무자가 납세의무를 회피한다고 여겨질 경우에는 납부기한 이전에 세액을 납부하도록 독촉할 수 있다. 세무기관이 세액의 납부를 회피하려는 납세의무자에 대하여 기한 전에 세액을 납부하도록 할 때에는 관할 세무기관이 해당 납세의무자에게 기한 전에 납부하도록 통지하고 「세무문서 송달반환증」을 작성하여 납세의무자의 서명 날인을 받는다.

- 제2단계 : 납세의무자에 납세담보제공을 요구
  기한 전에 납세의무자가 재산 등을 이전, 은닉행위를 할 명백한 증거가 있는 경우 세무기관은 납세의무자에게 납세담보를 제공할 것을 요구할 수 있다.

① 납세담보의 내용
납세담보란 납세의무자가 기한 내 납세액을 완납하는 납세의무를 다하도록 세무기관에 보증하는 것을 말한다. 중국내에서 납세담보능력을 구비한 공민, 법인 혹은 기타 경제조직을 납세담보인이라 하며, 국가 기관은 납세담보인이 될 수 없다.
② 납세담보의 제공
납세담보인이 납세의무자를 위해 담보를 제공할 것을 동의할 경우, 납세담보서에 담보대상, 담보범위, 담보기간, 담보책임 및 기타사항을 기재하여야 한다. 담보서는 납세의무자, 납세담보인과 세무기관이 서명날인하면 법적 효력을 발한다. 납세의무자가 자기 소유의 저당권 미설정 재산으로 담보할 경우, 납세담보서에 재산목록을 기재하고 담보재산의 가치 및 기타 사항을 기재한다. 납세담보목록은 납세의무자와 세무기관의 서명날인 후 법적 효력이 발생한다.

• 제3단계 : 납세의무자의 예금계좌 동결
납세의무자가 납세담보를 제공할 수 없을 경우, 현급 이상의 세무국(분국) 국장의 비준을 받아 서면으로 납세의무자의 통장개설은행 혹은 기타 금융기관에 미납액에 상당하는 납세의무자의 잔액에 대해 계좌동결을 통지한다.

세무기관이 동결조치시 아래의 사항에 주의하여야 한다.

① 현급 이상의 세무국(분국) 국장의 비준이 있을 것
② 동결되는 현금은 미납액에 상당하여야 하며 초과하여 현금전액을 동결해서는 안된다.
③ 납세의무자가 세무기관이 세수보전조치를 취한 후 세무기관이 정한 기한 내 세액을 납부할 경우, 세무기관은 세액수령일 또는 은행의 완납증명수령일로부터 1일 내 보전조치를 해제하여야 한다.

• 제4단계 : 납세의무자의 재산 등을 가압류
납세의무자가 은행계좌 또는 기타 금융기관에 예금이 없을 경우 또는 세무기관이 예금상황을 파악할 수 없을 경우, 세무기관은 납세액에 상당하는 납세의무자의 상품, 재화 또는 기타 재산을 압류할 수 있다.

압류시에는 아래의 사항을 주의하여야 한다.

① 세무기관이 재산 등을 압류할 경우에는 2인 이상의 세무공무원이 집행하고 피집행인에 통지하여야 한다. 피집행인이 공민인 경우에는 본인 또는 성인가족에게 현장에 입회할 것을 통지하여야 하며, 피집행인이 법인 또는 기타 조직일 경우에는 법정대표인 또는 주요 책임자가 입회할 것을 통지한다. 입회 거절은 집행에 영향

을 주지 아니한다.
② 세무기관이 압류한 재산의 가치를 평가할 때 가산금 및 압류, 보관, 경매비용을 포함하여 고려하여야 한다.
③ 압류한 재산의 가치는 동종 재산의 시가 또는 감정평가액을 기준으로 한다.
④ 세무기관이 재산을 압류할 때에는 압류명세서를 발급하여야 한다.
⑤ 세무직원이 압류한 재산을 사적으로 사용할 경우에는 원상회복 및 행정처분을 받으며, 상황이 중대하여 범죄행위에 해당할 경우 형사처벌을 받을 수 있다.

(3) 세수보전조치의 종결

세수보전조치의 종결은 아래와 같이 두 가지의 경우가 있다.

첫째, 납세의무자가 기한 내 세액을 납부하는 경우

세무기관은 즉시 세수보전조치를 해제하여야 한다.

둘째, 납세의무자가 납부기한이 경과한 후에도 납부하지 않은 경우

세무국(분국) 국장의 비준을 받아 세수보전조치를 강제집행으로 전환하며, 서면으로 납세의무자의 계좌개설은행 혹은 기타 금융기관에 동결된 예금 중에서 미납액에 상당하는 예금을 추심하여 충당하거나 압류한 상품, 재화 또는 기타 재산을 경매 또는 공매하여 대금을 세액에 충당한다.

8) 세수의 강제집행조치

세수의 강제집행조치는 당사자가 법규상의 의무를 이행하지 않아 국가기관이 법적인 강제수단을 사용하여 당사자가 의무를 이행하도록 강제하는 행위를 말한다.

사업활동을 영위하는 납세의무자 및 원천징수의무자가 납부기한까지 세액을 납부하지 않고, 납세담보인이 납부기한까지 담보한 세액을 납부하지 않을 경우 세무기관은 아래와 같은 강제집행조치를 취할 수 있다(징수관리법 제40조).

- 계좌개설은행 또는 기타 금융기관에 서면으로 통지하여 예금 중에서 세액으로 추심한다.
- 압류한 재산을 경매 또는 공매하여 대금을 세액에 충당한다.

세무기관이 강제집행조치를 취할 때에는 위의 납세의무자, 원천징수의무자 및

납세담보인이 납부하지 아니한 세액에 대해서 동시에 강제집행한다.

개인과 그 부양가족이 생계를 유지하는데 필요한 주택 및 생필품은 강제집행조치의 대상에서 제외된다.

세무기관이 강제집행조치를 취할 때 다음과 같은 사항을 주의하여야 한다.

(1) 강제집행조치의 적용범위

강제집행조치의 적용범위는 기한 내 세액을 납부하지 아니하고 납세독촉기한이 경과한 후에도 납부하지 아니한 납세의무자에 한한다. 강제집행조치가 적용되는 원천징수의무자 및 납세담보인에게 세수보전조치를 취할 경우에는 강제집행조치는 적용되지 아니한다.

(2) 강제집행조치의 원칙

세무기관이 강제집행조치를 취할 경우에는 사전에 고지하여야 하는 바 납세의무자, 원천징수의무자와 납세담보인이 기한 내 납부하지 아니한 경우 먼저 고지하고 납부독촉을 명한다. 그래도 납부하지 않을 경우 강제집행조치를 취하여야 하며, 납부독촉이 없이 강제집행조치를 취할 경우에는 고지를 아니하였으므로 이러한 강제집행조치는 위법행위에 해당한다.

(3) 강제집행조치의 절차

세수의 강제집행조치의 절차는 다음과 같다.

첫째, 세액의 강제징수(세액추심)

납세의무자, 원천징수의무자와 납세담보인이 기한 내에 세액을 납부하지 않거나 담보를 제공하지 않을 경우 세무기관은 우선 납부독촉을 하고, 그래도 납부하지 않을 경우 현급 이상의 세무국(분국) 국장의 비준을 거쳐 계좌개설은행 및 기타 금융기관에 통지하여 예금에서 미납세액을 추심한다. 세액추심과 동시에 세무기관은 「징수관리법」 제68조의 규정에 따라, 미납세액의 50% 이상 5배 이하의 벌금에 처할 수 있다.

둘째, 압류한 재산의 경매 또는 공매

「징수관리법」 제40조에 따라 압류, 차압, 경매 또는 공매행위는 연속성을 가지는데, 압류 또는 차압 후 납세의무자가 세액을 납부할 때까지는 반환하지 않고 바로 경매 또는 공매를 통하여 매각하여 미납세액에 충당할 수 있다.

(4) 가산금의 강제집행조치

강제집행조치를 할 때 납세의무자, 원천징수의무자와 납세담보인이 미납한 세액의 가산금도 동시에 강제집행한다. 납세의무자가 세액은 납부하고 가산금을 납부하지 않을 경우 세무기관은 가산금에 대해서도 강제집행조치를 할 수 있다.

9) 체납세액의 정산제도

체납이란 납세의무자 또는 원천징수의무자가 기한 내 세액을 납부하지 않는 행위를 말하며 체납의 정산과 관련하여 「징수관리법」은 아래와 같은 조치를 규정하고 있다.

(1) 체납세액의 심사권한을 엄격히 통제

세액납부를 연기하는 심사권한은 성, 자치구, 직할시의 국가세무국과 지방세무국에 있는데, 이렇게 함으로써 납세의무자의 일시적인 어려움을 해소하는 데 유리하며 체납상황을 엄격하게 관리함으로써 국가세수의 손실을 막을 수 있다(징수관리법 제31조).

(2) 납부독촉 기한

사업활동을 영위하는 납세의무자와 원천징수의무자가 기한까지 세액을 납부하지 않거나 납세담보인이 기한까지 납세담보한 세액을 납부하지 않는 경우, 세무기관은 납부독촉통지서를 발송하며 독촉기한은 최장 15일을 초과할 수 없다.

(3) 체납세액 정산제도로 세수유실 방지

① 출국제한대상의 범위 확대

세액을 체납한 납세의무자와 법정대표가 출국해야 할 경우, 출국하기 전에 세무기관에 세액을 정산하거나 담보를 제공하여야 하며 그렇지 않을 경우 세무기관은 출입국기관에 통지하여 출국을 제한할 수 있다(징수관리법 제44조).

② 납세의무자의 체납세액 정산제도의 개선

납세의무자가 합병 또는 분할하는 경우 세무기관에 보고하고 세액을 정산하여야 한다. 납세의무자가 합병시 세액을 납부하지 않은 경우 합병 후의 납세의무자가 납세의무를 승계하며, 분할시 세액을 납부하지 않은 경우 분할 후의 회사가 납세의무를 승계하며 연대책임을 진다(징수관리법 제48조).

③ 고액체납의 재산처분 보고제도

체납세액이 5만위안 이상인 납세의무자가 부동산 또는 고액의 자산을 처분하기 전 세무기관에 보고하여야 하는데, 이것은 세무기관이 체납자가 부동산이나 고액의 재산을 처분하는 동향을 제때에 파악하기 위함이다.

세무기관은 이러한 재산의 처분행위가 국가세수에 대한 침해인지 또는 자산의 이전인지 및 납세의무의 회피인지의 여부를 판단하여 세수우선권 행사여부를 결정하고 세수보전조치 또는 강제집행조치를 취할 수 있다(징수관리법 제49조 및 동 실시세칙 제77조).

④ 대위권 및 철회권의 행사

세무기관은 체납한 납세의무자에 대해 대위권 및 철회권을 행사할 수 있는데 이에 따라 납세의무자의 만기채권 등의 재산권에 대해 세무기관이 제3자에게 세액을 추징할 수 있다.

세무기관이 「중국 계약법」의 규정에 따라 대위권과 철회권을 행사할 수 있는 경우가 있는데, 세무기관이 국가를 대표하여 체납세액에 대하여 채권을 가지는 것은 납세의무자가 국가에 대한 채무를 상환하여야 하는 의무가 있기 때문이다(징수관리법 제50조).

세액을 체납한 납세의무자가 만기가 도래한 채권을 행사하지 않거나 자산을 회수하지 않을 경우 세무기관은 인민법원에 세무기관의 명의로 채권행사를 대위할 것을 청구할 수 있다.

⑤ 체납공고제도

세무기관은 납세의무자의 체납상황에 대해 납세장소 또는 방송, TV, 신문, 잡지, 인터넷 등의 매체에 정기적으로 공고할 수 있으며 실제상황과 필요에 따라 납세의무자의 납세신용등급의 평가제도를 마련할 수 있다(징수관리법 제45조 및 동 실시세칙 제76조).

10) 세액 환급과 세액 추징

(1) 세액 환급

납세의무자가 납부세액을 초과하여 납부한 금액이 있을 경우 세무기관은 즉시 환급해 주어야 한다. 납세의무자가 세액을 납부한 날부터 3년 내 과다납부한 사실을 알게 된 경우 과다납부한 세액 및 환급금이자의 환급을 세무기관에 요구할 수 있다. 세무기관은 사실여부를 확인한 후 즉시 환급한다. 만약 국고에서 환급하여야 할 경우에는 국고관리의 법규에 의거 환불한다(징수관리법 제51조).

위에 따라 환급할 경우 세무기관은 아래와 같은 사항을 주의하여야 한다.

① 납세의무자가 납부세액을 초과하여 납부한 부분이 있어야 한다.

② 세액 환급에는 다음과 같은 유형이 있다.

- 업무상 착오 및 결산상 문제로 인한 환급
- 세수관리를 위하여 납세의무자로 하여금 예납하게 한 후 심사 후 환급하여야 할 부분에 대한 환급

③ 환급 방식

- 세무기관이 발견한 후 즉시 환급
- 납세의무자가 발견한 후 환급 신청

④ 환급 기한

- 납세의무자가 발견한 경우 세액을 납부한 날부터 3년 내 환급 신청
- 세무기관이 과다납부액을 발견한 경우 환급기한에 대한 명확한 규정이 징수관리법에 없으므로 기한이 없는 것으로 추정된다. 따라서 세무기관이 발견할 경우 기한 없이 환급해 주어야 한다.
- 납세의무자가 과다납부한 세액은 세무기관이 사실 여부를 확인한 다음 즉시 환급해 주어야 한다. 세무기관이 납세의무자가 과다납부한 사실을 발견하면 발견한 날부터 10일 내 환급수속을 하여야 하고 납세의무자가 과다납부한 사실을 발견하여 환급을 요구할 경우 사실확인 후 환급신청 접수일로부터 30일 내 환급수속을 하여야 한다(징수관리법 실시세칙 78조).

(2) 세액 추징(징수관리법 제52조)

① 세무기관의 잘못으로 납세의무자 또는 원천징수의무자가 세액을 납부하지 아니한 경우 3년 내 미납세액을 추징하여야 하며 가산금은 징수하지 아니한다.

② 납세의무자, 원천징수의무자의 잘못으로 세액을 납부하지 아니한 경우 3년 내 세액과 가산금을 추징하며, 특수한 사정이 있을 경우에는 5년까지 연장할 수 있다.

특수한 사정이란 납세의무자 또는 원천징수의무자가 계산착오 등의 실수로 납부하지 않은 누적세액이 10만위안 이상인 경우이다.

③ 탈세에 대한 세액과 가산금의 추징은 기한의 제한이 없다.

세무기관이 세액을 추징할 경우 아래의 사항을 주의하여야 한다.

- 납세의무자와 원천징수의무자 및 기타 당사자의 탈세에 대해서는 기한의 제한이 없다.
- 납세의무자의 과소납부세액에 대한 세액추징 기한은 납세의무자가 해당 세액을 납부하여야 하는 날로부터 기산한다.
- 징수와 납부 쌍방의 책임을 명확하게 정하여야 한다.

IV. 세무조사

1. 세무조사의 형식과 방법

1) 세무조사의 형식

(1) 중점조사(重点检查)

중점조사란 공민의 신고 또는 상급기관 및 관련기관의 지시로 탈세행위 또는 혐의를 인지한 경우 신고납부한 내역과 실제 사업활동이 맞지 않는 납세의무자 및 탈세행위가 많은 업종에 대해 실시하는 조사를 말한다.

(2) 분석조사(分类计划检查)

분석조사란 납세의무자의 과거 납세기록, 납세의무자의 납세규모와 세무조사를 받은 기간 등의 요인을 종합적으로 분석하여 조사대상을 확정하여 실시하는 조사를 말한다.

(3) 집중조사(集中性检查)

집중조사란 세무기관이 일정기간 및 일정범위 내에서 집중적으로 일시에 실시하는 조사를 말하며, 조사의 규모가 큰 것이 일반적이다.

(4) 임시조사(临时调查)

임시조사란 각 세무기관이 조사계획 이외에 상황에 따라 실시하는 조사를 말한다.

(5) 전문조사(专项检查)

전문조사란 세무기관이 세수업무의 실무에 따라 특정한 세목 또는 특정 단계에 대해 실시하는 조사를 말하며, 증치세 일반납세의무자의 특정단계에 대한 조사, 세수가 누락되는 분야에 대한 전문조사 등이 있다.

2) 세무조사의 방법

(1) 전수조사법(全査法)

전수조사법은 납세의무자의 일정기간 동안의 모든 회계증빙, 장부, 재무제표 및 각종 재고에 대해 전면적이고 체계적으로 조사하는 방법이다.

(2) 표본조사법

표본조사법은 납세의무자의 일정기간 동안의 모든 회계증빙, 장부, 재무제표 및 각종 재고에 대해 일부를 표본을 추출하여 조사하는 방법이다.

(3) 순서조사법

순서조사법과 역순조사법은 대칭되는 방법으로서 납세의무자가 회계결산의 순서에 따라 회계증빙, 장부, 재무제표를 상호대조하는 조사방법이다.

(4) 역순조사법

역순조사법은 회계결산의 역순으로 회계증빙, 장부, 재무제표를 상호대조하는 조사방법이다.

(5) 현장조사법(现场检查法)

현장조사법은 장부조사법에 대칭되는 방법으로서 세무기관이 세무공무원을 납세의무자의 사업장에 직접 파견하여 재무자료를 조사하는 방법이다.

(6) 장부조사법(调账检查法)

장부조사법은 세무기관이 장부자료를 토대로 납세의무자의 재무자료를 조사하는 방법이다.

(7) 비교분석법

비교분석법은 납세의무자의 조사대상기간 동안의 재무지표와 실제상황을 비교분석하여 이상징후를 파악한 후 납세문제에 대한 문제점을 찾는 조사방법이다.

(8) 논리추산법

논리추산법은 납세의무자의 재무수치의 상호관계에 의거하여 신뢰성이 있는지, 과학적인 측정치를 사용하여 조사대상기간의 장부기록 또는 신고한 자료가 맞는지를 조사하는 방법이다.

(9) 심사열람법(审阅法)

심사열람법은 납세의무자의 회계장부와 증빙 등의 재무자료를 자세하게 심사하면서 문제를 발견하는 방법이다.

(10) 대조법

대조법은 납세의무자의 각종 회계증빙, 장부, 재무제표 및 실물을 상호 대조하여 문제를 발견하는 방법이다.

(11) 관찰법

관찰법은 납세의무자의 사업장 창고 및 생산시설 등의 현장에서 사업활동 및 재고상황을 직접 관찰하여 문제를 발견하는 방법이다.

(12) 외부조사법(外调法)

외부조사법은 납세의무자에 대한 의혹이 있거나 이미 증거를 확보한 사항에 대하여 거래관계가 있는 기관 외부인에 대해 조사를 실시함으로써 문제를 발견하는 방법이다.

(13) 실사법

실사법은 납세의무자의 화폐자금, 재고 및 고정자산 등 실물에 대하여 실사를 실시하여 장부와 맞는지를 대조하는 방법이다.

(14) 교차조사법

국가가 증치세 전용계산서의 관리를 강화하기 위하여 전산을 이용해 증치세 전용계산서의 공제용(抵扣联)과 보관용(存根联)을 비교대조함으로써 전용계산서 허위기재 등의 행위를 찾아내어 국가세수의 누락을 방지하는 방법이 여기에 해당한다.

2. 세무조사의 직무

1) 세무조사의 실시권한

세무기관은 아래와 같은 세무조사를 실시할 권한이 있다.

① 납세의무자의 장부, 기장증빙, 재무제표와 기타 자료를 조사하고, 원천징수의무자와 대리징수의무자의 원천징수 또는 대리징수세액에 관한 장부, 기장증빙과 관련 자료를 조사한다.

조사가 필요할 경우 현급 이상 세무국(분국) 국장의 비준을 거쳐 납세의무자, 원천징수의무자의 과거 회계연도의 장부, 기장증빙, 재무제표 및 기타 관련 자료를 받아서 조사하며, 이 경우 세무기관은 수령명세서를 발급하여야 하고 3개월 이내에 자료를 반환하여야 한다.

② 납세의무자의 사업장과 재화 보관장소에 가서 납세의무자의 과세대상 재화 및 원천징수의무자의 원천징수세액과 관련된 사항을 조사한다.

③ 납세의무자와 원천징수의무자에게 납부 또는 원천징수와 관련된 문서를 제공할 것을 요구할 수 있다.

④ 납세의무자와 원천징수의무자에게 납세 또는 원천징수세액과 관련이 있는 사실을 심문할 수 있다.

⑤ 터미널, 항구, 공항, 우체국 및 기타 지점에 가서 납세의무자의 운송, 우편,

과세대상 상품 재화 또는 기타 재산과 관련된 증거와 자료를 조사할 수 있다.

⑥ 현급 이상 세무국(분국) 국장의 비준을 거쳐 전국 통일양식의 예금계좌 조사허가 증명(检查存款账户许可证明)에 근거하여 사업활동을 영위하는 납세의무자와 원천징수의무자의 은행 또는 기타 금융기관의 예금상황을 조사할 수 있다.

- 세무기관이 세수위법사항을 조사할 때 구(区)가 설치된 시 및 자치주 이상의 세무국(분국) 국장의 비준을 거쳐 혐의가 있는 자의 예금을 조사할 수 있다.
- 세무기관이 조사과정에서 취득한 자료는 세수 외 용도로는 사용할 수 없다.
- 세무기관이 조사하는 내용은 납세의무자의 예금잔액과 자금거래상황을 포함한다.
- 조사는 전문인력으로 하게 하며 전국 통일양식의 예금계좌 조사허가 증명에 따라 조사를 진행하고 비밀유지 의무를 이행하여야 한다.

2) 세수보전 및 강제집행조치의 실시

세무기관이 납세의무자의 과거 납세상황에 대해 세무조사를 진행할 때 납세의무자의 탈세행위 또는 납부할 세액에 해당하는 과세상품, 재화, 기타 재산을 이전 또는 은닉하려는 정황을 발견한 경우에는 세수보전조치 혹은 강제집행조치를 취할 수 있으며, 비준권한은 현급 이상의 세무국(분국) 국장에 있다.

세무기관의 세수보전조치 기간은 일반적으로 6개월을 초과할 수 없으며 중대 안건으로 연장이 필요할 경우에는 국가세무총국의 연장비준이 있어야 한다.

3) 납세의무자의 세무조사 협조

납세의무자와 원천징수의무자는 세무기관이 실시하는 세무조사에 응하여야 하고 사실대로 관련 자료를 제공하여야 하며 거절 또는 은닉할 수 없다.

4) 기타 참고인의 세무조사 협조

세무기관이 세무조사를 진행할 때 관련 기관과 개인에게 납세의무자와 원천징수의무자 또는 기타 당사자의 납세 및 원천징수와 관련 있는 상황을 조사할 수 있으며, 관련 기관과 개인은 세무기관에 관련 자료를 제공하여야 한다.

5) 조사내용의 보존

세무기관이 세수위법사례를 조사할 때 사안과 관련이 있는 상황과 자료에 대해서는 기록, 녹음, 촬영 및 복사할 수 있다.

6) 유의사항

세무공무원이 세무조사를 진행할 때에는 세무조사증과 세무조사통지서를 제시하여야 하며, 세무조사증과 세무조사통지서를 제시하지 않을 경우에는 세무조사를 거부할 수 있다.

세무기관이 납세의무자와 원천징수의무자 및 기타 당사자에 대해 벌금 또는 위법재산을 몰수할 때에는 벌금증명서를 발행하여야 하며 벌금증명서를 발행하지 않을 경우에는 납부를 거절할 수 있다.

회계전산시스템을 사용하는 납세의무자에 대해 세무기관은 회계전산시스템에 대한 조사를 할 수 있으며 납세와 관련이 있는 전산자료를 복제할 수 있다.

세무기관이 납세의무자의 전산시스템을 조사할 경우에는 납세의무자의 회계전산시스템의 안전성 보장 및 상업적 비밀유지의 책임이 있다.

V. 법적 책임

1. 세무관리 기본규정을 위반한 경우

1) 세무기관의 시정명령

납세의무자가 아래에 해당할 경우 세무기관이 기한을 정하여 시정하도록 하고 2,000위안 이하의 벌금에 처하며, 상황이 중대한 경우에는 2,000위안 이상 10,000위안 이하의 벌금에 처할 수 있다(징수관리법 제60조, 동 실시세칙 제90조).

- 기한 내에 세무등기, 변경 또는 말소등기를 하지 않은 경우
- 장부를 설치, 보관하지 않거나 기장증빙과 관련자료를 보관하지 않는 경우
- 회계제도, 회계처리방법과 회계프로그램을 세무기관에 제출하지 않은 경우
- 모든 은행계좌를 세무기관에 보고하지 않은 경우
- 세금통제장치를 설치, 사용하지 않거나 훼손 또는 임의로 개조한 경우
- 납세의무자가 세무등기증 연간검사(年检) 또는 세무등기증을 교체하지 않은 경우

2) 세무등기를 하지 않을 경우

납세의무자가 세무등기를 하지 않을 경우 세무기관은 기한을 정하여 시정하도록 할 수 있으며, 기한 경과 후에도 세무등기를 하지 않을 경우 공상행정 관리기관은 영업집조를 취소 또는 말소할 수 있다.

3) 세무등기증의 위법사용

납세의무자가 허위의 증명자료로 세무등기증을 발급받은 경우 2,000위안 이하의 벌금에 처할 수 있으며, 상황이 중대한 경우 2,000위안 이상 10,000위안 이하의 벌금에 처할 수 있다.

납세의무자의 위법행위가 있을 경우 관련 법률과 행정법규의 규정에 따라 처리한다.

4) 원천징수의무자

원천징수의무자가 원천징수세액등기를 하지 않은 경우 세무기관은 발견한 때로부터 3일 내에 시정하도록 하며 1,000위안 이하의 벌금에 처한다.

2. 원천징수의무자가 규정을 위반한 경우

원천징수의무자가 원천징수 및 대리징수와 관련된 자료를 보관하지 않는 경우 세무기관은 시정명령과 2,000위안 이하의 벌금에 처할 수 있으며, 상황이 중대한

경우, 2,000위안 이상 5,000위안 이하의 벌금에 처할 수 있다(징수관리법 제61조).

3. 납세의무자가 납세신고를 하지 않은 경우

납세의무자가 규정된 기한내에 납세신고와 자료제출을 하지 않은 경우 또는 원천징수의무자가 원천징수세액의 보고와 관련 자료를 제출하지 않은 경우 세무기관은 시정명령과 2,000위안 이하의 벌금에 처할 수 있으며, 상황이 중대한 경우 2,000위안 이상 10,000위안 이하의 벌금에 처할 수 있다(징수관리법 제62조).

4. 탈세행위에 해당할 경우

1) 탈세의 범위

납세의무자가 다음의 행위를 하여 납부세액을 납부하지 않거나 과소납부하는 경우를 탈세라고 한다.

- 장부 및 기장증빙을 위조, 변조, 은닉, 훼손하는 행위
- 장부작성에 있어 지출을 과대계상하거나 수입을 과소계상하는 행위
- 세무기관의 신고통지를 거부하거나 납세신고를 허위로 하는 경우
- 세액을 납부하지 않거나 과소납부하는 경우

납세의무자의 탈세에 대해 세무기관은 미납 또는 과소납부액 및 가산금을 추징함과 동시에 미납 또는 과소납부액의 50% 이상 5배 이하의 벌금에 처하며 범죄요건에 해당할 경우 형사책임을 물을 수 있다(징수관리법 제63조).

원천징수의무자가 위와 같은 방법으로 세액을 납부하지 않거나 과소납부하는 경우 세무기관은 미납 또는 과소납부액과 가산금을 추징하고 미납 또는 과소납부액의 50% 이상 5배 이하의 벌금에 처하며 범죄요건에 해당할 경우 형사책임을 물을 수 있다.

2) 중국 형법상의 처벌

납세의무자가 위와 같은 탈세행위로 인하여 세액을 과소납부하는 경우,

① 탈세금액이 비교적 크고 납부세액의 10% 이상인 경우 3년 이하의 유기징역 또는 구류와 벌금에 처한다.

② 탈세금액이 매우 크고 납부세액의 30% 이상인 경우, 3년 이상 7년 이하의 유기징역 또는 구류와 벌금에 처한다(형법 제201조).

③ 원천징수의무자가 위와 같은 방법으로 납부하지 않은 원천징수 또는 대리징수세액이 비교적 큰 경우 전항의 규정에 따라 처벌하며, 위의 행위가 여러 번 발생한 경우로서 처벌받지 않은 경우에는 누적금액을 기준으로 처벌한다.

5. 허위신고 및 무신고행위

납세의무자와 원천징수의무자가 세무자료를 허위로 작성할 경우 세무기관은 시정을 명하고 50,000위안 이하의 벌금에 처한다.

납세의무자가 납세신고를 하지 않거나 세액을 미납 또는 과소납부할 경우 세무기관은 미납 또는 과소납부한 세금과 가산금을 추징하고 미납 혹은 과소납부한 세액의 50% 이상 5배 이하의 벌금에 처한다(징수관리법 제64조).

6. 세액을 납부하지 않은 경우

납세의무자가 납부할 세액을 체납하고 재산을 은닉 또는 이전하는 등의 수단을 사용하여 세무기관의 징세행위를 방해할 경우 세무기관이 납부하지 아니한 세액 및 가산금을 추징하고 미납세액의 50% 이상 5배 이하의 벌금에 처하며 범죄행위에 해당할 경우 형사책임을 물을 수 있다(징수관리법 제65조).

납세의무자가 납부할 세액을 체납하고 재산을 은닉 또는 이전하는 등의 수단을 사용하여 세무기관의 징세행위를 방해한 경우로서 체납한 세액이 10,000위안 이상 100,000위안 이하일 경우 3년 이하의 유기징역 또는 구류에 처하고 체납세액의 1배

이상 5배 이하의 벌금에 처하며, 체납세액이 100,000위안 이상일 경우 3년 이상 7년 이하의 유기징역에 처하고 체납세액의 1배 이상 5배 이하의 벌금에 처한다(형법 제203조).

7. 부당하게 수출환급을 받은 경우

허위수출 또는 기타 수단으로 수출환급을 부당하게 받은 경우 세무기관은 환급세액을 추징하고 동 세액의 1배 이상 5배 이하의 벌금에 처하며 범죄행위에 해당할 경우 형사책임을 물을 수 있다(징수관리법 제66조).

수출환급을 부당하게 받은 경우 세무기관은 규정된 기간 동안 수출환급수속을 중지시킬 수 있다.

허위수출 또는 기타 수단으로 수출환급을 부당하게 받은 경우 상황에 따라 다음과 같이 처벌한다(형법 제204조).

구 분	처벌의 종류
세액이 비교적 큰 액수일 경우	5년 이하의 유기징역 또는 구류와 세액의 1배 이상 5배 이하의 벌금에 처한다.
세액이 거액이거나 상황이 중대한 경우	5년 이상 10년 이하의 유기징역과 세액의 1배 이상 5배 이하의 벌금에 처한다.
세액이 매우 거액이거나 상황이 매우 중대할 경우	10년 이상의 유기징역과 세액의 1배 이상 5배 이하의 벌금에 처한다.

8. 납세를 거부할 경우

폭력, 위협 등의 수단으로 납세를 거부할 경우 세무기관이 세액과 가산금을 추징하는 것 외에 법에 따라 형사책임을 물을 수 있다. 상황이 경미하여 범죄에 해당하지 않을 경우 세무기관은 납세를 거부한 금액과 가산금을 추징하고 거부액의 1배 이상 5배 이하의 벌금에 처할 수 있다(징수관리법 제67조).

폭력, 협박 등의 수단으로 납세를 거부할 경우 3년 이하의 유기징역 또는 구류와 거부한 세액의 1배 이상 5배 이하의 벌금을 부과하며, 상황이 중대한 경우 3년 이상 7년 이하의 유기징역과 거부한 세액의 1배 이상 5배 이하의 벌금에 처할 수 있다(형법 제202조).

9. 세액을 미납 또는 과소납부한 경우

납세의무자와 원천징수의무자가 규정된 기한까지 세액을 납부하지 않거나 과소납부하여 세무기관이 납부를 독촉한 경우에도 세액을 납부하지 않은 경우, 세무기관은 징수관리법 제40조에 의한 강제집행조치 이외에 미납 또는 과소납부액의 50% 이상 5배 이하의 벌금에 처할 수 있다(징수관리법 제68조).

10. 원천징수의무 불이행

원천징수의무자가 원천징수의무를 이행하지 않을 경우 세무기관은 납세의무자에 대해서 납부세액을 추징하고 원천징수의무자에 대해서는 원천징수액의 50% 이상 3배 이하의 벌금에 처할 수 있다(징수관리법 제69조).

11. 세무조사에 협조하지 않은 경우

1) 세무조사를 방해할 경우

납세의무자와 원천징수의무자가 회피, 거절 혹은 기타 방식으로 세무기관의 세무조사를 방해할 경우 세무기관은 시정을 명하고 10,000위안 이하의 벌금에 처할 수 있으며, 상황이 중대한 경우 10,000위안 이상 50,000위안 이하의 벌금에 처할 수 있다(징수관리법 제70조).

세무기관의 세무조사를 방해하는 행위는 다음과 같다.

- 허위자료를 제공하거나 실제와 다른 자료를 제공하거나 관련 자료의 제출을 거절하는 경우
- 세무기관이 관련 상황 및 자료를 기록, 녹음, 촬영, 복사하는 것을 방해 또는 거절하는 경우
- 조사기간 중 납세의무자 또는 원천징수의무자가 관련 자료를 이전, 은닉, 훼손하는 경우
- 기타 세무기관의 세무조사를 방해한다고 규정한 행위

2) 관련기관이 협조를 거부하는 경우

세무기관이 징수관리법 제54조 제5항의 규정에 따라 터미널, 역, 항구, 공항, 우편기업 및 그 지점에서 납세의무자의 세무조사를 진행하는 과정에서 관련기관이 협조를 거부할 경우 세무기관은 시정을 명하고 10,000위안 이하의 벌금에 처할 수 있으며, 상황이 중대할 경우 10,000위안 이상 50,000위안 이하의 벌금에 처할 수 있다.

12. 법규에 위반하여 계산서를 인쇄한 경우

1) 불법으로 계산서를 인쇄하는 경우

불법으로 계산서를 인쇄하는 경우 세무기관은 불법 인쇄된 계산서를 폐기하고 위법 소득과 장비를 몰수하고 10,000위안 이상 50,000위안 이하의 벌금에 처하며, 범죄행위에 해당할 경우 형사책임을 물을 수 있다(징수관리법 제71조).

2) 증치세 전용계산서를 위조할 경우(형법 제206조)

구 분	처벌의 종류
증치세 전용계산서를 위조하거나 위조하여 판매할 경우	3년 이하의 유기징역 또는 금고에 처하고 20,000위안 이상 200,000위안 이하의 벌금에 처한다.

구 분	처벌의 종류
위조한 수량이 많거나 상황이 중대한 경우	3년 이상 10년 이하의 유기징역과 50,000위안 이상 500,000위안 이하의 벌금에 처한다.
수량이 매우 많거나 상황이 매우 중대한 경우	10년 이상 유기징역 또는 무기징역과 50,000위안 이상 500,000위안 이하의 벌금에 처한다.
단위가 본 범죄를 범할 경우	단위에 대해 벌금을 부과하고 담당자를 3년 이하의 유기징역 또는 금고에 처하며, 수량이 많거나 상황이 중대할 경우 3년 이상 10년 이하의 유기징역에 처하며, 상황이 매우 중대한 경우 10년 이상의 유기징역 또는 무기징역에 처한다.

Tip 증치세 전용계산서를 위조할 경우

위에서 보는 바와 같이 중국에서 증치세 전용계산서(增值税专用发票)를 위조할 경우 법적책임이 매우 무거우며 사안이 매우 중대할 경우 무기징역에 처할 수 있다고 규정되어 있는데, 이는 중국 정부에서 증치세 전용계산서의 관리를 강화하겠다는 의지를 담고 있다고 볼 수 있다.

3) 기타 계산서의 위조 및 판매(형법 제209조)

구 분	처벌의 종류
허위의 수출환급이나 세액공제에 사용될 수 있는 기타의 계산서를 위조 또는 임의로 제작하거나 제작하여 판매하는 경우	3년 이하의 유기징역에 처하고 20,000위안 이상 200,000위안 이하의 벌금에 처한다.
위의 경우로서 금액이 고액인 경우	3년 이상 7년 이하 유기징역과 50,000위안 이상 500,000위안 이하의 벌금에 처한다.
위의 경우로서 금액이 매우 고액인 경우	7년 이상의 유기징역과 50,000위안 이상 500,000위안 이하 벌금에 처하거나 재산을 몰수한다.

허위의 수출환급이나 세액공제에 사용되는 것 이외의 계산서를 위조 또는 임의로 제작 또는 판매하는 경우 2년 이하 유기징역 혹은 금고에 처하고 10,000위안 이상 50,000위안 이하의 벌금에 처하며, 상황이 중대한 경우 2년 이상 7년 이하의 유기징역과 50,000위안 이상 500,000위안 이하의 벌금에 처한다(형법 제209조).

4) 완납증명을 불법으로 사용하는 경우

완납증명을 불법 인쇄, 대여, 전매, 변조 및 위조하는 경우 세무기관이 시정을 명하고 2,000위안 이상 10,000위안 이하의 벌금에 처하며, 상황이 중대할 경우 10,000위안 이상 50,000위안 이하의 벌금에 처하며, 범죄행위에 해당할 경우 형사책임을 물을 수 있다.

13. 위법행위에 대한 세무기관의 조치를 거부하는 경우

사업활동을 하는 납세의무자와 원천징수의무자의 위법행위에 대한 세무기관의 조치를 거부하는 경우 세무기관은 계산서를 회수하거나 발행을 중지시킬 수 있다(징수관리법 제72조).

14. 금융기관이 세무기관에 협조하지 않는 경우

1) 은행과 기타 금융기관

은행과 기타 금융기관이 사업활동을 하는 납세의무자의 계좌에 세무등기증 번호를 기재하지 않거나 세무등기증에 사업활동을 하는 납세의무자의 계좌번호를 기재하지 않은 경우, 세무기관은 시정을 명하고 2,000위안 이상 20,000위안 이하의 벌금에 처하며, 상황이 중대한 경우 20,000위안 이상 50,000위안 이하의 벌금에 처한다.

2) 불법으로 납세의무자에 협조하는 경우

납세의무자와 원천징수의무자를 위하여 불법으로 은행계좌, 계산서와 증명, 기타 편리를 제공하여 미납 또는 과소납부 혹은 수출환급세액을 사취한 경우, 세무기관은 그 위법재산을 몰수하고 미납, 과소납부 또는 사취한 세액의 1배 이하의 벌금을 부과한다.

3) 기타의 위법행위

납세의무자와 원천징수의무자의 계좌개설은행 또는 기타 금융기관이 아래의 행위를 할 경우 세무기관은 100,000위안 이상 500,000위안 이하의 벌금을 부과하며, 책임자와 담당자를 1,000위안 이상 10,000위안 이하의 벌금에 처한다(징수관리법 제73조).

- 납세의무자와 원천징수의무자의 계좌에 대한 세무기관의 조사를 거부할 경우
- 세무기관의 예금 또는 원천징수세액의 동결 결정을 거부할 경우
- 세무기관의 서면통지서를 받은 후에 납세의무자와 공모하여 예금을 이전시켜 세액의 유실을 가져온 경우

15. 세수징수관리범위를 임의로 변경한 경우

세무기관이 규정에 위반하여 임의로 세무징수관리범위를 위반한 경우 시정을 명하고 직접적인 책임이 있는 책임자와 담당자에게 강등 또는 직위해제의 행정처분을 한다.

16. 사법기관에 이송하지 않은 경우

납세의무자와 원천징수의무자가 본 법 제63조, 제65조, 제66조, 제67조, 제71조에서 규정한 혐의가 있는 경우 세무기관은 사법기관에 이송하여 형사책임을 지도록 하여야 하며, 이송하지 않은 경우로서 상황이 중대한 경우에는 형사책임을 물을 수 있다(징수관리법 제77조).

17. 세무공무원이 법규에 따르지 않는 경우

세무공무원과 납세의무자가 공모하거나 납세의무자를 교사 또는 협조하여 본 법 제63조, 제65조, 제66조에서 규정된 행위를 한 경우로서 범죄행위에 해당할 경우 「형법」의 공동범죄에 관한 규정에 따라 처벌하고 범죄행위에 해당하지 않을 경우에는 행정처분을 내린다.

세무공무원이 사적으로 재산을 압수 또는 차압한 경우로서 범죄행위에 해당할 경우 법에 따라 형사책임을 묻고, 범죄행위에 해당하지 않을 경우 행정처분을 한다(징수관리법 제80조).

18. 권한 남용행위에 대한 법률책임

1) 뇌물을 수뢰한 경우

세무공무원이 직무상의 지위를 남용하여 납세의무자로부터 재물 또는 정당하지 못한 이익을 받은 경우로서 범죄행위에 해당할 경우 형사책임을 져야 하며 범죄행위에 해당하지 않을 경우 행정처분을 한다(징수관리법 제81조).

2) 국가세수에 손실을 끼칠 경우

세무공무원이 사익추구 또는 직무소홀로 인하여 징수하여야 할 세액을 징수하지 못하여 국가세수에 손실을 끼친 경우로서 범죄행위에 해당할 경우에는 형사책임을 져야 하며 범죄행위에 해당하지 않을 경우 행정처분을 한다.

세무공무원이 직권을 남용하여 납세의무자를 곤경에 빠뜨린 경우 업무를 조정하고 행정처분을 한다.

세무공무원의 위법행위를 고발 또는 적발하는 납세의무자에 대해 세무공무원이 보복할 경우 행정처분을 하며 범죄행위에 해당할 경우 형사책임을 진다(징수관리법 제82조).

3) 직무를 태만한 경우

세무공무원이 개인적인 목적으로 세액을 징수하지 않아서 국가의 세입에 손실을 입힌 경우 5년 이하 유기징역에 처하고, 손실이 매우 중대한 경우에는 5년 이상의 유기징역에 처할 수 있다(형법 제404조).

4) 법규를 위반한 경우

세무공무원이 계산서 발행, 세액공제, 수출환급업무에 있어서 법규를 위반하여 국가의 세입에 중대한 손실을 입혔을 경우 5년 이하의 유기징역에 처하고 손실이 매우 중대한 경우에는 5년 이상의 유기징역에 처할 수 있다(형법 제405조).

19. 세액을 징수하지 않은 경우

1) 사전징수, 지연징수 또는 세액을 할당하는 경우

법률과 행정법규를 위반하여 사전징수, 지연징수 또는 세액을 할당하는 경우 상급기관 또는 행정감독기관이 시정을 명하고 책임자와 담당자에 대해 행정처분을 한다(징수관리법 제8조).

2) 임의로 징수하는 경우

법률과 행정법규를 위반하여 임의로 세액을 징수개시, 징수중단, 감면, 환급, 추납을 하거나 세수법규에 저촉되는 결정을 할 경우 이러한 임의결정을 취소하고 적절한 처분을 하고 상급기관은 책임자와 담당자에 대해 행정처분을 하며 범죄행위에 해당할 경우 형사책임을 물을 수 있다(징수관리법 제84조).

3) 행정처벌기관

행정처벌의 권한에 있어서 벌금액이 2,000위안 이하인 경우 세무소가 정할 수 있다(징수관리법 제74조).

20. 세무대리인이 법률을 위반할 경우

세무대리인이 법률과 행정법규를 위반하여 납세의무자가 세액을 납부하지 않거나 과소납부하게 한 경우, 납세의무자는 세액을 추가로 납부하여야 하고 세무대리인에 대해 과소납부한 세액의 50% 이상 3배 이하의 벌금에 처한다.

VI. 납세담보 시행방법

납세담보는 세무기관의 동의 또는 확인을 거쳐 납세의무자나 기타 자연인, 법인 등이 보증, 저당 및 질권의 방식으로 납세의무자의 체납세액과 가산금을 담보하는 행위이다.

1. 납세보증

납세보증은 납세보증인이 세무기관에 납세의무자의 세액납부를 보증하는 행위로서 납세의무자가 기한 내에 체납세액 또는 가산금을 납부하지 않을 경우 납세보증인이 약정에 따라 체납세액과 가산금의 납부를 이행하는 행위이다. 세무기관이 납세보증을 허가할 경우 납세보증이 성립되며, 세무기관이 허가하지 않을 경우에는 납세보증은 성립되지 않는다.

1) 납세보증인

납세보증인은 납세담보능력을 가지고 있는 자연인, 법인 또는 기타 경제조직을 말한다. 법인 또는 기타 경제조직의 경우 재무제표상의 순자산가치가 담보에 필요한 체납세액과 가산금의 2배 이상이어야 하며, 자연인, 법인 또는 기타 경제조직이 소유하거나 처분 가능한 담보미설정 재산가치가 담보에 필요한 체납세액과 가산금을 초과하는 경우에만 납세보증능력을 갖춘 것으로 본다.

국가기관, 학교, 유아원, 의원 등 사업단위와 사회단체는 납세보증인이 될 수 없다.

법인의 각 부서는 납세보증인이 될 수 없으며 법인의 지점은 서면으로 법인의 승인을 받은 경우 그 범위 내에서 납세보증을 제공할 수 있다.

아래의 경우에는 납세보증인이 될 수 없다.

① 탈세행위 등으로 세무기관과 사법기관에 의해 법률책임을 받은 지 2년 미만일 경우
② 조세위법행위로 세무기관에 의해 조사를 받거나 형사범죄의 혐의로 사법기관에 의해 조사를 받고 있는 경우
③ 납세신용등급이 C급 이하인 경우
④ 관할 세무기관 소재지의 시(지, 주)에 주소가 없는 자연인 또는 세무등기가 해당 시(지, 주)에 있지 않은 경우
⑤ 한정치산자 또는 금치산자인 자연인
⑥ 납세의무자와 담보관계가 있는 경우
⑦ 체납행위가 있는 경우

2) 납세담보의 범위

납세담보의 범위는 세액, 가산금과 체납처분비용을 포함하며, 체납처분비용은 저당 및 질권 설정등기비용, 질권 보관비용 및 담보재산의 보관, 경매, 매각에 관련되는 비용을 포함한다.

납세의무자가 아래의 경우에 해당할 경우 납세담보를 적용한다.

① 사업활동을 하는 납세의무자에게 탈세혐의가 있어서 세무기관이 일정한 기한 내에 세액을 납부하도록 하였으나, 납세의무자가 납부할 세액의 상품, 재화, 기타 재산 또는 기타 수입을 이전시키거나 은닉한 정황을 발견한 경우에는 납세의무자에게 납세담보를 제공하도록 할 수 있다.
② 체납세액이 있는 납세의무자 또는 법정대표자가 출국해야 하는 경우
③ 납세의무자와 세무기관이 납세상 쟁의가 발생하여 세액을 납부하지 않고 조세불복

을 신청한 경우
④ 조세법률 및 행정법규가 납세담보로 규정한 기타의 경우

3) 납세보증의 책임

납세보증은 연대보증책임으로서 납세의무자와 납세보증인은 담보한 세액과 가산금에 대해 연대책임을 진다. 납세의무자가 조세법규, 행정법규 또는 세무기관이 정한 기한 내에 세액 및 가산금을 납부하지 않은 경우 세무기관은 납세보증인에게 담보범위 내 보증책임을 지고 보증한 세액과 가산금을 납부하도록 요구할 수 있다.

납세보증인이 납세보증에 제공한 재산의 가치는 체납세액과 가산금보다 낮을 수 없으며 체납처분비용도 고려하여야 한다. 납세담보의 재산가치가 체납세액과 가산금을 충당할 수 없을 경우 세무기관은 담보를 제공한 납세의무자 또는 납세보증인에게 추가로 납부하도록 하여야 한다.

납세담보에 제공된 재산과 권리의 평가는 법률과 행정법규에서 별도로 규정하는 경우 외에 세무기관이 「세수징수관리법 실시세칙」 제64조의 규정에 따라 동종 상품의 시장가격, 출고가격 또는 감정가격을 참고하여 평가한다.

4) 납세담보서의 기재내용

① 납세의무자가 납부하여야 할 세액과 가산금액, 귀속기간, 세금의 명칭
② 납세의무자가 납부세액 및 가산금액을 납부하여야 할 기한
③ 보증의 범위와 담보책임
④ 보증기간과 보증책임의 이행기한
⑤ 보증인의 예금 계좌번호
⑥ 세무기관이 필요로 하는 기타 사항

5) 납세담보의 시한

① 납세담보서는 납세의무자, 납세보증인의 서명과 날인 및 세무기관의 서명과 날인으로 효력이 발생한다. 납세담보의 효력은 세무기관이 납세담보서에 서

명과 날인을 한 날부터 발생한다.

② 보증기간은 납세의무자의 납세기한 만료일로부터 60일 내이며, 세무기관은 보증기간 내에 납세보증인에게 보증책임을 질 것을 요구하고 체납세액 및 가산금액을 납부하도록 요구할 권리가 있다.

보증책임의 이행기한은 15일이며, 납세보증인이 세무기관으로부터 납세통지를 받은 날부터 15일 이내 체납세액과 가산금을 납부하여야 한다.

납세보증기간 내 세무기관이 납세보증인에게 세액과 가산금을 납부하는 보증책임을 부담하는 통지를 하지 않은 경우 납세보증인은 보증책임을 면하게 된다.

③ 납세의무자가 납부기한까지 체납세액 및 가산금을 납부하지 않은 경우, 세무기관은 보증기간 내에 서면으로 납세보증인에게 통지하면 납세보증인은 납세담보 및 약정된 범위에 따라 통지서를 수령한 날부터 15일 내에 세액과 가산금을 납부하여 보증책임을 이행하여야 한다.

납세보증인이 보증책임의 이행기간까지 세액과 가산금을 납부하지 않은 경우 세무기관은 납부독촉장을 발송하여 납세보증인이 15일 내에 납부하도록 하며, 기한이 경과한 후에도 납부하지 않은 경우, 현급 이상 세무국(분국) 국장의 비준을 거쳐 납세보증인에게 강제집행조치를 취하여 계좌개설은행 또는 기타 금융기관의 예금계좌에서 담보한 납세의무자의 체납세액과 가산금을 추심하거나 납세보증액에 상당하는 상품, 재화 또는 기타재산을 차압, 압류, 경매, 매각하여 세액과 가산금을 충당한다.

2. 납세담보

납세담보는 납세의무자 또는 납세담보인이 아래의 담보 가능한 재산의 점유를 이전하지 않고 재산을 세액과 가산금의 담보로 제공하는 것을 말한다. 납세의무자가 기한까지 세액 및 가산금을 납부하지 않은 경우 세무기관은 담보로 제공한 자산을 처분하여 세액 및 가산금을 충당할 수 있다.

앞에서의 납세의무자 또는 납세담보인은 담보제공자가 되고 세무기관이 담보권자가 되며 담보로 제공한 재산이 담보물이 된다.

1) 담보가 가능한 자산

① 담보제공자가 가지고 있는 건축물 및 지상정착물
② 담보제공자가 가지고 있는 기계장치, 차량운반구 및 기타의 재산
③ 담보제공자가 처분할 수 있는 국유 건축물 및 지상정착물
④ 담보제공자가 처분할 수 있는 국유 기계장치, 차량운반구 및 기타의 재산
⑤ 구가 설치된 시, 자치구 이상 세무기관이 확인한 기타 담보로 제공할 수 있는 재산

국유 토지 위의 건축물을 담보로 제공할 경우 해당 건축물이 점용하는 범위 내의 토지사용권도 동시에 담보로 제공된 것으로 보며, 향(진), 촌 기업의 건축물을 담보로 제공할 경우에는 건축물이 점용하는 토지사용권도 동시에 담보로 제공된 것으로 본다.

2) 담보가 불가능한 자산

① 토지소유권
② 토지사용권(위의 담보가 가능한 범위는 제외)
③ 학교, 유치원, 병원 등 공익목적의 단체, 사회단체, 사립교육시설, 의료위생시설 및 기타 사회공익시설
④ 소유권 또는 사용권이 불명확하거나 분쟁중인 재산
⑤ 법률기관에 의해 차압, 압수 및 감독을 받는 경우
⑥ 법적절차에 따라 위법으로 판명된 건축물
⑦ 법률 및 행정법규에 따라 거래가 금지된 재산 또는 양도할 수 없는 재산
⑧ 구가 설치된 시 및 자치주 이상 세무기관이 정한 기타의 재산

3) 담보처리절차

(1) 담보제공서와 납세담보 재산명세서를 작성한다.

납세담보서에는 아래의 내용을 포함한다.

① 납세의무자가 납부하여야 할 세액 및 가산금, 귀속기간, 세금의 명칭
② 납세의무자가 세액과 가산금을 납부하여야 하는 기한
③ 담보물의 명칭, 수량, 질량, 가치, 상황, 소재지, 소유권자 또는 사용권자

④ 담보물의 범위 및 담보책임
⑤ 세무기관이 설명이 필요하다고 여기는 기타 사항

납세담보 재산명세서에는 재산가치 및 이와 관련되는 사항을 기재하여야 한다. 납세담보서와 납세담보 재산명세서는 납세의무자의 서명날인 및 세무기관의 확인을 거쳐야 한다.

(2) 담보등기의 증명 및 사본의 제출

납세담보로 제공한 재산은 담보등기를 하여야 하며 납세담보는 담보물에 등기가 설정된 때부터 효력이 발생한다. 납세의무자는 세무기관에 아래의 기관이 발행한 담보등기 증명 및 그 사본(이하 '등기서류'라 한다)을 제출하여야 한다.

구 분	제 출 서 류
도시의 부동산 또는 향(진) 기업의 공장 등 건축물을 담보로 제공하는 경우	현급 이상 지방 인민정부가 발급한 증명서류
선박 또는 차량운반구를 담보로 제공하는 경우	선박 및 차량운반구의 등기기관이 발급한 증명서류
기업의 설비나 기타 동산을 담보로 제공하는 경우	재산 소재지의 공상행정 관리부문이 발급한 증명서류 또는 납세의무자 소재지의 공증기관이 발급한 증명서류

담보기간 동안 세무기관의 동의를 얻어 납세의무자는 담보등기가 된 담보물을 양도할 수 있으며 양수자에게 이미 담보등기가 된 상황을 고지하여야 한다. 납세의무자는 양도대금으로 세무기관에 담보된 세액과 가산금을 납부하여야 하며 초과되는 부분은 납세의무자에게 귀속되고 부족한 부분이 있으면 납세의무자가 다른 담보물을 제공하여야 한다.

(3) 담보재산의 처리

구 분	담보재산의 처리
담보물이 멸실, 훼손 또는 수용될 경우	세무기관은 해당 담보물의 보험금, 배상금 또는 보상금을 우선적으로 세액 및 가산금에 충당하도록 요구할 수 있다.

구 분	담보재산의 처리
납세의무자가 규정기한 내에 세액과 가산금을 납부하지 못할 경우	세무기관은 공매절차를 거쳐 세액과 가산금에 충당할 수 있다.
납세담보인이 납세의무자를 위하여 재산을 담보로 제공한 경우	납세의무자의 담보제공에 관한 규정을 준용하며, 납세담보서와 납세담보 재산명세서는 납세의무자와 납세담보인이 서명날인하여 세무기관의 확인을 받아야 한다.
납세의무자가 규정기한 내에 세액과 가산금을 납부하지 못한 경우	세무기관은 기한일로부터 15일 내에 서면으로 납세담보인에게 서면통지를 받은 날부터 15일 내에 담보된 세액과 가산금을 납부하도록 통지하여야 한다.

납세담보인이 기한 내에 담보한 세액과 가산금을 납부하지 않은 경우 세무기관은 15일 내에 납부하도록 독촉하고 다시 납부하지 않을 경우에는 현급 이상 세무국(분국) 국장의 비준을 거쳐 납세담보인이 제공한 담보물을 공매하여 세액과 가산금에 충당한다.

3. 납세질권

납세질권은 세무기관의 동의를 얻어 납세의무자 또는 납세담보인이 동산 또는 권리증을 세무기관에 인계하여 세무기관이 점유하도록 하고, 해당 동산 또는 권리증을 세액 및 가산금의 담보로 삼는 것을 말한다. 납세의무자가 기한 내에 세액과 가산금을 납부하지 않는 경우 세무기관은 동산 또는 권리증을 처분하여 세액과 가산금을 충당할 수 있다.

납세질권은 동산질권과 권리질권으로 나눌 수 있는데, 동산질권은 현금 및 기타 부동산 이외의 재산에 대한 질권을 말하며 권리질권은 어음, 당좌수표, 자기앞수표, 채권, 예금증서 등 권리증서에 대한 질권을 말한다.

세무기관은 구가 설치된 시 또는 자치주 이상의 세무기관의 확인을 거쳐 가격의 변동폭이 큰 동산이나 권리증을 납세질권으로 인정하지 않을 수 있다.

1) 동산질권

납세의무자가 동산을 질권담보로 제공한 경우 납세담보서와 납세담보 재산명세서를 작성하여 서명날인하여야 하며, 납세담보서에는 아래의 내용이 포함되어야 한다.

① 담보하는 세액 및 가산금, 귀속기간, 세금의 종류
② 납세의무자가 세액과 가산금을 납부하여야 하는 기한
③ 질권물의 명칭, 수량, 무게, 가치, 상황, 인계 전 소재지, 소유권자
④ 질권담보의 범위 및 담보책임
⑤ 납세담보재산의 가치
⑥ 세무기관이 요구하는 기타 사항

납세질권은 세무기관의 납세담보서와 납세담보 재산명세서 확인 및 질권물건의 인계가 이루어진 날부터 효력이 발생한다.

2) 권리질권

① 납세의무자가 어음, 당좌수표, 자기앞수표, 회사채를 질권으로 제공하는 것으로서 세무기관은 명세서에 '질권'이라고 기재한다. 예금증서를 질권으로 제공한 경우 발행한 금융기관이 질권을 확인한다.
② 현금 만기일 또는 출고일자가 기재된 어음, 당좌수표, 자기앞수표, 채권, 예금증서를 질권으로 제공한 경우, 이러한 권리증서의 현금 만기일이 납세의무이행일 또는 담보기간 보다 빠를 경우, 세무기관은 납세의무자와 약정하여 현금 만기일의 가치를 담보된 세액과 가산금에 충당할 수 있다.

3) 질권의 처리

① 납세담보인이 동산 또는 재산권리를 납세의무자를 위하여 납세질권담보로 제공한 경우 납세의무자가 질권담보를 제공한 규정에 따라 처리한다.
납세담보서와 납세담보 재산명세서는 납세의무자와 납세담보인이 서명날인하고 세무기관의 확인을 거쳐야 한다.
② 납세의무자가 기한 내에 세액 및 가산금을 납부하지 않는 경우 세무기관은

기한 만료일부터 15일 내에 납세담보인에게 통지하여 통지서를 받은 날부터 15일 이내 담보한 세액과 가산금을 납부하도록 한다.

③ 납세담보인이 규정된 기한 내 담보한 세액과 가산금을 납부하지 않을 경우 세무기관은 15일 내에 납부하도록 독촉하며 15일 내에 납부한 경우에는 세무기관은 3일 이내에 질권물을 반환하고 질권관계를 소멸시킨다. 기한까지 납부하지 않는 경우 현급 이상 세무국(분국) 국장의 비준을 거쳐 세무기관은 공매를 통하여 세액과 가산금에 충당한다.

4. 법률책임

① 납세의무자와 납세담보인이 기만 또는 사기 등의 방법으로 담보를 제공한 경우 세무기관은 1,000위안 이하의 벌금에 처하며, 사업활동에 속하는 경우에는 10,000위안 이하의 벌금에 처한다.

② 납세의무자와 납세담보인을 위하여 위법으로 허위의 담보를 제공한 경우 세무기관은 1,000위안 이하의 벌금에 처한다.

③ 납세의무자가 기만 또는 사기 등의 방법으로 담보를 제공하여 세액의 손실을 가져올 경우, 세무기관은 징수관리법 제68조의 규정에 따라 체납세액의 50%~5배에 해당하는 벌금에 처한다.

④ 세무기관은 질권물건을 잘 보관하여야 하며, 보관상의 문제로 인하여 질권물건이 멸실 또는 훼손되거나 납세의무자의 동의 없이 임의로 사용, 임대 또는 처분되어 납세의무자에게 손실을 입힐 경우 세무기관은 그 손실을 배상할 책임이 있다.

납세기한 또는 담보기간이 만료될 경우 납세의무자 또는 납세담보인은 세무기관에게 즉시 권리를 행사할 것을 요청할 수 있으며 만약 세무기관이 이를 해태하여 담보물건 가격의 하락으로 인하여 손실을 입힐 경우, 세무기관은 손실에 대해 배상할 책임이 있다.

⑤ 세무공무원이 아래와 같은 상황을 발생시킨 경우 상황의 경중에 따라 행정처분을 한다.

• 본 방법의 규정을 위반하여 담보조건을 갖춘 납세담보에 대해 동의를 하지 않거나 곤경에 처하게 한 경우
• 본 방법의 규정을 위반하여 담보조건을 갖추지 못한 납세담보에 대해 허가하여 국가의 세액 및 가산금의 손실을 입힌 경우
• 담보물건을 유용, 점용 및 임의로 처분한 경우
• 기타 법을 위반한 상황

주요 세법근거

1. 「중화인민공화국 형법」, 1979년 7월 1일, 제5기 전인대 제2차 회의 통과, 1997년 3월 14일 제8기 전인대 제5차회의 수정 공포
2. 「중화인민공화국 세수징수관리법」, 2001년 4월 28일 제9기 전인대 상무위 제21차 회의 통과
3. 「중화인민공화국 세수징수관리법 실시세칙」, 2002년 9월 7일, 국무원령 제362호

제2편

소득세편

제 3 장

기업소득세법
(한국의 법인세법)

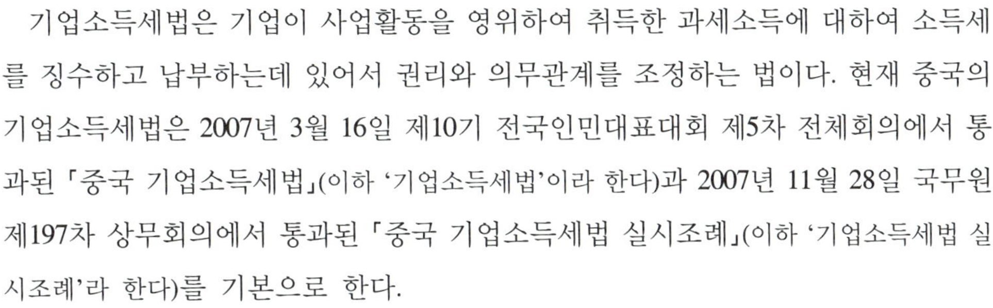

기업소득세법은 기업이 사업활동을 영위하여 취득한 과세소득에 대하여 소득세를 징수하고 납부하는데 있어서 권리와 의무관계를 조정하는 법이다. 현재 중국의 기업소득세법은 2007년 3월 16일 제10기 전국인민대표대회 제5차 전체회의에서 통과된 「중국 기업소득세법」(이하 '기업소득세법'이라 한다)과 2007년 11월 28일 국무원 제197차 상무회의에서 통과된 「중국 기업소득세법 실시조례」(이하 '기업소득세법 실시조례'라 한다)를 기본으로 한다.

Tip 기업소득세법의 의미

중국의 기업소득세법은 한국의 법인세법에 해당하며 2007년 현행 「기업소득세법」이 제정되기 이전에는 중국 내국기업에 대해 적용되는 「기업소득세 잠행조례」와 외상투자기업 및 외자기업에 적용되는 「외상투자기업 및 외국기업 기업소득세법」이 따로 있어서 중국 내국기업과 외국기업에 대해 각각의 세법을 적용하여 왔으나 2007년 현행 기업소득세법이 제정되면서 두 가지의 세법이 하나로 통합되었다(兩稅合併). 이에 따라 중국기업과 외국기업의 구분이 없이 동일한 기업소득세법을 적용하게 되었다.

중국의 기업소득세법에서의 '기업'의 의미는 한국에서의 '법인'과 매우 유사한 개념으로서 독자의 이해를 돕기 위해서는 법인이라는 표현을 사용하여야 하나 중국에서 실제 사용하고 있는 기업이라는 용어를 그대로 사용하기로 한다.

따라서 기업소득세법에서 사용되는 기업이라는 용어는 한국의 법인이라는 의미로 해석하면 된다.

실시조례의 의미

중국의 세법체계에서 '실시조례'는 한국 세법체계에서의 '시행령'에 해당한다고 볼 수 있다. 제1장에서 설명되었듯 중국의 세법체계는 한국과 다른 모습을 보이고 있는데, 입법기관에 따라 법률의 명칭도 다르고 시행령에 해당하는 명칭도 조금씩 차이를 보이고 있다. 기업소득세법의 하위 법률은 기업소득세법 실시조례라고 사용하고 있는데, 한국의 법인세법 시행령에 해당한다고 볼 수 있다.

I. 기업소득세법의 개론

1. 기업소득세의 개념

기업소득세는 중국내의 '기업' 및 '소득이 있는 기타의 조직'이 벌어들인 사업소득과 기타의 소득에 대해 징수하는 세금으로서 과세범위와 관련하여 기업의 개념은 크게 거주기업과 비거주기업으로 나눌 수 있다.

기업소득세법에서의 기업의 분류

- 거주기업(居民企业)
  첫째, 중국의 법률에 따라 중국내에서 설립된 기업
  둘째, 외국(지역)의 법률에 따라 외국에서 설립되었으나 그의 실제관리기구가 중국내에 있는 기업
- 비거주기업(非居民企业)
  첫째, 외국(지역)의 법률에 따라 외국에서 설립되었으며, 실제관리기구는 중국내에 없으나 중국내에 기구 또는 장소(이하 "사업장"이라 한다)를 두고 있는 경우
  둘째, 중국내에 사업장은 없으나 중국내에 원천소득이 있는 기업

위와 같이 기업의 범위를 거주기업과 비거주기업으로 구분하는 이유는 기업이 영업활동 과정에서 발생되는 소득의 원천에 따라 과세의 범위를 구분하기 위함이다.

실제관리기구의 개념

기업소득세법에서의 '실제관리기구'란 기업의 사업활동, 인원, 장부업무, 재산 등에 대하여 실질적이고 전면적인 관리와 통제를 하는 기구를 말한다.

2. 기업소득세의 과세원리

기업소득세의 주요 특징으로는 다음과 같다.

첫째, 일반적으로 기업의 순소득을 과세대상으로 한다.
둘째, 회계상의 순이익에서 세무조정을 거쳐 산출된 과세소득을 과세기준으로 한다.
셋째, 납세의무자와 실제 부담자는 일반적으로 일치하는 직접세에 속하며 기업소득세의 조절을 통하여 납세의무자의 수입을 직접적으로 조절할 수 있다.

기업소득세의 과세기준은 과세소득이며, 과세소득은 회계상의 이윤을 주요근거로 한다. 그러나 이러한 과세소득은 회계상 이윤의 개념과는 다르다. 따라서 기업소득세를 계산할 때 과세소득의 계산은 납세의무자의 수입, 원가 및 비용의 모든 방면과 관련이 있기 때문에 기업소득세 과세기준의 계산이 비교적 복잡하며, 기업소득세 징수과정에 있어서도 여러 가지 조세특례나 제한조치 등의 조세제도를 적용하므로 기업소득세의 계산은 더욱 복잡해진다.

3. 일반적인 징수원칙

기업소득세는 기업의 소득금액에 대해 납부하는 소득세에 속하며, 기업소득세에 영향을 미치는 중요한 요인으로는 납세의무자, 과세표준, 세율과 조세특례 등이 있다. 위의 몇 가지 요인을 통해 각 국의 기업소득세의 징수에 대한 일반원칙을 분석할 수 있다.

1) 납세의무자

납세의무자에 대한 각 국의 규정은 대체적으로 비슷하며 법인격이 있는 회사 등 법인조직에 대해서만 기업소득세를 징수한다. 법인격이 없는 사업자(단독사업자와 공동사업자 포함)는 기업의 명의로 소득세를 납부하지 않고 그 사업자가 기업에서 배당받은 이윤과 다른 소득을 더하여 개인소득세를 납부한다.

2) 과세표준

각 국의 기업소득세는 회계상의 이익이 아닌 세무조정을 거친 후의 세무상의 이윤, 즉 과세소득을 과세표준으로 하며 과세소득은 사업활동과정에서 획득한 이윤뿐만 아니라 자본이익도 포함한다. 과세소득을 결정하는 중요한 요소는 소득금액에서 공제할 수 있는 원가와 비용을 어떻게 정확히 계산하는가 및 손실에 대한 인식기준이다. 따라서 각 국의 기업소득세의 과세표준의 차이는 주로 감가상각과 손실 등을 어떻게 처리하는가 하는 부분에서 나타난다.

3) 세율

각 국의 기업소득세의 세율구조는 두 가지로 나뉜다. 하나는 비례세율로서 프랑스, 오스트레일리아, 폴란드, 뉴질랜드, 싱가포르 등의 국가에서 적용하고 있으며, 다른 하나는 누진세율로서 누진세율의 적용구간 및 적용세율에 있어서는 차이가 있으나 대부분 국가는 초과누진세율을 적용한다. 이를테면 스위스 연방소득세, 미국소득세 등이다.

4) 조세특례

각 국은 보편적으로 조세특례정책의 운용에 관심을 두고 있다. 직접적인 감면, 면세를 적용할 뿐만 아니라 간접적인 특례정책의 적용을 더욱 중요시하고 있다. 주요한 조세특례의 방법으로는 다음과 같은 것이 있다.

- 세액공제로서 투자세액공제와 외국납부세액공제 두 가지가 있다.

- 세액감면으로서 감면기간과 세액감면항목으로 나뉜다.
- 가속상각방법의 실시가 가능하다.

조세특례제도

한국의 세법체계에서는 각종 조세법률에 있어서 조세특례에 관련된 대부분의 사항은 '조세특례제한법'이라는 별도의 법률에서 규정하고 있으며 그 내용 또한 상당히 복잡하고 광범위하며 매년 조세정책의 변경으로 인하여 그의 개정 또한 빈번하다.

중국의 세법에서도 조세특례를 규정하고 있기는 하지만 한국의 「조세특례제한법」과 같은 별도의 조세법률은 존재하지 않으며 감면 또는 면제와 관련된 조항은 한국에 비해서 상당히 간단하다.

4. 중국 기업소득세제도의 발전과정

중국의 기업소득세법의 발전과정을 간략히 살펴보면 다음과 같다.

연 도	내 용
1949년	제1기 전국 세무회의에서 전국의 세수정책을 통일시키는 기본방안이 통과되었으며 그 중에는 기업소득세와 개인소득세의 징수방법이 포함되었다.
1950년	정무원에서 「전국 세정 실시요칙」을 발표하여 전국에 14가지 세수를 설치하기로 규정하였는데, 그 중 소득세와 관련되는 것은 공상업세(소득세 일부), 예금이자소득세과 급여소득세 등 3가지가 있다.
1979년	개혁개방 이후 외국의 자금, 기술과 인재를 도입하고 대외경제기술합작을 진행하기 위하여 당 중앙부서에서 세수제도개혁이 '75'계획기간에 점차적으로 추진되었다.
1980년	제5기 전국인민대표대회 제3차 회의에서 「중국 중외합자경영기업소득세법」을 통과시켜 공포 및 시행하였다. 기업소득세의 세율을 30%로 정하고 별도로 지방소득세로 납부세액의 10퍼센트를 징수하였다.
1981년	제5기 전국인민대표대회 제4차 회의에서 「중국 외국기업소득세법」을 통과시켰으며, 20~40% 5단계 초과누진세율을 실행하고 별도로 지방소득세로 납부세액의 10%를 징수하였다.

연 도	내 용
1991년	제7기 전국인민대표대회에서 「중국 중외합자경영기업소득세법」과 「중국 외국기업소득세법」을 합쳐서 「중국 외상투자기업과 외국기업 기업소득세법」을 제정하였으며 7월 1일부터 시행하기로 하였다.
1993년	국무원에서 「중국 국영기업소득세조례(초안)」, 「국영기업 조절세 징수방법」, 「중국 집체기업소득세 잠행조례」와 「중국 사영기업 소득세 잠행조례」를 통합하여 「중국 기업소득세 잠행조례」를 제정하였으며 1994년 1월 1일부터 시행하기로 하였다.
2007년	3월 16일 전국인민대표대회에서 「중국 기업소득세법」이 통과되었으며 2008년 1월 1일부터 시행하기로 결정하였다. 이 때부터 서로 다른 법률에서 징수하던 기업소득세를 국내기업과 외자기업 모두 통일된 기업소득세법을 적용하게 되었다.

II. 납세의무자 및 과세대상

1. 납세의무자

기업소득세의 납세의무자는 중국내에 있는 '기업' 및 '수입이 있는 기타의 조직'(이하 '기업'이라 한다)을 말하는데, 개인사업자(단독사업자, 공동사업자는 개인소득세법을 적용한다)를 제외한 중국내의 기업을 기업소득세의 납세의무자로 규정하여 기업소득세를 납부하여야 한다(기업소득세법 제1조).

기업소득세의 납세의무자는 크게 거주기업과 비거주기업으로 구분하고 있는데, 이는 기업소득세 납세범위에 의해 분류하는 방법으로서 이러한 구분에 따라 거주기업과 비거주기업은 중국정부에 소득세를 납부할 때 납세의무의 범위가 달라진다.

기업소득세법에서 규정하고 있는 거주기업과 비거주기업은 다음과 같이 분류된다.

1) 거주기업(居民企业)

거주기업은 중국내 및 중국외의 모든 소득에 대하여 중국에 기업소득세를 납부하여야 한다.

거주기업의 범위

- 중국 법률에 따라 중국내에서 설립된 기업, 즉 내국기업
- 외국 법률에 따라 외국에서 설립되었으나 실제관리기구가 중국내에 있는 기업

거주기업은 중국내에서 설립된 기업 또는 외국 법률에 따라 외국에서 설립되었으나 실제관리기구가 중국내에 있는 기업을 말한다. 여기서 기업은 국유기업, 집체기업, 사영기업, 공동운영기업, 주식제기업, 외상투자기업, 외국기업 및 사업소득과 기타의 소득이 있는 기타조직을 포함한다. 그 중 '사업소득과 기타의 소득이 있는 기타조직'이란 국가의 비준을 거쳐 법에 따라 등록된 사업단위와 사회단체 등 조직을 말한다.

중국의 사회단체조직과 사업단위는 국가의 사업계획을 완성하는 과정으로 여러 가지 경영과 유상용역활동을 전개하여 재정부문의 각종보조 및 재정부와 국가가격주관부문이 비준한 사업 이외의 사업활동을 하고 있기 때문에 이들도 기업으로 보아 과세범위에 포함시킨다.

'실제관리기구'란 기업의 사업활동, 인원, 장부업무, 재산 등에 대하여 실질적이고 전면적인 관리와 통제를 하는 기구를 말한다.

2) 비거주기업(非居民企业)

비거주기업은 중국내의 원천소득에 대해서만 중국에 기업소득세를 납부하여야 한다.

비거주기업의 범위

- 외국 법률에 따라 외국에서 설립되었고 중국내에 실제관리기구는 없이 중국내에 '사업장(기구 또는 장소)'를 두고 있는 기업
- 중국내에 사업장은 없으나 중국내 원천소득이 있는 기업

비거주기업은 크게 두 가지의 경우가 있는데, 외국법률에 따라 외국에서 설립되었으며 중국내에 실제관리기구는 없으나 중국내에 사업장을 두고 있는 기업 또는 중국내에 사업장은 없지만 중국내 원천소득이 있는 기업을 말한다.

여기에서의 '사업장'은 중국내에서 생산경영활동(사업활동)을 하고 있는 기구 또는 장소를 말하며 아래와 같은 것을 포함한다.

- 관리기구, 영업기구, 업무처리기구
- 공장, 농장, 자연자원을 채굴하는 장소
- 용역을 제공하는 장소
- 건축, 설치, 조립, 수리, 탐사 등 작업을 하는 장소
- 기타 사업활동을 하는 기구와 장소

비거주기업이 영업대리인에게 위탁하여 중국내에서 사업활동을 하는 경우, 그 영업대리인을 비거주기업이 중국내 설립한 사업장으로 본다. 예를 들어, 통상적으로 다른 기업 또는 개인에게 위탁하여 대신 계약을 체결하게 하거나 재화를 보관하고 출고하게 하는 경우가 여기에 해당한다.

용어설명 기구 또는 장소

중국의 기업소득세법에서는 '기구 또는 장소'라는 용어가 자주 등장하는데 그의 의미는 위에서 보는 바와 같이 한국에서의 '사업장'이라는 의미와 매우 유사하다고 볼 수 있다. 앞으로 여기에서는 '기구 또는 장소'라는 용어 대신 '사업장'이라는 용어를 사용하기로 한다.

생산경영활동(生产经营活动)

중국의 기업소득세법에서 사용하는 생산경영활동이라는 용어의 의미는 기업이 목적사업을 영위하는 것을 의미하는 것으로서 한국에서의 '사업활동'이라는 용어와 의미가 유사하다고 볼 수 있다. 여기에서는 '사업활동'이라는 용어를 사용하기로 한다.

3) 구분의 의의

기업소득세법에서 납세의무자를 거주기업과 비거주기업으로 구분하는 이유는 과세범위를 정하기 위함이며, 거주기업은 소득세법상의 거주자의 개념과 유사하고, 비거주기업은 소득세법상의 비거주자의 개념과 유사하다.

이러한 구분에 따라 각 납세의무자가 부담하여야 할 과세범위가 달라지는데, 거주기업은 중국내 및 중국외의 모든 원천소득에 대해서 기업소득세를 부담하게 되

고, 비거주기업은 중국내 원천소득 및 중국과 관련이 있는 소득에 대해서는 기업소득세를 부담하며 중국과 관련이 없는 중국외 원천소득에 대해서는 기업소득세를 부담하지 않게 된다.

한국의 법인의 분류

한국의 법인세법에서도 법인의 유형별로 내국법인과 외국법인으로 구분하고 있는데, 내국법인은 거주기업과 비슷하고 외국법인은 비거주기업의 개념과 비슷하다고 할 수 있다.

2. 기업소득세의 과세대상

기업소득세의 과세대상은 기업의 사업소득 및 기타소득과 청산소득이다.

1) 거주기업의 과세대상

거주기업은 중국내 및 중국외의 모든 소득을 과세대상으로 한다. 소득은 재화판매소득, 용역제공소득, 재산양도소득, 배당소득과 같은 지분투자소득 및 이자소득, 임대소득, 특허권사용료소득, 자산수증소득과 기타소득을 말한다.

2) 비거주기업의 과세대상

비거주기업의 과세대상은 아래 두 가지로 구분된다.

(1) 중국내 사업장이 있는 경우

중국내 사업장이 있는 경우에는 아래의 두 가지의 소득에 대해서 기업소득세를 납부하여야 한다.

첫째, 사업장에서 취득한 중국내 원천소득
둘째, 중국외에서 소득이 발생하였으나 중국내의 사업장과 '실제적인 관계'가 있는 경우의 중국외 원천소득

즉, 위와 같이 중국내 사업장이 있는 경우에는 중국내 원천소득뿐만 아니라 사업장과 '실제적인 관계'가 있는 중국외 원천소득이 기업소득세의 과세대상이 된다.

(2) 그 밖의 경우

중국내 사업장이 없는 경우 및 사업장은 있으나 사업장에서 취득한 소득이 그 사업장과 '실제적인 관계'가 없는 경우에는 중국내에서 발생한 중국내 원천소득에 대해서만 기업소득세를 납부한다.

용어설명 실제적인 관계(实际联係)

'실제적인 관계'란 비거주기업이 설립한 중국내 사업장이 소득을 취득할 목적으로 보유 중인 주식 또는 채권 및 소득목적으로 소유·관리·통제 중인 재산을 의미한다.
고정사업장과 실제적인 관계가 있는 소득에 대해서 과세하는 원칙으로서 '귀속원칙'이라고도 하는데, 비거주기업이 고정사업장을 통하지 않고 획득한 영업이윤 및 고정사업장과 실제적인 관계가 없는 기타의 소득은 고정사업장의 이윤범위에서 제외된다.

3) 소득원천지의 판정기준

거주기업과 비거주기업의 구분에 따라 소득원천지에 따라 과세대상의 범위가 달라지므로 소득원천지의 개념이 매우 중요한데, 소득원천지의 판정기준을 살펴보면 다음과 같다.

소득의 종류	판 정 기 준
재화를 판매한 경우	거래가 발생한 장소 기준
용역을 제공한 경우	용역이 제공된 장소 기준
부동산을 양도한 경우	부동산 소재지 기준
동산을 양도한 경우	동산을 양도한 기업 또는 사업장의 소재지 기준
주식을 양도한 경우	피투자기업의 소재지 기준
배당 등 지분투자소득	소득을 분배한 기업의 소재지 기준
이자소득, 임대소득, 특허권 사용료소득	소득을 부담하거나 지급한 기업 또는 사업장의 소재지 (개인은 주소지) 기준
기타의 소득	국무원의 재정·세무 주관부문이 결정한다.

III. 세 율

기업소득세는 비례세율을 채택하고 있으며 현행 세율은 25%의 기본세율과 20%의 저세율 두 가지가 있으며 자세한 규정은 다음과 같다.

1. 기본세율 : 25%

거주기업 및 중국내 사업장을 두고 해당 사업장이 취득한 소득이 사업장과 관련이 있는 비거주기업에 대해 적용되는 세율이다.

2. 저세율 : 20%

중국내 사업장이 없거나 사업장이 있더라도 취득한 소득이 그 사업장과 '실제적인 관계'가 없는 비거주기업에 적용되는 세율이다. 단, 실제로는 10%의 세율을 적용하고 있다(Ⅸ. 조세특례 참조).

현행 기업소득세법의 기본세율은 25%이며 이것은 세계 각국과 비교해보면 비교적 중간에 속한다. 관련 자료에 따르면, 전세계 기업소득세를 실행하는 134여 나라의 평균 세율은 약 22.19%이며, GDP 20위 내의 국가의 평균 세율은 27.63%이다.

Tip 한국의 법인세율

한국 법인세법의 법인세율은 과세표준의 구간별로 2단계 누진세율을 적용하고 있다.

- 과세표준이 2억원 이하인 경우 : 10%
- 과세표준이 2억원~200억원 사이인 경우 : 20%
- 과세표준이 200억원 초과하는 경우 : 22%

여기에 지방소득세가 10%가 가산되어 과세표준이 2억원 이상인 부분의 실제 부담세율은 각각 11%, 22% 및 24.2%가 되나 한국에서 제조업 등을 영위하는 중소기업에 대해서는 30% 또는 15%의 감면율이 적용되어 실제적인 법인세의 부담세율은 위의 적용세율보다 낮은 편이다.

IV. 과세표준의 계산

과세표준은 과세연도의 수입총액에서 비과세수입, 면세수입, 각종 공제항목 및 이월결손금을 공제한 후의 잔액이 된다. 기본공식은 아래와 같이 나타낼 수 있다.

과세표준 = 수입총액 − 비과세수입 − 면세수입 − 각종 공제항목 − 이월결손금

과세표준의 계산과정

중국의 기업소득세법에서 과세표준을 계산하는데 사용되는 용어는 수입항목과 공제항목으로서 수입항목에서 공제항목을 차감한 잔액이 과세표준이 된다.

여기에서 공제항목(扣除)에서의 공제라는 용어의 원래의 뜻은 '공제하다' 또는 '차감하다'라는 의미를 가지고 있으며 한국의 법인세법에서의 '손금'이라는 용어와 의미가 동일하다고 볼 수 있으며, 수입항목의 의미는 한국의 법인세법에서의 '익금'이라는 용어와 의미가 동일하다고 볼 수 있다.

한국과 중국의 기업소득세의 과세표준을 계산하는 공식을 각각 비교해 보면 다음과 같다.

- 한국에서의 과세표준 = 익금 − 손금
- 중국에서의 과세표준 = 수입항목 − 공제항목

따라서 여기에서는 한국의 손금에 해당하는 용어는 '공제항목'이라는 용어를 그대로 사용하고 익금에 해당하는 용어는 '수입항목'이라는 용어를 사용하기로 한다.

기업소득세에 있어 과세표준의 계산은 발생주의를 원칙으로 하며 대금의 지급 또는 회수 여부에 관계없이 당기에 발생한 수입과 공제항목은 당기의 수입과 손금으로 하고, 대금이 비록 당기에 지급되었다 하더라도 당해의 수입과 손금에 속하지 않는 것은 당기의 수입과 비용으로 보지 아니한다.

과세표준을 계산하는데 있어 주요한 내용은 수입총액, 공제항목의 범위와 표준, 자산의 세무처리, 결손금 공제 등이 있다.

1. 수입총액(收入总额, 익금 총액)

수입총액은 화폐 및 비화폐 형식으로 취득한 각종 수입을 포함하는데, 구체적으

로는 다음과 같다.

- 재화판매수입
- 용역제공수입
- 재산양도수입
- 배당 등 지분투자수입
- 이자수입
- 임대수입
- 특허권사용료 수입
- 자산수증수입
- 기타수입

화폐의 형식으로 취득하는 수입은 현금, 예금, 외상매출금, 받을어음, 만기보유증권 및 채무의 면제 등을 포함하고, 비화폐 형식으로 취득하는 수입은 고정자산, 생물자산, 무형자산, 유가증권, 재고자산, 용역 및 기타 권리 등을 포함한다.

비화폐성자산은 공정가액으로 수입액을 인식하여야 하며, 공정가액은 시장가격에 따라 확정한 가액을 의미한다.

수입의 내용은 구체적으로 다음과 같다.

1) 일반적인 경우의 수입

(1) 재화판매수입

상품, 제품, 원재료, 포장재, 소모품 및 기타 재화를 판매하여 취득한 수입을 말한다.

(2) 용역제공수입

건축 및 설치, 수리, 교통운수, 창고임대, 금융보험, 우편전신, 자문대리, 문화체육, 과학연구, 기술용역, 교육훈련, 음식 및 숙박, 중개대리, 위생보건, 여행, 오락, 수탁가공 및 기타의 용역활동으로 취득한 수입을 말한다.

(3) 재산양도수입

고정자산, 생물자산, 무형자산, 주식, 채권 등의 재산을 양도하여 취득한 수입을 말한다.

기업이 주식을 양도하여 취득한 수입은 양도계약의 효력이 발생하고, 주식변동이 완료할 때 수입을 인식한다.

(4) 배당 등 지분투자수입

지분투자로 피투자회사로부터 취득한 수입을 말한다. 배당 등 지분투자수입은 국무원의 재정·세무 주관부문이 별도로 규정하고 있는 것 이외에는 피투자회사가 배당을 결정한 날에 수입을 인식한다.

피투자회사가 자본잉여금으로 무상증자를 실시한 경우에는 배당수입으로 보지 아니한다.

(5) 이자수입

자금을 타인에게 사용하게 하여 취득한 수입으로서 예금이자, 대출이자, 채권이자, 연체이자를 포함하며, 지분투자로 취득한 소득은 제외한다. 이자수입은 계약서상 채무자가 이자를 지불하기로 약정한 날에 수입을 인식한다.

(6) 임대수입

고정자산, 포장재 또는 기타 유형자산을 임대하여 취득한 수입을 말한다. 임대수입은 계약서상 임차인이 임차료를 주기로 약정한 날에 수입을 인식한다.

(7) 특허권사용료 수입

특허권, 비특허기술, 상표권, 저작권 및 기타 특허권을 사용하게 하여 취득한 수입을 말한다. 특허권사용료의 수입은 계약상 특허권 사용인이 특허권사용료를 지급하기로 약정한 날에 수입을 인식한다.

(8) 자산수증이익

다른 기업이나 조직 또는 개인으로부터 무상으로 화폐성 자산 또는 비화폐성자산을 받은 것을 말한다. 자산수증이익은 실제 자산을 수증 받은 날에 수입을 인식한다.

(9) 기타의 수입

위의 수입 이외의 기타의 수입을 말하며, 자산잉여수입, 만기가 지난 포장재의 보증금수입, 채무면제이익, 상각채권추심이익, 채무재조정수입, 보조금수입, 위약금수입, 외환차익 등을 포함한다.

2) 특수한 경우의 수입

(1) 할부방식으로 판매하는 경우

할부방식으로 재화를 판매한 경우에는 계약서상 대금을 받기로 약정한 날에 수입을 인식한다.

(2) 진행기준의 적용

대형 기계설비, 선박, 비행기 제작을 주문받아 생산하거나 건설공사 등 장기의 용역을 제공하는 데 있어서 그 기간이 12개월을 초과하는 경우에는 공사진행율에 따라 수입을 인식한다.

(3) 공동생산방식(产品分成方式)

공동생산방식을 사용하여 수입을 취득한 경우에는 기업이 공동으로 생산한 제품을 약정에 따라 나누어 받은 날에 수입의 실현이 된 것으로 보고 수입금액은 제품의 공정가치를 기준으로 인식한다. 예를 들어 원유를 공동생산방식으로 생산하는 경우에는 원유를 받을 때 원유의 시가를 기준으로 수입을 인식하는 경우가 여기에 해당한다.

(4) 현물거래를 하는 경우

비화폐성자산을 교환한 경우와 재화·재산·용역을 기부·부채상환·찬조·자금조달·광고·견본·종업원복리 및 이윤분배 등의 용도에 사용된 경우에는 재화의 판매, 재산양도, 용역제공을 한 것으로 본다. 단, 국무원의 재정·세무 주관부문이 별도로 규정한 경우에는 예외로 한다.

3) 자산을 처분하는 경우

(1) 자산의 처분으로 보지 않는 경우

자산을 아래와 같이 처분하는 경우에는 재화의 판매수입으로 보지 않고 관련 자산의 장부가액을 기준으로 계속하여 관리한다.

- 자산을 다른 제품의 생산, 제조, 가공에 사용한 경우
- 자산의 형태, 구조 혹은 성능이 변경된 것
- 자산의 용도를 변경한 것(예 : 자가건설한 거래용 주택을 직접 사용하는 경우)
- 자산을 본사와 지점 사이에서 이동한 것
- 위의 두 가지 혹은 두 가지 이상의 상황이 혼합된 경우
- 기타 자산의 소유권의 변경이 없는 경우

(2) 자산의 처분으로 보는 경우

자산을 아래와 같이 사용한 경우에는 자산의 소유권이 이미 변경되어 판매로 보아 수입을 인식한다.

- 판촉과 판매에 사용한 것
- 접대에 사용한 것
- 종업원의 복리에 사용한 것
- 배당에 사용한 것
- 외부 증여에 사용한 것
- 기타 자산소유권의 변경이 있는 경우

(3) 수입의 인식기준

위의 '(2)'의 규정에 따라 수입을 인식할 경우 수입금액은 아래와 같이 인식한다.

- 자가 생산한 자산 : 기업의 동종자산의 동일시점의 판매가격에 따라 매출액을 인식한다.
- 외부에서 구입한 자산 : 구입 당시의 가격으로 매출액을 인식할 수 있다.

4) 현물출자 하는 경우

(1) 현물출자의 납세의무

기업이 현물출자를 하는 경우 양도소득은 5년 이내에 균등하여 과세표준에 산입하여 기업소득세를 납부하여야 한다.

(2) 현물출자가액

기업이 현물출자를 하는 경우 현물에 대해 평가한 공정가액에서 장부가액을 차감한 금액을 양도소득으로 본다.

(3) 현물출자주식의 장부가액

기업이 현물출자를 하여 피투자기업의 주식을 취득한 경우 현물자산의 당초 장부가액을 과세기초로 하고, 매년 인식한 현물의 양도소득을 가산하여 조정한다.

(4) 현물출자주식을 양도하는 경우

- 기업이 현물출자한 후 5년 이내 위의 주식 또는 투자를 회수한 경우, 과세이연정책을 정지하고 이연기간내 인식하지 아니한 현물의 양도소득은 주식을 양도하거나 투자를 회수한 연도의 기업소득세를 정산할 때 한번에 기업소득세를 납부하여야 한다.
- 기업이 현물출자한 후 5년 이내 말소된 경우 과세이연정책을 정지하고, 이연기간내 인식하지 아니한 현물의 양도소득에 대한 기업소득세를 즉시 정산하여야 한다.

용어설명 현물(非货币性资产)

현물은 현금, 은행예금, 매출채권, 받을어음 및 만기보유증권 등 화폐성자산 이외의 자산을 말한다.

5) 상장기업의 양도제한주식(限售股)을 양도하는 경우

기업이 상장기업의 양도제한주식을 양도하는 경우의 세무처리는 다음과 같이 한다(국가세무총국 공고[2011], 제598호).

(1) 납세의무자

2011년 7월 1일부터 양도제한주식을 양도하여 수입을 얻은 기업은 기업소득세 납세의무자가 된다(기업소득세법 제1조 및 실시조례 제3조).

(2) 개인을 대신 보유하던 양도제한주식을 양도하는 경우

주식분할개혁으로 개인투자자가 출자하여 기업이 대신 보유하고 있는 주식은 기업이 양도할 때 아래의 규정에 따라 처리한다.

- 기업이 위의 양도제한주식을 양도하여 취득한 수입은 기업의 과세수입으로 보아 기업소득세를 납부하여야 한다.

양도제한주식의 양도소득 = 양도가액 − 취득원가 − 부대비용

기업이 양도제한주식의 취득증빙을 제공할 수 없을 경우 관할 세무기관이 양도가액의 15%로 취득원가와 부대비용의 가액으로 추계결정한다.

- 법원의 판결, 재정 등의 이유로 증권예탁원을 거쳐 기업이 대신 보유하고 있는 개인의 양도제한주식을 직접 실제 소유자의 명의로 변경하는 경우 양도제한주식을 양도한 것으로 보지 아니한다.

(3) 양도제한주식을 양도제한 해제 전 양도하는 경우

기업이 양도제한주식을 양도제한이 해제되기 전 보유하던 양도제한주식을 타인에게 양도할 경우 기업소득세는 아래와 같이 처리한다.

- 기업이 증권예탁원에 등기된 양도제한주식을 양도하여 받은 양도대금을 수입으로 보아 기업소득세를 납부하여야 한다.
- 기업이 양도제한주식을 양도제한이 해제되기 전 이미 계약을 체결하고 양도하였으나 주식변경등기를 하지 않고 기업이 보유하고 있는 경우 기업은 양도가액을 세금을 완납한 후 잔액을 양수자에게 지급하는 경우 양수자는 더 이상 납세하지 아니한다.

6) 정부 또는 주주가 자산을 투자하는 경우

(1) 정부가 투자한 자산

- 현급 이상 인민정부(정부의 유관부문을 포함한다)가 국유자산을 현물출자방식으로 기업에 투자한 경우 기업은 국가자본금으로 처리하고 그 자산이 현물일 경우 정부가 결정한 가치를 과세기초로 한다.
- 현급 이상 인민정부가 국유자산을 무상으로 투자한 경우 전용용도를 규정하여 관리하는 경우 기업은 비과세수입으로 처리하여야 하며, 해당 자산이 현물일 경우 정부가 결정한 가치를 과세기초로 한다.
- 현급 이상 인민정부가 국유자산을 무상으로 투자한 경우로서 위의 경우 이외의 경우 정부가 확정한 가치를 당기 수입총액에 포함시켜 기업소득세를 납부하여야 한다. 정부가 결정한 가치가 없을 경우 자산의 공정가액을 과세기초로 한다.

(2) 주주가 투자한 자산

주주가 기업에 자산을 투자할 경우 계약서 또는 협의서에 약정된 가액을 자본금(자본잉여금)으로 하고 회계상 실제 처리를 한 경우 기업의 수입으로 보지 아니하고 공정가액으로 자산의 과세기초로 한다.

주주가 기업에 투자한 자산을 수입으로 처리할 경우 공정가액으로 처리하고 기업소득세를 납부하여야 하며 공정가액으로 자산의 과세기초로 한다.

7) 수입의 인식시기(익금산입시기)

기업소득세 및 실시조례(이하 '기업소득세법'이라 한다)의 수입의 인식에 관한 위의 규정 외에 매출액의 인식은 발생주의 원칙과 실질우선의 원칙에 따라야 한다.

(1) 일반적인 경우

제품판매가 아래의 조건을 동시에 충족시키는 경우 수입을 인식하여야 한다.

- 제품의 판매계약을 이미 체결하여 제품의 소유권과 관련된 주요 위험과 효익이 이미 구매자에게 이전된 경우
- 기업이 이미 판매한 상품에 대해 통상적으로 행사하는 정도의 관리나 효과적인 통

제를 할 수 없는 경우
- 매출액을 신뢰성 있게 측정할 수 있는 경우
- 판매자의 원가를 신뢰성 있게 측정할 수 있는 경우

(2) 특수한 경우

위의 수입인식조건을 갖추고 아래의 제품 판매방식에 의할 경우에는 상황별로 수입을 인식하여야 한다.

구 분	수입의 인식시기
추심결제방식(托收承付)을 사용한 경우	추심절차가 완료될 때 수입을 인식한다.
선수금을 받기로 한 경우	상품을 발송할 때 수입을 인식한다.
상품판매시 설치와 테스트가 필요한 경우	구매자가 상품을 인수하여 설치와 테스트가 완료될 때 수입으로 인식하며, 설치절차가 비교적 간단할 경우 상품을 발송할 때 수입을 인식한다.
수수료를 지불하는 방식으로 위탁판매한 경우	위탁판매명세서를 받은 때 수입을 인식한다.

(3) 판매 후 재매입(售后回购)하는 경우

판매 후 재매입 방식으로 상품을 판매한 경우에는 판매한 상품의 판매가격에 따라 수입을 인식하고 재매입한 상품은 상품의 구입으로 처리한다. 판매수입의 인식조건에 적합하지 않다는 증거가 있는 경우의 판매대금은 자금의 융통으로 보아 부채로 인식되어야 하며, 재매입가격이 원래 판매가격보다 큰 때에는 판매가격과 재매입가격의 차액을 회수기간 동안의 이자비용으로 인식하여야 한다.

(4) 중고보상판매(以旧换新)인 경우

중고보상판매 방식으로 판매한 제품은 일반적인 제품 판매수입의 인식조건에 따라 수입을 인식하고 회수한 제품은 재고자산으로 처리한다.

(5) 매출에누리가 있는 경우

- 판매를 촉진하기 위하여 매출에누리를 제공하는 경우에는 판매가격에서 매출에누리를 차감한 후의 금액을 매출액으로 인식하여야 한다.
- 채권자가 대금을 조기에 회수하기 위해 채무자에게 제공하는 매출할인은 매출총액을 매출액으로 인식하고 매출할인이 실제 발생할 때 재무비용으로 인식한다.
- 판매한 상품의 질적 불량 등의 원인으로 인한 할인은 매출에누리에 속하고, 기업이 판매한 상품의 질과 품종이 구매자의 요구에 적합하지 않는 등의 원인으로 발생한 반품은 매출환입에 속하며, 매출에누리와 매출환입이 발생할 경우에는 매출액에서 차감하여야 한다.

(6) 진행율을 적용하는 경우

매 과세연도말에 용역거래를 제공한 결과를 신뢰성 있게 측정할 수 있는 경우 공사진행율을 적용하여 용역수입을 인식하여야 한다.

① 진행율 적용조건

용역거래로 제공한 결과를 신뢰성 있게 측정할 수 있는 경우는 아래의 조건을 동시에 충족시키는 것을 말한다.

- 수입금액을 신뢰성 있게 측정할 수 있을 것
- 진행 중인 거래의 진행율을 신뢰성 있게 측정할 수 있을 것
- 이미 발생한 원가와 향후 발생할 원가를 신뢰성 있게 측정할 수 있을 것

② 진행율 계산방법

용역의 진행율을 계산하는 방법은 아래의 방법 중 하나를 선택하여 사용할 수 있다.

- 이미 진행한 부분에 대한 측정(공사진척도)
- 이미 제공한 용역의 수량이 총용역수량에서 차지하는 비율
- 발생한 원가가 총예정원가에서 차지하는 비율

③ 수입과 원가의 계산 및 인식

기업은 거래상대방과 체결한 공사계약서상의 총공사금액에 공사진행율을 곱한 후 이전 과세연도에 이미 인식한 누적 수입금액을 공제한 후의 금액을 당기의 용역수입으로 인식한다. 이와 동시에, 용역에 대한 총예정원가에 진행율을 곱한 후 이전 과세기간에 이미 용역원가로 인식한 누적금액을 차감한 후의 금액을 당기 용역원가로 인식한다.

수입총액 = 계약서상 총공사금액
공사진행율 = 총예정원가와 당기말 투입한 원가의 비율
당기말 누적 공사수입 = 총공사금액 × 공사진행율
당기분 공사수입 = 당기말 누적 공사수입 - 전기말 누적 공사수입

④ 특수한 경우의 공사진행율 인식

아래에 용역제공이 수입인식조건을 충족시키는 경우 수입인식기준은 다음과 같다.

구 분	작업진행율 인식방법
설치비	설치비는 진행율에 따라 수입을 인식하여야 하며 설치작업이 제품판매와 관련있는 경우 설치비는 제품판매수입을 인식할 때 수입을 인식한다.
광고매체의 수수료수입	광고나 상업행위가 실행될 때 수입으로 인식하여야 하며 광고제작비는 해당 광고의 진행율에 따라 수입을 인식한다.
소프트웨어 개발비	특정 고객을 위해 소프트웨어를 개발하는 비용은 개발의 진행율에 따라 수입을 인식한다.
서비스료	제품판매가격에 포함되어 있지만 판매가격과 구분할 수 있는 서비스비용은 서비스를 제공하는 기간 동안 나누어 수입을 인식한다.
예술 공연, 연회초대와 기타 요금	관련 활동이 일어날 때 수입으로 인식한다. 여러 가지 공연과 동시에 관련이 있는 경우 각각의 공연에 합리적으로 배분하여 각각 수입을 인식하다.
회원가입비	회원가입 신청시 회원자격만 취득하고 각종 서비스와 상품에 별도로 요금을 받는 경우, 회원가입비를 받을 때 수입으로 인식한다. 회원가입 신청 후 추가 회비 없이 각종 서비스나 상품을 얻을 수 있거나 비회원보다 낮은 가격으로 이용할 경우, 회원가입비

구 분	작업진행율 인식방법
	를 가입기간 동안 나누어 수입을 인식한다.
특허권비	설비 또는 기타유형자산을 제공하는 데 속하는 특허권비는 자산을 인도하거나 자산소유권을 넘겨줄 때 수입을 인식한다.
	최초 또는 후속용역을 제공하는데 속하고 특허권비는 용역을 제공할 때 수입을 인식한다.
용역비	장기적으로 고객을 위해 계속적으로 용역을 제공하여 얻은 용역비는 관련 용역을 실제 제공할 때 수입을 인식한다.

(7) 증정품을 주는 경우

기업이 증정품을 제공하는 방식(买一送一)으로 판매하는 경우 증정품은 판매총액을 각각의 상품의 공정가액의 비율로 나누어 판매수입을 인식하여야 한다.

(8) 취득한 수입의 형식

각종 자산, 주식, 채권 등 재산양도수입, 채무재조정수입, 자산수증이익 채무면제이익 등으로 취득한 수입이 화폐 또는 현물에 관계없이 별도의 규정이 있는 경우 이외에는 모두 수입을 인식한 연도에 기업소득세를 계산하여 납부하여야 한다.

2. 비과세수입과 면세수입

국가가 특정 납세의무자와 특정 업종을 장려하거나 과세로 인한 기업의 부담을 주지 않도록 하기 위하여 기업이 취득한 수입에 대하여 비과세하거나 면세하는 정책을 사용하여 기업의 부담을 완화하고 경제의 균형발전을 촉진시키고 있다.

또한, 수입을 과세표준에서 공제하도록 하거나 사용용도가 규정된 자금의 지원을 비과세수입으로 처리하여 기업의 세부담을 경감시킴으로써 기업의 가용자금을 증가시키고 있다.

1) 비과세수입

(1) 재정보조금

재정보조금은 각 급 인민정부가 예산관리에 포함된 사업단위 및 사회단체 등의 조직에 대해 지출하는 재정자금을 말하며, 국무원의 재정·세무 주관부문이 별도의 규정을 정한 경우에는 예외로 한다.

(2) 행정사업성 수수료와 정부성 기금

행정사업성 수수료는 법률 등의 규정에 따라 국무원의 비준을 받아 사회 공공관리를 실시하거나 국민과 법인 등의 조직에게 특정한 공공서비스를 제공하는 과정에서 수수료를 받아 국가에 귀속시키는 비용을 말하며, 정부성 기금은 기업이 법률과 행정법규 등 규정에 따라 정부를 대신하여 받은 전문용도가 있는 재정자금을 말한다.

이와 관련한 구체적인 규정은 다음과 같다.

- 기업이 국무원이나 재정부가 비준하여 설립된 정부성 기금 및 정부가 비준하여 설치한 행정사업성 수수료를 납부한 경우 과세표준에서 공제할 수 있다. 기업이 이외의 다른 정부성 기금이나 행정사업성 수수료를 납부한 경우에는 과세표준에서 공제할 수 없다.
- 기업이 수취한 각종 기금 및 수수료는 기업의 수입총액에 포함하여야 한다.
- 기업이 법률 등의 규정에 따라 수취하여 국가에 납부한 재정성 기금과 행정사업성 수수료는 비과세수입으로 인식할 수 있는 바, 국가에 납부한 부분은 당해 과세표준 계산시 수입총액에서 차감하며 국가에 납부하지 않은 부분은 수입항목에서 차감할 수 없다.

(3) 국무원이 규정한 기타 비과세수입

기업이 국무원 재정 및 세무 주관부문이 전용 용도를 규정하고 국무원의 비준을 받은 재정성 자금을 취득한 경우 비과세한다.

① 당기의 수입으로 인식

기업이 취득한 각종 재정성 자금 중에서 국가가 투자하고 자금을 사용한 후 원금

상환을 하여야 하는 것을 제외하고는 모두 당기의 수입항목으로 인식하여야 한다.

'국가가 투자한다.'란 국가가 투자자의 자격으로 기업에 투자하고 관련 규정에 따라 기업의 자본금을 증가시키는 직접적 투자를 말한다.

② 비과세수입으로 보는 경우

기업이 국무원의 재정 및 세무 주관부문이 전용 용도를 규정하고 국무원의 비준을 받은 재정성 자금을 취득한 경우 비과세수입으로 보아 과세표준을 계산할 때 수입총액에서 차감한다.

③ 재정보조수입

예산관리에 속하는 사업단위 및 사회단체 등의 조직이 상급단위로부터 받은 재정보조수입은 비과세수입으로서 과세표준을 계산할 때 수입항목에서 공제하나 국무원과 국무원의 재정, 세무 주관부문에서 별도로 규정한 것은 제외한다.

비과세수입을 지출하는데 발생한 비용은 과세표준을 계산할 때 공제할 수 없으며 기업이 비과세수입을 지출하여 취득한 자산에 대한 감가상각비는 공제항목으로 공제할 수 없다.

용어설명 재정성 자금

재정성 자금이란 기업이 정부 및 유관 부문으로부터 받은 재정보조, 수당, 대출이자 및 기타 각종 특별자금을 말한다. 여기에는 다음의 항목이 해당하며, 수출로 인한 환급을 받는 경우에는 포함하지 아니한다.

- 직접적인 증치세의 감면
- 각종 세수의 즉시징수 및 즉시환급(即征即退)
- 각종 세수의 선징수 후환급(先征后退)
- 각종 세수의 선징수 후반환(先征后返)

④ 전용용도가 있는 재정보조금

2011년 1월 1일부터 전용용도가 있는 재정보조금에 대한 기업소득세는 아래와 같이 처리한다(财税[2011] 70호).

현급 이상 인민정부의 재정부문 등으로부터 받은 전용용도가 있는 재정보조금이 아래의 조건을 동시에 충족할 경우 비과세수입으로 하여 수입총액에서 차감할 수 있다.

• 기업이 자금의 전용용도에 관한 서류를 제공할 수 있는 경우
• 재정부문이 보조한 자금에 대해 전용용도의 관리방법 또는 구체적인 요구가 있는 경우
• 기업이 재정보조금의 지출 내역을 구분경리할 수 있는 경우

구 분	세 무 처 리
보조금을 받을 때	비과세수입으로 한다(익금불산입).
보조금을 지출할 때	비과세수입으로 처리한 보조금으로 지출한 비용은 과세표준 계산시 공제할 수 없으며 자산을 취득한 경우 그에 대한 감가상각비는 비용으로 공제할 수 없다(손금불산입).
5년 이내 지출하지 않을 경우	6년째가 되는 사업연도에 수입총액에 포함시킨다(익금산입).
5년 이후 지출하는 경우	지출될 때 수입총액에서 공제한다(손금산입).

2) 면세수입

(1) 국채이자수입

국채의 매입을 장려하고 국가건설을 지원하기 위하여, 국채 매입에 따라 발생한 이자수입은 기업소득세를 면제한다.

2011년 1월 1일부터 국채의 보유와 양도와 관련하여 아래와 같이 처리한다(財稅[2011] 36호).

구 분	처 리 방 법
국체이자의 수입이자 인식시기	국채발행시 이자를 지급하기로 약정한 날
	국채를 양도할 경우 국채양도수입을 인식할 때
국채이자의 계산	만기 이전 국채를 양도하거나 발행자 이외의 자로부터 매입한 국채에 대해 보유한 기간의 이자를 받지 못한 경우 국채이자수입＝국채금액×(이율÷365)×보유일수
국채이자수입 면세문제	• 발행자로부터 직접 매입한 국채를 만기까지 보유한 경우 : 전액 면세

구 분	처 리 방 법
	• 만기 이전 양도하거나 발행자 이외의 자로부터 매입한 국채 : 위의 공식에 따라 계산한 이자를 면세
국채양도수입 인식시기	• 양도계약서 또는 협의의 효력발생시기 또는 국채를 인도할 때 • 국채를 상환할 때에는 약정된 이자 지급시기
국채양도수입 (손실) 계산	양도가액에서 취득원가와 보유기간 동안 받은 이자수입 – 부대비용
국채양도수입 (손실) 과세	국채양도수입(손실)은 과세표준에 가감한다.
현금으로 취득한 경우	취득원가 및 부대비용
현금 이외에 취득한 경우	해당 자산의 공정가액과 부대비용
양도원가의 계산	취득시기가 다른 경우 원가계산은 선입선출법, 이동평균법, 개별법 중에서 선택할 수 있으며 한번 선택한 이후 임의로 변경할 수 없다.

(2) 거주기업간의 배당 등 지분투자수입

거주기업이 직접 다른 거주기업에 투자하여 받은 배당 등의 지분투자수입은 기업소득세를 면제한다.

(3) 비거주기업이 받는 배당수입

중국내 사업장이 있는 비거주기업이 중국내 거주기업으로부터 받은 소득으로서 사업장과 실제적인 관계가 있는 배당 등의 지분투자수입은 면제한다.

단, 면세되는 자본투자수입에는 거주기업이 공개발행하고 상장되어 거래되는 주식을 12개월 미만 보유하여 취득한 투자수입은 포함하지 아니한다.

(4) 비영리조직의 수입

아래의 조건을 모두 갖춘 비영리조직의 수입은 면제하는데 비영리조직의 조건은 다음과 같다.

비영리조직의 조건

① 법에 따라 비영리조직의 등기수속을 마친 것
② 공익 또는 비영리 활동에 종사할 것
③ 취득한 수입은 조직과 관련이 있는 합리적 지출에 사용되는 것 이외에는 모두 등기된 사업과 정관에 규정된 공익 또는 비영리사업에 사용할 것
④ 재산 및 그 발생이자를 분배에 사용하지 않을 것
⑤ 등기의 심사나 정관의 규정에 따라 사업이 취소된 경우 잔여재산은 공익 또는 비영리 사업에 사용되거나 등기관리기관이 그 조직의 성격과 취지가 같은 조직에게 다시 증여하고 공고할 것
⑥ 출연자가 출연한 재산에 대해서 어떠한 재산상의 권리를 가지거나 향유하지 않을 것
⑦ 직원에 대한 급여와 복리지출은 규정된 범위 내에서 이루어지고 그 조직의 재산을 분배하지 않을 것
⑧ 국무원의 재정·세무 주관부문이 규정한 기타 조건

'조건을 갖춘 비영리조직의 수입'에는 비영리조직이 수익사업을 하여 취득한 수입을 포함하지 아니하며, 국무원의 재정·세무 주관부문이 별도로 정한 것은 예외로 한다(기업소득세법 제26조 제4항).

(5) 비영리조직의 면세수입

비영리조직의 수입 중에서 기업소득세가 면제되는 수입은 아래와 같다.

- 외부로부터 기증받은 수입
- 기업소득세법 제7조의 '재정보조금' 이외의 기타 정부보조수입
  단, 정부에 용역을 제공하고 취득한 수입은 제외한다.
- 성급 이상 민정, 재정부분의 규정에 따라 받은 회비
- 비과세수입 및 면세수입으로 발생한 이자수입
- 재정부와 국가세무총국이 규정한 기타의 수입

3. 공제항목의 원칙과 범위(손금산입의 범위)

1) 공제항목의 원칙

기업소득세 신고시 신고한 공제항목과 금액은 지출한 내역이 실제 발생하였다는 것을 입증할 수 있어야 하며 지출된 비용이 세법의 규정에 맞아야 한다. 만약, 다른 법규의 규정과 세법의 규정이 일치하지 않는 경우에는 세법의 규정에 따라야 한다. 세법에서 별도로 규정한 것 이외의 공제항목은 아래의 원칙에 따라야 한다.

공제항목의 원칙	내 용
발생주의 원칙	기업의 비용은 대금의 지급 여부와 관계없이 실제 발생된 시점에 공제되어야 한다.
수익비용대응의 원칙	발생한 비용은 수입과 대응하여 공제하여야 하며 특별한 규정 이외에는 발생한 비용을 미리 또는 늦춰서 인식할 수 없다.
확정성의 원칙	공제할 수 있는 비용의 금액은 지급시기에 불구하고 금액은 확정되어야 한다.
합리성의 원칙	사업활동의 관행에 맞는 것은 당기의 손익 또는 관련자산의 정상적인 지출로 본다.

2) 공제항목의 범위

기업소득세법에서는 실제 발생된 원가, 비용, 세금, 손실과 기타 지출 등(이하 '공제항목'이라 한다) 기업이 취득한 수입과 관련이 있는 합리적인 지출은 과세표준 계산시 공제할 수 있다.

실무에 있어서 과세표준의 계산시에 아래의 세 가지 점에 유의하여야 한다.

첫째, 발생된 지출은 수익적 지출과 자본적 지출로 구분하여야 한다.

수익적 지출은 발생한 시점에 직접 공제하여야 하며, 자본적 지출은 기간별로 나누어 공제하거나 관련자산의 원가로 인식하여야 하며 발생시점에 전부 공제할 수는 없다.

둘째, 비과세수입과 관련하여 지출된 비용 또는 재산은 공제 또는 감가상각비를 계상할 수 없다.

셋째, 기업소득세법과 본 조례에서 별도로 규정한 것 이외에는 공제항목을 이중으로 공제할 수 없다.

기업소득세의 과세표준을 산출함에 있어 수입총액(익금)에서 차감할 수 있는 공제항목(손금)을 차례대로 살펴보면 다음과 같다.

(1) 원가

원가란 기업의 사업활동 중 발생한 매출원가, 업무지출 및 기타 소요경비를 말하며, 상품(제품, 원재료, 부산품, 폐품 등)판매원가, 용역제공원가, 양도한 고정자산과 무형자산(기술양도 포함)의 원가를 의미한다.

(2) 비용

비용은 기업이 사업활동을 영위하는 과정에서 발생한 판매비용, 관리비용과 재무비용을 말하며, 이미 제품 또는 상품원가에 산입된 비용은 제외한다.

① 판매비용

판매비용은 기업이 상품판매를 위하여 발생된 비용을 말하며, 광고선전비, 운반비, 하역비, 포장비, 전시비, 보험료, 판매수수료, 위탁판매수수료, 운용리스료 및 판매부문에서 발생된 출장여비, 급여, 복리후생비 등을 포함한다.

② 관리비용

관리비용은 기업의 행정 및 관리부서에서 사업활동을 관리하는 과정에서 발생된 비용을 말한다.

③ 재무비용

재무비용은 자금을 조달하는 과정에서 발생된 비용을 말하며, 순이자비용, 외환손익, 금융기관수수료 및 기타 비자본성지출을 포함한다.

이자비용의 계정과목

한국에서는 이자비용을 영업외비용으로 보아 회계처리하나, 중국에서는 영업비용을 크게 매출원가, 판매비용, 관리비용 및 재무비용으로 분류하고 과세연도 중에 발생한 이자비용과 이자수익을 서로 상계한 잔액을 재무비용으로 계상한다. 이러한 재무비용은 영업비용에 속하므로 한국에서 차지하는 위치와 다르다.

한국의 손익계산서의 판매비와 관리비는 중국의 기업회계준칙에서는 크게 판매비용, 관리비용 및 재무비용의 세 가지로 분류하고 있으며, 한국의 경우보다 그 범위가 넓은 편이다.

(3) 세금

세금은 기업소득세와 매입세액으로 공제할 수 있는 증치세 이외에 기업이 사업활동과정에서 납부한 소비세, 성시유호건설세(도시유지보호건설세), 관세, 자원세, 토지증치세, 방산세(재산세), 차량선박세, 토지사용세, 인지세, 교육비부가 등을 말하며 수입총액에서 공제할 수 있다.

영업세로 인한 차이

2016년 5월 1일부터 증치세로 통합되었으나, 중국에서는 대부분의 용역 제공은 영업세 과세대상에 속하여 수입금액의 일정비율에 대해서 영업세를 납부하여야 하며, 이러한 영업세 납부금액은 세금으로서 공제가 가능한 공제항목이 된다. 또한 영업세 납세의무자는 매입과정에서 공급자에게 지급한 증치세 매입세액을 공제받을 수 없으므로 매입과정에서 지급한 매입세액 또한 공제가 가능한 세금이 된다.

이에 반해서 한국에서는 이러한 용역제공도 모두 부가가치세 과세대상이 되어 영업세를 납부하지 않고 매입자로부터 징수한 부가가치세를 납부한다.

(4) 손실

손실은 사업활동 과정에서 발생한 자산의 감모손실, 폐기손실, 양도손실, 대손상각, 재해손실 및 기타 손실을 말한다.

손실 중에서 책임자배상과 보험배상을 제외한 금액을 국무원의 재정·세무 주관부문의 규정에 따라 공제할 수 있다.

이미 손실로 처리한 자산을 과세연도 이후에 다시 회수할 경우에는 회수연도의 수입으로 인식하여야 한다.

(5) 기타의 지출

원가, 비용, 세금, 손실 외에 기업의 사업활동에서 발생한 사업활동과 관련이 있는 기타의 지출을 말한다.

3) 공제항목 및 기준(손금산입의 종류 및 기준)

과세표준 계산시 아래의 각 항목은 실제 발생된 금액이나 기업소득세법의 규정에 따라 공제할 수 있다.

(1) 인건비(급여 및 임금)

① 원칙

급여 및 임금은 재직 중이거나 고용관계가 있는 종업원에게 현금 또는 현물로 지급하는 모든 노동보수를 말하며, 기본급여, 수당, 보조, 연말보너스, 연장근무 및 재직이나 고용과 관련한 기타의 지출을 포함한다.

인건비로 처리할 수 있는 부분은 합리적인 급여와 임금으로서 기업이 주주총회, 이사회 등 관리기구에서 제정한 급여임금제도의 규정에 따라 실제로 종업원에게 지급하는 급여와 임금이다.

세무기관이 급여와 임금에 대한 합리성 여부를 결정할 때는 아래의 원칙을 기본으로 한다.

- 기업이 임금제도를 제정해 놓은 것
- 기업이 제정한 급여와 임금제도가 업종이나 지역의 수준에 적합할 것
- 기업이 일정한 기간에 지급한 급여와 임금이 상대적으로 고정적이며 급여와 임금의 조정이 규정된 절차에 따라 진행된 것
- 기업이 급여와 임금 지급시 해당 세액을 원천징수할 것
- 급여와 임금에 관한 처리가 세금감소나 탈세의 목적이 아닌 것

② 특수한 경우의 인건비

구 분	세 무 처 리
국유기업의 급여	정부의 담당부서에서 규정한 한도를 초과하는 부분은 공제할 수 없다.(손금불산입)
계절사원, 인턴사원, 퇴직자 재취업, 파견근로자	실제 지급한 비용 중 급여와 복리후생비를 구분하여야 한다. 급여에 해당하는 부분은 복리후생비의 한도기준이 된다.
상장회사의 주식보상제도 (股权激励)	• 즉시 행사할 수 있을 경우 : 실제 행사할 때의 공정가액과 행사가격과의 차액과 수량을 인건비로 손금에 산입한다. • 일정 근무기간 또는 성과에 도달할 때 행사할 있을 경우 : 행사할 수 있을 때 공정가액과 행사가격과의 차액과 수량을 인건비로 손금에 산입한다. 공정가액은 실제 행사일의 주식의 종가가 된다.
복리후생비	급여와 같이 지급되는 복리후생비 중 급여성질은 급여로 본다.
연봉 (年度工资薪金)	연도 결산 이전 종업원에게 실제 지급한 연봉은 공제할 수 있다(손금산입).
외부 파견근로자	계약에 따라 직접 파견회사에 지급하는 부분은 용역비지출로 처리하고, 직접 파견근로자에게 지급하는 부분은 급여와 복리후생비로 처리한다.

(2) 종업원 복리후생비, 노동조합경비, 종업원 교육경비

종업원 복리후생비, 노동조합경비 및 종업원 교육경비는 일정한도 내에서 공제할 수 있으며 한도를 초과한 부분은 공제할 수 없다.

① 종업원 복리후생비

종업원 복리후생비는 급여와 임금총액의 14% 내에서 공제가 가능하며, 종업원 복리후생비에는 아래와 같은 것이 있다.

구 분	내 용
사내에 복리부문을 설치하여 발생한 설비, 시설과	종업원식당, 종업원목욕탕, 미용실, 보건소, 탁아소, 요양원 등 단체복리시설, 시설 및 수리비용과 복리부문 직원

구 분	내 용
인건비	의 인건비 등
종업원의 위생보건, 생활, 주택, 교통 등으로 지급한 각종 보조금	종업원에게 지급하는 외래진찰비용, 의료보험이 없는 기업의 종업원 의료비용, 직계친족의 의료보조금, 난방비보조, 종업원 피서비, 종업원 고충보조금, 구제비, 종업원 식당보조금, 종업원 교통보조금 등
기타 종업원 복리후생비	장례보조비, 위로금, 정착비, 친척방문비 등

이러한 종업원 복리후생비는 장부를 통하여 정확하게 결산되어야 하며 장부가 없어 정확하게 결산하지 못한 경우에는 기업이 규정한 기한까지 장부를 구비하여야 한다. 기한 내에 구비하지 않은 기업에 대해서는 세무기관이 종업원 복리후생비에 대하여 조사를 할 수 있다.

② 노동조합 경비

노동조합 경비는 급여와 임금총액의 2% 내에서 공제가 가능하다.

③ 종업원 교육경비

종업원 교육경비는 급여와 임금총액의 2.5% 내에서 공제할 수 있으며 한도초과액이 있을 경우 다음 연도에 이월하여 공제할 수 있다.

위의 종업원 복리후생비, 노동조합 경비, 종업원 교육경비의 한도계산에 있어 '급여와 임금총액'은 앞의 '(1) 인건비'의 규정에 따라 실제로 지급한 급여 및 임금의 합계이며 여기에는 종업원 복리후생비, 종업원 교육훈련비, 노동조합경비 및 양로보험비, 의료보험비, 실업보험비, 상해보험비, 양육보험비 등 사회보험비와 주택적립금은 포함하지 않는다.

국유기업의 경우 급여와 임금은 정부의 주관부문이 정한 한도를 초과할 수 없으며 초과부분은 제외한다.

Tip 복리후생비의 공제한도

한국에서는 종업원의 복리를 위하여 실제로 지출된 비용들은 모두 손금산입이 가능하며 그 중 근로소득에 해당되는 것은 근로소득으로 보아 소득세를 과세하나, 중국에서는 종업원 복리후생비가 전액 공제되는 것이 아니라 급여와 임금총액의 일정한 한도 내에서만 공제가 가능하다.

(3) 사회보험비

① 종업원을 위해 납부한 사회보험[기본양로보험비, 기본의료보험비, 실업보험비, 산재보험비, 양육보험비와 같은 5가지의 사회보험비(五險一金)와 주택적립금]은 공제할 수 있다.

② 투자자 또는 종업원을 위하여 지급한 보충 양로보험비, 보충 의료보험비는 국무원 재정 세무주관부분이 규정한 범위와 한도 내에서 공제할 수 있으며 기업이 특수한 직종에 종사하는 종업원에게 지급하는 신변안전보험비와 국가가 규정하고 있는 상업보험비도 공제할 수 있다.

③ 재산보험에 가입하여 납부한 보험비는 공제할 수 있으나 투자자와 종업원을 위해 지급한 상업보험비는 공제할 수 없다.

(4) 이자비용

사업활동과정에서 발생한 이자비용은 원천별로 아래의 규정에 따라 공제한다.

구 분	공 제 기 준
금융기관으로부터 차입한 경우	비금융기관이 금융기관으로부터 차입한 이자비용, 금융기관의 예금 이자비용과 콜이자, 기업이 비준을 거쳐 발행한 채권으로 지출한 이자비용은 공제할 수 있다.
비금융기관으로부터 차입한 경우	비금융기관이 비금융기관으로부터 차입한 경우의 이자비용은 금융기관의 동종 대출이자율을 초과하는 부분은 공제할 수 없다.
특수관계자로부터 차입한 경우	특수관계자로부터 차입한 금액과 투자한 자본의 비율이 규정상의 표준을 초과하여 지급한 이자비용은 공제할 수 없다.
일반 개인으로부터 차입한 경우	일반 개인으로부터 차입한 이자비용은 다음과 같은 조건을 갖출 경우 공제할 수 있다. • 주주 또는 특수관계자로부터 차입한 이자비용은 기업소득세법 제46조 및 財稅 [2008] 121호의 규정에 따라 공제한도를 계산한다.

구 분	공 제 기 준
	• 주주 또는 특수관계자 이외의 기업의 종업원 등으로부터 차입한 경우, 기업과 개인간의 차입과 관련한 계약이 체결되어 있고 실제로 차입이 발생한 경우 이자비용이 금융기관 동종이자율을 초과하지 않는 부분은 공제할 수 있다.

참고 … 특수관계자로부터 차입한 경우(財稅 [2008] 121호)

특수관계자로부터 자금을 차입한 경우 지급한 이자비용의 공제 여부는 財稅 [2008] 121호에 따라 처리하여야 하며 구체적인 내용은 다음과 같다.

① 과세표준 계산시 특수관계자에게 지급한 이자비용은 아래의 비율 또는 기업소득세법 등의 규정에 따라 계산한 비율까지 공제할 수 있으며 초과부분은 공제할 수 없다.

* 특수관계자에게 지급한 이자비용은 아래 '②'의 규정을 갖추어야 함과 동시에 특수관계자의 차입금과 자본투자금액의 비율은 금융기관의 경우는 5 : 1, 기타기업은 2 : 1 이내

② 기업소득세법 및 실시조례의 규정에 따라 관련자료를 제출할 수 있고 그 거래가 정상거래원칙과 같다는 것을 증명할 수 있을 경우 또는 기업의 실제 세부담이 중국내 특수관계자보다 높지 않을 경우 특수관계자에게 지급한 이자비용은 공제할 수 있다.

③ 기업이 금융업과 비금융업을 동시에 영위할 경우, 특수관계자에게 지급한 이자비용은 합리적인 기준에 따라 구분하여 계산하여야 하며, 합리적으로 구분할 수 없을 경우 모두 기타기업으로 보아 2 : 1의 비율을 적용하여 공제한다.

④ 특수관계자로부터 규정에 부합하지 않은 이자수익을 받을 경우 과세소득에 포함하여야 한다.

(5) 차입원가(借款费用)

① 당기 이자비용으로 처리

사업활동 중 발생한 금융비용 중에서 자본화할 필요가 없는 이자비용은 당기에 공제항목으로 공제할 수 있다.

② 자본적 지출로 처리

고정자산, 무형자산 및 제작기간이 12개월 이상 소요되는 재고자산을 취득하기 위하여 발생한 차입금은 해당 자산의 취득기간 중 발생한 합리적인 이자비용을 자본화하여 자본적 지출로 관련 자산의 원가에 산입할 수 있으며, 완성된 이후에 발생한 이자비용은 발생시에 비용으로 처리한다.

(6) 외환차손익 및 외화환산손익

외환거래 중 발생한 외환차손익 및 과세연도 종료시에 인민폐 이외의 화폐성자산과 부채를 기말의 인민폐 기준환율로 환산하여 발생된 외화환산손익은 이미 관련 자산의 원가로 산입하였거나 주주에게 이익을 분배한 부분을 제외하고는 당기손실로 공제할 수 있다.

(7) 접대비(业务招待费)

사업활동과 관련하여 발생한 접대비지출은 발생액의 60%와 당해 매출액(영업수입)의 0.5% 내에서 공제가 가능하다(MIN 적용).

접대비의 공제한도(접대비의 손금산입한도) = MIN(발생액의 60%, 매출액의 0.5%)

지주회사를 포함한 주식투자업무를 영위하는 기업이 피투자회사로부터 받은 배당소득 및 주식양도소득은 접대비 공제한도액 계산시 매출액에 포함할 수 있다.

(8) 보험료

재산보험에 가입하여 납부한 보험료는 공제할 수 있다.

(9) 리스료

사업활동과 관련하여 고정자산을 리스하여 지급한 리스비용은 아래의 방법에 따라 공제한다.

① 운용리스방식

운용리스방식으로 리스한 자산은 리스기간동안 지급한 리스료를 공제할 수 있다.

② 금융리스방식

금융리스방식으로 리스한 자산은 자산의 원가로 계상한 후 감가상각비로 상각하여 공제할 수 있다. 금융리스는 자산의 소유권과 관련된 모든 위험과 효익을 실질적으로 이전하는 리스를 말한다.

(10) 노동보호비

노동보호와 관련되는 지출은 공제할 수 있다.

기업이 직원용 근무복을 제작하여 발생하는 비용은 공제할 수 있다.

(11) 광고선전비(广告费和業務宣传费) - 이월공제 가능

광고비와 선전비는 당해 매출액(영업수입)의 15% 내에서 공제가 가능하며 초과되는 부분은 이후 과세연도에 이월하여 공제가 가능하다.

광고비와 찬조비(비지정기부금)는 엄격하게 구분되어야 하며 광고비는 아래의 조건을 모두 갖추어야 한다.

- 광고는 공상부문이 비준한 전문기구를 통하여 제작할 것
- 이미 비용을 지불하고 관련 영수증을 받았을 것
- 일정한 언론매체를 통할 것

(12) 환경보호 전용자금

법규에 따라 환경보호, 생태복원 등에 사용되는 전용자금을 적립하는 경우에는 공제가 가능하며 용도가 변경되는 경우에는 공제할 수 없다.

참고 …

일반적으로 중국의 세법에서는 충당금 또는 준비금을 설정하는 경우 손금으로 공제할 수 없으나 이러한 환경보호 전용자금을 적립하는 경우에는 공제가 가능하다.

(13) 공익기부금

공익기부금이란 기업이 공익성 사회단체 또는 현급 이상 인민정부 및 그 부문을 통하여 「중국 공익사업 기증법」에서 규정한 공익사업에 사용되는 기부를 말한다.

공익기부금의 지출은 연간 이윤총액의 12% 내에서 공제할 수 있다.

공익기부금의 공제한도

한국의 법인세법에서 기부금의 손금산입한도는 기부금을 제외한 모든 항목의 세무조정을 하고 기부금을 손금에 산입하기 전의 소득금액을 기준으로 법정기부금과 지정기부금의 손금한도액을 계산하나, 중국에서는 이윤총액으로 규정하고 있으며 이윤총액은 중국의 '기업회계준칙'에 따라 계산한 회계이윤(세전순이익)을 기준으로 하고 있다.

① 공익기부금의 범위

공익사업에 사용되는 기부금은 「중국 공익사업 기증법」이 규정한 공익사업을 위한 기부금을 말한다.

공익기부금의 구체적인 범위

- 재해지원, 빈곤구제, 장애인 돕기 등의 활동
- 교육, 과학, 문화, 위생, 체육사업
- 환경보호, 사회공공시설의 건설
- 사회발전과 진보를 촉진하는 기타 사회공공과 복리사업

기업, 사회단체 및 기타조직이 염가임대주택을 기증하는 것은 공익성 기부로 보아 위의 규정에 따라 집행한다.

② 공익성 사회단체

공익성 사회단체는 아래의 조건을 모두 갖춘 기금회, 자선조직 등 사회단체를 말한다.

- 법에 따라 등기하여 법인자격이 있을 것
- 공익사업을 설립목적으로 하고 영리활동을 주목적으로 하지 않을 것
- 모든 자산 및 그 증가분을 법인소유로 할 것
- 모든 수익을 주로 법인설립목적에 맞는 사업에 사용할 것
- 청산 후의 잔여재산은 개인이나 영리단체에 귀속되지 아니할 것
- 설립목적과 무관한 업무를 하지 않을 것
- 건전한 재무회계제도를 갖출 것
- 출연자는 사회단체의 재산분배에 참여하지 않을 것
- 국무원의 재정 · 세무 주관부문이 국무원 민정부문 등 등기관리부문과 정한 기타 조건

③ 자산의 인식기준

공익성 사회단체와 현급 이상의 인민정부 및 직속기구가 기부를 받을 때, 기부받은 자산의 가치는 아래 원칙에 따라 인식한다.

화폐성자산으로 기증받는 경우	실제 받은 금액으로 인식한다.
비화폐성자산으로 기증받는 경우	자산의 공정가액에 따라 인식한다.

기부금을 기부할 때 비화폐성자산의 공정가액 평가자료를 제출하여야 하며, 만일 위의 증명을 제공하지 못할 경우 기부를 받은 자는 이에 대해 공익기부금의 증명서를 발급할 수 없다.

④ 기부증서의 발급

공익성 사회단체와 현급 이상 인민정부 및 직속기구가 기부를 받을 때는, 행정관리급수별로 재정부 또는 성, 자치구, 직할시 재정부문에서 인쇄한 공익성 기부증서에 해당 단위의 날인을 하여야 하며 개인이 기부증서를 요구하면 발급해주어야 한다.

(14) 자산부대비용

고정자산을 양도하는 과정에서 발생된 비용은 공제할 수 있으며 고정자산과 무형자산 그리고 이연자산의 당기 상각비도 공제할 수 있다.

(15) 본사 배분비용

비거주기업이 중국내 사업장을 두고 중국외의 본사에서 발생한 비용 중 해당 사업장의 운영과 관련이 있는 부분은 본사가 제출한 비용의 집계범위, 예산, 분배기준과 방법 등 증명서류가 있고, 이에 따라 합리적으로 분배된 본사 배분비용은 공제할 수 있다.

(16) 자산손실

고정자산과 유동자산의 과부족 및 훼손은 실지 재고조사 자료를 제시하여 관할세무기관의 승인을 받은 후 공제할 수 있으며, 이와 관련하여 매입세액으로 공제받지 못하는 증치세는 자산손실로 보아 공제가 가능하다.

(17) 수수료비용

① 수수료비용의 한도

사업활동과정에서 발생한 수수료비용은 아래의 한도 내에서 공제가 가능하며, 한도를 초과하는 부분은 공제할 수 없다.

구 분	공 제 한 도
손해보험회사	당해 연도의 보험료수입 총액에서 보험금지급 등을 차감한 후의 잔액의 15%를 한도로 한다.
생명보험회사	당해 연도의 보험료수입 총액에서 보험금지급 등을 차감한 후의 잔액의 10%를 한도로 한다.
기타의 기업	합법적인 자격이 있는 중개기구 또는 개인(교역쌍방 및 종업원, 대리인과 대표자는 포함하지 아니한다)과 용역제공 계약을 체결한 경우 수입금액의 5%를 한도로 한다.

② 정규증빙의 구비

기업이 합법적인 자격이 있는 중개기구 또는 개인과 협의 또는 계약을 체결하여야 하며 국가의 규정에 따라 수수료를 지급하여야 한다. 개인에게 위탁하는 경우 이외에 기업이 현금 등 장부에 기재하지 않고 지급한 수수료는 공제할 수 없다.

기업이 지분투자증권을 발행하기 위하여 유가증권 인수회사에 지급한 수수료도 공제할 수 없다.

③ 사실대로 처리

기업은 수수료지출을 커미션, 성과급, 이윤의 반환 등의 비용으로 계상할 수 없다.

④ 취득부대비용인 경우

기업은 이미 고정자산과 무형자산으로 계상한 부분의 수수료지출은 감가상각을 통하여 공제할 수 있으며 발생할 때에 공제할 수 없다.

⑤ 자료의 제출

기업은 사실대로 현지 관할 세무기관에게 수수료의 계산명세표와 기타 자료를 제출하여야 하며 관련 증빙을 취득하여야 한다.

(18) 기타 공제가능한 비용

법률, 행정법규와 세법의 규정에 의해 공제할 수 있는 항목으로서 회원비, 회의비, 출장비, 위약금, 소송비용 등이 있다.

4. 공제할 수 없는 항목(손금불산입)

과세표준 계산에 있어 공제할 수 없는 항목(손금불산입)은 다음과 같다.

구 분	내 용
배당금의 지급	투자자에게 지급한 배당, 분배금 등 지분투자와 관련되어 지급한 금액
기업소득세액	기업이 결산과정에서 손익계산서에 비용으로 계상한 기업소득세액
가산금	납세의무자가 세법규정을 위반하여 세무기관으로부터 납부통보를 받은 가산금
벌과금, 재산몰수손실	납세의무자가 국가의 관련 법률, 법규규정을 위반하여 처분받은 벌과금과 재산몰수손실 등
기부금의 한도초과액	기업이 지출한 공익기부금 중에서 공제한도를 초과한 금액
찬조지출	기업의 사업활동과 무관한 각종 비광고성 지출
준비금, 충당금의 적립	국무원의 재정, 세무 주관부문이 규정한 것 이외의 각종 손실준비금, 위험준비금 등의 준비금 적립은 공제할 수 없으며 해당 비용이 실제 발생할 때 공제할 수 있다.
기업간의 비용수수	기업간에 지급한 관리비, 기업 내 영업기구간 지급한 임대료와 특허권사용비 및 비은행기업 내 영업기구간 지급한 이자
기타	수입과 무관한 기타의 지출

참고 … 준비금 및 적립금의 공제가능 여부

> 기업소득세법 실시조례 제55조의 규정에 따라 재정부와 국가세무총국이 설정할 수 있도록 한 준비금은 공제가 가능하나, 그 이외에 기업이 설정한 각종 충당금 또는 준비금은 공제할 수 없다.

5. 이월결손금의 공제

결손금은 기업이 기업소득세법과 잠행조례의 규정에 따라 매 사업연도에 대한 수입총액에서 비과세소득, 면세수입과 각종 공제항목을 차감한 후의 금액이 마이너스인 경우를 말한다. 세법에서는 기업의 어느 사업연도에 발생한 결손금은 5년의 범위 내에서 다음 연도의 소득금액에서 공제할 수 있다.

기업이 기업소득세를 합산하여 계산할 때 국외 영업기구의 결손금은 국내영업기구의 소득과 상계할 수 없다.

이월결손금의 공제기간

중국의 기업소득세법의 이월결손금의 공제시기는 5년이나 한국은 법인세법의 개정으로 2009년도 이후 발생한 이월결손금은 공제기간이 10년으로 연장되어 2008년 이전에 발생된 이월결손금은 5년까지, 2009년 이후 발생한 이월결손금은 10년까지 공제할 수 있어 중국과 차이가 있다.

V. 자산의 세무처리

납세의무자가 사업활동과정에서 사용하는 고정자산, 무형자산 및 이연자산은 취득시에 손금으로 공제할 수 없고 감가상각의 형태로 공제가 가능하다. 세법에서는 고정자산, 생물자산, 무형자산, 이연자산, 투자자산 및 재고자산에 대해 모두 취득원가에 의한 역사적원가를 과세기초로 하고 있다. 취득원가란 그 자산을 취득할 때 실제 발생된 비용을 말하며 자산의 보유과정 중 가치의 변화가 있는 경우 등의 특별한 경우 이외에는 가치의 변동분을 조정할 수 없다.

1. 고정자산의 세무처리

고정자산은 기업이 제품 생산, 용역 제공, 임대 또는 관리를 위하여 보유하고 있는 자산으로서 사용기간이 12개월을 초과하는 것을 말하며 여기에는 건축물, 공기구비품, 기계장치, 차량운반구 및 기타 사업과 관련 있는 설비, 기구, 공구 등이 해당된다.

1) 고정자산의 취득가액

고정자산의 취득가액은 취득의 형태에 따라 별도로 규정하고 있다.

구 분	취 득 가 액
매입한 경우	매입가액과 부대비용 및 사용하기 위하여 지출하여야 하는 기타 지출을 합하여 취득가액으로 한다.
직접 제조 또는 생산한 경우	완성 전까지 지출한 금액을 취득가액으로 한다.
금융리스로 취득한 경우	리스계약서상 약정된 지급총액과 리스이용자가 리스계약체결과정 중 발생한 부대비용을 취득가액으로 하며, 리스계약에 지급총액이 없는 경우에는 리스자산의 공정가액과 리스이용자가 리스계약체결과정 중 지급한 부대비용을 취득가액으로 한다.

구 분	취 득 가 액
장부에 없는 부외 고정자산의 경우	동종 고정자산의 재취득가액을 취득가액으로 한다. 부외 고정자산은 조사결과 장부에는 없지만 실제 있는 자산을 말한다.
비화폐거래로 취득한 경우	자산수증, 현물출자, 자산의 교환, 채무재조정 등으로 취득한 자산은 공정가액과 부대비용을 취득가액으로 한다.
개축 또는 증축한 경우	상각이 완료된 자산과 임차한 고정자산 이외의 고정자산은 개축 또는 증축과정에서 발생한 비용을 취득가액에 포함시켜 감가상각을 실시한다.

2) 고정자산 감가상각의 범위

과세표준을 계산할 때 고정자산에 대하여 계상한 감가상각비는 기업소득세법에서 정한 한도 내에서 손금으로 공제할 수 있다. 다만 아래의 고정자산은 감가상각비를 공제할 수 없다.

- 건축물 이외 업무에 사용되지 않는 고정자산
- 운용리스방식으로 리스한 고정자산
- 금융리스방식으로 리스해 준 고정자산
- 상각이 완료되었으나 계속 사용 중인 고정자산
- 경영활동과 무관한 고정자산
- 단독으로 평가하여 고정자산에 계상된 토지
- 기타 감가상각을 계상할 수 없는 고정자산

3) 고정자산 감가상각방법

(1) 상각대상기간

고정자산을 업무에 사용한 달의 다음 달부터 사용이 끝나는 달까지의 기간 동안 감가상각을 할 수 있다.

Tip 감가상각 계상기간의 차이

한국의 법인세법에 의한 감가상각기간은 유형자산을 취득한 달부터 감가상각을 실시하고 사용이 끝나는 달의 전달까지 감가상각을 실시하고 있어 취득한 달의 다음 달부터 사용이 끝나는 달까지 감가상각을 실시하는 중국의 기업소득세법과 차이를 보이고 있다.

(2) 잔존가액

고정자산의 성질 및 사용상황에 따라 잔존가액을 확정하여야 하며 한번 결정된 잔존가액은 변경할 수 없다.

(3) 감가상각방법

고정자산의 감가상각방법은 정액법(直线法)을 적용한다.

4) 고정자산의 내용연수

국무원의 재정 · 세무 주관부문에서 별도의 규정한 것 이외에 고정자산의 최저 내용연수는 다음과 같다.

고정자산의 종류	최저 내용연수
건축물	20년
비행기, 열차, 선박, 기기, 기계, 기타 생산설비	10년
사업활동과 관련 있는 기구, 공구, 가구 등	5년
비행기, 열차, 선박 이외의 운수장비	4년
전자설비	3년

석유, 천연가스 등 광산자원의 채취에 종사하는 기업이 양산을 개시하기 이전에 발생한 비용과 관련한 고정자산의 소모 및 감가상각방법은 국무원의 재정 · 세무 주관부문이 별도로 규정한다.

감가상각방법의 차이

중국의 기업소득세법에서는 감가상각방법을 기본적으로 정액법만 허용하고 있으며 특정산업에 대해 가속상각방법과 내용연수의 단축을 규정하고 있으나, 이에 대한 적용 및 세무기관의 비준문제 등으로 인하여 실제 대부분의 기업들이 정액법을 적용하고 있다(財稅 [2008] 181호).

중국의 회계기준에 해당하는 「기업회계준칙」에서는 고정자산에 대해 정액법 이외의 다양한 상각방법이 규정되어 있으나 기업소득세법의 영향으로 실무에 있어 거의 대부분 기업이 정액법을 사용하고 있다.

한국의 법인세법에서는 건축물은 정액법만 허용하고 기타의 유형자산에 대해서는 특별한 감가상각방법의 제한이 없어서 많은 기업들이 정률법을 사용하여 감가상각을 실시하고 있다.

이와 같이 한국에서 정률법을 선호하는 이유는 정률법이 정액법에 비해 초기에 감가상각을 많이 실시할 수 있어 세제상의 혜택을 먼저 적용받기 위한 것으로 볼 수 있다.

그러나 IFRS의 도입으로 인하여 많은 법인(상장기업)들이 정률법에서 정액법으로 감가상각방법을 변경하고 있는 추세이다.

5) 감가상각비의 소득세처리

구 분	세 무 처 리 방 법
내용연수의 적용	회계상 내용연수와 세법상 내용연수가 다를 경우 세법상 내용연수를 적용하여야 한다.
회계처리한 내용연수가 더 길 경우	감가상각은 세법상 별도의 규정이 있는 경우 이외에는 회계상 내용연수에 따라야 한다.
자산손상을 반영한 경우	세법상 공제될 수 없으며 감가상각은 세법상 장부가액에 따라야 한다.
가속상각할 경우	세법상 가속상각이 허용되는 경우 공제될 수 있다(손금산입).

6) 고정자산 개축과 증축

주택이나 건축물의 고정자산에 상각을 완료하지 전에 증축 또는 개축을 한 경우 세무처리는 다음과 같다.

• 완전히 철거하고 새로 짓는 경우 미상각잔액을 새로 건축한 고정자산의 장부가액에 가산하고 익월부터 감가상각을 함께 실시한다.
• 가치를 증가시키거나 면적을 증가시키는 경우, 고정자산의 개축이나 증축으로 보아 고정자산의 장부가액에 가산하여 익월부터 감가상각을 실시한다.

2. 생물자산의 세무처리

생물자산이란 생명이 있는 동물과 식물을 말하며 아래와 같이 나눌 수 있다.

구 분	설 명	종 류
소모성 생물자산	판매 또는 장래 농산품 수확을 위해 보유하고 있는 생물자산	성장 중의 농작물, 채소, 용재림, 사육중인 가축
생산성 생물자산	농산품 생산, 용역 제공 또는 임대 등을 목적으로 보유하고 있는 생물자산	경제림, 신탄림, 가축류(役畜)
공익성 생물자산	자연재해를 예방하고 환경보호를 목적으로 하는 생물자산	방풍 방사림, 수토 보존림, 수원 함양림

(주) 소모성 생물자산은 재고자산에 포함되어 감가상각의 개념이 없다.

1) 생물자산의 취득가액

생물자산은 아래의 방법에 따라 취득가액을 인식한다.

구 분	취득가액
매입한 생산성 생물자산	매입가액과 부대비용
자산수증, 현물출자, 자산의 교환, 채무재조정 등의 방식으로 취득한 생산성 생물자산	공정가액과 부대비용

2) 생물자산의 감가상각

(1) 상각기간

생산성 생물자산은 정액법으로 생산성 생물자산을 사용한 달의 다음 달부터 사용을 중지한 달까지의 기간 동안 감가상각을 실시한다.

(2) 잔존가액

생산성 생물자산의 성질과 사용상황에 따라 합리적으로 생산성 생물자산의 잔존가액을 확정하여야 하며 한번 결정하면 잔존가액을 바꿀 수 없다.

(3) 최저 내용연수

생산성 생물자산 감가상각의 최저 내용연수는 다음과 같다.

구 분	최저 내용연수
임목류 생산성 생물자산	10년
가축류 생산성 생물자산	3년

3. 무형자산의 세무처리

무형자산은 실물형태가 없이 장기간 사용하는 자산으로서 특허권, 상표권, 저작권, 토지사용권, 비특허기술, 영업권 등이 있다.

1) 무형자산의 취득가액

무형자산은 아래의 방법으로 취득가액을 인식한다.

구 분	취 득 가 액
매입한 무형자산	매입가액과 부대비용

구 분	취 득 가 액
직접 개발한 무형자산	개발과정에 있어서 자산화 조건에 부합한 때로부터 사용가능한 상태에 이르기 전까지 발생된 지출
비화폐거래로 취득한 경우	자산수증, 현물출자, 자산의 교환, 채무재조정 등의 방식으로 취득한 무형자산은 공정가액과 부대비용

2) 무형자산의 상각범위

과세표준을 계산할 때 상각비로 계상한 무형자산의 상각비는 공제할 수 있다. 단, 아래의 무형자산은 감가상각을 계상할 수 없다.

- 직접 개발한 비용을 지출시에 비용으로 공제한 무형자산
- 자가 창출한 영업권(구매하지 않은 부분)
- 사업활동과 무관한 무형자산
- 기타 상각할 수 없는 무형자산

3) 무형자산의 상각방법 및 내용연수

(1) 상각방법

무형자산의 상각은 정액법을 사용하며 최저 내용연수는 10년이다.

(2) 현물출자 또는 자산수증을 받은 경우

현물출자 또는 자산수증을 받은 무형자산이 법률의 규정 또는 계약에 사용연한이 정해진 경우에는 규정 또는 계약에 약정된 사용연한에 따라 상각할 수 있다.

(3) 매입한 영업권

영업권을 매입하면서 지출한 부분은 기업 전체를 일괄 양도하거나 청산시에 공제할 수 있다.

감가상각비의 명칭

중국의 기업소득세법에서 고정자산(한국의 유형자산)에 대한 감가상각비는 折旧(져지우)라는 용어를 사용하고 있으며 무형자산에 대한 감가상각비는 摊销(탄시아오)라는 용어를 사용하여 두 가지 종류의 자산의 상각비에 대한 용어를 달리 하고 있다.

4. 장기이연비용의 세무처리

1) 장기이연비용의 개념

장기이연비용은 지출한 비용 중 1년 이상의 기간에 걸쳐 상각하는 비용을 말한다.

2) 장기이연비용의 종류

아래의 지출은 장기이연비용으로 처리한 후 상각한 부분은 과세표준 계산시 공제할 수 있다.

- 이미 상각을 완료한 고정자산의 개축·증축비용
- 임차한 고정자산의 개축 또는 증축비용
- 고정자산의 대수선비
- 기타 장기이연비용으로 보는 지출

3) 개축·증축비용의 세무처리

(1) 개축·증축비용의 개념

고정자산의 개축·증축비용은 건축물의 구조를 변경하거나 내용연수를 연장시키는 등의 지출을 말한다.

(2) 개축·증축비용의 회계처리

고정자산의 수리비는 발생 당시에 직접 공제할 수 있으나 고정자산에 대한 개축 · 증축비용은 다음과 같이 구분하여 처리한다.

구 분	처 리 방 법
아직 상각을 완료하지 않은 경우	고정자산의 가치를 증가시킬 수 있다.
상각을 완료한 경우	장기이연비용으로 처리하여 규정된 기간 내에 정액법으로 상각할 수 있다.

(3) 개축 · 증축비용의 감가상각

구 분	감 가 상 각 방 법
이미 상각을 완료한 자산의 개축 · 증축비용	고정자산의 사용가능한 내용연수에 걸쳐 상각
임차한 고정자산의 개축 · 증축비용	계약에 약정된 잔여임차계약기간에 걸쳐 상각
고정자산의 내용연수가 연장된 경우	이미 상각을 완료한 고정자산과 임차자산의 개축 · 증축비용 이외 기타 고정자산의 개축 · 증축비용은 내용연수를 연장하여야 한다.

4) 대수선비

기업소득세법에서 아래의 조건을 동시에 충족하는 고정자산의 대수선비는 고정자산의 사용가능한 내용연수에 걸쳐 상각한다.

- 수리지출액이 고정자산의 취득가액의 50%를 초과할 것
- 수리 후 고정자산의 내용연수가 2년 이상 연장될 것

5) 기타 장기이연비용

장기이연비용으로 처리되는 기타의 지출은 지출이 발생한 달의 다음 달부터 상각하며 상각 내용연수는 3년 이상이어야 한다.

5. 재고자산의 세무처리

재고자산은 판매할 목적으로 보유하고 있는 제품, 상품, 재공품, 원재료 등을 말한다.

1) 재고자산의 취득가액

재고자산은 아래의 방법에 따라 취득가액을 산정한다.

구 분	취 득 가 액
매입한 재고자산	매입대금과 부대비용
자산수증, 현물출자, 자산교환 등으로 취득한 재고자산	재고자산의 공정가액과 부대비용
생산성 생물자산이 수확한 농산품	수확과정 중 발생한 재료비, 노무비, 간접비용 등의 지출

2) 재고자산의 원가계산방법

(1) 일반적인 경우

재고자산의 원가계산방법은 선입선출법, 이동평균법, 개별법 중에서 선택하여 사용할 수 있으며 한번 선택한 방법은 임의로 변경할 수 없다.

과세연도 중 판매한 재고자산에 대하여 위의 방법에 따라 계산한 가액을 과세표준 계산시 장부가액을 공제할 수 있다.

(2) 예외적인 경우

국무원의 재정, 세무 주관부문이 정한 별도의 규정 이외에 기업이 구조조정 과정에서 거래 발생시 자산의 양도소득 또는 손실로 인식한 부분은 해당자산의 거래가격을 기준으로 취득가액을 재계산하여야 한다.

6. 투자자산의 세무처리

투자자산은 기업이 지분투자와 채권투자를 통하여 취득한 자산을 말한다.

1) 투자자산의 원가

투자자산은 아래의 방법으로 취득원가를 인식한다.

구 분	취 득 가 액
매입한 투자자산	매입대금과 부대비용
자산교환 등의 방식으로 취득한 투자자산	자산의 공정가액과 부대비용

2) 투자자산의 공제방법

투자자산을 보유하는 기간 동안에는 투자자산으로 처리하고 투자자산을 양도 또는 처분할 때 투자자산의 원가를 공제할 수 있다.

3) 투자를 회수할 경우

투자한 기업이 피투자회사로부터 투자를 회수하는 경우, 취득한 자산 중에서 초기 출자한 부분에 해당하는 부분은 투자의 회수로 처리하고, 피투자회사의 미처분이익잉여금 중에서 투자를 회수한 부분에 해당하는 부분은 이자, 배당소득으로 처리하고 나머지는 투자자산양도소득으로 처리한다.

피투자회사에 결손이 발생한 경우 피투자회사가 규정에 따라 결손금으로 이월시킬 경우 투자기업은 투자자산의 원가를 조정할 수 없으며 투자손실로 인식할 수 없다.

4) 현물출자할 경우

• 현물(非货币性资产)은 현금, 은행예금, 매출채권 및 만기보유증권 화폐성자산 이외

의 자산을 말한다.
- 기업이 현물출자한 경우 인식한 자산양도소득은 5년 이내에 나누어 익금에 산입할 수 있다.
- 기업이 현물출자할 때 감정한 감정가액에서 장부가액을 차감한 후의 잔액을 자산양도소득으로 처리한다.
- 기업이 현물출자하여 취득한 피투자회사의 주식가액은 현물출자한 자산의 원가로 하고, 매년 인식한 현물출자한 자산의 양도소득을 가산하여 원가를 조정한다.
- 피투자회사가 현물출자받은 자산의 가액은 현물로 받은 자산의 공정가액으로 한다.
- 기업이 현물출자하여 취득한 주식을 5년 이내 양도 또는 투자를 회수할 경우, 양도 또는 회수한 날이 속하는 사업연도에 기업소득세를 계산할 때 한꺼번에 익금에 산입하여야 한다.
- 기업이 현물출자 후 5년 내에 폐업할 경우 과세이연을 정지하고 이연기간내 인식하지 않은 자산양도소득은 폐업한 날이 속하는 연도에 모두 익금산입한다.
- 현물출자는 신설 또는 기존 거주기업에 현물출자하는 경우에 한한다.

7. 세법규정과 회계규정 차이의 처리

세법의 규정과 회계기준에 차이가 있는 경우 세무조정을 하여 세법의 규정에 따라 조정하여야 한다(세무조정). 즉 장부처리 및 회계결산을 할 때에는 회계기준에 따라 장부처리를 하고 기업소득세 신고시에는 이미 회계처리된 부분을 세법의 규정에 따라 납세조정(세무조정)을 실시하여 기업소득세법의 규정에 따라 납부할 기업소득세를 계산하여야 한다.

1) 증빙이 없는 경우

기업이 수입 및 원가, 비용의 증빙을 제공할 수 없어 과세표준을 정확하게 계산할 수 없을 경우에는 세무기관이 과세표준을 추계결정하여 과세한다.

2) 기업이 청산할 경우

기업이 청산시에는 청산종료 후의 청산소득을 과세표준으로 하여 기업소득세를 납부한다.

'청산소득'이란 청산시의 모든 자산의 실현가능가치 또는 거래가액에서 자산의 순자산가액과 청산비용 및 관련 세금을 차감한 후의 금액이다.

3) 청산기업으로부터 받은 소득

투자기업이 피투자기업이 청산하여 청산기업으로부터 취득한 가액에 대한 소득은 다음과 같이 처리한다.

- 피청산기업의 미처분이익잉여금에 해당하는 부분은 배당소득으로 본다.
- 잔여재산에서 위의 배당소득을 차감한 후의 잔액이 투자원금보다 크거나 작을 경우에는 투자자산양도소득 또는 손실로 본다.

4) 납세조정(세무조정)

과세표준은 세수법규의 규정에 따라 계산된 것이며 회계기준에 따라 계산된 이윤총액과는 일치하지 않을 수 있다. 따라서 회계기준의 규정에 따라 계산한 이윤총액(세전순이익)을 세법의 규정에 따라 납세조정(세무조정)을 한 후 산출한 과세표준을 기준으로 납부세액을 계산한다.

Tip 납세조정과 세무조정

회계기준에 따라 작성된 기업의 재무제표를 기준으로 하여 회계기준과 기업소득세법과의 차이를 조정하여 과세표준을 산출하는 과정을 '납세조정'이라고 하며 한국의 법인세법에서는 이를 세무조정이라고 한다.

VI. 자산손실의 세무처리

1. 자산손실의 정의

'자산손실'이란 사업활동을 영위하는 과정 중에 실제 발생한 것으로서 과세소득을 계산하는데 영향을 미치며 다음과 같은 것이 있다.

- 현금과부족
- 예금손실
- 재고자산 평가손실
- 대손상각
- 주식투자손실
- 고정자산과 재고자산 부족
- 훼손 및 폐기손실
- 자연재해
- 기타의 손실

2. 자산손실의 세전공제(손금산입)

기업의 자산손실과 관련하여 과세표준의 계산에 있어 공제는 다음과 같이 한다(財税 [2009] 57호 「자산평가손실의 공제에 대한 통지」).

1) 현금부족

현금부족은 현금 보관 담당자가 배상한 후의 잔액을 '현금부족'으로 공제한다.

2) 화폐성자금을 회수할 수 없는 경우

화폐성자금을 금융기관에 예치하였으나 해당 금융기관이 파산, 청산, 영업정지,

폐쇄 등으로 인하여 회수할 수 없는 부분은 예금손실로 공제한다.

3) 대출금의 대손상각

기업이 가능한 조치와 필요한 절차를 취한 후, 아래와 같은 조건을 갖춘 대출금은 대손상각으로 공제할 수 있다.

- 채무자와 담보제공자가 파산, 폐쇄, 해산선고를 받아 법인자격이 없어지거나 이미 사업활동을 하지 아니하거나, 영업집조가 취소되어 채무자와 담보제공자에게서 회수할 수 없는 경우
- 채무자가 사망 또는 실종선고, 사망선고로 인하여 회수할 수 없는 경우
- 채무자가 자연재해로 거액의 손실을 입어 보험금 등으로도 회수할 수 없는 경우
- 채무자가 형사사건으로 인하여 채무를 상환할 수 없는 경우
- 채무자와 담보제공자가 상환을 하지 못하여 법적인 절차를 거쳐도 회수할 수 없는 경우
- 채무자와 담보제공자가 상환을 하지 못하여 법정에서 화해 또는 조정을 거쳐 회수할 수 없는 경우
- 채무자로부터 대물변제를 받은 부분이 채권액에 부족하여 회수하지 못한 경우
- 국무원 등이 정한 다른 경우

4) 상거래채권의 대손상각

대출금 이외에 매출채권이나 선급금이 아래의 조건에 해당할 경우 회수가능금액을 차감한 회수할 수 없는 부분은 대손상각으로 공제한다.

- 채무자가 파산, 폐쇄, 해산 등으로 영업집조를 취소당하여 청산재산이 부족한 경우
- 채무자가 사망, 실종선고, 사망선고 등으로 인하여 채무를 상환할 수 없는 경우
- 채무자가 3년 이상 상환하지 아니하고 상환능력이 없다는 확실한 증거가 있는 경우
- 채무자와 채무재조정 약정을 체결하거나 법원의 재조정 비준 이후 상환할 수 없을 경우
- 자연재해, 전쟁 등 불가항력으로 인하여 회수할 수 없을 경우
- 국무원이 정하는 기타의 조건

대손충당금

한국의 법인세법에서는 받을 채권에 대하여 채권잔액의 1%(금융기관은 2%) 또는 과거의 대손율 중에서 큰 금액까지 대손충당금을 설정하여 손금으로 처리할 수 있으나 중국의 기업소득세법에서는 이러한 대손충당금의 공제에 관한 규정이 없다.

5) 주식투자의 경우

주식투자가 아래의 경우에 해당하는 경우 회수가능금액을 차감한 후 회수할 수 없는 금액을 공제할 수 있다.

- 피투자회사가 파산, 청산 등의 이유로 영업집조가 취소된 경우
- 피투자회사의 재무상황이 악화되어 거액의 손실이 발생하고 영업을 중지한지 3년이 경과하여 회복할 가능성이 없는 경우
- 피투자회사에 대한 지배력이 없는 경우, 투자기간이 만료되었거나 투자기간이 10년이 초과되고 3년 연속 결손이 발생하여 이미 완전 자본잠식 상태인 경우
- 피투자회사의 재무상황이 악화되어 누적손실이 커져서 이미 청산기간이 3년 이상 초과된 경우
- 국무원이 정한 기타의 사유

6) 재고자산 및 고정자산

재고자산과 고정자산의 수량부족은 장부가액에서 당사자의 배상을 차감한 후의 잔액을 공제할 수 있다. 또한 부족, 훼손, 폐기 및 도난의 이유로 증치세 매출세액에서 공제할 수 없는 매입세액은 해당 자산을 공제할 때 함께 공제할 수 있다.

7) 자산손실의 사후관리

과세표준 계산시에 공제한 자산손실이 이후의 과세연도에 회수될 경우에는 회수된 부분을 수입으로 처리하여 과세표준에 포함시켜야 한다.

8) 국내와 국외의 구분

기업이 중국내와 중국외의 사업장에서 발생한 자산손실은 구분하여 계산하여야 하며, 중국외에서 발생한 자산손실을 중국내의 자산손실로 공제할 수 없다.

9) 자산손실의 증빙관리

결산과정에서 공제한 자산손실에 대해서 자산손실이 실제 발생하였다는 합법적인 증거를 제출하여야 한다. 합법적인 증거로는 공신력을 지닌 외부기관의 증명서 등 증거능력을 지닌 서류들이 포함된다.

3. 자산손실의 공제관리(손금산입)

자산손실과 관련한 기본원칙은 다음과 같다(财税[2011] 25号).

1) 손금산입할 수 있는 자산손실

과세표준에서 공제할 수 있는 자산손실은 크게 아래 두 가지로 나눈다.

- 실제자산손실 : 기업이 자산을 실제 처분, 양도할 때 발생한 손실
- 법정자산손실 : 양도 또는 처분은 하지 않았으나 보유과정에서 발생한 손실

2) 자산손실의 공제시기

구 분	공 제 시 기
실제자산손실 (实际资产损失)	양도 또는 처분이 실제 발생하고 회계상으로 이미 손실로 처리한 연도
법정자산손실 (法定资产损失)	세무기관에 증거자료를 제출하여 해당 자산이 법정자산손실의 인식조건을 갖추었음을 증명하고 회계상으로 이미 손실로 처리한 연도

3) 손금산입요건

자산손실은 규정된 절차와 요구에 따라 관할 세무기관에 신고한 후 공제할 수 있으며, 신고하지 않은 경우 공제할 수 없다.

4) 당기에 공제할 수 없는 경우

이전연도에 발생한 자산손실을 당기에 공제할 수 없는 경우 세무기관에 설명하고 별도로 신고하여 공제할 수 있다.

VII. 구조조정의 소득세처리

1. 구조조정의 개념

기업의 구조조정이란 경상적인 사업활동 이외에 법률적 또는 경제적으로 기업에 큰 변화를 발생시키는 거래를 말하며, 여기에는 법률형태의 변경, 채무재조정, 주식인수, 자산인수, 합병, 분할 등이 있다.

2. 구조조정의 일반적 세무처리방법

1) 조직변경

기업이 법인에서 독자기업 등 법인격이 없는 조직으로 변경하거나 등록지를 중국외로 변경하는 경우에는 기존의 법인을 청산, 분배하여 새로운 기업을 설립한 것으로 본다. 이 경우 기업의 모든 자산 및 주주가 현물투자한 부분의 과세기초가액은 모두 공정가액으로 평가하여야 한다.

기업이 다른 법적 형식으로 단순하게 변경된 경우에는 직접 세무등기를 변경할 수 있으며 모든 납세관련사항을 변경 후의 기업이 승계한 것으로 본다. 다만 주소의 변화로 인하여 조세특례를 받지 못하는 부분은 예외로 한다.

2) 채무재조정

채무재조정과 관련된 것은 다음과 같이 처리한다.

구 분	세 무 처 리
비화폐성자산으로 채무를 상환할 경우	비화폐성자산의 양도와 채무의 상환으로 구분하여 자산의 처분손익을 인식하여야 한다.
출자전환인 경우	채무의 상환과 출자로 구분하여 채무상환과 관련된 손익을 인식하여야 한다.
채무자가 상환과정에서 이익이 발생한 경우	채무자는 이익부분을 소득으로 인식하여야 하며 채권자는 관련 자산평가손실을 인식한다.

3) 주식 또는 자산의 취득

기업이 주식 또는 자산을 취득할 경우에는 다음과 같이 처리한다.

- 피취득자는 자산 또는 주식의 양도손익을 인식하여야 한다.
- 취득자가 취득한 자산 또는 주식의 취득가액은 공정가액으로 한다.
- 피취득기업의 납세의무는 변동이 없다.

4) 기업이 합병하는 경우

둘 이상의 기업이 하나의 기업으로 합병하는 경우 합병당사자는 다음과 같이 처리한다.

- 합병기업은 공정가액에 따라 피합병기업의 자산과 부채가액을 인식한다.
- 피합병기업 및 주주는 청산기준에 따라 소득세처리를 하여야 한다.
- 피합병기업의 결손금은 합병기업에 이전되지 아니한다.

5) 기업이 분할하는 경우

하나의 기업이 둘 이상의 기업으로 분할되는 경우 분할당사자는 다음과 같이 처리한다.

• 피분할기업은 분할되는 자산과 부채를 공정가액으로 처분손익을 인식한다.
• 분할기업은 공정가액을 기준으로 분할되는 자산과 부채를 인식한다.
• 피분할기업이 계속 존속할 경우 주주가 취득한 대가는 분할기업이 분배한 것으로 보아 처리한다.
• 피분할기업이 존속하지 않을 경우 피분할기업 및 주주는 청산기준에 따라 소득세 처리를 하여야 한다.
• 기업분할의 경우 분할당사자간에 결손금을 이전할 수 없다.

3. 구조조정의 특수한 세무처리

1) 특수한 세무처리의 요건

구조조정이 아래의 경우에 해당될 때 '특수한 세무처리'의 규정을 적용한다.

• 합당한 목적이 있고 세금을 줄이거나 면제 또는 체납하려는 의도가 아닌 경우
• 피매수, 피합병 또는 분할되는 자산이나 주식의 비율이 일정한 비율 이내일 것
• 기업 구조조정 이후 12개월 이내에는 구조조정자산의 원래의 사업목적에 변함이 없을 것
• 구조조정대가 중 주식대가의 비율이 일정한 비율 이내일 것
• 구조조정 과정에서 주식을 취득한 주요 주주는 12개월 이내 주식을 처분할 수 없다.

2) 특수한 세무처리의 방법

구조조정이 위의 '특수한 세무처리'의 조건을 갖추는 경우 거래당사자는 거래과정에서 주식으로 지급한 부분에 대해 다음과 같은 특수한 세무처리를 할 수 있다.

(1) 구조조정소득이 전체 과세소득의 50% 이상인 경우

- 구조조정에서 발생한 과세소득이 전체 과세소득의 50% 이상일 경우, 5년으로 나누어 과세소득에 산입할 수 있다(5년 균등환입).
- 출자전환의 경우 채무상환과 주식투자의 두 가지 항목에 대해 잠정적으로 채무면제 손익을 인식하지 아니하고, 주식투자의 취득가액은 장부가액을 기준으로 한다.

(2) 주식을 취득하는 경우

취득한 주식이 피매수기업 전체 지분의 50% 이상이고, 취득기업이 주식을 취득할 때 주식으로 지급한 금액이 지급총액의 85% 이상일 경우 아래의 방법을 선택하여 처리할 수 있다.

구 분	처 리 방 법
피매수기업의 주주가 취득한 취득기업의 주식가액	해당 주식의 장부가액
취득기업이 취득한 피매수기업의 주식가액	피취득기업 주식의 장부가액
취득기업 및 피취득기업의 자산과 부채의 당초 취득가액과 세무조정사항	변동이 없음

(3) 자산을 취득하는 경우

취득한 자산이 양도기업 전체자산의 50% 이상이고, 자산취득과정에서 주식으로 지급한 금액이 전체 거래금액의 85% 이상일 경우 아래의 방법을 선택하여 처리할 수 있다.

구 분	처 리 방 법
양도기업이 받은 인수기업 주식의 취득가액	양도대상자산의 장부가액
취득기업이 취득한 자산의 취득가액	양도대상자산의 장부가액

(4) 기업합병

주주가 합병시 취득한 주식의 대가가 전체 거래금액의 85% 이상이거나 관계회사간 합병으로 대가를 지급하지 않는 경우에는 아래의 규정에 따라 처리할 수 있다.

구 분	처 리 방 법
합병기업이 인수한 피합병기업의 자산과 부채의 취득가액	피합병기업의 장부가액
피합병기업이 합병전의 세무조정사항	합병기업이 승계
합병기업이 공제할 수 있는 피합병기업의 이월결손금	피합병기업의 순자산 공정가액 × 합병이 이루어진 해 연말의 최장기 국채의 이율
피합병기업의 주주가 취득한 합병기업 주식의 취득가액	피합병기업 주식의 당초 취득가액

(5) 기업분할

기업분할시 피분할기업의 모든 주주가 당초 주식 소유비율대로 분할기업의 주식을 취득하고 분할기업과 피분할기업은 모두 원래의 사업활동을 영위하고, 피분할기업의 주주가 분할시 취득하는 주식대금이 전체 거래금액의 85% 이상일 경우 아래와 같이 처리할 수 있다.

구 분	처 리 방 법
분할기업이 인수한 피분할기업의 자산과 부채의 취득가액	피분할기업의 장부가액
피분할기업의 자산과 관련된 세무조정사항	분할기업이 승계
피분할기업의 공제가능한 이월결손금	분할기업의 자산이 분할 전 총자산의 비율대로 승계 가능
피분할기업의 주주가 취득한 분할기업의 주식가격	당초 주식의 일부 또는 전체를 포기할 경우에는 포기한 구주의 장부가액 구주를 포기하지 않을 경우에는 아래의 두 가지 방법 중에서 선택가능 • 신주의 취득가액을 '영'으로 하는 방법

구 분	처 리 방 법
	• 피분할기업에서 분할된 순자산가액이 분할 전 순자산가액에서 차지하는 비율을 당초 구주의 취득가액에서 차감하여 신주의 취득가액으로 하는 방법

(6) 양도손익을 인식하지 않을 경우

구조조정 당사자가가 위의 '(1)~(5)'의 규정에 따라 거래 중 주식으로 지급한 부분에 대해 관련 자산의 양도손익을 인식하지 않을 경우 주식 이외의 지급분은 거래가 발생한 연도에 자산양도손익을 인식하여야 하며 관련 자산의 취득가액을 조정하여야 한다.

> 주식 이외의 지급에 해당하는 자산양도손익
> = (양도되는 자산의 공정가액 − 양도되는 자산의 장부가액) × (주식 이외의 지급금액 ÷ 양도되는 자산의 공정가액)

사 례 3-1

A회사는 10,000주를 가지고 있으며 미래의 발전을 위해 80%의 주식을 B기업에게 매수하게 하고 B회사의 자회사가 되었다.
매수일 현재 A회사의 주당 장부가액은 5위안, 주당 공정가액은 6위안이었고, 매수대가 중 B기업이 주식형식으로 43,200위안, 은행예금으로 4,800위안을 A기업에게 지급하였다.

요구

A회사가 은행예금(주식 이외)으로 취득한 금액에 대응되는 자산양도소득손익을 계산하시오.

풀이

A회사가 주식 이외의 대가로 받은 부분의 자산양도소득
= (48,000 − 40,000) × (4,800 ÷ 48,000)
= 8,000 × 10%
= 800위안

(7) 자산과 주식을 맞교환하는 경우(资产划转)

한 기업 또는 여러 기업이 100% 직접 지배하고 있는 거주기업인 모회사와 자회사 간 장부가액으로 자산과 주식을 맞교환하는 경우로서, 특별한 목적이 없이, 세액감소, 면제, 납부연기를 주요 목적으로 하지 않는 경우, 주식 또는 자산을 맞교환한 후 12개월내 당초의 경영활동에 변동이 없이 당사자 모두 손익을 인식하지 않는 방법으로 세무처리할 수 있다.

3) 중국내 기업과 중국외 기업 간에 주식 또는 자산을 거래할 경우

위의 '특수한 세무처리'에 있는 조건 이외에 다음의 조건을 동시에 충족하는 경우에 '특수한 세무처리'방법에 따라 처리할 수 있다.

- 비거주기업이 100% 직접 투자하고 있는 다른 비거주기업에게 자기가 소유하던 거주기업의 주식을 양도할 경우, 이후 양도로 인한 세부담의 변화가 없을 것으로 예상되고 양도한 비거주기업이 향후 3년 이내에 매수측 비거주기업의 주식을 양도하지 않겠다는 서면승낙서를 제출할 경우
- 비거주기업이 100% 직접투자하고 있는 거주기업에 다른 거주기업의 주식을 양도할 경우
- 거주기업이 자신이 소유하고 있는 자산 또는 주식을 100% 투자하고 있는 비거주기업에 투자를 진행할 경우
- 재정부, 국가세무총국이 승인한 기타의 경우

위의 세 번째 경우에서와 같이 거주기업이 자신이 소유하고 있는 자산 또는 주식을 100% 투자하고 있는 비거주기업에 투자를 진행하는 경우 자산 또는 주식의 양도소득에 대해 '특수한 세무처리'를 진행하는 경우 향후 10년에 걸쳐 균등하여 과세표준에 산입할 수 있다.

4) 조세특례의 조건에 변화가 있는 경우

흡수합병에 있어서 합병 후 존속기업의 성격 및 조세특례의 조건에 변화가 없는 경우, 합병 전 기업의 잔여기간 동안 조세특례를 계속하여 받을 수 있으며, 특례금액은 존속기업의 합병 전 1년의 과세표준에 따라 계산한다.

기업분할에 있어서 분할 후의 존속기업의 성격 및 조세특례의 조건에 변화가 없는 경우, 분할 전 기업의 잔여기간 동안 조세특례를 계속하여 받을 수 있으며, 특례금액은 분할 전 1년의 과세표준에 분할 후 존속기업의 자산이 분할 전 전체 자산에 차지하는 비율로 한다.

5) 여러 번의 구조조정이 있는 경우

기업이 구조조정 전후 12개월 내 단계적으로 자산 또는 주식에 대해 거래를 할 경우에는 하나의 구조조정으로 보아 처리한다(1년간 합산한다).

6) 관련 자료의 제출

위의 규정에 의한 특수한 구조조정의 조건을 갖추고 특수한 세무처리를 한 경우에는 당사자가 구조조정이 종결된 해의 기업소득세 신고시 관할 세무기관에 서면자료를 제출하여 조건에 해당됨을 증명하여야 한다.

기업이 관련서류를 제출하지 않은 경우 특수성 구조조정에 따른 세무처리를 적용할 수가 없다.

VIII. 납부세액의 계산

1. 거주기업의 납부세액 계산

거주기업의 납부세액은 과세표준에 세율을 곱하여 계산하며 그 공식은 다음과 같다.

거주기업 납부세액 = 과세표준 × 적용세율 – 감면세액 – 공제세액

계산공식에서 알 수 있듯이 거주기업 납부세액의 크기는 과세표준과 적용세율의

두 가지에 달려 있다. 실제 계산과정에 있어서 과세표준의 계산방법은 크게 직접 계산법과 간접 계산법의 두 가지 방법이 있다.

1) 직접계산법

직접계산법에서는 각 과세연도의 수입총액에서 비과세수입, 면제수입, 각종 공제항목 및 이월결손금을 차감한 후의 잔액을 과세표준으로 한다. 계산공식은 다음과 같다.

과세표준 = 수입총액 − 비과세수입 − 면제수입 − 각종 공제항목 − 이월결손금

2) 간접계산법

간접계산법은 회계상 세전순이익에서 세법상의 각종 세무조정사항을 가감한 후 과세표준을 계산하며 그 공식은 다음과 같다.

과세표준 = 회계이윤총액(세전순이익) ± 납세조정(세무조정)금액

세무조정금액은 아래와 같은 두 가지의 내용을 포함하고 있다.
첫째, 회계기준의 규정과 세법상의 규정이 달라서 조정하여야 하는 금액
둘째, 세법규정에 따라 추가로 공제할 수 있는 부분

사 례 3-2

어느 거주기업의 2016년도 경영실적이 다음과 같다(단위 : 만위안).

- 매출액 2,000
- 매출원가 1,000
- 판매비용 500(광고비 400 포함)
- 관리비용 200(접대비 80 포함)
- 재무비용 50
- 매출세금 및 부가 100(매출세)
- 영업외수익 62(국채이자 2 포함)
- 영업외비용 42(공익기부금 30.4, 직접 지급 5 포함)

요구

2016년도 이 기업이 실제 납부하여야 할 기업소득세를 계산하시오.

풀이

① 회계이윤총액 = 2,000 + 62 − 1,000 − 500 − 200 − 50 − 100 − 42 = 170

② 세무조정사항

- 영업외수익 중 국채이자 2는 익금불산입
- 광고선전비의 세무조정액 = 400 − 2,000 × 15% = 400 − 300 = 100 손금불산입
- 접대비의 세무조정액
  사용액의 60% = 80 × 60% = 48
  매출액의 0.5% = 2,000 × 0.5% = 10
  따라서 한도액은 10이고 한도초과 = 80 − 10 = 70 손금불산입
- 기부금 세무조정액 = 30.4 − 170 × 12% = 10 손금불산입
  공익기관을 통하지 않고 직접 기부한 금액 5[공제불가(손금불산입)]

③ 과세표준 = 172 − 2 + 100 + 70 + 10 + 5 = 355

④ 2016년도 기업소득세 납부세액 = 355 × 25% = 88.75

사 례 3-3

거주기업인 중화유한공사의 2016년도 경영실적은 다음과 같다(단위 : 만위안).

- 매출액 5,600
- 매출원가 4,000
- 기타매출액 800
- 기타매출원가 694
- 국채이자수익 40
- 매출세금 및 부가 300(비증치세)
- 관리비용 760(연구개발비용 60, 접대비 70)
- 재무비용 200
- 지분투자수입 34
- 영업외수입 100
- 영업외지출 250(공익기부금 38)
- 지분투자수입은 다른 거주기업에 투자하여 얻은 배당소득임.

요구

이 기업이 2016년도 납부하여야 할 기업소득세를 계산하시오.

풀이

① 회계이윤총액 = 5,600 + 800 + 40 + 34 + 100 − 4,000 − 694 − 300 − 760 − 200 − 250 = 370

② 세무조정사항

- 국채이자수입 40　수입에서 제외(익금불산입)
- 기술개발비 추가공제 = 60 × 50% = 30('기술개발비 추가공제' 참조)
- 접대비 실제 발생액 기준 한도 = 70 × 60% = 42
  접대비 매출액 기준 한도 = (5,600 + 800) × 0.5% = 32
  접대비 한도액은 32 세무조정액 = 70 − 32 = 38 공제불가(손금불산입)
- 다른 거주기업에 투자하여 얻은 투자수익은 수입에서 제외(면세수입)
- 기부금 공제 기준 = 370 × 12% = 44.4
  실제 기부금 38만원이 공제기준 44.4만원보다 작으므로 실제 금액에 따라 공제하며 세무조정이 필요없다.

③ 과세표준 = 370 − 40 − 30 + 38 − 34 = 304

④ 2016년도 기업소득세 납부세액 = 304 × 25% = 76

2. 외국납부세액공제(境外所得抵扣税额)

거주기업 및 중국내 사업장이 있는 비거주기업이 외국에서 납부한 세액에 대해 기업소득세법 제23조 및 제24조의 규정에 따라 외국납부세액공제를 받을 수가 있다.

1) 외국납부세액공제

기업소득세법 및 조세협정 등의 규정에 따라 아래의 외국납부세액공제와 관련있는 사항들을 정확하게 계산하여야 한다.

- 중국내 소득의 과세표준과 중국외 국가별 소득의 과세표준
- 국가별 공제가능한 외국납부세액
- 국가별 외국납부세액공제의 한도

만약, 국가별 공제가능한 외국납부세액을 계산할 수 없을 경우, 해당 국가에서 납부한 세액은 공제할 수가 없으며 이월공제도 받을 수 없다.

2) 외국납부세액공제의 계산

외국납부세액공제의 계산은 다음과 같다.

(1) 거주기업이 외국에 지점이나 사무소를 설립할 경우

거주기업이 외국에서 독립적 납세지위를 갖지 않는 지점이나 사무소를 설립하였을 경우에는 다음과 같이 처리한다.

- 중국외 원천소득은 수입총액에서 손금을 차감한 후의 잔액을 과세표준으로 하며, 각종 수입총액 및 비용총액은 세법의 규정에 따라 인식한다.
- 이러한 중국외 원천소득이 중국내에 유입되었는지에 불구하고 모두 중국외 원천소득으로 인식하여야 한다.

(2) 거주기업이 외국에 지분투자수입 등이 있는 경우

거주기업이 중국외에서 배당 등 지분투자수입, 수수료, 특허권사용료, 재산양도수입이 있는 경우 관련 원가를 차감한 후의 금액을 과세표준으로 본다.

- 지분투자수입은 배당금의 지급 결정일을 기준으로 한다.
- 이자, 임대료, 특허권사용료, 재산양도수입은 대금지급일을 기준으로 한다.

(3) 중국외 원천소득으로 실질적인 관계가 있는 경우

중국내 사무소를 설치한 비거주기업이 중국외에서 발생한 소득으로서 중국내 사무소와 실질적인 관계가 있는 과세소득은 위의 '(2)'의 규정에 따라 과세표준을 계산한다.

(4) 공통으로 지출한 비용

중국외의 과세표준을 계산할 때, 중국내외의 소득을 얻기 위해 공통으로 지출한 비용은 합리적인 기준에 따라 배분하여 공제한다.

(5) 결손금의 공제

중국외 원천소득을 집계할 때 중국외 동일한 국가에 독립된 납세지위가 없는 사무소를 설립하였을 경우 결손금은 중국내 기업 혹은 다른 국가의 과세표준에서 공제할 수 없으나, 같은 국가의 소득이나 이후 연도의 과세소득에서 공제할 수 있다.

3) 외국납부세액 공제방법

공제가 가능한 외국납부세액은 중국외 원천소득에 대해 외국에서 납부한 기업소득세를 말하며 다음은 포함하지 아니한다.

- 중국외 소득세법에 따라 과오납한 세액
- 조세협정의 규정에 따라 징수하지 아니하는 세액
- 과소납부 혹은 지연납부로 인한 이자 및 체납금 혹은 벌금
- 중국외 납세의무자 또는 이해관계자가 국외 징세주체로부터 반환 혹은 보상받은 세액
- 기업소득세법의 규정에 따라 이미 면제를 받은 중국외 소득의 세액
- 국무원의 규정에 따라 이미 납부세액을 손금으로 공제받은 세액

4) 간접납부세액공제

거주기업이 중국외에서 취득한 소득에 대하여 기업소득세법 제24조의 규정에 따라 간접적으로 부담한 세액을 공제하며, 중국외 투자수입에서 실제 간접 부담한 세액은 최하단계의 외국기업에서 시작하여 단계별로 계산한 상위기업이 부담한 세액을 말한다.

본 단계 기업이 납부할 세액이 상위 기업이 부담한 세액에 속하는 경우
= (본 단계 이윤과 투자수익으로 실제 납부한 세액 + 본 통지에 부합하는 본 단계 기업이 간접적으로 부담한 세액) × 본 단계 기업이 상위 기업에 분배한 배당금 ÷ 본 단계 기업소득세 후 이윤

5) 거주기업이 20% 이상 보유하는 기업의 범위

기업소득세법 실시조례 제80조의 규정에 따라 거주기업이 직접 또는 간접적으로 20% 이상 보유하는 외국기업은 아래 보유방식의 3단계 외국기업을 말한다.

제1단계 : 단일 거주기업이 직접 20% 이상 보유하고 있는 외국기업

제2단계 : 단일의 제1단계 외국기업이 직접 20% 이상 주식을 보유하고 있으며, 단일 거주기업이 직접 혹은 하나 이상의 외국기업을 통해 20% 이상 보유하고 있는 외국기업

제3단계 : 단일의 제2단계 외국기업이 직접 20% 이상 주식을 보유하고 있으며, 단일 거주기업이 직접 혹은 하나 이상의 외국기업을 통해 20% 이상 보유하고 있는 외국기업

6) 조세협정 체결국가의 처리

거주기업이 중국정부와 조세협정을 체결하고 있는 국가로부터 취득한 소득은 해당국 세수법률에 따라 면제 혹은 감면의 대우를 받으며, 면제 또는 감면된 금액은 조세협정이 체결된 경우 해당 규정에 따라 실제 납부한 중국외 소득으로 보아 공제가 가능하다(조세협정 우선의 원칙).

7) 국가별 외국납부세액의 계산

외국납부세액공제는 국가별로 각각 한도를 계산하여 공제금액을 산출한다.

특정국가의 외국납부세액공제
= 중국내 및 중국외 모든 소득에 대한 납부세액 × (특정국가의 과세표준 ÷ 중국내 및 중국외 과세표준 총액)

여기서 적용세율은 25%로 적용한다.

사 례 3-4

한중방직유한회사가 2016년도 중국내 과세표준은 100만위안이고 적용세율이 25%이고, 한국과 일본에 각각 해외지점을 가지고 있으며 모두 이중과세방지협정을 맺고 있다. 한국에서의 과세표준은 50만위안이고 소득세율은 20%이며, 일본에서의 과세표준은 30만위안이고 소득세율은 30%이다.
한국 및 일본의 세법과 중국의 세법에 의한 과세표준이 일치한다고 가정하고 각각의 지점에서 납부한 소득세액은 10만위안과 9만위안이다.

요구

이 경우 중국에 납부하여야 할 기업소득세액을 계산하시오.

풀이

① 중국에 납부하여야 할 납부세액 = (100 + 50 + 30) × 25% = 45(만위안)

② 한국과 일본 양국의 세액공제한도

- 한국의 세액공제한도 = 45 × [50 ÷ (100 + 50 + 30)] = 12.5(만위안)
- 일본의 세액공제한도 = 45 × [30 ÷ (100 + 50 + 30)] = 7.5(만위안)

한국에서 납부한 세액은 10만위안이고 한도액은 12.5만위안이므로 전액 공제가 가능하고, 일본에서 납부한 세액은 9만위안이고 한도액은 7.5만위안이므로 1.5만위안은 공제가 불가능하다.

③ 중국에서 추가 납부하여야 할 소득세액 = 45 - 10 - 7.5 = 27.5(만위안)

위 사례에서의 계산과정은 다음 순서에 따라 공제한도액을 계산한 것이다.

제1단계, 국내외에서 취득한 과세소득총액에 대하여 중국의 기업소득세 세율에 따라 납부세액을 먼저 계산한다.

제2단계, 한 나라에서 취득한 과세표준이 국내외에서 취득한 과세표준총액에서 차지하는 비율로 공제할 수 있는 한도액을 계산한다.

계산결과로 보면, 한 외국에서 취득한 과세표준에 중국 기업소득세법에서 규정한 세율을 직접 곱하여 그 나라에서 취득한 과세표준의 공제한도액을 계산할 수 있다.

3. 거주기업의 추계결정방법

기업소득세법 및 실시조례 그리고 세수징수관리법의 규정에 따라 기업소득세를 추계결정하는 규정은 다음과 같다.

1) 기업소득세 추계결정 범위

추계결정방법은 거주기업에 적용하며 납세의무자가 아래 상황 중 하나에 속하는 경우 기업소득세를 추계결정하여 과세한다.

추계결정하는 경우

- 법률, 행정법규 규정에 따라 장부를 작성하지 않을 수 있는 경우
- 법률, 행정법규 규정에 따라 장부를 작성하여야 하나 작성하지 않은 경우
- 고의로 장부를 훼손하거나 납세자료의 제공을 거부하는 경우
- 장부는 작성하였으나 원가자료, 수입증빙, 비용증빙 등이 불완전한 경우
- 납세의무가 발생하였으나 기한 내에 신고하지 않았고 세무기관이 기한 내 신고를 하도록 하였으나 기간을 경과하여도 신고하지 아니한 경우
- 신고한 세액의 계산근거가 현저히 낮고 정당한 이유가 없는 경우

특수업종, 특수유형의 납세의무자 및 일정규모 이상의 납세의무자에게는 추계결정방법을 적용하지 아니하고 국가세무총국이 별도로 규정한다.

주식투자업무를 영위하는 기업은 기업소득세를 추계결정할 수 없다.

2) 추계결정방법

세무기관은 납세의무자의 상황에 따라 추계결정대상 납세의무자에 대하여 소득률 또는 납부세액을 추계결정하여야 한다.

(1) 소득율을 추계결정하는 경우

아래의 상황 중 하나에 해당하는 경우 소득률을 추계결정한다.

- 수입총액은 알 수 있으나 원가, 비용총액을 알 수 없는 경우
- 원가, 비용총액은 알 수 있으나 수입총액을 알 수 없는 경우
- 합리적인 방법으로 납세의무자의 수입총액이나 원가, 비용총액을 계산 또는 추정할 수 있는 경우

납세의무자가 위에 해당하지 않는 경우에는 납부세액을 추계결정한다.

(2) 추계결정방법

세무기관은 아래의 방법에 따라 기업소득세를 추계결정하여 징수한다.

- 현지의 동종 또는 유사업종 중 경영규모와 수입수준이 비슷한 납세의무자의 조세부담 수준을 참조하여 추계결정한다.
- 과세수입액 또는 원가, 비용지출액의 일정비율에 따라 추계결정한다.
- 사용한 원재료, 연료, 동력 등에 의하여 추산하여 추계결정한다.
- 기타 합리적인 방법에 의하여 추계결정한다.

위의 한 가지 방법으로 과세표준이나 납부세액을 정확하게 추계결정할 수 없는 경우에는 두 가지 이상의 방법을 동시에 사용하여 추계결정할 수 있다.

두 가지 이상의 방법으로 계산한 납부세액이 다른 경우에는 계산한 납부세액 중 많은 액수에 따라 추계결정할 수 있다.

소득률을 사용하여 추계결정하는 경우 과세표준의 계산공식은 다음과 같다.

- 납부세액 = 과세표준 × 적용세율
- 과세표준 = 과세수입액 × 소득률

  혹은 과세표준 = 원가(비용)지출액 ÷ (1 − 소득률) × 소득률

소득률을 사용하여 기업소득세를 추계결정하는 납세의무자가 여러 업종을 겸영하는 경우, 업종별로 구분경리하는지에 불문하고 세무기관에서 당해 기업의 주요 업종에 따라 적용할 소득률을 확정한다.

'주요 업종'이란 납세의무자의 모든 업종 중에서 수입총액이나 원가(비용)지출액이나 소모성 원재료, 연료, 동력 소모량이 차지하는 비율이 제일 큰 항목이 된다.

소득률은 [표 3－1]에서 규정한 범위에 따라 확정한다.

[표 3-1] 소득률 기준범위

업 종	소득률(%)
농업, 임업, 목축업, 어업	3~10
제조업	5~15
도·소매, 무역업	4~15
교통운수업	7~15
건축업	8~20
음식업	8~25
오락업	15~30
기타 업종	10~30

납세의무자의 사업범위, 주요 업종에 중대한 변화가 발생하였거나 과세표준 또는 납부세액의 증감변화가 20%에 달하는 경우에는, 즉시 세무기관에 신고하여 이미 확정된 납부세액이나 소득율을 조정하여야 한다.

3) 기업소득세 추계결정징수의 관리

(1) 추계결정자료의 통보

관할 세무기관은 「기업소득세 추계결정징수 검정표」를 납세의무자에게 송부하여야 하며, 제때에 기업소득세 추계결정징수에 대한 검정을 마쳐야 한다.

구체적인 절차는 아래와 같다.

- 납세의무자는 「기업소득세 추계결정징수 검정표」를 받은 후 10영업일 내 동 검정표를 작성하여 관할 세무기관에 보고하여야 한다. 「기업소득세 추계결정징수 검정표」는 1식 3쪽으로서, 관할 세무기관과 현급 세무기관이 1쪽씩 소지하고 1쪽은 납세의무자에게 송부하여 집행하게 한다. 관할 세무기관은 실제 업무수요에 따라 쪽수를 적당히 추가하여 예비용으로 할 수 있다.
- 관할 세무기관은 「기업소득세 추계결정징수 검정표」를 접수한 후 20영업일 내에 사실 여부를 심사하고 검정의견을 첨부한 다음 현급 세무기관에 보고하여 재심·인정하게 하여야 한다.
- 현급 세무기관은 「기업소득세 추계결정징수 검정표」를 받은 후 30영업일 내에 재

심 · 인정작업을 마쳐야 한다.
- 납세의무자가 「기업소득세 추계결정징수 검정표」를 받은 후 규정기간 내에 작성하여 제출하지 않는 경우 세무기관은 납세의무자가 이미 제출한 것으로 간주하여 위의 절차에 따라 재심 · 인정한다.

(2) 추계결정에 대한 검정 실시

세무기관은 매년 6월말 이전에 전기분 기업소득세를 추계결정으로 징수한 납세의무자에 대한 재검정을 실시하여야 한다. 재검정이 끝나기 전까지 납세의무자는 전년도 추계결정한 방식대로 기업소득세를 예납하고 재검정이 끝난 후 재검정결과에 따라 조정한다.

(3) 과세표준 또는 소득율 공시

관할 세무기관은 각 기업의 과세표준액 또는 소득률을 분류하여 공시하여야 하며, 납세의무자 및 사회 각 계층의 이해와 감독에 편리하도록 공시장소를 결정하여야 한다.

세무기관이 확정한 기업소득세 과세방식과 추계결정한 과세표준이나 소득률에 이의가 있는 납세의무자는 관련 증거를 제공하고 조정을 신청하여야 한다.

(4) 소득율 추계결정에 의한 신고납부

소득율 추계결정방식을 사용하는 납세의무자는 아래의 규정에 따라 신고납부하여야 한다.

- 관할 세무기관은 납세의무자의 납부세액의 크기에 따라 매월 또는 분기별로 예납세액을 결정하고 연도 말에 정산한다. 예납방법을 한번 결정하면 한 과세연도 내에 변경할 수 없다.
- 납세의무자는 확정된 소득율에 따라 과세기간에 실제로 납부하여야 할 세액을 계산하여 예납하여야 한다. 실제액수에 따라 예납하기 어려운 경우에는 관할 세무기관의 동의를 얻어 전년도 납부세액의 1/12이나 1/4을 예납하거나 또는 관할 세무기관이 허용하는 기타 방법으로 예납할 수 있다.
- 납세의무자가 세액을 예납하거나 연도말 정산시에는 규정에 따라 「기업소득세 월

(분기) 예납신고서(B류)」를 작성하여 납세신고 기간 내에 관할 세무기관에 송부하여야 한다.

(5) 소득액 추계결정에 의한 신고방법

납세의무자가 소득액 추계결정방식으로 납부세액을 계산할 경우 아래의 규정에 따라 세무신고를 하여야 한다.

- 납세의무자의 과세표준을 확정하기 전에는 잠정적으로 전년도 과세표준의 1/12 또는 1/4을 예납하거나 관할 세무기관이 허용하는 기타 방법에 따라 월별 또는 분기별로 예납할 수 있다.
- 납부세액이 확정된 후에는 당해에 이미 예납한 소득세액을 차감하고 그 잔액의 월 또는 분기 평균을 당해 연도 남은 월 또는 분기의 납부세액으로 확정하며 납세의무자가 「기업소득세 월(분기) 예납신고서(B류)」를 작성하여 규정기간 내에 신고한다.
- 납세의무자는 연도종료 후 규정기한 내에 실제 매출액 또는 실제 납부세액에 따라 세무기관에 세무신고를 하여야 한다.
- 신고액이 추계결정된 매출액이나 납부세액을 초과하는 경우 : 신고금액에 따라 세액을 납부하고,
- 신고액이 추계결정된 매출액이나 납부세액보다 적은 경우 : 추계결정된 매출액 또는 납부세액에 따라 세액을 납부한다.

(6) 위반시의 처리

본 방법의 규정을 위반한 행위에 대해서는 「세수징수관리법」 및 동 실시세칙의 규정에 따라 처리한다.

4. 비거주기업의 납부세액 계산

1) 비거주기업에 대한 개론

중국내 사업장이 없거나 사업장이 있더라도 취득한 소득이 사업장과 실제적인 관계가 없는 비거주기업의 소득은 아래의 방법에 따라 납부세액을 계산한다.

소득의 종류	과 세 표 준
배당 등 지분투자수익, 이자, 임대료, 특허권사용료소득	수입총액이 과세표준이 된다.
재산양도소득	수입총액에서 양도한 재산의 장부가액을 차감한 후의 잔액이 과세표준이 된다.
기타소득	앞의 규정을 참조하여 과세표준을 계산한다.

'장부가액'이란 재산의 취득가액에서 이미 규정에 따라 공제한 감가상각, 소모, 상각, 대손금 등을 차감한 후의 잔액을 말한다.

2) 구체적인 규정

비거주기업에 대한 구체적인 징수관리 규정은 다음과 같다.

(1) 원천징수의 실시

원천징수의무자가 비거주기업에게 소득을 지급할 때에는 지급금액에서 기업소득세를 원천징수하여야 한다.

원천징수의무자가 세금을 원천징수할 때 마다 관할 세무기관에 「기업소득세 원천징수 보고서」(이하 '원천징수표'라 한다) 및 관련 자료를 제출하여야 하며, 원천징수한 날로부터 7일 내에 국고에 납부하여야 한다.

(2) 원천징수세액

원천징수하여 납부하여야 할 기업소득세 납부세액은 아래와 같이 계산한다.

원천징수 기업소득세 납부세액 = 과세표준 × 실제 징수율

'실제 징수율'이란 세법에서 규정한 비율 또는 조세협정에서 규정한 더 낮은 세율을 말한다.

(3) 외화로 지급하는 경우

원천징수의무자가 지불하여야 할 금액이 외화인 경우 그 과세표준은 원천징수

기업소득세를 신고할 때 원천징수 당일 국가가 공포한 인민폐 환율의 기준환율에 따라 인민폐로 환산하여 계산하여야 한다.

(4) 지급자가 세액을 부담하는 경우

원천징수의무자와 비거주기업이 과세소득 관련 업무계약을 체결할 때 계약서상 원천징수의무자가 납부세금을 부담한다고 약정한 경우에는 비거주기업이 취득한 세후소득을 세전소득으로 환산한 후 납부할 세액을 징수하여야 한다.

(5) 감면대상 소득을 지급하는 경우

기업소득세법의 규정에 따라 비거주기업에게 감면특례를 부여하는 경우에는 관련 조세감면 관리방법과 행정 심사절차의 규정에 따라 처리하여야 한다. 심사절차를 거치지 않았거나 감면신청이 허가를 받기 전에 원천징수의무자가 소득을 지급한 경우에는 규정에 따라 기업소득세를 원천징수하여야 한다.

(6) 조세협정의 규정을 적용

비거주기업이 적용할 수 있는 조세협정과 중국 법규의 규정이 일치하지 아니한 경우에는 조세협정을 적용할 것을 신청할 수 있다. 비거주기업이 조세협정의 적용을 신청하지 아니한 경우에는 중국내 조세 법률, 법규의 규정에 따른다.

(7) 과다납부세액의 환급

비거주기업이 중국의 조세 법률에 따라 세액을 납부한 후 감면 또는 조세협정 특례를 신청한 경우, 관할 세무기관이 심사를 거쳐 감면 또는 조세협정 우대를 받아야 한다고 인정할 때에는 조세징수관리법 및 실시세칙의 규정에 따라 과다납부한 세금을 환급하여야 한다.

(8) 비거주기업이 원천징수를 거절하는 경우

비거주기업이 원천징수를 거절하는 경우 원천징수의무자는 비거주기업의 납부세액에 상당하는 금액을 지급하지 말고 1일 내에 관할 세무기관에 보고하여야 하며 관련 상황을 서면으로 설명하여야 한다.

(9) 원천징수를 하지 않는 경우

원천징수의무자가 법에 따라 원천징수를 하지 않았거나 원천징수의무를 이행할 수 없는 경우 비거주기업은 원천징수의무자가 지급하는 날로부터 7일 내에 소득발생지 관할 세무기관에서 기업소득세 납부신고를 하여야 한다.

지분양도 거래당사자가 모두 비거주기업이고 중국외에서 거래한 경우, 그 소득을 취득한 비거주기업은 직접 또는 대리인에게 위탁하여 지분양도대상 국내기업 소재지 관할 세무기관에 납세신고를 하여야 한다.

지분을 양도한 국내기업은 세무기관에 협조하여 비거주기업의 납부세액을 징수하도록 하여야 한다.

원천징수의무자의 소재지와 소득 발생지가 다를 경우 원천징수의무자 소재지 관할 세무기관은 원천징수의무자가 원천징수를 하지 않았거나 원천징수의무를 이행할 수 없는 상황을 확인한 날로부터 5영업일 이내에 소득 발생지 관할 세무기관에 「비거주기업 세무사항 연락서」를 발송하여 비거주기업의 납세신고 사항을 고지하여야 한다.

(10) 여러 지역에서 소득이 발생한 경우

비거주기업이 중국내 여러 지역에서 발생하여 그 중의 하나를 선택하여 기업소득세 납세신고를 하는 경우에는 납세신고 소재지 관할 세무기관에 그 내용을 보고하여야 한다. 납세신고 소재지 관할 세무기관은 납세신고를 접수한 후 비거주기업의 소득세 납세신고 상황을 서면으로 원천징수의무자의 소재지와 기타 소득의 발생지 관할 세무기관에 통보하여야 한다.

(11) 비거주기업이 납세신고를 하지 않는 경우

비거주기업이 기업소득세 납세신고를 하지 않고 납세신고 소재지 관할 세무기관의 납부명령에도 납부하지 아니한 경우, 소재지 관할 세무기관은 당해 비거주기업의 중국내의 다른 수입항목 및 지급인(이하 '다른 지급인'이라 한다)의 관련 정보를 수집, 조회할 수 있으며, 다른 지급인에게 「세무사항 통지서」를 발송하고 다른 지급인의 미지급 금액에서 당해 비거주기업의 납부세액과 가산금을 추징할 수 있다.

다른 지급인의 소재지가 납세신고 소재지와 같지 않을 경우 다른 지급인 소재지 관할 세무기관은 이에 협조하여야 한다.

(12) 분할지급하는 경우

여러 회에 걸쳐 지급하는 계약인 경우 원천징수의무자는 잔금을 지불하기 전 15일 내에 관할 세무기관에 계약의 전체의 대금명세서, 이전의 원천징수표 및 과세증빙 등 서류를 제출하여 세금의 원천징수 정산절차를 하여야 한다.

5. 비거주기업의 추계결정방법(核定征收)

비거주기업의 회계장부 및 자료가 불완전하고 기타의 원인으로 과세표준을 정확하게 계산할 수 없는 경우 세무기관은 아래의 방법을 사용하여 과세표준을 추계결정할 수 있다.

1) 수입총액으로 추계결정하는 방법

수입총액을 정확하게 계산할 수 있으나 원가와 비용을 정확하게 계산할 수 없는 비거주기업에 적용되며 계산공식은 다음과 같다.

과세표준＝수입총액×소득율

2) 원가와 비용으로 추계결정하는 방법

원가와 비용을 정확하게 계산할 수 있으나 수입총액을 정확하게 계산할 수 없는 비거주기업에 적용되며 계산공식은 다음과 같다.

과세표준＝원가와 비용÷(1－소득율)×소득율

3) 경비지출액을 수입총액을 환산하여 추계결정하는 방법

경비지출액을 정확하게 계산할 수 있으나 수입총액 또는 원가와 비용을 정확하게 계산할 수 없는 비거주기업에 적용되며 계산공식은 다음과 같다.

과세표준 = 경비지출액÷(1 − 소득율 − 영업세율)×소득율

4) 소득율의 결정방법

세무기관은 아래의 기준에 따라 비거주기업의 소득률을 결정한다.

업　　종	소 득 율(%)
일괄도급식공사, 설계와 자문용역	15~30
관리용역	30~50
기타의 용역	15

세무기관은 비거주기업의 실제소득율이 위의 기준보다 높다고 인정되는 경우 위의 소득율보다 더 높은 소득율을 적용하여 과세표준을 추계결정할 수 있다.

5) 판매와 용역을 동시에 제공하는 경우

비거주기업이 거주기업과 기계설비 또는 재화를 판매하는 계약을 체결하고 동시에 설비의 설치, 조립, 기술훈련, 지도, 감독 등의 용역을 제공하는 경우로서 판매계약에 용역가액이 표시되어 있지 않거나 가액이 불합리적인 경우 관할 세무기관은 실제 상황에 따라 동등 또는 유사한 용역대가를 참조하여 용역수입을 결정할 수 있다. 참조할 사례가 없는 경우에는 계약금액의 10%를 기준으로 용역수입으로 본다.

6) 용역의 제공지

비거주기업이 중국내 고객에게 용역을 제공하고 취득한 수입은 아래와 같이 구분하여 처리한다.

구 분	세 무 처 리 방 법
용역이 모두 중국내에서 제공된 경우	전액에 대해서 중국에서 기업소득세를 납부하여야 한다.
중국내 및 중국외를 구분할 수 있는 경우	중국내에서 제공한 용역에 대해서 기업소득세를 납부하여야 한다.
중국내 및 중국외를 구분할 수 없는 경우	세무기관은 제공한 용역이 모두 중국내에서 제공한 것으로 보아 기업소득세를 징수한다.

7) 여러 업종을 겸영하는 경우

추계결정방식으로 하는 비거주기업이 중국내 여러 업종을 동시에 영위하는 경우에는 업종별로 구분경리하여야 하며 그러지 못할 경우 높은 소득율을 적용한다.

8) 세무기관의 심사

비거주기업이 추계결정방식으로 신고할 경우 〈비거주기업의 기업소득세 징수방식 검정표〉를 작성하여 관할 세무기관에 제출하여야 하며, 세무기관은 기업이 제출한 자료를 심사하여야 한다.

IX. 조세특례

'조세특례'란 국가가 세수정책을 운용하는데 있어서 세수법률, 행정법규 중 특정기업이나 특정과세대상에게 세부담을 경감하거나 면제하는 조치를 말한다.

세법에 규정된 기업소득세의 조세특례의 방식은 면제, 감면, 추가공제, 가속상각, 수입감면, 세액공제 등이 있다.

1. 면제와 감면특례

아래의 소득은 기업소득세를 면제하거나 감면한다. 다만, 국가가 제한하거나 금지하는 업종에 종사할 경우 기업소득세의 조세특례를 적용받을 수 없다.

1) 농업, 임업, 목축업, 어업에 종사하는 소득

기업이 농업, 임업, 목축업, 어업에 종사한 소득은 소득면제와 소득감면 두 가지가 있다.

(1) 기업소득세를 전액 면제하는 업종

아래의 업종에 대해서는 기업소득세를 면제한다.

- 채소, 곡물, 감자류, 식물유원료, 콩류, 목화, 마류, 당료, 과일, 견과류의 재배업
- 농작물 신품종의 육종
- 한약재의 재배
- 임목의 육성과 재배
- 가축 및 가금의 사육
- 임산품의 채집
- 관개, 농산품 초벌가공, 수의, 농기계생산, 농기계작업 및 수리 등 농업, 임업, 목축업, 어업 서비스업
- 원양어업

(2) 기업소득세를 50% 감면하는 업종

아래의 업종에 대해서는 기업소득세를 50% 감면한다.

- 화훼, 차 및 기타 음료작물과 향료작물의 재배
- 해수양식 및 내륙양식

2) 국가의 사회간접자본(SOC)에 투자하여 운영하는 소득

해당 업종	국가가 중점적으로 지원하는 사회간접자본(SOC)이란 「사회간접자본(SOC) 항목의 기업소득세 우대목록」에 규정된 항구의 부두, 비행장, 철로, 도로, 전력, 수리시설 등의 사업을 말한다.
조세특례	기업이 국가가 중점 지원하는 사회간접자본(SOC) 항목에 투자하여 운영한 소득은 처음으로 수입을 획득한 날이 속하는 연도부터 3년까지는 기업소득세를 면제하고 4~6년도까지는 기업소득세를 50% 감면한다.
조세특례의 제한	본 규정의 항목을 도급경영, 도급건설 또는 자가건설하여 직접 사용하는 경우에는 적용되지 아니한다.

3) 환경보호, 에너지절약, 절수 항목의 소득

해당 업종	환경보호, 에너지절약, 절수 항목은 공공오수처리, 공공쓰레기처리, 메탄가스 종합개발이용, 에너지 절약기술, 해수담수화사업을 말하며, 구체적인 조건과 범위는 국무원의 재정, 세무 주관부문이 국무원 주관부문과 제정하여 국무원의 비준을 받은 후 공포하여 시행한다.
조세특례	환경보호, 에너지절약, 절수 항목으로서 규정을 충족하는 소득은 처음 수입을 획득하는 사업연도부터 3년까지는 면제하고 4~6년도 사이에는 50% 감면한다.
조세특례의 제한	위의 조세특례를 받는 항목을 감면 또는 면제를 받은 기간 내에 양도한 경우는 양수자가 계속하여 잔여기내에 특례를 받을 수 있으며, 기간이 완료된 후 양도한 경우는 양수자가 중복하여 특례를 받을 수 없다.

4) 기술양도소득

(1) 기술양도소득 감면내용

기술양도소득에 대한 기업소득세의 감면은 거주기업이 기술소유권을 양도하여 취득한 소득이 500만위안 이하는 전액 감면되고, 500만위안 초과하는 부분은 50% 감면된다.

(2) 기술양도의 범위

기술양도의 범위는 거주기업이 특허기술, 컴퓨터s/w저작권, 집적회로 설계권, 식물신품종, 생물의약품신품종, 5년이상독점사용권 및 재정부와 국가세무총국이 규정한 기타의 기술이다.

(3) 기술양도소득의 계산

기술양도소득은 다음과 같이 계산한다.

기술양도소득 = 기술양도가액 − 기술양도원가 − 부대비용
기술양도소득 = 기술양도가액 − 무형자산상각비 − 부대비용 − 간접비용

① 기술양도가액

기술양도가액은 기술을 양도하고 받은 대가이며, 설비, 부품, 원재료 등 기술과 관련 없는 대가는 제외한다. 기술양도와 밀접한 관련이 없는 기술자문, 기술용역, 기술훈련 등의 수입(이하 "기술자문"이라 한다.)은 기술양도가액에 해당되지 아니한다.

기술양도가액에 해당하는 기술자문의 수입은 양수자가 양도된 기술을 사용할 수 있도록 제공하는 부분을 말하며 아래의 조건을 동시에 충족하여야 한다.

- 기술양도계약서에서 기술양도와 관련된 기술자문이 함께 약정되어 있는 경우
- 기술자문 수입을 기술양도수입과 함께 받는 경우

② 기술양도원가

기술양도소득에 해당하는 기술양도원가는 양도된 무형자산의 장부가액으로서 무형자산의 세무상 취득가액에서 상각누계액을 차감한 금액이 된다.

③ 부대비용

부대비용은 기술양도과정에서 실제 발생된 관련된 부대비용을 말하며, 기업소득세와 증치세 이외의 각종 세금 및 부가, 계약체결비용, 변호사비 등 관련비용을 말한다.

(4) 기술양도소득의 조건

기술양도소득이 감면을 받으려면 아래의 조건을 충족하여야 한다.

- 거주기업이 기술을 양도하여야 한다.
- 기술양도가 재정부, 국가세무총국이 규정한 범위에 속하여야 한다.
- 중국내 기술양도는 성급 이상 과학기술부의 인가를 받아야 한다.
- 중국외 기술양도는 성급 이상 상무부의 인가를 받아야 한다.
- 국무원 세무담당부서가 정한 기타의 조건

(5) 수출제한에 해당될 경우

거주기업이 기술을 수출할 경우 담당부서에서 상무부, 과학기술부가 공포한 〈중국의 수출을 금지하거나 제한하는 기술 목록〉에 따라 심사하여야 하며, 이러한 수출 금지 또는 제한 기술을 수출할 경우에는 감면을 받지 못한다.

(6) 특수관계자에 양도한 경우

거주기업이 직간접적으로 100%의 지분을 소유하고 있는 특수관계자에게 기술을 양도하고 취득한 소득은 감면특례를 받을 수 없다.

(7) 기술양도소득의 구분

기술양도소득의 감면을 받으려면 기술양도소득을 정확하게 계산하여야 하며 계산하지 못할 경우 감면특례를 받을 수 없다.

(8) 감면신청

기술을 양도하였을 경우 기업소득세 신고서류를 제출하기 전 관할 세무기관에 감면서류를 제출하여야 한다.

2. 첨단기술기업 조세특례

1) 첨단기술기업 조세특례

국가가 중점지원 할 필요가 있는 첨단기술기업은 15%의 기업소득세율을 적용하여 기업소득세를 징수한다. '첨단기술기업'이란 핵심 지적소유권을 가지고 있으며 아래의 6개 조건을 동시에 갖춘 기업을 말한다.

(1) 핵심 지적소유권의 소유

핵심 지적소유권을 소유한다는 것은 중국내(홍콩, 마카오, 대만지역 제외)에서 등록한 기업이 최근 3년 내에 자체 연구개발, 양수, 수증, 인수합병 등의 방식을 통하거나 5년 이상의 독점허가방식을 통하여 주요 제품(용역)의 핵심기술에 대해 자체 지식재산권을 갖는 것을 말한다.

(2) 조세특례의 범위

제품(용역)이 「국가가 중점지원하는 첨단기술영역」의 규정된 범위에 속할 것

(3) 연구개발비용의 매출액에 대한 비율이 규정비율보다 높을 것

기업이 과학기술(인문, 사회과학은 제외)의 신지식, 과학기술 신지식의 창조적인 운용 및 실질적으로 기술, 제품(용역)을 개발하기 위하여 지속적으로 연구개발 활동을 진행하며 최근 3개 회계연도 연구개발비의 매출액에 대한 비율이 아래 요구에 부합되는 것을 말한다.

- 최근 1년의 매출액이 5,000만위안 이하인 기업 : 6%보다 높을 것
- 최근 1년의 매출액이 5,000만위안~20,000만위안인 기업 : 4%보다 높을 것
- 최근 1년의 매출액이 20,000만위안 이상인 기업 : 3%보다 높을 것

그 중 기업이 중국내에서 발생한 연구개발비 총액이 개발비 총액 중에서 차지하는 비율이 60% 이상이어야 하며, 기업이 설립된 지 3년 미만인 것은 실제 사업연수에 따라 계산한다.

(4) 수입비율이 일정수준 이상일 것

첨단기술제품(용역)의 수입이 총수입에서 차지하는 비율이 60% 이상일 것.

(5) 과학기술인력의 보유

전문대졸 이상 학력의 과학기술인력이 기업의 전체 종업원에서 30% 이상 차지하여야 하며, 그 중 연구개발인원이 당해 기업의 전체 종업원에서 10% 이상을 차지하여야 한다.

(6) 첨단기술기업 인증관리방법이 규정한 기타의 조건

「국가가 중점 지원하는 첨단기술영역」과 「첨단기술기업 인증관리방법」은 국무원 과학기술, 재정, 세무 주관부문이 국무원 유관부문과 제정하여 국무원의 비준을 받은 후 공포하여 시행한다.

2) 중국외 소득의 적용세율 및 공제

첨단기술기업의 중국외 소득의 적용세율 및 세액공제는 아래와 같이 처리한다(財稅[2011] 47号).

(1) 연구개발비

중국내 및 중국내에서 발생한 연구개발비 총액, 총수입액, 매출총액, 첨단기술제품수입 등의 지표로서 첨단기술기업을 신청하여 인증받은 기업은 중국외의 소득도 첨단기술기업의 조세특례를 받을 수 있으며, 중국외의 소득에 대해서도 15%의 세율을 적용할 수 있다. 외국납부세액공제의 한도를 계산할 때에는 15%의 세율로 중국내외의 소득에 대해 적용한다.

(2) 첨단기술기업 요건

첨단기술기업은 기업소득세법 및 실시조례의 규정에 따라 인증기관의 첨단기술기업 인증을 받고 15%의 세율을 적용받는 기업을 말한다.

3) 첨단기술기업 요건 심사

첨단기술기업이 자격에 대한 재심사결과가 공시되기 전 기업소득세의 예납은 아래의 규정에 따른다.

첨단기술기업의 요건이 만료되기 전 3개월내에 재심사를 신청하여야 하며, 재심사가 통과되기 전까지 기존 첨단기술기업의 자격이 종료될 때 까지는 15%의 세율을 적용한다.

3. 소형영세기업 특례

1) 소형영세기업의 조건

소형영세기업에 대해서는 20%의 적용세율을 적용하며 소형영세기업의 조건은 다음과 같다.

업 종	소형영세기업의 조건
제조업	연간 과세표준 30만위안 이하, 종업원수 100인 이하, 자산총액 3,000만위안 이하인 경우
기타 업종	연간 과세표준 30만위안 이하, 종업원수 80인 이하, 자산총액 1,000만위안 이하인 경우

여기서의 '종업원수'는 기업의 한해 평균 종업원수로 계산하며 '자산총액'은 기업 연초와 연말의 자산총액 평균으로 계산한다.

'소형영세기업'이란 기업의 사업활동으로 발생한 소득이 모두 중국에서 기업소득세를 납부하여야 할 의무가 있는 기업을 말하며, 중국내 원천소득이 있는 비거주기업에 대해서는 위의 규정을 적용하지 않는다.

2) 소형영세기업의 조세특례

소형 영세기업의 적용세율은 20%이나, 소형영세기업에 대한 기업소득세의 과도기 규정은 다음과 같다.

적용기간	대상기업	세액계산방법	근거기준
2015년 1월 1일~ 2017년 12월 31일	과세표준 20만위안 이하	과세표준의 50%에 대하여 20% 세율 적용	财税[2015] 34号
2015년 10월 1일~ 2017년 12월 31일	과세표준 20만~30만위안	과세표준의 50%에 대하여 20% 세율 적용	财税[2015] 99号

3) 소형영세기업의 징수관리

(1) 감면신청

소형영세기업이 특례세율을 적용 받으려면 직접 신청하여야 하며, 연도 신고 시 소형영세기업의 요건(자산총액, 종업원수, 업종, 국가가 금지, 제한하는 업종 등)을 작성하여 제출하여야 한다.

(2) 예납신고

소형영세기업이 기업소득세를 예납할 경우 아래와 같이 처리한다.

구 분	세 무 처 리 방 법
장부기장에 의할 경우로서 전년도에 소형영세기업에 해당할 경우	당기 실적 기준으로 예납하는 경우 예납시 과세표준 누계액이 30만위안 이하인 경우 50% 감면
	전년도를 기준으로 예납하는 경우 예납시 50% 감면
정률로 과세하는 기업	전년도에 소형영세기업에 해당하는 경우 예납시 과세표준 누계액이 30만위안 이하인 경우 50% 감면
정액으로 과세하는 기업	납부할 세액이 감소되는 경우 관할 세무기관이 조정한다.
전년도 소형영세기업이 아닌 경우	예납시 소형영세기업으로 예상되는 경우 50% 감면
당기 신설된 경우	예납시 과세표준 누계액이 30위안 이하인 경우 50% 감면

(3) 신고납부시

예납시 50% 감면된 경우로서 기업소득세를 정산할 때 소형영세기업에 해당하지 않을 경우 예납과정에서 과소납부한 세액을 추가납부하여야 한다.

4. 추가공제 특례

기업소득세법에서 과세표준의 계산과정에서 공제항목에 대하여 추가로 공제하여 주는 추가공제 특례는 아래의 두 가지가 있다.

용어설명 추가공제의 의미

중국의 기업소득세법에서 기업이 일정한 조건을 갖춘 지출(연구개발비 및 장애인 고용)에 대해서 실제 발생한 비용의 일정비율을 추가로 공제하여 준다는 것을 의미하며, 한국의 일정한 손금산입비용에 대해 손금산입을 추가로 허용하는 것과 유사한 개념이다.

1) 연구개발비

연구개발비는 신기술, 신상품, 신공정을 개발하기 위하여 지출한 연구개발비용이며, 당기 비용으로 처리한 부분은 발생한 비용의 50%를 추가공제하며 자산화가 된 부분은 무형자산의 취득원가의 150%를 기준으로 상각한다.

추가 공제할 수 있는 연구개발비는 아래의 규정에 따라 시행한다.

(1) 연구개발비의 개념

연구개발비는 연구개발활동을 하여 발생한 비용을 말한다. ‘연구개발활동’이라 함은 기업이 과학기술(인문, 사회과학 제외) 신지식을 혁신적으로 운용하거나 기술, 제조공정, 제품(서비스)을 실질적으로 개선하기 위하여 지속적으로 진행하는 연구개발활동을 말한다.

‘과학기술 신지식을 혁신적으로 운용하거나 기술, 제조공정, 제품(서비스)을 실질적으로 개선한다.’란 기업이 기술, 제조공정, 제품(서비스)에 대한 혁신적인 연구개발활동을 통하여 가치가 있는 성과를 취득하고 기업이 소재하고 있는 지역(성, 자치구, 직할시 또는 계획단열시)에 있는 관련 업계의 기술, 제조공정의 발전에 기여하는 것을 가리킨다.

단, 기업제품(서비스)의 일상적 업그레이드나 공개된 과학기술성과의 직접 응용 등의 활동(예컨대 공개된 새로운 제조공정, 자재, 장치, 제품, 서비스 또는 지식 등의 직접 사용)은 포함되지 아니한다.

(2) 연구개발비의 범위

기업이「국가가 중점 지원하는 첨단기술분야」와 국가발전과 개혁위원회 등 부문에서 공포한「첨단기술 산업화 지침(2007년도)」의 소정 프로젝트 연구개발 활동에 종사함에 있어서 한 과세연도에 실제 발생한 아래의 연구개발비는 과세표준을 계산할 때 규정에 따라 추가 공제할 수 있다.

- 신제품 설계비, 신공정 제정 및 연구개발 활동과 직접 관련되는 기술서적 재료비, 자료번역비
- 연구개발 활동에 직접 소모한 자재, 연료 및 동력비용
- 연구개발 활동에 직접 종사하는 인원의 임금, 급여, 상금, 수당, 보조
- 연구개발 활동에 사용되는 기계, 설비의 감가상각비 또는 임대료
- 연구개발 활동에 사용되는 소프트웨어, 특허권, 노하우 등 무형자산의 상각비용
- 중간실험과 제품의 시제품 제작에 사용되는 금형, 제조공정 및 장비 개발, 제조비용
- 탐사기술의 현장 실험비용
- 연구개발 성과의 논증, 평가심의, 검수비용

2013년 1월 1일부터 연구개발비에 포함되는 비용은 다음과 같다.

- 국무원 주관부문 또는 성급 인민정부가 규정한 범위와 표준내에서 직접 연구개발을 하는 직원에 대한 기본양로보험비, 기본의료보험비, 실업보험비, 공상보험비, 생육보험비와 주택공적금
- 연구개발에 사용되는 기구, 설비의 감가상각비와 임차료
- 신약 개발의 임상시험비
- 연구성과의 검정비용

(3) 공동으로 연구개발하는 경우

합작개발 프로젝트로서 상기 규정에 부합되는 경우 각 당사자는 규정에 따라 자

기가 부담하는 연구개발 비용을 각기 추가 공제할 수 있다.

(4) 연구개발을 위탁하는 경우

상기 조건에 부합되는 기업의 연구개발을 다른 기관에 위탁하여 개발하는 비용은 위탁측은 규정에 따라 추가 공제할 수 있으며 수탁측은 추가 공제할 수 없다.

위탁 개발한 프로젝트는 수탁측이 위탁측에게 그 연구개발 프로젝트의 비용지출 명세를 제공하여야 하며, 그렇지 아니한 경우 당해 위탁개발 프로젝트의 지출비용은 추가 공제할 수 없다.

(5) 연구개발비의 회계처리

연구개발과정에서 발생한 연구개발비에 대하여 수익화 또는 자본화 처리를 하는 경우에는 아래의 규정에 따라 추가 공제할 수 있다.

- 연구개발비를 당기 손익에 계상하고 무형자산으로 계상하지 아니한 경우에는 당해 연도에 발생한 실제 연구개발비용의 50%를 당해 연도의 과세표준에서 추가 공제할 수 있다.
- 연구개발비를 무형자산에 계상한 경우에는 당해 무형자산의 취득원가의 150%를 기준으로 상각할 수 있다. 법률에 별도의 규정이 있는 경우는 제외하고 최저내용연수는 10년 이상이어야 한다.

(6) 연구개발비로 계상할 수 없는 부분

법률, 행정법규, 국가세무총국이 기업소득세 비용처리를 허용하지 않는 비용과 지출항목은 모두 연구개발비에 계상할 수 없다.

(7) 연구개발 전담부서

기업이 연구개발 전담부서를 설치하지 않았거나 기업의 연구개발 전담부서가 다른 업무도 겸하는 경우에는 연구개발비와 사업비용을 각기 구분경리하여 연구개발비의 지출을 정확하고 합리적으로 계산하여야 하며, 구분하기 어려운 경우는 추가 공제를 할 수 없다.

(8) 기업소득세의 신고납부

기업은 연구개발비에 대하여 별도의 장부를 통하여 관리하여야 하며, 별표에서 규정한 항목에 따라 연간 추가공제가 가능한 제반 연구개발비의 실제 발생금액을 정확하게 집계, 기입하여야 한다. 기업은 연말에 기업소득세를 신고납부할 때 관할 세무기관에 연구개발비와 관련된 자료를 제출하여야 한다. 신고한 연구개발비가 진실하지 않거나 자료가 완비하지 아니한 경우에는 연구개발비를 추가 공제할 수 없으며, 관할 세무기관은 기업이 신고한 결과를 합리적으로 조정할 수 있다.

기업이 한 과세연도에 하나 이상의 연구개발을 할 경우에는 개발프로젝트별로 추가공제가 가능한 연구개발비를 집계하여야 한다.

(9) 관련 자료의 제출

기업은 연구개발비 추가공제를 신청할 때 관할 세무기관에 아래의 자료를 제출하여야 한다.

- 직접 · 위탁 · 합작 연구개발 프로젝트계획서와 연구개발비의 예산
- 직접 · 위탁 · 합작 연구개발 전담부서 또는 프로젝트팀의 조직도와 전문 인력의 명단
- 직접 · 위탁 · 합작 연구개발 프로젝트의 당해 연도 연구개발비 발생상황 집계표
- 기업 업무회의 또는 이사회의 자주 · 위탁 · 합작 연구개발 프로젝트 관련 결의문건
- 위탁 · 합작 연구개발 프로젝트 계약서 또는 합의서
- 위탁 · 합작 프로젝트의 효능, 상황설명, 연구실적보고서 등 자료

(10) 기업소득세 예납시의 연구개발비 공제기준

연구개발비는 기업소득세를 중간예납할 때 실제 발생금액에 따라 공제할 수 있으며, 연도 종료 후 기업소득세 신고시에는 다시 전체 발생금액에 따라 추가공제한다.

(11) 연구개발비의 판정

관할 세무기관이 기업이 신고한 연구개발 프로젝트에 대해 이의가 있는 경우에는 기업에 정부 과학기술부서의 감정의견서를 제출하도록 요구할 수 있다.

(12) 연구개발비의 조정

기업이 집계한 연구개발비 각 항목의 실제 발생액이 정확하지 않거나 집계금액이 정확하지 아니한 경우 관할 세무기관은 납세 전의 공제액이나 추가공제액을 조정할 수 있다.

(13) 그룹인 경우의 처리

그룹의 연구개발비는 아래의 규정에 따라 처리한다.

- 그룹은 생산경영과 과학기술 개발의 실제 상황에 비추어 기술요구가 높고 투자액수가 많고 그룹의 집중개발이 필요한 연구개발 프로젝트에 대하여 실지 발생한 연구개발비를 합리적인 분담방법에 따라 그룹사간에 분담시킬 수 있다.
- 그룹이 연구개발비를 합리적으로 분담시킬 경우 그룹은 연구개발 프로젝트의 합의서나 계약서를 제공하여야 하며, 당해 합의서나 계약서는 연구개발 프로젝트 수행에 참여한 계열사의 권리와 의무, 비용분담방법 등 내용을 명확히 규정하여야 한다. 합의서나 계약서를 제공하지 아니하는 경우 연구개발비를 추가 공제할 수 없다.
- 그룹이 연구개발비를 합리적으로 분담시킬 경우 그룹의 연구개발 프로젝트 수행에 실제 발생한 연구개발비의 분담방법을 권리와 의무, 수익 비용 대응 원칙에 따라 합리적으로 확정하여야 한다.
- 그룹이 연구개발비를 합리적으로 분담시킬 경우 기업그룹 모회사가 책임지고 연구개발 프로젝트 계획서, 연구개발 비용예산표, 결산분담표를 작성하여야 한다.
- 세무기관과 기업 쌍방이 그룹의 연구개발비 분담방법과 금액에 대해 이의가 있는 경우, 만약 그룹의 계열사가 여러 성, 자치구, 직할시 또는 계획단열시에 소재하고 있을 경우에는 기업이 국가세무총국의 의견에 따라 실제 분담한 연구개발비를 공제하여야 하며, 만약 그룹의 계열사가 같은 성, 자치구, 직할시 또는 계획단열시에 소재하고 있을 경우에는 기업이 성급 세무기관의 의견에 따라 실제 분담한 연구개발비를 공제하여야 한다.

2) 장애인을 고용하여 지급한 급여

장애인을 고용하여 지급한 급여는 실제 장애인에게 지급한 급여의 100%를 추가 공제하며, 장애인의 범위는 「중국 장애인 보장법」의 관련규정을 적용한다.

국가가 고용을 장려하는 인원을 고용하여 지급한 급여에 대한 추가공제방법은 국무원이 별도로 규정한다.

장애인고용 추가공제

기업소득세법에서 장애인을 고용하는 경우 장애인에게 지급한 급여를 100%에 대해 추가로 공제(손금산입)할 수 있도록 하는 것은 국가가 장애인을 고용하는 것을 장려하기 위한 것인데, 한국에서는 이러한 장애인 고용과 관련한 세제혜택은 없고 장애인 의무고용제를 두어 의무비율만큼 고용하지 않을 경우 법적 불이익을 지게 된다.

5. 창업투자기업 특례

창업투자기업이 국가가 중점지원하고 장려하는 창업투자를 할 경우에는 투자액의 일정 비율을 납부세액에서 공제할 수 있다.

창업투자기업 특례는 창업투자기업이 주식투자방식으로 상장되지 아니한 중소첨단기술기업에 2년 이상 투자한 경우 주식을 보유한 지 만 2년이 속하는 사업연도에 투자액의 70%를 과세표준에서 공제할 수 있으며, 당해 연도에 공제하지 못한 부분은 이후 과세연도에 이월하여 공제할 수 있다.

예를 들어 모 기업이 2010년 1월 1일 상장되지 아니한 중소첨단기술기업에 100만위안 투자하여 2011년 12월 31일까지 보유하고 있다고 가정할 경우 2011년도에 과세표준에서 공제가능한 금액은 70만위안이 된다.

6. 가속상각 특례

1) 가속상각이 가능한 고정자산

고정자산이 기술진보 등의 원인으로 가속상각이 필요한 경우 내용연수를 단축하거나 가속상각방법을 사용할 수 있는데, 이러한 가속상각방법을 사용할 수 있는 고정자산은 다음과 같다.

• 기술진보, 제품생명주기가 비교적 빠른 고정자산
• 강한 진동 및 부식이 비교적 빠른 고정자산

내용연수를 단축하는 경우에는 기업소득세법에 규정된 내용연수의 60%보다 작을 수는 없으며, 가속상각방법을 사용하는 경우에는 이중체감법(双倍余额递减法)를 적용하거나 연수합계법을 적용할 수 있다.

가속상각 특례

중국에서 특수한 업종에 대하여 내용연수의 단축 또는 이중체감법이나 연수합계법을 사용할 수 있도록 하여 투자자금을 조기에 회수할 수 있도록 하고 있다.

중국의 기업소득세법에서는 감가상각방법에 있어 특수업종 이외에는 기본적으로 정액법만 적용할 수 있는데 비하여, 한국에서는 정액법 이외에도 정률법 또는 생산량비례법을 적용할 수 있는 것과 차이가 있다.

한국의 법인세법에서는 아래와 같은 업종에 대해서 기준내용연수의 50%의 범위 내에서 관할 지방국세청장의 승인을 얻어 내용연수를 단축할 수 있다.

- 자산의 부식, 마모 및 훼손의 정도가 현저한 경우
- 영업개시 후 3년이 경과한 법인으로서 가동률이 직전 3년 평균가동률보다 현저히 증가한 경우
- 새로운 생산기술의 개발로 기존 생산설비의 가속상각이 필요한 경우
- 경제적 여건의 변동으로 조업을 중단하거나 생산설비의 가동률이 감소한 경우

2) 생물약품제조 등 6개 업종의 가속상각

(1) 대상업종

아래 6개업종이 2014년 1월 1일 이후 취득하는 고정자산은 내용연수를 단축하거나 가속상각방법을 적용할 수 있다.

• 생물약품제조업
• 전용설비제조업
• 철로, 선박, 항공기, 기타 운송설비 제조업
• 컴퓨터, 통신 및 기타 설비제조업
• 기기, 계기 제조업
• 정보전송, S/W, 정보기술용역업

위 6개 업종의 소형영세기업이 2014년 1월 1일 이후 구입하는 연구개발과 생산에

같이 사용하는 기기와 설비에 대한 감가상각은 다음과 같이 할 수 있다.

구 분	감 가 상 각 특 례
단위당 가격이 100만위안을 초과하지 않는 경우	취득시 즉시 비용으로 처리할 수 있다.
단위당 가격이 100만위안을 초과하는 경우	내용연수를 단축하거나 가속상각을 실시할 수 있다.

(2) 연구개발용 고정자산

2014년 1월 1일 이후 연구개발 전용으로 사용되는 기기, 설비를 새로 구입하는 경우 감가상각은 다음과 같이 할 수 있다.

구 분	감 가 상 각 특 례
단위당 가격이 100만위안을 초과하지 않는 경우	취득시 즉시 비용으로 처리할 수 있다.
단위당 가격이 100만위안을 초과하는 경우	내용연수를 단축하거나 가속상각을 실시할 수 있다.

(3) 소액 고정자산

모든 업종에 있어서 단위당 가격이 5,000위안을 초과하지 아니하는 고정자산은 즉시 비용으로 처리할 수 있다.

(4) 가속상각의 적용방법

구 분	가속상각 적용방법
내용연수 단축 - 신규 자산 취득	최저내용연수의 60% 이상
내용연수 단축 - 중고 자산 취득	(최저내용연수 - 경과연수)의 60%
가속상각법을 적용할 경우	이중체감법(双倍余额递减法) 또는 연수합계법(年数总和法)

3) 4대 중점 업종의 가속상각 규정

(1) 대상 업종

아래 4대 중점 업종을 영위하는 기업이 2015년 1월 1일 이후 취득한 고정자산(자가생산 포함)은 내용연수를 단축하거나 가속상각을 할 수 있다.

- 경공업(轻工)
- 방직(纺织)
- 기계(机械)
- 자동차(汽车)

업종의 판단은 기업소득세법 제6조에서 규정하는 수입총액을 기준으로 전체수입에서 50%를 초과화는 업종을 기준으로 한다.

(2) 상각방법

4대 업종의 소형영세기업이 기업이 2015년 1월 1일 이후 취득한 고정자산이 연구개발과 생산에 같이 사용되는 경우 감가상각은 아래와 같다.

구　　분	감 가 상 각 특 례
단위당 가격이 100만위안을 초과하지 않는 경우	취득시 즉시 비용으로 처리할 수 있다.
단위당 가격이 100만위안을 초과하는 경우	내용연수를 단축하거나 가속상각을 실시할 수 있다.

(3) 적용 방법

구　　분	가속상각 적용방법
내용연수 단축－신규 자산 취득	최저내용연수의 60% 이상
내용연수 단축－중고 자산 취득	(최저내용연수－경과연수)의 60%
가속상각법을 적용할 경우	이중체감법(双倍余额递减法) 또는 연수합계법(年数总和法)

7. 수입차감 특례(익금불산입)

'수입차감 특례'는 자원을 종합적으로 이용하여 국가산업정책규정에 적합한 제품을 생산하여 취득한 수입을 과세표준 계산시 차감하는 것을 말한다.

'자원을 종합적으로 이용'이란 기업이 「자원을 종합적으로 이용하는 기업소득세 우대목록」에 있는 자원을 주요 재료로 하여 국가가 제한하거나 금지하지 않는 규정에 맞는 제품을 생산하여 취득한 수입총액의 90%를 수입총액으로 보는 것을 말한다(수입총액의 10% 감면).

위의 원재료가 제품을 생산하는 재료에서 차지하는 비율이 「자원을 종합적으로 이용하는 기업소득세 우대목록」에서 규정한 표준보다 낮아서는 안된다.

8. 세액공제 특례

세액공제란 「환경보호전용설비의 기업소득세 우대목록」, 「에너지절약 및 절수설비 기업소득세 우대목록」, 「안전생산전용설비 기업소득세 우대목록」에서 규정한 환경보호, 에너지절약, 절수, 안전생산 등 전용설비를 구입하여 사용하는 경우, 전용설비 투자액의 10%를 당해 연도 납부세액에서 공제할 수 있으며 당해 연도에 공제하지 못한 부분은 이후 5년 이내에 이월공제할 수 있다.

이러한 공제혜택을 받는 기업은 위의 전용설비를 구입하여 실제 사용하여야 하며, 5년 이내에 양도, 임대를 한 경우에는 이러한 우대를 받을 수 없고 이미 공제받은 기업소득세는 납부하여야 한다. 전용설비를 양도받은 기업은 이 전용설비 투자액의 10%를 당해 연도 납부세액에서 공제할 수 있으며, 당해 연도에 공제하지 못한 부분은 이후 5년 이내에 공제할 수 있다.

기업소득세 우대목록은 국무원의 재정, 세무 주관부문이 국무원 관련 부문과 협의결정하여 국무원의 비준을 거쳐 공포한 후 시행한다.

여러 가지의 기업소득세 특례를 동시에 적용받는 업종을 영위하고 있을 경우에는 그 우대항목에 대해서는 구분경리하고 기업의 기간비용을 합리적으로 배분하여야 하며, 구분계산할 수 없을 경우에는 이러한 우대를 받지 못한다.

9. 민족자치지방 특례

민족자치지방의 자치기관은 민족자치지방의 기업이 납부하여야 할 기업소득세 중 지방에 해당하는 부분에 대해서 감면 혹은 면제할 수 있다. 자치주, 자치현이 면제 혹은 감면하기로 한 경우에는 성, 자치구, 직할시 인민정부의 비준을 받아야 한다.

10. 비거주기업 특례

비거주기업은 10%의 세율을 적용하여 기업소득세를 과세한다. 비거주기업이란 중국내 사업장(기구 또는 장소)이 없거나 있더라도 취득한 소득이 사업장과 실제적인 관계가 없는 기업을 말한다.

비거주기업이 아래의 소득을 취득한 경우에는 기업소득세를 면제한다.

- 외국정부가 중국정부에 대출하여 취득한 이자소득
- 국제금융기구가 중국정부와 거주기업에게 우대대출을 하여 취득한 이자소득
- 국무원의 비준을 얻은 기타소득

11. 특수업종의 조세특례

1) 소프트웨어산업과 집적회로산업의 특례

(1) 집적회로 생산기업

선의 너비가 0.8㎜ 이하(0.8㎜ 포함)의 집적회로제품 생산기업은 인정을 받은 후 2017년 12월 31일 전 이윤 발생연도로부터 1차연도와 2차연도는 기업소득세를 면

제하고 3차연도에서 5차연도까지는 기업소득세를 반감(50% 감면)하여 과세한다.

이미 '2년 면제 3년 반감'특례를 받고 있는 기업은 이 규정을 중복하여 특례를 받을 수 없다.

(2) 투자금액이 80억위안 이상인 경우

투자금액이 인민폐로 80억위안을 초과하거나 집적회로선의 너비가 0.25㎛의 집적회로 생산기업인 경우 기업소득세를 감경하여 15%로 과세할 수 있으며 그 중 사업기간이 15년 이상인 경우에는 이윤 발생연도로부터 1차연도에서 5차연도까지는 기업소득세를 면제하고 6차연도에서 10차연도까지는 기업소득세를 50% 감면하여 과세한다.

(3) 소프트웨어 생산기업의 감면기간

중국내에서 신규로 소프트웨어 생산기업으로 인정받은 후 2017년 12월 31일 전 이윤발생연도로부터 1차, 2차연도에는 기업소득세를 면제하고 3차연도에서 5차연도까지는 기업소득세를 50% 감면하여 과세한다.

(4) 국가계획구역 내의 소프트웨어 생산기업

국가계획구역 내의 소프트웨어 생산기업으로서 당해에 면세특례를 받지 못한 경우 기업소득세를 감면하여 10%로 과세한다.

2) 증권투자기금 특례

(1) 수입의 범위

증권시장에서 취득한 증권투자기금의 수입에는 주식과 채권의 매매차액, 주식의 배당수입, 채권의 이자수입 및 기타 수입을 포함하며 잠정적으로 기업소득세를 과세하지 아니한다.

(2) 배당수입

투자자가 증권투자기금에서 취득한 배당수입은 잠정적으로 기업소득세를 과세하지 아니한다.

(3) 증권투자기금 관리자

증권투자기금 관리자가 기금을 이용한 주식과 채권의 매매차액 수입은 잠정적으로 기업소득세를 과세하지 아니한다.

3) 에너지절약 용역에 대한 조세특례

2011년 1월 1일부터 에너지절약 용역을 제공하는 기업이 에너지절약관리계약을 체결하는 경우 최초로 사업수입이 발생할 때부터 1~3년까지는 기업소득세를 면제하고, 4~6년까지는 50% 감면한다.

12. 기타 조세특례

1) 서부대개발 조세특례

(1) 적용범위

적용대상이 되는 지역은 다음과 같다.

- 충칭시(重慶市) • 쓰촨성(四川省) • 꾸이저우성(貴州省)
- 윈난성(雲南省) • 시장자치구(西藏自治區) • 샨시성(陝西省)
- 깐수성(甘肅省) • 닝시아후이주자치구(寧夏回族自治區)
- 칭하이성(青海省) • 신지앙위구르자치구(新疆維吾爾自治區)
- 신지앙생산건설병단(新疆生産建設兵團) • 네이멍구자치주(內蒙古自治區)
- 광시주앙주자치구(廣西壯族自治區)
- 후난성시앙시토자주미아오주자치주(湖南省湘西土家族苗族自治州)
- 후베이성언스토지아주미아오주자치주(湖北省恩施土家族苗族自治州)
- 지린성이엔비엔차오시엔주자치주(吉林省延邊朝鮮族自治州)

이하 위 지역들을 '서부지역'이라 한다.

(2) 구체적인 내용

① 서부지역에서 국가가 장려하는 산업을 영위하는 기업은 2011년부터 2020년까지의 기간 동안 15%의 기업소득세율을 적용한다.

'국가가 장려하는 산업을 영위하는 기업'이란 「산업구조조정지도목록(2000년판)」 중 규정된 산업을 주된 영업으로 하여 그 영업수입이 전체수입의 70% 이상인 기업을 말한다.

수입이 규정된 비율을 충족할 경우 기업이 신청하여 세무기관이 심사하고 세무기관의 심사확인을 거친 후 15%의 소득세율을 적용하여 기업소득세를 신고 납부한다. 기업이 규정에 따라 신청하지 않거나 세무기관의 심사확인을 거치지 않은 경우에는 이러한 조세특례를 받을 수 없다.

② 서부지역에서 교통, 전력, 수리, 우편, 방송 사업을 새로 시작하는 기업은 위의 항목의 수입금액이 전체수입금액의 70% 이상인 경우에는 내국기업이 사업을 시작한 날로부터 2년간은 기업소득세를 면제하고 3~5년 사이에는 50%를 감면한다.

신설 교통기업	도로, 철도, 항공, 항구, 부두운영과 터널운수에 신설 투자하여 운영하는 기업
신설 전력기업	전력운영에 신설 투자하여 종사하는 기업
신설 수력기업	하천호수 종합관리, 홍수가뭄방지, 관개, 급수, 수자원보호, 수력발전, 수토유지, 수로준설, 하천 및 바다댐 건설 등 수력개발과 수해예방의 기업
신설 우편기업	신설 투자하여 우편운영에 종사하는 기업
신설 방송기업	신설 투자하여 TV광고운영에 종사하는 기업

위의 기업이 동시에 본 조의 규정에 부합할 경우에 3~5년도 사이에 기업소득세를 50% 감면하여 징수할 때에 15%의 세율을 적용한 후 다시 50% 감면을 받을 수 있다.

위의 기업에 있어서 투자주체가 직접 건설하여 직접 사용하는 경우 및 도급받아 건설하는 시공기업은 위의 양면삼반감(两免三减半)의 우대를 받을 수 없다.

(3) 연결납세하는 경우

합산(합병)납세하는 기업은 서부지구의 기업과 서부지구 이외의 기업으로 분리하여 별도로 납세신고를 하여야 하며 별도의 세율을 적용하여야 한다.

2) 기타 사항

(1) 과세표준의 계산

기업소득세의 과도기 조세특례를 받는 기업은 신 기업소득세법과 실시조례의 규정에 따라 수입과 공제의 규정을 적용하여 과세표준을 계산하여야 한다.

(2) 조세특례가 중복되는 경우

기업소득세의 과도기 조세특례와 신 기업소득세법의 조세특례가 겹치는 경우에는 기업이 유리한 방향을 선택할 수 있으나 중복할 수는 없으며 한번 선택한 경우에는 변경할 수 없다.

(3) 특별구역 내에서 설립된 첨단기술기업

법률 또는 국무원이 설치한 대외경제합작 및 기술교류 특별구역 내에서 새로 설립된 첨단기술기업은 과도기성 조세특례를 받을 수 있으며 구체적인 방법은 국무원이 규정한다.

(4) 기타 장려업종

국가가 이미 정한 기타 장려업종은 국무원이 정한 감면 및 면제특례를 받을 수 있다.

(5) 지방정부채권

2009년 이후 발행한 지방정부채권의 이자소득은 기업소득세를 면제한다.

X. 원천징수

1. 원천징수의무자

1) 원천징수대상

비거주기업이 중국내에 사업장을 설치하지 않거나 사업장을 설치하였더라도 취득한 소득이 사업장과 실제적인 관계가 없는 경우 납부하여야 하는 소득세에 대하여 원천징수제도를 실시하여야 하며, 소득의 지급자가 원천징수의무자가 된다. 원천징수의무자가 매회 지급 또는 만기시 지급하여야 할 부분 중에서 해당 세액을 원천징수한다.

용어설명 원천징수

- 지급자 : 법률규정 혹은 계약상 약정에 따라 비거주기업에게 직접 관련대금을 지급하는 의무를 지는 단위 혹은 개인을 말한다.
- 지급방식 : 현금지급, 송금지급, 계좌이체 등 화폐지급과 비화폐지급이 포함된다.
- 만기시 지급하여야 할 부분 : 지급자가 발생주의 원칙에 따라 관련 원가나 비용에 산입한 부분을 말한다.

2) 비거주기업일 경우

비거주기업이 중국내에서 공사 또는 용역제공으로 소득을 취득하여 납부하여야 할 소득세액은 세무기관이 공사대금 혹은 용역대가를 지급하는 자를 원천징수의무자로 지정할 수 있다.

2. 원천징수방법

1) 원천징수의무자가 원천징수를 할 때에는 앞의 '비거주기업 납부세액 계산방

법'에 따라 세액을 계산한다.

2) 원천징수하여야 할 소득세를 원천징수의무자가 원천징수하지 않거나 원천징수를 할 수 없는 경우에는 해당 기업이 소득발생지에서 납부하여야 한다. 기업이 세액을 납부하지 않은 경우 세무기관은 그 기업의 중국내 다른 소득항목의 지급인이 지불하여야 할 대금 중에서 기업소득세액을 추징한다.

용어설명

- 소득 발생지 : 실시조례 제7조의 규정에 의한 소득발생지를 말한다. 중국내 여러 곳의 소득발생지가 있는 경우 기업이 그 중 한군데를 선택하여 기업소득세를 신고 납부하여야 한다.
- 그 기업의 중국내에서의 다른 수입 : 그 기업이 중국내에서 취득한 기타 각종 출처가 있는 수입을 말한다.

3) 세무기관이 기업소득세액을 추징할 때에는 그 이유, 추징세액, 추징기한 및 납부방법 등을 그 기업에게 고지하여야 한다.

4) 원천징수의무자가 매회 원천징수한 세액은 원천징수일로부터 7일 이내에 국고에 납부하여야 하며 소재지의 관할세무기관에 「기업소득세 원천징수보고서」를 제출하여야 한다.

3. 비거주기업의 기업소득세 관리

2011년 4월 1일부터 비거주기업에 대한 기업소득세의 관리는 아래의 규정에 따라 처리하며, 이전에 발생하였으나 아직 세무처리가 되지 아니한 사항도 아래의 규정에 따라야 한다.

1) 만기가 도래하였으나 지급하지 않은 경우

중국내 기업과 비거주기업이 이자, 임대료, 특허권사용료 등 소득에 대해 계약서에 약정된 기일에 위의 소득을 지급하지 않았거나 계약을 변경하여 지급을 연기한 경우, 당기의 원가 또는 비용에 계상하고 기업소득세 납세신고서에서 공제항목으로 공제한 경우에는 기업소득세 신고시 해당부분에 대해 기업소득세를 원천징수하여야 한다.

기업이 지급하지 않은 부분이 기간비용이 아니라 자산으로 처리하여 추후 감가상각으로 처리하는 경우에도 기업소득세를 원천징수하여야 한다.

계약서상의 지급일 이전에 지급한 경우에는 실제 지급시 기업소득세를 원천징수하여야 한다.

2) 담보제공으로 인한 소득

비거주기업이 중국내에서 담보비를 취득한 경우 기업소득세법의 이자소득에 대한 세율에 따라 기업소득세를 납부하여야 한다.

'중국내에서 담보비를 취득한 경우'란 중국내 거주기업 또는 거주자가 대출, 매매, 재화운송, 위탁가공, 임대, 하도급 등의 경제활동으로 비거주기업이 제공한 담보로 받은 대가를 말한다.

3) 토지사용권 양도소득

비거주기업이 중국내에 사업장(기구, 장소)이 없으나 중국내의 토지사용권을 양도하거나 사업장이 있더라도 취득한 토지사용권을 양도하여 발생한 소득이 사업장과 실제적인 관련이 없는 경우 토지사용권 양도가액에서 장부가액을 차감한 차액을 토지사용권 양도소득으로 하여 기업소득세를 납부하여야 하며, 원천징수의무자가 지급시 원천징수하여야 한다.

4) 금융리스와 부동산 임대소득

(1) 중국내 사업장이 없는 비거주기업이 금융리스방식으로 설비 등을 중국 거주기업에 리스하여 사용하게 하고 리스기간 종료시 설비 등의 소유권이 중국 거주기업에 귀속되는 경우, 비거주기업이 계약서상의 기간 동안 받은 리스료는 받은 리스료총액에서 설비 등의 대가를 공제한 잔액을 대출이자소득으로 기업소득세를 납부하여야 하며 지급인이 원천징수하여야 한다.

(2) 비거주기업이 중국내 소재하고 있는 부동산을 임대하고 중국내 사업장에 대해 일상적인 관리를 하지 않는 경우, 취득한 임대수입 전체에 대해 기업소득세를 납부하여야 하며 지급자가 원천징수하여야 한다.
비거주기업이 중국으로 인원을 파견하거나 중국내 다른 단위 또는 개인에게 위의 부동산에 대해 관리를 하게 할 경우 중국내 사업장을 설치한 것으로 본다.

5) 배당소득 등 지분투자소득

중국내 거주기업이 중국내 사업장이 없는 비거주기업에게 배당소득 지분투자소득을 지급하는 경우 이윤분배를 결정한 날에 기업소득세를 원천징수하여야 하며, 결정한 날보다 먼저 지급하는 경우에는 실제 지급시 원천징수하여야 한다.

6) 비거주기업의 주식양도소득(国税函 [2009] 698号)

비거주기업의 주식양도소득에 대한 과세문제는 다음과 같이 규정하고 있다.

구 분	과 세 방 법
비거주기업의 주식양도소득	비거주기업이 중국 거주기업의 주식을 양도하여 취득한 소득을 말하며 상장기업의 주식은 제외한다.
주식양도소득	주식양도소득은 양도가액에서 취득가액을 차감한 차익
원천징수를 하지 않은 경우	비거주기업은 계약서상 주권양도일로부터 7일 이내 양도대상 중국 거주기업의 소재지 관할 세무기관에 기업소득세를 신고납부하여야 하며, 신고납부를 하지 않은 경우에는 세수징수관리법에 따라 처리한다.
해외 투자자가 간접적으로 중국 거주기업의 주권을 양도한 경우	양도된 해외 지배회사의 소재지의 실제 부담세율이 12.5% 보다 낮거나 거주자의 해외소득에 대해 과세하지 않는 경우 주식양도계약 체결일로부터 30일 이내 양도대상 중국 거주기업의 소재지 관할 세무기관에 아래의 자료를 제공하여야 한다. • 주식양도계약서 • 해외 투자자와 양도된 해외 지배회사의 자금, 경영, 구

구 분	과 세 방 법
	매와 판매에 있어서의 관계 • 해외 투자자가 양도한 해외 지배회사의 생산, 경영, 인원, 장부, 재산 등의 상황 • 해외 투자자가 양도한 해외 지배회사와 중국 거주기업의 자금, 경영, 구매와 판매 등 방면에서의 관계 • 해외 투자자가 양도한 해외 지배회사가 합리적인 상업목적을 가지고 있다는 증명 • 세무기관이 요구하는 기타 자료
합리적인 상업목적이 없는 경우	해외 투자자(실제 지배회사)가 합리적인 상업목적 없이 양도하는 경우로서 기업소득세를 회피하려고 하는 경우, 관할 세무기관이 심사한 후 주식양도계약을 조정할 수 있으며, 해외 지배회사의 존재를 부정할 수도 있다.
특수관계자에게 양도한 경우	비거주기업이 특수관계자에게 중국 거주기업의 주식을 양도하는 경우로서 주식양도가액이 정상거래원칙에 맞지 않는 경우 관할 세무기관은 양도가액을 조정할 수 있다.
비거주기업이 직접 양도하는 경우	주식양도계약이 할부방식으로 된 경우, 계약이 발효되고 주식변경절차가 완성될 때 수익을 인식한다.
둘 이상의 해외 투자자가 주식을 양도하는 경우	한 쪽이 양도되는 중국 거주기업의 소재지 관할 세무기관에 자료를 제공할 수 있다.
둘 이상의 주식을 양도하는 경우	해외 투자자가 동시에 둘 이상 또는 같은 성(省)에 있지 않는 중국 거주기업의 주식을 양도하는 경우 하나를 선택하여 자료를 제공할 수 있다.

7) 하도급공사와 용역소득

비거주기업이 중국에서 하도급공사를 하거나 용역을 제공하는 경우 기업소득세는 연도별로 계산하고 분기별로 예납하고 연말에 정산하며, 하도급공사가 완공되거나 용역계약이 만료될 때 세액을 다시 정산한다.

XI. 특별납세조정(부당행위계산부인)

1. 특별납세조정의 범위

'특별납세조정'이란 기업이 특수관계자와의 거래에 있어서 정상거래원칙을 따르지 않아서 당해 기업 또는 그 특수관계자의 과세수입 또는 과세소득액을 감소시킨 경우, 세무기관이 합리적인 방법에 따라 조정할 권한을 갖는다는 것을 말한다. 기업이 특수관계자와 공동으로 무형자산을 개발 또는 양도받거나 공동으로 용역을 제공하거나 제공받아 발생한 원가는 과세표준 계산시 정상거래원칙에 따라 분담하여야 한다.

'정상거래원칙'이란 특수관계가 없는 거래당사자들이 공정거래가격 및 영업상의 관습에 따라 거래를 행하는 경우 준수하여야 하는 원칙을 말한다.

특별납세조정의 의의

특별납세조정은 내용상으로는 완전히 일치하지는 않지만 한국 법인세법의 '부당행위계산의 부인'의 내용과 유사하다고 볼 수 있다.

1) 특수관계자

'특수관계자'란 기업과 다음의 특수관계가 있는 기업, 기타 조직 또는 개인을 말하며 구체적으로는 다음의 경우에 해당한다.

- 자금, 경영, 구매와 판매 등에 있어서 직접 또는 간접적인 지배관계가 있는 경우
- 직접 또는 간접적으로 동일한 제3자에 의해 지배를 받고 있는 경우
- 이익상 특수관계가 있는 기타의 관계

2) 특수관계자간 거래의 세무처리

(1) 정상거래원칙의 적용

기업이 특수관계자와 공동으로 무형자산을 개발 또는 취득하거나, 용역을 제공하거나 받을 경우 발생된 원가는 과세표준 계산시 정상거래원칙에 따라 배분하여야 한다.

(2) 원가의 분담

기업이 특수관계자와 원가를 배분할 때에는 원가와 기대수익이 서로 대응되게 배분하여야 하며, 세무기관이 규정한 기한내에 관련자료를 제출하여야 한다.

(3) 특별납세조정

기업이 특수관계자와 원가를 배분할 때 위의 '(1)'과 '(2)'의 규정을 위반할 경우에는 과세표준 계산시 공제할 수 없다.

(4) 관련 자료의 제출

특수관계자와의 거래에 대한 가격결정원칙과 계산방법을 세무기관에 제출할 경우, 세무기관은 해당 기업과 협의하여 확정한 후, 사전승인제도(预约定价安排, APA, Advance Pricing Arrangement)를 합의한다.

'사전승인제도'란 기업이 미래의 특수관계자와의 거래에 대한 가격결정원칙과 계산방법을 말하는 것으로서 세무기관에 신청하여 세무기관과 정상거래원칙에 따라 협의하는 것을 말한다.

용어설명 사전승인제도(APA, 预约定价安排)

이전가격과세는 일반적으로 관련세액이 매우 크고 조사기간이 너무 장기화되는 경향이 있기 때문에 실제 이전가격과세가 발생하는 경우 회사는 생존의 문제가 걸릴 정도로 심한 타격을 입게 된다.

이와 관련하여 미리 피할 수 있는 수단인 이전가격 사전승인제도(APA; Advance Pricing Arrangement)가 도입되었는데, APA는 납세자가 국외 특수관계자와의 거래에 적용할 이전가격(정상가격산출방법)에 대해 미리 국세청에 알리고, 국세청이 해당국가와 상호합의를 통해 승인을 하기 때문에 승인된 가격으로 거래할 경우 이전가격 과세에 대한 위험을 피할 수 있다.

(5) 첨부서류

기업이 세무기관에 법인세신고서를 제출할 때에는 특수관계자와의 거래와 관련된 아래의 자료들을 첨부하여야 한다.

- 특수관계자와의 거래의 가격, 비용의 제정기준 및 계산방법과 이에 대한 설명 등 동기자료
- 특수관계자와의 거래에 관련된 자산, 재산사용권, 용역 등의 재판매가격 또는 최종 판매가격과 관련된 자료
- 특수관계자와의 거래와 관련이 있는 다른 기업의 비교가능한 제품가격, 가격결정방식 및 이익수준 등의 자료

(6) 간주배당

거주기업 또는 거주기업과 중국 거주자가 지배하는 기업으로서 실제 세부담이 25%의 세율수준보다 현저하게 낮은 수준의 국가(지역)에 설립된 기업이 경영상의 합리적인 사유가 없이 이윤을 분배하지 않거나 분배를 적게 하는 경우, 위의 이윤 중에서 거주기업에 속하는 부분은 거주기업의 당기 수입에 산입하여야 한다.

그 중 '지배'라 함은 다음의 내용을 포함한다.

- 거주기업 또는 중국 거주자가 직접 또는 간접적으로 외국기업의 의결권 있는 주식을 단독으로 10% 이상 보유하고 있고, 공동으로 해당 외국기업의 지분을 50% 이상 보유하고 있는 경우
- 거주기업 또는 거주기업과 중국 거주자의 지분비율이 위에서 규정하는 기준에는 미치지 못하나 주식, 자금, 경영, 구매와 판매 등에 있어서 해당 외국기업에 대해 실질적인 지배를 하고 있는 경우
- 위에서 말하는 '실제 세부담이 현저하게 낮은 경우'란 실제 세부담이 기업소득세법에서 규정한 25% 세율의 50%보다 낮은 경우를 말한다.

(7) 과소자본세제

기업이 총투자금액 중에서 특수관계자로부터 받은 채권투자와 지분투자의 비율이 일정 기준을 초과하여 발생한 이자지출은 과세표준을 계산할 때 공제할 수 없다.

기업이 특수관계자로부터 받은 채권투자는 다음을 포함한다.

- 특수관계자가 특수관계가 없는 제3자를 통하여 제공한 채권투자
- 특수관계가 없는 제3자가 제공한 것으로 특수관계자가 보증하고 연대책임을 지는 채권투자
- 기타 간접적으로 특수관계자로부터 받은 실질적인 부채성격을 띠는 채권투자

위에서 말하는 '지분투자'란 기업이 원금상환 및 이자지급을 할 필요가 없는 것으로서 투자자는 기업의 순자산에 대해 소유권을 갖고 있는 투자를 말한다.

(8) 특수관계자간 용역거래를 하는 경우

모회사와 자회사간 용역을 제공하고 비용을 지불하는 경우 기업소득세는 아래와 같이 처리하여야 한다.

- 모회사가 그 자회사(이하 '자회사'라 한다)에게 각종 용역을 제공하여 발생한 비용은 독립기업간의 정상가격원칙에 의한 용역가격을 용역비용으로 하여 세무처리를 하여야 한다.
- 모회사가 자회사에게 각종 용역을 제공할 때 쌍방은 반드시 용역계약 또는 약정을 체결하여 용역의 내용, 수수료기준 및 금액 등을 명확히 규정하여야 한다. 위의 계약 또는 약정의 규정에 따라 발생한 용역의 비용은 모회사가 영업수입으로 인식하고 자회사는 원가나 비용으로 인식하여 세무신고를 하여야 한다.
- 모회사가 여러 자회사를 위해 동일한 용역을 제공할 경우 받아야 할 용역비는 회사별로 계약을 체결하거나 일괄 계약을 체결한 후 배분할 수도 있다. 즉 모회사가 각 자회사와 용역비 배분계약 또는 협의를 하여 모회사가 자회사에게 용역을 제공함으로써 발생한 실제 비용에 일정한 비율의 이윤을 더하여 자회사로부터 받는 용역총액으로 하며, 이를 용역을 제공받는 각 자회사(영리기업, 결손기업과 감면우대기업 포함)간 기업소득세법 제41조 제2항의 규정에 의해 합리적으로 분담한다.
- 모회사는 관리비형식으로 자회사로부터 용역대가를 받는 경우 자회사가 모회사에 지불하는 관리비는 과세표준에서 공제할 수 없다.

• 자회사가 모회사에게 지불한 용역비용을 과세표준에서 공제할 경우에는 관할 세무기관에 모회사와 체결한 용역계약 또는 약정 등 해당 비용과 관련된 자료를 제출하여야 하며, 관련 자료를 제출할 수 없는 경우에는 지불한 용역비용을 과세표준에서 공제할 수 없다.

2. 특별납세조정의 방법

특수관계자에 대한 소득이 사실에 맞지 않을 경우 조정방법은 다음과 같다.

구 분	조 정 방 법
정상가액법	특수관계가 없는 자간에 동종 또는 유사한 거래가 이루어질 경우의 가격
재판매가격법	특수관계가 없는 자에게 재판매할 경우의 가격으로서 판매시 동종 또는 유사한 거래의 매출총이익을 차감한 가격
원가가산법	원가에 합리적인 비용과 이윤을 가산한 가격
거래순이익법	특수관계가 없는 거래 당사자가 동종 또는 유사한 거래로 얻는 순이익수준에 따라 이윤을 감안
이익분할법	기업과 특수관계자 전체의 이윤 또는 손실을 합리적인 기준에 따라 배분
기타	정상거래원칙에 맞는 기타의 방법

3. 추계결정징수

기업이 특수관계자와의 거래에 대한 자료를 제출하지 않거나 허위 또는 불완전한 자료를 제출하여 이와 관련된 상황을 파악할 수 없을 경우 세무기관은 다음과 같은 방법으로 추계결정하여 징수할 수 있다.

- 동종 또는 유사한 기업의 이윤율수준을 참조하는 방법
- 기업의 원가에 비용과 이윤을 가산하는 방법
- 특수관계자가 속한 그룹 전체의 이윤의 비례에 의한 방법
- 기타 합리적인 방법

기업이 세무기관이 추계결정한 과세표준에 대해 이의가 있을 경우 관련 증빙을 제출하여야 하며, 세무기관은 이를 확인하여 조정할 수 있다.

4. 이자의 추징

기업이 정당한 사유없이 과세소득을 감소시킨 경우, 세무기관은 합리적인 방법으로 조정할 수 있다.

세무기관은 특별납세조정을 한 다음 세액을 추징하는 것 이외에 국무원의 규정에 따라 이자를 추징할 수 있는데, 추징세액에 대해서 귀속연도의 다음 해 6월 1일부터 세액을 추징하는 날까지의 기간에 대해서 일별로 이자를 추징하며, 추징되는 이자는 손금에 산입할 수 없다.

이자는 세액의 귀속연도의 중국인민은행이 공포한 추징세액 대상기간의 인민폐 대출 기준금리에 5%를 가산한다.

기업과 특수관계자간의 거래가 정상거래원칙과 맞지 않거나 다른 정당한 사유가 없을 경우 세무기관은 해당 거래가 속한 과세연도부터 10년 내에 납세조정을 할 수 있다.

XII. 대표처 및 배당소득의 과세문제

1. 대표처(代表处) 관련 세무처리

1) 대표처의 개념

외국기업 대표처(representative office, 外国企业常驻代表机构)는 한국에서는 "연락사무소"라고 사용하고 있는데, 중국내에서 간접적인 영업활동을 하거나 외국기업을 대표하여 외국기업의 업무범위 내의 연락, 제품의 광고, 시장조사, 기술교류 등의 활동을 하는 것으로서 본격적인 진출에 앞서 임시로 설립하는 조직을 말한다.

용어설명 대표처(代表处)

대표처는 "외국기업 대표처"이며 외국기업 재중국 상주대표처라고도 한다.
외국기업 상주대표기구는 단지 중국내에서 간접적인 경영활동만 할 수 있으며, 외국기업을 대표하여 외국기업의 업무범위 내의 연락, 제품의 광고, 시장의 조사연구, 기술교류 등의 업무활동 만을 할 수 있다.
代表处全称为外国企业代表处(representative office), 又称外国企业在华常驻代表处。外国企业常驻代表机构只能在中国境内从事非直接经营活动, 代表外国企业进行外国企业的业务范围内的联络、产品推广、市场调研、技术交流等业务活动。

한국 기업이 본격적으로 중국에 진출하기 위해서 먼저 대표처를 설립하여 운용하는 경우가 많은데 이와 관련한 세무처리는 다음과 같은 것이 있다.

대표처의 세무문제와 관련된 주요 법률규정은 다음과 같다.

- 「외국기업 상주대표기구 등록관리 강화에 대한 통지」(공상외기자 [2010] 4호) : 외국기업 상주대표기구(대표처)의 등록관리 및 세수관리를 강화하기 위하여 공상행정관리총국, 공안부 공동으로 발표
- 「외국기업상주대표기구(대표처) 세수관리 잠행방법에 대한 통지」(国税发 [2010] 18号) : 국가세무총국이 발표

2) 대표처의 등록 및 관리 규정

- 대표처 설립 또는 변경시 법률서류 공증인증본 제출은 필수이며, 구체적으로 외국기업 소재국에서의 2년 이상 사업영위 증명서류, 동 기업과 업무거래가 있는 금융기관에서 발급한 자산신용 증명서류 등을 제출하여야 한다(공상외기자 [2010] 4호).
- 대표처의 인원수(수석대표 포함)는 일반적으로 4명을 초과해서는 안되며, 등기증의 유효기간은 1년으로 제한한다.
- 공상행정관리국은 신설대표처에 대해서 등기증 수령일로부터 3개월 내에 현장조사를 실시하며 허위서류 제출, 각종형식으로 비용을 수취하는 경영활동 진행, 등기증상 주소와 다른 실제주소지 사용, 경영범위 불일치 등 위법행위 발견시 관련 규정에 따라 5,000위안 이하의 벌금 또는 등기말소, 세금추징 등의 조치를 취한다.

3) 대표처의 세무등기

대표처는 공상행정관리국 등기증 수령일로부터 30일 내에 소재지 주관세무기관에 아래 자료들을 제출하여 세무등기를 진행해야 한다(国税发 [2010] 18号文 제4조).

- 공상행정관리국 영업집조(营业执照) 부본
- 법인등기부등본(组织结构代码证) 부본 원본 및 사본
- 등록주소지 및 경영주소지 증명서(방산증, 임대계약) 원본 및 사본.
  자기소유 부동산(房产)의 경우 방산증(등기부등본) 또는 매매계약 등 적법한 등기증명서 원본 및 사본; 임대인 경우 임대계약서 원본 및 사본, 임대인이 자연인인 경우 방산증 원본 및 사본도 제출
- 수석대표 여권 또는 기타 합법적인 신분증명서 원본 및 사본
- 본사의 중국내 대표처 설립 관련 결의서 및 중국내에 설립한 기타 대표처 명단(명칭, 주소, 연락처, 수석대표 성명 등 포함)
- 세무기관이 요구하는 기타 자료

4) 대표처의 납세신고

- 대표처는 매분기 종료일로부터 15일 내에 관할 세무기관에 기업소득세, 영업

세를 신고납부해야 하며, 「증치세법 및 동 실시세칙」에 따라 증치세를 신고납부하여야 한다(国税发 [2010] 18号文 제6조).

5) 대표처의 과세방법

- 대표처의 성격에 따른 과세방법을 규정하지 않고 대표처의 재무결산의 수준에 따라 상이한 과세방식을 규정하고 있다(国税发 [2010] 18号文).
- 대표처는 관련 법률, 행정법규와 국무원 재정 · 세무주관부문의 규정에 따라 회계장부를 비치하고 합법적이고 유효한 증빙에 근거하여 기장해야 하며 실제로 수행하는 기능과 부담하는 위험에 부합하도록 과세수입과 과세표준을 정확히 계산하여 사실대로 신고납부하여야 한다[Actual Basis(실제수익비용 기준)].
- 세무기관은 장부가 미비하고 수익 또는 원가비용을 정확히 계산할 수 없으며, 상기 방식에 따라 사실대로 신고할 수 없는 대표처에 대하여 다음 2가지 방식으로 과세표준을 추계결정(核定)할 수 있다.

첫째, 경비기준(Cost－plus)

지출된 경비금액을 정확히 계산할 수 있으나 수익 또는 원가비용을 정확히 계산할 수 없는 경우 적용한다.

- 수입액 = 당기 지출한 경비총액 / (1 － 추정이윤율 － 영업세율)
- 기업소득세 납부세액 = 수입액 × 추정이윤율 × 기업소득세율

- 당기 지출한 경비총액은 '중국내외에서 임직원에게 지급한 급여, 보너스, 보조금, 복리비, 물품구매비(자동차, 사무용품 등 고정자산 포함), 통신비, 출장비, 아파트임대료, 설비임대료, 교통비, 접대비, 기타비용 등'을 포함한다.
- 지출한 경비총액의 범위와 관련하여 아래의 사항에 주의할 필요가 있다.

- 고정자산 구매로 발생한 지출 및 대표처 설립 또는 이전 등으로 발생한 인테리어비용 전액은 발생시점에 1회성 경비지출로 간주하여 수입 환산한다.
- 이자수익은 경비지출에서 상계하지 못하며, 관련 접대비는 실제 발생액에 따라 경비지출에 산입한다.
- 화폐로 지급한 중국내의 공익 또는 구제성격의 기부금, 체납금, 벌금 및 본사 대신 지급한 대표처 자체업무활동 경비에 속하지 않는 비용은 대표처의 경비지출에서 제외한다.

• 기타 비용은 '본사를 대신하여 중국내로부터 샘플을 구입하면서 지급한 샘플비용과 운송비용, 해외샘플의 중국 내 반입으로 인하여 발생한 중국내 창고비용과 통관비용, 본사 인원의 중국 방문시 통역비용, 본사가 중국의 프로젝트에 입찰하기 위해서 대표처가 지급한 입찰서구매비용 등'을 포함한다.

둘째, 실제수익 기준(Actual Income Basis)

수입을 정확히 계산할 수 있으나 비용을 정확히 계산할 수 없는 경우 적용한다.

기업소득세 납부세액 = 수입총액 × 추정이윤율 × 기업소득세율

• 대표처 추정이윤율

대표처의 추정이윤율은 15% 이상이어야 한다. 추정징수방식을 적용하는 대표처가 건전한 회계장부를 비치하여 실제로 수행하는 기능과 부담하는 위험에 따라 과세수입과 과세표준을 정확히 계산할 수 있다면 세무기관에 등록하고 'Actual Basis(실제수익비용기준)'를 적용할 수 있다.

셋째, 일반적인 납부세액 계산

일반적으로 대부분의 대표처는 경비기준으로 과세하는데, 경비기준(Cost-plus)으로 과세시 납부세액 계산사례는 다음과 같다(추정이윤율 15% 가정).

구 분	경비기준(Cost-plus)
경비총액	100
추정수입	Expense / (1 - 추정이윤율 - 영업세율) = 100 / (1 - 15% - 5%) = 125
추정이익	Deemed Income × 추정이윤율 = 125 × 15% = 18.75
영업세	5% on Income = 5% × 125 = 6.25
기업소득세	25% on Profit = 25% × 18.75 = 4.69
납부세액 / 비용	(영업세 + 기업소득세) / 비용 = (6.25 + 4.69) / 100 = 10.94%

6) 수석대표 및 외국인 근로자의 개인소득세 과세문제

(1) 수석대표 및 외국인근로자는 「개인소득세」의 규정에 따라 과세한다.

> 国税发 [1994] 148号 제2조 : 중국국내기업 혹은 기구가 추계결정방식으로 기업소득세를 산정하거나 영업수입이 없어 기업소득세를 납세하지 않을 경우, 중국국내기업 혹은 기구에 근무하는 기간 중 발생한 근로자의 급여소득은 지급지와 회계처리지가 국내 혹은 국외를 불문하고 국내 소득으로 간주하여 과세한다.
> 《国家税务总局关于在中国境内无住所的个人取得工资薪金所得纳税义务问题的通知〉 国税发 [1994] 148号》

- 외화소득은 전 월말일 인민은행 공시 기준환율을 적용한다.
- 기본공식 : 개인소득세액 × (당월 중국체류일수 / 당월 일수)
  (国税函发 [1995] 125 제2조)
- 중국내외 기업 또는 기구에서 겸직하는 개인의 급여소득은 국내외 체류 및 직무기간 산정 전 중국내외 급여총액을 「중국 개인소득세법」의 규정에 따라 납부하여야 한다(国税发 [2004] 97号).
- 대표처 수석대표와 해외기업의 직무를 병행할 경우, 중국내 근무기간(일수)을 계산하여 적용한다.

> 납부세액 = 해당월 국내외 급여총액의 소득세액 × [1 − 당월 국외소득 / 소득총액 × 당월 국외근무일수 / 당월 일수]

- 출입국관리기록에 의거하여 중국내 체류기간을 확인하며, 국내외 급여총액을 과표로 과세하고, 겸직하여 중국내 급여소득이 없을 경우 세무당국은 해외소득증명을 요청할 수 있다(财税协字第015号).
- 외국인이 중국내 설치한 대표처에 근무할 경우, 중국내 고정사업장에 상주하는 인원으로 간주하고 급여를 지급하는 자가 중국내외 상관없이 183일 체류기간 내 개인소득세는 면세대상이 아님.
- 외국인이 정식으로 대표처의 대표 혹은 근무인원으로 파견되지 않은 상황에서 대표기구 설치 준비활동으로 중국에 체류하고 최종 파견되지 않을 경우, 실 체류기간이 183일을 초과하지 않을 경우에는 면세한다.

(2) 개인소득세의 신고

- 납세의무자 급여, 수당 등 근로소득에 대해 매월 신고를 원칙으로 다음달 15일까지 납부하여야 한다.
- 특수 업종에 종사하는 경우 근로소득은 년, 분기별로 예납할 수 있으며 이는 국무원의 별도의 규정에 따른다.

2. 배당소득에 대한 과세문제

1) 배당소득에 대한 과세요약

중국에서 법인(기업)이 미처분잉여금을 재원으로 배당을 실시할 경우 투자자의 유형에 따라 과세범위가 달라지는데, 이를 표로 나타내면 다음과 같다.

투자자유형	배당소득의 세수규정	세법근거	비고
외국기업 (비거주기업)	2008년 1월 1일 이전의 이윤은 과세하지 않고 이후의 이윤은 과세한다.	财税 [2008] 1号	조세협정에 의한 세율을 적용한다.
중국기업 (거주기업)	거주기업이 직접 다른 거주기업에 투자하여 얻은 투자수익은 기업소득세를 면제한다.	国税函 [2008] 112号	
중국인 (개인)	이자, 배당소득은 20%로 개인소득세를 과세한다.	企业所得税法实施条例 个人所得税法	
외국인 (개인)	외국인이 외자기업으로 받은 배당소득은 개인소득세를 면제한다.	财税字第 [1994] 020号	

위에서 보는 바와 같이 한국의 법인이 중국의 법인에 투자하여 배당소득을 받을 경우 2009년 이후의 이윤에 대해서는 과세하여야 하나, 한중조세협정의 규정에 따라 10% 또는 5%의 세율로 원천징수하게 된다.

또한 개인이 중국의 법인에 투자하여 배당소득을 취득할 경우 중국에서는 과세되지 아니하나 한국에서는 '배당소득'으로 종합소득에 합산되어 소득세를 추가로 납부하여야 한다.

2) 한국 법인이 중국에서 배당소득을 받을 경우

한국의 법인이 중국의 법인(주로 현지법인)으로부터 배당소득을 지급받을 경우의 과세문제는 한중조세협정의 규정 제10조의 규정에 따라 다음과 같이 처리한다.

(1) 배당소득의 과세원칙

거주기업이 타국의 거주자에게 지급하는 배당금은 타국에서 과세할 수 있다.

(2) 배당소득의 원천징수

배당금은 배당금을 지급하는 회사의 거주국에서도 해당 국가의 법률에 따라 과세할 수 있으며, 수령자가 주식의 수익자인 경우에는 징수세액은 다음을 초과할 수 없다.

구　　분	징 수 세 액
배당을 지급하는 회사의 25퍼센트 이상을 직접 소유하는 법인(조합은 제외)인 경우	배당총액의 5퍼센트
기타의 경우	배당총액의 10퍼센트

이 규정은 회사가 배당금을 지급하기 전의 이윤(세전 순이익)에 대해 과세하는 기업소득세에 영향을 미치지 아니한다.

(3) 배당의 범위

배당이라 함은 주식 또는 비채권관계로 이윤을 배분 받을 수 있는 권리이며, 회사가 체약국의 법률에 따라 배당으로 지급하는 소득을 말한다.

(4) 실제적인 관계가 있는 경우

배당금의 수익자가 자국의 거주자이고 배당금 지급회사가 타국의 거주자인 경우로서, 타국에 설립된 고정사업장이 사업을 영위하거나 타국에 설립된 고정시설이 독립적인 인적용역을 영위하여 배당금을 지급하는 주식과 고정사업장 또는 고정시설이 실제적인 관계가 있는 경우에는 위의 규정을 적용하지 않고 구체적인 상황을 보아 본 협정 제7조 또는 제14조의 규정을 적용한다.

(5) 미분배이윤에 대한 과세

거주기업이 타국으로부터 이윤 또는 소득을 취득하는 경우 타국은 해당 기업이 지급하는 배당금에 대해서 어떠한 과세도 할 수 없다. 단, 타국의 거주자에게 지급한 배당금 또는 배당금을 지급한 주식과 타국에 설립된 고정사업장 또는 고정시설과 실제관계가 있는 경우에는 제외한다. 해당 기업의 미분배이윤에 대해서는 비록 지급한 배당금 또는 미분배이윤의 전부 또는 일부가 타국의 이윤 또는 소득에서 발생되었더라도 타국은 어떠한 과세도 할 수 없다.

XIII. 징수관리

1. 납세지

1) 일반적인 경우

조세법률 또는 행정법규의 별도의 규정 이외에 거주기업은 기업의 등기등록지를 납세지로 한다. 단 등기등록지가 국외인 경우에는 실제관리기구의 소재지를 납세지로 한다.

기업의 등기등록지는 기업이 국가의 유관규정에 따라 등기등록한 주소지를 말한다.

2) 기업소득세를 합산신고하는 경우

거주기업이 중국내 법인격이 없는 영업기구(지점)를 설치한 경우 기업소득세를 합산하여 신고납부하여야 한다. 기업이 기업소득세를 합산하여 신고납부할 때에는 과세표준을 함께 결산하여야 하며 구체적인 방법은 국무원의 재정, 세무 주관부문이 별도로 제정한다.

3) 비거주기업이 중국내 사업장이 있는 경우

비거주기업이 중국내 사업장을 설치한 경우에는 그 사업장이 취득한 중국내 원천소득 및 중국외에서 발생하였으나 사업장과 실제관계가 있는 소득은 사업장의 소재지가 납세지가 된다.

비거주기업이 중국내 복수의 사업장을 설치한 경우에는 세무기관의 비준을 거쳐 주요 사업장을 선택하여 기업소득세를 합산하여 신고납부한다.

비거주기업이 비준을 받아 기업소득세를 합산하여 신고납부한 후, 사업장을 증설, 합병, 이전, 폐쇄하여야 할 경우에는 먼저 주요 사업장 소재지 세무기관에 보고하여야 한다. 주요 사업장을 변경하여야 할 경우에는 앞의 규정에 따라 처리한다.

4) 비거주기업이 중국내 사업장이 없는 경우

비거주기업이 중국내 사업장을 설치하지 않거나 사업장을 설치하였더라도 취득한 소득이 그 사업장과 실제적인 관계가 없을 때에는, 원천징수의무자의 소재지가 납세지가 된다.

5) 합산 신고납부

국무원의 별도 규정 이외에 기업간에는 기업소득세를 합산하여 신고납부를 할 수 없다.

2. 과세기간

1) 일반적인 경우

기업소득세는 1년 단위로 과세하고 월별 또는 분기별로 예납한 후 연말에 연간 세액을 계산하여 예납세액과 비교하여 차액을 추가납부 또는 환급하여 정산한다.

기업소득세의 과세연도는 양력으로 1월 1일부터 12월 31일까지로 하고 연도 중에 사업을 개시하거나 합병 또는 폐업 등으로 사업을 중지하여 과세기간이 12개월이 되지 않을 경우에는 실제 영업기간을 하나의 과세연도로 본다. 기업이 청산할 때에는 청산에 소요되는 모든 기간을 하나의 과세연도로 본다.

과세연도 종료 후 5개월 이내에 세무기관에 기업소득세 납부신고서를 송부하고 납부할 세액을 정산한다.

2) 사업을 중지한 경우(청산소득의 신고)

연도 중 사업활동을 중지할 경우 중지한 날로부터 60일 이내에 세무기관에 기업소득세의 신고와 정산을 하여야 한다.

(1) 청산소득 신고대상

기업이 사업을 계속할 수 없어서 사업의 폐업, 자산의 처분, 부채의 상환 및 주주에게 잔여재산을 배분할 경우 청산과 관련된 청산소득, 청산소득세 및 잔여재산의 분배를 하여야 한다.

아래의 기업은 청산에 대한 소득세처리를 하여야 한다.

- 회사법 및 기업파산법 등의 규정에 따라 청산을 하여야 하는 기업
- 기업의 구조조정을 할 때 청산처리를 하여야 하는 기업

(2) 청산소득의 신고내용

기업청산에 대한 소득세처리는 아래의 내용을 포함한다.

- 자산을 모두 실현가능가액 또는 거래가액에 따라 자산양도소득(손실)을 인식하여야 한다.
- 채권의 정리 및 채무의 상환에 따른 소득(손실)을 인식하여야 한다.
- 계속기업의 가정에서 벗어나서 설정 혹은 충당과 관련된 비용을 정리한다.
- 결손금을 보전하고 청산소득을 확정한다.
- 청산소득세를 계산하여 납부한다.
- 주주에게 분배할 수 있는 잔여재산을 계산한다.

(3) 청산소득의 계산

전체 자산의 실현가능가액 또는 거래가액에서 자산의 장부가액, 청산비용 및 부대비용을 차감하고 채무청산이익을 가산한 후의 잔액이 청산소득이 된다.

기업은 청산이 필요한 모든 청산기간을 하나의 과세연도로 보아 청산소득을 계산한다.

(4) 잔여재산의 계산

자산전체의 실현가능가액 또는 거래가액에서 청산비용, 종업원급여, 사회보험비용 및 법정부담금을 차감하여 청산소득세 및 전년도 미납세액을 확정한 후, 기업의 채무를 상환하고 주주에게 분배하여야 할 잔여재산을 계산한다.

청산기업의 주주가 분배받은 잔여재산가액 중에서 미처분이익잉여금에 대해 주식비율에 따라 계산한 부분은 배당소득으로 인식하여야 하며, 잔여재산가액에서 배당소득을 차감한 후의 잔액에서 납입자본금을 초과하는 부분은 주주의 투자자산양도소득(손실)으로 인식한다.

청산기업의 주주가 청산기업으로부터 받은 자산은 실현가능가액 또는 실제거래가액에 따라 취득가액을 인식한다.

3. 납부신고

월별 또는 분기별로 예납하는 경우에는 기간 종료일 15일 이내에 세무기관에 「기업소득세 예납신고서」를 송부하고 예납세액을 납부하여야 한다.

기업소득세 예납신고서를 송부할 때 재무회계보고서와 기타 자료를 첨부하여야 한다.

기업은 폐업등기를 하기 전에 청산소득을 세무기관에 신고하고 기업소득세를 납부하여야 한다.

기업소득세의 예납은 인민폐로 하여야 하며, 소득이 인민폐 이외의 화폐로 계산된 것은 인민폐로 환산하여 계산하고 세액을 납부하여야 한다.

과세연도에 이익이 발생하든 손실이 발생하든 모두 기업소득세법 제54조의 기한 내에 기업소득세 예납신고서, 기업소득세 납부신고서, 재무회계보고서와 기타 자료를 세무기관에 송부하여야 한다.

4. 다른 지역에 지점이 있는 경우

1) 기본원칙 및 적용범위

(1) 기본원칙

중앙과 지방에 있는 사업장이 여러 성에 있는 기업의 전체 납부세액 중 본점과 지점이 부담하여야 할 기업소득세는 아래와 같이 배분한다.

- 본점 소재지가 부담할 부분 : 25%
- 각 지점 소재지가 부담할 부분 : 50%
- 일정 비율로 각 지역이 부담할 부분 : 25%

(2) 적용범위

'여러 성에 있는 기업'은 여러 성에 법인격이 없는 지점을 설립한 기업을 말한다.

2) 중간예납

(1) 본점과 지점의 예납세액 배분

본점은 매월 또는 매 분기 10일 이내 전년도 각 성과 시의 지점의 영업수입, 종업원 보수 및 자산 총계 3가지 항목에 따라 합산하여 계산한 기업의 당기 납부세액의 50%를 각 지점에 배분하고(본점 소재지 성과 시에 있는 경우 같은 방법으로 3가지 항목으로 배분), 각 지점은 배분된 세액을 지점 소재지에서 납부하고 납부한 세액은 중앙과 지점 소재지가 60 : 40으로 나눈다. 배분할 때 3개 항목의 가중치는 각각 0.35, 0.35, 0.30으로 한다. 당기에 설립된 지점은 다음 해 부터 배분하며 당기 폐쇄된 지점은 말소등기를 한 날부터 배분하지 아니한다.

위에서 사용되는 용어의 정의는 다음과 같다.

구 분	업 종	정 의
지점의 영업수입	공 통	지점이 상품의 판매, 용역의 제공 및 자산사용권의 양도 등 일상적인 사업활동으로 실현한 수입 전체
	제조업	지점이 상품의 판매, 용역의 제공 및 자산사용권의 양도 등 일상적인 사업활동으로 실현한 수입 전체
	금융업	지점이 취득한 이자수입 및 수수료의 수입 전체
	보험업	지점이 취득한 보험료 등의 수입 전체
지점의 종업원 보수		지점이 종업원에게 지급한 각종 형식의 보수
지점의 자산 총계		지점의 12월 31일 현재 보유 또는 지배하고 있는 자산 합계

지점에 배분될 예납세액은 아래의 공식에 따라 계산한다.

> 모 지점에 배분될 세액=모든 지점에 배분될 예납세액 총액×해당 지점의 배분비율
> 모든 지점에 배분될 예납세액 총액=기업 전체의 당기 납부세액×50%
> 해당 지점의 배분비율=(해당 지점의 영업수입/각 지점의 영업수입 합계)×0.35 +(해당 지점의 종업원 보수/각 지점의 종업원 보수 합계)×0.35+(해당 지점의 자산 총계/각 지점의 자산 총계 합계)×0.35

위의 공식에서 지점은 예납에 참여하는 지점만 해당된다.

(2) 본점의 예납세액

본점은 합산하여 계산한 기업소득세 당기 납부세액의 25%를 납부하여 납부한 세액은 중앙과 본점 소재지가 60 : 40으로 나눈다.

(3) 본점이 중앙국고에 세액을 예납

본점이 합산하여 계산한 기업의 당기 납부세액의 나머지 25%는 현지 전액을 중앙국고에 납부하여야 하며, 납부한 세액의 60%는 중앙수입으로 하고 40%는 재정부가 2004년~2006년도 각 성과 시의 3년간 기업소득세의 실제 배분비율로 각 성과 시에 배분한다.

3) 세액 정산

본점은 기업 전체의 납부세액을 계산한 다음 본점과 지점이 예납한 세액을 차감한 후 추가납부세액(또는 환급세액)을 계산하여 본점과 각 지점별로 세액을 정산하여야 한다.

(1) 추가납부하는 경우

세액을 추가납부하여야 하는 경우 예납할 때의 배분비율에 따라 아래와 같이 처리한다.

- 50%는 각 지점이 납부하고 납부한 세액은 중앙정부와 지점 소재지가 60 : 40으로 나누고
- 25%는 본점이 납부하고 납부한 세액은 중앙정부와 본점 소재지가 60 : 40으로 나누고
- 25%는 중앙국고에 납부하고 세액의 60%는 중앙정부의 수입으로 하고, 40%는 재정부가 2004년~2006년의 각 성과 시의 3년간 실제 나눈 기업소득세와 지방귀속분 총액의 비율로 각 성과 시에 배분한다.

(2) 환급받을 경우

과다납부한 세액은 예납한 배분비율에 따라 아래와 같이 처리한다.

• 50%는 각 지점이 현지에서 환급받고 환급할 세액은 중앙정부와 지점 소재지가 60 : 40으로 부담하고
• 25%는 본점이 현지에서 환급받고 환급할 세액은 중앙정부와 본점 소재지가 60 : 40으로 부담하고
• 25%는 중앙국고에서 환급받는다,

5. 동업기업의 소득세 징수관리

2008년 1월 1일부터 동업기업(合伙企業, 합화기업)이 납부하여야 하는 소득세는 아래의 규정에 따라 처리하며, 이전 규정과 아래의 규정이 상충되는 경우 아래의 기준을 기준으로 한다.

1) 동업기업의 납세의무자

동업기업은 하나의 동업자를 납세의무자로 한다. 동업기업이 자연인이면 개인소득세를 납부하며 동업기업이 법인이나 기타 조직이면 기업소득세를 납부한다.

2) 동업기업의 소득금액 계산방법

동업기업의 사업소득과 기타소득은 먼저 비율대로 소득금액을 나눈 후 과세하는 방법(先分后税)으로 과세한다. 구체적인 소득금액의 계산은 「개인독자기업과 동업기업 투자자의 개인소득세 징수에 관한 규정」(财税 [2000] 91호) 및 「개인사업자(个体工商户)의 개인독자기업과 동업기업의 개인소득세 세전공제표준을 조정하는데 대한 통지」(财税 [2008] 65호)의 규정에 따른다.

'사업소득과 기타소득'은 동업기업에서 동업자에게 지급한 소득과 당해 기업에 유보되어 있는 소득(이윤)을 말한다.

3) 동업기업의 소득금액

동업기업의 동업자는 아래의 원칙에 따라 소득금액을 확정한다.

- 동업기업의 동업자는 동업기업의 사업소득과 기타소득을 공동출자계약에서 약정한 배분비율에 따라 소득금액을 정한다.
- 공동출자계약서에 약정되어 있지 않거나 약정이 불분명할 경우에는 동업자가 협의하여 결정한 분배비율에 따라 소득금액을 정한다.
- 협상이 성립되지 않았을 경우에는 동업자가 실제 출자한 비율에 따라 소득금액을 정한다.
- 출자비율을 확정할 수 없을 때에는 각 동업자의 평균으로 한다.

6. 거주기업의 해외 투자와 소득 정보의 보고의 관리

거주기업이 해외 투자와 소득 정보 보고의 내용과 방식을 규범화하기 위하여 국가세무총국은 <거주기업이 해외 투자와 소득세정보의 보고에 관한 문제의 공고>(국가세무총국보고 2014년 제38호)를 공포하였으며 구체적인 내용은 다음과 같다.

1) 해외투자의 보고

거주기업이 외국기업을 설립하거나 지분을 투자하여 보유하던 외국기업의 지분을 처분하는 경우 아래에 해당하고 중국 회계제도에 따라 인식할 수 있는 경우 기업소득세 중간예납 신고시 관할 세무기관에 <거주기업이 투자한 해외기업 정보 보고표>를 작성하여 제출하여야 한다.

- 이 규정의 시행일 이전 거주기업이 직접 또는 간접적으로 보유한 외국기업의 지분이 10% 이상인 경우
- 이 규정의 시행일 이후 거주기업이 직접 또는 간접적으로 보유한 외국기업의 지분이 10% 이하에서 10% 이상으로 변경되는 경우
- 이 규정의 시행일 이후 거주기업이 직접 또는 간접적으로 보유한 외국기업의 지분이 10% 이상에서 10% 이하로 변경되는 경우

2) 해외 소득 정보의 관리

거주기업이 연도 기업소득세를 신고할 때 해외소득과 관련이 있는 아래 정보를 첨부하여 제출하여야 한다.

- 기업소득세법 제45조(간주배당)를 적용하는 상황이 있거나 특별납세조정 실시방법 제84의 규정을 적용하여야 하는 기업이 작성한 <피지배 외국기업의 정보 보고표>
- 기업소득세법 제24조(외국납부세액공제)에 해당되는 외국기업 또는 기업소득세법 제45조의 피지배외국법인은 중국 회계제도에 따라 작성된 재무제표

3) 정보의 요구

세무조사(납세평가, 세무감사 및 특별납세조정의 조사 포함)를 실시할 때 관할 세무기관은 거주기업에 해외소득과 관련이 있는 정보를 기한까지 보고하도록 요구할 수 있다.

4) 정보 제출기간의 연기

거주기업이 합리적인 이유가 있어서 본 공고에서 규정하는 제출기한까지 해외투자와 소득 정보를 제출할 수 없을 경우 관할 세무기관에 제출의 연기를 요구할 수 있다. 관련 정보의 제출을 제한하는 외국의 법률규정, 계약 또는 협의는 합리적인 이유에 해당하지 아니한다.

5) 비밀유지 의무

관할 세무기관은 납세의무자의 해외 투자와 소득 정보의 보고의 편의를 위하여 즉시 납세의무자가 보고한 각 정보를 수리하여야 하며 비밀유지를 하여야 한다.

6) 제출하지 않을 경우

거주기업이 규정된 기한까지 해외 투자와 소득 정보를 보고하지 않을 경고 관할 세무기관의 시정명령에도 보고하지 않을 경우 관할 세무기관은 세수징수관리법 및

관련 법률의 규정에 따라 이미 확보한 정보에 따라 관련 사실을 합리적으로 조사하여 납부세액을 계산하거나 조정할 수 있다.

7) 비거주기업이 해외 원천소득이 있을 경우

비거주기업이 중국내 사업장을 설치하고 해외에서 취득한 소득이 해당 사업장과 실제적인 관계가 있는 경우 본 공고의 규정을 참조하여 관련 정보를 보고하여야 한다.

8) 시행일

위의 규정은 2014년 9월 1일부터 시행하며 시행일 이전 발생하였으나 시행일 이후 정보의 보고와 관련이 있거나 시행일 이후 납세연도에 속하는 정보의 보고에 대해서도 해당 규정을 적용한다.

7. 기업소득세 납부신고서

중국의 기업소득세법에서 한 과세연도에 대한 기업소득세를 신고할 때 작성하여야 할 주요 신고서식은 다음과 같다.

- 기업소득세 연도 납세신고표(企业所得税年度纳税申报表)

납세신고표에 첨부되는 부표로는,

- 기본사항 : 납세의무자 기본정보 기록표(纳税人基本信息登记表)
- 부표 1 : 수입 명세표(收入明细表)
- 부표 2 : 원가 및 비용 명세표(成本费用明细表)
- 부표 3 : 납세조정항목 명세표(纳税调整项目明细表)
- 부표 4 : 기업소득세 결손금 공제 명세표(企业所得税弥补亏损明细表)
- 부표 5 : 조세특례 명세표(税收优惠明细表)
- 부표 6 : 외국납부세액공제 계산 명세표(境外所得税抵免明细表)
- 부표 7 : 공정가치로 측정한 자산의 납세조정표(以公允价值计量资产纳税明细表)

- 부표 8 : 광고선전비 이월 납세조정표(广告费和业务宣传费跨年度纳税调整表)
- 부표 9 : 자산의 감가상각비 조정 명세표(资产折旧、摊销纳税调整明细表)
- 부표 10 : 자산평가충당금 조정 명세표(资产减值准备项目明细表)
- 부표 11 : 장기주식 투자소득 명세표(长期股权投资所得明细表)

각 신고서식에 대해서 간략하게 설명하면 다음과 같다.

1) 기업소득세 연도 납세신고표(企业所得税年度纳税申报表)

기업소득세 연도 납세신고표는 한국의 법인세 과세표준 및 세액조정계산서에 해당한다고 볼 수 있다.

납세신고표에서 한국과 중국의 가장 큰 차이를 보이는 부분은 중국에서는 '이윤총액 계산'이라는 항목으로서 약식의 손익계산서를 표시하여 손익계산서에서 출발하고 있는데 비하여 한국에서는 '결산상 당기순이익'에서 시작하고 있다.

이윤총액 계산이라는 항목을 표시하는 이유는 여러 가지가 있을 수 있으나 중국 기업소득세법에서의 공익기부금의 한도액 계산시 이윤총액을 기준으로 하는 것으로 판단한다.

2) 신고서 부속명세서

한 과세연도의 기업소득세를 신고할 때 작성되는 기업소득세 연도 납세신고서 이 외에 첨부하여 작성되는 신고서식은 여러 가지가 있을 수 있으나 본 서에서는 그 중 중요한 신고서식에 대해 설명하고자 한다.

① 기본사항 : 납세의무자 기본정보 기록표(纳税人基本信息登记表)

이 서식은 납세의무자의 기본정보를 기록하는 표이다.

② 부표 1 : 수입 명세표(收入明细表)

이 서식은 납세의무자의 수입에 대해 업종별로 구체적인 수입 및 간주매출 등에 대해 자세하게 구분하여 기록하는 표이다.

③ 부표 2 : 원가 및 비용 명세표(成本费用明细表)

이 서식은 납세의무자가 과세연도 동안 수입을 취득하기 위하여 발생한 원가와 비용을 수입항목에 대비하여 자세하게 구분하는 표이다.

④ 부표 3 : 납세조정항목 명세표(纳税调整项目明细表)

이 서식은 한국의 소득금액조정합계표와 유사하며 회계준칙에 따라 장부상 기록된 금액과 세무상의 금액을 비교하여 납세조정(세무조정)을 나타내는 표이다.

⑤ 부표 4 : 기업소득세 결손금 공제 명세표(企业所得税弥补亏损明细表)

이 서식은 과거 발생한 세무상 이월결손금을 5년 동안 관리하는 서식으로서 소득금액이 발생했을 때 과거 발생한 이월결손금을 공제하는 것을 나타내는 표이다.

⑥ 부표 5 : 조세특례 명세표(税收优惠明细表)

이 서식은 납세의무자가 세법 등에서 규정한 조세특례(세수우대)의 대상이 되는지의 여부를 검토하는 표로서 소득금액의 조정(비과세소득 또는 익금불산입, 면세소득 등) 및 세액감면이나 세액공제와 같은 내용을 나타내고 있다.

⑦ 부표 6 : 외국납부세액공제 계산 명세표(境外所得税抵免明细表)

국외에서 발생한 소득에 대해 국외에서 이미 납부한 세액에 대해 외국납부세액공제의 한도를 계산하기 위한 서식이다.

⑧ 부표 7 : 공정가치로 측정한 자산의 납세조정표(以公允价值计量资产纳税明细表)

회계준칙에 따라 회사의 자산을 공정가액으로 평가한 것이 있을 경우 그 내용을 나타내는 표이다.

⑨ 부표 8 : 광고선전비의 이월 납세조정표(广告费和业务宣传费跨年度纳税调整表)

기업이 사업을 영위하기 위해 지출한 광고선전비가 세무상 한도액을 초과하는 경우 그 초과액은 이월하여 공제받을 수 있는데 이월공제를 관리하기 위한 표이다.

⑩ 부표 9 : 자산의 감가상각비 조정 명세표(资产折旧、摊销纳税调整明细表)

기업이 사업에 사용한 유형자산 및 무형자산의 감가상각비를 조정하기 위한 표이다.

⑪ 부표 10 : 자산평가충당금 조정 명세표(资产减值准备项目明细表)

기업의 자산에 대해 준비금 또는 충당금을 설정한 경우 이를 세무상으로 조정하기 위한 표이다.

⑫ 부표 11 : 장기주식 투자소득 명세표(长期股权投资所得明细表)

기업이 장기적으로 보유하고 있는 투자주식에 대해 원가 및 배당금 등의 변동상황을 나타내기 위한 표이다.

중국의 기업소득세 납부신고서의 주요 부표를 한국의 법인세 납부신고서의 주요 첨부서식을 비교하면 다음과 같다.

중 국 의 서 식	한 국 의 서 식
납세의무자 기본정보 기록표	법인세 과세표준 및 신고서의 기본정보
수입 명세표	수입금액 조정명세서 조정후 수입금액 명세서
원가 및 비용 명세표	특별한 신고서식 없음
납세조정항목 명세표	소득금액 조정합계표 및 각 조정명세표
기업소득세 결손금 공제 명세표	자본금과적립금조정명세서(갑)
조세특례 명세표	소득공제 조정명세서 세액공제 및 세액감면 개별 명세표
외국납부세액공제 계산 명세표	외국납부세액공제 등 명세서
공정가치로 측정한 자산의 납세조정표	개별 조정명세표
광고선전비의 이월 납세조정표	특별한 신고서식 없음
자산의 감가상각 조정 명세표	감가상각비 조정 명세서
자산평가충당금 조정 명세표	개별 조정명세표
장기 주식투자소득 명세표	수입배당금 명세서 주식, 출자지분 양도명세서

3) 납부신고서 서식

이하 아래에서는 중국 기업소득세법에 따라 기업소득세를 신고납부할 때 작성하는 기본적인 서식을 첨부하였으며, 좌측에는 중국어로 우측에는 한글로 대조함으로써 독자가 중국의 기업소득세에 관한 세무서식을 이해하기 쉽도록 하였다.

纳税人基本信息登记表

金额单位：万元

纳税人名称			
计算机代码			
联系电话			
所属经济类型			
所属行业			
企业所得税征收方式(必选项)	单项选择：		
	查帐征收 □		
	核定征收 □		
企业类别(必选项)	单项选择：		
	一般企业 □		
	金融企业 □		
	事业单位、社会团体、民办非企业单位 □		
注册资本(必填项)		资产总额(必填项)	

填报要求：纳税人年度申报企业所得税时须填报此表。

填报说明：1、纳税人名称：填报税务登记证所载纳税人的全称。

2、计算机代码：填写地税机关核发的征收管理码。

3、联系电话：填写纳税人单位办税人员联系电话（或手机号码）。

4、所属经济类型、所属行业：按照税务登记表中的有关内容填写。

5、企业所得税征收方式：选择核定征收的企业，是指由税务机关根据其生产经营情况或财务会计核算情况，按照规定的标准、程序、权限和方法，核定应税所得率（纯益率）或应纳税额的一种征收方式。

6、企业类别：

一般企业：是指除金融企业，事业单位、社会团体、民办非企业单位以外的企业。

金融企业：是指执行《金融企业会计制度》、《企业会计准则》的商业银行、政策银行、保险公司、证券公司、信托投资公司、租赁公司、担保公司、财务公司、典当公司等金融企业。

事业单位、社会团体、民办非企业单位：是指执行《事业单位会计准则》或《民间非营利组织会计制度》的企业或单位。

7、注册资本：企业法人按照企业法人营业执照上的注册资本填写；事业单位按照《-事业单位法人证书》的开办资金填写；社会团体按照《-社会团体法人登记证书》的注册资金填写；民办非企业法人单位按照《民办非企业单位登记证书》的开办资金填写。

资产总额：指企业拥有或控制的全部资产。包括流动资产、长期投资、固定资产、无形及递延资产、其他长期资产等，即为企业资产负债表的资产总计项。

8、表中所列单项选择项：在符合选项的□中划'√'。

납세의무자 기본사항 기록표

금액단위 : 만위안

<table>
<tr><td>납세의무자 명칭</td><td colspan="3"></td></tr>
<tr><td>전산등록번호</td><td colspan="3"></td></tr>
<tr><td>연락처</td><td colspan="3"></td></tr>
<tr><td>업태</td><td colspan="3"></td></tr>
<tr><td>종목</td><td colspan="3"></td></tr>
<tr><td rowspan="3">기업소득세 과세방식</td><td colspan="3">선택 :</td></tr>
<tr><td colspan="3">장부기장방식 □</td></tr>
<tr><td colspan="3">추계결정방식 □</td></tr>
<tr><td rowspan="4">기업 유형</td><td colspan="3">선택 :</td></tr>
<tr><td colspan="3">일반기업□</td></tr>
<tr><td colspan="3">금융기업□</td></tr>
<tr><td colspan="3">사업단위, 사회단체, 비기업형단위□</td></tr>
<tr><td>자본금</td><td></td><td>자산총액</td><td></td></tr>
</table>

작성 요구 : 납세의무자는 기업소득세를 신고할 때 본표를 작성하여야 한다.

작성 설명 : 1. 납세의무자 명칭 : 세무등기증에 기재된 납세의무자의 명칭을 기재한다.

2. 전산등록번호 : 세무기관이 발송한 징수관리번호를 기재한다.
3. 연락처 : 납세의무자의 연락가능한 전화번호 또는 핸드폰번호를 기재한다.
4. 업태 및 종목 : 세무등기표의 내용에 따라 기재한다.
5. 기업소득세 과세방식 : 장부기장방식은 기업의 활동을 장부를 작성하고 그에 따라 기업소득세를 신고하는 것을 말하며, 추계결정방식은 장부가 없어 과세소득률로 소득금액을 추정하여 결정하는 것을 말한다.
6. 기업 유형 :

   일반기업 : 금융기업 및 사업단위 등을 제외한 일반적인 회사형태를 가진 기업을 말한다.

   금융기업 : 금융업을 영위하는 상업은행, 특수은행, 보험회사, 증권회사, 리스회사, 보증회사, 재무회사, 전당회사 등의 금융기업을 말한다.

   사업단위, 사회단체, 비기업형단위 : 위에 해당하지 않는 형태의 기업을 말한다.
7. 자본금 : 기업이 법인의 영업집조에 기재된 주책자본금 등을 기재한다.

   자산총액 : 기업의 전체 자산을 말하며, 유동자산, 장기투자, 고정자산, 무형자산 및 이연자산 등을 포함한다.
8. 표 중에 있는 선택항목은 '√'을 표기한다.

中华人民共和国企业所得税年度纳税申报表(A类)

税款所属期间：　　年　　月　日至　　年　　月　　日

纳税人名称：

纳税人识别号：□□□□□□□□□□□□□□□□□□□□　　　　金额单位：元（列至角分）

类别	行次	项目	金额
利润总额计算	1	一、营业收入（填附表一）	
	2	减：营业成本（填附表二）	
	3	营业税金及附加	
	4	销售费用（填附表二）	
	5	管理费用（填附表二）	
	6	财务费用（填附表二）	
	7	资产减值损失	
	8	加：公允价值变动收益	
	9	投资收益	
	10	二、营业利润	
	11	加：营业外收入（填附表一）	
	12	减：营业外支出（填附表二）	
	13	三、利润总额（10+11－12）	
应纳税所得额计算	14	加：纳税调整增加额（填附表三）	
	15	减：纳税调整减少额（填附表三）	
	16	其中：不征税收入	
	17	免税收入	
	18	减计收入	
	19	减、免税项目所得	
	20	加计扣除	
	21	抵扣应纳税所得额	
	22	加：境外应税所得弥补境内亏损	
	23	纳税调整后所得（13+14－15+22）	
	24	减：弥补以前年度亏损（填附表四）	
	25	应纳税所得额（23－24）	
应纳税额计算	26	税率（25%）	
	27	应纳所得税额（25×26）	
	28	减：减免所得税额（填附表五）	
	29	减：抵免所得税额（填附表五）	
	30	应纳税额（27－28－29）	
	31	加：境外所得应纳所得税额（填附表六）	
	32	减：境外所得抵免所得税额（填附表六）	
	33	实际应纳所得税额（30+31－32）	
	34	减：本年累计实际已预缴的所得税额	
	35	其中：汇总纳税的总机构分摊预缴的税额	
	36	汇总纳税的总机构财政调库预缴的税额	
	37	汇总纳税的总机构所属分支机构分摊的预缴税额	
	38	合并纳税（母子体制）成员企业就地预缴比例	
	39	合并纳税企业就地预缴的所得税额	
	40	本年应补（退）的所得税额（33－34）	
附列资料	41	以前年度多缴的所得税额在本年抵减额	
	42	以前年度应缴未缴在本年入库所得税额	

纳税人公章：	代理申报中介机构公章：	主管税务机关受理专用章：
经办人：	经办人及执业证件号码：	受理人：
申报日期：年　月　　日	代理申报日期：年　月　日	受理日期：年月日

중화인민공화국 기업소득세 연도 납부신고표(A형)

사업연도 : 년 월 일부터 년 월 일까지

납세의무자명칭 :

법인등록번호(사업자등록번호) :

금액단위 : 위안(소수점두자리)

구분	번호	항목	금액
이윤총액 계산 (세전순이익)	1	一、매출액 (부표1)	
	2	차감 : 매출원가 (부표2)	
	3	영업세금 및 부가	
	4	판매비용 (부표2)	
	5	관리비용 (부표2)	
	6	재무비용 (부표2)	
	7	자산손상	
	8	가산 : 공정가액평가이익	
	9	투자수익	
	10	二、영업이익	
	11	가산 : 영업외수익(부표1)	
	12	차감 : 영업외지출(부표2)	
	13	三、법인세차감전순이익 (10 + 11 − 12)	
과세표준 계산	14	가산 : 익금산입손금불산입(부표 3)	
	15	차감 : 손금산입익금불산입(부표 3)	
	16	2중 : 비과세수입	
	17	면세수입	
	18	수입차감	
	19	감면항목	
	20	추가공제	
	21	과세표준의 공제	
	22	가산 : 해외사업소득으로 국내 결손금 보전	
	23	각사업연도소득금액	
	24	차감 : 이월결손금 (부표 4)	
	25	과세표준 (23 − 24)	
납부세액계산	26	세율 (25%)	
	27	산출세액 (25×26)	
	28	차감 : 감면세액(부표5)	
	29	차감 : 세액공제(부표5)	
	30	납부세액 (27 − 28 − 29)	
	31	가산 : 외국소득의 납부세액(부표6)	
	32	차감 : 외국납부세액공제(부표6)	
	33	실제 납부세액 (30 + 31 − 32)	
	34	차감 : 기납부세액	
	35	그중 : 합산납부시 기납부 세액	
	36	합산납부한 본점이 재정에 납부한 세액	
	37	합산납부시 지점이 부담하여 납부한 세액	
	38	연결납세(모자회사)의 예납비율	
	39	연결납세기업이 예납한 세액	
	40	당해연도에 납부하여야 할 세액 (33 − 34)	
첨부자료	41	전년도 과다납부세액 중 이월세액	
	42	전년도 미납부세액 중 당기에 납부하여야 할 세액	

납세의무자 사용인감 : 책임자 : 신고일자 : 년 월 일	세무대리인 사용인감 : 담당자 및 등록번호 : 신고대리일자 : 년 월 일	관할 세무기관 접수 확인 날인 접수자 : 접수일자 : 년 월 일

企业所得税年度纳税申报表附表一(1)

收入明细表

填报时间：年　月　日　　　　　　　　　　　　　　金额单位：元（列至角分）

行次	项　　　　目	金　额
1	一、销售（营业）收入合计（2+13）	
2	（一）营业收入合计（3+8）	
3	1.主营业务收入（4+5+6+7）	
4	(1) 销售货物	
5	(2) 提供劳务	
6	(3) 让渡资产使用权	
7	(4) 建造合同	
8	2.其他业务收入（9+10+11+12）	
9	(1) 材料销售收入	
10	(2) 代购代销手续费收入	
11	(3) 包装物出租收入	
12	(4) 其他	
13	（二）视同销售收入（14+15+16）	
14	(1) 非货币性交易视同销售收入	
15	(2) 货物、财产、劳务视同销售收入	
16	(3) 其他视同销售收入	
17	二、营业外收入（18+19+20+21+22+23+24+25+26）	
18	1.固定资产盘盈	
19	2.处置固定资产净收益	
20	3.非货币性资产交易收益	
21	4.出售无形资产收益	
22	5.罚款净收入	
23	6.债务重组收益	
24	7.政府补助收入	
25	8.捐赠收入	
26	9.其他	

经办人（签章）：　　　　　　　　　　　　法定代表人（签章）：

기업소득세 연도 납세신고표(부표 1)

수입 명세서

첨부일자 : 년 월 일 금액단위 : 위안(소수점두자리)

번호	항 목	금 액
1	一、매출액(영업수입)합계 (2+13)	
2	(一) 매출액 합계 (3+8)	
3	1.매출액 (4+5+6+7)	
4	(1) 제품매출액	
5	(2) 용역제공수입	
6	(3) 자산사용권의 양도	
7	(4) 건설공사수입	
8	2. 기타매출액 (9+10+11+12)	
9	(1) 재료판매수입	
10	(2) 대행수수료수입	
11	(3) 포장재임대수입	
12	(4) 기타	
13	(二) 간주매출액 (14+15+16)	
14	(1) 현물거래의 간주매출액	
15	(2) 재화, 재산, 용역의 간주매출액	
16	(3) 기타 간주매출액	
17	二、영업외수입 (18+19+20+21+22+23+24+25+26)	
18	1. 고정자산수량차익	
19	2. 고정자산처분이익	
20	3. 현물거래수익	
21	4. 무형자산처분이익	
22	5. 벌금수입(위약금, 연체이자 등)	
23	6. 채무재조정수익	
24	7. 정부보조금수입	
25	8. 수증이익	
26	9. 기타	

담당자(서명날인) : 대표이사(서명날인) :

企业所得税年度纳税申报表附表二(1)

成本费用明细表

填报时间：　　年　　月　　日　　　　　　　　　　　　　　金额单位：元（列至角分）

行次	项　　　　目	金　　额
1	一、销售（营业）成本合计（2+7+12）	
2	（一）主营业务成本（3+4+5+6）	
3	(1) 销售货物成本	
4	(2) 提供劳务成本	
5	(3) 让渡资产使用权成本	
6	(4) 建造合同成本	
7	（二）其他业务成本（8+9+10+11）	
8	(1) 材料销售成本	
9	(2) 代购代销费用	
10	(3) 包装物出租成本	
11	(4) 其他	
12	（三）视同销售成本（13+14+15）	
13	(1) 非货币性交易视同销售成本	
14	(2) 货物、财产、劳务视同销售成本	
15	(3) 其他视同销售成本	
16	二、营业外支出（17+18+……+24）	
17	1.固定资产盘亏	
18	2.处置固定资产净损失	
19	3.出售无形资产损失	
20	4.债务重组损失	
21	5.罚款支出	
22	6.非常损失	
23	7.捐赠支出	
24	8.其他	
25	三、期间费用（26+27+28）	
26	1.销售（营业）费用	
27	2.管理费用	
28	3.财务费用	

经办人（签章）：　　　　　　　　　　　　法定代表人（签章）：

기업소득세 연도 납세신고표(부표 2)

원가 및 비용 명세표

첨부일자 : 년 월 일 금액단위 : 위안(소수점두자리)

번호	항 목	금 액
1	一、매출(영업)원가 합계 (2+7+12)	
2	(一) 매출원가 (3+4+5+6)	
3	(1) 제품매출원가	
4	(2) 용역원가	
5	(3) 자산사용권양도원가	
6	(4) 건설공사원가	
7	(二) 기타매출원가 (8+9+10+11)	
8	(1) 재료판매원가	
9	(2) 대행수수료원가	
10	(3) 포장재임대원가	
11	(4) 기타	
12	(三) 간주매출원가 (13+14+15)	
13	(1) 현물거래의 간주매출원가	
14	(2) 재화, 재산, 용역의 간주매출액	
15	(3) 기타 간주매출원가	
16	二、영업외지출 (17+18+……+24)	
17	1. 고정자산수량차손	
18	2. 유형자산처분손실	
19	3. 무형자산처분손실	
20	4. 채무재조정손실	
21	5. 벌금지출(위약금, 연체이자 등)	
22	6. 비경상손실	
23	7. 기부금	
24	8. 기타	
25	三、판매비와관리비 (26+27+28)	
26	1. 판매비용(영업비용)	
27	2. 관리비용	
28	3. 재무비용	

담당자(서명날인) : 대표이사 (서명날인) :

企业所得税年度纳税申报表附表三

纳税调整项目明细表

填报时间：　　年　　月　　日　　　　　　　　　　　　　　　　　金额单位：元（列至角分）

	行次	项目	账载金额	税收金额	调增金额	调减金额
			1	2	3	4
	1	一、收入类调整项目	*	*		
	2	1. 视同销售收入（填写附表一）	*	*		*
#	3	2. 接受捐赠收入	*			*
	4	3. 不符合税收规定的销售折扣和折让				*
*	5	4. 未按权责发生制原则确认的收入				
*	6	5. 按权益法核算长期股权投资对初始投资成本调整确认收益	*	*	*	
	7	6. 按权益法核算的长期股权投资持有期间的投资损益	*	*		
*	8	7. 特殊重组				
*	9	8. 一般重组				
*	10	9. 公允价值变动净收益（填写附表七）	*	*		
	11	10. 确认为递延收益的政府补助				
	12	11. 境外应税所得（填写附表六）	*	*	*	
	13	12. 不允许扣除的境外投资损失	*	*		*
	14	13. 不征税收入（填附表一[3]）	*	*	*	
	15	14. 免税收入（填附表五）	*	*	*	
	16	15. 减计收入（填附表五）	*	*	*	
	17	16. 减、免税项目所得（填附表五）	*	*	*	
	18	17. 抵扣应纳税所得额（填附表五）	*	*	*	
	19	18. 其他				
	20	二、扣除类调整项目	*	*		
	21	1. 视同销售成本（填写附表二）	*	*	*	
	22	2. 工资薪金支出				
	23	3. 职工福利费支出				
	24	4. 职工教育经费支出				
	25	5. 工会经费支出				
	26	6. 业务招待费支出				*

기업소득세 연도 납세신고표(부표 3)

납세조정 명세표(소득금액 조정명세표)

과세연도 : 년 월 일 금액단위 : 위안(소수점두자리)

	번호	항 목	장부상 금액	세무상 금액	익금 가산	손금 가산
			1	2	3	4
	1	一、수입항목 조정내역	*	*		
	2	1. 간주매출액(부표1)	*	*		*
#	3	2. 수증수입	*			*
	4	3. 세법에 맞지 않는 매출에누리 및 매출환입				*
*	5	4. 발생주의에 따라 인식하지 않은 수입				
*	6	5. 취득시 최초투자금액과 지분법에 의한 가액과의 차액	*	*	*	
	7	6. 지분법으로 인식한 장기투자주식의 취득원가와의 차액	*	*		
*	8	7. 특별구조조정				
*	9	8. 일반구조조정				
*	10	9. 공정가액 변동 순이익(부표7)	*	*		
	11	10. 이연수익으로 인식한 정부보조금				
	12	11. 해외사업의 소득금액(부표6)	*	*	*	
	13	12. 공제할 수 없는 해외투자손실	*	*		*
	14	13. 비과세수입(부표1의[3])	*	*	*	
	15	14. 면세수입(부표5)	*	*	*	
	16	15. 수익차감(부표5)	*	*	*	
	17	16.면제 및 감면대상소득(부표5)	*	*	*	
	18	17. 과세표준의 공제 (부표5)	*	*	*	
	19	18. 기타				
	20	二、공제항목(비용)의 조정내역	*	*		
	21	1. 간주매출원가(부표2)	*	*	*	
	22	2. 인건비지출(임금 및 급여 등)				
	23	3. 복리후생비지출				
	24	4. 교육훈련비지출				
	25	5. 노동조합비지출				
	26	6. 접대비지출				*

	27	7. 广告费和业务宣传费支出（填写附表八）	*	*		
	28	8. 捐赠支出				*
	29	9. 利息支出				
	30	10. 住房公积金				*
	31	11. 罚金、罚款和被没收财物的损失		*		*
	32	12. 税收滞纳金		*		*
	33	13. 赞助支出		*		*
	34	14. 各类基本社会保障性缴款				
	35	15. 补充养老保险、补充医疗保险				
	36	16. 与未实现融资收益相关在当期确认的财务费用				
	37	17. 与取得收入无关的支出		*		*
	38	18. 不征税收入用于支出所形成的费用		*		*
	39	19. 加计扣除（填附表五）	*	*	*	
	40	20. 其他				
	41	三、资产类调整项目	*	*		
	42	1. 财产损失				
	43	2. 固定资产折旧（填写附表九）	*	*		
	44	3. 生产性生物资产折旧（填写附表九）	*	*		
	45	4. 长期待摊费用的摊销（填写附表九）	*	*		
	46	5. 无形资产摊销（填写附表九）	*	*		
	47	6. 投资转让、处置所得（填写附表十一）	*	*		
	48	7.油气勘探投资(填写附表九)				
	49	8.油气开发投资(填写附表九)				
	50	9. 其他				
	51	四、准备金调整项目（填写附表十）	*	*		
	52	五、房地产企业预售收入计算的预计利润	*	*		
	53	六、特别纳税调整应税所得	*	*		*
	54	七、其他	*	*		
	55	合　　计	*	*		

注：1、标有*的行次为执行新会计准则的企业填列,标有#的行次为除执行新会计准则以外的企业填列。

2、没有标注的行次,无论执行何种会计核算办法,有差异就填报相应行次,填*号不可填列

经办人（签章）：　　　　法定代表人（签章）：

	27	7. 광고선전비지출(부표8)	*	*		
	28	8. 기부금지출				*
	29	9. 이자비용지출				
	30	10. 주택적립금				*
	31	11. 벌금, 과태료 및 재산몰수손실		*		*
	32	12. 세액가산금		*		*
	33	13. 찬조지출		*		*
	34	14. 각종 사회보장성 납부액				
	35	15. 보충양로보험금 및 보충의료보험비				
	36	16. 금융수입과 관련되어 당기에 인식한 재무비용				
	37	17. 수입의 취득과 무관한 지출		*		*
	38	18. 비과세수입에 사용된 비용		*		*
	39	19. 추가공제(부표5)	*	*	*	
	40	20. 기타				
	41	三、자산항목의 조정내역	*	*		
	42	1. 재산손실				
	43	2. 고정자산 감가상각비(부표9)	*	*		
	44	3. 생산성생물자산의 감가상각비(부표9)	*	*		
	45	4. 장기이연비용의 상각비(부표9)	*	*		
	46	5. 무형자산 감가상각비(부표9)	*	*		
	47	6. 투자자산 처분이익(부표11)	*	*		
	48	7. 유전탐사투자(부표9)				
	49	8. 유전개발투자(부표9)				
	50	9. 기타				
	51	四、준비금및 충당금 조정내역(부표10)	*	*		
	52	五、부동산개발기업의 예약판매수입의 예상이윤	*	*		
	53	六、특별납세조정의 기업과세소득	*	*		*
	54	七、기타	*	*		
	55	합 계	*	*		

주 : 1. *가 있는 경우 신회계준칙을 적용하는 기업(상장기업)에 해당되며, #가 있는 경우 신기업회계준칙을 적용하지 않는 기업(비상장기업)에 해당된다.
2. 아무런 표시가 없는 경우 어떠한 회계준칙을 적용하더라도 차이가 있는 경우에는 기재를 하여야 하며, *가 있는 부분은 기재할 수 없다.

담당자 (서명날인) : 대표이사 (서명날인) :

企业所得税年度纳税申报表附表四

企业所得税弥补亏损明细表

填报时间： 年 月 日　　　　金额单位：元(列至角分)

行次	项目	年度	盈利额或亏损额	合并分立企业转入可弥补亏损额	当年可弥补的所得额	以前年度亏损弥补额					本年度实际弥补的以前年度亏损额	可结转以后年度弥补的亏损额
						前四年度	前三年度	前二年度	前一年度	合计		
		1	2	3	4	5	6	7	8	9	10	11
1	第一年											*
2	第二年					*						
3	第三年					*	*					
4	第四年					*	*	*				
5	第五年					*	*	*	*			
6	本年					*	*	*	*	*		
7	可结转以后年度弥补的亏损额合计											

经办人(签章)：　　　　法定代表人(签章)：

기업소득세 연도 납세신고표(부표 4)

기업소득세 이월결손금 명세표

첨부일자 :　　　년　월　일　　　　금액단위 : 위안(소수점두자리)

번호	항목	사업연도	소득금액 또는 결손금	합병 또는 분할기업의 공제가능한 이월결손금	당해 연도에 공제 가능한 소득금액	이월결손금 중 미공제 잔액					당해연도에 실제 공제한 이월결손금	이월가능한 이월결손금
						4년이전	3년이전	2년이전	1년이전	합계		
		1	2	3	4	5	6	7	8	9	10	11
1	제1년											*
2	제2년					*						
3	제3년					*	*					
4	제4년					*	*	*				
5	제5년					*	*	*	*			
6	당해연도					*	*	*	*	*		
7	이후 사업연도에 이월가능한 결손금 합계											

담당자 (서명날인) :　　　　대표이사 (서명날인) :

企业所得税年度纳税申报表附表五

税收优惠明细表

填报时间：　　年　　月　　日　　　　　　　　　　　　　　　　　　金额单位：元（列至角分）

行次	项　　　目	金　额
1	一、免税收入（2+3+4+5）	
2	1、国债利息收入	
3	2、符合条件的居民企业之间的股息、红利等权益性投资收益	
4	3、符合条件的非营利组织的收入	
5	4、其他	
6	二、减计收入（7+8）	
7	1、企业综合利用资源,生产符合国家产业政策规定的产品所取得的收入	
8	2、其他	
9	三、加计扣除额合计（10+11+12+13）	
10	1、开发新技术、新产品、新工艺发生的研究开发费用	
11	2、安置残疾人员所支付的工资	
12	3、国家鼓励安置的其他就业人员支付的工资	
13	4、其他	
14	四、减免所得额合计（15+25+29+30+31+32）	
15	（一）免税所得（16+17+…+24）	
16	1、蔬菜、谷物、薯类、油料、豆类、棉花、麻类、糖料、水果、坚果的种植	
17	2、农作物新品种的选育	
18	3、中药材的种植	
19	4、林木的培育和种植	
20	5、牲畜、家禽的饲养	
21	6、林产品的采集	
22	7、灌溉、农产品初加工、兽医、农技推广、农机作业和维修等农、林、牧、渔服务业项目	
23	8、远洋捕捞	
24	9、其他	
25	（二）减税所得（26+27+28）	
26	1、花卉、茶以及其他饮料作物和香料作物的种植	
27	2、海水养殖、内陆养殖	
28	3、其他	
29	（三）从事国家重点扶持的公共基础设施项目投资经营的所得	
30	（四）从事符合条件的环境保护、节能节水项目的所得	
31	（五）符合条件的技术转让所得	
32	（六）其他	
33	五、减免税合计（34+35+36+37+38）	
34	（一）符合条件的小型微利企业	
35	（二）国家需要重点扶持的高新技术企业	
36	（三）民族自治地方的企业应缴纳的企业所得税中属于地方分享的部分	
37	（四）过渡期税收优惠	
38	（五）其他	
39	六、创业投资企业抵扣的应纳税所得额	
40	七、抵免所得税额合计（41+42+43+44）	
41	（一）企业购置用于环境保护专用设备的投资额抵免的税额	
42	（二）企业购置用于节能节水专用设备的投资额抵免的税额	
43	（三）企业购置用于安全生产专用设备的投资额抵免的税额	
44	（四）其他	
45	企业从业人数（全年平均人数）	
46	资产总额（全年平均数）	
47	所属行业（工业企业　　其他企业　　）	
附列资料：		
1	一、减免所得额	--
2	清洁发展机制的项目所得	
3	其他	
4	二、减免税额	--
5	新办软件生产企业、集成电路设计企业	
6	国家规划布局内的重点软件生产企业	
7	生产线宽小0.8微米（含）集成电路产品的生产企业	
8	投资额超过80亿元人民币或集成电路线宽小0.25um的集成电路生产企业	
9	符合条件的技术先进型服务企业	
10	符合条件的动漫企业	
11	经营性文化事业单位转制企业	
12	其他	

经办人（签章）：　　　　　　　　　　　　　　法定代表人（签章）：

기업소득세 연도 납세신고표(부표 5)

조세특례 명세표

첨부일자 : 년 월 일 　　　　　　　　금액단위 : 위안(소수점두자리)

行次	项 目	金 额
1	一、면세수입 (2+3+4+5)	
2	1. 국채이자수입	
3	2. 거주기업간의 배당소득 등 지분투자수입	
4	3.비영리조직의 수입	
5	4.기타	
6	二、수입차감 (7+8)	
7	1. 자원을 종합적으로 이용하여 국가정책에 맞는 제품을 생산하여 취득한 수입	
8	2. 기타	
9	三、추가공제액 합계 (10+11+12+13)	
10	1. 연구개발비 추가공제	
11	2. 장애인고용으로 지급한 인건비 추가공제	
12	3. 국가가 취업을 장려하는 인원에게 지급한 인건비 추가공제	
13	4. 기타	
14	四、감면소득 합계 (15+25+29+30+31+32)	
15	(一) 면제소득 (16+17+…+24)	
16	1. 채소, 곡물, 고구마, 콩, 면화, 마, 과일, 견과류 등의 파종	
17	2. 농작물 신품종의 개발육성	
18	3. 중의학약재의 파종	
19	4. 임목의 배육과 파종	
20	5. 가축의 사육	
21	6. 임산물의 채집	
22	7. 관개, 농산품가공, 수의, 농기술보급 등 농입목어업의 서비스업	
23	8. 원양어업	
24	9. 기타	
25	(二) 감면소득 (26+27+28)	
26	1. 화훼, 차 및 기타 음료작물의 파종	
27	2. 해수양식 및 내륙양식	
28	3. 기타	
29	(三) 사회간접자본항목에 투자하여 경영한소득	
30	(四) 환경보호, 에너지 절약, 수자원 절약을 영위한 소득	
31	(五) 기술양도소득	
32	(六) 기타	
33	五、감면세액 합계 (34+35+36+37+38)	
34	(一) 소규모 영세기업	
35	(二) 국가가 중점 지원하는 첨단기술기업	
36	(三) 민족자치지방의 기업이 납부하여야 할 소득 중에서 지방귀속분	
37	(四) 과도기성 조세특례	
38	(五) 기타	
39	六、창업투자기업의 소득공제	
40	七、세액공제 합계 (41+42+43+44)	
41	(一) 환경보호 전용설비투자액의 세액공제	
42	(二) 에너지절약, 수자원 절약전용설비투자액의 세액공제	
43	(三) 안전생산 전용설비투자액의 세액공제	
44	(四) 기타	
45	기업의 종업원수(연간평균)	
46	자산총액(연간 평균)	
47	업종(제조업, 기타)	
첨부자료		
1	一、감면소득액	--
2	온실 가스 배출량 감축활동사업(CDM)의 소득	
3	기타	
4	二、감면세액	--
5	소프트웨어 생산기업 직접회로 설계기업의 창업	
6	국가가 지정하는 지역의 소프트웨어 생산기업	
7	0.8㎜ 이하인 집적회로제품을 생산하는 기업	
8	투자액이 80억위안을 초과하거나 0.25um 이하의 집적회로를 생산하는 기업	
9	기술선진형 서비스기업	
10	애니매이션기업	
11	문화사업을 영위하는 조직이 기업으로 조직변경	
12	기타	

담당자(서명날인) : 　　　　　　　　대표이사(서명날인) :

企业所得税年度纳税申报表附表六

境外所得税抵免计算明细表

填报时间：　年　月　日　　　　金额单位：元（列至角分）

抵免方式	国家或地区	境外所得	境外所得换算含税所得	弥补以前年度亏损	免税所得	弥补亏损前境外应税所得额	可弥补境内亏损	境外应纳税所得额	税率	境外所得应纳税额	境外所得可抵免税额	境外所得税款抵免限额	本年可抵免的境外所得税款	未超过境外所得税款抵免限额的余额	本年可抵免以前年度所得税额	前五年境外所得已缴税款未抵免余额	定率抵免
	1	2	3	4	5	6(3－4－5)	7	8(6－7)	9	10(8×9)	11	12	13	14(12－13)	15	16	
直接抵免																	
间接抵免				*	*									*	*	*	
				*	*									*	*	*	
				*	*									*	*	*	
				*	*									*	*	*	
	合计																

经办人（签章）：　　　　法定代表人（签章）：

기업소득세 연도 납세신고표(부표 6)

외국납부세액공제 계산 명세표

작성일자 : 년 월 일 금액단위 : 위안(소수점두자리)

공제방식	국가 또는 지역	국외소득	국외 소득을 세전소득으로 환산	이월 결손금 공제	면제 소득	이월 결손금 공제 전의 외국 소득	공제 가능한 국내 결손금	국외 소득 금액	세율	국외 소득 의 납부 세액	국외 소득의 공제 가능한 세액	국외 소득의 공제 한도액	당해 공제 가능한 세액	국외 납부 세액을 초과하지 않는 잔액	당해에 공제 가능한 전년도 소득 세액	5년전 이미 납부하였으나 공제하지 않은 세액	정률 공제 액
	1	2	3	4	5	6(3－4－5)	7	8(6－7)	9	10(8×9)	11	12	13	14(12－13)	15	16	
직접 공제																	
간접 공제				*	*									*	*	*	
				*	*									*	*	*	
				*	*									*	*	*	
				*	*									*	*	*	
	합계																

담당자 (서명날인) : 대표이사 (서명날인) :

企业所得税年度纳税申报表附表七

以公允价值计量资产纳税调整表

填报时间： 年 月 日　　　　　　　　　　　　　　金额单位：元（列至角分）

行次	资产种类	期初金额		期末金额		纳税调整额（纳税调减以“－”表示）
		账载金额（公允价值）	计税基础	账载金额（公允价值）	计税基础	
		1	2	3	4	5
1	一、公允价值计量且其变动计入当期损益的金融资产					
2	1.交易性金融资产					
3	2.衍生金融工具					
4	3.其他以公允价值计量的金融资产					
5	二、公允价值计量且其变动计入当期损益的金融负债					
6	1.交易性金融负债					
7	2.衍生金融工具					
8	3.其他以公允价值计量的金融负债					
9	三、投资性房地产					
10	合计					

经办人(签章)：　　　　　　　　法定代表人(签章)：

기업소득세 연도 납세신고표(부표 7)

공정가치로 평가한 자산 납세조정표

작성일자 : 년 월 일 금액단위 : 위안(소수점두자리)

行次	자 산 종 류	기초금액		기 말 금 액		납세조정액(음수일 경우 －로 표시)
		장부가액 (공정가액)	세무상가액	장부가액 (공정가액)	세무상가액	
		1	2	3	4	5
1	一、공정가치로 측정하고 당기수익에 계상한 금융자산					
2	1. 거래형 금융자산					
3	2. 파생금융상품					
4	3. 기타 공정가치로 측정한 금융자산					
5	二、공정가치로 측정하고 당기손익에 계상한 금융부채					
6	1. 거래형 금융부채					
7	2. 파생금융상품					
8	3. 기타 공정가치로 측정한 금융부채					
9	三、투자성 부동산					
10	합계					

담당자 (서명날인) : 대표이사 (서명날인) :

企业所得税年度纳税申报表附表八

广告费和业务宣传费跨年度纳税调整表

填报时间　　年　　月　日　　　　　　　　　　　　　　　金额单位：元（列至角分）

行次	项　　　目	金　额
1	本年度广告费和业务宣传费支出	
2	其中：不允许扣除的广告费和业务宣传费支出	
3	本年度符合条件的广告费和业务宣传费支出（1－2）	
4	本年计算广告费和业务宣传费扣除限额的销售（营业）收入	
5	税收规定的扣除率	
6	本年广告费和业务宣传费扣除限额（4×5）	
7	本年广告费和业务宣传费支出纳税调整额（3≤6，本行＝2行；3〉6，本行＝1－6）	
8	本年结转以后年度扣除额（3〉6，本行＝3－6；3≤6，本行＝0）	
9	加：以前年度累计结转扣除额	
10	减：本年扣除的以前年度结转额	
11	累计结转以后年度扣除额（8＋9－10）	

经办人（签章）：　　　　　　　　　　　法定代表人（签章）：

기업소득세 연도 납세신고표(부표 8)

광고선전비 납세조정표

작성일자 :　　　년　　월　　일　　　　　　　　　　　　금액단위 : 위안(소수점두자리)

번호	항　　　　목	금　액
1	당해 연도 광고선전비 지출액	
2	그중 : 공제할 수 없는 광고선전비 지출액	
3	당해 연도 공제가능한 광고선전비 지출액(1－2)	
4	당해 연도 매출액(영업수입액)	
5	세법상의 공제율	
6	당해 연도 광고선전비 공제한도액(4×5)	
7	당해 연도 광고선전비 납세조정액	
8	이월되는 당해 미공제액	
9	가산 : 과거연도 미공제액 이월액	
10	차감 : 당해 연도 공제한 전년도 이월액	
11	차기 이월금액 (8＋9－10)	

담당자 (서명날인) :　　　　　　　　　　대표이사 (서명날인) :

企业所得税年度纳税申报表附表九

资产折旧、摊销纳税调整明细表

填报日期： 年　　月　日　　　　　　　　　　金额单位：元（列至角分）

行次	资产类别	资产原值		折旧、摊销年限		本期折旧、摊销额		纳税调整额
		账载金额	计税基础	会计	税收	会计	税收	
		1	2	3	4	5	6	7
1	一、固定资产			*	*			
2	1.房屋建筑物							
3	2.飞机、火车、轮船、机器、机械和其他生产设备							
4	3.与生产经营有关的器具工具家具							
5	4.飞机、火车、轮船以外的运输工具							
6	5.电子设备							
7	二、生产性生物资产			*	*			
8	1.林木类							
9	2.畜类							
10	三、长期待摊费用			*	*			
11	1.已足额提取折旧的固定资产的改建支出							
12	2.租入固定资产的的改建支出							
13	3.固定资产大修理支出							
14	4.其他长期待摊费用							
15	四、无形资产							
16	五、油气勘探投资							
17	六、油气开发投资							
18	合计			*	*			

经办人（签章）：　　　　　　　　　　　　法定代表人（签章）

기업소득세 연도 납세신고표(부표 9)

자산의 감가상각비 조정 명세표

작성일자 : 　　년　월　일　　　　　　　　　　　　금액단위 : 위안(소수점두자리)

번호	자산 종류	취득원가		감가상각 내용연수		당기 상각액		납세 조정액
		장부가액	세무상가 액	회계	세무	회계	세무	
		1	2	3	4	5	6	7
1	一、유형자산			*	*			
2	1. 건축물							
3	2. 비행기, 기차, 선박, 기계장치 및 기타 생산설비							
4	3. 사업활동과 관련있는 기구, 공구 및 가구							
5	4. 비행기, 기차, 선박 이외의 운반구							
6	5. 전자설비							
7	二、생산성 생물자산			*	*			
8	1. 임목류							
9	2. 가축류							
10	三、장기이연비용			*	*			
11	1. 상각완료된 유형자산의 자본적 지출							
12	2. 금융리스자산의 자본적 지출							
13	3. 유형자산의 대수선지출							
14	4. 기타 장기이연비용							
15	四、무형자산							
16	五、유전탐사투자							
17	六、유전개발투자							
18	합　　계			*	*			

담당자 (서명날인) :　　　　　　　　　　대표이사 (서명날인) :

企业所得税年度纳税申报表附表十

资产减值准备项目调整明细表

填报日期： 年 月 日 金额单位：元(列至角分)

行次	准备金类别	期初余额	本期转回额	本期计提额	期末余额	纳税调整额
		1	2	3	4	5
1	坏（呆）账准备					
2	存货跌价准备					
3	*其中：消耗性生物资产减值准备					
4	*持有至到期投资减值准备					
5	*可供出售金融资产减值		——			
6	#短期投资跌价准备					
7	长期股权投资减值准备					
8	*投资性房地产减值准备					
9	固定资产减值准备					
10	在建工程（工程物资）减值准备					
11	*生产性生物资产减值准备					
12	无形资产减值准备					
13	商誉减值准备					
14	贷款损失准备					
15	矿区权益减值					
16	其他					
17	合计					

注：表中*项目为执行新会计准则企业专用；表中加#项目为执行企业会计制度、小企业会计制度的企业专用。

经办人(签章)： 法定代表人(签章)：

기업소득세 연도 납세신고표(부표 10)

자산평가충당금 조정 명세표

작성일자 : 년 월 일 단위 : 위안(소수점두자리)

번호	충당금 종류	기초 잔액	당기 환입액	당기 설정액	기말 잔액	납세 조정액
		1	2	3	4	5
1	대손충당금					
2	재고자산 평가충당금					
3	*소모성 생물자산 평가충당금					
4	* 만기보유증권 평가충당금					
5	*매도가능증권 평가충당금		——			
6	#단기투자 평가충당금					
7	장기투자유가증권 평가충당금					
8	*투자성부동산 평가충당금					
9	유형자산 평가충당금					
10	건설중인자산 평가충당금					
11	*생산성생물자산 평가충당금					
12	무형자산 평가충당금					
13	영업권 평가충당금					
14	대출금 평가충당금					
15	광구권 평가충당금					
16	기타					
17	합 계					

㈜ : 위에서 *표시된 부분은 신기업회계준칙에 적용되는 부분이고 #로 표시된 부분은 기업회계제도 및 소기업 회계제도에 적용되는 부분임.

담당자 (서명날인) : 대표이사 (서명날인) :

企业所得税年度纳税申报表附表十一

长期股权投资所得（损失）明细表

填报时间： 年 月 日　　　　金额单位：元（列至角分）

行次	被投资企业	期初投资额	本年度增（减）投资额	投资成本		股息红利					投资转让所得（损失）					
				初始投资成本	权益法核算对初始投资成本调整产生的收益	会计核算投资收益	会计投资损益	税收确认的股息红利		会计与税收的差异	投资转让净收入	投资转让的会计成本	投资转让的税收成本	会计上确认的转让所得或损失	按税收计算的投资转让所得或损失	会计与税收的差异
								免税收入	全额征税收入							
	1	2	3	4	5	6(7+14)	7	8	9	10(7－8－9)	11	12	13	14(11－12)	15(11－13)	16(14－15)
1																
2																
3																
4																
5																
6																
7																
8																
合计																

投资损失补充资料

行次	项目	年度	当年度结转金额	已弥补金额	本年度弥补金额	结转以后年度待弥补金额
1	第一年					
2	第二年					
3	第三年					
4	第四年					
5	第五年					
以前年度结转在本年度税前扣除的股权投资转让损失						

备注：

经办人（签章）：　　　　法定代表人（签章）：

기업소득세 연도 납세신고표(부표 11)

장기주식 투자소득(손실) 명세표

작성일자 : 년 월 일 금액단위 : 위안(소수점두자리)

번호	피투자 기업	기초 투자액	당해연도 투자 또는 회수액	투자원가		배당금수입					투자자산 양도소득(손실)					
				기초 투자 원가	기초투자 원가를 지분법으로 평가하여 발생된 평가이익	회계상 반영된 투자수익	회계상 투자 손익	세무상 인식한 배당금수익		회계와 세무의 차이	투자 양도 순수입	투자 양도의 회계상 원가	투자 양도의 세무상 원가	회계상 인식한 양도소득 또는 양도손실	세법에 의한 양도소득 또는 양도손실	회계와 세무의 차이
								면세수입	전액 과세수입							
	1	2	3	4	5	6(7+14)	7	8	9	10(7−8−9)	11	12	13	14(11−12)	15(11−13)	16(14−15)
1																
2																
3																
4																
5																
6																
7																
8																
합계																

投资损失补充资料

번호	항목	연도	당해연도 이월금액	기공제액	당해연도 공제액	이월되는 미공제 결손금	비고 :
1	제1년도						
2	제2년도						
3	제3년도						
4	제4년도						
5	제5년도						
이전연도에서 이월되어 당기에 공제되는 주식투자 양도손실							

담당자 (서명날인) : 대표이사 (서명날인) :

제 4 장

개인소득세법(个人所得税法)

(한국의 소득세법)

개인소득세법은 개인이 취득한 각종 과세소득에 대해 과세하는 세목으로서 기업(법인)의 소득에 대해 과세되는 기업소득세(중국에서는 토지증치세를 자원세로 분류하고 있다)와 더불어 '소득세'의 범주에 속한다.

중국의 현행 개인소득세법은 1980년 9월 10일 제5기 전국인민대표대회 제3차 회의에서 제정하였고, 1993년 10월 31일 제8기 전국인민대표대회 상무위원회 제4차 회의에서 개정된 「중국 개인소득세법」 및 2008년 2월 18일 개정된 「중국 개인소득세법 실시조례」(이하 '개인소득세법' 및 '개인소득세법 실시조례'라 한다)를 기준으로 하고 있다.

2011년 6월 30일 제11기 전국인민대표회의 상무위원회 제21차 회의에서 '근로소득에 대한 소득공제와 적용세율 및 사업소득에 대한 적용세율'에 대한 부분이 개정되어(2011년 9월 1일부터 시행) 현행 개인소득세법의 기본체계는 2008년 개정된 개인소득세법을 기본으로 하고 2011년 개정된 근로소득과 사업소득에 대한 소득공제 및 적용세율을 적용한다.

Tip 양국의 세법 명칭 비교

한국의 세법에서는 개인의 소득에 대해 과세하는 세금을 '소득세'라고 하고 법인의 소득에 대해 과세하는 세금을 '법인세'라고 하는데, 중국에서는 각각 '개인소득세' 및 '기업소득세'라고 좀 더 구체적으로 표현하고 있다.

I. 납세의무자

개인소득세의 납세의무자는 중국 공민(국민), 개인사업자 및 중국내 소득이 있는 외국인(무국적자를 포함한다. 이하 같다)과 홍콩, 마카오, 대만지역의 동포를 포함한다.

위의 납세의무자는 주소와 거주시간의 두 가지 표준에 따라 거주자와 비거주자로 구분하여 서로 다른 납세의무를 부담한다.

1. 거주 납세의무자(거주자)

거주 납세의무자는 일정기간 동안 취득한 소득의 원천지가 중국내이든 중국외이든 모두 중국에서 개인소득세를 납부하여야 하는 무한 납세의무를 진다.

1) 거주 납세의무자의 정의

개인소득세법에서는 거주 납세의무자를 다음과 같이 규정하고 있다.

거주 납세의무자의 정의

거주 납세의무자는 중국내 주소가 있는 개인 또는 주소는 없지만 중국에서 만 1년 이상 거주한 개인을 말한다.

(1) 중국내 주소가 있는 개인

중국내 주소가 있는 개인이라 함은 호적, 가족, 경제활동관계로 인하여 중국내에 '계속적 거주'를 하고 있는 개인을 말한다.

납세의무자가 비록 한 과세연도내 심지어 연속하는 몇 년의 과세연도의 기간 동안 중국내 단 하루라도 거주하지 않았다 하더라도 계속적 거주를 하는 때에는 중국의 거주 납세의무자가 되어 중국내외의 모든 과세소득에 대하여 중국에 개인소득세를 납부하여야 한다.

용어설명 거주 납세의무자

중국내에 주소가 있거나 주소가 없더라도 중국에서 만 1년 이상 거주한 개인을 말하며 한국에서의 거주자의 개념과 유사하다.

계속적 거주(习惯性居住)

'계속적 거주'는 납세의무자가 거주자인지 비거주자인지 판정하는 중요한 근거가 된다. 학업, 직장, 친지방문 등의 원인이 소멸된 후 그곳에 계속 머물러야 할 특별한 사유가 없어진 후 돌아가야 할 곳을 의미하며, 실제 거주하고 있거나 일정기간내의 거주지를 의미하는 것은 아니다.

예를 들어, 납세의무자가 학업, 직장, 친지방문, 여행 등의 원인으로 중국외에서 거주하고 있으나 이러한 원인이 없어진 이후에 중국내로 돌아와야 한다면 중국이 납세의무자의 계속적 거주지가 된다.

'계속적 거주'는 중국의 세법에서는 '습관성 거주'라고 표현하고 있으며 한국에서는 생활 근거지의 개념과 유사한 것으로 볼 수 있는데, 이하 '계속적 거주'라는 표현을 사용하기로 한다.

(2) 중국에서 만 1년 거주

'중국에서 만 1년 거주'란 한 과세연도(양력으로 1월 1일부터 12월 31일까지를 말한다. 이하 같다) 내에 중국내에서 만 365일 거주한 것을 말한다. 거주일수를 계산할 때 있어서 임시로 출국한 경우는 중국내 거주한 것으로 보아 중국내 거주한 일수에서 차감하지 아니한다.

'임시로 출국한 경우'란, 한 과세연도 내에서 한번에 30일을 초과하지 않거나 출국일의 합계가 90일을 초과하지 않는 출국을 말한다.

(3) 거주 납세의무자의 정의

중국에서 개인소득세의 거주 납세의무자는 아래의 두 가지 경우를 포함한다.

- 중국내에 정착하여 살고 있는 중국 공민과 외국인. 단 중국 국적은 있으나 중국대륙에 살지 않고 해외에 살고 있는 화교 및 홍콩, 마카오, 대만에 살고 있는 동포는 포함하지 아니한다.
- 양력으로 1월 1일부터 12월 31일까지 중국내에서 거주한 외국인, 해외 동포와 홍콩, 마카오, 대만 동포. 이들이 한 과세연도 내에 한번에 30일을 초과하지 않거나 합계가 90일을 초과하지 않는 출국이 있는 경우에는 모두 1년간 중국내에 거주한 것으

로 보아 거주 납세의무자로 본다.
예를 들어 한 외국인이 2011년 10월부터 중국내에 있는 회사에 재직하고 있으며 2012년도 과세연도 내에 3월 7일부터 12일까지 중국을 떠났다가 돌아와서 그 회사에 출장업무보고를 하였고, 12월 23일 다시 중국을 떠나 성탄절과 새해를 보낼 경우, 이 두 차례의 출국시간을 합산하여 90일을 초과하지 아니하였으므로 임시출국으로 보아 중국거주일수에서 차감하지 아니한다. 따라서 이 납세의무자는 거주 납세의무자가 된다.

현행 세법 중 '중국내'의 개념은 중국대륙을 말하며 현재 홍콩, 마카오와 대만지역은 포함하지 아니한다.

거주자의 정의는 조세조약에 대부분 규정되어 있으며, 개인소득세법과 조세조약에 있어서 다를 경우 조세조약 체결국 간에는 조세조약이 우선한다.

2. 비거주 납세의무자(비거주자)

비거주 납세의무자는 거주 납세의무자의 판정기준에 해당하지 않는 납세의무자를 말하며, 비거주 납세의무자는 중국내의 원천소득에 대해서만 중국에 개인소득세를 납부하고 중국외 원천소득에 대해서는 납부의무가 없는 유한 납세의무를 부담한다.

1) 비거주 납세의무자의 정의

개인소득세법에서의 비거주 납세의무자는 다음과 같이 규정하고 있다.

비거주 납세의무자의 정의

- 중국내에 주소가 없고 거주하지 않거나
- 주소가 없이 중국내에 만 1년 미만 거주한 개인

비거주 납세의무자는 계속적 거주지가 중국내에 있지 않고 중국내에 거주하고 있지 않거나, 한 과세연도 내에 중국내에 거주한 기간이 만 1년이 되지 않는 개인을 의미한다.

현실적으로 계속적 거주지가 중국내에 있지 아니한 개인은 외국인, 화교 또는 홍콩, 마카오, 대만 동포를 말한다.

2) 중국내 거주한 일수 및 실제 근무기간의 판정기준

2004년 7월 1일부터 중국에서 거주한 일수와 중국내 실제 근무기간은 아래의 규정을 적용하여 판정한다.

(1) 납세의무의 판정 및 중국내 거주일수 계산

중국내에 주소가 없는 개인에 대해 중국내 거주한 일수를 계산하여야 할 때 또는 세법과 조세협정의 규정에 따라 중국내에서 어떠한 종류의 납세의무를 부담하는지를 판정할 때 그 개인이 실제 중국에서 머무른 일수에 따라 계산해야 한다.

개인이 입국, 출국, 왕복, 혹은 수차례 중국내외로 왕복한 당일은 모두 하루로 보아 중국내 실제 머무른 일수로 계산한다.

(2) 개인의 입국, 출국 당일 및 중국내 실제근무기간의 계산

중국내와 중국외의 회사에서 동시에 근무하거나 중국외 회사에서 근무하고 중국내에 주소가 없는 개인은 '중국내 주소가 없는 개인의 개인소득세 납부에 관한 국가세무총국의 통지'(國稅函發 [1995] 125호)의 규정에 따라 중국내 근무기간을 계산할 때에 입국, 출국, 왕복 혹은 수차례 중국내외로 왕복한 당일은 모두 반일로 하여 중국내에서 실제 근무한 일수를 계산한다.

납세의무자 및 그 납세의무는 아래 도표에 나타나 있다.

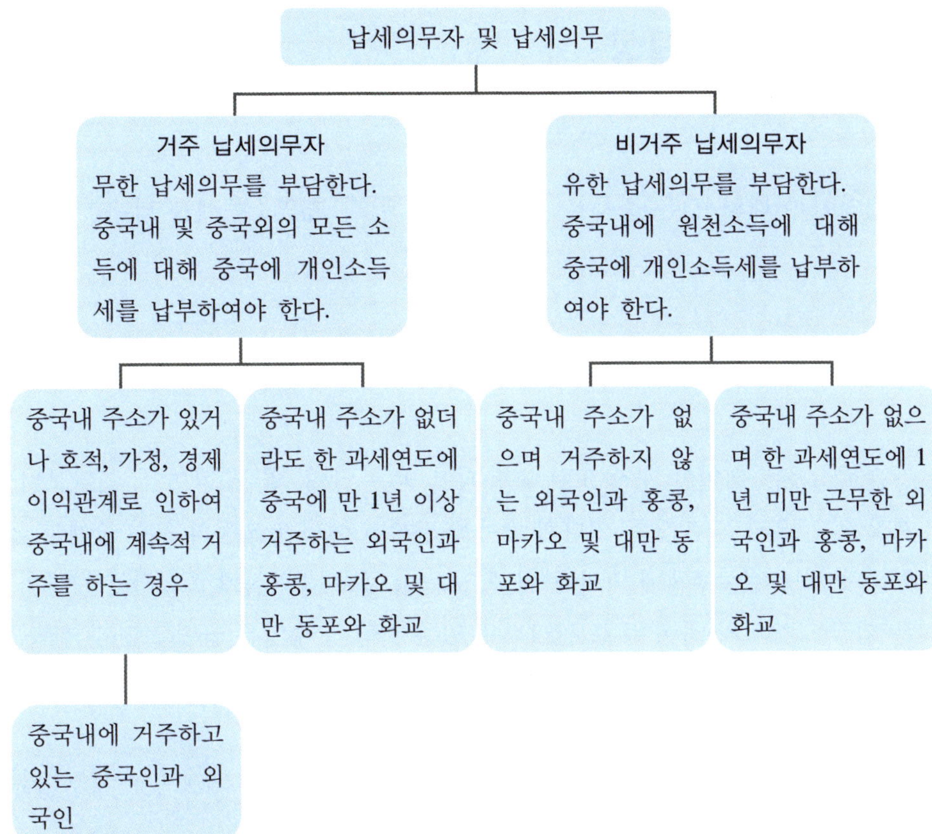

3) 개인기업과 동업기업

2000년 1월 1일부터 개인독자기업과 동업기업의 투자자도 개인소득세의 납세의무자가 되어 개인소득세를 납부하여야 한다.

용어설명 개인독자기업과 동업기업의 개념

개인독자기업은 특정 개인이 단독으로 사업을 영위하는 것을 말하며, 동업기업은 둘 이상이 동업하여 사업을 영위하는 것으로서 한국의 공동사업자의 개념과 동일하다.

II. 과세대상

개인이 아래와 같은 소득을 취득할 경우 각각 개인소득세를 납부하여야 한다.

1. 근로소득(工资, 薪金所得)

근로소득은 개인이 재직 또는 고용되어 받은 급여, 임금, 상여금, 연말보너스 등 재직 및 고용과 관련 있는 기타의 소득을 말하며 이러한 노동의 보수 중에서 급여와 임금의 개념에는 주체에 따라 차이가 있는데, 주로 생산직에 종사하는 사람의 수입은 임금(工资)이라 하며 주로 관리직에 있는 사람의 수입은 급여(薪金)라 한다. 그러나 입법과정에 있어서 급여와 임금을 하나의 항목으로 합쳐 근로소득으로 하여 개인소득세를 징수한다.

근로소득은 급여, 임금 이외의 상여금(奖金), 연말보너스(年终加薪, 劳动分红), 수당(津贴), 보조금(补贴)을 포함한다. 그 중 연말보너스는 모두 근로소득으로 보아 과세를 하나, 일부 수당(津贴)과 보조금(补贴) 중에서는 비과세가 되는 부분이 있다.

1) 비과세대상 근로소득

근로소득 중에서 과세하지 아니하고 있는 항목에는 다음과 같은 것이 있다.

- 독생자녀수당
- 공무원의 기본임금총액에 포함되지 않는 수당, 보조금과 가족에 대한 부식품보조
- 탁아보조비
- 출장비보조 및 식대보조. 그 중 식대보조는 재정부의 규정에 따라 개인이 시내출장 등으로 인하여 사내에서 식사를 하지 못하였을 때 규정에 따라 지급하는 식대보조비를 말한다. 그러나 회사가 식대보조비의 명목으로 종업원에게 지급한 수당과 보조금은 포함하지 아니한다.

2. 사업소득(个体工商户的生产、经营所得)

1) 사업소득의 종류

개인사업자의 사업소득에는 다음과 같은 것이 있다.

- 개인사업자가 공업, 수공업, 건축업, 교통운수업, 상업, 음식업, 서비스업, 수리업 및 기타 업종을 영위하여 취득한 소득
- 개인이 정부의 비준을 거쳐 허가증을 취득하여 과학, 의료, 자문 및 기타 서비스업을 영위하여 취득한 소득
- 개인사업자 또는 개인이 취득한 사업활동과 관련 있는 과세대상소득
- 개인이 복권을 대리판매하여 취득한 소득은 개인사업자의 사업소득으로 보아 개인소득세를 징수한다.
- 기타 개인이 개인사업을 하여 취득한 사업소득

2) 소득종류별 과세

개인사업자와 사업을 영위하는 개인이 사업활동과 무관한 기타의 소득을 취득한 경우에는 그 소득의 성격에 따라 각각 개인소득세를 과세한다. 예를 들어 은행예금의 이자소득 및 투자를 하여 취득한 배당소득은 '이자소득, 배당소득'의 규정에 따라 별도로 개인소득세를 과세한다.

3) 개인용도로 사용한 경우

개인독자기업과 동업기업의 개인투자자가 사업체의 자금을 가지고 본인이나 가족 및 기타 특수관계자에게 회사의 운영과 무관한 소비성 지출 또는 차량, 주택구입 등의 재산적 지출을 하는 것은 모두 개인투자자에게 이윤을 분배한 것으로 보아 모두 투자자개인의 사업소득에 합산하여 사업소득으로 과세한다.

용어설명 个体工商户的生产、经营所得

중국의 개인소득세법에서 个体工商户的生产、经营所得은 개인사업자의 생산 및 경영소득으로서 한국의 개인사업자의 사업소득과 거의 유사하다고 볼 수 있다.

3. 도급경영(承包经营)소득과 수탁경영(承租经营)의 소득

기업 등 사업체에 대한 도급경영소득과 수탁경영소득은 개인이 도급경영(承包经营), 수탁경영(承租经营), 재도급경영(转包经营), 재수탁경영(转租经营)을 하여 취득한 소득을 말한다.

도급의 대상이 되는 항목은 운영, 구매, 판매, 건축설치 등 여러 가지의 종류가 있다.

용어설명 도급경영 및 수탁경영

도급경영(承包经营)과 수탁경영(承租经营)은 한국에서는 흔하지 않은 사업운영방식이다.

- 도급경영(承包经营)

  도급경영은 기업의 특정 사업부문을 도급경영자에게 경영을 위탁하고 도급경영자가 일정기간 사업부문을 운영하여 사업부문의 운영의 위험과 수익을 부담하는 운영을 말한다. 도급경영자는 위탁자에게 일정한 사용료만 부담하고 경영과정에서 달성된 수익은 모두 도급경영자에게 귀속된다.

  이 개념은 한국에서 일부 업종에서 시행되고 있는 '소사장제'와 개념이 비슷하다고 볼 수 있으며, 이하 여기에서는 '도급경영'이라는 용어를 사용하기로 한다.

- 수탁경영(承租经营)

  수탁경영은 위의 도급경영에 대비되는 개념으로서 수탁경영자가 위탁자로부터 일정 사업부문의 경영을 수탁받아 경영하며 수탁경영자는 위탁자로부터 일정한 운영보수만 받고 경영과정에서 달성한 실적은 모두 위탁자에게 귀속되는 것을 말하며, 이하 여기에서는 '수탁경영'이라는 용어를 사용하기로 한다.

출처 : www.baidu.com

4. 인적용역소득(劳务报酬所得, 노무보수소득)

인적용역소득은 개인이 독립적으로 각종 용역을 제공하여 취득한 소득을 말하며 다음과 같은 것이 있다.

1) 인적용역소득의 종류

구 분	내 용
설계(设计)	고객의 요구에 따라 공사 등의 각종 설계업무를 하는 것
장식(装潢)	고객의 위탁을 받아 장식 또는 인테리어를 하는 것
설치(安装)	고객의 요구에 따라 각종 기계 및 설비를 배치, 설치하는 것 및 기계 및 설비와 서로 관련 있는 부속설비의 설치 및 절연, 부식방지, 보온, 도장 등의 작업
제도(制图)	실물 혹은 가상물체의 형상에 따라 평면도, 입체도, 투시도 등을 그려내는 것
화학실험(化验)	물질의 성분이나 성질 등을 검사하는 업무
측정(测试)	계측기기를 이용하여 물품의 성능이나 질량을 측정실험을 하는 업무
의료(医疗)	각종 질병을 진단, 치료하는 의료업무
법률(法律)	변호, 법률고문을 맡아 법률자문을 제공하는 업무
회계(会计)	회계결산의 업무
자문(咨询)	고객이 의뢰한 정치, 경제, 과학기술, 법률, 회계, 문화 등 문제에 대한 해설 등의 자문업무
강연(讲学)	각종 강의, 보고, 현황 설명 등을 하는 업무
뉴스(新闻)	뉴스를 제공 또는 제작하는 업무
방송(广播)	방송업에 종사하는 업무
번역(翻译)	번역 업무
심사(审稿)	문자작품이나 도형작품에 대하여 심사, 대조하는 업무
서화(书画)	고객의 요구 혹은 직접 서법, 회화, 작문 등을 하는 업무
조각(雕刻)	도장 등을 조각하는 업무
방송(影视)	영화, TV프로그램에 출연하거나 감독, 음향, 분장, 무대소품, 제작 등 방송과 관계가 있는 업무
녹음(录音)	녹음관련장비를 사용하여 각종 음향테이프를 녹음하는 업무 혹은 강연, 공연, 취재에 응하여 녹음되는 업무

구 분	내 용
녹화(录像)	녹화장비를 이용하여 각종 영상이나 프로그램을 제작하는 업무
연출(演出)	연극, 음악, 무도, 곡예 등 문예활동에 참가하는 업무
공연(表演)	잡기, 체육, 무술, 패션, 기공 등에 참가하여 공연하는 업무
광고(广告)	도서, 잡지, 방송, TV, 영화, 포스터, 도로표지, 쇼윈도, 네온사인, 외벽 등을 이용하여 상품, 사업영역, 문화체육활동 등을 선전하거나 이와 관련이 있는 업무
전시(展览)	서화전 등 각종 전시활동을 주최하거나 참가하는 업무
기술용역(技术服务)	기술을 이용하여 기술지도를 하거나 기술적인 도움을 주는 업무
알선용역(介绍服务)	수요자와 공급자 양쪽을 알선하여 협의하거나 혹은 상품, 사업영역 등을 소개하는 업무
중개용역(经纪服务)	중개인이 중개하여 각종 거래를 촉진시키거나 용역을 제공하는 업무
대행용역(代办服务)	위탁인을 대행하여 수탁범위 내에서 각종 일을 처리하는 업무
기타용역	위의 항목 이외의 각종 용역

2) 특수한 경우

2004년 1월 20일부터 상품판매활동에 있어서 기업이 판매실적이 탁월한 자(종업원이 아닌 자)에게 직업훈련, 토론회, 직업시찰 등 관광활동으로 판매실적장려금을 지급한 경우(실물이나 유가증권을 포함한다) 비용전액을 판매원의 용역수입으로 보아 '인적용역소득'으로 과세하며, 이러한 비용을 지급한 회사는 개인소득세를 원천징수하여야 한다.

3) 인적용역소득의 판단기준

실무에서 어느 소득이 근로소득인지 인적용역소득인지 구별하기 어려울 때가 있는데, 근로소득은 회사에 소속된 자에게 지급하는 소득이며 인적용역소득은 회사에 소속되지 아니한 독립적인 사업자가 각종 용역을 제공하고 취득한 소득을 말한다.

용어설명 劳务报酬所得

중국에서의 劳务报酬所得은 개인사업자가 대규모의 투자가 없이 독립적으로 자신의 용역을 타인에게 제공하고 수입을 얻는 경우를 말하며 한국에서는 과거의 사업소득 내의 '인적용역소득'과 유사하다.

용어설명 인적용역소득(劳务报酬所得)의 개념

인적용역소득은 중국어로는 '劳务报酬所得 (노무보수소득)'이라고 되어 있으며 개인이 설계, 인테리어, 설치, 제도, 화학실험, 측량, 의료, 법률, 회계, 자문, 강의, 뉴스, 방송, 번역, 심사, 서예, 조각, 녹음, 녹화, 연출, 출연, 광고, 전람, 기술서비스, 중개서비스, 거래서비스, 대리서비스 등 및 다른 인적용역을 제공하고 취득한 소득을 말한다.

원문 :
劳务报酬所得, 是指个人从事设计、装潢、安装、制图、化验、测试、医疗、法律、会计、咨询、讲学、新闻、广播、翻译、审稿、书画、雕刻、影视、录音、录像、演出、表演、广告、展览、技术服务、介绍服务、经纪服务、代办服务以及其他劳务取得的所得。

5. 원고소득(稿酬所得)

원고소득은 개인이 작품을 도서, 간행물 형식으로 출판하거나 발표하여 취득한 소득을 말한다. 원고소득을 하나의 독립적인 과세항목으로 보는 반면에 도서나 간행물형식으로 출판, 발표하지 아니한 번역·심사·서화의 소득에 대하여 인적용역소득으로 보는 것은 작품을 출판, 발표하는데 있어서 다음과 같은 특수한 상황을 고려한 것이다.

첫째, 비교적 높은 창작력을 동원하여 만든 것이고,
둘째, 보편성을 지니고 있으며,
셋째, 사회주의 정신문명과 물질문명과 밀접한 관계가 있으며,
넷째, 보수는 비교적 낮다.

따라서 원고소득은 인적용역소득과 구별하여 적절한 조세특례를 주고 있다.

6. 특허권사용료소득(特许权使用费所得)

특허권사용료소득은 개인이 특허권, 상표권, 저작권, 비특허기술 및 기타의 특허권의 사용권을 제공하여 취득한 소득을 말한다. 저작권사용권을 제공하고 취득한 소득은 원고소득에 포함되지 않고 특허권사용료소득에 포함된다.

특허권사용료소득의 자세한 내용은 다음과 같다.

구 분	내 용
특허권 (专利权)	국가가 특허권 신청인 또는 그 권리승계인에게 일정기간 내에 그 발명, 창조의 독점권을 행사하는 권리를 주는 것을 말한다. 중국은 개인이 특허권을 사용 또는 양도하여 취득한 소득을 모두 특허권사용료소득으로 보아 개인소득세를 과세한다.
상표권 (商标权)	상표등록자가 누리는 상표를 배타적으로 사용할 수 있는 권리이다.
저작권 (著作权)	저작자가 법에 따라 문학, 예술, 과학작품에 대하여 누리는 독점적 권리이다.

개인이 상표권, 저작권, 비법 등 고유기술을 제공하거나 양도하여 취득한 소득에 대하여 모두 개인소득세를 납부하여야 한다.

7. 이자소득 및 배당소득(利息、股息、红利所得)

이자소득 및 배당소득은 개인이 채권 또는 주식을 소유하여 취득한 이자, 배당소득을 말한다.

이자란 개인이 채권을 소유함으로써 취득한 소득이며 예금이자, 대출이자와 각종 채권의 이자를 포함한다. 세법의 규정에 따라 개인이 취득한 이자소득은 국채와 국가가 발행한 금융채권 이외에는 모두 개인소득세를 납부하여야 한다.

배당은 개인이 주식을 소유함으로써 취득한 배당소득으로서 일정한 비율에 따라 각 주식에 대하여 지급한 것은 배당(股息)이라고 하며 회사가 배분해야 할 이윤을 주식에 따라 배분하는 것을 분배(红利)라고 한다. 배당소득은 별도의 규정 이외에는 개인소득세를 납부하여야 한다.

중국의 세법에서는 배당소득과 관련하여 股息와 红利라는 용어를 동시에 사용하고 있는데 한국에서는 특별한 구별없이 배당이라는 사용하고 있으므로 두 가지를 합쳐서 모두 '배당소득'이라고 사용하기로 한다.

개인독자기업, 동업기업이 아닌 주식회사 등의 법인에 투자한 개인이 회사의 자금을 본인이나 가족 또는 특수관계자를 위해 회사의 운영과 무관한 소비성지출 및 차량, 주택구입 등의 지출에 사용한 경우에는 회사가 그 투자자에게 분배한 것으로 보아 이자, 배당소득의 규정에 따라 개인소득세를 징수하며, 이러한 지출은 소득세 계산시 회사의 비용으로 공제할 수 없다.

Tip 가지급금과 관련한 개인소득세의 처리

한국에서도 업무의 사용용도가 불명확한 가지급금이 종종 나타나곤 하는데 중국과 한국에서는 처리방법에서 다음과 같이 차이가 있다.

중국의 개인소득세법에서는 과세연도 내 개인투자자가 투자한 기업(개인독자기업, 동업기업 제외)으로부터 차입한 경우 과세연도 종료시점까지 상환하지 못한 차입금은 기업이 개인투자자에게 분배한 것으로 보아 '이자, 배당소득'으로 과세한다.

한국에서는 자금을 사용한 것으로 보아 이자에 해당하는 부분을 지급하면 되고 가지급금을 기한의 제한 없이 상환하기만 하면 된다.

8. 재산임대소득

재산임대소득은 개인이 건축물, 토지사용권, 기기설비, 차량, 선박 및 기타 재산을 임대하여 취득한 소득이다.

개인이 임차한 재산을 다시 전대하여 취득한 재산전대수입은 재산임대소득의 과세범위에 해당하며 재산을 전대한 사람이 개인소득세를 납부한다.

9. 재산양도소득

재산양도소득은 개인이 유가증권, 주식, 건축물, 토지사용권, 기기설비, 차량, 선박 및 기타 재산을 양도하여 취득한 소득을 말한다.

개인의 재산양도는 주로 개인의 재산소유권의 양도이다. 재산양도는 실질적으로 매매행위이며 계약당사자가 계약체결 및 재산양도계약의 이행을 통하여 재산의 매매가 이루어지는 법률행위로서, 재산의 양도자가 상대방으로부터 대금 또는 기타 대가를 취득하게 된다.

재산양도소득은 하나의 과세항목으로 과세하며, 개인이 취득한 각종 재산양도소득은 주식의 양도소득 이외에는 모두 개인소득세를 과세하며 구체적인 규정은 아래와 같다.

1) 주식 양도소득

개인소득세법 실시조례의 규정에 따라 주식 양도소득에 대하여 개인소득세를 과세하는 방법은 재정부가 별도로 제정하고 국무원의 비준을 받아 실시한다. 현재 증권시장이 아직 성숙되지 아니하고, 주식회사제도가 아직 초기단계에 있어서 국무원의 결정으로 주식 양도소득에 대하여는 잠정적으로 개인소득세를 과세하지 아니한다.

2) 양화자산의 주식양도(量化资产股份转让)

집체소유제 기업이 주식회사로 전환할 때 종업원이 주식의 형식으로 취득한 양화자산(量化资产)에 대해서는 잠정적으로 개인소득세를 면제하며, 개인이 그 주식을 양도할 때에 그 양도수입액에서 개인이 주식을 취득할 때 실제 지불한 비용지출과 합리적인 양도비용을 공제한 후의 잔액을 '재산양도소득'으로 개인소득세를 과세한다.

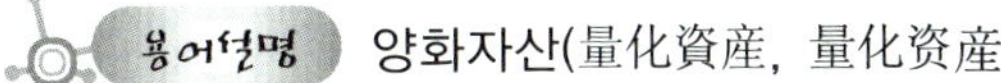

양화자산(量化資産, 量化资産)

양화자산은 한국에서는 볼 수 없는 중국의 고유한 제도로서 종전의 집체소유제 기업에서 주식회사 형태로 조직변경을 하는 과정에서 집체소유제 기업이 소유하고 있던 자산을 현물출자하여 집체기업의 구성원이 주식의 형태로 받는 것을 말한다. 중국의 세법에서는 주식의 형태로 받는 시점에 대해서는 과세하지 않고 향후 해당 주식을 처분할 때 자산양도소득으로 과세한다.

이러한 제도는 한국의 조세특례제한법에 있는 '과세이연' 제도와 많이 비슷하다.

10. 우연소득(偶然所得)

우연소득은 개인이 상금 획득(得奖), 복권 당첨(中奖) 등 기타 우연적인 성질을 가진 소득을 획득하는 것을 말한다. 상금 획득은 각종 상금이 있는 경연대회에 참가해서 순위 내에 획득한 상금이며, 복권 당첨은 판촉, 저축, 복권구매와 같은 각종 상금이 있는 활동에 참가하여 당첨이 되어 획득한 상금을 말한다. 우연소득으로 납부하여야 할 개인소득세는 해당 상금을 지급하는 자가 원천징수하여 납부한다.

Tip 우연소득의 개념

중국의 우연소득은 한때 한국에서 일시재산소득에 해당하였으며 현재는 종합소득 중에서 '기타소득'에 해당한다.

11. 기타소득

위의 각종 과세소득 이외에 과세할 필요가 있는 개인의 소득은 국무원 재정부문이 정하며, 과세소득의 항목을 결정하기 어려운 경우 관할 세무기관이 정한다.

III. 소득원천의 확정

소득원천의 구분은 그 소득이 소득세의 징수대상이 되는지를 확정하는데 있어서 중요한 기준이 된다,

거주 납세의무자는 중국내외의 모든 소득에 대해 무한 납세의무를 지므로 소득원천지를 판단하는 것이 중요하지 않지만, 비거주 납세의무자는 단지 중국내에서 발생한 소득에 대해서만 납세의무를 부담하므로 소득원천지를 판단하는 것이 매우 중요하다.

1. 소득발생지의 판단기준

중국의 개인소득세법은 소득발생지의 판단에 있어서 아래와 같이 규정하고 있다.

소득의 종류	소득발생지의 판단기준
근로소득	납세의무자가 근무하고 있는 회사, 기업, 사업단위, 기관, 단체 등 단위(이하 '기업'이라 한다)의 소재지를 소득원천지로 한다.
사업소득	사업활동을 하는 장소를 소득원천지로 한다.
인적용역소득	납세의무자가 실제 인적용역을 제공한 장소를 소득원천지로 한다.
부동산양도소득	부동산 소재지를 소득원천지로 하고, 동산양도소득은 양도가 발생한 장소를 소득원천지로 한다.
재산임대소득	임대재산의 사용지를 소득원천지로 한다.
이자, 배당소득	이자, 배당 등을 지급하는 기업 또는 기구의 소재지를 소득원천지로 한다.
특허권사용료소득	특허권의 사용지를 소득원천지로 한다.

2. 중국내 원천소득으로 보는 경우

소득의 원천지와 소득의 지급지는 같을 수도 있고 다를 수도 있는데, 위의 원칙과 방법에 따라 중국내 원천소득은 아래와 같은 것이 있을 수 있다.

- 중국내 회사에 근무하여 받은 근로소득
- 중국내에서 사업활동을 하여 얻은 소득
- 중국내에서 각종 용역이나 서비스를 제공하고 얻은 인적용역소득
- 개인이 임대한 재산을 임차인이 중국내에서 사용하여 취득한 재산임대소득
- 중국내의 부동산(건축물, 토지사용권)을 양도하거나 중국내 기타재산을 양도하여 얻은 소득
- 중국내에서 사용하는 특허권, 고유기술, 상표권, 저작권 및 기타 각종 특허권리를 제공하고 얻은 특허권사용료 소득
- 중국의 각종 채권, 주식을 보유하여 중국내의 회사 또는 개인으로부터 얻은 이자, 배당소득
- 중국내에서 각종 경연대회에 참가하여 취득한 상금, 중국내 유관부문과 단체가 주최하는 대회에 참가하여 획득한 상금, 중국내에서 각종 복권에 당첨되어 얻은 소득
- 중국내에서 도서출판, 신문 등에 발표된 작품으로 취득한 원고소득

IV. 세 율

개인소득세의 세율은 소득의 종류별로 각각 서로 다른 세율을 적용한다.

1. 근로소득

근로소득은 7단계 초과누진세율을 적용하며 세율은 3~45%이다.

근로소득의 개인소득세율표(1개월 기준)

(단위 : 위안)

급수	1개월 과세표준(세전)	1개월 과세표준(세후)	세율(%)	누진공제액
1	1,500 미만	1,455 미만	3	0
2	1,500~4,500	1,455~4,155	10	105
3	4,500~9,000	4,155~7,755	20	555
4	9,000~35,000	7,755~27,255	25	1,005
5	35,000~55,000	27,255~41,255	30	2,755
6	55,000~80,000	41,255~57,505	35	5,505
7	80,000 초과	57,505 초과	45	13,505

(주) : 본 표에서의 1개월 과세표준은 세법의 규정에 따라 매월 근로소득 수입금액에서 소득공제 3,500위안(외국인은 4,800위안)을 차감한 후의 잔액이다.

참고 … 세율의 개정

2010년까지는 매월 받는 근로소득의 수입금액에서 2,000위안(외국인의 경우 4,800위안)을 소득공제하여 과세표준을 확정하였으나, 2011년 6월 30일 개정되어 2011년 9월 1일부터 시행되는 개정된 개인소득세법에 따라 소득공제가 3,500위안(외국인의 경우 4,800위안)으로 상향되었으며 세율도 조정되어 적용된다(중국 주석령 제48호).
이러한 개정으로 중국인은 근로소득에 대한 소득공제가 종전보다 매월 1,500위안 증가하여 과세표준이 감소하게 되었으며 외국인의 소득공제는 종전과 동일하다.

2. 개인사업자의 사업소득

1) 개인사업자의 사업소득

개인사업자의 사업소득과 도급경영소득, 수탁경영소득은 5%~35%의 5단계 초과누진세율을 적용한다.

개인사업자의 사업소득 개인소득세 세율표

(단위 : 위안)

급수	1년 과세표준(세전)	1년 과세표준(세후)	세율(%)	누진공제액
1	15,000 미만	14,250 미만	5	0
2	15,000~30,000	14,250~27,750	10	750
3	30,000~60,000	27,750~51,750	20	3,750
4	60,000~100,000	51,750~79,750	30	9,750
5	100,000 초과	79,750 초과	35	14,750

(주) : 본 표에서 1년 과세표준은 다음과 같은 것을 말한다.

- 개인사업자의 사업소득은 과세연도의 수입총액에서 각종 원가 및 비용을 공제한 후 매월 소득공제 3,500위안을 차감한 잔액을 말한다.
- 도급경영소득이나 수탁경영소득은 과세연도의 수입총액에서 필요경비를 공제한 후의 잔액을 말한다.

2) 도급경영(承包经营) 및 수탁경영(承租经营) 소득

현재 중국에서는 도급경영소득 및 수탁경영소득 형식의 계약형식이 비교적 많고 분배방식 또한 여러 가지가 있는데, 이러한 방식에 대한 소득세 과세기준은 다음과 같다.

계 약 조 건	과 세 방 법
도급경영자 또는 수탁경영자가 경영성과에 대한 소유권이 없이 계약에 따른 일정 보수만 지급받는 경우	근로소득으로 보아 과세한다.
도급경영자 또는 수탁경영자가 계약에 따라 일정 비용만 지급하고 경영성과에 대한 소유권이 있는 경우	사업소득으로 보아 과세한다.

3) 개인독자기업과 동업기업의 사업소득

개인독자기업과 동업기업의 사업소득 또한 5~35%의 5단계 초과누진세율을 적용한다.

3. 원고소득(稿酬所得)

원고소득은 20%의 비례세율을 적용하고 여기에 30%의 감면율을 적용하므로 실제 적용세율은 14%가 된다.

4. 인적용역소득(劳动报酬所得)

인적용역소득은 20%의 비례세율을 적용하며, 인적용역소득의 일회성소득이 지나치게 많은 경우에는 누진세율을 적용하는데 구체적인 방법은 국무원이 정한다.

소득세법 실시조례의 규정에 따라 '인적용역소득의 일회성소득이 지나치게 많은 경우'라 함은 개인이 매회 취득하는 인적용역소득이 20,000위안을 초과하는 경우를 말한다.

과세소득이 20,000위안~50,000위안인 부분은 50% 추가징수하고 50,000위안을 초과하는 부분은 100% 추가징수한다. 따라서 인적용역소득의 실제적용세율은 과세표준에 따라 각각 20%, 30%, 40%의 3단계 초과누진세율이 된다.

인적용역소득의 개인소득세율표

(단위 : 위안)

급수	매회 과세표준	세율(%)	누진공제액
1	20,000 미만	20	0
2	20,000~50,000	30	2,000
3	50,000 초과	40	7,000

(주) : 본 표에서는 매회 과세표준을 수입총액에서 20%의 비용을 차감한 후의 액수를 말한다.

5. 기타의 소득

위의 소득 이외의 특허권사용료소득, 이자 및 배당소득, 재산임대소득, 재산양도소득, 우연소득 및 기타소득은 모두 20%의 비례세율을 적용한다.

2007년 8월 1일부터 거주자의 저축이자는 5%의 세율을 적용하며, 2008년 10월 9일부터 저축이자에 대한 개인소득세의 징수는 잠정적으로 징수하지 아니하고 있다

개인이 주택을 임대하여 취득한 소득은 10%로 감면하여 개인소득세를 징수한다.

V. 과세표준의 계산

개인소득세의 과세항목이 서로 다르고 소득을 취득하기 위한 비용 또한 서로 다르므로 개인의 소득에 대한 과세표준의 계산은 과세항목에 따라 계산방법이 다르다. 모든 과세항목의 수입금액에서 세법상 소득공제표준을 차감한 후의 금액이 과세표준이 된다.

1. 매회수입(每次收入)의 확정

개인소득세법은 납세의무자가 취득한 인적용역소득, 원고소득, 특허권사용료소득, 이자 및 배당소득, 재산임대소득, 우연소득 및 기타소득 등 7가지 항목의 소득은 모두 매회별로 과세한다.

소득공제는 '매회 취득하는 소득'의 크기에 따라 정액과 정률 2가지의 공제표준을 규정하고 있다.

한국과 중국의 소득세 과세방법의 차이

한국에서는 한 납세의무자가 1년 동안 획득한 과세대상소득을 모두 합산하여 전체의 과세표준을 확정한 다음 종합소득세율을 적용하여 소득세를 산출하나, 중국에서는 이러한 '종합소득'의 개념이 없이 개인소득세법에 열거된 소득의 종류별로 각각 과세표준을 확정하여 납부하여야 할 소득세를 산출한다.

따라서 중국에서는 소득의 종류별로 세율을 각각 적용하게 되므로 한국보다 납부하여야 할 소득세가 상대적으로 적다.

중국과 한국의 근로소득의 과세방법의 차이

한국은 납세의무자의 인적 개성을 고려하여 매월 근로소득 지급시 '간이세액조견표'에 의하여 근로소득세를 원천징수하여 납부한 후, 연말정산을 통하여 1년간 납부하여야 할 총 소득세를 산출한 다음 매월 이미 납부한 세액과 비교하여 추가납부하거나 환급받게 된다(예납적 원천징수).

중국은 이러한 연말정산의 개념이 없이 매월 근로자가 지급받게 되는 과세대상 급여총액에서 3,500위안(2011년 9월 1일부터)을 공제한 금액이 과세표준이 되며 여기에 세율을 적용하여 개인소득세를 납부하여 납세의무가 종료된다(완납적 원천징수).

매회 수입의 개념

중국에서는 과세연도에 대한 납세의무자가 취득한 모든 소득을 합산하는 것이 아니라 동일한 종류의 소득이라 하더라도 '매회 취득하는 수입', 즉 매회 수입을 기준으로 각각 소득공제를 적용하여 과세표준을 계산한다. 즉, 아래와 같은 소득에 대해서는 각각의 개인소득세법의 규정에 의한 매회 수입을 기준으로 각각 개인소득세를 계산하게 되므로 개인소득세의 계산에 있어서 '매회 취득하는 소득(每次收入)'의 개념이 매우 중요하다.

- 인적용역소득
- 원고소득
- 특허권사용료소득
- 이자배당소득
- 재산임대소득
- 우연소득
- 기타소득

여기서 말하는 '회(次)'의 개념은 개인소득세법 실시조례에서 아래와 같이 명확하게 규정하고 있다.

1) 인적용역소득

인적용역의 범위에 속하는 소득의 종류에 따라 다음과 같이 서로 달리 규정하다.

(1) 단지 한 번의 수입이 있는 경우

단지 한 번의 수입이 있는 경우에는 각각의 수입을 취득하는 것을 일회로 본다. 예를 들어 설계, 설치, 장식, 제도, 화학실험, 측정 등의 용역에 종사하는 것은 고객의 위탁을 받아서 고객의 요구에 따라 한 번의 용역을 제공한 후에 수입을 취득한다. 따라서 단지 일회성의 수입만 있는 경우에는 매회 용역을 제공하여 취득한 수입을 일회로 본다.

(2) 동일한 종류의 소득을 연속적으로 얻는 경우

동일한 사항으로 연속적으로 수입을 얻는 경우에는 한 달 내에 취득하는 수입을 1회로 본다. 예를 들어 한 가수가 어느 극장과 계약을 체결한 후 2007년 1월 중 극장에서 공연을 하면서 매일 50위안을 받을 경우 인적용역소득을 계산할 때 동일 사항의 연속소득으로 보아 1개월 내에 취득한 수입을 1회로 보아 개인소득세를 과세하며, 매일 취득한 소득을 1회로 볼 수 없다.

만약 매일의 수입을 매회로 볼 경우에는 각각의 소득공제가 800위안이므로 이 납세의무자는 납부하여야 할 소득이 없게 된다.

2) 원고소득

매회 출판 또는 발표하여 취득한 수입을 각각 1회로 보며 구체적으로 다시 다음과 같이 나눌 수 있다.

구 분	판 단 기 준
동일한 작품을 다시 출판하는 경우	동일한 작품을 다시 출판하여 취득한 소득은 별개의 1회성 원고소득을 보아 개인소득세를 과세한다.

구 분	판 단 기 준
동일한 작품을 먼저 간행물에 연재한 후 다시 출판을 하는 경우	동일한 작품을 먼저 간행물에 연재한 후 다시 출판하거나 먼저 출판하고 다시 간행물에 연재한 것은 2가지의 원고소득으로 보아 각각 과세한다. 즉, 연재를 1회로 출판을 1회로 각각 본다.
동일작품을 간행물에 연재하여 수입을 취득하는 경우	동일작품을 간행물에 연재하여 수입을 취득하는 것은 연재가 끝난 후 취득한 모든 수입을 합쳐서 1회로 보아 개인소득세를 과세한다.
동일작품을 출판, 발표할 때 선불이나 분납으로 받는 경우	동일작품을 출판, 발표할 때 선불이나 분납으로 원고료를 취득한 원고수입은 모두 합쳐서 1회로 본다.
동일한 작품이 출판, 발표된 이후, 추가 인쇄하는 경우	동일한 작품이 출판, 발표된 이후 추가 인쇄하여 원고료가 추가되는 경우에는 이전 출판, 발표로 취득한 원고료와 합쳐서 1회로 보아 개인소득세를 과세한다.

3) 특허권사용료소득

특허권사용료는 각 사용권의 양도로 받은 수입을 1회로 본다.

한 납세의무자가 하나의 특허권리를 가질 수도 있고, 하나의 특허권의 사용권을 1회 이상 타인에게 제공하여 소득을 받을 수도 있다. 따라서 특허권사용료소득의 '매회'의 범위는 각 사용권의 매회 양도로 취득한 수입을 1회로 본다. 만약 수입을 나누어 받는 경우에는 합쳐서 1회의 수입으로 보아 개인소득세를 과세한다.

4) 재산임대소득

재산임대소득은 1개월 이내에 취득한 수입을 1회로 본다. - 매월 기준

5) 이자소득과 배당소득

이자소득과 배당소득은 이자와 배당을 수령할 때의 수입을 1회로 본다(매회 지급 기준).

6) 우연소득

우연소득은 매회의 수입을 1회로 본다.

7) 기타소득

기타소득은 매회의 수입을 1회로 본다.

2. 소득공제 표준

1) 근로소득

매월 수입총액에서 3,500위안을 공제한 후의 금액이 과세표준이 되며, 외국인에 대한 소득공제는 4,800위안으로서 상대적으로 소득이 높은 외국인의 상황을 고려한 것이다.

2) 개인사업자의 사업소득

(1) 개인사업자의 과세표준

과세연도의 수입총액에서 원가, 비용 및 손실을 차감하고 매월 3,500위안을 공제한 후의 금액이 과세표준이 된다.

(2) 원가 및 비용

원가 및 비용은 납세의무자가 사업을 영위하는 과정에서 발생한 직접 비용과 원가에 산입된 간접비용 및 판매비용, 관리비용, 재무비용을 말하며, 손실은 납세의무자가 사업과정 중 발생한 각종 영업외지출을 말한다.

(3) 추계결정(核定征收)

사업을 영위하는 납세의무자가 정확한 납세자료를 제출하지 아니하거나 정확하게 과세소득을 계산할 수 없을 때 관할세무기관이 과세소득을 추계결정(核定征收)하여 과세한다.

(4) 동업기업(공동사업자)인 경우

개인독자기업(단독사업자)의 투자자는 전체의 사업소득을 과세표준으로 하고, 동업기업(공동사업자)의 투자자는 동업기업 사업소득에서 동업계약상의 분배비율에 따라 과세표준을 확정하되, 동업계약상 분배비율이 없을 때에는 각각의 동업회사의 과세소득을 동업인수로 나누어 평균한 금액을 각각 동업인의 과세소득으로 본다.

위의 사업소득은 당해 연도에 투자자에게 분배한 소득과 당해 연도에 기업에 유보된 금액을 포함한다.

추계결정(核定征收)

중국의 개인소득세법이나 기업소득세법의 과세표준의 산정에 있어 核定征收(核定徵收)라는 용어가 있는데 원래의 뜻은 '심사하여 결정하여 징수한다'라는 의미로서 한국의 소득세법에서 수입금액이 일정한 규모 이하인 납세의무자에 대해 적용하는 추계결정하는 것과 같다.

이하 교재에서는 이러한 核定征收에 대해 '추계결정징수'라는 용어로 사용하기로 한다.

개인독자기업과 동업기업

개인독자기업은 한국의 개인사업자가 단독으로 운영하는 단독사업자의 개념이라고 볼 수 있으며, 동업기업이란 공동사업자의 개념이라고 볼 수 있다.

중국 개인소득세법의 의미를 살려 각각 개인독자기업과 동업기업이라는 용어를 그대로 사용하기로 한다.

3) 도급경영(承包经营)소득과 수탁경영(承租经营)소득

매 과세연도의 수입총액에서 공제비용을 차감한 후의 잔액을 과세표준으로 한다. 매 과세연도의 수입총액은 납세의무자가 도급경영 또는 수탁경영계약에 따라 받게 되는 사업이윤과 근로소득 성질의 소득이 되며, 공제비용은 매월 3,500위안이 된다(2011년 7월 19일 개정).

이러한 도급경영소득과 수탁경영소득은 개인사업자의 사업소득과 유사한데, 차이점은 사업활동에 사용되는 자산의 이용대가를 그 소유자에게 지급하는 데 있다. 즉, 개인사업자의 사업소득은 자신 소유의 자산을 사용하여 사업활동을 하는데 비해 도급경영소득과 수탁경영소득은 타인의 자산을 사용하여 사업활동을 하며 자산의 사용대가를 자산 소유자에게 지급하는 데서 차이가 있다.

4) 인적용역소득, 원고소득, 특허권사용료소득, 재산임대소득

매회당 수입이 4,000위안이 넘지 않을 경우에는 800위안을 공제하고, 4,000위안을 초과하는 경우에는 수입의 20%를 공제한 후의 금액이 과세표준이 된다.

5) 재산양도소득

재산을 양도한 수입총액에서 재산의 원가와 합리적인 비용을 공제한 후의 잔액이 과세표준이 되며, 합리적인 비용이라 함은 재산을 매각할 때 지급한 비용을 말한다.

여기서 '재산의 원가'에는 다음과 같은 것이 있다.

구　분	원　　가
유가증권	취득원가와 부대비용
건축물	건축비 또는 매입원가 및 기타비용
토지사용권	취득하기 위하여 지급한 금액, 토지개발비용 및 부대비용
기계장치, 차량, 선박	구입가격, 운반비, 설치비 및 부대비용
기타재산	위의 방법을 참조하여 확정한다.

납세의무자가 재산의 원가와 관련된 증빙을 제대로 제공하지 못하거나 재산의 원가를 정확하게 계산하지 못할 때에는 관할 세무기관이 재산원가를 결정한다.

6) 기타의 소득

이자 및 배당소득, 우연소득 및 기타소득은 소득을 취득하기 위한 원가나 비용을 고려하지 않고 매회 수입액이 바로 과세표준이 된다(공제 없음).

2005년 6월 13일부터 개인이 상장회사로부터 받은 배당금은 아래의 규정에 따라 처리한다.

구 분	과세표준의 산정기준
개인투자자가 상장회사로부터 받은 배당금	2005년 6월 13일부터 잠정적으로 50% 감면하고 현행 세법의 규정에 따라 개인소득세를 징수한다.
증권투자기금이 상장회사로부터 받은 배당금	원천징수의무자가 개인소득세를 원천징수할 때에 과세표준을 50% 감면한다.

상장회사란 상해 및 심천증권거래소에 상장되어 있는 회사를 말한다(财税 [2005] 102호).

3. 추가소득공제의 범위와 표준

개인이 납부하여야 할 소득세의 과세표준을 계산하는데 있어서 소득공제표준은 모든 납세의무자에게 보편적으로 적용되어야 하나 외국인과 국외에서 근무하고 있는 중국인의 소득수준이 일반적으로 높은 것이 일반적이므로 이들에 대한 개인소득세의 부담을 주지 않기 위해서 현행 개인소득세법은 외국인과 국외에서 근무하고 있는 중국인의 근로소득에 대해서 추가소득공제를 해주고 있다.

세법의 규정에 의하면, 중국내에 주소가 없으면서 중국내 근로소득이 있는 납세의무자와 중국내에 주소가 있으면서 중국외에서 근로소득이 있는 납세의무자는 그 평균수입수준, 생활수준 및 환율변화를 감안하여 추가소득공제를 해주고 있으며 이의 범위와 표준은 국무원이 규정한다.

국무원이 제정한 개인소득세법실시조례에는 추가소득공제의 적용대상과 표준에 대해 구체적으로 규정하고 있다.

1) 추가소득공제의 대상

추가로 소득공제를 할 수 있는 적용대상은 아래와 같다.

- 중국내의 외상투자기업과 외국기업에서 근무하여 근로소득이 있는 외국인
- 중국내의 회사 등의 초빙을 받아 근무하여 근로소득이 있는 외국인 전문가
- 중국내에 주소가 있으나 중국외에서 근무하고 근로소득이 있는 중국인 개인
- 재정부가 정한 근로소득이 있는 기타 개인

2) 추가소득공제의 표준

위의 적용대상자에 대해서는 기본공제 3,500위안에 추가적으로 1,300위안을 추가공제하여 전체 4,800위안의 공제가 된다.

3) 화교, 홍콩, 마카오, 대만 동포의 경우

화교, 홍콩, 마카오, 대만 동포는 위의 추가소득공제의 규정을 적용한다.

4. 기타 소득공제 항목

1) 기부금 공제

(1) 과세표준의 30%까지 공제가 가능한 기부금

- 개인이 소득을 중국내 사회단체, 국가기관을 거쳐 교육, 기타 사회공익사업, 자연재해지구, 빈곤지구에 기부를 할 경우
- 납세의무자가 중국인구복리기금회, 광화과학기금회를 통하여 공익기부를 한 경우
- 현행규정에 따라 사회공익사업의 발전을 위해 개인이 공익단체를 거쳐 공익기부를 하는 경우

(2) 전액공제가 가능한 기부금

개인이 비영리 사회단체와 국가기관을 통해 농촌의무교육의 목적으로 기부하는

경우 개인소득세에서 전액 공제가 가능하다. 농촌의무교육의 범위는 정부와 사회기관이 운영하는 농촌향진(현과 현급 시정부소재지의 진을 포함하지 아니한다)과 농촌의 초등학교, 중학교 및 동등 특수교육학교를 말한다. 납세의무자가 농촌의무교육과 고등학교가 같이 있는 학교에 기부를 한 경우에도 공제할 수 있다.

2) 개인이 연구경비를 원조하는 경우

개인의 소득(우연소득과 국무원 재정부문이 과세하기로 한 기타소득을 제외)이 특수관계가 없는 과학연구소와 고등교육기관이 신상품, 신기술, 신공법을 연구하는데 사용되는 연구경비를 원조하는데 사용되었을 경우에는 관할 세무기관의 결정을 거쳐 다음 달(근로소득), 다음 회(매회별로 과세하는 소득) 또는 당해 연도(연도별로 과세하는 소득)에 개인소득세를 과세할 때 과세소득액에서 전액 공제할 수가 있으며 공제되지 아니한 부분은 이월되지 아니한다(이월공제 불가).

3) 과세소득의 범위

개인이 취득하는 소득에는 현금, 현물, 유가증권을 포함한다. 현물로 받은 경우에는 취득한 증빙상 기재되어 있는 가격에 따라 과세표준을 계산하며 증빙이 없거나 기재된 가격이 현저하게 낮을 경우에는 관할 세무기관이 현지 시장가격을 참조하여 과세표준을 결정한다.

유가증권인 경우에는 관할 세무기관이 액면가격과 시장가격을 참조하여 과세표준을 결정한다.

4) 비상근임원으로서 보수를 받는 경우

개인이 회사의 이사 또는 감사를 맡지 않으면서 회사에 재직하거나 근무하는 형태로 하여 이사보수를 받는 경우는 인적용역소득으로 보아 개인소득세를 징수한다. 개인이 회사에 재직하면서 동시에 이사 또는 감사를 겸임하는 경우 이사보수 및 감사보수는 근로소득과 합산하여 개인소득세를 납부한다.

5) 이혼으로 재산을 분할한 부동산을 양도하는 경우

(1) 공동으로 소유하던 재산

이혼재산의 분할방식을 통하여 부동산권리증을 분할하는 것은 부부쌍방이 공동으로 소유하던 재산의 처분으로서, 개인이 이혼수속으로 인하여 부동산권리증의 명의를 변경한 것에 대하여는 개인소득세를 징수하지 아니한다.

(2) 양도소득의 계산방법

개인이 이혼으로 재산을 분할한 부동산을 양도하여 얻은 수입은 그 상응하는 재산의 원가와 부대비용을 공제한 후 잔액에 대해 개인소득세를 납부한다. 이때 상응하는 재산의 원가는 부동산 최초 취득원가와 취득부대비용에 양도자의 소유비율을 곱하여 산출한다.

(3) 5년 이상 거주한 1주택일 경우

개인이 이혼으로 재산을 분할한 부동산을 양도하여 얻은 수입이 5년 이상 거주한 1주택일 경우 개인소득세 면제를 신청할 수 있다.

VI. 납부세액의 계산

세법이 규정한 적용세율과 소득공제표준에 따라 각 소득의 납부세액은 각각 다음과 같이 계산한다.

1. 근로소득의 납부세액

근로자가 받는 급여 및 임금의 납부세액의 계산공식은 아래와 같다.

납부세액 = 과세표준 × 적용세율 − 누진공제액
= (매월 수입액 − 3,500위안 또는 4,800위안) × 적용세율 − 누진공제액

급여 또는 임금소득에 대한 개인소득세액은 초과액누진세율을 적용하여 금액별로 적용되는 세율이 다르므로 누진공제액방법을 사용하여 납부세액을 계산하며, 누진공제액의 계산방법은 아래의 표에 나타나 있다.

근로소득에 적용하는 기본세율 및 누진공제액

(단위 : 위안(元))

급수	1개월 과세표준(세전)	1개월 과세표준(세후)	세율(%)	누진공제액
1	1,500 미만	1,455 미만	3	0
2	1,500∼4,500	1,455∼4,155	10	105
3	4,500∼9,000	4,155∼7,755	20	555
4	9,000∼35,000	7,755∼27,255	25	1,005
5	35,000∼55,000	27,255∼41,255	30	2,755
6	55,000∼80,000	41,255∼57,505	35	5,505
7	80,000 초과	57,505 초과	45	13,505

사 례 4−1

중국인인 홍길동이 2016년 1월 기업으로부터 수령한 급여가 6,000위안이고 추가소득공제는 없다.

요구

홍길동이 납부하여야 할 1월분 개인소득세액을 계산하시오.

풀이

① 과세표준 = 6,000 − 3,500 = 2,500위안
② 납부세액 = 2,500 × 10% − 105 = 145위안

사 례 4-2

외상투자기업에 근무하고 있는 미국인 전문가(비거주 납세의무자라고 가정)가 2016년 11월에 회사로부터 받은 급여가 30,400위안이다.

요구

미국인 전문가가 납부하여야 할 개인소득세액을 계산하시오.

풀이

① 과세표준 = 30,400 − (3,500 + 1,300) = 25,600위안
② 납부세액 = 25,600 × 25% − 1,005 = 5,395위안

참고 … 두군데 이상의 근로소득이 있는 경우

납세의무자가 두 군데 이상에서 근무하여 근로소득을 취득할 경우 납세의무자가 합산하여 별도로 근로소득을 신고하여야 한다.

구 분	신 고 납 부 방 법
납 세 지	납세의무자는 그 중 한군데를 납세지로 선택하여 관할 세무기관에 신고납부하여야 한다.
신고납부기한	소득을 취득한 다음달 7일까지 관할 세무기관에 신고납부하여야 한다.
신고방식	납세의무자는 직접 또는 세무대리인에게 위탁하여 전자신고, 우편, 방문접수 등의 방법으로 자진신고납부하여야 한다.

사 례

중국인인 왕모씨가 2014년 1월분으로 수령한 근로소득은 18,000위안이며, A회사에서 수령한 급여는 8,000위안이었고, B회사에서 수령한 급여는 10,000위안이었다.

구 분	계 산 내 역
A회사에서 원천징수한 세액	= (8,000 − 3,500) × 10% − 105 = 345위안
B회사에서 원천징수한 세액	= (10,000 × 25% − 1,005 = 1,495위안
왕모의 1월분 부담세액	= (8,000 + 10,000 − 3,500) × 25% − 1,005 = 2,620
추가납부세액	= 2,620 − (345 + 1,495) = 780위안

따라서 왕모씨는 1월분 급여에 대해 2월 7일까지 자신이 선택한 A회사의 관할 세무기관에 신고하고 세액 780위안을 추가로 납부하여야 한다.

2. 개인사업자 사업소득의 납부세액

개인사업자 사업소득의 납부세액의 계산공식은 다음과 같다.

납부세액 = 과세표준 × 적용세율 - 누진공제액
또는 = (1년간 수입총액 - 원가, 비용 및 손실) × 적용세율 - 누진공제액

개인사업자의 사업소득의 계산은 발생주의를 원칙으로 하며, 재정부 및 국가세무총국이 별도로 규정하는 경우 이외에는 다음과 같다.

1) 사업소득 계산방법

(1) 과세표준의 계산

개인사업자의 사업소득의 과세표준 계산공식은 다음과 같다.

과세표준 = 수입총액 - 원가 - 비용 - 세금 - 손실 - 기타 지출 - 이월결손금

(2) 수입총액

개인사업자의 수입총액은 사업활동과정에서 취득한 화폐 및 비화폐형식의 모든 수입을 포함하며, 여기에는 재화판매수입, 용역제공수입, 재산양도수입, 이자수입, 임대료수입, 자산수증이익 및 기타 수입이 있다.

(3) 원가(成本)

원가는 사업활동과정에서 발생한 제품매출원가 및 용역제공원가와 같은 매출원가이다.

(4) 비용(费用)

비용은 사업활동과정에서 발생한 판매비용, 관리비용 및 재무비용이다.

(5) 세금(税金)

세금은 사업활동과정에서 발생한 개인소득세와 증치세 매입세액 이외의 각종 세금 및 부가로서, 소비세, 성시유호건설세, 인화세, 교육비부가, 지방교육비부가, 방산세, 성진토지사용세 등이 있다.

(6) 손실(损失)

손실은 고정자산과 재고자산의 수량부족, 훼손, 폐기손실, 재산양도손실, 대손상각, 재해손실 등이 있다.

(7) 기타 지출(其他支出)

원가, 비용, 세금 및 손실을 제외한 사업활동과 관련이 있는 지출을 말한다.

(8) 자본적지출과 수익적지출의 구분

지출의 성격에 따라 자본화할 수 있는 자본적지출과 자본화할 수 없는 수익적지출로 구분하여 처리하여야 한다.

(9) 필요경비로 인정되지 않는 부분(不得扣除)

아래의 항목들은 개인소득세 과세표준 계산시 수입총액에서 공제할 수 없는 항목이다.

- 개인소득세액
- 세액가산금
- 벌금, 과태료
- 비지정기부금
- 찬조지출
- 개인가사경비
- 수입과 무관한 기타 지출
- 국가세무총국이 별도로 규정한 지출

(10) 사적비용의 처리(家庭费用)

사업활동과정에서는 사업관련비용과 사적비용을 구분하여야 하며 사업관련비용과 사적비용이 섞여있어 구분할 수 없는 비용은 그 중 40%를 사업관련비용으로 보아 공제할 수 있다.

(11) 이월결손금의 이월공제(亏损)

특정 사업연도에 결손이 발생한 경우, 이후 5년이내에 소득이 발생할 경우 공제할 수 있다.

2) 공제항목 및 공제표준

(1) 개인사업자의 소득공제

2011년 9월 1일부터 개인사업자의 소득공제표준은 매월 3,500위안으로서 1년 기준 42,000위안이 된다.

개인사업자에는 개인독자기업, 동업기업, 도급경영자 및 수탁경영자도 포함된다.

(2) 급여와 임금

개인사업자가 종업원에게 실제 지급한 합리적인 급여 및 임금은 수입금액에서 비용으로 공제할 수 있으며, 사업주 본인의 급여와 임금은 공제할 수 없다.

(3) 복리후생비(职工福利费)의 공제한도

개인사업자가 지급한 노동조합비(工會經费), 종업원복리비(职工福利费), 종업원교육비(职工教育經费) 지출액은 각각 급여 및 임금총액의 2%, 14%, 2.5%의 범위 내에서 공제할 수 있으며, 이는 기업소득세법과 동일하다.

개인사업자가 종업원을 위해 납부한 보충양로보험비, 보충의료보험비는 각각 종업원 급여, 임금 총액의 5%까지는 공제할 수 있으며 초과부분은 공제할 수 없다.

개인사업자 사업주를 위해 납부한 보충양로보험비와 보충의료보험비는 각각 현지 전년도 사회 평균 급여와 임금 총액의 3배를 기초로 하여 5%까지 공제할 수 있으며 초과부분은 공제할 수 없다.

(4) 보험료

개인사업자가 특수업종에 종사하는 인원에게 지급한 생명보험료와 재정부와 국가세무총국이 규정하는 기타 보험비 이외에 지급한 상업보험비는 공제할 수 없다

(5) 광고비와 선전비(广告费和业务宣传费)

개인사업자가 매 과세연도에 발생한 광고비와 선전비는 당해 매출액의 15%를 초과할 수 없으며, 초과되는 부분은 이후의 연도에 이월하여 공제할 수 있다.

(6) 접대비(业务招待费)

개인사업자가 매 과세연도에 발생한 사업과 직접적인 관계가 있는 접대비 지출은 발생액의 60%만 공제할 수 있으며, 매출액의 0.5%를 초과하지 못한다.

즉, 접대비의 손금한도 = MIN(접대비의 60%, 매출액의 0.5%)

(7) 차입금의 이자

개인사업자가 사업과정 중 발생한 차입금의 이자는 적법한 증빙이 있는 경우에 한하여 금융기관의 동종, 같은 기간 대출이자율에 의한 부분까지만 공제가 가능하다.

개인사업자가 고정자산, 무형자산 및 완성까지 12개월 이상 소요되는 재고자산의 구입 및 제작하기 위하여 차입한 경우로서 해당 기간 동안 발행한 이자비용은 자본적지출로 하여 해당 자산의 원가에 가산하여야 한다.

(8) 보험료 및 노동보호비

개인사업자가 보험에 가입하여 납부한 보험료는 공제할 수 있으며, 노동보호비 지출도 공제할 수 있다.

(9) 장기선급비용

개인사업자가 영업집조를 받은 날부터 사업활동을 시작할 때까지 발생한 비용(고정자산 및 무형자산 취득비용, 원가에 산입한 외화환산손익, 건설자금이자는 제외한다.)은 창업비로 하여 아래의 방법을 선택하여 처리할 수 있으며 한번 정한 경우 변경할 수 없다.

- 당기 모두 비용으로 처리하는 방법
- 이후 3년에 걸쳐 상각하는 방법

(10) 기부금

개인사업자가 공익성 사회단체 또는 현급 이상 인민정부를 통하여 공익사업에 사용되는 기부를 한 경우 과세표준의 30%까지는 공제할 수 있다.

사업주가 직접 기부한 경우에는 공제할 수 없다.

(11) 찬조 지출

개인사업자가 사업활동과 무관한 각종 비광고성 지출을 한 경우 공제할 수 없다.

(12) 연구개발비 지출

개인사업자개 신제품, 신기술을 연구개발하는데 지출한 연구개발비용 및 대당 10만위안 이하의 연구개발용 측정장비와 시험장비를 취득하는데 지출한 비용은 직접 공제할 수 있으며, 대당 10만위안을 초과하는 측정장비와 시험장비는 고정자산으로 처리하여 상각하여야 한다.

사 례 4-3

개인사업자인 산동상사의 2016년도 12월의 매출액은 220,000위안이고 원가와 비용을 포함한 공제항목은 170,600위안이었으며, 1월~11월까지의 과세표준은 68,400위안이었으며 이미 납부한 1월~11월분 개인소득세액은 10,200위안이었다.

요구

산동상사가 추가로 납부하여야 할 개인소득세를 계산하시오.

풀이

- 연간 과세표준 = 220,000 - 170,600 + 68,400 - 3,500 × 12 = 75,800위안
- 연간 개인소득세액 = 75,800 × 30% - 7 - 9,750 = 12,990위안
- 추가납부세액 = 12,990 - 10,200 × 2,790위안

(13) 사업소득 이외의 소득

개인사업자와 생산 및 경영에 종사하는 개인이 생산 및 경영활동과 무관한 각종 과세소득을 획득한 경우 각 과세항목의 규정에 따라 개인소득세를 별도로 납부하여야 한다.

사업소득의 과세표준

사업소득의 계산방법은 한국의 사업소득의 계산방법과 거의 유사하며 수입금액에서 공제하는 비용(한국의 필요경비)의 내역별로 계산공식에 있어서 약간의 차이를 보이고 있으나 전체적인 흐름은 거의 유사하다.

위의 수입과 공제항목의 확정은 사업자가 장부기장방식에 의할 경우 사업자가 작성한 장부를 토대로 하여 공제항목으로 인정되는 것이며, 소규모 사업자 등 장부기장능력이 없는 경우에는 후술하는 바와 같이 추계결정방식(核定征收)을 사용하여 사업자의 과세표준을 추계결정하게 된다.

3) 개인사업자의 사업소득에 적용할 누진공제액

개인사업자의 사업소득에 적용할 세율 및 누진공제액은 다음과 같다.

개인사업자의 사업소득에 적용되는 누진공제액표

(단위 : 위안(元))

급수	연간 과세표준(세전)	연간 과세표준(세후)	세율(%)	누진공제액
1	15,000 미만	14,250 미만	5	0
2	15,000~30,000	14,250~27,750	10	750
3	30,000~60,000	27,750~51,750	20	3,750
4	60,000~100,000	51,750~79,750	30	9,750
5	100,000 초과	79,750 초과	35	14,750

4) 개인독자기업과 동업기업 개인소득세 납부세액의 계산

개인독자기업과 동업기업의 사업소득에 대해서 개인소득세 납부세액을 계산하는 방법은 크게 아래의 두 가지 방법이 있다.

첫째방법 : 장부기장방법(查账征税)

① 2011년 9월 1일부터 개인독자기업과 동업기업에 투자한 투자자의 사업소득에 대해 개인소득세를 징수할 때, 개인독자기업과 동업기업 투자자 본인에 대한 공제한도는 매월 3,500위안으로서 연간 42,000위안이며 투자자에게 지급한 급여는 과세표준에서 공제할 수 없다.

② 투자자 및 가정에서 발생한 생활비(이하 '비사업용'이라 한다)로 지출한 비용은 과세표준에서 공제할 수 없으며, 만약 사업용 지출비용과 비사업용 지출비용이 구분이 안될 경우 그 비용 전체를 비사업용 지출비용으로 보아 과세표준에서 공제할 수 없다.

③ 사업용 및 비사업용 공동으로 사용하는 고정자산으로 구분이 안될 경우에는, 관할 세무기관이 기업의 구체적인 상황을 고려하여 감가상각으로 공제할 수 있는 비율을 결정한다.

④ 종업원에게 지급한 급여 및 임금은 과세표준에서 공제할 수 있다.

⑤ 기업이 납부한 노동조합비, 종업원복리비, 종업원교육경비지출은 각각 급여총액의 2%, 14%, 1.5% 내에서 실제 지출한 금액을 공제한다.

⑥ 기업이 한 과세연도에 발생한 광고선전비는 매출액의 15% 내에서 공제하며

초과된 부분은 이후 사업연도에 이월하여 공제할 수 있다.

⑦ 기업이 한 과세연도에 발생한 접대비는 발생액의 60%의 범위 내에서 공제할 수 있으며 매출액의 0.5%를 초과할 수 없다.

⑧ 기업이 설정한 각종 준비금 및 충당금은 공제할 수 없다.

⑨ 투자자가 2개 이상의 사업체를 운영하고 사업체 모두 단독사업자일 경우, 사업연도 종료 이후 합산하여 정산하며, 납부세액의 계산은 아래의 방법에 따른다.

투자하여 운영하는 모든 기업의 사업소득을 과세소득으로 보아 해당 세율을 적용하여 사업연도의 납부세액을 계산한 후, 각 사업체별 사업소득이 모든 사업체의 사업소득에서 차지하는 비율에 따라 각 사업체의 납부세액과 차감납부세액을 계산하며 그 계산공식은 아래와 같다.

(1) 과세표준 = Σ각 사업체의 사업소득

(2) 납부세액 = 과세표준 × 세율 − 누진공제액

(3) 당해 사업체의 납부세액 = 납부세액 × 당해 사업체 경영소득 / Σ각 사업체 경영소득

(4) 당해 사업체 추가납부세액 = 당해 사업체 납부세액 − 당해 사업체 중간예납세액

둘째 방법 : 추계결정방법(核定征收)

추계결정방식에는 정액징수, 추계소득률 결정 및 기타 합리적인 방식 등이 있으며 추계소득률 결정방식을 사용할 경우, 과세표준의 계산은 아래와 같이 한다.

(1) 납부세액 = 과세표준 × 적용세율

(2) 과세표준 = 수입총액 × 과세소득률

또는 = 비용지출액 ÷ (1 − 과세소득률) × 과세소득률

위에서 과세소득률은 아래의 표에서 규정한 표준에 따라 적용한다.

추계결정시 개인소득세 과세소득률표

업 종	과세소득률(%)
공업, 교통운수업, 상업	5~20
건축업 부동산개발업	7~20
음식서비스업	7~25
오락업	20~40
기타 업종	10~30

- 사업체가 여러 사업장을 경영하고 있을 경우 업종별 구분기장을 하고 있는지의 여부에 불구하고 주된 업종의 과세소득률을 적용한다.
- 추계결정방식을 적용할 경우에는 개인소득세의 특례혜택을 받을 수가 없다.
- 장부기장방식을 적용하던 개인독자기업과 동업기업이 추계결정방식으로 변경한 후에는 장부기장방식에서 발생한 이월결손금 중 공제받지 아니한 부분은 공제받을 수가 없다.

3. 도급경영(承包经营) 및 수탁경영(承租经营)의 납부세액

1) 납부세액의 계산

납세의무자가 기업체와 도급경영 또는 수탁경영 형식으로 계약을 체결하여 운영하여 발생한 소득에 대한 개인소득세 과세표준의 납부세액의 계산은 다음과 같다.

납부세액 = 과세표준 × 적용세율 − 누진공제액
또는 = (과세연도 수입총액 − 필요경비) × 적용세율 − 누진공제액

2) 납부세액의 계산흐름

(1) 과세소득의 계산

도급경영소득 및 수탁경영소득은 한 과세연도의 수입총액에서 필요경비를 공제한 후의 잔액을 과세소득으로 하며, 한 과세연도 중에 도급경영 및 수탁경영기간이 1년 미만일 경우에는 실제의 경영기간을 하나의 과세연도로 본다.

(2) 누진공제액

도급경영 및 수탁경영소득에 적용하는 누진공제액은 개인사업자의 사업소득에 적용하는 누진공제액과 같다.

개인사업자, 도급경영의 사업소득에 적용되는 누진공제액표

(단위 : 위안)

급수	1년 과세표준	세율(%)	누진공제액
1	15,000 미만	5	0
2	15,000～30,000	10	750
3	30,000～60,000	20	3,750
4	60,000～100,000	30	9,750
5	100,000 초과	35	14,750

● 사 례 4－4

2016년 3월 1일 홍길동이 어느 회사와 숙박시설을 도급받아 경영하는 도급계약을 체결하였으며, 도급경영의 기간은 3년이다. 2016년도 숙박시설을 도급경영하여 150,000위안의 이익을 달성하였으며, 계약에 따라 도급경영자는 이익 중에서 도급경영비 30,000위안을 매년 위탁자에게 지급하기로 하였다.

요구

도급경영자인 홍길동이 납부하여야 할 2016년도 개인소득세를 계산하시오.

풀이

① 과세표준 = 도급경영이익 － 지급한 수탁비용 － 매월 필요경비 공제
= 150,000 － 30,000 － (3,500 × 10) = 85,000위안

② 납부세액 = 과세표준 × 적용세율 － 누진공제액
= 85,000 × 30% － 9,750 = 15,750위안

4. 인적용역소득(劳务所得) 납부세액

1) 인적용역소득의 계산절차

인적용역소득에 대한 개인소득세 납부세액은 아래와 같이 계산한다.

(1) 매회 수입이 4,000위안 미만일 경우

납부세액 = 과세표준 × 적용세율
= (매회 수입액 − 800) × 20%

(2) 매회 수입이 4,000위안 이상일 경우

납부세액 = 매회 수입액 × (1 − 20%) × 20%

(3) 매회 수입의 과세표준이 20,000위안을 초과하는 경우

납부세액 = 과세표준 × 적용세율 − 누진공제액
= 매회 수입액 × (1 − 20%) × 적용세율 − 누진공제액

2) 인적용역소득의 적용세율

인적용역소득에 대해서는 기본적으로 20%의 세율을 적용하나 20,000위안을 초과하는 고소득자에 대해서는 누진세율을 적용하며 누진율에 따른 누진공제액은 아래의 표와 같다.

인적용역소득에 적용할 누진공제액표

(단위 : 위안)

급수	매회 과세표준	세율(%)	누진공제액
1	20,000 미만	20	0
2	20,000~50,000	30	2,000
3	50,000 초과	40	7,000

사 례 4-5

가수인 황진이가 한 번에 공연수입 40,000위안을 취득한 경우 과세표준은 전체 수입금액에서 20%의 비용을 공제하고 난 후 32,000위안이 된다.

가수인 황진이가 납부하여야 할 개인소득세액을 계산하시오.

풀이

황진이의 매회 수입의 과세표준은 32,000위안이므로 20,000위안을 초과하게 된다. 따라서 황진이에게 적용되는 세율은 20%가 아닌 30%가 되고 누진공제액도 고려하여야 한다.
납부세액 = 매회 수입액 × (1 − 20%) × 적용세율 − 누진공제액
= 40,000 × (1 − 20%) × 30% − 2,000
= 7,600위안

3) 인적용역소득의 소득세를 대납하는 경우

인적용역소득을 지급하는 자가 납세의무자를 위하여 세액을 대신 납부하는 경우에는 소득의 지급자가 납세의무자에게 세후 소득금액을 지급한 것이므로, 세전 소득금액으로 환산한 다음 다시 과세표준을 재계산하여야 한다.

(1) 세후지급액이 3,360위안을 초과하지 않는 경우

- 환산한 과세표준 = (세후지급액 − 800) ÷ (1 − 세율)
- 납부세액 = 과세표준 × 적용세율

(2) 세후지급액이 3,360위안을 초과하는 경우

- 환산한 과세표준 = [(세후지급액 − 누진공제액) × (1 − 20%)]
  ÷ [(1 − 세율) × (1 − 20%)]

  또는, = [(세후지급액 − 누진공제액) × (1 − 20%)] ÷ 구간별 환산계수
- 납부세액 = 과세표준 × 적용세율 − 누진공제액

위의 산식에서 '세율'이란 세후 인적용역소득에 대응되는 세율로서 아래의 표와 같으며, 적용세율은 세전 인적용역소득에 적용되는 세율을 말한다.

세후 인적용역소득의 적용세율표(세전으로 환산할 때)

(단위 : 위안)

급수	세후 인적용역소득	세율(%)	누진공제액	환산계수(%)
1	3,360 이하	20	0	없음
2	3,360～21,000	20	0	84
3	21,000～49,500	30	2,000	76
4	49,500 이상	40	7,000	68

사 례 4-6

기술자인 조자룡이 모 회사를 위해 공사의 설계를 해주기로 하였으며 계약에 따라 회사는 조자룡에게 용역비 48,000위안을 지급하기로 하였으며 용역보수와 관련한 개인소득세도 회사가 대납하기로 하였다.

요구

기타 다른 사항은 없다고 할 경우 회사가 대신 지급하여야 할 개인소득세를 계산하시오.

풀이

① 개인소득세를 대납할 경우의 과세표준
= [(48,000 － 2,000) × (1 － 20%)] ÷ 76% = 48,421,05위안

② 대납하여야 할 개인소득세액
= 48,4221.05 × 30% － 2,000 = 12,526.32위안

5. 원고소득의 납부세액

원고소득의 납부세액 계산공식은 다음과 같다.

① 매회 수입이 4,000위안 이하일 경우
납부세액 = 과세표준 × 적용세율 × (1 － 30%)
= (매회 수입액 － 800) × 20% × (1 － 30%)

② 매회 수입이 4,000위안 이상일 경우
납부세액 = 과세표준 × 적용세율 × (1 － 30%)
= 매회 수입액 × (1 － 20%) × 20% × (1 － 30%)

(*) 위의 산식에서 매회 수입을 4,000위안으로 구분하는 이유는 20%를 공제하되 최소한 800위안을 공제하기 때문이다.
(*) 중국의 현행 개인소득세법에서 원고소득에 대한 적용세율은 먼저 20%를 적용한 다음 다시 산출세액에 30%를 감면해주고 있다.

사 례 4-7

모 작가가 2016년 12월 출판사로부터 개인소득세를 차감하지 않은 원고소득 20,000위안을 출판사로부터 수령하였다.

요구

이 경우 작가가 납부하여야 할 개인소득세액을 계산하시오.

풀이

납부세액 = 과세표준 × 20% × (1 − 30%)
= 20,000 × (1 − 20%) × 20% × (1 − 30%) = 2,240위안

6. 특허권사용료소득의 납부세액

특허권사용료소득의 납부세액의 계산공식은 다음과 같다.

① 매회 수입이 4,000위안 이하일 경우
납부세액 = 과세표준 × 적용세율
= (매회 수입액 − 800) × 20%
② 매회 수입이 4,000위안 이상일 경우
납부세액 = 과세표준 × 적용세율
= 매회 수입액 × (1 − 20%) × 20%

7. 이자소득 및 배당소득의 납부세액

이자, 배당, 분배소득의 납부세액의 계산공식은 다음과 같다.

납부세액 = 과세표준 × 적용세율
= 매회 수입액 × 5%(2007년 8월 16일부터)

Tip 이자소득 및 배당소득의 비용

한국의 소득세법에서는 이자소득 및 배당소득에 대해 필요경비가 없이 지급받은 소득 전체에 대해서 소득세를 과세하고 있는데, 중국의 이자 및 배당소득에 대한 과세표준의 계산에 있어서도 관련된 공제가 없이 수령한 이자소득 및 배당소득 전체가 과세대상이 된다. 즉, 수령한 전체 수입금액에 대해서 해당 소득세율을 적용하게 된다.

8. 재산임대소득의 납부세액

1) 재산임대소득의 과세표준

재산임대소득은 매회 취득한 수입에서 정액 혹은 정률의 비용을 차감한 후의 잔액을 과세표준으로 본다. 매회 수입이 4,000위안 이하일 경우에는 800위안을 공제하고, 매회 수입이 4,000위안 초과할 경우에는 20%를 비용으로 공제한다. 재산임대소득은 1개월 내 취득한 수입전체를 매회 수입으로 본다.

재산임대소득에 대한 과세표준을 계산할 때 납세의무자가 재산을 임대하는 과정에서 납부한 세금과공과는 재산임대수입에서 공제할 수 있다. 수입에서 공제할 수 있는 항목은 비용과 세금 이외에도 납세의무자가 임대재산에 대해 지출한 수선비용도 공제할 수가 있으며, 수선비용은 매회 800위안을 한도로 하며 실제 발생액 중 공제하지 못한 수선비용은 이월하여 계속 공제할 수 있다.

개인이 재산을 임대하여 취득한 재산임대수입에 대해 개인소득세를 계산할 때에 아래의 비용을 순서에 따라 공제하여야 한다.

① 재산임대과정에서 납부한 세금과공과
② 임대인에게 지급한 임대료
③ 납세의무자가 부담한 임대재산에 지출한 수선비용
④ 세법에서 규정한 비용공제표준

과세표준 계산공식은 다음과 같다.

① 매회(월) 수입이 4,000위안 이하일 경우
과세표준 = 매회(월) 수입액 - 공제가능항목 - 수선비용(800위안 한도) - 800위안

② 매회(월) 수입이 4,000위안 이상일 경우
과세표준 = [매회(월) 수입액 - 공제가능항목 - 수선비용(800위안 한도)] × (1 - 20%)

2) 임차한 주택을 전대하여 얻은 소득

개인이 임차한 주택을 전대하여 취득한 임대수입은 개인소득세의 과세대상이 되며, '재산임대소득' 항목으로 개인소득세를 납부하여야 하는 바, 구체적인 규정은 다음과 같다.

(1) 전대하는 경우

전대수입이 있는 개인이 임대인에게 지급한 임차료는 임대차계약 및 정규증빙에 의거 전대수입에서 공제할 수 있다.

(2) 임대소득의 공제항목

재산임대수입에서 공제하는 소득공제의 공제순서는 다음과 같다.

- 재산임대과정 중 납부한 세금과 비용
- 임대인에게 지급한 임차료
- 임차자산에 지출된 수선비용으로 납세의무자가 부담한 부분
- 세법에 규정된 소득공제표준

3) 납부세액 계산방법

재산임대소득에 대해서는 20%의 세율을 적용한다. 다만, 개인이 시세에 따라 국민주택을 임대하고 취득한 소득에 대해서는 2001년 1월 1일부터 10%의 세율을 적용하여 개인소득세를 징수한다.

재산임대소득의 납부세액의 계산공식은 다음과 같다.

납부세액 = 과세표준 × 적용세율

사 례 4-8

유모씨는 2016년 1월 1일부터 면적이 200㎡인 건물을 임대하였으며 임대기간은 1년으로서 매월 임대료는 2,500위안이며, 1년 임대수입은 30,000위안이다.

요구

유모씨가 임대수입에 대하여 납부하여야 할 개인소득세액을 계산하시오.

풀이

매월 수입액이 4,000위안 미만이므로 800위안을 공제한다.
① 매월 납부세액 = (2,500 - 800) × 20% = 340위안
② 연간 납부세액 = 340 × 12 = 4,080위안

위의 사례에서는 임대사업과정에서 발생되는 세금과공과를 고려하지 아니하였으며, 만약 임대수입에 대해 영업세, 성시유호건설세, 방산세 및 교육세 등을 납부한다면 임대수입에서 관련 세금과공과를 먼저 공제한 다음 납부하여야 할 개인소득세를 계산한다.

위의 사례 4-8에서 만약 2016년 2월에 하수도가 막혀서 수리를 실시하여 500위안의 수리비가 발생하였을 경우, 2월분 및 연간 납부하여야 할 개인소득세는 다음과 같다.

① 2월분 납부세액 = (2,500 - 500 - 800) × 20% = 240위안
② 연간 납부세액 = 340 × 11 + 240 = 3,980위안

4) 납세의무자가 불분명한 경우

실제 징수과정 중에서 재산임대소득에 대한 납세의무자가 불명확한 경우에는 부동산 권리증을 위주로 판단하며 부동산 권리증이 없을 경우에는 관할 세무관서가 사실판단에 따라 납세의무자를 판단한다. 만약 권리증 소유자가 사망하여 상속등기를 하지 아니하였을 경우에는 임대료를 받는 사람을 납세의무자로 본다.

9. 재산양도소득의 납부세액

1) 일반적인 경우

재산양도소득에 대한 납부세액의 계산공식은 다음과 같다.

> 납부세액 = 과세표준 × 적용세율
> = (수입총액 - 취득원가 - 부대비용) × 20%

사 례 4-9

김모씨가 건물 1동을 360,000위안을 들여 신축하였으며 취득관련 비용을 20,000위안 지급하였다. 이후 김모씨가 동 건물을 600,000위안에 매각하였으며 매각과정 중에 25,000위안의 비용이 발생하였다.

요구

김모씨가 재산양도소득에 대하여 납부하여야 할 개인소득세액을 계산하시오.

풀이

재산양도소득에 대한 납부세액의 계산과정은 다음과 같다.

① 과세표준 = 재산양도수입 - 취득원가 - 부대비용
= 600,000 - (360,000 + 20,000) - 25,000
= 195,000위안

② 납부세액 = 195,000 × 20% = 39,000위안

2) 개인이 주택을 양도한 경우

개인이 주택을 양도하여 발생한 재산양도소득에 대한 개인소득세의 징수는 國稅發 [2006] 108호에 따라야 하는데, 이 통지에 의하면 2006년 8월 1일부터 개인이 주택양도소득의 개인소득세 납부세액은 다음과 같이 계산한다.

(1) 양도가액

양도가액은 실지거래가액으로 한다. 만약 납세의무자가 신고한 주택 거래가액이 시장가격보다 현저하게 낮고 정당한 이유가 없을 경우 징수기관은 관련 법률에 따

라 양도수입을 추계결정할 수 있으나, 세무기관은 이러한 추계결정가액이 과세가격과 같다는 것을 입증하여야 한다.

(2) 취득가액

납세의무자는 취득시의 구매계약서 및 적격증빙을 세무기관의 확인을 거쳐, 주택양도가액에서 취득원가 및 양수도관련 부대비용(주택양도과정 중 납부한 세금 및 합리적인 비용)으로 공제할 수 있다.

① 주택의 취득원가

주택의 취득원가는 구체적으로 다음과 같은 것이 있다.

구 분	취 득 원 가
상품방	주택을 구입할 때 실제 지급한 주택대금 및 납부한 세금과공과
자가건설주택	실제 발생한 건설비용 및 실제 지급한 세금과공과
경제적용방	원래의 주택구입자가 지급한 주택대금과 세금과공과 및 규정에 따라 납부한 토지출양금
공공주택	공공주택 표준면적에 해당지역의 경제적용방의 가격에 따라 계산한 주택대금과 초과면적에 실제 지급한 주택대금 및 규정에 따라 재정부문에 납부한 소득수입 및 세금과공과

② 양도시 세금과공과

주택의 양도과정 중 납부한 세금은 납세의무자가 주택을 양도할 때 실제 납부한 영업세, 성시유호건설세, 교육비부가, 토지증치세, 인화세 등의 세금을 말한다.

③ 합리적인 비용

합리적인 비용은 납세의무자가 규정에 따라 실제 지급한 주택 인테리어비용, 주택대출이자, 수속비, 공증비 등의 비용을 말하며 다음과 같다.

구 분	합리적인 비용
인테리어비용	납세의무자가 실제 지급한 인테리어비용의 적격증빙을 제출할 수 있어야 하고, 적격증빙상의 지급인과 주택을 양도한 권리인이

구 분	합리적인 비용
	일치하는 경우, 세무기관의 확인을 거쳐 양도한 주택의 양도전 실제 발생한 인테리어비용을 합리적인 비용으로 할 수 있으며 아래의 범위를 한도로 한다. －구입한 공공주택 및 경제적용방 : 주택취득원가의 15% 한도 －상품방 및 기타주택 : 주택취득원가의 10% 한도
주택대출이자	납세의무자가 주택대출로 취득한 주택을 양도하였을 경우 대출한 은행에 실제 지급한 대출이자는 공제할 수 있다.
취득 및 양도비용	공증비, 수속비 등의 비용은 관련증빙이 있을 경우 공제가 가능하다.

(3) 추계결정의 적용

납세의무자가 주택취득과 관련된 증빙을 제공할 수가 없어서 주택의 취득원가를 산정할 수 없을 경우 세무기관은 추계결정방식을 사용하여 산정할 수 있다. 즉, 납세의무자의 주택양도수입의 일정한 비율로 납부세액을 결정하게 된다. 구체적인 비율의 결정방식은 성급 지방세무국 등이 납세의무자가 주택을 양도한 지역, 건설시기, 주택유형, 주택평균가격 등을 고려하여 주택양도수입의 1～3% 내에서 결정한다.

용어설명 상품방(商品房)과 경제적용방(经济适用房)의 개념

상품방은 부동산 개발업체가 영리를 목적으로 투자개발하여 건설을 완료한 후 판매 또는 임대하는 등의 경제활동에 쓰이는 각종 주택을 가리킨다. 분양과 매매가 가능한 주거건물을 말하며 상품방의 상대개념으로는 분양과 매매가 제한되는 경제적용방이 있으며, 경제적용방은 한국의 영구임대주택의 개념과 유사하다고 볼 수 있다.

Tip 양도소득의 필요경비

중국에서 재산양도소득에 대한 납부세액을 계산할 때 주택을 취득할 때 취득자금 중 일부에 대해 대출을 하여 납부한 이자비용도 필요경비로 공제가 가능한데, 한국에서는 이러한 이자비용을 부대비용으로 공제할 수 없다.

3) 개인이 무상으로 증여받은 부동산을 양도한 경우

개인이 무상으로 증여받은 부동산을 양도하는 경우에는 개인소득세를 징수하며 이와 관련된 규정은 다음과 같다(國稅發(2006) 144호).

증여자가 무상으로 증여한 부동산을 수증자가 취득한 이후 다시 그 부동산을 양도하여 개인소득세를 납부할 때에 재산양도수입에서 수증 및 양도과정 중 납부한 세금과공과 및 부대비용을 차감한 후의 잔액을 과세표준으로 하며, 20%의 세율을 적용하여 개인소득세를 계산한다.

이 경우에 있어서의 재산양도소득에 대한 과세는 다음과 같다.

- 재산양도소득에 따라 징수한다.
- 재산양도수입에서 수증 및 양도과정 중 납부한 세금 및 비용을 차감한 후의 금액을 과세표준으로 한다.
- 세율은 20%를 적용한다.
- 세무기관은 추계결정으로 징수할 수 없다.

4) 개인이 주식을 양도하는 경우

2015년 1월 1일부터 국가세무총국이 공포한 〈주식양도소득의 개인소득세 관리방법〉의 규정에 따라 개인이 주식을 양도할 때 납부세액을 계산한다.

(1) 기본개념

주식은 자연인인 개인 주주가 중국내에 설립된 기업 또는 조직(개인기업 제외)의 주식에 투자한 주식을 말한다.

① 양도의 형태

주식 양도는 개인이 주식을 다른 개인 또는 법인에 양도하는 행위를 말하며 아래의 경우를 포함한다.

- 주식을 판매하는 경우
- 회사가 주식을 회수하는 경우

- 발행자가 처음 신주를 공개 발행할 때 피투자기업의 주주가 가진 주식을 공개 발행하는 방식으로 투자자에게 판매하는 경우
- 주식이 사법 또는 행정기관에 의해 강제로 명의를 변경하는 경우
- 주식으로 투자하거나 기타 현물거래하는 경우
- 주식으로 부채를 상환하는 경우
- 기타 주식을 양도하는 경우

② 양도소득의 신고

- 개인이 주식을 양도하는 경우 양도가액에서 취득가액 및 부대비용을 차감한 후의 잔액을 과세표준으로 하고, 재산양도소득으로 하여 개인소득세를 납부하여야 한다.
- 개인의 주식양도소득은 주식양도자가 납세의무자가 되며, 주식취득자가 원천징수의무자가 된다.
- 원천징수의무자는 주식양도계약이 체결된 후 5영업일내 주식양도와 관련된 상황을 관할 세무기관에 보고하여야 한다.
- 피투자기업은 주주의 주식 취득원가를 상세하기 기록하여 사실대로 세무기관에 주식의 양도와 관련된 정보를 제공하여야 하며 세무기관에 협조하여야 한다.

(2) 주식양도가액

주식양도가액은 양도자가 주식을 양도하고 받은 현금, 현물, 유가증권 및 기타 형식의 경제이익을 말한다.

양도자는 주식의 양도로 받은 각종 항목(위약금, 보상금 및 기타 명목의 대가)을 모두 포함하여야 한다.

① 양도가액을 추계결정하는 경우

주식양도가액은 정상가격원칙에 따라야 하며, 아래의 경우에 해당하는 경우 관할 세무기관이 양도수익을 추계결정한다.

- 신고한 주식양도가액이 지나치게 낮고 정당한 이유가 없는 경우
- 신고기한내에 신고하지 않고 세무기관의 명령에도 신고하지 않는 경우
- 양도자가 주식양도가액에 대한 자료를 제공할 수 없거나 거부하는 경우
- 기타 주식양도가액을 추계결정하는 경우

② 양도가액이 낮은 경우

아래의 경우에는 주식양도가액이 지나치게 낮은 경우로 본다.

- 신고한 주식양도가액이 주식의 순자산가액보다 낮은 경우. 그 중 피투자기업이 토지사용권, 건물, 미분양건물, 지식재산권, 탐사권, 채광권, 주식 등의 자산을 보규하고 있는 경우 신고한 주식양도가액이 주식의 공정가액에 의한 순자산가액보다 낮은 경우
- 신고한 주식양도가액이 초기 투자원가보다 낮거나 해당 주식의 취득원가 및 부대비용보다 낮은 경우
- 신고한 주식양도가액이 동종 또는 유사한 주식의 주식양도가액보다 낮은 경우
- 특별한 이유 없이 무상으로 주식을 양도하는 경우
- 관할 세무기관이 인정하는 기타의 경우

③ 정당한 사유가 있는 경우

아래의 경우는 주식양도가액이 지나치게 낮더라도 정당한 이유가 있는 경우로 본다.

- 피투자기업이 국가의 정책 조정으로 사업이 중대한 영향을 받아서 낮게 주식을 양도하는 경우를 입증할 수 있는 경우
- 상속 또는 주식을 법률적으로 신분관계가 있음을 증명할 수 있는 배우자, 부모, 자녀, 조부모, 외조모부, 손자, 외손자, 형제자매 및 양도인에게 직접적으로 부양의무를 지는 부양인에게 양도하는 경우
- 법률, 정부문서, 정관의 규정 및 관련 자료가 양도가액이 합리적이고 해당 기업의 종업원이 가지고 있는 주식을 외부로는 양도할 수 없고 내부로만 양도하는 것을 증명할 수 있는 경우
- 주식양도자가 정당성을 입증할 수 있는 증거를 제공할 수 있는 다른 이유

④ 추계결정방법

관할 세무기관은 아래의 순서에 따라 주식양도가액을 추계결정한다.

첫째, 순자산 추계결정법(净资产核定法)

- 주식양도가액을 주당순자산가액에 주식수를 기준으로 추계결정하는 방법이다.
- 피투자기업이 토지사용권, 건물, 미분양건물, 지식재산권, 탐사권, 채광권, 주식 등의 가액이 자산총계의 20%를 초과하는 경우 관할 세무기관이 납세의무자가 제공한 전문감정기관이 제시한 자산평가보고를 참조하여 주식양도가액을 추

계결정한다.

- 양도 후 6개월 이내에 다시 양도하는 경우로서 피투자기업의 순자산에 중대한 변화가 없는 경우 관할 세무기관은 최초 주식양도 시 피투자기업의 재산평가보고를 참조하여 다음 주식양도가액을 추계결정한다.

둘째, 비교법(类比法)

- 조건이 같거나 유사한 경우의 주식양도가액을 참조하여 추계결정한다.
- 업종이 같거나 유사한 기업의 주식양도가액을 참조하여 추계결정한다.

셋째, 기타 합리적인 방법

관할 세무기관은 위의 방법으로 주식양도가액을 추계결정하기 곤란한 경우, 다른 합리적인 방법을 사용하여 추계결정한다.

(3) 주식취득원가

개인이 양도한 주식의 취득원가는 아래의 방법을 사용한다.

구 분	주식의 취득원가
현금으로 취득한 주식	실제 지불한 가액 및 주식 취득과 직접적인 관계가 있는 취득부대비용
현물로 취득한 주식	현물의 가격을 세무기관이 인가하거나 추계결정한 가격과 취득부대비용
상속 또는 배우자, 부모, 자녀, 조부모, 외조부모, 손자, 외손자, 형제자매 및 양도인이 직접적으로 부양의무를 지는 부양인에게서 무상으로 취득한 주식	주식 취득 시 지급한 부대비용 및 당초 소유자의 주식취득가액
피투자기업이 자본잉여금과 이익잉여금으로 무상증자한 주식	개인 주주가 이미 개인소득세를 납부한 경우 무상증자가액과 부대비용

관할 세무기관이 주식양도가액을 추계결정하여 주식양도자가 이미 개인소득세를 납부한 경우 주식양수자의 주식취득가액은 주식을 취득할 때의 부대비용과 주식양도자가 관할 세무기관으로부터 추계결정한 주식양도가액의 합계액으로 한다.

개인이 주식양도와 관련하여 주식취득가액의 증빙이 없어 주식취득가액을 알 수 없을 경우 관할 세무기관이 주식취득가액을 추계결정한다.

개인이 여러 차례에 걸쳐 주식을 취득한 경우의 주식취득가액은 이동평균법으로 계산한다.

10. 우연소득, 기타소득의 납부세액

우연소득에 대한 납부세액의 계산공식은 다음과 같다.

납부세액 = 과세표준 × 적용세율
= 매회 수입액 × 20%

사 례 4-10

박모씨가 쇼핑센터의 판촉활동에 참가하여 20,000위안의 상금에 당첨이 되었다. 박모씨가 상금 중에서 4,000위안을 교육부를 통해 기부한다는 뜻을 밝혔다.

요구

쇼핑센터에서 박모씨의 소득세를 원천징수할 경우 박모씨가 수령하게 될 상금액을 계산하시오.

풀이

① 박모씨가 기부한 금액의 비율이 20%로서 세법상 한도인 30%보다 작기 때문에 세법의 규정에 의해 박모씨의 기부금은 전부 과세표준에서 공제할 수 있다.

② 과세표준 = 우연소득 - 기부금
= 20,000 - 4,000 = 16,000위안

③ 납부세액(원천징수세액) = 과세표준 × 적용세율
= 16,000 × 20% = 3,200위안

④ 박모씨가 실제 얻을 수 있는 소득 = 20,000 - 4,000 - 3,200
= 12,800위안

11. 특수한 경우의 납부세액

1) 연간 특별상여금[1])을 받는 경우

'연간 특별상여금(全年一次性奖金)'이란 행정기관, 기업 등 원천징수의무자가 어느 한 해의 경제효익과 종업원의 1년간 성과에 따라 종업원에게 지급하는 상여금을 말한다. 연간 특별상여금은 연말보너스 및 연봉제와 성과급제를 실시하는 기업이 종업원에 성과에 따라 지급하는 성과급을 포함한다.

납세의무자가 연간 특별상여금을 받는 경우에는 별도의 1개월의 근로소득으로 보아 납세하며 2005년 1월 1일부터 아래의 방법에 따라 계산하여 원천징수의무자가 원천징수하여 납부한다.

(1) 연간 특별상여금의 환산

우선 종업원이 당월에 취득한 연간 특별상여금을 먼저 12로 나눈 금액에 대해 적용세율 및 누진공제액을 계산한다.

만약, 연간 특별상여금을 받은 달에 종업원이 받은 급여소득이 세법상의 면세점 이하일 경우에는 먼저 특별상여금에서 '종업원이 당월의 수입금액과 소득공제금액의 차액'을 공제한 후의 잔액에 대해서 다시 위의 방법에 따라 특별상여금의 적용세율과 누진공제액을 적용한다.

(2) 적용세율과 계산공식

근로자가 연간 특별상여금을 취득한 경우에 위의 '(1)'에서 규정한 적용세율과 누진공제액에 따라 과세할 경우 계산공식은 다음과 같다.

구 분	계 산 공 식
근로자의 당월의 급여가 세법상의 소득공제액보다 더 클 경우	납부세액 = 근로자가 당월에 받은 특별상여금 × 적용세율 − 누진공제액

1) 연간 특별상여금(全年一次性奖金) : 근로자가 1년간의 성과에 의하여 1년에 한번 지급받는 특별상여금을 말한다.

구 분	계 산 공 식
근로자의 당월의 급여가 세법상의 소득공제액보다 더 작을 경우	납부세액 = (당월의 특별상여금 - 당월 근로소득에서 미공제된 부분) × 적용세율 - 누진공제액

(3) 연간 1회만 적용

한 과세연도 내에 하나의 납세의무자에 대해서 이 계산방법은 한번만 적용된다.

(4) 연봉제와 성과급제를 적용하는 기업은 개인이 연말에 받은 연봉과 성과금은 위의 '(2)'와 '(3)'의 규정에 따라 징수한다.

(5) 연간 특별상여금 이외의 상여금

근로자가 연간 특별상여금 이외의 기타 명목의 상여금, 예를 들어 반년 상여금 분기 상여금, 연장근로 상여금, 모범 상여금(先进奖), 출근 상여금(考勤奖) 등을 받은 경우에는 모두 일반 급여에 합산하여 개인소득세를 징수한다.

(6) 주소가 없는 개인의 경우

주소가 없는 개인이 위의 '(5)'의 각종 상여금을 받는 경우 소득을 얻은 당월에 개인이 중국내에 납세의무가 없거나 출국 등의 원인으로 당월에 중국내에서 근무한 시간이 1개월이 안 되는 경우 「국가세무총국이 중국내 주소가 없는 개인이 상여금을 취득하는 경우에 대해 징수하는 문제」(國税發 [1996] 183号)의 규정에 따라 납부한다.

사 례 4-11

중국인 하후연이 2016년 중국내에서 1~12월 매월 급여가 3,800위안이었고, 12월 연간 특별상여금 60,000위안을 받았다

요구

하후연이 취득한 연간 특별상여금에 대해 납부하여야 할 세액을 구하시오.

① 연간 특별상여금에 적용할 세율 및 누진공제액

60,000위안을 12로 나누면 5,000위안이 되어 근로소득에 대한 세율표에서 세율은 20%, 누진공제액은 555위안이 된다.

② 연간 특별상여금에 대한 납부할 세액

납부세액 = 연간 특별상여금 × 적용세율 – 누진공제액

= 60,000 × 20% – 555

= 11,445위안

해설

위에서 보는 바와 같이 연간 특별상여금을 받을 경우 먼저 받은 금액을 12로 나눈 금액에 대한 세율 및 누진공제액을 구한 다음 받은 금액 전체에 대해 세율과 누진공제액을 적용하여 납부세액을 산출하게 된다.

2) 세후 연간 특별상여금을 받은 경우

회사가 임직원에게 연간 특별상여금을 지급할 때에 회사에서 개인소득세를 대납하는 경우가 있는데, 이 경우 세후 연간 특별상여금을 세전 특별상여금을 환산하여 개인소득세 과세표준을 먼저 확정한 다음 개인소득세를 계산하여야 한다.

세후 연간특별상여금에 대한 개인소득세를 계산하는 절차는 다음과 같다.

- 제1단계 : 해당구간 찾기

  세후 연간 특별상여금을 12로 나누어 적용될 세율(A)과 누진공제액(A)을 찾는다.

- 제2단계 : 세전으로 환산

  세전 연간 특별상여금 = (세후 연간 특별상여금 – 누진공제액) ÷ (1 – 적용세율(A))

- 제3단계 : 세율 적용

  세전 연간 특별상여금을 12로 나누어 다시 적용할 세율(B)과 누진공제액(B)을 찾는다.

- 제4단계 : 납부세액 계산

  납부세액 = 과세표준 × 적용세율(B) – 누진공제액(B)

만약 납세의무자가 세후 연간 특별상여금을 받은 달의 근로소득이 면세점 이하일 경우, 먼저 세후 연간 특별상여금에 당월 공제받지 못한 금액을 차감한 후에 위의 과정을 거친다.

기업소득세의 납세의무자, 개인독자기업, 동업기업, 개인사업자가 개인을 위해 부담한 소득세액을 비용으로 처리한 경우 기업소득세 계산 시 공제할 수 없다.

참고 … **중국의 근로소득에 대한 과세제도**

중국에서는 근로소득에 대하여 매월 근로수입을 기준으로 과세하므로 한국의 과세방법과 차이가 있다. 이러한 차이를 이해하기 위하여 사례를 들어 설명하면 다음과 같다.

사 례 중국에서 근무하고 있는 주재원의 상여금에 대한 세금효과 분석

중국에서 근무하고 있는 주재원의 경우 한국과 중국의 소득세법의 차이로 인하여 상여금의 지급방법에 따라 납세의무자가 부담하는 세액에 차이가 발생하는데, 사례를 들어 설명하면 다음과 같다.

반도체 제조업 장강전자에 근무하는 박문은 기본급 3만위안과 성과급 9만위안(300%)을 4월, 8월, 12월에 지급하기로 하여 총 45만위안의 2012년도의 노동계약을 맺었다.

이러한 상황하에 납세의무자인 박문이 연간 근로소득을 어떻게 수령하는지의 방식에 따라 박문이 부담하여야 할 연간 개인소득세를 비교하면 다음과 같다(여기에서의 기본급여와 상여금 이외의 부분은 모두 중국의 개인소득세법의 규정에 따라 비과세 된다고 가정하고, 박문은 다른 소득은 없는 것으로 가정한다).

제1안 : 4월, 8월, 12월에 각 100%의 상여금을 받을 경우

이러한 방법에 의할 경우 박문이 부담하게 되는 개인소득세는 다음과 같다.

(단위 : 위안)

구 분	상여금 미지급	상여금 지급	1년간 합계
	9개월	3개월	
기본급여	30,000	30,000	360,000
상 여 금	–	30,000	90,000
총 급 여	30,000	60,000	450,000
소득공제	4,800	4,800	–
과세표준	25,200	55,200	–
적용세율	25%	35%	–
산출세액	5,295	13,815	89,100

– 상여금이 지급되지 않는 달(1월, 2월, 3월, 5월, 6월, 7월, 9월, 10월, 11월)의 박문의 총급여는 기본급여 30,000위안으로서 적용세율은 25%가 된다.

- 상여금이 지급되는 달(4월, 8월, 12월)의 박문의 총급여는 기본급여와 상여금을 포함한 60,000위안으로서 적용세율은 35%가 된다.

따라서 박문이 부담하여야 하는 연간 개인소득세는 9개월 동안 매월 5,295위안과 3개월 동안 13,815위안을 모두 합한 89,100위안이 된다.

제2안 : 연말에 한꺼번에 연간 특별상여금으로 300%를 받을 경우

이 방법은 평소에는 상여금을 수령하지 않고 연말에 연간 특별상여금을 한번 수령하는 경우로서 이러한 방법에 의할 경우 박문이 부담하게 되는 개인소득세는 다음과 같다.

(단위 : 위안)

구 분	기본급여	연말특별상여금	1년 합계
	12개월	1개월	
기본급여	30,000	-	360,000
상 여 금	-	90,000	90,000
총 급 여	30,000	90,000	450,000
소득공제	4,800	-	-
과세표준	25,200	90,000	-
적용세율	25%	20%	-
산출세액	5,295	17,445	80,985

연간 특별상여금에 의할 경우 중국 세법의 규정에 따라 연간 특별상여금을 12로 나눈 금액에 대해 구간세율을 적용하게 되므로 비록 90,000위안을 수령하더라도 적용세율은 20%가 되어 연간 특별상여금에 대한 개인소득세는 작아지게 된다.

이러한 방법에 의할 경우 박문이 부담하여야 할 연간 개인소득세는 12개월 동안 기본급여에 대한 5,295위안과 연간 특별상여금에 대한 17,445위안을 합한 80,985위안이 된다.

결론

위의 제1안과 제2안을 비교하여 보면 다음과 같은 특징을 발견하게 된다.

첫째, 상여금의 지급방법에 따라 세부담의 차이가 존재

위에서 보는 바와 같이 박문이 부담하여야 할 개인소득세는 89,100위안과 80,985위안으로서 8,115위안의 차이가 발생한다.

둘째, 차이의 발생원인

이러한 차이의 발생원인은 상여금의 지급방법의 차이에 따른 적용세율의 차이에 있다. 즉, 기본급여에 대한 적용세율은 25%로서 같지만 제1안에 의할 경우에는 상여금이 있는 달의 경우 총급여가 증가하게 되어 적용세율이 35%로 증가하게 되나 연간

특별상여금을 받는 제2안의 경우에는 그 금액을 12로 나눈 금액을 기준으로 세율을 적용하고, 기본급여와 합산하지 않고 별개의 소득으로 보아 세율을 별도로 적용하므로 20%의 세율이 적용된다.
이와 같은 적용세율의 차이로 인하여 제2안에 의할 경우 박문이 부담하여야 할 개인소득세액을 절감시킬 수 있다.

셋째, 시사하는 점
중국의 현행 개인소득세법은 연말정산이라는 개념이 없어서 상여금의 지급방법에 따라 부담하는 개인소득세의 차이가 존재하고 있으므로 상여금의 지급시 이러한 연간 특별상여금(全年一次性奖金)을 활용하여 개인소득세를 절감할 수 있다.

3) 중국내 주소가 없는 개인이 수개월의 상여금을 받는 경우

(1) 일반적인 경우

중국내에 주소가 없는 개인이 한번에 수개월의 상여금 혹은 연말보너스, 노동분배금(이하 '상여금'이라 하고, 매월 지급하는 상여금을 제외한다)을 받을 경우, 개인이 받은 상여금은 1개월의 근로소득으로 보아 과세하며, 이미 매월의 근로소득에 대해 소득공제를 하였으므로 별도로 받은 상여금에 대해서는 다시 소득공제를 적용하지 아니한다.

상여금은 수령한 달의 다음달 7일까지 신고납부하여야 한다.

(2) 중국내외 기업에 겸직하고 있는 경우

① 적용대상

중국내 주소가 없는 개인이 중국외 기업과 외국기업의 중국내 사업장에서 겸직하고 있으나 실제 중국내 근무를 하지 않는 경우

② 상여금의 범위

일시에 받은 수개월의 상여금 중 중국내에서 전혀 근무하지 않은 월에 해당하는 상여금에 대해서는 용역발생지의 원칙에 따라 중국내 원천소득으로 보지 않고 중국에서 근무한 기간에 해당하는 부분은 중국내 원천소득으로 본다.

4) 주택을 저가로 공급하는 경우

주택제도 개혁정책에 따라 국가기관 및 기업(이하 "단위"라 한다)이 주택제도 개혁기간 동안 소재지 현급 이상 인민정부가 규정하는 주택개혁의 원가로 공공주택을 종업원에게 판매하는 경우 종업원이 원가 또는 시가보다 낮은 가격으로 취득하는 차액에 대해서는 개인소득세를 면제한다.

단, 위의 경우 이외에 단위가 저가로 공급하는 부분은 차액에 대해 개인소득세를 과세하며, 이 경우 '연간 특별상여금'에 대한 방법에 따라 과세한다.

5) 비상장기업의 스톡옵션(股票期权)에 대한 과세문제

회사의 종업원이 비상장기업의 스톡옵션 형태로 취득한 근로소득은 한번의 소득이 매우 크므로 연간 특별상여금의 과세방법에 따라 개인소득세를 납부한다.

이러한 경우 납세의무 성립시기는 종업원의 실제 매입일로 보며, 소득금액은 회사로부터 받은 스톡옵션의 실제 매입가격에서 매입일 현재의 주식가격을 차감한 금액이 된다.

매입일 현재의 시장가격이 없는 비상장기업의 주식가격은 해외 비상장 모기업의 전년도 감사받은 재무제표의 주당 순자산가액으로 한다.

6) 특정산업에 종사하는 종업원의 경우

채굴업, 원양운수업, 원양업은 계절이나 산출량 등의 영향으로 근로자의 급여나 임금의 수준에 변화가 많이 일어나게 된다. 이러한 3가지의 특정산업의 근로자가 취득하는 근로소득은 매월 원천징수하고 난 뒤, 연도 후 30일 내 1년간의 근로소득을 합산한 후 다시 12개월간의 평균액을 기준으로 다시 정산한다.

납부세액 = [(1년간의 총근로소득 ÷ 12 − 소득공제표준) × 세율 − 누진공제액] × 12

참고 … 특정산업에 종사하는 경우

중국의 개인소득세법은 근로소득에 대하여 기본적으로 월별로 과세하나 계절별, 산출량별로 소득의 변화가 심한 업종에 종사하는 근로자를 배려하는 규정으로 연간 평균급여액을 기준으로 과세하고 있다.

7) 실비변상의 급여(교통비, 통신비)를 받는 경우

개인이 업무용으로 차량유지비 또는 통신비 명목으로 보조를 받는 경우, 업무비용 공제표준에 따라 일정한 한도액을 공제하고 난 후의 금액을 근로소득에 가산하여 개인소득세를 납부하여야 한다.

만약 매월 기준으로 받는 경우에는 해당 월의 근로소득에 합산하여 납부하고, 매월 기준이 아닌 경우에는 각각 수령한 달을 기준으로 근로소득과 합산한다.

업무비용의 구체적인 공제표준은 성급 지방세무국이 정하며, 성급 인민정부 및 국가세무국에 보고한다.

8) 보험료에 대한 과세

성진(城鎮)에 있는 기업 및 그 종업원이 「실업보험조례」에서 규정하는 비율에 따라 납부한 실업보험료는 근로소득에 포함하지 아니한다. 다만, 「실업보험조례」상의 비율을 초과하여 납부하는 실업보험료는 근로소득으로 보아 개인소득세를 징수한다.

또한, 「실업보험조례」의 규정에 해당하는 실업자가 받은 실업보험금은 개인소득세를 면제한다.

기업이 종업원을 위하여 면세대상 이외의 보험료를 지급할 경우, 기업이 보험회사에 보험료를 납부할 때(즉, 보험료가 피보험자의 보험계좌에 입금될 때) 종업원의 근로소득에 합산하여 개인소득세를 납부하여야 하며, 지급자가 원천징수한다.

9) 중국인이 외상투자기업 등의 중국사업장에 근무하는 경우

(1) 원천징수

외상투자기업, 외국기업, 외국기업의 중국 사업장에서 근무하는 중국인이 취득하는 근로소득을 소속회사와 파견된 회사가 별도로 지급하는 경우에는 지급자가 세법에 따라 개인소득세를 원천징수한다. 또한, 세법의 규정에 따라 납세의무자는 매월 근로소득에서 소득공제 후의 금액을 과세표준으로 본다.

사 례 4-12

왕루이는 외상투자기업에 파견근무를 하고 있는데, 2016년 11월 외상투자기업으로부터 7,500위안의 급여를 받았으며 같은 달 왕루이는 원 소속회사로부터 급여 3,900위안을 별도로 받았다.

요구

이 경우 외상투자기업 및 소속회사에서는 어떻게 개인소득세를 원천징수하여야 하며, 왕루이가 실제 납부하여야 할 개인소득세는 얼마인가?

풀이

① 외상투자기업이 원천징수하여야 할 개인소득세
= (7,500 − 3,500) × 10% − 105 = 295위안

② 원 소속회사에서 원천징수하여야 할 개인소득세
= 3,900 × 10% − 105 = 285위안
이 경우, 외상투자기업에서 이미 소득공제 3,500위안을 하였으므로 소속회사에서는 더 이상 소득공제를 할 수 없다.

③ 왕루이가 납부하여야 할 개인소득세
= (7,500 + 3,900 − 3,500) × 20% − 555 = 1,025위안

위에서 보는 바와 같이 원천징수한 개인소득세는 580위안(295+285)이나 실제 납부하여야 할 개인소득세는 1,025위안이 되므로 왕루이는 추가로 차액 445위안을 납부하여야 한다.

(2) 외상투자기업 등의 본사에서 지급하는 부분

외상투자기업, 외국기업, 외국기업의 중국 주재기업이 중국인에게 지급하는 근로

소득은 전액에 대해 과세를 하나, 근로소득 중 규정에 따라 본사에게 지급하는 경우, 실제 본사에 지급한 부분은 공제하고 잔액에 대해서 개인소득세를 징수한다.

10) 중국내에 주소가 없는 개인이 근로소득이 있는 경우

개인소득세법과 실시조례 및 중국과 이중과세방지협정(이하 "조세협정"이라 한다)의 규정에 따라 중국내에 주소가 없는 개인이 중국내의 회사, 경제단체 또는 외국기업의 중국 사업장에서 근무하여 취득한 근로소득에 대해서는 아래와 같이 과세한다.

(1) 근로소득의 원천지

근로소득의 원천지는 실제근무지를 기준으로 하며, 중국내의 근로소득은 개인이 실제 중국내 근무한 기간 중 취득한 급여 및 임금을 말한다. 즉, 개인이 실제적으로 중국내 근무한 기간 동안 받은 급여 또는 임금은 이를 지급한 고용주가 중국내 또는 중국외인지에 불구하고 중국내 근로소득으로 본다. 또한, 중국외 근무한 기간 동안 받은 급여 또는 임금은 지급자의 소재지에 불구하고 중국외 소득으로 본다.

(2) 거주기간별 외국인의 과세문제 요약

중국에서 외국인이 근로소득을 취득할 때 한 과세연도 동안 중국에 거주한 일수에 따라 중국외 원천소득에 대한 납부세액 계산방법이 달라지는데 이를 도표로 나타내면 다음과 같다.

소득자의 신분이 일반 종업원인 경우와 고위관리임원인 경우에 따라 과세범위가 달라지는데 구분하여 나타내면 다음과 같다.

① 일반 종업원인 경우

중국내 거주기간 (D)	중국내 원천소득 (중국내 근무일수와 관련된 소득)		중국외 원천소득 (중국외 근무일수와 관련된 소득)	
	중국회사 부 담	외국회사 부 담	중국회사 부 담	외국회사 부 담
D ≤ 183일	Y	N	N	N

중국내 거주기간 (D)	중국내 원천소득 (중국내 근무일수와 관련된 소득)		중국외 원천소득 (중국외 근무일수와 관련된 소득)	
	중국회사 부 담	외국회사 부 담	중국회사 부 담	외국회사 부 담
183일 < D < 1년	Y	Y	N	N
1년 ≤ D ≤ 5년	Y	Y	Y	N
A > 5년	Y	Y	Y	Y

(주1) 90일(183일) 적용기준
중국이 조세협정을 체결하지 않은 국가는 90일이 적용되고, 조세협정을 체결한 국가는 183일이 적용되며, 한국은 중국과 조세협정이 체결되어 있으므로 183일로 표기하였다.

(주2) 추계결정하는 경우
위의 표에서 D≤183일에서 중국내의 기업 또는 사업장이 추계결정방식으로 기업소득세를 계산하거나 영업수입이 없어 기업소득세를 과세하지 않는 경우, 중국내 기업 또는 사업장에 근무하는 개인이 실제 중국내에서 근무하여 취득한 근로소득은 지급자가 중국내의 기업 또는 사업장의 회계장부에서 기재되었는지의 여부에 불구하고 모두 중국내의 기업이 지급하거나 부담한 근로소득으로 본다.

위의 표에서 보는 바와 같이 외국인이 1년 동안 중국에서 거주한 일수에 따라 중국내 부담하여야 할 개인소득세의 범위가 달라진다.

② 고위관리임원(총경리, 부총경리, 재무총감 등)

중국내 거주기간 (D)	중국내 원천소득 (중국내 근무일수와 관련된 소득)		중국외 원천소득 (중국외 근무일수와 관련된 소득)	
	중국회사 부 담	외국회사 부 담	중국회사 부 담	외국회사 부 담
D ≤ 183일	Y	N	Y	N
183일 < D < 1년	Y	Y	Y	N
1년 ≤ D ≤ 5년	Y	Y	Y	N
A > 5년	Y	Y	Y	Y

③ 일반 종업원과 고위관리임원의 과세차이

위의 표에서 보는 바와 같이 고위관리임원의 경우 거주기간이 1년 미만인 경우에도 중국외 원천소득이라 하더라도 중국회사가 부담하는 경우에는 중국에 개인소득세 납부의무가 있다.

(3) 중국내 90일 미만 거주한 경우

중국내에 주소가 없고 한 과세연도 중 중국내에서 연속 또는 합하여 90일(조세협정 체결국가는 183일)을 초과하지 않는 개인(이하 '90일 이하 거주자'라 한다)에 대한 납세의무는 다음과 같다.

구 분	납 세 의 무
중국외의 고용주가 급여를 지급하고 고용주의 중국내 주재기구에서 부담하지 아니한 근로소득	개인소득세를 면제한다.
중국내 근무기간 중 중국내 고용주가 지급하거나 중국내 주재기구가 부담하는 근로소득	개인소득세를 납부하여야 한다.

기업이 아래에 해당할 경우 중국내 기업에 근무하는 개인이 중국내 근무기간 중 받은 근로소득은 중국내 기업의 회계장부에 기재되었는지에 관계없이 중국내 기업이 지급하였거나 중국내 주재기구가 부담한 근로소득으로 본다.

- 추계결정방식으로 과세하는 경우(대표처의 경우)
- 영업수입이 없어 기업소득세를 징수하지 못하는 경우

2004년 7월 1일부터 중국내 주소가 없으면서 90일 이하 거주자가 납세의무를 지는 경우 계산공식은 다음과 같다.

납부세액
= (당월 중국내외 근로소득 과세표준 × 적용세율 − 누진공제액) ×(당월 중국내 급여 / 당월 중국내외 급여 총액) × (당월 중국내 근무일수 / 당월 일수)

(4) 중국내 90일 이상 1년 미만 거주한 경우

중국내 주소가 없고 한 과세연도 중 중국내에서 연속 또는 합하여 90일(조세협정 체결국가는 183일) 이상 1년 미만 거주한 자(이하 '90일 이상 거주자'라 한다)의 납세의무는 다음과 같다.

• 중국내에서 근무하여 받은 근로소득 : 전액 과세한다.
• 중국외에서 근무하여 받은 근로소득 : 이사 또는 고위임원을 제외하고는 과세하지 아니한다.

2004년 7월 1일부터 90일 이상 거주자가 납세의무를 지는 경우 계산공식은 다음과 같다.

납부세액
= (당월 중국내외 근로소득 과세표준 × 적용세율 − 누진공제액) ×(당월 중국내 근무일수 / 당월 일수)

(5) 중국내 1년 이상 5년 미만 근무한 경우

2004년 7월 1일부터, 중국내 주소가 없으나 중국내에서 만 1년 이상 5년 미만 거주한 개인의 납세의무는 다음과 같다.

• 중국내 근무기간 중 취득한 근로소득 : 전액 과세한다.
• 임시 출국한 근무기간 동안의 근로소득 : 중국내 기업 또는 개인 고용주가 지급한 부분은 과세한다.

중국내 기업 또는 기구가 추계결정하여 기업소득세를 납부하거나 영업수입이 없어 기업소득세를 납부하지 않을 경우 중국내 기업 또는 기구에 재직하거나 근무한 개인이 얻은 근로소득은 중국내 기업의 회계장부에 기재되어 있는지의 여부에 관계없이 근무하고 있는 기업 또는 기구가 지급한 것으로 본다.

개인이 1개월 중 중국내 근무기간 중 취득한 근로소득이 있고 동시에 임시 출국한 기간 동안 중국내 기업 또는 고용주가 지급한 근로소득이 있는 경우, 합산하여 개인소득세를 납부하여야 한다.

이러한 경우 납부세액의 계산공식은 다음과 같다.

납부세액
= (당월 중국내외 근로소득 과세표준 × 적용세율 − 누진공제액) ×
[1 − (당월 중국외 근로소득 / 당월 중국내외 근로소득 총액) × (당월 중국외 근무일수 / 당월 일수)]

만약, 위의 개인이 취득한 근로소득이 1개월 미만의 근로소득일 경우에는 1개월간의 근로소득으로 환산하여 위의 산식을 적용한다.

(6) 중국내 기업의 이사 또는 고위관리임원인 경우

중국내 기업의 이사 또는 고위관리임원을 맡고 있는 개인의 납세의무는 다음과 같다.

- 중국내 기업으로부터 받은 각종 보수는 위의 '(3)' 및 '(4)'의 규정을 적용하지 아니하고 중국내 및 중국외 모든 수입에 대해 개인소득세를 납부한다.
- 중국외 기업으로부터 받는 경우에는 위의 규정에 따라 납세의무를 부담한다.

(7) 1개월 미만의 근로소득이 있는 경우

위의 각각의 경우에 있어서 1개월 미만의 근로소득은 1개월간의 소득에 따라 납부하여야 할 개인소득세를 계산하며, 계산공식은 다음과 같다.

납부세액
= (당월 근로소득 과세표준 × 적용세율 − 누진공제액) × (당월 중국 거주일수 / 당월 일수)

위의 경우에 있어서 근로소득이 1개월 미만일 경우에는 1개월로 환산한다.

(8) 중국에서 5년 초과 거주한 경우

중국에 주소가 없으나 5년 초과 거주한 개인은 6년도부터 중국내외의 모든 소득에 대해 개인소득세를 납부하여야 한다.

① 5년 기간의 의미

개인이 중국내에서 만 5년 거주하는 것의 의미는 개인이 중국내에서 연속하여 5년 거주하였으며 5년 동안 계속하여 만 1년 거주한 것을 말한다.

② 만 5년 이후의 납세의무

개인이 중국내에서 만 5년 거주한 후 6년도부터 만 1년 거주하는 경우 중국내 원천소득 및 중국외 원천소득에 대해서 개인소득세를 납부하여야 한다.

만약 개인이 6년도 이후 한 과세연도에 90일 미만 거주할 경우에는 앞의 규정에 따른다.

사 례 4-13

미국인인 Michael이 2015년 1월 1일부터 중국의 외상투자기업의 부총경리를 맡고 있으며 회사는 그에게 매월 급여 20,000위안을 지급하고 있으며, 외상투자기업의 모회사 또한 매월 그에게 $4,000을 지급하고 있다. 그는 대부분의 시간을 중국외에서 일을 하고 있으며, 2015년도 중국에 와서 근무한 시간은 모두 180일이다(조세협정 체결국가에 해당됨).

요구

이러한 상황에서 경우 2015년도 Michael이 중국에서 납부하여야 할 개인소득세를 계산하시오.

풀이

① Michael은 회사의 고위관리직이므로 그가 2015년 1월 1일부터 12월 31일까지 중국에서 근무한 기간 동안 회사가 그에게 매월 지급한 20,000위안의 근로소득은 매월 개인소득세를 납부하여야 한다.

② 2015년도 Michael이 중국에서 근무한 시간이 183일이 되지 않으므로 조세협정의 규정에 따라 그의 해외 고용주가 지급한 근로소득은 중국에서는 납세의무가 없다(만약 그 개인이 중국과 조세협정을 체결하지 아니한 국가이거나 홍콩, 마카오, 대만의 거주자일 경우에는 해외 고용주가 지급한 $4,000은 중국내의 근로소득과 합산하여 개인소득세를 신고납부하여야 한다).

참고 … 거주일수의 기준(90일 또는 183일)

거주자의 과세소득 원천의 적용에 있어서 거주자의 판정은 기본적으로 90일을 기준으로 하나 중국이 조세협정을 체결한 국가의 경우에는 183일을 기준으로 하여 거주자를 판정하게 된다.

11) 공동으로 취득한 소득

둘 또는 둘 이상의 납세의무자가 공동으로 동일한 소득을 취득한 경우(예를 들어 공동으로 한 작품을 저술하여 취득한 원고소득 등)에는 각자에게 귀속되는 소득에 대해 각각 소득공제를 한 후 각자가 납부하여야 할 세액을 계산한다.

12) 퇴직금을 받은 경우

(1) 개인소득세가 면제되는 퇴직금

개인소득세법 제4조 제7항에서 '개인소득세를 면제하는 퇴직금'이란, 개인이 「종업원의 퇴직과 관한 잠정적인 처리」(國發 [1978] 104호)의 퇴직조건 및 퇴직금 지급표준에 부합하는 퇴직금수입을 말한다.

(2) 과세되는 퇴직금

개인이 위의 규정에 맞지 않는 퇴직금을 받는 경우에는 재직과 관련되는 근로소득으로 보아 과세한다.

다만, 고용주가 경제보상의 의미로 지급하는 퇴직금은 수개월의 근로소득을 한 번에 취득하는 것으로 보아 원래 받던 근로소득을 1개월의 표준으로 하여 몇 개월의 근로소득으로 나누어 개인소득세를 납부한다.

이 경우 6개월을 초과할 경우에는 6개월 평균금액으로 보아 과세한다.

개인에게 퇴직금을 지급할 때 지급자가 원천징수하여 지급하는 다음 달 7일 내에 납부하여야 한다.

13) 개인이 노동계약의 해제로 경제보상금을 받는 경우

노동계약을 해지하여 기업으로부터 경제보상금을 받는 경우에는 「개인과 사용자 사이에 노동계약을 해제하여 받은 일회성 경제보상금에 대해 개인소득세를 면제하는 통지」에 따라 2001년 10월 1일부터 아래의 규정에 따라 처리한다.

- 회사가 법률의 규정에 따라 파산하여 회사의 종업원이 파산기업으로부터 받는 일회성 정착비는 개인소득세를 면제한다.
- 근로자가 회사와 노동관계를 해지하여 받은 일회성 보상수입(회사가 지급한 경제보상금 및 생활보조금 그리고 기타보조비용을 포함한다)에 대한 과세방법은 다음과 같다.
  - 현지 전년도 종업원 평균 월급여의 3배 이내의 부분 : 개인소득세를 면제한다.

- 현지 전년도 종업원 평균 월급여의 3배를 초과하는 부분 : 한번에 수개월의 급여를 받은 것으로 보아, 근속년수(최대 12년)으로 나눈 금액을 종업원의 근로소득으로 보아 개인소득세법의 규정에 따라 과세한다.
- 재취업한 경우 이미 납부한 경제보상금은 더 이상 근로소득과 합산하지 아니한다.

• 개인이 일회성 보상금을 수령할 때 납부한 주택적립금, 의료보험비, 기본양로보험비, 실업보험비는 개인소득세 계산시 공제할 수 있다.

14) 구조조정으로 인한 퇴직의 경우

회사가 구조조정 등으로 퇴직을 하게 되어 받는 수입에 대한 과세는 다음과 같다.

구 분	과 세 기 준
퇴직 후 법정 퇴직연령까지 원래의 회사로부터 받은 근로소득	퇴직급여에 해당하지 아니하고 근로소득으로 보아 개인소득세를 징수한다.
개인이 퇴직을 하면서 받은 1회성 수입	퇴직 후 법정 퇴직연령까지의 기간의 개월 수의 평균액으로 하여 당월에 받은 근로소득과 합한 후 당월의 소득공제를 차감한 후의 금액을 기초로 하여 적용세율을 결정한다. 그 후 당월의 근로소득과 1회성 수입을 더하여 소득공제를 한 후 세율을 적용하여 개인소득세를 계산하여 징수한다.
개인이 퇴직 후 법정 퇴직연령까지의 기간 중 다시 취직을 하여 취득한 근로소득	원래의 회사로부터 취득한 같은 달의 근로소득과 합산하여 관할세무기관에 개인소득세를 신고납부하여야 한다.

15) 명예퇴직(조기퇴직)으로 수당을 받는 경우

2011년 1월 1일부터 명예퇴직으로 일회성 수당을 받는 경우 개인소득세는 아래와 같이 과세한다.

(1) 기업이 법정 퇴직연령에 이르기 전 통일된 규정에 따라 명예퇴직자에게 명예퇴직수당을 한번에 지급하는 경우에는 비과세하지 않고 근로소득으로 보아 개인소득세를 과세한다.

(2) 명예퇴직으로 취득한 명예퇴직수당은 명예퇴직 신청일로부터 정년퇴직까지

의 월수로 나누어 개인소득세를 계한하며, 공식은 다음과 같다.

납부세액 = {[(명예퇴직수당 ÷ 정년까지의 월수) - 소득공제] × 적용세율 - 누진공제액} × 정년까지의 월수

16) 연금에 대한 과세문제

「연금의 소득세에 관한 통지」(财税 [2013] 103号)에서는 연금에 대해 아래와 같이 규정하고 있다.

구 분	과 세 방 법
연금이 납입될 때	기업이 국가의 규정에 따라 종업원을 위하여 납부한 연금은 개인계좌로 이체될 때 개인소득세를 과세하지 아니한다.
	개인이 납부한 연금불입액은 근로소득의 4% 범위 내에서 과세표준에서 공제된다.
	위 두 규정을 초과한 부분은 개인소득세를 과세하며 세액은 기업이 원천징수한다.
	근로소득의 기준은 전년도의 평균 급여총액로 하며, 평균 급여총액이 근무지 소재지의 평균급여의 300%를 초과하는 부분은 포함하지 아니한다.
연금운용소득이 발생될 때	연금운용소득이 발생되어 개인계좌로 이체될 때에는 개인소득세를 과세하지 아니한다.
연금을 수령할 경우 개인소득세 과세문제	퇴직연령이 되어 2014년 1월 1일 이후 수령하는 연금은 모두 근로소득으로 보아 개인소득세를 과세하며, 분기별 또는 연도별로 수령하는 경우 매월 평균 수령액을 기준으로 과세한다.
	2014년 1월 1일 이전에 불입하여 2014년 1월 1일 이후 수령하는 경우, 수령한 연금에서 2014년 1월 1일 이전에 불입하고 개인소득세를 납부한 부분을 차감하고 과세한다.
	개인이 출국으로 한번에 연금을 수령하는 경우 또는 사망 후 상속인이나 법정대리인이 한번에 수령하는 경우에는 12개월로 나누어서 과세한다.

구 분	과 세 방 법
	출국 또는 사망 이외의 사유로 한번에 수령하는 경우 전체 금액에 대해 과세한다.
	개인이 연금을 수령하는 경우에는 지급자가 개인소득세액을 원천징수하여야 한다.

17) 보충양로보험의 해지 및 담보제공을 할 경우

(1) 회사가 보충양로보험비를 납부하여 준 경우

회사가 종업원을 위해 보충양로보험에 가입하여 납부한 보험료는 보험가입시 근로소득으로 보아 개인소득세를 납부한다. 그 후 각종 원인으로 보험계약을 해지하여 개인이 얻은 수입이 없을 경우 기 납부한 개인소득세는 환급받을 수 있다.

(2) 담보를 제공하여 수입을 얻은 경우

개인이 회사 또는 타인을 위하여 담보를 제공하여 얻은 소득은 '기타소득'으로 보아 개인소득세를 납부하며 세액은 지급자가 원천징수한다.

18) 겸직하거나 퇴직 후 재취업하는 경우

개인이 겸직하여 취득한 소득은 인적용역소득(劳务报酬所得)으로 보아 과세하며, 퇴직자가 재취업하여 얻은 소득은 소득공제를 차감하고 난 뒤 근로소득으로 보아 과세한다.

19) 스톡옵션(股票期权)에 대한 과세방법

(1) 스톡옵션의 개념

스톡옵션이란 상장기업이 해당 회사 또는 지배회사의 종업원에게 미래에 일정한 가격으로 회사의 일정 수량의 주식을 매입할 수 있는 권리를 부여하는 것을 말한다.

'일정한 가격'이란 부여가격 또는 행사가격이라고도 하며, 스톡옵션의 계획에 따라 주식을 취득할 수 있는 가격을 말하며, 일반적으로 스톡옵션 부여일의 시가 또는 시가의 할인액이며, 사전에 설정된 계산방법으로 약정된 가격을 말한다.

(2) 스톡옵션 양도소득의 과세방법

스톡옵션에 대한 개인소득세의 구분 및 과세방법은 다음과 같다.

구 분	과세문제
회사가 스톡옵션을 부여할 때	과세하지 아니한다.
종업원이 스톡옵션을 행사할 때	회사로부터 주식을 취득한 실제 구입가격이 매입일의 시가와의 차액을 근로소득으로 보아 개인소득세를 납부한다.
스톡옵션 행사일 전 양도할 때	스톡옵션의 양도로 인한 순수입을 근로소득으로 보아 개인소득세를 납부한다.
행사일이 속하는 기간의 근로소득 계산방법	스톡옵션 형식의 근로소득 과세표준=(행사한 주식의 주당 시가-스톡옵션 행사가격)×주식 수량
스톡옵션을 행사한 후 주식을 양도할 경우	양도가액과 행사일의 시가와의 차액을 재산양도소득으로 보며, 상장주식의 양도소득은 개인소득세를 과세하지 아니한다.
행사하여 보유하는 주식으로 배당을 받을 경우	이자 및 배당소득으로 보아 개인소득세를 납부한다.

(3) 근로소득의 원천지 구분

국무원의 <중국내 주소가 없는 개인이 유가증권 형식으로 받은 근로소득의 납세의무에 관한 통지>(国税函[2000] 190호)의 규정에 따라 종업원이 기업의 스톡옵션 계획에 따라 받은 근로소득의 원천지가 중국내외를 판정할 때 종업원이 위의 소득을 취득할 때의 중국내외 근무기간의 월수를 기준으로 구분한다.

(4) 납부세액의 계산

구 분	세 액 계 산 방 법
스톡옵션을 행사할 때	종업원이 스톡옵션 계획에 따라 중국내에서 취득한 소득을 근로소득으로 볼 경우 스톡옵션 형식의 근로소득은 해당월의 다른 근로소득과 구분할 수 있을 경우 별도로 아래의 공식에 따라 당월 납부세액을 계산한다. 납부세액=(스톡옵션 형식의 근로소득 납부세액 / 규정 월수)×적용세율－누진공제액)×규정 월수
주식을 양도할 때	스톡옵션 행사 후 중국내 상장회사의 주식을 양도할 경우 양도소득에 대해서는 개인소득세를 징수하지 아니한다.
	중국외 상장기업의 주식을 양도할 경우 양도소득에 대해서는 개인소득세를 납부한다.
배당을 받을 때	스톡옵션 행사 후 배당을 받을 경우 이자, 배당소득으로 보아 개인소득세를 납부한다.

'규정 월수'는 종업원이 중국내 원천의 스톡옵션 형식의 근로소득을 취득할 때 중국내 근무기간을 말하며, 근무기간이 12개월을 초과할 경우에는 12개월로 본다.

(5) 스톡옵션의 일부를 즉시 양도할 경우

스톡옵션 약정에 따라 부여 받을 때 즉시 양도할 수 있고 중국내 또는 중국외 공개시장이 있고 시세가 존재할 경우, 아래와 같이 세무처리한다.

구 분	세 액 계 산 방 법
스톡옵션을 받을 때	스톡옵션을 받을 때의 시세로 받은 달의 근로소득으로 보아 개인소득세를 납부한다.
스톡옵션을 양도할 때	재산양도소득을 보아 개인소득세를 납부한다.
스톡옵션을 받은 후 행사할 때	실제 행사할 때에는 더 이상 개인소득세를 납부하지 아니한다.

20) 주택 증여의 과세문제

아래와 같이 주택을 무상으로 증여할 경우 당사자 양쪽에 대해서는 개인소득세를 과세하지 아니한다.

- 주택 소유권자가 주택의 권리증을 배우자, 부모, 자녀, 조부모, 외조부모, 손자, 외손자 및 형제자매에게 무상으로 증여하는 경우
- 주택 소유권자가 주택의 권리증을 부양책임을 직접 부담하는 자에게 무상으로 증여하는 경우
- 주택 소유권자가 사망으로 법정상속인 또는 유족들이 주택의 권리증을 취득하는 경우

위의 경우 이외에 주택 소유권자가 주택의 권리증을 타인에게 증여하는 경우 수증자는 무상으로 주택을 증여 받았으므로 20%의 세율로 개인소득세를 납부하여야 한다.

수증자가 무상으로 주택을 증여 받을 경우 개인소득세를 계산할 때 과세표준은 증여계약서에 명시된 주택 가액에서 수증여자 지불한 세금 등을 차감한 가액이다.

증여계약서에 명시된 주택 가액이 없거나 시세보다 현저하게 낮을 경우 세무기관이 증여주택의 시장평가가액 또는 기타의 방법으로 결정할 수 있다.

수증자가 수증받은 주택을 양도할 경우 양도가액에서 당초 증여자가 해당 주택을 취득한 실제가액 및 증여와 양도과정에서 지급한 부대비용을 차감한 잔액을 과세표준으로 하여 개인소득세를 납부한다.

수증자가 수증받은 주택을 양도한 가액이 현저하게 낮고 정당한 이유가 없을 경우 세무기관이 해당 주택의 시장평가가액 또는 기타의 방법으로 양도가액을 결정할 수 있다.

21) 채권을 처분하여 얻은 소득

(1) 입찰, 경매 등의 방식으로 채권을 매입하여 양도한 경우

개인이 입찰, 경매 등의 방식으로 채권을 매입한 후 이를 양도하여 발생한 소득은 '재산양도소득'으로 보아 개인소득세를 납부하여야 한다.

(2) 채권담보부증권(打包债券)의 경우

개인이 위 '(1)'의 방법으로 채권담보부증권(CBO)을 취득한 후 채권을 나누어 일부 처분할 경우 납부할 세액은 다음과 같이 계산한다.

매회수입의 기준	매회 채권을 처분하여 얻은 소득은 일회 재산양도소득으로 보아 과세한다.
과세수입	채권을 처분하여 받은 화폐성자산과 비화폐성자산의 감정가액 혹은 시가를 합산한다.
처분한 채권의 원가계산방법	처분한 채권의 원가 = 개인이 CBO 취득시 지급한 원가 × 이번에 처분한 채권의 장부가액 / CBO 전체의 장부가액
부대비용의 처리방법	채권을 취득하고 처분하는 과정 중 발생한 각종 비용은 개인소득세 계산시 공제할 수 있다.

용어설명 打包债券

개인소득세법에서의 打包债券은 CBO(Collateralized Bond Obligation)를 말하며 한국에서는 채권담보부증권 또는 그냥 CBO라고 사용하고 있다.

22) 주주에게 차량을 구입하여 준 경우

(1) 배당소득

회사가 주주를 위해 차량을 구입하여 명의를 주주명의로 해 준 경우는 회사가 배당을 해준 것으로 보아 '배당소득'으로 개인소득세를 과세한다. 만약 이 차량이 업무용과 개인용으로 같이 사용될 경우에는 사실관계에 따라 과세한다.

(2) 기업소득세 처리

위의 차량은 회사의 자산이 될 수 없으며 기업소득세 계산시 비용으로 공제할 수 없다.

23) 개인에게 주택을 구입하여 준 경우

개인이 아래와 같이 주택 또는 기타 재산을 취득할 경우 그 실질은 기업이 개인에게 분배를 한 것이므로 개인소득세를 납부하여야 한다.

- 기업이 주택 또는 기타 재산을 취득하여 소유권등기를 투자자개인이나 투자자의 가족 또는 다른 개인 명의로 한 경우
- 투자자 개인이나 투자자의 가족 또는 다른 개인이 기업으로부터 차입하여 주택 또는 기타 재산을 취득하고 소유권을 자신의 명의로 하고 동 차입금을 연도가 종료된 후에도 상환하지 아니한 경우

기 업 형 태	소 득 취 득 자	소득의 종류
개인사업자인 경우	개인투자자 또는 그 가족	사업소득
법인사업자의 경우	개인투자자 또는 그 가족	이자, 배당소득
	위 이외의 일반 종업원	근로소득

24) 외화로 수입을 얻는 경우

회사와 개인이 취득한 수입과 소득이 달러화, 엔화, 홍콩달러인 경우에는 중국인민은행이 고시한 기준환율로 환산하고 그 이외의 화폐인 경우에는 달러와 인민폐의 기준환율과 국가외환관리국이 제공한 뉴욕외환시장에서의 달러와 각 화폐간의 환율로 환산하며 그 공식은 아래와 같다.

외국화폐와 인민폐의 환율
= 달러와 인민폐의 기준환율 / 뉴욕외환시장의 달러와 모 화폐의 환율

25) 신주인수권(认股权证)에 대한 과세방법

(1) 신주인수권의 개념

일부 기업이 인재를 확보하기 위해 법률 또는 회사의 정관의 규정에 따라 아래와 같은 방법으로 종업원에게 신주인수권을 부여하고 있다.

- 일정한 근무연수를 채우거나 다른 조건을 충족할 경우 신주인수권의 내용에 따라 행사가격(일반적으로 주식의 발행가격이나 시가보다 낮다.)으로 회사의 주식을 인수하거나,
- 일정한 근무연수를 채우거나 다른 조건을 충족할 경우 해당 기업이 보유한 다른 회사의 주식 등 유가증권을 시가에 일정한 할인가격으로 양도하도록 하거나,
- 일정한 비율로 종업원에게 주식 등 유가증권의 투자를 하게 한다.

(2) 신주인수권의 소득

중국에서 납세의무를 지는 개인이(중국내 주소가 있거나 없는 개인 포함) 주식 등 유가증권을 인수할 때, 근무기간 동안 업적으로 사업주로부터 받은 할인 또는 수당(종업원이 실제 지급한 주식 등 유가증권의 인수가격이 발행가격 또는 시가보다 낮은 금액)은 개인의 근로소득에 속하며, 이는 종업원이 실제 주식 등 유가증권을 인수할 때 개인소득세를 계산하여 납부하여야 한다.

(3) 신주인수권의 신고방법

개인이 주식 등 유가증권을 행사하여 사업주로부터 받은 할인 또는 수당에 대해 개인소득세를 계산하여 납부할 경우, 이는 한번에 거액의 소득을 취득하게 되므로 관할 세무기관의 비준을 얻어 실제 신주인수권을 행사할 때부터 6개월 이내의 기간에 나누어 근로소득에 포함시켜 개인소득세를 계산하여 납부한다.

개인이 신주인수권을 행사하기 전 신주인수권을 양도하여 얻은 소득은 해당 월의 근로소득으로 보아 개인소득세를 납부한다.

(4) 재산양도소득이 신고방법

개인이 신주인수권을 행사한 뒤, 동 주식(중국내 상장회사의 주식 제외)을 양도하여 얻은 소득은 재산양도소득으로 보아 개인소득세를 납부하며, 구체적인 신고방법은 다음과 같다.

주식취득자	세액의 신고납부
중국내 기업	개인에게 양도대가를 지급하는 단위가 원천징수한다.
중국외 기업	양도자가 관할 세무기관에 직접 신고납부하여야 한다.

26) 주식양도계약을 철회한 경우

(1) 주식양도거래가 종결된 후의 철회

주식양도계약이 모두 실행되어 주식은 이미 변경등기가 되었고 모든 소득이 이미 실현되었으며, 양도자가 주식양도수입에 대해 이미 개인소득세를 납부한 상태에서 당사자가 합의하여 원래의 주식양도계약을 해지할 경우에는 별개의 주식양도행위가 일어난 것으로 보고 본래 신고한 주식양도소득에 대한 세금은 돌려주지 아니한다.

(2) 양도 도중에 철회한 경우

주식양도계약이 완전히 이행되지 않은 상태에서 원래의 주식양도계약이 정지되어 양도대금을 돌려받은 경우에는 주식양도행위가 실현되지 아니하였으므로 개인소득세를 납부할 의무가 없다.

27) 개인이 양화자산(量化资产)을 취득한 경우

종업원이 주식의 형태로 취득한 단지 소득분배의 기준만으로 삼고 소유권을 가지지 않는 양화자산은 개인소득세를 징수하지 아니한다.

종업원이 주식의 형태로 취득한 소유권이 있는 양화자산은 잠정적으로 개인소득세를 징수하지 아니하고, 그 주식을 실제 양도할 때 재산양도소득으로 보아 개인소득세를 징수한다.

종업원이 주식의 형태로 취득한 양화자산으로 배당소득을 받았을 경우 배당소득으로 보아 개인소득세를 징수한다.

28) 경업금지조항으로 대가를 받은 경우

경업금지조항(不竞争款项)은 자산을 매매하는 과정에서 비밀유지 및 경업금지 등의 방식으로 계약을 맺어 매매자가 거래 후 일정한 기간 내에는 시장경쟁관계에 있는 업종에 종사하지 않는 것을 약정하는 것을 말한다.

이러한 경우에 그 대가로 지급받는 일정한 수수료는 우연소득으로 보아 개인소득세를 납부하며 지급자가 원천징수하여야 한다.

29) 증정품을 받는 경우

2011년 6월 9일부터 기업이 영업활동과정에서 할인, 증정품, 경품 등의 방법으로 개인에게 현금, 상품권, 상품, 용역 등(이하 "증정품"이라 한다.)을 증여하는데 대한 개인소득세의 과세문제는 다음과 같다.

(1) 증정품에 대해 면제하는 경우

기업이 제품을 판매하거나 용역을 제공하는 과정에서 개인에게 증정품을 제공하는 경우 아래에 해당하는 경우 개인소득세를 징수하지 아니한다.

- 기업이 가격할인 방식으로 개인에게 제품을 판매하거나 용역을 제공하는 경우
- 개인이 개인에게 제품을 판매하거나 용역을 제공하면서 동시에 증정품을 주는 경우

(2) 개인에게 증정품을 제공하는 아래의 경우 개인소득세를 과세하며 증정품을 제공하는 기업이 원천징수한다.

구 분	소득종류	과세표준	세율
기업이 홍보와 광고 활동과정에서 무작위로 개인에게 증정품을 제공할 경우	기타소득	전체금액	20%
기업이 송년회, 좌담회, 축전 등에서 개인에게 증정품을 제공할 경우	기타소득	전체금액	20%

구　　　분	소득종류	과세표준	세율
누계 소비금액이 일정금액에 다다른 고객에 대하여 경품기회를 부여하는 경우	우연소득	전체금액	20%

(3) 증정품의 과세표준

기업이 증정품을 제공하는 경우 과세표준은 다음과 같다.

구　　　분	과 세 표 준
직접 생산한 제품(용역)을 증정하는 경우	제품(용역)의 시장 판매가격
외부에서 구입한 상품(용역)을 증정하는 경우	상품(용역)의 실제 구입가격

30) 개인이 경품 당첨금을 받은 경우

개인이 경품에 당첨되어 얻은 소득이 800위안 이하인 경우에는 개인소득세를 과세하지 아니하며 800위안을 초과하는 경우에는 '우연소득'으로 보아 개인소득세를 납부하여야 한다.

세무기관 또는 지정된 경품지급처는 원천징수의무자가 된다.

31) 양도제한주식(限售股)의 과세방법

2010년 1월 1일부터 개인이 양도제한주식을 양도하여 취득한 소득은 재산양도소득으로 하여 20%의 세율을 적용하여 개인소득세를 과세한다.

(1) 양도제한주식(限售股)의 개념

- 양도제한주식은 상장회사의 주식분할계획이 완성된 후 주식이 재상장되기 전 주주가 가지고 있던 비유통주식 및 주식이 재상장된 날부터 거래정지가 해제된 날 까지 동 주식에서 파생된 신주 등
- 2006년 주식분할계획으로 유통주와 비유통주의 구분이 없어진 후, 처음 공개 발행되었으나 상장되지 아니한 양도제한주식 및 상장된 날부터 거래정지가 해

제된 날 까지 동 주식에서 파생된 신주 등
- 개인이 타인에게서 양도받은 거래가 해제되지 아니한 양도제한주식
- 개인이 상속 또는 재산을 분할 받은 양도제한주식
- 개인이 보유한 위탁매매시스템에서 거래소시장으로 전환중인 양도제한주식
- 상장회사가 합병과정에서 개인이 보유한 피합병회사의 양도제한주식이 전환된 합병회사의 주식
- 상장회사가 분할과정에서 개인이 보유한 분할대상회사의 양도제한주식이 전환된 분할회사의 주식
- 재정부, 국가세무총국, 법제처 및 증권감독위원회가 정한 기타 양도제한주식

(2) 양도제한주식 양도소득의 과세방법

- 양도제한주식이 거래정지가 해제되기 전 여러 번 양도된 경우 양도자는 매회 양도할 때 마다 개인소득세를 납부하여야 하며, 아래의 경우 개인소득세를 징수한다.
- 개인이 증권거래소의 집중거래시스템 또는 거액거래시스템을 통하여 양도제한주식을 양도하는 경우
- 개인이 양도제한주식으로 신주를 인수하거나 상장지수펀드(ETF) 일부를 구입 신청을 하는 경우
- 개인이 캐시옵션을 행사하여 양도제한주식을 캐시옵션을 제공하는 제3자에게 양도하는 경우
- 개인이 양도제한주식을 양도하는 것을 협의하는 경우
- 개인이 보유한 양도제한주식이 사법기관에 의해 공제되는 경우
- 개인이 양도제한주식으로 상장회사의 주식분할개혁 중 대주주가 유통주 주주를 대신하여 지급한 대가를 상환하는 경우

(3) 양도제한주식의 과세표준

개인이 양도제한주식을 양도하는 경우 매회 양도제한주식의 양도수입에서 취득원가와 부대비용을 차감한 후의 잔액을 과세표준으로 한다.

과세표준＝양도제한주식 양도가액－(양도제한주식 취득원가＋부대비용)
납부세액＝과세표준×20%

'양도제한주식 양도가액'은 양도제한주식을 양도하여 받은 대가를 말하며, '양도제한주식 취득원가'는 양도제한주식을 취득할 때의 취득가액 및 부대비용을 말하며, 부대비용은 양도제한주식을 양도할 때 발생된 인화세, 수수료, 명의개서비 등 거래와 관련 있는 비용을 말한다.

납세의무자가 양도한 양도제한주식의 취득증빙을 제공하지 못하여 취득가액을 알 수 없는 경우, 관할 세무기관이 일률적으로 양도제한주식 양도가액의 15%로 취득원가 및 부대비용을 추계결정한다.

(4) 양도제한주식의 납세의무자

양도제한주식 보유자가 납세의무자가 되며 개인 주주가 개설한 증권기구가 원천징수의무자가 된다.

양도제한주식의 개인소득세는 증권기구 소재지 관할 세무기관이 징수관리한다.

(5) 과세방법

양도제한주식 양도소득의 개인소득세는 증권기구가 원천징수하고 납세의무자가 신고납부하거나, 증권기구가 직접 원천징수하여 납부하는 두 가지 방법이 있다.

증권기구가 원천징수하는 경우 다음 달 7일 이내 납세보증금 형식으로 관할 세무기관에 예납하고, 관할 세무기관이 납세보증금을 받을 때 증권기구에 〈중국 납세보증금 영수증〉을 발급하고 전용계좌에 입금하여야 한다.

(6) 계산순서

납세의무자가 양도제한주식과 유통주를 동시에 보유하고 있는 경우 주식 양도소득은 양도제한주식 우선의 원칙에 따라 양도제한주식이 먼저 양도된 것으로 보아 개인소득세를 납부한다.

(7) 양도제한주식의 정보제공

증권기구는 세무기관의 징수관리에 협조하여야 하며 매월 15일까지 전월 양도제한주식의 양도와 관련된 정보를 관할 세무기관에 전달하여야 한다.

양도제한주식 양도와 관련된 정보는 주주 성명, 신분증번호, 계좌가 개설된 증권회사의 명칭 및 주소, 양도제한주식의 회사 코드, 당기 양도한 주식수 및 양도가액을 포함하며, 증권기구는 납세의무자에게 날인된 양도제한주식 거래기록을 제공할 의무가 있다.

(8) 주식 양도소득의 면제

개인이 상해 증권거래소나 심천 증권거래소에서 상장회사가 공개발행하여 시장에서 양도한 주식을 양도하여 취득한 상장회사 주식의 양도소득은 개인소득세를 면제한다.

개인이 투자를 중지하여 주식을 양도하여 주식 양도수입 등을 받을 경우 재산양도소득으로 보아 개인소득세를 납부하여야 한다.

32) 투자를 종료하고 투자대금을 회수할 경우

개인이 투자를 종료하고 피투자회사 등으로부터 투자금액을 회수하면서 받은 주식양도수입 등은 재산양도소득을 보아 개인소득세를 납부하여야 한다.

33) 무상증자를 실시할 경우

투자자가 주식을 취득한 후, 기업이 이익잉여금으로 무상증자를 실시할 경우 다음과 같이 과세한다.

구 분	과 세 방 법
하나 또는 둘 이상의 투자자가 피투자기업의 주식 100%를 취득	신주주가 순자산가액보다 낮지 않게 주식을 취득한 경우, 이익잉여금을 전부 주식매매가액에 포함된 경우 신주주가 받게 되는 주식에 대해서는 개인소득세를 과세하지 아니한다.

구 분	과 세 방 법
한 경우로서 양도계약 체결 전 양도가액에 포함시킨 경우	신주주가 순자산가액보다 낮게 주식을 취득한 경우 주식매매가액에 반영되지 않은 부분은 이자, 배당소득으로 보아 과세한다. 이 경우, 과세되는 부분을 먼저 증자한 것으로 본다.
신주주가 양도할 경우	양도한 주식의 원가는 주식매매가액에서 납부한 개인소득세액을 가산한 것으로 한다.
주식변동사항의 신고	기업은 주식매매 및 무상증자가 일어난 후 15일 이내에 주식이동내역을 관할 세무기관에 신고하여야 한다.
시행시기	본 규정은 2013년 6월 7일부터 시행한다.

34) 상해와 홍콩시장에서 거래되는 주식(沪港通)

구 분	과 세 문 제
중국의 개인투자자가 홍콩거래소에 상장된 주식에 투자한 양도차익	2014년 11월 17일부터 2917년 11월 16일까지는 개인소득세를 면제한다.
중국의 개인투자자가 홍콩거래소에 상장된 주식에 투자한 배당소득	개인소득세를 면제한다.
홍콩시장의 투자자가 상해거래소에 상장된 A주식에 투자하여 취득한 양도차익	개인소득세를 면제한다.
홍콩시장의 투자자가 상해거래소 상잔된 A주식에 투자하여 취득한 배당소득	홍콩의 중앙결제원에서 중국결제원에 투자자의 신분증과 주식보유기간에 관한 자료를 제출하기 전에는 보유시기에 따른 다른 과세정책을 잠정적으로 시행하지 않는다.
	홍콩시장의 투자자자의 거주국과 중국 사이에 배당소득에 대한 세율을 10% 이하로 하는 조세협정을 체결한 경우 자진신고하거나 원천징수의무자에게 위탁하여 상장회사의 관할 세무기관에 조세협정 특례신청을 할 수 있다. 관할 세무기관은 심사한 후 이미 징수한 세액과 조세협정에 의한 세율에 의한 납부세액의 차액을 환급하여야 한다.

후강통(沪港通)

'후강통'은 상해증권거래소와 홍콩거래소가 양 지역의 투자자가 현지의 증권회사를 통하여 일정 범위 이내의 상대방 거래소에 상장된 주식을 사도록 하는 것으로서 상해와 홍콩 주식시장의 거래를 상호 연결하는 시스템이다.

중국증권감독위원회와 홍콩증권감독위원회의 공고에 따라 2014년 11월 17일부터 주식 거래를 할 수 있다.

35) 현물로 투자한 경우

(1) 개인이 현물로 투자한 경우 개인이 재산의 양도와 투자가 동시에 발생한 것으로서. 개인이 재산을 양도한 부분은 재산양도소득으로 과세한다.

(2) 개인이 현물로 투자한 경우 세액계산

구　분	설　　명
과세표준	양도가액 - 취득원가 - 부대비용
양도가액	평가한 공정가액
취득원가	취득 시 실제 발생한 지출로

납세의무자가 취득증빙을 제시할 수 없어 원가를 정확하게 계산할 수 없을 경우 관할 세무기관은 추계결정할 수 있다. 납세의무자가 주식으로 투자한 경우 주식의 취득원가의 확인은 〈주식 양도소득의 개인소득세 관리방법〉의 규정에 따라 처리한다.

(3) 신고납부기한 : 개인이 현물로 투자한 경우로서 현물의 양도와 주식의 취득은 현물의 양도로 양도수입이 실현으로 본다. 개인은 현물의 양도일의 다음달 15일까지 관할 세무기관에 신고납부하여야 한다. 납세의무자가 한번에 납부하기 곤란한 경우 분납기간을 결정하여 관할 세무기관에 제출한 후 위의 과세행위가 발생한 날부터 5년이내에 개인소득세를 분할납부하여야 한다.

(4) 개인이 현물로 투자하는 과정 중 현금을 추가로 지급하는 경우 현금부분은

먼저 세금을 납부하는데 사용되어야 하며, 현금으로 납부하는데 부족한 경우 분납할 수 있다. 개인이 분납기간 중 다른 보유주식을 양도하여 현금을 받은 경우 현금수입을 세금을 납부하는데 사용하여야 한다.

(5) 개인이 현물로 투자하여 세액을 분납하는 정책은 2015년 4월 1일부터 시행하며, 그 이전에 발행한 부분에 대해서는 세무처리를 하지 않고 위의 과세행위가 발행한 날부터 5년이 경과되지 아니하나 경우, 잔여기간내에 분납하여 납부할 수 있다.

(6) 신고납부방법 : 현물로 투자한 부분의 개인소득세는 납세의무자가 아래의 관할 세무기관에 직접 신고납부한다.

구 분	관할세무기관
부동산으로 투자한 경우	부동산 소재지 지방 세무기관
보유한 주식으로 외부에 투자한 경우	기업 소재지 지방 세무기관
다른 현물로 투자한 경우	피투자기업의 소재지 지방 세무기관

36) 첨단기술기업이 무상증자를 할 경우

2016년 1월 1일부터 중소첨단기술기업이 자본잉여금과 이익잉여금으로 무상증자를 실시하여 개인주주에게 주식을 교부할 경우 개인주주가 한번에 세액을 납부하기 곤란할 경우 직접 5년 이내의 분할납부계획을 세워서 분할납부할 수 있으며, 관련 자료를 세무기관에 제출하여야 한다.

개인이 무상증자한 주식을 받을 경우 이자,배당소득으로 보아 20%의 세율로 개인소득세를 납부하여야 한다.

주주가 주식을 양도하여 소득을 얻을 경우 현금으로 우선 세액을 납부하여야 한다.

주주가 주식을 양도하기 전 기업이 파산을 선고 받아 주주가 받은 양도금액이 없거나 최초 투자액보다 작을 경우 관할 세무기관은 아직 납부하지 않은 개인소득세를 추징할 수 있다.

용어설명 중소첨단기술기업(中小高新技术企业)

- 중국내에서 설립된 기업일 것
- 장부기장방식으로 신고할 것
- 첨단기술기업 자격을 인정받을 것
- 연간매출액이과 자산총액의 평균이 2억위안 미만일 것
- 종업원수가 500인 이하일 것

상장된 중소첨단기술기업 또는 전국 중소기업주식 양도시스템에 등록된 중소첨단기술기업이 개인주주에게 무상증자를 실시한 경우 개인소득세를 납부하여야 한다.

37) 주식보상을 하는 경우(股权奖励)

(1) 주식보상의 과세문제

2016년 1월 1일부터 첨단기술기업이 과학기술 성과를 응용하여 기업의 연구인력에게 부여한 주식보상에 대해 개인소득세를 한꺼번에 납부하기가 곤란한 경우 직접 5년 이내의 분할납부계획을 세워 분납할 수 있으며 이와 관련된 자료를 관할 세무기관에 제출하여야 한다.

(2) 주식보상의 신고방법

개인이 주식보상을 받을 경우 근로소득으로 보아 납부세액을 계산하여야 하며 과세표준은 주식보상을 받을 때의 시가로 한다(财税[2005]35호).

(3) 주식보상을 양도할 경우

기술인력이 주식보상으로 받은 주식을 양도할 경우 받은 대금에서 먼저 세액을 납부하여야 한다.

(4) 회사가 파산할 경우

기술인력이 주식보상으로 받은 주식을 양도하기 전 회사가 파산하여 받은 수입이 없을 경우 세무기관은 납부하지 않은 세액을 추징하지 않을 수 있다.

'기술인력'은 회사의 이사회와 주주총회의 결의로 주식보상을 받는 아래의 인력을 말한다.

- 과학기술 성과의 연구개발과 산업화에 특출한 공헌을 한 기술인력
- 기업 발전에 특출한 공헌을 한 경영관리인력

VII. 조세특례

개인소득세법과 실시조례 및 재정부, 국가세무총국의 규정에서 개인소득세에 대하여 규정하고 있는 면제 및 감면의 특례규정은 다음과 같다.

1. 개인소득세 면제특례

아래의 소득은 개인소득세를 면제한다.

1) 상금

성급 인민정부, 국무원부위와 중국인민해방군 군 이상 기관 및 외국조직이 공포한 과학, 교육, 기술, 문화, 위생, 체육, 환경보호 등의 상금

2) 국채 및 국가가 발행한 금융채권이자 및 2009년, 2010년, 2011년 발행된 지방정부채권의 이자소득

국채이자는 중국 재정부가 발행한 채권의 이자소득을 말하며, 국가가 발행한 금융채권이자는 국무원이 발행을 비준한 금융채권을 개인이 보유하여 취득한 이자소득을 말한다.

3) 국가의 규정에 따라 지급한 보조금 및 상여금

국가의 통일규정에 따라 지급한 보조금 및 상여금은 국무원의 규정에 따라 지급한 정부특수보조금과 국무원이 개인소득세의 면제를 규정한 상여금 및 보조금을 말한다.

4) 복리비, 구제금

복리비는 국가의 규정에 따라 기업, 사업단위, 국가기관, 사회단체가 적립한 복리비 또는 노동조합비 중에서 개인에게 지급한 생활보조비를 말하며, 구제금은 국가 민정부문이 개인에게 지급한 생계곤란 보조비를 말한다.

5) 보험보상금

6) 군인의 전업비, 전역비

7) 정착비 등

국가의 규정에 따라 간부, 종업원에게 지급한 정착비, 퇴직금, 퇴직급여, 퇴직생활보조비

8) 재중국 대사관, 영사관의 외교대표, 영사관 직원과 기타인원의 소득

9) 중국정부가 참가한 국제공약 및 조세협정에서 규정한 면제소득

10) 정의로운 사람(見義勇爲者)에게 지급하는 상금

향, 진급 이상의 인민정부 혹은 현급 이상 인민정부의 비준을 받아 설립한 정의로운 사람 기금 혹은 유사한 조직이 정의로운 사람을 격려하는 상금은 개인소득세를 면제한다.

11) 사회보장비 및 주택보조금

기업과 개인이 성급이상 인민정부가 규정한 비율에 따라 납부한 주택보조금, 의료보험금, 기본양로보험금, 실업보험금은 당기의 급여수입에 포함하지 아니하며 개인소득세를 면제한다. 규정의 비율을 초과하여 납부한 부분은 개인소득세를 징수한다.

개인이 주택공적금, 의료보험금 및 기본양로보험금을 수령할 때에는 개인소득세를 면제한다.

12) 특정 저축예금이자

개인이 취득한 교육저축예금 이자소득 및 국무원 재정부분이 정한 기타 특정 저축예금 혹은 저축성 예금의 이자소득은 개인소득세를 면제한다.

13) 원천징수 처리비

저축기관에서 원천징수업무를 처리하는 자가 취득한 이자소득세 원천징수 처리비와 관련된 소득은 개인소득세를 면제한다.

14) 명강의 교원 상금

제3차 고등교육기관의 명강의 교원에게 주는 상금은 개인소득세를 면제한다.

15) 출산보조금

아이를 출산하여 받는 출산보조금, 출산비용, 기타 출산과 관련되는 보조금을 받는 경우에는 개인소득세를 면제한다.

16) 기술관련 상금

제2차 전국 종업원 기술혁신성과로 인하여 받는 상금은 개인소득세를 면제한다.

17) 퇴직연령을 연장한 전문가

퇴직연령을 연장한 전문가가 소속회사로부터 받는 국가가 정한 기준 이내의 급여 성질의 소득은 개인소득세를 면제한다. 단, 고용관계가 없는 회사로부터 받는 훈련비, 강의비, 고문비, 원고료 등 수입은 개인소득세를 징수한다.

퇴직연령을 연장한 전문가란 다음을 말한다.

- 국가가 지급하는 특별보조금을 받는 전문가 또는 학자
- 중국과학원, 중국공정원의 회원(院士)

18) 공익 기부금

개인이 납부한 기부금은 납부기관이 정부기관 혹은 비영리조직이 발행한 기부금 영수증이 있을 경우 소득에서 공제할 수 있다.

19) 상장주식의 배당소득

개인이 발행시장과 유통시장에서 취득한 상장주식으로 배당받은 배당소득에 대하여 보유기간에 따라 감면해주고 있다.

보유기간	과세표준
1개월 까지	감면없음
1개월~1년까지	50% 감면
1년 초과	전액 감면

위의 과세표준에서 20%의 세율을 적용하여 개인소득세를 과세한다.

상장회사는 상해증권거래소, 심천증권거래소에 상장되어 거래되는 상장회사를 말한다.

20) 외국인의 정착비

외국인이 비현금형식 혹은 실비정산 형식으로 받은 주택보조, 식비보조, 이사비, 세탁비

21) 외국인의 출장보조비

외국인이 합리적 표준에 따라 받은 중국내외의 출장보조비

22) 외국인의 복리후생비

외국인이 친지방문비, 어학훈련비, 자녀교육비 등의 명목으로 얻은 소득으로 관할 지방세무기관이 합리적이라고 비준한 부분이며, 개인소득세가 면제되는 친지방문비는 외국인이 중국의 근무지와 그 가족의 소재지(배우자 혹은 부모의 거주지) 사이의 교통비를 말하며 매년 2회에 한한다.

23) 신고포상금

개인이 각종 위법 및 범죄행위를 신고하여 취득한 상금

24) 원천징수 수수료

개인이 원천징수업무를 수행하여 취득한 수수료

25) 양도소득

개인이 5년 이상 직접 거주한 1세대1주택을 양도하여 취득한 양도소득

26) 외상투자기업의 배당소득

외국인이 외상투자기업으로부터 받은 배당소득

27) 외국전문가가 받은 근로소득

아래의 조건에 해당하는 외국전문가가 취득한 근로소득은 개인소득세를 면제한다.

- 세계은행이 직접 파견하여 중국에서 근무하는 외국전문가
- UN이 직접 파견하여 중국에 와서 근무하는 전문가
- UN원조를 위해 중국에 와서 근무하는 전문가
- 원조국이 중국에 파견하여 전문적으로 무상원조항목에 종사하는 전문가
- 양국정부가 문화교류협정을 체결하여 중국에 와서 2년 이내 근무한 문화교육전문가로서 해당국가가 부담하는 것
- 중국의 대학교 국제교류로 인하여 중국에 와서 2년 이내 근무한 문화교육전문가로서 해당국가가 부담하는 것
- 민간과학연구협정으로 중국에 와서 근무한 전문가로서 그 근로소득을 외국정부기구가 부담하는 것

28) 이주보상비

철거이주자가 받는 이주보상비는 개인소득세를 면제한다.

29) 영수증 경품 당첨소득

개인이 영수증 경품에 당첨된 소득이 800위안 이하인 경우에는 개인소득세를 잠정적으로 면제하며 800위안 이상의 영수증상금을 취득하는 것은 '우연소득' 항목으로 보아 전액에 대해 개인소득세를 과세한다.

30) 보험판매원의 경우

보험판매원의 수수료는 보험사업비와 인적용역소득으로 나눌 수 있다.

2006년 6월 1일부터 보험판매원 수수료 중 보험사업비(展业成本)는 개인소득세를 면제하며, 수수료 중 인적용역소득 부분은 실제 납부한 영업세 및 교육비부가를 공제한 후 개인소득세를 과세한다. 현재 보험판매원의 영업의 실제현황에 근거하여 수수료 중 보험사업비의 비율은 잠정적으로 40%로 한다.

31) 비유통주의 양도소득

주식분할개혁 과정에서 비유통주를 보유한 주주가 유통주 주주에게 지급한 주주

주식 및 현금 등의 수입에 대해서는 개인소득세를 징수하지 아니한다.

32) 증권중개인의 수수료

증권중개인이 증권회사로부터 받는 수수료수입은 인적용역소득으로 보아 개인소득세를 납부하여야 한다. 증권중개인의 수수료수입은 사업비와 용역보수로 구성되며 사업원가부분에 대해서는 개인소득세를 징수하지 아니하며 증권중개인의 사업원가의 비율은 매회 수입액의 40%로 본다. 증권중개인인 1개월간 취득한 수수료수입을 매회 수입으로 보며 매회 수입에서 실제 납부한 영업세와 부가세금을 차감한 다음 사업원가비율 40%를 다시 차감한 잔액에 대해 개인소득세를 계산하여 납부한다.

33) 기타 국무원 재정부문의 비준을 거친 면제소득

2. 개인소득세 감면특례

아래의 소득은 개인소득세를 감면하여 징수한다.

- 장애자, 독거노인과 가족의 소득
- 자연재해로 인하여 중대한 손실이 있는 경우
- 기타 국무원 재정부문의 비준을 거쳐 감면되는 것

VIII. 외국납부세액공제

납세의무자의 국외소득에 대해서 과세할 때 국외소득의 원천국에서 이미 그에 대한 소득세를 납부하였을 수가 있다. 국가간 하나의 소득에 대하여 이중과세되는 것을 방지하기 위하여 중국은 납세의무자의 국외소득에 대하여 조세 관할권을 행사할 때 국외에서 취득한 소득에 대해서 이미 납부한 세액을 공제하는 방법을 취하고 있다.

납세의무자가 국외로부터 취득한 소득에 대해서 납부세액 중 이미 국외서 납부한 세액을 공제하도록 하고 있으나 공제액은 납부의무자가 국외소득액에 대해 중국의 세법의 규정에 따라 납부하여야 할 세액을 초과할 수 없다.

이러한 제도를 외국납부세액공제라 하며 구체적인 내용은 다음과 같다.

1) 외국납부세액의 의미

외국납부세액은 납세의무자가 중국외에서 취득한 소득을 소득원천지 국가의 법률에 따라 납부하여야 하거나 이미 납부한 세액을 말한다.

2) 세액공제의 한도

본 법에서 말하는 '본 법 규정에 따라 계산한 납부세액'은 납세의무자가 중국외에서 취득한 소득을 국가별 및 소득별로 구별하여 중국의 세법에서 규정된 소득공제표준과 적용세율에 따라 계산한 납부세액을 말한다.

- 동일한 국가내의 다른 과세항목은 중국의 세법에 따라 계산한 납부세액의 합계가 그 국가의 공제한도가 된다.
- 납세의무자가 중국외의 국가에서 실제 이미 납부한 개인소득세액이 위의 규정에 따라 계산한 공제한도액보다 작을 경우에는 중국에서 추가하여 납부하여야 한다.
  - 만약 반대로 많을 경우에는 초과되는 부분은 납부하여야 할 세액에서 공제하지 아니하고 5년간의 과세연도의 그 국가의 공제한도의 잔액에 추가하여 공제가 가능하다.

사 례 4-14

홍금보씨가 2016년도에 영국과 독일로부터 다음과 같은 과세소득이 발생하였다.

- 영국에서는 회사에 근무하여 급여 78,000위안(매월 평균 6,500위안)과 특허기술사용권을 제공하여 한번에 30,000위안의 특허권사용료수입을 취득하였으며 영국에 개인소득세 5,200위안을 납부하고,
- 독일에서는 책을 출판하여 원고수입 15,000위안을 받아 독일에 개인소득세 1,720위안을 납부한다고 할 경우

요구

홍금보씨가 개인소득세 납부과정에서 공제받을 수 있는 외국납부세액공제를 계산하시오.

풀이

① 영국에 납부한 개인소득세의 외국납부세액공제

- 근로소득 : 납세의무자가 영국으로부터 받은 근로소득은 매월 4,800원의 소득공제를 하고 7단계 누진세율을 적용하여 납부세액을 계산한다.
  매월 납부세액은
  = (6,500 − 4,800) × 10% − 105 = 65위안
  1년간 납부세액 = 65 × 12 = 780위안
- 특허권사용료소득 : 영국으로부터 취득한 특허권사용료수입은 20%의 비용공제를 한 다음 20%의 세율을 적용하여 납부세액을 계산한다.
  = 30,000 × (1 − 20%) × 20% = 4,800위안

따라서 영국에서 취득한 과세소득에 대해 영국에 납부한 개인소득세액의 공제한도는 두 가지 소득에 대한 합계액 5,580위안이 되고, 기 납부한 세액은 5,200위안이므로 전액 공제가 가능하고 중국에서 다시 380위안을 추가로 납부하여야 한다.

② 독일에 납부한 개인소득세의 외국납부세액공제

- 원고소득 : 원고소득은 20%의 비용공제를 하고 20%의 세율을 적용한 후 30%의 감면을 하여 납부세액을 계산한다.
  = 15,000 × (1 − 20%) × 20% × (1 − 30%) = 1,680위안

따라서 독일에서 취득한 과세소득에 대해 독일에 납부한 개인소득세의 공제한도는 1,680위안이고 실제 납부한 세액은 1,720위안이므로, 초과 납부한 세액 40위안은 당해 연도에는 공제가 불가능하고 이후 5년에 걸쳐 독일의 소득과 관련한 공제한도내에서 공제할 수가 있다.

> 보충 설명 :
> 홍금보씨가 2011년도에 취득한 국외소득 중에서 영국에서 취득한 소득에 대해서는 기납부세액보다 납부할 세액이 더 많으므로 중국에서 추가로 380위안을 납부하여야 하고, 독일에 납부한 개인소득세의 미공제액 40위안은 세법의 규정에 따라 그 이후의 연도에 공제할 수가 있다.

3) 국외 완납증명의 제출

납세의무자가 세법의 규정에 따라 이미 국외에서 납부한 개인소득세액의 공제를 신청할 때에는 국외 세무기관이 발행한 완납증명의 원본을 제출하여야 한다.

4) 중국내 및 중국외 소득의 구분

외국납부세액의 공제한도를 정확하게 계산하기 위하여 세법은 중국에 주소가 있거나 주소없이 중국에 만 1년 거주한 개인이 중국내와 중국외에서 취득한 소득은 구분하여 납부세액을 계산해야 한다.

IX. 징수관리

개인소득세의 징수는 자진신고납부와 원천신고납부의 두 가지가 있다.

1. 자진신고납부

자신신고납부는 납세의무자가 스스로 세법에서 정한 기한 내 세무기관에 취득한 과세소득항목과 금액을 개인소득세납부신고표에 기재하고 세법의 규정에 따라 납부세액을 계산하여 개인소득세를 납부하는 방법이다.

1) 자진신고납부 대상자

(1) 일반적인 경우

개인소득세의 신고납부와 관련하여 자신신고대상 납세의무자는 다음과 같다.

• 2006년 1월 1일부터 연간 소득이 120,000위안 이상인 납세의무자
• 중국내에서 두 군데 이상으로부터 근로소득이 있는 납세의무자
• 중국외에서 소득을 취득한 납세의무자
• 과세소득을 취득할 때 원천징수의무자가 없는 경우
• 국무원이 규정한 기타의 경우

그 중 연간소득이 120,000위안 이상인 납세의무자는 취득한 소득에 대해 이미 개인소득세를 납부하였더라도 과세연도 종료 후 관할세무기관에 신고납부를 하여야 한다.

기타의 경우에는 자진신고납부 관리의 규정에 따라 소득을 취득한 후 관할세무기관에 신고납부하여야 한다.

'중국외에서 소득을 취득한 납세의무자'는 중국에 주소가 있거나 또는 주소가 없더라도 한 과세연도 중 중국내에 만 1년을 거주한 개인을 말한다.

(2) 예외인 경우

'연간소득이 120,000위안 이상인 납세의무자' 중에서 중국내 주소가 없고 한 과세연도 중 중국에 만 1년 미만 거주한 개인은 자진신고납세 대상에 포함하지 아니한다.

2) 자진신고납부의 내용

연간소득이 120,000위안 이상인 납세의무자는 과세연도 종료 후 「개인소득세 납세신고표」를 작성하여 납부신고를 할 때 관할세무기관에 송부하여야 하며, 동시에 본인의 신분증 사본 및 관할세무기관이 요구하는 기타 자료도 송부하여야 한다.

(1) 120,000위안에 포함되는 소득

근로소득, 개인사업자의 사업소득, 도급경영 및 수탁경영소득, 인적용역소득, 원고소득, 특허권사용료소득, 이자배당소득, 재산임대소득, 재산양도소득, 우연소득 및 재정부문이 과세하는 기타소득

(2) 120,000위안에 포함되지 아니하는 소득

구 분	내 용
면제소득	• 성급 인민정부, 국무원 부위, 중국인민해방군 군 이상 단위 및 외국조직, 국제조직이 수여하는 과학, 기술, 문화, 위생, 체육, 환경보호 등 방면의 상금 • 국채와 국가가 발행한 금융채권 이자 • 국가 통일규정에 의해 지급하는 보조금 및 수당(개인소득세법 실시조례 제13조) • 보험배상금 • 군인의 전역비, 전업비 • 국가규정에 따라 지급하는 정착비, 퇴직금, 퇴직급여, 퇴직생활보조비
잠정 면제소득	• 재중국 각국대사관 및 영사관의 외교대표, 영사관원, 기타 관원의 소득 • 중국 정부가 참가한 국제공약과 체결한 협의 중 규정된 면제소득
면제가능한 중국외 원천소득	• 면제대상이 되는 중국의 소득 • 국가 규정에 따라 회사가 개인을 위해 납부해주거나 개인이 납부한 기본양로보험비, 기본의료보험비, 실업보험비, 주택적립금

(3) 각 소득항목의 연간소득의 계산방법

근로소득	소득공제 또는 추가소득공제를 차감하지 않은 수입금액
인적용역소득 및 특허권사용료소득	납세의무자가 용역제공 또는 특허권사용권 양도과정 중 지급한 관련 세금을 차감하지 아니한다.
재산임대소득	개인이 재산을 임대하는 과정 중 납부한 관련세금을 차감하지 아니한다. 납세의무자가 한 번에 다년간의 재산임대소득이 있는 경우 전부를 취득한 연도의 소득으로 본다(현금 기준).

재산양도소득	추계징수로 개인소득세를 징수하는 경우 실제징수율(1%, 2%, 3%)에 따라 구분하여 과세소득률(5%, 10%, 15%)로 환산하여 연간소득을 계산한다.
개인저축예금이자소득, 기업채권이자소득	실제 소득을 취득한 연도의 소득으로 본다.
개인사업자, 개인독자기업 투자자	징수율로 개인소득세를 추계결정하는 경우 징수율을 과세소득률로 환산하여 이를 근거로 과세표준을 계산한다. 동업기업투자자가 위의 방법에 따라 과세표준을 확정한 이후 동업자는 동업협의에 규정된 분배비율을 근거로 과세표준을 확정하며 협의에 분배비율이 없는 경우에는 평균액으로 확정한다. 동시에 2개 이상의 기업에 투자를 한 경우의 동업인은 투자한 모든 기업의 과세표준을 서로 합산한 후의 총액을 연간소득으로 한다.
주식양도소득	한 과세연도에 개인의 주식양도소득과 손실을 서로 상계한 후의 금액을 신고소득으로 하고 부수(-)인 경우에는 '0'으로 기재한다.

3) 자진신고납부의 신고기한

(1) 연간소득이 120,000위안 이상인 경우

연간소득이 120,000위안 이상인 납세의무자는 과세연도 종료 후 3개월 이내에 관할 세무기관에 신고납부하여야 한다.

(2) 개인소득세를 예납하는 경우

개인사업자, 개인독자기업 투자자, 동업기업 투자자의 사업소득에 대한 납부세액은 매월 예납하는 경우 매월 종료일 이후 15일 내(분기별은 분기종료일 이후 15일 내) 신고납부하여야 하며, 납세의무자는 과세연도 종료 후 3개월 내에 정산하여 신고납부하여야 한다.

(3) 연말에 한꺼번에 소득을 취득하는 경우

납세의무자가 사업연도 말에 도급경영소득, 수탁경영소득을 한꺼번에 취득한 경우에는 취득일로부터 30일 내에 신고납부하여야 한다. 한 과세연도 내에 도급경영소득과 수탁경영소득을 여러 번 나누어 취득할 때에는 매회 소득을 취득한 날로부터 15일 내에 예납하고 과세연도 종료일 후 3개월 내에 정산하여야 한다.

(4) 중국외에서 소득을 취득한 경우

중국외에서 소득을 취득한 납세의무자는 과세연도 종료일 후 30일 내에 중국내 관할 세무기관에 신고납부하여야 한다.

(5) 기타의 경우

위의 경우 이외에 납세의무자가 신고납부해야 하는 기타의 각 소득항목을 취득하는 경우 소득을 취득한 다음 달의 15일 내에 관할 세무기관에 신고납부하여야 한다.

(6) 신고납부를 연기하는 경우

납세의무자가 규정된 기한 내에 신고납부를 할 수가 없어 연기가 필요한 경우 세수징수관리법 제27조와 동 실시세칙 제37조의 규정에 따라 처리한다.

4) 자진신고납부의 신고방법

납세의무자는 전자신고방식 또는 우편신고방식으로 신고할 수도 있고 직접 관할 세무기관에 가서 신고할 수도 있으며 관할 세무기관의 규정에 맞는 기타의 방식으로 신고할 수도 있다. 납세의무자가 우편방식으로 신고할 경우에는 우편부문이 확인한 날을 신고일로 한다.

납세의무자는 세무대리자격이 있는 자에게 위탁하여 신고하게 할 수 있다.

5) 자진신고납부의 납세지

자신신고납부의 납세지는 다음과 같다.

구 분	납 세 지
중국내 근무처가 있는 경우	근무지 소재지 관할 세무기관에 신고한다.
두 군데 이상의 근무처가 있는 경우	하나를 선택한 후 계속해서 소재지 관할 세무기관에 신고하여야 한다.
중국내 근무처가 없고 사업소득이 있는 경우	사업장 소재지의 관할 세무기관에 신고한다.
근무처 및 사업소득이 없는 경우	호적소재지 관할 세무기관에 신고한다. 중국내 호적은 있으나 호적 소재지와 중국내 일상거주지와 일치하지 않는 경우 선택하여 그 중 하나의 관할 세무기관에 신고한다.
두 군데 이상으로부터 근로소득이 있는 경우	하나를 선택한 후 계속하여 소재지 관할 세무기관에 신고한다.
중국외에서 취득한 소득	중국내 호적소재지 관할 세무기관에 신고한다.
중국내 호적은 있으나 호적 소재지와 중국내 일상거주지가 다른 경우	하나의 세무기관을 선택하여 신고한다.
중국내 호적이 없는 경우	중국내 일상거주지 관할 세무기관에 신고한다.
개인사업자	사업장 소재지의 관할 세무기관에 신고한다.
개인독자기업 투자자, 동업기업 투자자가 여러 기업을 운영하는 경우	• 운영하는 기업이 모두 독자기업인 경우에는 각각 기업의 실제 사업장의 관할 세무기관에 신고한다. • 운영하는 기업 중 동업기업이 있는 경우에는 일상 거주지 관할 세무기관에 신고한다. • 운영하는 기업 중 동업기업이 있는 경우 개인투자자의 일상거주지와 기업의 사업장 소재지가 다른 경우에는 동업기업 중 하나를 선택하여 동업기업의 사업장소재지 관할 세무기관에 신고한다. • 위의 경우 이외에는 납세의무자는 소득을 취득한 소재지의 관할 세무기관에 신고한다.

납세의무자는 신고장소를 임의로 변경할 수 없으며 변경할 필요가 있을 경우에는 원래 관할 세무기관에 보고하여야 한다.

6) 자진신고납부의 신고관리

(1) 신고서양식의 비치

관할 세무기관은 각종 신고서양식을 세무기관의 홈페이지에 올려 놓거나 신고접수를 받는 창구에 비치하여 납세의무자가 수수료 없이 사용할 수 있도록 해야 한다.

(2) 자진신고납부 통지

관할 세무기관은 매년 법정신고기간에 연간소득이 120,000위안이 넘는 납세의무자가 자진신고납부를 할 수 있도록 통지해야 한다.

(3) 세액의 정산

납세신고를 받은 관할 세무기관은 납세의무자의 신고현황에 따라 세액을 정산하여 추가징수하거나 환급하여야 한다.

(4) 완납증명의 발급

관할 세무기관은 납세신고를 하고 세액을 납부한 납세의무자에게 완납증명을 발급하여야 한다.

(5) 비밀유지의무

세무기관은 납세의무자의 신고납부정보에 대해서 비밀을 유지하여야 한다.

(6) 세무기관의 이관

납세의무자가 신고지를 변경하고 당초의 관할 세무기관에 보고한 경우 변경 전 관할 세무기관은 즉시 납세의무자가 납세지를 변경한 사실을 새로운 관할 세무기관에 전해줘야 한다.

(7) 납세관련서류의 작성 및 보관

관할 세무기관은 납세신고를 마친 납세의무자에 대해 납세관련서류를 만들어 관리하여야 한다.

2. 원천징수 및 납부

원천징수란 세법의 규정에 따라 원천징수의무가 있는 회사 또는 개인이 개인에게 과세소득을 지급할 때 납부할 세액을 계산하여 소득 중에서 공제하여 국고에 납부하고, 세무기관에 「개인소득세 원천징수 보고표」를 송부하는 것을 말한다. 이러한 방법은 세원을 관리하고 탈세를 방지하는데 도움이 된다.

개인소득세법과 세수징수관리법 및 그 실시조례의 관련규정에 따라 국가세무총국은 「개인소득세 원천징수 잠정 처리방법」을 제정하였다. 1995년 4월 1일부터 시행되는 이 방법은 원천징수의무자와 원천징수의 범위, 원천징수의무자의 의무와 책임, 원천징수기한 등에 대해 규정하고 있다.

1) 원천징수의무자와 원천징수의 범위

(1) 원천징수의무자

개인에게 과세소득을 지급하는 회사, 사업단위, 기관, 사단조직, 군대, 개인사업자 등 단위 혹은 개인이 개인소득세의 원천징수의무자가 된다.

(2) 원천징수의 범위

원천징수의무자가 아래의 소득을 지급할 때 개인소득세를 원천징수하여야 한다.

- 근로소득
- 도급경영소득, 수탁경영소득
- 인적용역소득
- 원고소득

- 특허권사용료소득
- 이자배당소득
- 재산임대소득
- 재산양도소득
- 우연소득
- 국무원 재정부문이 과세하기로 한 기타소득

원천징수의무자가 개인에게 과세소득(현금, 현물, 유가증권)을 지급할 때 납세의무자가 본 회사에 속해 있는지의 여부와 관계없이 개인소득세를 원천징수해야 한다.

2) 원천징수의무자의 의무와 책임

(1) 원천징수 담당의 지정

원천징수의무자는 과세소득을 지급하는 회계부문 또는 출납부문의 직원을 세무담당으로 지정하여 개인소득세 원천징수작업을 담당하게 한다.

원천징수의무자의 대표자는 원천징수업무를 원활하게 하기 위해 해당 직원이 세무담당의 업무를 할 수 있도록 하여야 한다. 세무담당을 지정하거나 변동이 있을 경우에는 관할세무기관에 보고하여야 한다.

(2) 원천징수의 책임자

원천징수의무자의 법인 대표, 회계부문의 책임자 및 원천징수업무를 담당하는 직원은 공동으로 원천징수의무에 대하여 책임을 진다.

(3) 일괄 원천징수

동일한 원천징수의무자 내의 서로 다른 부서가 과세소득을 지급할 때에는 세무담당에 보고하여 함께 처리하도록 해야 한다.

(4) 원천징수영수증의 발급

원천징수의무자가 원천징수를 할 때에는 납세의무자에게 통일된 형식의 「원천징수영수증」에 필수기재사항을 기재하여 발급해주어야 한다. 근로소득과 이자배당소득 등 납세의무자가 많아서 각각 원천징수영수증을 발급하는 것이 번거로울 경우 세무기관의 동의를 얻어 원천징수영수증을 발급하지 않을 수 있으며, 일정한 형식으로 납세의무자에게 이미 원천징수한 내역을 알려줘야 한다. 납세의무자가 완납증명을 요구할 경우에는 거절할 수 없다.

(5) 원천징수를 하지 않는 경우

원천징수의무자가 납세의무자에 대하여 원천징수를 하지 않은 세액은 납세의무자가 납부하여야 하며 원천징수의무자는 그 세액의 50% 이상 3배 이하의 벌금을 부담하여야 한다.

(6) 원천징수 장부의 작성, 보관

원천징수의무자는 원천징수 장부를 만들어 정확하게 개인소득세의 원천징수현황을 반영하여야 하며 「개인소득세 원천징수 보고표」 및 기타 관련자료를 사실대로 기재하여야 한다.

(7) 급여지급방식이 변경된 경우

행정기관, 사업단위가 급여지급방식으로 변경된 이후의 개인소득세 원천징수는 다음과 같다.

- 행정기관, 사업단위가 급여지급방식으로 변경된 후 급여지급단위의 변화로 그 원천징수의무자 또한 변화가 있게 된다. 개인소득세법 제8조의 규정에 근거하여 개인에게 급여를 지급하는 재정부문(사무관리, 인사 등 부문), 행정기관, 사업단위는 모두 개인소득세의 원천징수의무자가 된다.
- 재정부문(사무관리, 인사 등 부문)이 행정기관, 사업단위의 직원에게 급여를 지급할 때에는 개인소득세를 원천징수하여야 하며, 행정기관, 사업단위가 개인에게 근무와 관련된 기타소득을 지급할 때에는 개인의 급여와 재정부문이 지급한 급여를 합산하여 납부세액을 계산하여 이미 납부한 세액과의 차액을 원천징수하여야 한다.

3) 원천징수 납부기한

원천징수의무자가 매월 원천징수한 세액은 다음 달 15일 내에 납부하여야 하며 관할 세무기관에 「개인소득세 원천징수 보고표」, 원천징수영수증, 각 납세의무자의 사항이 포함된 개인수입지급명세표 및 세무기관이 요구한 자료를 세무서에 송부하여야 한다.

원천징수의무자가 위의 규정에 위반하여 위의 자료를 보내지 않거나 허위의 자료를 송부한 경우에는 조사를 거쳐 개인수입지급명세표에 반영되지 아니한 부분은 원천징수의무자의 과세소득계산시 비용으로 공제할 수 없다.

원천징수의무자가 기한 내 「개인소득세 원천징수 보고표」 및 기타 유관자료를 송부할 수 없을 경우 현급 세무기관의 비준을 거쳐 신고를 연기할 수 있다.

3. 추계결정징수(核定征收)인 경우

추계결정징수는 세수징수관리법의 규정에 따라 장부기장을 할 수 없는 납세의무자에게 사용하는 징수방식이다. 개인소득세의 징수와 관리를 위해 다음과 같이 규정하고 있다.

1) 추계결정징수 대상의 확대

증치세와 영업세의 세금징수기준을 높인 이후 추계징수방법을 사용하는 납세의무자(종합징수율 또는 유전세의 일정 비율에 따라 개인소득세 등을 부가 징수하는 방법을 사용하는 납세의무자 포함)는 증치세와 영업세의 세금징수기준을 높인 후 납세의무자의 소득에 상응하여 증가하는 실제 현황에 따라 과학적이고 합리적인 원칙에 따라 납세의무자의 개인소득세를 추계결정으로 징수한다.

2) 변호사 사무소

변호사사무소에 대해서는 추계징수방법을 사용할 수는 없으며, 장부기장 과세조건을 갖춘 변호사사무소는 장부기장방식에 따라 개인소득세를 징수한다.

- 장부기장을 할 수 없는 변호사사무소는 시급(市級) 지방세무국의 비준을 거쳐 소득률에 따라 납부세액을 추계결정하여야 한다. 고용인원수, 영업규모 등의 상황에 근거하여 그 영업액을 추계하고 현지 동업종의 이익수준에 따라 높은 순으로 그 소득률을 추계하며 그 소득률은 25%보다 낮을 수 없다.
- 추계결정으로 징수하는 변호사사무소에 대해서는 장부제도의 사용을 유도하고 장부기장 조건에 맞는 경우에는 장부기장과세로 전환하여야 한다.
- 각 지역은 변호사사무소의 개인소득세에 대해 징수관리를 강화하여야 한다. 법률사무소에 고용되어 있는 변호사는 소송비용 혹은 관련비용을 법률사무소에 보고한 경우에 수입을 계산할 때 다시 공제할 수 없다.

3) 기타 전문가의 경우

회계사사무소, 세무사사무소, 감정사사무소 및 기타 중개기구의 개인소득세의 징수관리 또한 위의 변호사사무소의 관련 원칙에 따라 처리해야 한다.

4. 개인소득세 납부신고서

중국의 개인소득세법에 따라 한 과세기간(1년) 동안 개인이 납부하여야 할 개인소득세를 신고납부할 때 작성되어야 할 주요 신고서식은 다음과 같다.

- 개인소득세 납세신고표(个人所得税纳税申报表)

납세의무자가 연간 개인소득세를 신고납부할 때 작성하는 서식

- 개인소득세 원천징수 보고표(扣缴个人所得税报告表)

연도 중에 납세의무자가 취득하는 소득이 원천징수 대상이 되어 원천징수의무자가 소득을 지급할 때 소득세액을 원천징수하고 세무기관에 원천징수한 세액을 납부할 때 작성하는 서식

이하 아래에서는 각 신고서식에 대해서 설명하고자 한다.

1) 개인소득세 납세신고표(个人所得税纳税申报表)

개인소득세 납세신고표는 한국의 소득세법에 있어서 종합소득이 있는 납세의무자가 1월 1일부터 12월 31일 까지 취득한 모든 소득에 대해 5월 31일까지 신고납부할 때 작성하는 종합소득세 과세표준 확정신고 및 납부계산서에 해당한다고 볼 수 있다.

개인소득세의 계산에 있어서 한국과 중국의 가장 큰 차이를 보이는 부분은 중국은 각 소득별로 취득할 때 마다 하나의 소득으로 보아 별개로 과세하지만 한국은 한 납세의무자가 1년 동안 취득한 모든 종합소득 과세대상 종합소득을 모두 합산하여 종합소득을 산출한 다음 해당 세율을 적용하여 세액을 계산하는 점이다. 이에 따라 한국은 중국에 비해 누진세율의 효과로 납세의무자의 적용세율이 높아지는 편이다.

2) 개인소득세 원천징수 보고표

과세연도 중에 납세의무자가 취득하는 소득이 원천징수 대상이 되어 원천징수의무자가 소득을 지급할 때 소득세액을 원천징수하고 다음 달 7일까지 개인소득세 원천징수 보고표를 작성하여 관할 세무기관에 제출하고 원천징수한 세액을 납부하여야 한다.

3) 납부신고서 서식

이하 본 서에서는 중국 개인소득세법에 따라 개인소득세를 신고납부할 때 작성하여야 하는 개인소득세 납세신고표와 개인소득세 원천징수 보고표를 첨부하였으며, 좌측에는 중국어로 우측에는 한글로 대조함으로써 독자가 중국의 증치세 납부신고서의 작성에 관한 세무서식을 이해하기 쉽도록 하였다.

个人所得税自行纳税申报表(A表)

税款所属期：自　　年　　月　　日至　　年　　月　　日　　　　金额单位：人民币元(列至角分)

姓名		国籍(地区)		身份证件类型		身份证件号码	
自行申报情形	□从中国境内两处或者两处以上取得工资、薪金所得		□没有扣缴义务人		□其他情形		

任职受雇单位名称	所得期间	所得项目	收入额	免税所得	税前扣除项目								减除费用	准予扣除的捐赠额	应纳税所得额	税率%	速算扣除数	应纳税额	减免税额	已缴税额	应补(退)税额
					基本养老保险费	基本医疗保险费	失业保险费	住房公积金	财产原值	允许扣除的税费	其他	合计									
1	2	3	4	5	6	7	8	9	10	11	12	13	14	15	16	17	18	19	20	21	22

谨声明：此表是根据《中华人民共和国个人所得税法》及其实施条例和国家相关法律法规规定填写的，是真实的、完整的、可靠的。

纳税人签字：　　　年　月　日

代理机构(人)公章： 经办人： 经办人执业证件号码：	主管税务机关受理专用章： 受理人：
代理申报日期：　年　月　日	受理日期：　年　月　日

개인소득세자진납세신고표(A表) – 둘 이상의 근로소득이 있는 경우

세액 과세기간 : 년 월 일부터 년 월 일까지 금액단위 : 위안(소수점 두자리)

성명		국적(지역)		신분증 유형		신분증 번호	
자진신고 유형	□ 중국내 둘 이상에서 근로소득을 취득하는 경우		□ 원천징수의무자가 없는 경우		□기타의 경우		

재직중인 단위 명칭	소득 기간	소득항목	수입액	면세소득	세전공제항목								공제 비용	공제가 능한기 부금	과세표준	세율 %	누진 공제액	납부 세액	감면 세액	기납부세액	납부(환급) 하여야 할 세액
					기본양로보험비	기본의료보험비	실업보험비	주택공적금	재산원가	공제가능한세금	기타	합계									
1	2	3	4	5	6	7	8	9	10	11	12	13	14	15	16	17	18	19	20	21	22

본 표는 <중국 개인소득세법> 및 실시조례와 국가의 법률 규정에 따라 사실대로 완전하고 신뢰성있게 작성되었습니다.

납세의무자 서명 : 년 월 일

세무대리인 날인 : 담당자 : 담당자 등록번호 :	관할 세무기관의 접수 날인 : 접수자 :
대리신고일자 : 년 월 일	접수일자 : 년 월 일

个人所得税自行纳税申报表(B表)

税款所属期：自　年　月　日至　年　月　日　　　　金额单位：人民币元(列至角分)

姓名		身份证件类型	
国籍(地区)		身份证件号码	

所得来源国(地区)	所得项目	收入额	税前扣除项目								减除费用	准予扣除的捐赠额	应纳税所得额	工资薪金所得项目月应纳税所得额	税率%	速算扣除数	应纳税额
			基本养老保险费	基本医疗保险费	失业保险费	住房公积金	财产原值	允许扣除的税费	其他	合计							
1	2	3	4	5	6	7	8	9	10	11	12	13	14	15	16	17	18

本期应缴税额计算	国别(地区)	扣除限额	境外已纳税额	五年内超过扣除限额未补扣余额	本期应补缴税额	未扣除余额
	19	20	21	22	23	24

谨声明：此表是根据《中华人民共和国个人所得税法》及其实施条例和国家相关法律法规规定填写的，是真实的、完整的、可靠的。

纳税人签字：　年　月　日

代理机构(人)签章： 经办人： 经办人执业证件号码：	主管税务机关受理专用章： 受理人：
代理申报日期：　年　月　日	受理日期：　年　月　日

国家税务总局监制

개인소득세자진납세신고표(B表) – 중국외 소득이 있는 경우

세액과세기간 : 년 월 일부터 년 월 일까지 　　　　금액단위 : 위안(소수점 두자리)

성명		신분증 유형	
국적(지역)		신분증 번호	

소득원천국(지역)	소득항목	수입액	세전공제항목								공제비용	공제가능한기부금	과세표준	근로소득 소득항목 월과세표준	세율 %	누진공제액	납부세액
			기본양로보험비	기본의료보험비	실업보험비	주택공적금	재산원가	공제가능한세금	기타	합계							
1	2	3	4	5	6	7	8	9	10	11	12	13	14	15	16	17	18

당기 납부 세액 계산	국가별(지역)	공제한도액	외국납부세액	5년내 공제한도액을 초과한 미공제액	당기 차감납부세액	미공제잔액
	19	20	21	22	23	24

본 표는 <중국 개인소득세법> 및 실시조례와 국가의 법률 규정에 따라 사실대로 완전하고 신뢰성있게 작성되었습니다.

납세의무자 서명 : 년 월 일

세무대리인 날인 : 담당자 : 담당자 등록번호 :	관할 세무기관 접수 날인 : 접수자 :
대리신고일자 : 년 월 일	접수일자 : 년 월 일

국가세무총국 감독 제작

扣缴个人所得税报告表

金额单位：人民币元

扣缴义务人识别码：

根据《中华人民共和国个人所得税》第九条的规定制定本表，扣缴义务人应将本月扣缴的税款在此月7日内缴入国库，并向当地税务机关报送本表。

扣缴义务人名称					地址									电话			
纳税义务人姓名	纳税人识别号	工作单位及地址	所得项目	所得期间	收入额						减费用额	应纳税所得额	税率	速算扣除数	扣缴所得税额	完税证号	纳税日期
					人民币	外币				人民币合计							
						货币名称	金额	外汇牌价	折合人民币								
合计																	

如果由扣缴义务人填写完税证，应在报送此表时附完税证附联　　　　份。

扣缴义务人声明	我声明：此扣缴申报表是根据《中华人民共和国个人所得税法》的规定填报的，我确信它是真实的、可靠的、完整的。
	声明人签字：

会计主管人签字：　　　　负责人签字：　　　　扣缴单位（或个人）盖章：

以下由税务机关填写：

收到日期		接收人		审核日期	
审核纪录			主管税务机关盖章		
			主管税务官员签字		

개인소득세 원천징수 보고표

금액단위 : 위안

원천징수의무자 식별번호 :

「중화인민공화국 개인소득세법」 제9조의 규정에 따라 본 표를 제정하고, 원천징수의무자는 당월 원천징수한 세액을 익월 7일까지 납부하고 관할 세무기관에 본 표를 제출하여야 한다.

원천징수의무자의 명칭					주소									전화			
납세 의무자 성명	납세 의무자 식별 번호	근무처 및 주소	소득 종류	과세 기간	수입액						비용 공제	과세 표준	세율	누진 공제액	원천 징수액	완납증 명번호	납부 일자
					인민 폐	외화				인민폐 합계							
						화폐 종류	금액	환율	인민폐								
합 계																	

만약 원천징수의무자가 완납증명을 작성할 경우에는 본 표를 제출할 때 완납증명도 첨부하여 같이 송부하여야 한다.

원천징수의무자의 확인	본인은 이 표가 「개인소득세법」의 규정에 따라 사실대로 신뢰성 있고 완전하게 작성되었음을 확인합니다.
	확인자 서명 :

회계담당자 서명 : 책임자 서명 :

아래는 세무기관이 작성합니다.

접수일자		접수자		심사일자	
심사기록			관할 세무기관 사용인감		
			세무담당자 서명		

쉬어가는
페이지

제 5 장

토지증치세법(土地增值稅法)

(한국의 양도소득세법)

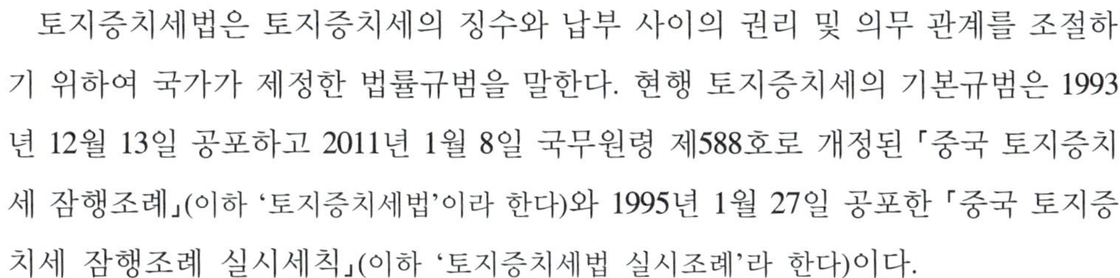

토지증치세법은 토지증치세의 징수와 납부 사이의 권리 및 의무 관계를 조절하기 위하여 국가가 제정한 법률규범을 말한다. 현행 토지증치세의 기본규범은 1993년 12월 13일 공포하고 2011년 1월 8일 국무원령 제588호로 개정된 「중국 토지증치세 잠행조례」(이하 '토지증치세법'이라 한다)와 1995년 1월 27일 공포한 「중국 토지증치세 잠행조례 실시세칙」(이하 '토지증치세법 실시조례'라 한다)이다.

토지증치세법

중국의 토지증치세는 우리나라의 양도소득세에 해당한다고 볼 수 있는데 과세범위에 있어 중국은 토지와 건축물 및 부착물의 양도차익에 대해서만 과세하고 있어 한국에 비해 과세범위가 좁은 편이다.

'증치'란 용어는 가치가 증가하였다는 말로서 한국의 세법용어는 '양도차익'에 해당한다.

한국의 독자의 입장에서는 양도차익이라는 용어가 증치라는 용어보다 더 친숙하나 현지용어를 사용한다는 의미에서 '증치'란 용어를 계속 쓰기로 한다.

토지증치세법의 용어

토지증치세법에서 사용하는 용어를 한국과 비교해 보면 다음과 같다.

중국 : 증치액 : 공제금액

한국 : 양도차익 : 취득가액

증치액은 부동산을 취득하여 양도하는 과정에서 발생한 차액인 양도차익을 말하며 공제금액은 해당 부동산을 양도하기 위하여 발생된 원가로서 양도가액에서 공제할 수 있는 취득가액 및 부대비용을 의미한다.

I. 토지증치세의 기본원리

1. 토지증치세의 개념

토지증치세는 국가 소유의 토지사용권 및 지상건축물과 부착물의 재산권을 유상으로 양도하여 양도차익을 얻은 단위와 개인에 대해 징수하는 세금이다.

부동산에 속하는 토지에 대한 과세는 오래된 징수형식이며 시대에 따라 보편적으로 징수되는 재산세의 일종이다. 일부 국가에서는 토지에 대해서만 토지세, 토지가격세, 농지세, 미개발 토지세, 도시토지세 등의 명목으로 징수하여 왔고 일부 국가에서는 토지와 지면의 주택, 건축물 및 기타 부착물의 불가분성을 감안하여 토지와 건축물을 함께 하여 부동산세, 재산세 등으로 과세하고 있다.

토지에 대한 과세는 명칭 여하에 불구하고 과세기준의 차이에 따라 대체로 두 가지로 분류할 수 있다.

구분기준	재산성질의 토지세	수익성질의 토지세
과세기준	토지의 수량 또는 가치를 과세기준으로 한다.	토지의 수익 또는 지세에 대해 과세한다.

1949년 중국이 설립된 이래로 중국은 토지와 건물 등 부동산의 징수제도는 비교적 미약하였으며 취득제세, 도시부동산세, 재산세, 성진토지사용세 등과 같은 세금을 징수하기 시작하여 왔으나 이러한 세금은 모두 토지의 증치액, 즉 양도차익 또는 토지수익액에 대해 징수하는 것에는 속하지 아니한다.

1993년 12월 13일 국무원은 「중국 토지증치세 잠행조례」(이하 '토지증치세 잠행조례'라 한다)를 공포하고 1994년 1월 1일부터 토지증치세를 징수하기 시작하였다. 1995년 1월 27일 재정부는 다시 「토지증치세 잠행조례 실시세칙」을 공포하였으며 토지증치세의 징수관리방법을 더욱 세분화 하였다.

2. 중국 토지증치세의 특징

중국 토지증치세의 특징은 다음과 같다.

1) 과세기준은 양도한 부동산의 양도차익이다.

증치액은 납세의무자가 부동산을 양도한 수입에서 세법에서 공제하기로 규정한 금액을 차감한 후의 잔액이다.

토지증치세법의 증치액의 개념과 증치세법의 증치액의 개념은 서로 차이가 있다. 토지증치세법의 증치액은 과세대상이 되는 양도수입총액에서 관련 원가, 비용, 세금 및 기타 항목을 공제한 후의 잔액으로서 회계결산 과정에 있어서 회계이윤을 계산하는 방법과 기본적으로 유사한 반면에 증치세의 증치액은 단지 매출액에서 매출액과 직접적으로 관계가 있는 매입액만 공제하여 계산한다.

2) 과세대상이 비교적 넓다.

중국내에서 부동산을 양도하여 수입을 얻은 단위와 개인은 세법에서 면세를 규정하고 있는 것 이외에는 모두 토지증치세의 규정에 따라 토지증치세를 납부하여야 한다. 바꾸어 말하면, 과세행위가 일어난 단위와 개인은 그 경제적 실질에 불구하고 내국법인이든 외국법인이든, 외국인이든, 내국인이든 모두 토지증치세를 납부하여야 할 의무가 있다.

3) 초과율 누진세율을 적용한다.

토지증치세의 세율은 부동산 양도의 증치율의 고저를 근거로 결정하며 누진원칙에 따라 등급별로 세액을 계산한다. 증치율은 수입총액에서 관련 항목을 공제한 후의 잔액에서 공제항목의 합계로 나눈 것으로서 증치율이 높을수록 세율이 높아지고 낮을수록 세율은 낮아진다.

토지증치세의 세율

중국의 토지증치세는 초과율 누진세율을 적용하여 납부세액을 계산하는데 양도차익과 양도원가와의 비율을 기준으로 적용세율을 결정하며 일반적인 누진세율과는 다르게 세율등급표상의 해당 세율을 바로 적용한다. 즉 초과액 누진세는 각 구간별로 해당 세율을 적용하여 계산된 세액을 합산하여 세액을 산출하나 토지증치세에서 사용되는 초과율 누진세는 등급표상 해당되는 세율을 바로 적용하여 세액을 산출한다.

4) 회차별로 징수한다.

토지증치세는 부동산이 양도될 때마다 징수하며 양도과정에서 발생한 증치액(양도차익)에 대해 과세한다.

과세기간

한국의 양도소득세는 과세기간(1월 1일부터 12월 31일까지) 동안 양도한 전체의 양도소득에 대하여 과세한다.

중국의 토지증치세는 과세기간별로 과세하는 것이 아니라 양도행위가 발생할 때마다 발생한 증치액을 기준으로 납세의무가 성립하며 각각 세액을 납부하여야 한다.

3. 토지증치세의 기능

1) 부동산시장의 조절과 통제 기능

개혁개방 후, 토지관리제도에 대해 점진적인 개혁이 있어 왔으며 무상사용을 없애고 유상사용과 사용권을 양도하는 것을 허용하는 정책과 제도를 확립하였다. 새로운 토지사용정책과 관리제도의 실시는 중국의 부동산 개발과 부동산 거래시장의 발전을 촉진하였고 도시의 기초시설과 인민생활의 거주조건을 개선하였으며 국민경제의 발전과 관련이 있는 산업의 발전을 가져오는 등의 효과를 가져왔다.

그러나 토지관리와 관련이 있는 각종 제도는 아직 미비하여 중국의 부동산 산업의 발전과정에 있어 다음과 같은 문제들이 나타나고 있다.

- 부동산 개발이 과열되어 부동산 투기행위가 성행하고 있다.
- 부동산가격이 급속하게 상승하여 부동산에 투입되는 자금의 규모가 과다하다.
- 국가 토지자원의 낭비가 심각하여 국가토지자원의 수익이 감소한다.
- 국민경제의 발전에 악영향을 주고 사회분배의 불공평을 초래하고 있다.

이러한 상황하에서 중국은 다른 국가의 정책을 참고하여 토지증치세를 징수함으로써 조세의 징수효과를 이용하여 부동산업의 개발 및 부동산시장을 적절히 통제하고 이를 통해 부동산업과 부동산시장의 건전한 발전을 이끌어 내고 투자규모를 통제하여 토지자원의 합리적인 이용을 촉진하고 부동산 투기행위를 조절하고 있다.

2) 부동산 투기행위 억제 기능

토지자원은 국가의 소유로서 국가는 토지증치수입에 대한 과세를 통일시킴으로써 국가 토지자원의 증치수입의 유실을 감소시키고, 투기자의 폭리행위를 억제하여 정상적인 부동산 개발자의 합법적인 권익을 보호하여 국가의 전체이익을 보호할 수 있게 된다.

3) 국가 재정수입의 증대기능

중국은 1994년 1월 1일부터 토지증치수입에 대해 토지증치세를 과세하기 시작하여 국가 재정수입을 증가시키는 새로운 재원이 되었다. 중앙세와 지방세를 구분시키는 분세제(分税制)의 실시 이후 토지증치세 수입은 지방정부의 재정수입에 속하게 되어 지방정부가 경제건설자금을 축적하는데 중요한 역할을 하고 있다.

II. 납세의무자

토지증치세의 납세의무자는 국유 토지사용권, 건축물 및 부착물을 양도하여(이하 '부동산 양도'라고 한다) 수입을 얻은 단위와 개인이다.

여기서 단위와 개인은 다음을 의미한다.

구 분	설 명
단 위	각종 기업, 사업단위, 국가기관과 사회단체 및 기타조직을 포함한다.
개 인	개인사업자 및 일반 개인을 포함한다.

토지증치세법에서 납세의무자에 대한 규정은 다음과 같은 특징을 지니고 있다.

첫째, 법인과 자연인에 모두 적용된다.

즉 기업, 사업단위, 국가기관, 사회단체 및 기타 조직 및 개인을 불문하고 부동산을 양도할 경우 모두 토지증치세의 납세의무자가 된다.

둘째, 경제적 실체와 관련이 없다.

전민 소유제기업, 집체기업, 민간기업, 개인사업자 또는 동업기업, 합자기업, 합작기업, 외상독자기업 등이 유상으로 부동산을 양도할 경우 모두 토지증치세의 납세의무자가 된다.

셋째, 내국 및 외국기업, 중국 공민과 외국인 사이에 차별이 없다.

1993년 12월 29일 제8기 전인대 제5차 상무위에서 통과된「외상투자기업과 외국기업에 적용되는 증치세, 소비세, 영업세 등 세수 잠행조례에 관한 결정」과「국무원의 외상투자기업 및 외국국적 개인에 적용되는 증치세, 소비세, 영업세 등 세수 잠행조례의 관련 문제에 관한 통지」및「국가세무총국의 외상투자기업과 외국국적 개인에 적용되는 세금의 종류에 대한 통지」(國稅發 [1994] 123호) 등의 규정에 따라 토지증치세는 외국기업과 외국인에게도 적용된다. 따라서 내자기업 또는 외상투자기업, 주중기구, 중국 공민, 홍콩, 마카오, 대만 동포, 해외거주 중국인 또는 외국국민을 불문하고 부동산을 유상으로 양도할 경우 모두 토지증치세의 납세의무자가 된다.

넷째, 업종에 관계없다.

즉 공업, 농업, 상업, 학교, 병원, 기관 등을 불문하고 유상으로 부동산을 양도할 경우 모두 토지증치세의 납세의무자가 된다.

III. 과세대상

토지증치세는 국유 토지사용권, 건축물 및 부착물을 양도하는 경우 얻은 증치액(양도차익)에 대해 과세한다.

1. 일반적인 경우

토지증치세는 국유 토지사용권 및 그 지상 건축물과 부착물을 양도하는 행위에 대해 과세되며, 국유 토지사용권의 출양에 대해서는 과세하지 않는다.

용어설명 출양의 개념

중국의 토지는 국가가 소유하고 있어 개인은 소유할 수 없고 단지 국가에 토지사용료를 지급한 다음 일정한 절차(출양수속)를 거쳐야 일정기간 동안 토지를 사용할 수 있는 권리를 얻게 되는데 이것이 토지사용권이다.

중국의 정부로부터 일정한 절차를 거쳐 특정 토지에 대한 토지사용권을 최초로 획득하는 것을 출양(出讓, 出讓)이라고 하며 토지사용권에 관한 모든 권리와 의무가 확정되게 된다. 이러한 출양수속을 거쳐야 일정기간 토지사용권을 확보하고 이에 대한 재산권을 행사할 수 있게 된다.

‘토지사용권의 출양’이란 국가가 토지의 소유자로서 최초로 토지사용권을 일정한 기한 내에 토지사용자에게 이전하고, 토지사용자가 토지사용권의 대가로 국가에 토지사용권 출양금을 지급하는 행위를 말하며 토지매매의 제1차 시장에 속한다.

토지사용권의 출양에서 출양자는 국가이며 국가는 토지의 소유권에 의하여 토지사용자에게 사용기간 동안의 토지의 사용료(임대료)를 받는다. 토지를 출양하는 목적은 토지의 유상 사용제도를 실행하여 토지를 합리적으로 개발, 이용, 경영하기 위함이다. 따라서 토지사용권의 출양은 토지증치세의 과세범위에 속하지 않는다.

국유 토지사용권의 양도는 토지 사용자가 출양 등의 형식으로 토지 사용권을 획득한 후 토지사용권을 다시 양도하는 행위를 말하며 여기에는 판매, 교환과 기증 등 형식이 포함되며 이는 토지거래의 제2차 시장이다. 토지사용권의 양도는 지상의 건축물과 부착물의 소유권도 동시에 양도된다. 이와 같이 토지사용권의 양도는 토지증치세의 과세대상에 속한다.

토지증치세의 과세대상은 다음과 같다.

1) 국유 토지사용권을 양도한 경우

토지사용자가 출양방식으로 정부에 토지 출양금을 납부하고 유상으로 토지사용권을 취득한 다음 물, 전기, 도로의 개통과 지면 평탄작업 등의 토지에 대한 개발만 하고, 건축과 같은 개발이 없이 직접 나대지 상태로 판매하는 것을 말한다. 이는 국유토지 사용권의 유상 양도로서 토지증치세의 과세대상에 해당된다.

2) 건축물 및 부착물을 국유토지 사용권과 같이 양도하는 경우

여기서 말하는 '건축물'은 토지 위에 세워진 모든 건축물을 말하며 지상과 지하의 각종 부대시설을 포함한다. 또한 '부착물'은 토지 위에 부착되어 있어 이동할 수 없거나 이동할 경우 즉시 파손되는 물품을 말한다.

납세의무자가 국유토지 사용권을 취득한 후 개발하여 판매한 경우 부동산의 개발에 해당하며, 이러한 행위는 보통 건물의 판매라고 하지만 국가의 부동산 관련 법률과 법규의 규정에 따라 건물을 판매할 때 토지사용권도 같이 양도된다. 이러한 경우 건물의 소유권의 양도가 발생함과 동시에 수입도 취득하였으므로 토지증치세의 과세대상에 해당된다.

3) 재고 부동산의 판매

이미 건설되어 사용되고 있는 부동산의 소유자가 건물의 소유권과 토지사용권을 함께 타인(단위 또는 개인)에게 양도하는 것을 말한다. 이러한 행위는 국가의 부동산 관련 법률과 법규에 따라 관련 부문에 가서 건물과 토지사용권의 변경수속을 하여야 하며, 원래의 토지사용권이 무상으로 획발된 것인 경우에는 토지관리부문에 가서 토지출양금을 추가납부하여야 한다. 이와 같은 재고 부동산의 판매는 소유권을 양도하여 수입을 취득하였으므로 토지증치세의 과세대상에 해당한다.

획발(劃撥)의 개념

중국의 토지는 국가의 소유로서 개인은 국가로부터 토지사용권을 취득하여 일정기간 토지를 사용하게 된다.

중국 정부로부터 토지사용권을 취득하는 방법은 크게 출양(出让, 出讓)과 획발(划拨, 劃撥)로 크게 나눌 수 있는데, 일정한 기간 동안 토지사용권을 유상으로 취득하는 것을 출양이라고 하고 무상으로 취득하는 것을 획발이라고 한다.

따라서 출양의 경우에는 재산권을 행사할 수 있으나 획발의 경우 이러한 재산권을 행사할 수 없어 토지의 가격상승에 따른 이득도 누릴 수가 없으며 한국에 있어서 '임차'라는 개념과 유사하다.

2. 특수한 경우

부동산 소유권의 양도에 있어 대가 없이 무상으로 부동산을 양도하는 행위는 토지증치세의 과세대상에 속하지 아니한다. 이것은 두 가지의 경우로 나눌 수 있다.

1) 부동산의 상속과 증여

부동산의 상속이란 건물의 소유자 및 토지사용권을 획득한 토지사용자가 사망한 후 상속인이 사망자의 건물 소유권과 토지사용권을 상속받는 민사법률행위를 말하는데, 비록 부동산의 소유권은 변경되었지만 당초의 소유자(즉 피상속인)가 소유권의 양도로 얻은 수익이 없으므로 토지증치세 과세대상에 해당하지 않는다.

부동산의 증여란 건물의 소유자 및 토지사용권의 소유자가 자기의 부동산을 무상으로 타인에게 증여하는 민사법률행위를 말한다. 하지만 여기서의 '증여'는 다음과 같은 상황만을 의미한다.

- 건물의 소유자 및 토지사용권의 소유자가 건물의 소유권과 토지사용권을 직계 친족 또는 직접적으로 봉양의무를 부담하는 사람에게 증여하는 경우
- 건물의 소유자 및 토지사용권의 소유자가 중국내 비영리 사회단체 또는 국가기관을 통하여 건물의 소유권과 토지사용권을 교육, 민정, 기타 사회복지, 공익사업에 증여하는 경우

여기서의 사회단체는 중국 청소년 발전 기금회, 희망공정 기금회, 송경령 기금회, 재해 감소 위원회, 중국 홍십자회, 중국 장애자 연합회, 전국 노년 기금회, 혁명지 촉진회 및 민정부문의 비준을 받고 성립된 기타 비영리 공익성 조직을 말한다.

부동산의 증여는 부동산의 소유권이 변경되었지만 부동산 소유권의 양도로 얻은 수익이 없으므로 토지증치세의 과세대상에 해당하지 않는다.

2) 부동산의 임대

부동산의 임대란 건물 소유자와 토지사용권을 취득한 토지사용인이 건물과 토지사용권을 임차인에게 임대하여 사용하게 하고, 임차인으로부터 임대료를 지급받는 것을 말한다. 부동산의 임대는 임대인이 수입을 획득하였으나 건물과 토지사용권의 양도는 없었으므로 토지증치세의 과세대상에 해당하지 않는다.

3) 부동산의 담보제공

부동산의 담보제공이란 건물의 소유자 및 토지사용권의 소유자가 채무자 또는 제3자가 되어 부동산을 채무를 상환하는 담보로 채권자에게 제공하되 소유권을 이전하지 않는 법률행위를 말한다. 이러한 경우 건물과 토지사용권의 소유권은 저당기간 동안 변경되지 않은 상태에서 부동산에 대해 점유, 사용, 수익 등의 권리를 행사할 수 있으며, 건물과 토지사용권의 소유자는 저당기간 동안 일정한 담보대출을 받을 수 있으나 실질적으로 이러한 대출금은 저당기간 만료 후 원금과 이자를 채권자에게 상환하여야 한다. 따라서 부동산의 저당에 대해서 저당기간 동안 토지증치세를 과세하지 아니하고 저당기간이 끝난 후 부동산이 이전되었는지를 보아 토지증치세를 과세할 것인지를 결정한다.

부동산으로 채무를 상계하여 부동산 소유권의 양도가 발생한 경우에는 토지증치세의 과세대상에 해당한다.

4) 부동산의 교환

부동산을 타인의 부동산과 교환하는 경우 건물의 소유권과 토지사용권의 이전이 발생함과 동시에 교환당사자는 실물형태의 수입을 얻었으므로 이것은 토지증치세법의 규정에 따라 토지증치세의 과세대상에 해당하나, 개인간의 주거용 부동산의 상호교환에 대해서는 관할 세무기관의 조사, 확인을 거쳐 토지증치세를 면제할 수 있다.

5) 합작 건축

한쪽이 토지를 제공하고 다른 한쪽이 자금을 제공하여 쌍방이 합작으로 건물을 건축한 경우에는 다음과 같다.

구 분	과 세 여 부
건물이 완공된 이후 비율에 따라 나누어 자가 사용하는 경우	토지증치세를 잠정적으로 면제한다.
건물이 완공된 이후 양도하는 경우	토지증치세를 징수한다.

6) 도급공사하는 경우

부동산 개발회사가 도급받아 부동산을 개발하고 완공 후 고객으로부터 공사수입을 수취하여 수익은 발생하였으나 부동산 소유권의 이전은 없었으며 그 수익은 용역의 제공이므로 토지증치세 과세대상에 해당되지 않는다.

7) 부동산의 재평가

부동산에 대하여 재평가를 실시하여 부동산의 가치가 상승되는 경우 비록 부동산의 가치는 상승하였으나 부동산의 소유권이 이전되지 않았고 또한 건물과 토지사용권의 소유자도 수익을 얻은 것이 없으므로 토지증치세의 과세대상에 해당되지 않는다.

3. 기업이 구조조정하는 경우

법인전환 및 조직변경 등 기업이 구조조정하는 경우의 토지증치세 정책은 다음과 같다.

유 형	토지증치세 정책
중국 회사법의 규정에 따라 유한회사 또는 주식회사로 법인전환을 하거나, 유한회사에서 주식회사 또는 주식회사에서 유한회사로 전환하는 경우, 토지 및 건축물의 소유권이 전후로 변경되는 경우	잠정적으로 토지증치세를 징수하지 아니한다.
둘 이상의 기업이 합병하고 원래 기업의 투자주체가 존속하며, 원래 기업의 토지 및 건축물의 소유권이 합병 후의 기업이 이전되는 경우	잠정적으로 토지증치세를 징수하지 아니한다.
기업이 둘 이상의 회사로 분할하는 경우, 원래 기업의 토지 및 건축물의 소유권이 분할 후의 기업으로 이전되는 경우	잠정적으로 토지증치세를 징수하지 아니한다.
단위 또는 개인이 조직변경을 하는 경우 토지와 건축물을 현물출자하는 경우, 토지 및 건축물의 소유권이 피투자기업으로 변경되는 경우	잠정적으로 토지증치세를 징수하지 아니한다.
부동산 개발기업이 위의 구조조정을 하는 경우	토지증치세를 징수한다

기업이 조직변경 후에 해당 국유 토지사용권을 양도하고 토지증치세를 신고할 때에는 해당 국유 토지사용권을 당초 취득할 때 지불한 대가와 부대비용을 취득원가로 하여 공제한다.

기업이 조직변경 과정 중 성급 이상 국토관리부문의 비준을 거쳐, 국가가 국유 토지사용권을 현물출자한 후, 해당 국유 토지사용권을 양도하고 토지증치세를 신고할 때에는 해당 국유 토지사용권을 현물출자할 때 성급 이상 국토관리부문이 비준한 평가가액을 취득원가로 하여 공제한다. 이 경우 해당 국유 토지사용권의 평가가액을 제시하지 못할 경우 취득가액으로 공제할 수 없다.

기업이 위와 같은 조세특례를 받기 위해서는 관할 세무기관에 관련 토지와 건축물의 등기권리증, 가치증명 등의 서면자료를 제출하여야 한다.

IV. 납부세액의 계산

1. 세율

토지증치세는 4등급의 초과율 누진세율을 실시한다.

1. 증치액(양도차익)이 공제항목 금액의 50%를 초과하지 않는 경우 : 30%
2. 증치액(양도차익)이 공제항목 금액의 50%를 초과하고 100%를 초과하지 않는 경우 : 40%
3. 증치액(양도차익)이 공제항목 금액의 100%를 초과하고 200%를 초과하지 않는 경우 : 50%
4. 증치액(양도차익)이 공제항목 금액의 200%를 초과하는 경우 : 60%

위에서의 4등급 초과율 누진세율의 적용방법은 증치액(양도차익)이 공제금액(취득가액)에 대한 비율을 계산하여 해당되는 등급을 먼저 찾아낸 다음 각각의 등급별로 세율을 적용하여 세액을 산출한 후 합산하여 납부세액을 산출한다.

토지증치세법의 초과율 누진세율은 다음 표와 같다.

토지증치세 4단계 초과율 누진세율

등급	증치액과 공제금액의 비율	세율(%)	누진공제계수(%)
1	50%를 초과하지 않는 부분	30	0
2	50%~100% 사이의 부분	40	5
3	100%~200% 사이의 부분	50	15
4	200%를 초과하는 부분	60	35

토지증치세의 적용세율의 특징

기업소득세 또는 개인소득세에서 납부세액을 계산하는 방법은 소득금액에 대해 누진세율을 적용하는 '초과액 누진세율'을 적용하고 있으나 토지증치세법에서는 납세의무자가 얻은 증치액이 공제금액에서 차지하는 비율을 계산하여 해당 비율에 대해 각각의 세율을 적용하여 납부세액을 계산한다.

2. 과세수입의 확정

납세의무자가 부동산을 양도하여 취득한 과세수입은 부동산을 양도한 대가의 총액 및 관련 경제적 수익을 말하며, 수입의 형식에는 화폐수입, 현물수입과 기타수입을 포함한다.

1) 화폐수입

화폐수입이란 납세의무자가 부동산을 양도하여 취득한 현금, 은행예금, 수표, 어음 등 각종 신용 증표와 국채, 은행채권, 기업채권, 주식 등 유가증권을 말한다. 이러한 유형의 수입은 실질적으로 모두 양도인이 토지사용권과 건물의 소유권을 양도하여 매수자로부터 얻은 대금이다.

2) 현물수입

현물수입이란 납세의무자가 부동산을 양도하여 철강, 시멘트 등의 건축재료, 가옥, 토지 등의 부동산과 같은 화폐 이외의 현물형식으로 취득하는 것을 말한다. 현물수입의 가치는 정확하게 확정하기 어려우며 일반적으로 이러한 현물형태의 재산에 대해서는 평가를 하여야 한다.

3) 기타수입

기타수입이란 납세의무자가 부동산을 양도하여 특허권, 상표권, 저작권, 전용기술 사용권, 토지사용권, 영업권 등 무형자산 또는 재산적 가치가 있는 권리를 취득하는 것을 말한다. 이러한 유형의 수입은 비교적 드물고 그 가치에 대해서도 전문적인 평가를 하여야 한다.

3. 공제항목의 확정

토지증치세의 납부세액의 계산은 부동산 양도수입에 대하여 직접 징수하는 것이 아니라 수입에서 공제가능한 공제항목을 차감한 후의 잔액(이 잔액이 바로 납세의무자가 부동산을 양도하여 얻은 양도차익이다)에 대하여 세액을 징수한다. 따라서 양도차익을 계산하려면 먼저 공제항목을 확정하여야 하는데, 세법에서 납세의무자가 수입액에서 차감할 수 있는 공제항목은 다음과 같다.

1) 토지사용권의 취득가액

토지사용권을 취득하기 위하여 지급한 금액은 다음의 두 가지가 있다.

(1) 토지사용권의 취득가액

토지사용권을 취득하기 위하여 지급한 금액으로서 취득방식에 따라 다음과 같다.

구 분	취 득 가 액
협의, 입찰, 경매 등 출양방식으로 토지사용권을 취득한 경우	납세의무자가 지급한 토지출양금
행정획발방식(행정 배분방식)으로 토지사용권을 취득한 경우	국가의 규정에 따라 추가납부한 토지출양금
양도형식으로 토지사용권을 취득한 경우	당초 사용권자에게 실제 지급한 토지가액

(2) 토지사용권의 취득부대비용

납세의무자가 토지사용권을 취득하는 과정에서 관련 수속을 진행하기 위하여 국가의 규정에 의하여 납부하는 등기, 소유권 변경수수료이다.

2) 부동산 개발원가

부동산 개발원가는 납세의무자가 부동산을 개발하는 과정에서 실제 발생된 원가를 말하며 토지 수용 및 이주보상비, 사전 공사비용, 건축시공비용, 기초시설 설치비, 공공 부대시설 비용, 개발 간접비 등을 포함하며 자세히 설명하면 다음과 같다.

구 분	개 발 원 가
토지 수용 및 이주보상비	토지 수용비, 경지점용세, 노동력 배치비 및 지상 및 지하 부착물의 이전보상과 관련이 있는 순지출 등을 포함한다.
사전 공사비용	계획, 설계, 사업타당성 연구와 수자원, 지질 탐측, 측량, 수도, 전기, 도로의 개통과 평탄작업 등의 지출이 포함된다.
건축시공비용	도급방식으로 시공회사에게 건축시공을 맡겨 발생된 비용을 말하며, 직접 공사할 경우 시공과정에서 발생된 비용을 말한다.
기초시설 설치비	도로, 수도 공급, 전기 공급, 가스 공급, 오수 처리, 통신, 조명, 위생, 조경 등의 시공으로 발생된 지출을 포함한다.
공공 부대시설 설치비	유상으로 양도될 수 없는 주택단지 내의 공공 부대시설의 설치로 발생된 비용을 포함한다.
간접개발비	개발항목을 직접 조직, 관리하는 과정에서 발생된 비용으로서 임금, 복리후생비, 감가상각비, 수리비, 사무비, 전기수도료, 노동보호비용, 감가상각비 등을 포함한다.

3) 부동산 개발비용

부동산 개발비용이란 부동산 개발항목과 관련된 판매비용, 관리비용과 재무비용을 말한다. 현행 재무회계제도의 규정에 따라 이러한 세 가지 항목의 비용은 기간비용으로서 원가로 계상하지 않고 발생시에 직접 당기비용으로 인식한다. 따라서 토지증치세의 공제항목으로서의 부동산 개발비용은 납세의무자가 부동산 개발항목에 실제 발생한 비용에 따라 공제하지 않고 「실시세칙」의 표준에 따라 공제하게 된다.

구 분	공제할 수 있는 개발비용
납세의무자가 양도한 부동산에 해당하는 이자지출을 구분할 수 있고, 금융기관의 대출증명을 제출할 수 있을 경우	= 이자 + (토지사용권 취득가액 + 부동산 개발원가) × 5% 이내 (註) 이자는 금융기관의 대출이자율을 초과할 수 없다.

구　　분	공제할 수 있는 개발비용
납세의무자가 양도한 부동산에 해당하는 이자지출을 구분할 수 없거나, 금융기관의 대출증명을 제출할 수 없는 경우	= (토지사용권 취득가액 + 부동산 개발원가) × 10% 이내 자체자금을 사용하여 이자가 없는 경우에도 이 산식에 따라 공제할 수 있으며 구체적인 내용은 성급 인민정부가 정한다.
부동산 개발기업이 금융기관의 대출과 다른 대출이 같이 있는 경우	부동산 개발비용 공제 계산시 동시에 두가지 방법을 적용할 수 있다.
부동산 개발원가에 포함된 이자비용의 정산	토지증치세 정산시 재무비용계산시 조정하여야 한다.

이 외에 재정부, 국가세무총국은 공제항목 중의 이자지출의 계산에 대하여 두 가지 규정을 제정하였다.

첫째, 이자의 상한은 국가의 관련규정에 따라야 하며 상한을 초과한 부분은 공제할 수 없다.

둘째, 대출기한을 초과한 이자부분과 연체이자는 공제할 수 없다.

4) 부동산 양도와 관련된 세금

부동산 양도와 관련된 세금이란 부동산을 양도하는 과정 중에서 납부하는 영업세, 성시유호건설세(도시 유지보호 건설세), 인화세(인지세) 등을 말하며, 부동산 양도로 납부하는 교육비 부가도 세금으로 보아 공제할 수 있다.

부동산 개발기업이 「시공, 부동산 개발기업 재무제도」의 규정에 의하여 양도시 납부하는 인화세는 관리비용에 해당되기 때문에 다시 공제할 수 없으며, 기타의 납세의무자가 납부한 인화세(재산권 변경등기서류에 기재된 금액의 0.05%로 첨부)는 공제할 수 있다.

5) 기타 공제항목

부동산 개발에 종사하는 납세의무자는 「실시세칙」 제7조 제①항 및 제②항의 규정에 의한 금액의 합계의 20%를 추가로 공제한다. 이 규정은 부동산 개발에 종사하는 납세의무자에게만 적용되며 이외의 납세의무자에게는 적용되지 아니하는데, 그 목적은 부동산 투기행위를 억제하고 정상적인 개발 투자자를 보호하기 위함에 있다.

6) 중고 건축물의 평가가격

납세의무자가 중고 건축물을 양도하는 경우, 건축물의 평가 가격, 토지 사용권을 취득하는데 지불한 대금과 국가의 규정에 따라 납부한 관련비용 및 양도과정에서 납부한 세금을 공제항목으로 토지증치세를 계산하게 된다.

토지사용권을 취득할 때 대금을 지급하지 아니하였거나 대금지급에 관한 증빙을 제공하지 못할 경우에는 토지증치세 계산시 공제할 수 없다.

중고 건축물의 평가가격이란 이미 사용한 건축물을 양도할 경우 정부의 비준을 받아 설립된 부동산 평가기관이 평가한 재취득원가에 잔존율을 곱하여 계산한 가액을 말하며, 평가가격은 관할 세무기관의 확인을 거쳐야 한다.

여기서의 용어의 정의는 다음과 같다.

구 분	의 미
재취득원가 (重置成本)	재취득원가란 중고 건축물에 대해 양도 당시의 건축자재 및 인건비에 따라 계산한 것으로 면적, 층수, 구조, 건축표준이 동등한 건축물을 새로 건축하는데 필요한 원가와 비용을 말한다.
잔존율 (成新度折旧率)	잔존율이란, 중고 건축물의 낡은 정도에 따라 일정한 감가상각을 한 것을 말한다. 예를 들어, 10년간 사용한 건축물의 건축시의 건축가격은 1,000만위안이었고, 양도시의 건축재료 및 인건비에 따라 동일한 건축물을 신축할 경우의 비용이 4,000만위안이 소요되며, 이 건축물의 잔존율이 60%인 경우 중고 건축물의 평가가격은 다음과 같다. = 4,000만위안 × 60% = 2,400만위안

중고 건축물을 양도할 때 평가가격은 없으나 취득증빙이 있을 경우 관할 세무기업의 확인을 거쳐 매년 취득 제비용의 5%를 공제할 수 있다(6개월 이상인 경우 1년으로 본다).

납세의무자가 취득시 납부한 계약서(취득세)는 납부영수증이 있을 경우 공제할 수 있다. 평가 가격도 없고, 취득증빙도 없을 경우에는 지방세무기관이 추계결정한다.

V. 납부세액의 계산

1. 증치액(양도차익)의 확정

토지증치세의 과세대상인 증치액(양도차익)은 토지증치세의 납세의무자가 부동산을 양도하여 얻은 수입에서 규정한 공제항목을 차감한 후의 잔액이다.

토지증치세의 계산은 양도차익과 공제항목간의 상대적인 비율의 크기에 따라 세율을 적용하여 징수하게 되므로 양도차익과 공제항목의 비율이 클수록 적용되는 세율도 높아지며 납부하여야 하는 세액도 더 많아지게 된다. 따라서 양도차익을 정확하게 계산하는 것은 매우 중요하다.

실제 부동산 거래에 있어서 납세의무자가 부동산 양도가격 또는 공제항목을 정확하게 제공하지 않으면 양도차익을 정확하게 계산하지 못하여 납부세액의 계산과 납부에 영향을 줄 수 있다.

아래에 해당할 경우 부동산 평가가격에 따라 계산하여 징수한다.

- 부동산 거래가격을 숨기거나 허위로 보고하는 경우
- 제출한 공제항목의 금액이 허위인 경우
- 부동산 양도의 거래가격이 부동산 평가가격 보다 매우 낮고 정당한 사유가 없는 경우

위에서의 용어의 설명 및 처리방법은 다음과 같다.

구 분	의 미	처 리 방 법
부동산 평가가격	정부의 비준을 거쳐 설립된 부동산 평가기관이 동일 지역, 동종의 부동산에 대하여 종합적으로 평가를 한 가격	

구 분	의 미	처리방법
부동산 거래가격을 숨기거나 허위로 보고하는 경우	납세의무자가 토지사용권, 지상 건축물 및 부착물의 양도가격을 보고하지 않거나 고의로 낮게 신고하는 행위	평가기관이 동종 부동산의 거래가격을 참고하여 평가하며 세무기관은 평가가격에 따라 부동산의 양도가액을 확정한다.
제공한 공제항목의 금액이 사실과 다른 경우	납세의무자가 신고납부시 공제항목의 금액을 사실대로 제공하지 않는 행위	평가기관이 재취득원가에 잔존율을 곱하여 계산한 부동산의 원가와 토지사용권을 취득할 때의 기준지가에 따라 평가를 한다. 세무기관은 이 평가가격에 따라 공제항목의 금액을 확정한다.
부동산 양도가격이 부동산 평가가격 보다 낮고 정당한 사유가 없는 경우	납세의무자가 신고한 부동산의 실제 거래가격이 부동산 평가기관에서 평가한 가액보다 낮으며 낮은 이유를 증명하지 못하거나 정당한 사유가 없는 경우	세무기관이 부동산 평가가격을 참고하여 부동산 양도차익을 확정한다.

2. 납부세액의 계산

토지증치세는 납세의무자가 부동산을 양도하여 얻은 양도차익과 규정된 세율에 따라 계산하여 징수한다.

토지증치세의 계산 공식은 다음과 같다.

납부세액 = $\sum$(각 등급의 양도차익 × 적용세율)

이러한 계산방법은 매우 번거롭기 때문에 일반적으로 토지증치세의 납부세액은 양도차익에 적용세율을 곱한 후 누진공제 계수를 차감하는 방법으로 계산하는데 그 공식은 다음과 같다.

여기서 공제항목은 취득가액 및 취득부대비용의 합계액을 의미한다.

(1) 양도차익이 공제항목의 50%를 초과하지 않는 경우

토지증치세 세액 = 양도차익 × 30%

(2) 양도차익이 공제항목의 50%를 초과하고 100%를 초과하지 않은 경우

토지증치세 세액 = 양도차익 × 40% − 공제항목 × 5%

(3) 양도차익이 공제항목의 100%를 초과하고 200%를 초과하지 않는 경우

토지증치세 세액 = 양도차익 × 50% − 공제항목 × 15%

(4) 양도차익이 공제항목의 200%를 초과한 경우

토지증치세 세액 = 양도차익 × 60% − 공제항목 × 35%

위의 공식에서 5%, 15%, 35%는 각각 2, 3, 4급의 누진공제 계수이다.

토지증치세의 세율 적용에 대하여 간단한 사례를 들어 두 가지 계산방법으로 구체적인 설명을 하기로 한다.

사 례 5-1

조자룡이 부동산을 양도하여 얻은 수입은 400만위안이며 공제항목은 100만위안이었다.

요구

조자룡이 납부하여야 할 토지증치세액을 계산하시오.

풀이

첫째 방법(토지증치세법에서 규정한 방법으로 계산)

제1단계 : 먼저 양도차익을 계산한다.

양도차익 : 400 − 100 = 300(만위안)

제2단계 : 양도차익과 공제항목의 비율을 계산한다.

양도차익과 공제항목의 비율 : 300 ÷ 100 = 300%

양도차익이 공제항목의 비율이 300%로서 200%를 초과하므로 각각 30%, 40%, 50%와

60% 4등급의 세율이 적용되게 된다.

제3단계 : 각급의 토지증치세 세액을 각각 다음과 같이 계산한다.

등 급	세액의 계산
양도차익이 공제항목의 50%를 초과하지 않은 부분	적용세율은 30%이다. 양도차익 100만위안의 50%인 50만위안까지 • 이 구간의 양도차익 = 100 × 50% = 50(만위안) • 이 구간의 토지증치세액 = 50 × 30% = 15(만위안)
양도차익이 공제항목의 50%와 100% 사이인 부분	적용세율은 40%이다. 양도차익 100만위안의 100%인 100만위안까지 • 이 구간의 양도차익 = 100 × (100% − 50%) = 50(만위안) • 이 구간의 토지증치세액 = 50 × 40% = 20(만위안)
양도차익이 공제항목의 100%와 200% 사이인 부분	적용세율은 50%이다. 양도차익 100만위안의 200%인 200만위안까지 • 이 구간의 양도차익 = 100 × (200% − 100%) = 100(만위안) • 이 구간의 토지증치세액 = 100 × 50% = 50(만위안)
양도차익이 공제항목의 200%를 초과하는 부분	이 구간의 적용세율은 60%이다. 양도차익 100만위안의 200%를 초과하는 부분 • 이 구간의 양도차익 = 300 − (100 × 200%) = 100(만위안) • 이 구간의 토지증치세 세액 = 100 × 60% = 60(만위안)

제4단계 : 각 등급의 세액을 더하면 납부세액이 된다.
토지증치세 세액 = 15 + 20 + 50 + 60 = 145(만위안)

두번째 방법(토지증치세법 실시세칙에서 규정한 누진공제 계산법에 따라 계산)

제1단계 : 먼저 양도차익을 계산한다.
- 양도차익 = 400 − 100 = 300(만위안)

제2단계 : 양도차익과 공제항목의 비율을 계산한다.
양도차익과 공제항목의 비율 = 300 ÷ 100 = 300%
비율이 300%로서 200%를 초과하므로 적용되는 계산공식은 다음과 같다.
- 토지증치세 세액 = 양도차익 × 60% − 공제항목 × 35%

제3단계 : 토지증치세 세액을 계산한다.
- 토지증치세 세액 = 300 × 60% − 100 × 35% = 145(만위안)

위의 두 가지 계산방법으로 각각 계산한 결과가 같다는 것을 알 수 있다.

VI. 조세특례와 징수관리

1. 조세특례

1) 보통표준주택을 건축할 경우

납세의무자가 보통표준주택을 건축하여 판매하는 경우 양도차익이 공제항목의 20%를 초과하지 않는 경우에는 토지증치세를 면제한다.

여기서의 '보통표준주택'이란 소재지의 일반 민간용 주택표준에 따라 주거용으로 건축된 주택을 말하며, 고급아파트, 별장, 리조트 등은 보통표준주택에 속하지 않는다.

2005년 6월 1일부터는 보통표준주택은 다음의 조건을 동시에 만족하여야 한다.

- 주택단지 건축 용적율이 1.0 이상
- 주택별 건축면적이 120평방미터 이하
- 실제 거래가격이 동급 토지의 주택평균 거래가격의 1.2배 이하

각 성, 자치구, 직할시는 현지의 상황에 따라 각 지역에서 특례혜택을 받을 수 있는 보통주택의 구체적인 표준을 제정한다. 주택별 건축면적과 가격표준의 적절한 변동을 허용하고 있지만 상승폭의 비율은 위의 표준의 20%를 초과할 수 없다. 납세의무자가 보통표준주택을 건축하여 양도할 경우 양도차익이 공제항목의 20%를 초과하지 않은 경우에는 토지증치세의 징수를 면제하고, 양도차익이 공제항목의 20%를 초과하는 경우 양도차익 전체에 대하여 규정에 따라 과세한다.

납세의무자가 보통표준주택도 건축하고 기타 부동산도 개발하는 경우 별도로 양도차익을 계산하여야 한다. 만약 양도차익을 구별하여 계산하지 않거나 정확하게 양도차익을 계산할 수 없는 경우 보통표준주택에 대한 조세특례는 적용되지 않는다.

2) 국가가 수용한 부동산

국가의 건설 수요로 인하여 법에 따라 수용, 회수한 부동산은 토지증치세를 면제한다.

여기서 말하는 '국가의 건설 수요로 인하여 법에 따라 수용, 회수한 부동산'이란 도시 실시계획 또는 국가의 건설 수요로 인하여 정부의 비준을 거쳐 수용한 부동산 또는 회수한 토지사용권을 말한다. 도시 실시계획, 국가의 건설 수요로 인하여 이주하게 되어 납세의무자가 부동산을 양도하는 경우에는 토지증치세를 면제한다.

3) 공공임대주택용 양도

법인 및 사회단체 등이 중고주택을 양도하여 공공임대주택으로 사용할 경우 양도차익이 공제항목의 20%를 초과하지 않은 경우 토지증치세를 면제한다.

4) 개인이 일정기간 거주한 주택

개인의 근무지 조정 또는 거주조건의 개선을 위하여 자신이 거주하던 주택을 양도하는 경우 세무기관의 심사, 비준을 거쳐 만 5년 또는 5년 이상 거주한 경우 토지증치세를 면제하며, 거주기간이 3년 이상 5년 미만인 경우 토지증치세 50%를 감면하며, 거주기간이 3년 미만인 경우 규정에 의하여 감면없이 토지증치세를 징수한다.

한국의 1세대 1주택 비과세

중국은 3년 및 5년 기준을 두어 각각 50% 및 100%를 감면해주고 있는데 비하여, 한국은 거주자가 1세대 1주택을 2년 이상 보유하다가 양도할 경우 양도소득세를 비과세하고 있다(일정 규모 이상의 고급주택은 제외).

2. 징수관리

1) 토지증치세의 징수관리

토지증치세의 징수관리를 위한 규정은 다음과 같다(「토지증치세 징수관리 업무를 효율적으로 처리하는 것에 관한 통지」 國稅函 [2002] 615호).

- 토지증치세의 징수관리제도와 업무처리의 규범을 완비하여 토지증치세의 신고납부제도, 부동산 평가 규범, 위탁대리 징수방법 등을 확립한다.
- 각지에서는 토지증치세의 사전징수방법을 완비하여 사전징수율은 점차 과학적이고 합리적이어야 하며, 이미 사전징수방법을 시행하고 있는 지역은 실제의 상황을 감안하여 사전징수율을 낮출 수 있다.
- 부동산 관련부문과의 협력을 지속적으로 강화하고 재정부, 국가세무총국, 국가 국유재산 관리국의 부동산 세제관련 통지[「국유 부동산 양도의 토지증치세 징수에 있어서 부동산 가격 평가문제에 대한 통지」(財稅字 [1995] 61호), 「토지증치세의 징수관리와 관련 있는 문제에 대한 통지」(國稅發 [1996] 4호), 「토지증치세 징수관리와 관련 문제에 대한 통지」(國稅發 [1996] 48호)의 규정에 따라 부문간의 협력과 협조를 강화하고 토지증치세의 징수관리를 효과적으로 처리할 수 있도록 공동의 노력을 기울여야 한다.

2) 납세지

토지증치세의 납세의무자는 부동산 소재지의 관할 세무기관에 납부신고를 하고 세무기관이 정한 기한 내에 토지증치세를 납부하여야 한다.

'부동산 소재지'란 부동산이 위치한 지역을 말하며 납세의무자가 양도한 부동산이 두 개 이상의 지역에 위치하고 있는 경우 부동산의 소재지에 따라 각각 납부신고를 하여야 한다.

실무에 있어서 납세지는 두 가지 상황으로 구분된다.

납세의무자	구 분	납 세 지
법 인	양도한 부동산의 위치와 그 법인의 소재지 또는 사업장이 일치한 경우	세무등기를 한 관할 세무기관에 납부신고를 한다.

납세의무자	구 분	납 세 지
	양도한 부동산의 위치와 그 법인의 소재지 또는 사업장이 일치하지 않는 경우	부동산이 위치한 소재지의 세무기관에 납부신고를 한다.
자연인	양도한 부동산의 위치와 거주지가 일치하는 경우	거주지 세무기관에 납부신고를 한다.
	양도한 부동산의 위치와 거주지가 일치하지 않는 경우	소유권 변경을 하는 소재지의 세무기관에 납부신고를 한다.

3) 납부기한

(1) 일반적인 경우

토지증치세의 납세의무자는 부동산 양도계약을 체결한 후 7일 이내 부동산 소재지 관할 세무기관에 납부신고를 하고, 세무기관에 건축물 재산권 및 토지사용권의 증서와 거래 계약서, 부동산 평가 보고 및 기타 부동산 양도와 관련된 자료를 제출하여야 한다.

(2) 자주 양도하는 경우

납세의무자가 일상적으로 부동산을 양도하여 양도할 때마다 신고를 하기 어려운 경우 세무기관의 심사, 동의를 거친 후 정기적으로 납세신고를 할 수 있으며 구체적인 기한은 세무기관이 상황을 고려하여 결정한다.

(3) 예약판매하는 경우

토지증치세법 실시세칙의 규정에 따라 납세의무자가 준공이 되기 이전에 부동산을 예약판매하여 획득한 수입에 대해서는 다음과 같이 신고납부한다.

구 분	신 고 납 부 방 법
관할 세무기관이 토지증치세를 사전징수하는 것을 규정하고 있는 경우	납세의무자가 소재지 세무기관에 신고 및 예납하고 결산 후 정산한다.

구 분	신 고 납 부 방 법
관할 세무기관이 토지증치세를 사전징수하는 것을 규정하고 있지 않은 경우	수입을 얻을 때 세무기관에 등기 또는 보고하여야 한다.

(4) 토지증치세 납부신고표

1995년 5월 17일, 국가세무총국이 「토지증치세 납부신고표」를 제정하고 발표하였다. 이 납부신고표는 부동산 개발에 종사하는 납세의무자에 적용되는 「토지증치세 항목 등기표」와 「토지증치세 납부신고표⑴」 및 부동산 개발에 종사하지 않는 납세의무자에 적용되는 「토지증치세 납부신고표⑵」가 있다.

이와 동시에 납세의무자는 세법의 관련규정에 따라 부동산 소재지 관할 세무기관에 부동산 양도로 얻은 수입, 공제항목 및 납부하여야 하는 토지증치세 세액을 사실대로 신고하여 세금을 납부하여야 한다.

주요 세법 근거

1. 중화인민공화국 토지증치세 잠행조례(2011년 12월 13일, 국무원령 제138호)
2. 중화인민공화국 토지증치세 잠행조례 실시세칙(1995년 1월 27일, 財法字 [1995] 006호)

土地增值税纳税申报表(三)
(非从事房地产开发的纳税人适用)

税款所属时间： 年 月 日至 年 月 日 填表日期： 年 月 日

金额单位：元至角分 面积单位：平方米

	纳税人识别号					
纳税人名称		项目名称		项目地址		
所属行业		登记注册类型		纳税人地址		邮政编码	
开户银行		银行账号		主管部门		电　话	

项　　目			行次	金　额
一、转让房地产收入总额　1＝2＋3＋4			1	
其中	货币收入		2	
	实物收入		3	
	其他收入		4	
二、扣除项目金额合计　(1) 5＝6＋7＋10＋15 (2) 5＝11＋12＋14＋15			5	
(1) 提供评估价格	1. 取得土地使用权所支付的金额		6	
	2. 旧房及建筑物的评估价格　7＝8×9		7	
	其中	旧房及建筑物的重置成本价	8	
		成新度折扣率	9	
	3. 评估费用		10	
(2) 提供购房发票	1. 购房发票金额		11	
	2. 发票加计扣除金额　12＝11×5%×13		12	
	其中：房产实际持有年数		13	
	3. 购房契税		14	
4. 与转让房地产有关的税金等15＝16＋17＋18＋19			15	
其中	营业税		16	
	城市维护建设税		17	
	印花税		18	
	教育费附加		19	
三、增值额　20＝1－5			20	
四、增值额与扣除项目金额之比(%)21＝20÷5			21	
五、适用税率(%)			22	
六、速算扣除系数(%)			23	
七、应缴土地增值税税额　24＝20×22－5×23			24	
八、减免税额(减免性质代码：　　)			25	
九、已缴土地增值税税额			26	
十、应补(退)土地增值税税额　27＝24－25－26			27	

以下由纳税人填写：					
纳税人声明	此纳税申报表是根据《中华人民共和国土地增值税暂行条例》及其实施细则和国家有关税收规定填报的，是真实的、可靠的、完整的。				
纳税人签章		代理人签章		代理人身份证号	
以下由税务机关填写：					
受理人		受理日期	年　月　日	受理税务机关签章	

本表一式两份，一份纳税人留存，一份税务机关留存。

토지증치세 납세신고표(三)
(부동산 개발기업이 아닌 납세의무자용)

세액과세기간 : 년 월 일 부터 년 월 일 까지 작성일자 : 년 월 일

금액단위 : 위안(소수점 두자리) 면적단위 : ㎡

	납세의무자 등록번호																				

납세의무자 명칭		항목명칭		항목주소	
업종		등기등록유형		납세의무자 주소		우편번호	
계좌개설은행		은행계좌		주관부문		전 화	

항 목			번호	금 액
一、부동산 양도가액 총액 1=2+3+4			1	
그 중	화폐수입		2	
	현물수입		3	
	기타수입		4	
二、공제항목 금액합계 (1) 5=6+7+10+15 (2) 5=11+12+14+15			5	
(1) 제공한 평가가격	1. 토지사용권 취득에 지급한 금액		6	
	2. 주택 및 건축물이 평가가격 7=8 × 9		7	
	그 중	주택 건축물의 재취득원가	8	
		잔존율	9	
	3. 평가비용		10	
(2) 제공한 주택의 구입 계산서	1. 주택 구입 계산서 금액		11	
	2. 계산서 추가공제금액 12=11×5%×13		12	
	그 중 : 주택 실제 보유연수		13	
	3. 주택구입 계약세		14	
4. 부동산 양도와 관련된 세금 등 15=16+17+18+19			15	
그 중	영업세		16	
	성시유호건설세		17	
	인화세		18	
	교육비부가		19	
三、증치액 20=1－5			20	
四、증치액과 공제항목의 비율(%)21=20 ÷ 5			21	
五、적용세율(%)			22	
六、누진계산공제(%)			23	
七、토지증치세 납부세액 24=20 × 22－5 × 23			24	
八、감면세액(감면번호 :)			25	
九、기 납부한 토지증치세액			26	
十、추가(환급)하여야 할 토지증치세액 27=24－25－26			27	

아래는 납세의무자가 작성한다. :					
납세의무자 선언	본 납세신고표는 <중국 토지증치세 잠행조례> 및 실시세칙 및 국가의 조세관련 규정에 따라 사실대로 신뢰성있고 완전하게 작성되었습니다.				
납세의무자 서명날인		대리인 날인		대리인 신분증번호	
아래는 세무기관이 작성한다. :					
접수자		접수일자	년 월 일	접수 세무기관 날인	

본 표는 2장을 작성하여 한 부는 납세의무자가 보관하고 한 부는 세무기관이 보관한다.

제3편

거래세편

제 6 장 중치세법

제 7 장 소비세법

제 8 장 성시유호건설세법

제 9 장 관세법

제 6 장

증치세법
(한국의 부가가치세법)

증치세법은 증치세의 징수와 납부에 대한 권리 및 의무관계를 조정하기 위하여 국가가 제정한 법률로서 현행 증치세법은 2008년 11월 10일 국무원이 공포한 「중화인민공화국 증치세 잠행조례」(이하 '증치세법'이라 한다)와 2011년 10월 28일 개정된 「중화인민공화국 증치세 잠행조례 실시세칙」(이하 '증치세법 실시세칙'이라 한다)을 기본으로 한다.

중국의 증치세법의 연혁은 다음과 같다.

- 1979년 일부 도시에서 증치세를 시범적으로 시행하였다.
- 1982년 재정부가 「증치세 잠행방법」을 제정하고 1983년 1월 1일부터 전국적으로 시행하였다.
- 1984년 9월 국무원이 「증치세 조례(초안)」를 제정하고 10월부터 시행하였다.
- 1993년 12월 13일 국무원은 「증치세 잠행조례」를 공포하고 1994년 1월 1일부터 시행하였다.
- 2008년 11월 5일 국무원은 증치세의 세제개혁을 전면적으로 실시하기로 결정하고 「증치세 잠행조례」를 개정하여 국무원 제34차 상무회의에서 심의 통과시켜 11월 10일 국무원령 제538호로 공포하고 2009년 1월 1일부터 실시하였다.
- 2011년 10월 28일 재정부와 국가세무총국은 「증치세 잠행조례 실시세칙」을 개정하여 재정부와 국가세무총국 제65령으로 공포하였다.
- 2011년말 영업세를 증치세로 전환하기로 하고 상해시를 시범실시지역으로 하여 2012년 1월 1일부터 교통운수업, 우편통신업 및 일부 현대 서비스업을 증치세로 전환하여 시행하였으며, 2013년 8월 1일부터 전국으로 확대하였다.

• 2016년 5월 1일부터 모든 영업세를 증치세로 전환하여 과세하고 있다.

참고 … **영업세의 증치세 전환 정책 실시과정 요약**

2011년까지 중국에서는 재화의 판매와 가공 및 수리수선용역에 대해서는 증치세를 과세하고, 가공 및 수리수선용역을 제외한 대부분의 용역제공에 대해서는 영업세를 과세하여 모든 재화의 판매와 용역의 제공에 대해 부가가치세를 과세하는 한국과는 아래와 같은 차이가 존재하였다.

한국의 부가가치세 = 중국의 증치세 + 중국의 영업세

중국 정부는 2011년 영업세의 과세대상을 증치세로 전환하는 정책["영개증정책(营改增政策)"]을 시행하기로 하고 아래와 같은 단계를 거쳐 2016년 5월 1일부터 모든 재화의 판매와 용역의 제공에 대하여 증치세를 과세하게 되었다.

시 기	영개증 정책의 시행	관련 규정
2012년 1월 1일부터	상해시를 시범실시지역으로 하여 교통운수업과 일부 현대형 용역을 증치세로 전환하여 시범실시함.	财税[2011] 110号
2013년 8월 1일부터	영개증정책의 시범실시지역을 상해시에서 북경시, 천진시, 강소성, 안휘성, 절강성(닝보시 포함), 복건성(샤먼 포함), 호북성, 광동성(선전시 포함)의 8개 省과 시市지역으로 확대하여 실시함.	财税[2012] 71号
2013년 8월 1일부터	영개증정책을 전국적으로 확대하여 실시함.	财税[2013] 37号
2014년 1월 1일부터	철로운수용역과 우정용역을 영개증정책에 포함시켜 실시함.	财税[2013] 106号
2014년 6월 1일부터	통신용역을 영개증정책에 포함시켜 실시함.	财税[2014] 43号
2016년 5월 1일부터	모든 영업세 과세대상을 증치세로 전환하여 과세하기로 하고 영개증정책의 실시와 관련하여 공포였던 모든 '通知'를 폐지함.	财税[2016] 36号

중국 세법의 명칭

위에서 보는 바와 같이 중국 증치세법의 정식 명칭은 「중화인민공화국 증치세 잠행조례」인데, 이것은 '잠정적으로 시행하는 조례'라는 의미로서 중국의 입법기관인 전인대 상무위가 제정한 정식 법률이 아니라 국무원이 전인대의 수권을 받아 제정한 것으로서 「××××법」이라는 명칭 대신 「×××× 잠행조례」라는 명칭을 사용하고 있다.

이러한 잠행조례는 향후 전인대가 정식 절차에 따라 제정할 경우 그 명칭은 「×××× 잠행조례」에서 「××××법」이라는 명칭으로 변경될 것이다.

영개증정책(营改增政策)의 실시과정

중국 정부는 증치세와 영업세로 구분하여 과세하여 오다가 최근 세계적인 추세에 맞추어 영업세를 증치세로 전환하는 정책[영개증정책(营改增政策)]을 실시하고 있다.

이러한 과정에서 중국에서는 기존의 증치세법과 영업세법은 그대로 놔두고 영개증정책의 실시와 관련한 내용을 모두 통지(通知)를 공포하여 영개증정책을 시행하고 있는데, 이는 통지의 규정이 상위 법률에 속하는 법률의 규정과 서로 상이하게 되어 법률체계에 맞지 않은 위법사항이 발생하는 것으로 볼 수 있다.

한편으로는 증치세법이나 영업세법이 중국의 법률 제정기관인 전국인민대표자회의를 거치지 않은 잠행조례(暂行条例)라서 그렇다고 볼 수도 있으나, 잠행조례(暂行条例) 또한 수권 법률체계에 따라 정식으로 국무원에서 수권받아 제정하여 공포하여 시행하고 있는 것이므로 크게 법률이라고도 볼 수 있다.

I. 증치세의 기본원리

1. 증치세의 개념

증치세는 재화(과세용역 포함)의 거래과정에 발생하는 증치액(부가가치액)을 과세표준으로 징수하는 일종의 거래세(流转税)로서 한국의 부가가치세와 유사하다.

중국의 증치세법의 규정에 의하면, 증치세의 과세대상은 다음과 같다.

중국의 증치세 과세대상

중국내(境内)에서
- 재화를 판매하는 경우
- 과세용역을 제공하는 경우
- 재화를 수입하는 경우
- 과세행위를 제공하는 경우

위의 사업을 영위하는 단위와 개인에 대하여 재화의 판매와 용역의 제공으로 인한 부가가치 금액 및 재화의 수입금액을 과세표준으로 과세하는 거래세이다.

증치세의 성격

중국의 증치세법은 한국의 부가가치세법과 거의 유사하며 중국의 과세대상인 증치액은 한국의 부가가치액과 동일한 개념이라고 볼 수 있다.

한국과 중국의 증치세법의 운용에 있어서 큰 차이점 중의 하나는 과세대상에 있다. 중국의 증치세법에서는 용역의 제공에 있어서 가공 및 수리, 수선용역 및 영개증정책에 의한 서비스용역이 증치세의 과세대상에 포함되는 것을 제외한 기타의 용역제공은 모두 '영업세'의 과세대상에 속한다. 반면 한국에서는 면세를 제외하고는 용역의 제공도 모두 부가가치세의 과세대상에 속한다. 따라서 한국의 부가가치세의 과세대상은 중국에서의 증치세와 영업세의 과세대상을 합한 것과 같다고 볼 수 있다.

중국에서 일부 용역제공은 증치세가 아닌 영업세의 과세대상에 속하므로 영업세 납세의무자가 사업활동 중 용역의 제공과 관련하여 매입한 재화의 매입세액은 공제받을 수 없고 영업세의 규정에 따른 영업세를 납부하여야 한다. 반면 한국에서는 용역제공도 대부분 부가가치세 과세대상에 속하므로 사업활동 중 매입한 재화의 매입세액은 부가가치세 신고시 매출세액에서 공제할 수 있다.

거래세(流转税)의 개념

중국의 세법체계는 크게 세 가지로 분류되는데 그 중 거래세(流轉税, 流转税)라는 대분류가 있으며 여기에는 증치세, 소비세, 영업세가 포함된다.

중국의 세법에서는 流转税라는 용어가 등장하는데 여기서 '流转'이라는 단어의 의미는 '거래하다, 유통하다, 회전하다'라는 의미를 지니고 있다. 한국어로 표시한다면 거래를 하는 과정에서 발생하는 세금으로서 거래세라는 표현이 있으며 일부 유전세라는 표현을 그대로 사용하기도 하는데 여기에서는 거래세라는 용어로 통일하여 사용하기로 한다.

증치세는 증치액(부가가치액)의 의미를 이해하여야 하는데, 증치액이란 기업이나 기타 사업자가 사업활동이나 용역을 제공하는 과정에서 새로 창출된 가치의 증가액을 말한다.

2. 증치세의 특징

증치세는 재화(상품)의 거래과정에서 중복과세문제를 방지할 수 있어서 많은 국가에서 시행하고 있는데, 다음과 같은 특징이 있다.

1) 조세의 중립성을 지닌다.

증치세의 과세원리에 근거하여 거래과정에서의 비증치요소(비부가가치)는 과세할 때 공제된다. 따라서 거래단계의 수에 관계없이 증치액만 같으면 조세부담 또한 같기 때문에 재화의 생산구조, 조직구조 및 제품구조에 영향을 미치지 않는다.

2) 보편징수의 성격을 지닌다.

증치세의 과세대상에서 보면 재화의 생산활동과 용역의 제공에 종사하는 모든 기업, 단체와 개인에 대하여 재화의 가치가 증가하는 각각의 생산 및 유통단계에서 보편적으로 징수한다.

3) 증치세는 최종소비자가 부담한다.

비록 증치세는 각 단계의 사업자에게 징수하지만 사업자들이 재화를 판매할 때 가격에 반영하여 조세부담을 다음 단계의 사업자에게 전가시키기 때문에 궁극적으로는 최종소비자가 증치세를 부담하게 된다.

4) 매입세액 공제제도를 시행하고 있다.

사업자들이 납부하여야 할 세액을 계산할 때 해당 재화의 이전 생산단계에서 이미 부담한 세액은 매입세액으로 공제함으로써 이중과세를 방지하고 있는데, 대부분의 증치세 시행국가에서 세금계산서를 통하여 매입세액공제를 적용하고 있다.

5) 비례세율을 시행하고 있다.

증치세 제도를 실시하는 국가들은 대부분 비례세율을 적용하여 징수의 간편성을 도모하고 있다. 증치액은 업종별, 회사별, 제품별로 성질은 모두 같으므로 원칙적으로 증치액에 대해 단일 비례세율을 적용하고 있다. 그러나 일부 국가에서는 경제, 사회정책을 달성하기 위해 특정 업종이나 제품에 대해 다른 정책을 실시하고 있는데, 기본세율과 우대세율(혹은 저세율)이 여기에 해당한다.

6) 가격외 세액제도를 시행하고 있다.

증치세를 과세할 때 과세표준이 되는 판매액의 개념에는 증치세를 포함하지 않아서 정확한 공급가액을 나타낼 수 있고 조세부담을 전가시키는데 유리하다. 이러한 점이 증치세가 전체 거래금액을 기준으로 과세하는 판매세와 다른 점이다.

3. 증치세의 과세방법

증치세는 모든 거래단계에서 창출된 증치액(한국의 '부가가치'의 개념과 같다)을 과세대상으로 과세하는 세금으로서 다음과 같이 나타낼 수 있다.

증치세 납부세액 = 증치액 × 적용세율

증치세의 과세목적을 달성하는데 있어 증치세의 과세방법은 직접과세방법과 간접과세방법으로 나눌 수 있다.

대 분 류	소 분 류	(Σ × 각 증치항목) × 세율
직접 과세방법	가산법	새로이 창출한 가치를 모두 합산
	전단계 거래공제법	(매출총액 − 매입총액) × 세율
간접 과세방법	간접가산법	Σ(각 증치항목의 증치액 × 세율)
	전단계 매입공제법	매출총액 × 세율 − 매입총액 × 세율

1) 직접과세방법

직접과세방법은 과세대상 재화나 용역의 증치액을 직접 계산한 후 적용세율을 곱하여 납부세액을 계산하여 과세하는 방법이다. 직접과세방법은 증치액을 계산하는 방법에 따라 다시 가산법과 차감법의 두 가지로 나뉘어진다.

(1) 가산법

가산법은 납세의무자가 과세연도 내에 사업활동을 하여 새로이 창출한 가치항목, 이를테면 임금, 이자, 지대, 이윤과 기타 증치액을 합산하고 여기에 적용세율을 곱하여 납부세액을 계산하는 방법으로 계산공식은 다음과 같다.

납부세액 = (임금 + 이자 + 지대 + 이윤 + 기타 증치액) × 적용세율

이러한 방법은 우선 어떤 항목이 증치항목에 속하고 비증치항목에 속하는지를 판단하여야 한다. 그러나 실무에 있어서 증치항목과 비증치항목을 명확하게 구분하기란 쉽지 않은데, 이로 인하여 과세당국과 납세의무자간에 마찰을 가져오기도 한다. 따라서 가산법은 단지 이론적인 방법에 그치고 있다.

(2) 전단계 거래공제법

전단계 거래공제법은 공제법이라고도 하는데, 납세의무자가 한 과세연도 내에 공급한 재화와 용역의 매출총액에서 매입총액을 차감한 후의 잔액을 증치액으로 하고 여기에 적용세율을 곱하여 납부세액을 계산하는 방법으로 계산공식은 다음과 같다.

납부세액 = (매출총액 - 매입총액) × 증치세 적용세율

이와 같은 방법도 증치항목과 비증치항목의 구분문제와 세율이 다른 여러 업종을 겸영하는 경우 및 면세재화에 대한 공제항목의 구분과 계산에 있어 문제가 있기 때문에 실제로 채택되지 못하고 있다.

2) 간접과세방법

간접과세방법도 간접가산법과 전단계 매입공제법으로 나눌 수 있으며 각각의 방

법에 대해 설명하면 다음과 같다.

(1) 간접가산법

간접가산법이란 각 증치항목에 각각 적용세율을 곱한 다음 모두 가산하여 증치세 납부세액을 계산하는 것으로서 계산공식은 다음과 같다.

증치세 납부세액 = 임금 × 증치세율 + 이자 × 증치세율 + 지대 × 증치세율 + 이윤 × 증치세율 + 기타 증치항목 × 증치세율

(2) 전단계 매입공제법

전단계 매입공제법은 증치액을 직접 계산하지 않고 납세의무자가 한 과세기간 동안 판매한 재화와 용역의 매출총액에 적용세율을 곱하여 매출세액을 산출한 다음 해당 재화와 용역을 제공하기 위하여 재화와 용역을 매입하는 과정에서 이미 납부한 매입세액을 매출세액에서 차감하는 방법을 말하는데, 이러한 매출세액과 매입세액의 차액이 곧 납부하여야 할 증치세 납부세액으로 계산공식은 다음과 같다.

증치세 납부세액 = 매출총액 × 증치세율 − 매입총액 × 증치세율
= 매출세액 − 매입세액

이러한 방법은 비교적 간편하게 시행될 수 있어 현재 대부분의 국가들에서 채택되고 있다. 중국에서 현재 채택되고 있는 증치세 계산방법은 매입세액 공제법(购进扣税法)으로서 납부세액을 계산할 때 당기에 상품을 매입하는 과정에서 이미 납부한 증치세액을 기납부세액으로 하여 매출세액에서 공제하는 방법이다. 실제 징수과정은 증치세 전용세금계산서와 기타 합법적인 세금공제증빙에 명시된 매입세액을 기준으로 매출세액에서 공제하여 납부할 세액을 계산하고 있다.

II. 과세대상과 납세의무자

증치세법과 '영개증'의 규정에 따라 중국의 경내(境内, 이하 '중국내'라 한다)에서 재화를 판매하거나 과세용역, 과세행위를 제공하는 경우 및 재화를 수입하는 단위와 개인은 증치세의 납세의무자가 되며 증치세법과 '영개증'의 규정에 따라 증치세를 납부하여야 한다. 여기서 '중국내에서 재화를 판매하거나 과세용역, 과세행위를 제공한다'란 판매한 재화의 선적지 또는 소재지가 중국내이거나 과세용역, 과세행위를 제공한 장소가 중국내라는 것을 의미한다.

1. 과세대상

증치세의 과세대상에는 중국내에서 재화의 판매, 과세용역의 제공, 과세행위의 발생 및 재화의 수입 등이 포함되어 있다. 증치세법과 동 실시세칙 및 '영개증정책'의 규정에 따라 증치세의 과세대상을 일반규정과 특수규정으로 나눌 수 있다.

1) 과세대상의 일반규정

증치세 과세대상의 일반규정은 재화의 판매 또는 재화의 수입, 과세용역의 제공과 과세행위의 발생 등이 있다.

(1) 재화의 판매 또는 재화의 수입

'재화'란 형태가 있는 동산을 말하며 전력, 열에너지, 기체를 포함한다. '재화의 판매'는 유상으로 재화의 소유권을 양도하는 것을 말하며, 재화의 수입은 해관(海关, 한국의 세관)이 증치세를 징수한다.

(2) 과세용역의 제공(提供应税劳务)

과세용역이란 납세의무자가 가공용역 및 수리, 수선용역을 제공하는 것을 말하며, 이 두 가지 용역의 의미를 자세히 설명하면 다음과 같다.

구 분	의 미
가공용역 (加工劳务)	'가공'이란 위탁자가 원료와 주요 재료를 제공하고 수탁자는 위탁자의 요구에 따라 재화를 생산하고 가공비를 받는 업무를 말한다.
수리, 수선용역 (修理修配劳务)	'수리, 수선'이란 손상되거나 기능을 상실한 재화에 대해 수리를 수탁받아 원상과 성능을 회복시키는 업무를 말한다.

과세용역의 제공은 유상으로 가공, 수리수선용역을 제공하는 것을 말한다. 단, 사업자가 채용한 직원이 본 사업자나 또는 고용주를 위해 제공하는 가공, 수리수선용역은 과세용역의 과세대상에 포함되지 않는다.

(3) 과세행위의 발생

과세행위는 크게 과세행위의 판매, 무형자산 양도, 부동산 판매 세가지로 구분할 수 있다.

그 중 과세행위는 교통운수용역, 우편용역, 통신용역, 건축용역, 금융용역, 현대용역, 생활용역 등을 포함하며 구체적으로는 다음과 같다.

Tip 용역제공의 비교

한국에서는 대부분의 용역제공이 부가가치세의 과세대상에 포함되고 있으나 중국의 기존 세법에서는 용역의 제공 중에서 과세용역에 대해서는 증치세를 과세하고 과세행위에 대해서는 영업세를 과세하여, 증치세 과세대상과 영업세 과세대상을 합한 부분이 한국에서의 증치세 과세대상과 비슷하다고 볼 수 있다.

즉, 한국의 부가가치세법 = 중국의 증치세법 + 중국의 영업세법

중국 정부에서 영업세를 과세하던 부분을 증치세로 전환하는 정책(营改增政策)을 실시하면서 현재는 모든 영업세 과세대상이 증치세로 전환되어 한국의 증치세 과세대상과 중국의 증치세 과세대상은 거의 같게 되었다.

증치세법 과세대상

증치세의 과세대상에 있어 중국에서는 용역을 구분하여 사용하고 있는데,

구 분	중국어표현	비 고
재화의 판매	销售货物	재화를 판매하는 경우
과세용역의 제공	应税劳务	기존 증치세법에 의하여 과세되던 용역부분
과세행위의 발생	应税行为	영개증정책(营改增政策)으로 전환된 용역부분
재화의 수입	进口货物	재화를 수입하는 경우

위에서 보는 바와 같이 중국에서는 용역의 제공을 应税劳务와 应税行为로 구분하고 있는데, 이는 기존의 증치세법에 의한 과세대상과 영개증정책으로 영업세에서 증치세로 전환된 과세대상을 구분하기 위한 것으로 판단된다.

① 교통운수용역

교통용역은 운송수단을 이용하여 재화 또는 여객을 목적지에 운송하는 사업활동으로서 아래와 같은 용역이 있다.

구 분	사업의 범위
육로운수 (陆路运输)	육로(지상, 지하 포함)를 통해 재화 또는 여객을 운송하는 사업활동이며 철도운수용역과 기타 육로운수용역을 포함한다. 철도운수용역은 철도를 통해 재화나 여객을 운송하는 사업활동이다. 기타 육로운수용역은 철도운수를 제외한 육로운수활동을 말하며 이는 도로, 케이블카, 삭도, 지하철, 경전철 등이 있다. 택시회사가 회사의 택시를 이용하여 영업을 하는 택시기사를 대상으로 관리비를 수취할 때 육로운수용역을 기준으로 증치세를 납부하여야 한다.
수로운수 (水路运输)	강, 운하, 호수, 하천 등의 자연 및 인공수로 또는 바다를 통해 재화 또는 여객을 운송하는 사업활동이다. 수로운수의 항해용선 및 정기용선업무도 수로운수용역에 속한다. • 항해용선(程租) : 운수기업이 임차인을 위해 특정한 화물운송계약을 수행한 후 임대료를 받는 것 • 정기용선(期租) : 운수기업이 승무원이 있는 선박을 타인에게 일정기간 임대하고, 임대기간 동안 임차인의 지시에 따르며 날짜에 따라 임차인으로부터 임대료를 받으며 고정비용은 모두 선박소유자가 부담하는 형태

구 분	사업의 범위
항공운수(航空运输)	항공기를 통해 재화 또는 여객을 운송하는 사업활동이다. 항공운수에서 포괄임대(湿租租赁)는 항공운수기업이 항공기와 승무원을 동시에 타인에게 임대하여 일정기간 동안 사용하도록 하며 임대기간 동안 임차인의 지시에 따르며 운행여부를 막론하고 날짜에 따라 임차인으로부터 임대료를 받으며 고정비용발생시 모두 임차인이 부담하는 업무이다.
관도운수(管道运输)	관도운수는 관도(파이프)시설을 통해 기체, 액체, 고체물질을 운송하는 업무이다. 운송수단 없는 운송업무는 교통운수용역으로 보아 증치세를 납부한다. 운송수단이 없는 운송업무란 경영자가 운송인의 신분으로 송하인과 운수용역계약을 맺어 운송비를 받으며 운송인책임을 지고 실제운송인한테 의뢰하여 운송용역을 완성하는 활동이다.

② 우편용역

우편용역은 중국 우정그룹 및 산하의 유정기업이 제공하는 우편물 배달, 우편송금과 기밀통신 등 우편의 기본용역을 포함한 업무이다.

구 분	용역의 범위
일반 우편용역	편지, 소포배달 및 우표의 발행, 신문발행과 우편송금 등의 업무를 말한다. • 편지 : 서신, 인쇄품, 우편요금카드, 무기명서신, 우편소포 등 • 소포 : 첨부된 주소로 배달하는 단독 포장된 물품이며 무게는 50kg 이하, 한 변이 150cm 이하, 높이, 길이의 합이 300cm 이하.
특수 우편용역	의무병의 보통편지, 기밀편지, 맹인서적과 혁명열사유물의 배달업무를 말한다.
기타 우편용역	우표책 등 우편물품 판매, 우정대리 등 사업활동을 말한다.

③ 통신용역

통신용역은 유선, 무선전자기시스템 또는 광전기시스템 등 각종 통신네트워크자원을 통해 음성통화용역을 제공하고 이미지, 메시지 등의 데이터와 정보를 전송, 방출수신 또는 응용하는 업무이며 기초통신용역과 부가가치통신용역을 포함한다.

구 분	용역의 범위
기초통신용역	하드링크, 모바일사이트, 위성, 인터넷을 이용하여 음성통화용역을 제공하고 광대역, 파장 등을 임대 판매하는 온라인적 성격의 업무이다.
부가통신용역	하드링크, 모바일사이트, 위성, 인터넷, 유선시티네트워크를 이용하여 메시지와 MMS용역, 전자데이터와 정보전송 및 응용용역, 인터넷접속용역 등을 제공하는 업무이다.

위성TV신호 지상전송용역은 부가통신용역 기준에 따라 증치세를 납부한다.

④ 건축용역

건축용역은 각종 건축물과 구축물 및 부속시설의 건축, 수선, 장식, 선로, 배관, 설비, 시설의 설치 및 기타 공사작업을 가리키며 공사용역, 설치용역, 수선용역, 인테리어용역과 기타 건축용역을 포함한다.

구 분	용역의 범위
공사용역 (工程服务)	각종 건축물을 신축하거나 개조하는 공사를 말하며 건축물과 연결된 각종 설비 또는 기둥, 조작대의 설치 및 각종 가마와 금속구조 공사작업을 포함한다.
설치용역 (安装服务)	생산설비, 동력설비, 기중기설비, 운수설비, 전동설비, 의료실험설비 및 기타 각종설비, 시설의 조립과 설치공사를 말하며 설치된 설비와 연결된 조작대, 사다리, 난간의 조립공사작업 및 설치된 설비의 절연, 부식방제, 보온, 페인트 등 공사작업을 포함한다.
수선용역 (修缮服务)	건축물과 구조물에 대해 수리, 보강, 보수, 개선하여 건축물과 구조물의 사용가치를 회복하거나 사용기한을 연장하는 공사작업이다.
인테리어용역 (装修服务)	건축물과 구조물에 대해 인테리어작업을 함으로써 건축물과 구조물을 꾸미거나 특정 용도에 쓰이도록 하는 공사작업이다. 건물관리용역업체가 업주를 상대로 제공한 인테리어용역은 건축용역으로 보아 증치세를 납부한다.
기타건축용역 (其他建筑服务)	위에서 열거한 공사작업 이외의 각종 공사작업용역을 말하며, 우물파기, 건축물 또는 구조물을 제거, 평탄작업, 원림녹화 또는 준설공사(항로는 제외), 건축물 평행이동, 비계설치, 폭파, 광산구멍 뚫기, 표면 첨부물(암층, 토지층, 모래층을 포함)분리제거 등과 같은 공사

구 분	용역의 범위
	작업을 포함한다.

⑤ 금융용역(金融服务)

금융용역은 금융보험업을 영위하는 것을 말하며 대출용역, 금융수수료용역, 보험용역 및 금융상품 양도 등과 같은 용역을 말한다. "원금보장 수익, 보수, 자금전용비, 보상금"이란 계약서에서 계약만기 시 원금을 모두 돌려받을 수 있는 투자수익 조항을 명확히 승낙했음을 말한다. 금융상품 보유기간(만기도래 포함) 손익분기점 수익이 아닌 금융용역 수익을 취득할 경우 이는 이자 및 이자성질의 수입에 해당하지 않으므로 증치세를 징수하지 않는다.

구 분	용역의 범위
대출용역 (贷款服务)	자금을 타인에게 대출하고 그 과정에서 이자수입을 얻는 용역을 말한다. 각종 자금을 전용, 단기 대출하여 취득한 수입에는 금융상품 보유기간 이자수입, 신용카드대출 이자수입, 환매금융상품 이자수입, 융자채권 이자수입 등이 포함되며 매각후리스백, 화환어음, 연체이자, 어음할인, 전대 등으로 취득한 이자 및 이자성격의 수입은 대출용역으로 보아 증치세를 납부한다. 화폐자금을 투자하여 받은 고정금리 또는 보장금리 이자수익은 대출용역으로 보아 증치세를 납부한다.
금융수수료 용역 (直接收费 金融服务)	금융수수료용역은 화폐자금의 융통 및 기타 금융업무와 관련된 용역을 제공하고 수수료를 받는 업무이다. 화폐교환, 계정관리, 전자은행, 신용카드, 신용장, 재무담보, 자산관리, 신탁관리, 기금관리, 금융거래소 관리, 자금결산, 자금청산, 금융지급 등을 포함한다.
보험용역 (保险服务)	보험용역은 피보험자가 계약서에 따라 보험사에게 보험료를 지불하고 보험사는 계약서 내용에 의하여 발생할 수 있는 사고로 인한 재산손실 또는 피보험자의 사망, 신체장애, 질병 또는 계약서에 합의한 연령에 도달하거나 계약만기 등의 조건을 만족시킬 때 보험금 지급책임을 지는 상업보험행위를 말한다. • 생명보험 : 사람의 수명과 신체를 보험목적물로 하는 보험을 말한다. • 손해보험 : 재산 및 관련이익을 보험목적물로 하는 보험을 말한다

구 분	용역의 범위
금융상품 양도 (金融商品转让)	금융상품 양도는 외환, 유가증권, 기타 금융상품의 소유권을 양도하는 업무이다. 기타 금융상품의 양도에는 기금, 신탁, 재테크상품 등 각종 자산관리상품과 각종 금융파생상품의 양도 등이 포함되어 있다. 납세의무자가 기금, 신탁, 재테크와 같은 각종 자산관리상품을 만기시까지 보유하는 경우 금융상품 양도에 속하지 않는다.

⑥ 현대용역(现代服务)

현대용역은 제조업, 문화산업, 현대물류산업을 중심으로 기술형, 지능형 용역을 제공하는 업무를 말하며, 연구개발과 기술용역, 정보기술용역, 문화혁신용역, 물류보조용역, 리스용역, 검정자문용역, 방송영상용역, 비지니스보조용역과 기타 현대용역 등을 포함한다.

구 분	용역의 범위
연구개발과 기술용역 (研发和技术服务)	연구개발용역, 에너지성과계약용역, 공사측량탐사용역, 전문기술용역 등을 포함한다. • 연구개발용역 : 신기술, 신상품, 신공정 또는 신재료 및 그 시스템에 대해 연구와 실험개발을 진행하는 사업활동 • 에너지성과계약용역 : 에너지절약 용역회사와 에너지사용단위가 계약의 형식으로 에너지절약 목표를 약속하고 에너지절약 용역회사에서 필요한 기술을 제공하고 에너지사용단위에서 에너지절약 정도에 따라 합리적인 금액을 지불하는 사업활동 • 공사측량탐사용역 : 채광, 공사실시 전후에 지형, 지질구조, 지하자원 잠재정황에 대해 실지조사를 진행하는 업무 • 전문기술용역 : 기후용역, 지진용역, 해양용역, 측량용역, 도시계획, 환경과 생태감시용역 등 전문기술용역
정보기술용역 (信息技术服务)	컴퓨터, 통신네트워크 등 기술을 이용하여 정보를 상대로 생산, 수집, 처리, 가공, 저축, 운송, 검색을 이용하며 정보용역을 제공하는 업무를 말하며, S/W용역, 회로설계 및 실험용역, 정보시스템용역, 비지니스 성과관리용역과 정보시스템부가가치용역 등 내용을 포함한다. • S/W용역 : S/W개발용역, S/W수리용역, S/W실험용역

구 분	용역의 범위
	• 회로설계 및 실험용역 : 집적회로와 전자회로생산품의 설계, 실험 및 관련기술을 지지하는 용역 • 정보시스템용역 : 정보시스템통합, 네트워크관리, 사이트내용보호, 데스크톱 관리 보호, 정보시스템응용, 기초정보기술관리플랫폼통합, 정보기술기초시설관리, 데이터중심, 호스팅중심, 정보안전용역, 온라인백신, 웹호스팅 등 • 비지니스 성과관리용역 : 정보기술에 의한 인력자원관리, 재무경제관리, 심계관리, 세무관리, 물류정보관리, 경영정보관리와 콜센터 등 • 정보시스템 부가가치용역 : 정보시스템자원을 이용하여 사용자한테 부가적으로 제공한 정보기술용역을 가리키며, 데이터처리, 분석과 통합, 데이터베이스관리, 데이터백업, 재난용역, 전자상거래플랫폼 등
문화혁신용역 (文化创意服务)	디자인용역, 지식재산권용역, 광고용역과 회의 · 전람회용역 등 • 디자인용역 : 계획, 기획, 구상 등을 문자, 언어, 그림, 음성, 시각 등의 형식으로 전달하는 업무. • 지식재산권용역 : 지식재산권사무를 처리하는 사업활동을 가리키며 특허, 상표, 저작권, S/W, 집적회로도설계의 등기, 감정, 평가, 인증, 검색용역 등 • 광고용역 : 도서, 신문, 잡지, 라디오, TV, 영화, 슬라이드, 도로표지, 포스터, 진열창, 네온등, 인터넷 등 각종형식을 통해 고객의 상품, 경영용역프로젝트, 문화체육프로그램 또는 공고, 공개 성명 등 위탁사항에 한하여 선전하고 관련용역을 제공하는 용역 • 회의 · 전람회용역 : 상품의 유통, 판촉, 전시, 경제무역협상, 민간교류, 기업소통, 국제왕래를 위하여 각종 전시회와 회의를 집행하고 조직하는 사업활동 호텔, 여관, 여행사, 리조트와 기타 숙박업소에서 제공하는 회의행사장 및 일체의 용역활동은 전람회용역으로 보아 증치세를 납부한다.
물류보조용역 (物流辅助服务)	항공용역, 항만용역, 화물터미널용역, 인양구조용역, 운반하역용역, 창고보관용역, 파견용역 등을 포함한다. • 항공용역 : 항공지상용역과 통용항공용역을 포함하며, 항공지상용역은 항공회사, 비행기장, 민항관리국, 터미널 등과 같이 비행 또는 착륙한 비행기에게 지상용역을 제공하는 것을 말하고, 통용항공용역은 전문직을 위해 비행용역을 제공하는 업무를 말한다.

구 분	용역의 범위
	• 항만용역 : 운항업무 선박배차용역, 선박통신용역, 항도관리용역, 항도준설용역, 등대관리용역, 항표관리용역, 선박예인용역, 분류작업용역, 케이블용역, 이동정박용역 등을 말한다. • 화물터미널용역 : 화물터미널에서 제공하는 적재용역, 운수조직용역, 환승용역, 차량배정용역, 기차연결용역, 철도도착 및 환승용역, 철도차량편제용역, 철도연결망용역, 철도기차 견인용역 등을 말한다. • 인양구조용역 : 탑승자구조, 선박재산구조, 수상구조 및 침몰된 선박과 화물을 인양하는 용역을 말한다. • 운반하역용역 : 운반하역수단 또는 인력, 축력을 사용하여 각 운송수단 사이, 하역현장간 재화를 운반하는 업무를 말한다. • 창고보관용역 : 창고, 하치장 등을 이용하여 고객의 재화를 대신하여 보관하는 업무를 말한다. • 택배용역 : 발송자의 의뢰를 받아 편지와 소포를 접수하고 배송하는 용역을 제공하는 업무를 말한다.
리스용역 (租赁服务)	리스용역은 금융리스와 운용리스를 포함한다. 금융리스용역은 융자성질과 소유권양도의 특징이 있는 리스를 말하며, 운용리스용역은 리스기간 동안 유체 동산 또는 부동산을 타인에게 양도하여 사용할 수 있게 하되, 리스물건의 소유권은 변경되지 않는 것을 말한다. 건축물, 구축물 등 부동산 또는 비행기, 차량 등 유체동산의 광고판을 다른 단위 또는 개인한테 임대하여 광고를 발표하는데 쓰였다면 운용리스로 보아 증치세를 납부하여야 한다.
검정자문업무 (签证咨询)	인증, 감정, 자문용역을 포함한다. • 인증용역 : 전문자격을 갖춘 단위에서 검사, 검시, 계량 등 기술을 이용하여 생산품, 용역, 관리시스템이 관련기술규범, 관련기술규범의 강제성 있는 요구 또는 표준에 부합된다는 것을 증명하는 용역 • 검증용역 : 전문자질을 갖춘 단위가 의뢰를 받고 관련사항에 한해 감정을 진행하고 증명력이 있는 의견을 발표하는 사업활동을 말하며, 회계감정, 세무감정, 법률감정, 직업기술감정, 공사가격감정, 공사감리, 자산평가, 환경평가, 부동산토지평가, 건축도면심사, 의료사고감정 등을 포함한다.

구 분	용역의 범위
	• 자문용역 : 정보, 건의, 기획, 고문 등 용역을 제공하는 활동을 말하며 금융, S/W, 기술, 재무, 세무, 법률, 내부관리, 업무운행 등을 포함한다.
방송영상용역 (广播影视服务)	방송영상프로그램의 제작 및 발행과 방영을 포함한다. • 방송영상프로그램의 제작용역 : 전문적인 테마, 전문채널, 예능, 체육, 만화영화, 라디오방송극, 드라마, 영화 등 방송영상프로그램과 작품을 제작하는 용역이다. • 방송영상프로그램 발행용역 : 직접 제작, 분할 제작, 위탁 등의 방식을 통해 영화관, 방송국, 인터넷사이트 등 단위와 개인이 방송영상 프로그램(작품)을 발행하거나 스포츠경기를 중계방송하는 업무를 말한다. • 방송영상프로그램 방영용역 : 영화관, 극장, 비디오방 및 기타장소에서 방송영상프로그램(작품)을 방영하고 방송국, 위성통신, 인터넷 등과 같은 유선 또는 무선장치로 방송영상프로그램(작품)을 방영하는 업무를 말한다.
비즈니스 보조용역 (商务辅助服务)	기업관리용역, 중개대리용역, 인력자원용역, 안전보호용역을 포함한다. • 기업관리용역 : 본부관리, 투자와 자산관리, 시장관리, 건물관리, 일상 종합관리 등을 포함한다. • 중개대리용역 : 각종 중개 및 대리용역을 말하며, 금융대리, 화물운수대리, 대리신고, 법률대리, 부동산중개, 직업중개, 혼인중개, 기장대리 등이 있다. • 화물운수대리용역 : 의뢰인의 요구에 따라 화물운수, 하역, 저장과 선박의 입항출항, 예인, 정박과 관련된 수속을 처리하는 용역을 말한다. • 통관대리용역 : 수입 및 수출화물의 수화인, 출하인의 공탁을 받고 통관수속을 대행하는 용역을 말한다. • 인력자원용역 : 공공 고용, 용역 파견, 인재초빙, 인력파견 등 용역을 말한다. • 안전보호용역 : 신체 안전과 재산 안전을 보호하고 사회치안을 유지하는 업무를 말하며, 주거지보안, 특종보안, 안전시스템감시 및 기타 보안용역을 포함한다.
기타 현대용역 (其他现代服务)	연구개발과 기술용역, 정보기술용역, 문화혁신용역, 물류보조용역, 임대용역, 감정자문용역, 방송용역과 비지니스보조용역을 제외한 기타의 현대용역을 말한다.

⑦ 생활용역(生活服务)

생활용역은 도시와 농촌주민의 일상생활수요를 충족시키기 위해 제공되는 각종의 용역을 말한다. 문화체육용역, 교육의료용역, 여행오락용역, 음식숙박용역, 주민일상용역과 기타 생활용역 등이 포함되어 있다. 요식업 용역에 종사하는 납세의무자가 테이크아웃음식을 판매할 때 음식업용역기준에 따라 증치세를 납부한다.

구 분	용역의 범위
문화체육용역 (文化体无服务)	문화체육용역은 문화용역과 체육용역을 포함한다. • 문화용역 : 사회공공 문화생활의 수요를 충족시키기 위해 제공하는 각종 용역을 말하는바 문예창작, 문예공연, 문화경연을 포함하며 이 외에도 도서관의 서적과 자료를 열람하는 것을 비롯한 기록보관소의 기록을 관리하고 문화재와 무형 문화유산을 보호하거나 종교활동, 과학기술활동, 문화활동을 조직하고 유람장소를 제공하는 등등이 있다. • 납세의무자가 유람장소에서 케이블카, 셔틀버스, 전기자동차, 유람선을 경영하여 얻는 수익은 문화체육 용역기준에 따라 증치세를 납부한다. • 체육용역 : 체육경기, 체육활동, 스포츠대회를 조직하고 체육훈련, 체육지도, 체육관리를 제공하는 사업활동이다.
교육의료용역 (教育医疗服务)	교육의료용역은 교육용역과 의료용역을 포함한다. • 교육용역 : 학력교육용역, 비학력교육용역, 교육보조 용역을 제공하는 사업활동이다. • 학력교육용역 : 교육행정 관리부문에서 확정하거나 또는 인정한 학생모집계획과 커리큘럼에 따라 상응하는 학력증서를 수여하는 사업활동이며 초등교육, 초급중등교육, 고급중등 교육, 고등교육 등이 포함되어 있다. • 비학력교육용역 : 사전 교육, 각종훈련반, 강연, 강좌, 강연회 등이 있다. • 교육보조용역 : 교육평가, 시험, 학생모집 등 용역이 있다. • 의료용역 : 의료검사, 진단, 치료, 회복, 예방, 보건, 산파, 계획출산, 방역용역 등과 같은 내용을 제공하며 이런 용역과 관련된 약품, 의료용 재료 및 기구, 구급차,병실과 급식 등 업무도 제공한다.
여행오락용역 (旅游娱乐服务)	여행오락용역. 여행오락용역은 여행용역과 오락용역을 포함한다. • 여행용역 : 여행자의 요구에 따라 교통, 유람, 숙박, 음식, 쇼핑, 문화오락, 비즈니스 등의 용역을 제공하는 사업활동이다.

구 분	용역의 범위
	• 오락용역 : 오락활동을 위한 장소와 용역을 제공하는 것인바 구체적으로 노래방, 무도장, 나이트클럽, 술집, 당구, 골프, 볼링, 유격(사격, 수렵, 승마, 유희기, 번지점프, 카트, 열기구, 패러글라이딩, 활쏘기, 부메랑)활동을 제공하는 것이다.
음식숙박용역 (餐饮住宿服务)	음식숙박용역. 음식숙박용역에는 음식용역과 숙박용역을 포함한다. • 음식용역 : 음식과 음식장소를 동시에 제공하는 방식으로 소비자를 위해 음식소비용역을 제공하는 사업활동이다 • 숙박용역 : 숙박장소와 일체화한 용역을 제공하는 활동이며 호텔, 여관, 리조트와 기타 경영성숙박업소를 제공하는 숙박용역을 포함한다.
주민일상용역 (居民日常服务)	주민일상용역은 주민 개인 및 가정의 일상생활수요를 충족시키기 위해 제공된 용역이며 아래와 같은 내용을 포함한다. 도시면모와 시정관리, 가사관리, 결혼식, 양로, 장례, 간병간호, 구조구제, 미용미발, 마사지, 사우나, 족욕, 목욕, 촬영 등
기타생활용역 (其他生活服务)	기타생활용역. 기타생활용역은 문화체육용역, 교육의료용역, 여행오락용역, 음식숙박용역과 주민일상용역을 제외한 생활용역을 말한다.

⑧ 무형자산 판매

무형자산 판매는 무형자산의 소유권 또는 사용권을 양도하는 것을 말한다.

'무형자산'은 실물형태를 갖추지 않았지만 경제이익을 가져올 수 있는 자산을 가리키며, 기술, 상표, 저작권, 영업권, 자연자원사용권과 기타 지분성 무형자산을 포함한다.

구 분	종 류
기술(技术)	특허성기술, 비특허성기술
자연자원사용권 (自然资源使用权)	토지사용권, 해역사용권, 탐광권, 채광권, 취수권과 기타 자연자원사용권
기타 지분성 무형자산 (其他权益性无形资产)	기초시설자산경영권, 공공사업특허권, 배당금, 경영권(특허경영권, 체인경영권 등, 프랜차이즈, 판매대리 독점권, 인터넷게임 모의장비, 도메인, 명칭권, 초상권, 타이틀, 이적료 등

⑨ 부동산 판매

부동산 판매란 부동산의 소유권을 양도하는 것을 말한다.

'부동산'은 이동할 수 없거나 이동하면 성질, 형태의 변화를 가져오는 재산인 건축물, 구조물을 포함한다.

건축물의 소유권 또는 영구적 사용권을 양도하거나 건설중인 건축물 또는 구조물의 소유권을 양도하거나 건축물 또는 구축물의 소유권과 함께 토지사용권을 양도할 때 부동산 판매로 보아 증치세를 납부한다.

경제행위의 증치세납부 여부는 <영업세를 증치세로 개정하는 시행실시방법>(财税[2016] 36호)에 의해 판단하여야 되며 별도의 규정이 없는 한 아래와 같은 네가지 조건을 만족하여야 한다.

- 과세행위는 중국내에서 발생하여야 한다.
- 과세행위는 <용역, 무형자산, 부동산의 판매 주석>의 범위내에 포함되어야 한다.
- 과세행위는 타인을 위해 제공되어야 한다.
- 과세행위는 대가성이 있어야 한다.

위의 대가성에는 두 가지 예외인 경우가 있다.

첫째, 위에서 나열한 네가지조건을 만족하지만 증치세를 납부하지 않는 경우는 다음과 같다.

- 행정단위에서 수취하는 정부성기금 또는 행정사업성비용
- 예금이자
- 피보험자가 획득한 보험금
- 부동산주관부서 또는 기타 지정기구, 공적금관리센터, 개발기업 및 주택관리단위가 대신 징수하는 주택전용유지자금
- 구조조정과정에서 합병, 분할, 매각, 치환 등의 방식으로 전부 또는 일부 실물자산 및 이와 관련이 있는 채권, 채무와 노동력을 함께 다른 단위와 개인에게 양도하는 과정에서 부동산, 토지사용권과 관련 있는 양도행위

둘째, 네가지 증치세 징수조건을 동시에 만족하지는 않지만 증치세를 납부하여야 하는 경우는 주로 일부 대가성이 없는 과세행위를 포함한다.

<영업세를 증치세로 개정하는 시행실시방법> 제14조에 따르면 아래와 같은 세가지를 용역, 무형자산 및 부동산 판매로 간주한다.

- 단위 또는 개인사업자가 다른 단위 또는 개인에게 무상으로 용역을 제공할 때(단, 공익사업 또는 사회공중을 대상으로 하는 경우 제외한다.

- 단위 또는 개인사업자가 다른 단위 또는 개인에게 무상으로 무형자산 또는 부동산을 양도할 때(단, 공익사업 또는 사회공중을 대상으로 하는 경우에는 제외한다.)
- 재정부와 국가세무총국에서 규정한 경우. 본 규정에 의하면, 다른 단위 또는 개인에게 무상으로 용역을 제공하거나 무상으로 무형자산 또는 부동산을 양도하는 경우 공익사업이나 사회공중을 대상으로 하는 경우 이외에 과세행위가 발생한 것으로 보아 증치세를 납부하여야 한다.

(4) 사업활동이 아닌 경우

용역의 판매, 무형자산 또는 부동산 판매란 유상으로 용역을 제공하거나 무형자산이나 부동산을 유상 양도하는 것을 말한다. 하지만 아래와 같이 사업활동에 속하지 않는 경우는 제외한다.

① 행정단위에서 수취하는 정부성기금 또는 행정사업성비용은 아래의 조건을 모두 갖추어야 한다.
- 국무원 또는 재정부에서 비준하여 설립된 정부성기금, 국무원 또는 성급 인민정부 및 재정, 가격 주무부처에서 비준하여 설립된 행정사업성비용일 것
- 수취시 성급 이상(성급 포함) 재정부문이 감독하는 재정어음을 발행할 것
- 수취한 대금은 전액 재정에 귀속시켜야 한다.

② 단위 또는 개인사업자가 고용한 직원이 본 단위 또는 고용주를 위해 제공한 용역으로 취득한 임금

③ 단위 또는 개인사업자가 고용한 직원에게 제공하는 용역

④ 재정부와 국가세무총국이 규정한 기타의 경우

(5) 중국내에서 용역, 무형자산 또는 부동산 판매의 의미

① 중국내에서 판매한 것으로 보는 경우

중국내에서 용역, 무형자산 또는 부동산을 판매하는 것으로 보는 경우는 다음과 같다.

- 용역(부동산 임대 제외) 또는 무형자산(자연자원사용권 제외)의 판매자 또는 구매자가 중국내에 있는 경우
- 판매하는 용역 또는 임대하는 부동산이 중국내에 있는 경우

- 판매하는 자연자원사용권의 자연자원이 중국내에 있는 경우
- 재정부와 국가세무총국에서 규정하는 경우

② 중국내에서 판매한 것으로 보지 않는 경우

중국내에서 용역, 무형자산 또는 부동산을 판매하는 경우에 해당하지 않는 경우는 다음과 같다.

- 해외의 단위 또는 개인이 중국내 단위 또는 개인에게 완전히 해외에서 발생하는 용역을 판매하는 경우
- 해외의 단위 또는 개인이 중국내 단위 또는 개인에게 완전히 해외에서 사용하는 무형자산을 판매하는 경우
- 해외의 단위 또는 개인이 중국내 단위 또는 개인에게 완전히 해외에서 사용되는 유형동산을 임대하는 경우
- 재정부와 국가세무총국에서 규정하는 경우

- 출국하는 편지와 소포를 위해 해외에서 우편용역, 택배용역을 제공하는 경우
- 중국내 단위 또는 개인에게 건축시공지가 해외인 건축용역과 공사감리용역을 제공한 경우
- 중국내 단위 또는 개인에게 공사, 광산자원이 해외에 위치한 공사탐사용역을 제공한 경우
- 중국내 단위 또는 개인에게 회의전람지가 해외인 회의전람용역을 제공한 경우

③ 중국내 용역판매로 보는 경우

아래와 같이 해외의 단위 또는 개인이 판매한 용역(부동산 임대 제외)은 중국내 용역판매로 보아 증치세를 납부하여야 한다.

- 해외의 단위 또는 개인이 중국내 단위 또는 개인에게 완전히 국내에서 발생하는 용역을 제공하는 경우 국내 용역판매에 속한다. 예를 들면, 해외의 건설회사가 중국내의 단위에게 중국에서 공사탐사용역을 제공하는 경우가 여기에 속한다.
- 해외의 단위 또는 개인이 중국내 단위 또는 개인한테 완전히 해외에서 발생하지 않은 용역을 제공한 경우 중국내 용역판매에 속한다. 예를 들면 해외의 자문회사가 중국내 회사와 자문계약을 체결하여 중국내 회사의 국내 및 해외시장 개척에 대하여 실지조사를 진행하고 자문을 한 경우 해외의 자문회사가 제공

한 이 자문용역은 국내와 해외에서 동시에 발생하였으므로 중국내 용역판매에 속한다.

④ 중국내 무형자산의 양도로 보는 경우

해외의 단위 또는 개인이 아래와 같이 판매한 무형자산은 중국내 무형자산 양도로 보아 증치세를 납부하여야 한다.

- 해외의 단위 또는 개인이 중국내 단위 또는 개인에게 완전히 국내에서 사용하는 무형자산을 판매한 경우 중국내 무형자산 양도로 본다. 예를 들면, 해외의 A회사가 중국내 B회사한테 A회사의 중국내 프랜차이즈 경영권을 양도하는 것.
- 해외의 단위 또는 개인이 중국내 단위 또는 개인에게 완전히 해외에서 사용하는 것이 아닌 무형자산을 판매한 경우 중국내 무형자산 양도로 본다. 예를 들면, 해외의 C회사가 중국내 D회사한테 특허기술을 양도했으나 당해 특허기술은 D회사가 중국내 및 해외 생산라인에 동시에 사용하는 경우.

위에서 말하는 대가성은 구매자로부터 화폐, 재화 또는 기타 경제이익을 취득하는 것을 말하며, 기타 경제이익은 비화폐, 재화형식의 수익을 가리키며, 구체적으로 고정자산(재화 제외), 생물자산(재화 제외), 무형자산(특허권포함), 주식투자, 재고자산, 채권투자 및 관련된 권익 등이 포함되어 있다.

사 례 6-1

아래 행위 중 증치세 과세대상에 속하는 것은? ( )

A. 甲회사가 주택을 乙회사의 토지와 서로 교환하였다.

B. 丙은행이 주택을 丁호텔에 임대하였으나 丁호텔이 임대료를 장기간 지불하지 않아 양측의 합의하에 은행의 동 호텔에 대한 식사대금 채무를 임대료 채권과 상계하기로 하였다.

C. 戊시행회사는 乙건설회사에 주택건축을 의뢰하고 戊시행회사가 완공한 주택을 乙건설회사에 양도하는 방식으로 공사대금을 상계하기로 하였다.

D. 庚운수회사와 申자동차수리회사는 庚운수회사가 申자동차수리회사에 무료로 운수용역을 제공하고, 대가로 申자동차수리회사는 庚운수회사를 위해 무료 자동차수리용역을 제공하기로 협정하였다.

답안

A, B, C, D 모두 다 해당됨.

분석

A에서 甲회사는 주택을 乙회사의 토지사용권과 교환하였다. 비록 화폐를 수취하진 않았지만 甲회사는 乙회사의 토지사용권을 취득하였고 乙회사도 토지사용권을 대가로 甲회사 주택의 소유권을 취득하였으므로, 주택과 토지사용권이 바로 기타 경제이익에 해당한다.

B에서 丙은행은 주택을 丁호텔에게 임대하였지만 丁호텔이 임대료를 장기간 지급하지 않아 양측의 협상하에 丙은행이 해당 호텔에서 식사하고 식사대금으로 임대료를 상계하기로 하였는바, 丙은행은 임대료로 무료식사를 하였고 丁호텔은 무료로 식사를 제공하고 주택을 무료로 사용하게 되었다. 양자는 모두 기타 경제이익이 있으므로 증치세를 납부하여야 한다.

C에서 戊시행회사는 乙건설회사에 주택건축을 의뢰한 후 戊시행회사는 완공한 주택을 乙건설회사에 양도하는 것으로 공사대금과 상계하였다. 겉으로 보기에는 아무런 자금왕래가 없지만 실제로 戊시행회사는 乙건설회사의 건축용역을 제공받았고 乙건설회사는 주택의 소유권을 취득하였으므로 양측 모두 기타 경제이익이 있으므로 증치세를 납부하여야 한다.

D에서 庚운수회사와 申자동차수리회사는 庚운수회사가 申자동차수리회사에 무료로 운수용역을 제공하고, 그 대가로 申자동차수리회사는 庚운수회사에게 무료로 자동차수리용역을 제공하기로 협정했다. 여기서 운수용역과 자동차수리용역은 모두 기타 경제이익에 속하므로 庚회사가 제공한 운수용역에 대해 증치세를 납부하여야 한다.

2) 과세대상의 특수규정

증치세의 과세대상은 앞의 일반규정 이외에도 특수 항목 또는 행위가 과세대상인지의 여부에 대해 구체적으로 규정하고 있다.

(1) 과세대상에 속하는 특수 항목

① 재화의 선물거래

재화의 선물거래(先物)(상품선물과 귀금속선물포함)는 증치세를 과세하며, 선물거래가 청산되어 결제될 때 증치세를 납부하여야 한다.

청산될 때 선물거래소가 계산서를 발행하는 경우 선물거래소가 납세의무자가 되며, 선물거래소가 납부하는 증치세는 횟수별로 계산한다. 이 경우 매입세액은 당해 재화를 청산할 때 재화를 공급한 자가 발행한 증치세 전용계산서에 기재된 매출세액이며, 선물거래소 자체에서 발행한 각종 매입항목은 공제할 수 없다.

선물거래를 청산할 때 재화를 공급한 자가 직접 계산서를 매입자에게 발급할 경우 재화를 공급한 자가 납세의무자가 된다.

② 회비수입

증치세납세의무자로부터 받은 회비수입은 증치세를 징수하지 아니한다.

③ 발전보조금

각 연료발전소가 정부의 재정전용계좌에서 받은 발전보조금은 증치세법에서 규정한 부대비용에 속하지 않고 과세매출액에도 속하지 않으므로 증치세를 징수하지 않는다.

④ 전력공급회사의 경우

전력망에 가입된 기업이 직접 생산한 전력생산품에 대해 전력공급회사가 직접 변전설비를 이용하여 전압조절을 하는 것은 가공용역을 제공하는 것에 속한다. 전력회사가 전력조절을 하고 전기량에 따라 발전소를 대상으로 수취하는 대가에 대해서 증치세를 납부하여야 한다.

⑤ 중고자동차의 매매

비준을 거쳐 중고차 중개판매를 하는 납세의무자가 <자동차 등기규정>에 따라 중고차를 매입하여 자신의 명의로 등기를 한 다음 판매할 때 구매자의 명의로 등기하는 행위는 증치세법에서 규정한 재화판매행위에 속하므로 증치세를 납부하여야 한다.

⑥ 승객이 탑승하지 않은 경우

항공운수기업이 티켓 판매 후 취득한 매표수입은 승객의 탑승여부에 관계없이 항공운수용역으로 보아 증치세를 과세한다.

⑦ 재정보조금

납세의무자가 취득한 중앙 재정보조금은 증치세 과세대상수입에 속하지 않으므로 증치세를 과세하지 않는다.

⑧ 매각후재리스용역

매각후재리스업무에서 리스이용자가 자산을 판매하는 행위는 증치세 과세대상에 해당하지 않으므로 증치세를 과세하지 않는다.

⑨ 신약을 개발한 경우

신약을 판매할 경우 구매자로부터 받은 대가와 부대비용의 합이 증치세 과세대상이 되며 동일한 신약을 환자에게 무료로 제공하여 계속 사용하게 한 경우는 증치세 과세대상에 속하지 아니한다.

⑩ 무상으로 제공하는 경우

국가의 명령에 따라 무상으로 제공한 철도운수용역, 항공운수용역은 <영업세를 증치세로 개정하는 시행실시방법> 제14조에서 규정하는 공익사무에 쓰이는 용역에 해당한다.

⑪ 예금이자

예금이자에 대해서는 증치세를 면제한다.

⑫ 보험금

피보험자가 수령한 보험금에 대해서는 증치세를 면제한다.

⑬ 주택특별수리자금

부동산 주무부처 또는 부동산 주무부처가 지정한 기타 기구, 공적금관리센터, 개발기업 및 주택관리단위가 대신 받은 주택전용수리자금에 대해서는 증치세를 과세하지 않는다.

⑭ 구조조정하는 경우

납세의무자가 자산구조조정과정에서 합병, 분할, 매각, 교환 등과 같은 방식을 통해 모든 또는 일부 실물자산 및 그와 관련 있는 자산, 부채와 노동력을 포괄적으로 다른 단위와 개인에게 양도하는 행위는 증치세 과세대상에 속하지 않는다.

⑮ 선불카드

선불카드의 업무는 아래와 같은 규정에 따라야 한다.

- 선불카드 발급회사 또는 카드판매회사(이하 "카드발행자")가 선불카드를 판매하거나 충전하여 취득하는 예수금은 증치세를 납부하지 않는다. 카드발행자는 국가세무총국의 <영개증 시범실시에 관한 징세문제의 공고> 2016년 제53호 제9조의 규정에 따라 카드구매자 및 충전자에게 증치세 보통계산서는 발행할 수 있으나 증치세 전용계산서는 발행할 수 없다.
- 카드판매회사가 선불카드를 발급 또는 판매하고 선불카드의 사용과 관련된 자금의 수납과 지불 결산업무를 수행하여 취득한 수속비, 결산비용, 용역비용, 관리비 등과 같은 수입은 증치세를 납부하여야 한다.
- 카드소지인이 선불카드를 사용하여 재화 또는 용역을 구매할 때 재화 또는 용역 판매자는 증치세를 납부하며 카드소지인에게 증치세 계산서를 발행할 수 없다.
- 판매자와 카드판매회사가 동일한 납세의무자가 아닐 경우, 판매자는 카드판매회사로부터 결산된 판매대금을 받았을 때 카드판매회사에게 증치세 보통계산서를 발행하고 비고란에 "선불카드 결산금액 확인"이라고 표시하여야 하며 증치세 전용계산서를 발행할 수 없다. 카드판매회사가 판매자로부터 받은 증치세 보통계산서는 선불카드 판매 또는 선불카드 소지인의 충전으로 받은 예수금에 대한 증치세를 납부하지 않는 증빙이므로 보관하여야 한다.

(2) 과세대상에 속하는 특수행위

① 간주매출행위

단위 또는 개인사업자의 아래의 행위는 재화를 판매한 것으로 본다.

- 재화를 타인에게 대리 또는 위탁판매하는 경우
- 여러 사업장이 있는 납세의무자가 재화를 한 사업장에서 다른 사업장으로 이송하여 판매하는 행위. 단, 해당 기구가 동일한 현(시)에 설치된 경우는 제외한다.
- 자가 생산 또는 위탁가공한 재화를 증치세 비과세항목에 사용하는 행위
- 자가 생산 또는 위탁가공한 재화를 복리후생이나 개인소비에 사용하는 행위
- 자가 생산, 위탁가공 및 매입재화를 타인(단위 또는 개인사업자)에게 투자하는 행위
- 자가 생산, 위탁가공 및 매입재화를 출자자 혹은 투자자에게 분배하는 행위

• 자가 생산, 위탁가공 및 매입재화를 타인에게 무상으로 증여하는 행위
• 무상으로 교통운수업과 일부 현대서비스업 용역을 제공하는 행위
 단, 공익활동이나 사회대중을 대상으로 한 행위는 제외한다.
• 기타 재정부와 국가세무총국이 규정한 경우

위와 같은 행위는 매출이 발생한 것은 아니지만 모두 간주매출행위에 해당하여 증치세를 과세하는데 이 규정의 취지는 다음과 같다.

첫째, 증치세 세액공제제도의 실시를 보장하고 위의 행위로 인하여 각 단계의 세액공제 사슬이 끊어지지 않도록 하는데 있다. 위의 첫번째 상황이 여기에 해당되는데, 만약 이러한 행위를 간주매출행위로 보지 않을 경우에는 대리판매업자는 매출세액만 있고 매입세액은 없으며, 재화를 다른 단체나 개인에게 교부하여 대리판매하는 행위는 매입세액만 있고 매출세액이 없는 상황이 나타날 수 있기 때문에 증치세의 공제사슬이 불완전해질 수 있다.

둘째, 위의 행위로 인하여 재화의 판매와 관련한 조세부담 불균형의 모순을 방지하는데 있다.

셋째, 증치세 세액계산의 대응의 원칙(配比原则)을 구현하는데 있다. 즉 매입한 재화는 구매단계에서 매입세액이 공제되었으므로 매입재화와 관련한 매출세액도 발생하여야 한다. 그렇지 않을 경우 대응되지 않는 현상(不配比)이 발생할 수 있는데 위의 세 번째부터 여덟 번째까지의 상황이 여기에 해당한다.

Tip 재화의 간주공급

한국의 부가가치세법은 재화공급의 요건을 충족하지 않음으로써 본래 재화의 공급에 해당하지 않는 일정한 사건들을 재화의 공급으로 의제하고 있다. 이를 '재화의 공급의제' 또는 '재화의 간주공급'이라 하는데 구체적으로 자가공급, 개인적 공급, 사업상 증여, 폐업 시 잔존재화 등으로 규정하고 있다. 위에서 살펴본 중국 증치세 간주매출행위의 규정은 용어의 차이는 있지만 그 본래의 적용취지 및 내용은 한국과 유사하다고 볼 수 있다.

② 혼합판매행위(混合销售)

하나의 판매행위에 재화의 판매와 용역의 제공이 동시에 발생될 경우 혼합판매행위라고 하며 다음과 같이 처리한다.

구 분	처리방법
생산, 도매 및 소매업을 영위하는 단위 또는 개인사업자인 경우	재화를 판매한 것으로 보아 증치세를 납부한다.
위 이외의 단위 또는 개인사업자인 경우	용역을 판매한 것으로 보아 증치세를 납부한다.

위에서 '생산, 도매 및 소매업을 영위하는 단위 또는 개인사업자'는 생산, 도매 및 소매업을 주사업으로 하여 용역 판매를 겸영하는 단위와 개인사업자도 포함한다(주사업을 기준으로 판단).

③ 여러 세율을 겸영하는 행위

납세의무자가 여러 세율의 과세행위를 영위하는 경우 세율별로 매출액을 구분경리하여야 하며 구분경리하지 않을 경우 세무기관이 심사하여 결정한다.

한국의 겸영사업

한국에서 부가가치세 과세사업과 면세사업을 동시에 영위하는 경우에 있어서 공통적으로 사용되는 매입세액에 대해서 공제할 수 없는 매입세액의 계산은 매출액의 비율 등으로 안분계산하고 있어 중국의 방식과 동일하다.

2. 납세의무자와 원천징수의무자

1) 납세의무자

중국내에서 재화를 판매 또는 수입하거나 과세용역 및 과세행위를 제공하는 단위와 개인은 모두 증치세 납세의무자가 된다.

'단위'란 기업, 행정단위, 사업단위, 군사단위, 사회단체와 기타 단위를 말하며, '개인'이란 개인사업자 기타 개인을 말한다.

단위가 다른 단위 또는 개인에게 운영을 위탁하는 경우 수탁받은 자가 납세의무자가 된다.

2) 원천징수의무자

중국외의 단위 또는 개인이 중국내에서 과세용역을 제공하고 중국내에 사업장이 없는 경우 중국내 대리인이 원천징수의무자가 되며, 중국내에 대리인이 없는 경우에는 제공받은 자가 원천징수의무자가 된다.

III. 일반 및 소규모납세의무자의 자격등기 및 관리

증치세법은 매출세액에서 증치세 전용계산서에 의한 매입세액을 공제하는 제도를 실시하고 있으므로 납세의무자가 이러한 증치세의 매출세액과 매입세액을 제대로 관리할 수 있는 회계관리시스템을 갖출 것을 요구하고 있다.

증치세의 납세의무자를 회계결산능력의 수준과 사업규모에 따라 일반납세의무자와 소규모 납세의무자의 두 가지 납세의무자로 구분하여 서로 다른 증치세 과세방법을 적용하며, 자격등기와 관리방법을 사용한다.

증치세 납세의무자의 구분

중 국	한 국
증치세 일반납세의무자	부가가치세 일반과세자
증치세 소규모납세의무자	부가가치세 간이과세자

1) 일반납세의무자의 자격등기 및 관리

(1) 일반납세의무자의 자격등기방법

국가세무총국 공고 2015년 제18호 및 국가세무총국 공고 2015년 제74호의 규정에 따라 증치세 일반납세의무자(이하 “일반납세의무자”) 자격등기제도를 시행하며, 일반납세의무자의 조건에 해당하는 납세의무자는 관할 세무기관에서 일반납세의무자 등기를 하여야 한다. 등기는 납세의무자가 관할 세무기관에서 처리한다.

① 일반납세의무자 자격등기 절차

- 납세의무자가 관할 세무기관에 <증치세 일반납세의무자 자격등기표>를 작성하여 세무등기 증거서류와 같이 제출하며, 증거서류는 납세의무자가 공상행정관리부문에서 심사 및 발급받은 영업집조를 포함한다.
- 납세의무자가 작성한 내용과 세무등기 정보가 일치하면 관할 세무기관은 바로 등기를 하여야 한다.
- 납세의무자가 작성한 내용과 세무등기정보가 일치하지 않거나 작성요구에 부합하지 않으면 세무기관은 바로 납세의무자에게 보완하여야 할 내용을 알려야 한다.

② 소규모납세의무자를 선택한 경우

납세의무자의 연간 과세매출액이 재정부, 국가세무총국의 기준을 초과하며 관련 규정에도 해당하지만 소규모납세의무자로 납세하는 것을 선택한 경우 관할 세무기관에 서면 설명을 제출하여야 한다. 개인사업자 이외의 개인이 연간 과세매출액이 규정된 표준을 초과하였을 경우 관할 세무기관에 서면 설명을 제출할 필요가 없다.

③ 자격등기 실시

납세의무자의 연간 과세매출액이 기준을 초과한 경우 신고기한 종료 후 20 영업일내에 위의 규정에 따라 관련된 수속을 하여야 한다. 규정된 기간 내에 수속을 하지 않은 경우 관할 세무기관은 규정기한 종료 후 10 영업일내에 <세무사항통지서>를 납세의무자에게 통보하여 10 영업일내에 관할 세무기관에서 수속을 하도록 통보하여야 한다.

④ 일반납세의무자

재정부와 국가세무총국의 별도 규정이 없는 한 납세의무자가 일반납세의무자 자격이 발효된 날부터 증치세 일반세액계산방법으로 납부세액을 계산하고 규정에 따라 증치세 전용계산서를 사용한다.

(2) 일반납세의무자 자격의 판단조건

일반납세의무자는 연간 증치세 과세매출액이 재정부, 국가재무총국이 규정한 소규모납세의무자 기준을 초과한 기업과 기업형 단위를 말한다.

연간 과세매출액이란 납세의무자가 연속으로 12개월을 초과하지 않은 과세기간 동안의 증치세 과세매출액을 말하며, 신고납부한 매출액, 세무조사로 조정된 매출액, 세무기관이 대행 발행한 매출액 및 면세매출액을 포함한다.

연간 과세매출액이 재정부, 국가재무총국이 규정한 소규모납세의무자 기준을 초과한 납세의무자는 일반납세의무자가 되며 초과하지 않은 납세의무자는 소규모납세의무자가 된다.

"영개증(영업세를 증치세로 전환하는 정책)"을 시범실시하는 납세의무자의 시범실시 이전의 과세행위에 대한 연간 과세매출액은 아래공식에 따라 환산한다.

$$\text{과세행위 연간매출액} = \frac{\text{연속적으로 12개월을 초과하지 않은 기간내 과세행위 매출액 합계}}{(1+3\%)}$$

위의 기본규정 이외에 국가세무총국은 자격판단에 대하여 아래와 같은 별도 규정을 제정하였다.

① 겸영하는 경우

재화의 판매, 과세용역 제공 및 과세행위의 발생을 동시에 영위한 납세의무자는 재화 및 용역 판매액을 과세행위 판매액과 구분하여 계산하여야 하며, 각각 증치세 일반납세의무자 자격인정 기준을 적용한다.

② 일상적인 경우가 아닌 경우

재화의 판매, 과세용역의 제공 및 과세행위의 발생을 동시에 영위하지만 이러한 상황이 일상적으로 발생하지 않는 단위와 개인사업자는 소규모납세의무자로 납세할 수 있는 선택권이 있다.

③ 자격의 변경여부

국가세무총국의 규정 이외에 등기를 거쳐 일반 납세의무자가 된 후에는 소규모

납세의무자로 변경할 수 없다.

④ 일반납세의무자로 신청할 수 있는 경우

연간 과세매출액이 기준에 미달한 납세의무자가 회계결산이 건전하며 세무자료를 정확하게 제출할 수 있을 경우 관할 세무기관에서 일반납세의무자의 자격등기 수속을 밟고 일반납세의무자가 될 수 있다.

세무자료를 정확하게 제출할 수 있다는 것은 규정에 따라 사실대로 증치세 납세신고서 및 관련 자료를 작성하고 기한 내에 신고납부를 하는 것을 말한다

⑤ 납세교육의 실시

납세의무자가 증치세 일반납세의무자로 자격등기한 후 증치세 탈세, 수출환급세를 부정환급 또는 세금공제증빙을 허위 발급하는 등의 행위를 한 경우 관할 세무기관은 해당자에게 최저 6개월의 납세교육을 실시한다.

납세의무자의 연간 과세매출액이 재정부, 국가세무총국의 기준을 초과할 경우 관할 세무기관에 일반납세의무자 자격등기를 하여야 한다.

연간 과세상품총액이 재정부, 국가세무총국의 소규모납세의무자 기준을 초과하지 않은 납세의무자 및 신규 개업한 납세의무자가 국가 통일 회계제도의 규정에 따라 장부를 설치할 수 있고 합법적이고 유효한 증빙에 따라 결산하여 세무자료를 정확하게 제출할 수 있을 경우 관할 세무기관에 일반납세의무자 자격등기를 할 수 있다.

(3) 일반납세의무자의 자격등기를 할 필요가 없는 납세의무자

① 개인사업자 이외의 기타 개인. 기타 개인은 자연인을 말한다.

② 소규모 납세의무자 기준을 선택하여 납세하는 비기업성 단위. 여기서 '비기업성 단위'는 행정단위, 사업단위, 군사단위, 사회단체와 기타 단위를 말한다.

③ 일반 개인이 과세행위의 연간 매출액이 소규모납세의무자의 기준을 초과하더라도 일반납세의무자에 속하지 않으며, 과세행위가 자주 발생하지 않는 비기업성 단위, 기업과 개인사업자는 소규모납세의무자기준을 선택하여 납세할 수 있다.

④ 시범실시 이전에 일반납세의무자 자격을 취득하고 과세행위도 겸영한 납세의

무자는 다시 등기할 필요가 없으며, 관할 세무기관이 <세무사항통지서>를 제작 및 송달하여 납세의무자에게 고지하여야 한다.

(4) 일반납세의무자 자격등기 소재지

납세의무자는 각 사업장 소재지 관할 세무기관에 일반납세의무자 자격등기를 하여야 한다.

2) 소규모납세의무자의 자격등기 및 관리

소규모납세의무자는 연간 판매액이 기준 이하이며, 회계결산이 건전하지 못하여 규정에 따라 세무서류를 제출하지 못하는 증치세 납세의무자를 말한다.

증치세법, 동 실시세칙 및 영개증정책의 규정에 따른 소규모납세의무자의 구체적인 인정기준은 아래와 같다.

구 분	소규모납세의무자 인정기준
• 재화의 생산 또는 과세용역을 제공하는 납세의무자 • 재화의 생산 또는 과세 용역의 제공을 주된 사업(50% 이상)으로 하면서 도매업 또는 소매업을 겸영하는 납세의무자	연간 과세매출액이 50만위안 이하
상술한 규정 이외의 납세의무자 (과세행위가 발생한 납세의무자 제외)	연간 과세매출액이 80만위안 이하
연간 과세매출액이 소규모납세의무자의 기준을 초과한 개인(개인사업자가 아닌 일반 개인)	소규모납세의무자로 납세
비기업형 단위	소규모납세의무자로 납세할 수 있는 선택권이 있다.
과세행위가 발생한 납세의무자	연간 매출액 500만위안 이하

IV. 세율과 징수율

중국의 증치세는 비례세율을 적용하여 징수하고 있다. 증치세의 중립작용을 발휘하기 위하여 원칙적으로 증치세의 세율은 업종과 기업을 불문하고 모두 '기본세율'이라는 단일세율을 적용한다. 다만 실무에 있어서 특정 산업 및 재화에 대하여 '저세율'도 규정하고 있으며 수출하는 재화에 대하여 '영세율'을 적용하고 있다. 증치세의 납세의무자는 일반납세의무자와 소규모 납세의무자의 두 유형으로 나누어지며 각기 다른 세율을 적용하고 있다.

구 분	세율명칭	세 율
일반납세의무자	기본세율	17%
〃	저세율	13%, 11%, 6%
〃	영세율	0%
소규모 납세의무자	징수율	3%

1. 기본세율

증치세 일반납세의무자가 재화를 판매 또는 수입하거나, 노무용역 또는 서비스용역을 제공할 때에는 저세율 적용대상이 되는 경우 이외에는 모두 기본세율인 17%의 세율을 적용한다.

2. 저세율

(1) 증치세법에 의한 경우

증치세 일반납세의무자가 아래의 재화를 판매하거나 수입하는 경우 저세율인

13%의 세율을 적용한다.

① 양식, 식용식물유, 신선한 우유

② 수돗물, 난방, 냉방, 온수, 석탄가스, 액화 석유가스, 천연가스, 메탄가스, 가정용 석탄제품

③ 서적, 신문, 잡지

④ 사료, 화학비료, 농약, 농기계, 농업용 비닐

⑤ 국무원 및 기타 관련 부문이 규정한 기타 재화

ⓐ 농산품

'농산품'은 재식농업, 양식업, 임업, 목축업, 수산업생산의 각종 식물, 동물의 초급 생산품을 말하며, 구체적 과세대상은 재정부, 국가세무총국의 <농산품 과세대상에 관한 주석>에 관한 통지>(财税字[1995] 52호) 및 현행 관련 규정에 따라 집행한다.

2010년 이후 국가세무총국이 일부 농산품의 세율에 관해 다음과 같이 규정하였다.

구 분	세 율
말린 생강, 강황	13% (2010년 10월 1일~)
납세의무자가 직접 생산한 인공합소배아	증치세를 면제
산초기름, 올리브유, 호두기름, 아몬드유, 포도씨기름, 모란씨오일	13%
맥아, 복합고무(농산품이 아님)	17%
저살균우유, 멸균우유	13%
조제우유	17%
계피유, 유칼리유, 레몬그라스유	17%
전분(농산품이 아님)	17%

ⓑ 음향영상제품

음향영상제품은 정식으로 출판된 내용이 담긴 녹음테이프, 녹화테이프, 앨범, 레이저음반과 레이저디스크를 말한다.

ⓒ 전자출판물

전자출판물은 디지털 코드방식으로 컴퓨터응용프로그램을 사용하여 이미지, 소리등과 같은 정보를 편집, 가공한 다음 구체적인 물리적 형태를 갖춘 자기, 광, 전기등 매질에 저장하고 컴퓨터, 핸드폰, 전자장비, 전자디스플레이장비, 데이터음영 방송설비, 전자게임기, 내비게이터 및 기타 유사한 기능이 내포된 장치를 통해 재생 및 사용하며 교환을 띄고 생각을 전달하거나 지식을 보급하거나 또는 문화축적에 쓰이는 대중전파매체를 말한다.

ⓓ 메탄올

ⓔ 농업기계

밀집형 화력건조실, 램프식 살충등, 병충해 자동 관측보고램프, 셔터기 등은 농업기계에 속하므로 13%를 적용한다.

ⓕ 농용굴착기

농용굴착기, 양계설비, 양돈설비 계열의 제품은 농업기계에 속하므로 13%를 적용한다.

ⓖ 인쇄물

신문출판 주관부문의 비준을 거쳐 인쇄하고 국제 표준 도서번호를 채용한 해외서적은 13%를 적용한다.

ⓗ 비료

동물뼈를 분쇄하여 생산한 비료는 13%를 적용한다.

증치세율의 명칭

중국의 증치세 납세의무자의 세율은 다음과 같다.

• 일반사업자 : 기본세율(17%) 또는 저세율(13%, 11%, 6%)

• 소규모 납세의무자 : 징수율

한국에서는 일반납세의무자의 세율은 모두 10%이지만 중국의 일반납세의무자는 업종별로 기본세율(17%)과 저세율(13%, 11%, 6%) 네 가지의 세율을 동시에 적용하고 있다.

중국의 소규모 납세의무자는 한국의 간이과세자와 개념이 비슷하며 소규모 납세의무자에게 적용되는 징수율은 한국의 간이세율의 개념과 비슷하다.

(2) 교통운수용역, 우정용역, 기초통신용역, 건축용역, 부동산임대용역, 부동산 양도, 토지사용권 양도 : 11%

(3) 유형자산 리스용역 : 17%

(4) 부가통신용역, 금융용역, 현대용역(리스 제외), 생활용역, 토지사용권 이외 무형자산의 과세 행위 : 6%

3. 영세율(零税率)

납세의무자가 재화를 수출하거나 중국내 단위 또는 개인이 해외에서 과세행위를 제공할 경우 영세율을 적용한다.

'영개증정책'의 규정에 의한 과세행위의 영세율정책은 다음과 같다.

1) 영세율 적용대상

중국내의 단위와 개인이 판매한 아래의 용역과 무형자산은 증치세 영세율을 적용한다.

(1) 국제운수용역

① 중국에서 여객이나 화물을 싣고 출국하는 경우
② 해외에서 여객이나 화물을 싣고 입국하는 경우
③ 해외에서 여객이나 화물을 싣는 경우

(2) 우주운수용역

(3) 해외 단위에게 해외에서 소비되는 용역을 제공하는 경우

해외 단위를 대상으로 완전히 해외에서 소비하는 용역을 제공하는 경우

- 연구개발용역
- 에너지성과계약관리 용역

• 디자인용역
• 방송영상프로그램의 제작과 발행 용역
• S/W용역
• 회로설계 및 실험 용역
• 정보시스템용역
• 업무프로세스관리용역(BPM)
• 해외 하청용역(离岸业务外包业务)
• 기술양도

위에서 '해외 하청용역'은 정보기술이전 용역(ITO), 정보기술 하청용역(BPO), 기술성 지식프로세스아웃소싱(KPO)을 포함하며, 구체적 사업활동은 <용역, 무형자산, 부동산 판매 주석>의 규정에 따라 집행한다.

(4) 재정부와 국가세무총국이 규정하는 기타의 용역

2) 기타 영세율정책

(1) 국제운수용역

국가의 규정에 따라 관련 자격을 취득하여야 하는 국제운송용역에서 납세의무자가 자질을 취득한 경우에는 영세율정책을 적용하고 취득하지 못한 경우에는 증치세 면세정책을 적용한다.

(2) 임대용역

중국내의 단위 또는 개인이 제공한 교통수단이 국제운송용역과 홍콩, 마카오,대만운송용역에 쓰였다면 임대인이 영세율정책의 적용을 신청한다.

(3) 포괄임차(湿租)하여 용역을 제공한 경우

중국내 단위 또는 개인이 중국내 단위 또는 개인에게 용선용역, 포괄임차(wet lease)를 제공할 때 임차인이 임대한 교통수단으로 다른 단위 또는 개인에게 국제운송용역과 홍콩, 마카오, 대만운송용역을 제공하였다면 영세율정책을 적용한다.

3) 홍콩, 마카오, 대만과 관련이 있는 경우

중국내 단위와 개인이 홍콩, 마카오, 대만과 관련이 있는 과세행위에 대해서는 별도의 규정이 없는 한 위의 규정을 참조하여 집행한다.

4. 증치세 징수율

'증치세 징수율' 특정 재화 또는 특정 납세의무자가 재화의 판매, 과세용역의 제공, 과세행위의 발생에 대해서 어느 생산·유통단계에서 납부세액과 매출액의 비율을 말한다. 증치세 징수율이 적용되는 경우는 아래 두 가지가 있다.

첫째, 소규모납세의무자
둘째, 일반납세의무자가 간이세액계산방법을 선택할 수 있는 경우

1) 징수율의 일반규정

(1) "영개증"의 규정에 따라 아래의 경우 5% 징수율을 적용한다.

① 소규모납세의무자가 직접 건축하거나 취득한 부동산을 판매하는 경우
② 일반납세의무자가 간이과세방법을 선택하여 계산한 부동산판매액
③ 부동산개발업체 중 소규모납세의무자가 직접 개발한 부동산을 판매하는 경우
④ 개인이 취득한(직접 건축한 경우 제외) 부동산을 판매하는 경우(구매한 주택은 제외)
⑤ 일반납세의무자가 간이세액계산방법을 선택하여 계산한 부동산의 임대
⑥ 소규모납세의무자가 취득한 부동산을 임대하는 경우(개인이 주택을 임대하는 경우 제외)
⑦ 개인이 취득한 부동산을 임대하는 경우(주택 제외)
⑧ 개인사업자 및 기타 개인이 주택을 임대한 경우 5% 징수율에서 1.5%로 계산한

납부세액을 계산한다.

⑨ 일반납세의무자와 소규모납세의무자가 제공한 노무파견용역에 대해 차액으로 세금을 납부하는 경우

⑩ 일반납세의무자가 2016년 4월 30일 이전에 체결한 부동산의 금융리스계약서 또는 2016년 4월 30일 이전에 취득한 부동산으로 제공한 금융리스용역을 간이세액계산방법을 선택한 경우

⑪ 일반납세의무자가 시범실시 이전에 시작한 공사의 일급도로, 이급도로, 다리, 갑문 통행료를 수취하고 간이세액계산방법을 선택한 경우

⑫ 일반납세의무자가 인력자원을 외주용역으로 제공하고 간이세액계산방법을 선택한 경우

⑬ 납세의무자가 2016년 4월 30일 이전에 취득한 토지사용권을 양도하고 간이세액계산방법을 선택한 경우

(2) 간이세액계산방법

위의 5% 징수율을 적용하는 경우 이외에 납세의무자가 간이세액계산방법을 선택하여 재화판매, 과세용역의 제공, 과세행위의 발생에 대해서는 3% 징수율을 적용한다.

2) 징수율의 특수정책

증치세법의 관련규정에 따라 3% 징수율을 적용하는 일부 일반납세의무자와 소규모납세의무자는 2%의 징수율로 증치세를 계산하여 납부할 수 있다.

(1) 사용하던 고정자산을 양도하는 경우

일반납세의무자가 자신이 사용하던 고정자산(증치세법의 규정에 따라 매입세액을 공제할 수 없고 공제하지 아니한 고정자산)을 판매한 경우, 간이세액계산방법에 의한 3% 징수율에서 2% 징수율을 적용할 수 있으며, 감면을 포기하고 3% 징수율로 증치세를 납부하고 증치세 전용계산서를 발행할 수 있다.

'사용하던 고정자산'이란 납세의무자가 재무회계제도의 규정에 따라 상각을 실

시한 고정자산을 말한다.

(2) 소규모 납세의무자(개인 제외)가 자신이 사용하던 고정자산을 판매한 경우 2% 징수율을 적용한다.

(3) 납세의무자가 중고자산을 판매한 경우 간이세액계산방법에 의한 3% 징수율에서 2% 징수율을 적용할 수 있다.

납세의무자가 사용하던 고정자산과 중고자산을 판매하고 간이세액계산방식으로 2% 징수율을 적용하여 증치세를 납부할 경우 판매액과 납부세액은 아래의 공식에 따라 계산한다.

판매액 = 세후판매액÷(1 + 3%)
납부세액 = 판매액×2%

(4) 건물관리

건물관리용역을 제공하는 납세의무자가 용역을 제공받는 자로부터 상수도요금을 수령하고 지불한 용역제공자가 부담한 수돗물 대금을 차감한 후의 차액을 매출액으로 하여 간이세액계산방법을 적용할 경우 3%의 징수율을 적용하여 증치세를 납부한다.

(5) 노무파견용역

소규모납세의무자가 노무파견용역을 제공하는 경우 아래 두 가지 방법이 있다.

- 용역을 제공하고 받은 대금 및 부대비용 전체를 매출액으로 하여 간이세액계산방법으로 3%의 징수율을 적용하여 증치세를 계산하는 방법
- 용역을 제공하고 받은 대금과 부대비용 전체에서 파견인력에 지불한 월급, 복리후생비, 사회보험비와 주택공적금을 공제한 차액을 매출액으로 하여 간이세액계산방법으로 5%의 징수율을 적용하여 증치세를 계산하는 방법

(6) 비기업형 단위의 경우

비기업형 단위 중 일반납세의무자가 제공한 연구개발과 기술용역, 정보기술용역, 검정자문용역 및 기술, 저작권 등의 무형자산의 판매는 간이세액계산방법으로 3%의 징수율을 적용하여 증치세를 납부할 수 있다.

(7) 교육보조용역을 제공하는 경우

일반납세의무자가 교육보조용역을 제공하는 경우 간이과세액계산방법을 선택하여 3%의 징수율을 적용하여 증치세를 납부할 수 있다.

차액으로 납부하는 납세의무자가 용역을 제공받은 업체로부터 파견인력의 급여, 복리후생비, 사회보험비와 주택공적금을 지급하는 데 사용하는 비용을 받은 경우 증치세 전용계산서를 발행할 수 없고 증치세 보통계산서를 발행할 수 있다.

3) 겸영행위의 세율 선택

시범실시하는 납세의무자의 재화의 공급, 과세용역의 공급, 과세행위의 발생이 서로 다른 세율 또는 징수율이 적용되는 경우 매출액을 세율별로 구분경리하여야 하며, 구분경리하지 않을 경우 아래와 같은 방법으로 세율이나 징수율을 적용한다.

구 분	세율적용방법
세율이 다른 재화의 공급, 과세용역의 제공, 과세행위의 발생을 겸영할 경우	높은 세율부터 적용한다.
징수율이 다른 재화의 공급, 과세용역의 제공, 과세행위의 발생을 겸영할 경우	높은 징수율부터 적용한다.
세율과 징수율이 다른 재화의 공급, 과세용역의 제공, 과세행위의 발생을 겸영할 경우	높은 세율부터 적용한다.

V. 증치세 납부세액 계산방법

증치세의 세액계산방법은 일반계산방법과 간이계산방법 및 원천징수방법이 있다.

1. 일반납세의무자의 일반세액계산방법

일반납세의무자가 재화를 판매하거나 노무용역 또는 서비스용역을 제공하는 경우 일반계산방법으로 세액을 계산하는데, 계산공식은 다음과 같다.

당기 증치세 납부세액 = 당기 매출세액 - 당기 매입세액

일반납세의무자가 재정부와 국가세무총국이 규정하는 특정한 경우에는 간이계산방법으로 세액을 계산할 수 있으며 36개월 이내에는 변경할 수 없다.

2. 소규모납세의무자의 간이세액계산방법

1) 납부세액 계산공식

소규모납세의무자가 재화의 판매, 과세용역의 제공 및 과세행위의 발생시 간이세액계산방법을 적용하여 납부세액을 계산하며, 계산공식은 다음과 같다.

당기 납부하여야할 증치세액=당기 판매액(증치세 제외)×징수율

2) 일반납세의무자가 간이세액계산방법을 적용하는 경우

일반 납세의무자가 재정부와 국가세무총국이 규정한 특정 재화나 과세용역 및 과세행위를 판매, 제공하는 경우 간이세액계산방법을 적용하여 납부세액을 계산할

수 있으며, 매입세액은 공제받을 수 없다.

여기에 해당하는 경우는 다음과 같다.

① 현급 및 현급 이하 소형수력발전소가 생산한 전력. '소형 수력발전소'는 각 투자 주체가 건설한 수력발전용량이 5천와트 이하인 소형 수력발전소를 말한다.

② 직접 건축용 또는 건축재료를 생산하는데 사용되는 모래, 흙, 석재

③ 직접 채굴한 모래, 흙, 석재 또는 기타광물로 생산한 벽돌, 기와, 석회(점토벽돌, 기와는 제외)

④ 미생물, 미생물 대사산물, 동물 독소, 사람이나 동물의 혈액 또는 조직을 이용하여 만든 생물제품

⑤ 직접 생산한 수돗물

⑥ 수돗물회사가 수돗물을 판매하는 경우

⑦ 직접 생산한 콘크리트(시멘트를 원료로 생산한 콘크리트)

⑧ 채혈소에서 비임상용 인체혈액을 판매하는 경우

⑨ 위탁판매점에서 위탁판매품을 판매하는 경우

⑩ 전당포에서 기한이 지난 전당표를 판매하는 경우

⑪ 약품회사에서 생물제품을 판매하는 경우

⑫ 공공교통 운송용역(버스, 지하철, 경전철, 택시, 장거리 여객버스, 통근차)

⑬ 인증된 애니메이션회사가 애니메이션제품을 개발하기 위하여 제공한 애니메이션 각본 편찬, 형상설계, 배경설계, 동영상설계, 스토리보드, 만화제작, 촬영, 묘선 등의 용역 및 중국내에서 애니메이션 판권을 양도하는 경우

⑭ 영화방영용역, 창고저장용역, 운반하역용역, 문화체육용역

⑮ "영개증" 시행 이전에 취득한 유형자산을 목적물로 운용리스용역을 제공한 경우

⑯ "영개증"시행 이전에 계약했으나 집행하지 못한 유형자산 임대계약.

⑰ 갑공공사(甲供工程)방식으로 제공한 건축용역. '갑공공사'는 공사발주자가 전부 또는 일부의 설비, 재료, 동력을 제공하는 건축공사를 말한다.

⑱ 2016년 4월 30일 이전에 취득한 부동산을 판매하는 경우

⑲ 부동산개발기업이 자기가 개발한 오래된 부동산을 판매하는 경우.
'오래된 부동산'은 다음을 말한다.

- <건축공사 시공허가증>의 착공날짜가 2016년 4월 30일 이전인 건축공사
- <건축공사시공허가증>을 취득하지 못하였으나 건축공사계약서의 착공일이 2016년 4월 30일 이전인 건축공사

⑳ 2016년 4월 30일전에 취득한 부동산을 임대하는 경우

㉑ 비학력교육용역을 제공하는 경우

㉒ 일반납세의무자가 시행전에 착공한 일급도로, 이급도로, 다리, 갑문의 통행비

㉓ 일반납세의무자가 인력자원을 아웃소싱하는 용역은 간이세액계산방법을 선택할 수 있으며 5%의 징수율을 적용하여 증치세를 납부한다.

㉔ 일반 납세의무자가 2016년 4월 30일 이전에 체결한 부동산 금융리스계약 또는 2016년 4월 30일 이전에 취득한 부동산으로 금융리스용역을 제공하는 경우

㉕ 납세의무자가 2016년 4월 30일 이전에 취득한 토지사용권을 양도하는 경우

㉖ 노무파견용역의 경우

일반 납세의무자가 제공한 용역파견용역에 대해 차액납세방식을 선택하는 경우 받은 대금과 부대비용 전체금액에서 파견인력에게 지불한 급여, 복리후생비, 사회보험비 및 주택공적금을 공제한 차액을 매출액으로 하여 간이세액계산방법의 5% 징수율을 적용하여 증치세를 납부한다.

일반 납세의무자가 재정부와 국가세무총국이 규정한 특정 화물, 과세용역 및 과세행위를 판매 또는 제공하고 간이세액계산방법을 적용하여 세액을 계산할 경우 36개월내에 변경할 수 없다.

3. 원천징수의무자의 세액계산방법

중국외의 단위 또는 개인이 중국내에서 서비스용역을 제공하면서 중국내 사업장이 없는 경우 원천징수의무자는 아래의 공식에 따라 원천징수하여야 한다.

원천징수세액 = 매입자가 지급하는 대가 ÷ (1 + 세율) × 세율

VI. 일반납세의무자의 납부세액 계산

중국에서 일반납세의무자에 대해 적용하고 있는 세액계산방법은 매입세액공제법으로서, 먼저 당기 매출액과 적용세율에 따라 매출세액을 계산한 후 여기에 당기 매입과정에서 이미 납부한 매입세액을 공제하는 것으로서, 간접적으로 당기 증치액(부가가치액)에 대한 납부세액을 계산하는 것이다.

증치세 일반납세의무자가 재화를 판매하거나 노무용역 또는 서비스용역을 제공할 경우 납부할 세액은 당기 매출세액에서 당기 매입세액을 공제한 후의 잔액으로서 계산공식은 다음과 같다.

당기 납부세액 = 당기 매출세액 − 당기 매입세액
= Σ(당기 매출액 × 적용세율) − Σ(당기 매입액 × 적용세율)

증치세 일반납세의무자가 당기에 납부할 세액의 크기는 당기 매출세액과 매입세액의 두 가지 요인에 의해 결정된다. 그 중 당기 매출세액은 당기 매출액의 결정에 달려있으며 당기 매입세액의 결정도 세법에서 구체적으로 규정하고 있다.

이와 같이 증치세 납부세액은 매출세액과 매입세액을 각각 확정한 뒤 산출한다.

1. 매출세액의 계산

매출세액은 납세의무자가 재화를 판매하거나 과세용역을 제공한 후, 매출액 또는 과세용역의 수입금액과 규정된 세율에 따라 계산하여 구매자로부터 수취하는 증치세액을 말한다. 매출세액의 계산공식은 다음과 같다.

매출세액 = 매출액 × 적용세율(기본세율, 저세율)

매출세액은 구매자가 재화를 구매하거나 과세용역을 제공받고 이에 대한 대금을 지불할 때 매출액과 함께 판매자에게 지불한 세액을 말한다. 일반납세의무자인 판매자의 경우 매출세액의 계산은 매출액과 적용세율의 두 요인에 의해 결정되며 매출세액의 크기는 주로 매출액의 크기에 의해 결정된다. 증치세 적용세율은 비례세율로 비교적 단순하므로 매출세액 계산의 관건은 증치세 과세기준인 매출액을 어떻게 정확하게 결정하는가에 달려있다.

1) 일반판매방식의 매출액

매출액은 납세의무자가 재화를 판매하거나 과세용역을 제공하고 구매자로부터 수취하는 전체 대가와 가격외비용을 말한다. 비록 증치세 매출세액도 판매자가 구매자로부터 대가와 함께 수취하지만 증치세는 가격외 과세방법을 채택하고 있으므로 세금을 포함하지 않는 가격을 과세기준으로 하며, 매출액에는 구매자로부터 수취한 매출세액을 포함하지 않는다(한국의 경우 이를 '공급가액'이라 칭한다).

가격외비용이란 대가 이외에 구매자로부터 수취하는 수속비, 보조금, 기금, 자금모집비, 반환이윤, 장려금, 위약금, 체납금, 연체이자, 배상금, 대리징수항목, 대납금항목, 포장비, 포장물 임대료, 예비비, 품질보상비, 운송하역비 및 기타 각종 성질의 가격외 수령액을 말한다. 다만 다음의 항목은 가격외비용에 해당하지 않는다.

(1) 원친징수하는 소비세

과세대상 소비품을 수탁가공하고 원천징수하여야 하는 소비세

(2) 운임 대납액

다음의 조건을 동시에 충족하는 운임 대납액

- 운송부문의 운임계산서가 구매자에게 발행된 경우
- 납세의무자가 당해 계산서를 구매자에게 교부한 경우

(3) 행정사업 수수료

동시에 다음의 조건을 충족하고 대리로 징수하는 정부기금 또는 행정사업수수료

- 국무원 또는 재정부가 비준하여 설립한 정부기금 및 국무원 또는 성급 인민정부

및 그 재정, 가격주관부문에서 비준하여 설립한 행정사업 수수료
• 수취시, 성급 이상 재정부문이 인쇄 제작한 재정영수증을 발행하는 경우
• 받은 대금을 전액 재정에 귀속시키는 경우

(4) 차량의 부대비용

재화의 판매와 함께 보험가입을 대행하여 구매자로부터 수취한 보험료 및 구매자로부터 수취한 구매자를 대신하여 납부하는 차량취득세와 차량번호판비용

재화의 공급이나 과세용역의 제공과 함께 구매자로부터 수취하는 가격외비용은 모두 매출액에 포함시켜 납세세액을 계산하여야 한다. 세법에서 규정하는 각종 성질의 가격외비용은 모두 매출액에 포함하여 납부세액을 계산하는데, 그 목적은 각종 명목의 수수료로 인하여 매출액을 감소시켜 세액의 탈루를 방지하는데 있다.

단, 위에서 언급한 4가지 항목을 가격외비용에 포함시키지 않는 것은 판매자가 단지 관련 비용을 대리하여 수취한 것이어서 이러한 가격외비용은 판매자의 수입에 귀속되지 않기 때문이다.

증치세 일반납세의무자(납세의무자 본인 또는 그 대리인 포함)가 구매자로부터 받은 가격외비용과 기한을 넘긴 포장재 보증금에 대해서는 세액이 포함된 수입으로 보아 과세표준 계산시 세액 불포함 수입으로 환산하여 매출액에 산입시켜야 한다.

(5) 실무상 유의사항

실무에서 가격외비용에 대해서 보통 '제품매출수입'이나 '상품매출수입'으로 처리하지 않고 '기타 미지급금'이나 '기타업무수입' 또는 '영업외수입' 등의 계정과목으로 처리하는 경우가 있는데, 이로 인하여 가격외비용에 대하여 비록 적절한 계정과목에서 회계결산을 하지만 그에 대한 매출세액은 잘못 계산하는 경우가 종종 일어난다. 또한 일부에서는 규정에 따라 매출세액을 결산하지 않고 발생된 가격외비용을 직접 관련비용과목에서 상계하기도 한다. 이러한 방법은 모두 탈세행위에 해당하는 잘못된 방법으로서 세법의 처벌대상이 된다.

따라서 납세의무자는 가격외비용에 대해 세법의 규정에 따라 매출액에 포함시켜 과세하는데 매우 주의하여야 하며 각종 가격외비용을 신중히 조사하여 정확한 회

계결산과 과세가 이루어지도록 하여야 한다.

(6) 외화로 받는 경우

매출액은 인민폐로 결산하여야 하며 납세의무자가 인민폐 이외의 화폐로 매출액을 결산한 경우에는 인민폐로 환산하여 계산하여야 한다.

2) 특수한 판매방식의 매출액

제품을 판매할 때에는 판매촉진의 목적을 달성하기 위한 여러 가지의 판매방식이 있으며, 판매방식에 따라 판매자가 인식한 매출액은 다를 수 있다. 판매방식에 따라 어떻게 매출액을 인식하는지 대해서 납세의무자는 주의를 기울여야 할 뿐만 아니라, 세법 또한 명백하게 규정하여야 한다. 세법에서는 아래의 여러 가지 판매방식에 대해 다음과 같이 규정하고 있다.

(1) 할인판매인 경우

할인판매란, 판매자가 재화 또는 과세용역을 공급할 때 구매자의 구입수량이 비교적 많은 경우 등의 이유로 구매자에게 가격우대(예 : 5개를 구매하면 판매가격을 10% 할인해 주고, 10개를 구매하면 20% 할인해 주는 등)를 해주는 것을 말한다. 세법의 규정에 따라 납세의무자가 재화를 판매하고 구매자에게 증치세 전용계산서를 발행한 후 구매자가 일정기간 동안 구입한 재화가 일정한 수량에 달하거나 시장가격 하락 등의 원인으로 구매자에게 일정한 가격우대나 보상 등의 할인을 해주는 경우, 판매자는 현행 「증치세 전용계산서 사용규정」의 관련 규정에 따라 적색 증치세 전용계산서를 발행할 수 있다. 여기에는 다음과 같은 사항을 주의하여야 한다.

첫째, 할인판매는 매출할인과는 다르다.

매출할인은 판매자가 재화나 과세용역을 공급한 후 구매자에게 대금의 조기상환을 장려하기 위한 일종의 할인우대이다. 예를 들어 30일 내에 대금을 상환해주는 조건하에서, 10일 이내에 대금을 지불하면 대금의 2%를 할인해 주고 20일 이내에 지불하면 1% 할인해 주는 지불조건이 여기에 속한다. 매출할인은 재화의 판매 이후 나타나며 금융비용 성격이므로 매출할인을 매출액에서 차감하여서는 안된다. 따라서 기업이 매출액을 결정할 때에는 할인판매와 매출할인을 엄격히 구분해야 한다.

둘째, 매출할인은 매출에누리와도 다르다.

매출에누리는 재화가 판매된 후 품종, 품질 등 원인으로 구매자가 반품처리를 못할 경우 판매자가 구매자에게 제공하는 가격할인을 말한다. 매출에누리와 매출할인을 비교해보면 비록 모두 재화 판매 이후 발생하였지만 매출에누리는 재화의 품종과 품질로 인한 매출액의 감소를 초래하였으므로, 매출에누리에 대해서는 에누리를 차감한 후의 대금을 매출액으로 한다.

셋째, 할인판매는 재화가격의 할인에 한한다. 예를 들어 판매자가 자가생산, 위탁가공 및 구매한 재화를 현물할인에 사용할 경우에는 이러한 현물할인은 재화의 매출액에서 차감할 수가 없다. 이러한 경우에는 타인에 대한 증여로서 '간주매출행위'에 해당되어 증치세를 계산하여 납부하여야 한다.

한국의 매출할인

한국에서는 위와 같은 것이 모두 과세표준에 포함되지 않으며, 모두 (-) 세금계산서를 발행하여 당초의 매출액에서 차감하게 된다. 사실상 부가가치세법에서 위의 매출할인, 매출에누리의 성격은 모두 같다.

(2) 중고보상판매일 경우

중고보상판매란 납세의무자가 자신의 재화를 판매할 때 유상으로 중고재화를 회수하는 행위를 말한다. 세법의 규정에 따라 중고보상판매로 재화를 판매하는 경우에는 신제품의 시가를 기준으로 매출액을 확정하여야 하며 중고재화의 회수가격을 공제할 수 없다. 이러한 규정은 재화의 판매와 회수를 별개의 거래로 인식하고 매출액과 매입액을 서로 상계할 수 없게 하여 증치세를 올바로 징수하기 위함이며 상계로 인한 매출 과소인식 및 이로 인한 세수의 감소를 방지할 수 있다.

귀금속업종의 특성상 이러한 중고보상판매가 자주 일어나는 것을 고려하여 귀금속의 중고보상에 대해서는 판매자가 실제로 수취한 대금(신제품대가 - 중고제품대가)에 대해 증치세를 징수한다.

(3) 원금상환 판매방식일 경우

원금상환 판매방식은 납세의무자가 재화를 판매한 후 일정기한까지 판매자가 1회 또는 분할하여 구매자에게 판매대금의 전부 또는 일부를 다시 상환하는 것을 말한다.

이러한 방식은 실제로 일종의 자금융통으로 재화를 자금의 사용가치로 바꾸어 취득하고, 기한까지 원금은 상환하고 이자를 지급하지 않는 방법이다. 세법에서는 원금상환 판매방식으로 재화를 판매할 경우 그 매출액이 곧 재화의 판매가격이 되며, 매출액에서 원금상환지출을 차감하지 못하도록 하고 있다.

(4) 현물교환방식일 경우

현물교환은 매매 당사자가 화폐가 아닌 동등한 가격의 재화로써 상호 대금을 현물로 결제하는 매매방식이다. 현물교환의 당사자는 모두 각자가 지급한 재화는 판매로 보아 매출세액을 계산하고, 각자가 받은 재화는 구매로 보아 매입세액을 인식하여야 한다.

현물교환 과정에서 각각 구분하여 전용계산서를 발급하고 매출세액을 계산하여야 하며, 만약 수취한 재화에 대하여 증치세 전용계산서나 기타 합법적인 계산서를 취득할 수 없는 경우는 매입세액을 공제할 수 없다.

Tip 비화폐성 거래

중국에서는 이러한 거래를 '금전 외의 대가를 받는 경우'로 규정하고 있는데 그 과세표준은 '자기가 공급한 재화와 용역의 시가'로 계산하도록 하고 있다. 한편 특수관계가 있는 자와의 거래에도 '시가' 개념을 적용하고 있는데, '시가'는 사업자와 특수관계가 없는 자와 당해 거래와 유사한 상황에서 계속적으로 거래한 가격 또는 제3자간에 일반적으로 거래된 정상거래가격을 의미한다.

(5) 포장재 보증금의 처리

포장재란 납세의무자가 자기의 재화를 포장하는 각종 물품을 말한다. 납세의무자가 재화를 판매할 때 별도로 포장재 보증금을 받는 경우가 있는데, 그 목적은 구매자로 하여금 보다 조속히 포장재를 반환하게 하여 다시 사용하기 위함이다.

포장재에 대한 보증금을 재화의 매출액에 산입하는지의 여부에 대해 다음과 같이 규정하고 있다.

구 분	처 리 방 법
납세의무자가 재화를 판매하기 위해 포장재를 대여해 주고 받은 보증금을 별도의 계정으로 회계처리하여 계산한 경우	만약 그 기간이 1년 이내이고 그 기간이 아직 경과하지 아니한 경우에는 매출액에 산입하지 않는다.
기한이 경과된 후 포장재를 회수하지 못하여 보증금을 반환하지 않는 경우	포장재 재화의 적용세율에 따라 매출세액을 계산해야 한다.

위에서 '기한이 경과된다.'라는 것은 계약상의 약정기한이 경과되거나 1년을 기한으로 하는 것을 말한다. 1년 이상된 보증금은 반환여부를 불문하고 매출액에 산입하여 과세하여야 한다. 포장재 보증금을 매출액에 산입하여 과세할 때에는 우선 이 보증금을 세액이 포함되지 않은 가격으로 환산한 후 매출액을 계산하여 징수한다. 개별 포장재의 사용기간이 비교적 긴 경우에는 세무기관에 신고하여 이에 맞게 사용기간을 늘릴 수 있다.

또한, 포장재 보증금은 판매시 가격외비용으로 하여 매출액에 합산하여 매출세액을 계산하는 포장재 임대와 구분되어야 한다.

1995년 6월 1일부터 맥주, 황주 이외의 주류제품을 판매하고 받은 포장재 보증금에 대해서는 그 반환 여부 및 회계처리 여부에 관계없이 모두 매출액에 합산하여 과세하며, 맥주와 황주를 판매하고 수취한 보증금은 위의 일반보증금 규정에 따라 처리한다(國稅發 [1995] 192호).

(6) 직판하는 경우 세무처리

직판기업이 재화를 직판원에게 판매하고 직판원이 다시 재화를 소비자에게 판매하는 경우, 직판기업의 매출액은 직판원이 지급한 대금과 부대비용이며, 직판원이 재화를 소비자한테 판매할 때 증치세를 납부하여야 한다.

직판기업이 직판원을 통해 소비자에게 재화를 판매하여 소비자로부터 대금을 직접 받을 경우 직판기업의 매출액은 소비자가 지급한 대금과 부대비용이다.

(7) 대출용역의 매출액

대출용역을 제공하고 취득한 이자 및 이자 성질의 수입을 매출액으로 한다.

은행이 대출용역을 제공하고 기간별로 이자를 받을 때 이자결제일이 속한 기의 매출액으로 계상하며 증치세를 납부하여야 한다.

(8) 금융수수료용역의 매출액

'금융수수료용역'은 수속비, 중개수수료, 사례금, 관리비, 용역비용, 계좌개설비, 명의변경료, 결산비, 이적수탁료 등과 같은 각종 수수료용역을 제공하고 받는 수수료를 매출액으로 한다.

3) 차액과세방법으로 매출액을 확정하는 경우

원래 영업세 과세대상이었던 과세행위가 영개증정책(营改增政策)에 따라 증치세의 과세대상으로 전환되었으나 매입세액공제제도를 통한 이중과세문제를 피할 방법이 없는 경우가 있다. 이러한 납세의무자의 세부담 증가문제를 하고자 차액과세방법을 도입하였다.

아래의 경우 차액과세방법으로 매출액을 확정한다.

(1) 금융상품의 양도

금융상품의 양도는 매출가액에서 매입가액을 차감한 후의 잔액을 매출액으로 한다.

금융상품을 양도하는 과정에서 나타난 가격차는 손익을 상쇄한 후의 잔액을 매출액으로 한다. 납세의무자가 2016년1월~4월에 양도한 금융상품이 손실이라면 다음 과세기간으로 이월하여 2016년 5월~12월에 양도한 금융상품의 매출액과 상계한다.

증권회사, 보험회사, 금융리스회사, 증권기금관리회사, 증권투자기금 및 인민은행, 은행감독관리위원회, 증권감독관리위원회, 보험감독관리위원회의 비준을 거쳐 설립되어 금융보험업을 영위하는 기업이 대출 후 이자결제일로부터 90일내에 발생한 미수이자는 증치세를 납부하여야 하며, 이자결제일로부터 90일후 발생한 미수이자는 증치세를 납부하지 않고 실제로 이자를 받았을 때 증치세를 납부하여야 한다.

금융상품의 매입가액은 가중평균법 또는 이동가중평균법을 선택하여 계산할 수 있고 평가방법을 선택한 후 36개월내 변경할 수 없다.

금융상품의 양도는 증치세 전용계산서를 발급할 수 없다.

단위에서 자기가 소유하고 있는 양도제한주를 유통이 해제된 후에 양도하였을 경우 매입가격을 아래와 같이 계산한다.

구 분	매 입 가 액 계 산 방 법
상장회사가 지분분할개혁을 할 때 주식이 다시 거래되기 이전에 형성한 원래 비유통주 주식 및 거래가 재개된 첫날부터 해금기간에 상술한 주식에 의해 생긴 신주배정, 전환주	당해 상장회사가 주식분할개혁을 완성한 후 거래가 재개된 날의 개장 가격
상장회사가 처음 주식을 공개발행하고 상장되어 형성된 양도제한주와 상장된 첫날부터 해금기간까지 상술한 주식에 의해 생긴 신주배정, 전환주	상장회사 주식이 처음 공개발행(IPO)된 발행가격
상장회사가 중대한 자산구조조정으로 인한 양도제한주와 상장된 첫날부터 해금기간까지 상술한 주식에 의해 생긴 신주배정, 전환주	해당 상장회사가 중대한 자산구조조정으로 거래가 잠정 정지된 전일의 종가

사 례 6-2

일반납세의무자인 시안금융회사의 2017년 제4분기 양도한 채권의 매출가액이 100,000위안(증치세 포함, 이하 동일)이며 당해 채권은 2016년 9월 매입하였으며 매입가액은 60,000위안이다. 2017년 1월 이자 6,000위안을 받았고 증치세를 납부하였다.

요구

이 회사의 2017년 제4분기 이전에 양도한 금융상품손실이 10,000위안이었다면 양도한 채권의 매출액은 얼마인지 계산하시오.

풀이

- 채권 판매액 = 100,000 − 60,000 − 10,000 = 30,000위안
- 매출세액 = 30,000÷(1 + 6%)×6% = 1698.11위안

(2) 중개대리용역의 매출액

'중개대리용역'은 취득한 대금과 부대비용에서 위탁자한테서 받아 대신 지불한

정부성기금 또는 행정사업성비용을 차감한 잔액을 매출액으로 하며, 위탁자로부터 받은 정부성기금 또는 행정사업성비용은 증치세 전용계산서를 발행하지 못한다.

(3) 금융리스와 매각후재리스의 매출액

① 금융리스

인민은행, 은행감독관리위원회 또는 상무부의 비준을 받아 금융리스업무를 영위하는 시범실시 납세의무자가 금융리스용역을 제공하여 받은 대금과 부대비용 중 차입금이자, 채권이자와 차량취득세를 차감한 후의 잔액을 매출액으로 본다.

② 매각후재리스

인민은행, 은행감독관리위원회 또는 상무부의 비준을 받아 매각후재리스업무를 영위하는 시범실시 납세의무자가 매각후재리스용역을 제공하여 받은 대금과 부대비용 중 차입금이자, 채권이자를 차감한 후의 잔액을 매출액으로 본다.

(4) 항공운수기업의 매출액

항공운수기업의 매출액에는 대행 징수한 공항건설비와 대행 징수한 다른 항공운수기업의 탑승료는 포함하지 않는다.

(5) 터미널용역의 매출액

시범실시 납세의무자 중 일반납세의무자가 터미널용역을 제공하는 경우 받은 대금과 부대비용에서 운송업자에게 지불한 운송수수료를 차감한 금액을 매출액으로 본다.

(6) 여행용역의 매출액

시범실시 납세의무자가 여행용역을 제공하는 경우 여행 용역 구매자로부터 받은 대금과 부대비용에서 다른 단위 또는 개인에게 지불한 교통비, 숙박비, 음식비, 입장료 등을 차감한 금액을 매출액으로 본다.

이 경우 증치세 전용계산서를 발행할 수 없고 보통계산서는 발행할 수 있다.

(7) 건축용역의 매출액

시범실시 납세의무자가 건축용역을 제공하고 간이세액계산방법을 적용할 때 받은 대금과 부대비용에서 하도급대금을 차감한 금액을 매출액으로 본다.

(8) 부동산개발기업의 매출액

일반납세의무자인 부동산개발기업이 개발한 부동산을 판매한 경우, 받은 대금과 부대비용에서 정부로부터 토지를 출양받을 때 지불한 토지대금을 차감한 잔액을 매출액으로 한다.

부동산개발기업이 토지를 양도받고 정부에게 토지대금을 지불한 후 프로젝트회사를 설립하여 해당 토지를 개발할 때 아래 조건을 동시에 충족할 경우 프로젝트회사는 부동산개발기업이 정부에 지불한 토지대금을 매출액에서 차감할 수 있다.

- 부동산개발기업, 프로젝트회사, 정부부문 삼자가 변경계약을 체결하거나 계약을 보충하여 토지 양수자를 프로젝트회사로 변경할 경우
- 정부에서 양도한 토지의 용도, 기획 등 조건이 변하지 않은 상태에서 변경계약을 체결하거나 계약을 보충한다면 토지대금 총액은 변동이 없을 경우
- 프로젝트회사의 지분을 전부 부동산개발회사가 보유하는 경우

일반납세의무자인 부동산개발기업가 자기가 개발한 부동산을 판매한 후 매출액을 계산할 때 토지를 취득할 당시 다른 단위 또는 개인한테 지불한 철거보상비용을 차감할 수 있으며, 차감할 때에는 철거보상비용을 증명할 수 있는 증빙을 제출하여야 한다.

(9) 부동산 양도의 매출액

납세의무자가 부동산을 양도할 때 증치세 차액공제에 관한 규정은 다음과 같다.

① 부동산 취득 계산서가 없을 경우

납세의무자가 부동산을 양도할 때 차액으로 증치세를 납부할 경우 분실 등의 원인으로 부동산 취득 계산서를 제출하지 못한다면 세무기관에 취득세 과세금액을 증명할 수 있는 다른 증빙을 제출하여 차액공제를 받을 수 있다.

② 납부세액의 계산

납세의무자가 취득세 과세금액을 근거로 차액공제 받을 경우 아래 공식에 따라 증치세 납부세액을 계산한다.

구 분	납 부 세 액 의 계 산 방 법
2016년 4월 30일 이전 계약세(취득세)를 납부한 경우	증치세 납부세액 =[전체 거래가격(증치세 포함)-취득세 과세금액(영업세 포함)]÷(1+5%)×5%
2016년 5월 1일 이후 계약세(취득세)를 납부한 경우	증치세 납부세액 =[전체 거래가격(증치세 포함)÷(1+5%)-취득세 과세금액(증치세 불포함)]×5%

③ 차액공제요건

부동산을 취득할 때의 계산서나 취득세 과세금액을 증명할 수 있는 완납증명 등의 자료를 보유하고 있을 경우 계산서를 근거로 차액공제를 받을 수 있다.

(10) 차액공제요건

시범실시 납세의무자가 위의 (2)~(9)의 규정에 따라 대금과 부대비용에서 차감함 대금은 유효한 증빙이 있어야 된다.

'유효한 증빙'은 아래와 같다.

구 분	유 효 증 빙
중국내 단위 또는 개인한테 지불한 비용	해당 계산서
중국외 단위 또는 개인한테 지불한 비용	당해 단위 또는 개인이 날인한 영수증, 이때 세무기관이 해외 공증기구의 확인서를 제공할 것을 요구할 수 있다
납부한 세액	완납증명
차감한 정부성기금, 행정사업성비용 및 정부에 지불한 토지 대금	성급 이상 재정부문에서 인쇄한 재정영수증
기타의 유효한 증빙	국가세무총국이 규정한 기타의 증빙

납세의무자가 취득한 위의 증빙이 증세치 공제증빙에 속할 경우 그 매입세액은

매출세액에서 공제할 수 없다.

4) 간주매출의 매출액

간주매출행위에는 여덟 가지가 있는데 이러한 간주매출행위 중에서 일부의 경우 대금의 수수가 없기 때문에 매출액의 산정이 곤란한 경우가 있다. 따라서 세법은 이러한 간주매출행위에 대해 매출액이 없는 경우에 대해서 다음의 순서에 따라 매출액을 결정한다.

제1단계, 납세의무자의 최근 동종재화의 평균 판매가격에 따라 결정한다.
제2단계, 납세의무자의 최근 유사재화의 평균 판매가격에 따라 결정한다.
제3단계, 산정가격에 따라 결정하며, 산정가격의 계산공식은 다음과 같다.

산정가격 = 원가 × (1 + 원가이윤율)

증치세를 징수하는 재화가 소비세 과세대상인 경우의 산정가격은 소비세액을 가산한 것이며 이 경우의 계산공식은 다음과 같다.

소비세 과세대상인 경우의 산정가격

- 산정가격 = 원가 × (1 + 원가이윤율) + 소비세액

또는

- 산정가격 = 원가 × (1 + 원가이윤율) ÷ (1 − 소비세율)

공식에서의 용어의 개념은 다음과 같다.

- 원가 : 직접 생산한 재화를 판매하는 경우에는 실제 생산원가를 말하며, 외부에서 매입재화를 판매하는 경우에는 실제 구입원가를 말한다.
- 원가이윤율 : 국가세무총국이 결정하며, 종가정율(从价定率)법에 따라 소비세를 징수하는 재화에 대한 산정가격의 계산공식에서의 원가이윤율은 국가세무총국이 결정한 원가이윤율로 한다.

용어설명 산정가격의 의미

중국의 증치세 및 소비세법에서 거래가격을 결정하는데 있어서 시가가 불분명할 경우 '组成价格'이라는 용어가 자주 등장하는데 이는 한국에서 사용되는 용어로는 '산정가격'이 있다.
중국에서 사용되는 组成价格의 의미는 다음과 같다.

'납세의무자가 재화를 판매하거나 용역을 제공한 가격이 현저히 낮고 정당한 이유가 없거나 간주매출에 해당되어 판매액이 없을 경우 관할 세무기관이 매출액을 결정하는 것을 말한다.'

5) 세액이 포함된 경우

납세의무자가 구입과 판매시 납세증빙의 작성과 회계처리를 할 때 세금이 포함되지 않은 금액을 기준으로 하여 매출액, 매출세액과 매입액, 매입세액을 결정하여 증치세 납부세액을 정확하게 구분하여 계산하여야 한다. 실무에서는 매출액과 매출세액을 합하여 계산하기도 한다.

납세의무자는 재화의 판매나 과세용역의 제공으로 세금이 포함된 대가를 수취할 경우, 먼저 세액이 포함되지 않는 매출액으로 환산한 뒤 공급가액과 매출세액으로 구분하여 계산하여야 한다.

일반납세의무자의 재화공급 또는 과세용역에서 증치세가 포함된 가격으로 대금을 수취하는 경우에는 아래와 같이 매출액을 계산해야 한다.

거래가액에 증치세가 포함되어 있는 경우

매출액 = 세액 포함 매출액 ÷ (1 + 세율)

위의 산식에서의 세율은 판매한 재화 또는 과세용역이 「증치세 잠행조례」의 규정에서 적용되는 세율을 말한다.

2. 매입세액의 계산

납세의무자가 재화를 매입하거나 과세용역(이하 '재화의 매입' 또는 '과세용역'이라 한다)을 제공받고 지불 또는 부담한 증치세액을 '매입세액'이라 한다. 매입세액은 매출세액에 대응되는 개념으로서 증치세 전용계산서를 발행하는 거래상황에서 판매자가 구매자로부터 받은 매출세액이 바로 구매자가 지불한 매입세액이 된다.

각각의 일반납세의무자의 입장에서 보면, 사업활동의 과정에서 재화의 판매 또는 과세용역의 공급이 발생됨과 동시에 재화의 매입 또는 과세용역의 수요가 발생하게 되므로 모든 일반납세의무자는 거래과정에서 상호간에 매출세액을 수취하거나 매입세액을 지급하게 되는 것이다.

1) 매입세액의 개념

증치세의 핵심은 납세의무자가 거래처(매출처)로부터 수취한 매출세액으로부터 거래처(매입처)에게 지불한 매입세액을 공제하는 것으로서 공제한 후의 잔액이 납세의무자가 실제 납부하여야 할 증치세 납부세액이 되는 것이다. 이처럼 매입세액은 매출세액에서 공제할 수 있는 부분으로서 납세의무자가 실제 납부할 세액의 크기를 결정하는 중요한 요소가 된다.

단, 납세의무자가 지불한 모든 매입세액을 매출세액에서 공제할 수 있는 것은 아니다. 증치세의 대응원칙, 즉 매입항목의 금액과 판매한 제품의 매출액 사이에는 서로 대응이 되어야 하며, 납세의무자가 매입한 재화와 제공받은 과세용역이 증치세 과세항목에 사용되지 않고 비과세항목, 면세항목이거나 종업원의 복리, 개인적 소비 등에 사용된 경우에는 이와 관련되어 지불된 매입세액은 매출세액에서 공제할 수 없다.

세법은 매입세액 불공제 항목에 대해 엄격하게 규정하고 있는데 이를 위반하여 임의로 매입세액을 공제할 경우 이는 탈세에 해당된다. 따라서 매입세액을 공제할 수 있는지의 여부를 정확하게 파악하는 것은 매우 중요하다.

2) 공제할 수 있는 매입세액

증치세법의 규정에 따라 매출세액에서 공제가 가능한 매입세액은 아래의 증치세 공제증빙에 기재된 증치세액과 규정된 공제율에 따라 계산된 매입세액에 한한다.

(1) 판매자로부터 받은 증치세 전용계산서에 명시된 증치세액

증치세 전용계산서는 구체적으로 아래 두 가지가 있다.

① 증치세 전용계산서(增值税专用发票)

증치세 전용계산서는 증치세 일반납세의무자가 과세물건(재화의 판매, 과세용역의 제공, 과세행위의 발생 포함)을 판매하고 발행한 계산서를 말한다.

② 자동차 판매 통일영수증(机动车销售统一发票)

자동차 판매 통일영수증은 증치세 일반납세의무자가 자동차 판매를 하고 발행하는 계산서를 말한다.

(2) 해관이 발행한 수입용 증치세 전용납부서에 명시된 증치세액

납세의무자가 재화를 수입하면서 수입과정에서 증치세를 이미 납부하였다면, 그 대금의 지급여부에 상관없이 해관으로부터 받은 수입용 증치세 전용납부서를 증치세 매입세액으로 공제할 수 있으며, 「수입용 증치세 전용납부서와 폐기물자 영수증 관리를 강화하는 것에 관한 국가세무총국의 통지」(國稅函 [2004] 128호)에서 규정한 기한 내에 매입세액을 신고하여 공제할 수 있다.

「증치세 공제증빙의 공제기한의 조정에 관한 문제에 관한 국가세무총국의 통지」(國稅函 [2009] 617호)는 적정한 세금공제증빙의 공제기한에 대하여 조정을 실시하였다.

2009년 4월부터 국가세무총국과 해관부문은 해관전용납부서의 ‘선대조 후공제’ 관리방법을 공동으로 추진하고 있다. 해관이 세무기관으로 전용납부서의 전자정보를 전송함으로써, ‘선공제 후대조’를 ‘선대조 후공제’로 조정하였다.

증치세 일반납세의무자가 재화를 수입하여 증치세 공제가 가능한 「해관 전용납부서」를 취득할 경우, 먼저 그 내용을 심사대조하여 확인한 후, 세액공제를 신청할 수 있는데, 이는 「해관 전용납부서」를 위조 등의 방법으로 불법 공제하는 문제를 근본적으로 해결하기 위함이다.

납세의무자가 「해관 전용납부서」를 분실한 경우 납세의무자가 해관에서 발행한 증명을 증거로 관할 세무기관에 공제를 신청하여야 한다. 관할 세무기관은 심사하여 납세의무자가 제출한 「해관 전용납부서」의 전자데이터를 세무기관의 심사시스템에 입력하고 심사하여 착오가 없을 경우 매입세액을 공제할 수 있다.

이 규정은 납세의무자가 증치세 회계처리를 할 때 각 단계에서의 매입세액의 공제는 그 공제증빙과 서로 대응되어야 한다는 것을 의미한다. 만약 판매자 또는 해관에서 취득한 증치세 세액이 명시된 증빙이 없을 경우 매입세액을 공제할 수 없다.

(3) 해외에서 구입한 경우

해외 단위 또는 개인으로부터 용역, 무형자산, 부동산을 구입하고 세무기관 또는 원천징수의무자로부터 받은 완납증명서에 기재된 증치세액

(4) 농산품의 매입

농산품의 매입은 증치세 전용계산서나 「해관 전용납부서」를 수취하는 것 이외에도 농산품 구입계산서 또는 판매계산서에 명시된 농산품의 매입가격에 13%의 공제율을 적용하여 계산한 매입세액을 말하며, 매입세액의 계산방식은 다음과 같다.

매입세액 = 매입가격 × 공제율

이 규정에는 다음과 같은 추가적인 설명이 필요하다.

① '농산품'이란, 직접 식물의 재배 및 수확과 동물의 사육 및 포획에 종사하는 단체와 개인이 직접 생산한 것을 판매한 것으로서 증치세가 면제되는 농업제품을 말하며, 농산품의 구체적인 품목은 1995년 6월 재정부와 국가세무총국이 공포한 「농산품 과세대상 주석」에 따른다.

② 매입한 농산품의 매입가격은 납세의무자가 농산품을 구입할 때 농산품 구매계산서나 판매계산서에 명시된 가격에 세법의 규정에 따라 납부한 담배세(烟叶税)를 포함한다.

③ 담배세 납세의무자가 납부한 담배세는 담배제품의 매입가격에 포함시켜 증치세의 매입세액을 계산하여 증치세 납부세액을 계산할 때 공제할 수 있다. 즉, 잎담배를 매입하는데 있어 공제가 가능한 증치세 매입세액은 「중국 담배세 잠행조례」 및 「담배세의 구체적인 규정에 관한 통지」(财税 [2006] 64호)에서 규정한 잎담배 매입금액과 담배세 및 법정 공제율에 따라 계산한다.
잎담배 매입금액은 납세의무자가 담배 판매자에게 지불하는 잎담배의 매입가격과 가격외 보조금을 포함하며, 가격외 보조금은 일괄적으로 잎담배 매입가격의 10%에 따라 계산한다. 계산공식은 다음과 같다.

- 잎담배 매입금액 = 잎담배 매입대금 × (1 + 10%)
- 담배세 납부세액 = 잎담배 매입금액 × 세율(20%)
- 공제가능한 매입세액 = (잎담배 매입금액 + 담배세 납부세액) × 공제율

(5) 농산품의 매입세액을 추계공제하는 경우

<농산품 증치세 매입세액의 추계공제의 시범실시 방법>이 규정한 매입세액, 이 방법의 주요 규정은 아래와 같다

① 적용범위

2012년 7월 1일 부터 구입한 농산품을 원재료로 하여 액체우유 및 유제품, 술 및 주정, 식물유(이하 '재화')를 생산하여 판매하는 증치세 일반 납세의무자는 농산품 증치세 매입세액 추계공제의 시범실비 범위에 포함되며, 구입한 농산품이 상술한 제품 생산에 사용 여부에 관계없이 증치세 매입세액은 <농산품 증치세 매입세액의 추계결정의 시범실시 방법>의 규정에 따라 공제한다.

② 농산품 증치세 매입세액 추계결정방법

ⓐ 시범실시 납세의무자가 구입한 농산품을 원재료로 하여 재화를 생산하는 경우, 농산품의 증치세 매입세액은 아래와 같은 방법으로 추계결정한다.

구 분	추 계 결 정 방 법
투입산출법 (投入产出法)	국가 표준 및 업종 표준(공인 업종 표준과 평균 업종 소모치 포함)을 참고하여 판매한 재화의 단위수량에 소모된 구입한 농산품의 수량(이하 '농산품 단위당 소모수량')을 확정한다. 이때 공제할 수 있는 농산품의 증치세 매입세액은 농산품 단위당 소모수량, 당기 판매한 재화의 수량, 농산품 평균 구매 단가(세액 포함, 이하 동일)와 농산품 증치세 매입세액 공제율(이하 '공제율')로 계산하며, 공식은 다음과 같다. • 당기 공제가능한 농산품 증치세 매입세액 =당기 농산품 소모수량×농산품 평균 구매단가 ×공제율÷(1+공제율) • 당기 농산품 소모수량 =당기 판매한 재화의 수량(농산품 외 반제품을 구입하여 생산한 재화의 수량 제외)×농산품 단위당 소모수량 • 한가지 농산품을 원료로 여러 재화를 생산하거나 여러 농산품을 원료로 여러 재화를 생산하는 경우, 당기 농산품 소모수량과 평균 구매단가를 결산할 때 합리적인 방법으로 집계하고 분배하여야 한다. • 평균 구매 단가는 구매한 농산품의 기말평균단가이며, 구입가격과는 별도로 지급한 운임과 입고 전 정리비용은 포함하지 아니한다.

구 분	추 계 결 정 방 법
	• 기말 평균 매입가격의 계산공식 : 기말평균 매입가격＝(기초 재고 농산품 수량×기초 평균 매입가격＋당기 매입한 농산품 수량×당기 매입가격)÷(기초재고 농산품 수량＋당기 매입한 농산품 수량)
원가법 (成本法)	• 시범실시 납세의무자의 연간 회계결산자료에 따라 소모된 농산품의 구매금액이 생산원가에 차지하는 비례(이하 ‘농산품 소모율’)를 계산하여 확정한다. 당기 공제가능한 농산품 증치세 매입세액은 당기 매출원가, 농산품 소모율 및 공제율에 따라 계산하며 계산공식은 다음과 같다. • 당기 공제가능한 농산품 증치세 매입세액 ＝당기 매출원가×농산품 소모율×공제율÷(1＋공제율) • 농산품 소모율＝전기생산에 투입된 농산품 구매금액÷전기 생산원가 • 농산품 구매금액(세액 포함)은 재화의 실체를 구성하지 않는 농산품(포장물, 보조재료, 연료, 저가 소모품 등) 및 농산품 구매와는 별도로 지급한 운반비, 입고전의 정리비용은 포함하지 않는다. • 단일 농산품을 원료로 여러 종류의 재화를 생산하거나 여러 농산품을 원료로 여러 재화를 생산하는 경우, 당기 매출원가를 결산하거나 농산품 소모율을 추계결정할 때 시범실시 납세의무자는 합리적인 방법으로 집계하고 배분하여야 한다. • 농산품 소모율은 시범실시 납세의무자가 관할 세무기관에 추계결정을 신청한다. • 연도가 종료되면 관할 세무기관은 시범실시 납세의무자가 당기 실제 공제한 농산품 증치세 매입세액에 대하여 납세조정을 하고 당기의 농산품 소모율을 다시 추계결정하여 차기 농산품 소모율로 하여야 한다.
참조법 (參照法)	새로 개업한 시범실시 또는 시범실시 납세의무자가 제품을 추가한 경우, 시범실시 납세의무자는 자신이 속한 업종 또는 생산구조가 유사한 다른 시범실시 납세의무자가 확정한 농산품 단위당 소모수량 또는 농산품 소모율을 참조할 수 있다. 익년도 시범실시 납세의무자는 관할 세무기관에 당기 농산품 단위당 소모수량 또는 농산품 소모율을 추계결정할 것을 신청하고, 이것을 근거로 공제할 농산품 증치세 매입세액을 계산하고 그와 동시에 전년도 증치세 매입세액에 대하여 조정을 한다. 추계결정한 매입세액이 실제 공제한 증치세 매입세액을 초과하는 경우, 차액은 차기로 이월되어 계속 공제할 수 있으며, 추계결정한

구 분	추 계 결 정 방 법
	증치세 매입세액이 실제 공제한 매입세액보다 작을 경우, 차액은 매입세액의 전출로 처리하여야 한다.

ⓑ 시범실시 납세의무자가 농산품을 구매하여 직접 판매하는 경우, 농산품 증치세 매입세액은 아래와 같은 방법으로 추계결정하여 공제한다.

- 당기 공제가능한 농산품 증치세 매입세액
  =당기 판매한 농산품 수량÷(1－감모율)×농산품 평균구매단가×13%÷(1＋13%)
- 감모율＝감모수량÷구매수량×100%

ⓒ 시범실시납세의무자가 농산품을 구매하여 생산에 사용하고 재화의 실체가 되지 않는 경우(포장물, 보조재료, 연료, 저가소모품 등 포함), 농산품 증치세 매입세액은 아래와 같은 방법으로 추계결정하여 공제한다.

- 당기 공제가능한 농산품 증치세 매입세액
  ＝당기 소모한 농산품 수량×농산품 평균구매단가×13%÷(1＋13%)

농산품 단위당 소모수량, 농산품 소모율과 감모율은 '통일 농산품 증치세 매입세액 공제 표준(이하 '공제 표준')'이라고 한다(이하 '매입표준').

③ 시범실시 납세의무자가 재화를 판매할 경우

시범실시 납세의무자가 재화를 판매하는 경우 당기 공제가능한 증치세 매입세액을 함께 계산하여야 한다.

④ 시범실시 납세의무자의 회계처리

시범실시 납세의무자가 농산품을 구매하여 받은 농산품 증치세 전용계산서와 해관의 수입증치세 전용납부서에 기재된 금액 및 증치세액을 함께 원가로 계상하고, 자신이 발행한 농산품 구입 계산서와 받은 농산품 매출 계산서는 기재된 구입가격을 원가로 계상한다.

⑤ 공제율

본 방법에서의 공제율은 재화를 판매할 때의 적용세율이다.

⑥ 매입세액의 전출

시범실시 납세의무자는 본 방법을 시행하는 날부터 기초재고농산품 및 반제품, 제품에 사용된 농산품 증치세 매입세액을 전출로 처리하여야 한다.

⑦ 매입세액에 대한 회계처리

시범실시 납세의무자는 위의 '②'의 규정에 따라 당기 공제가능한 농산품 증치세 매입세액을 관련 과목에서 미지급세금－매입세액 과목으로 전입하여야 하며, 정확하게 계산할 수 없는 경우 관할 세무기관이 추계결정한다.

⑧ 농산품 가격이 시가와 다를 경우

시범실시 납세의무자가 구매한 농산품의 가격이 현저히 높거나 낮고, 정당한 이유가 없을 경우 관할 세무기관이 추계결정한다.

⑨ 공제순서

시범실시 납세의무자는 농산품 증치세 매입세액을 계산할 때 아래와 같은 순서에 따라 적용할 공제표준을 결정한다.

- 재정부와 국가재무총국이 비정기적으로 공포하는 전국 통일 공제표준(표 2－1)
- 성급 세무기관과 동급 재정기관이 현지의 실제상황에 따라 재정부와 국가세무총국에 보고한 후 공포된 현지에 적용되는 공제표준
- 성급 세무기관이 시범실시 납세의무자의 신청으로, 본 방법 제13조에서 규정하는 추계결정절차에 따라 정한 시범실시 납세의무자에게 적용되는 공제표준

⑩ 제출서류

시범실시 납세의무자가 신청기간 내 관할 세무기관에 제출하는 <증치세－일반납세의무자의 납세신청방법>에서 규정하는 신고납부자료 및 <농산품 증치세 매입세액 공제를 추계결정한 계산표>를 함께 제출하여야 한다.

전국 통일의 일부 액체유 및 유제품 공제표준표(표 2-1)

제품 유형	공제표준(원유 단위당 소모수량)
초고온멸균우유(톤당)	1.068
초고온멸균우유(단백질함량≥3.3%)(톤당)	1.124
바씨살균우유(톤당)	1.055
바씨살균우유(단백질함량≥3.3%)(톤당)	1.196
초고온멸균양유(톤당)	1.023
바씨살균양유(톤당)	1.062

(6) 자산 구조조정 시 공제하지 못한 매입세액

증치세의 일반납세의무자가 자산 구조조정과정에서 모든 자산, 부채와 노동력을 모두 다른 증치세 일반납세의무자에게 이전하고 세무등기를 말소할 때 까지 공제하지 못한 매입세액은 새로운 납세의무자에게 이전된 후 계속하여 공제할 수 있다.

(7) 부동산 매입세액의 분기별 공제방법

부동산 매입세액의 분기별 공제방법(국가세무총국공고 2016년 제15호)의 내용은 아래와 같다.

① 부동산의 범위

매입세액을 취득한 날부터 2년으로 나누어 첫해 공제비율을 60%, 이듬해 공제비율을 40%로 매출세액에서 공제하는 부동산의 범위는 다음과 같다.

- 2016년 5월 1일 이후 취득하고 고정자산으로 회계처리한 부동산의 매입세액
- 2016년 5월 1일 이후 취득한 건설중인자산의 매입세액

'부동산의 취득'은 직접 구매, 수증, 현물출자, 직접 건설 및 채무상계 등 여러 가지 형식이 있을 수 있으며, 부동산개발기업이 직접 개발한 부동산은 포함하지 아니한다.

금융리스한 부동산 및 시공현장에 건설한 임시 건축물과 구축물의 매입세액에 대해서는 2년 공제규정이 적용되지 아니한다.

② 건설되는 부동산에 사용되는 용역

2016년 5월 1 일 이후 구매한 재화, 설계용역 및 건축용역 등이 아래와 같이 사용되고 부동산 당초 취득가액의 50%를 초과할 경우, 해당 매입세액은 위 '①'의 규정과 같이 2년으로 나뉘어 매출세액에서 공제한다.

- 새로 건설되는 부동산에 사용하는 경우
- 부동산의 개축, 증축, 수선, 장식에 사용되는 경우

'2년으로 나누어 매출세액에서 공제한 매입 재화'는 부동산의 실체를 구성하는 재료와 설비를 가리키며, 건축장식재료와 배수, 난방, 위생, 통풍, 조명, 통신, 소방, 중앙냉방, 엘리베이터, 전기, 지능화 디지털설비 및 시설 등을 포함한다.

③ 공제받기 위한 조건

납세의무자가 위의 규정에 따라 매출세액에서 공제하는 매입세액은 2016년 5월 1일 이후 발행된 증치세 공제증빙을 취득하여야 하며, 매입세액이 공제되는 시기는 다음과 같다.

구 분	공 제 시 기
매입세액의 60%	공제증빙을 취득한 달이 속하는 해
매입세액의 40%	공제증빙을 취득한 달부터 13개월째

④ 구매시 이미 매입세액을 공제한 재화와 용역

구매할 때 이미 매입세액을 전부 공제한 재화와 용역은 건설중인자산으로 전용될 때 이미 공제한 매입세액의 40%는 전용될 때 매입세액에서 공제하여 미공제 매입세액으로 계상하고 전용된 당월부터 13개월째 다시 매출세액에서 공제한다.

⑤ 부동산을 판매하는 경우

납세의무자가 취득한 부동산 또는 건설중인자산을 판매하는 경우 공제하지 못한 매입세액은 판매한 연도의 매출세액에서 공제할 수 있다.

⑥ 용도가 변경되는 경우 등

이미 매입세액을 공제한 부동산이 아래와 같은 사유가 발생하는 경우 아래의 공

식에 따라 공제할 수 없는 매입세액을 계산한다.

- 비정상 손해가 발생하는 경우
- 용도가 변경되어 간이세액계산방법, 증치세 면세항목, 복리후생 또는 개인소비에 사용되는 경우

- 공제할 수 없는 매입세액
  =(이미 공제한 매입세액+미공제한 매입세액)×부동산 순가치율
- 부동산 순가치율=(부동산 순가치÷부동산 당초 취득가액)×100%

공제할 수 없는 매입세액과 이미 공제한 매입세액의 크기에 따라 다음과 같이 처리한다.

구 분	처 리 방 법
공제할 수 없는 매입세액 ≤ 부동산의 이미 공제한 매입세액	위 부동산이 용도를 변경할 때, 공제할 수 없는 매입세액을 매입세액에서 공제하여야 한다.
공제할 수 없는 매입세액 〉 부동산의 이미 공제한 매입세액	위 부동산의 용도를 변경할 때, 부동산의 미공제한 세액에서 공제할 수 없는 매입세액과 이미 공제한 매입세액의 차액을 공제한다.

⑦ 비정상적인 손실이 발행한 경우

부동산의 건설중인자산에 비정상적인 손실이 발생한 경우, 소모한 구입재화, 설계용역 및 건축용역으로 이미 공제한 매입세액은 당기에 모두 전출하여야 하며, 미공제한 매입세액은 공제할 수 없다.

⑧ 용도에 변화가 생긴 경우

공제할 수 없는 매입세액의 부동산의 용도가 변경되어 매입세액을 공제할 수 있는 용도로 사용되는 경우 아래의 공식에 따라 용도가 변경된 다음 달 공제가능한 매입세액을 계산한다.

- 공제할 수 있는 매입세액
  =증치세 공제증빙에 기재 또는 계산된 매입세액×부동산 순가치율

- 규정에 따라 계산한 공제가능한 매입세액은 2016년 5월 1일 이후 발행된 증치세 공제증빙을 취득하여야 한다.
- 규정에 따라 계산한 공제가능한 매입세액의 60%는 용도가 변경된 다음 달 매

출세액에서 공제하고, 40%는 미공제 매입세액으로 용도가 변경된 다음 달의 13개월째 매출세액에서 공제한다.

⑨ 말소등기 시 미공제된 매입세액

납세의무자가 세무등기를 말소할 때, 공제하지 못한 매입세액은 말소등기하고 청산할 때 매출세액에서 공제한다.

⑩ 미공제 매입세액

미공제 매입세액은 "미지급세금－미공제 매입세액"으로 처리하고, 공제할 때 "미지급세금－증치세 매입세액"으로 대체분개를 한다.

여러 부동산과 건설중인자산에 대해서 납세의무자는 각각 미공제 매입세액을 구분하여 처리하고 결산하여야 한다.

(8) 도로통행비의 증치세 공제 규정

'통행비'는 법 또는 규정에 따라 설치된 단위가 도로통행, 다리통행, 수문통행 등에 대하여 지불하는 비용을 말한다.

증치세 일반납세의무자가 지불한 통행비는 통행비 영수증(재정증명서 불포함, 이하 동일)에 기재된 금액을 기준으로 아래의 공식에 따라 공제할 수 있는 매입세액을 계산한다.

구 분	계 산 공 식
고속도로 통행비의 공제가능한 매입세액	$= \dfrac{\text{통행비 영수증에 기재된 금액}}{(1+3\%)} \times 3\%$
일급 도로, 이급 도로, 다리, 수문 통행비의 공제가능한 매입세액	$= \dfrac{\text{통행비 영수증에 기재된 금액}}{(1+5\%)} \times 5\%$

(9) 소비세 과세대상의 매입세액

증치세 일반납세의무자가 직접 사용하는 소비세 과세대상인 오토바이, 승용차, 요트 등의 매입세액은 매출세액에서 공제할 수 있다.

(10) 관련 서류의 제출

증치세 일반납세의무자가 해외의 단위 또는 개인으로부터 용역, 무형자산 또는 부동산을 구매하여 원천징수하여야 할 증치세는, 매출세액에서 공제할 수 있는 매입세액이며 세무기관 또는 원천징수의무자로부터 취득한 납부세액의 완납증빙에 기재된 증치세액으로 한다.

납세의무자가 완납증빙으로 매입세액을 공제할 경우 서면계약서, 지급증명 및 해외 단위의 장부확인서 또는 영수증을 갖추어야 하며, 자료가 완전하지 않을 경우 매입세액은 매출세액에서 공제할 수 없다.

(11) 가공 및 수리수선용역을 구매하는 경우

증치세 일반납세의무자가 재화 또는 가공 및 수리수선용역을 구매하여 <용역, 무형자산 또는 부동산 판매 주석>에 열거된 항목에 사용하는 경우, 증치세법 제10조의 '증치세 비과세항목에 사용되는 경우'에 속하지 않으며 매입세액은 매출세액에서 공제할 수 있다.

(12) 영개증정책에 의한 용도변경

<영개증정책의 시범실시 실행방법> 제27조 제①항의 규정에 따라 매입세액을 공제할 수 없고 공제되지 아니한 고정자산, 무형자산 및 부동산의 용도가 변경되어 매입세액을 공제할 수 있는 과세항목에 사용하는 경우 용도가 변경된 다음 달에 아래의 공식에 따라 공제할 수 있는 매입세액을 계산한다.

$$\text{공제가능한 매입세액} = \frac{\text{고정자산, 무형자산, 부동산 순가치}}{(1 + \text{적용세율})} \times \text{적용세율}$$

위의 공식에서 '공제가능한 매입세액'은 증치세 공제증빙을 취득하여야 한다.

3) 공제할 수 없는 매입세액(매입세액불공제)

납세의무자가 재화의 구입, 과세용역 또는 과세행위를 제공받을 경우, 취득한 증치세 공제증빙이 법률 등의 규정에 맞지 않는 경우에는 매출세액에서 공제할 수 없다.

'증치세 공제증빙'은 아래와 같다.

- 증치세 전용계산서(增值税专用发票)
- 해관의 수입용 증치세 전용납부서(海关进口增值税专用缴款书)
- 농산품 구입계산서(农产品收购发票)
- 농산품 판매계산서(农产品销售发票)
- 세무기관 또는 대리인으로부터 받은 세액완납증명 (从税务机关或者代理人取得的税款缴款凭证)

증치세법 및 영개증정책 시행에 관한 통지의 규정에 따라 아래의 매입세액은 매출세액에서 공제할 수 없다.

(1) 과세대상 이외의 용도로 사용되는 경우

재화, 가공 및 수리수선용역, 과세행위, 무형자산 및 부동산의 구매가 아래의 용도에 사용되는 경우

- 간이세액계산방법을 적용하는 항목
- 증치세 면세항목
- 복리후생비
- 개인 소비

그 중 고정자산, 무형자산 및 부동산에 관련된 것은 상술항목에 전적으로 사용되는 고정자산, 무형자산(기타 지분형 무형자산 불포함) 및 부동산을 가리키며, 공제할 수 없는 항목에 겸용(공동 사용)된 경우 매입세액은 전부 공제가 가능하다.

납세의무자가 기타 지분형 무형자산을 구매한 경우에는 전적으로 사용여부에 관계없이 모두 매입세액을 공제할 수 있다.

납세의무자의 접대비는 개인 소비에 속하므로 생산 투입 또는 비용에 속하지 않는다(접대비는 매입세액불공제되며 한국과 동일).

(2) 비정상적으로 손실을 입은 재화

비정상적으로 손실을 입은 매입 재화 및 관련된 가공, 수리수선용역과 교통운수용역

(3) 비정상적 손실을 입은 재공품 및 제품

비정상적으로 손실을 입은 재공품 및 제품에 사용된 재화(고정자산 제외), 가공, 수리수선용역과 교통운수용역의 구입

(4) 비정상적 손실을 입은 부동산

비정상적 손실을 입은 부동산 및 부동산에 사용된 재화, 설계용역, 건축용역의 구입

(5) 비정상적 손실을 입은 부동산의 건설공사

비정상적으로 손실을 입은 부동산의 건설공사에 사용된 재화, 설계용역, 건축용역의 구입. 이 경우 납세의무자가 부동산을 신축, 개축, 증축, 인테리어하는 행위는 모두 부동산 건설공사에 속한다.

위의 (2), (3), (4), (5)에서 말하는 '비정상적인 손실'은 관리 부실로 인하여 재화의 도난, 분실, 변질되거나 법규 위반으로 몰수, 소각, 철거를 당하는 경우를 말하며, 이러한 비정상적인 손실은 납세의무자 자신의 원인으로 인하여 과세 상 실체가 소멸된 것이므로 납세부담의 공정성을 위하여 매입세액을 공제할 수 없다.

(6) 여객운수, 대출, 음식숙박, 주민 일상 및 오락용역의 구입

일반적으로 여객운수용역, 대출용역, 음식숙박용역, 주민일상용역 및 오락용역의 제공대상은 개인이며, 실제 이러한 용역을 제공받은 자가 기업인지 개인인지 구분하기 어려우므로 일반납세의무자가 위와 같은 용역을 제공받은 경우 매입세액은 매출세액에서 공제할 수 없다.

(7) 대출용역을 제공받은 경우

납세의무자가 대출용역을 제공받아 대출자에게 지불한 대출과 직접 관련이 있는 투융자고문비, 수수료, 자문비 등의 매입세액은 매출세액에서 공제할 수 없다.

(8) 재정부와 국가세무총국이 규정한 기타의 경우

위의 (4) 및 (5)에서 말하는 '재화'는 부동산의 실체를 구성하는 자료와 설비를 말하며, 건축장식재료와 배수, 난방, 위생, 통풍, 조명, 통신, 가스, 소방, 중앙냉방, 엘리베이터, 전기, 인텔리전트 건물 및 부대설비를 가리킨다.

(9) 매입세액을 구분할 수 없는 경우

일반세액계산방법을 적용하는 납세의무자가 간이세액계산방법, 면세항목을 겸영하고 있으면서 공제할 수 없는 매입세액을 구분할 수 없을 경우 아래의 공식에 따라 공제할 수 없는 매입세액을 계산한다.

> 공제할 수 없는 매입세액
> =당월 구분할 수 없는 매입세액×(당기 간이세액계산방법으로 계산하는 매출액+증치세 면세항목 매출액) ÷당기 전체 매출액

관할 세무기관은 위의 공식에 따라 연간 공제할 수 없는 매입세액에 대하여 정산을 하여야 하는데, 납세의무자에게 매입세액의 전출은 매달 진행되지만 연도내 매입세액이 매월 변동하여 매월 계산한 매입세액의 전출이 연간 매입세액의 전출과 차이가 발생할 수가 있으므로 관할 세무기관은 연말 납세의무자가 계산한 부분을 검토하여 조정을 할 수 있다.

매입세액의 안분계산

한국의 부가가치세법에서도 매입한 재화를 과세사업과 면세사업에 동시에 사용하는 경우에는 구분경리하여야 하며, 만약 구분할 수 없는 경우에는 매출액의 비율로 계산하여 과세사업에 해당하는 부분은 매출세액에서 공제가 가능하나 면세사업에 해당하는 부분은 공제할 수 없다.

(10) 이미 공제한 매입세액을 공제할 수 없는 경우

일반납세의무자가 이미 매입세액을 공제한 고정자산, 무형자산 또는 부동산이 영개증정책에 따라 매출세액에서 매입세액을 공제할 수 없는 경우가 발생할 경우 아래의 공식에 따라 공제할 수 없는 매입세액을 계산할 수 있다.

공제할 수 없는 매입세액=고정자산, 무형자산 또는 부동산의 순가치×적용세율

'고정자산, 무형자산 또는 부동산의 순가치'는 납세의무자가 회계기준에 따라 상각한 감가상각누계액을 차감한 미상각잔액을 말한다.

(11) 매입세액 공제를 할 수 없는 경우

아래에 해당하는 경우에는 매출액과 증치세율에 따라 납부세액을 계산하며 매입세액공제를 할 수 없으며 증치세 전용계산서도 사용할 수 없다.

- 일반납세의무자의 회계결산이 불완전하거나 정확한 세무자료를 제공하지 않는 경우
- 일반납세의무자 자격등기를 하지 않은 경우

해당 규정은 일반납세의무자의 조건을 갖춘 납세의무자의 관리를 강화하고 일반납세의무자와 소규모납세의무자 두 가지의 다른 과세방법을 이용하여 세액을 과소납부하는 행위를 방지하기 위함이다.

3. 납부세액의 계산

일반납세의무자는 매출세액에서 매입세액을 차감한 후 실제 납부할 납부세액을 계산한다. 증치세의 납부세액을 계산할 때 다음의 규정에 주의하여야 한다.

1) 납부세액 계산의 시간제한

납부세액은 당기 매출세액에서 매입세액을 공제한 금액이다.

여기서 '당기'는 세무기관이 세법의 규정에 따라 납세의무자에 대해 적용하는 납세기간을 말하는 것으로서, 납세기간 내에 실제로 발생한 매출세액과 매입세액만이 법적인 당기 매출세액과 당기 매입세액이 된다.

일부 납세의무자는 탈세의 목적으로 당기의 매출액을 누락시키거나 이월시켜 당기 매출세액을 감소시키거나 가공의 매입세액을 계상하여 매입세액을 증가시켜 납부세액을 감소시키기도 하는데, 이러한 위법행위를 방지하기 위하여 세법은 재화

의 판매와 과세용역의 공급 및 매입세액의 공제의 인식시기에 대해 제한을 두고 있다.

(1) 매출세액의 인식시기

매출세액은 증치세 일반납세의무자가 재화를 판매하거나 과세용역을 제공하여 인식한 매출액에 세율을 적용하여 산출한 금액을 말하며, 매출세액의 인식시기에 대해 증치세법 및 동 실시세칙에서 규정하고 있다.

예를 들어 공급시기에 관한 규정은 다음과 같다.

구 분	공 급 시 기
직접 대금을 수령하는 경우	재화의 발송 여부에 상관없이 대금을 받았거나 매출대금 수취증빙을 취득한 당일
은행 등을 통해 추심하는 경우	재화가 발송되고 추심절차가 처리된 당일
간주매출행위에 해당되는 경우	납세의무자가 간주매출행위에 해당하는 행위를 한 경우에는 재화를 이송한 당일(본 장의 ‘XII. 납세의무 성립시기 및 납세기한’ 참조)

(2) 증치세 전용계산서 매입세액공제의 시간제한

증치세 일반납세의무자가 취득한 증치세 전용계산서는 발급한 날부터 180일 이내에 세무기관에서 인증(认证)을 받아야 하고 인증이 통과된 다음 달 신고기간까지 관할 세무기관에 매입세액 공제를 신청하여야 한다.

<국세와 지방세 징수관리체제 개혁방안의 심화>를 달성하고 납세용역을 향상시켜 납세의무자의 세무처리를 간편하게 하기 위하여 일부 납세의무자의 인증을 취소하였다.

- 2016년 3월 1일부터 납세신용등급이 A등급인 증치세 일반납세의무자에 대하여 증치세 전용계산서의 인증을 취소한다.
- 2016년 5월 1일부터 납세신용등급이 B등급인 증치세 일반납세의무자가 판매자가 새로운 시스템을 사용하여 발행한 증치세 전용계산서를 취득한 경우 스캔을 통한 인증을 할 필요 없이 해당 성의 증치세 전용계산서 조회시스템에 등록하여 조회하

여 매입세액공제 공제를 신청하거나 수출환급을 신고하는데 사용되는 증치세 전용계산서 정보를 조회하여 선택할 수 있으며, 전용계산서에 대한 정보를 조회하지 못할 경우 스캔하여 인증을 받을 수 있다.

- 2016년 5월 1일 새로 영개증정책에 의한 시범실시범위에 포함된 증치세 납세의무자는 2016년 5월~7월 사이에는 증치세 전용계산서의 인증이 필요 없고 해당 성의 증치세 전용계산서 조회시스템에 등록하여 조회하여 매입세액공제를 신청하거나 수출환급을 신고하는데 사용되는 증치세 전용계산서 정보를 조회하여 선택할 수 있으며, 전용계산서에 대한 정보를 조회하지 못하라 경우 스캔하여 인증을 받을 수 있다.

(3) 해관의 수입증치세 전용납부서 매입세액공제의 시간제한

2013년 7월 1일부터, 증치세 일반납세의무자가 재화를 수입하여 증치세 공제범위에 속하는 해관의 수입증치세 전용납부서를 취득한 경우 세무기관의 대조조사를 거친 후 동 매입세액은 매출세액에서 공제할 수 있다.

납세의무자가 재화를 수입하면서 취득한 수입증치세 전용납부서는 발행일부터 180일 이내 관할 세무기관에 <해관의 완납증명 공제명세서>를 제출하여 대조조사를 신청하여야 하며, 신청을 하지 않을 경우 매입세액은 공제할 수 없다.

수입과 관련하여 각 단계별 회계처리는 다음과 같다.

구 분	회 계 처 리
해관 수입증치세 전용납부서를 취득할 때	(차변) 미지급세금-미공제 매입세액 (대변) 관련된 계정과목
대조조사결과 공제가 가능한 경우	(차변) 미지급세금-증치세 매입세액 (대변)에 미지급세금-미공제 매입세액
대조조사결과 공제할 수 없을 경우	(차변) 미지급세금-미공제 매입세액(적색) (대변) 관련된 계정과목(적색)

(4) 기한까지 증치세 공제신청을 하지 못한 경우 처리방법

증치세 일반납세의무자가 취득한 증치세 전용영수증 및 해관의 수입증치세 전용납부서는 규정된 기한까지 세무기관에 인증 또는 공제신청을 하지 않은 경우 매입세액공제를 할 수 없다.

증치세 일반납세의무자가 취득한 증치세 공제증빙의 대조조사결과 인증은 받았으나 기한까지 공제를 신고하지 않은 경우 실제 거래가 발행하였고 객관적인 원인이 있는 경우 관할 세무기관의 심사를 거쳐 매입세액을 공제할 수 있다. 단, 납세의무자가 객관적인 경우 이외의 원인으로 기한까지 공제를 신고하지 않은 경우에도 현행 증치세 공제증빙의 공제신고의 관련 규정에 따라 처리한다.

객관적인 원인에는 다음과 같은 경우가 있다.

- 자연재해, 사회적 돌발사건 등 불가항력으로 인하여 기한까지 증치세 공제증빙을 기간내에 공제신청을 하지 못한 경우
- 사법, 행정기관이 업무처리 또는 검사도중 납세의무자의 장부자료를 압수, 봉인하여 납세의무자가 기한까지 신청하지 하지 못한 경우
- 세무기관의 정보시스템 또는 인터넷의 고장으로 납세의무자가 제때에 인증결과 통지서 또는 조사결과 통지서를 받지 못하여 기한까지 공제신청을 하지 못한 경우
- 기업 세무담당자가 사망, 돌발적으로 중병에 걸리거나 임의로 이직하여 업무인계가 되지 아니하여 기한까지 공제신청을 하지 못한 경우
- 국가세무총국이 규정하는 기타의 경우

2) 매입세액이 더 많은 경우

증치세는 매입세액 공제법을 실시하므로 당기에 매입재화가 많아서 납부세액 계산시 당기 매출세액이 매입세액보다 작게 되어 일부의 매입세액이 공제되지 못하는 상황이 발생할 수 있다. 이러한 경우 세법규정에 따라 당기 매입세액의 공제를 받지 못한 부분은 다음 과세기간에 이월하여 계속하여 공제할 수 있다.

증치세 일반납세의무자가 과세용역을 제공하는 경우 해당 지역의 시범실시일 이전까지 매입세액공제를 하지 못한 부분이 있더라도 과세행위의 매출세액에서는 공제할 수 없다(과세용역의 매출세액에서만 매입세액공제가 가능하다).

매입세액의 환급

한국에서는 과세기간별로 매출세액보다 매입세액이 더 많아서 환급세액이 발생할 경우 세무서에서 내부 검토를 거쳐 일정한 기간 내에 환급해주고 있으나 중국에서는 실무적으로 이러한 증치세 환급세액을 돌려받기가 쉽지는 않다.

증치세 비과세항목

증치세 비과세항목은 증치세가 과세되지 않는 항목으로서 영업세가 과세되는데 이것을 중국 증치세법에서는 '증치세 비과세항목'이라는 용어를 사용한다. 즉, 증치세가 과세되지 않고 그 대신 영업세가 과세되는 항목을 말하며, 이러한 증치세 비과세항목은 증치세를 과세하지 않으므로 사업영위과정에서 매입한 매입세액도 공제할 수 없다.

3) 매입세액공제의 규정

증치세는 당기 매출세액에서 매입세액을 공제하는 매입세액 공제법을 실시하므로 당기에 매입한 재화 또는 제공받은 과세용역에 대한 매입세액은 모두 매출세액에서 공제할 수 있다.

그러나 이미 매입세액을 공제한 매입재화나 과세용역의 용도가 아래와 같이 변경된 경우에는 이의 처리방법에 대한 문제가 발생한다.

증치세법 제10조 제1호에서 제5호까지 열거한 상황에 해당될 경우
- 증치세 비과세항목에 사용한 경우
- 증치세 면세항목에 사용한 경우
- 단체복지 또는 개인소비에 사용한 경우
- 매입재화에 비정상손실이 발생한 경우
- 반제품 또는 완제품에 비정상손실이 발생한 경우 등

증치세법 및 동 실시세칙에서는 위와 같은 상황과 관련이 있는 매입세액은 당기 매입세액에서 차감하여야 하며, 만약 해당 매입세액을 알 수 없을 경우에는 당기의 실제 원가에 따라 공제하여야 할 매입세액을 계산하도록 규정하고 있다.

여기에서 주의할 점은 다음과 같다.

- '당기 매입세액에서 차감한다'는 것은, 이미 매입세액을 공제한 매입재화나 과세용역이 어떤 시기에 위와 같은 상황이 발생되었을 때 납세의무자의 매입세액에서 차감하며, 이러한 매입재화나 과세용역에 대해 매입세액을 공제하였던 시점으로는 소급할 필요가 없다는 것이다.
- '매입세액을 알 수 없는 경우에는 당기의 실제 원가에 따라 공제하여야 할 매입세액을 계산한다'란, 매입세액의 공제의 계산근거는 재화나 과세용역의 당초의 구입가격이 아니라, 위의 상황이 발생할 당시의 재화나 과세용역의 실제

원가에 따라서 과세시의 해당 재화와 용역의 적용세율에 따라 공제하여야 할 매입세액을 계산하는 것을 의미한다.

실제 원가 = 구입가격 + 운임 + 보험료 + 기타 관련 비용

위의 실제 원가의 계산공식은 수입재화인 경우에도 적용되며, 국내에서 매입한 재화인 경우에는 주로 구입가격과 운임 두 가지 부분을 포함한다.

만약 일반납세의무자의 회계결산이 불완전하거나 정확한 세무자료를 제공할 수 없을 경우 매출세액(매출세액×증치세율)에서 매입세액을 공제할 수 없고 증치세 전용계산서를 사용할 수 없다. 만약 이미 공제한 매입세액의 재화, 과세용역 및 과세행위의 구입이 향후 용도가 변경되어 매입세액을 공제할 수 없을 경우 매출액의 비례에 따라 매입세액 전출로 처리하여야 한다.

4) 매출환입 또는 매출에누리

일반납세의무자가 재화 또는 과세용역을 공급하고 증치세 전용계산서를 발행한 후 판매한 재화의 반품과 에누리 및 세금계산서 발행의 오류 등 후속사건이 발생할 경우에는 적색의 증치세 전용계산서를 발행하여야 한다. 적색의 증치세 전용계산서를 발행하지 않을 경우에는 증치세액을 매출세액에서 차감할 수 없다.

납세의무자는 상거래활동에 있어서 재화의 품질, 규격 등 원인으로 판매한 재화의 반품 또는 매출에누리의 상황이 자주 발생할 수 있다. 반품과 에누리는 판매대금 또는 에누리금액의 환불과 관계될 뿐만 아니라 증치세의 환급과도 관계가 있기 때문에 판매자와 구매자 모두 당기의 매출세액과 매입세액에 대하여 상응한 조정을 하여야 한다. 이를 위해 증치세법 및 동 실시세칙에서는 증치세 일반납세의무자가 판매한 재화의 반품이나 에누리로 인하여 구매자에게 증치세액을 돌려줄 경우 이러한 반품이나 에누리가 발생한 시점의 매출세액에서 차감하여야 하며 매입한 재화의 반품 또는 에누리로 인하여 회수한 증치세액은 발생한 시점의 매입세액에서 차감하여야 한다고 규정하고 있다.

만약 기업이 매입재화의 반품이나 에누리로 인하여 매입대금과 증치세액을 되돌려 받는 경우에도 해당 매입세액을 차감하지 않아 증치세를 과소납부한다면 이는

탈세행위에 해당하는 위법행위로서 처벌대상에 속한다.

5) 매입할인을 받는 경우

2004년 7월 1일부터 도소매기업이 재화의 공급자로부터 상품의 판매량 및 판매액과 연계하여(예를 들어 일정한 비례, 금액 및 수량으로 계산) 각종 매입할인을 받은 경우 당기 증치세 매입세액에서 차감하여야 하며 매입세액의 계산공식은 다음과 같다.

> 당기 차감해야 할 매입세액
> = 당기에 받은 매입할인 ÷ (1 + 매입재화의 증치세 적용세율) × 매입재화의 증치세 적용세율

기업이 재화공급자로부터 받은 각종 매입할인에 대해서는 모두 증치세 전용계산서를 받을 수 없다.

6) 일반납세의무자가 취소된 경우

일반납세의무자가 취소되거나 지도기간 일반납세의무자 자격이 취소되어 소규모 납세의무자로 전환될 때, 재고재화에 대해 매입세액 전출(转出)처리를 하지 않으며 공제받지 못한 매입세액도 환급해 주지 않는다.

재고매입세액공제 및 재고납부세액

중국에서는 납세의무자의 자격이 변경될 때 재고재화에 대해 증치세의 공제 또는 납부문제가 발생하지 않지만, 한국에서 일반과세자에서 간이과세자로 전환되거나 간이과세자에서 일반과세자로 전환될 때 잔존재화에 대해서 재고매입세액공제 및 재고납부세액의 규정에 따라 처리하여 부가가치세를 납부하거나 환급받게 된다.

7) 금융기관이 개인과 금(金)거래를 할 경우

(1) 예정징수율의 적용

금융기관이 황금(黃金)거래를 할 경우 금융기관의 각 성급 지점과 직속 1급 지점

의 소속 지점이 규정된 예정징수율(预征率)에 따라 증치세를 예납하며 성급 지점과 직속 1급 지점에서 일괄적으로 정산하여 납부한다.

① 황금(黄金) 거래행위를 하는 출장소, 저축소 등은 월별로 황금(黄金)의 판매수량과 금액을 계산하여 상급 지점에 보고하여야 한다.

② 각 지점, 출장소, 저축소는 법에 따라 사업장 소재지 관할 국가세무국에 세무등기를 신청, 처리하여야 한다. 각 지점은 월별로 소속된 출장소와 저축소에서 위에 보고한 황금(黄金)의 판매액과 본 지점의 황금(黄金) 판매액을 합산하여 예정징수율에 따라 증치세 예납세액을 계산하여 관할 세무기관에 증치세를 신고납부한다.

증치세 예납세액 = 매출액 × 예정징수율

③ 각 성급 지점과 직속 1급 지점은 사업장 소재지의 관할 국가세무국에 세무등기를 하고 증치세 일반납세의무자 자격의 인정을 신청해야 한다. 월별로 소속 지점이 보고해 온 황금(黄金)의 매출액과 매입세액을 합산하여 일반납세의무자의 규정에 따라 증치세 납부세액을 계산하여 이미 예납한 세액을 차감하고 정산할 세액을 계산한 후 관할 세무기관에 신고납부한다.

- 납부세액 = 매출세액 − 매입세액
- 정산세액 = 납부세액 − 예납세액

당기 매입세액이 매출세액보다 큰 경우 공제받지 못한 매입세액은 다음 과세기간으로 이월하여 공제하며, 예납세액이 납부세액보다 큰 경우에는 다음 과세기간의 납부세액에서 차감한다.

④ 황금(黄金) 거래업무에 종사하는 각급 금융기관이 부담한 매입세액은 현행 규정에 따라 공제할 수 없는 매입세액을 구분하여 매입세액의 전용으로 처리하여야 한다.

⑤ 예정징수율은 각 성급 지점과 직속 1급 지점 소재지의 성급 국가세무국이 정한다.

(2) 보통계산서(普通发票)의 발행

금융기관 소속의 지점, 출장소, 저축소 등이 금(金)을 판매할 때 구매자에게 국가

세무총국에서 제작한 보통계산서를 발행하여야 하며, 은행에서 자체로 제작한 금융거래용 계산서를 발행할 수 없고 보통 세금계산서의 수령사항은 각 지점에서 처리한다.

(3) 금융기관이 귀금속거래를 할 경우

금융기관이 해당 업종의 주관부문이 허가한 귀금속 거래업무를 영위할 경우, 개인에게 실물환금을 판매하는 것을 참조하여 통일 정산납부방법을 실시할 수 있다. 이미 증치세 일반납세의무자로 인정된 금융기관은 <증치세 전용계산서 사용규정> 및 관련 규정에 따라 증치세 전용계산서를 수령, 사용할 수 있다.

8) 납세의무자가 부동산을 양도할 경우 증치세 징수관리 방법

납세의무자가 취득한 부동산(구매, 수증, 현물출자, 지체 건축 및 채무상환 등 각종 형식으로 취득한 부동산)을 양도한 경우 이 방법을 적용하며, 부동산개발기업이 직접 개발하여 판매한 부동산은 이 방법을 적용하지 아니한다.

(1) 일반납세의무자

일반납세의무자가 취득한 부동산을 양도할 경우 아래의 규정에 따라 증치세를 납부하여야 한다.

구 분	세액계산	증 치 세 징 수 관 리
일반납세의무자가 2016년 4월 30일 이전에 취득한(자체 건축 불포함) 부동산을 양도하는 경우	간이세액계산방법	취득한 대금과 부대비용에서 부동산의 취득원가 또는 취득 시 정한 가격을 공제한 잔액을 매출액으로 하여 5% 징수율로 납부세액을 계산한다. 납세의무자는 위의 세액계산방법에 따라 부동산 소재지 관할 지방세무기관에 세액을 예납하고 소재지 관할 국세세무기관에 신고납부한다.
일반납세의무자가 2016년 4월 30일전에 직접 건	간이세액계산방법	취득한 대금과 부대비용을 매출액으로 하여 5%의 징수율로 납부세액을 계산한다.

구 분	세액계산	증 치 세 징 수 관 리
축한 부동산을 양도하는 경우		납세의무자는 위의 세액계산방법에 따라 부동산 소재지 관할 지방세무기관에 세액을 예납하고 소재지 관할 국세세무기관에 신고납부한다.
일반납세의무자가 2016년 4월 30일 이전에 취득한(직접 건축 불포함) 부동산 양도하는 경우	일반세액 계산방법	취득한 대금과 부대비용을 매출액으로 납부세액을 계산한다. 납세의무자는 대금과 부대비용에서 부동산 취득원가를 공제한 잔액에 5% 예정징수율을 적용하여 부동산 소재지 관할 지방세무기관에 세액을 예납하고 소재지 관할 국세세무기관에 신고납부한다.
일반납세의무자가 2016년 4월 30일 이전에 직접 건축한 부동산을 양도하는 경우	일반세액 계산방법	취득한 대금과 부대비용을 매출액으로 납부세액을 계산한다. 납세의무자는 대금과 부대비용에 5%의 예정징수율을 적용하여 부동산 소재지 관할 지방세무기관에 세액을 예납하고 소재지 관할 국세세무기관에 신고납부한다.
일반납세의무자가2016년 5월 1일 이후에 취득한(직접 건축 불포함) 부동산을 양도하는 경우	일반세액 계산방법	취득한 대금과 부대비용에서 취득원가를 차감한 잔액을 매출액으로 납부세액을 계산한다. 납세의무자는 대금과 부대비용에서 부동산 취득원가를 공제한 잔액에 5% 예정징수율을 적용하여 부동산 소재지 관할 지방세무기관에 세액을 예납하고 소재지 관할 국세세무기관에 신고납부한다.
일반납세의무자가2016년 5월 1일 이후에 직접 건축한 부동산을 양도하는 경우	일반세액 계산방법	취득한 대금과 부대비용을 매출액으로 납부세액을 계산한다. 납세의무자는 대금과 부대비용에 5%의 예정징수율을 적용하여 부동산 소재지 관할 지방세무기관에 세액을 예납하고 소재지 관할 국세세무기관에 신고납부한다.

(2) 소규모납세의무자

소규모납세의무자가 취득한 부동산을 양도하는 경우아래의 규정에 따라 증치세를 납부하여야 한다(개인이 주택을 양도하는 경우를 제외).

구 분	증 치 세 납 부 세 액
취득한 부동산을 양도하는 경우	취득한 대금과 부대비용에서 부동산의 취득원가를 공제한 잔액을 매출액으로 하여 5% 징수율을 적용하여 납부세액을 계산한다.
직접 건축한 부동산을 양도하는 경우	취득한 대금과 부대비용을 매출액으로 하여 5% 징수율을 적용하여 납부세액을 계산한다(취득원가를 공제하지 아니함).

소규모납세의무자 및 기타 개인의 신고방법은 다음과 같다.

구 분	신 고 방 법
기타 개인 이외의 소규모납세의무자	부동산 소재지 관할 지방세기관에 세액을 예납하여야 하며 기구 소재지 관할 국세기관에 신고납부하여야 한다.
기타개인	부동산 소재지 관할 지방세기관에 신고납부하여야 한다.

(3) 개인이 주택을 양도한 경우

개인이 구매한 주택을 양도한 경우 아래의 규정에 따라 증치세를 납부하여야 한다.

구 분	납 부 세 액
전액에 대해 증치세를 납부하여야 하는 경우	취득한 대금과 부대비용을 매출액으로 하여 5%의 징수율을 적용하여 납부세액을 계산한다.
차액에 대해 증치세를 납부하여야 하는 경우	취득한 대금과 부대비용에서 주택의 취득원가를 공제한 잔액을 매출액으로 하여 5%의 징수율을 적용하여 납부세액을 계산한다.

개인사업자 및 기타 개인은 아래와 같이 부동산의 양도에 대한 증치세를 신고납부하여야 한다.

구 분	신 고 방 법
개인사업자	부동산 소재지 관할 지방세기관에 세액을 예납하여야 하며 기구 소재지 관할 국세기관에 신고납부하여야 한다.
기타 개인	부동산 소재지 관할 지방세기관에 신고납부하여야 한다.

(4) 기타 개인 이외의 납세의무자가 부동산을 양도하는 경우

기타 개인 이외의 납세의무자가 취득한 부동산을 양도한 경우 아래와 같이 구분하여 부동산 소재지 관할 지방세기관에 예납할 세액을 계산한다.

구 분	납 부 세 액 계 산 공 식
취득한 대금과 부대비용을 예납세액의 기준으로 하는 경우(전액 과세)	예납하여야 할 세액 $= \frac{(\text{대금}+\text{부대비용})}{(1+5\%)} \times 5\%$
취득한 대금과 부대비용에서 주택의 취득원가를 공제한 잔액을 예납세액의 기준으로 하는 경우 (차액 과세)	예납하여야 할 세액 $= \frac{(\text{대금}+\text{부대비용}-\text{취득원가})}{(1+5\%)} \times 5\%$

(5) 기타 개인의 신고납부

기타 개인이 취득한 부동산을 양도하는 경우 위 '(4)'의 규정에 의한 계산방법으로 납부세액을 계산하여 부동산 소재지 관할 지방세기관에 신고납부하여야 한다.

(6) 유효 증빙의 제출

납세의무자가 취득한 대금과 부대비용에서 부동산 취득원가를 공제할 경우, 법률 및 행정법규 및 국가세무총국이 규정하는 유효 증빙을 취득하여야 하며, 유효 증빙이 없을 경우 공제할 수 없다.

유효 증빙에는 다음과 같은 것이 있다.

- 세무부문이 감독하여 제작한 계산서
- 법원 판결문, 재정서, 화해서, 중재결의서, 채권공증문서
- 국가세무총국이 규정하는 기타의 증빙

(7) 증치세의 예납

납세의무자가 취득한 부동산을 양도하는 경우 부동산 소재지 관할 지방세기관에 예납한 증치세액은 당기 증치세 납부세액에서 공제할 수 있으며, 공제하지 못한 예납세액은 이월하여 계속 공제할 수 있다.

납세의무자가 예납한 세액을 납부세액에서 공제할 경우 완납증빙이 있어야 한다.

(8) 증치세 계산서를 대행 발행하는 경우

소규모납세의무자가 취득한 부동산을 양도하고 증치세 계산서를 발행하지 못하는 경우 부동산 소재지 관할 지방세기관에 대행발행을 신청할 수 있다.

납세의무자가 개인에게 취득한 부동산을 양도하는 경우 증치세 전용계산서를 직접 또는 대행 발행할 수 없다.

(9) 차액으로 증치세를 납부하는 경우

납세의무자가 부동산을 양도하고 차액으로 증치세를 납부할 경우 아래의 규정을 적용한다.

① 취득 계산서를 분실한 경우

납세의무자가 부동산을 양도하고 차액으로 증치세를 납부한 후 분실 등의 원인으로 부동산을 취득할 때의 계산서가 없는 경우, 세무기관에 취득세 과세기준가액을 증명할 수 있는 완납증명 등의 자료를 제출하여 차액공제를 할 수 있다.

② 차액공제 계산방법

납세의무자가 취득세 과세기준가액으로 차액공제를 할 경우 아래의 공식에 따라 증치세 납부세액을 계산한다.

구 분	계 산 공 식
2016년 4월 30일 이전 취득세를 납부한 경우	증치세 납부세액=[전체 거래가액(증치세 포함)-취득세 과세기준가액(영업세 포함)]/(1+5%)×5%
2016년 5월 1일 이후 취득세를 납부한 경우	증치세 납부세액=[전체 거래가액(증치세 포함)/(1+5%)-취득세 과세기준가액(증치세 불포함)]×5%

③ 유효 증빙의 보관

납세의무자가 부동산을 취득할 때 취득 계산서와 취득세 납부영수증 등의 자료를 보관하고 있는 경우 계산서의 금액을 기준으로 차액공제를 할 수 있다.

9) 납세의무자가 다른 현(시, 구)에 건축용역을 제공하는 경우

납세의무자가 다른 현(시, 구)에 건축용역을 제공하는 경우 财税[2016] 36호에서 규정하는 납부의무 성립시기와 세액계산방법에 따라 건축용역 발생지 관할 국세기관에 세액을 예납하고 기구 소재지 관할 국세기관에 신고납부하여야 한다.

<건축공사 시공허가증>에 시공일자는 없지만 건축공사 도급계약서의 시공일자가 2016년 4월 30 이전인 건축공사는 财税[2016] 36호의 규정에 따라 간이세액계산방법을 선택할 수 있는 건축공사에 해당한다.

다른 현(시, 구)에 건축용역을 제공하는 것은 단위 또는 개인사업자(이하 '납세의무자') 소재지 이외의 현(시, 구)에서 건축용역을 제공하는 것을 말한다.

납세의무자가 동일한 직할시, 계획단열시의 다른 현(시, 구)에 건축용역을 제공하는 경우 직할시 및 계획단열시 국가세무국이 본 방법을 적용여부를 결정하며, 기타 개인이 다른 현(시, 구)에서 건축용역을 제공하는 경우에는 본 방법을 적용하지 아니한다.

(1) 세액의 예납

납세의무자가 다른 현(시, 구)에서 건축용역을 제공하는 경우 아래의 규정에 따라 세액을 예납하여야 한다.

유 형	세액계산방법	예 납 세 액 계 산 방 법
일반납세의무자	일반세액계산방법	(취득한 대금+부대비용-도급비로 지출한 금액)×2% 예정징수율
일반납세의무자	간이세액계산방법	(취득한 대금+부대비용-도급비로 지출한 금액)×3% 징수율

(2) 예납하여야 할 세액의 계산방법

납세의무자가 다른 현(시, 구)에서 건축용역을 제공하는 경우 아래의 공식에 따라 예납하여야 하라 세액을 계산한다.

세액계산방법	예 납 세 액 계 산 공 식
일반세액계산방법	예납하여야 할 세액=(취득한 대금+부대비용-도급비로 지출한 금액)/(1+11%)×2%
간이세액계산방법	예납하여야 할 세액=(취득한 대금+부대비용-도급비로 지출한 금액)/(1+3%)×3%

납세의무자가 취득한 대금과 부대비용에서 하청업체에 지급한 도급비를 차감한 잔액이 (-)인 경우 이월하여 처기 납부세액에서 계속 공제할 수 있다.

(3) 징수관리

① 유효 증빙의 구비

납세의무자가 취득한 대금과 부대비용에서 하청업체에 지불한 도급비를 공제할 경우 법률, 행정법규 및 국가세무총국의 규정에 맞는 유효 증빙을 갖추어야 하며, 유효 증빙이 없을 경우 공제할 수 없다.

유효 증빙은 다음과 같다.

- 하청업체가 2016년 4월 30일 이전 발행한 건축업 영업세 계산서. (동 계산서는 2016년 6월 30일 이전 세액 예납 시 공제증빙으로 사용할 수 있다.)
- 하청업체가 2016년 5월 1일 이후 발행한 것으로서 비고란에 건축용역 발생지 소재 현(시, 구), 공사명칭이 기재된 증치세 계산서.
- 국가세무총국이 규정한 기타 증빙

② 제출자료

납세의무자가 다른 현(시, 구)에 건축용역을 제공할 경우 건축용역 발생지 관할 국세기관에 세액을 예납할 때 <증치세 예납표>를 작성하여 아래의 자료를 첨부하여 제출하여야 한다.

- 건축주와 체결한 건축계약서 사본 (납세의무자 날인)
- 하청업체와 체결한 하청계약서 사본(납세의무자 날인)
- 하청업체에서 받은 계산서 사본(납세의무자 날인)

③ 이월공제

납세의무자가 다른 현(시, 구)에 건축용역을 제공하는 경우 발생지 관할 국세기관에 예납한 세액은 당기 증치세 납부세액에서 공제할 수 있으며, 공제하지 못한 부분은 차기로 이월하여 계속 공제할 수 있다.

④ 증치세 계산서 대행발행

소규모납세의무자가 다른 현(시, 구)에 건축용역을 제공하고 본인 명의로 증치세 계산서를 발행할 수 없을 경우 건축용역 발생지 관할 국세기관에 취득한 대금과 부대비용으로 증치세 계산서를 대행 발행을 신청할 수 있다.

⑤ 예납세액

납세의무자가 다른 현(시, 구)에 건축용역을 제공하는 경우 예납세액의 납부시기는 财税[2016] 36호에서 규정하는 납세의무 발생시기와 납부기한에 따른다.

⑥ 납부하지 않을 경우

납세의무자가 다른 현(시, 구)에 건축용역을 제공하는 경우 세액의 예납일부터 6개월까지 예납하지 않는 경우 기구 소재지 관할 국세기관이 세수징수관리법의 규정에 따라 처리한다.

10) 납세의무자가 부동산을 임대하는 경우

납세의무자가 운용리스방식으로 부동산을 임대하는 경우 아래의 방법을 적용하며, 부동산의 범위에는 구입, 수증, 현물투자, 직접 건축, 채무변제 등의 방식으로 취득한 부동산을 포함한다.

납세의무자가 도로통행용역을 제공한 경우에는 이 방법을 적용하지 아니한다.

(1) 일반납세의무자가 부동산을 임대할 경우

일반납세의무자가 부동산을 임대할 경우 아래의 규정에 따라 증치세를 납부하여야 한다.

구 분	세 액 계 산 방 법
2016년 4월 30일 이전 취득한 부동산을 임대하는 경우 임대하는 경우	간이세액계산방법을 선택할 수 있으며 5%의 예정징수율로 세액을 계산한다.
2016년 4월 30일 이후 취득한 부동산을 임대하는 경우 임대하는 경우	일반세액계산방법을 적용하여야 한다.

부동산 소재지와 기구 소재지에 따라 아래와 같이 신고납부하여야 한다.

구 분	신 고 납 부 방 법
부동산 소재지와 기구의 소재지가 같은 현(시, 구)일 경우	기구 소재지 관할 국세기관에 신고납부하여야 한다.
부동산 소재지와 기구의 소재지가 다른 현(시, 구)일 경우	부동산 소재지 관할 국세기관에 예납세액을 납부하고 기구 소재지 관할 국세기관에 신고납부하여야 한다.

일반 납세의무자가2016년 4월 30일전에 취득하여 임대한 부동산에 대하여 일반세액계산방식을 적용하는 경우 위의 규정에 따라 집행한다.

(2) 소규모납세의무자가 임대하는 경우

소규모 납세의무자가 부동산을 임대하는 경우 아래의 규정에 따라 증치세를 납부하여야 한다.

구 분	임대대상	세 액 계 산 방 법
단위 또는 개인사업자가 부동산을 임대하는 경우	주택 제외	5%의 예정징수율로 납부세액 계산
	주택 임대	1.5%로 감면하여 신고납부

구 분	임대대상	세 액 계 산 방 법
기타 개인이 부동산을 임대하는 경우	주택 제외	5%의 예정징수율로 납부세액 계산
	주택 임대	1.5%로 감면하여 신고납부

부동산 소재지와 기구 소재지에 따라 아래와 같이 신고납부한다.

구 분	신 고 납 부 방 법
부동산 소재지와 기구의 소재지가 같은 현(시, 구)일 경우	기구 소재지 관할 국세기관에 신고납부하여야 한다.
부동산 소재지와 기구의 소재지가 다른 현(시, 구)일 경우	부동산 소재지 관할 국세기관에 예납세액을 납부하고 기구 소재지 관할 국세기관에 신고납부하여야 한다.

(3) 예납세액의 계산

구 분	세액계산방법	예 납 세 액 계 산 공 식
납세의무자가 부동산을 임대하는 경우	일반세액 계산방법	예납세액 $= \dfrac{\text{세액포함매출액}}{(1+11\%)} \times 3\%$
	간이세액 계산방법	예납세액 $= \dfrac{\text{세액포함매출액}}{(1+5\%)} \times 5\%$
개인사업자가 주택을 임대할 경우		예납세액 $= \dfrac{\text{세액포함매출액}}{(1+5\%)} \times 1.5\%$
기타 개인이 부동산을 임대하는 경우	주택 임대	납부세액 $= \dfrac{\text{세액포함매출액}}{(1+5\%)} \times 1.5\%$
	비주택 임대	납부세액 $= \dfrac{\text{세액포함매출액}}{(1+5\%)} \times 5\%$

(4) 징수관리

① <증치세 예납표>의 제출

납세의무자가 부동산을 임대할 경우 부동산 소재지 관할 국세기관에 세액을 예납할 때 <증치세 예납표>를 작성하여야 한다.

② 미공제세액

단위 또는 개인사업자가 부동산을 임대할 경우 부동산 소재지 관할 국세기관에 예납한 세액은 당기 증치세 납부세액에서 공제할 수 있으며, 공제하지 못한 부분은 차기로 이월하여 계속 공제할 수 있다.

납세의무자가 예납세액을 납부세액에서 공제할 때 완납증빙을 유효 증빙으로 갖추어야 한다.

③ 증치세 계산서의 대행 발행

- 소규모납세의무자인 단위 또는 개인사업자가 부동산을 임대하고 증치세 계산서를 발행할 수 없을 경우 부동산 소재지 관할 국세기관에 증치세 계산서를 대행 발행을 신청할 수 있다.
- 기타 개인이 부동산을 임대할 경우 부동산 소재지 관할 국세기관에 증치세 계산서를 대행 발행할 수 있다.
- 납세의무자가 기타 개인에게 부동산을 임대할 경우 증치세 계산서를 직접 또는 대행 발행할 수 없다.

④ 세액을 납부하지 않을 경우

납세의무자가 부동산을 임대하는 경우 세액의 예납일부터 6개월까지 예납하지 않는 경우 기구 소재지 관할 국세기관이 세수징수관리법의 규정에 따라 처리한다.

11) 부동산 개발기업이 부동산을 임대하는 경우

(1) 일반납세의무자인 경우

일반납세의무자인 부동산 개발기업이 직접 개발한 기존의 부동산을 임대할 경우 간이세액계산방법을 선택하여 5% 징수율로 납부세액을 계산한다. 납세의무자가 직접 개발한 부동산과 기구의 소재지가 같은 현(시)에 있지 않을 경우 위의 세액계산방법에 따라 세액을 계산하여 부동산 소재지에 예납한 후 기구 소재지 관할 세무기관에 신고납부하여야 한다.

일반납세의무자인 부동산 개발기업이 기구와 같은 현(시)에 있지 않은 부동산을 직접 개발하여 2016년 5월 1일 이후 임대하는 경우 3%의 예정징수율에 따라 부동산 소재지에 예납한 후 기구 소재지 관할 세무기관에 신고납부하여야 한다.

(2) 소규모납세의무자인 경우

소규모납세의무자인 부동산 개발기업이 직접 개발한 기존의 부동산을 임대하는 경우 5%의 예정징수율로 납부세액을 계산한다. 납세의무자가 직접 개발한 부동산과 기구의 소재지가 같은 현(시)에 있지 않은 경우 위의 세액계산방법에 따라 부동산 소재지에 예납한 후, 기구 소재지 관할 세무기관에 신고납부하여야 한다.

12) 부동산 개발기업이 직접 개발한 부동산을 판매하는 경우

일반납세의무자인 부동산 개발기업이 직접 개발한 부동산을 판매하는 경우 이 방법을 적용한다.

(1) 직접 개발의 의미

'직접 개발'은 법에 따라 토지사용권을 취득한 토지 위에 기초시설 및 주택을 건설하는 것을 말한다. 부동산 개발기업이 완공되지 않는 부동산을 인수받아 직접 개발한 후 자신의 명의로 판매하는 경우에도 직접 개발한 부동산을 판매하는 경우에 해당한다.

(2) 매출액 확정

일반납세의무자인 부동산 개발기업이 직접 개발한 부동산을 판매하는 경우 일반세액계산방법을 적용하여 취득한 대금과 부대비용에서 부동산 개발에 대응되는 토지대금을 공제한 후의 잔액을 매출액으로 하며 매출액 계산공식은 다음과 같다.

매출액=(판매대금+부대비용-당기 공제가능한 토지 대금)/(1+11%)
당기 공제가능한 토지 대금=(당기 판매한 부동산의 건축면적/판매대상 부동산의 전체 건축면적)×지불한 토지 대금

'당기 판매한 부동산의 건축면적'은 당기 납부신고를 진행한 증치세 매출액에 대응하는 건축면적을 말한다.

'판매대상 부동산의 전체 건축면적'은 판매가 가능한 부동산의 전체 건축면적을 말하며, 부동산을 판매할 때 비단독적으로 가격을 정하여 결산하는 공공시설의 건축면적을 포함하지 않는다.

'지불한 토지 대금'은 정부, 토지관리부문 또는 정부의 위탁을 받아 토지 대금을 받는 단위에 직접 지불한 토지 대금을 말한다.

매출액 계산 시 판매대금과 부대비용에서 공제하는 토지 대금을 계산할 때 성급 이상(성급 포함) 재정부문이 인쇄한 재정증빙을 갖추어야 한다.

일반납세의무자는 건축대장에 토지 대금 공제 상황을 기록하여야 하며 공제된 토지 대금은 납세의무자가 실제 지불한 토지 대금을 초과할 수 없다.

일반납세의무자인 부동산 개발기업이 직접 개발한 부동산을 판매하는 경우 간이세액계산방법을 선택할 수 있으며 5%의 징수율로 세액을 계산하되 매출액에서 토지 대금을 공제할 수 없다. 간이세액계산방법을 선택한 경우 36개월내 일반세액계산방법으로 변경할 수 없다.

(3) 세액의 예납

일반납세의무자인 부동산 개발기업이 선수금을 받고 직접 개발한 부동산을 판매하는 경우 선수금을 받을 때 3% 예정징수율로 증치세를 예납하여야 한다.

예납하여야 할 세액은 아래의 공식에 따라 계산한다.

예납하여야 할 세액=선수금액/(1+적용세율 또는 징수율)×3%

일반세액계산방법을 적용하는 경우 11%의 적용세율로 계산하고 간이세액계산방법을 적용하는 경우 5%의 징수율로 계산한다.

일반납세의무자인 부동산 개발기업은 선수금을 받은 익월 신고납부기한까지 관할 세무기관에 세액을 예납하여야 한다.

(4) 매입세액

일반납세의무자인 부동산 개발기업이 직접 개발한 부동산을 판매하는 경우 일반세액계산방법, 간이세액계산방법 및 증치세가 면세되는 경우가 같이 있는 경우로서 매입세액을 구분할 수 없을 경우 <건축공사 착공허가증에 기재된 건설규모를 기준으로 구분한다.

> 공제할 수 없는 매입세액=당기 구분할 수 없는 전체 매입세액×(간이세액계산방법 및 증치세 면세항목의 건설규모)/부동산의 전체 건설규모)

(5) 납세신고

일반납세의무자인 부동산 개발기업이 직접 개발한 부동산을 판매하고 일반세액계산방법을 적용하는 경우 <영업세를 증치세로 전환하는 시범실시 방법>(財稅[2016] 36호)의 제45조에서 규정하는 납세의무 성립시기에 매출액과 11%의 적용세율로 당기 납부세액을 계산하여 예납한 세액을 공제한 후 관할 국세기관에 신고납부하여야 하며, 공제하지 못한 예납세액은 이월하여 계속 공제할 수 있다.

일반납세의무자인 부동산 개발기업이 직접 개발한 부동산을 판매하고 간이세액계산방법을 적용할 경우 <시범 실시방법> 제45조 규정하는 납세의무 성립시기에 당기 매출액과 5% 예정징수율로 당기 납부세액을 계산하여 예납한 세액을 공제한 후 관할 국세기관에 신고납부하여야 하며, 공제하지 못한 예납세액은 이월하여 계속 공제할 수 있다.

(6) 계산서 발행

일반납세의무자인 부동산 개발기업이 직접 개발한 부동산을 판매하는 경우 증치세 계산서를 발행하여야 한다.

일반납세의무자인 부동산 개발기업이 직접 개발한 부동산을 기타 개인에게 판매한 경우 증치세 전용계산서를 발행할 수 없다.

13) 증치세 세금통제 전용설비와 기술유지비용의 공제규정

① 2011년 12월 1일부터 증치세 세금통제 시스템과 전용설비를 구입하여 지급한 비용은 증치세 전용계산서에 근거하여 전액을 공제할 수 있으며, 공제하지 못한 금액은 차기로 이월공제할 수 있다.

② 2011년 12월 1일 이후 지급한 기술유지비용은 증치세 전용세금계산서에 근거하여 전액을 공제할 수 있으며, 공제하지 못한 금액은 차기로 이월공제할 수 있다.

14) 본점 및 지점의 시범납세의무자 증치세 계산납부 잠행방법

재정부와 국가세무총국이 비준한 본점의 시범실시 납세의무자와 지점은 아래와 같이 증치세액을 계산한다.

① 본점은 본점과 지점에서 발생한 「과세용역범위 주석」에서 정한 업무로 인한 증치세액을 계산하고 지점의 「과세용역범위 주석」상의 업무로 인해 기납부한 증치세액을 공제한 후 본점 소재 세무기관에 납부한다.

② 본점의 증치세 매출액은 본점과 지점의 「과세용역범위 주석」상의 업무의 증치세 매출액이다.

③ 본점의 매입세액은 본점과 지점이 제공한 「과세용역범위 주석」상의 업무로 매입재화 또는 제공받은 가공수리용역과 서비스용역으로 지급한 증치세액이다.

④ 매년 제1납세신고기한 종료 후 전년도 본점이 합산한 납세상황에 대해 결산한다. 본점과 지점은 연도 증치세납부세액을 결산하고 매출액의 비율에 따라 세액을 계산한다. 지점이 예납한 증치세액이 당해연도 납부세액을 초과할 경우 예납하지 않는다.

15) 일반납세의무자의 납부세액 계산의 사례

사 례 6-3

조흥유한공사는 제조업을 영위하는 증치세 일반납세의무자로서 증치세 적용세율은 17%이다. 2016년 8월에 발생된 거래는 다음과 같다.

① 갑상품을 백화점에 판매하고 증치세 전용계산서를 발행하였고, 매출액 80만위안(증치세 별도)을 취득하였다. 한편, 갑제품을 판매하는 과정에서 재화의 운송수입 5.85만위안을 취득하였으며 보통계산서를 발행하였다.

② 을제품을 판매하여 보통계산서를 발행하였으며 매출액 29.25만위안(증치세 포함)을 취득하였다.

③ 시험 제작한 신제품을 자신의 건설공사에 사용하였으며 원가는 20만위안이고 원가이윤율은 10%이다. 이 신제품은 동종제품의 시장 판매가격이 없다.

④ 2014년 10월 구입하여 고정자산으로 사용하던 수입오토바이 5대를 판매하였으며 전용계산서를 발행하였다. 대당 매출액 1.17만위안(증치세 포함)을 받았다.

⑤ 재화를 매입하면서 증치세 전용계산서를 받았으며 매입대금은 60만위안이고 매입세액은 10.2만위안이다. 그 밖에 재화의 매입과정에서 지급한 운임이 6만위안이며 운수회사에서 발행한 전용계산서를 취득하였으며, 기재된 세액은 0.66만위안이었다.

⑥ 농업생산자로부터 면세 농산품을 구입하였으며 구매가격 30만위안을 지불하였고 운송회사에 운반비 5만위안을 지불하였으며 이와 관련하여 운수부분이 발행한 증치세 전용계산서를 받았으며 기재된 세액은 0.55만위안이었다. 이 달 하순에 구입한 농산품의 20%를 회사 직원의 복지에 사용하였다.

요구

이상의 관련 증빙은 모두 세법의 규정에 부합될 경우 다음의 순서에 따라 조흥유한공사가 납부하여야 할 8월분 증치세액을 계산하시오.

① 갑제품의 판매에 대한 매출세액을 계산하시오.

② 을제품의 판매에 대한 매출세액을 계산하시오.

③ 자신이 사용한 신제품의 매출세액을 계산하시오.

④ 사용하던 오토바이의 판매에 대한 납부세액을 계산하시오.

⑤ 외부에서 구입한 재화에서 공제하여야 할 매입세액을 계산하시오.

⑥ 외부에서 구입한 농산품에서 공제하여야 할 매입세액을 계산하시오.

⑦ 이 기업이 납부하여야 할 8월분 증치세액을 계산하시오.

풀이

① 갑제품의 판매에 대한 매출세액
= 80 × 17% + 5.85 ÷ (1 + 17%) × 17% = 14.45(만위안)

② 을제품의 판매에 대한 매출세액
= 29.25 ÷ (1 + 17%) × 17% = 4.25(만위안)

③ 자신이 사용한 신제품의 매출세액
= 20 × (1 + 10%) × 17% = 3.74(만위안)

④ 사용하던 오토바이의 판매에 대한 납부세액
= 1 × 17% × 5 = 0.85(만위안)

⑤ 외부에서 구입한 재화에서 공제하여야 할 매입세액
= 10.2 + 0.66 = 10.86(만위안)

⑥ 외부에서 구입한 농산품에서 공제하여야 할 매입세액
= (30 × 13% + 0.55) × (1 − 20%) = 3.56(만위안)

⑦ 이 기업이 납부하여야 할 8월분 증치세액
= 14.45 + 4.25 + 3.74 + 0.85 − 10.86 − 3.56 = 8.87(만위안)

VII. 간이세액계산방법의 납부세액 계산

1. 납부세액의 계산

납세의무자가 재화의 판매, 과세용역의 제공, 과세행위의 발생에 대하여 간이세액계산방법을 적용하는 경우 매출액과 징수율로 증치세 납부세액을 계산하며 매입세액공제는 할 수 없다. 간이세액계산방법의 납부세액 계산공식은 다음과 같다.

증치세 납부세액 = 매출액(증치세 미포함)×징수율
매출액 = 세액포함 매출액/(1 + 징수율)

소규모납세의무자는 모두 간이세액계산방법을 적용하여야 하며, 일반납세의무자는 특정 재화를 판매하거나 특정 과세행위를 제공할 때에만 간이세액계산방법을 적용할 수 있다.

예를 들어, 시범실시 납세의무자 중 일반납세의무자가 제공하는 공공교통운수용역, 도급방식으로 제공하는 건축용역은 간이세액계산방법으로 증치세를 계산하여 납부할 수 있다.

소규모 납세의무자

중국의 소규모 납세의무자는 한국의 간이과세자의 개념과 비슷하다고 볼 수 있다.

업종별로 매출액이 일정규모 이하인 사업자는 회계관리가 갖추어져 있지 못하다는 현실을 감안하여 일반납세의무자와 같은 체계적인 신고납부를 할 수가 없으므로 일반납세의무자에 비해서 비교적 간단한 방법으로 납부세액을 계산하도록 하고 있다.

중국의 소규모 납세의무자는 매출액에 징수율을 곱한 금액을 납부세액으로 하며 매입세액을 공제할 수 없으나, 한국의 간이과세자는 매출액에 일반납세의무자보다는 낮은 세율(업종별 부가율)을 적용하여 매출세액을 산출하는 점은 같으나 매입세액도 업종별 부가율을 적용한 금액에 대해 공제가 가능한 점에서는 중국과 차이가 있다.

한국과 중국의 용어차이를 설명하면 다음과 같다.

구 분	중 국	한 국
납세의무자	소규모 납세의무자	간이과세자
매출세액	매출액 × 징수율	매출액 × 업종별 부가율
매입세액	공제할 수 없음	업종별 부가율을 적용하여 공제가능

2. 매출액의 환산

간이세액계산방법을 적용할 경우 매출액은 납부하여야 할 증치세액을 포함하지 아니하며, 납세의무자가 매출액과 증치세를 포함하여 가격을 정할 경우 아래의 공식에 따라 매출액을 환산하여야 한다.

환산매출액 = 세액포함 매출액 ÷ (1 + 징수율)

사 례 6-4

소매업을 영위하는 삼화상해유한공사는 소규모 납세의무자이며 2016년 8월에 소매업을 영위하여 취득한 수입총액은 12.36만위안이다.

요구

삼화상해유한공사가 납부해야 할 8월분 증치세세액을 계산하시오.

풀이

① 세액이 포함되지 않는 매출액 = 12.36 ÷ (1 + 3%) = 12만위안
② 납부하여야 할 증치세액 = 12 × 3% = 0.36만위안

납세의무자의무자가 간이세액계산방법을 적용하여 세액을 계산한 후, 매출환입, 매출에누리 등으로 구매자에게 돌려준 매출액은 당기 매출액에서 공제하며, 공제한 후에도 과다납부한 세액이 있는 경우 이후 납부세액에서 공제한다,

소규모 납세의무자에게 위와 같은 경우가 발생하는 경우 매출액을 구매자에게 돌려주고 매출액에서 차감한다. 만약 소규모납세의무자가 이미 세무기관에 위탁하여 증치세 전용계산서를 대행 발행한 상태에서 위와 같은 상황이 발생하면 세무서에 적자 증치세 전용계산서 대행 발행을 신청하여야 한다.

사 례 6-5

모 소규모납세의무자가 특정 과세용역을 영위하고 있으며 3%의 징수율 적용대상이다. 2017년 5월에 매출액이 1,000위안인 용역이 발생하여 증치세를 납부한 후 6월 해당 용역과 관련하여 받은 대금 전액을 되돌려주었다.(매출액은 모두 증치세세액 불포함)

풀이

(1) 6월분 과세용역의 매출액이 5,000위안이라고 가정할 경우
- 6월 최종 과세매출액=5,000－1,000=5,000위안
- 6월분 납부하여야 할 세액=4,000×3%=120위안

(2) 6월분 과세용역의 매출액은 600위안이고 7월분 과세용역의 매출액이 5,000위안이라고 가정할 경우
- 6월 최종 과세매출액=600－600=0위안
- 6월분 납부하여야할 증치세=0위안

6월 매출액이 공제금액보다 부족하므로(600－1,000), 과다납부한 12위안(400×3%)은 이후 과세기간의 납부세액에서 공제할 수 있다.
- 7월 실제 납부세액=5,000×3%－12=138위안
  또는 =(5,000－400)×3%=138위안

VIII. 수입재화에 대한 과세

1. 수입재화의 과세대상 및 납세의무자

1) 수입재화의 과세대상

중국 해관에 신고하여 중국내에 반입하는 재화에 대해서는 증치세를 납부하여야 한다.

어느 재화가 수입재화에 속하는지의 여부는 재화가 수입통관절차를 거쳤는지를 먼저 보아야 한다. 일반적으로 국외 제품을 중국내로 수입하기 위해서는 중국 해관에 수입신고를 하고 통관절차를 밟아야 한다.

해관에 수입신고를 하고 수입한 재화가 아래와 같이 과세대상에 해당될 경우 수입단계에서 증치세를 납부하여야 한다.

수입재화의 과세대상

- 국외에서 생산되었거나 중국에서 먼저 해외로 수출하고 난 뒤 중국으로 다시 유입된 재화인 경우
- 수입업자가 직접 매입하였거나 국외에서 증정한 재화인 경우
- 수입업자가 직접 사용하거나 무역 등의 용도로 사용하는 경우

중국은 수입재화에 대해 과세규정을 함과 동시에 일부 수입재화에 대해서는 감면의 특수규정을 별도로 하고 있다.

만약 가공무역방식(내료가공, 진료가공)으로 국외로부터 원재료, 부속품 등을 수입하여 국내에서 가공한 후 재수출하는 경우 수입한 재료 및 부품에 대해서 면세 또는 감면이 가능하다. 그러나 면세 또는 감면되는 재료를 수입하여 가공한 후 다시 수출하지 않고 국내에서 판매하는 경우에는 이미 면제 또는 감면받은 부분에 대해 납부하여야 한다.

수입재화에 대한 면세 또는 감면의 여부는 모두 국무원이 규정하며 특정 지자체 또는 특정한 기관은 규정할 권한이 없다.

용어설명 가공무역(进料加工과 来料加工)

중국의 증치세법에서는 진료가공(进料加工)과 내료가공(来料加工)이라는 용어가 자주 등장하는데 한국에서는 두 가지 모두 가공무역이라는 용어로 사용되고 있어서 이하 두 가지를 합한 개념으로 통일하여 '가공무역'이라고 사용하기로 한다.
가공무역방식은 수입한 원재료와 가공한 제품의 소유권의 귀속 여부에 따라 크게 두 가지로 구분할 수 있다.

진료가공(进料加工)
원재료와 완제품의 소유는 생산한 회사에 귀속되며 별개의 수입과 수출거래로 볼 수 있다. 이러한 진료가공에 대한 수입과 수출에 대해 중국 세법에서는 감면 또는 면세의 규정을 두고 있다.

내료가공(来料加工)
원재료와 완제품의 소유는 발주자인 외국기업에 귀속이 되며 생산자는 단지 가공무역비만을 청구할 수 있다. 이러한 내료가공은 한국의 사급자재를 제공한 위탁가공의 개념과 비슷하다.

상호비교
진료가공과 내료가공은 모두 위탁가공에 속하지만 가장 큰 차이점은 원재료와 완제품의 귀속이 어떻게 되느냐이다. 진료가공은 원재료를 위탁자로부터 매입한 것으로 보아 처리

하지만 내료가공은 위탁자가 원재료를 제공한 것으로 보고 수탁자는 단지 위탁가공료만 얻게 된다.

2) 전자상거래로 수입하는 경우

다른 국가 또는 지역에서 <해외 전자상거래 소매 수입 상품 리스트>의 아래 상품을 수입하는 경우 해외 전자상거래 소매 수입의 증치세 조세정책이 적용된다.

- 모두 세관과 연결된 전자상거래 플랫폼을 통하여 수입한 것으로 거래, 지물 및 물류전자정보를 비교할 수 있는 해외 전자상거래로 수입한 상품
- 해관과 연결된 전자상거래 플랫폼을 통하지는 아니하였으나 택배 및 우정기업이 거래, 지불, 물류전자정보를 모두 제공할 수 있고 관련 법률책임의 부담을 승낙하고 해외 전자상거래로 수입한 상품

3) 수입재화의 납세의무자

수입재화의 수령인 또는 통관절차를 진행하는 단위와 개인이 수입재화의 증치세 납세의무자가 되며 수입업무에 종사하는 중국내의 모든 기업, 기관 및 개인도 포함된다.

기업 또는 개인이 위탁하여 대리로 수입한 과세재화에 대해서는 대리하여 수입한 재화의 해관 완납증명서를 일부는 위탁자에게 발행해 주고 일부는 수탁자에게 발행해 주는 특성을 감안하여, 대리로 수입한 재화에 대해 해관에서 발행한 완납증명서상의 납세의무자를 증치세 납세의무자로 한다. 실무에서는 일반적으로 대리수입업자가 수입단계의 증치세를 대납한다. 납세 후 대리자가 완납한 세액과 수입재화 대금비용 등을 위탁자와 결산하며 위탁자가 이미 납부한 세금을 부담한다.

2. 수입재화의 적용세율

수입재화의 증치세 세율은 본 장 'Ⅳ. 세율과 징수율'의 내용과 동일하다.

다만, 국가간 전자상거래로 소매로 수입하는 상품이 단일 거래한도액은 2,000위

안 이하이며, 개인이 전자상거래로 연간 20,000위안까지 수입하는 경우 관세의 세율은 '0%'이다.

3. 수입재화의 납부세액 계산

납세의무자가 재화를 수입하는 경우 산정가격에 증치세법에서 규정하는 세율을 적용하여 납부세액을 계산한다. 증치세 매출세액을 산출할 때 직접 매출액을 과세근거로 하거나 과세기준으로 하지만 수입재화의 증치세를 산출할 때 유사한 제품의 매출액과 같은 과세근거를 직접적으로 구할 수 없으므로 산정가격을 계산하여야 한다.

'산정가격(组成价格)'이란 실제의 판매가격이 존재하지 않는 상황에서 세법의 규정에 따라 과세표준을 결정하는 가격이다.

수입재화에 대한 증치세의 산정가격과 납부세액의 계산공식은 다음과 같다.

- 산정가격 = 관세 과세가격(完税价格) + 관세 + 소비세
- 납부세액 = 산정가격 × 세율

납세의무자는 수입재화의 증치세 납부세액을 계산할 때 다음을 주의해야 한다.

1) 관세 및 소비세의 포함

수입재화 증치세의 산정가격에는 이미 납부한 관세 세액을 포함한다. 만약 수입재화가 소비세 과세대상 소비품에 해당될 경우 그의 산정가격에는 역시 수입단계에서 이미 납부한 소비세 세액도 포함한다.

2) 외국에서 납부한 세액

수입단계의 증치세 납부세액을 계산할 때 어떠한 세액도 공제할 수 없다. 즉 수입단계에서의 증치세 납부세액을 계산할 때 중국외에서 지급한 어떠한 세액도 공제할 수 없다.

이러한 두 가지 요소는 실질적으로 수출재화의 '목적지원칙' 또는 '소비지원칙'을 달성하는 것으로, 즉 수출재화에 대해서는 원칙적으로 소비지에서 물품세를 과세하게 된다.

수입재화의 경우 수출한 국가에서는 수출시에 관세, 증치세와 소비세를 과세하지 않고 중국에 수입될 때 재화의 가격은 기본적으로 CIF 가격으로서 소위 말하는 '관세 과세가격'이다. 만약 이 때에 관세와 기타의 세금을 징수하지 않으면 국내 동종 제품과의 조세부담의 차이가 발생하게 되므로 수입할 때 우선 수입관세를 징수하며 소비세 과세상품의 경우 소비세를 징수해야 한다. 이렇게 하여야만 증치세의 과세표준, 즉 산정가격을 적용하게 되며 국내 동종 제품의 과세표준과 일치하게 된다.

또한 재화 수출국에서 거래세를 징수하지 않았기 때문에 수입할 때 증치세 납부세액 계산시 매입세액 공제를 할 여지가 없다.

3) 과세기준

「해관법」과 「수출입관세 조례」에서는 일반무역방식으로 수입한 재화의 관세 과세가격은 해관이 심사 결정한 거래가격을 기초로 한 CIF 가격(到岸价格)을 과세가격으로 한다. 거래가격이란 일반적인 무역거래에서 재화를 수입하는 구매자가 재화를 구입하기 위하여 판매자에게 실제로 지급하거나 지급하여야 할 가격을 말한다. CIF 가격(到岸价格)은 재화대금에 재화가 중국내 수입지점에 도착하기 전까지의 포장비, 운임, 보험료와 기타 비용을 포함한 가격을 말한다. 일부 무역거래를 통하여 수입한 재화는 수입할 때의 거래가격이 없으므로 「수출입관세 조례」에서는 이러한 수입재화에 대해 구체적인 과세가격 결정방법을 별도로 규정하고 있다.

4) 해관의 완납증명서

납세의무자가 재화를 수입하면서 받은 해관이 발행한 완납증명서는 증치세 매입세액을 계산하는 유일한 기준이며, 그 가격차액부분 및 국외 공급자로부터 환불받은 금액은 매입세액으로 처리하지 않는다.

 용어설명 CIF 가격(到岸价格)과 FOB 가격(离岸价格)

- 到岸价格은 항구에 도달한 가격이라는 뜻으로 CIF(Cost, Insurance and Freight)를 의미한다.
- 离岸价格은 항구를 떠난 가격이라는 뜻으로 FOB(Freight On Board)를 의미한다.

4. 수입재화의 조세관리

수입재화의 증치세는 해관이 징수를 담당한다. 개인이 휴대 또는 우편으로 자가물품을 반입할 경우 물품의 증치세는 관세와 함께 징수하며 구체적인 방법은 국무원 관세 세칙위원회가 관련 부문과 함께 제정한다.

수입재화의 증치세 납세의무 성립시기는 수입 통관신고를 한 당일이며 납세지는 수입자 또는 대리인이 통관지 해관이고 납세기한은 해관에서 해관 수입용 증치세 전용납부서를 발행한 날로부터 15일 이내이다.

수입재화 증치세의 징수관리는 「세수징수관리법」, 「해관법」, 「수출입관세 조례」와 「수출입세칙」의 규정에 따라 처리한다.

사 례 6-6

모 백화점에서 9월에 재화를 수입하였으며, 국외 매입가격은 40만위안이며 중국 해관에 도착하기 전까지 발생한 포장비, 운송비, 보험료 등이 모두 20만위안이 발생하였다. 재화를 통관시킨 후 기업은 수입단계의 증치세를 납부하였으며 해관에서 발행한 세액 완납증명서를 받았다. 만약 이 수입재화를 국내에서 전부 판매했다고 가정할 경우 매출액은 80만위안이 된다.

요구

수입재화의 관세세율은 15%, 증치세 세율은 17%라고 할 경우, 다음의 순서에 따라 문제에 답하시오.

(1) 관세의 산정가격을 계산하라.
(2) 수입단계에서 납부해야 할 수입관세를 계산하라.
(3) 수입단계에서 납부해야 할 증치세 산정가격을 계산하라.
(4) 수입단계에서 납부해야 할 증치세 세액을 계산하라.
(5) 국내에서 모두 판매할 경우 매출세액을 계산하라.
(6) 국내에서 모두 판매할 경우 납부하여야 할 증치세 세액을 계산하라.

풀이

(1) 관세의 산정가격 = 40 + 20 = 60만위안
(2) 납부해야 할 수입관세 = 60 × 15% = 9만위안
(3) 수입단계에서 납부해야 할 증치세의 산정가격 = 60 + 9 = 69만위안
(4) 수입단계에서 납부해야 할 증치세의 세액 = 69 × 17% = 11.73만위안
(5) 국내에서 모두 판매할 경우 매출세액 = 80 × 17% = 13.6만위안
(6) 국내에서 모두 판매할 경우 증치세 납부세액 = 13.6 - 11.73 = 1.87만위안

IX. 수출재화의 영세율 환급제도

재화와 용역의 수출 및 국제 과세대상행위(이하 "수출재화"라 한다) 영세율 환급제도는 각국이 수출재화의 경쟁력을 향상시키기 위하여 국제 무역거래에서 보편적으로 사용되고 있는 제도로서 수출재화에 대한 간접세(중국의 경우 증치세와 소비세)를 면제 또는 환급해 주는 제도이다. 즉 수출재화에 대해 부담하였거나 부담해야 할 증치세와 소비세 등 간접세에 대해 영세율 환급이나 면세를 실시하는 것을 말한다.

중국의 수출재화의 영세율 환급제도는 국제 무역거래 중에서 중국에서 수출통관 신고를 한 수출재화에 대해 영세율을 적용하여 중국내에서 이미 납부한 증치세와 소비세에 대해 환급 또는 면세해주는 것을 말한다. 즉 증치세 수출재화에 대해 영세율을 적용하고 소비세 수출재화에 대해 면세를 적용하고 있다.

1. 수출재화 영세율의 기본개념

1) 수출재화 영세율의 개념

증치세 수출재화의 영세율이란 세법에 있어서 두 가지 의미를 가지고 있다.
첫째, 수출단계에서 생산이나 판매된 수출재화의 부가가치 부분에 대해 증치세

를 면제한다는 뜻이고,

둘째, 수출재화가 이전 단계에서 이미 부담한 매입세액에 대하여 환급을 해준다는 뜻이다.

모든 수출재화의 수출정책이 다르고, 수출 이전에 적용된 면세의 상황이 모두 다르고 국가가 특정 재화에 대해 제한적 수출정책을 실시하고 있기 때문에 각 수출재화의 상황에 대해 국가는 '징수한 만큼 환급해 준다', '징수하지 않으면 환급해 주지 않는다'라는 기본원칙 위에서 각각의 세수처리방법을 제정하고 있다.

2) 수출재화의 영세율 정책의 연혁

중국의 수출재화의 영세율 정책에 대한 연혁을 간단히 살펴보면 다음과 같다.

① 1994년 「수출재화 환급면세 관리방법」을 제정하여 실시

1994년 국가세무총국은 「증치세 잠행조례」와 「소비세 잠행조례」의 규정에 근거하여 「수출재화 환급(면세) 관리방법」을 제정하여 실시하였으며, 수출재화의 환급(면세)의 범위, 수출재화의 환급율, 수출환급세액의 계산방법, 수출환급(면세) 처리절차 및 수출환급(면세)에 대한 심사와 관리 등을 구체적으로 규정하였다.

② 2002년 1월 23일

2002년 1월 23일 재정부와 국가세무총국은 「수출재화의 면세, 공제, 환급 방법(이하 '면저퇴'라 한다)의 적용을 추진하는데 관한 통지」를 공포하였으며, 2002년 2월 6일 국가세무총국은 「제조기업 수출재화의 면세, 공제, 환급제도의 관리 및 처리규정(시행)」을 공포하였다.

중국은 그 동안 국제경제의 상황에 맞춰 수출재화에 대한 환급율을 탄력적으로 상향 혹은 하향조정하여 왔다. 개정된 증치세법과 동 실시세칙을 각각 2009년 1월 1일 및 2011년 11월 1일부터 실시하고 있으며, '수출재화의 세율을 영으로 하되 국무원에서 별도로 규정한 것을 제외한다'라는 정책을 고수하고 있다.

③ 2012년 5월

2012년 5월 재정부와 국가세무총국은 「수출재화와 노무용역의 증치세와 소비세

정책에 대한 통지」를 공포하였다. 이 통지는 최근 연속하여 제정한 수출재화와 대외제공 가공수리보수용역에 대해 증치세와 소비세정책을 정리하고 집행 중 발생한 사례에 대해 명확하게 규정하고 있다.

④ 2013년

수출 환급(면세) 신고의 오차와 의문점을 감소하고 신고 및 심사비준의 효율성을 향상시켜 수출세금의 환급의 진도를 가속화하기 위하여, 2013년 10월 15일 국가세무총국은 제61호인 「수출환급(면세)신고방법 조정에 대한 공고」를 공포하였다.

2013년 11월 13일 수출재화와 노무용역에 대한 세무정책을 명확히 집행하기 위하여 국가세무총국은 제65호인 「수출재화와 노무용역의 증치세와 소비세 문제에 관한 공고」를 공포하였으며, 이후 「서비스용역의 증치세 영세율과 면제정책을 적용하는 규정」을 제정하였다.

중국의 영세율 환급제도

수출재화에 대한 영세율 환급제도는 한국과 중국 모두 기본적으로 같으나 그 시행방법에 있어서는 약간의 차이가 있다.

① 중국의 증치세법을 보면 '免抵退'라는 용어가 자주 등장하는데 이 용어의 뜻은 '면세하고, 공제하고, 환급해준다.'라는 뜻으로 한국에서는 이 세 가지를 합하여 '영세율 환급'이라는 용어로 사용되고 있다.
이 책에서는 이러한 '免抵退'라는 용어를 우리말로 줄여 '면저퇴'라는 용어로 통일하기로 한다.

② 중국에서는 영세율 환급제도에 대하여 업종별, 형태별로 다른 환급제도를 적용하고 있다.

③ 한국에서는 수출재화에 대한 부가가치세의 세율을 영(0)으로 보고 이미 납부한 매입세액을 환급해주고 있지만 중국에서는 국가의 정책에 따라 업종별 또는 품목별로 탄력적인 환급율을 택하고 있어 한국과 차이가 있다.

④ 따라서 재화를 수출하는 모든 기업에 대해 환급해주는 것이 아니라 일부 업종의 경우에는 증치세 환급대상이 안될 수도 있다.

2. 수출재화 영세율 환급의 기본정책

세계 각국은 자국 재화의 수출을 장려하기 위하여 WTO 기본규칙을 준수하는 전제 하에 일반적으로 수출품에 대해 조세특례정책을 실시하고 있다. 일부 국가는 재화의 수출 이전에 포함된 세액을 수출 후에 환급해주는 정책(즉 수출환급)을 실시하고 있으며, 일부 국가는 수출한 재화에 대해 수출 전에 세액을 면세하는 정책을 실시하고 있다.

중국은 수출환급과 면세를 서로 결합한 정책을 실시하고 있다. 중국의 수출체계가 아직 성숙하지 않았고 수출경영권을 가지고 있는 기업은 아직 일부 기업에 한정되어 있으며 중국에서 생산된 희소금속과 같은 일부 재화는 아직 국내 수요조차 충족시키지 못하고 있다. 따라서 비제조기업과 국가의 긴급물자에 대해서는 수출을 제한하여 수출환급(면세)을 못하도록 하고 있는 바, 현재 중국의 수출재화의 조세정책은 다음과 같은 세 가지 형식으로 나뉜다.

첫째, 수출면세와 환급을 동시에 적용하는 경우
둘째, 수출면세는 적용하되 환급은 적용하지 않는 경우
셋째, 수출면세와 환급을 모두 적용하지 않는 경우

용어설명 면저퇴의 의미

중국 증치세법의 용어 중에 수출재화의 영세율 환급제도와 관련하여 면세, 공제와 환급이라는 용어가 자주 등장하는데, 구체적으로 설명하면 다음과 같다.

- 면세(免) : 수출재화에 대해서 수출시 증치세 매출세액을 면세하는 것을 의미하며 수출재화에 대해 증치세 적용세율을 '0'을 적용하여 납부하여야 할 매출세액을 면제하게 된다.
- 공제(抵) : 수출한 재화에 대해서는 면세를 하게 되므로 매출세액이 없게 되나 이러한 수출재화를 생산하기 위하여 매입한 매입세액을 공제하게 된다.
- 환급(退) : 한국에서와 마찬가지로 매출세액이 매입세액보다 더 클 경우 환급해주는 것을 말한다. 수출재화의 경우 매출세액에 대해서는 면세를 해주므로 매출세액은 없으나, 수출재화의 매입단계에서 이미 매입세액을 부담하였으므로 매출세액보다 매입세액이 더 크게 되므로 환급세액이 발생하게 된다.

한국의 경우에는 '면세'라는 용어는 수출품에 대해 부가가치세를 면세한다는 것을 의미하며 수출재화에 대해서는 매입세액 전체를 환급해주게 되나, 중국에서는 '환급율'을 적용하여 매입세액 중에서 환급율을 적용하여 계산한 매입세액만 환급해주며 중국정부의 수출정책에 따라 이러한 환급율은 변동하게 된다.

1) 수출면세와 환급을 동시에 적용하는 경우

'수출면세'란 수출재화의 수출판매단계에서 증치세와 소비세를 징수하지 않는 것을 말하며, 이는 재화의 수출단계와 수출 전의 판매단계를 모두 하나의 과세단계로 보는 것을 말한다.

'수출환급'이란 재화의 수출 이전에 실제 부담한 조세부담(매입세액)에 대해 환급율에 따라 계산하여 환급세액을 환급해주는 것을 말한다.

2) 수출면세는 적용하되 환급은 적용하지 않는 경우

수출면세는 위의 '1)'과 동일하며, '환급을 적용하지 않는다.'는 것은 수출재화가 생산, 판매 단계와 수입단계에서 면세가 적용되어 수출할 때 재화의 가격에 세액이 포함되어 있지 않으므로 세액을 환급할 필요가 없는 것을 말한다.

3) 수출면세와 환급을 모두 적용하지 않는 경우

'수출면세를 적용하지 않는다.'는 것은 국가에서 수출을 제한하거나 금지하는 재화의 수출을 내수로 보아 증치세법에 따라 정상적으로 세액을 징수하는 것을 말한다.

'수출환급을 적용하지 않는다.'는 것은 이러한 재화가 수출될 때 수출 전에 부담한 세액을 환급해주지 않는다는 것을 말한다. 이 정책의 적용대상은 주로 세법에서 수출을 제한하거나 금지하는 것으로 열거된 재화로서 천연우황, 사향 등이 있다.

3. 수출재화에 대한 환급(면세) 정책

1) 증치세 환급(면세)의 적용범위

아래의 수출재화를 수출하는 경우(「수출재화와 노무용역의 증치세와 소비세 정책에 대한 통지」의 제6조 및 제7조에 해당하는 것은 제외)에는 증치세를 면제하고 환급하는 정책[이하 "증치세 환급(면세)"]을 실시한다.

- 수출기업이 재화를 수출하는 경우
- 재화의 수출로 간주하는 경우
- 수출기업이 대외에 가공, 수리수선용역을 제공하는 경우
- 증치세 영세율(零税率)을 적용하는 서비스용역

(1) 수출기업이 재화를 수출하는 경우

여기에서의 용어는 다음과 같다.

구 분	설 명
수출기업	법규에 따라 공상등기, 세무등기 및 대외무역경영자등록을 하고 직접 또는 위탁하여 수출하는 단위 및 개인사업자를 말하며, 공상등기와 세무등기는 마쳤으나 대외무역경영등기를 하지 않아서 위탁하여 수출하는 제조기업을 포함한다.
재화의 수출	해관에 통관신고 후 실제 해외의 단위나 개인에게 판매한 재화를 말하며 직접수출(자영수출) 및 위탁수출이 있다.
제조기업	생산능력(가공 및 수리수선능력을 포함한다)을 갖춘 단위 또는 개인사업자를 말한다.

(2) 수출로 간주하는 재화

- 수출기업이 대외원조, 해외도급 및 대외투자로 수출하는 재화
- 수출기업이 해관의 통관신고를 거쳐 국가가 비준한 수출가공구, 보세물류원구, 보세항구, 종합보세구 등의 특수구역에 반입하여 특수구역 내의 기업 등에 판매하는 재화

- 제조기업이 해상 석유, 천연가스 채굴기업에 판매한 해양구조물
- 수출기업이 국제운수기업에 판매하여 국제운수수단에 사용되는 재화
- 수출기업 또는 기타 단위가 국제금융조직 또는 외국정부가 대출하여 국제 입찰하는 건설프로젝트에 낙찰되어 판매하는 기계전기제품. 외국기업이 낙찰 후 재하도급한 기계전기제품을 포함한다.
- 수출기업이 특수구역 내의 제조기업에 판매하여 생산에 사용되는 물, 전기, 증기 등
- 이하 조건에 부합하는 제조기업이 수출한 재화

(3) 제조기업의 간주수출재화의 조건

① 일정 요건을 충족한 제조기업이 매입하여 수출한 재화

사업영위과정에서 수출환급을 부당하게 받거나, 허위로 증치세 전용계산서 또는 농산품 구매계산서를 허위로 발급하거나, 허위의 증치세 전용계산서를 받는 경우가 없으면서 아래의 조건을 동시에 해당하는 제조기업이 수출한 재화를 외부에서 구매하는 경우, 자가생산한 재화로 보아 증치세 환급(면세)정책을 적용한다.

- 증치세 일반납세의무자의 자격을 갖출 것
- 2년 이상의 사업을 영위할 것
- 납세신용등급이 A등급 이상일 것
- 전년도 연간 매출액이 5억위안 이상일 것
- 구입한 재화와 해당 기업이 생산한 재화가 동일하거나 연관성이 있을 것

② 일정 요건을 충족하지 못한 제조기업이 매입하여 수출한 재화

사업영위과정에서 수출환급을 부당하게 받거나, 허위로 증치세 전용계산서 또는 농산품 구매계산서를 허위로 발급하거나, 허위의 증치세 전용계산서를 받는 경우가 없으나 상기 '①'의 요건을 동시에 충족하지 못한 제조기업이 아래의 요건 중 하나를 충족하는 경우, 외부에서 구매한 수출 재화를 자가생산한 재화로 보아 증치세 환급(면세)정책을 적용한다.

구 분	적 용 방 법
동시에 다음 조건을 충족하는 경우로서 외부에서 구매한 재화	• 해당 기업이 제조한 재화와 명칭, 성능이 동일한 경우 • 해당 기업의 상표 또는 국외 기업 또는 개인이 해당 기업에 제공하여 사용한 상표를 사용하는 경우 • 해당 기업이 제조한 재화를 수입하는 국외의 기업 또는 개인에게 수출하는 경우
생산한 재화가 패키지로 수출되는 경우로서 다음의 하나에 해당하는 경우	• 해당 기업이 수출한 재화의 A/S에 사용되는 공구, 부품일 경우 • 해당 기업이 가공 또는 조립하지 않으나 수출 후 직접 해당 기업이 생산한 재화와 조립되어 사용되는 재화
그룹 본부 소재지의 국가세무국이 인정한 그룹회사의 경우 지배회사(公司法 제217조의 규정에 의한 지배회사)간 구매하는 재화	
동시에 다음의 조건을 충족하는 위탁가공재화	• 해당 기업이 제조한 재화와 명칭과 성능이 동일하거나, 해당 기업이 제조한 재화를 위탁 재가공하는 데 이용되는 재화 • 해당 기업이 제조한 재화를 수입하는 해외의 기업 또는 개인에게 수출하는 경우 • 위탁인과 수탁인이 위탁가공계약을 체결하고, 주요 원재료는 위탁자가 제공하는 경우로서, 단지 가공비를 수취하고 가공비에 대한 증치세 전용계산서를 발행하는 경우
해외 도급공시에 사용되는 재화	
해외 투자에 사용되는 재화	
대외원조에 사용되는 재화	
제품생산에 사용되는 설비와 원재료	

(4) 수출기업이 대외에 가공, 수리수선용역을 제공하는 경우

대외에 제공한 가공, 수리수선용역은 국내 반입 후 재수출하는 재화와 국제운수업의 운송도구를 가공, 수리수선하는 용역을 말한다.

「수출재화 환급(면세) 관리방법」에서는 영세율 환급을 할 수 있는 수출재화는 다음의 네 가지 조건을 충족시켜야 한다고 규정하고 있다.

조 건	구 체 적 인 설 명
증치세 또는 소비세의 과세대상에 속하는 재화이어야 한다.	증치세와 소비세의 구체적인 징수범위 및 구분은 중국 증치세 잠행조례와 중국 소비세 잠행조례에서 과세품목, 세율에 대해 명확하게 정해져 있다.
통관하여 수출된 재화이어야 한다.	'통관하여 수출된 재화'란 재화가 해관의 통관신고를 거쳐 해외로 수출된 것을 말하며, 이는 해당 재화에 대해 환급해줄 것인지의 여부를 구별하는 주요 기준 가운데 하나이다. 통관은 하였으나 해외로 수출되지 않은 재화는 모두 수출재화로 보지 아니하여 환급이나 면세를 받을 수 없다.
회계상 매출로 회계처리를 한 재화이어야 한다.	수출재화는 회계상 매출로 처리되어야만 증치세 환급절차를 진행할 수 있다.
수출하여 외화대금의 회수 및 수출심사를 거친 재화이어야 한다.	수출환급과 수출대금의 회수 및 수출심사를 연동시켜 수출기업이 수출가격을 높게 신고하여 부당하게 환급받는 것을 방지하고, 수출외화의 회수율을 높이는데 용이하고 수출대금의 회수와 수출심사의 제도를 강화할 수 있다.

(5) 금융리스로 재화를 수출하는 경우

금융리스방식으로 재화를 수출하는 경우에도 증치세를 환급해주는데, 리스회사가 금융리스방식으로 국외 리스이용자에게 리스기간 5년이상으로 리스해주고 해관이 통관수속을 한 후 실제 통관된 재화에 대해서는 증치세와 소비세의 환급정책을 시행하고 있다.

금융리스로 수출한 재화의 범위는 비행기, 비행기 엔진, 철도 기관차, 철도 객차, 철도 화물차, 선박 및 기타 재화를 말하며, 증치세법 실시세칙 제21조의 고정자산을 말한다.

2) 증치세 환급(면세)의 방법

증치세를 환급(면세)하는 수출재화는 면저퇴세의 방법 또는 면퇴세의 방법에 따라 환급을 진행한다.

(1) 면저퇴세의 방법

증치세 일반납세의무자인 제조기업이 자체 생산한 재화와 대외에 제공한 가공 및 수리수선용역에 대하여는 수출시 증치세를 면제하고, 관련 매입세액을 납부세액에서 공제하며, 미공제된 세액은 환급한다. '제조기업'은 자체 결산능력이 있고 관할 세무기관이 일반 납세의무자로 인정하고 실제 생산능력을 갖추고 있는 기업 또는 기업그룹을 말한다.

- '면'이란 면세를 말하는 것으로서, 제조기업이 자가 생산품을 수출한 경우 해당 기업의 생산판매단계에서의 증치세를 면세하는 것을 말한다.
- '저'란 제조기업이 직접 생산한 재화를 수출하는데 사용된 원재료, 부품, 연료, 동력 등에 포함된 매입세액을 내수판매한 재화의 납부세액에서 공제하는 것을 말한다.
- '퇴'란 제조기업이 수출한 자가 생산품에 대해 공제할 매입세액이 매출세액보다 더 큰 경우 환급해주는 것을 말한다.

(2) 면퇴세의 방법

제조시설을 구비하지 않은 수출기업(이하 '무역회사') 등의 재화와 용역의 수출은 수출시 증치세액을 면세하고 관련 매입세액은 환급한다.

증치세 일반납세의무자인 무역기업이 용역 또는 무형자산을 구입해서 수출한 경우 면퇴세의 방법을 적용한다.

3) 수출재화의 환급율

증치세법에서는 기업이 제품을 수출한 후 세무기관은 수출상품의 매입세액에 따라 기업에게 환급하도록 하고 있다. 그러나 조세감면 및 기타 국가의 경제정책 등 원인으로 인하여 상품의 매입세액이 실제 부담하는 세액과 같지 않는 경우에 수출상품의 매입세액을 기준으로 환급해줄 경우 과소징수 또는 과다환급의 문제가 발생할 수 있으므로 수출재화의 환급세액을 계산하는 비율이 필요한데, 이를 수출재화의 '환급율'이라 한다.

(1) 일반환급율

중국의 재정부와 국가세무총국은 국무원의 결정에 따라 정한 수출시 증치세환급율을 정하고 있고, 정해지지 않은 경우에는 수출재화가 실제 부담한 세율(이하 '적용세율')을 환급율로 한다.

국가세무총국은 수출재화의 환급율 리스트를 발표하고 있으며, 환급세율이 조정될 경우 별도의 규정이 있는 경우를 제외하고는, 재화의 수출화물통관신고서상에 기재된 수출일을 기준으로 적용한다.

(2) 특수환급율

환급율과 관련한 특수한 규정은 다음과 같다.

- 무역회사가 간이징수방법으로 매입한 수출재화와 소규모 납세자로부터 매입한 수출재화에 대한 환급율은 실제 부담한 간이징수세율 등을 적용하며, 구매한 수출재화에 대하여 증치세 전용세금계산서를 취득할 경우 환급율은 증치세 전용세금계산서상의 세율과 수출재화 환급율 중 낮은 세율을 적용한다.
- 수출기업이 재화의 가공, 수리수선을 위탁하는 경우 환급율은 수출재화의 환급율을 적용한다.
- 국제 낙찰된 기계동력 제품, 수출기업이 해관에 신고하고 특수구역내의 제조기업에 판매하여 생산에 사용된 원재료, 물과 전기는 적용세율을 환급율로 한다. 만약 국가가 원재료의 환급율을 조정할 경우, 조정된 날부터 조정후의 환급율을 적용한다.

(3) 환급율이 다른 경우

상이한 환급율이 적용되는 수출재화와 용역은 구분하여 통관하고 결산하여 환급(면세)를 신고한다. 구분되지 않을 경우 낮은 환급율을 적용한다.

4) 증치세 환급(면세) 계산 기준

수출재화와 용역에 대하여 증치세의 환급(면세)의 계산 기준은 수출재화 등의 인보이스 등 수출계산서, 기타 보통계산서 혹은 매입한 재화의 증치세 전용세금계산서와 해관의 수입증치세 전용납부서 등에 규정된 증빙에 기재된 금액에 따라 확정한다.

(1) 제조기업의 수출재화(진료가공 후 재수출하는 재화는 제외)에 대한 증치세 환급(면세)의 계산 기준은 수출재화의 실제 FOB가격으로 한다. 실제 FOB가격은 인보이스 등 수출증빙상의 가격을 기준으로 하고, 실제 FOB가격이 기재되지 않은 경우, 관할세무기관이 추정하여 정할 수 있다.

(2) 제조기업이 진료가공 후 재수출한 재화의 증치세 환급(면세)의 계산 기준은 수출재화의 FOB가격에서 수출재화에 사용된 보세수입원재료 금액을 공제하고 계산한다.
보세수입원재료는 해관이 진료가공무역방식으로 감독하고 있는 수출기업이 해외와 특수구역 등으로부터 수입한 원료를 말한다. 수출기업이 해외의 단위 또는 개인으로부터 매입하고 해관 보세창고로부터 출고하여 해관의 진료가공수속을 마친 원재료와 보세구외 수출기업이 보세구내 기업으로부터 매입하고 해관에 진료가공수속을 마친 수입원재료를 포함한다.

(3) 제조기업이 매입세액이 없는 국내의 면세 원재료를 구매하여 가공한 후 수출한 재화의 환급(면세) 계산 기준은 수출재화의 FOB가격에서 수출재화에 포함된 국내에서 면세로 매입한 원재료금액을 공제하여 계산한다.

(4) 무역회사가 수출한 재화(위탁가공, 수리수선한 재화는 제외)의 증치세 환급(면세)의 계산 기준은 수출재화의 매입시 증치세 전용세금계산서상의 금액 또는 해관의 수입증치세 전용납부세서상의 완납가격(관세 과세표준)을 기준으로 한다.

(5) 무역회사가 위탁가공, 수리수선한 재화의 수출시 증치세 환급(면세)의 계산 기준은 위탁가공, 수리수선비용에 대한 증치세 전용세금계산서상의 금액을 기준으로 한다. 무역회사는 위탁가공, 수리수선에 사용한 원재료(진료가공 해관보세수입원재료 제외)를 수탁받은 가공, 수리수선업체에 판매하는 경우 수탁받은 가공, 수리수선업체는 원재료원가를 가공, 수리수선비용에 합산하여 세

금계산서를 발행하여야 한다.

(6) 매입세액을 공제하지 않고 사용 중인 설비를 수출하는 경우 증치세 환급(면세)의 계산 기준은 아래와 같다.

환급(면세) 계산 기준 = 증치세 전용세금계산서상의 금액 또는 해관의 수입증치세 전용납부서상의 완납가격 × 고정자산 장부가액 / 고정자산 취득원가

사용 중인 설비의 고정자산 장부가액 = 취득원가 - 감가상각누계액

'사용 중인 설비'는 수출기업이 재무회계제도에 따라 감가상각 중인 고정자산을 의미한다.

(7) 면세상점의 계산기준

면세품 운영회사가 판매한 재화의 증치세 환급(면세)의 계산기준은 재화를 구입한 증치세 전용계산서에 기재된 금액 또는 해관의 증치세 전용납부서에 기재된 과세기준가격이다.

(8) 기계동력 제품

기계동력 제품의 증치세 환급(면세)의 계산기준은 다음과 같다.

- 제조회사가 기계동력 제품을 판매하기 위한 보통계산서에 기재된 금액
- 무역회사가 재화를 구입하기 위한 증치세 전용계산서에 기재된 금액 또는 해관의 증치세 전용납부서에 기재된 과세기준가격

(9) 특수구역으로 들여온 경우

특수구역으로 들여온 물과 전기의 증치세 환급(면세)의 계산기준은 구입자가 특수구역내에서 제조기업이 물, 전기, 가스를 구매한 증치세 전용계산서에 기재된 금액으로 한다.

(10) 국제 과세행위의 환급(면제)의 계산기준

① 면저퇴 방법의 환급(면세)계산기준

구 분	계 산 기 준
철도로 승객을 운송하는 경우	철도합작조직이 청산규칙에 따라 청산한 후의 실제 운송수입
철도로 화물을 운송하는 경우	철도운수 수입 정산 방법에 따라 출발역 또는 도착역 명칭에 '境'이 포함된 화물표에 기재된 운송비용 및 직접 관련있는 국제연합운송비용을 정산한 후의 실제 운송수입
항공으로 승객이나 화물을 운송하는 경우	여러 항공사가 운송한 경우 중국항공결산회사가 정산한 실제수입
	한 항공사가 운송한 경우 전체 수입
기타 면저퇴 방법을 시행하는 증치세 영세율 과세행위	증치세 영세율 과세행위를 제공하여 취득한 수입

② 면퇴 방법의 환급(면세) 계산기준

면퇴방법을 시행하는 경우 과세기준은 과세대상용역을 구입하는 증치세 전용계산서 또는 세액을 납부한 중국 납부영수증에 기재된 금액

이 경우 관할 세무기관이 수출가격이 지나치게 높다고 판단되는 경우 추계결정한 수출가격으로 환급(면세)금액을 계산할 수 있으며, 추계결정한 수출가격이 무역기업이 구입한 가격보다 낮을 경우 낮은 부분에 대응되는 매입세액은 환급되지 않고 원가로 처리한다.

5) 증치세 환급세액의 계산

수출재화에 대한 영세율의 적용의 계산공식은 내수와 수출을 같이하는 기업을 전제로 하므로 구조상 비교적 복잡하게 느껴질 수도 있다. 실무상으로는 과세관청에서 규정한 양식에 의하여 일정한 순서에 따라 계산하도록 하고 있다. 따라서 환급세액의 계산과정은 세법에서 규정한 한도를 초과하지 않는 범위 내에서 환급세액을 도출하기 위한 개념으로 이해하면 된다.

(1) 제조기업 수출재화의 증치세 면저퇴 세액의 계산

① 당기 납부세액 계산

당기 납부세액
= 당기 매출세액 - (매입세액 - 당기 면저퇴의 면제와 공제 불능세액)

그 중에서,

당기 면저퇴의 면제와 공제 불능세액
= 수출재화의 FOB 가격 × 외화의 인민폐환율 × (수출재화 적용세율 - 수출재화 환급율) - 당기 면저퇴의 면제와 공제 불능세액의 차감액

'당기 면저퇴의 면제와 공제 불능세액의 차감액'은 다음과 같다.

당기 면저퇴의 면제와 공제 불능세액의 차감액
= 면세로 구입한 원재료의 가격 × (수출재화 적용세율 - 수출재화 환급율)

수출재화의 FOB 가격은 수출 세금계산서 상의 본선 인도가격을 기준으로 한다. 수출 세금계산서가 실제의 FOB 가격과 다를 경우 기업은 실제의 FOB 가격에 따라 관할 세무기관에 신고하여야 하며, 관할 세무기관은 「세수징수관리법」, 「증치세 잠행조례」 등의 관련규정에 따라 추계결정하여야 한다.

참고 …

면저퇴 세액의 설명
위의 면저퇴 계산공식에서 보는 바와 같이 중국에서의 수출환급은 매출세액의 측면에서 진정한 영세율(한국의 경우)을 적용하는 것이 아니라 일종의 '초저세율'로서 과세율(17%, 13%)과 환급율(각 재화별로 상이함)간의 차이 부분에 해당한다. 한국에서는 수출할 때 '0'의 세율을 적용하고 매입세액은 모두 환급하여 줌으로써 수출재화에 대하여 진정한 '0'의 세율을 적용하고 있다.

중국은 수출재화에 대해 매입세액 전체를 환급해주는 것이 아니라 환급율(초저세율)을 적용하여 환급하거나 공제하는 세액을 계산하도록 하고 있다.
따라서 세법에 규정된 수출에 대한 환급세율은 '면제와 공제 불능세액'의 계산 비율을 의미하며 한국의 개념과 조금 상이하며, 이러한 방식을 적용할 수 있는 업종도 제한되어 있다.

면저퇴 계산방법에서의 용어의 정리

중국에서 수출재화에 대해서는 한국과 같이 면세를 적용하지만 환급세액을 계산하는 데 있어서는 한국과 차이가 있으며 환급세액의 공식에서 한국에서 사용하지 않는 아래와 같은 용어들이 자주 등장한다.

- '당기 면저퇴의 면제와 공제 불능세액'
  수출재화에 대한 환급율을 적용하여 매입세액에 대해서 기본세율과 환급율의 차액을 계산하여 (주로 17% – 13%) 이 부분은 면제와 공제할 수 없는 부분으로 한다는 의미이다.
- '당기 면저퇴의 면제와 공제 불능세액의 차감액'
  수출재화의 생산과정에 투입된 원자재 중에서 면세재화로 구입한 부분은 매입과정에서 증치세를 납부하지 아니하였으므로 매입세액에 대한 면제와 공제할 수 없는 세액을 계산할 때 면세재화로 인한 부분을 제거하기 위한 부분이다.

공식을 그대로 보면 처음에는 이해하기가 상당히 어렵지만 기본적인 논리는 한국의 경우와 큰 차이가 없다고 할 수 있다.

자세한 과정은 다음의 [사례]에 나와 있는 부분을 풀어보면 쉽게 이해할 수 있으며 사용되는 용어들이 한국에서 쓰지 않는 생소한 용어들이어서 처음에 접할 때에는 이해하기가 어려울 수도 있다.

위의 공식에서 보는 바와 같이 수출환급은 매출세액에 대해 완전한 영세율을 적용하는 것 아니라 적용세율과 환급세율 간의 차이가 바로 세법에서 말하는 '면저퇴의 면제와 공제 불능세액'의 계산비율이 되는 것이다.

중국의 '기업회계제도'에서는 면저퇴를 적용하는 기업에 대해 회계상으로 아래와 같은 증치세와 관련된 전용란을 별도로 두도록 하고 있다.

- '수출이 내수판매제품의 납부세액을 차감' 차변 전용란
- '수출환급'의 대변 전용란

이 외에도 '매입세액 전용' 대변 전용란은 '당기 면저퇴에서 면세 또는 공제할 수 없는 세액'을 처리하며, '미수금 – 미수보조금' 과목은 '당기 환급세액'을 처리한다. 이와 관련된 회계처리는 다음과 같다.

- '당기 면저퇴의 면제와 공제 불능세액'에 따라,
  (차변) 매출원가
  (대변) 증치세 예수금(매입세액의 전용)

• '당기 면제 및 공제세액'에 따라,
(차변) 증치세 대급금(수출이 내수판매제품의 납부세액을 차감)
(대변) 증치세 대급금(수출환급세액)
• '당기 환급세액'에 따라,
(차변) 미수금 – 기타 보조금
(대변) 증치세 대급금(수출환급세액)

이러한 회계처리가 되어야만 증치세의 환급과 관련한 정확한 환급처리가 된다.

이 분개에서 진정한 환급이 이루어진다. 당기 환급세액의 계산과정에서 알 수 있듯이 환급되는 부분은 기말 공제되지 아니한 매입세액이며, 수출환급세액의 대변에서 결산되는 것은 '당기 면제 및 공제세액'과 '당기 환급세액'의 합이며 이것이 세법에서의 '당기 면저퇴 세액(수출매출액×환급율)'이다.

② 당기 면저퇴 세액의 계산

당기 면저퇴 세액
= 수출재화의 FOB 가격 × 외화의 인민폐환율 × 수출재화 환급율 – 면제퇴 세액의 차감액

그 중에서

면제퇴 세액의 차감액 = 면세로 구입한 원재료가격 × 수출재화 환급율

위의 공식에서 '면저퇴 세액'이란 명목상의 환급하여야 할 세액 또는 면저퇴 제도 하에서 공제할 수 있는 매입세액을 의미한다. 공식 제일 뒷부분의 차감항목인 '면제퇴 세액의 차감액'의 실질적 의미는 면세로 구입한 원재료에는 매입세액이 없기 때문에 면저퇴 세액을 계산할 때 원래부터 없던 매입세액이 환급되지 않도록 하기 위함이다.

③ 당기 환급할 세액과 당기 면세 및 공제세액의 계산

당기 환급할 세액과 당기 면세 및 공제세액의 크기에 따라 두 가지 상황이 발생할 수 있으며 구분하여 설명하면 다음과 같다.

첫째, 만약 당기말 미공제세액≤당기 면저퇴 세액일 경우

• 당기 환급할 세액 = 당기말 미공제세액
• 당기 면세 및 공제세액 = 당기 면저퇴 세액 − 당기 환급할 세액

둘째, 만약 당기말 미공제세액 〉당기 면저퇴 세액일 경우

• 당기 환급할 세액 = 당기 면저퇴 세액
• 당기 면세 및 공제세액 = 0

당기말 미공제세액은 당기 「증치세 납세신고표」 양식에서의 '당기말 미공제세액'에 의해 결정된다.

④ 면세재화를 매입한 경우

면세로 매입한 원재료는 국내에서 매입한 면세재화와 가공무역으로 면세로 구입한 원자재를 포함하며 가공무역으로 구입한 원자재의 가격은 산정가격(组成价格)을 기준으로 한다.

가공무역으로 구입한 원자재의 산정가격(组成价格)
= 재화의 CIF 가격 + 해관이 징수한 관세와 소비세

ⓐ 실제사용법(实耗法)에 의할 경우

당기에 진료가공으로 보세로 수입한 원재료의 산정가격은 당기 진료가공하여 수출한 재화에 사용된 원자재의 조성가격으로 하는 공식은 다음과 같다.

진료가공으로 수입한 원자재의 산정가격
= 진료가공하여 수출한 재화의 FOB 가격 × 인민폐 기준환율 × 예정분배율
• 예정분배율(计划分配率) = 예정 수입가액 ÷ 예정 수출가액 × 100%

지질수책(纸质手册)과 전자화수책(电子化手册)을 실행하는 제조기업은 해관이 발행한 가공무역수책 혹은 가공무역 전자화지질단증(电子化纸质单证)이 열거한 예정수출입총액에 따라 예정분배율을 계산한다.

전자장부를 사용하는 제조기업의 예정분배율은 전기 결산한 실제분배율에 따라 확정하고, 신규로 전자장부를 사용하는 경우의 예정분배율은 전기 결산한 지질수첩 혹은 전자화수책의 실제분배율에 따라 확정한다.

ⓑ 매입법(购进法)에 의할 경우

당기에 진료가공으로 보세로 수입한 원재료의 산정가격은 당기 실제 매입한 원자재의 산정가액으로 하며, 만약

> 면제와 공제 불능세액 차감액 > 당기 수출한 FOB가액 × 인민폐 기준환율 × (수출재화의 과세율 - 수출재화의 환급율)

인 경우, 작은 금액을 한도로 한다.

⑤ 제조기업의 면저퇴세액 계산사례

사 례 6-7

자기가 생산한 제품을 직접 수출하는 제조기업인 (주)동해전자는 증치세 일반납세의무자에 해당하며, 수출재화의 국내 매출시 과세세율은 17%이고 환급세율은 13%이다. 2016년 4월에 사업과 관련하여 발생한 내용은 다음과 같다.

- 원재료의 구입과정에서 증치세 전용세금계산서상 매입금액이 200만위안이며 매입세액은 34만위안(17%)이다.
- 제품의 내수판매금액은 100만위안으로서 증치세 17만위안과 함께 거래처에서 수금하여 은행에 입금하였다.
- 제품의 수출금액은 인민폐로 환산하여 200만위안이다.
- 전월말 미공제세액은 3만위안이다.

요구

(주)동해전자의 4월의 면저퇴 세액을 계산하시오.

풀이

(a) 당월 면저퇴의 면세와 공제 불능세액 = 200 × (17% - 13%) = 8만위안
(b) 당월 납부할 세액 = 100 × 17% - (34 - 8) - 3 = -12만위안
(c) 수출재화 면저퇴 세액 = 200 × 13% = 26만위안
(d) 규정에 따라 만약 당기말 미공제세액 ≤ 당기 면저퇴 세액일 경우
 당기 환급할 세액은 당기말 미공제세액이므로 회사의 당기 환급할 세액은 12만위안
(e) 당월 면세 및 공제세액 = 당기 면저퇴 세액 - 당기 환급할 세액
 = 26 - 12 = 14만위안

사 례 6-8

직접 수출업에 종사하는 제조기업인 삼화(상해)유한공사는 일반납세의무자이다. 수출재화의 국내 매출시 증치세율은 17%이고 환급세율은 13%이다. 2016년 8월에 발생한 거래내용은 다음과 같다.

- 원재료를 매입하면서 400만위안의 증치세 전용계산서를 받았으며 매입세액은 68만위안이었다(17%).
- 전월말 미공제세액은 5만위안이었다.
- 국내 매출액은 100만위안으로 증치세를 포함한 117만위안을 회수하여 은행에 입금하였다.
- 수출액은 200만위안이며, 관련 증빙은 모두 제출되었다.

요구

삼화(상해)유한공사의 8월의 면저퇴 세액을 계산하시오.

풀이

(a) 당월 면저퇴의 면세와 공제 불능세액 = 200 × (17% − 13%) = 8만위안
(b) 당월 납부할 세액 = 100 × 17% − (68 − 8) − 5 = 17 − 60 − 5 = −48만위안
(c) 수출재화 면저퇴 세액 = 200 × 13% = 26만위안
(d) 당월말 미공제세액 〉당기 면저퇴 세액이므로,
 당기에 환급할 세액은 당기 면저퇴 세액인 26만위안이 된다.
(e) 당월 면세 및 공제세액 = 당기 면저퇴 세액 − 당기 환급할 세액이므로
 당기 면세 및 공제세액 = 26 − 26 = 0만위안
(f) 당월말의 이월 미공제세액 = 48 − 26 = 22만위안

사 례 6-9

직접 수출업에 종사하는 제조기업인 부성산업(주)는 증치세 일반납세의무자이며, 증치세율은 17%이고 환급세율은 13%이다.

2016년 10월에 발생한 거래내용은 다음과 같다.

- 원재료를 구입하면서 200만위안의 증치세 전용계산서를 받았으며 매입세액은 34만위안이다.
- 당월 가공무역(进料加工)으로 수입한 원재료 면세재화의 산정가격은 100만위안이다.
- 전월말 이월 미공제세액은 6만위안이다.
- 국내 매출액은 100만위안으로 증치세를 포함한 대금 117만원을 회수하여 은행에 예치하였다.
- 수출액은 200만위안이다.

요구

부성산업(주)의 10월 면저퇴 세액을 계산하시오.

풀이

(a) 면저퇴의 면세와 공제 불능세액의 차감액 적용세율
= 면세 수입원재료의 산정가격 × (수출재화 과세세율 - 수출재화 환급세율)
= 100 × (17% - 13%) = 4만위안

(b) 면세와 공제 불능세액
= 당기 수출액(FOB) × (수출재화 적용세율 - 수출재화 환급세율) - 면저퇴의 면세와 공제 불능세액의 차감액
= 200 × (17% - 13%) - 4 = 8 - 4 = 4만위안

(c) 당월 납부할 세액 = 100 × 17% - (34 - 4) - 6 = 17 - 30 - 6 = -19만위안

(d) 면저퇴 세액의 차감액 = 면세로 구입한 원재료 가격 × 수출재화 환급세율
= 100 × 13% = 13만위안

(e) 수출재화의 면저퇴 세액 = 200 × 13% - 13 = 13만위안

(f) 당월말 이월 미공제세액 〉당기 면저퇴 세액이므로,
당월 환급할 세액은 당월 면저퇴 세액이고 당기 환급할 세액은 13만위안이다.

(g) 당월 면세 및 공제세액 = 당월 면저퇴 세액 - 당월 환급할 세액이므로
당월 면제 및 공제세액 = 13 - 13 = 0만위안

(h) 당월말 이월 미공제세액 = 19 - 13 = 6만위안

⑥ 영세율을 적용하는 과세용역의 환급(면세) 세액의 계산

영세율을 적용하는 과세용역의 면저퇴 세액은 다음과 같이 계산한다.

당기 면저퇴 세액 = 당기 영세율 적용 과세용역의 면저퇴 계산 기준 × 인민폐환율 × 환급율

만약 당기말 미공제세액≤당기 면저퇴 세액일 경우

- 당기 환급할 세액 = 당기말 미공제세액
- 당기 면세 및 공제세액 = 당기 면저퇴 세액 - 당기 환급할 세액

만약 당기말 미공제세액 〉당기 면저퇴 세액일 경우

- 당기 환급할 세액 = 당기 면저퇴 세액
- 당기 면세 및 공제세액 = 0

당기말 미공제세액은 당기 「증치세 납세신고표」 양식에서의 '당기말 미공제세

액'에 의해 결정된다.

사 례 6-10

북경항공회사는 일반납세의무자이며 먼저퇴 관리방법을 시행하고 있다. 기 기업이 2016년 8월 아래와 같은 거래가 발생하였다.
3개국의 국제운수업무를 제공하여 60만위안의 수입이 발생하였다.
증치세 신고납부시 기말 미공제세액 15만위안이 있다.

요구

북경항공회사의 당월 환급세액을 계산하시오

풀이

당월 영세율 과세행위 면저퇴 세액
= 당월 면저퇴 계산기준 × 인민폐 환율 × 증치세 환급세율
= 60 × 11%
= 6.6만위안
이 경우 당기말 미공제세액 15만위안이 당기 면저퇴 세액 6.6만위안보다 크므로 당기 환급세액은 당기 면저퇴 세액이 되어 6.6만위안이 된다.
따라서 환급신고 후 다음 달로 이월되는 미공제세액은 8.4만위안이 된다.

(2) 무역회사 수출재화의 증치세 면퇴 세액의 계산

① 무역회사가 위탁가공, 수리수선한 재화 이외의 재화를 수출하는 경우

증치세 환급세액 = 증치세 환급(면세) 계산 기준 × 수출재화 환급율

증치세 환급(면세) 계산기준은 '4) 증치세 환급(면세) 계산기준'에서 설명하고 있는 금액이다.

사 례 6-11

무역회사인 (주)서우무역은 2016년 3월 미국에 직포 2,000㎡를 수출하였는데, 원재료 구입시 증치세 전용계산서에 단가가 20위안/㎡으로서 매입금액이 40,000위안이었다.

요구

(주)서우무역의 환급세율이 13%일 경우 이와 관련한 환급세액을 계산하시오.

환급세액 = 2,000 × 20 × 13% = 5,200위안

② 무역회사가 위탁가공, 수리수선한 재화를 수출하는 경우

증치세 환급세액 = 위탁가공, 수리수선의 증치세 환급(면세) 계산 기준 × 수출환급퇴세율

사 례 6-12

무역회사인 ㈜대현이 2016년 6월에 청포를 구입하여 위탁가공하여 생산한 양복을 수출하였다. 청포를 매입하면서 증치세 전용계산서를 취득하였으며 기재된 매입금액 중 과세금액은 10,000위안이었으며, 위탁가공과 관련한 가공비는 2,000위안이었다. 환급율이 17%로 가정한다.

요구

(주)대현의 환급세액을 계산하시오.

풀이

환급세액 = 10,000 × 17% + 2,000 × 17% = 2,040위안

(3) 금융리스 수출재화의 환급세액 계산

금융리스회사가 금융리스 수출재화를 국외 리스이용자에게 금융리스로 해양건설구조물을 해상석유·천연가스 채굴기업에 리스하는 경우, 리스재화를 구입하는데 포함된 증치세를 리스회사에 게 환급해주며 계산공식은 다음과 같다.

증치세 환급세액 = 금융리스재화를 구입하면서 받은 증치세 전용계산서에 기재된 금액 또는 해관의 증치세 전용납부서에 기재된 과세기준가격×금융리스재화에 적용되는 증치세 환급세율

사 례 6-13

2016년 8월 포동금융리스회사는 설비를 금융리스방식으로 국외의 회사에게 리스해주었다. 동 설비를 구입하면서 받은 증치세 전용계산서의 기재된 가액은 100만위안이고 증치세 환급세율은 17%이다.

요구

포동금융리스회사가 당기에 환급받을 세액을 계산하시오

풀이

증치세 환급세액 = 100×17% = 17만위안

증치세 일반납세의무자로부터 구입하고 간이징수방식으로 징수하는 금융리스 재화 및 소규모납세의무자로부터 구입한 금융리스 재화의 환급율은 구입한 재화에 적용되는 징수율과 환급율 중 낮은 비율을 적용한다.

(4) 환급율이 실제 증치세 과세율보다 낮을 경우 그 차액은 수출재화의 원가로 계산한다.

(5) 수출기업이 증치세 면저퇴를 적용하는 품목을 취급하고, 동시에 징수즉시환급 또는 선징수후환급을 적용하는 품목을 취급하는 경우, 징수즉시환급 또는 선징수후환급을 적용하는 품목은 수출품목의 면저퇴세액 계산에 포함되지 않는다. 수출기업은 증치세 면저퇴품목과 징수즉시 환급품목 및 선징수후환급 품목을 구분하여 결산하고, 분리하여 신청하여야 한다.

징수즉시환급 또는 선징수후환급을 적용하는 품목의 매입세액을 구분할 수 없는 경우, 아래의 공식에 따라 계산한다.

> 구분할 수 없는 매입세액 중 징수즉시환급와 선징수후환급에 사용된 부분
> = 당월(月)구분이 불가한 매입세액총액 × 징수즉시환급과 선징수후환급항목의 매출액 / 당월매출액합계

(6) 재화와 용역을 같이 제공하는 경우

면저퇴 방법을 시행하는 영세율 과세행위 제공자가 동시에 재화와 용역을 수출

하고 구분경리할 수 없는 경우, 면저퇴 세액을 같이 계산할 수 있다.

4. 수출재화에 대한 면세 정책

다음에서 설명하고 있는 재화와 용역을 수출하는 경우(「수출재화와 용역의 증치세와 소비세 정책에 대한 통지의 제7조에 해당하는 것은 제외)에는 증치세를 면제하는 정책을 실시한다.

1) 증치세 면세의 적용범위

증치세 면세를 적용하는 주요 재화와 용역은 다음과 같다.

(1) 수출기업과 기타단위가 수출하는 아래의 재화

- 증치세 소규모 납세의무자가 수출하는 재화
- 피임약과 도구, 중고도서 및 고도서
- 소프트웨어, 구체적 범위는 해관세칙번호(海关税则号) 중 앞 4자리가 "9803"인 재화
- 황금, 백금성분의 재화, 다이아몬드 및 장신구
- 국가 계획 내의 담배
- 사용 중인 설비 중 매입시 증치세 전용세금계산서 및 해관수입증치세 전용납부서를 취득하지 못하였으나 기타 관련 증빙이 완비된 설비
- 비수출기업이 위탁수출하는 재화
- 농업생산자가 직접 생산한 농산품
- 제조업으로 열거되지 않는 제조기업이 수출하는 자체생산으로 간주되지 않는 재화
- 무역회사가 보통세금계산서, 폐기물구매증빙, 농산물구매계산서, 정부비세수입증빙을 취득한 재화
- 내료가공 재수출 재화.
- 특수구역 내 기업이 수출한 특수구역 내 재화

(2) 수출기업과 기타단위가 수출하는 것으로 간주하는 아래의 재화와 용역

- 국가가 비준설립한 면세점이 판매하는 면세재화
- 특수구역 내의 기업이 해외의 단위 또는 개인에게 제공한 가공, 수리수선용역
- 동일한 특수구역, 서로 다른 특수구역 내의 기업간의 특수구역 내 재화판매.

(3) 수출기업과 기타단위가 규정을 위배하여 신고하거나 증치세 퇴(면)세시 필요 증빙이 미비한 다음의 재화와 용역

- 국가세무총국이 규정한 기한 내 증치세 퇴(면)세 신고하지 않은 수출 재화와 용역
- 규정한 기한 내 「대리수출화물증명」을 발행을 신고하지 않은 수출 재화와 용역
- 증치세 환급(면세)를 신고했으나 국가세무총국이 정한 기한 내 세무기관에 환급(면세) 증빙을 완전히 제공하지 않은 수출재화용역

한편, 증치세 면세정책을 적용하는 수출재화와 용역에 대해 면세 혜택을 포기하고, '수출재화와 용역의 증치세와 소비세 정책에 대한 통지의 제7조'에서 규정하고 있는 증치세 과세를 선택하여 납부할 수 있다.

(4) 증치세가 면제되는 경우

중국내 단위 또는 개인이 아래의 용역이나 무형자산을 판매하는 경우 증치세를 면제한다(재정부와 국가세무총국이 증치세 영세율을 규정한 경우 제외).

① 아래의 용역

- 중국외에서의 건축용역
- 중국외에서의 공사감리용역
- 중국외에서의 공사조사용역
- 중국외에서의 회의전람용역
- 중국외에서의 창고보관용역
- 중국외에서 사용되는 유형자산 임대용역
- 중국외에서 제공되는 방송·영상 프로그램의 방송용역
- 중국외에서 제공되는 문화체육용역, 교육의료용역, 여행용역

② 수출재화와 관련된 용역

수출재화를 위해 제공되는 우편용역, 택배용역, 보험용역(수출재화보험 및 수출신용보험)

③ 국외의 단위에 제공하고 중국외 지역에서 소비되는 용역과 무형자산

- 통신용역
- 지적재산권용역
- 물류보조용역
- 검정자문용역
- 전유기술용역
- 비즈니스보조용역
- 중국외에서 방영되는 광고용역
- 무형자산

④ 화폐의 융통

중국외 기관간의 회계자금의 융통 및 기타 금융업무를 위해 제공되는 것으로 직접 받는 금융용역으로서 중국내 재화와 무형자산과는 관계가 없는 경우

⑤ 국제운수용역

국가의 규정에 따라 대가를 받는 국제운수용역으로서 납세의무자가 대가를 받지 않는 경우 증치세를 면제한다.

⑥ 간이과세방식인 경우

중국내 단위 또는 개인이 증치세 영세율이 적용되는 용역이나 무형자산을 제공한 경우, 간이과세방식에 해당하는 경우 증치세를 면제한다.

⑦ 재정부와 국가세무총국이 규정한 기타의 용역

- 용역을 제공받는 자가 국외에 있고 중국내 재화 또는 부동산과 관계가 없는 경우
- 무형자산이 국외에서 사용되고 있고 중국내 재화 또는 부동산과 관계가 없는 경우

• 재정부와 국가세무총국이 규정하는 기타의 경우

2) 매입세액의 처리와 계산

증치세 면세를 적용하는 수출재화와 용역의 매입세액은 공제 및 환급되지 않으므로, 관련 수출재화와 용역의 원가에 가산한다. 공제 또는 환급하지 않고 원가에 계산한다.

5. 수출재화에 대한 증치세 과세 정책

다음에서 설명하고 있는 재화와 용역을 수출하는 경우 증치세 환급(면세)와 면세를 적용하지 않고 증치세를 과세한다.

1) 증치세 과세의 적용범위

증치세를 과세하는 주요 재화와 용역은 다음과 같다.

- 수출기업이 국가세무총국과 재정부가 국무원 결정에 따라 환급(면세) 혜택을 취소한 재화를 수출한 경우(내료가공 재수출재화, 기계전기제품, 특수구역으로 공급되는 수도, 전기와 해양구조물 등은 포함하지 않음)
- 수출기업 또는 기타 단위가 특수구역 내의 생활소비재 및 교통운수도구로 판매하는 재화
- 수출기업 또는 기타 단위가 수출 환급세액을 편취하여, 증치세 환급(면세) 수속이 정지된 기간에 수출한 재화
- 수출기업 또는 기타 단위가 허위등록한 증빙을 제공한 재화
- 수출기업 또는 기타 단위의 증치세 환급(면세)세 증빙이 위조됐거나, 그 내용이 부실한 재화
- 수출기업 또는 기타 단위가 국가세무총국이 규정한 기간 내에 면세심사를 신고하지 않거나, 관할 세무기관의 심사에서 면세하지 않기로 한 담배의 수출
- 다음 중 어느 하나에 해당하는 수출재화와 용역
  - 공란의 수출화물통관서, 수출대금회수명세서(出口收汇核销单) 등 환급(면세) 증빙을 위탁계약한 화물운송회사, 통관사 혹은 해외수입자가 지정한 화물운송회사

이외 기타 단위나 개인에게 제공하여 사용한 경우
- 수출기업이 자기명의로 수출하였으나, 실제로는 그 기업과 그 기업의 투자회사 이외의 단위와 개인이 명의를 차용하여 수출한 경우
- 자기명의로 수출하였으나, 그 수출한 재화에 물품구매계약과 대리수출계약이 동시에 체결된 경우
- 수출재화가 해관의 검사 통과 후, 스스로 혹은 위탁화물운송인이 화물의 운송증서상의 품명과 규격 등을 수정하여 수출화물통관증과 운송증서 등과의 내용이 불일치할 경우
- 자기명의의 수출이나 수출재화의 품질, 수출대금의 수령 또는 환급리스크 중 하나를 부담하지 않을 경우 즉, 수출재화의 품질문제에 매입자의 배상책임을 부담하지 않을 경우(계약 중 품질책임부담자를 정한 경우 외), 규정된 기한 내 수출대금을 수령하지 않아 결산정리(核销)를 할 수 없는 책임을 부담하지 않을 경우(계약 중 대금수금의 책임부담자를 정한 경우 외), 증치세퇴(면)세의 자료, 증빙 등의 문제로 인한 불환급 책임을 부담하지 않을 경우
- 실질적으로 수출활동을 하지 않고 중개인 역할을 하는 수출업무로서 자신의 명의로 수출하는 경우

2) 증치세 납부세액의 계산

증치세 과세정책이 적용되는 수출재화의 증치세 납부세액은 아래의 공식에 따라 계산한다.

(1) 일반납세의무자의 수출재화

매출세액 = (수출재화FOB가격 − 사용된 진료가공 보세수입원재료금액) / (1 − 과세율) × 적용세율

사용된 진료 가공 보세수입원재료금액
= 총매출원가 × 투입된 보수수입원재료 금액 / 제조원가

총매출원가, 제조원가는 환급(면세)되지 않는 진료가공 수출재화의 총매출원가와 제조원가를 의미한다. 사용된 보세수입원료금액이 환급(면세)되지 않는 진료가공수출재화의 금액보다 클 경우 그 금액을 한도로 한다.

수출기업은 내수판매하는 재화와 증치세를 과세하는 수출재화의 제조원가 총매

출원가를 구분하여 계산하여야 한다. 구분하지 않는 경우 세무기관이 정할 수 있다.

해관이 진료가공수책을 결산정리(核销)한 후, 수출기업은 수출재화에 소모된 보세수입원재료의 금액을 정산하여야 한다. 정산공식은 아래와 같다.

> 사용된 보세수입원재료 총액
> = 실제 보세수입 원재료 총액 - 환급(면세)되는 수출재화에 사용된 보세수입원재료 총액 - 진료가공 부자재에 사용된 보세수입원재료 총액

만약, 사용된 보세수입원재료 총액과 각 납세기간 중 공제한 보세수입원재료 총액간에 차액이 발생할 경우, 당기 정산시 매출세액을 조정하며, 당기 사용된 보세수입원재료 총액이 수출재화 FOB가격보다 클 경우 차액은 수출재화가격에서 공제할 수 없다.

(2) 소규모 납세의무자의 수출재화

> 납부세액 = 수출재화 FOB가격 / (1 + 징수율) × 징수율

6. 수출재화 환급(면세)의 관리

재화와 용역을 수출하는 행위에 대한 환급(면세)에 대한 관리는 다음과 같이 한다.

1) 수출환급(면세) 기업의 분류

수출기업의 관리유형은 아래와 같이 1류, 2류, 3류, 4류로 나뉜다.

유형	해당기업	요 건
1류	다음 요건을 동시에 갖춘 제조수출기업,	• 생산능력이 전년도의 수출 환급(면세)규모와 비슷할 것 • 최근 3년간 허위 증치세 전용계산서 또는 기타 매입증빙 및 환급이 없을 것 • 전년도말 순자산이 전년도의 수출환급세액보다 클 것

유형	해당기업	요 건
		• 평가시 납세신용등급이 A등급이나 B등급일 것
	다음 요건을 동시에 갖춘 외국무역기업	• 최근 3년간 허위 증치세 전용계산서 또는 기타 매입증빙 및 환급이 없을 것 • 전년도말 순자산이 전년도의 수출환급세액보다 클 계속하여 5년이상 사업을 하였을 것 • 평가시 납세신용등급이 A등급이나 B등급일 것 • 평가시 해관의 기업신용관리유형이 고급인증기업 또는 일반인증기업일 것 • 평가시 외환관리등급이 A등급일 것 • 기업 내부에 수출환급(면세) 위험통제제도를 구비하고 있을 것
	다음 요건을 모두 갖춘 외국무역종합서비스기업	• 최근 3년간 허위 증치세 전용계산서 또는 기타 매입증빙 및 환급이 없을 것 • 전년도말 순자산이 전년도의 수출환급세액보다 크고 계속하여 5년이상 사업을 하였을 것 • 전년도 외국무역종합서비스업에 종사한 수출환급세액의 신고액이 전체 수출환급세액의 80% 이상일 것 • 평가시 납세신용등급이 A등급이나 B등급일 것 • 평가시 해관의 기업신용관리유형이 고급인증기업 또는 일반인증기업일 것 • 평가시 외환관리등급이 A등급일 것 • 기업 내부에 수출환급(면세) 위험통제제도를 구비하고 있을 것
3류	다음에 해당하는 수출기업	• 처음 수출환급(면세)를 신고한 뒤 만12개월이 되지 않은 경우 • 평가시 납세신용등급이 C등급이거나 아직 납세신용등급을 받지 않은 경우 • 전년도 계속하여 6개월간 수출환급(면세)를 신고하지 않은 경우 • 처음 수출환급(면세)를 신고한 뒤 만12개월이 되지 않은 경우 • 평가시 납세신용등급이 C등급이거나 아직 납세신용등급을 받지 않은 경우

유형	해당기업	요 건
		• 전년도 계속하여 6개월간 수출환급(면세)를 신고하지 않은 경우 • 성 국가세무국이 규정한 기타 신용이 없거나 위험한 정황
4류	다음에 해당하는 수출기업	• 평가시 납세신용등급이 D등급일 것 • 전년도 세무기관 수출환급(면세)와 관련된 장부, 원시증빙, 신고자료 및 서류 등의 제출을 거절한 경우가 있는 경우 • 전년도 수출환급(면세)의 규정을 위반하여 세무기관으로부터 행정처벌이나 사법기관의 처리를 받은 경우 • 평가시 수출환급세액을 부당하게 환급받아 수출환급권을 정지당하거나, 2년이 경과하지 않은 경우 • 4류 수출기업의 대표자가 새로 설립한 수출기업 • 국가연합징계대상에 포함된 신용 없는 기업 • 해관의 기업신용관리등급이 신용 없는 기업으로 인정된 경우 • 외환관리분류관리등급이 C등급 • 성 국가세무국이 규정한 기타 신용이 없거나 위험한 정황
2류	1류, 3류, 4류 이외의 수출기업	

2) 인정과 신고

수출환급(면세) 신고의 착오와 의혹을 줄이고, 신고와 심사효율을 높이며, 수출환급의 빠른 처리를 위하여 수출환급(면세)의 신고방법을 다음과 같이 조정하기로 하였다.

(1) 예비신고의 실시

기업이 재화와 용역을 수출하는 경우, 수출환급(면세)을 정식으로 신고하기 전에 현행 신고방법에 따라 관할 세무기관에 예정신고하여야 하며, 관할 세무기관은 신고 증빙의 내용과 해당되는 관리부문의 전산 자료와 확인한 후 환급(면세) 신고서, 증빙, 자료 및 성신 전자신고자료를 제출하여 관할 세무기관에 정식 신고를 하도록 한다.

(2) 신고사항의 검토

관할 세무기관은 수출환급(면세)의 예정신고서를 접수한 후 즉시 심사하여 기업에게 심사결과를 알려주어야 하며, 심사과정에서 환급(면세)신고서의 내용과 전산 자료와 맞지 않은 경우 아래와 같이 처리하여야 한다.

구 분	처 리 절 차
증빙의 정보가 착오로 입력된 경우	수정한 후 다시 예정신고를 한다.
중국 전자항구수출환급시스템에서 수출재화의 통관명세의 확인작업을 하지 아니하였거나 증치세 전용계산서의 인증작업을 하지 않은 경우	해당 작업을 진행한 후 다시 예정신고를 한다.

(3) 자료가 미비한 경우

환급(면세) 신고기한 종료 전 기업이 수출한 재화와 용역의 증빙이 관리부문의 전산 자료와 다를 경우로서 예정신고를 마칠 수 없는 경우, 기업은 환급(면세)신고 종료일까지 관할 세무기관에 아래의 자료를 제출하여야 한다.

- 「전산정보가 아닌 수출환급(면세)증빙 신고표」 및 전산 자료
- 환급(면세)신고 증빙 및 자료

관할 세무기관의 심사를 거쳐 기업이 보내온 환급(면세) 증빙자료가 완전하고 〈수출환급(면세)증빙에 관계없는 전자정보신고표〉 및 전자데이터와 증빙의 내용이 일치하는 경우, 환급신청은 환급(면세)신고기간 종료일의 제한을 받지 아니한다.

환급(면세)신고기간 종료일 이전까지 관할 세무기관에 환급(면세) 증빙자료를 제출하지 않은 경우, 환급(면세) 신고기간 종료일 이후 환급(면세) 신청을 할 수 없다.

3) 과세, 환급(면세) 규정

(1) 인정받기 이전에 수출한 경우

수출 기업 또는 기타 단위가 수출면세(환급)을 인정받기 이전의 재화와 용역의 수출은 환급(면세)의 인정을 받은 후 환급을 받을 수 있다.

(2) 면세신고를 하지 않은 경우

수출 기업 또는 기타의 기업이 재화와 용역을 수출하고 면세에 해당될 경우, 그리고 특수구역 내의 기업이 수출한 특수구역내의 재화, 수출 기업 또는 기타의 기업이 증치세가 면세되는 재화와 용역을 간주 수출한 경우 이외에는 면세신고를 하지 않았다면 재화와 용역을 국내에 공급한 것으로 보아 증치세와 소비세를 징수한다.

(3) 진료가공

진료가공을 영위하는 수출기업이 해관의 비준을 거치지 않고 다른 기업에게 판매한 경우에는 증치세와 소비세를 징수한다.

(4) 담배수출기업

담배수출기업이 관할 세무기관의 허가를 받아 국가가 비준한 담배수출 면세계획에 따라 구입한 담배는 증치세를 면제한다.

(5) 환급받을 수 없는 경우

증치세와 소비세를 환급 또는 면세대상이 아니지만 이미 환급 또는 면세받은 경우, 해당세액을 납부하여야 한다.

(6) 면세점의 면세품 판매

국가가 비준한 면세점 운영기업이 면세점에 판매한 수입한 면세재화는 증치세를 면제한다.

(7) 금융리스회사

금융리스회사가 관할 세무기관의 요구에 따라 환급인정과 증치세환급을 신청한 경우에 해당하며 그 규정은 아래와 같다.

금융리스재화의 환급에 사용된 증치세 전용계산서 또는 해관의 수입증치세 전용납부서는 국내 판매한 재화의 매출세액에서 공제할 수 없다.

리스기간이 만료되기 전 리스계약이 해지된 금융리스재화에 대해서는 금융리스회사가 즉시 세무기관에 자진하여 보고하고 환급받은 증치세를 납부하여야 한다.

금융리스수출재화가 재수입될 때 금융리스회사는 해관에 재통관수속을 하여야 하며 관할 세무기관이 발급한 재화의 추납세액 또는 미환급증명을 제출하여야 하며 해관은 수입단계에서의 관세 및 증치세를 더 이상 징수하지 아니한다.

4) 무역기업의 회계처리

무역기업 결산규정에서 별도로 장부를 개설하여 수출재화의 매입금액과 매입세액을 처리하도록 한 경우로서 재화 매입 당시에는 수출할 것인지 알 수 없을 경우, 먼저 수출용으로 처리한 후 기타의 용도로 사용될 경우 수출용에서 전출처리를 한다.

5) 교통운수설비와 기계설비

조건을 갖춘 제조기업이 수출계약을 이미 체결한 교통운수설비와 기계설비는 환급증빙을 아직 받지 못한 경우에도 수출 계약, 매출 명세장 등에 근거하여 관할 세무기관에 '면저퇴'신고를 할 수 있다.

재화가 해관에 통관신고를 한 후, 환급(면세)신고를 하여야 하며, 과다 환급세액은 다시 납부하여야 한다.

제조기업이 신청할 때에는 아래의 조건을 동시에 갖추어야 한다.

- 증치세 일반납세의무자의 자격을 갖추고 있을 것
- 계속하여 2년 이상 영업하였을 것
- 생산한 교통운수설비 또는 기계설비의 생산기간이 1년 이상일 것
- 전년도 순자산은 동기간 수출한 증치세와 소비세 환급세액 합계의 3배 이상일 것
- 사업을 영위한 이래 탈세, 부당환급, 증치세 전용계산서의 허위 발행이 없을 것

6) 수출재화 환급(면세)의 일상관리

(1) 정책의 공고 및 홍보

세무기관은 수출재화의 환급(면세)과 관련 있는 정책과 규정에 대해 즉시 공고하여야 하며 수출상에 대한 홍보와 교육을 강화하여야 한다.

(2) 상부에 보고

세무기관은 수출재화의 환급(면세)의 계획 및 집행상황의 분석과 상부에 대한 보고를 하여야 한다. 세무기관은 국가세무총국이 하달한 수출재화 환급(면세) 계획 내에서 환급하거나 국고의 조정을 하여야 한다.

(3) 세액의 정산

세무기관은 다음 상황이 발생할 경우 즉시 수출 기업의 수출재화의 환급(면세) 세액을 정산해 주어야 한다.

- 수출 기업이 해산, 파산, 등록취소 및 기타 법에 따라 수출환급(면세)을 그만 둘 상황이 발생하였거나 수출재화의 환급(면세) 인정을 취소하여야 하는 경우
- 수출 기업이 국가의 법규를 위반하여 일정기간 수출세액 환급권을 상실한 경우

(4) 환급의 감독

세무기관은 수출재화의 환급(면세) 평가 체계와 감독 체계를 구축하고 수출재화의 환급(면세) 관리를 강화하여 세액의 부당한 환급을 방지하여야 한다.

(5) 전산 관리의 실시

세무기관은 규정에 따라 수출재화 환급(면세) 전산 자료의 접수 및 사용과 관리 업무에 만전을 기해야 하며, 수출재화 환급(면세) 전산 관리 시스템의 안전을 확보하고 정기적으로 전산 자료의 백업 및 설비의 유지 업무를 공고히 해야 한다.

(6) 문서의 보존

세무기관은 수출재화의 환급(면세) 증빙과 자료의 문서 관리 제도를 확립해야 하며, 별도로 규정한 것 이외에 수출재화의 환급(면세) 증빙과 자료는 10년간 보존하여야 하며, 구체적인 관리방법은 각 성급 국가세무국이 제정한다.

7) 위반시의 처리

(1) 일반적인 경우

구 분	처 벌 규 정
• 수출환급(면세)과 관련된 장부, 증빙, 자료를 설치, 사용 또는 보관하지 않는 경우 • 수출환급(면세) 관련 서류를 제본 또는 보관하지 않는 경우	세무기관은 일정한 기일 내에 직접 보완하도록 명령하고 2,000위안 이하의 벌금에 처할 수 있으며, 사안이 중대한 경우 2,000위안 이상 10,000위안 이하의 벌금에 처한다.
수출기업이 세무기관의 조사를 거절하거나 수출재화 환급(면세)과 관련된 장부, 증빙, 자료를 제공하는 것을 거절한 경우 또는 허위의 자료를 보관하거나 제공하는 경우	세무기관이 보완하도록 명령하고 10,000위안 이하의 벌금에 처할 수 있으며, 사안이 중대한 경우 10,000위안 이상 50,000위안 이하의 벌금에 처한다.
수출기업이 수출을 허위로 신고하거나 기타 속임수로 부당하게 세액을 환급받은 경우	세무기관은 「세수징수관리법」 제70조의 규정에 따라 처리한다. 부당하게 환급받은 수출상에 대하여 성급 이상의 국가세무국의 비준을 거쳐 6개월 이상 수출환급권을 정지시킬 수 있다. 수출환급권이 정지된 기간에 직접 또는 위탁 및 대리수출한 재화는 모두 환급을 해줄 수 없다.
진료가공을 영위하는 제조기업이 규정에 따른 등기, 신고, 말소절차를 하지 않은 경우	관할 세무기관은 세수징수관리법의 규정에 따라 처리한다.
수출 기업과 기타의 기업이 계산서관리규정을 위반한 행위가 있는 경우	「계산서관리방법」의 규정에 따라 처벌한다.

(2) 수출세액 환급세액을 편취하는 경우

수출기업과 기타의 기업이 허위 또는 기타의 수단으로 수출세액을 부당하게 환급받은 경우, 세무기관은 해당 세액을 추징하고 부당 환급세액의 1배 이상 5배 이하의 벌금에 처하고 범죄행위에 해당될 경우 형사책임을 묻는다.

구 분	처벌규정
수출환급세액을 5만위안 이하 편취한 경우	수출세액 환급처리를 반년 이상 1년 이하 정지시킬 수 있다.
수출환급세액을 5만위안 이상 50만위안 미만 편취한 경우	수출세액 환급처리를 1년 이상 1년 반 이하 정지시킬 수 있다.
수출환급세액을 50만위안 이상 250만위안 미만 편취하거나 수출세액의 편취행위로 이미 행정처벌을 받았으며 2년 내에 또다시 수출환급세액을 30만위안 이상 150만위안 미만 편취한 경우	수출세액 환급처리를 1년 반 이상 2년 이하 정지시킬 수 있다.
수출환급세액을 250만위안 이상 편취하였거나 수출세액 편취행위로 행정처벌을 받았으며 2년 내에 또다시 수출환급세액을 150만위안 이상 편취한 경우	수출세액 환급처리를 2년 이상 3년 이하 정지시킬 수 있다.
수출세액 환급처리 정지기간의 기산일	성급 이상 세무기관의 비준을 얻은 후 「세무행정 처벌결정서」의 결정일로부터 기산한다.

X. 조세특례

1. 증치세법에 규정된 면세항목

1) 농업 생산자가 직접 생산한 농산품을 판매하는 경우

'농업 생산자'는 농업 생산에 종사하는 단위와 개인을 말한다.

'농산품'은 재배업, 양식업, 임업, 목축업, 수산업에서 생산한 각종 식물, 동물의 1차 제품을 말한다.

상술한 단위와 개인이 구입한 농산품을 판매하거나 구입한 농산품을 생산, 가공한 후 판매하는 농산품이 농산품의 범위에 속하더라도 면세의 범위에 해당하지 않고 증치세를 과세한다.

회사와 농가가 양식 위탁계약을 체결하고 농가한테 새끼가축, 사료, 가축 약물 및 예방주사 등(소유권은 회사에 속한다)을 제공하고 농가에서 사육한 새끼가축이 완제품으로 된 후 회사에서 회수하여 판매하는 것은 납세의무자인 회사가 농업 생산자가 직접 생산한 농산품을 판매한 것에 속하며 증치세를 징수하지 아니한다.

2) 피임약품과 피임용구

3) 중고서적

4) 과학연구, 과학실험 및 교육에 직접 쓰이는 도구 및 설비의 수입

5) 외국정부 및 국제조직의 무상원조로 수입되는 물자와 설비

6) 장애인조직이 직접 수입하여 장애인 전용으로 공급하는 물품

7) 개인이 사용하던 물품을 판매하는 경우

2. 영개증정책에 규정된 조세특례

1) 아래 항목은 증치세를 징수하지 않는다.

(1) 탁아소, 유치원에서 제공하는 보육과 교육용역

탁아소 및 유치원은 현급 이상 교육부문의 비준을 받아 설립되고 개원 허가를 취득한 0~6세의 취학 전 교육을 실시하는 기구이며, 공립과 사립 탁아소, 유치원, 학전반, 보육원, 유아원을 말한다.

공립 탁아소 및 유치원의 증치세를 면제하는 수입은 성급 재정부문과 가격부문이 심사하고 성급 인민정부가 비준한 비용표준 이내에서 받은 교육비와 보육비이다.

사립 탁아소 및 유치원의 증치세를 면제하는 수입은 현지 담당부서에 신고하고 공시된 비용표준 이내에서 받은 교육비와 보육비이다.

규정한 비용표준을 초과하고, 실험반, 특색반, 취미반을 개설하는 등 별도로 비용을 받은 행위 및 유치원과 관련된 협찬비용, 지원비 등 규정된 범위를 초과한 수입은 증치세 면제범위에 속하지 않는다.

(2) 양로기구가 제공하는 양로용역

'양로기구'는 민정부의 <양로기구 설립 허가 방법>(민정부령 제48호)에 따라 설립되고 등기를 하였으며 노인들을 집중 거주 및 보살피는 용역을 제공하는 각종 양로기구를 말한다.

'양로용역'은 상술한 양로기구가 민정부의 <양로기구 관리방법>(민정부령 제49호)의 규정에 따라 기구에서 생활하는 노인들의 생활을 보살펴주고, 재활치료를 도와주고 정신적으로 위로해주며 문화오락 등 용역을 제공하는 것을 말한다

(3) 장애인 복리기구가 제공하는 양육용역

(4) 결혼중매용역

(5) 장례용역

'장례용역'은 각 지방 가격주관부문 등이 비용표준을 제정하고 정부의 가격지도관리를 실시하는 시신운반, 유체 정형, 유체 부패방지, 보존(냉장 포함), 화장, 골회기탁과 보존, 장례설비임대, 묘소임대 및 관리 등의 용역을 말한다.

(6) 장애인 본인이 사회에 제공하는 용역

(7) 의료기관이 제공하는 의료용역

'의료기관'은 국무원이 제정한 <의료기관 관리조례>(국무원령 제149호) 및 위생부가 제정한 <의료기관 관리조례 실시세칙>(위생부령 제35호)의 규정에 따라 등록을 통하여 <의료기관영업허가증>을 발급받은 기구, 군대, 무장부대 및 각종 의료기관을 말한다. 구체적으로 각급 병원, 진찰소, 사회구역용역센터, 응급센터, 위생원, 호스피스, 요양원, 임상검역센터, 각급 정부가 설립한 위생방역센터(질병공제센터) 등의 의료기관을 말한다.

'의료용역'은 의료기관이 지(시)급 이상 가격주관부문과 동급 위생주관부문 및 기타 관련부문이 제정한 <의료기관 지도가격을 초과하지 않으며 환자를 위하여 제공하는 <전국 의료용역 가격일람표>에서 표기한 각항 용역 및 의료기관이 사회에 제공하는 위생방역, 위생검역용역을 말한다.

(8) 학력교육에 종사하는 학교에서 제공하는 교육용역

(9) 학생의 근공절학(학생들이 일하면서 공부를 하며 일을 통해 얻은 자금을 학교운영에 쓰이는 방식)에 제공하는 용역

(10) 농업 기계경작, 배관, 병충해방지, 식물보호, 농목보험 및 관련 기술의 훈련업무, 가축, 짐승, 수생동물의 번식작업 및 질병예방

(11) 기념관, 박물관, 문화관, 문화재보호 관리기구, 미술관, 서화관, 도서관에서 문화체육용역을 제공하여 얻은 입장료수입

(12) 사원, 도관, 이슬람사원과 교회에서 문화와 종교활동을 거행하여 얻은

입장료수입

(13) 행정단위 이외의 기타 단위가 〈시범실시방법〉 제10조의 규정에 따라 받은 정부성기금과 행정사업성비용.

(14) 개인이 저작권을 양도한 경우

(15) 개인이 직접 건축하고 사용하던 주택을 판매하는 경우

(16) 대만항운회사, 항공회사가 양안해협에서 해상직항 및 공중직항업무를 영위하여 대륙에서 얻은 운수수입

(17) 납세의무자가 직접 또는 간접적으로 제공하는 국제 화물 대리운수용역

(18) 아래의 이자수입

- 2016년 12월 31일 이전 금융기관이 농가에게 대출한 10만위안 이하의 소액대출
- 국가 학자금대출
- 국채 및 지방정부 채권
- 인민은행이 금융기관에 대출한 경우
- 주택공적금관리센터가 주택공적금을 지정한 위탁은행에 대출한 개인주택대출
- 외화관리부문이 금융기관에 위탁하여 대출한 외화대출
- 그룹 또는 그룹내의 핵심기업 및 그룹에 소속된 재무회사가 금융기관에 지급하는 금리 또는 채권표면금리보다 높지 않은 금리로 그룹 또는 그룹내 계열회사에서 받는 이자

(19) 취소된 금융기관이 정리하는 경우

인민은행 및 은행감독관리회의 결정에 따라 취소된 금융기관이 재화, 부동산, 무형재산, 유가증권, 어음 등의 재산으로 채무를 상환하는 경우

(20) 1년 이상 생명보험으로 취득한 보험수입

보험회사의 보험기간이 1년 이상이고 원금과 이자를 반환하는 생명보험, 양로연금보험 및 보험기간이 1년 이상인 건강보험

위의 면세정책은 서류보관관리를 하여야 하며, 구체적인 서류관리는 <국가세무총국이 1년 이상 반환성 생명보험상품의 영업세를 면제하는 심사사항의 취소 후 관련 관리문제에 관한 공고>(국가세무총국 공고 2015년 제65호)의 규정에 따라 집행하여야 한다.

(21) 재보험용역

중국내 보험회사가 해외 보험회사에게 제공하는 완전히 해외에서 소비하는 재보험용역에 한하여 면세정책을 실시한다.

(22) 아래의 금융상품 양도로 인한 수입

- 적격외국인기관투자자(QFII)가 중국내 회사에 위탁하여 중국에서 증권매매업무에 종사하는 경우
  인민폐적격외국인기관투자자(RQFII)가 중국내 회사에 위탁하여 중국에서 증권매매업무에 종사하는 경우 및 인민은행이 인가한 중국외 기관투자은행간 본위화폐시장에서 취득한 수입. 은행간 본위화폐시장은 화폐시장 및 파생상품시장을 포함한다.
- 홍콩시장투자자(단위와 개인을 포함)가 후강통을 통하여 상해증권거래소에 상장된 A주식을 매매하는 경우
- 홍콩시장투자자(단위와 개인을 포함)가 기금호인기금을 통하여 국내기금지분을 매매하는 경우
- 증권투자기금(폐쇄식 증권투자기금, 개방식 증권투자기금) 관리자가 기금을 운용하여 주식, 채권을 매매하는 경우
- 개인이 금융상품 양도업무에 종사하는 경우

(23) 금융기관간 거래의 이자수입

① 금융기관과 인민은행 사이에 발생한 자금거래업무. 이는 인민은행이 일반 금융기관에 대한 대출 및 인민은행이 상업은행에 대한 어음할인 등을 포함한다. 상업은행이 인민은행의 수표를 구매하거나 인민은행과 통화스왑과 상호통화 등 업무도 금융기관과 인민은행 사이의 자금거래업무에 속한다.

② 은행간 거래업무란 동일한 은행내에서 다른 지점간 발생한 자금거래업무를 말하며, 중국내 은행이 해외의 본점, 모회사간 및 중국내 은행과 해외 지점, 완전자회사간 자금거래업무도 이에 속한다.

③ 금융기관간 '자금거래업무란 인민은행의 비준하에 전국 은행간 콜머니시장에 진출한 금융기관 사이 전국 콜머니망을 통하여 진행하는 단기(1년 이하) 무담보 자금융통행위를 말한다.

④ 금융기관간 어음할인업무

금융기관은 다음을 말한다.

- 은행(인민은행, 상업은행, 정책은행)
- 신용합작사
- 증권회사
- 금융리스회사, 증권기금관리회사, 재무회사, 신탁투자회사, 증권투자기금
- 보험회사
- 인민은행, 은행감독관리위원회, 증권감독관리위원회, 보험감독관리위원회의 비준을 받아 설립되고 금융보험업을 영위하는 기타 금융기관

위의 경우 이외에 아래의 업무도 이자수입으로 본다.

- 은행간 예금(同业存款)
- 은행간 차입(同业借款)
- 은행간 대부(同业代付)
- 환매조건부금융상품 매입(买断式买入返售金融商品)
- 금융채권 보유(持有金融债券)
- 양도성예금증서(同业存单)

(24) 담보제공으로 인한 수입

아래 조건을 모두 갖춘 담보기구가 중소기업의 신용담보 또는 재담보업무를 제공하여 얻은 수입(신용등급, 컨설팅, 교육 등 수입 제외)은 3년내에 증치세를 면제한다.

- 감독관리부문이 발급한 융자성 담보기구 경영허가증을 취득하고 법인으로 등기를 마친 자본금이 2,000만위안 이상일 것
- 연평균 담보비용이 은행 대출기준금리의 50%를 초과하지 않을 것

- 연속하여 2년 이상 법규를 준수하고 자금은 주로 담보업무에 사용되어야 하고, 건전한 내부관리제도와 중소기업을 위해 담보를 제공할 수 있는 능력을 갖추고, 경영실적이 뛰어나고, 담보업무에 대하여 사전평가, 감독과 통제, 사후관리시스템을 갖추어야 한다.
- 중소기업에게 제공한 담보대출누계액이 2년 동안 총담보누계액의 80% 이상이어야 하며, 한번에 800만위안 이하의 담보대출누계액이 총담보누계액의 50% 이상이어야 한다.
- 단독으로 담보받는 기업에게 제공하는 담보잔액이 담보기구 실수자본의 10%를 초과하면 안되고 한 건당 평균 담보책임금액이 3000만위안을 초과하지 않을 것
- 담보책임잔액이 순자산의 3배보다 낮으면 안되고 대행보상율이 2%를 초과하지 않을 것

담보기구의 증치세 면제정책은 서류관리방식을 사용하며, 조건을 갖춘 담보기구는 소재지 현(시) 관할 세무기관과 동급 중소기업관리부문에 서류수속을 하여야 하며, 서류수속이 완성된 날 부터 3년간 증치세를 면제받을 수 있다. 3년의 면세기간이 지난 후 조건에 부합되는 담보기구는 규정절차에 따라 서류수속을 거쳐 계속 특례를 누릴 수 있다.

(25) 이자보조금과 가격차보조금수입

국가 상품 비축 관리단위 및 직속 기업이 상품비축업무를 담당하여 중앙 및 지방재정에서 받은 이자보조금과 가격차보조금수입은 증치세를 면제한다.

'국가 상품 비축 관리단위 및 직속기업'은 중앙, 성, 시, 현의 4급 정부유관부문(또는 정부가 지정한 관리단위)의 위탁을 받아 양식(콩을 포함), 식용유, 면화, 당, 육류, 소금(중앙 비축분에 한한다) 6종류의 비축임무를 수행하면서 6가지 비축상품을 수매, 저장 및 판매하여 재정비축경비 또는 보조금을 받는 상품비축기업을 말한다.

'이자보조금수입'은 국가 상품 비축관리단위 및 직속기업이 상술한 상품비축업무의 수행을 위하여 금융기관으로부터 대출받아 발생한 이자를 상환하기 위하여 중앙 또는 지방재정으로부터 받은 이자보조금을 말한다.

'가격차보조수입'은 판매가격차 보조수입과 수매가격차 보조수입을 말한다.

(26) 기술관련용역

납세의무자가 제공하는 기술양도, 기술개발 및 이와 관련된 기술자문, 기술용역은 증치세를 면제한다.

구 분	의 미
기술양도 및 기술개발	<용역, 무형자산 및 부동산 판매 주석> 중 "기술양도", "연구개발용역" 범위내의 업무활동을 말한다.
기술자문	특정 기술에 제공하는 타당성검토, 기술예측, 전담기술조사, 분석평가보고 등을 제공하는 업무를 말한다.
기술양도, 기술개발과 관련된 기술자문, 기술용역	양도자(또는 수탁자)가 기술양도 또는 개발계약서의 내용에 따라 양수자(또는 위탁자)를 도와 양도된 기술을 파악하도록 제공하는 기술자문, 기술용역업무이며, 기술자문, 기술용역의 가격과 기술양도 또는 기술개발의 가격은 하나의 계산서에 발행되어야 한다.
검토절차	시범실시 납세의무자가 증치세 면제를 신청할 때 기술양도, 개발의 서면 계약서를 가지고 납세의무자 소재지 성급 과학주관부문에서 인증을 받아야 하며 서면계약서와 과학주관부문 심사의견 증명서류를 관할 세무기관에 제출하여 검토하여야 한다.

(27) 토탈에너지 관리용역

- 에너지절약 용역회사가 실시하는 토탈에너지 관리항목의 관련 기술은 국가 질량 감독검사 검역총국과 국가 표준화 관리위원회에서 반포한 <토탈에너지 관리기술 통칙>(GB/T24915－2010)에서 규정한 기술요구를 갖추어야 한다.
- 에너지절약 용역회사와 에너지 사용기업이 에너지절약성과 공유 계약서의 양식과 내용은 <중국 계약법>과 <계약에너지 관리기술 통칙>(GB/T24915－2010)의 규정을 따라야 한다.

(28) 학교 부설 교육

정부가 운영하는 학력교육에 종사하는 고등, 중등 및 초등학교(소속 단위 불포함)가 부설 교육을 진행하여 취득한 수입이 모두 학교의 수입에 속하는 경우 증치세를 면제하며, 수입이 학교와는 별도의 계좌로 관리하는 경우 면제가 되지 아니한다.

(29) 직업학교

정부가 운영하는 직업학교가 설립한 것으로서 주로 재학생들을 위하여 실습장소를 제공하고 학교가 출자하여 직접 운영하고, 학교가 경영관리를 책임지고, 수입은 모두 학교가 소유하는 기업에 귀속되는 기업이 <용역, 무형자산 또는 부동산 판매 주석> 중 현대용역(금융리스용역, 광고용역과 기타 현대용역은 제외), 생활용역(문화체육용역, 기타 생활용역과 사우나 산소방 제외)업무를 영위하여 취득한 수입

(30) 복리복권, 체육복권을 발행하여 얻은 수입

(31) 군대가 비어있는 주택을 임대하여 얻은 수입

(32) 주택을 원가 또는 표준가격에 판매하는 경우

국가 주택제도 개혁에 협조하기 위하여 기업, 행정사업단위가 원가 또는 표준가격으로 주택을 판매하여 얻은 수입

(33) 토지사용권을 농업 생산자에게 양도하여 농업생산에 사용되는 경우

(34) 가정재산 분할에 언급된 개인이 부동산, 토지사용권을 무상으로 양도하는 경우

(35) 토지소유자가 토지사용권을 양도하는 경우와 토지사용자가 토지사용권을 토지소유자에게 돌려주는 경우

(36) 자연자원사용권을 양도하는 경우

현급 이상 지방 인민정부 또는 자연자원 행정주관부문이 자연자원사용권을 양도, 매도, 회수하는 경우(토지사용권은 제외)

(37) 군인가족의 취업

- 군인가족의 생활안전을 위하여 새로 개설한 기업은 세무등기증을 수령한 날부

터 3년간 제공한 과세용역에 대해 증치세를 면제한다.

- 조세특례를 받는 기업은 군인가족이 기업의 총인원수의 60%를 초과하여야 하며 군(군 포함) 이상 정치와 물자조달기구에서 발급한 증명이 있어야 한다.
- 개인사업에 종사하는 군인가족은 세무등기사항을 처리한 날부터 3년내에 제공한 과세용역에 대한 증치세를 면제한다.
- 군인가족은 정치기관이 발급한 신분을 밝힐 수 있는 증명을 제출하여야 한다.
- 상술한 규정에 따라, 한 명의 군인가족은 한번 면세정책을 받을 수 있다.

(38) 군대전역간부 취업

- 개인사업을 영위하는 군대전역간부는 세무등기증 수령 후 부터 제공한 과세용역은 3년이내 증치세를 면제한다.
- 직접 업종을 선택한 군대전역간부가 취업으로 새로 개업한 기업을 지원하기 위하여, 전역간부가 총인원수의 60% 이상일 경우, 세무등기증 수령일부터 제공한 과세용역은 3년이내 증치세를 면제한다.
- 상술한 조세특례를 받기 위해서는 군대전역간부는 사단급 이상 부대가 발급한 전역증서를 가지고 있어야 한다.

(39) 회비

각 당파, 공청단, 공회, 부녀연합회, 중국 과학기술협회, 청년연합회, 대만협회, 교포협회가 받는 당비, 단비, 회비, 및 정부간 국제조직이 받는 회비로서 비경영활동에 속하는 것은 증치세를 징수하지 않는다.

(40) 티벳(青藏)철도회사가 제공하는 철도운수용역

(41) 중국 우정그룹 및 우정기업에서 제공하는 우체용역

(42) 중국 우정그룹의 금융대리업무

2016년 1월 1일 부터 중국 우정그룹 및 소속된 우정기업이 금융업계를 대리하는 금융대리업무에서 받는 수입은 영개증 시범실시 기간 동안 증치세를 면제한다.

(43) 부실자산관리업무

중국 신달투자관리고분유한공사, 중국 화융자산관리고분유한공사, 중국 장성자산관리공사와 중국 동방자산관리공사 및 각자 비준을 거쳐 각 지방에 설립한 지점(이하 "자산공사")이 정책적으로 정리하는 부실자산의 인수, 승계 및 처분 그리고 은행의 구조조정으로 부실자산을 정리하는 과정에서 전개한 아래의 업무는 증치세를 면제한다.

- 관련 국유은행의 부실채권을 접수 받아, 채무자는 재화, 부동산, 무형자산, 유가증권과 어음 등으로 대출과 이자를 충당하고, 자산공사는 해당 재화, 부동산, 무형자산, 유가증권, 어음을 양도하거나 해당 재화와 부동산을 이용하여 금융리스에 종사하는 경우
- 관련 국유은행의 부실채권을 접수하여 취득한 이자
- 자산공사에 소속된 투자자문회사가 본 회사의 부실자산의 인수, 승계와 처분을 위하여 제공한 자산의 평가와 감사업무
- 중국장성자산관리공사와 중국동방자산관리공사가 국무원 비준으로 구조조정된 후, 그 권리와 의무를 승계한 주체 및 지점이 정책적으로 정리하는 부실자산의 인수, 승계 및 처분 그리고 은행의 구조조정으로 부실자산을 정리하는 경우 위의 정책을 참조하여 처리한다.

(44) 금융상품 양도수입

전국사회보장기금이사회. 전국사회보장기금투자 관리인이 운영하는 전국사회보장기금 매매증권투자 펀드, 주식, 채권으로 취득한 금융상품 양도수입은 증치세를 면제한다.

(45) 아래의 국제항운보험업무에 대하여 증치세를 면제한다.

- 상해, 천진에 등록한 보험회사가 국제항운보험업무에 종사하는 경우
- 심천시에 등록한 보험회사가 전해심항현대용역업합작구역의 기업에 제공하는 국제항운보험업무.
- 복건성 평담현(平潭县)에 등록한 보험기업이 평담현에 등록한 기업에 제공하는 국제항운보험업무.

2) 증치세 징수즉시환급(即征即退)

(1) S/W제품

증치세 일반납세의무자가 직접 개발하여 생산한 S/W제품을 판매하는 경우17%의 세율로 증치세를 징수한 후 실제 증치세 세액부담율이 3%를 초과하는 부분은 즉시 환급해 준다.

증치세 일반납세의무자가 수입한 S/W제품을 현지에 맞게 개조한 후 해외로 판매하는 경우 판매한 S/W제품도 위의 징수 즉시 환급 특례를 받을 수 있다.

'현지에 맞게 개조하는 경우'는 수입한 S/W제품에 대해 재설계, 개진, 전환 등을 진행하는 것을 말하며 단순한 한자화 처리는 포함되지 않는다.

(2) 관도운수용역

일반납세의무자가 제공하는 관도운송용역의 증치세 실제 조세부담이 3%를 초과하는 부분은 증치세 징수즉시환급정책을 실시한다.

(3) 금융리스용역과 매각후재리스용역

인민은행, 은행감독회 또는 상무부가 비준한 금융리스용역을 영위하는 시범실시 일반납세의무자가 유형자산 금융리스용역과 유형자산 매각후재리스용역을 제공하는 경우 증치세 실제 조세부담이 3%를 초과하는 부분은 증치세 징수즉시환급정책을 실시한다.

(4) 실제 조세부담

납세의무자가 당기 제공한 과세용역에서 실제 납부하는 증치세액이 당기 제공한 과세용역으로 취득한 전체 대금과 부대비용의 합계에 대한 비율을 말한다.

(5) 장애인의 안치

납세의무자가 장애인의 고용에 대한 증치세 징수 즉시 환급 혜택정책을 실시한다.

'납세의무자'는 장애인을 고용한 단위와 개인사업자를 말한다.

납세의무자가 당기 환급받을 증치세액은 아래의 공식에 따라 계산한다.

당기 환급할 증치세액=당기 매월 환급할 증치세액의 합계
매월 환급할 증치세액=납세의무자 당월 안치한 장애인인수×당월 월간 최저 급여 표준의 4배

'월간 최저 급여 표준'은 납세의무자 소재 현[현급시, 기(내몽고) 포함]이 적용하는 성급 인민정부의 비준을 받은 월간 최저급여표준을 말한다.

(6) 증치세 환급

증치세 환급은 아래와 같이 구분하여 처리한다.

구 분	처 리 방 법
납세의무자가 당기 기납부세액이 당기 환급할 세액보다 작아서 환급에 부족할 경우	당년도내 이전 과세기간에 기납부한 증치세액에서 이미 환급한 증치세액의 잔액에서 환급한다.
그래도 환급에 부족할 경우	당년도내 이후 과세기간에 이월하여 환급할 수 있다.
연도 이미 납부한 증치세액이 연도별 환급할 세액보다 같거나 작을 경우	환급액은 연도에 이미 납부한 세액이 된다.
연도에 이미 납부한 세액이 환급할 세액보다 클 경우	환급액은 연도 환급할 세액이 된다.
연도 기납부 증치세액이 환급에 부족할 경우	이후 연도로 이월하여 환급받을 수 없다.

3) 증치세 공제 규정

(1) 창업과 취업

퇴역사병이 직접 개인사업을 영위하는 경우 3년내 사업자 별 매년 8,000위안 한도내에서 차례로 당기 실제 납부할 증치세, 성시유호건설세, 교육비 부가, 지방교육비 부가와 개인소득세를 공제하며, 한도는 최고 20%까지 상향조정이 가능하며, 각 성, 자치구, 직할시 정부에서 각 지역 실제상황에 따라 구체적인 한도표준을 정하며

재정부와 세무총국에 보고한다.

납세의무자가 연도 납부세액이 위의 공제한도액보다 작을 경우 실제 납부한 세액을 한도로 하며, 한도보다 많을 경우, 한도내에서 공제한다.

납세의무자가 실제 사업영위기간이 1년이 안될 경우, 실제 월수를 환산하여 공제하며 환산공식은 다음과 같다.

공제한도액＝연간 공제한도액/12×실제 경영월수

납세의무자가 조세특례를 적용받는 달 <중국 인민해방군 의무병 현역 퇴역증> 또는 <중국인민 해방군 사관 현역 퇴역증> 및 세무기관이 요구하는 관련 자료를 관할 세무기관에 제출하여야 한다.

(2) 창업 취업

① 적용대상

<취업창업증>("자체창업 조세정책" 또는 "졸업연도내 자체창업 조세정책"을 기재) 또는 2015년 1월 27일 이전 취득한 <취업실업등기증>("자체창업 조세정책"을 기재하거나 <고졸자 자체창업증명>을 부착) 소지한 자가 개인사업을 영위하는 경우 3년내 업체별로 매년 8,000위안을 한도로 당기 실제 납부하여야 할 증치세, 성시유호건설세, 교육비부가, 지방교육비 부가와 개인소득세를 공제할 수 있으며 한도표준은 최고 20%까지 상향조정 가능하며, 각 성, 자치구, 직할시 인민정부가 해당 지역의 실제 상황에 따라 한도내에서 구체적인 표준을 정할 수 있으며, 재정부와 세무총국에 보고하여야 한다.

납세의무자가 연도내 납부하여야 할 세액이 위의 공제한도보다 작을 경우, 실제 납부한 세액을 기준으로 하며, 공제한도보다 클 경우 공제한도액을 기준으로 한다.

위의 규정에서 적용대상자는 다음과 같다.

- 인력자원사회보장부문 공공취업용역기구에 반년 이상 실업자로 등기된 자
- 무취업가정. 도시민 최저생활 보장가정이 노동연령내 실업으로 등기된 자
- 졸업연도내 고등교육 졸업자. 고등교육 졸업자는 고등학력교육을 실시하는 보통고등학교와 성인고등학교의 졸업생이다. 졸업연도는 1월 1일 부터 12월 31일 기준이다.

② 기업의 경우

아래와 같은 대상기업이 아래의 조건에 해당하는 구직자를 채용하여 1년 이상인 노동계약을 체결하고 사회보험비를 납부하는 경우 실제 채용한 인원의 수에 대하여 3년간 매년 인당 4,000위안을 표준(최고 30% 상향조정 가능)으로 하여 조세특례를 받을 수 있다.

<table>
<tr><th>대 상 기 업</th><th>구 직 자 조 건</th><th>공제대상세액</th></tr>
<tr><td rowspan="2">도소매기업, 용역형 기업, 노동취업 용역기업 중의 가공형 기업</td><td rowspan="5">인력자원사회보장국공공취업 용역기구에 반년이상 실업등기자 및 <취업 창업증> 또는 2015년 1월 27일 이전 취득한 <취업실업등기증>(“기업 조세정책 채택”기재)을 소지한 자</td><td>증치세</td></tr>
<tr><td>성시유호건설세</td></tr>
<tr><td rowspan="3">지역사회의 가공형 소형 기업실체</td><td>교육비 부가</td></tr>
<tr><td>지방교육비 부가</td></tr>
<tr><td>기업소득세</td></tr>
</table>

③ <취업창업증>의 수령

위의 조세특례를 받기 위해서는 아래의 규정에 의한 <취업창업증>을 수령하여야 한다.

- <취업용역과 취업관리규정> (노동과 사회보장부령제 28호) 제63조의 규정에 따라, 법정노동연령 내 노동능력이 있고 취업요구가 있으며 무직상태에 있는 도시에 상주하고 있는 자가 공공취업 용역기관에 실업등기를 하고 <취업창업증>을 수령하여야 한다. 그 중 농촌에서 도시로 들어온 근무자와 호적지가 다른 자가 상주지에서 안정적으로 만6개월 취직한 경우 실업 후 상주지에 등록할 수 있다.
- 무취업가정은 지역사회가 발급한 도시의 최저생활보장제도 증명으로 공공취업 용역기관에서 <취업창업증>을 수령한다.
- 졸업연도내 고등교육기관 졸업생이 재학기간에 학생증으로 공공취업 용역기관에서 <취업창업증>을 수령하거나 고등교육기관 취업지도센터에 위탁하여 공공취업 용역기관이 규정한 <취업창업증>을 수령한다. 또는 졸업연도내 고등교육기관 졸업생이 학교를 떠난 후 직접 공공취업 용역기관에서 <취업창업증>을 수령한다.
- 상기 인원은 관련 증빙을 수령한 후, 취업과 창업지 인력자원 사회보장부문이 인원의 범위, 취업과 실업상태, 조세특례현황에 대해서 조사 확인하여 <취업창업증>에 “자체창업 조세정책”. “졸업연도내 자체창업 조세정책” 또는 “기업흡수 조세정책”이라고 기재하고, 자체창업과 기업 조세정책 흡수 조건에 동시에 해당하는 경우 동시에 기재가 가능하며, 관할 세무기관이 <취업창업증>에 날인하며 조세감면기한

을 기재한다.

④ 조세특례기간

위의 조세특례 적용기간은 2016년 5월 1일 부터 2016년 12월 31일까지이며, 납세의무자가 2016년 12월 31일까지 3년동안 적용받지 못한 경우3년까지 계속 적용받을 수 있다.

4) 금융기관의 이자수입

금융기관이 대출한 후 이자결산일 90일 이내 발생한 미수이자는 증치세를 납부하여야 하며, 이자결산일 90일 이후 발생하는 미수이자는 증치세를 잠정적으로 납부하지 않으며 실제 이자를 받을 때 증치세를 납부한다.

위의 금융기관은 은행(국유, 집체, 주식제, 합자, 외자은행 및 기타 소유형식의 은행), 도시신용사, 농촌신용사, 신탁투자회사, 재무공사를 말한다.

5) 개인이 2년 미만 보유한 주택을 양도하는 경우

개인이 주택을 판매하는 경우 증치세는 다음과 같이 납부한다.

구 분	증치세과세
개인이 취득한 지 만 2년이 안된 주택을 판매하는 경우	판매가액에 5% 세율을 적용하여 납부한다.
개인이 취득한 지 만 2년이 지난 주택을 판매하는 경우	증치세를 면제한다.
조세특례 적용대상지역	북경, 상해, 광주, 심천 이외

개인이 주택을 판매하는 경우 증치세는 다음과 같이 납부한다.

구 분	증치세과세
개인이 취득한 지 만2년이 지난 비보통주택을 판매하는 경우	(판매가액 - 취득가액)×5%.

구 분	증 치 세 과 세
개인이 취득한 지 만2년이 지난 보통주택을 판매하는 경우	증치세를 면제한다.
조세특례 적용대상지역	북경, 상해, 광주, 심천

면세와 관련된 구체적인 절차의 진행, 주택 보유기간, 계산서의 발행, 비구매형식으로 취득한 주택 및 기타 조세관리규정은 <국무원 사무청이 건설부 등 부문에 전송한 주택가격을 안정화시키는 작업에 관한 의견의 통지>(国税发 [2005] 89호)와 <국가세무총국이 부동산 조세정책 집행 중 몇 가지 관리에 대한 통지>(国税发 [2005] 172호)의 규정에 따라 집행한다.

6) 적용시점

위의 증치세 조세특례정책은 이미 규정기한이 된 항목과 '5)'의 정책 이외에는 모두 영개증정책의 시범실시 기간에 적용한다. 시범실시 납세의무자가 영개증정책 시범실시일 이전에 이미 증치세 조세특례를 적용받은 경우 잔여 조세특례기간 동안 본 규정에 따라 증치세 조세특례를 적용할 수 있다.

3. 재정부, 국가세무총국이 규정한 일부 면세항목

1) 자원을 종합이용한 제품과 용역의 증치세 특례정책

<자원을 종합이용한 제품과 용역의 증치세 특례 목록>의 배포에 관한 통지(财税 [2015] 78호)의 규정에 따라 납세의무자가 직접 생산한 자원을 종합이용한 제품과 용역을 판매한 경우 증치세 징수즉시환급 정책을 적용받을 수 있다.

목록 중에서 '자원을 종합이용하는 경우'를 아래와 같이 5가지로 분류할 수 있다.

- 공생 및 반생 광산자원
- 폐기물, 폐수, 폐기
- 재생자원

- 농림잉여물 및 기타
- 자원을 종합이용하는 용역

유형별로 구체적인 종합이용한 자원의 명칭, 종합이용한 제품과 용역의 명칭, 기술표준과 관련조건, 환급비율을 열거하였으며, 환급비율은 30%, 50%, 70%와 100% 4대등급이 있다.

납세의무자는 특례목록에 열거된 자원을 종합이용한 항목에 종사하여 증치세 징수즉시환급정책 규정을 적용받을 경우 일부 조건을 동시에 갖추어야 하며, 증치세 일반납세의무자가 종합이용하여 판매한 제품과 용역이 국가발전개혁위원회가 발표한 <산업구조조정 지도목록> 중 금지, 제한하는 항목에 해당하지 않아야 한다.

2) 채소유통단계의 증치세 면제

국무원의 비준을 거쳐 2012년 1월 1일부터 채소유통단계에서 아래와 같이 증치세를 면제한다.

- 채소의 도매와 소매업을 영위하는 납세의무자가 판매하는 채소는 증치세를 면제한다.
- 납세의무자가 채소를 판매하면서 기타 증치세 과세상품을 동시에 판매하는 경우 채소와 기타 증치세 과세상품을 구분하여 매출액을 확정해야 하며 구분하지 않을 경우 증치세 면세를 받을 수 없다.

3) 깻묵제품 증치세 면제

콩깨묵은 증치세 과세제품에 속하며 콩갯묵 이외의 기타 깻묵류 사료제품은 증치세를 면제한다.

4) 종자제조업의 증치세 면제 정책

종자제조기업이 아래와 같은 경영방식에 따라 종자를 생산하여 판매하는 경우 농업생산자가 직접 생산한 농산품에 해당하므로 증치세법의 규정에 따라 증치세를 면제한다.

• 종자제조기업이 자신의 토지 또는 임대한 토지를 이용하여 농가 또는 종업원을 고용하여 종자번식을 하여 건조, 탈곡 등의 가공 후 종자를 판매하는 경우
• 종자제조기업은 원본 종자를 제공하여 농가에 번식을 위탁하고 농가에서 회수하여 탈피, 건조, 탈곡 등의 가공 후 종자를 판매하는 경우

5) 유기비료제품 증치세 면제

2008년 6월 1일부터 납세의무자가 유기비료제품을 생산판매하고 도매 및 소매하는 경우 증치세를 면제한다.

면세가 적용되는 유기비료제품이란 유기비료, 유기－무기 복합비료와 생물 유기비료를 의미하며 이 제품의 집행표준은 다음과 같다.

• 유기비료 : NY525－2002
• 유기－무기 복합비료 : GB18877－2002
• 생물 유기비료 : NY884－2004

위의 표준에 맞지 않는 제품은 유기비료제품에 속하지 않은 것으로 보아 현행 규정에 따라 증치세를 과세한다.

면세대상 납세의무자는 규정에 따라 유기비료제품의 매출액을 구분하여 계산하여야 하며 구분하지 못할 경우 면세대상에서 제외된다.

납세의무자가 면세대상 유기비료제품을 판매하는 경우에는 증치세 보통계산서를 발행하여야 하며 증치세 전용계산서(세금계산서)를 발행할 수 없다.

납세의무자가 증치세 면제를 신청하려면 관할 세무기관에 관련 자료를 제출하여야 하며 제공하지 않을 경우 면세를 적용받지 못한다.

납세의무자의 재화의 판매나 과세용역이 면세대상일 경우 면세포기를 한 후 증치세를 납부할 수 있으며 면세포기를 한 후에는 36개월 이내에 면세적용을 신청할 수 없다.

용어설명 **증치세 전용계산서와 증치세 보통계산서**

중국에서 증치세 과세대상의 거래가 발생할 때 매출자가 발행하는 세금계산서에는 증치세 전용계산서(增值税專用发票)와 증치세 보통계산서(增值税普通发票)가 있다.
여기서 증치세 전용계산서는 한국의 세금계산서와 동일한 개념이라고 볼 수 있는데, 증치세 일반납세의무자만 발행할 수 있으며 매입자는 증치세 전용계산서를 수취한 경우에

만 증치세 신고시 매입세액으로 공제가 가능하다.
한편, 증치세 보통계산서는 증치세 일반납세의무자 이외의 납세의무자가 발행하는 것으로서 여기에는 공급가액과 세액이 합한 금액으로 기재되어 있으며 매입자가 이러한 증치세 보통계산서를 수취한 경우에는 매입세액으로 공제할 수가 없다.

6) 채무출자전환 협의

출자전환한 기업과 금융자산관리공사가 체결한 출자전환협의에 따라 출자전환하는 원래 기업이 재화를 출자전환하여 새로운 회사에 투자로 제공하는 경우 증치세를 면제한다.

7) 석유제품을 수입하는 경우

2014년 3월 1일부터 에틸렌, 아토피화공제품(이하 "특정 화공제품")의 생산에 사용되는 나프타, 연료유(이하 "2급 유품")를 외부에서 구매하고 2급 유품을 사용하여 생산한 특정 화공제품의 생산량이 해당 기업이 2급 유품을 사용하여 생산한 각종 제품의 총량의 50% 이상인 기업에 대해서 외부에서 구매한 2급 유품의 가격 중에서 소비세 부분에 대응되는 증치세는 환급한다.

> 환급되는 증치세액 = 소비세를 이미 납부한 2급 유품의 수량×2급 유품의 소비세 단위당 세액×17%

위의 조건에 해당하는 기업은 2014년 2월 28일 이전에 발생한 증치세 미공제 이월세액 중 구입한 2급 유품의 가격 중 소비세부분에 대응되는 증치세액의 규모를 초과하지 않는 범위에서 한꺼번에 환급을 신청할 수 있다.

증치세 미공제 이월세액은 관할 세무기관이 인가한 증치세납세신고표의 금액에 따라 계산한다.

8) 증치세 과세최저한 규정

2014년 10월 11일 국가세무총국이 증치세법, 영업세법, <재정부, 국가세무총국이 일부 소형기업의 증치세와 영업세를 잠정 면제하는 것에 관한 통지>(财税 [2013] 52

호), <재정부, 국가세무총국이 진일보 소형기업의 증치세와 영업세를 진일보 지지하는 정책에 관한 통지>(财税 [2014] 71호)에 따라, 소형기업의 증치세 면제에 관한 문제에 대하여 아래와 같이 규정하여 2014년 10월 1일부터 집행한다.

① 증치세 소규모납세의무자는 월 매출액이 3만위안을 초과하지 않을 경우(3만위안 포함) 증치세를 면제한다. 그 중 분기를 납세기간으로 하는 소규모납세의무자는 분기 매출액이 9만위안을 초과하지 않는 증치세를 면제한다.

② 증치세 소규모납세의무자가 영업세 과세항목을 겸영할 경우, 증치세 과세항목과 영업세 과세항목의 매출액을 구분하여야 하며, 월 매출액이 3만위안을 초과하지 않을 경우(분기별 9만위안) 증치세를 면제한다.

③ 증치세 소규모납세의무자가 월 매출액이 3만원을 초과하지 않을 경우(분기 9만위안), 당기 증치세 전용계산서를 대행 발행하여(화물운수업의 증치세 전용계산서 포함) 이미 납부한 세액은 전용계산서 전부를 차례로 회수하거나 적자 전용계산서를 발행하여 관할 세무기관에 환급을 신청할 수 있다.

2015년 8월 27일 재정부와 국가세무총국이 财税 [2015] 96호를 발행하여 해당 정책을 2017년 12월 31일까지 연장하였다.

기타 개인이 임대료를 한꺼번에 받은 방식으로 부동산을 임대한 경우, 취득한 임대수입은 임대기간으로 나눈 임대료가 3만위안을 초과하지 않는 경우 소형기업의 증치세 면제특례를 적용받을 수 있다.

9) 용역과 무형자산의 판매에 대한 면제

중국내 단위와 개인이 규정된 용역과 무형자산을 판매하는 경우 증치세를 면제하며, 재정부와 국가세무총국이 증치세 영세율을 적용하도록 규정하는 경우는 제외한다.

10) 난방비수입에 대한 면제

2016년 1월 1일부터 2018년 난방기가 종료될 때까지 난방업체가 주민 개인(이하 “주민”)에게 난방을 공급하여 취득한 수입은 증치세를 면제한다.

증치세를 면제하는 난방비 수입은 증치세법 제16의 규정에 따라 별도로 결산하여야 한다. 열에너지제품을 공급하는 기업을 통하여 주민에게 난방을 제공하는 열에너지제품 생산기업은 열에너지제품을 제품을 공급하는 기업이 주민한테서 받은 난방비 수입이 해당 기업의 난방비 총수입에서 차지하는 비율로 면세수입의 비율을 계산한다.

11) 에이즈 약품에 대한 면제

2016년 1월 1일부터 2018년 12월 31일까지 국산 에이즈병 약품에 대해서 생산 및 유통과정에서 증치세를 면제한다.

에이즈병 약품 생산업체와 유통업체는 면세 약품과 기타 재화의 매출액을 구분하여야 하며 구분하지 않을 경우 증치세 면세특례를 적용할 수 없다.

12) 연구개발기구가 구매하는 설비의 증치세 정책

과학연구와 기술개발을 장려하고, 과학 기술진보를 추진하기 위하여 국무원의 비준을 거쳐 내자 연구개발기구와 외자 연구개발센터가 구입한 국산 설비 전액에 대해 계속 증치세를 환급한다.

(1) 환급대상

구입한 국산 설비 전액에 대해 증치세를 환급하는 정책을 적용하는 내자 연구개발기구와 외자 연구개발센터는 다음을 포함한다.

- 과기부위원회가 재정부, 관세청과 국가세무총국과 함께 심사결정한 과학기술체제 개혁과정에서 기업으로 변경되거나 기업으로 전환하여 주로 과학기술연구와 기술 연구개발업무에 종사하는 기구
- 국가발전개혁위원회가 재정부, 관세청, 국가세무총국과 함께 심사결정한 국가공정 연구센터
- 국가발전개혁위원회가 재정부, 관세청, 국가세무총국, 과기부와 함께 심사결정한 기업기술센터
- 과기부위원회가 재정부, 관세청, 국가세무총국과 함께 심사결정한 국가중점실험실과 국가공정기술연구센터

- 국무원의 부와 위원회, 직속기구와 성, 자치구, 직할시, 계획단열시에 소속되어 과학연구업무에 전문적으로 종사하고 있는 각종 연구소
- 국가가 학력을 승인하는 전문대 및 그 이상 고등학력교육을 실시하는 고등교육기관
- 본 통지 제2조 규정에 부합되는 외자 연구개발센터
- 재정부 위원회가 국무원 관련 부문과 함께 심사결정한 기타의 과학연구기구, 기술연구개발기구와 학교

(2) 외자 연구개발센터의 조건

외자개발센터는 설립된 시기에 따라 아래의 조건을 동시에 충족하여야 한다.

구 분	조 건
2009년 9월 30일 이전 설립된 외자 연구개발센터	① 연구개발비용 외자개발센터가 독립법인인 경우 투자총액이 500만달러 이상이어야 하며, 투자총액은 외상투자기업비준증서 또는 설립과 변경 서류에 기재된 금액을 말한다. 회사내에 설립된 부문 또는 지점인 비독립법인인 경우 연구개발총투입이 500만달러 이상이여야 하며, 연구개발총투입은 외상투자기업이 연구개발센터를 설립하고 건설하기 위하여 투입한 자산으로서 즉시 투입하고 구매계약을 체결한 자산(이미 구매한 자산명세서와 즉시 구입하는 자산의 계약명세서를 제출하여야 한다.)을 의미한다. 기업의 연구개발경비는 연간 지출이 1,000만위안 초과하여야 하며, 연구개발경비 연간 지출은 최근 2개 회계연도의 연구개발비 평균 지출금액을 말하며, 만 2년이 안될 경우 외자 연구개발센터를 설립하여 임의로 연속 12개월간의 실제 연구개발경비 지출금액으로 가능하며, 현금과 실물자산의 투입비율이 60% 이상이여야 한다. ② 연구전담인력 연구와 실험발전 전담인원이 90명 이상이어야 하며, 연구와 실험발전 전담인원은 기업의 과학기술 활동 인력 중에서 기초연구, 응용연구 및 실험발전 3가지 항목에 전담하는 인력을 말하며, 위의 3가지 항목의 활동에 직접 참가하는 인원, 관련 전직 과학관리인원 및 이를 위하여 자료문헌의 제공, 재료의 공급, 설비의 직접운영인원을 포함한다. 상술한 인원은 외자 연구개발센터 또는 소속

구 분	조 건
	된 외상투자기업과 1년 이상 노동계약을 체결하여야 하고 외자 연구개발센터에서 신청서류를 제출하기 1일전 인원수를 기준으로 한다. ② 설비투자 설립 이후 구입한 설비원가의 누계액이 1,000만위안 이상이어야 하며, 설비는 과학연구, 교학 및 과학기술의 개발에 필요한 실험설비 및 장치와 기계를 말한다. 설비원가의 누계액을 계산할 때 수입한 설비와 국산설비를 구입한 원가를 합산하여 기입하고, 이미 구입계약을 체결하여 당기내 납품될 설비(구입계약서 리스트 및 납기기한을 제출하여야 한다)도 포함한다. 상술한 설비는 본 통지 <과학기술 개발, 과학연구와 교육설비 리스트)에 열거될 설비에 속하여야 한다. 중국산 설비를 집행하는 범위에 이의가 존재할 경우, 관할 세무기관이 국가세무총국에 보고하여 재정부와 결정한다.
2009년 10월 1일 이후 설립된 외자 연구개발센터	① 연구개발비용표준 독립법인인 경우 투자총액이 800만달러 이상이어야 하며, 회사내 설립된 부문 또는 지점인 비독립법인인 경우 연구개발총 투입이 800만달러 이상이어야 한다. ② 연구전담인력 연구 및 실험발전 전담인력이 150명 이상이어야 한다. ③ 설비투자 설립 이후 투자한 설비원가의 누계액이 2,000만위안 이상이어야 한다. 외자 연구개발센처는 상무주관부문회가 유관부문과 함께 상술한 조건에 따라 자격심사인증을 거쳐야 한다. 구체적인 심사인증방법은 통지 중의 부록1을 참고한다. 2015년 12월 31일 이전, 이미 환급자격을 획득한지 2년 미만이어서 자격심사인증을 일시적으로 진행할 필요가 없거나 규정에 의한 재심사에서 합격을 받은 외자 연구개발센터가 2015년 12월 31일 현재 환급자격을 받은 지 2년 미만일 경우 계속하여 2년까지 환급자격을 받을 수 있다.

인증을 거친 외자 연구개발센터가 자체의 조건이 변화되어 더 이상 환급자격의 인증조건을 갖추지 못하거나 세금과 관련한 위법행위가 발생할 경우 환급정책을

적용할 수 없다.

4. 과세최저한의 규정

증치세의 과세최저한의 규정은 과세대상의 크기와도 관련된다. 즉, 과세최저한에 미달하는 경우 증치세의 징수범위에 포함하지 않는다. 증치세 과세최저한의 적용범위는 개인에게만 적용되며 증치세의 과세최저한에 관한 규정은 아래와 같다.

구 분	과 세 최 저 한(면세점)
과세기간별로 납부하는 경우	월별 매출액 5,000~20,000위안(종전 2,000~5,000위안)
거래별로 납부하는 경우	거래건(매일)당 매출액 300~500위안(종전 150~200위안)

(주) 2011년 10월 28일 증치세법 실시세칙이 개정되어 과세최저한이 위와 같이 조정되었다.

위에서 말하는 '매출액'이란 증치세법 실시세칙 제30조 제1항에서 말하는 소규모 납세의무자의 매출액을 말하며 증치세 납부세액은 포함하지 아니한다.

소규모 납세의무자

'소규모 납세의무자'는 한국의 '간이과세자'에 해당하며 일정 규모에 미달하는 납세의무자의 개념이다.

한국과 중국의 차이를 설명하자면, 한국은 과세관청에서 납세의무자에 대해 가능하면 일반과세자로 유도하고 있는데 반해, 중국은 회계장부의 관리능력 등을 이유로 가능하면 일반과세자로 인정하려 하지 않고 있다. 즉, 일반과세자로 인정받기 위해서는 일정 규모 이상의 조건 및 기간을 필요로 하고 있다.

또한 소규모 납세의무자의 매출액에는 증치세가 포함되어 있으므로 공급대가에서 공급가액과 증치세액으로 구분하여 계산하여야 한다.

성, 자치구, 직할시 재정청(국)과 국가세무국은 규정된 범위 내에서 현지의 상황에 따라 해당 지역에서 적용할 과세최저한을 정하고 재정부와 국가세무총국에 보고하여야 한다.

납세의무자의 매출액이 국무원 재정, 세무 주관부문에서 규정한 증치세 과세최저한에 미달하는 경우에는 증치세를 면제하며, 과세최저한 이상인 경우에는 증치세를 계산하여 납부하여야 한다.

5. 기타 감면 규정

1) 면세사업과 감면사업을 겸영하는 경우

납세의무자가 면세사업과 감면사업을 겸영하는 경우에는 각각 구분경리하여야 하며 매출액을 구분경리하지 않은 경우에는 면제 또는 감면할 수 없다.

2) 면세포기를 하는 경우

납세의무자의 재화의 판매 또는 과세용역의 제공이 면세사업에 해당하는 경우 납세의무자가 면세를 포기하고 증치세법의 규정에 따라 증치세를 납부할 수 있다. 단, 면세를 포기한 후 36개월까지는 면세사업을 다시 신청할 수 없다.

납세의무자가 재화를 판매하거나 용역을 제공할 때 면세와 영세율이 동시에 적용되는 경우 영세율을 먼저 적용한다.

- 증치세 면세재화의 판매 또는 면세용역의 제공을 영위하는 납세의무자가 면세포기를 할 경우에는 서면으로 「면세권 포기신청서」를 제출해야 하며 관할 세무기관에 보고하여야 한다. 납세의무자는 면세포기의 신청을 한 다음 달부터 관련 규정에 따라서 증치세를 계산하여 납부하여야 한다.
- 면세포기를 한 납세의무자가 일반납세의무자 조건에는 부합되나 아직 인정을 거치지 않은 경우에는 현행 규정에 따라 증치세 일반 납세의무자로 인정되어야 하며 판매한 재화나 용역에 대해 증치세 전용계산서를 발행할 수 있다.
- 납세의무자가 면세포기를 하면 생산하여 판매한 모든 과세대상 재화 또는 용역을 적용세율에 따라 증치세를 납부하게 되며, 납세의무자는 일부의 항목을 선택하여 면세포기를 할 수 없다.
- 납세의무자가 면세기간 내에 면세항목에 사용하기 위하여 매입한 재화 또는 용역의 매입세액은 모두 공제할 수 없다(면세항목에 사용된 매입세액은 공제할 수 없다).

XI. 징수관리

1. 납세의무 성립시기

증치세법은 증치세 납세의무의 성립시기를 규정하고 있는데, 납세의무 성립시기란 납세의무자가 과세행위가 발생하여 납세의무를 부담하게 되는 때를 의미한다. 세법에서는 납세의무의 성립시기의 의의를 다음과 같이 규정하고 있다.

납세의무 성립시기의 의미

- 납세의무자에게 이미 세법에서 규정한 과세행위에 속하는 발생하여 납세의무를 부담하여야 한다.
- 세무기관이 세무관리를 실시하고, 신고기한과 납세기한을 합리적으로 규정하며, 납세의무자가 납세의무를 이행하도록 감독하는데 유리하다.

재화 또는 과세용역을 판매한 경우 납세의무의 성립시기는 일반규정과 구체규정으로 구분할 수 있다.

1) 일반 규정

구 분	납세의무의 성립시기
재화를 판매하거나 과세용역을 제공하는 경우	판매대금을 수령하거나 판매대금을 수취하는 증빙을 취득하는 날, 또는 세금계산서를 먼저 발급하는 경우에는 세금계산서를 발행한 날
재화를 수입하는 경우	해관에 수입통관신고를 한 날
증치세를 원천징수하는 경우	납세의무자의 납세의무가 성립한 날

2) 구체 규정

납세의무자가 판매대금을 수령하거나 판매대금을 수취하는 증빙을 취득한 날은 판매대금의 결제방식에 따라 다음과 같이 나눌 수 있다.

구 분	납세의무의 성립시기
직접수금방식으로 재화를 판매하는 경우	재화의 인도 여부에 불구하고 판매대금을 받거나 판매대금을 수취하는 증빙을 받은 날
추심지급방식 또는 은행추심방식으로 재화를 판매하는 경우	재화를 인도하고 추심수속을 완료한 날
외상판매 또는 할부판매방식으로 재화를 판매하는 경우	서면으로 약정을 한 대금지급일이 되며, 서면계약서가 없거나 서면계약서에 대금지급일이 없는 경우에는 재화를 인도한 날
선금지급방식으로 재화를 판매하는 경우	재화를 인도한 날이 되며 생산기간이 12개월이 넘는 대형 기계, 선박, 비행기 등의 재화를 생산 판매하는 경우, 대금을 미리 받은 날 또는 서면으로 약정한 대금 지급기일
타인으로 하여금 위탁판매한 경우	수탁자로부터 판매현황을 받거나 전체 또는 일부 대금을 받은 날, 판매현황 또는 대금을 받지 못한 경우 위탁판매재화를 인도한 날로부터 180일이 되는 날
과세용역을 제공한 경우	용역을 제공하고 용역대가를 받거나 용역대가를 받는 증빙을 받은 날
간주매출이 발생한 경우	재화를 이송한 날

재화 또는 과세용역의 제공에 대한 납세의무의 성립시기는 기업이 납부세액을 계산할 때 당기 매출세액의 인식시기에 대한 결정에 있어 증치세의 세액계산과 징수관리의 중요한 규정이다.

일부 기업들이 위의 납세의무의 성립시기의 규정에 따라 매출액을 인식하여 납세하지 않고 기장을 늦추거나 기장을 하지 않는 방법으로 탈세하는 경우가 있는데, 이것은 모두 잘못된 것으로서 정확하게 매출액과 매출세액을 계산하여야 한다.

2. 과세기간

1) 과세기간

증치세의 납세의무의 성립시기를 명확히 한 다음 구체적인 과세기간을 파악하여 과세기간별로 세액을 납부하여야 한다. 증치세법에서는 증치세의 과세기간을 1일, 3일, 5일, 10일, 15일, 1개월 및 1분기로 규정하고 있다.

납세의무자의 구체적인 과세기간은 관할 세무기관이 납세의무자의 납부세액의 크기에 따라 심사하여 결정하며 고정적인 과세기간별로 과세할 수 없는 경우에는 회차(按次)별로 과세할 수 있다.

분기별 과세는 소규모 납세의무자에 대해서만 적용되며 소규모 납세의무자의 구체적인 과세기간은 관할 세무기관이 납부세액의 크기에 따라 심사 결정한다.

2) 신고납부기한

증치세 신고납부기한은 과세기간별로 다음과 같다.

구 분	신 고 납 부 기 한
월별 또는 분기별로 과세기간으로 하는 경우	익월 15일 내에 신고납부하여야 한다.
1일, 3일, 5일, 10일, 15일을 과세기간으로 하는 경우	종료일로부터 5일 이내 세액을 예납하고 익월 15일 내에 신고하고 세액을 정산하여야 한다.
원천징수의무자인 경우	위의 규정에 따른다.
재화를 수입하는 경우	해관이 「수입증치세 전용납부서」를 발급한 날로부터 15일 이내에 세액을 납부하여야 한다.
수출한 재화가 환급(면세)이 적용되는 경우	해관에 수출통관수속을 하고 수출통관신고서 등에 따라 월별로 관할 세무기관에 수출재화의 환급(면세)을 신고하여야 한다.
수출환급을 받은 후 매출환입 또는 통관이 취소되는 경우	이미 환급받은 세액을 납부하여야 한다.

3. 납세지

세법에서는 납세의무자가 납세기한까지 신고납부할 수 있도록 하기 위하여 성과 성 간의 사업활동과 상품거래의 특성에 따라 증치세의 납세지를 구체적으로 규정하고 있다.

1) 고정사업장이 있는 경우

고정사업장이 있는 경우에는 사업장의 소재지 관할 세무기관에 신고납부한다.

본사와 지점이 서로 다른 현이나 시에 있는 경우 각각 소재지 관할 세무기관에 신고납부한다. 국무원의 재정·세무 주관부문 또는 그의 수권기관의 비준을 거쳐 본사에서 총괄하여 본사의 소재지 관할 세무기관에 신고납부할 수 있다.

2) 고정사업장 이외의 지역에서 사업활동을 하는 경우

고정사업장 이외의 지역에서 재화와 과세용역을 제공하는 경우 납세지는 다음과 같다.

- 사업장 소재지의 관할 세무기관에 사업장 이외의 지역에서의 사업활동에 대한 세수관리증명의 발급을 신청하여 소재지 관할 세무기관에 신고납부한다.
- 증명을 발급받지 못한 경우에는 판매지 또는 용역제공지의 관할 세무기관에 신고납부한다.
- 판매지 또는 용역제공지의 관할 세무기관에 신고납부하지 아니한 경우 사업장 소재지의 관할 세무기관이 세액을 추징한다.

3) 고정사업장이 없는 경우

고정사업장이 없는 자가 판매 또는 용역을 제공한 경우 판매지 또는 용역제공지의 관할 세무기관에 신고납부하여야 한다. 신고하지 아니한 경우에는 소재지 또는 거주지 관할 세무기관이 세액을 추징한다.

4) 재화를 수입하는 경우

재화를 수입하는 경우에는 수입통관지 해관에 신고납부한다.

5) 원천징수의무자인 경우

원천징수의무자는 소재지 또는 거주지의 관할 세무기관에 신고납부한다.

4. 증치세 납부신고서

중국의 증치세법에 따라 한 과세기간 동안 증치세를 신고납부할 때 작성되어야 할 주요 신고서식은 다음과 같다.

- 증치세 일반납세의무자는 일반납세의무자용 증치세 납세신고표[增值税纳税申报表(适用于一般纳税人)]를 작성하여야 하며,

여기에 첨부되는 서류로는

- 부표 1 : 당기 매출현황 명세(本期销售情况明细)
- 부표 2 : 당기 매입세액 명세(本期进项税额明细)가 있으며,

- 증치세 소규모납세의무자는 소규모납세의무자용 증치세 납세신고표[增值税纳税申报表(适用于小规模纳税人)]를 작성하여야 한다.

이하 아래에서는 각 신고서식에 대해서 설명하고자 한다.

1) 증치세 납세신고표(增值税纳税申报表)

증치세 납세신고표는 한국의 부가가치세법에 있어서 부가가치세 신고서에 해당한다고 볼 수 있다.

증치세 납부신고서에 있어서 한국과 중국의 가장 큰 차이를 보이는 부분은 중국은 보통 1개월이 하나의 과세기간이나 한국은 6개월이 하나의 과세기간이며 법인의 경우에는 3개월마다 예정신고(확정신고) 및 납부를 하여야 하며, 개인은 예정고

지를 통해 직전 과세기간 납부세액의 절반을 납부하도록 하고 있다.

증치세 소규모 납세의무자는 매입세액을 매출세액에서 공제할 수 없고 증치세가 포함되지 않은 매출액에 징수율(한국의 간이과세율)을 적용하여 증치세 납부세액을 계산하도록 하고 있다.

2) 납세신고표 부표

한 과세기간의 증치세를 신고납부할 때 작성되는 증치세 납세신고표에 첨부하여 작성되는 신고서식은 납세의무자의 상황에 따라 여러 가지가 있을 수 있으나 본 서에서는 그 중 중요한 신고서식에 대해 설명하고자 한다.

① 부표 1 : 당기 매출현황 명세(本期销售情况明细)

이 서식은 납세의무자가 한 과세기간 동안 매출 또는 판매한 과세대상에 대해 세율별, 매출형태별, 세금계산서 종류별 등으로 구분하여 나타내는 표로서 매출에 대한 상세한 자료를 나타내는 표이다.

② 부표 2 : 당기 매입세액 명세(本期进项税额明细)

이 서식은 납세의무자가 한 과세기간 동안 매입한 재화 또는 용역에 대하여 전용계산서, 수입 운송비용 등 매입세액의 공제가 가능한 형태별로 자세히 나타내는 표이다.

3) 납부신고서 서식

이하 본 서에서는 중국 증치세법에 따라 증치세를 신고납부할 때 작성하는 기본적인 서식을 첨부하였으며, 좌측에는 중국어로 우측에는 한글로 대조함으로써 독자가 중국의 증치세 납부신고서의 작성에 관한 세무서식을 이해하기 쉽도록 하였다.

增值税纳税申报表(适用一般纳税人)

根据《中华人民共和国增值税暂行条例》第二十二条和第二十三条的规定制定本表。纳税人不论有无销售额，均应按主管税务机关规定的纳税期限按期填报本表，并于次月一日起十日内，向当地税务机关申报。

税款所属时期：　　　　　至　　　　　　　　　　填表日期：　　　　　　　　　　金额单位：元至角分

纳税人识别号		所属行业		登记注册类型	
纳税人 名称				法定代表人姓名	
营 业 地 址				电 话 号 码	

项 目		栏次	一般货物及劳务		即征即返货物及劳务	
			本月数	本年累计	本月数	本年累计
销售额	(一) 按适用税率征税货物及劳务销售额	1				
	其中：应税货物销售额	2				
	应税劳务销售额	3				
	纳税检查调整的销售额	4				
	(二) 按简易征收办法征税货物销售额	5				
	其中：纳税检查调整的销售额	6				
	(三) 免、抵、退办法出口货物销售额	7			–	–
	(四) 免税货物及劳务销售额	8			–	–
	其中：免税货物销售额	9			–	–
	免税劳务销售额	10			–	–
税款计算	销项税额	11				
	进项税额	12				
	上期留抵税额	13		–		–
	进项税额转出	14				
	免抵退货物应退税额	15			–	–
	按适用税率计算的纳税检查应补缴税额	16			–	–
	应抵扣税额合计 (12+13-14-15+16)	17	–	–		–
	实际抵扣税额 (如17<11，则为17，否则为11)	18	–			
	应纳税额 (19=11-18)	19	–			
	期末留抵税额 (20=17-18)	20	–	–		–
	简易征收办法计算的应纳税额	21				
	按简易征收办法计算的纳税检查应补缴税额	22			–	–
	应纳税额减征额	23				
	应纳税额合计 (24=19+21-23)	24	–			
税款缴纳	期初未缴税额 (多缴为负数)	25		–		
	实收出口开具专用缴款书退税额	26			–	–
	本期已缴税额 (27=28+29+30+31)	27	–			
	①分次预缴税额	28		–		–
	②出口开具专用缴款书预缴税额	29		–	–	–
	③本期缴纳上期应纳税额	30				
	④本期缴纳欠缴税额	31				
	期末未缴税额 (多缴为负数) 32=24+25+26-27	32	–			
	其中：欠缴税额 (>=0) 33=25+26-27	33	–	–		–
	本期应补 (退) 税额33=24-28-29	34	–	–		–
	即征即退实际退税额	35	–	–		
	期初未缴查补税额	36			–	–
	本期入库查补税额	37			–	–
	期末未缴查补税额38=16+22+36-37	38	–		–	–
授权声明	如果你已委托代理申报人，请填写下列资料： 为代理一切税务事宜，现授权 (地址) 为本纳税人的代理申报人，任何与本申报表有关的往来文件，都可寄予此人。 授权人签字：	申报人声明	此纳税申报表是根据《中华人民共和国增值税暂行条例》的规定填报的，我确信它是真实的，可靠的，完整的。 声明人签字：			

증치세 납세신고표(일반납세의무자용)

중화인민공화국 증치세 잠행조례 제22조 및 제23조의 규정에 따라 본 표를 제정한다. 납세의무자는 매출액이 없을 경우에도 관할 세무기관이 규정한 과세기간 동안 본 표를 작성하여 익월 10일 이내에 신고하여야 한다.

과세기간 : 년 월 일 부터 년 월 일 까지 작성일자 : 년 월 일 금액단위 : 소수점두자리

사업자등록번호		업태		종목	
납세의무자 성명				대표자	
사업장 소재지				전화번호	

항 목		번호	일반재화 및 용역		징수즉시환급 재화 및 용역	
			당월	연간 합계	당월	연간 합계
매출액	(一) 적용세율에 의한 재화 및 용역 매출액	1				
	그중 : 과세대상재화의 매출액	2				
	과세대상용역의 매출액	3				
	세무조사로 매출액의 조정	4				
	(二) 간이징수방법에 의한 과세매출액	5				
	그중 : 세무조사로 매출액의 조정	6				
	(三) 면저퇴방법의 수출재화의 매출액	7			–	–
	(四) 면세대상재화 및 용역의 매출액	8			–	–
	그중 : 면세대상 재화매출액	9			–	–
	면세대상 용역수입액	10			–	–
세액 계산	매출세액	11				
	매입세액	12				
	전기 미환급세액	13		–		–
	매입세액 전출	14				
	면저퇴 재화의 환급세액	15			–	–
	적용세율에 의한 세무조사로 인한 추가납부세액	16			–	–
	공제세액 합계 (12+13−14−15+16)	17	–	–		–
	실제 공제세액 (17<11일 경우17, 아닐 경우11)	18	–			
	납부세액 (19=11−18)	19	–			
	기말 미공제이월세액 (20=17−18)	20	–	–		–
	간이징수방법으로 계산한 납부세액	21				
	간이징수방법에 의한 세무조사로 납부할 세액	22			–	–
	납부세액 차감액	23				
	납부세액 합계 (24=19+21−23)	24	–			
세액 납부	기초 미공제이월세액	25		–		
	수출로 전용납부서의 발급으로 환급세액	26			–	–
	당기 기납부한 세액 (27=28+29+30+31)	27	–			
	① 매회 예납한 세액	28		–		–
	② 수출 전용 납부서로 예납한 세액	29		–	–	–
	③ 당기에 납부한 전기 납부세액	30				
	④ 당기 납부한 체납세액	31				
	기말 미납세액 32=24+25+26−27	32	–			
	그중 : 체납세액 (>=0) 33=25+26−27	33	–	–		–
	당기 납부(환급)할 세액 33=24−28−29	34	–	–		–
	징수즉시환급하는 실제 환급액	35	–	–		
	기초 미납세액을 조사로 추가납부할 세액	36			–	–
	당기 추가납부한 세액	37			–	–
	기말 납부하여야 할 세액=16+22+36−37	38	–		–	–
위임 확인	대리인에게 신고를 위임할 경우 아래의 자료를 작성하시오 : 모든 세무업무를 대리하기 위하여 세무대리인에게 본 납세의무자의 세무대리인으로 위촉하여 모든 내용에 대해서 위임합니다. 대리인서명	신고자의 확인	이 납세신고표는 중화인민공화국 증치세 잠행조례의 규정에 따라 작성된 것으로서 우리는 이것이 진실하고 믿을 수 있으며 완전하다고 확인합니다. 확인자서명			

增值税纳税申报表附列资料(表一)

(本期销售情况明细)

税款所属时间：年　月

纳税人名称：　(公章)　　填表日期：　年　月　日　　金额单位：元至角分

一、按适用税率征收增值税货物及劳务的销售额和销项税额明细

项目	栏次	应税货物						应税劳务			小计		
		17%税率			13%税率								
		份数	销售额	销项税额	份数	销售额	销项税额	份数	销售额	销项税额	份数	销售额	销项税额
防伪税控系统开具的增值税专用发票	1												
非防伪税控系统开具的增值税专用发票	2	— —	— —	— —	— —	— —	— —	— —	— —	— —	— —	— —	— —
开具普通发票	3												
未开具发票	4	— —			— —			— —			— —		
小计	5＝1＋2＋3＋4	— —			— —			— —			— —		
纳税检查调整	6	— —			— —			— —			— —		
合计	7＝5＋6	— —			— —			— —			— —		

二、简易征收办法征收增值税货物的销售额和应纳税额明细

项目	栏次	6%征收率			4%征收率			小计		
		份数	销售额	应纳税额	份数	销售额	应纳税额	份数	销售额	应纳税额
防伪税控系统开具的增值税专用发票	8									
非防伪税控系统开具的增值税专用发票	9	— —	— —	— —	— —	— —	— —	— —	— —	— —
开具普通发票	10									
未开具发票	11	— —			— —			— —		
小计	12＝8＋9＋10＋11	— —			— —			— —		
纳税检查调整	13	— —			— —			— —		
合计	14＝12＋13	— —			— —			— —		

三、免征增值税货物及劳务销售额明细

项目	栏次	免税货物			免税劳务			小计		
		份数	销售额	税额	份数	销售额	税额	份数	销售额	税额
防伪税控系统开具的增值税专用发票	15				— —	— —	— —			
开具普通发票	16			— —			— —			— —
未开具发票	17	— —		— —	— —		— —	— —		— —
合计	18＝15＋16＋17	— —			— —		— —	— —		

증치세 납세신고표(부표 1)

(당기 매출현황 명세)

과세기간 :　　　　년　　월

납세의무자 명칭 :　(사용인감)　　　　　　　작성일자 :　　　　년　　월　　일　　　　　　금액단위 : 위안(소수점두자리)

一、적용세율에 따라 증치세를 징수하는 재화 및 용역의 매출액과 매출세액 명세

구분	번호	과세대상재화						과세대상용역			소　계		
		17% 세율			13% 세율								
		매수	매출액	매출세액	매수	매출액	매출세액	매수	매출액	매출세액	매수	매출액	매출세액
위조방지시스템으로 발행한 전용계산서	1												
위조방지시스템으로 발행하지 않은 전용계산서	2	－－	－－	－－	－－	－－	－－	－－	－－	－－	－－	－－	－－
보통계산서의 발행	3												
계산서의 미발행	4	－－			－－			－－			－－		
소계	5＝1＋2＋3＋4	－－			－－			－－			－－		
세무조사로 인한 조정	6	－－			－－			－－			－－		
합계	7＝5＋6	－－			－－			－－			－－		

二、간이징수방법으로 증치세를 과세하는 재화의 매출액과 매출세액 명세

항　목	번호	6% 징수율			4% 징수율			소　계		
		매수	매출액	매출세액	매수	매출액	매출세액	매수	매출액	매출세액
위조방지시스템으로 발행한 전용계산서	8									
위조방지시스템으로 발행하지 않은 전용계산서	9	－－	－－	－－	－－	－－	－－	－－	－－	－－
보통계산서의 발행	10									
계산서의 미발행	11	－－			－－			－－		
소　계	12＝8＋9＋10＋11	－－			－－			－－		
세무조사로 인한 조정	13	－－			－－			－－		
합　계	14＝12＋13	－－			－－			－－		

三、면세대상재화 및 용역매출액 명세

항　목	번호	면세재화			면세용역			소　계		
		매수	매출액	매출세액	매수	매출액	매출세액	매수	매출액	매출세액
위조방지시스템으로 발행한 전용계산서	15				－－	－－	－－			
보통계산서의 발행	16			－－			－－			－－
계산서의 미발행	17	－－		－－	－－		－－	－－		－－
합　계	18＝15＋16＋17	－－			－－		－－	－－		

增值税纳税申报表附列资料(表二)

(本期进项税额明细)

税款所属时间： 年 月

纳税人名称： (公章) 填表日期： 年 月 日 金额单位：元至角分

一、申报抵扣的进项税额

项目	栏次	份数	金额	税额
(一) 认证相符的防伪税控增值税专用发票	1			
其中：本期认证相符且本期申报抵扣	2			
前期认证相符且本期申报抵扣	3			
(二) 非防伪税控增值税专用发票及其他扣税凭证	4			
其中： 海关进口增值税专用缴款书	5			
农产品收购发票或者销售发票	6			
废旧物资发票	7			
运输费用结算单据	8			
6%征收率	9	— —	— —	— —
4%征收率	10	— —	— —	— —
(三) 外贸企业进项税额抵扣证明	11	— —	— —	
当期申报抵扣进项税额合计	12			

二、进项税额转出额

项目	栏次	税额
本期进项税转出额	13	
其中： 免税货物用	14	
非应税项目用、集体福利、个人消费	15	
非正常损失	16	
按简易征收办法征税货物用	17	
免抵退税办法出口货物不得抵扣进项税额	18	
纳税检查调减进项税额	19	
未经认证已抵扣的进项税额	20	
红字专用发票通知单注明的进项税额	21	

三、待抵扣进项税额

项目	栏次	份数	金额	税额
一) 认证相符的防伪税控增值税专用发票	22	— —	— —	— —
期初已认证相符但未申报抵扣	23			
本期认证相符且本期未申报抵扣	24			
期末已认证相符但未申报抵扣	25			
其中：按照税法规定不允许抵扣	26			
(二) 非防伪税控增值税专用发票及其他扣税凭证	27			
其中：海关进口增值税专用缴款书	28			
农产品收购发票或者销售发票	29			
废旧物资发票	30			
运输费用结算单据	31			
6%征收率	32	— —	— —	— —
4%征收率	33	— —	— —	— —
	34			

四、其他

项目	栏次	份数	金额	税额
本期认证相符的全部防伪税控增值税专用发票	35			
期初已征税款挂帐额	36	— —	— —	
期初已征税款余额	37	— —	— —	
代扣代缴税额	38	— —	— —	

증치세 납세신고표(부표 2)

(당기 매입세액 명세)

과세기간： 년 월 일

납세의무자명칭： (인감) 작성일자： 년 월 일 금액단위 : 위안(소수점두자리)

一、공제를 신고한 매입세액				
항 목	번호	매수	금액	세액
(一)인증받은 위조방지시스템의 증치세 전용계산서	1			
그중 : 당기 인증받고 당기에 공제를 신고한 매입세액	2			
전기에 인증받고 당기에 공제를 신고한 매입세액	3			
(二)위조방지시스템이 아닌 전용계산서 및 기타 공제증빙	4			
그중 : 해관의 수입증치세 전용납부서	5			
농산품 매입영수증 또는 판매영수증	6			
폐기물자 영수증	7			
운송비용 결산명세서	8			
6% 징수율	9	－－	－－	－－
4% 징수율	10	－－	－－	－－
(三)무역회사의 매입세액공제 증명	11	－－	－－	
당기 매입세액공제 합계	12			
二、매입세액 전용액				
항 목	번호	세 액		
당기 매입세액 전출액	13			
그중 : 면세재화용	14			
비과세용, 복리후생비, 개인소비	15			
비정상손실	16			
간이징수방법으로 과세하는 부분	17			
면저퇴방법으로 재화를 수출하여 공제할 수 없는 매입세액	18			
세무조사로 감소된 매입세액	19			
인증을 받지 않고 공제한 매입세액	20			
적색 전용계산서에 기재된 매입세액	21			
三、미공제매입세액				
항 목	번호	매수	금액	세액
(一)인증을 거친 위조방지시스템의 증치세 전용계산서	22	－－	－－	－－
기초 인증받았으나 공제신고를 하지 않은 금액	23			
당기 인증받았으나 공제신고를 하지 않은 금액	24			
기말 인증받았으나 공제신고를 하지 않은 금액	25			
그중 : 공제되지 아니하는 금액(매입세액불공제)	26			
(二)위조방지시스템이 아닌 전용계산서 및 기타 공제증빙	27			
그중 : 해관의 수입증치세 전용납부서	28			
농산품 매입영수증 또는 판매영수증	29			
폐기물자 영수증	30			
운송비용 결산명세서	31			
6% 징수율	32	－－	－－	－－
4% 징수율	33	－－	－－	－－
	34			
四、기타				
항 목	번호	매수	금액	세액
당기 인정받은 위조방지시스템의 증치세 전용계산서	35			
기초세액을 납부하였으나 대금 미회수액	36	－－	－－	
기초세액을 납부한 잔액	37	－－	－－	
원천징수세액	38	－－	－－	

增值税纳税申报表(适用小规模纳税人)

纳税人识别号：

纳税人名称（公章） 金额单位：元（列至角分）

税款所属期： 年 月 日至 年 月 日 填表日期： 年 月 日

	项 目	栏次	本期数	本年累计
一、计税依据	（一）应征增值税货物及劳务不含税销售额	1		
	其中：税务机关代开的增值税专用发票不含税销售额	2		
	税控器具开具的普通发票不含税销售额	3		
	（二）销售使用过的应税固定资产不含税销售额	4	－－	－－
	其中：税控器具开具的普通发票不含税销售额	5	－－	－－
	（三）免税货物及劳务销售额	6		
	其中：税控器具开具的普通发票销售额	7		
	（四）出口免税货物销售额	8		
	其中：税控器具开具的普通发票销售额	9		
二、税款计算	本期应纳税额	10		
	本期应纳税额减征额	11		
	应纳税额合计	12＝10－11		
	本期预缴税额	13		－－
	本期应补（退）税额	14＝12－13		－－

纳税人或代理人声明：	如纳税人填报，由纳税人填写以下各栏：
	办税人员（签章）： 财务负责人（签章）：
此纳税申报表是根据国家税收法律的规定填报的，我确定它是真实的、可靠的、完整的。	法定代表人（签章）： 联系电话：
	如委托代理人填报，由代理人填写以下各栏：
	代理人名称： 经办人（签章）： 联系电话： 代理人（公章）：

受理人： 受理日期： 年 月 日 受理税务机关（签章）：

本表为A4竖式一式两分，纳税人、税务机关各留存一份。

증치세 납부신고표(소규모 납세의무자용)

납세의무자 등록번호 :

납세의무자 명칭(사용인감) : 금액단위 : 위안(소수점두자리)

과세기간 : 년 월 일부터 년 월 일까지 작성일자 : 년 월 일

	항 목	번호	당기	당해누계
一、과세기준	(一) 과세대상 재화와 용역의 매출액(세액 불포함)	1		
	세무기관이 대신 발행한 전용계산서의 매출액	2		
	세금통제기가 발급한 보통계산서의 매출액	3		
	(二) 사용하던 고정자산의 판매금액(세액 불포함)	4	——	——
	세무통제기가 발급한 보통계산서 매출액	5	——	——
	(三) 면세대상 재화와 용역의 매출액	6		
	세금통제기가 발급한 보통계산서의 매출액	7		
	(四) 수출한 면세재화의 매출액	8		
	세금통제기가 발급한 보통계산서 매출액	9		
二、세액계산	당기 납부세액	10		
	당기 납부세액 차감액	11		
	납부세액 합계	12＝10－11		
	당기 예납세액	13		——
	당기 납부(환급)하여야 할 세액	14＝12－13		——

납세의무자 또는 세무대리인의 확인 : 이 납부신고표는 국가세무법률의 규정에 따라 작성되었으며, 우리는 이것이 진실하고, 신뢰성있고 완전하다는 것을 확인합니다.	납세의무자가 작성할 경우 납세의무자가 아래의 칸을 작성한다. 세무담당자 (서명날인) 경리책임자 (서명날인) 대표이사 : (서명날인) 연락처 : 대무대리인이 작성할 경우 세무대리인이 아래의 칸을 작성한다. 세무대리인 명칭 : 담당자 : (서명날인) 세무대리인 : (사용인감) 연락처 :

접수자 : 접수일자 : 년 월 일 접수세무기관 : (사용인감)

본표는 A4용지를 세로로 작성하며 2매 작성하여 납세의무자와 세무기관이 1부씩 보관한다.

XII. 증치세 전용계산서의 사용 및 관리

증치세는 국가가 발행한 증치세 전용계산서에 기재된 세액을 기준으로 공제하는 제도를 시행하고 있다. 증치세 전용계산서(이하 '전용계산서'라 한다)는 납세의무자의 경제활동에 있어서 중요한 증빙이 될 뿐만 아니라 판매자의 매출세액과 매입자의 매입세액을 같이 기록하여 납부세액의 공제를 하는 증빙이 되어 증치세의 계산과 관리에 있어 중요한 역할을 하고 있다. 따라서 전용계산서를 정확하게 사용하는 것이 매우 중요하다.

증치세 전용계산서의 관리를 위하여 전용계산서의 사용을 규정하고 증치세 징수관리를 강화하기 위하여, 국가세무총국은 원래의 「증치세 전용계산서 사용규정」을 개정하여 2007년 1월 1일부터 시행하고 있다.

일반 납세의무자는 증치세 위조방지시스템(이하 '위조방지시스템'라 한다)을 통하여 전용계산서를 사용하여야 하며, 여기에는 전산 또는 문서로 된 전용계산서 및 전산자료를 수령, 발급, 반납, 폐기 및 인정하는 것을 포함한다.

1. 증치세 전용계산서와 보통계산서 샘플

중국에서 사용되고 있는 증치세 전용계산서와 증치세 보통계산서의 양식을 나타내면 다음과 같다.

1) 증치세 전용계산서(增值税专用发票)

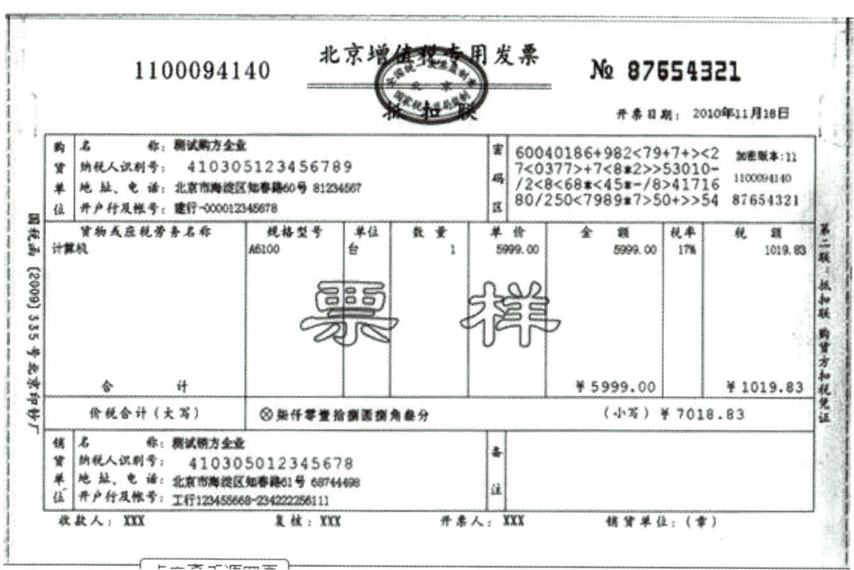

1100094140　　北京增值税专用发票　　№ 87654321

抵扣联

开票日期：2010年11月18日

购货单位
名　　称：测试购方企业
纳税人识别号：410305123456789
地 址、电 话：北京市海淀区知春路60号 81234567
开户行及帐号：建行-000012345678

密码区
60040186+982<79+7+><2　加密版本:11
7<0377>+7<8*2>>53010-　1100094140
/2<8<68*<45*-/8>41716　87654321
80/250<7989*7>50+>>54

货物或应税劳务名称	规格型号	单位	数量	单价	金额	税率	税额
计算机	A6100	台	1	5999.00	5999.00	17%	1019.83
合　　计					¥5999.00		¥1019.83
价税合计（大写）	⊗柒仟零壹拾捌圆捌角叁分				（小写）¥7018.83		

票样

销货单位
名　　称：测试销方企业
纳税人识别号：410305012345678
地 址、电 话：北京市海淀区知春路61号 68744498
开户行及帐号：工行123455668-234222256111

备注

收款人：XXX　复核：XXX　开票人：XXX　销货单位：（章）

国税函〔2009〕335号北京印钞厂

第二联：抵扣联 购货方扣税凭证

증치세 전용계산서는 한국의 '세금계산서'라고 할 수 있으며, 일반납세의무자는 매입시 전용계산서를 수취하여야만 증치세 신고시 매출세액에서 매입세액공제가 가능하다(북경 증치세 전용발표).

2) 증치세 보통계산서(增值税普通发票)

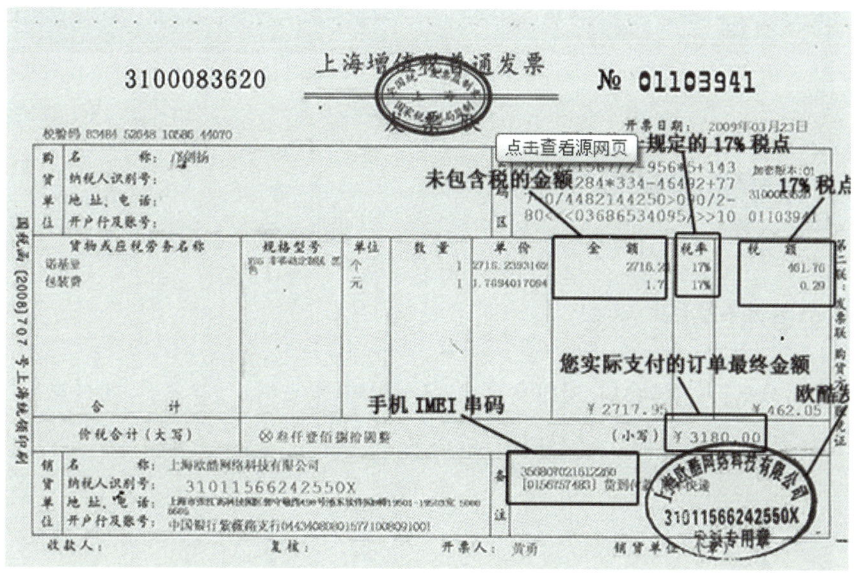

3100083620　　上海增值税普通发票　　№ 01103941

开票日期：2009年03月23日

税验码 83484 52648 10586 44070

购货单位
名　　称：
纳税人识别号：
地 址、电 话：
开户行及账号：

密码区
…956*5+143　加密版本:01
…284*334-46492+77
…0/4482144250>0…0/2-
80<…<03686534095…>>10　01103941

货物或应税劳务名称	规格型号	单位	数量	单价	金额	税率	税额
诺基亚		个	1	2716.2393162	2716.2…	17%	461.76
包装费		元	1	1.7094017094	1.7…	17%	0.29
合　　计					¥2717.95		¥462.05
价税合计（大写）	⊗叁仟壹佰捌拾圆整				（小写）¥3180.00		

销货单位
名　　称：上海欧酷网络科技有限公司
纳税人识别号：31011566242550X
开户行及账号：中国银行紫薇路支行

备注
356807021612250
[0156757483] 货到付款

收款人：　复核：　开票人：黄勇　销货单位：（章）

上海欧酷网络科技有限公司 31011566242550X 发票专用章

国税函〔2008〕707号上海烟草印刷

증치세 보통계산서는 한국에서 사업자가 아닌 개인에게 주민등록번호로 발행하는 세금계산서라고 할 수 있으며, 일반납세의무자가 매입시 보통계산서를 수취하는 경우에는 매입세액공제가 불가능하다(상해 증치세 보통발표).

3) 농산품을 매입하는 경우

중국에서 일반납세의무자가 아닌 개인으로부터 농산품을 매입하는 경우 한국의 의제매입세액공제와 같이 매입세액공제를 받을 수 있는데 이와 관련한 계산서는 다음과 같다(호북성 국가세무국 농산품 구매 통일 발표).

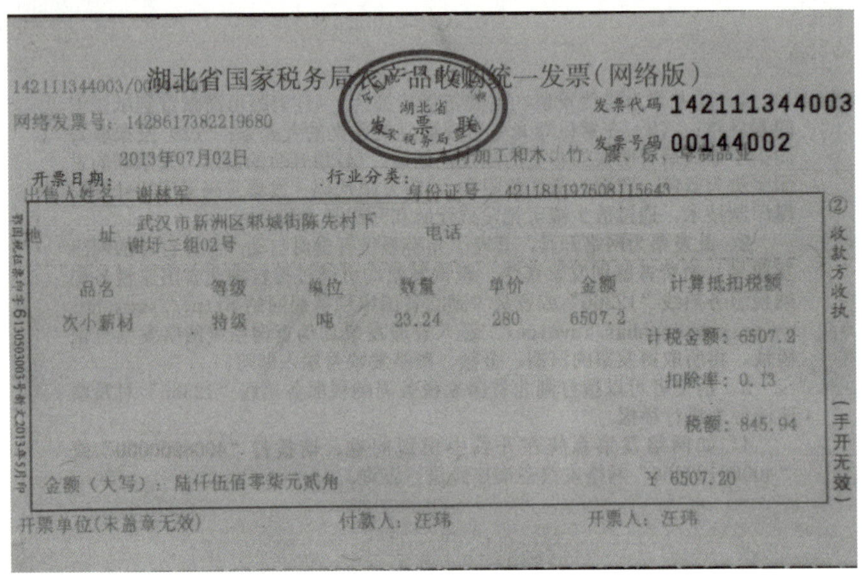

湖北省国家税务局农产品收购统一发票(网络版)

网络发票号：1428617382219680

发票代码 142111344003

发票号码 00144002

开票日期：2013年07月02日

行业分类：

身份证号：421181197608115643

地址：武汉市新洲区邾城街陈先村下谢圩二组02号

电话

品名	等级	单位	数量	单价	金额	计算抵扣税额
次小薪材	特级	吨	23.24	280	6507.2	计税金额：6507.2 扣除率：0.13 税额：845.94

金额（大写）：陆仟伍佰零柒元贰角 ￥6507.20

开票单位(未盖章无效) 付款人：汪玮 开票人：汪玮

②收款方收执

（手开无效）

2. 증치세 전용계산서

1) 전용계산서의 구성

전용계산서는 기본용과 기타용으로 구성되어 있으며, 기본용은 계산서용, 공제용 그리고 기장용의 3매로 구성되어 있다.

구 분	용 도
계산서용	계산서용은 매입자가 매입원가와 매입세액을 결산하는 기장용 증빙이 된다.
공제용	공제용은 매입자가 관할 세무기관에 매입 인정과 보관용으로 사용하는 증빙이 된다.
기장용	기장용은 판매자가 매출액과 매출세액을 인식하는 기장증빙이 된다.

또한 기타의 용도는 납세의무자가 직접 결정하여 사용한다.

2) 전용계산서의 발행한도액

전용계산서는 발행한도액에 의해 관리되며 발행한도액은 한 장의 전용계산서가 발행할 수 있는 매출액의 상한액을 정하여 관리하는 것을 의미한다.

발행한도액은 일반 납세의무자가 신청하면 관할 세무기관이 심사하며, 발행한도액을 심사하는 기관은 다음과 같다.

구 분	발행한도액 심사기관
10만위안 이하인 경우	구 및 현급 세무기관 세무서가 실지조사하여 심사한다.
100만위안 이하인 경우	세무서가 실지조사하고 상급기관의 심사를 받는다.
1,000만위안 이상인 경우	성급 세무기관의 심사를 받는다.

위조방지시스템의 구체적인 발행업무는 구 및 현급 세무기관이 책임지며, 세무기관이 발행한도액을 심사할 경우 각 심사기관이 현장조사를 하여야 한다.

일반 납세의무자는 전용설비를 구입한 후 「발행한도액 신청표」 및 「전용계산서 매입수령부」를 가지고 관할 세무기관에서 최초발행을 등록하여야 한다.

'최초발행'이란 관할 세무기관이 납세의무자의 아래 정보를 금세카드(金税卡)IC카드에 입력하는 것을 말한다.

① 기업의 명칭
② 사업자 등록번호(税务登记代码)
③ 발행한도액
④ 계산서 매입수량 한도

⑤ 전용계산서 수령자의 성명 및 비밀번호
⑥ 전용계산서 발행기의 수량
⑦ 국가세무총국이 규정하는 기타의 정보

일반 납세의무자가 위의 '①, ③, ④, ⑤, ⑥, ⑦'의 정보에 변동이 있을 경우 관할 세무기관에 변경을 신청하여야 하며, '②'의 정보에 변동이 있을 경우에는 세무기관에 발행의 말소를 신청하여야 한다.

3) 전용계산서의 발급

전용계산서는 아래의 요건을 갖추고 발행되어야 한다.

- 기재사항이 완전하고 실제의 거래내역을 반영하여야 한다.
- 글자는 분명하고 수정할 수 없다.
- 계산서용과 공제용은 재무용 인감과 계산서 인감이 날인되어야 한다.
- 납세의무의 성립시기에 맞게 발행되어야 한다.

위에 따르지 않은 전용계산서에 대해 매입자는 전용계산서를 거부할 수 있다.

일반 납세의무자가 재화를 판매하거나 과세용역을 제공할 경우 합산하여 전용계산서를 발행할 수 있으며, 이 경우에도 위조방지시스템을 사용하고 관련 인감이 날인되어야 한다.

4) 전용계산서의 수령과 사용 범위

일반 납세의무자는 「전용계산서 매입수령부」, IC카드와 담당자의 신분증을 가지고 관할 세무기관에서 전용계산서를 매입하여 수령한다. 일반 납세의무자가 아래와 같은 경우 전용계산서를 매입 수령할 수 없다.

(1) 회계결산제도가 완비되지 않는 경우

회계결산이 완전하지 못하여 세무기관에 증치세 매출세액, 매입세액, 납부세액 및 기타의 자료를 정확하게 제공할 수 없는 경우

(2) 「세수징수관리법」에서 규정하는 위법행위가 있어서 세무기관이 처리를 거부하는 경우

(3) 아래의 행위로 세무기관의 시정조치를 받았으나 조치하지 않는 경우

① 증치세 전용계산서를 허위로 발행하는 경우
② 사적으로 전용계산서를 인쇄하는 경우(국가세무국에서 수령하여야 함)
③ 세무기관 이외의 자로부터 전용계산서를 구입하는 경우
④ 차명으로 전용계산서를 사용하는 경우
⑤ 규정에 의하지 않고 전용계산서를 발행하는 경우
⑥ 규정에 의하여 전용계산서와 전용설비를 보관하지 않는 경우로서 아래에 해당하는 경우

- 전용계산서와 전용설비를 설치하지 않는 경우
- 세무기관의 요구에 따른 전용계산서와 전용설비를 보관하지 않는 경우
- 인정받은 공제용 전용계산서, 인정결과 통보서 및 인정결과 명세서를 제본하여 보관하지 않는 경우
- 세무기관의 조사를 거치지 않고 임의로 기본용 전용계산서를 훼손하는 경우

⑦ 규정에 따른 위조방지시스템을 변경하지 않고 발행하지 않는 경우
⑧ 세무기관의 조사에 응하지 않는 경우

5) 전용계산서의 발급범위

일반 납세의무자가 재화를 판매하거나 과세용역을 제공하는 경우 매입자에게 전용계산서를 발행하여야 한다.

도소매업을 영위하는 일반 납세의무자가 판매한 담배, 주류, 식품, 의복, 신발과 모자(노동보험 전용부분 제외), 화장품 등의 소비품은 전용계산서를 발행할 수 없다.

증치세 소규모 납세의무자가 전용계산서를 발급하여야 할 경우 관할 세무기관이 대신 발행할 수 있다.

면세재화를 판매한 경우 전용계산서를 발행할 수 없으며, 법률이나 법규 및 국가세무총국이 별도로 규정한 경우 예외로 한다.

납세의무자가 과세용역을 제공한 경우 전용계산서 수령자에게 전용계산서를 발

행하고 공급가액과 증치세액을 정확하게 기재하여야 한다.

아래의 경우에는 전용계산서를 발급할 수 없다.

- 개인인 소비자에게 과세용역을 제공하는 경우
- 증치세가 면제되는 용역을 제공한 경우

6) 전용계산서의 발급 후의 사후관리(취소 등)

(1) 전용계산서를 재발행하는 경우

증치세 일반납세의무자가 전용계산서를 발행한 후, 매출환입이나 매출에누리 및 기재내용에 착오가 있어 적색 전용계산서를 발행할 경우 상황에 따라 아래와 같은 방법으로 처리한다.

구 분	처 리 방 안
전용계산서가 인증되지 않는 경우	매입자는 구체적인 원인 및 관련정보를 기재한 「적색 전용계산서 발급신청서」를 작성하고 관할 세무기관이 심사한 후, 「적색 전용계산서 발급통지서」를 작성하여 발급한다. 이 경우 매입자는 매입세액의 전출로 처리할 수 없다.
매입한 재화가 전용계산서로 인정을 받지 못한 경우	매입자가 구체적인 원인 및 관련 정보를 기재한 신청서를 작성하여 관할 세무기관의 심사를 거치며, 매입자는 매입세액의 전출로 처리할 수 없다.
계산서의 오류로 인하여 매입자가 수령을 거부할 경우	매출자는 전용계산서의 인정기한 내에 관할 세무기관에 구체적인 내용을 기재한 신청서를 작성하여 제출하여야 하며, 관할 세무기관은 통지서를 발급하고 매출자는 적색 전용계산서를 발급하여야 한다.
계산서에 착오 등의 원인으로 전용계산서가 매입자에게 교부되지 아니한 경우	판매자는 익월까지 구체적인 원인 및 관련 정보를 기재한 신청서를 작성하여 관할 세무기관에 제출하며, 관할 세무기관은 심사확인한 후 통지서를 발급하고 매출자는 통지서에 근거하여 전용계산서를 발행한다.
매출환입 또는 매출에누리가 있는 경우	판매자는 적색 전용계산서를 발급한 후 관련 서류를 관할 세무기관에 송부하여야 한다.

(2) 소규모 납세의무자가 전용계산서를 재발행하는 경우

세무기관이 소규모 납세의무자를 대신하여 전용계산서를 발행한 후 적색 전용계산서를 발행하여야 할 경우, 일반 납세의무자가 적색 전용계산서를 발행하는 방법을 준용하고 통지서의 부본을 세무기관에 제출하여야 한다.

7) 전용계산서로 공제할 수 없는 매입세액의 규정

(1) 매입세액으로 공제할 수 없는 경우

인증을 거친 경우로서 아래에 해당하는 경우 증치세 매입세액으로 공제할 수 없으며, 세무기관은 원본을 납세의무자에게 돌려주고 매입자는 판매자에게 전용계산서를 재발행할 것을 요구할 수 있다.

- 전용계산서에 기재된 내용이 불분명하여 인정할 수 없는 경우
- 납세의무자의 식별번호가 맞지 않는 경우
- 전용계산서의 일련번호가 맞지 않는 경우

(2) 잠정적으로 매입세액으로 공제할 수 없는 경우

인증을 거친 경우로서 아래에 해당하는 경우 잠정적으로 매입세액으로 공제할 수 없으며, 세무기관은 원본을 회수하고 원인을 규명한 뒤 상황에 따라 처리한다.

- 이미 인증을 받은 전용계산서를 다시 인증받는 경우(중복 인증)
- 전용계산서에 기재된 내용이 해석이 안되는 경우
- 납세의무자의 식별번호에 오류가 있거나 내용이 일치하지 않는 경우
- 인증을 받으려는 전용계산서가 이미 사용할 수 없는 것으로 신고된 경우

(3) 이미 발행된 전용계산서를 분실한 경우

구 분	처 리 방 안
일반 납세의무자가 계산서용 전용계산서와 공제용 전용계산서를 분	매입자는 매출자로부터 받은 전용계산서의 기장용 사본 및 매출자의 관할 세무기관이 발급한

구 분	처 리 방 안
실한 경우로서 분실 이전에 이미 인증을 받은 경우	「이미 신고한 전용계산서 증명서」를 가지고 매입자 관할 세무기관의 심사동의를 거쳐 증치세 매입세액공제를 받을 수 있다.
일반 납세의무자가 계산서용 전용계산서와 공제용 전용계산서를 분실한 경우로서 분실 이전에 인증을 받지 않은 경우	매입자는 매출자로부터 받은 전용계산서의 사본을 가지고 관할 세무기관에 가서 인증을 받고, 인증을 받은 사본과 매출자의 소재지 관할 세무기관이 발급한 「이미 신고한 전용계산서 증명서」를 가지고 매입자 관할 세무기관의 심사동의를 거쳐 증치세 매입세액공제를 받을 수 있다.
일반 납세의무자가 이미 발행된 공제용 전용계산서를 분실한 경우로서 분실 이전에 이미 인증을 받은 경우	계산서용 전용계산서의 사본으로 보존, 비치할 수 있다.
일반 납세의무자가 이미 발행된 공제용 전용계산서를 분실한 경우로서 분실 이전에 인증을 받지 않은 경우	계산서용 전용계산서를 사용하여 관할 세무기관에서 인증을 받을 수 있으며 계산서용 전용계산서의 사본으로 보존, 비치할 수 있다.
일반 납세의무자가 이미 발행된 계산서용 전용계산서를 분실한 경우	공제용 전용계산서를 기장증빙으로 사용할 수 있으며 공제용 전용계산서 사본으로 보존, 비치할 수 있다.

(4) 공제용 전용계산서로 인증을 받을 수 없는 경우

공제용 전용계산서로 인증을 받을 수 없는 경우 계산서용 전용계산서를 가지고 관할 세무기관에서 인증을 받을 수 있으며, 계산서용 전용계산서 사본으로 비치, 보존할 수 있다.

8) 전용계산서 관리

세무기관은 납세의무자의 전용계산서의 수령과 발행에 대하여 위의 구체규정 이외에도 엄격한 관리를 하고 있으며 주요 내용은 다음과 같다.

(1) 도난당하거나 분실한 전용계산서의 처리

- 납세의무자는 「증치세 전용계산서 사용규정」에 따라 전용계산서를 보관하고 사용하여야 하며, 전용계산서를 도난당하거나 분실한 경우에는 「세수징수관리법」과 「계산서 관리방법」의 규정에 따라 1만위안 이하의 벌금에 처하며, 상황에 따라 전용계산서를 분실한 납세의무자에게 일정한 기간 동안(최장 반년을 초과할 수 없다) 전용계산서의 발행을 정지한다.
- 납세의무자가 신고를 누락한 전용계산서가 불법으로 차명 또는 허위로 발행된 경우 납세의무자는 탈세의 책임을 져야 한다.
- 납세의무자가 전용계산서를 분실한 후 규정된 절차에 따라 관할 세무기관과 공안기관에 분실내용을 신고하여야 한다. 세무기관은 전용계산서를 분실한 납세의무자에 대해 규정에 따라 처벌을 함과 동시에 분실신고 게재비용을 받고 분실된 전용계산서와 관련된 내용을 중국세무신문사에 분실공고를 게재한다. 게재된 분실공고는 현(시)급 국가세무기관의 심사와 날인 및 의견을 거쳐야 한다.

(2) 전용계산서를 허위로 발행하는 경우의 관리

- 전용계산서의 차명발행 : 거래의 내용과 직접적인 관련이 없는 타인의 명의로 전용계산서를 발행하는 행위를 말한다.
- 전용계산서의 허위발행 : 실제적인 거래가 없는 경우에 허위로 전용계산서를 발행하는 행위를 말한다.

차명 및 허위발행은 중대한 위법행위로서 모두 전용계산서에 기재된 재화의 적용환율을 적용하여 세액을 추징하며, 「세수징수관리법」의 규정에 따라 탈세로 보아 처벌한다.

납세의무자가 차명 및 허위로 발행된 전용계산서를 취득한 경우에는 매입세액을 공제받을 수 없으며, 범위행위에 해당될 경우 관련 법률에 따라 처벌할 수 있다.

아래의 경우에는 허위로 전용계산서를 발급한 경우에 해당하지 아니한다.

- 납세의무자가 재화를 판매하거나 과세용역을 제공한 경우
- 납세의무자가 재화판매대금, 용역대가 또는 판매대금의 증빙을 받은 경우
- 납세의무자가 발행한 전용계산서의 관련 내용이 판매한 재화 도는 제공한 용역과 일치하고 증치세 전용계산서가 납세의무자가 적법하게 취득하고 자기의 명의로 발행된 경우

위의 경우에 해당하는 전용계산서를 받은 경우 증치세 매입세액을 공제할 수 있다.

(3) 납세의무자가 허위 전용계산서를 선의(善意)로 취득한 경우의 처리

「납세의무자가 허위발행된 전용계산서를 선의로 취득한 경우의 처리에 관한 통지」(國稅發 [2000] 187호) 및 기타의 규정은 다음과 같다.

① 납세의무자가 선의(善意)로 허위발행된 전용계산서를 취득한 경우

납세의무자가 허위발행한 전용계산서를 선의(善意)로 취득한 경우로서 합법적인 전용계산서를 다시 취득할 수 있는 경우에는 매입세액의 공제가 가능하며, 합법적으로 다시 취득할 수 없는 경우에는 매입세액의 공제를 할 수 없고 이미 공제된 매입세액은 추징한다.

납세의무자가 선의(善意)로 취득한 허위발행 전용계산서에 대해 이미 공제된 매입세액을 추징당하는 경우 「세수징수관리법」 제32조 '납세의무자가 규정기한 내 세액을 납부하지 않은 경우'에 해당되지 않으며 가산금 이자를 징수하지 아니한다.

② 납세의무자가 전용계산서의 진위 여부를 모르고 취득한 경우

매입자와 매출자 사이에 실제적인 거래가 있었고 매출자는 자신이 소재하는 성(자치구, 직할시 및 계획단열시)의 전용계산서를 사용하였고 전용계산서의 기재내용이 거래내용과 일치하고 있으며, 매입자는 매출자가 제공한 전용계산서가 불법적인 수단으로 획득한 것이라는 증거가 없는 경우에는 탈세 또는 불법환급으로 볼 수 없다. 단, 관련규정에 따라 매입세액공제 또는 수출환급을 할 수 없다. 만약 매입자가 이미 매입세액공제 또는 수출환급을 받은 경우에는 해당 세액을 추징한다.

③ 매입자가 다시 취득할 수 있는 경우

매입자가 매출자로부터 위조방지시스템이 발급하는 합법적인 전용계산서를 다시 취득할 수 있는 경우 또는 수기로 된 합법적인 전용계산서를 취득하고 매출자 소재지 세무기관이 매출자가 전용계산서를 허위발행한 행위에 대해 조사하여 증명한 경우에는 매입자 소재지 세무기관은 매입세액공제 또는 수출환급을 하여야 한다.

④ 매입자가 알고 있는 경우

매입자가 매입세액공제 또는 수출환급을 받기 이전에 전용계산서가 허위로 발행된 사실을 알았다는 증거가 있을 경우, 매입자에 대해 「납세의무자가 허위발행된 전용계산서를 취득한 처리문제에 관한 국가세무총국의 통지」(國稅發 [1997] 134호) 및 「납세의무자가 허위발행된 전용계산서를 취득한 처리문제에 관한 통지에 대한 보충통지」(國稅發 [2000] 182호)의 규정에 따라 처리한다.

⑤ 탈세로 보는 경우

아래에 해당하는 경우에는 매입자와 매출자가 실제적인 거래 여부 또는 증치세 전용계산서에 기재된 수량과 금액이 실제적인 거래내용과 일치하는지의 여부와 상관없이 매입자가 매입세액공제 또는 수출환급을 받은 경우 모두 탈세로 보아 처리한다(國稅發 [2000] 182호).

- 매입자가 취득한 증치세 전용계산서에 기재된 매출자의 명칭, 인감이 거래상의 매출자와 일치하지 않은 경우로서 國稅發 [1997] 134호 제2조의 '매출자로부터 제3자가 발행한 전용계산서를 취득한 경우'를 말한다.
- 매입자가 취득한 증치세 전용계산서가 매출자 소재지 성(자치구, 직할시, 계획단열시) 이외의 지역인 경우로서 國稅發 [1997] 134호 제2조의 '매출지 이외의 지역에서 전용계산서를 취득한 경우'를 말한다.
- 그 밖에 매입자는 취득한 전용계산서가 매출자가 불법적인 수단으로 발행된 사실을 알고 있는 경우로서 國稅發 [1997] 134호 제1조의 '매입자가 타인이 허위발행된 전용계산서를 이용하여 세무기관에 매입세액공제를 신고하여 탈세한 행위'를 말한다.

(4) 전용계산서 위조방지시스템의 관리

① 전산과 수기 전용계산서의 대조

세무기관의 전용계산서 관리부문은 위조방지시스템을 운용하여 전용계산서의 수불관리를 할 때, 전용계산서의 일련번호와 코드를 사실대로 기록하여야 하며 수기 전용계산서와 대조하여야 한다.

② 내용에 오류가 있는 경우

납세의무자가 위조방지시스템으로 전용계산서를 발행할 때 시스템의 전자계산서의 번호와 코드를 수기 전용계산서와 일치하는지를 확인하여야 한다. 세무기관이 잘못 입력한 내용이 있을 경우 수기 전용계산서와 세금통제카드를 가지고 세무기관에 가서 회수하여야 한다.

③ 오류에 대한 처리

세무기관이 일련번호와 코드를 잘못 입력한 후 납세의무자가 발행한 전용계산서에 대해서는 아래의 방법에 따라 처리한다.

- 납세의무자가 당월에 위의 문제를 발견할 경우 전용계산서 사용관리의 규정에 따라 수기 전용계산서와 위조방지시스템의 전용계산서 전자정보를 동시에 폐기하여야 하며, 동시에 관할 세무기관에 보고하여야 한다. 납세의무자가 이후의 달에 발견한 경우에는 부수(-)의 적색 전용계산서를 발행하여야 한다.
- 관할 세무기관은 관련 규정에 따라 담당자의 책임을 규명하여야 하며, 이와 관련된 내용(발생원인, 관할 세무기관의 명칭, 납세의무자 명칭, 납세의무자의 일련번호, 전용계산서의 일련번호, 발생시점, 책임자 및 처리의견 등)을 상부에 보고하여야 한다.
- 관련된 세금계산서의 수량이 많거나 영향력이 비교적 큰 경우 총국은 규정된 절차에 따라 '전국 계산서 데이터베이스의 폐기'를 수정한다.

④ 전용계산서를 폐기할 수 없는 경우

공제용 및 계산서용 전용계산서를 회수하지 못하였거나, 이미 회수는 하였으나 매입자가 이미 공제용 전용계산서를 세무기관에 인정신청을 한 경우 매출자는 발행된 전용계산서를 폐기할 수 없다.

⑤ 폐기 전용계산서의 관리

2003년 7월부터 국가세무총국은 각지의 증치세 전용계산서의 전산조사시스템이 조작의 실수로 발행된 전용계산서의 폐기에 대해 조사하여 매월 조사결과를 공포하여야 한다. 문제가 심각한 지역에 대해서는 표본조사를 실시하고 지적사항을 통보한다.

(5) 소재불명인 기업이 전용계산서를 발급하는 경우

소재불명인 기업(走逃企业)이란 조세의무를 이행하지 않고 세무기관의 감독을 벗어난 기업을 말한다. 세무등기관리규정에 따라 세무기관은 실지조사, 전화조사, 세무사항에 대한 조사 등 기타의 징수관리수단을 통하여도 기업 및 담당자의 소재를 알 수 없을 경우 이 기업은 탈세기업으로 판정하며 이러한 소재불명인 기업이 전용계산서를 발행하는 경우 규정은 다음과 같다.

① 소재불명인 기업이 존속기간 중 아래의 해당하는 경우 그 기간 동안 발행한 전용계산서는 비정상 증치세 공제증빙 범위에 포함시킨다.

- 소매기업이 구입하고 판매하는 재화의 명칭이 매우 상이할 경우
- 제조기업이 실제 생산 및 가공능력이 없고 위탁가공이 없거나 생산소요량과 판매상황이 심각하게 불합리할 경우
- 재화의 구입 수량으로는 판매한 수량을 직접 설명할 수 없고 위탁가공하지 않은 경우

② 증치세 일반납세의무자가 이상한 증빙을 받아서 세무기관에 신고하지 않은 경우 잠정적으로 공제 또는 환급을 받을 수 없다.

③ 이미 매입세액으로 공제받은 경우 모두 매입세액의 전출로 처리하고, 이미 수출환급을 신청한 경우 세무기관은 이상증빙과 관련된 환급내역을 검토하여 환급을 늦춘다.

9) 세무기관이 전용계산서를 대행발행하는 경우

(1) 대행발행의 의미

전용계산서의 대행발행이란 관할 세무기관에 관할 범위 내의 증치세 납세의무자(세무등기를 마친 소규모납세의무자를 말하며, 개인사업자 및 국가세무총국이 규정한 기타 전용계산서를 대행발행할 수 있는 납세의무자 포함)를 위하여 전용계산서를 대행발행하는 것을 말하며, 기타의 단위와 개인은 대행발행할 수 없다.

관할 세무기관은 전용계산서의 발행 담당자와 세액징수담당자를 두어 각각 전용계산서의 발행과 세액의 징수를 각각 담당하도록 한다.

(2) 위조방지시스템으로 발행

전용계산서를 대행발행할 경우 증치세 위조방지시스템 아래의 대행발행 시스템

을 통하여 발행하여야 하며 대행발행 시스템을 통하지 않고 발행한 전용계산서는 매입세액공제를 받을 수 없다.

(3) 세무기관에 발행 신청

증치세 납세의무자가 증치세 과세행위가 발행하여 전용계산서를 발급할 경우 관할 세무기관에 대행발행을 신청할 수 있다.

대행발행을 신청할 때에는 〈증치세 전용계산서를 대행발행하는 것에 대한 세액납부 신고서류〉를 작성하여 세무등기증 부본과 함께 관할 세무기간의 세액징수담당자에게 가서 전용계산서에 기재된 세액 전액을 신고납부하여야 하며 대행발행비를 지급하여야 한다.

(4) 세액징수담당자의 심사

세액징수담당자는 〈신고서류〉를 접수한 후 아래의 사행에 대해 대조를 실시하여야 한다.

- 본 세무기관 관할의 납세의무자인지의 여부
- 〈신고서류〉상 증치세 징수율의 기재와 세액의 계산이 정확한지의 여부

대조결과 오류가 없는 경우 세액징수담당자는 위조방지시스템을 통하여 징수시스템에 관련 정보를 입력하고, 〈신고서류〉에 기재된 세액에 따라 세액을 징수하고 완납증명을 발급함과 동시에 수수료를 수수한다.

(5) 세액 납부

증치세 납세의무자는 세액을 납부한 후, 〈신고명세〉와 세수완납번호 및 세무등기 부분을 가지고 담당자에게서 대행발행된 전용계산서를 수령한다.

대행발행한 담당자는 세액징수담당자가 보내온 징세 전자정보 및 〈신고명세〉 및 세수완납서류 상의 금액과 세액을 대조한 후, 납세의무자에게 전용계산서를 교부한다.

(6) 전용계산서 기재사항

- 단가와 금액란은 모두 증치세가 포함되지 않은 금액으로 기재한다.
- 세율은 증치세 징수율을 기재한다.
- 판매자는 대행발행하는 세무기관의 번호와 명칭을 기재한다.
- 판매자 개설은행 및 계좌번호에는 세수완납번호를 기재한다.
- 비고란에는 증치세 납세의무자의 명칭과 등록번호를 기재한다.
- 기타 항목은 전용계산서의 기재사항의 규정에 따라 기재한다.

(7) 대행발행계산서의 매수

납세의무자에게 전용계산서를 대항 발행하는 경우 6매를 발행하며, 제5매는 대행발행한 담당자가 보관하여 계산서의 보관용으로 삼고, 제6매는 세액징수담당자에게 전달하여 대행발행한 세액과 징수세액을 정기적으로 대조하도록 하고 기타 매수는 증치세 납세의무자에게 준다.

3. 증치세 보통계산서

증치세 보통계산서는 소매기업 이외의 증치세 일반납세의무자를 증치세 위조방지시스템에 발행과 관리하는 것으로, 일반납세의무자는 동일한 위조방지시스템에서 전용계산서와 보통계산서를 동시에 발행할 수 있다.

1) 보통계산서의 형식

증치세 보통계산서의 양식, 서체, 칸수, 내용은 전용계산서와 동일하다.

2) 보통계산서의 일련번호

증치세 보통계산서의 일련번호의 부여원칙은 전용계산서와 동일하다.
좌측위쪽 10자리의 의미는 다음과 같다.

자리수	의 미	비 고
1~4	성(省)을 의미	
5~6	연도( )	
7	인쇄 회수	
8	계산서 종류	"2"는 보통계산서 제2매를 의미
9	매수	
10	금액의 버전	"0"은 컴퓨터를 의미

3) 보통계산서의 인쇄

증치세 보통계산서의 제2매(계산서용)는 위조방지 종이를 사용하여 인쇄한다. 일련번호는 전용 위조방지 잉크를 사용하여 인쇄하고, 각 매수의 색깔은 파란색, 오렌지색, 녹색, 황색 및 자홍색으로 한다.

4) 전용계산서와 보통계산서를 같이 발행하는 경우

전국 통일의 증치세 보통계산서를 사용하여야 하며 위조방지시스템을 통하여 발행하여야 한다. 일반납세의무자가 이미 수령하였으나 사용하지 못한 구형 보통계산서는 관할 세무기관이 기한을 두어 세무기관에 반납하도록 한다.

4. 증치세 전자보통계산서

납세의무자가 증치세 전자보통계산서의 발행의 요구를 만족시키기 위하여 국가세무총국은 2015년 11월 증치세 전자계산서시스템을 통하여 발행하는 전자보통계산서를 추진하였다. 이것은 납세의무자의 원가를 절감하고, 사회자원을 절약하고, 소비자가 계산서의 보관과 사용에 편리하도록 하는데 중요한 역할을 하고 있다.

이에 대한 내용은 다음과 같다.

1) 종이계산서가 필요한 경우

2) 전자보통계산서 번호 부여

3) 증치세 전자보통계산서의 흐름

① 현행 정보의 사용 : 전자계산서를 사용을 선택한 납세의무자는 납세의무자의 등기, 계산서 종류의 결정 등 현행 정보를 사용한다.

② 계산서 번호 부여 : 전자계산서의 번호는 세무기관의 징수관리시스템이 인터페이스방식을 통하여 동시에 증치세 전자계산서 시스템에 연결되고, 증치세 전자계산서시스템을 통해 납세의무자에게 연결된다.

③ 전자계산서 데이터의 생성 : 전자상거래 등 계산서의 수량이 많은 기업은 전자계산서 발행 S/W(服务器版)를 사용하여 전자계산서의 발행 및 전자데이터의 생성에 사용할 수 있다.

5. 자동차판매의 통일계산서

1) 계산서의 발행 매수

자동차판매 통일계산서는 컴퓨터로 6매가 한쌍으로 발행되며 각 매수의 사용은 다음과 같다.

번 호	명 칭	용 도	색 깔
제1매 (第一联)	계산서용 (发票联)	구매자로부터 대금 회수용	갈색(棕色)
제2매 (第二联)	공제용 (抵扣联)	구매자의 매입세액 공제용	녹색(绿色)
제3매 (第三联)	보고용 (报税联)	차량취득세 징수단위가 보관	자색(紫色)
제4매 (第四联)	등록용 (注册联)	자동차 등기단위가 보관	남색(蓝色)

번 호	명 칭	용 도	색 깔
제5매 (第五联)	기장용 (记账联_	판매자가 기장을 하기 위한 증빙	홍색(红色)
제6매 (第六联)	보관용 (存根联)	판매자가 보관	흑색(黑色)

계산서의 코드와 번호는 검은색으로 하고 구매자가 일반납세의무자가 아닌 경우 제2매는 판매자가 보관한다.

2) 적용 범위

자동차를 판매하는 단위와 개인은 2006년 8월 1일부터 자동차를 판매하고 대금을 받을 때, 세무기관이 인쇄한 〈자동차 통일 계산서〉를 발행하여야 하며 계산서 재무전용 날인 또는 계산서전용 날인을 하여야 하며, 공제용과 보고용에는 날인하면 안된다.

3) 증치세 세액의 계산공식

증치세액=과세대상 합계－세금불포함 과세가액
세금불포함 과세가액=과세가액 합계÷(1+증치세율)

6. 영개증정책(营改增政策) 후 세금통제시스템의 사용

1) 세금통제시스템의 사용

영개증 시범실시일로부터 일반납세의무자가 화물운수용역을 제공하고 화물운수전표를 발행하는 경우 화물운수업 증치세 전용계산서 세금통제시스템을 사용하여야 하며, 화물운수용역 이외의 기타 증치세 과세용역을 제공하고 증치세 전용계산서와 보통계산서를 발행하는 경우 증치세 위조방지시스템을 사용하여야 한다.

2) 자동차판매 통일

2013년 8월 1일부터 일반납세의무자가 자동차를 소매판매(중고자동차 제외)하고 자동차판매 통일계산서를 발행하는 경우 자동차판매 통일계산서 세금통제시스템을 사용하여야 한다.

3) 금세반(金税盘)과 보세반(报税盘)의 사용

시범실시하는 납세의무자가 사용하는 위조방지통제시스템의 전용설비는 금세반(金税盘)과 보세반(报税盘)을 사용하여야 한다.

구 분	용 도
금세반(金税盘)	계산서를 발행할 때 사용됨
보세반(报税盘)	계산서의 수령할 때 사용됨

주요 참고자료

1. 「중화인민공화국 증치세 잠행조례」, 2008년 11월 10일, 국무원령 제538호
2. 「중화인민공화국 증치세 잠행조례 실시세칙」, 2011년 10월 28일, 재정부와 국가세무총국 제65호령
3. 기타 재정부 및 국가세무총국의 증치세 시행과 관련한 「통지」
4. 중국 국가세무총국 홈페이지(www.chinatax.gov.cn)

쉬어가는
페이지

제 7 장

소비세법

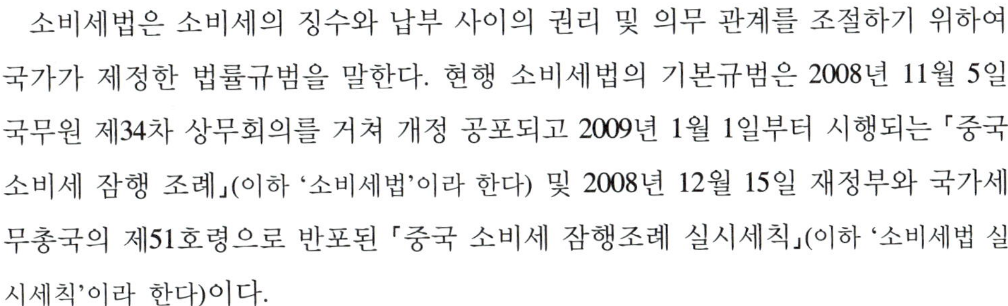

소비세법은 소비세의 징수와 납부 사이의 권리 및 의무 관계를 조절하기 위하여 국가가 제정한 법률규범을 말한다. 현행 소비세법의 기본규범은 2008년 11월 5일 국무원 제34차 상무회의를 거쳐 개정 공포되고 2009년 1월 1일부터 시행되는「중국 소비세 잠행 조례」(이하 '소비세법'이라 한다) 및 2008년 12월 15일 재정부와 국가세무총국의 제51호령으로 반포된「중국 소비세 잠행조례 실시세칙」(이하 '소비세법 실시세칙'이라 한다)이다.

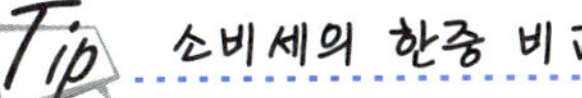

소비세의 한중 비교

중국의 소비세법은 한국의 개별소비세법과 유사한 세법이라고 볼 수 있는데 한국의 개별소비세법은 주로 소비행위에 중점을 두어 과세한다.

I. 소비세의 기본원리

1. 소비세의 개념

소비세는 특정 소비품의 소비와 특정 소비행위에 대하여 소비의 거래금액에 따라 징수하는 일종의 상품세에 속한다.

소비세는 소비품을 과세대상으로 하여 가격을 기준으로 소비자에게 조세의 부담을 전가시키며 소비자는 간접 납세의무자로서 실제적으로 세금을 부담하게 된다.

소비세의 징수는 비교적 강한 선택성을 지니고 있어서 모든 소비행위에 대해 세금을 징수하는 것이 아니라 국가가 소비정책을 관철시키고 소비구조를 유도하여 산업구조를 이끄는 중요한 수단이 된다. 따라서 소비세는 국가의 재정수입을 확보하고 국가의 경제정책을 구현하는데 있어 중요한 의의를 지니고 있다.

중국의 현행 소비세는 중국내에서 과세대상 소비품을 생산, 수탁가공 및 수입하는 기업과 개인에 대해 과세소비품에 대해 징수하는 세금이다.

2. 중국 소비세의 특징

1) 징수범위의 선택성

중국의 소비세는 징수범위에 있어 산업정책과 소비정책에 따라 일부 소비품에 대해 과세하며 모든 소비품에 대해 소비세를 징수하는 것은 아니다. 중국의 소비세 과세대상은 현재 14가지가 있으며 구체적인 징수품목은 열거주의를 택하고 있어 소비세 세목별 세율표에 열거되어 있는 과세대상 소비품에 대해서만 과세하며 열거되지 않은 품목에 대해서는 소비세를 징수하지 않는다.

2) 단일의 징수단계

소비세의 최종 부담자는 소비자이지만 세원관리를 강화하고 세액의 유실을 방지하기 위해 소비세의 납세는 주로 생산과 수입단계에서 이루어진다. 다시 말하면 과세대상 소비품은 생산 또는 수입단계에서 과세하며 이후 단계에서는 더 이상 소비세를 과세하지 않으며, 소매단계에서 과세하는 경우 소매단계 이전의 단계에서는 모두 소비세를 과세하지 아니한다. 이렇게 함으로써 납세의무자의 수를 감소시켜 세액의 징수비용과 세원유실의 위험을 줄이고 중복과세를 방지할 수 있다.

3) 높은 세율수준 및 차등세율

소비세는 국가가 조세정책의 운용을 통하여 특정 소비품에 대한 조절을 하는 세금으로서 소비세의 평균 세율수준은 비교적 높고 징수항목간 세부담의 차이가 비교적 커서 소비를 제한하거나 통제할 필요가 있는 소비품에 대해서는 세부담을 높게 하고 있다.

4) 징수방법의 신축성

소비세는 징수방법에 있어서 소비품의 수량에 대해 단위당 세액인 종량율을 적용하는 방법을 사용할 수도 있고, 소비품의 가격에 비례세율을 적용하는 종가율의 방법을 사용할 수도 있다. 현재 일부 담배와 백주에 대해 종가율과 종량율을 동시에 적용하는 복합징수방법을 사용하고 있다.

II. 납세의무자

중국내에서 소비세법에서 규정하는 소비품을 생산, 위탁가공, 수입하는 단위 또는 개인은 소비세의 납세의무자가 되어 소비세법에 따라 소비세를 납부하여야 한다.

용어설명

- '단위'는 기업, 행정단위, 사업단위, 군사단위, 사회단체 및 기타단위를 말한다.
- '개인'은 개인사업자와 기타 개인을 말한다.
- '중국내'란, 소비세를 납부하여야 하는 소비품을 생산, 위탁가공 및 수입하는 경우의 발송지 또는 소재지가 중국내에 있는 경우를 말한다.

참고 … 단위의 개념

중국의 세법에서는 단위라는 개념이 자주 등장하는데 위에서 보는 바와 같이 단위는 기업, 행정단위, 사업단위, 군사단위, 사회단체 및 기타단위를 말하며, 한국에서는 생소한 용어이며 여기에서는 단위라는 용어를 그대로 사용하기로 한다.

III. 과세대상

소비세의 과세대상은 아래와 같으며 각 과세범위를 구체적으로 구분하여 설명하기로 한다.

- 과세대상 소비품의 생산
- 과세대상 소비품의 위탁가공
- 과세대상 소비품의 수입
- 과세대상 소비품의 소매판매

1. 과세대상 소비품의 생산

과세대상 소비품을 생산하여 판매하는 것은 소비세를 과세하는 중요한 단계의 하나이다. 소비세는 한번만 과세하는 특징이 있어서 생산 및 판매단계에서 과세한 이후 재화가 여러 번에 걸쳐 유통되더라도 재차 소비세를 납부할 필요는 없다.

과세대상 소비품을 생산하는 경우 직접 외부에 판매하여 소비세를 징수하는 경우 이외에도 납세의무자가 생산한 과세대상 소비품을 원재료와 교환, 현물출자, 부채상환 및 과세대상소비품 이외의 다른 제품의 생산에 사용되는 경우에도 모두 소비세를 납부하여야 한다.

그밖에 제조업 이외의 단위 또는 개인의 아래 행위는 과세대상소비품의 생산행위로 보아 소비세를 징수한다.

- 과세대상 소비품이 아닌 것을 구매하여 과세대상 소비품으로 판매하는 경우
- 저세율의 과세대상 소비품을 구매하여 고세율의 과세대상 소비품으로 판매하는 경우

용어설명 간주매출

소비세의 과세대상 중에서 비록 외부에 판매는 되지 아니하였으나 판매한 것으로 보는 '간주매출'에 대해서도 소비세를 과세하며, 과세대상 소비품을 사용하여 다른 과세대상 소비품을 생산하는데 사용되는 경우에는 과세대상에서 제외한다.
중국의 증치세법이나 한국의 부가가치세법에서 간주매출에 대해 과세하는 것과 동일하다.

2. 과세대상 소비품의 위탁가공

'과세대상 소비품의 위탁가공'이란 위탁자가 원재료와 주요 재료를 제공하고 수탁자는 단지 가공비와 보조재료비를 받고 과세대상 소비품을 가공하는 것을 말하며, 수탁자가 원재료를 제공하는 등의 경우에는 과세대상 소비품의 위탁가공으로 볼 수 없다.

만약, 위탁가공한 과세대상 소비품을 회수한 이후 계속하여 과세대상 소비품을 생산하여 판매하는데 사용하는 경우에는 위탁가공단계에서 이미 납부한 소비세액

은 공제할 수 있다.

3. 과세대상 소비품의 수입

단위 또는 개인이 소비세 과세범위에 속하는 재화를 수입하는 경우 수입단계에서 소비세를 납부하여야 하며 해관이 대신 징수한다.

4. 과세대상 소비품의 소매 판매

1995년 1월 1일부터 금은보석의 소비세는 생산판매단계에서 소비세를 징수하다가 소매단계에서 징수하는 것으로 바뀌었다. 금은보석은 단지 금과 은을 위주로 한 합금의 보석을 말한다. 소매단계에서는 세율이 5%로서 납세의무자가 금은보석을 판매할 때 과세하며 과세표준은 증치세를 포함하지 않은 판매액이 된다.

금은보석도 판매하면서 동시에 비금은보석도 판매하는 경우 두 가지 상품의 매출액을 구분하여야 하며, 구분할 수 없는 경우에는 다음과 같이 과세한다.

구 분	과 세 방 법
생산단계에서 판매되는 경우	모두 높은 세율을 적용하여 소비세를 과세한다.
소매단계에서 판매되는 경우	모두 금은보석으로 보아 소비세를 과세한다.
금은보석과 기타제품이 함께 판매되는 경우	매출액 전액에 대해 소비세를 과세한다.

- 금은보석이 포장재와 함께 판매되는 경우에는 포장재에 해당하는 부분도 모두 금은보석의 판매액에 포함시켜 소비세를 과세한다.
- 원재료를 제공받아 가공(带料加工)하는 금은보석은 모두 수탁자가 동종의 금은보석을 판매하는 판매가격에 따라 과세기준가액을 결정하여 소비세를 징수한다. 만약 동종의 금은보석의 판매가격이 없을 경우 산정가격에 따라 계산하여 납세한다.

• 납세의무자가 보상판매로 판매한 금은보석은 실제 받은 대금전액을 기준으로 과세기준가액(증치세 제외)을 결정하여 소비세를 과세한다.

IV. 과세대상과 세율

1. 과세대상

소비세법의 규정에 따라 소비세의 과세대상은 담배, 주류, 화장품 등 15가지가 있으며 일부 과세대상은 다시 소항목으로 세분된다. 소비세는 가격 내에 포함되어 있으며 단일단계에서 과세되므로 일반적으로 과세대상 소비품의 생산, 위탁가공과 수입단계에서 납부된다. 그 이후의 도매 또는 소매 등의 단계에서는 가격에 소비세가 이미 포함되어 있으므로 더 이상 소비세를 납부할 필요가 없다.

1) 담배

담뱃잎을 원료로 하여 가공하여 생산한 모든 상품을 말하며 어떠한 부재료를 사용하였든지 모두 과세범위에 속한다.

담배는 시가 등의 세부항목이 있는데, 시가는 다시 갑종 시가, 을종 시가가 있다.

• 갑종 시가 : 한 보루(200개비)에 조달가격(调拨价格)이 70위안 이상인 시가
• 을종 시가 : 한 보루(200개비)에 조달가격(调拨价格)이 70위안 미만인 시가

시가의 경우 생산판매단계에서 소비세를 과세하고 도매단계에서도 한번 더 과세를 한다.

2015년 5월 10일부터 시가의 도매단계의 소비세 종가세율이 5%에서 11%로 인상되었으며 여기에 종량세율 0.005위안/개비를 적용한다.

납세의무자가 시가의 도매와 소매를 겸영하는 경우 도매와 소매 판매액과 판매수량을 구분경리하여야 하며, 구분경리하지 않을 경우 전체 매출액에 대하여 과세한다.

납세의무자가 납세의무자 이외의 단위나 개인에게 판매한 시가는 판매시 과세하며, 납세의무자간 판매한 시가에 대해서는 소비세를 과세하지 아니한다.

시가 도매기업의 본점과 지점이 동일한 지역에 있지 않은 경우에는 본점에서 신고납부한다.

시가의 소비세는 생산과 도매 두 단계에서 징수하더라도 도매기업이 세액을 계산할 때 생산단계에서 이미 포함된 소비세액을 공제할 수 없다.

2) 주류

주류는 주정의 도수가 1도 이상인 각종 주류 음료를 말하며, 곡물백주, 고구마백주, 황주, 맥주 및 기타주류가 있으며, 주정은 각종 공업용 주정, 의료용 주정과 식용 주정이 있다.

3) 고급 화장품

화장품의 과세범위는 각종 미용, 분장용 화장품, 고급 피부관리 화장품, 화장품 세트를 포함한다.

'미용, 분장용 화장품'은 향수, 향수 원액, 파우더, 립스틱, 매니큐어, 볼 터치, 아이브로 펜슬, 립 펜슬, 마스카라, 속눈썹 및 화장품 세트를 말한다.

무대공연, 연극, 영화 출연자 분장용 화장품, 리무버, 도란(배우들이 무대 화장에 사용하는 유성의 분)은 소비세 과세범위에 포함되지 않는다.

고급 피부관리용 화장품의 과세범위는 별도로 제정한다.

4) 귀금속 및 보석류

귀금속 및 보석류는 금, 은, 백금, 진주, 보석, 다이아몬드, 비취, 산호 등의 희귀한 물질 및 기타 금속, 인조보석 등으로 제작된 각종 순금 순은보석 및 보석이 박힌 액세서리와 각종 보석을 말한다.

면세상점에서 출국자에게 판매하는 금은보석에 대해서 소비세를 징수한다.

5) 폭죽, 불꽃

각종 폭죽 및 불꽃놀이용 폭죽을 포함하며, 체육용으로 쓰이는 신호탄과 폭죽용 심지에 대해서는 소비세가 징수되지 않는다.

6) 석유제품

석유제품에는 휘발유, 경유, 나프타, 용제유, 항공유, 윤활유, 연료용 기름의 7가지 세부항목이 있으며, 항공유에 대해서는 아직 소비세를 징수하지 않고 있다.

구 분	과 세 항 목
휘발유	휘발유는 원유 또는 기타 원료를 사용하여 가공, 생산한 옥탄가가 66보다 낮지 않은 휘발유 엔진을 작동시키는데 사용되는 각종 경질유를 말한다.
디젤유	디젤유는 원유 또는 기타 원료를 사용하여 가공, 생산된 것으로서 유동점 또는 응고점이 -50과 30 사이인 디젤 엔진을 작동시키는데 사용되는 각종 경질유를 말한다. 바이오디젤 역시 본 과세범위에 속한다.
나프타	나프타는 화공경유라고도 하며 원유 또는 기타 원료를 가공, 생산한 것으로 화공원료에 사용되는 경질유를 말한다. 나프타는 휘발유, 중유, 항공유, 용제유 이외의 각종 경질유가 포함된다.
용제유	용제유는 원유 또는 기타 원료를 사용하여 가공, 생산한 것으로 도료, 페인트, 식용유, 인쇄잉크, 피혁, 농약, 고무, 화장품의 생산과 기계세척 접착산업에 사용되는 경질유를 말한다.
항공유	항공유는 제트연료라고도 하며 원유 또는 기타원료를 사용하여 가공, 생산한 것으로서 제트엔진과 제트 추진체 연료에 사용되는 각종 경질유를 말한다.
윤활유	윤활유는 원유 또는 기타 원료를 사용하여 생산, 가공한 것으로서 내연기관, 기계가공 과정에 사용되는 윤활제품이다. 윤활유는 광물성 윤활유, 식물성 윤활유, 동물성 윤활유, 화공원료 합성윤활유로 나뉜다. 윤활유의 과세범위는 광물성 윤활유, 광물성 윤활유의 기초유, 식물성 윤활유, 동물성 윤활유와 합성윤활유를 포함한다. 식물성, 동물성 및 광물성 기초유(또는 광물성 윤활유)를 혼합하여 만든 '혼합성 윤활유'는 광물성 기초유의 구성비율에 관계없이 모두 윤활유의 과세범위에 속한다.

구 분	과 세 항 목
연료용 기름	연료용 기름은 중유, 아스팔트유라고도 하며 원유 또는 기타 원료를 사용하여 가공, 생산한 것으로서 주로 전력 발전, 보일러용 연료, 가열로연료, 야금 및 기타 공업로의 연료로 사용된다.

7) 소형차

소형차는 동력으로 움직이며 4개 또는 4개 이상의 바퀴를 가지고 있는 무궤도 차량을 말한다.

소형차의 과세범위는 기사를 포함한 9명 이하의 좌석을 가진 승객과 화물 수송용 승용차 및 기사를 포함한 탑승인원이 10~23명인 중형 승합차를 포함한다.

구 분	과 세 범 위
배기량이 1500cc 이하인 승용차의 섀시를 개조한 차량	승용차의 과세범위에 속한다.
배기량이 1500cc 이상인 승용차의 섀시 또는 중형 승합차의 섀시를 개조한 차량	중경형 상용버스의 과세범위에 속한다.

운전자를 포함한 탑승인원이 구간(예를 들어 8~10인, 17~26인)인 소형차의 경우 구간의 하한선을 기준으로 과세범위를 결정한다.

전기자동차 및 차량의 전장이 7미터 이상이고 좌석이 10~23인 이하인 승합차는 소비세를 과세하지 아니한다.

사막차, 설상차, 골프카트는 소비세의 과세범위에 속하지 아니하며 소비세를 과세하지 아니한다.

8) 오토바이

오토바이에는 스쿠터와 오토바이 두 가지가 있으며 최대 설계속도가 시속 50㎞ 이하이고 엔진의 배기량이 50㎖ 이하인 삼륜오토바이는 소비세를 징수하지 아니한다.

9) 골프공 및 골프채

골프공 및 골프채는 골프에 필요한 각종 전용장비를 말하며 골프공, 골프채 및 골프백 등을 포함한다.

10) 고급 시계

고급 시계는 판매가격(증치세 제외)이 10,000위안 이상인 각종 시계를 말한다.

11) 요트

요트는 길이가 8미터~90미터 사이이고, 선체가 경질유리, 강철, 두랄루민, 플라스틱 등의 재료를 사용하여 제작되고, 물 위에서 이동이 가능한 선박을 말한다. 요트는 동력에 따라 무동력 요트, 돛 요트, 동력 요트로 구분한다.

요트의 과세범위는 8미터~90미터 사이, 엔진이 있어 물 위에서 이동이 가능한 것으로서, 개인 또는 단체가 구매하여 주로 수상 경기와 여가 생활 등 비영리활동에 사용되는 각종 동력 요트를 포함한다.

12) 일회용 나무젓가락

위생 젓가락으로도 불리는 일회용 나무젓가락은 나무를 원료로 하여 여러 단계의 생산과정을 거쳐 완성된 각종 일회용 젓가락을 말한다.

일회용 나무젓가락의 과세범위에는 각종 규격의 일회용 나무젓가락이 포함된다.

13) 원목 바닥재

원목 바닥재는 목재를 원료로 하여 여러 가지의 공정을 거쳐 가공된 바닥 장식재료를 말한다.

14) 전지(电池)

- 2015년 2월 1일부터 납축전지를 제외한 전지에 대해 소비세를 징수한다.
- 무수은건전지, 니켈수소건전지, 리튬건전지, 리튬이온건전지, 태양건전지, 연료전지, 바나듐액류전지에 대해서는 소비세를 면제한다.
- 2016년 1월 1일부터 납축전지에 대해서 소비세율을 4% 적용한다.

15) 도료(涂料)

2015년 2월 1일부터 도료에 대해 소비세를 징수한다

2. 세율

중국의 현행 소비세는 비례세율과 정액세율 두 가지를 사용하여 각 과세대상 소비품의 실제상황을 반영하고 있다.

소비세는 과세범위에 따라 각각 세율 또는 단위당 세액을 결정한다. 예를 들어,

- 곡물백주의 세율은 20%이고 오토바이의 세율은 3%이다.
- 황주, 맥주, 휘발유, 디젤유 등은 단위중량 또는 단위체적에 따라 단위당 세액을 결정한다.

소비세의 항목별 세율은 아래와 같다.

소비세의 항목별 세율

과 세 항 목	세 율(단위 : 위안(元))
1. 담배	
1) 시가	
(1) 甲류 시가(조달가격이 보루당 70元 이상)	56%+0.003/개피(생산단계)
(2) 乙류 시가(조달가격이 보루당 70元 미만)	36%+0.003/개피(생산단계)
(3) 도매단계	11%+0.005/개피

과 세 항 목	세 율(단위 : 위안(元))
2) 시가	36%
3) 생연초 담배(烟丝)	30%
2. 주류	
1) 백주(3,000위안/톤 이상)	20% + 0.5 / 500(g 또는 ㎖)
2) 황주(3,000위안/톤 이하)	240 / 톤
3) 맥주	
(1) 갑류(甲类) 맥주	250 / 톤
(2) 을류(乙类) 맥주	220 / 톤
4) 기타 주류	10%
3. 화장품	30%
4. 귀금속 및 보석류	
1) 금은보석, 백금보석, 다이아몬드 및 다이아몬드 장신구	5%
2) 기타 귀금속 및 보석류	10%
5. 폭죽, 불꽃	15%
6. 석유제품	
1) 휘발유	1.52/리터
2) 디젤유	1.2 / 리터
3) 항공유	1.2 / 리터
4) 나프타	1.52 / 리터
5) 용제유	1.52 / 리터
6) 윤활유	1.5 / 리터
7) 연료용 기름	1.2 / 리터
7. 오토바이	
(1) 배기량 250ml 이하	3%
(2) 배기량 250ml 초과	10%

과 세 항 목	세 율(단위 : 위안(元))
8. 소형차	
1) 승용차	
(1) 배기량 1.0L 이하	1%
(2) 배기량 1.0L 초과 1.5L 이하	3%
(3) 배기량 1.5L 초과 2.0L 이하	5%
(4) 배기량 2.0L 초과 2.5L 이하	9%
(5) 배기량 2.5L 초과 3.0L 이하	12%
(6) 배기량 3.0L 초과 4.0L 이하	25%
(7) 배기량 4.0L 초과	40%
2) 중형 승합차	5%
9. 골프 용품	10%
10. 고급 시계	20%
11. 요트	10%
12. 일회용 나무젓가락	5%
13. 원목 바닥재	5%
14. 전지	4%
15. 도료	4%

V. 과세표준

현행 소비세법의 규정에 따라 소비세 납부세액의 계산은 종가율 과세, 종량율 과세 및 종가종량 복합과세의 세 가지로 나눌 수 있다.

1. 종가율 과세

종가율에 의할 경우 납부세액은 과세대상 소비품의 판매가액에 적용세율을 곱한 것이 되며 납부세액의 크기는 과세대상 소비품의 판매액과 적용세율 두 가지의 요소에 의해 결정된다.

1) 판매가액의 결정

판매가액은 납세의무자가 과세대상 소비품을 구매자에게 유상으로 판매하고 받은 대금 및 부대비용을 말한다.

- '판매'란 과세대상 소비품의 소유권을 유상으로 양도하는 것을 말한다.
- '유상'이란 구매자로부터 화폐, 현물 또는 기타 경제이익을 얻는 것을 말한다.
- '부대비용'이란 판매대금 이외에 구매자로부터 받는 수수료, 보조금, 기금, 반환이윤, 장려비, 위약금, 체납금, 연체이자, 배상금, 포장비, 운송비용 및 각종 비용을 말한다. 단, 아래의 항목은 제외한다.

부대비용에서 제외되는 항목

① 아래의 조건을 동시에 충족하는 운송비용을 대납한 경우
- 운송회사 명의의 운송비용 계산서가 구매자에게 발행된 경우
- 납세의무자가 운송비용 계산서를 구매자에게 교부한 경우

② 아래의 조건을 동시에 충족하는 정부기금 및 행정수수료를 대신 받는 경우
- 국무원 또는 재정부가 비준하여 설립한 정부기금이 국무원 또는 성급 인민정부 및 재정, 가격 주관부문이 비준하여 설립한 행정수수료인 경우

• 수취시 성급 이상의 재정부문이 인쇄한 재정 영수증을 발행하는 경우
• 대리로 징수한 대금은 모두 국가 재정에 귀속되는 경우

위 이외의 부대비용은 납세의무자의 수입에 귀속되는지의 여부에 상관없이 모두 판매액에 포함시켜 과세되어야 한다.

종가율에 의한 과세대상 소비품이 포장되어 판매될 경우 포장비용은 모두 과세대상 소비품의 판매액에 포함시켜 소비세를 과세한다.

보증금을 받고 포장물을 판매할 경우 보증금은 과세대상 소비품의 판매액에 포함시키지 않는다. 단, 기한을 넘겨도 포장물을 회수하지 못하여 돌려줄 필요가 없거나 받은 후 12개월이 지난 보증금은 과세대상 소비품의 판매액에 포함시켜 소비세를 납부하여야 한다.

납세의무자가 과세대상 소비품을 외화로 판매할 경우 판매액을 인민폐로 환산하며 적용환율은 결산일 당일 또는 당월 첫날의 국가 외환 매매기준율 중에서 선택할 수 있으며 한번 선택한 경우 1년 내에는 변경할 수 없다.

2) 증치세액이 포함된 경우의 판매액의 계산

과세대상 소비품은 소비세를 납부하여야 함과 동시에 일반 재화와 같이 증치세도 납부하여야 한다. 소비세법의 규정에 따라 과세대상 소비품의 판매액은 구매자로부터 받은 증치세액은 포함하지 아니한다. 만약 납세의무자가 과세대상 소비품의 판매액 중에서 증치세액을 공제하지 않거나 증치세 전용계산서를 발급할 수 없어 공급가액과 증치세액을 함께 받는 경우, 소비세를 계산할 때 증치세가 포함된 판매액을 증치세가 포함되지 않은 판매액으로 환산하여야 한다. 이때 사용하는 환산공식은 다음과 같다.

과세대상 소비품의 판매액 = 증치세가 포함된 판매액 ÷ (1 + 증치세율)

환산공식을 사용할 때 납세의무자의 종류에 따라 적용되는 증치세율을 구분하여 적용하여야 한다.

증치세 납세의무자의 종류	증치세 적용세율
소비세의 납세의무자가 증치세 일반 납세의무자인 경우	17%의 세율
소비세의 납세의무자가 증치세 소규모 납세의무자인 경우	3%의 세율

2. 종량율 과세

종량율로 계산할 경우 납부세액은 과세대상 소비품의 판매수량에 단위세액을 곱하여 계산되며 납부세액의 크기는 판매수량과 단위세액 두 가지 요소에 의해 결정된다.

1) 판매수량의 결정

판매수량은 납세의무자가 과세대상 소비품을 생산, 가공 및 수입한 수량을 말하며 구체적인 규정은 다음과 같다.

구 분	판 매 수 량
과세대상 소비품을 판매한 경우	판매한 수량
과세대상 소비품을 직접 사용한 경우	전용하여 직접 사용한 수량
과세대상 소비품을 위탁가공한 경우	납세의무자가 회수한 수량
과세대상 소비품을 수입한 경우	해관이 검사한 수입수량

2) 계량단위의 환산표준

(1) 일반적인 세액의 단위

소비세 잠행조례에서 규정하는 세액의 단위는 다음과 같다.

- 황주와 맥주 : 톤
- 휘발유와 디젤유 : 리터

(2) 서로 다른 계량단위를 사용할 경우

실제 판매과정에 있어서 일부 납세의무자는 톤이나 리터 두 가지의 단위를 혼용해 쓰는 경우가 있는데 상품간의 계량단위를 통일시켜 정확하게 납부세액을 계산하기 위하여 톤과 리터 두 가지 계량단위를 사용하고 있다.

각 과세대상 소비품의 계량단위의 환산표준은 아래의 표와 같다.

[표 7-2] 톤과 리터의 계량 단위 환산 표준

구 분	환산 표준	구 분	환산 표준
맥주	1톤 = 988L	용제유	1톤 = 1,282L
황주	1톤 = 962L	윤활유	1톤 = 1,126L
휘발유	1톤 = 1,388L	연료유	1톤 = 1,015L
디젤	1톤 = 1,176L	항공유	1톤 = 1,246L
나프타	1톤 = 1,385L		

3. 종가종량 복합과세

현행 소비세의 과세범위 중에서 담배와 백주에서만 복합과세방법을 사용하고 있으며, 납부세액은 과세대상 소비품의 판매수량에 정액세율을 곱한 것과 판매액에 비례세율을 곱한 것을 더한 것과 같다.

1) 담배와 백주의 생산

담배, 백주를 생산하여 판매하는 경우 종량율의 계산기준은 실제 판매한 수량이다.

2) 담배와 백주를 위탁생산하는 경우

담배, 백주를 수입, 위탁가공하거나 자가생산하여 직접 사용하는 경우 종량율의 계산기준은 다음과 같다.

구 분	과 세 수 량
수입의 경우	해관이 검사한 통관수량
위탁가공하는 경우	위탁자가 회수한 수량
생산하여 직접 사용하는 경우	전용하여 사용한 수량

4. 과세표준 계산기준의 특수 규정

1) 직접 판매하는 경우

영업부가 외부에 직접 판매한 가액 또는 판매수량에 따라 소비세를 과세한다.

2) 현물교환, 현물출자, 채무변제에 사용한 경우

납세의무자가 과세대상 소비품을 현물교환, 현물출자, 채무변제에 사용한 경우 납세의무자가 동종 과세대상 소비품의 최고 판매가격을 기준으로 하여 소비세액을 계산한다.

3) 주류기업의 특수관계자간 거래

백주 제조회사가 판매회사로부터 "상표사용료"를 받는 것은 과세대상 백주를 판매함으로써 받은 것이므로 백주 판매가액의 일부이므로 모두 백주의 과세표준에 포함되어야 한다.

납세의무자와 특수관계자 사이의 거래가액이 정상거래가격에 의하지 않을 경우 세무기관은 아래의 방법에 따라 과세수입액 또는 소득액을 조정하여 납부세액을 결정한다(세수징수관리법 실시세칙 제38조).

- 특수관계가 없는 기업 사이에 동종 및 유사한 거래에 의한 가격
- 특수관계가 없는 제3자에게 재판매한 가격으로 얻을 수입 및 이윤 수준

- 원가에 합리적인 비용과 이윤을 가산한 금액
- 기타의 합리적인 방법

주류 제조회사가 특수관계자와의 거래행위를 이용하여 소비세를 회피하려고 한 경우 각 성, 자치구, 직할시 및 계획단열시의 국가세무국은 해당 지역의 조사대상 주류 제조회사와 특수관계자간의 거래형태에 따라 위의 처리방법을 선택하여 주류 제품의 소비세 과세수입액을 조정하며 납부세액을 추계결정한다.

4) 세율이 다른 업종을 겸영하는 경우의 세무처리

납세의무자가 여러 가지의 과세대상 소비품을 함께 생산하여 판매하는 경우 '겸영행위'에 해당되며, 납세의무자가 여러 세율의 과세대상 소비품을 취급하는 경우 종류별로 매출액을 구분경리하여야 있다.

납세의무자가 여러 업종을 겸영하는 경우 업종별로 매출액, 판매수량을 각각 구분경리하여야 하며, 만약 매출액과 판매수량이 구분되지 아니할 경우 또는 여러 가지 제품으로 한 제품을 생산할 경우에는 높은 세율을 적용한다.

예를 들어, 주류 제조회사가 세율이 20%인 곡물백주를 생산하면서 세율이 10%인 다른 주류를 생산할 경우, 회사는 각각 백주와 기타 주류의 판매액을 구분한 뒤 각각의 세율을 적용하여 종류별로 납부세액을 계산하여야 하며, 만약 구분되지 아니할 경우 전체 매출액에 대해 높은 세율인 20%를 적용하여 납부세액을 계산하게 된다.

VI. 납부세액의 계산

1. 생산판매단계에서의 납부세액

납세의무자가 생산판매단계에서 납부하여야 할 소비세는 소비품을 직접 외부에 판매하는 경우와 자가소비하는 부분이 있다.

1) 직접 외부에 판매하는 경우

직접 외부에 판매하는 경우에는 아래 3가지의 계산방법이 있다.

- 종가율에 의한 계산
- 종량율에 의한 계산
- 종가율과 종량율의 복합계산

(1) 종가율에 의한 계산

종가율에 의할 경우, 납부세액은 판매가액에 적용세율을 곱한 금액이 된다.

납부세액 = 과세대상 소비품의 판매가액 × 비례세율

사 례 7-1

일반납세의무자인 절강유통(주)는 2016년 3월 14일 대형매장에 화장품을 판매하면서 증치세 전용계산서를 발행하고 공급가액 30만위안과 증치세 5.1만위안을 받았다. 3월 20일에는 다른 거래처에 화장품을 판매하고 증치세 보통계산서를 발행하고 4.68만위안을 받았다.

요구

절강유통(주)이 납부하여야 할 3월분 소비세액을 계산하시오.

풀이

① 화장품의 소비세 적용세율 : 30%

② 화장품의 판매금액 = 30 + 4.68 ÷ (1 + 17%) = 34만위안
③ 소비세 납부세액 = 34 × 30% = 10.2만위안

(2) 종량율에 의한 계산

종량율에 의할 경우 납부세액은 판매수량에 단위당 세액을 곱한 금액이 된다.

납부세액 = 과세대상 소비품의 판매수량 × 단위당 세액

사 례 7-2

청도맥주(주)가 2017년 1월 맥주 400톤을 판매하였고 톤당 출고가격은 2,800위안이다.

요구

청도맥주(주)가 납부하여야 할 1월분 소비세액을 계산하시오.

풀이

① 을류 맥주의 적용세율 : 220위안 / 톤
② 납부세액 = 판매수량 × 적용세율 = 400톤 × 220 = 88,000위안

(3) 종가율과 종량율의 복합계산

현행 소비세법에 있어서 담배와 백주에 대해서만 복합계산방법을 적용하고 있으며, 납부세액의 계산공식은 다음과 같다.

납부세액 = 판매수량 × 단위당 세액 + 판매가액 × 비례세율

사 례 7-3

백주를 생산하는 사천주류(주)는 일반납세의무자이고 2016년 10월 50톤의 백주를 150만위안(증치세 별도)에 판매하였다.

요구

사천주류(주)가 납부하여야 할 10월분 소비세액을 계산하시오.

풀이

① 곡류백주의 비례세율은 20%, 500g당 정액세율은 0.5위안

② 납부세액 = 50 × 2,000 × 0.00005 + 150만 × 20% = 35만위안
(단위당 세액은 500g에 0.5위안이므로 1톤당 1,000위안이 됨)

2) 자가소비하는 경우

'자가소비'란 납세의무자가 생산한 과세대상 소비품을 외부에 판매하지 않고 계속하여 과세대상 소비품을 생산하거나 기타 용도에 전용하여 사용하는 것을 말한다. 예를 들어, 어떤 기업이 자신이 생산한 과세대상 소비품을 판매하지 않고 복리후생 또는 상여의 형태로 종업원에게 지급할 경우 판매액에 나타나지 않으므로 소비세를 납부하지 않게 되어 세액의 누수를 가져올 수 있으므로 자가소비와 관련된 규정을 정확하게 숙지하여야 한다.

자가소비의 유형에는 다음과 같은 것이 있다.

- 과세대상 소비품의 생산에 계속 사용되는 경우
- 기타 용도로 전용되는 경우
- 산정가격 및 세액의 계산

자가소비의 형태별로 납부세액의 계산에 대해 살펴보면 다음과 같다.

(1) 과세대상 소비품의 생산에 계속 사용되는 경우

납세의무자가 생산한 제품을 판매하지 않고 과세대상 소비품을 생산하는데 계속 사용되는 경우에는 과세하지 아니한다. 즉, 최종 소비품을 생산하는데 있어 직접 원재료가 되고 최종 생산품을 구성하는 과세대상 소비품을 말한다.

예를 들어 담배회사가 생산한 생연초담배(烟丝)는 이미 과세대상 소비품이기도 하지만, 회사가 이 생연초담배를 사용하여 계속하여 담배를 생산할 경우에는 담배 생산에 사용된 생연초담배에 대해서는 소비세를 과세하지 아니하고 최종 생산품인 담배에 대해서만 소비세를 과세하게 된다.

따라서 회사가 생산한 생연초담배를 직접 판매한 경우에는 소비세를 과세하지만, 이 생연초담배를 가지고 담배를 생산할 경우에는 생연초담배에 대해서 과세하지 않고 담배에 대해서 과세하게 되는 것이다.

(2) 기타 용도로 전용되는 경우

납세의무자가 직접 생산한 과세대상 소비품이 기타 용도로 전용되는 경우, 전용(轉用)될 때 과세하며 여기에는 다음과 같은 경우가 포함된다.

- 비과세 소비품의 생산에 사용
- 건설중인자산에 사용
- 관리용 및 비생산용에 사용
- 용역제공에 사용
- 기증, 자금조달, 광고, 샘플, 종업원복리, 상여 등에 사용되는 경우

이하 각각의 유형별로 설명하면 다음과 같다.

구 분	구체적인 설명
비과세 소비품의 생산에 사용되는 경우	납세의무자가 과세대상 소비품을 이용하여 비과세 소비품을 생산하는 것을 말한다.
건설공사에 사용되는 경우	생산한 과세대상 소비품을 자신의 건설공사에 사용하는 경우를 말한다.
관리용 등 비생산용에 사용되는 경우	생산한 과세대상 소비품을 관리용 등 비생산용에 사용하는 경우를 말한다. 예를 들어 자동차 제조회사가 생산한 차량을 관리용 등의 목적으로 자체적으로 사용하는 경우를 말한다.
기증, 찬조, 자금조달, 광고, 샘플, 종업원복리, 상여에 사용되는 경우	생산한 과세대상 소비품을 타인에게 무상 증여, 현물출자, 광고 또는 견본으로 사용, 복리후생이나 상여의 형식으로 종업원에게 지급되는 경우를 말한다. 예를 들어, 소형승용차 생산회사가 생산한 소형승용차를 소형승용차 랠리 선수에게 기증 또는 찬조하는 경우가 여기에 해당된다.

기업이 생산한 과세대상 소비품이 판매 또는 과세대상 소비품의 생산에 계속 사용되지 않더라도 세법에서 규정하는 범위의 간주매출에 해당할 경우 소비세를 납부하여야 한다.

(3) 산정가격 및 세액의 계산

납세의무자가 직접 생산한 과세대상 소비품이 기타의 방면에 사용되어 소비세를 납부하여야 하는 경우, 납세의무자가 생산한 동종의 소비품의 판매가격에 따라 계산하여 납부하여야 한다. 동종 소비품의 판매가격은 납세의무자가 당월에 판매한

동종 소비품의 판매가격을 말하며, 당월 동종의 소비품의 판매가격이 서로 다를 경우에는 판매수량의 평균가격에 의한다. 다만, 판매한 과세대상 소비품이 아래에 해당할 경우 평균가격에 포함시킬 수 없다.

- 판매가격이 정당한 이유없이 현저히 낮은 경우
- 판매가격이 없는 경우

만약 당월에 판매한 수량이 없는 경우에는 동종 소비품의 전월 또는 최근의 판매가격에 따라 계산하여 납부하고, 동종 소비품의 판매가격이 없는 경우에는 산정가격에 따라 계산하여 납부한다.

산정가격의 계산공식은 다음과 같다.

과 세 방 법	계 산 공 식
종가율에 의할 경우	(원가 + 이윤) ÷ (1 − 소비세율)
종가와 종량 복합방식에 의할 경우	(원가 + 이윤 + 자가생산수량 × 소비세율) ÷ (1 − 소비세율)

위에서 사용되는 용어의 정의는 다음과 같다.

- 원가 : 과세대상 소비품의 생산원가
- 이윤 : 과세대상 소비품의 전국 평균 원가이윤율에 따라 계산한 이윤을 말하며 전국 평균 원가이윤율은 국가세무총국이 결정한다.

용어설명 산정가격(组成价格)

산정가격(组成价格)은 실제 거래가액이 없을 경우 세법이 규정하는 방법에 따라 계산한 가격을 말한다. 한국의 관세법에서는 이러한 계산방식으로 계산한 가격을 '산정가격'이라고 표현하고 있으며 중국에서는 组成价格이라고 표현하고 있다. 이하 교재에서는 중국의 组成价格이라는 용어를 산정가격으로 사용하기로 한다.

참고 … 한국 관세법에서의 산정가격

한국의 관세법 제34조에는 산정가격의 의미가 표현되어 있는데 다음과 같다.

한국 관세법 제34조【산정가격을 기초로 한 과세가격의 결정】
제30조부터 제33조까지에 규정된 방법으로 과세가격을 결정할 수 없을 때에는 다음 각 호의 금액을 합한 가격을 기초로 하여 과세가격을 결정한다. (2010.12.30. 개정)

1. 해당 물품의 생산에 사용된 원자재 비용 및 조립이나 그 밖의 가공에 드는 비용 또는 그 가격
2. 우리나라에 수출하기 위하여 수출국 내의 생산자가 제조한 해당 물품과 동종 또는 동류의 물품을 판매할 때 통상적으로 반영되는 이윤 및 일반경비에 해당하는 금액
3. 해당 물품의 수입항까지의 운임 및 보험료와 그밖에 운송과 관련된 비용으로서 제30조 제1항 제6호에 따라 결정된 금액

위에서 보면 한국의 관세법에서 과세기초가액의 시가를 알 수 없는 경우에 시가로 볼 수 있게 산정해낸 가격을 산정가격이라고 한다.

(4) 과세대상 소비품의 전국 평균 원가이윤율

1993년 12월 28일과 2006년 3월 국가세무총국이 공포한 「소비세의 구체적인 문제의 규정」에서는 과세대상 소비품의 전국 평균 원가이윤율을 결정하였다([표 7-3] 참조).

[표 7-3] 과세 소비품의 전국 평균 원가이윤율

(이윤율 : %)

과세대상 소비품	원가이윤율	과세대상 소비품	원가이윤율
갑류 담배	10	귀금속 및 보석류	6
을류 담배	5	오토바이	6
시가류	5	골프용품	10
생연초담배(각연초)	5	고급 손목시계	20
곡류백주	10	요트	10
고구마류백주	5	일회용 나무젓가락	5
기타 주류	5	원목 바닥재	5
화장품	5	승용차	8
폭죽, 불꽃	5	중형 승합차	5

사 례 7-4

모 화장품 제조회사가 생산한 화장품을 종업원 복지를 위해 사용되었으며, 화장품의 원가가 8,000위안이고 동종 제품의 시장판매가격은 없으며 원가이윤율은 5%로 알고 있으

며 소비세율은 30%이다.

요구

종업원 복지에 사용한 화장품에 대해 납부하여야 할 세액을 계산하시오.

풀이

① 산정가격 = 원가 × (1 + 원가이윤율) ÷ (1 − 소비세율)
= 8,000 × (1 + 5%) ÷ (1 − 30%)
= 8,400 ÷ 0.7 = 12,000위안

② 납부세액 = 12,000 × 30% = 3,600위안

2. 위탁가공의 납부세액

기업 및 개인이 다른 기업에 위탁하여 과세대상 소비품을 가공하게 한 후 가공된 소비품을 회수하여 직접 판매하거나 직접 사용할 수도 있는데, 이것은 과세대상 소비품을 생산하는 또 하나의 방법으로 소비세 과세대상에 속하게 된다.

예를 들어, 어떤 기업이 구입한 소형차의 차체와 부품을 차량 개조회사에 제공하고 소형버스를 조립하게 하여 자기가 사용하는 경우 조립한 소형버스에 대해서도 소비세를 납부하여야 한다. 이 경우 위탁가공한 과세대상 소비품을 위탁자에게 인도할 때 수탁자가 위탁자로부터 소비세액을 원천징수하게 된다.

1) 위탁가공 과세대상 소비품

'위탁가공한 과세대상 소비품'이란 위탁자가 원료와 주요재료를 제공하고 수탁자는 가공비와 보조재료비를 받고 가공한 과세대상 소비품을 말한다.

수탁자가 원재료를 제공하고 생산한 과세대상 소비품 또는 수탁자가 먼저 원재료를 위탁자에게 판매하고 다시 가공을 위탁받아 가공하는 경우 및 수탁자가 위탁자의 명의로 원재료를 구입하여 생산한 과세대상 소비품은 납세의무자가 회계상 판매처리를 하더라도 모두 위탁가공한 것으로 보지 않고 자가생산한 것으로 보아 소비세를 과세한다.

2) 원천징수 규정

위탁자가 원료와 주요재료를 제공하고 수탁자는 가공비와 보조재료비만 받고 가공한 소비품에 대해서 수탁자가 위탁자에게 제품을 인도할 때 수탁자가 원천징수 의무자가 되어 소비세를 원천징수하여야 하며, 수탁자가 위탁가공한 소비품에 대해 소비세를 원천징수하지 않을 경우 세수징수관리법의 규정에 따라 원천징수 불이행에 대한 책임을 부담하여야 한다.

개인 또는 개인사업자에게 위탁하여 과세대상 소비품을 가공할 경우 위탁자가 회수한 후 소비세를 납부하도록 규정하고 있다.

만약 수탁자가 세액을 원천징수하지 않을 경우 위탁자가 세액을 납부하여야 하며 위탁자에 대해 세무조사를 실시할 때에 위탁가공한 소비품에 대해 수탁자가 원천징수를 하지 않은 것이 발견될 경우 위탁자가 납부하여야 한다.

3) 산정가격 및 납부세액의 계산

위탁가공한 과세대상 소비품은 거래가액이 없으므로 수탁자의 동종 소비품의 판매가격에 따라 계산하여 납세한다.

'동종 소비품의 판매가격'은 수탁자(원천징수의무자)가 당월에 판매한 동종 소비품의 판매가격을 말하며, 당월에 동종 소비품의 판매가격이 여러 가지일 경우 판매수량의 가중평균가격에 따라 계산한다. 단, 판매한 과세대상 소비품이 아래에 해당할 경우 가중평균의 대상에서 제외한다.

- 판매가격이 현저히 낮고 정당한 이유가 없는 경우
- 판매가격이 없는 경우

당월에 판매가 없는 경우에는 전월 또는 최근의 판매가격을 기준으로 하며 동종의 판매가격이 없는 경우에는 산정가격에 따르며, 산정가격의 계산공식은 다음과 같다.

과 세 방 법	계 산 공 식
종가율에 의할 경우	(재료비 + 가공비) ÷ (1 − 비례세율)
종가와 종량 복합방식	(재료원가 + 가공비 + 위탁가공한 수량 × 정액세율) ÷ (1

과 세 방 법	계 산 공 식
에 의할 경우	- 소비세율)

위의 산정가격의 공식에는 재료원가와 가공비 두 가지의 중요한 개념이 있다.

(1) 재료원가

소비세법 실시세칙에서는 '재료원가'를 위탁자가 제공하여 가공한 재료의 실제 원가라고 규정하고 있다.

과세대상 소비품을 위탁가공하는 납세의무자는 위탁가공 계약서상 재료원가를 표기하여야 하며 재료원가를 표기하지 않는 경우 수탁자의 소재지 관할 세무기관이 재료원가를 추계결정할 수 있다. 이와 같이 세법에서 위탁자가 원료와 주요재료를 제공하는 것에 대해 엄격히 규정하는 목적은 위탁가공과정에서 발생하는 탈세 행위를 방지하기 위해서이다.

(2) 가공비

소비세법에서는 '가공비'를 수탁자가 과세대상 소비품을 가공하여 위탁자로부터 받는 모든 비용이라고 규정하고 있다. 수탁자는 위탁자로부터 받은 모든 비용을 사실대로 제공하여야 하며, 이에 따라 산정가격 및 원천징수하여야 할 소비세액 및 수탁자가 가공비를 기준으로 납부하여야 할 증치세액을 정확하게 계산할 수 있다.

사 례 7-5

모 폭죽 제조회사가 2017년 4월 폭죽의 가공을 수탁받아 생산하였으며 위탁자가 제공한 원재료는 45만위안이었고 위탁자로부터 받은 가공비는 6만위안이었다.

요구

이 경우 원천징수하여야 할 소비세를 계산하시오.

풀이

① 폭죽의 적용세율 : 15%
② 산정가격 = (45 + 6) ÷ (1 - 15%) = 60만위안
③ 원천징수하여야 할 세액 = 60 × 15% = 9만위안

3. 수입할 경우

과세대상 소비품을 수입할 경우에는 수입 통관신고를 할 때 소비세를 납부하며 해관이 소비세를 대신 징수한다. 수입한 과세대상 소비품의 수입자 또는 그 대리인이 신고지 해관에 신고납부한다. 납세의무자가 수입한 과세대상 소비품은 관세법의 규정에 따라 해관이 관세 납부서를 발행한 날로부터 15일 이내에 납부하여야 한다.

1993년 12월 국가세무총국과 해관총국이 공포한 「수입재화에 대한 증치세와 소비세를 징수하는 것에 관한 통지」에서는 과세대상 소비품을 수입한 수하인 또는 수입 통관을 한 자가 납세의무자가 된다고 규정하고 있다. 과세대상 소비품을 수입한 경우 소비세의 세목, 세율 및 세액은 소비세법의 규정에 따른다.

납세의무자가 과세대상 소비품을 수입한 경우에는 산정가격과 세율에 따라 납부세액을 계산하며 계산방법은 아래와 같다.

1) 종가율에 의할 경우

종가율에 의할 경우 납부세액의 계산공식은 다음과 같다.

- 산정가격 = (관세 과세가격 + 관세) ÷ (1 − 소비세율)
- 납부세액 = 산정가격 × 소비세 비례세율

위의 공식에서 관세 과세가격은 해관에서 결정한 관세의 과세기준가격을 말한다.

사 례 7-6

어느 무역회사가 2017년 2월 외국으로부터 과세대상 소비품을 수입하였으며 해당 과세대상 소비품의 관세 과세가격은 105만위안이고 규정에 따라 21만위안의 관세를 납부하였다. 수입한 상품의 소비세 세율은 10%이다.

요구

수입단계에서 납부하여야 할 소비세액을 계산하시오.

풀이

① 과세대상 소비품의 산정가격 = (105 + 21) ÷ (1 − 10%) = 140만위안

② 소비세 납부세액 = 140 × 10% = 14만위안

2) 종량율에 의할 경우

종량율에 의할 경우 납부세액의 계산공식은 다음과 같다.

납부세액 = 과세대상 소비품의 수량 × 소비세 정액세율

3) 종가율과 종량율의 복합방법에 의할 경우

종가율과 종량율의 복합방법에 의할 경우 납부세액의 계산공식은 다음과 같다.

- 산정가격 = (관세 과세가격 + 관세 + 수입수량 × 소비세 비례세율) ÷ (1 − 소비세 비례세율)
- 납부세액 = 산정가격 × 소비세 비례세율 + 수입수량 × 소비세 정액세율

수입단계에서의 소비세는 국무원에서 별도로 규정하는 경우를 제외하고는 모두 감면이나 면제가 없다.

4. 기납부한 소비세액의 공제

외부에서 구매한 과세대상 소비품 또는 위탁가공하여 회수한 과세대상 소비품을 사용하여 과세대상 소비품을 다시 생산하여 판매할 경우 구매과정 또는 위탁가공과정에서 이미 납부한 소비세를 납부세액에서 공제할 수 있다.

1) 과세대상 소비품을 구입한 경우

(1) 구입하여 생산에 계속 사용할 경우

일부 과세대상 소비품은 이미 소비세를 납부한 과세대상 소비품을 외부에서 구매하여 생산하기도 한다. 이러한 생산과정을 거쳐 생산된 과세대상 소비품에 대해서 당기에 생산에 사용된 수량을 기준으로 구매과정에서 이미 납부한 소비세액을

납부세액 계산시 공제가 가능하다.

이와 같이 공제가 가능한 범위는 이미 소비세가 과세된 과세대상 소비품을 외부로부터 구매하여 생산에 사용한 경우이다.

- 생연초담배를 구매하여 생산한 담배
- 화장품을 구매하여 생산한 화장품
- 귀금속 및 보석을 구매하여 생산한 귀금속 및 보석
- 폭죽을 구매하여 생산한 폭죽
- 오토바이를 구매하여 생산한 오토바이(이륜에서 삼륜으로 개조하는 경우)
- 헤드, 샤프트, 그립을 원료로 생산한 골프채
- 일회용 나무젓가락을 원료로 생산한 일회용 나무젓가락
- 원목 바닥재를 원료로 생산한 원목 바닥재
- 휘발유, 경유, 나프타, 연료유, 윤활유를 원료로 생산한 과세대상 석유제품
- 윤활유를 원료로 생산한 윤활유

위에서 소비세 납부세액에서 공제가 가능한 기납부 소비세액의 계산공식은 다음과 같다.

- 당기에 공제가 가능한 기납부세액 = 과세대상 소비품의 구매가격 × 적용세율
- 과세대상 소비품의 구매가격 = 기초재고액 + 당기 매입액 − 기말재고액

사 례 7-7

담배 제조회사가 외부에서 구매한 생연초담배의 월초 재고금액은 20만위안이고 당월에 50만위안을 매입하였으며 월말 재고금액은 10만위안이다.

당월 담배 제조회사가 공제가 가능한 소비세액을 계산하시오.

풀이

① 생연초담배에 적용되는 소비세율 : 30%
② 당기에 공제가 가능한 생연초담배의 구매가격 = 20 + 50 − 10 = 60만위안
③ 공제가능세액 = 60 × 30% = 18만위안

이미 소비세가 과세된 소비품의 구입가격은 증치세 전용계산서에 기재된 판매금액(증치세 제외)을 말한다.

(2) 구입 후 판매하는 경우

자신이 과세대상 소비품을 생산하지는 않고 단지 과세대상 소비품을 구입한 후 재판매하는 제조기업이 판매한 화장품, 피부보호품, 폭죽 및 귀금속보석이 최종소비품으로 직접 소비품시장에 진입할 수가 없고 더 가공되어 생산되는 경우 소비세를 과세하게 되며 동시에 이미 과세된 소비세액은 공제할 수 있다.

제조기업으로부터 구매한 과세대상 소비품과 수입단계에서 소비세를 이미 납부한 과세대상 소비품만 세액공제가 가능하며, 국내의 유통회사에서 과세대상 소비품을 구매한 경우 이미 납부한 세액은 모두 공제할 수가 없다.

2) 위탁가공하여 회수한 경우

위탁가공한 과세대상 소비품은 수탁자가 소비세를 원천징수하므로 위탁자는 재화를 회수한 후 과세대상 소비품을 사용하여 계속 생산하는 경우 이미 납부한 소비세액은 공제할 수 있다.

국가세무총국의 규정에 따라 위탁가공으로 이미 소비세가 과세된 소비품을 사용하여 생산된 과세대상 소비품에 대해서는 위탁가공과정에서 이미 납부한 세액을 공제할 수 있다.

- 생연초담배를 회수하여 생산한 담배
- 화장품을 회수하여 생산한 화장품
- 귀금속 및 보석을 회수하여 생산한 귀금속 및 보석
- 폭죽을 회수하여 생산한 폭죽
- 오토바이를 회수하여 생산한 오토바이
- 헤드, 샤프트, 그립을 회수하여 원료로 생산한 골프채
- 일회용 나무젓가락을 회수하여 원료로 생산한 일회용 나무젓가락
- 원목 바닥재를 회수하여 원료로 생산한 원목 바닥재
- 휘발유, 경유, 나프타, 연료유, 윤활유를 회수하여 원료로 생산한 과세대상 석유제품
- 윤활유를 회수하여 원료로 생산한 윤활유

이 경우 소비세 납부세액에서 공제가 가능한 기납부 소비세액의 계산공식은 다음과 같다.

당기에 공제가 가능한 위탁가공한 과세대상 소비품에 대한 기납부세액
= 기초 위탁가공 재고의 기납부세액 + 당기 회수한 위탁가공한 기납부세액 -
기말 위탁가공 재고의 기납부세액

납세의무자가 이미 소비세가 과세된 귀금속보석을 위탁가공 후 회수한 귀금속보석을 사용하여 소매단계에서 소비세가 과세되는 금은보석을 생산할 경우에는 이미 과세된 세액은 모두 공제할 수 없다.

5. 수출시의 소비세 환급세액

수출한 과세대상 소비품에 대한 소비세의 환급(면세)은 아래 3가지가 있다.

첫째, 수출시 면세와 환급이 모두 되는 경우
둘째, 수출시 면세는 되지만 환급은 안되는 경우
셋째, 수출시 면세와 환급이 모두 안되는 경우

1) 수출시 면세와 환급이 모두 되는 경우

수출 경영권이 있는 무역회사가 과세대상 소비품을 매입하여 직접 수출하거나 무역회사가 다른 무역회사의 위탁을 받아 과세대상 소비품을 대신 수출하는 경우를 말한다. 여기에서 주의하여야 할 점은 무역회사는 다른 무역회사의 위탁을 받아 과세대상 소비품을 대신 수출한 경우에만 환급을 받을 수 있으며, 무역회사가 그 이외의 기업(주로 제조업이 없는 기타 무역회사)의 위탁을 받아 과세대상 소비품을 대신 수출한 경우에는 환급을 받을 수 없다.

환급세액의 계산공식은 다음과 같다.

(1) 종가율로 소비세를 징수하는 경우

무역회사가 재화를 매입할 때 이미 징수된 세액을 기준으로 환급세액을 계산하며, 그 계산공식은 다음과 같다.

소비세 환급세액 = 수출한 재화의 매입가액 × 비례 세율

위의 공식에서 '수출한 재화의 매입가액'에는 증치세를 포함하지 않으며 판매가액에 증치세가 포함되어 있는 경우 포함되지 않은 가액으로 환산한다.

(2) 종량율로 소비세를 징수하는 경우

재화구입 및 수출 통관한 수량으로 환급세액을 계산하며 그 공식은 다음과 같다.

소비세 환급세액 = 수출수량 × 단위 세액

2) 수출시 면세는 되지만 환급은 안되는 경우

수출 경영권이 있는 제조기업이 직접 수출하거나 제조기업이 생산한 과세대상 소비품을 무역회사에 위탁하여 대신 수출하게 한 것을 말하며 실제 수출한 수량에 따라 소비세는 면세되지만 환급해 주지는 않는다.

여기에서의 용어의 개념은 다음과 같다.

- 소비세의 면세 : 제조기업이 실제 수출한 수량에 따라 생산단계에서의 소비세를 면세하는 것을 말한다.
- 소비세 환급은 안된다 : 이미 과세대상 소비품의 생산단계에서의 소비세를 면제하였으므로 수출시점까지는 납부한 소비세가 없으므로 소비세를 환급해 줄 필요가 없다는 의미이다. 즉 소비세는 제조기업의 생산단계에서 과세되므로 생산단계에서는 면세되어 수출한 과세대상 소비품에는 소비세가 포함되어 있지 아니하다. 그러나 증치세는 재화가 판매되는 각 단계에서 징수되므로 제조기업이 재화를 수출할 경우 이미 납부한 증치세는 환급해 주어야 한다.

3) 수출시 면세와 환급이 모두 안되는 경우

제조기업과 무역회사 이외의 기타의 기업(구체적으로는 일반 도소매업)이 무역회사에 위탁하여 과세대상 소비품을 수출한 경우에는 모두 면세 및 환급이 되지 아니한다.

VII. 징수관리

1. 납세의무의 성립시기

납세의무자가 생산한 과세대상 소비품은 판매할 때 과세되고, 수입할 경우에는 과세대상 소비품을 해관에 수입신고를 할 때 과세되며, 금은보석 및 다이아몬드 보석은 소매단계에서 과세된다.

소비세의 납세의무의 성립시기는 대금의 결제방식 또는 행위의 발생시기에 따라 달라진다.

1) 과세대상 소비품을 판매한 경우

구 분	납세의무의성립시기
외상판매 또는 할부판매의 경우	판매계약서에 규정된 대금 지급일, 계약서상 대금 지급일이 없을 경우 소비품이 발송된 날
선수금을 미리 받는 경우	과세대상 소비품이 발송된 날
추심방식으로 판매한 경우	과세대상 소비품을 발송하고 추심수속을 한 날
기타 대금결제방식의 경우	판매대금을 수령하거나 판매대금을 요구하는 증빙을 받은 날

2) 과세대상 소비품을 사용한 경우

자가생산한 소비품을 전용하여 사용한 날

3) 과세대상 소비품을 위탁가공한 경우

납세의무자가 재화를 수탁가공자로부터 받은 날

4) 과세대상 소비품을 수입한 경우

수입통관신고를 한 날

2. 납세기한

소비세법의 규정에 따라 소비세의 과세기간은 각각 1일, 3일, 5일, 10일, 15일, 1개월 또는 1분기로 나뉜다. 납세의무자의 구체적인 과세기간은 관할 세무기관이 납세의무자의 납부세액의 크기에 따라 결정하며 고정된 기간에 따라 납세를 할 수 없는 경우에는 차수별로 납부할 수 있다.

납세의무자가 1개월 또는 1분기별로 납세하는 경우 만기일로부터 15일 이내에 신고납부하여야 하며, 1일, 3일, 5일, 10일, 15일을 기준으로 납세하는 경우에는 만기일로부터 5일 이내에 세액을 예납하고 다음달 1일부터 15일 이내에 신고납부 및 전월의 납부세액을 정산하여야 한다.

납세의무자가 과세대상 소비품을 수입하는 경우 해관이 「소비세 수입신고 전용 납부서」를 발급한 날로부터 15일 이내에 세액을 납부하여야 하며 납세의무자가 규정된 납부기한에 납부를 할 수 없는 경우 「세수징수관리법」의 규정에 따라 처리한다.

3. 납세지

1) 일반적인 경우

소비세의 구체적인 납세지는 다음과 같다.

구 분	납 세 지
납세의무자가 과세대상 소비품을 판매하거나 직접 사용한 경우	국가가 별도로 규정한 경우 이외에는 납세의무자의 소재지 또는 거주지 관할 세무기관에 신고납부를 하여야 한다.

구 분	납 세 지
과세대상 소비품을 위탁가공한 경우	• 개인에게 위탁가공한 경우 : 위탁자가 소재지 또는 거주지의 관할 세무기관에게 신고납부하여야 한다. • 그 외의 경우 : 수탁자가 소재지 관할 세무기관에 소비세액을 원천징수하여 납부한다.
과세대상 소비품을 수입한 경우	수입자 또는 그 대리인이 수입 통관신고를 한 해관에 신고납부하여야 한다.
납세의무자가 다른 지방에서 판매하거나 다른 지방의 대리상에 대리판매하게 하는 경우	과세대상 소비품을 판매한 후 소재지 또는 거주지의 관할 세무기관에 신고납부하여야 한다.

2) 여러 사업장이 있는 경우

납세의무자의 본사와 지사가 같은 현에 있지 않고 동일한 성에 있을 경우 성(자치구, 특별시), 재정청(국) 및 국가세무총국 또는 수권을 받은 재정, 세무기관의 비준을 거쳐 본사에서 총괄하여 본점소재지의 관할 세무기관에 소비세 신고납부를 할 수 있다.

이 경우 성(자치구, 특별시), 재정청(국)과 국가세무총국이 심사동의한 결과는 재정부 및 국가세무총국에 보고하여야 한다.

3) 반품되는 경우

납세의무자가 판매한 과세대상 소비품이 만약 품질 등의 원인으로 구매자가 반환한 경우, 소재지 관할 세무기관의 심사를 거친 후 이미 징수한 소비세액을 환급해 줄 수 있으며 납부세액에서 임의로 직접 차감할 수는 없다.

4. 납세신고

소비세의 납세의무자는 관련 규정에 따라 납세신고를 하여야 하며 사실대로「소비세 납세신고표」를 작성하여야 한다.

주요 참고자료

1.「중화인민공화국 소비세 잠행조례」, 2008년 11월 10일, 국무원령 제539호
2.「중화인민공화국 소비세 잠행조례 실시세칙」, 2008년 12월 15일, 재정부와 국가세무총국 제51호령
3. 기타 재정부 및 국가세무총국의 소비세 시행과 관련한「통지」
4. 중국의 국가세무총국(홈페이지 www.chinatax.gov.cn)

其他应税消费品消费税纳税申报表

税款所属期： 年 月 日至 年 月 日

纳税人名称(公章)： 纳税人识别号：

填表日期： 年 月 日 金额单位：元(列至角分)

项目 应税 消费品名称	适用税率	销售数量	销售额	应纳税额
合计	——	——	——	

本期准予抵减税额：	**声明** 此纳税申报表是根据国家税收法律的规定填报的，我确定它是真实的、可靠的、完整的。 经办人(签章)： 财务负责人(签章)： 联系电话：
本期减(免)税额：	
期初未缴税额：	
本期缴纳前期应纳税额：	(如果你已委托代理人申报，请填写) **授权声明** 为代理一切税务事宜，现授权________ ________(地址) ____________________为本纳税人的代理申报人，任何与本申报表有关的往来文件，都可寄予此人。 授权人签章：
本期预缴税额：	
本期应补(退)税额：	
期末未缴税额：	

以下由税务机关填写

受理人(签章)： 受理日期： 年 月 日 受理税务机关(章)：

기타과세대상소비품 소비세납세신고표

세액 과세기간 : 년 월 일부터 년 월 일 까지

납세의무자 명칭(날인) : 납세의무자 등록번호 : | | | | | | | | | | | | | | | | | | | |

작성일자 : 년 월 일 금액단위 : 위안(소수점 두자리)

항목 / 과세대상 소비품 명칭	적용세율	판매수량	매출액	납부세액
합계				

당기 공제세액 :	**선언** **본 납세신고표는 국가 조세법률의 규정에 따라 사실대로 신뢰성있고 완전하게 작성되었습니다.** 담당자(서명날인) : 재무책임자(서명날인) : 전 화 :
당기 감면세액 :	
기초 미납부세액 :	
당기 납부한 전기 세액 :	(만약 대리인에게 신고를 위임할 경우 작성하기 바랍니다.) **수 권 선 언** 일체 세무업무를 대리하기 위하여 위임자 ____________________ ______(주소) ________________의 위임을 받은 납세의무자의 대리신고인으로서 본 신고표와 관련이 있는 모든 문서는 본인에게 송부할 수 있습니다. 수권인 서명날인 :
당기 예납세액 :	
당기 납부(환급)하여야 할 세액 :	
기말 미납부세액 :	

아래는 세무기관이 작성한다.

접수자(서명날인) : 접수일자 : 년 월 일 접수 세무기관(날인) :

쉬어가는
페이지

제 8 장

성시유호건설세법(城市維護建設稅法)

성시유호건설세법(城市维护建设税法)은 도시를 유지, 보호 및 건설하는데 사용되는 성시유호건설세(이하 '성건세'라 한다)의 징수 및 납부와 관련된 권리와 의무를 조절하는 법률이다. 현행 성건세법은 1985년 2월 8일 국무원이 반포하고 2011년 1월 8일 국무원령 제588호로 개정된 「중국 성시유호건설세 잠행조례」(이하 '성건세법'이라 한다)이다.

성건세는 도시의 공공사업과 공공시설의 유지보수에 필요한 재원을 마련하기 위한 세원으로서 납세의무자가 납부한 증치세와 소비세액에 부가하여 징수하는 부가세의 일종이다.

성건세의 특징은 다음과 같다.

첫째, 목적세로서 징수한 성건세액은 도시의 유지보호 및 건설에만 사용된다.

둘째, 부가세로서 납세의무자가 실제 납부한 증치세와 소비세액을 기준으로 징수한다.

셋째, 도시의 규모에 따라 다른 세율을 적용한다.

Tip 성시유호건설세의 의미

중국에서 성시(城市)는 도시를 의미하므로 성시유호건설세법은 도시를 유지, 보호 및 건설하기 위한 세금으로서 한국의 경우에는 재산세에 부가되어 과세되는 지역자원시설세(종전의 경우 '도시계획서' 및 '공동시설세'로 과세하였음)에 해당한다고 볼 수 있다.

다만, 과세방법에 있어서 한국은 건물분 재산세에 부가하여 과세하므로 과세기준이 건물의 가액이 되나, 중국의 성시유호건설세는 납세의무자가 납부한 증치세와 소비세를 기준으로 과세한다는 점에서 차이가 있다.

성건세와 교육비 부가의 과세대상은 증치세, 영업세 및 소비세의 세가지 세목에 대해 납세의무자가 납부하는 것이어서 삼세(증치세, 영업세, 소비세)라고 불리었으나 2016년 5월 1일부터 중국 정부가 영업세를 증치세를 전환함에 따라 영업세가 사라지게 되었다.

I. 납세의무자

성건세의 납세의무자는 사업활동을 영위하여 증치세와 소비세의 납세의무가 있는 단위와 개인이며 국유기업, 집체기업, 사영기업, 주식제기업 및 기타 기업과 행정단위, 사업단위, 군사단위, 사회단체와 기타단체 및 개인사업자와 기타 개인을 포함한다.

II. 세 율

성건세의 세율은 납세의무자가 납부해야 할 성건세 세액과 실제 납부한 증치세와 소비세액 간의 비율이며, 성건세에서는 납세의무자가 소재하고 있는 지역에 따라 세율이 달라지는데 지역을 크게 3가지로 구분하여 다음과 같이 세율을 규정하고 있다.

납세의무자의 소재지	세 율
시 지역(市区)에 소재하는 경우	7%
현정부 소재지(县城)나 진(建制镇)에 소재하는 경우	5%
상기 이외의 지역에 소재하는 경우	1%

성건세는 납세의무자의 소재지에 따라 세율이 달라진다. 다만, 다음의 두 가지에 대해서는 삼세를 납부하는 소재지의 규정 세율에 따라 현지에서 성건세를 납부한다.

- 수탁자가 증치세와 소비세를 원천징수하는 단위와 개인의 경우 그 원천징수하는 성건세는 수탁자 소재지의 적용세율에 따라 징수한다.
- 고정사업장이 없는 단위와 개인이 사업장에서 증치세와 소비세를 납부할 경우 성건세는 사업장의 적용세율에 따라 징수한다.

III. 과세표준

성건세의 과세표준은 납세의무자가 실제 납부한 증치세와 소비세의 세액이다. 만약 납세의무자가 증치세와 소비세의 관련 세법을 위반하여 추가로 징수한 가산금과 벌금이 있을 경우 세무기관이 납세의무자의 위법행위에 대해 가한 제재로서 성건세를 징수하지는 않지만, 납세의무자가 세무조사를 받아 증치세와 소비세와 벌금을 추징당하는 경우에는 동시에 이에 대한 성건세를 추징하며 가산금과 및 벌금도 징수한다.

성건세는 증치세와 소비세의 세액을 과세표준으로 하여 증치세와 소비세와 동시에 징수하므로 만약 '증치세와 소비세'가 면제 또는 감면되는 경우 성건세 또한 면제 또는 감면된다.

용어설명 성건세의 과세기준

성건세의 과세대상은 납세의무자가 납부한 증치세와 소비세를 의미한다. 즉 납세의무자가 납부하여야 할 성건세의 크기는 실제 납부한 증치세와 소비세의 크기에 따라 좌우된다.

상품을 공급하는 기업이 수출기업 또는 시(市)와 현(県)의 무역기업에 수출상품을 판매할 때 증치세 매출세액에서 매입세액을 차감한 후의 잔액에 대해 성건세를 납부하며, 수출상품에 대하여 증치세나 소비세를 환급할 경우 이미 납부한 성건세는 환급해주지 않는다.

2005년 1월 1일부터 국가세무총국의 심사비준을 거쳐 당기에 공제된 증치세액은 성건세와 교육비부가의 징수범위에 포함되며, 각각의 세율을 적용하여 성건세와 교육비부가를 징수한다.

IV. 납부세액의 계산

성건세의 납부세액은 납세의무자가 실제 납부한 증치세와 소비세의 세액에 적용세율을 곱하여 계산하며, 구체적인 계산공식은 다음과 같다.

성건세 납부세액
= 납세의무자가 실제 납부한 증치세와 소비세의 세액 × 적용세율

사 례 8-1

북경에 소재하는 기업이 2016년 12월에 실제 납부한 증치세액은 50만위안이고, 소비세액은 60만위안이다.

요구

이 기업이 납부하여야 할 성건세액을 계산하시오.

풀이

이 기업의 성건세 납부세액은 다음과 같다(단위 : 만위안).

성건세 납부세액 = (50 + 60) × 7%
= 110 × 7%
= 7.7

V. 조세특례(税收优惠)

성건세는 원칙적으로 단독으로 감면하지 아니하나 성건세는 부가성 세금으로서 주세인 증치세와 소비세를 감면받았을 경우 성건세도 그에 따라 감면을 받는다.

성건세의 조세특례는 구체적으로 다음과 같다.

1. 성건세는 증치세와 소비세에 따른다.

성건세는 감면이 적용된 후의 실제 납부한 증치세와 소비세에 대하여 징수하므로 증치세와 소비세에 대해 감면이 있을 경우 성건세도 감면된다.

2. 성건세의 환급

감면정책에 따라 증치세와 소비세가 환급되면 성건세도 동시에 환급된다.

3. 수입재화의 경우

해관이 수입재화에 대하여 징수하는 증치세와 소비세 대하여는 성건세를 징수하지 아니한다.

4. 선징수 후환급의 경우

증치세와 소비세에 대하여 선징수 후환급 또는 즉시 징수 후 즉시 환급하는 경우, 별도의 규정이 있는 경우를 제외하고는 증치세와 소비세에 따라 부가징수한 성건세와 본 장의 'VII.'에서 설명하는 교육비부가는 모두 환급되지 아니한다.

VI. 징수관리

1. 납세의무의 성립시기

성건세 납세의무의 성립시기는 납세의무자가 증치세와 소비세를 납부하여야 하는 의무가 성립되는 시기가 되며 납세의무자가 증치세와 소비세의 납세의무가 발생할 때 동시에 성건세를 각각 계산하여 납부하여야 한다.

2. 납세지

납세의무자가 실제로 납부한 증치세와 소비세 세액이 성건세의 과세대상이 되며 증치세와 소비세의 납부와 동시에 성건세를 납부하여야 한다. 따라서 납세의무자가 증치세와 소비세를 납부하는 납세지가 성건세를 납부하여야 하는 장소가 된다. 다만, 다음과 같은 경우에는 납세지가 상황에 따라 달라진다.

구 분	납 세 지
증치세와 소비세를 원천징수 또는 대리징수하는 단위와 개인	원천징수지
다른 성에 가서 석유를 개발하는 경우 사업장과 결산이 행해지는 장소가 같은 성(省)에 있지 않을 경우 생산된 원유	유정(油井)의 소재지가 납세지가 되며, 결산부서가 납부세액은 계산하여 증치세와 함께 유정의 소재지별로 분배해서 증치세를 납부함과 동시에 성건세도 함께 납부하여야 한다.
송유관을 운영하는 경우	송유관 운영자의 소재지가 성건세의 납세지가 된다.
고정사업장이 없는 경우	실제 사업을 영위하고 있는 장소가 납세지가 된다.

3. 납세기한

성건세는 납세의무자가 증치세와 소비세의 납부와 동시에 납부하므로 성건세의 납세기한은 '증치세와 소비세'의 납세기한과 동일하다. 증치세법과 소비세법의 규정에 따라 증치세와 소비세의 과세기간은 1일, 3일, 5일, 10일, 15일 및 1개월이다. 한편, 증치세와 소비세의 구체적인 과세기간은 관할 세무기관이 납세의무자의 납부세액의 크기에 따라 심사하여 결정하며 일정한 기간을 정하여 납부할 수 없는 경우에는 '횟수'별로 납부할 수 있다.

증치세와 소비세는 국가세무총국이 징수관리를 하는데 비하여, 성건세는 지방세무국이 징수관리를 하므로 국고에 귀속되는 시점은 다를 수 있다.

4. 납세신고

납세의무자는 아래의 「성건세 납세신고서」를 작성하여 성건세를 납부한다.

城市维护建设税纳税申报表

填表日期：　　年　月　日

纳税人识别号：

<table>
<tr><td>纳税人名称</td><td colspan="3"></td><td>税款所属时期</td><td></td></tr>
<tr><td>计税依据</td><td>计税金额</td><td>税率</td><td>应纳税额</td><td>已纳税额</td><td>应补(退)税额</td></tr>
<tr><td>1</td><td>2</td><td>3</td><td>4＝2×3</td><td>5</td><td>6＝4－5</td></tr>
<tr><td>增值税</td><td></td><td></td><td></td><td></td><td></td></tr>
<tr><td>消费税</td><td></td><td></td><td></td><td></td><td></td></tr>
<tr><td>合计</td><td></td><td></td><td></td><td></td><td></td></tr>
<tr><td colspan="3">如纳税人填报，由纳税人填写以下各栏</td><td colspan="3">如委托代理人填报，由代理人填写以下各栏</td></tr>
<tr><td rowspan="3">会计主管
(签章)</td><td rowspan="3">纳税人
(公章)</td><td>代理人名称</td><td></td><td></td><td></td></tr>
<tr><td>地址</td><td></td><td></td><td></td></tr>
<tr><td>经办人</td><td></td><td></td><td></td></tr>
<tr><td colspan="6">以下由税务机关填写</td></tr>
<tr><td>收到申报表日期</td><td colspan="2"></td><td>接受人</td><td colspan="2"></td></tr>
</table>

성시유호건설세 납세신고표

작성일자 :　　　년　　월　　일

납세의무자 등록번호 :

<table>
<tr><td>납세의무자
명칭</td><td colspan="3"></td><td>과세기간</td><td></td></tr>
<tr><td>과세근거</td><td>과세표준</td><td>세율</td><td>납부세액</td><td>기납부액</td><td>납부세액</td></tr>
<tr><td>1</td><td>2</td><td>3</td><td>4=2×3</td><td>5</td><td>6=4-5</td></tr>
<tr><td>증치세</td><td></td><td></td><td></td><td></td><td></td></tr>
<tr><td>소비세</td><td></td><td></td><td></td><td></td><td></td></tr>
<tr><td></td><td></td><td></td><td></td><td></td><td></td></tr>
<tr><td colspan="3">납세의무자가 신고할 경우에는
납세의무자가 아래의 각 란을 작성한다.</td><td colspan="3">세무대리인이 신고할 경우에는 세무대리인이
아래의 각 란을 작성한다.</td></tr>
<tr><td rowspan="3">회계책임자
(서명날인)</td><td rowspan="3">납세의무자
(법인인감)</td><td>대리인 명칭</td><td></td><td></td><td></td></tr>
<tr><td>주　소</td><td></td><td></td><td></td></tr>
<tr><td>담당자</td><td></td><td></td><td></td></tr>
<tr><td colspan="6">아래는 세무기관이 작성한다.</td></tr>
<tr><td>신고서
접수일자</td><td colspan="2"></td><td>접수자</td><td colspan="2"></td></tr>
</table>

VII. 교육비부가와 지방교육부가

1. 교육비부가의 개념

교육비부가와 지방교육부가는 증치세와 소비세를 납부하는 단위와 개인에 대하여 실제 납부한 증치세와 소비세의 세액을 과세표준으로 하여 징수하는 일종의 부가비용이다.

교육비부가는 지방교육사업을 촉진하고 지방교육경비를 확대하기 위하여 징수하는 일종의 '전용기금'이다. 현행 교육비부가는 국무원이 1986년 4월 28일 반포한 「교육비부가 징수 잠행규정」에 따라 1986년 7월 1일부터 전국적으로 징수하기 시작하였다.

2. 과세대상과 과세표준

교육비부가와 지방교육부가는 증치세와 소비세를 납부하는 단위와 개인에 대하여 징수하며, 실제 납부한 증치세와 소비세가 과세표준이 되며 증치세와 소비세를 납부할 때 동시에 같이 납부한다.

3. 교육비부가의 징수비율

교육비부가의 징수율은 여러 번 변동하였으며, 1994년 2월 7일 「국무원의 교육비부가 징수에 관한 긴급통지」에 따라 현행 교육비부가의 징수비율은 3%이며, 지방교육부가의 징수비율은 2%이다.

4. 교육비부가의 계산

교육비부가와 지방교육부가의 계산공식은 다음과 같다.

교육비부가와 지방교육부가 납부액 = 실제 납부한 증치세와 소비세액 × 징수비율

사 례 8-2

상해시의 홍교유한공사는 소비세가 과세되는 제품을 생산하여 판매하고 있으며, 2017년 3월 실제 납부한 증치세는 200,000위안이고 소비세는 300,000위안이다

홍교유한공사가 납부하여야 할 교육비부가 및 지방교육비부가를 계산하시오

풀이

교육비부가 = (200,000 + 300,000) × 3% = 15,000위안
지방교육비부가 = (200,000 + 300,000) × 2% = 10,000위안

5. 교육비부가의 감면 규정

1) 수입재화에 대한 경우

수입하는 재화에 대하여 해관이 징수하는 증치세와 소비세에 대해서는 교육비부가를 징수하지 아니한다.

2) 증치세와 소비세 환급의 경우

증치세와 소비세를 감면함에 따라 발생하는 환급세액에 대해서 이미 납부한 교육비부가도 동시에 환급한다. 그러나 수출로 인하여 환급받는 증치세와 소비세에 대해서는 이미 징수한 교육비부가는 환급하지 아니한다.

제 9 장

관세법(關稅法)

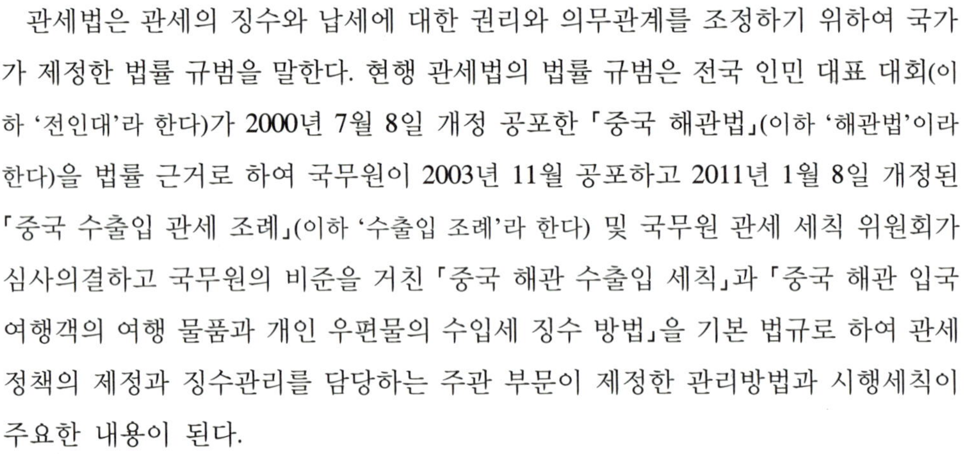

관세법은 관세의 징수와 납세에 대한 권리와 의무관계를 조정하기 위하여 국가가 제정한 법률 규범을 말한다. 현행 관세법의 법률 규범은 전국 인민 대표 대회(이하 '전인대'라 한다)가 2000년 7월 8일 개정 공포한 「중국 해관법」(이하 '해관법'이라 한다)을 법률 근거로 하여 국무원이 2003년 11월 공포하고 2011년 1월 8일 개정된 「중국 수출입 관세 조례」(이하 '수출입 조례'라 한다) 및 국무원 관세 세칙 위원회가 심사의결하고 국무원의 비준을 거친 「중국 해관 수출입 세칙」과 「중국 해관 입국 여행객의 여행 물품과 개인 우편물의 수입세 징수 방법」을 기본 법규로 하여 관세 정책의 제정과 징수관리를 담당하는 주관 부문이 제정한 관리방법과 시행세칙이 주요한 내용이 된다.

Ⅰ. 관세의 기본원리

1. 관세의 개념

관세는 해관이 법에 의해 국경을 넘는 수출입 화물과 물품에 대해 징수하는 세금이다. 여기서의 '국경'이란 관세의 경계로서 '해관 영역' 또는 '관세 영역'이라고도 하며 한 국가의 '관세법'이 전면적으로 시행되는 영역을 말한다.

일반적으로 한 국가의 관세의 경계와 국경은 일치하며 국가 전체의 영토, 영해, 영공을 포함하고 있다. 그러나 어떤 국가는 국경안에 자유항과 자유무역구역 등을 설립해 놓고 있는데 이러한 구역은 수출입 관세에서 보면 관세의 경계 밖에 놓여 있으며 이러한 국가의 관세의 경계는 국경보다 작은데 중국이 여기에 속한다. 「중국 홍콩 특별 행정구역 기본법」과 「중국 마카오 특별 행정구역 기본법」에 따르면 홍콩과 마카오는 자유항의 지위를 유지하며 중국의 단독적 관세 지구로써 단독 관세 경계 지구가 된다. 단독 관세 경계 지구는 해당 국가의 해관 법률, 법규를 똑같이 적용하지 아니하거나 별개의 해관 관리제도를 시행한다.

몇몇 국가는 관세 동맹을 결성하여 하나의 공동의 해관 경계를 조성함으로써 통일된 관세 법령과 통일된 대외 세칙을 실시한다. 이러한 국가는 상호간의 화물수출입에 대해 관세를 징수하지 않으며 다른 국가와의 수출입에 대해 관세를 징수하는데 이러한 경우에 있어서 관세의 경계는 국경보다 더 크며 유럽연합(EU)이 여기에 속한다.

용어설명 해관(海关)의 의미

한국에서 관세징수를 담당하는 기관은 '세관'인데, 중국에서는 해관(海关)이 관세의 징수를 담당하고 있다. 이 책에서는 중국의 관세징수기관인 '해관'이라는 용어를 그대로 사용한다.

2. 관세의 발전

관세는 국가간의 경제관계의 필요에 의해 오래 전에 생성되고 발전되어 왔다. 현대 국제사회에서 관세는 각국 정부가 거둬들이는 재정수입의 하나일 뿐만 아니라 국제 경제교류에 있어서 국가 권익을 보호하는 중요한 수단이다.

- 1931년 이후부터 국경에서만 수출입관세를 징수하였으며 신 중국이 성립된 후 해관총국을 설립하고 전국의 해관업무를 통합하여 관리하였다.
- 1950년 1월 정무원(최고 행정집행기관)은 「해관정책과 해관업무의 결정」을 공포하였으며, 같은 해 5월 「중화인민공화국 잠행 해관법」, 「중화인민공화국 수출입세

칙」과 「중화인민공화국 수출입세칙 잠행 실시조례」를 공포하여 신 중국의 해관 정책을 통일하였으며 완전한 독립적이고 자주적 보호 관세제도를 설립했다.

해외에서도 관세는 오래된 세금 중의 하나로서 가장 먼저 유럽에서 발생하였다. 「대영 백과사전」에 의하면 'Customs'의 어원은 고대 시대에 상인이 수출입시장에서 무역할 때 해당 지역의 영주에게 납부한 일종의 '시장진입세(Customary Tolls)'로서 후에 Customs와 Customs Duty는 해관과 관세의 영문 명칭으로 불리게 되었다.

3. 관세정책과 관세의 분류

1) 관세정책

관세정책은 한 국가가 일정 기간의 무역정책, 산업정책 및 국민경제의 발전을 반영하는 기본적인 틀로서 정부가 경제를 조절하는 중요한 방식이다. 관세정책의 조정은 일반적으로 아래의 두 종류로 나눌 수 있다.

첫째, 자주적 조정으로서 관세정책의 조정과정이 상대적으로 길어질 수 있고, 외부의 압력이 없는 조정방식은 국내 각 이익단체의 영향으로 정책 목표의 실현이 늦어질 수 있다.

둘째, 외부 제약적인 조정으로서 자주적 조정과는 다르게 한 국가가 어떠한 협정을 맺어서 무역자유화를 허용한 경우에는 국가의 관세는 협정의 내용에 따라 엄격하게 집행되어야 한다.

중국이 WTO에 가입하기 이전의 관세정책은 자주적 조정을 기본으로 하였으나 WTO에 가입한 이후 중국의 관세정책의 조정은 '비자주성'을 표방하고 있으며 이것은 관세정책의 제정이 WTO 각 항의 요구에 부합하고 있다는 것을 의미하고 있다.

2) 관세의 분류

각 국은 자국의 관세정책에 따라 서로 다른 관세 징수방법을 취하고 있어서 관세 또한 여러 유형으로 나타나게 되었다. 관세의 분류표준과 근거에 따라 관세는 다음과 같은 종류로 나누어진다.

(1) 징수대상에 따른 분류

징수대상의 구분에 따라 수입세, 수출세와 통과세로 분류한다.

구 분	내 용
수입세	수입세는 해관이 외국으로부터 재화를 수입할 때 징수하는 관세를 말한다. 수입세는 보통 외국으로부터 재화가 관세 영역 또는 국경 안으로 들어올 때 또는 외국 재화가 보세창고에서 국내시장으로 운송될 때 징수한다. 현재 세계 각국의 관세는 주로 수입세를 징수하고 있으며 그 목적은 자국의 시장을 보호하고 재정수입을 증가시키는 데 있다.
수출세	수출세는 해관이 자국의 재화가 수출될 때 징수하는 관세이다. 수출재화의 원가를 낮추고 자국 재화의 국제시장에서의 경쟁력을 높이기 위하여 일반적으로 수출세를 적게 부과하거나 부과하지 않는다. 그러나 자국의 특정상품 또는 천연자원의 수출을 억제하거나 자국의 생산과 시장공급을 보호하거나 재정수입 증대 등을 위해 수출세를 징수하는 국가도 있다.
통과세 (过境税, 通过税)	통과세는 외국의 재화가 자국 국경 또는 관세 영역을 통과할 때 징수하는 관세의 일종이다. 통과세는 일찍이 주로 국가의 재정수입을 증대시키기 위해서 징수하였다. 그러나 각국의 교통발전과 경쟁의 격화로 인하여 통과세의 징수는 국제 상품의 유통에 방해가 될 뿐만 아니라 항구와 운수, 창고 등의 방면에서 수입을 줄어들게 하여 통과세의 항목을 점차 폐지시켰다.

(2) 징수 목적에 따른 분류

징수 목적에 따라 재정관세와 보호관세로 구분한다.

구 분	내 용
재정관세 (수입관세)	재정관세는 국가의 재정수입을 증대시키는 것을 목적으로 하는 관세이다. 재정관세의 세율은 보호관세보다 낮은데, 지나치게 높은 관세는 수출입무역의 발전에 장애가 되어 재정수입을 증가시키려는 목적을 달성하지 못할 수 있기 때문이다. 세계경제의 발전에 따라 재정관세의 의의는 점차 낮아지고 보호관세로 대체되고 있다.

구 분	내 용
보호관세	보호관세는 자국의 경제 발전을 보호하기 위하여 징수하는 관세이다. 보호관세는 주로 수입세이고 세율이 비교적 높다. 고액의 수입세를 징수함으로 수입재화의 원가를 상승시켜 시장에서의 경쟁력을 약화시키거나 수입을 방해함으로써 자국의 경제발전의 목적을 달성한다. 보호관세는 한 국가가 대외 무역정책을 실현시키는 하나의 중요한 조치 중의 하나이다.

(3) 과세방식에 따른 분류

과세방식에 따라 종량세, 종가세, 복합세, 선택세와 탄력세로 분류한다.

구 분	내 용
종량세	종량세는 징수대상의 수량을 과세의 기준으로 하여 매 단위 수량을 기준으로 미리 제정된 납부세액에 따라 계산하여 징수한다.
종가세	종가세는 징수대상의 가격을 과세의 기준으로 하여 일정한 비율의 세율에 따라 계산하여 징수한다.
복합세	복합세는 수입한 재화에 대해 종가세와 종량세 두 가지 방식을 동시에 적용하는 방식을 가리키며, 각각의 방식으로 계산한 세액을 합산하여 납부세액으로 한다.
선택세	동일한 재화에 대해 종가세와 종량세 두 종류의 방법 중에서 세액이 많은 방법을 선택함으로써 물가변동으로 인한 재정수입의 영향을 없애려는 것이다. 또한 세금이 비교적 적은 방법을 선택하여 관세를 계산할 수도 있다.
탄력세	탄력세는 특정한 재화에 대해 가격에 따라 여러 등급의 세율을 미리 정한 후, 재화의 가격이 상승할 경우에는 낮은 세율을 적용하고 가격이 하락할 경우에는 높은 세율을 적용하는 것으로서 탄력세의 목적은 재화의 가격을 안정시키는데 있다.

(4) 세율의 제정에 따른 분류

세율의 제정에 따라 자주관세와 협정관세로 분류한다.

구 분	내 용
자주관세	자주관세는 한 국가가 국가의 주권을 바탕으로 하여 독립적이고 자주적으로 제정한 것으로서 관세의 세율, 각종 법규 및 조례를 포함한다. 국가가 정하는 세율은 일반적으로 협정세율 보다 높으며, 관세무역협정을 체결하지 않은 국가에 적용된다.
협정관세	협정관세는 둘 또는 둘 이상의 국가간에 관세무역협정의 체결을 통하여 제정된 관세세율을 말한다. 협정관세는 양방 협정세율, 다자 협정세율과 일방 협정세율이 있다.
양방 협정세율	양방 협정세율은 두 국가가 협정을 맺어 상호 양보한 세율이다.
다자 협정세율	다자 협정세율은 둘 이상의 국가간에 협정을 맺어 상호 양보한 세율이다. 예를 들어 관세 및 무역에 관한 일반협정(GATT)이 있다.
일방 협정세율	일방 협정세율은 한 국가가 수입재화에 대해 세율을 인하하여 수입에 대해 편의를 제공함으로써 해당국가가 세율을 낮추어 보복하지 않은 세율을 말한다.

(5) 차별대우에 따른 분류

차별대우와 특정한 상황에 따라 수입부가세, 가격차이세, 특혜세와 보통특혜제도로 분류한다.

구 분	내 용
수입부가세 (进口附加税)	수입부가세는 일반 수입세를 징수하는 것 이외에도 특정 목적에 따라 다시 징수하는 관세를 말하며, 반보조관세 및 반덤핑관세가 있다.
가격차이세 (差价税)	가격차이세는 자국에서 생산한 재화의 국내 가격이 동종의 수입재화의 가격보다 높을 때, 수입재화의 경쟁력을 약화시키고 국내 산업과 국내 시장을 보호하기 위하여 국내가격과 수입가격과의 차액에 대해 관세를 징수하는 것으로 차액세라고도 한다.
특혜관세 (特惠税)	특혜관세는 우대세(优惠税)로도 불리며, 국가 또는 지역이 수입하는 모든 상품 또는 일부 상품에 대해 저관세 또는 면세대우에 해당하는 특별한 우대를 주는 것을 말한다. 이러한 특혜관세에는 상호특혜가 될 수도 있고 상호특혜가 아닐 수도 있다.
보통특혜제도	보통특혜제도는 개발도상국이 UN의 무역 발전회의 과정에서 장기적인 논의를 거쳐 1968년에 일반특혜제도 결의를 한 이후 획득하였

구 분	내 용
	다. 이 결의는 선진국이 개발도상국 또는 지역으로부터 수입한 상품 -특히 완성품과 반제품- 에 대하여 보통의 비차별적이고 비호혜적인 특혜관세 대우를 주도록 규정하고 있다.

4. 관세의 계산방법

관세의 세액을 계산하는 방법은 다양하며 수입재화의 종류와 원산지 및 국가의 관세정책에 따라 종가세, 종량세, 복합세를 사용하며 비례세율, 정액세율, 복합세율과 탄력세율 등을 사용한다.

5. 세계무역기구(WTO)와 관세협상

세계무역기구(이하 'WTO'라 한다)는 관세와 무역에 관한 법규이다. WTO는 관세가 자유무역에 있어서 주요한 방해요소의 하나라고 보아 관세를 줄이거나 없애는 것이 WTO의 기본적인 취지로 보고 있으며, 관세인하의 협상이 WTO에 있어서 가장 중요한 부분이 된다. WTO의 전신인 GATT가 시작된 이후로 다자간 무역의 관세 문제에 대해 여러 차례 협상을 해왔다.

2001년 11월 10일 WTO 회의에서는 중국의 WTO 가입신청을 심의 통과시켰으며 중국은 그 해 12월 11일부터 정식으로 WTO의 회원이 되었다.

6. 관세의 작용

관세는 대외경제 무역정책을 관철시키는 중요한 수단이다. 관세는 경제의 조절, 개혁개방의 촉진, 자국기업의 보호, 국외 경제침략의 방지, 관세 호혜의 쟁취, 국제무역의 촉진, 국가 재정수입의 증대에 있어서 중요한 작용을 하고 있다.

1) 국가주권과 경제이익 보호

수출입재화에 관세를 징수하는 것은 표면적으로는 단지 대외무역과 관계된 조세 문제로 비춰지지만 사실상 한 국가가 어떠한 관세정책을 취하느냐 하는 것은 국가와 국가간의 주권 및 경제이익과 직접적인 관계가 있다.

지금까지 역사의 발전으로 보아 관세는 이미 각국 정부가 자국의 정치 및 경제이익을 보호하고 심지어는 국제 경제투쟁을 하는 중요한 무기가 되어왔다. 중국은 평등호혜와 대등의 원칙에 따라 관세의 혼합운용 등의 방식을 통하여 국제간의 관세호혜를 이루고 중국에 대한 관세차별을 반대하며 대외 경제기술의 교류를 추진하고 대외 경제합작을 확대하고 있다.

2) 공업과 농업의 발전을 보호하고 촉진

한 국가가 어떠한 관세정책을 취하는가 하는 것은 자유무역을 실시하는지 아니면 보호관세정책을 취하는 것인지, 각국의 경제발전 수준, 산업구조 상황, 국제무역수지 상황 및 국제경제 경쟁에 참여하는 능력 등 여러 가지 요소로 결정된다.

중국은 개발도상국으로서 관세를 이용하여 자국의 '유치산업'을 보호하고 수입대체 산업의 발전을 촉진하는 것을 중시함으로써 관세는 중국의 공업과 농업의 생산의 발전을 보호하고 촉진하는데 있어서 중요한 역할을 하고 있다.

3) 국민 경제와 국제무역을 조절

관세는 국가의 중요한 경제적 역할을 담당하고 있는데 세율의 고저와 관세의 감면을 통하여 수출입 규모에 영향을 줄 수 있고 국민 경제활동을 조절할 수 있다. 예를 들어 수출상품 생산기업의 이윤수준을 조절함으로써 계획적으로 각종 제품의 생산을 유도할 수 있으며 수입상품의 수량과 구조를 조절함으로써 국내시장 상품의 공급과 수요의 균형을 촉진할 수 있으며, 국내시장의 물가안정을 보호할 수 있다.

4) 국가 재정수입 확보

세계의 대다수 국가 특히 선진국에 있어서 관세수입은 전체 재정수입에서의 비중이 크지 않으며 점차 작아지는 추세를 보이고 있다. 그러나 개발도상국, 특히 주로 국내 공업이 발달하지 않고, 공상 세원이 한계가 있고, 국민경제는 주로 어떤 특정한 기초자원의 수출에 의존하며 국내의 많은 소비품을 수입에 의존하는 국가는 아직도 수출입 관세가 중요한 재정수입의 하나이다.

중국의 관세수입은 아직 재정수입에 있어서 중요한 부분을 차지하고 있다.

II. 과세대상과 납세의무자

1. 과세대상

관세의 과세대상은 수출과 수입이 허가된 재화와 물품이며, 재화와 물품에 대해서 구분하여 설명하면 다음과 같다.

구 분	내 용
재화	재화는 무역을 통하여 거래되는 상품을 말한다.
물품	물품은 입국 여행객이 휴대한 여행물품, 개인 우편물, 각종 운송서비스 종업원이 휴대하여 수입한 자가 물품, 유증품 및 기타 방식으로 들여온 개인물품을 말한다.

2. 납세의무자

재화를 수입한 수하인, 재화를 수출한 선적인 또는 수출입품의 소유자는 관세의 납세의무자가 된다.

'재화를 수입한 수하인과 수출한 선적인'이란 법에 따라 대외무역 경영권을 가지고 재화를 수입하거나 수출하는 법인 또는 기타 사회단체를 말한다.

수출입물품의 소유자는 그 물품의 소유자 또는 소유자로 추정되는 자를 말하며,

일반적으로 다음과 같이 구별한다.

구 분	내 용
휴대 수입품	휴대하는 자가 소유자로 추정된다.
별도로 운송된 짐	여행객이 소유자로 추정된다.
우편으로 받은 물품	우편물 수취인이 소유자로 추정된다.
우편 또는 기타의 운송방식으로 발송된 물품	발송인 또는 탁송인이 소유자로 추정된다.

III. 수출입 세칙(税则)

1. 수출입 세칙의 개념

수출입 세칙은 한 국가의 정부가 국가의 관세정책과 경제정책에 따라 일정한 입법과정을 통해 제정한 수출입재화와 물품에 과세하는 관세의 세율표이다. 수출입 세칙은 세율표를 기본으로 하여 실시세칙의 법령 및 세칙과 관련이 있는 설명과 부록 등을 포함한다.

「중국 해관 수출입 세칙」은 중국 해관이 관세를 징수하는 법률적 근거가 되며 중국 관세정책의 구체적인 정신이 담겨 있다.

중국의 현행 수출입 세칙은 다음과 같은 것을 포함한다.

- 「중국 수출입 관세 조례」
- 「세율적용 설명」
- 「중국 해관 수입 세칙」
- 「중국 해관 수출 세칙」
- 「수입 상품의 종량세, 복합세, 탄력세 세목 세율표」
- 「수입 상품 관세 할당액 세목 세율표」
- 「수입 상품 세칙 잠정 세율표」

- 「수출 상품 잠정 세율표」
- 「일부 정보기술 제품 세율표」 등

1) 세율표(税率表)

세율표는 세칙의 기본으로서 세칙의 상품분류목록과 세율란 두 부분을 포함한다. 세칙의 상품분류목록은 종류가 매우 다양한 상품을 종합하여 그 특징에 따라 구분하여 간단하게 상품별로 분류한 다음 각각 일정한 기준에 따라 순서대로 배열하여 일련 번호대로 상품의 명칭을 부여한 것을 말한다.

상품분류의 원칙이 바로 분류기준으로서 분류의 총칙과 각각의 류, 장, 세목의 구체적인 기준을 포함한다.

2) 세율란(税率兰)

세율란은 상품 분류목차의 항목에 따라 각 항목별 세율이 기재된 것을 말한다. 중국의 현행 수입세칙에는 네 가지의 세율이 있으며 수출세칙에는 한 가지의 세율이 있다.

2. 세칙 분류

'세칙 분류'란 세칙의 규정에 따라 모든 수출입상품을 그 특성에 따라 세칙 중에서 가장 적합한 것을 부여하여 적용할 세율을 확정하여 관세 부담을 계산하도록 하는 것을 말한다.

세칙 분류의 착오는 관세를 잘못 징수할 수 있어 관세 작용의 발휘에 영향을 줄 수 있다.

따라서 세칙 분류는 관세정책의 정확성에 관계가 있으므로 아래의 절차에 따라 진행된다.

① 제1단계 : 분류가 필요한 구체적인 수출입상품의 구성, 재료속성, 성분구성, 특성, 용도와 기능을 이해한다.

② 제2단계 : 어느 상품에 대해 세칙 중 가장 유사한 분류기준을 찾는다.
원재료는 그 속성에 따라 분류하고, 완성품은 그 용도에 따라 분류한다.

③ 제3단계 : 분류기준을 서로 비교하여 가장 적합한 항목을 찾는다.

④ 제4단계 : 이의 방법이 어려울 경우 분류총규칙에서 관련 규정을 찾아 적용한다.

3. 세율 및 운용

1) 수입관세 세율

(1) 세율의 설치 및 적용

WTO에 가입하기 이전 중국의 수입세칙은 보통세율과 특혜세율 두 가지의 세율이 있었다. 원산지가 중국과 관세의 호혜협정을 체결하지 않은 국가로부터 수입한 재화에 대해서는 보통세율에 따라 과세하고 원산지가 중국과 관세 호혜협정을 체결한 국가로부터 수입한 재화에 대해서는 특혜세율에 따라 과세하였다.

WTO에 가입한 이후 WTO협정에 따라 WTO 회원국이 가지는 권리를 누릴 수 있으며, 2002년 1월 1일부터 중국의 수입세칙에서는 최혜국세율과 협정세율, 특혜세율, 보통세율, 관세할당 세율 등의 세율정책이 있으며 수입재화에 대해 일정한 기간 동안 잠정세율을 실시할 수 있다.

세 율	적 용 대 상
최혜국세율	최혜국세율은 다음과 같은 경우에 적용된다. • 원산지가 중국과 공동으로 최혜국대우를 적용하는 WTO 회원국에서 수입한 재화 • 원산지가 중국과 상호 최혜국대우를 해주는 양방 무역협정을 체결한 국가로부터 수입한 재화 • 원산지가 중국내인 수입재화
협정세율	협정세율은 원산지가 중국이 관세 특혜 조항이 있는 지역성 무역협정에 참가한 체결국으로부터 수입한 재화에 적용된다.
특혜세율	특혜세율은 원산지가 중국과 특별 관세 협정을 체결한 국가 또는 지역인 수입재화에 대해 적용된다.

세 율	적 용 대 상
보통세율	보통세율은 원산지가 위에서 말한 국가 또는 지역 이외에서 수입한 재화에 대해 적용한다. 보통 세율에 따라 징수하는 수입재화는 국무원의 관세 세칙위원회의 특별 비준을 통해 최혜국세율을 적용할 수 있다.

위에서 말한 최혜국세율, 협정세율과 특혜세율을 적용하는 국가 또는 지역의 명단은 국무원 관세 세칙위원회가 결정한다.

(2) 세율의 종류

중국은 수입재화에 대해 기본적으로 모두 종가세, 종량세, 복합세와 탄력세를 실시하고 있다.

종 류	계 산 방 법
종가세	종가세는 재화의 거래가격을 기준으로 적용세율을 적용한다. 재화가 수입될 때 세율과 해관이 심사하여 결정한 가격을 곱하여 세액을 결정한다.
종량세	종량세는 수입재화의 무게, 척도, 용량, 면적 등의 계량 단위를 과세기초로 한다. 종량세는 수입재화의 단위당 세액을 고정시켜 재화의 수입가격에 영향을 받지 아니하므로 세액계산이 간편하여 통관수속이 빠르며 가격이 싼 재화의 수입을 억제하고 고의로 수입가격을 낮추는 행위를 막을 수 있다. 현재 중국은 원유, 맥주, 필름의 수입에 대해 종량세를 과세하고 있다.
복합세	복합세는 특정 수입재화에 대해 종가세와 종량세를 동시에 적용하여 관세를 징수하는 방법이다. 복합세는 종량세로 저가의 상품수입을 억제할 뿐만 아니라 종가세의 합리적인 세부담을 지게 하는 특징을 발휘할 수 있다. 현재 중국은 녹화기, 영상 재생장치, 픽업 카메라, 디지털 카메라, 촬영녹화기에 대해서는 복합세를 실시하고 있다.
선택세	수입상품에 대해 증가세와 종량세 경에서 과세시 세액이 더 높은 것을 선택하여 과세하는 방법이다.
탄력세	탄력세는 관세의 세율이 수입 상품의 가격에 따라 세율의 폭을 달리 적용하여 징수하는 방법으로서, 수입재화의 가격이 비싸질수록 관세의 세율은 낮아지고 수입재화의 가격이 싸질수록 관세의 세율은 높아진다. 이러한 탄력세의 주요 특징으로는 탄력세의 적용으로 수입재화의 국내시장가격을 안정되게 하여 국제시장에서의 가격의 변동으로 인한 영향을 줄일 수가 있다. 현재 중국은 신문용지에 대해 탄력세를 적용하고 있다.

(3) 잠정세율 및 관세할당 세율

경제발전의 수요에 따라 중국은 일부 원재료, 부품, 농약과 중간재, 악기 및 생산설비의 수입에 대해 부분적으로 잠정세율을 실시하고 있다.

수출입관세조례에서는 다음과 같이 규정하고 있다.

구 분	적용세율
최혜국세율이 적용되는 수입재화가 잠정세율이 있는 경우	잠정세율을 적용한다.
특혜세율 또는 협정세율이 적용되는 수입재화가 잠정세율이 있는 경우	낮은세율을 적용한다.
보통세율이 적용되는 수입재화	잠정세율을 적용하지 아니한다.

또한 일부 농산품과 화학비료제품의 수입에 대해 관세할당액을 실시하고 있는데, 일정한 수량 이내의 위의 품목의 수입재화는 비교적 낮은 할당내의 세율을 적용하고 이 수량을 초과하는 수입재화는 비교적 높은 할당 외의 세율을 적용한다.

현행 세칙은 700여 가지 세목의 수입재화에 대해서 잠정세율을 적용하며 밀, 옥수수 등 7종의 농산물과 비료 등 3종의 화학 비료 제품에 대해서는 관세할당 관리를 실시한다.

2) 수출관세 세율

중국의 수출세칙은 단일 세율이며 희소 자원성 제품, 출혈경쟁, 맹목적인 수입 및 수출을 규제할 필요가 있는 반제품과 완제품에 대해서만 수출관세를 징수한다.

현행 수출세칙은 100종의 상품에 대해 수출관세를 과세하고 있으며 상어 새끼와 일부 유색금속, 생 안티몬, 인(P), 벤젠, 산양가죽, 부분적인 철합금, 폐강철, 동과 구리 원재료 및 그 제품, 니켈, 아연괴, 안티괴가 해당한다.

위의 범위 내의 일부 상품에 대해서는 0~25%의 잠정세율을 실시하며, 이외에도 필요에 따라 다른 200여종의 상품에 대해서 잠정세율을 적용하고 있다.

수입 잠정세율과 같이 수출 잠정세율은 수출세칙 중 규정된 수출세율을 우선 적용한다.

3) 특별 관세

특별 관세는 보복성 관세, 반덤핑세와 반보조금관세, 보장성 관세가 있으며, 특별 관세를 징수하는 재화, 적용 국가, 세율, 기한과 징수 방법은 국무원 관세 세칙위원회가 결정하며 해관총국이 집행한다.

4) 세율의 운용

중국의 「수출입 관세 조례」의 규정에 따르면 수출입재화는 세칙의 분류원칙에 따라 적절한 세목으로 분류하고 해당 세율에 따라 과세하는데, 주요한 내용은 다음과 같다.

(1) 수출입재화

수출입재화는 납세의무자의 수입 또는 수출을 신고하는 날 실시되는 세율에 따라 과세한다.

(2) 사전신고의 경우

수입재화가 도착하기 전 해관의 허가를 거쳐 사전신고한 경우 그 재화를 적재한 운송수단의 입국신고를 한 날에 실시되는 세율에 따라 과세한다.

(3) 수출입재화의 추가납부 또는 환급

수출입재화의 추가납부 또는 환급은 해당 수출입재화의 당초 수입 또는 수출일자에 실시되는 세율을 적용한다. 다만, 아래의 경우는 제외한다.

구 분	과 세 방 법
감면의 경우	수입시 감면을 받은 후 상황의 변화로 해관의 비준을 받아 양도 또는 판매로 타인에게 이전되어 관세를 추가납부하여야 하는 경우, 납세의무자가 다시 해관신고서를 작성하여 납부하고 수속을 마친 날의 세율을 적용하여 과세한다.

구 분	과세방법
가공무역의 경우	가공무역으로 수입한 원재료와 부품 등 보세 성질에 속하는 수입재화가 비준을 거쳐 내수로 전환되는 경우, 해관에 내수 전환 신고를 한 날 실시되는 세율에 따라 과세한다. 또한 비준을 거치지 않고 임의로 내수로 전환한 경우 해관이 조사하여 파악한 날에 실시되는 세율에 따라 과세한다.
임시 수입재화가 정식 수입재화로 변경될 경우	임시 수입재화가 정식으로 수입되어 추가납부하는 경우 정식으로 수입한 날 실시되는 세율에 따라 과세한다.
리스료를 분할하여 지급하는 경우	분할하여 리스료를 지급하는 수입재화는 세액을 납부할 때 납세의무자가 다시 해관신고서를 작성하여 납부하거나 수속을 한 날에 실시되는 세율을 적용하여 과세한다.
잉여 재화가 있는 경우	초과하역 및 착오하역으로 사후 추가납부하여야 할 경우 당초 수입신고를 한 날에 실시되는 세율에 따라 과세한다. 만약 당초 수입일자를 알 수 없는 경우 추가납부를 확정한 날에 실시되는 세율에 따라 과세할 수 있다.
세칙의 개정이 있는 경우	세칙분류의 개정, 과세가격의 심사결정 또는 기타의 착오로 추가납부하여야 하는 경우 당초 과세기일에 실시되는 세율로 과세한다.
관세 납부를 연기한 경우	비준을 거쳐 관세의 납부를 연기한 수입재화에 대해 차후 납부할 경우 일시납부 및 분할납부 모두 재화의 당초 수입일자에 실시되는 세율에 따라 과세한다.
암거래 재화인 경우	수색하여 압수한 밀수 재화에 대해 납부할 때에는 압수한 날에 실시되는 세율에 따라 과세한다.

IV. 과세기준가격과 납부세액의 계산

1. 원산지 규정

수입재화의 원산지를 확정하는 주요한 이유는 수입 세칙의 각 세율을 정확하게 운용하여 원산지가 다른 수입재화에 대하여 다른 세율을 적용하기 위해서이다. 중국의 원산지 규정은 기본적으로 국제적으로 통용되는 '완전 생산지 생산표준'과 '실질적 가공표준' 두 가지의 원산지 표준을 채택하고 있다.

1) 완전 생산지 생산표준

'완전 생산지 생산표준'은 수입재화가 한 국가에서 모두 생산 또는 제조된 것을 의미하며 생산 또는 제조국이 그 재화의 원산지가 된다.

한 국가에서 모두 생산 또는 제조한 수입재화는 아래를 포함한다.

① 해당 국가의 영토 또는 영해 내에서 채굴한 광산물
② 해당 국가의 영토에서 수확 또는 채집한 식물
③ 해당 국가의 영토에서 나오거나 해당 국가에서 사육한 살아있는 동물 및 그로부터 얻은 물품
④ 해당 국가의 영토에서 수렵 또는 잡은 물품
⑤ 해당 국가의 선박에서 하역한 해양 획득물 및 해당 국가의 선박이 해상에서 획득한 기타 물품
⑥ 해당 국가의 배가 위의 '⑤'에서 열거한 물품을 가공하여 얻은 물품
⑦ 해당 국가에서 수집하여 단지 재가공하여 제조하는데 사용된 폐자재와 폐기물품
⑧ 해당 국가가 위의 '①'부터 '⑦'까지 열거된 제품을 사용하여 가공한 완제품

2) 실질적 가공표준

'실질적 가공표준'은 둘 또는 둘 이상의 국가가 생산에 참여하여 생산된 재화에 대한 원산지를 확정하는데 적용되는 표준이며 기본적인 의미는 다음과 같다.

여러 국가를 거쳐 가공, 제조한 수입재화는 재화에 대해 실질적인 가공을 최종적으로 한 것으로 볼 수 있는 국가를 해당 재화의 원산지로 본다.

'실질적인 가공'이란 제품이 가공된 후 수출입 세칙 중에서 네 자리 숫자의 대분류에 변동이 있거나, 가공으로 인하여 가치증가분이 신제품의 총가치 중에서 차지하는 비율이 30% 이상 초과한 것을 말한다.

3) 기타

기계, 기구, 기자재 또는 차량에 사용되는 부품, 예비품 및 공구 등이 주요 부품과 동시에 수입되고 수량이 합리적인 경우 원산지는 주요 부품의 원산지에 따라 확정하고, 별도로 수입된 경우에는 각각의 원산지에 따라 확정한다.

2. 관세의 과세기준가격(完税价格)

수출입재화의 과세기준가격은 관할 해관이 해당 재화의 매매가격을 기초로 하여 심사한 후 확정하며, 매매가격을 확정할 수 없을 경우의 과세기준가격은 해관이 법에 따라 추정한다.

중국이 WTO에 가입한 이후 중국 해관은 'WTO 가격추정 협정'을 전면적으로 실시하여 객관적이고, 공평한 가격추정원칙을 준수하고 있으며 2014년 2월 1일부터 실시한 「수출입재화의 과세기준가격을 심사하여 결정하는 방법」(이하 '과세기준가격 결정방법'이라 한다)에 따라 수출입재화의 과세기준가격을 심사하여 결정한다.

용어설명 과세기준가격(完税价格)

중국어로 '完税价格'이라고 하는 것은 세금을 완납하는 가격이라는 의미이며 여기서는 '과세기준가격'이라는 용어로 사용하기로 한다.

1) 일반 수입재화의 과세기준가격

(1) 매매가격에 의한 과세기준가격

수출입재화의 과세기준가격은 재화의 가격 및 재화가 중국내 수입지점에 이를 때까지의 운송 및 관련비용과 보험료를 포함한다. 중국내 수입지점은 입국 해관지로서 내륙 하천, 강 하구를 포함하며 일반적으로 첫 입항지가 된다.

수입재화의 가격은 거래가격을 기초로 하며, 수입재화의 거래가격은 구매자가 해당 재화를 구매하기 위한 가격으로서 '과세기준가격 결정방법'의 규정에 따라 조정한 후의 실제 지불한 가격 또는 지불하여야 하는 가격을 말한다.

(2) 실제 지불가격의 조정

'실제 지불 또는 지불하여야 하는 가격'은 수입재화를 수입하기 위하여 직간접으로 지불한 총액을 말하며 구매자가 판매자 또는 제3자에게 이미 지불하였거나 장차 지불하여야 하는 대금총액을 말한다.

① 과세기준가격에 포함하는 항목

아래의 비용이 수입재화의 실제 지불 또는 지불하여야 하는 가격에 포함되어 있지 않은 경우 과세기준가격에 포함되어야 한다.

- 구매자가 부담한 재화 구입 수수료 이외의 수수료와 중개비
  재화 구입 수수료는 구매자가 수입재화를 수입하기 위해 자신의 구매 대리인에게 지불한 용역비용이며, 중개비는 구매자가 수입재화를 수입하기 위해 구매자와 판매자의 중개인에게 지급한 용역비용을 말한다.
- 구매자가 부담한 해당 재화와 일체로 보이는 용기 비용
- 구매자가 부담한 포장재료 및 포장용역비용
- 해당 재화의 생산과 중국내의 판매와 관련이 있고 구매자가 무료 또는 원가보다 낮은 방식으로 제공하고 적절한 비율에 따라 균등하게 배분한 원재료와 부품, 공구, 생산용 모형, 소모자재 및 유사한 재화의 대금 및 중국외에서 연구개발 및 설계 등 관련 용역의 비용
- 해당 재화와 관련이 있고 판매자가 중국으로 해당 재화를 판매하는 조건으로서 구매자가 직접 또는 간접적으로 지불한 특허권 사용료
  특허권 사용료는 구매자가 수입재화와 관계가 있고 저작권 보호를 받는 작품, 특

허권, 상표권, 전유기술과 기타 권리의 사용허가를 획득하기 위하여 지불한 비용을 말한다. 그러나 과세기준가격을 추정할 때 수입재화가 중국내에서 복제할 수 있는 권리의 비용은 해당 재화의 실제 지불 또는 지불하여야 하는 가격에 포함되지 아니한다.

- 판매자가 직접 또는 간접적으로 구매자로부터 해당 화물을 수입한 후 판매, 처분 또는 사용하여 얻은 소득 중 받은 수익

위의 비용 또는 가치는 수입재화의 수하인이 해관에게 객관적으로 수량화된 자료를 제공하여야 하며, 객관적으로 수량화된 자료가 없는 경우에는 해관이 「과세기준가격 결정방법」에서 규정한 방법에 따라 추정하여 결정한다.

② 과세기준가격에 포함되지 아니하는 항목

아래의 비용이 해당 재화의 실제 지불 또는 지불하여야 하는 가격과 구분할 수 있을 경우 과세기준가격에 포함하지 아니한다.

- 공장 건물, 기계, 설비 등의 재화를 수입한 후 이의 기초건설, 설치, 조립, 보수 및 기술 용역의 비용
- 재화가 중국내 수입지점에 도착한 후의 운송비용, 보험료와 기타 관련 비용
- 수입 관세 및 기타 중국내의 세금
- 중국내에서 수입재화를 복제하기 위해 지불한 비용
- 중국내의 기술훈련비 및 중국 외 조사비용

(3) 매매당사자가 특수관계자일 경우

구매자와 판매자 사이에 특수관계가 있는 경우로서 해관의 심사를 거쳐 특수관계가 매매가격에 대해 영향을 미치지 않거나 재화를 수입한 수하인의 매매가격이 유사한 시기에 발생한 아래의 가격 중 하나와 비슷하다는 것을 증명할 수 있을 경우 해관은 매매가격을 과세기준가격으로 하여야 한다.

- 중국내 특수관계가 없는 구매자에게 판매한 동일 또는 유사한 재화의 매매가격
- 가격역산(倒扣价格) 방법을 사용하여 확정한 동일 또는 유사한 재화의 과세기준가격
- 가격계산 방법을 사용하여 확정한 동일 또는 유사한 재화의 과세기준가격

해관이 위의 가격을 사용하여 비교할 때, 거래수준과 수입수량의 차이 및 실제 지불하였거나 지불하여야 할 가격의 조정규정에 나열된 각 항목과 교역에서 거래

당사자 사이에 특수관계자의 유무에 따라 발생되는 비용차이를 고려하여야 한다.

아래의 경우에는 특수관계가 있는 것으로 본다.

- 매매당사자 양쪽이 같은 가족일 경우
- 매매당사자 양쪽 모두 서로 업무상 고위직원 또는 이사일 경우
- 한쪽이 직접적 또는 간접적으로 다른 한쪽을 지배하는 경우
- 매매당사자 양쪽이 직접 또는 간접적으로 제3자의 지배를 받는 경우
- 매매당사자 양쪽이 공동으로 직접 또는 간접적으로 제3자를 지배하는 경우
- 한쪽이 직접 또는 간접적으로 소유, 지배하거나 또는 상대방의 5% 또는 그 이상의 의결권 있는 주식을 보유하고 있는 경우
- 한쪽이 상대방의 직원, 고위직원 또는 이사인 경우
- 매매당사자 양쪽이 동일한 동업기업의 구성원 경우

매매당사자 양쪽이 경영상으로 서로 관계가 있으며 한쪽이 상대방의 단독 대리인, 위탁 판매인 또는 양수자인 경우에 있어서 만약 위의 관계가 있는 경우에는 특수관계가 있는 것으로 본다.

(4) 해관의 수입재화의 가격추정 방법

수입재화의 가격이 매매가격의 조건에 맞지 않거나 매매가격을 알 수 없는 경우 해관은 동일 재화의 매매가격 방법, 유사 재화의 매매가격 방법, 가격역산 방법, 가격계산 방법 및 기타 합리적인 방법으로 결정한 가격을 기초로 과세기준가격을 산출하여야 한다.

수입재화의 수하인이 관련 자료를 제출하여 해관의 동의를 거쳐 가격역산 방법과 가격계산 방법의 적용순서를 선택할 수 있다.

① 동일 또는 유사 재화의 매매가격 방법

동일 또는 유사 재화의 매매가격 방법은 추정대상 수입재화와 동시 또는 대략 같은 시기(해관이 수입을 신고한 날 이후 약 45일 이내)에 수입한 동일 또는 유사한 재화의 매매가격을 기초로 하여 과세기준가격을 추정한다.

이 방법으로 과세기준가격을 추정할 때에는 해당 재화와 동일한 수준과 수입수량이 기본적으로 일치하는 재화의 매매가격을 사용하여야 하며, 운송거리와 운송수단이 달라서 원가와 기타 비용에서 차이가 있을 경우에는 조정을 하여야 한다.

위에서 말한 동일 또는 유사한 재화의 매매가격이 없을 경우 다른 수준 또는 다른 수입수량의 동일 또는 유사한 재화의 매매가격을 사용할 수 있으며, 산업의 수준, 수입 수량, 운송거리와 운송방법이 다른 경우에 대해서는 가격, 원가 그리고 기타 비용에서 발생하는 차이는 조정하여야 한다.

이 방법으로 과세기준가격을 추정할 때 먼저 동일한 생산자가 생산한 동일 또는 유사한 재화의 매매가격을 사용하여야 하며, 만약 이러한 매매가격이 없는 경우에는 동일한 생산국 또는 지역에서 생산한 동일 또는 유사한 재화의 매매가격을 사용할 수 있으며, 만약 여러 개의 동일 또는 유사한 매매가격이 있는 경우에는 가장 낮은 매매가격을 기초로 수입재화의 과세기준가격을 추정한다.

위에서의 용어는 다음을 의미한다.

용어설명 동일 재화 및 유사 재화

- 동일 재화 : 수입재화와 같은 국가 또는 지역에서 생산된 것으로 물리적 성질과 품질 및 신용도에서 동일한 재화로서 표면적인 미세한 차이는 허용한다.
- 유사 재화 : 수입재화와 동일한 국가 또는 지역에서 생산되어 비록 모든 방면에서 동일하지는 않지만, 유사한 특징, 유사한 재료 구성, 같은 성능 그리고 교환이 가능한 재화를 말한다.

② 가격역산방법(倒扣价格方法)

가격역산방법은 수입재화와 동일 또는 유사한 수입재화가 중국내에서 판매되는 가격을 기초로 하여 과세기준가격을 추정하는 것을 말한다. 이 가격에 따라 판매한 재화는 동시에 다음의 5가지 조건을 갖추어야 한다.

- 추정대상 화물이 수입시 또는 거의 비슷한 시기에 판매되는 경우
- 수입 당시의 상태대로 판매되는 경우
- 중국내에서 첫 단계로 판매되는 경우
- 재화의 총 판매수량이 가장 큰 경우
- 중국내에서 특수관계가 없는 자에게 판매된 경우

이 방법으로 과세기준가격을 추정할 때 아래의 항목은 차감하여야 한다.

- 해당 재화의 동급 또는 동종의 화물이 중국내에서 판매할 때의 이윤 및 일반 비용 및 통상적으로 지급하는 수수료

- 재화가 중국내의 수입지점에 도착한 후 발생한 운송비, 보험료, 하역비 및 기타 관련 비용
- 수입 관세, 수입 단계의 세금 및 기타 해당 재화를 수입 또는 판매하는 것과 관련이 있는 내국세

③ 가격계산방법

가격계산방법은 아래의 각 항목의 총액으로 산출한 가격으로 과세기준가격을 계산하며 다음과 같은 것이 있다.

- 해당 재화를 생산할 때 사용된 원재료와 설치 및 기타 가공시에 발생한 비용
- 중국내로 동급 또는 동종 재화를 수출하여 판매한 이윤, 일반 비용에 상당하는 이윤 및 일반 비용
- 재화가 중국내 수입지점에 도착하기 전까지 발생한 운송 및 관련 비용과 보험료

④ 기타 합리적인 방법

기타 합리적인 방법을 사용할 때 「과세기준가격 결정방법」에서 규정한 가격추정 원칙에 따라 중국내에서 얻은 데이터를 기초로 하여 과세기준가격을 계산한다. 단, 아래의 가격은 사용할 수 없다.

- 중국내에서 생산한 재화의 중국내 판매가격
- 선택가능한 가격 중에서 비교적 높은 가격
- 재화의 수출지 시장에서의 판매가격
- 가격계산방법에서 규정한 관련 항목 이외의 가치 또는 비용으로 계산한 가격
- 제3국 또는 지역으로 수출한 재화의 판매가격
- 최저가격 또는 독단적이고 허구적인 가격

2) 특수한 수입재화의 과세기준가격

(1) 가공무역으로 수입한 재화

가공무역의 수입 원자재 및 완제품에 대하여 징수하여야 할 경우 해관은 아래의 규정에 따라 과세기준가격을 심사하여 결정하여야 한다.

구 분	과 세 기 준 가 격
수입시 징수하여야 할 진료가공의 수입 원자재	해당 원자재를 수입신고할 때의 거래가격으로 과세기준가격을 심사한다.
진료가공으로 수입한 원자재를 국내에 판매하는 경우	해당 원자재가 원래 수입된 날의 거래가격으로 한다.
내료가공으로 수입한 원자재 및 그 완제품을 국내에 판매하는 경우	원자재의 국내 판매를 신고할 때의 거래가격으로 한다.
가공무역의 가공과정 중 생산한 부산물	국내 판매를 신고할 때의 거래가격으로 한다.

용어설명 가공무역(进料加工과 来料加工)

중국의 세법에서는 진료가공(进料加工)과 내료가공(来料加工)이라는 용어가 자주 등장하는데 한국에서는 두 가지 모두 가공무역이라는 용어로 사용되고 있어서 이하 두 가지를 합한 개념으로 통일하여 '가공무역'이라고 사용하기로 한다.

가공무역방식은 크게 수입한 원재료와 가공한 제품의 소유권의 귀속 여부에 따라 두 가지로 구분할 수 있다.

진료가공(进料加工, 進料加工)

원재료와 완제품의 소유는 생산한 회사에 귀속되며 별개의 수입과 수출거래로 볼 수 있다. 이러한 진료가공에 대한 수입과 수출에 대해 중국 세법에서는 감면 또는 면세의 규정을 두고 있다.

내료가공(来料加工, 來料加工)

원재료와 완제품의 소유는 발주자인 외국기업에 귀속이 되며 생산자는 단지 가공무역비만을 청구할 수 있다. 이러한 내료가공은 한국에서 무상 사급자재를 제공한 위탁가공의 개념과 비슷하다.

상호비교

진료가공과 내료가공은 모두 위탁가공에 속하지만 가장 큰 차이점은 원재료와 완제품의 귀속이 어떻게 되느냐이다. 진료가공은 원재료를 위탁자로부터 매입한 것으로 보아 처리하지만 내료가공은 위탁자가 원재료를 제공한 것으로 보고 수탁자는 단지 위탁가공료만 얻게 된다.

이상의 경우를 요약하면 다음과 같다.

사 례	추 정 기 준
• 수입시 징수해야 할 진료가공의 수입 원자재	수입 신고시의 가격
• 국내판매한 진료가공으로 수입한 원자재	당초 수입한 날의 가격

사 례	추 정 기 준
• 국내판매한 내료가공으로 수입한 원자재	국내판매 신고시의 가격
• 가공무역의 가공과정 중 생산한 부산물	국내판매 신고시의 가격

(2) 보세구역, 수출가공구역의 재화

보세구역 및 수출가공구역에서 구역 밖으로 판매하거나 보세창고로부터 국내에 판매한 수입재화(가공무역으로 수입한 자재 및 그 완제품 제외)는 해관이 심사 결정한 가격으로 과세기준가격을 추정한다. 판매가격을 확정할 수 없는 경우에 대해서는 일반 수입재화의 추정 방법의 규정에 따라 해관이 과세기준가격을 추정한다. 만약 판매가격 중 보세구역과 수출가공구역 또는 보세창고에서 발생하는 창고저장, 운송 및 기타 관련 비용이 포함되지 않은 경우에는 객관화된 데이터에 따라 반영하여야 한다.

(3) 중국외로 반출하여 수리한 재화

중국외로 반출하여 수리한 기계기구, 운송기구 및 기타 재화는 중국외로 반출시 해관에 보고하고 해관이 규정한 기한 내에 다시 반입하여 들여온 경우, 해관이 심사 결정한 중국외의 수리비와 자재비를 과세기준가격으로 한다.

(4) 중국외로 운송하여 가공한 재화

중국외로 반출하여 가공한 재화는 국외로 나갈 때 해관에 보고하고 해관이 규정한 기한 내에 다시 반입한 경우, 해관이 심사 결정한 중국외에서 발생한 가공비와 재료비 및 운송비 등 비용과 보험료를 과세기준가격으로 한다.

(5) 임시로 반입한 재화

해관의 비준을 거친 임시로 반입한 재화는 일반 수입재화의 추정 방법의 규정에 따라 과세기준가격으로 한다.

(6) 리스방식으로 수입한 재화

리스방식으로 수입한 재화 중에서 리스료 방식으로 외부에게 지불한 리스재화는 리스기간 동안 해관이 심사 결정한 리스료를 과세기준가격으로 한다. 구매를 보류한 리스재화는 해관이 심사 결정한 가격을 과세기준가격으로 한다. 리스이용자가 일시불로 세액을 납부할 경우 해관의 동의를 거쳐 일반 수입재화의 추정방법으로 과세기준가격을 추정한다.

(7) 구매를 보류한 수입샘플 등

중국내에서 구매를 보류한 수입 샘플, 전시품 및 광고 진열품은 해관이 심사 결정한 가격을 과세기준가격으로 한다.

(8) 세액을 추가납부하는 감면 및 면세 재화

감면 또는 면세된 수입재화가 세액을 추가납부할 때에는 해관이 심사 결정한 당초 수입시의 가격에서 감가상각액을 차감한 금액이 과세기준가격이 되며, 그 공식은 다음과 같다.

과세기준가격
= 해관이 심사 결정한 재화의 당초 수입 가격 × [1 − 세금 추가납부시 이미 사용한 시간(월) ÷ (감독 관리 연한 × 12)]

(9) 기타의 방식으로 수입한 재화

물물교환무역, 위탁판매, 기증, 증여 등 기타의 방식으로 수입한 재화는 일반 수입재화의 추정방법의 규정에 따라 과세기준가격을 추정한다.

3) 수출재화의 과세기준가격

(1) 매매가격에 의한 경우

수출재화의 과세기준가격은 해당 재화가 중국외에서 판매된 매매가격을 기초로 해관이 심사하여 결정하며, 재화가 중국내 수출지까지 통관되어 적재될 때까지의 운송비, 보험료 등 제비용을 포함하고 수출 관세액은 제외한다.

수출재화의 매매가격은 해당 재화가 수출되어 중국외에서 판매될 때 구매자가 판매자에게 실제로 지급하였거나 지급하여야 할 금액을 말한다.

수출재화의 매매가격 중에서 중국외에서 지급된 수수료가 포함되어 있을 경우 구분이 가능할 경우에는 제외하여야 한다.

(2) 해관이 추정하는 경우

수출재화의 매매가격을 알 수 없는 경우의 과세기준가격은 해관이 아래의 방법을 순차적으로 사용하여 추정한다.

첫번째, 동시 또는 유사한 시기에 동일 국가(지역)에 수출한 동일한 재화의 매매가격

두번째, 동시 또는 유사한 시기에 동일 국가(지역)에 수출한 유사한 재화의 매매가격

세번째, 중국내에서 동일 또는 유사한 재화를 생산할 경우의 원가, 이윤, 일반비용, 중국내에서 발생된 운송 및 관련비용, 보험료에 따라 계산한 가격

네번째, 합리적인 방법에 따라 추정한 가격

4) 수출입재화의 부대비용과 보험료

(1) 일반적인 방식(육상, 항공, 해상)으로 수입한 재화

수입재화의 부대비용 및 보험료의 계산방법은 다음과 같다.

구 분	부대비용과 보험료의 계산방법
해상운송으로 수입한 재화	해당 재화가 중국내의 하역항에 도착할 때까지 계산하며, 해당 재화의 하역항이 하천일 경우 하천에 도착할 때까지 계산한다.
육상운송으로 수입한 재화	해당 재화의 중국내 첫 기착지까지 계산하며 부대비용과 보험료가 목적지까지 지불되는 경우 목적지까지 계산한다.
항공운송으로 수입한 재화	해당 재화의 중국내 첫 기착지까지 계산하며 해당 재화의 목적지가 중국내 첫 기착지 이외의 기타 지역인 경우에는 그 목적지까지 계산한다.

일반 육상운송, 항공운송, 해상운송 방식으로 수입한 재화의 운송비와 보험료는 실제 지불한 비용에 따라 계산한다. 수입재화의 운송비를 알 수 없거나 아직 발생하지 않은 경우, 운송업계에서 발표한 해당 재화의 동일 시기의 운송비율(액)에 따라 해관이 운송비를 계산하며, '재화가격과 운송비' 두 가지 총액의 0.3% 기준으로 보험료를 계산한다.

(2) 기타의 방식으로 수입한 재화

우편으로 수입한 재화의 운송 및 제비용과 보험료는 우편비용이다.

국경지역의 CIF 조건으로 거래된 철로 또는 도로로 운송한 수입재화는 해관이 재화가격의 1%를 기준으로 운송 및 제비용과 보험료를 계산한다. 수입재화가 운송수단이 되어 수입한 운송기구에 대해 해관이 과세기준가격을 심사 결정할 때 운송비를 별도로 포함하지 않을 수 있다.

(3) 수출재화

수출재화의 판매가격에 수출항구로부터 중국외 항구까지의 운송비와 보험료 등을 포함하고 있는 경우에는 해당 운송비와 보험료를 제외하여야 한다(FOB 기준).

5) 과세기준가격의 심사 결정

(1) 매매가격의 신고

수출입재화의 수하인과 선적인은 수출입재화의 매매가격을 해관에 사실대로 신고하여야 하며 영수증, 계약서, 포장 목록 및 기타 신고가격을 증명할 수 있는 증빙과 서면자료 및 전산자료 등을 제출하여야 한다. 해관이 필요하다고 여길 경우, 해관에게 매매 양측의 관계 및 매매 상황을 반영하고 있는 것 및 기타 매매가격과 관련된 자료 등을 보충하여 신고하여야 한다.

(2) 해관의 심사

해관은 신고가격을 심사하기 위하여 다음과 같은 일을 할 수 있다.

- 수출입재화와 관련된 계약서, 영수증, 장부, 지급 증빙, 업무 연락 및 매매당사자의 관계 및 거래 활동에 대한 서면 및 전산자료 등을 열람, 복사할 수 있다.
- 수출입재화의 수하인과 선적인 및 그들과 자금거래 또는 기타 거래가 있는 회사 및 기업에 수출입재화의 가격과 관련이 있는 사항을 조사할 수 있다.
- 수출입재화에 대해 검사하거나 샘플을 추출하여 검증 또는 화학 실험을 할 수 있다.
- 수출입재화의 수하인과 선적인의 생산현장과 창고에 가서 수출입 활동과 관련된 재화 및 생산경영 현황을 조사할 수 있다.
- 금융기관 또는 세무부문에게 수출입재화와 관련이 있는 입출금 자료 또는 국세 납부현황을 조사할 수 있다.

(3) 해관의 조사방법

신고한 가격에 대해 의문이 있을 경우 해관은 그 이유를 수출입재화의 수하인과 선적인에게 서면으로 통지하여 서면으로 상세한 설명 및 자료와 기타 증명을 추가로 제출하고 신고가격이 정확하다는 것을 증명할 것을 요구할 수 있다.

해관에서 서면으로 통지한 날부터 15일 이내에 수출입재화의 수하인과 선적인이 상세한 설명을 하지 못하거나 추가로 제출된 자료 또는 증명을 해관이 다시 심사한 후에도 신고한 가격에 의문이 있을 경우 해관은 신고가격을 인정하지 않고 일반수입재화에 대한 해관의 추정가격에 따라 과세기준가격을 결정한다.

(4) 특수관계자와의 거래

해관은 매매당사자 사이에 특수관계가 있어서 매매가격에 영향을 줄 수 있다고 여길 경우, 수출입재화의 수하인과 선적인에게 특수관계가 매매가격에 영향을 미치지 않는다는 것을 증명할 것을 서면으로 요구하여야 한다.

해관에서 서면으로 통지한 날부터 15일 이내에 수출입재화의 수하인과 선적인이 자세한 설명을 하지 못하거나 추가로 제출한 자료와 증명에 대해 심사한 후에도 특수관계가 매매가격에 영향을 준다고 여길 경우 신고가격을 인정하지 않고 일반수입재화의 결정방법에 따라 과세기준가격을 결정한다.

(5) 과세기준가격의 결정 절차

해관이 신고가격을 인정하지 않고 과세기준가격을 결정할 때 동일 또는 유사한 수입재화의 매매가격을 얻기 위하여 수입재화의 납세의무자와 협의를 할 수 있다.

(6) 납세의무자의 이의제기

해관이 수출입재화의 과세기준가격을 결정하였을 경우 수하인과 선적인은 어떻게 결정하였는지 설명할 것을 서면으로 요구할 수 있다.

(7) 수출입재화의 사전 수령

해관이 수출입재화의 과세기준가격을 확정하기 위해 가격결정을 늦추어야 할 경우, 수하인과 선적인은 법에 따라 해관에 담보를 제공한 후 먼저 재화를 수령할 수 있다. 해관은 담보로 반출된 재화에 대하여 담보제공일로부터 90일 이내에 심사를 완료하여 심사결과를 수출입재화의 수하인과 선적인에게 통지하여야 한다.

3. 납부세액의 계산

1) 종가세에 의할 경우

관세 납부세액 = 수출입재화 수량 × 단위당 과세기준가격 × 세율

2) 종량세에 의할 경우

관세 납부세액 = 수출입재화 수량 × 단위당 세액

3) 복합세에 의할 경우

중국이 현재 실시하고 있는 복합세는 먼저 종량세를 징수한 다음 종가세를 징수

한다.

> 관세 납부세액 = 수출입재화 수량 × 단위당 세액 + 수출입재화 수량 × 단위당 과세기준가격 × 세율

4) 탄력세에 의할 경우

> 관세 납부세액 = 수출입재화 수량 × 단위당 과세기준가격 × 탄력세율

현행 「수출입재화의 종량세, 복합세, 탄력세 세목 세율표」에 탄력세 세율의 계산 공식이 있으며, 이 공식은 수출입재화의 과세기준가격과 관련이 있는 함수이다.

참고 … 각 과세방법의 납부세액 계산방법

각 과세방법에 있어서 관세의 납부세액 계산방법을 나타내면 다음과 같다.

구 분	납 부 세 액 계 산 방 법
종가세	수출입재화 수량 × 단위당 과세기준가격 × 세율
종량세	수출입재화 수량 × 단위당 세액
복합세	수출입재화 수량 × 단위당 세액 + 수출입재화 수량 × 단위당 과세기준가격 × 세율
탄력세	수출입재화 수량 × 단위당 과세기준가격 × 탄력세율

사 례 9-1

- 천진미용유한공사는 고급 미용장식용 화장품을 수입하였다.
- 화장품의 해외 매입가격 120만위안
- 화장품을 국내까지 운반하는 과정에서 발생한 운반비, 보험료, 기타 경비가 각각 10만, 6만, 4만위안
- 수입통관시 증치세와 소비세를 납부하고 완납증명을 수취하였다.
- 해관에서 회사까지 운반비 : 5만위안(증치세 0.55만위안)
- 판매가액 : 520만위안

(수입관세율 20%, 증치세율 17%, 소비세율 15% 가정)

요구

천진미용유한공사가 화장품을 수입할 때 납부하여야 할 관세, 증치세 및 소비세와 판매와 관련한 증치세를 계산하시오

풀이

- 관세 과세기준가격 = 120 + 10 + 6 + 4 = 140
- 수입시 관세 = 140×20% = 28
- 수입시 산정가격(组成计税价格) = (140 + 28)÷(1 − 15%) = 197.65
- 수입시 증치세(매입) = 197.65×17% = 33.60
- 수입시 소비세 = 197.65×15% = 29.65
- 판매시 증치세(매출) = 520×17% − 0.55 − 33.60 = 54.25

5) 국외 전자상거거래로 재화를 수입할 경우

2016년 4월 8일부터 국외에서 전자상거래로 재화를 수입할 경우 수입하는 개인과 단위가 납세의무자가 되며 실제 거래가액(재화가격, 운반비와 보험료 포함)을 과세기준가격으로 하여 전자상거래기업 또는 물류기업이 원천징수의무자가 된다.

(1) 적용범위

국외 전자상거래에 관한 조세정책은 다른 국가로부터 아래의 상품을 수입하는 경우 적용된다.

- 해관과 연결된 전자상거래플랫폼을 통하여 거래하는 거래로서 거래, 지불, 물류전자정보를 비교할 수 있는 전자상거래로 수입하는 상품
- 해관과 연결된 전자상거래플랫폼을 통하지는 않았으나 택배회사나 우체국이 거래, 지불, 물류전자정보를 제공할 수 있고 법률책임을 지는 것을 승낙한 국외 전자상거래로 수입하나 상품

국외 전자상거래로 수입한 것에 속하지 않는 개인물품 및 거래, 지불, 물류전자정보를 제공할 수 없는 전자상거래로 수입한 상품은 이 규정을 적용할 수 없다.

(2) 과세최저한

국외 전자상거래로 재화를 수입하는 경우 한번에 2,000위안 이하인 경우 및 연간

합계 20,000위안 이하인 경우 관세의 적용세율은 "0"이며, 수입시의 증치세와 소비세는 면제하지 않고 법정 납부세액의 70%를 징수한다.

한번에 2,000위안을 초과하거나 개인의 연간 합계 20,000위안을 초과하는 경우 정상 관세율로 과세한다.

(3) 인적사항의 인증

국외 전자상거래로 재화를 수입한 품목이 해관의 통관이 된 날로부터 30일 이내 반품되는 경우 환급을 신청할 수 있으며 개인의 연도별 거래총액을 조정할 수 있다.

전자상거래로 상품을 구매하는 개인의 인적사항을 인증하여야 하며 인증하지 않은 구매자의 인적사항은 대금 지급자와 일치하여야 한다.

V. 관세의 감면규정

관세의 감면은 특정 납세의무자와 과세대상에 대해 조세특례를 주는 일종의 특수한 조세조절수단이다. 이러한 수단을 통해 관세정책에 있어 보편성과 특수성, 원칙성과 융통성을 고려할 수 있게 된다. 따라서 관세의 감면은 국가의 관세정책을 철저히 수행하는 중요한 조치이다.

관세의 감면은 법정 감면, 특정 감면 및 임시 감면 세 가지로 구분된다. 관세법에서 규정된 법정 감면 이외의 기타 감면은 모두 국무원이 결정한다. 관세의 감면은 중국이 WTO에 가입하기 전에는 세칙에서 규정한 세율을 기준으로 하였고, WTO에 가입한 후에는 최혜국세율 또는 보통세율을 기준으로 하고 있다.

1. 법정 감면

법정 감면은 세법에 열거되어 있는 감면 또는 면세를 말하며, 법정감면이 되는 수출입재화는 납세의무자가 신청할 필요가 없으며 해관이 규정에 따라 직접 감면을 할 수 있다. 해관은 법정 감면재화에 대해 일반적으로 사후관리를 하지 않는다.

중국 관세법 및 「수출입 관세 조례」에서는 아래의 재화 및 물품에 대해 감면 및 면세를 할 수 있다고 규정하고 있다.

1) 세액이 건당 인민폐 50위안 이하인 경우
2) 상업적 가치가 없는 광고품 및 샘플
3) 외국정부와 국제조직이 무상으로 증여한 물자
4) 수출과 수입시 운송도구에 적재한 운송 도중 필요한 연료, 자재 및 식용품
5) 임시 수입이나 수출을 하고 6개월 이내 반입 또는 반출할 것을 해관으로부터 허가 받은 샘플, 전시품, 시공기계, 공사차량, 공사선박, 기구 및 도구, 전기설비, 촬영기계 및 화물 적재용기로서 재화의 수하인과 선적인이 해관에 세액 상당액의 보증금을 납부하거나 담보를 제공한 경우
6) 중국외의 생산자를 위하여 완제품을 가공 또는 조립하거나 해외에 판매할 제품을 생산하기 위하여 수입한 원재료, 보조재료, 부품 및 포장 재료는 해관이 실제 가공하여 수출한 완제품의 수량에 따라 관세의 징수를 면제할 수 있으며, 수입한 원재료 및 물자에 대해 사전 징수한 수입관세에 대해 다시 실제 가공 수출한 완제품의 수량에 따라 환급해 줄 수 있다.
7) 클레임으로 들여오는 수출재화는 해관의 조사결과 사실인 경우 수입 관세를 면제할 수 있으나 이미 징수한 수출관세는 환급해주지 않는다.
8) 클레임으로 나가는 수입재화는 해관의 조사결과 사실인 경우 수출 관세를 면제할 수 있으나 이미 징수한 수입관세는 환급해주지 않는다.
9) 해관의 조사결과 수입재화가 아래에 해당할 경우 각각의 상황에 따라 수입관세를 감면할 수 있다.

- 중국외에서의 운송과정 또는 하역과정에 파손 또는 손실을 입은 경우
- 하역 후 해관에서 통과하기 전에 불가항력으로 파손 또는 손실을 입은 경우
- 해관이 검사할 때 이미 파손, 망실 또는 부패되었으나 보관의 잘못으로 인한 것이 아닌 것으로 증명된 경우

10) 무상 변상재화, 즉 수입재화가 정식으로 해관을 통과한 이후 재화가 파손, 수량부족 또는 품질불량으로 인하여 국외의 운송업자, 선적인 또는 보험회사에서 무료로 배상해주거나 동종 재화로 교환해 줄 경우 면세할 수 있다. 다만

파손되거나 품질의 문제가 있는 당초의 수입재화를 국외로 반출하지 않을 경우 무상 변상재화에 대해서는 관세를 징수하여야 한다.

11) 중국이 체결 또는 참여한 국제 조약에서 규정하는 관세의 감면 및 면세대상이 되는 재화와 물품은 규정에 따라 관세를 감면해 줄 수 있다.

12) 법률이 감면과 면제를 규정하고 있는 기타의 재화

2. 특정 감면

법정 감면 이외에 국제 통용규칙 및 중국의 실제상황에 따라 제정하여 공포한 수출입재화의 감면과 관련된 정책을 특정 감면이라고 한다. 특정 감면을 받는 재화는 일반적으로 지역, 기업 및 용도의 제한이 있으며, 해관은 사후관리 및 감면세 통계를 진행하여야 한다.

1) 과학교육 용품

중국의 과학연구와 교육사업의 발전을 위하여 국무원은 「과학연구 및 교육용품의 수입세수를 면제하는 잠정규정」을 제정하여 과학연구기관 및 학교가 비영리목적으로 합리적인 수량의 범위 내에서 국내에서 생산할 수 없는 과학연구 및 교육용품을 수입하여 직접 과학연구 또는 교육에 사용하는 것은 수입관세 및 수입과정에서의 증치세와 소비세의 징수를 면제한다.

본 규정은 해당 특례를 받고 있는 과학연구기관과 학교의 자격, 종류 및 면세를 할 수 있는 물품에 대해 명확히 규정하고 있다.

2) 장애인 전용 물품

장애인의 건강회복을 위하여 국무원은 「장애인 전용물품 수입세수를 면제하는 잠정규정」을 제정하여 장애인 전용 물품에 대하여 수입관세 및 수입단계의 증치세와 소비세의 징수를 면제한다.

건강회복기구와 복리기구, 의족공장 및 명예군인의 건강회복병원이 국내에서 생

산하지 못하는 장애인 전용물품을 수입하는 경우 수입관세 및 수입단계에서의 증치세를 면제한다.

3) 빈곤보조 및 자선성 기증물자

공익사업의 발전을 촉진하기 위하여 국무원의 비준을 받아 재정부와 국가세무총국, 해관총국은 「빈곤보조, 자선성 기증물자의 수입제세를 면제하는 잠정방법」을 공포하였다. 국외의 자연인, 법인 또는 기타 조직 등 국외의 기증인이 무상으로 국무원 주관부문이 비준하여 설립된 법인에게 기증한 것으로 직접 빈곤보조와 자선사업에 사용된 물자에 대해서는 수입관세와 수입단계의 증치세를 면제한다.

3. 임시 감면

임시 감면은 위의 법정 감면 및 특정 감면 이외의 기타 감면을 의미하며, 국무원이 관세법의 규정에 따라 특정 단위, 특정 종류의 상품, 특정 항목 또는 특정 수출입 재화에 대해 사안별로 특별한 대우를 하는 감면을 의미한다.

일반적으로 단위, 종류, 기한, 금액 또는 수량 등의 제한이 있으며, 사안별로 따로 집행한다.

중국은 이미 WTO에 가입하여 관세의 제원칙을 준수하고 국가가 감면을 통제하기 위하여 임기응변적인 감면은 하지 않고 있으며 특정 감면에 대하여 점점 규범화하고 정리하여 국제 관례에 적합하지 않은 조세특례 정책도 점점 폐지하고 있다.

VI. 징수 관리

1. 관세의 납부

수입재화는 운송수단의 입국 신고일로부터 14일 이내, 수출재화는 화물이 해관의 관리구역에 도착한 후 24시간 이내에, 수출입재화의 납세의무자가 화물의 출입국지 해관에 신고하여야 하고, 해관은 세칙 분류 및 과세기준가격을 근거로 납부하여야 할 관세 및 수입단계에서 대리징수하여야 할 세액을 기입하여 세액납부서를 발행한다.

납세의무자는 해관이 세액납부서를 발행한 날로부터 15일 이내에 지정한 은행으로 세액을 납부하여야 하며 관세의 납부기한이 주말 또는 법정 공휴일인 경우 관세 납부기한은 주말 또는 법정 공휴일 이후 첫 번째 근무일로 연기된다.

납세의무자의 편의를 위하여 수출입재화의 납세의무자는 해관의 동의를 얻어 해관이 설치된 운반지에서 해관에 신고와 납부의 수속을 진행할 수 있다.

관세의 납세의무자가 불가항력 또는 국가의 조세정책의 조정으로 인하여 납부기한 내에 세액을 납부할 수 없는 경우 해관의 비준을 거쳐 세액의 납부를 연기할 수 있으며 6개월을 초과하지 못한다.

2. 관세의 강제집행

납세의무자가 관세의 납부기한 내에 세액을 납부하지 않은 경우 관세의 체납이 되며, 중국 해관법에서는 관세를 체납한 납세의무자에게 강제집행을 할 수 있는 권한을 해관에게 부여하고 있는데, 강제집행의 조치에는 두 가지 종류가 있다.

첫째, 관세 가산금의 징수이다.

가산금은 관세 납부기한의 만료일부터 납세의무자가 관세를 납부한 날까지 일별 체납세액의 1만분의 5의 비율로 징수하며 주말 또는 법정 공휴일은 일수에 포함한다. 자세한 계산 공식은 다음과 같다.

관세 가산금 금액 = 관세 체납세액 × 가산금 징수 비율 × 체납 일수

둘째, 강제징수이다.

납세의무자가 해관에서 납부서를 발행한 날부터 3개월 이내에 세액을 납부하지 않을 경우 해관장의 비준을 거쳐 해관이 강제로 징수하거나 세액충당 등의 강제조치를 취할 수 있다.

- 강제징수란 해관이 납세의무자의 계좌개설은행 또는 다른 금융기관의 예금 중에서 직접 세액을 추심하는 것을 말한다.
- 세액충당이란 해관이 과세대상화물을 법적 절차를 밟아 매각한 수입으로 세액을 충당하는 것을 말한다.

3. 관세의 환급

관세의 환급이란 관세의 납세의무자가 해관이 심사, 결정한 세액을 납부한 후 해관이 실제 징수하여야 할 세액보다 많이 징수한 세액을 당초의 납세의무자에게 환급해주는 행정행위를 말하며, 해관이 과다징수한 세액은 해관이 발견한 후 즉시 환급해주어야 한다.

아래에 해당할 경우 수출입재화의 납세의무자는 세액을 납부한 날부터 1년 이내에 서면으로 사유를 소명하여 당초의 납부영수증과 함께 해관에 세액 및 보통예금 이자까지 함께 환급해 줄 것을 신청할 수 있으나 기한을 넘길 경우에는 수리하지 아니한다.

- 해관의 잘못으로 세금을 많이 징수한 경우
- 해관이 검사의 생략을 비준한 수입재화에 대해 납세 후 해관의 검사로 재화의 수량 부족이 인정된 경우
- 이미 수출관세를 징수한 재화가 여러 사유로 수출하지 못하게 되어 관세의 환급을 신청하고 해관의 검사로 사실이 확인된 경우

이미 수출관세 또는 수입관세를 징수한 수출재화 또는 수입재화에 대하여 품종

또는 규격의 원인(다른 원인은 제외)으로 인하여 당초의 상태로 다시 반입 또는 반출되는 경우, 해관의 검사로 사실이 확인되면 이미 징수한 관세는 환급해 주어야 한다.

해관은 환급신청의 접수일부터 30일 이내에 신청인에게 서면으로 회신 및 환급통지를 하여야 한다. 이러한 환급은 '재화의 품종 또는 규격의 원인으로 인하여 당초의 상태로 다시 반입 또는 반출되는 경우'에만 해당되며 다른 원인 및 당초의 상태로 다시 반입 또는 반출할 수 없는 경우에 해당할 경우에는 환급되지 못한다.

4. 관세의 추가납부와 추징

관세의 납세의무자가 해관이 심사한 세액에 따라 관세를 납부하였으나 실제 징수한 세액이 징수하여야 할 세액보다 적은 경우('과소납부한 관세'라고 한다) 납세의무자에게 차액을 납부하도록 하는 것이 관세의 추징이다.

해관법은 과소납부한 관세의 원인에 따라 해관이 과소징수한 관세를 징수하는 행위를 '추가납부'와 '추징' 두 가지로 나눈다.

1) 추징(追征)

납세의무자가 해관의 규정을 위반하여 관세를 과소납부하여 추가로 징수하는 것을 '추징'이라고 한다.

2) 추가납부(补征)

납세자가 해관의 규정을 위반하지 아니하였으나 관세를 과소납부하여 추가로 징수하는 것을 '추가납부'라고 한다.

관세 추징과 관세 추가납부로 구분하는 목적은 상황에 따라 다른 징수시효를 적용하기 위함이며 규정기한을 넘기게 되면 해관은 관세를 추징할 권리를 상실하게 된다.

3) 추징과 추가납부(补征) 방법

해관법의 규정에 따른 추징과 추가납부는 다음과 같다.

(1) 추징

납세의무자가 규정을 위반하여 세금을 과소징수 또는 세액을 누락한 경우에는 납세의무자가 세액을 납부한 날로부터 3년 내에 추징하여야 하며 세액을 납부한 날부터 과소징수 또는 누락한 세액에 매일 1만분의 5의 가산금을 추가로 징수한다.

(2) 추가납부

수출입재화 및 물품이 통관된 후 해관이 과소징수하였거나 누락된 세액을 발견하였을 경우, 세액을 납부한 날 또는 재화나 물품이 통관된 날로부터 1년 내에 납세의무자에게 추가납부하도록 하여야 한다.

5. 관세의 납세쟁송

납세의무자의 합법적인 권익을 보호하기 위하여 해관이 결정한 수출입재화의 징세, 감세, 추가납부 또는 환급 등에 대해 이의가 있을 때 중국의 「해관법」 및 「수출입 관세 조례」의 규정에 따라 납세의무자가 이의를 제기할 수 있는 권리가 있다. 납세의무자는 해관과 납세쟁송이 발생할 때 해관에 이의신청을 제기할 수 있으며 신청과 동시에 납부기한 내에 해관이 심사한 세액에 따라 관세를 납부하여야 하며 기한을 넘겨 체납이 될 경우 해관은 규정에 따라 강제집행조치를 취할 수 있다.

납세쟁송의 내용은 수출입재화 및 물품의 납세의무자가 다음과 같은 사항에 대하여 해관의 관세 징수행위에 대해 이의를 제기하는 것을 말한다.

- 해관의 원산지 판정, 세칙분류, 세율 또는 환율의 적용, 과세기준가격의 결정, 관세의 징수감면, 관세의 징수면제, 추징, 추가납부와 환급 등의 과세행위가 합법적인지 아니면 적당한지의 여부
- 납세의무자의 합법적인 권익을 침해하였는지의 여부

납세쟁송의 신청은 납세의무자가 해관이 세액납부서를 발행한 날부터 30일 이내에 당초 관할 해관의 상급 해관에 서면으로 이의신청을 하여야 하며 기한을 넘겨 신청할 경우 해관은 받아들이지 아니한다.

해관은 이의신청을 받은 날부터 60일 이내에 이의신청의 결정을 하여야 하며, 동시에 이의신청 결정서 형식으로 납세의무자에게 답변을 하여야 한다.

납세의무자는 해관의 결정에 대해 인정할 수 없을 경우 결정서를 받은 날부터 15일 내에 인민법원에 소송을 제기할 수 있다.

주요 세법근거

1. 「중화인민공화국 해관법」, 2000년 7월 8일, 제9기 전인대 상무위 제16차 회의에서 개정
2. 「중화인민공화국 수출입 관세 조례」, 2003년 11월 23일, 국무원령 제392호
3. 기타 재정부 및 국가세무총국의 관세법 시행과 관련한 「통지」
4. 중국 국가세무총국 홈페이지(www.chinatax.gov.cn)

제4편

기타 세법편

제 10 장 취득세법

취득세법은 납세의무자가 과세대상이 되는 재산을 취득하는 과정에서 납부하는 세금을 말한다.

현행 중국의 세법에서 취득세라는 세목이 별도로 존재하는 것은 아니며, 취득세의 성격에 속하는 세금은 다음과 같은 것이 있으며 한국과 중국의 차이를 비교해 보면 다음과 같다.

중국의 세목	과 세 대 상	한국의 세목
계약세(契税)	건물 또는 토지사용권을 취득하는 경우	취득세
차량취득세(车辆购置税)	차량을 취득하는 경우	취득세
인화세(印花税)	계약서 등을 작성, 수령하는 경우	인지세

이하 이 장에서는 중국에서 취득세의 성격을 지닌 세목을 계약세와 차량취득세로 각각 구분하여 설명하기로 한다.

I. 계약세법(契税法)

계약세법은 계약세의 징수와 납부에 있어서 권리와 의무관계를 조정하도록 국가가 제정한 법률규범이다. 현행 계약세법의 기본규범은 1997년 7월 7일 국무원이 국무원령 제224호로 공포하고 10월 1일부터 시행되고 있는 「중국 계약세 잠행조례」(이하 '계약세법'이라 한다)와 1997년 10월 28일 공포한 「중국 계약세 잠행조례 실시세칙」이다.

계약세(契税)의 의미

계약세는 원래 중국세법에서는 계세(契税)라고 사용하고 있는데, 중국에서의 契의 의미는 다음과 같이 여러 가지가 있다.

1. 地契(땅 문서)
2. 房契(집 문서)
3. 卖契(양도 증서)
4. 典契(저당권 설정 증서)

세법에서 사용되는 계(契)의 의미는 '부동산의 매매증서나 소유권을 증명하는 문서'를 의미하며, '契税'의 의미는 '소유권에 변동이 발생할 경우 소유권의 취득자에게 징수하는 일종의 취득세로서 과세범위는 토지사용권의 양도 증여 및 교환, 부동산의 매매, 부동산의 증여, 부동산의 교환을 포함한다.'라고 규정되어 있다.

한국에서는 이러한 부동산과 같은 재산을 취득할 때 납부하는 세금은 취득세가 있으며, 한국과 중국 모두 특정 재산을 취득하는 과정에서 납부하는 세금이라고 볼 수 있다.

여기서는 중국의 契税를 한국의 취득세와 구분하여 '계약세'라는 용어로 사용하기로 한다.

1. 계약세의 기본원리

1) 계약세의 개념 및 연혁

계약세는 중국내에서 토지와 건물의 소유권의 이전을 과세대상으로 하여 소유권을 양수한 자에 대해 징수하는 일종의 취득세로서 계약세는 중국에서 오랜 역사를 지니고 있으며 동진(东晋)의 고세(估税)에서 기원하고 있다.

- 신중국 성립 이후 정무원이 1950년 제26차 정무회의에서 「계약세 잠행조례」를 공포하면서 이전의 계약세법을 폐지하고 새로운 계약세제도를 확립하였다.
- 1954년 재정부가 「계약세 잠행조례」를 개정하였다. 개정 후 공동소유제 단위가 토지 및 건물을 매매, 저당, 증여 및 교환하는 경우에 계약세가 면제되었다. 이때 토지의 개인소유가 금지되면서 계약세의 과세범위는 건물의 소유권 이전 행위로 한정되게 되었다.
- 1997년 7월 7일 국무원은 새로운 「중국 계약세 잠행조례」를 공포하여 1997년 10월 1일부터 시행하고 있다.

2) 계약세의 특징

(1) 재산 이전세에 속한다.

계약세는 재산 이전세에 속하며 재산 소유권이 이전된 토지와 건물을 과세대상으로 하여 과세한다.

(2) 취득자가 계약세를 납부한다.

일반적으로 세법에서는 주로 판매자가 납세의무자가 되어 세액을 납부하는데, 계약세를 취득자에게 과세하는 중요한 목적은 부동산 소유권의 이전이 유효함을 취득자가 동의하고 세액을 납부한 후 이전한 부동산의 소유권 또는 사용권을 소유하게 함으로써 법률에 의해 납세의무자의 합법적인 권익을 보호한다.

3) 계약세의 기능

(1) 재원 확보 및 지방정부의 재정수입을 증대

계약세는 재산의 이전가치에 따라 과세하므로 세원이 비교적 충분하고 다른 세원의 부족을 보완할 수 있어 지방정부의 재정수입을 증가시킬 수 있다.

(2) 합법적인 재산권을 보호

부동산 소유권 및 사용권의 이전은 양도자와 취득자 쌍방의 이익에 관계되며 소유권의 이전은 여러 가지가 있을 수 있는데, 소유권의 합법성이 확실하지 않으면 후에 소유권의 분쟁이 일어날 수 있다.

계약세법은 부동산 등의 취득자에게 과세함으로써 법률적인 형식을 거쳐 소유권 관계를 확정함으로써 국민의 합법적인 권익을 보호하고 소유권의 분쟁을 막을 수 있다.

2. 과세대상

계약세의 과세대상은 중국내에서 토지와 건물의 소유권을 이전하는 것으로 구체적으로 아래 다섯 가지가 있다.

1) 국유 토지사용권의 출양

국유 토지사용권의 출양은 토지사용자가 국가에 토지의 사용에 대한 출양금을 지급하고 국가는 국유 토지사용권을 일정한 기간 토지사용자에게 허가하는 것을 말한다.

국유 토지사용권의 출양은 출양자가 국가에 납부하는 출양금을 기준으로 계약세를 납부하며, 출양금의 감면으로 계약세가 감면되지는 않는다.

용어설명 국유 토지사용권의 출양(出让, 出讓)

중국의 토지제도는 국가가 소유하고 있는 국유토지의 개념이며 중국에서는 개인이 국가의 토지를 소유할 수 없는 대신 국가에 토지사용료를 내고 일정한 기간 동안 토지사용권을 획득하여 사용하게 된다. 국가로부터 사용을 허가 받은 기간 동안 토지를 소유하는 것과 동일한 권리를 누릴 수 있다. 이와 같이 토지를 사용하고자 하는 자가 국가로부터 제일 먼저 토지사용권을 획득하는 절차를 '토지사용권의 출양(出讓, 出讓)', 토지사용료로 납부하는 대금을 출양금(出讓金, 出讓金), 토지를 출양받은 자가 다시 토지사용권을 이전하는 것을 '토지사용권의 양도'라는 표현으로 구분하여 사용한다.

2) 토지사용권의 양도

토지사용권의 양도는 토지사용자가 토지사용권을 양도, 증여, 교환 및 기타의 방법으로 다른 법인이나 개인에게 이전하는 행위를 말한다.

3) 건물의 매매

양도자가 취득자로부터 금전을 받고 취득자에게 건물의 소유권을 넘겨주는 행위를 말하며, 아래의 경우에는 건물의 매매로 본다.

(1) 건물로 채무를 상환하거나 현물로 교환하는 경우

현지 정부와 관련부문의 비준을 거쳐 건물로 채무를 상환하거나 현물교환을 하는 경우 모두 건물의 매매로 보아 소유권을 인수하는 자가 건물의 시가대로 계약세를 납부하여야 한다.

예를 들어 채무자가 채권자의 채무를 상환할 수 없을 경우 자신의 건물로 채무를 상환할 수 있는데 쌍방의 동의를 거쳐 관련 부문의 비준을 받아 채권자가 채무자 소유의 건물을 취득하는 경우 소유권 이전등기를 할 때 건물의 가격에 따라 계약세를 납부하여야 하며, 현물로 건물과 서로 교환하는 경우에도 금전으로 건물을 취득한 것으로 본다.

(2) 건물을 현물출자하는 경우

현물출자의 경우에도 소유권의 이전에 속하며 국가 부동산 관리부문의 규정에 따라 건물의 소유권 이전계약 및 이전등기를 하는 경우 건물의 매매로 보아 소유권 인수자가 계약세를 납부하여야 한다.

예를 들어 유비가 자신이 보유하던 건물을 (주)절강산업에 현물출자하여 건물의 소유권이 (주)절강산업에 이전되는 경우에는 건물의 소유권에 변동이 있으므로 (주)절강산업이 소유권 이전등기를 한 후 유비가 주식을 인수한 날의 시가로 계약세를 납부하여야 한다. 만약 (주)강소기업이 주식으로 (주)절강산업의 건물을 취득하는 경우 (주)강소기업이 소유권 이전등기를 한 후 건물의 취득가액에 따라 계약세를 납부하여야 한다.

본인 소유의 건물을 자신의 개인사업에 투자하는 경우에는 계약세를 면제하는데 이는 소유권자와 사용인에 변화가 없고 건물의 변경등기를 할 필요가 없으므로 계약세를 납부할 필요가 없다.

(3) 건물을 철거하여 새 건물을 짓는 경우

예를 들어 관우가 (주)하남공업의 건물을 취득하는 목적이 건물의 건축재료로 사용하거나 새로운 건물을 신축하는지에 상관없이 모두 건물을 취득하는 경우로 본다. 따라서 관우는 먼저 건물의 소유권 이전등기를 하고 매입가격으로 계약세를 납부하여야 한다.

4) 건물의 증여

건물의 증여는 건물의 소유자가 건물을 무상으로 타인에게 이전하는 것을 말하며, 건물의 수증인은 계약세를 납부하여야 한다.

5) 건물의 교환

건물의 교환은 건물의 소유자가 서로 소유하고 있는 건물을 교환하는 것을 말하며 다음과 같은 방식이 있다.

- 토지와 건물로 현물출자하는 경우
- 토지와 건물로 채무를 상환하는 경우
- 경품으로 토지와 건물을 인수하는 경우
- 예약구매 또는 예약투자 방식으로 토지와 건물을 인수하는 경우

6) 토지출양금(土地出让金)을 지급한 경우

국유 토지사용권을 취득하면서 지급한 토지출양금에 대해서는 계약세를 납부하여야 하며, 토지출양금을 면제하는 경우에도 계약세는 감면할 수 없다.

3. 납세의무자 및 세율

1) 납세의무자

계약세의 납세의무자는 중국내에서 토지 또는 건물의 소유권을 이전받는 단위 또는 개인이다.

2) 세율

계약세는 3%와 5% 사이의 구간 탄력세율을 적용한다. 구간 탄력세율을 실시하는 목적은 중국의 경제발전의 수준차이를 고려한 것으로서 각 성, 자치구, 직할시 인민정부는 3%와 5%의 범위 내에서 각 지역의 실제상황에 따라 결정할 수 있다.

4. 납부세액의 계산

1) 과세표준

계약세의 과세표준은 부동산의 가격이다. 토지와 건물 소유권의 이전방식은 여러 가지가 있고 가격결정방식 또한 다르므로 구체적인 과세표준은 상황을 고려하여 결정된다.

(1) 국유 토지사용권의 출양, 토지사용권의 양도 및 건물의 매매

국유 토지사용권의 출양, 토지사용권의 양도 및 건물의 매매는 거래가격을 과세표준으로 하며, '거래가격'이란 토지 및 건물의 소유권을 이전할 때 결정된 가격으로서 취득자가 지급하여야 할 화폐, 현물, 무형자산 및 기타 경제적인 이익을 포함한다.

(2) 토지사용권 및 건물을 증여할 경우

토지사용권 및 건물을 증여할 경우에는 징수기관이 토지사용권 및 건물의 시장가격을 참고하여 추계결정한다.

(3) 토지사용권 및 건물을 교환할 경우

토지사용권 및 건물을 교환하는 경우에는 교환된 토지사용권과 건물의 차액이 과세표준이 되며 교환가격이 같을 경우에는 계약세를 면제하고 교환가격이 다를 경우에는 차액을 지급하는 쪽에서 차액에 대해 계약세를 납부한다. 즉, 차액을 지급받는 쪽은 계약세의 납세의무가 없다.

자산을 교환하는 경우 납부세액

중국에서 계약세 과세대상 물건을 서로 교환하여 취득하는 경우, 각각 양도대금 전체에 대하여 납부하는 것이 아니라 계약에 따라 차액을 지급하는 자가 차액에 대해서만 납세의무가 있고 차액을 받는 자는 계약세의 납부의무가 없다.

(4) 획발방식으로 토지사용권을 취득하는 경우

획발방식으로 토지사용권을 획득하는 시점에는 계약세를 납부하지 않고, 비준을 거쳐 부동산을 양도할 때 부동산 양도자가 계약세를 추가로 납부하며, 과세표준은 추가로 납부한 토지사용권의 출양비용 또는 토지수익이 된다.

거래가격이 시장가격보다 현저히 낮고 정당한 사유가 없는 경우 과세기관이 시장가격을 참조하여 과세표준을 추계결정한다.

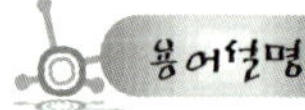

획발(划拨)

'획발'은 토지사용자가 현급 이상 인민정부의 비준을 얻어 보상금 또는 배치 등의 비용을 납부한 후 사용기한의 제한 없이 국유 토지사용권을 취득하는 것을 말하며, 이는 행정행위에 속하며 민사행위에는 속하지 않는 다. 획발은 일반적으로 토지사용권의 기한은 정하지 않지만 양도, 임대 또는 담보제공의 금지와 같은 일정한 제한조건을 정한다.

(5) 건물 부속시설의 경우

건물 부속시설의 계약세 과세표준은 다음과 같다.

구 분	계약세징수기준
토지사용권과 건물의 소유권 변동이 없는 경우	계약에 납부의무가 없다.
할부방식으로 건물부속설비와 토지사용권 및 건물 소유권을 취득한 경우	계약서에 규정된 총 대금에 대해 계약세를 과세한다.
건물 부속설비의 소유권이 단독으로 구분되는 경우	현지의 적용세율에 따라 과세한다.
건물과 구분할 수 없는 경우	건물과 같은 세율로 과세한다.

(6) 무상으로 증여하는 경우

개인이 무상으로 부동산을 증여하는 경우(법정 상속인은 제외한다)에는 수증자에게 계약세를 징수한다. 계약세를 납부할 때 납세의무자는 세무기관의 심사와 서명날인한 「개인의 부동산 무상증여 등기표」를 제출하여야 한다. 그리고 세무기관은 납세의무자의 계약세 완납증명에 '개인의 무상증여'라고 표시하고, 「개인의 부동산 무상증여 등기표」에 서명하고 보관한다.

2) 납부세액의 계산방법

계약세는 과세표준에 비례세율을 적용하며 납부세액의 계산은 비교적 간단하다.

납부세액의 계산공식은 다음과 같다.

납부세액 = 과세표준 × 세율

사 례 10-1

거주자인 황비홍은 주택 두 채를 소유하고 있다. 그 중 한 채를 거주자인 방세옥에게 300,000위안에 양도하였으며 또 다른 한 채는 거주자인 장무기의 주택과 교환하고 차액 80,000위안을 지급하였다.

요구

각각의 납세의무자가 납부하여야 할 계약세를 계산하시오(세율은 모두 4%로 가정).

풀이

① 황비홍의 납부세액 = 80,000 × 4% =3,200위안
② 방세옥의 납부세액 = 300,000 × 4% = 12,000위안
③ 장무기의 납부세액 = 납부세액이 없음.

5. 조세특례

1) 계약세 조세특례의 일반 규정

(1) 국가기관이 사용하는 경우

국가기관, 사업단위, 사회단체, 군사단위가 토지와 건물을 취득하여 사무용, 학습용, 의료용, 과학연구 및 군사시설로 사용하는 경우 계약세를 면제한다.

(2) 최초로 주택을 취득하는 경우

성진(城镇)의 종업원이 공용주택을 최초로 취득하는 경우에는 계약세를 면제한다.

이 외에 2000년 11월 29일부터 각종 공유제 단위가 종업원의 주택을 해결하기 위해서 자금을 모아 보통주택을 건설하거나 단위가 취득한 보통주택에 대해서 현지 현급 이상 인민정부 주택개혁부문의 비준을 거치고 국가 주택개혁정책에 따라 단위 종업원에 매각하는 경우로서 종업원이 최초로 취득하는 주택은 계약세를 면제한다.

개인이 최초로 90㎡ 이하의 보통주택을 취득하여 1주택 소유자가 된 경우 계약세의 세율은 잠정적으로 1%를 적용한다.

(3) 자연재해로 멸실된 경우

자연재해 또는 전쟁 등 불가항력적인 이유로 주택이 멸실되어 주택을 새로 구입하는 경우 사정을 참작하여 감면한다.

(4) 징용 또는 수용된 경우

토지 및 건물이 현급 이상 인민정부에 의해 징용 또는 수용되어 토지 및 건물소유권을 대신 취득하는 경우 성급 인민정부가 계약세의 감면 여부를 결정한다.

(5) 황무지의 경우

황무지(산, 언덕, 개펄 등 포함)의 토지사용권을 취득하여 농림목어업에 사용하는 경우에는 계약세를 면제한다.

(6) 외국대사관 등이 취득하는 경우

외교부의 확인을 거쳐 중국의 법률 및 중국이 참여한 외교협정에 따라 면제하여야 하는 외국대사관, 영사관 및 외교인원이 취득하는 토지와 건물에 대해서는 계약세를 면제한다.

(7) 공공임대주택 운영자의 경우

공공임대주택 운영자가 주택을 매입하여 공공임대용으로 사용하는 경우 계약세를 면제한다.

2) 계약세 조세특례의 특수 규정

(1) 기업이 조직변경한 경우

회사가 아닌 기업이 회사법(公司法)의 규정에 따라 유한회사 또는 주식회사로 전환하거나 유한회사가 주식회사로 조직변경하는 경우 변경 후의 회사가 당초 기업의 토지와 건물의 소유권을 승계하는 경우 계약세를 면제한다.

회사가 아닌 국유독자기업 또는 국유독자유한회사가 자산의 일부로 다른 사람과 새로운 회사를 설립할 경우로서 국유독자기업이 신설법인의 50% 이상의 지분을 소유하는 경우에 신설법인이 국유독자기업의 토지와 건물의 소유권을 승계하는 경우 계약세를 면제한다.

(2) 주식이동의 경우

법인의 주식을 양도하는 경우에는 기업의 토지와 건물의 소유권은 변동이 없으므로 계약세를 납부하지 아니한다.

국유기업 및 집체기업이 주식회사로 전환하여 종업원이 기업의 소유권을 인수하거나 종업원에게 일부 소유권을 양도하는 경우 및 종업원이 증자의 형식을 통하여 투자를 하여 원래의 기업을 주식회사형 기업으로 전환하는 경우, 전환 후의 주식회사가 원래의 기업으로부터 토지와 건물을 인수하는 경우에는 계약세를 면제한다.

국유기업의 구조조정을 진행하기 위해서 국유 지배회사가 새로운 법인을 설립할 때 계약세의 정책은 다음과 같다.

- 국유 지배회사가 일부 자산으로 신설법인에 투자하고 국유 지배회사가 신설법인의 85% 이상을 보유하는 경우로서 신설법인이 국유 지배회사의 토지와 건물의 소유권을 인수하는 경우에는 계약세를 면제한다.
  '국유 지배회사'란 국가가 유한회사의 50% 이상의 지분을 소유하거나 국유 지배회사가 주식회사의 50% 이상을 보유하고 있는 국유 지배회사를 말한다.
- 출양(出让, 出讓)방식으로 국유 지배회사의 토지소유권을 인수하는 경우에는 본 규정의 범위에 포함하지 아니한다.

(3) 합병의 경우

둘 또는 둘 이상의 기업이 하나의 기업으로 합병하는 경우 합병 후의 기업이 합병 당사자의 토지와 건물을 취득하는 경우에는 계약세를 징수하지 아니한다.

Tip 합병 및 분할

한국의 세법에서도 합병을 여러 기업이 하나의 기업으로 합쳐지는 '형식적인 취득'으로 보아 중국의 계약세에 해당하는 취득세와 등록세를 면제하고 있으며, 기업분할의 경우에도 취득세와 등록세를 면제하고 있다.

(4) 분할의 경우

기업이 둘 또는 둘 이상의 기업으로 분할하는 경우 분할되는 기업이 분할 전의 기업의 토지와 건물을 인수하는 경우 계약세를 징수하지 아니한다.

(5) 기업의 양도

국유기업 또는 집체기업이 양도하여 피양도기업의 법인격은 취소되고 이를 양수한 자가 노동법 등에 따라 기존 기업의 모든 종업원을 고용승계하고 그 중 기존 기업의 30% 이상의 종업원과 3년 이상의 고용계약을 체결하는 경우, 인수하는 토지 및 건물의 소유권에 대해 계약세를 50% 감면한다. 모든 종업원과 3년 이상의 고용계약을 체결하는 경우 계약세를 전액 면제한다.

(6) 법인격의 말소 및 파산

기업의 법인격이 말소되거나 파산한 후 채권자(해당 기업의 종업원 포함)가 토지와 건물을 인수하여 채권과 상계하는 경우 계약세를 면제한다. 채권자가 아닌 자가 법인격이 말소되거나 파산한 기업의 토지와 건물을 인수하는 경우 노동법 등에 따라 기존 기업의 모든 종업원을 고용승계하고 그 중 기존 기업의 30% 이상의 종업원과 3년 이상의 고용계약을 체결하는 경우, 인수하는 토지 및 건물의 소유권에 대해 계약세를 50% 감면한다. 모든 종업원과 3년 이상의 고용계약을 체결하는 경우 계약세를 전액 면제한다.

(7) 건물의 부속설비

건물과 관련이 있는 부속설비의 소유권 또는 토지사용권을 취득할 경우 계약세를 납부하여야 하며, 토지사용권 또는 건물의 소유권의 이전이 없는 경우에는 계약세를 징수하지 아니한다.

(8) 토지와 건물을 상속받는 경우

「중국 상속법」의 규정에 의한 법정 상속인(배우자, 자녀, 부모, 형제자매, 조부모, 외조부모 포함)이 토지 및 건물을 상속받는 경우에는 계약세를 과세하지 아니한다.

단, 법정 상속인이 아닌 자가 토지 및 건물을 사전 상속을 받는 경우에는 계약세를 과세한다.

(9) 기타

기타 계약세와 관련된 조세특례를 살펴보면 다음과 같다.

구 분	조 세 특 례
국무원의 비준을 거쳐 채무의 출자전환을 할 때 출자전환 후 신설된 기업이 기존 기업의 토지와 건물을 인수하는 경우	계약세를 면제한다.
정부의 주관부문이 국유자산에 대해 행정조정 및 획발조정 과정 중에 발생하는 토지와 건물을 이전하는 경우	계약세를 징수하지 아니한다.
기업의 구조조정 과정 중 동일한 투자주체 내에 소속된 기업 간의 토지와 건물을 무상이전하는 경우	계약세를 징수하지 아니한다.
철거주민이 철거로 인하여 새로운 주택을 취득하는 경우 주택의 구입가격 중에서 이전보상비에 해당하는 부분	계약세를 면제한다.
철거주민이 철거로 인하여 새로운 주택을 취득하는 경우 구입비용이 이전보상비를 초과하는 경우	초과하는 부분에 대해 계약세를 과세한다.
기업이 구조조정 과정 중 토지와 건물의 소유권을 자회사에 현물출자하는 경우 동일한 투자주체 내부에서 자산을 이전하는 경우	계약세를 면제한다.

6. 징수관리

1) 납세의무 성립시기

계약세의 납세의무 성립시기는 납세의무자가 토지와 건물의 소유권 이전계약을 체결한 날 또는 납세의무자가 기타 토지와 건물의 이전과 관련한 계약증빙을 취득한 날이 된다.

2) 납부기한

납세의무자는 납세의무가 성립된 날부터 10일 내에 토지와 건물 소재지의 계약세 징수기관에 신고하고 계약세 징수기관이 정한 기한 내에 납부하여야 한다.

3) 납세지

계약세는 토지와 건물의 소재지 징수기관에 납부한다.

4) 납세신고

납세의무자는 계약세 완납증명과 기타 관련 자료를 가지고 토지관리부문 및 건물관리부문(한국의 경우 등기소)에 가서 소유권 이전등기를 하여야 하며, 토지관리부문과 건물관리부문은 계약세 징수기관에 관련 자료를 제공하여 계약세 징수기관이 세금을 징수할 수 있도록 협조하여야 한다.

이미 계약세를 납부한 단위와 개인이 소유권 변경등기 전 계약을 취소할 경우, 이미 납부한 계약세는 환급해주나 변경등기 후 취소할 경우에는 환급해주지 아니한다.

5) 징수관리

납세의무자가 계약세를 신고납부한 후 징수기관은 납세의무자에게 계약세 완납증명을 발급한다.

II. 차량취득세법

차량취득세법(车辆购置税法)은 차량취득세의 징수와 납부에 있어서 권리 및 의무관계를 조정하는 법률규범으로서 국가가 제정한 것을 말한다. 현행 차량취득세법의 기본규범은 2000년 10월 22일 국무원령 제294호로 공포하고 2001년 1월 1일부터 시행하는 「중국 차량취득세 잠행조례」(이하 '차량취득세법'이라 한다)이다.

Tip 차량취득세의 의미

중국의 차량취득세법은 한국에서 차량을 취득하는 경우 납부하게 되는 취득세와 비슷하다고 볼 수 있다. 최근 중국의 경제가 발전함에 따라 소득이 높아진 중국인들이 차량을 구매하기 시작하였으며, 차량취득과 관련한 조세수입은 중국에서 중요한 세원이 되고 있다.

1. 차량취득세의 기본원리

1) 차량취득세의 개념

차량취득세는 중국내에서 차량을 취득하는 것을 과세대상으로 하여 차량을 취득한 때 차량 구입자에게 징수하는 세금으로서 직접세의 범주에 속한다.

차량취득세는 2001년 1월 1일부터 중국에서 차량의 구입에 대해 부과하는 세금으로 교통부문이 징수한다.

2) 차량취득세의 특징

차량취득세의 특징은 다음과 같다.

(1) 단일의 징수범위

재산취득세의 하나로서 차량을 취득하는 것을 과세하며 모든 재산 또는 재산의 소비에 대해 과세하는 것이 아니라 과세범위가 한정된 특별 재산취득세이다.

(2) 단일의 징수단계

차량취득세는 사업활동 및 소비의 모든 단계에서 각각 징수하는 세금이 아니라 생산단계에서 소비단계로 넘어갈 때 한번만 징수한다.

(3) 단일의 세율

차량취득세는 하나의 비례세율로 징수하며 세율은 과세대상금액에 따라 변동하지 않으므로 계산이 간편하고 부담이 일정하다.

(4) 단일의 징수방법

차량취득세는 과세대상 차량을 취득할 때의 과세기준가격에 따라 징수한다.

(5) 특정 목적을 가진 목적세

차량취득세는 특정용도를 가지고 있으며 중앙정부가 국가의 교통건설계획에 따라 조달하는 세금으로서 특정사업과 건설지출의 수요를 충당한다.

(6) 세부담의 전가가 없다.

차량취득세의 과세기준은 차량취득세를 포함하지 않은 차량의 가격이 되며 납세의무자가 세부담자가 되어 세부담의 전가가 없다.

2. 납세의무자

차량취득세의 납세의무자는 중국내에서 과세대상 차량을 취득하는 단위와 개인이다. 여기서 '취득'이란 구매, 수입, 수증, 자가 사용, 상금 및 경매, 채무상환, 밀수 및 벌금 등으로 취득하여 사용하는 것을 말하며, 이러한 행위는 모두 차량취득세의 과세행위에 속한다.

차량취득세의 납세의무자는 구체적으로 다음과 같다.

- 단위 : 국유기업, 집체기업, 민간기업, 주식형 기업, 외상투자기업, 외국기업 및 기타의 기업, 사업단위, 사회단체, 국가기관, 부대 및 기타의 단위를 포함한다.
- 개인 : 개인사업자와 기타의 개인을 포함하며 중국인 및 외국인도 모두 포함한다.

3. 과세대상

차량취득세의 과세대상은 차량으로서 아래에 열거되지 않은 차량은 과세하지 아니하는데, 자동차, 오토바이, 전차, 트레일러, 농업용 운송수단을 포함한다.

구 분	과 세 범 위
자동차	각종 자동차를 포함한다.
오토바이	• 스쿠터 : 최고시속이 50㎞ 이하이고, 총배기량이 50㎤ 이하인 이륜 또는 삼륜 자동차 • 이륜 스쿠터 : 최고시속이 50㎞ 이상이고, 총배기량이 50㎤ 이하인 이륜차 • 삼륜 스쿠터 : 최고시속이 50㎞ 이상이고, 총배기량이 50㎤ 이하이며, 공차중량이 400㎏ 이하인 삼륜차
전차	• 무궤전차 • 유궤전차
트레일러	트레일러
농업용 운송수단	• 삼륜 운송수단 • 사륜 운송수단

차량취득세의 과세범위의 조정은 국무원이 결정하며 다른 어떠한 부문, 단위 및 개인도 차량취득세의 과세범위를 조정할 수 없다.

4. 세율 및 과세표준

1) 세율

차량취득세는 단일 비례세율을 적용하며, 세율은 10%이다.

2) 과세표준

차량취득세는 과세차량을 과세대상으로 종가세를 적용하여 과세대상 차량의 가격이 차량취득세의 과세표준이 된다. 다만, 과세차량의 취득방법과 과세행위의 발생의 차이에 따라 과세가격의 결정도 다르게 된다.

차량취득세의 과세기준은 다음과 같이 나눠질 수 있다.

(1) 과세차량을 구입할 경우

납세의무자가 사용할 과세차량을 구입할 경우의 과세가격은 납세의무자가 과세차량을 구입할 때 지급한 대가와 부대비용(증치세는 제외)을 합한 금액이 된다.

(2) 과세차량을 수입할 경우

납세의무자가 과세차량을 수입하여 사용할 경우 산정가격이 과세기초가 되며 산정가격의 계산공식은 다음과 같다.

산정가격(组成价格) = 관세 과세가격 + 관세 + 소비세

수입하여 사용한 과세차량은 납세의무자가 직접 국외로부터 과세차량을 수입하거나 대리상을 통해 수입하여 사용한 것을 말하며 무역방식이 아닌 방법으로 수입하여 사용한 것을 말한다. 또한 수입하여 사용한 과세차량의 과세가액은 납세의무자가 제공한 자료를 세관이 심사하여 확인한 완납증명자료에 따라 결정한다.

납세의무자가 신고한 과세가액이 동종 과세차량의 최저가액보다 낮고 정당한 이유가 없는 경우 국가세무총국이 결정한 최저가액이 된다.

(3) 기타 직접 사용한 과세차량의 과세가액의 결정

납세의무자가 생산, 수증, 상금 및 기타의 방식으로 취득하여 사용한 과세차량의 과세가액은 국가세무총국이 심사한 동종 과세차량의 최저 과세가액을 근거로 관할 세무기관이 결정한다. 따라서 납세의무자가 생산, 수증, 상금 및 기타의 방식으로 취득하여 사용한 과세차량은 일반적으로 국가세무총국이 심의한 최저 과세가액으로 한다.

(4) 최저 과세가액을 과세표준으로 결정

차량취득세법에서는 '납세의무자가 과세차량을 구입 또는 수입하여 사용한 경우 신고한 과세가액이 동종 과세차량의 최저 과세가액보다 낮고 정당한 이유가 없을 경우 최저 과세가액으로 차량취득세를 징수한다.'라고 규정하고 있다.

실무에 있어서 납세의무자가 신고한 과세가격이 최저 과세가액과 같거나 높을

경우 신고한 가격으로 과세하고 반대일 경우에는 최저 과세가액으로 과세한다.

최저 과세가액은 국가세무총국이 전국 시장의 평균 판매가격으로 하며 국가세무총국은 상황별로 과세차량의 최저 과세가액에 대해 아래와 같이 규정하고 있다.

구 분	최 저 과 세 가 액
이미 등록된 차량의 새시와 엔진이 동시에 교체된 경우	동종의 최저 과세가액의 70%로 계산한다.
면제와 감면조건이 끝난 차량	동종의 신차 최저 과세가액 × [1 − (기 사용연한 ÷ 규정 사용연한)] × 100% '규정 사용연한'은 국산차량은 10년, 수입차량은 15년으로 하며, 사용연한을 초과한 차량은 더 이상 차량취득세를 징수하지 아니한다.
무역이 아닌 방식으로 수입한 차량	동종 신차의 최저 과세가액으로 한다.

차량취득세의 과세표준과 납부세액은 동일한 화폐단위를 사용하여야 하며 납세의무자가 외화로 대가를 지급한 경우 신고납부일의 기준환율로 환산하여 계산한다.

5. 납부세액의 계산

차량취득세는 종가세를 적용하여 납부세액을 계산하며 계산공식은 다음과 같다.

납부세액 = 과세 기초가액 × 세율

과세차량의 출처, 과세행위의 발생 및 과세기초가액의 구성의 차이로 인하여 차량취득세의 납부세액의 계산방법이 달라진다.

1) 과세차량을 구입한 경우

납부세액을 계산할 때 아래의 비용을 고려하여야 한다.

구 분	과 세 여 부
차량대금과 함께 지불한 공구와 부품대금이 차량대금에 포함되는 경우	과세표준에 포함시켜 차량취득세를 징수한다.
차량장식비를 지급한 경우	부대비용으로 보아 과세표준에 포함시켜야 한다.
대리로 받은 부분은 상황별로 과세 여부를 구분한다.	• 수탁자 명의의 계산서로 받은 대금은 수탁자의 비용으로 보아 모두 과세대상에 포함된다. • 위탁자 명의의 계산서로 받은 대금은 수탁자는 단지 대리인으로서 받은 수속비이므로 기타의 세수정책의 규정에 따라 과세한다.
계산서에 증치세가 포함되어 있는 경우	차량취득세를 계산할 때 증치세부분은 제외하여 계산한다.
구입자가 지불한 정부의 수수료	과세표준에 포함시키지 아니한다.
판매자가 우수 판매활동을 독려하여 받은 비용	영업수입으로 보아 과세한다.

사 례 10-2

홍길동은 2012년 1월에 자동차회사로부터 승용차 1대를 구입하는 과정에서 아래의 비용을 지출하였다.

- 증치세 포함한 차량가격 : 234,000위안
- 임시번호판 비용 : 550위안
- 보험료 : 1,000위안
- 공구 및 부품대 : 3,000위안
- 차량장식비 : 1,300위안

위의 대금은 모두 자동차회사가 발행한 '자동차판매 통일계산서'와 관련 증빙을 갖추고 있다.

요구

홍길동씨가 납부하여야 할 차량취득세를 계산하시오(단위 : 위안).

풀이

① 과세표준 = (234,000 + 550 + 1,000 + 3,000 + 1,300) ÷ (1 + 17%)
= 205,000

② 납부세액 = 205,000 × 10% = 20,500

2) 과세차량을 수입한 경우

납세의무자가 수입하여 사용하는 과세차량의 납부세액의 계산공식은 다음과 같다.

납부세액 = (관세 과세가격 + 관세 + 소비세) × 세율

사 례 10-3

출입무역업에 종사하고 있는 홍해무역(주)가 2017년 3월 BMW 승용차 10대를 수입하였다. 회사는 승용차의 수입통관 신고를 할 때 해관에 제출한 자료의 심사를 거쳐 관세의 과세기준가액이 각각 185,000위안으로 결정되었으며, 세관은 과세정책의 규정에 따라 관세 203,500위안 및 소비세와 증치세를 각각 11,655위안과 66,045위안 징수하였다.

요구

홍해무역(주)가 수입한 차량 중 1대를 업무용으로 사용하기로 하였을 경우 회사가 납부하여야 할 차량취득세를 계산하시오.

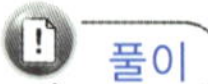

풀이

① 과세표준 = 185,000 + 203,500 + 11,655 = 400,155위안

② 납부세액 = 400,155 × 10% = 40,015.5위안

3) 직접 사용하는 경우

납세의무자가 자가 사용, 수증, 상금 획득 및 기타의 방식으로 과세차량을 취득하여 사용하는 경우로서 차량의 구입가격을 알 수 없거나 최저 과세가액보다 낮을 경우 국가세무총국이 결정한 최저 과세가액으로 차량취득세를 징수한다.

납부세액 = 최저 과세가액 × 세율

사 례 10-4

모 버스제조회사는 직접 생산한 버스를 자신의 업무용으로 사용하기로 하였으며 차량등록시 발급한 계산서의 차량가액이 650,000위안이었으나 국가세무총국이 결정한 최저 과세가액은 800,000위안이다.

요구

버스제조회사가 납부하여야 할 차량취득세를 계산하시오.

풀이

납부세액 = 800,000 × 10% = 80,000위안

(주) 이 경우에 있어서 회사가 발급한 계산서상의 금액이 지나치게 낮아서 국가세무총국이 결정한 최저 과세가액을 기준으로 납부세액을 계산함.

4) 특수한 상황일 경우

(1) 감면, 면제조건이 종료된 경우

감면 및 면제조건이 종료된 차량에 대하여 납세의무자는 현행 규정에 따라 차량등록수속 전에 세무기관에 차량취득세를 납부하여야 한다.

납부세액
= 동종 신차의 최저 과세가액 × [1 − (기 사용연한 ÷ 규정 사용연한)] × 100% × 세율

(2) 차량취득세를 납부하지 않은 경우

납세의무자가 세액을 납부하지 않은 경우 과세가액과 상황에 따라 징수한다.

구 분	추 징 세 액
구입차량의 계산서 및 관련 증빙을 제출할 수 없는 경우	검사지 세무기관이 동종 과세차량의 최저 과세가액에 따라 계산하여 징수한다.
납세의무자가 적을 옮긴 후 제출한 구입차량의 계산서와 지급한 증빙의 합이 결정된 최저 과세가액보다 높을 경우	관할 세무기관이 차액을 추징한다.

6. 조세특례

1) 차량취득세의 감면

중국의 차량취득세법은 법정 감면이 있으며 감면범위의 구체적인 규정은 다음과 같다.

① 외국대사관과 영사관, 주중국 국제조직기구 및 기타 외교관이 사용하는 차량에 대해서는 면제한다.

② 중국인민해방군과 중국인민무장경찰부대가 군대 무기장비 주문계획에 포함시킨 차량은 면제한다.

③ 고정장치를 설치한 비운송용 차량은 면제한다.

④ 국무원의 규정으로 면제 또는 감면할 수 있는 아래와 같은 경우 규정에 따라 감면 또는 면제한다.

- 홍수방지 전용차와 삼림소방 전용차
- 귀국하여 근무하는 유학생이 외화로 구입하여 사용하는 국산승용차 1대
- 장기간 중국에 거주하는 전문가가 구입하여 사용하는 승용차 1대

2) 차량취득세의 환급

납세의무자가 이미 차량취득세를 납부하였으나 차량의 등기수속 이전 차량취득세를 환급하여야 할 경우, 납세의무자가 신청하여 징수기관이 심사한 후 차량취득세의 환급절차를 밟는다.

7. 징수관리

1) 납세신고

차량취득세는 차량별로 신고하여야 한다.

납세의무자가 신고납부시 「차량취득세 납세신고표」를 사실대로 기재하고, 차주

의 신분증, 차량가격증명, 차량합격증명 및 세무기관이 요구하는 기타자료의 원본과 사본을 제출하여야 한다.

관할세무기관은 납세신고자료에 대해 심사하여 과세가액을 확정하고 세액을 징수하여 완납증명을 발급한다.

2) 납세단계

차량취득세의 징수단계는 사용하는 단계로서 최종 소비단계가 되며 납세의무자는 공안기관 등 차량관리기구에 차량 등록 수속 전에 차량취득세를 납부하여야 한다.

중고차를 구입한 경우 원래의 차주로부터 차량취득세 완납증명을 받아야 하며, 이미 차량취득세 면세수속을 마친 중고차를 구입한 경우 세무기관에 가서 다시 등록수속을 하여야 한다.

3) 납세지

납세의무자가 과세차량을 구입한 때에는 차량등록지의 관할 세무기관에 신고납부하여야 하며, 차량 등록수속이 필요하지 않는 과세차량을 구입한 경우에는 납세의무자의 소재지 관할 세무기관에 신고납부하여야 한다.

4) 납부기한

차량취득세의 납부기한은 각각 다음과 같다.

구 분	납 부 기 한
과세차량을 구입하여 사용하는 경우	구입일로부터 60일 이내
과세차량을 수입하여 사용하는 경우	수입일로부터 60일 이내
생산, 수증, 상금 취득 및 기타의 방식으로 취득하여 사용하는 경우	취득일로부터 60일 이내

여기서의 '구입일'이란 납세의무자가 차량구입 세금계산서에 기재된 판매일자를 말하며, '수입일'이란 납세의무자가 세관에 통관신고를 한 날을 말한다.

5) 차량취득세의 납부관리

(1) 차량취득세의 납부방법

차량취득세의 납부방법은 아래와 같은 것이 있다.

구 분	납 부 방 법
자진납부	납세의무자가 직접 납부세액을 계산하여 납세신고표에 관련 사항을 기재하여 관할 세무기관에 신고하고 세무기관의 심의를 거친 후, 납부영수증을 발급받아 세액을 납부하는 것을 말한다.
납세의무자가 한꺼번에 신고납부하는 경우	과세차량을 자주 구입하는 단위가 납부하는 것과 비준을 거쳐 위탁판매상이 납부하는 것이 있다.
세무기관이 한꺼번에 징수하는 경우	납세의무자가 관할 세무기관에 세액을 신고하면 세무기관이 납부영수증을 발급하고 합산납부서를 작성한 후 세액을 납부하는 방식으로서 세원이 분산되어 있거나 세액이 작아서 세무기관이 일괄하여 징수관리하는 지역에서 적용된다.
대리징수	대리징수의무자가 세액을 대리징수하여 납부하는 방식으로서 세무기관이 징수를 위탁하거나 납세의무자가 법에 따라 세액징수를 수탁하는 경우에 적용된다.

(2) 차량취득세의 납부관리

① 세액 납부방식

납세의무자가 신고납부할 때 세액의 납부방식은 현금납부, 수표, 신용카드와 전자결산 및 은행에 위탁하는 방법이 있다.

② 납세증명서의 발행

세무기관은 차량취득세를 징수할 때 납세의무자의 세액 납부방식에 따라 각각 조세용 납부영수증, 조세 대체전용 납부영수증 및 조세용 납부서 세 가지 영수증을 발행하여야 하며, 각각의 납부방식에 따라 아래와 같이 관리한다.

- 현금납부의 경우 : 관할 세무기관은 「조세용 납부영수증」을 발급한다.
- 수표, 신용카드 및 전자결제방식인 경우 : 「조세용 대체전용 납부영수증」을 발급한다.

• 은행예금으로 직접 이체하는 경우 : 「조세용 납부서」를 발급한다.

6) 차량취득세의 환급제도

(1) 차량취득세의 환급

이미 차량취득세를 납부한 차량이 아래와 같은 경우가 발생할 경우 납세의무자는 차량구입처에 차량취득세의 환급을 신청하여야 한다.

• 품질 등의 원인으로 차량을 반품하는 경우
• 고정장치를 설치한 비운송차량에 이미 과세한 경우
• 기타 법률의 규정에 따라 환급을 하여야 할 경우

(2) 환급의 신청

납세의무자가 차량취득세의 환급을 신청할 때에는 「차량취득세 환급신청서」를 사실대로 작성하여 생산회사나 위탁판매상이 발급한 차량반품증명 및 반품 세금계산서와 납부영수증의 원본과 사본 및 공안기관의 차량관리기구가 발급한 차량번호 취소 증명을 제출하여야 한다.

(3) 환급세액의 계산

품질의 원인으로 차량이 반품되는 경우, 납세의무자가 신고납부한 날로부터 기납부세액에 만 1년을 기준으로 10%를 차감하여 환급세액을 계산한다. 만 1년이 안 된 경우에는 기납부세액 전액을 환급한다. 기타 환급의 경우 납세의무자가 환급을 신청할 때 관할세무기관이 환급세액을 결정한다.

쉬어가는
페이지

III. 인화세법

인화세법은 인화세의 징수와 납부에 있어서 권리 및 의무관계를 조정하기 위하여 국가가 제정한 법률규범이다.

현행 인화세법의 기본규범은 1988년 8월 6일 국무원이 공포하고 같은 해 10월 1일부터 실시하고 있는 「중국 인화세 잠행조례」(이하 "인화세법"이라 한다.)이다.

인화세는 경제활동과 경제거래 중에서 과세증빙을 작성하거나 받는 행위를 과세대상으로 하여 징수하는 세금이다. 인화세는 과세증빙 위에 인화세 영수증을 붙이는 방법으로 세액을 납부한다고 하여 붙인 이름이다.

인화세를 징수함으로써 재정수입을 확대할 수 있고, 경제계약의 감독관리를 강화할 수 있고, 납세의식을 높일 수 있고, 기타 다른 세금의 감독관리에 유리하다.

1. 납세의무자

인화세의 납세의무자는 중국내에서 인화세법에 열거된 증빙을 작성, 사용, 영수하고 법에 따라 납세의무를 이행하는 단위 또는 개인이다.

인화세법에 있어서 납세의무자는 계약당사자, 매매당사자, 영업장부 사용자, 수령인, 사용인 및 전자거래 체결자가 있다.

1) 계약당사자(立合同人)

계약당사자란 증빙에 대해 직접적인 권리와 의무관계가 있는 단위와 개인을 말하며, 계약의 담보인, 증인 및 감정인은 포함하지 아니한다. 각종 계약의 납세의무자는 계약당사자이며 각종 계약은 구매와 판매, 수탁가공, 건설공사의 수주, 재산임대, 화물운송, 창고보관, 대출, 재산보험, 기술계약 또는 계약성격의 증빙을 포함한다.

'계약성격의 증빙'이란 계약의 효력이 있는 협의, 협약, 영수증, 확인서 및 기타 각종 명칭의 증빙을 말한다.

당사자의 대리인이 납세의무를 대리하는 경우, 대리인과 당사자는 동등한 조세 법률의무와 책임을 진다.

2) 매매당사자(立据人)

토지 또는 건물의 권리증 이전과 같은 재산권 이전 계약을 체결하는 납세의무자가 매매당사자이다.

3) 영업장부 사용자(立账簿人)

'영업장부 사용자'란 영업장부를 설치하고 사용하는 단위와 개인을 말하는데, 예를 들어 기업이 사업활동과정에서 필요에 따라 장부를 사용하는 경우 해당 기업이 납세의무자가 된다.

4) 수령인(领受人)

권리증서 또는 허가증서의 납세의무자는 수령인이며, '수령인'이란 해당증서를 수령 또는 접수하고 가지는 단위와 개인을 말한다. 예를 들어, 어느 개인이 발명품을 발명하여 국가의 특허기관이 부여한 특허증서를 받을 경우 받은 사람이 납세의무자가 된다.

5) 사용인(使用人)

국외에서 작성되었으나, 국내에서 사용되는 과세증빙의 납세의무자는 사용인이 된다.

6) 전자거래 체결자(电子应税凭证签订人)

전자형식으로 체결된 각종 과세증빙의 당사자가 납세의무자가 된다, 과세증빙이 둘 또는 둘 이상의 당사자가 공동으로 작성된 경우에는 그 당사자는 모두 인화세의 납세의무자가 되며, 각자의 과세기준에 대해 납세의무를 이행하여야 한다.

2. 세목, 세율

1) 세목

인화세의 과세대상은 인화세법에 열거되지 아니한 부분에 대해서는 과세하지 아니한다.

인화세법은 모두 13가지의 세목이 있다.

① 구매 및 판매계약

납품, 예매, 구매, 구매와 판매가 결합된 협업, 조제, 보상, 무역 등의 계약을 포함한다.

② 임가공계약

임가공, 주문제작, 수리, 수선, 인쇄광고, 지도제작, 측정 등의 계약을 포함한다.

③ 건설공사의 사전조사 및 설계계약

건설공사의 사전조사 및 설계계약을 포함한다.

④ 건축공사의 도급계약

건축, 설비공사의 도급계약을 포함한다.

⑤ 재산임대계약

건물, 선박, 비행기, 차량, 기계, 기구, 설비 등의 임대계약 등을 포함한다.

⑥ 화물운수계약

민간항공기, 철도, 해상, 도로 및 연계운수계약을 포함한다.

⑦ 창고보관계약

창고에 물건을 보관하는 계약을 포함한다.

⑧ 대출계약

은행 및 금융기관과 대출자 사이에 체결된 계약 및 차용증을 작성하여 계약으로 사용하여 은행 대출을 받는 차용증을 포함한다.

은행 및 금융기관의 금융리스업무도 대출계약에 속한다.

⑨ 재산보험계약

재산, 책임, 보증, 신용보험계약을 포함한다.

⑩ 기술계약

기술의 개발, 양도, 자문, 용역 등의 계약을 포함한다.

⑪ 재산권 이전서류

재산소유권과 판권, 상표권, 특허권, 기술사용권 등의 이전증서와 특허실시 허가계약, 토지사용권의 출양계약, 토지사용권의 양도계약, 주택판매계약 등의 권리이전계약을 포함한다.

'재산권 이전서류'란 단위 또는 개인 재산권을 매매, 상속, 증여, 교환, 분할 등에 작성된 서면증거를 말한다.

재산권 이전서류의 과세범위는 다음과 같다.

- 정부관리기관에 등기를 거쳐 등록된 동산과 부동산의 소유권 이전에 작성된 서류
- 기업의 주식양도에 작성된 서류
- 개인이 무상으로 부동산을 증여하는데 체결된 「개인이 무상으로 부동산을 증여하는 등기표」

⑫ 영업장부

단위 또는 개인이 사업활동을 기재하는 재무회계 결산장부를 말한다. 영업장부는 그 반영내용에 따라 자금기재장부와 기타장부로 나눌 수 있다.

종 류	내 용
자금기재장부	사업을 영위하는 단위의 자본금액의 변동을 나타내는 장부

종 류	내 용
기타 장부	자금기재장부 이외의 내용을 나타내는 장부로서 일계표(日记账簿), 계정별원장(各明细分类账簿)

금융계통의 영업장부는 금융계통의 재무회계 결산의 실제상황을 고려하여 구체적인 분석을 하여야 한다. 은행은 자금의 예치와 대출활동을 반영하고, 운영자금의 증감변화를 기재하고, 경영성과를 결산하는 장부를 이용하여(각종 일계표, 계정별원장 및 총계정원장은 모두 영업장부에 속한다.), 인화세를 납부하여야 한다.

은행은 업무관리의 필요에 따라 설치한 각종 등기부는 내부보관용으로 사용되며, 영업장부에 속하지 않아서 인화세를 징수하지 않는다.

⑬ 권리증서 및 허가증서

정부부문이 발급한 건축물권리증, 공상영업집조, 상표등록증, 특허증, 토지사용증을 포함한다.

2) 세율

인화세의 세율은 조세부담을 덜고 공동부담을 원칙으로 하고 있어 세율은 비교적 낮고 계약의 권리와 의무에 직접적으로 관계되는 단위와 개인은 모두 인화세를 납부하여야 한다.

인화세의 세율에는 비례세와 정액세 두 가지가 있다.

첫째, 비례세의 적용대상은 각종 계약 및 계약성질을 띠는 증빙(전자거래 체결자 포함), 재산권이전서류, 자금이 기재되는 영업장부이다.

세 율	세 목
0.005%	• 대출계약
0.03%	• 구매 및 판매계약 • 건축공사의 도급계약 • 기술계약
0.05%	• 임가공계약 • 건설공사의 사전조사 및 설계계약 • 화물운수계약

세 율	세 목
	• 재산권이전서류 • 자금이 기재되는 영업장부
0.1%	• 재산임대계약 • 창고보관계약 • 재산보험계약 • 상해증권거래소, 심천증권거래소 및 전국 중소기업 주식양도시스템에서 우선주를 매매, 상속, 증여하는 경우

홍콩의 투자자가 후강통(沪港通)을 통하여 상해증권거래소에 상장된 A형주식을 매매, 상속, 증여할 경우 중국의 세법규정에 따라 주식거래 인화세를 납부하여야 하며, 중국내 투자자의 경우에는 홍콩의 세법규정에 따라 인화세를 납부하여야 한다.

둘째, 정액세의 적용대상은 권리증서, 허가증서와 기타의 영업장부이며 세율은 건당 5위안이다.

인화세의 세목별 세율표는 아래와 같다.

세 목	과 세 범 위	세율	납세의무자
구매 및 판매계약	납품, 예약, 구매, 보상 및 교환계약	0.03%	계약당사자
임가공계약	가공, 주문, 수선, 수리, 인쇄광고, 지도제작, 측정 등의 계약	0.05%	계약당사자
건설공사 사전조사 및 설계계약	사전조사계약 및 설계계약	0.05%	계약당사자
건축공사의 도급계약	건축공사와 관련된 도급계약	0.03%	계약당사자
재산임대계약	건물, 선박, 비행기, 자동차, 기계기구, 설비 등의 임대계약	0.1%	계약당사자
화물운수계약	비행기, 철도, 해상, 도로 운송	0.05%	계약당사자
창고보관계약	창고계약 및 보관계약	0.1%	계약당사자
대출계약	은행 및 기타금융기관과 차입자가 체결한 대출계약	0.005%	계약당사자
재산보험계약	재산, 책임, 보증, 신용 등 보험계약		계약당사자

세 목	과 세 범 위	세율	납세의무자
기술계약	기술개발, 기술양도, 기술자문, 기술용역 등의 계약	0.03%	계약당사자
재산권이전서류	재산소유권, 판권, 상표권, 특허권 등의 이전서류, 토지사용권 출양계약, 토지사용권 양도계약, 주택판매계약	0.05%	매매당사자
영업장부	자본금과 자본잉여금	0.05%	영업장부 사용자
	기타의 장부	건당 5위안	
권리증서 및 허가증서	정부가 발급한 등기권리증, 공상영업집조, 상표등록증, 특허권리증, 토지사용증서	건당 5위안	수령인

3. 납부세액의 계산

1) 과세기준 - 일반기준

인화세의 과세기준 각종 과세증빙에 기재된 금액으로 구체적으로는 다음과 같다.

세 목	과 세 기 준
구매계약 및 판매계약	계약서에 기재된 구매금액과 판매금액
임가공계약	임가공의 수입금액 • 수탁자가 원재료를 제공하는 경우 : 임가공과 구매판매금액을 구분하여야 한다. • 위탁자가 원재료를 제공하는 경우 : 임가공계약에 따라 납부하여야 하며, 원재료부분에 대해서는 과세하지 아니한다.
건설공사 사전조사 및 설계계약	수령한 비용

세 목	과 세 기 준
건축공사의 도급계약	도급금액
재산임대계약	임대금액(1위안 미만은 1위안으로 한다.)
화물운수계약	운수수입(화물의 금액, 상하차비, 보험비는 제외)
창고보관계약	창고보관비용
대출계약	대출금액
재산보험계약	보험료
기술계약	계약서에 기재된 금액
재산권이전서류	이전서류에 기재된 금액
영업장부	자본금과 자본잉여금의 합계액
	과세증빙의 건수
권리증서 및 허가증서	과세증빙의 건수

2) 과세기준 – 특수규정

금액, 수입, 비용을 과세기준으로 하는 경우 금액전체에 대해 과세하며 어떠한 공제도 할 수 없다.

동일한 증빙에 둘 또는 둘 이상의 서로 다른 세율의 과세대상이 있는 경우로서 구분되어 있는 경우에는 세율별로 계산하나, 구분되어 있지 않는 경우 높은 세율을 적용한다.

금액 비례로 과세하는 경우로서 금액이 없는 경우 증빙상의 수량 및 국가 공시가격으로 금액을 계산하며, 국가 공시가격이 없는 경우 시장가격에 세율을 적용하여 납부세액을 계산한다.

과세증빙에 외화로 기재되어 있는 경우 국가외환관리국이 공포한 작성일의 외화 공시가격으로 환산하여 납부세액을 계산한다.

납부세액이 0.1위안이하일 경우 면제하고 세액의 단수가 0.05위안 이하인 부분은 없는 것으로 하고 이상인 부분은 0.1위안으로 한다.

계약체결 시 과세금액을 알 수 없는 경우 우선 5위안으로 인화세를 납부하고 확정될 때 실제금액에 따라 다시 계산한다.

과세계약이 체결될 때 납세의무가 이미 발생된 경우에는 납부세액을 계산하여 인화세를 납부하여야 하며, 계약의 실현여부에 불구하고 납부하여야 한다.

상품의 구매와 판매과정에서 물물교환방식으로 체결된 계약에서 금액이 없는 경우 계약상의 수량에 국가의 공시가격 또는 시장가격으로 납부세액을 계산하여야 한다.

시공업체가 도급 받은 건설공사를 다시 재도급하는 경우 다시 인화세를 납부하여야 한다.

2008년 9월 19일부터 증권거래 인화세는 양도자에 대해서만 과세하며 세율을 0.1%이다.

국내 화물운수의 경우 출발지에서 전체 운송비를 모두 계산하는 경우 전체 운송비를 과세기준으로 하여 출발지에서 모두 납부하여야 하며, 운송비를 나누어 계산하는 경우 각각 인화세를 납부하여야 한다.

3) 납부세액 계산

납세의무자의 납부세액은 과세증빙의 성격에 따라 비례세율과 정액세율을 적용하여 계산하며 그 공식은 다음과 같다.

> 인화세 납부세액＝과세증빙의 과세표준(건수)×적용세율

사 례 10－5

(주)한중은 2016년 2월에 설립되었으며 2016년도 중 아래와 같은 거래가 발생하였다.

- 건축물 재산증서, 공상영업집조, 토지사용증 각 1건
- 전용기술사용권의 이전서류 금액 100만위안
- 제품 판매계약 금액 200만위안
- 대출계약 금액 400만위안
- 자금기재 영업장부 800만위안
- 기타 영업장부 10개

요구

(주)한중이 납부하여야 할 인화세를 계산하시오

풀이

- 권리증서의 수령 : 3건×5=15위안
- 재산권의 이전서류=1,000,000×0.05%=500위안
- 제품 판매계약=2,000,000×0.03%=600위안
- 대출계약=4,000,000×0.005%=200위안
- 자금기재 영업장부=8,000,000×0.05%=4,000위안
- 기타 영업장부=10×5=50위안
- 납부세액 합계=15+500+600+500+4,000+50=5,365위안

4. 조세특례

인화세의 조세특례는 다음과 같다.

① 이미 인화세를 납부한 증빙의 부본 또는 초본은 면세한다.

② 무이자인 대출계약은 면세한다.

③ 부동산관리부문과 개인이 체결한 주거용 임대계약에 대해서는 면세한다.

④ 농업 및 목축업 보험계약은 면세한다.

⑤ 대학(원)생과 체결한 대학(원)생 기숙사 임대계약은 면세한다.

⑥ 공공임대 운영업체가 공공임대주택을 건설하여 관리하는 경우 면세한다.

5. 징수관리

1) 납세방법

인화세의 납세방법은 금액의 대소, 인화세증서의 수량 및 세수징수관리의 수요에 따라 세가지 방법이 있다.

신고방법	적용방법
자기신고방법 (自行貼花办法)	과세증빙의 수량이 적은 납세의무자에게 적용된다.

신고방법	적용방법
일괄납부방법 (汇贴或汇缴办法)	납부세액이 많거나 납부수량이 많은 납세의무자에게 적용된다.
대리징수방법 (委托代证办法)	세무기관의 위탁을 받아 위탁받은 자가 인화세를 대리징수하는 것을 말한다.

2) 납세단계

인화세는 계약서 등을 작성하거나 증서를 수령할 때 납부하여야 한다. 구체적으로는 계약을 체결할 때, 장부를 사용하기 시작할 때 및 증서를 수령할 때 납부하여야 하며, 계약이 해외에서 체결될 때에는 계약서를 국내에 들여올 때 인화세 납부수속을 하여야 한다.

3) 납세지

인화세는 현장에서 납부한다.

4) 신고납부

인화세를 신고납부할 때에는 〈인화세납세신고표〉를 작성하여야 한다.

印花税纳税申报(报告)表

税款所属期限：自　年　月　日至　年　月　日　　填表日期：　年　月　日　　金额单位：元至角分

纳税人识别号			
纳税人信息	名称		□单位　□个人
	登记注册类型	所属行业	
	身份证件类型	身份证件号码	
	联系方式		

应税凭证	计税金额或件数	核定征收		适用税率	本期应纳税额	本期已缴税额	本期减免税额		本期应补(退)税额
		核定依据	核定比例				减免性质代码	减免额	
	1	2	3	4	5＝1×4＋2×3×4	6	7	8	9＝5－6－8
购销合同				0.3‰					
加工承揽合同				0.5‰					
财产租赁合同				1‰					
货物运输合同				0.5‰					
仓储保管合同				1‰					
合计	－－	－－		－－					

以下由纳税人填写：

纳税人声明	此纳税申报表是根据《中华人民共和国印花税暂行条例》和国家有关税收规定填报的，是真实的、可靠的、完整的。				
纳税人签章		代理人签章		代理人身份证号	

以下由税务机关填写：

受理人		受理日期	年　月　日	受理税务机关签章	

인화세납세신고표

세액과세기간 : 년 월 일 부터 년 월 일 까지 작성일자 : 年 月 日 금액단위 : 元至角分

납세인 등록번호	

납세人정보	명칭			□단위 □개인
	등기등록유형		업종	
	신분증 유형		신분증번호	
	연락처			

과세증빙의 종류	과세기준금액 또는 건수	추계결정징수		적용 세율	당기 납부세액	당기 기납부 세액	당기 감면세액		당기 납부 (환급)세액
		추계결정 기준	추계비율				감면성질 번호	감면액	
	1	2	3	4	5=1×4+2×3×4	6	7	8	9=5-6-8
구매(판매) 계약서				0.3‰					
위탁가공 계약서				0.5‰					
재산임대 계약서				1‰					
화물운수 계약서				0.5‰					
창고보관 계약서				1‰					
합계									

아래는 납세의무자가 작성한다. :					
납세의무자 선언	본 납세신고표는 <중국 인화세 잠행조례>와 국가의 조세관련 규정에 따라 사실대로 신뢰성있고 완전하게 작성되었습니다.				
납세의무자 서명날인		대리인 날인		대리인 신분증번호	
아래는 세무기관이 작성한다. :					
접수자		접수일자	年 月 日	접수기관 날인	

5) 위반 및 처벌

인화세 납세의무자가 아래의 행위를 한 경우 세무기관이 상황에 따라 처벌한다.

위반내용	처벌규정
과세증빙에 인화세증서를 첨부하지 않거나 이미 첨부된 인화세증서를 말소시킨 경우	과소첨부된 금액과 가산금을 추징하고 50% 이상 5배 이하의 벌금에 처한다.
이미 사용된 인화세증서를 다시 사용할 경우	세액과 가산금을 추징하고 50% 이상 5배 이하의 벌금에 처한다.
인화세증서를 위조할 경우	세무기관이 시정명령을 내리고 2,000위안 이상 10,000위안 이하의 벌금에 처하고, 상황이 중대한 경우 10,000위안 이상 50,000위안 이하의 벌금에 처하며, 범죄행위가 될 경우 형사책임을 추궁한다.
기간별로 인화세를 일괄납부하는 납세의무자가 세무기관이 정한 납세기한까지 신고하지 않거나 과소납부한 경우	세무기관은 세액 및 가산금을 추징하고 50% 이상 5배 이하의 벌금에 처하며, 상황이 중대한 경우 허가증을 취소하고, 범죄행위가 될 경우 형사책임을 추궁한다.
납세의무자가 아래의 규정을 위반한 경우 • 인화세를 종합하여 납부한 증빙은 세무기관이 규정한 종합스탬프를 찍고 제본하여 보관하여야 한다. • 납세의무자는 납세증빙을 국가가 정한 기간 동안 보관하여야 한다.	세무기관은 시정을 명하고 2,000위안 이하의 벌금에 처하고 상황이 중대한 경우2,000위안 이상 10,000위안 이하의 벌금에 처한다.
인화세증서를 대리판매한 자가 받은 대금을 임의로 사용한 경우	세무기관은 그 상황의 경중을 보아 경고 또는 대리판매자격을 취소하는 처벌을 내릴 수 있다.

주요 참고자료

1. 「중국 차량취득세 잠행조례」, 2000년 10월 22일, 국무원령 [2000] 제294호
2. 「중국 계약세 잠행조례」, 1997년 7월 7일, 국무원령 제224호
3. 「중국 계약세 잠행조례 세칙」, 1997년 10월 28일, 財法字 [1997] 52호
4. 기타 재정부 및 국가세무총국의 「통지」
5. 중국의 국가세무총국 홈페이지(www.chinatax.gov.cn)

제 11 장 재산세법

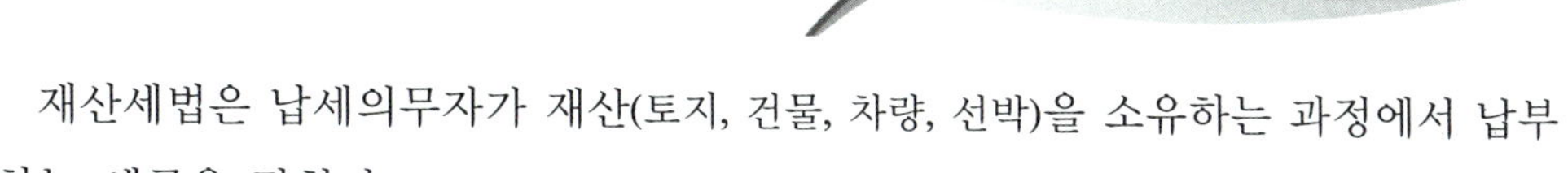

재산세법은 납세의무자가 재산(토지, 건물, 차량, 선박)을 소유하는 과정에서 납부하는 세금을 말한다.

현행 중국의 세법에서 재산세에 속하는 세금은 다음과 같은 것이 있으며, 한국과 중국의 차이를 비교해보면 다음과 같다.

중국의 세목	과 세 대 상	한국의 세목
방산세	건물을 보유하는 자가 납부하는 세액	재산세(건물분)
성진토지사용세	도시(성진)에서 토지를 사용함으로서 납부하는 세액	재산세(토지분)
경지점용세	농촌에서 경지를 점용함으로서 납부하는 세액	농지세
차량선박세	차량과 선박을 보유하여 납부하는 세액	자동차세, 재산세(선박분)

이하 이 장에서는 재산세에 속하는 세목을 구분하여 설명하기로 한다.

I. 방산세법(房产税)

방산세법(房产税法)은 방산세의 징수와 납부에 있어서 권리 및 의무관계를 조정하는 법률규범으로서 국가가 제정한 것을 의미한다. 현행 방산세법의 기본규범은 1986년 9월 15일 국무원이 공포하고 2011년 1월 8일 국무원령 제588호로 개정된 「중국 방산세 잠행조례」(이하 '방산세법'이라 한다)이다.

용어설명 방산세의 의미

중국에서 사용하는 방산세(房产税)는 한국에서 보면 '건물분에 대한 재산세'에 해당한다고 볼 수 있으며 원문에 충실하기 위하여 한국에서 사용되는 재산세라는 용어를 쓰지 않고 중국에서 사용되는 '방산세'를 그대로 사용하기로 한다.

1. 방산세의 기본원리

1) 방산세의 개념 및 연혁

방산세는 건물을 징수대상으로 하여 건물의 과세가액 또는 임대수입을 기준으로 소유권자에게 징수하는 일종의 재산세에 속하는 세금이다.

방산세는 중국에서 오래 전부터 내려온 세금으로서 주나라 때 처음 시작되었으며, 최근 중국에서의 방산세의 연혁을 살펴보면 다음과 같다.

- 신중국 성립 후 중앙 인민정부 정무원이 공포한 「전국 세정 실시 요칙」에서 방산세를 전국적으로 징수를 개시하는 하나의 독립된 세금으로 열거하였다.
- 1973년의 세제개혁에서는 세제간소화의 원칙에 따라, 공상세를 시행하는 기업이 납부하는 도시 부동산세를 공상세에 통합시켰으나, 거주자인 개인과 건물 관리부문 및 외국인의 건물에 대해서는 계속하여 징수하였다.
- 1984년에 공산세제의 전면적인 개혁으로 건물에 대해 다시 징수하도록 하여 독립적인 세목으로 회복되었다.
- 1986년 9월 15일 국무원은 정식으로 「중국 방산세 잠행조례」를 공포하여 같은

해 10월 1일부터 시행하기 시작하였다. 각 성, 자치구, 직할시의 인민정부는 잠행조례의 규정에 따라 잇따라 실시세칙을 제정하였으며, 이때부터 방산세를 전국적으로 징수하기 시작하였다.

2) 방산세의 특징

방산세의 특징은 다음과 같다.

(1) 방산세는 개별 재산세에 속한다.

재산세는 징수방식의 분류에 따라 일반 재산세와 개별 재산세로 구분할 수 있다.

- 일반 재산세
  일반 재산세는 '종합 재산세'라고도 하며 납세의무자가 소유하는 건물에 대해 종합적으로 과세하는 세금이다.
- 개별 재산세
  개별 재산세는 '특별 재산세'라고도 하며 납세의무자가 소유하고 있는 토지, 건물, 자본 또는 기타의 재산에 대해 구별하여 과세하는 세금이다.

현행 중국의 방산세는 개별 재산세에 속한다.

(2) 징수범위는 도시지역(城镇)의 사업용 건물에 한한다.

방산세의 징수범위는 도시, 현정부 소재지, 건제진(建制镇)과 광공업지역으로서 농촌지역은 제외한다. 농촌의 건물은 대부분 농민의 거주용 가옥으로서 농민의 부담을 줄이기 위해 징수범위에 포함하지 아니한다. 한편 건물은 소유하고 있으나 자체 납세능력이 없는 기관(예를 들어 국가가 행정경비와 사업경비 그리고 국방경비를 지출하는 단위)은 일반적으로 사업수입이 없으므로 여기에 대해 징수를 하게 되면 재정지출을 늘려야 하기 때문에 이들 기관이 직접 사용하는 재산에 대해서는 면세하고 있다.

용어설명 중국의 행정구역

중국의 행정기관 중 이 교재에 나와 있는 용어를 설명하면 다음과 같다.

- 성진(城镇)
  성진(城镇)은 도시(城市)와 현정부 소재지(县城) 및 건제진(建制镇)을 말하며, 농촌은 포함하지 않는다. 따라서 농촌을 제외한 '도시' 지역을 의미한다.
- 현정부 소재지(县城)
  현정부가 소재하고 있는 지역을 말한다. 즉, 현(县)의 지역 중에서 현의 정부가 소재하고 있는 지역을 의미한다.
  예를 들어, 한국에서 어느 군을 지칭할 때 군청이 소재하고 있는 지역을 말하며 군청이 소재하고 있지 아니한 면 지역은 제외하게 된다.
- 건제진(建制镇)
  중국에서 법률에 의하여 정식으로 설치한 행정단위로서의 진(镇)을 의미하며, 향(乡)과 도급인 소행정구를 말하는데 인위적으로 설치한 행정단위의 하나이다.

(3) 건물의 사용방식에 따라 과세방법을 규정한다.

재산을 소유하고 있는 단위와 개인은 직접 사용할 수도 있고 임대 또는 저당을 할 수도 있다. 방산세는 납세의무자의 사용방식에 따라 과세방법을 달리하고 있다.

사 용 방 식	과 세 방 법
직접 사용하는 경우	재산의 과세가액
임대하는 경우	임대수입

이와 같이 방산세는 납세의무자의 사업특징에 맞춰 세수부담과 징수관리를 조정하고 있다.

3) 방산세의 기능

(1) 지방 재정수입을 조달한다.

방산세는 지방세에 속하며 방산세를 징수함으로써 지방재정의 부족을 해결한다. 또한, 방산세는 건물을 징수대상으로 하여 세원이 비교적 안정적이다. 지방경제의 발전, 도시 기초시설의 개선, 상공업의 발달에 따라 방산세는 지방재정수입의 중요한 원천이 되고 있다.

(2) 재산관리를 강화하는데 유리하다.

재산의 소유자에게 방산세를 징수하여 납세의무자의 수입수준을 조절할 수 있고 재산에 대한 관리를 강화하는데 유리하며, 재산의 사용효익을 향상시키고 고정자산의 투자규모를 통제할 수 있다. 또한 방산세는 개인이 소유한 비영업용 재산에 대해서는 징수하지 않도록 규정하여 개인적으로 주택을 건설 또는 구매하거나 주거조건을 개선하는 것을 장려하여 도시의 주거제도를 개혁하는 것을 장려하고 있다.

참고 … **방산세의 과세대상**

중국 방산세는 모든 건물에 대해서 과세하는 것이 아니라 도시지역(城镇)에 있는 건물 중에서 비영업용으로 사용되는 부분은 과세하지 않고 있다.

2. 납세의무자와 과세대상

1) 납세의무자

방산세는 과세범위에 속하는 건물을 소유하고 있는 자를 납세의무자로 하는데 각각의 상황에 따른 구체적인 납세의무자는 다음과 같다.

구　　분	납 세 의 무 자
국가가 소유하고 재산권	관리를 책임지는 단위가 납세한다.
집체(集体) 또는 개인이 소유하고 있는 재산권	집체단위 또는 개인이 납세한다.
재산권이 저당 잡힌 경우	저당권자가 건물의 잔여가치에 따라 방산세를 납세한다. 건물의 저당기간 동안 소유권자는 건물에 대한 지배권이 없으므로 저당권자가 방산세의 납세의무자가 된다.
재산권 소유자와 저당권자가 건물 소재지에 없는 경우	건물의 관리인 또는 실제 사용자가 납세한다.
재산권이 불분명하거나 임대와 저당의 분쟁이 해결되지 않은 경우	건물의 관리인 또는 실제 사용자가 납세한다. '임대와 저당의 분쟁'이란 재산권 소유자가 건물의 임대와 저당과정에서 권리와 의무관계의 각종 분쟁이 발

구 분	납세의무자
	생하여 아직 해결되지 않은 경우로서, 이 경우 관리인 또는 실제 사용자가 납세의무자가 된다.
타인의 재산을 무료로 사용하는 경우	사용자가 재산의 잔여가치에 따라 방산세를 납세한다.

용어설명 단위와 개인의 개념

- 단위(单位)
  '단위'는 국유기업, 집체기업, 민간기업, 주식형 기업, 외상투자기업, 외국기업 및 기타 기업과 사업단위, 사회단체, 국가기관, 군대 및 기타의 단위를 포함한다.
- 개인
  '개인'은 개인사업자(个体工商户)와 기타 개인을 말한다.

2009년 1월 1일부터 외상투자기업, 외국기업 및 외국인도 방산세를 납부하여야 한다.

2) 과세대상

방산세의 과세대상은 건물이다. 여기서의 '건물'은 지붕과 벽(담 또는 둘 이상의 기둥)이 있어서 바람과 비를 피할 수 있으며, 사람들로 하여금 생산, 학습, 작업, 오락, 거주 혹은 저장할 수 있는 장소를 말한다.

부동산 개발기업이 건설한 분양주택은 판매하기 전에는 방산세를 과세하지 않지만, 판매하기 전에 부동산 개발기업이 사용하거나 임대한 경우에는 방산세를 과세한다.

3) 과세범위

방산세의 과세범위는 도시(城市), 현정부 소재지(县城), 건제진(建制镇), 광공업지역(工矿区)이다.

각 지역의 용어를 설명하면 다음과 같다.

① 도시(城市)는 국무원이 설립을 허가한 시를 말한다.
② 현정부 소재지(县城)는 현(县)의 인민정부가 소재하고 있는 지역을 가리킨다. 따라

서 현에서 인민정부가 소재하는 지역 이외의 현지역은 제외한다.
③ 건제진(建制镇)은 성, 자치구, 직할시 인민 정부가 설립을 허가한 건제진을 말한다.
④ 광공업지역(工矿区)은 공업과 상업이 비교적 발달하고 인구가 비교적 집중되어 있으며, 국무원이 규정한 건제진(建制镇)의 표준에는 해당하나 아직 건제진이 설립되지 아니한 대중형(大中型) 광공업기업의 소재지를 말한다. 방산세를 징수하기 시작하는 광공업지역은 성, 자치구, 직할시 인민정부의 허가를 거쳐야 한다.

방산세의 과세범위는 농촌은 포함하지 않는데, 이는 농민의 부담을 덜어주기 위함이다. 농촌의 건물은 농가 부업용으로 사용되는 부분을 제외하고는 대부분 농민의 주거용 주택이다. 따라서 농촌의 건물에 대해 방산세의 과세범위에 포함시키지 않음으로써 농업의 발전, 농촌 경제의 번영, 사회의 안전에 유리하다.

3. 세율과 과세표준

1) 세율

중국의 방산세법은 비례세율을 채택하고 있다. 방산세의 과세기준은 종가에 의한 과세와 임대료에 의한 과세의 두 가지 형식으로 나뉘지므로 방산세의 세율 또한 두 가지가 있다.

첫째, 건물의 원가에서 먼저 10~30%를 차감한 후의 잔존가치에 과세하는 방법으로서 세율은 1.2%이다.

둘째, 건물을 임대한 경우 임대료수입에 따라 과세하는 방법으로서 세율은 12%이다.

2001년 1월 1일부터 개인이 시장가격으로 임대한 주거용 주택에 대해서는 4%로 감면하여 방산세를 징수한다.

2) 과세표준

방산세의 과세표준은 건물의 과세가액 또는 건물의 임대수입이다. 건물의 과세가액에 따라 과세하는 것을 '종가에 의한 과세'라고 하며, 건물의 임대수입에 따라 과세하는 것을 '임대료에 의한 과세'라고 한다.

(1) 종가에 의한 과세

방산세법에서는 '방산세는 건물의 원가에서 먼저 10~30%를 차감한 후의 잔존가치에 따라 계산하여 납부한다'고 규정하고 있으며, 각 지역별 차감비율은 해당 성, 자치구, 직할시의 인민정부가 결정한다.

① 건물의 원가의 개념

건물의 원가는 납세의무자가 회계제도의 규정에 따라 장부에서 고정자산으로 기재한 건물의 원가를 말한다. 따라서 회계제도의 규정에 따라 장부에 계산한 건물의 원가에서 규정에 따라 일정비율을 차감한 후의 잔액을 잔존가치로 보아 방산세를 계산하여 징수한다.

만약, 건물의 원가가 없을 경우 위의 원칙에 따라 동종 건물을 참조하여 건물의 원가를 결정한 후 방산세를 계산하여 징수한다.

2009년 1월 1일로부터 건물의 원가를 기준으로 징수하는 건물에 대해서는 회계장부에 고정자산 과목에 기재되어 있는지와 상관없이 모두 국가 회계제도의 규정에 따른 건물의 원가에 따라 방산세를 납부하여야 한다. 납세의무자가 국가 회계제도의 규정에 따라 결산 및 기재하지 않은 경우에는 규정에 따라 조정하거나 재평가를 하여야 한다.

2010년 12월 21일부터 건물의 원가는 토지가격을 포함하는데 토지사용권의 취득가액 및 토지개발원가 등을 포함한다.

토지 용적율이 0.5보다 낮은 경우 건물 건축면적의 2배로 토지면적을 계산하여 건물의 원가에 산입한다.

② 건물의 부속설비

건물의 원가는 건물과 분할할 수 없는 각종 부속설비 또는 일반적으로 단독으로 가치를 계산하지 않는 부대시설을 포함하며, 여기에는 주로 다음과 같은 것이 있다.

- 난방기, 위생, 통풍, 조명, 가스 등의 설비
- 증기, 공기 압축, 석유, 급수배수관, 전기, 통신, 케이블선 등
- 에스컬레이터, 승강기, 복도, 발코니 등

건물의 부속설비에 속하는 수도관, 하수도, 스팀 파이프, 가스관 등은 최근의 가격을 참조하여 원가를 계산하며, 전등망, 조명선은 선이 들어오는 함의 인입구부터 원가를 계산한다.

③ 건물에 개축과 증축을 한 경우

납세의무자가 소유하고 있던 건물에 대해 개축 또는 증축을 한 경우 건물의 원가를 증가시켜야 한다.

건물의 잔존가치는 건물의 원가에서 규정비율을 차감한 후의 잔존가치를 말한다.

이 외에 주의하여야 할 사항은 다음과 같다.

구 분	과 세 방 법
공동투자한 건물에 대한 과세	첫째, 건물을 공동투자하여 경영하고 투자자가 투자이윤의 배분에 참여하며 위험을 같이 부담하는 경우에는 건물의 잔존가치를 과세가액으로 하여 방산세를 계산하여 징수한다. 둘째, 건물의 투자에 대해 일정한 고정수입을 얻으나 공동투자의 위험을 부담하지 않는 경우에는 실제적으로 공동투자의 명의로 건물의 임대료를 얻으므로 방산세법의 규정에 따라 임대자가 임대수입에 따라 방산세를 납부한다.
금융리스한 건물에 대한 과세	리스료에는 건물의 매입가격, 수수료, 이자 등이 포함되어 있어 일반적인 임대와는 다르고, 리스기간 종료 후 소유권이 리스이용자에게 이전되므로 할부형식의 취득이다. 따라서 건물의 잔존가액에 따라 과세한다.

④ 건물 부속설비와 부대시설의 과세 규정

2006년 1월 1일부터 건물의 부속설비와 부대시설에 대해 방산세를 과세하는 경우 아래의 규정에 따른다.

구 분	과 세 방 법
건물을 기준으로 임의로 이동할 수 없는 부속설비와 부대설비(배수시설, 난방, 소방, 중앙 에어컨, 전기 및 승강기 설비 등)	회계결산 과정에서 단독으로 계상되었는지에 불구하고 모두 건물의 원가에 포함시켜 방산세를 과세한다.
건물 부속설비와 부대시설을 교체한 경우	건물의 원가에 포함시키는 경우에는 원래 있던 부속설비와 부대시설의 가치를 차감할 수 있으며, 부속설비와 부대시설의 수리비는 원가에 포함시키지 아니한다.

⑤ 주민 주택단지내 소유주가 공유하는 사업용 건물

2007년 1월 1일부터 주민 주택단지내 소유자가 공유하는 사업용 건물에 대해서는 실제로 경영(자영과 임대 포함)하는 관리인 또는 사용자가 방산세를 납부한다. 그 중 자영의 경우에는 건물의 원가에서 10～30%를 차감한 후의 잔존가치에 과세하며, 건물의 원가가 없거나 건물주가 공유하는 건물과 기타의 건물의 원가를 구분할 수 없는 경우에는 건물의 소재지 지방 세무기관이 동종의 건물을 참조하여 건물의 원가를 결정한다.

임대한 경우에는 임대수입에 따라 과세한다.

(2) 임대료에 의한 과세

방산세법에서는 '건물을 임대할 경우 임대료수입을 방산세의 과세기준으로 한다.'고 규정하고 있다.

여기서 건물의 임대료수입이란 건물 소유자가 건물을 임대하여 얻은 대가를 말하며 화폐수입과 현물수입을 포함한다.

용역이나 기타의 형식으로 대가를 받을 경우 현지 동종 건물의 임대수준에 따라 표준임대료를 결정하고 임대료를 계산하여 징수한다.

납세의무자인 개인이 건물을 임대하여 얻은 임대수입을 사실과 다르게 신고하거나 현저하게 낮을 경우, 세무부문이 「세수징수관리법」의 관련 규정에 따라 합리적인 방법으로 납부세액을 추계결정하며, 구체적인 방법은 각 성, 자치구, 직할시 지방 세무기관이 현지 상황을 고려하여 제정한다.

4. 납부세액의 계산

방산세의 과세기준은 종가에 의한 과세와 임대료에 의한 과세 두 가지가 있으며, 납부세액 계산방법도 두 가지가 있다.

1) 종가에 의한 납부세액의 계산

종가에 의한 납부세액의 계산은 건물의 원가에서 일정비율을 차감한 후의 잔존가치에 따라 과세하는 것으로 그 계산공식은 다음과 같다.

납부세액 = 과세 건물의 원가 × (1 － 공제비율) × 1.2%

위의 공식에서 각 용어의 설명은 다음과 같다.

- 재산의 원가 : 고정자산에 계상된 건물의 원가
- 공제비율 : 각 성, 자치구, 직할시 인민정부가 규정한 10~30%의 비율
- 적용세율 : 1.2%

사 례 11-1

모 기업의 사업용 건물의 원가가 7,000만위안, 현지의 규정에 의한 공제율은 40%이고 적용세율은 1.2%이다.

요구

이 경우 납부하여야 할 방산세액을 계산하시오(단위 : 만위안).

풀이

납부세액 = 7,000 × (1 － 40%) × 1.2% = 50.4

2) 임대료에 의한 납부세액의 계산

임대료에 의한 과세는 건물의 임대료수입에 따라 과세하는 것으로 계산공식은 다음과 같다.

납부세액 = 임대료수입 × 12%

사 례 11-2

모 기업이 건물 3동을 임대하여 받는 연간 임대료수입이 50,000위안이고 적용세율이 12%이다.

요구

이 경우 납부하여야 할 방산세액을 계산하시오.

풀이

납부세액＝50,000×12%＝6,000위안

5. 조세특례

방산세의 조세특례는 국가 정책의 필요와 납세의무자의 부담능력에 의하여 제정된다. 방산세는 지방세에 속하므로, 지방에 일정한 감면권한을 부여하여 지방의 현지상황에 맞게 적용하도록 하고 있다.

방산세의 조세특례정책은 다음과 같은 것이 있다.

1) 국가기관, 인민단체, 군대가 직접 사용하는 건물 – 免제

국가기관, 인민단체, 군대가 직접 사용하는 건물은 방산세를 면제한다. 단, 위의 면제기관이 임대하는 건물 및 자신의 업무용으로 사용하지 않는 사업용 건물은 면제의 범위에 속하지 아니한다.

용어설명 인민단체

국무원의 수권을 받은 정부부문이 설립을 비준하거나 등기를 수리하여 정부가 행정사업비를 지출하는 각종 사회단체를 말한다.

직접 사용하는 건물

이러한 단체가 직접 사용하는 사무용 또는 공무용 건물을 말한다.

2) 국가 재정부문이 사업경비를 지출하는 단위 – 면제

국가 재정부문이 사업경비를 지출하는 단위(예를 들어 학교, 의료보건소, 탁아소, 유아원, 경로당 및 문화, 체육, 예술을 영위하는 조직이 전체 혹은 차액의 예산관리를 하고 있는 사업단위)가 소유하는 경우, 자체 업무용으로 사용하는 건물의 방산세는 면제한다.

위의 단위에 속한 부속 공장, 상점, 초대소 등은 단위의 업무용 또는 사무용 건물에 포함되지 않고 방산세를 납부하여야 한다.

3) 종교 건물, 공원, 명승고적지에서 직접 사용하는 건물 – 면제

종교 건물, 공원, 명승고적지에서 직접 사용하는 건물은 방산세를 면제한다.

건물의 종류	내 용
종교 사묘에서 직접 사용하는 건물	종교의식을 진행하는 건물과 종교인이 사용하는 생활용 건물을 말한다.
공원과 명승고적지에서 직접 사용하는 건물	공공이 관광하는 건물 및 관리부문이 사용하는 사무용 건물을 말한다.
종교 사묘, 공원, 명승고적지에 부설된 영업단위(예를 들어 영화관, 음식점, 찻집, 사진관 등)가 사용하는 건물 및 임대한 재산	면제범위에 속하지 않고 방산세를 납부하여야 한다.

4) 개인소유의 비사업용 건물 – 면제

개인이 소유하는 사업용으로 사용하지 않은 주거용 주택은 면적의 크기에 불구하고 모두 방산세를 면제한다.

개인이 소유하는 영업용 주택 또는 임대한 건물은 면제의 범위에 속하지 않고 방산세를 납부하여야 한다.

5) 중국인민은행의 본점 및 지점 – 면제

국가 행정관리 기능을 행사하는 중국인민은행 본점(국가 외환관리국 포함) 및 지점이 직접 사용하는 건물은 방산세를 면제한다.

6) 재정부의 비준을 거쳐 면제하는 기타의 건물

재정부의 비준을 거쳐 방산세가 면제되는 건물은 범위가 제한적이며 실제 상황에 근거하여 결정하며 다음과 같은 것이 있다.

(1) 비영리 의료기관, 질병관리기관 및 유아, 부녀 보건기관

비영리성 의료기관 및 질병 관리기관과 유아, 부녀 보건기관 등의 위생기관이 직접 사용하는 건물은 방산세가 면제된다.

(2) 정부의 규정가격으로 임대하는 공공주택과 임대주택

2001년 1월 1일부터 정부의 규정가격으로 임대하는 공공주택과 임대주택(기업과 자체로 운영하는 사업단위가 종업원에게 임대하는 단위의 공공주택, 주택관리부분이 주민에게 임대하는 공공주택, 개인주택정책을 실시하는데 있어 소유권을 돌려받아 정부가 규정하는 임대료 표준으로 주민에게 임대하는 개인주택 등을 포함)에 대해서는 방산세의 징수를 잠정적으로 면제한다.

(3) 공공임대용주택을 임대하는 경우

공공임대용주택을 운영하는 기업이 단독으로 임대수입을 결산하는 경우에는 방산세를 면제하며, 결산하지 못하는 경우에는 면제를 하지 아니한다.

6. 징수관리

1) 납세의무 성립시기

방산세 납세의무의 성립시기는 다음과 같다.

구 분	납세의무의 성립시기
납세의무자가 원래 소유하고 있던 건물을 사업용으로 사용할 경우	사업에 사용한 달부터 방산세를 납부한다.

구 분	납세의무의 성립시기
납세의무자가 직접 건물을 신축하여 사업용에 사용할 경우	건물을 완공한 다음 달부터 방산세를 납부한다.
납세의무자가 시공업체에 위탁하여 건설한 건물	준공검사절차가 끝난 다음달부터 방산세를 납부한다.
납세의무자가 새로운 분양주택을 구입할 경우	부동산을 인도받아 사용한 다음달부터 방산세를 납부해야 한다.
납세의무자가 완공된 주택을 구입할 경우	재산권이 속한 등기기관에 재산권 증서를 받은 다음달부터 방산세를 납부한다.
납세의무자가 부동산을 임대하거나 대출을 받은 경우	임대 또는 대출을 받은 다음달부터 방산세를 납부한다.
부동산 개발기업이 건설한 주택을 직접 사용, 임대 또는 대출을 받은 경우	그 다음달부터 방산세를 납부한다.
부동산의 실물 또는 권리의 변화로 방산세의 납세의무가 중지된 경우	납부세액의 계산은 부동산의 실물 또는 권리에 변화가 일어난 월말까지이다.

2) 납부기한

방산세는 연도를 기준으로 계산하고 분기별로 납부하며 구체적인 납부기한은 성, 자치구, 직할시의 인민정부가 결정한다.

3) 납세지

방산세는 건물의 소재지에서 납부한다. 건물이 동일한 지방에 있지 않은 납세의무자는 건물의 소재지별로 건물의 소재지의 세무기관에 납부한다.

4) 납부신고

방산세의 납세의무자는 방산세법의 규정에 따라 납부신고를 하여야 하며 사실대로 「방산세 납부 신고표」를 작성하여야 한다.

房产税纳税申报表

税款所属期：自　　年　　月　　日至　　年　　月　　日　　填表日期：　　年　　月　　日　　　金额单位：元至角分；面积单位：平方米

纳税人识别号				
纳税人信息	名称		纳税人分类	单位□　个人□
	登记注册类型	*	所属行业	*
	身份证照类型	身份证□　护照□　军官证□　其他□	联系人	联系方式

一、从价计征房产税

	房产编号	房产原值	其中：出租房产原值	计税比例	税率	所属期起	所属期止	本期应纳税额	本期减免税额	本期已缴税额	本期应补(退)税额
1	*										
2	*										
3	*										
4	*										
5	*										
6	*										
合计	*	*	*	*	*	*	*				

二、从租计征房产税

	本期申报租金收入	税率	本期应纳税额	本期减免税额	本期已缴税额	本期应补(退)税额
1						
2						
3						
合计		*				

以下由纳税人填写：

纳税人声明	此纳税申报表是根据《中华人民共和国房产税暂行条例》和国家有关税收规定填报的，是真实的、可靠的、完整的。				
纳税人签章		代理人签章		代理人身份证号	

以下由税务机关填写：

受理人		受理日期	年　月　日	受理税务机关签章	

本表一式两份，一份纳税人留存，一份税务机关留存。

방산세 납세신고표

세액과세기간 : 년 월 일부터 년 월 일까지 작성일자 : 년 월 일 금액단위 : 위안(소수점 두자리) 면적단위 : ㎡

납세의무자 등록번호			
납세의무자 정보	명칭		납세의무자 분류	단위□ 개인□
	등기등록유형	*	업종	*
	신분증照유형	신분증□ 여권□ 军官证□ 기타□	연락인		연락처	

一、종가율에 의한 방산세

	부동산 일련번호	부동산 원가	그 중 : 임대한 부동산원가	세액 계산 비율	세율	과세기간부터	과세기간 까지	당기 납부세액	당기 감면세액	당기 기납부세액	당기 납부(환급)세액
1	*										
2	*										
3	*										
4	*										
5	*										
합계	*	*	*	*	*	*	*				

二、임대료에 의한 방산세

	당기 신고 임대수입	세율	당기 납부세액	당기 감면세액	당기 기납부세액	당기 납부(환급)하여야 할 세액
1						
2						
3						
합계		*				

아래는 납세의무자가 작성한다. :					
납세의무자 선언	본 납세신고표는 <중국 방산세 잠행조례>와 국가의 조세관련 규정에 따라 작성되었으며, 사실대로 신뢰성있게 완전하게 작성되었습니다.				
납세의무자 서명날인		대리인 날인		대리인 도장 신분증번호	
아래는 세무기관이 작성한다. :					
접수자		접수일자	년 월 일	접수기관 날인	

본 표는 2매로 구성되어 있으며 한 장은 납세의무자가 보관하고 한 장은 세무기관이 보관한다.

쉬어가는
페이지

II. 성진토지사용세법(城镇土地使用税法)

성진토지사용세법은 도시의 토지를 사용하는 것에 대한 토지사용세의 징수와 납부에 관한 권리와 의무를 조정하기 위하여 국가가 제정한 법률규범을 말한다. 현행 성진토지사용세법의 기본규범은 2013년 12월 4일 국무원 제32차 상무회의 중 개정된 「중국 성진토지사용세 잠행조례」(이하 '성진토지사용세법'이라 한다)이다.

1. 성진토지사용세법의 기본원리

1) 성진토지사용세의 개념

성진토지사용세는 도시(城镇)의 국유토지 또는 집체토지를 과세대상으로 하여 토지사용권을 가진 단위와 개인에 대해 징수하는 세금이다.

2) 성진토지사용세의 특징

(1) 징수대상은 국유토지이다.

중국의 「헌법」에서는 성진의 토지는 국가가 소유권을 가지고 있으며 단위 또는 개인은 토지에 대해 단지 사용권만 가지고 소유권이 없다고 규정하고 있다. 국가는 재산권력으로 토지사용자로부터 얻은 수익에 대해 분배할 수 있으며 정치권력으로 토지사용자에게 과세할 수 있다.

성진토지사용세의 징수는 실질적으로 국가의 정치권력으로 납세의무자가 얻은 토지수익을 국가에 귀속시키는 것이다.

농업용 토지는 집체소유이므로 징수의 범위에 해당하지 않는다.

(2) 징수범위가 광범위하다.

현행 성진토지사용세는 중국내 토지를 사용하는 단위와 개인에 대해 과세하는 세금으로서, 징수범위가 비교적 광범위하여 성진토지사용세의 징수는 지방재정자금을 확보하고, 토지의 사용과 수입의 분배를 조절하는데 적극적인 작용을 하고 있다.

(3) 구간 차별세액을 시행한다.

성진토지사용세를 징수하는 목적 중의 하나는 토지별로 존재하고 있는 차등 수입을 조절하는데 있으며 차등 수입은 토지의 위치에 따라 결정된다.

위치가 좋은 토지를 소유하고 있는 납세의무자는 운송비와 유통비용을 절약할 수 있어 보다 나은 수입을 얻을 수 있다. 이러한 상황을 고려하여 도시별로 다른 세액을 적용하고 있으며, 같은 도시 내에서도 지역별로 도시의 건설현황과 경제발전의 정도에 따라 다른 세부담을 부담한다.

3) 성진토지사용세의 역할

(1) 토지의 합리적인 사용을 촉진

토지는 하나의 중요한 자연자원이며 중국은 비록 광활하나 일인당 평균 점유면적은 그리 넓지 않다. 과거 중국은 비농업용지에 대해 기본적으로 행정획발과 무상사용의 방법을 통하여 토지자원의 커다란 낭비를 가져왔다. 성진토지사용세를 징수한 이후 국유토지는 더 이상 단위나 개인이 무상으로 사용할 수 없게 되었고 규정에 따라 국가에 성진토지사용세를 납부하여야 한다.

성진토지사용세의 부담은 도시의 크기와 토지가 위치한 지역의 경제발전의 정도에 따라 결정된다. 따라서 단위와 개인이 토지사용권을 많이 가질수록, 좋은 곳을 가질수록 납부할 세액은 많아진다. 이렇게 함으로써 토지의 소유자가 합리적으로 토지를 배치하고 토지의 사용을 절약하도록 유도할 수 있다.

(2) 토지의 차등 수입을 조정

중국의 시장경제 조건하에서 기업의 효익에 영향을 주는 객관적인 요소는 매우 많은데, 그 중 지리적 위치는 기업의 운송원가와 유통비용 그리고 기업의 이윤율에 영향을 주는 요소 중의 하나이다. 성진토지사용세를 징수하여 토지의 차등 수입을 국가의 재정으로 귀속시킴으로써 국가와 토지사용자의 분배관계를 조절할 뿐만 아니라 기업의 공평한 경쟁을 유도할 수 있다.

(3) 지방 재정자금을 조달

성진토지사용세는 지방세에 속하며 이의 세수수입은 지방정부에 귀속되어 지방 재정수입의 원천이 된다. 또한 성진토지사용세는 모든 도시와 현정부 소재지, 건제진, 광공업지역에서 징수되기 때문에, 광범위한 지역에 미치고 수입액도 커서 지방세 체계의 구축과 정비에 중요한 재원이다.

2. 납세의무자

도시(城镇), 현정부 소재지, 건제진, 광공업지역에서 토지를 사용하는 단위와 개인은 성진토지사용세의 납세의무자이다.

- 단위 : 국유기업, 집체기업, 민간기업, 주식형 기업, 외상투자기업, 외국기업 및 기타 기업과 사업단위, 사회단체, 국가기관, 군대 및 기타 단위를 포함한다.
- 개인 : 개인사업자 및 기타 개인을 포함한다.

성진토지사용세의 납세의무자는 일반적으로 아래를 포함한다.

- 토지사용권을 가지고 있는 단위와 개인이 납세의무자가 된다.
- 토지사용권을 가지고 있는 단위와 개인이 토지 소재지에 없을 경우, 그 토지의 실제 사용자 또는 대리인이 납세의무자가 된다.
- 토지사용권의 소유권이 아직 확정되지 않았거나 권리의 분쟁이 해결되지 않았을 경우 실제 사용자가 납세의무자가 된다.
- 토지사용권이 공유인 경우에는 공유자 모두 납세의무자가 된다.

여러 사람이 공동으로 토지의 사용권을 소유하고 있는 경우 성진토지사용세의 납세의무자는 토지에 대한 사용권을 가진 소유자 모두가 해당되며, 공동소유자는 전체 토지면적에서 각자 차지하고 있는 비율을 기준으로 성진토지사용세를 계산하여 납부하여야 한다. 예를 들어 갑과 을이 공동으로 1,500㎡인 토지의 사용권을 가지고 있고, 그 중 갑이 실제 사용하고 있는 면적이 1/3이고 을이 실제 사용하는 면적이 2/3일 경우 갑은 500㎡에 해당하는 성진토지사용세를 부담하여야 하고, 을은 1,000㎡에 해당하는 성진토지사용세를 부담하여야 한다.

3. 과세범위

성진토지사용세의 과세범위는 도시(城镇), 현정부 소재지, 건제진과 광업구에 있는 국가 소유의 토지와 집체 소유의 토지가 된다.

위에서 도시, 현정부 소재지, 건제진과 광공업지역은 각각 아래의 표준에 따른다.

구 분	설 명
도시(城市)	국무원에서 설립을 비준한 시를 말한다.
현정부 소재지(县城)	현 인민정부의 소재지를 말한다.
건제진(建制镇)	성, 자치구, 직할시 인민정부에서 설립을 비준한 건제진을 말한다.
광공업지역(工矿区)	공업과 상업이 발달하여 인구가 비교적 집중되어 국무원이 규정한 건제진의 표준에는 부합하나 아직 건제진이 설립되지 않은 대형과 중형 광공업기업의 소재지를 말하며, 광공업지역은 성, 자치구, 직할시 인민정부의 비준이 필요하다.
공원, 명승 고적 내의 케이블 회사의 사업용지	성진토지사용세를 납부하여야 한다(2009년 1월 1일부터).
성진토지사용세 과세범위 내에서 단독으로 건설된 지하 건축용지	성진토지사용세를 징수한다. 그 중 이미 지하 토지사용권을 취득한 경우는 토지사용증서에 의한 토지면적에 따라 세액을 징수하며, 토지사용권 증서를 취득하지 못하였거나 지하 토지사용증서에서 토지면적이 없을 경우에는 지하건축의 수직투영면적에 따라 세액을 징수한다. 위의 지하건축용지에 대해서는 잠정적으로 50%를 감면하여 징수한다(2009년 12월 1일부터).

참고 … 도시의 범위

위의 성진토지사용세의 과세범위 중에서, 도시의 토지는 시 지역과 시외지역의 토지를 포함하고, 현정부 소재지의 토지는 현 인민정부 소재지의 토지를 말하고, 건제진의 토지는 진(镇) 인민정부 소재지의 토지이다.
도시, 현정부 소재지, 건제진과 광공업지역 이외의 지역에 설립된 광공업기업은 성진토지사용세를 납부할 필요가 없다.

4. 납부세액의 계산

1) 과세기준

성진토지사용세는 납세의무자가 실제로 소유하고 있는 토지면적이 세액계산의 기준이 되며 토지면적의 계량표준은 평방미터(㎡)이다. 세무기관은 납세의무자가 실제 소유하고 있는 토지의 면적을 기초로 하여 규정된 세액에 따라 납부하여야 할 세액을 계산하여 납세의무자에게 성진토지사용세를 징수한다.

납세의무자가 실제 소유하고 있는 토지의 면적은 아래의 방법으로 결정한다.

구 분	면 적 기 준
성, 자치구, 직할시 인민정부가 정한 기관이 토지면적을 측정한 경우	측정면적을 기준으로 한다.
측정이 안되었지만 정부가 발급한 토지사용증서를 가지고 있는 경우	증서에 있는 토지면적을 기준으로 한다.
토지사용증서가 아직 발급되지 아니한 경우	납세의무자가 토지면적을 신고하고 납세한 후, 토지사용증서를 발급받은 후 다시 재조정한다.

2) 세율

성진토지사용세는 정액세율을 사용하며 구간 탄력세율을 적용하여 각급 세무기관이 세율을 탄력적으로 적용한다.

대, 중, 소도시와 현정부 소재지, 건제진, 광공업지역 별로 평방미터당 성진토지사용세의 연간 납부세액을 규정하고 있으며 구체적인 표준은 다음과 같다.

[표 12-1] 성진토지사용세 세율

등급별	인구(인)	㎡당 세액(위안)
대도시	50만 이상	1.5~30
중도시	20만~50만	1.2~24
소도시	20만 이하	0.9~18
현정부 소재지, 건제진, 광공업지역	-	0.6~12

대, 중, 소도시는 공안부문에 등기등록된 비농업 정식 호구 인구를 근거로 하여 국무원이 공포한 「도시구획조례」 중 규정된 표준에 따라 나눈다. 인구가 50만 이상인 곳이 대도시가 되고, 인구가 20만~50만인 곳은 중도시, 인구 20만 이하인 곳은 소도시가 된다.

각 성, 자치구, 직할시 인민정부는 도시의 건설상황과 경제의 발전정도에 따라 정해진 구간 세율에서 관할지역에 적용할 세율을 결정한다. 경제가 낙후된 지역에 대해서는 성진토지사용세의 적용세율을 적절하게 인하시킬 수 있으나 규정된 최저 세액의 30%를 초과할 수는 없다. 경제가 발달한 지역에 대해서는 재정부의 비준을 받아 적용세율을 인상시킬 수 있다.

3) 납부세액의 계산방법

성진토지사용세의 납부세액은 납세의무자가 실제 소유하고 있는 토지의 면적에 토지 소재지의 적용세율을 곱하여 계산하는데, 계산공식은 다음과 같다.

연간 납부세액 = 실제 소유한 과세대상 토지면적(㎡) × 적용세율

사 례 11-3

상하이시에 있는 대광경영자문이 사용하는 토지의 면적이 10,000㎡이다. 세무기관은 이 토지를 과세대상 토지로 결정하였으며 ㎡당 연간 세율은 4위안이다.

요구

대광경영자문이 연간 납부하여야 할 성진토지사용세를 구하시오.

풀이

연간 성진토지사용세의 납부세액 = 10,000 × 4 = 40,000(위안)

5. 조세특례

1) 법정 면제

(1) 국가기관, 인민단체, 군대가 직접 사용하는 토지

소유자 자신이 직접 사용하는 업무용 토지와 사무용 토지를 말하며, 예를 들어 국가기관과 인민단체의 사무용 토지와 군대의 훈련장용 토지가 여기에 해당된다.

(2) 국가재정부문이 사업경비를 지불하는 단위가 직접 사용하는 토지

단위가 직접 사용하고 있는 업무용 토지를 말하며 학교의 교실, 운동장, 식당 등의 용지가 있다.

(3) 종교사원, 공원, 명승고적이 직접 사용하는 토지

- 종교사원이 직접 사용하는 토지는 종교의식 등을 거행하는 용지와 사원내의 종교인원이 생활하는 용지를 말한다.
- 공원, 명승고적이 직접 사용하는 토지는 대중이 참관하는데 사용되는 용지 및 관리부서의 용지를 말한다.

그러나 이상의 기관이 가지고 있는 사업용 및 기타 용도의 용지는 면세범위에 속하지 아니하며 규정에 따라 성진토지사용세를 납부하여야 하는데, 공원, 명승 고적에 부설된 영업기구로서 영화관, 음식점, 찻집, 사진관 등이 사용하는 토지가 여기에 해당한다.

(4) 도시의 도로, 광장, 녹지구역 등의 공공용지

(5) 직접 농업, 임업, 목축업, 어업에 사용되는 생산부지

납세의무자가 직접 재배업, 양식업, 사육업에 종사하는데 사용되는 부지로서, 부산품 가공장의 용지와 생활용지는 포함하지 아니한다.

(6) 해안을 매립하여 개척한 토지와 개간한 토지

비준을 거쳐 해안을 매립하여 개척한 토지와 개간한 토지는 사용한 달부터 5~10년 동안 성진토지사용세를 면제하며 구체적인 면제 기간은 각 성, 자치구, 직할시 지방세무국이 성진토지사용세법의 범위 내에서 결정한다.

(7) 비영리 의료기관

비영리 의료기관, 질병관리기구와 부인과 유아 보건기구 등의 위생기관이 직접 사용하는 토지에 대해서는 성진토지사용세를 면제한다.

(8) 학교 등 공공시설

기업이 운영하는 학교, 병원, 탁아소, 유치원의 부지가 기타 부지와 분명하게 구분될 경우 성진토지사용세를 면제한다.

(9) 면세단위가 사용하는 토지

면세단위가 과세단위의 토지를 무상으로 사용할 경우(예 : 공안, 세관 등이 철도, 민항 등의 기관의 토지를 사용하는 경우)에는 성진토지사용세가 면제되며, 과세단위가 면세단위의 토지를 무상으로 사용하는 경우 과세단위는 성진토지사용세를 납부하여야 한다. 과세단위와 면세단위가 공동으로 사용하거나 소유하는 토지 위의 고층 건물의 경우에는 과세단위가 차지하는 면적의 비율에 따라 성진토지사용세를 징수한다.

(10) 중국인민은행의 토지

국가 행정관리기능을 행사하는 중국인민은행의 본점(국가 외환관리국 포함)과 지점이 직접 사용하는 토지에 대해서는 성진토지사용세를 면제한다.

(11) 국가산업시설용 토지

국가의 산업 정책을 실현하고 중점산업의 발전을 지지하기 위해, 석유, 전기, 석탄 등 에너지 용지, 민용 항구와 철도 등의 교통 용지와 수리시설용 용지 및 염업, 채석장, 체신 등 일련의 특수용지에 대해서 정책적으로 면제한다.

2) 성, 자치구, 직할시 지방세무국이 감면을 결정하는 경우

(1) 개인 소유의 주거주택 및 정원용지

(2) 부동산 관리부문이 주택 임대료 조정 개혁 전에 임대한 주민의 주택용지

(3) 면세단위의 종업원 가족의 기숙사 용지

(4) 각종 학교, 병원, 탁아소, 유아원 용지

6. 징수관리

1) 납세기한

성진토지사용세는 연도별로 계산하고 분기별로 납부하며, 구체적인 납부기한은 각 성, 자치구, 직할시 인민정부가 결정한다.

2) 납세의무의 성립시기

구 분	납세의무의 성립시기
납세의무자가 신축 분양주택을 구입할 경우	분양주택을 받아 사용한 익월부터 성진토지사용세를 납부한다.
납세의무자가 기존 주택을 구입할 경우	주택의 권리증을 받아 변경등기 수속을 하고, 부동산 소유권 등기기관이 증서를 발급한 익월부터 성진토지사용세를 납부한다.
납세의무자가 재산을 임대하거나 대출을 받는 경우	그 익월부터 성진토지사용세를 납부한다.
출양 또는 양도방식으로 토지사용권을 유상으로 취득한 경우	양수자가 계약서에 약정된 토지 교부시점의 익월부터 성진토지사용세를 납부한다. 계약서에 교부시점이 없을 경우 양수자가 계약서에 서명한 달의 익월부터 성진토지사용세를 납부한다.
납세의무자가 새로 수용한 농경지	수용을 비준한 날부터 만 1년이 될 때 성진토지사용세를 납부하기 시작한다.
납세의무자가 새로 수용한 비경지	수용을 비준한 달의 익월부터 성진토지사용세를 납부한다.
납세의무자가 토지의 권리에 변화가 있는 경우	납부세액의 계산은 토지권리의 변화가 있는 당월 말까지로 한다(2009년 1월 1일부터).

3) 납세지와 징수기관

(1) 납세지

성진토지사용세는 토지 소재지에서 납부하며, 예외적으로 납세의무자가 사용하는 토지가 다음과 같을 경우 납세지는 다음과 같다.

구 분	납세의무의 성립시기
같은 성, 자치구, 직할시의 관할에 속하지 않는 경우(여러 지역에 걸쳐 있을 경우)	납세의무자가 토지 소재지의 세무기관에 각각 성진토지사용세를 납부한다.

구 분	납세의무의 성립시기
납세의무자가 같은 성, 자치구, 직할시 관할 범위 내에서 여러 지역에 걸쳐 사용하는 경우	각 성, 자치구, 직할시 지방세무국이 결정한다.

(2) 징수기관

성진토지사용세는 토지 소재지의 지방 세무기관이 징수하고 수입은 지방 재정 예산관리에 귀속시킨다. 성진토지사용세 징수업무는 세무기관이 징수를 책임지고 국토관리와 측량 등의 부문과 상호 협조하여 징수관리를 하여야 한다.

4) 납세신고

성진토지사용세의 납세의무자는 법의 규정에 따라 적절한 시기에 납부신고를 하여야 하고 사실대로 「성진토지사용세 납부 신고서」를 작성하여야 한다.

城镇土地使用税纳税申报表

税款所属期：自 年 月 日至 年 月 日　　填表日期： 年 月 日　金额单位：元至角分；面积单位：平方米

纳税人识别号											
纳税人信息	名称						纳税人分类		单位□　个人□		
	登记注册类型			*			所属行业		*		
	身份证照类型			身份证□　护照□　军官证□　其他			联系人			联系方式	
申报纳税信息	土地编号	宗地的地号	土地等级	税额标准	土地总面积	所属期起	所属期止	本期应纳税额	本期减免税额	本期已缴税额	本期应补(退)税额
	*										
	*										
	*										
	*										
	*										
	*										
	*										
	*										
	*										
	*										
	合计			*		*	*				
以下由纳税人填写：											
纳税人声明	此纳税申报表是根据《中华人民共和国城镇土地使用税暂行条例》和国家有关税收规定填报的，是真实的、可靠的、完整的。										
纳税人签章		代理人签章		代理人身份证号							
以下由税务机关填写：											
受理人		受理日期	年 月 日	受理税务机关签章							

本表一式两份，一份纳税人留存，一份税务机关留存。

성진토지사용세 납세신고표

세액과세기간 : 년 월 일부터 년 월 일 까지 작성일자 : 년 월 일 금액단위 : 위안(소수점두자리) : 면적단위 : ㎡

납세의무자 등록번호											
납세의무자 정보	명칭						납세의무자 분류		단위□ 개인□		
	등기등록유형			*			업종		*		
	신분증 유형			신분증□ 여권□ 공무원증 □ 기타			연락인			연락처	
신고납세 정보	토지 일련 번호	지번	토지 등급	세액 표준	토지 총면적	과세기간 부터	과세 기간 까지	당기 납부세액	당기 감면세액	당기 기납부세액	당기 납부 (환급) 세액
	*										
	*										
	*										
	*										
	*										
	*										
	*										
	*										
	*										
	*										
	합 계			*		*	*				

아래는 납세의무자가 작성한다. :					
납세의무자 선언	본 납세신고표는 <중국 성진토지사용세 잠행조례>와 국가의 조세 관련 규정에 따라 사실대로 신뢰성있고 완전하게 작성되었습니다.				
납세의무자 서명날인		대리인 도장		대리인 도장 신분증번호	
아래는 세무기관이 작성한다. :					
접수자		접수일자	년 월 일	접수기관 날인	

본 표는 2장을 작성하여 한 부는 납세의무자가 보관하고 한 부는 세무기관이 보관한다.

III. 경지점용세법

경지점용세법은 경지점용세의 징수와 납부 사이의 권리 및 의무 관계를 조정하는 법률규범으로 국가가 제정한 것이다. 현행 경지점용세법의 기본 규범은 2007년 12월 1일 국무원이 국무원령 제511호로 개정하여 공포한 「중국 경지점용세 잠행조례」(이하 '경지점용세법'이라 한다)와 2008년 2월 26일 재정부와 국가세무총국령 제49호로 공포한 「중국 경지점용세 잠행조례 실시세칙」이다.

1. 경지점용세의 기본 원리

1) 경지점용세의 개념

경지점용세는 경지에 주택건설 또는 기타 비농업 건설에 종사하는 단위나 개인이 실제 점유한 경지면적에 대해 징수하는 세금으로서, 특정한 토지자원 점유에 대해 과세하는 것에 속한다.

여기서 '경지'란 토지자원 중에서 가장 중요한 부분으로서 농업 생산의 가장 기본이 되는 생산자원으로서 경지점용세의 징수를 통해서 점유한 경지에 주택건설 및 기타 비농업 건설에 종사하는 단위나 개인에게 경제적 책임을 부담시켜 정부가 세수의 경제효과를 운용함으로써 그들의 경제적 이익을 조절하고 절약을 유도하며 경지자원을 합리적으로 사용하도록 유도한다.

이것은 국토자원을 보호하고 농업의 지속적인 발전을 촉진하고 경지관리를 강화하며 농민의 이익을 보호하는데 매우 중요한 의의를 갖는다.

2) 경지점용세의 특징

경지점용세는 특별한 목적을 가지고 특정한 토지자원에 대해 과세하는 세금으로서 다음과 같은 특징을 가지고 있다.

(1) 자원세와 특정행위세의 성질을 동시에 지니고 있다.

경지점용세는 점유한 농지에 주택건설 또는 기타 비농업 건설에 종사하는 행위를 과세대상으로 하여 납세의무자가 경지를 점유하는 행위를 제한하고 토지자원의 합리적 운용을 촉진하는 것을 목적으로 하여 자원세의 속성과 특정행위세의 특징을 동시에 지니고 있다.

(2) 지역별 차별세율의 채택

경지점용세는 지역별 차별세율을 적용하여 구체적인 상황에 따라 지역간 차별세율을 제정한다. 중국의 지역은 넓고 각 지역간 경지의 차이가 비교적 크고 평균경지의 점유면적의 차이가 큰 상황을 고려하여 각 지역의 실정에 맞게 적절한 대책을 세우고 있다.

(3) 경지점유단계에서 일회성으로 징수

경지점용세는 납세의무자가 경지의 소유를 허가받는 단계에서 징수하며, 경지의 소유를 비준한 후 2년 이후 미사용자에 대해 경지점용세를 다시 징수하는 것 이외에 더 이상 경지점용세를 징수하지 않는다. 따라서 경지점용세는 한번만 징수하는 일회성 징수의 특징을 지닌다.

(4) 세수수입은 경지개발과 개량에 전용되어야 한다.

경지점용세의 수입은 농업발전 전용기금을 조성하는데 사용되어야 하며, 주로 농지의 개발과 개량에 사용되어 보상적 특징을 갖는다.

2. 납세의무자

경지점용세의 납세의무자는 점유하고 있는 경지에 부동산을 건설하거나 비농업 건설에 종사하는 단위나 개인이다.

‘단위’는 국유기업, 집체기업, 개인기업, 주식형 기업, 외상투자기업, 외국기업 및 기타 기업과 사업단위, 사회단체, 국가기관, 군대 및 기타 단위를 말하고, '개인'은 개인사업자 및 기타 개인을 포함한다.

3. 과세범위

경지점용세의 징수범위는 납세의무자가 주택건설 또는 기타 비농업건설에 사용하기 위하여 국가소유 혹은 집체소유의 경지를 소유하는 경우이다.

'경지'란 농업작물을 재배하는 토지 및 채소밭과 과수원을 포함한다. 그 중 과수원은 화원, 묘포장, 차밭, 과수원, 뽕밭과 기타 경제임목을 재배하는 토지를 포함한다.

양어장 및 기타 농업용 토지를 점유하여 주택건설 혹은 기타 비농업 건설에 종사하는 경우도 경지를 점용하는 것으로 보아 경지점용세를 징수하여야 한다. 재배와 양식에 종사하는 간석지, 초원, 해수면과 임야를 점유하여 비농업 건설에 종사하는 경우 각 성 자치구, 직할시가 토지자원과 생태균형 보호원칙과 구체적인 상황을 고려하여 경지점용세의 징수여부를 결정한다.

이외에 점용하기 전 3년 이내에 위의 범위에 속하는 경지 혹은 농업용 용지 또한 경지로 본다.

4. 납부세액의 계산

1) 과세표준

경지점용세는 납세의무자가 점유하고 있는 경지의 면적이 과세표준이 된다.

2) 세율

중국은 지역간 인구와 경지의 분포가 고르지 못하고 각 지역간의 경제발전수준의 차이도 매우 크다. 이러한 객관적인 차이 및 납세의무자의 부담능력의 차이를 감안하여 경지점용세의 세율은 지역간 차별세율을 아래와 같이 규정하였다.

구 분	세 율
인당 평균 경지면적이 1묘 이하인 지역(현 행정구역을 기준으로 하며, 이하 같다)	매 ㎡당 10~50위안
인당 평균 경지면적이 1묘 이상 2묘 이하인 지역	매 ㎡당 8~40위안
인당 평균 경지면적이 2묘 이상 3묘 이하인 지역	매 ㎡당 6~30위안
인당 평균 경지면적이 3묘 이상인 지역	매 ㎡당 5~25위안

용어설명 묘(亩)의 단위

중국의 면적의 기본단위로서 현재 중국에서 사용하는 1묘는 대략 666.67㎡에 해당한다.

경제특구, 경제·기술 개발구와 경제가 발달한 지역 및 인당 평균 경지면적이 특히 작은 지역은 높은 세율을 적용할 수 있으며 위 세율의 50%를 초과징수할 수는 없다.

각 성, 자치구, 직할시 경지점용세 평균세액

(단위 : 위안)

지 역	매 ㎡당 평균세액
상해	45
북경	40
천진	35
강서, 절강, 복건, 광동	30
요녕, 호북, 호남	25
하북, 안휘, 강서, 산동, 하남, 중경, 사천	22.5
광서, 해남, 귀주, 운남, 섬서	20
산서, 길림, 흑룡강	17.5
내몽고, 서장, 감숙, 청해, 영하, 신장	12.5

3) 세액계산

경지점용세는 납세의무자가 실제 점유하고 있는 경지면적을 기준으로 하고 평방미터(㎡)를 기준으로 세액을 적용한다.

납부세액 = 실제 점유경지면적(평방미터) × 적용 세액

사 례 11-4

(주)영화가 어느 시에서 새로이 19,800㎡의 경지를 공장건설에 사용하려고 한다. 경지점용세의 적용세액은 20위안 / ㎡이다.

요구

(주)영화가 납부하여야 할 경지점용세액을 계산하시오.

풀이

납부세액 = 19,800㎡ × 20위안 / ㎡ = 396,000위안

5. 조세특례

1) 경지점용세의 면제

- 군사시설의 점유경지
- 학교, 유아원, 양로원, 병원의 점유경지

2) 경지점용세의 감면

(1) 사회간접자본용 토지

철로, 도로, 비행장 활주로, 비행기 격납고, 항구, 항로의 점유용지는 매㎡당 2위안으로 감면하여 징수한다.

국무원의 재정, 세무 주관부문은 국무원의 관련부문과 상의하여 국무원의 비준을 얻은 후 전항의 경우에 대해 경지점용세를 면제하거나 감면할 수 있다.

(2) 농촌 주민의 주택신축

농촌주민의 경지에 주택을 신축할 경우 적용세액의 50%를 감면하여 징수한다.

농촌열사가족, 상해군인, 무의탁자 및 옛 혁명근거지, 소수 민족 거주지와 국경지대의 농촌주민이 규정된 용지표준 이내에 주택을 신축하여 경지점용세를 납부하기 곤란한 경우, 소재지 (진) 인민정부의 심의와 현급 인민정부의 비준을 거쳐 경지점용세를 면제 또는 감면할 수 있다.

경지점용세를 면제 또는 감면받은 후, 납세의무자가 당초의 용도를 변경한 경우에는 경지점용세의 면제나 감면의 대상이 되지 않고 현지의 적용세액에 따라 경지점용세를 추가납부하여야 한다.

6. 징수관리

경지점용세는 지방 세무기관이 징수를 책임진다. 토지관리부문은 단위나 개인에게 경지점용의 수속을 처리할 때 동시에 경지 소재지의 동급 지방세무기관에 그 사실을 통지하여야 한다. 경지점용의 승인을 받은 단위나 개인은 토지관리부문의 통지를 받은 날로부터 30일 이내에 경지점용세를 납부하여야 한다. 토지관리부문은 경지점용세 납부영수증이나 면제증명서 등의 서류를 기초로 건설용지 비준서를 교부한다.

납세의무자가 임시로 경지를 점유하는 경우에도 경지점용세를 납부하여야 한다. 납세의무자가 임시로 점유한 경지의 기한 내에 점유한 경지를 원상태로 회복한 경우에는 이미 납부한 경지점용세 전액을 환급한다.

임지, 목초지, 농전수리용지, 양식수면 및 양어장 등과 같은 농업용지를 점유하여 주택건설 및 비농업건설에 종사하는 경우 경지점용세를 징수한다. 만약 직접 농업생산에 사용되는 생산시설을 건설하기 위하여 전항에 규정된 농업용지를 점유하는 경우에는 경지점용세를 면제한다.

IV. 차량선박세법(车船税法)

차량선박세법은 차량 및 선박의 보유에 대한 세금의 징수와 납부에 관한 권리와 의무를 조정하기 위하여 국가가 제정한 법률규범을 말한다. 현행 차량선박세법은 2011년 2월 25일 제11기 전인대 상무위의 제19차 회의에서 통과되어 주석령 제43호로 공포되고 2012년 1월 1일부터 시행되는 「중화인민공화국 차량선박세법」(이하 '차량선박세법'이라 한다)과 2011년 12월 23일 국무원 제182차 상무회의에서 통과되어 국무원령 제611호로 공포되고 2012년 1월 1일부터 시행되는 「중화인민공화국 차량선박세법 실시조례」(이하 '차량선박세법 실시조례'라 한다)이다.

1. 차량선박세법의 기본원리

1) 차량선박세의 개념 및 연혁

차량선박세는 차량과 선박을 과세대상으로 하여 차량과 선박을 소유하는 단위와 개인에게 징수하는 세금이다.

중국의 차량과 선박에 대한 과세역사는 오래되어 기원전 129년 마차에 대해 징수하기 시작하였으며, 최근 중국에서의 차량선박세법의 연혁을 살펴보면 다음과 같다.

- 1984년 10월 국무원은 차량과 선박에 대해 다시 징수하기로 결정하였으며 명칭을 차량선박세로 변경하였다.
- 1986년 9월 15일 국무원은 「중국 차량선박 사용세 잠행조례」를 공포하여 1986년 10월 1일부터 전국적으로 시행하기로 결정하였다. 각 성, 자치구, 직할시 인민정부는 「차량선박 사용세 잠행조례」의 규정에 따라 시행세칙을 제정하였다.
- 2006년 12월 29일 국무원은 「중국 차량선박세 잠행조례」를 공포하여 2007년 1월 1일부터 실시하였다.
- 2011년 2월 25일 전인대 상무위에서 「중국 차량선박세법」을 제정 공포하여 2012년 1월 1일부터 실시하고 있다.

2) 차량선박세의 역할

(1) 지방정부의 재정자금을 조달

차량선박세를 징수함으로써 차량과 선박을 소유하고 있는 자의 세금을 징수하여 지방재원을 증가시킨다.

(2) 차량 및 선박의 관리와 합리적인 자원배분을 유도

경제발전에 따라 차량과 선박의 소유가 급격히 증가하는데 대해 차량선박세를 징수함으로써 차량과 선박 소유자로 하여금 소유하고 있는 차량과 선박의 관리를 강화시킴으로써 자원배분을 개선하고 합리적인 사용을 유도할 수 있다.

(3) 재산과 부의 격차를 조절하는데 유리

일부 국가에서는 차량선박세는 부동산에 대한 과세범위에 속하는 경우도 있는데, 이러한 조세는 지방 재정수입을 조달하는 것 이외에도 개인이 소유하고 있는 재산과 부(승용차, 요트)에 대해 조절을 가함으로써 재산분배의 불평등을 완화시키는 기능이 있다.

중국경제의 성장에 따라 재산소유의 불평등이 심화되는 현상이 심각해지고 있어서 차량선박세를 징수함으로써 부의 재분배작용의 역할은 날로 중요해지고 있다.

2. 납세의무자

차량선박세는 중국내의 차량과 선박의 소유자 또는 관리자가 납세의무자가 되어 중국의 차량선박세법에 따라 납부하는 세금이다.

3. 과세범위

차량선박세의 과세범위는 중국내에서 차량선박세법 별표「차량선박세 세목별 세액표」에 속하는 차량 및 선박을 말한다.

차량 및 선박은 다음과 같은 것이 해당된다.

- 법에 따라 차량 및 선박관리부문에 등기된 동력 차량 및 동력 선박
- 등기할 필요가 없거나 사업장 내에서 운전 또는 작업에 사용되는 동력 차량 및 동력 선박

4. 세목과 세율

차량선박세는 정액세율을 적용하는데, 적용세율은 차량선박세법에 첨부된「차량선박세 세목별 세액표」에 따른다.

국무원의 재정, 세무 주관부문은 상황에 따라,「차량선박세 세목별 세액표」에 규정된 세목의 범위와 세액의 구간 내에서 하위항목으로 구분하여 차량의 하위항목의 구간과 선박의 구체적인 세율을 명확히 할 수 있다.

차량의 구체적인 세액의 적용은 성, 자치구, 직할시 인민정부가 차량선박세법에 첨부된「차량선박세 세목별 세액표」에 규정된 세액구조와 국무원의 규정에 따른다.

선박의 구체적인 세액의 적용은 국무원이 차량선박세법에 첨부된 차량선박세 세무별 세율표에 규정된 세액 구간 내에서 결정한다.

차량선박세는 정액세율을 적용하여 과세되는 차량과 선박에 대해 단위당 고정세액으로 과세하고 있다. 차량선박세의 세액을 결정하는 기본 원칙은 다음과 같다.

- 무동력 차량과 선박의 세부담은 동력 차량과 선박보다 적다.
- 인력거의 세부담은 축력거보다 적다.
- 소형 선박의 세부담은 대형 선박보다 적다.

1) 세율

차량과 선박의 사용상황에 따라 차량선박세의 세율은 다르게 적용된다.

차량선박세 세목별 세액표

종 류	과세단위	연간세액(위안)	비 고
승용차	1,000cc 이하 1,000cc~1,600cc 1,600cc~2,000cc 2,000cc~2,500cc 2,500cc~3,000cc 3,000cc~4,000cc 4,000cc 이상	60~360 300~540 360~660 660~1,200 1,200~2,400 2,400~3,600 3,600~5,400	9인승 이하
여객자동차	1대당	480~1,440	9인승 이상
화물차 및 전용작업차량	무게(톤당)	16~120	• 견인차, 트레일러, 삼륜차 및 저속화물차 포함 • 트레일러는 화물차 세액의 50%로 계산
오토바이	1대당	36~180	
동력선박	순 톤당	3~6	예인선과 무동력 및 바지선은 각각 선박세의 50% 감면
요트	전장(m)	600~2,000	요트는 별도 시행

2) 선박의 세율

「차량선박세 세목별 세액표」에서의 동력선박의 구체적인 적용세율은 다음과 같다.

구 분	적 용 세 율
순 중량이 200톤 이하	톤당 3 위안
순 중량이 201~2,000톤 사이	톤당 4 위안
순 중량이 2,001~10,000톤 사이	톤당 5 위안
순 중량이 10,001톤 이상	톤당 6 위안

예인선의 경우 엔진이 출력 1Kw당 0.67톤으로 차량선박세를 과세한다.

3) 세액계산의 표준

차량선박세법 및 동 실시조례에서의 배기량, 탑승인원, 자체중량, 순 중량, 출력(Kw 또는 마력) 등의 세액계산 표준은 차량선박 관리부문이 규정한 차량선박 등록서 또는 운행허가서 상의 것을 기준으로 한다.

납세의무자가 규정에 따라 차량선박 관리부문에서 등기수속을 하지 않은 경우에는 위의 세액계산 표준은 차량선박의 출고 합격증명 또는 수입증빙에 기재된 것을 기준으로 한다. 만약 출고 합격증명 또는 수입증빙을 제출할 수 없는 경우에는 관할 세무기관이 차량과 선박의 상황에 따라 동종을 참조하여 결정한다.

5. 납부세액의 계산

납세의무자는 납세지 관할 성, 자치구, 직할시 인민정부가 정한 세액에 따라 차량선박세를 납부하여야 하며, 세액은 지방세무기관이 징수한다.

(1) 새로 취득하는 경우

신차와 선박을 구입한 연도의 납부세액은 납세의무가 발생한 달부터 월을 기준으로 계산하며 계산공식은 다음과 같다.

납부세액 = 연간 납부세액 ÷ 12 × 납부대상 월수
납부대상 월수 = 12 − 납부의무가 발생한 월수 + 1

사 례 11-5

운남운수(주)는 화물차량 15대(화물차의 순 중량은 모두 10톤이다), 대형버스 20대, 소형버스 10대를 가지고 있다.
(화물차의 톤당 적용세율 : 80 위안, 대형버스의 적용세율 : 800 위안, 소형버스의 적용세율 : 700 위안)

요구

운남운수(주)가 납부하여야 할 차량선박세의 세액을 계산하시오.

풀이

① 화물차량의 납부세액 = 15 × 10 × 80 = 12,000위안
② 여객차량의 납부세액 = 20 × 800 + 10 × 700 = 23,000위안
③ 연간 차량선박세액 = 12,000 + 23,000 = 35,000위안

(2) 차량을 분실한 경우

납세의무자가 차량선박세를 납부한 후 차량 또는 선박을 도난당하거나 폐차된 경우 납세의무자는 차량관리부문이 발급한 증명서와 납부증명서를 가지고 관할 세무기관에 해당 차량이 도난, 폐차된 달부터 종료일까지의 세액환급을 신청할 수 있다.

(3) 도난차량을 되찾은 경우

이미 세액을 환급받은 차량을 되찾은 경우 납세의무자는 공안기관이 해당 증명을 발급한 달부터 세액을 계산하여 납부하여야 한다.

(4) 타지에서 등록한 경우

과세연도 내에 납세의무자 차량등록지가 아닌 타지에서 등록한 경우 해당 증명서를 제출하면 차량등록지 관할 지방세무기관에 다시 납부할 필요가 없다.

(5) 연중 소유권이 변동된 경우

이미 차량선박세를 납부한 차량 또는 선박이 소유권이 변동된 경우, 더 이상 납부할 필요도 없으며 환급하지도 않는다.

6. 조세특례

1) 법정 감면

중국의 차량선박세법에서의 법정 감면의 구체적인 범위는 다음과 같다.

(1) 어획, 양식용 어선

어획, 양식용 어선은 어업선박 관리부문에 어획용 또는 양식용 선박으로 등기된 어업선박을 말한다.

(2) 군대, 무장경찰 전용의 차량과 선박

군대, 무장경찰 전용의 차량과 선박은 규정에 따라 군대, 무장경찰 차량선박 관리부문에 등기되어 군용번호판 및 무장경찰 번호판을 부착한 차량과 선박을 말한다.

(3) 경찰용 차량과 선박

경찰용 차량과 선박은 공안기관, 국가안전기관, 감옥, 노동교양 관리기관 및 인민법원, 인민검찰청이 경찰용 번호판을 부착한 차량과 경찰업무를 수행하는 전용선박을 말한다.

(4) 외국 공관 및 국제조직의 차량과 선박

중국의 법률에 따라 감면해주는 주중국외국대사관 및 영사관, 국제조직의 중국 주재기구 및 관련 직원의 차량과 선박

(5) 에너지절약 신에너지 사용 차량

에너지절약 또는 신에너지를 사용하는 차량 및 선박에 대해서는 면제 또는 감면할 수 있으며, 자연재해를 당하여 납부가 곤란한 경우 감면 또는 면제할 수 있다.

(6) 기타 감면

성, 자치구, 직할시 인민정부는 현실을 고려하여 대중교통, 농촌주민이 사용하는 오토바이, 삼륜차 및 저속화물차에 대해 감면 또는 면제할 수 있다.

2) 특별 감면

(1) 임시로 수입하는 경우

비준을 거쳐 임시로 들여와 사용하는 외국, 홍콩, 마카오 및 대만의 차량과 선박에 대해서는 차량선박세를 과세하지 않는다.

(2) 선박톤세를 납부하는 경우

선박톤세를 납부하는 동력 선박은 차량선박세법 실시일로부터 5년간 차량선박세를 면제한다.

(3) 공항, 항구 내에서 사용하는 경우

차량선박세법 실시일로부터 5년간 차량선박세를 면제한다.

7. 징수관리

1) 납세의무의 성립시기

차량선박세의 납세의무의 성립시기는 다음과 같다.

구 분	납세의무의 성립시기
등기서류 및 운행허가증이 있는 경우	차량과 선박의 관리부문이 발행한 등기서류 및 운행허가증에 기재된 월이 된다.
납세의무자가 규정에 의한 등기 수속을 하지 않은 경우	차량 세금계산서에 기재된 발급된 달을 차량선박세 납세의무의 성립시기로 본다.

구 분	납세의무의 성립시기
등기수속도 하지 않고 세금계산서도 없는 경우	관할 세무기관이 납세의무의 성립시기를 결정한다.
차량선박세의 과세기간	매년 1월 1일부터 12월 31일까지이며 구체적인 기간은 성, 자치구, 직할시 인민정부가 결정한다.

2) 납세지

차량선박세의 납세지는 차량 또는 선박의 등록지 또는 원천징수의무자의 소재지이며, 등록이 필요없는 경우에는 차량 또는 선박의 소유자 또는 관리인의 소재지가 된다.

차량선박세는 지방 세무기관이 징수를 담당하며, 납세지는 성, 자치구, 직할시 인민정부가 현지의 상황을 고려하여 결정한다.

여러 성, 자치구, 직할시에 걸쳐 사용하는 차량과 선박의 납세지는 차량과 선박의 등록지가 된다.

3) 납세신고

차량선박세의 과세기간은 매년 1월 1일부터 12월 31일까지로서 연도별로 신고하며, 월 단위로 계산하여 일회에 납부한다.

구체적인 과세기간은 성, 자치구, 직할시 인민정부가 정한다.

(1) 공공기관과의 협조

세무기관은 차량과 선박의 관리부문, 차량과 선박의 검사기구에서 차량선박세의 징수와 관련된 업무를 처리할 수 있다.

(2) 공안기관 교통관리부문의 협조

공안기관 교통관리부문은 차량등기 또는 정기검사를 할 때 전년도 납세 또는 감면과 관련된 증명서를 제출하지 않는 경우 등기 또는 검사를 해서는 안된다.

(3) 해사부문 및 선박검사기구

해사부문 및 선박검사기구가 선박등기 또는 정기검사를 할 경우 납세 또는 감면과 관련된 증명서를 제출하지 못하거나 원천징수를 거부하는 납세의무자에 대해서는 등기 또는 검사를 해서는 안된다.

(4) 책임보험에 가입할 필요가 없는 경우

자동차 교통사고 책임보험에 가입할 필요가 없는 차량에 대해서는 관할 세무기관에 차량선박세를 신고납부하여야 한다.

(5) 최초로 책임보험에 가입할 경우

납세의무자가 최초로 교통사고 책임보험에 가입할 경우 차량선박세를 납부하거나 차량선박세를 자진신고하는 경우, 차량 세금계산서 및 배기량 자체중량, 승차정원 등 납세와 관련된 정보 및 증빙을 제공하여야 한다.

(6) 선박의 원천징수의무자

선박 등기 및 선박검사를 책임지는 선박관리부분 또는 선박검사기구는 선박에 대한 차량선박세의 원천징수의무자가 되어 등기 또는 검사시 차량선박세를 원천징수하여야 한다.

4) 기타 관리규정

(1) 관련부문 간의 협조 강화

각급 차량관리부문은 차량선박 관리정보 등을 제공할 때 지방 세무기관과 협조하여 차량선박세에 대한 징수관리를 강화하여야 한다.

납세의무자는 관할 세무기관과 대리징수 의무자에게 차량과 선박의 관련 정보를 제공하여야 하며, 거절할 경우 「중국 세수징수관리법」의 규정에 따라 처리한다.

(2) 차량선박세의 징수관리

차량선박세의 징수관리는 「중국 세수징수관리법」 및 「차량선박세법」의 규정에 따른다. 한 과세연도 중 이미 세액을 납부한 차량이 절도 또는 폐차, 멸실된 경우, 납세의무자는 관리기관이 발급한 증명과 납부영수증으로 납세지 관할 세무기관에 절도, 폐차 및 멸실된 날부터 과세연도 종료일까지의 세액에 해당하는 부분에 대한 환급을 신청할 수 있다.

(3) 다른 지역에서 납부한 경우

과세연도 중 납세의무자가 차량등록지가 아닌 곳에서 보험회사가 자동차 차량선박세를 대리징수하고 합법적인 납부영수증을 제출할 수 있는 경우, 납세의무자는 더 이상 차량등록지의 지방 세무기관에 자동차 차량선박세를 납부할 필요가 없다.

(4) 소유권이 변경된 경우

과세연도 중 차량선박세를 이미 납부한 차량이 소유권 또는 관리권이 변경되었으나 지방 세무기관이 기존 차량소유자 또는 관리인에게 환급을 하지 않을 경우 현재의 차량 및 선박 소유자 또는 관리인에게 더 이상 세액을 징수할 수 없다.

차량선박세를 납부하지 아니한 차량이 소유권 또는 관리권이 변경된 경우 현재의 차량 및 선박 소유자 또는 관리인이 해당 과세연도의 차량선박세를 납부하여야 한다.

(5) 세액신고서

차량선박세의 납세의무자는 본법의 규정에 따라 신고납부하여야 하며, 「차량선박세 납부신고표」를 작성하여 제출하여야 한다.

제 12 장

자원세법

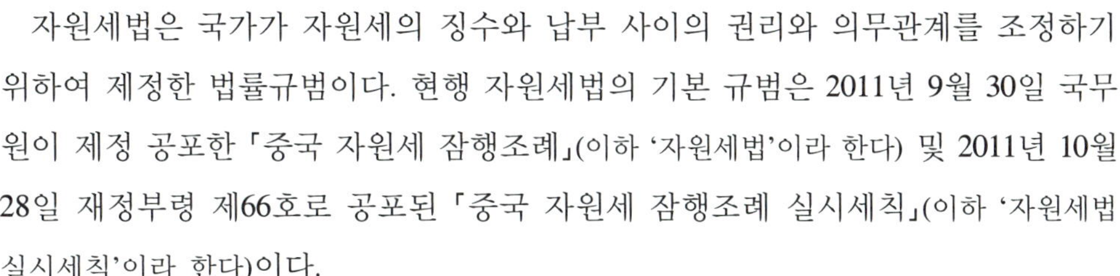

자원세법은 국가가 자원세의 징수와 납부 사이의 권리와 의무관계를 조정하기 위하여 제정한 법률규범이다. 현행 자원세법의 기본 규범은 2011년 9월 30일 국무원이 제정 공포한 「중국 자원세 잠행조례」(이하 '자원세법'이라 한다) 및 2011년 10월 28일 재정부령 제66호로 공포된 「중국 자원세 잠행조례 실시세칙」(이하 '자원세법 실시세칙'이라 한다)이다.

I. 자원세의 기본 원리

1. 자원세의 개념

자원세는 중국내에서 과세대상 광산물의 채굴과 소금의 생산에 종사하는 단위와 개인에 대해 과세하는 세금으로서 자연자원의 점용을 과세대상으로 한다.

2. 자원세의 발전

- 신중국 성립 후, 중국은「전국 세정 실시 주요세칙」(이하 '주요세칙'이라 한다)을 반포하였으며 주요 세칙은 소금의 생산과 운송판매에 대해 염세를 징수하는 것을 명확히 하고 있다. 그러나 광산물 자원의 채굴에 대한 과세규정이 없어서 30여 년의 긴 세월 동안 중국은 자원 무상채굴 제도를 시행하여 왔다.
- 1984년 10월 1일「자원세 조례 초안」의 시행으로 중국은 자연자원에 대해 과세하기 시작하였으며 과세범위는 원유, 천연가스, 석탄과 철광석이었다.
- 1986년 10월 1일「광산물 자원세법」이 시행되었고 자원세의 법률제도와 관련하여 자세히 설명되어 있다.
- 1993년 12월 국무원은「자원세 잠행조례」및「자원세 잠행조례 실시세칙」을 반포하여 소금(鹽)세를 자원세에 포함시켜 자원세의 과세범위를 원유, 천연가스, 석탄, 기타 비금속 원광석, 흑색금속 원광석, 유색금속 원광석과 소금의 7가지로 확대하였으며, 1994년 1월 1일부터 광산물 판매량에 따라 과세하였다.

3. 자원세 계산방법

자원세의 과세대상은 광물자원이며 세액의 계산은 종량율에 의한 징수방법을 사용하는데 이는 계산이 간단할 뿐만 아니라 관리하는데 편리하기 때문이다. 그러나 정액징수의 방법을 사용할 경우에는 자원 채굴 중의 차등수입에 대한 징수정책은 실현될 수 없으며, 특히 자원가격의 등락이 비교적 클 때 가격의 상승에 따른 자원세액을 올릴 수가 없어서 자원의 합리적인 채굴과 이용의 관리가 불가능하다.

4. 자원세의 기능

중국의 현행 자원세는 1984년부터 징수하기 시작하였으며 자원수입의 격차를 조절하고, 기업의 공정한 경쟁을 촉진하고, 자연자원을 보호하는 것을 주요한 목적으로 하여 제정된 세금이다. 자원세의 징수는 중국의 자원의 점용에 대한 과세체계를 구축하여 세제구조를 완성하고 조세의 조절영역을 확장하여 조세의 기능을 전면적으로 발휘하는데 주요한 의의가 있다.

자원세를 징수하기 시작한 이후 계속적인 개정을 거쳐 과세범위가 확대되어 왔으며 중국의 현행 세제체계에 있어 중요한 세금이 되었다. 사회주의 시장경제 조건하에서 자원세의 기능은 주로 다음과 같다.

1) 기업 간의 공평 경쟁을 촉진

중국의 자원세는 차등 자원세에 속하며 과세자원의 품종, 질량, 존재 형식, 채굴방식 등 객관적인 요소의 차이에 따라 차별 세율을 적용하여 조건이 우월한 자는 세부담이 비교적 높으며, 조건이 열등한 자는 세부담이 비교적 낮다. 이는 자연자원 및 자연조건의 차이로 발생할 수 있는 기업이윤의 영향을 감소 또는 배제시켜 기업 간의 공평 경쟁을 촉진하는데 있다.

2) 자연자원의 합리적인 개발과 이용을 촉진

중국의 자원세법은 과세자원을 개발하고 이용하는 행위에 대해 과세하여 국유자연자원의 유상 점용의 원칙을 실현하고 납세의무자로 하여금 자연자원을 절약하고, 합리적으로 자연자원을 개발·이용하도록 촉진하는데 목적이 있다.

3) 국가의 재정자금을 조달

자원세는 평등 경쟁의 촉진과 자연자원의 보호를 과세목적으로 하지만 다른 한편으로는 재정수입의 중요한 원천이다. 과세 범위의 지속적인 확대에 따라 자원세 수입은 국가 재정수입에 있어서 중요한 역할을 하고 있다.

II. 납세의무자

자원세의 납세의무자는 중국내에서 과세대상 광산물을 채굴하거나 소금을 생산하는 단위와 개인이다.

중외 합작으로 석유와 천연가스를 채굴하는 경우 광구 사용비만 징수하고 잠정적으로 자원세를 징수하지 아니하였으나 2011년 11월 1일부터 새로 체결된 계약에 대해서는 자원세를 납부하고 광구사용비를 더 이상 징수하지 아니한다.

또한 자원세법은 과세되지 아니한 광산물을 구매하는 단위를 자원세의 원천징수의무자로 규정하고 있는데, 자원세의 원천징수의무자를 규정한 주된 이유는 비정기적으로 소량의 자원을 채굴하는 행위에 대한 관리를 강화하고 탈세를 막기 위함이다.

'과세되지 않은 광산물을 구매하는 단위'라 함은 독립 광산, 연합 기업과 기타 단위를 말한다.

용어설명 광산관련 용어

- 독립 광산

  독립 광산은 단지 채광만 있거나 혹은 선광과 채광만 있고 독자적으로 결산을 하여 손익을 부담하는 단위로서 생산한 원광과 정광은 주로 외부에 판매하게 된다.

- 연합 기업

  연합 기업은 채광, 선광, 제련(혹은 가공)이 연속적으로 생산되는 기업 혹은 채광과 제련(혹은 가공)이 연속적 생산되는 기업이다.

- 기타 단위

  기타 단위는 과세되지 않은 광산물을 구매하는 개인사업자를 포함한다.

III. 세목과 세율

자원세는 종량율의 방법으로 징수하며 '보통 징수'와 '차등 조절'의 원칙을 실시하고 있다.

구 분	과 세 방 법
보통 징수	보통 징수는 중국내에서 채굴된 모든 과세자원에 대해 자원세를 징수하는 것을 말한다.
차등 조절	차등 조절은 자원의 부존 현황, 채굴 조건, 자원의 우열, 지리적인 위치 등 객관적으로 존재하는 차이로 인한 수입격차에 대해 차등 조절을 하여 자원조건이 좋은 경우 세액을 증가시키고 자원조건이 좋지 않은 경우 세액을 감소시킨다.

1. 세목과 세율

자원세의 세목과 세액은 크게 7가지 종류가 있으며, 세목 아래에 다시 세부 목록이 있다. 현행 자원세의 세목 및 세부 목록은 주로 자원세 과세자원과 납세의무자가 자원을 채굴하는 업종의 특징에 따라 분류된다.

종 류	과 세 대 상	세 율
원유	채굴한 천연 원유는 과세대상이며 인조석유는 과세하지 아니한다.	판매액의 5~10%
천연가스	전문적으로 채굴한 천연가스 및 원유와 동시에 채굴된 천연가스는 과세하며 석탄에서 생성되는 천연가스는 잠정적으로 징수하지 아니한다.	판매액의 5~10%
석탄	과세되지 않은 원탄을 가공한 원탄 및 세탄(洗炭)과 선탄(選炭)을 포함한다.	판매액의 2~10%
기타 비금속 광석	보석, 다이아몬드, 옥, 벤토나이트, 흑연, 석영 모래, 형석, 질석, 장석, 활석, 백운석, 점토, 고령석토, 내	0.5~20위안/톤, 캐럿, 입방 미터

종 류	과 세 대 상	세 율
	화 점토, 운모, 대리석, 화강석, 석회암, 마그네사이트, 석고, 공업용 다이아몬드, 석면, 황철광, 천연 유황 등이 있다.	
철금속 원광	납세의무자가 채굴 후 자가 사용하거나 판매한 것을 과세대상으로 하며, 과세대상은 철광석, 망간 광석, 크롬광석을 포함한다.	2~30위안/톤
유색금속 원광	희토류 광석	0.4~60위안/톤
	동광석, 보크사이트, 텅스텐 광석, 주석, 안티몬, 알루미늄, 니켈, 황금, 바나듐 등을 포함한다.	0.4~30위안/톤
소금	고체소금은 해염원염(海盐原盐), 호염원염(湖盐原盐)과 암염을 포함한다.	10~60위안/톤
	액체소금은 염화나트륨 함량이 일정한 농도의 용액에 도달한 것으로서 소다(soda)와 기타 생산품을 생산하는데 사용되는 원료를 가리킨다.	2~10위안/톤

납세의무자가 광물제품을 채굴하는 과정에서 부수적으로 채굴한 기타의 과세대상 광산물은 별도로 적용세율을 규정하지 않고 있는 경우 모두 주 광물제품에 따라 자원세를 징수한다.

위에 열거되지 않은 기타의 비금속 광원과 기타 유색금속 원광은 성, 자치구, 직할시, 인민정부가 자원세를 징수 또는 잠정적으로 징수유예를 결정하여 정부와 국가세무총국에 보고한다.

2. 원천징수의무자

과세되지 않는 광산물을 구매하는 단위 및 중외합작으로 유전을 채굴하는 자가 자원세의 원천징수의무자가 되는데 구체적으로 다음과 같다.

1) 독립광산이 구매하는 경우

독립광산 또는 연합기업이 과세되지 않은 광산물을 구매하는 경우 해당 단위의 과세자원의 세액표준에 따라 구매한 수량에 근거하여 자원세를 원천징수하여 납부하여야 한다.

2) 기타의 단위가 구매하는 경우

기타의 구매 단위가 구매한 과세되지 않은 광산제품은 세무기관이 결정한 과세자원의 세액표준에 따라 구매한 수량에 근거하여 자원세를 원천징수하여 납부하여야 한다.

IV. 과세기준과 납부세액의 계산

1. 과세기준

1) 종가세율에 의한 과세기준

종가세율에 의해 과세할 경우에는 매출액을 과세기준으로 한다. 매출액은 납세의무자가 자원세 과세상품을 판매하고 구매자로부터 받은 대가와 부대비용을 합한 가액이 되며 증치세액은 제외한다.

납세의무자가 과세상품을 외부에 판매하기도 하고 다른 과세상품의 생산 이외의 용도에 사용하는 경우, 자가사용하는 부분에 대해서는 납세의무자가 외부에 판매한 과세상품의 평균가격으로 매출액을 계산하여 자원세를 징수한다.

납세의무자가 채굴한 과세상품을 직접 수출하는 경우에는 본선인도가격(FOB가격) 기준으로 매출액을 계산하여 자원세를 징수한다.

부대비용(价外费用)은 구매자로부터 받은 수수료, 보조금, 기금, 금융비용, 장려금, 위약금, 체납금, 연체이자, 배상금, 포장비, 운반비 등 기타 각종 가격외 수수료를 말한다.

아래의 항목은 부대비용에 포함하지 아니한다.

(1) 운반비용 중 아래의 조건을 모두 갖춘 경우

• 운반비용과 관련된 계산서가 구매자에게 발행된 경우
• 납세의무자가 해당 계산서를 구매자에게 전달해주는 경우

(2) 정부기금 또는 행정수수료 중 아래의 조건을 모두 갖춘 경우

• 국무원 또는 재정부가 설립을 비준한 정기금으로서 국무원 또는 성급 인민정부와 재정, 가격주관부문이 설립을 비준한 행정수수료
• 성급 이상 재정부문이 인쇄한 재정영수증을 발행할 것
• 해당 수수료는 모두 국고에 귀속될 것

이외에도 납세의무자가 인민폐 이외의 화폐로 매출액을 계산하는 경우, 인민폐로 환산하여야 하며, 환산율은 매출이 발생한 당일 또는 당월 1일의 인민폐 기준환율을 적용한다. 납세의무자가 환산방법을 선택한 경우에는 1년내에는 환산방법을 변경할 수 없다.

2) 종량세율에 의한 과세기준

종량세율을 의해 과세할 경우에는 판매수량을 과세기준으로 한다.

구 분	과세수량결정방법
과세상품을 채굴 또는 생산하여 판매하는 경우	판매수량이 과세수량이 된다.
과세상품을 채굴 또는 생산하여 자기가 사용하는 경우	자기가 사용한 수량(생산용으로 사용되지 않는 경우)이 과세수량이 된다.
납세의무자가 과세상품의 판매수량 혹은 자체 사용수량을 정확하게 제시하지 못하는 경우	과세상품의 생산량 또는 관할 세무기관이 결정한 환산비율로 환산한 수량을 과세수량으로 한다.

구 분	과세수량결정방법
연속으로 가공한 원탄의 이송수량을 정확하게 계산할 수 없는 석탄	가공한 제품의 종합 회수율에 따라 가공한 제품의 실제 판매량과 자가 사용량을 원탄의 수량으로 환산한다.
금속과 비금속 광산품의 원광을 납세의무자가 이송하여 사용한 원광의 수량을 정확하게 알고 있지 못한 경우	정제한 광물을 선광의 비율에 따라 원광으로 환산하여 과세수량으로 하며 계산공식은 다음과 같다. • 선광비율(選鑛比率) = 정광수량(精鑛數量) / 사용한 원광의 수량
자신이 생산한 액체소금으로 고체소금을 가공한 경우	고체소금을 기준으로 세액을 징수하고 가공된 고체소금의 수량을 과세수량으로 한다.
외부에서 구매한 액체소금으로 고체소금을 가공한 경우	고체소금을 가공하는데 사용된 액체소금의 기 납부한 세액은 공제할 수 있다.

납세의무자가 서로 다른 종류의 과세자원을 채굴 혹은 생산한 경우 구분하여 계산하여야 하며 서로 다른 과세상품의 과세수량을 정확하게 구분하여 제공할 수 없는 경우에는 높은 세율을 적용한다.

2. 납부세액의 계산

자원세의 납부세율은 종가세율과 중량세율에 따라 계산하며 구체적으로 다음과 같다.

1) 종가세율에 의할 경우

과세상품의 판매가액에 적용세율을 곱하여 계산하며 공식은 다음과 같다.

납부세액 = 판매가액 × 적용세율

사 례 12-1

화북지방의 모 유전에서 8월분 원유 20만톤을 100,000위안에 판매하였으며,「자원세 세목별 세액 명세표」의 적용세율은 8%이다.

요구

이 유전이 납부하여야 할 8월분 자원세액을 계산하시오.

풀이

납부세액 = 판매가액 × 적용세율
= 100,000위안 × 8% = 8,000위안

2) 중량세율에 의할 경우

과세자원의 과세수량과 규정된 단위당 세액에 따라 납부세액을 계산하며 구체적인 계산공식은 다음과 같다.

- 납부세액 = 과세수량 × 단위당 세액
- 원천징수세액 = 과세되지 않은 광산품을 구매한 수량 × 단위당 세액

납부세액의 계산에 있어서 중요한 요소는 과세수량과 단위당 세액(적용세율)이다. 사례를 들어 설명하면 다음과 같다.

사 례 12-2

모 구리광산은 12월 구리광석의 원광 30,000톤을 판매하였고, 정광 4,000톤을 골라 이송하였고 선광비율은 20%이다. 이 광산의 구리광은 5등급에 속하고 규정에 따라 12위안/톤의 세율을 적용한다.

요구

이 구리광산이 납부하여야 할 12월분 자원세액을 계산하시오.

풀이

① 외부에 판매한 구리광석 원광의 납부세액
= 과세 수량 × 단위당 세액
= 30,000톤 × 12위안/톤
= 360,000(위안)

② 정광으로 사용한 원광의 수량을 정확하게 알 수 없는 경우 선광비율에 따라 계산한 납부세액
= 정광수량 ÷ 선광비율 × 단위당 세액
= 4,000톤 ÷ 20% × 12위안 / 톤
= 240,000(위안)

③ 납부세액 합계
= 원광의 납부세액 + 정광의 납부세액
= 360,000 + 240,000
= 600,000(위안)

V. 조세특례와 징수관리

1. 감면 및 면세 항목

자원세는 보통징수와 차등조절의 원칙을 적용하고 있으며 감세 및 면세 항목은 비교적 적다.

구 분	조 세 특 례
원유를 채굴하는 과정에서 가열하거나 유정을 파는데 사용된 원유	면세한다.
과세상품을 채굴 혹은 생산하는 과정에서 불의의 사고 또는 자연재해 등으로 중대한 손실을 입었을 경우	성, 자치구, 직할시 인민정부가 사정을 참작하여 면세 혹은 감세를 결정한다.
2007년 2월 1일부터 북방의 해염(바다소금)	잠정적으로 톤당 15위안으로 감면하여 징수한다.
2007년 2월 1일부터 남방의 해염, 호수소금, 광정소금	잠정적으로 톤당 10위안으로 감면하여 징수한다.
감면 및 면세 항목을 구분하지 못하거나 정확한 과세수량을 제공할 수 없는 경우	감면 또는 면세를 받을 수 없다.

구 분	조 세 특 례
지면에서 채굴한 메탄가스	잠정적으로 징수하지 않는다.

메탄가스는 석탄층과 그 모암 중에서 석탄과 같이 있는 비정상적인 천연가스를 말하며 석탄가스로도 불린다.

2. 수출한 과세상품의 자원세 비환급 규정

자원세는 중국내에서 과세상품을 채굴 혹은 생산한 단위 또는 개인에게 징수하며 수입한 광산물과 소금에 대해서는 자원세를 징수하지 않는다. 또한 수출한 과세상품에 대해서 면제 또는 환급해주지 않는다.

3. 납세의무의 성립시기

1) 과세상품을 판매한 경우

납세의무자가 과세상품을 판매한 경우 납세의무의 발생시기는 다음과 같다.

구 분	납세의무의 성립시기
할부방식으로 대금을 회수하는 경우	납세의무의 발생시기는 판매계약서에 규정된 회수기일이다.
대금을 미리 받는 경우	납세의무의 발생시기는 과세자원을 발송한 날이다.
기타의 방식으로 대금을 회수하는 경우	납세의무의 발생시기는 대금을 회수하거나 대금회수증명을 받은 날이다.

2) 과세상품을 자가 사용하는 경우

납세의무자가 직접 생산한 과세상품을 자기가 직접 사용하는 경우의 납세의무의 발생시기는 과세상품을 이송하여 사용한 날이다.

3) 원천징수하는 경우

원천징수의무자가 원천징수하는 경우의 납세의무의 발생시기는 첫 번째 대금을 지급하거나 대금 지급증빙을 발급한 날이다.

4. 납부기한

자원세의 과세기간은 1일, 3일, 5일, 10일, 15일 또는 한 달이며 납세의무자의 구체적인 과세기간은 관할 세무기관이 실제상황에 따라 결정한다. 고정된 기간에 따라 계산하여 납부할 수 없는 경우에는 회차별로 계산하여 납부할 수 있다.

과세기간을 1개월을 기준으로 납부하는 경우 기한 종료일로부터 10일 내에 신고납부하여야 하며, 과세기간을 1일, 3일, 5일, 10일 혹은 15일을 기준으로 납부하는 경우 기한 종료일로부터 5일 내에 세액을 예납하고 익월 1일부터 10일 내에 월별신고와 함께 전월의 세액을 정산하여 신고납부하여야 한다.

5. 납세지

1) 일반적인 경우

자원세를 납부하는 납세의무자는 모두 과세자원의 채굴지 또는 생산지의 소재지 관할 세무기관에 세액을 납부하여야 한다.

2) 납세지 조정이 필요한 경우

납세의무자가 성, 자치구, 직할시의 범위 내에서 과세자원을 채굴 혹은 생산하는 경우에 있어서 만약 납세지에 대해 조정을 하여야 할 경우 소재지 성, 자치구, 직할시 세무기관이 결정한다.

3) 여러 성에서 채굴되는 경우

납세의무자의 과세자원이 여러 성에 걸쳐서 채굴될 때 그 생산단위와 결산단위가 같은 성, 자치구, 직할시에 있지 않는 경우, 채굴한 광산물에 대해서는 모두 채굴지에서 납부하여야 하고 납부세액을 독립적으로 결산하는 단위인 경우에는 채굴지의 실제 판매량(자가사용량)과 적용세율에 따라 계산하여 배분한다.

4) 원천징수하는 경우

원천징수의무자가 자원세를 원천징수하는 경우에는 구매지 관할 세무기관에 납부하여야 한다.

6. 납세신고

자원세의 신고납부는 「자원세 납세신고표」를 작성하여야 한다.

주요 참고자료

1. 「중화인민공화국 자원세 잠행조례」, 2011년 9월 30일, 국무원령 제605호
2. 「중화인민공화국 자원세 잠행조례 실시세칙」, 2011년 10월 28일, 재정부와 국가세무총국령 제66호
3. 재정부 및 국가세무총국의 자원세 시행과 관련한 「통지」
4. 중국의 국가세무총국 홈페이지(www.chinatax.gov.cn)

제 13 장 국제 조세

I. 국제조세협정

1. 국제조세협정 및 모델

1) 국제조세협정 개론

국제조세협정은 국제조세조약이라고도 하며 둘 또는 둘 이상의 주권국가(지역)가 국제 납세의무자의 징수 · 납부 업무와 기타 방면에서의 조세관계를 처리하는데 있어서 상호간 협조하기 위하여 상호대등의 원칙을 바탕으로 정부가 협상하여 체결한 서면 협의 또는 조약이다.

세계에서 가장 오래된 국제조세협정은 벨기에와 프랑스가 1843년 체결한 조세협정이며 이후 국가간 투자가 증대되고 소득과 재산의 국제 이중과세문제가 보편화되면서 국제조세협정을 체결하는데 참여하는 국가가 증가하기 시작하였다. 더욱이 세계2차대전이 끝난 후 국제투자활동이 세계적인 범위로 신속하게 발전하면서 국제조세협정 또한 신속하게 발전하였으며 세계2차대전 후 20~30년 동안은 많은 선진국들이 앞다투어 국제조세협정을 체결하는 시기였다.

2) 국제조세협정의 모델

초기의 국제조세협정은 일정한 모델이 없었으며 일반적으로 체약당사자는 자국의 세제와 수용 가능한 원칙에 따라 상호협상을 하였으며 쌍방이 합의한 내용에 근거하여 협정을 체결하였다. 따라서 구체적으로 보면 초기 국제조세협정 사이에는 많은 차이가 있었다. 국제조세협정의 내용을 규범화하여 국제조세협정의 체결과정을 단순화하기 위하여 일부 국가와 국제조직은 국제조세협정의 모델을 연구하고 개발하기 시작하였다.

20세기 60년대 <OECD모델>과 <UN모델>이 생겨났으며 이 모델들은 국제조세활동의 발전을 가져왔으며 국제경제의 발전에 커다란 역할을 해왔다.

<UN모델>은 전체적인 구조상 <OECD모델>과 기본적으로 같지만 두 모델 사이에 존재하는 차이는 다음과 같다.

① <UN모델>은 비교적 수입원천국의 조세관할권을 확대하는데 중점을 두고 있으며 선진국과 개발도상국의 조세협정의 체결 및 개발도상국 상호간 조세협정의 체결을 촉진한다.

② <OECD모델>은 비록 특정방면에서 수입원천국의 우선징수권을 인정하고 있으나 주로 거주자의 조세관할권을 강조하고 있어 OECD회원국간 조세협정의 체결을 촉진한다.

③ 수입원천국 징세권리에 대해서 말하면, <OECD모델>은 수입원천국이 국제자본수입의 과세에 대해서 아래 세가지를 고려하여야 한다고 강조하고 있다

- 수입을 취득하는데 부담한 비용을 고려하여 소득에 대해 과세하여야 한다.
- 세율이 지나치게 높으면 안되며 이는 투자를 장려하기 위함이다.
- 자금을 제공하는 국가와 적절하게 조세수입을 나누도록 고려하여야 하며, 소득원천국에서 발생한 소득이 즉시 빠져나가는 배당, 이자, 특허권사용료에 대해 과세되는 소득세 및 국제운수의 운항소득에 대해 징수되는 세액은 서로 나누는 원칙을 구현해야 한다

④ <UN모델>은 수입원천국의 조세관할권과 함께 체약국 쌍방의 이익도 고려하고 있어 비교적 쉽게 개발도상국의 동의를 얻고 있다

따라서 개발도상국이 국제조세협정을 협상하고 체결할 때 주로 <UN모델>을 참조하고 있다.

2. 중국의 국제조세협정 체결 현황

중국 정부는 대외경제기술 합작교류의 촉진을 위하여 조세협정의 체결을 중시하여 왔는데, 20세기 60년대 중반 파키스탄과 해운기업의 해운운수수입의 조세를 상호 면제하는 협정을 체결하였고, 20세기 70년대 유고슬라비아, 일본 및 영국과 항공운수수입의 조세를 상호 면제하는 협정을 체결하였다.

1980년과 1981년 중국은 <중외합자경영기업소득세법>과 <개인소득세법> 및 <외국기업소득세법>을 공포하였다. 이러한 일련의 외국 관련 조세법규의 공포는 기본적으로 중국의 외국 관련 조세의 법률체계를 확립하였다.

한국과는 1994년 <이중과세방지협정>을 체결하였으며, 이는 중국이 한국과 체결한 전면적인 이중과세방지협정이다.

중국은 개혁개방을 실시한 30여년동안 외국과 체결한 이중과세방지협정 부문에서 큰 발전을 이루어내었다. 2016년 10월 13일까지 중국은 102개 국가와 이중과세방지협정을 체결하였으며, 그 중 97개 협정은 이미 발효가 되었다.

이 외에도 중국 정부는 홍콩, 마카오 특별행정구와 각각 <소득에 대한 이중과세방지의 처리>에 서명하였으며, 이러한 협정의 서명은 중국과 체약국가간의 경제무역거래를 강화하였으며, 외자 유치와 중국 기업의 해외진출 전략에 중요한 역할을 하고 있다.

또한 중국은 2013년 8월 27일 <다자간 세수징수관리 상호협조 공약>을 체결하여 2015년 7월 1일 제12기 전국인민대표회의 상무위원회 제15차 회의에서 비준하였으며, 2017년 1월 1일부터 시행되고 있다. <다자간 세수징수관리 상호협조 공약>은 국제 조세징수관리의 협조를 통하여 국제 조세회피행위를 막고 공평과세질서를 지키는 다자간 조약이다.

II. 비거주기업 조세관리

현행 중국 세법의 규정에 따른 비거주기업의 개념은 다음의 경우가 있다.

외국(지구)의 법률에 따라 외국에서 설립된 기업으로서,
- 중국내 실제관리기구는 없으나 중국내 고정사업장(机构, 场所)이 있는 경우
- 중국내 고정사업장은 없으나 중국내 원천소득이 있는 기업

비거주기업의 조세징수관리를 규정하고 강화하기 위하여 재무부와 국가세무총국은 이와 관련된 조세법규를 제정하여 공포하였는데, 서류의 접수와 등록, 세액계산, 추계결정징수, 원천징수 및 외환 지급 등 여러 방면에서 계속하여 비거주기업의 조세관리제도를 구축하여 왔다.

1. 외국기업 상주대표기구

외국기업 상주대표기구의 조세관리를 규정하기 위하여 국가세무총국은 <외국기업 상주대표기구 조세관리 잠정시행방법>을 제정하여 배포하였는데, 외국기업 상주대표기구의 세무등기관리, 장부와 증빙 관리, 기업소득세와 증치세의 계산과 신고 등 세무와 관련된 사항에 대하여 규범화하였다.

'외국기업 상주대표기구'는 국무원의 규정에 따라 공상행정관리부문에서 등기 또는 관련부문의 비준을 거쳐 중국내에 설립된 외국기업(대만, 마카오 및 홍콩 기업 포함) 및 기타 조직의 상주대표기구(이하 "대표기구"라 한다.)를 말한다.

1) 세무등기관리

(1) 세무등기

대표기구는 공상등기증서(또는 담당부서의 비준)를 받은 날로부터 30일 내에 아래의 서류를 가지고 소재지 관할 세무기관에 세무등기를 하여야 한다.

- 공상 영업집조(营业执照) 사본 또는 담당부서에서 비준문서의 원본 및 사본
- 법인등기부등본(组织机构代码证书)
- 등록지 및 사업장소재지 증명서(부동산권리증, 임대차계약서) 원본 및 사본
- 대표자 여권 또는 기타 합법적 신분증 원본 및 사본
- 외국기업이 대표기구를 설립하는 결의서 원본 및 중국내 설립한 다른 대표기구 명단(명칭, 주소, 연락방식, 대표자 성명 등)
- 세무기관이 요구하는 기타 자료

(2) 변경등기 및 말소등기

대표기구 세무등기의 내용의 변동, 기간만료, 만료 전 폐업하여야 할 경우 세수징수관리법과 관련 규정에 따라 관할 세무기관에 변경등기 또는 말소등기를 신청하여야 하며, 말소등기를 하기 전 청산소득을 관할 세무기관에 기업소득세를 신고·납부하여야 한다.

2) 장부와 증빙 관리

대표기구는 법률의 규정에 따라 장부를 갖추어 증빙에 따라 기장하고 결산을 하여야 한다.

3) 기업소득세

대표기구는 자기가 취득한 소득에 대하여 기업소득세를 납부하여야 하며, 해당 기업소득세는 관할 세무기관이 관리한다. 대표기구는 사업활동과정에서 발생한 수입과 과세표준을 정확하게 계산하여 매 분기 종료일로부터 15일 이내에 관할 세무기관에 사실대로 기업소득세를 신고·납부하여야 한다.

장부가 부실하거나, 수입과 비용을 정확하게 계산할 수 없는 경우 및 사실대로 신고할 수 없는 대표기구는 세무기관이 아래의 두 가지 방법을 적용하여 과세표준을 추계결정할 수 있다.

(1) 경비지출로 수입을 환산(按经费支出换算收入)

경비지출은 알 수 있으나 수입 또는 원가와 비용을 알 수 없는 경우 적용하며 계산공식은 다음과 같다.

$$소득금액 = \frac{당기\ 경비지출액}{(1 - 추계소득율)} \times 추계소득율$$

경비지출액은 중국내외에서 지출한 급여, 수당, 상여, 복리후생비, 물품 구입비, 통신비, 출장비, 임차료, 리스료, 교통비, 접대비 및 기타비용이 있으며 구체적인 범위는 다음과 같다.

구 분	경비지출액 범위
고정자산 구입 및 인테리어 비용	지출이 발생할 때 모두 경비지출로 본다.
이자수입	경비지출과 상계할 수 없다.
접대비	실제 발생액을 기준으로 한다.
기부금, 가산금, 벌금	경비지출에 해당하지 아니한다.
기타 경비지출액	본점이 중국에서 견본을 구입하면서 지급한 견본비, 운수비용, 창고비용, 통관비용, 통역비 등

(2) 수입총액으로 과세표준을 환산(按收入总额核定应纳税所得额)

수입총액은 알 수 있으나 원가와 비용을 알 수 없는 경우 적용되며, 계산공식은 다음과 같다.

$$소득금액 = 수입총액 \times 추계소득율$$

대표기구의 추계소득율은 15%보다 낮을 수 없으며, 추계결정에 의한 대표기구가 장부를 갖추어 수입과 소득금액을 계산할 수 있을 경우 관할 세무기관을 거쳐 장부에 의해 기업소득세를 신고납부할 수 있다.

4) 기타의 세금

대표기구가 증치세 과세행위가 발생할 경우 과세수입에 대해 증치세법의 규정에 따라 납부세액을 계산하여 납부하여야 한다.

중국의 현행 규정에 따라 성시유호건설세, 교육비부가 및 지방교육비부가를 실제 납부한 증치세와 소비세를 과세표준으로 하여 증치세와 소비세를 동시에 납부하여야 한다.

5) 세무신고 · 납부

대표기구의 납세지는 사업장 소재지가 되며, 분기 종료일 15일까지 관할 세무기관에 기업소득세를 신고납부하여야 한다.

2. 도급공사와 용역제공

비거주기업 또는 비거주자가 중국내 공사를 도급하거나 용역을 제공하는 경우에 조세의 징수관리를 위해 국가세무총국은 2009년 1월 20일 <비거주기업의 공사 또는 용역을 제공하는 경우의 세수징수관리 방법>를 공포하여 시행하고 있다.

용어설명 비거주기업과 비거주자

'비거주기업'이란 외국의 법률에 따라 외국에서 설립되었고 실제관리기구가 중국에 없는 경우로서 아래 두 가지가 있다.

- 중국내 사업장(机构, 场所)이 있는 기업
- 중국내 사업장은 없으나 중국내 원천소득이 있는 기업

'비거주자'는 중국내 주소가 없고 거주하지 않거나 주소는 없지만 중국내 거주기간이 만 1년이 되지 않는 개인을 말한다.

공사 도급 및 용역 제공의 범위는 다음과 같다.

구 분	용 역 의 범 위
공사 도급 (承包工程)	중국에서 건축, 설치, 조립, 수선, 장식, 탐사 및 기타의 공사작업을 도급받아 하는 것을 말한다.
용역 제공 (提供劳务)	중국에서 위탁가공, 수리수선, 교통운수, 창고임대, 중개자문, 설계, 문화체육, 기술용역, 교육훈련, 여행, 오락 및 기타 용역을 제공하는 것을 말한다.

1) 등기서류 관리

(1) 등기수속

비거주기업이 중국내에서 공사를 수주하거나 용역을 제공하는 경우 계약 또는 협의(이하 "계약")를 체결한 날부터 30일 이내 해당 용역의 소재지 관할 세무기관에 등기수속을 하여야 한다.

법률의 규정에 따라 원천징수의무가 있는 기구와 개인도 원천징수의무가 발생한 날부터 30일 이내 소재지 관할 세무기관에 원천징수의 등기수속을 하여야 한다.

중국 기구 또는 개인이 비거주기업에 공사 또는 용역을 발주할 경우 계약 체결일로부터 30일 이내 관할 세무기관에 <중국내 기구와 개인이 발주한 공사 및 용역 보고표>를 작성하여 비거주기업의 세무등기증, 계약서, 세무위임장 사본 및 비거주기업에 대한 설명 자료 등을 제출하여야 한다.

(2) 세무등기의 말소

비거주기업이 공사 도급 또는 용역제공을 완료한 후 15일 이내 소재지 관할 세무기관에 완공증명, 검수증명 등의 사본을 제출하고 세무등기의 말소를 신청하여야 한다.

(3) 계약이 변경되는 경우

비거주기업과 체결한 계약이 변경된 경우 발주자 등은 변경일부터 10일 이내 소재지 관할 세무기관에 <비거주기업 계약 변경상황 보고표>를 제출하여야 한다.

(4) 계산서 및 지급증빙 신고

비거주기업에게 공사 및 용역을 발주한 경우 비거주기업으로부터 받은 대금지급과 관련이 있는 계산서와 기타 지급증빙은 10일 이내 소재지 관할 세무기관에 지급증빙 사본과 같이 제출하여야 하며 세무기관은 이에 대해 심사하여 기장용 증빙으로 사용할 수 있다.

(5) 관할 세무기관이 다른 경우

발주자와 비거주기업의 관할 세무기관이 다른 경우 비거주기업의 신고기간 만료일부터 15일 이내 발주자의 관할 세무기관으로 비거주기업의 신고납부 증명자료 사본을 송부하여야 한다.

2) 장부와 증빙 관리

비거주기업은 세수징수관리법 및 관련 법률의 규정에 따라 장부를 갖추고 기장하여 결산을 하여야 한다.

3) 기업소득세

(1) 소득금액의 확정

비거주기업은 사업활동과정에서 획득한 수익과 비용을 수익비용대응의 원칙에 따라 장부에 기장 및 결산하고 소득금액을 계산하여 기업소득세를 신고납부하여야 한다.

비거주기업의 장부가 불완전하여 소득금액을 정확하게 계산할 수 없을 경우 세무기관은 아래의 방법으로 소득금액을 추계결정하여 과세한다.

구 분	적 용 대 상	추계결정 계산공식
수입총액에서 소득금액 추계결정	수입총액은 알 수 있으나 원가와 비용을 알 수 없는 비거주기업	소득금액＝수입총액×소득율
원가와 비용에서 소득금액 추계결정	원가와 비용은 알 수 있으나 수입금액을 알 수 없는 비거주기업	소득금액 $=\dfrac{\text{원가와 비용 합계}}{(1-\text{소득율})}\times\text{소득율}$
경비지출액에서 수입금액을 환산하여 소득금액 추계결정	경비지출액을 알 수 있으나 수입총액 또는 원가와 비용을 알 수 없는 비거주기업	소득금액 $=\dfrac{\text{경비지출액}}{(1-\text{소득율})}\times\text{소득율}$

(2) 추계결정 소득율(이하 "소득율")

① 추계결정 소득율

구 분	소득율
공사업, 설계, 자문용역	15% ~ 30%
관리용역	30% ~ 50%
기타의 용역	15% 이상

② 구분경리

추계결정방식으로 기업소득세를 납부하는 비거주기업이 중국에서 여러 업종을 겸영할 경우 구분경리하여 각각의 소득율을 적용하여 기업소득세를 납부하여야 하며 구분경리하지 않을 경우 높은 소득율을 적용한다.

(3) 기타 사항

① 계약서에 용역대금이 없는 경우

비거주기업이 중국 거주기업에 기계설비 또는 재화판매 계약을 체결하고 동시에 설비의 설치, 기술훈련, 지도, 감독 등의 용역을 제공하기로 하면서 계약서에 해당 용역대금을 구분하지 않거나, 구분이 비합리적인 경우 재화판매계약의 10%보다 낮지 않은 금액을 비거주기업의 용역수입으로 본다.

② 기업소득세 신고서의 작성

추계결정방식을 적용한 비거주기업은 <비거주기업 소득세 추계결정방식 검정표>를 작성하여 관할 세무기관에 제출하여야 하며, 세무기관은 기업이 제출한 서류의 적용 업종 및 소득율에 대해 심사한다.

심사결과 추계결정징수조건에 해당하지 않는 비거주기업에 대해 관할 세무기관은 제출 받은 날부터 15영업일 이내 <세무사항통지서>를 보내고 심사결과를 통지하며 15영업일 이내 <세무사항통지서>를 받지 못한 경우 추계결정방식은 이미 승인된 것으로 본다.

③ 추계결정방식의 조정

세무기관은 비거주기업이 추계결정방식을 적용하여 계산한 소득금액이 사실과 다를 경우 소득금액을 조정할 수 있다.

4) 기타의 세금

(1) 증치세

비거주기업이 중국에서 공사 또는 용역을 제공하는 경우 증치세 과세대상에 해당되어 일반과세방법 또는 간이과세방법으로 증치세를 신고납부하여야 한다.

구 분		신 고 납 부 방 법
중국 사업장이 있는 경우		증치세를 신고납부한다.
중국 사업장이 없는 경우	대리인이 있는 경우	대리인이 원천징수의무자가 된다.
	대리인이 없는 경우	대금지급자가 원천징수의무자가 된다.

$$원천징수세액 = \frac{공사\ 또는\ 용역의\ 대가\ 총액}{(1+세율)} \times 세율$$

증치세 원천징수의무의 발생시기는 납세의무자의 증치세 납세의무가 발생된 날이 된다.

(2) 성건세, 교육비부가 및 지방교육비부가

중국에서 납세의무자는 실제 납부한 증치세와 소비세를 과세표준으로 하여 아래의 세금을 납부하여야 하며, 비거주기업 또는 원천징수의무자는 아래의 세가지 세금을 동시에 원천징수하여 납부하여야 한다.

구 분	세 율
성시유호건설세	7%(탄력세율)
교육비부가	3%
지방교육비부가	2%

5) 세무신고

(1) 기업소득세

① 기업소득세의 신고자료

비거주기업이 중국에서 공사를 수주하거나 용역을 제공하는 경우 기업소득세는 납세연도별로 계산, 예납, 세액정산하며 공사가 완공되거나 용역계약이 이행이 완료될 때 세액을 정산한다.

비거주기업이 기업소득세를 신고납부할 때 납세신고서를 작성하여 아래의 자료를 첨부한다.

- 공사 또는 용역의 결산보고 또는 기타의 설명자료
- 공사 또는 용역에 참여한 외국인의 성명, 국적, 출입국시기, 중국에서의 작업시간, 지점, 내용, 보수기준, 지급방식, 관련 비용 등의 서면보고
- 재무회계보고 또는 재무상황에 대한 설명
- 비거주기업이 조세협정에 따라 중국에 사업장이 없으나 조세협정 대우를 받을 경우 <비거주기업의 공사와 용역의 조세협정 대우 보고표>(이하 "보고표"), 거주자의 신분증명 및 세무기관이 요구하는 자료

비거주기업이 <보고표> 및 관련 증명자료를 제출하지 않거나 조세협정 대우에 맞지 않을 경우 조세협정의 대우를 받을 수 없으며 기업소득세를 납부하여야 한다.

② 기업소득세 납세지

비거주기업이 중국에서 공사를 수주하거나 용역을 제공하고 중국내 사업장을 설치한 경우 기업소득세의 납세지는 사업장이 된다. 비거주기업이 중국에 둘 이상의 사업장을 설치한 경우 각 사업장 소재지 관할 세무기관의 상급 세무기관의 심사와 비준을 거쳐 한 곳을 선택하여 기업소득세를 합산하여 신고납부할 수 있다.

비거주기업이 기업소득세를 합산하여 신고납부한 후 증설, 합병, 이전, 사업장의 폐쇄 또는 사업을 정지하는 경우, 먼저 합산하여 신고하는 주요 사업장에서 소재지 세무기관에 보고하여야 하며, 합산하여 신고하는 주요 사업장을 변경하는 경우도 위와 같다.

주요 사업장은 동시에 아래 두 가지 조건을 갖추어야 한다.

• 각 사업장의 사업활동에 대해 감독관리책임을 질 것
• 장부와 증빙을 갖추어 각 사업장의 수입, 원가, 비용 및 손익현황을 정확하게 반영할 수 있을 것.

③ 원천징수의무자

공사대금 및 용역대금의 지급자 소재지 현급 이상 관할 세무기관은 <중국내 기구와 개인이 발주한 공사 및 용역 보고표> 및 비거주기업의 신고납부 증명자료와 기타의 정보에 따라, 아래의 열거된 원천징수의무자를 지정하는 3가지 중 하나에 해당할 때 공사대금 또는 용역대금의 지급자를 원천징수의무자로 지정할 수 있으며 <비거주기업의 공사와 용역의 기업소득세 원천징수의무 통지서>를 지정된 자에게 통지한다.

• 예상되는 공사기간 또는 용역제공기간이 1년이하이고 납세의무를 이행하지 않을 것이라는 증거가 있는 경우
• 세무등기 또는 임시세무등기를 하지 않고 중국내 대리인에게 납세의무의 이행을 위탁하지 않는 경우
• 규정된 기한까지 기업소득세의 신고납부 또는 예납을 하지 않는 경우

④ 원천징수의무자의 의무

지정된 원천징수의무자는 신고납부기한 내 관할 세무기관에 기업소득세 원천징수보고표 및 관련 자료를 제출하여야 한다.

⑤ 원천징수를 하지 않을 경우

원천징수의무자가 원천징수를 하지 않거나 원천징수를 할 수 없을 경우 비거주기업이 해당 현장의 소재지에서 신고납부한다. 관할 세무기관은 원천징수를 이행하지 않기로 한 날부터 15일 이내 비거주기업에게 현장의 소재지에 신고납부하도록 통지한다.

(2) 기타의 세금

① 증치세

비거주기업이 중국내에서 증치세 과세행위를 한 경우 증치세를 신고납부하여야

한다.

② 사업장을 설치하지 않은 경우

중국에서 증치세 과세행위를 하였으나 사업장을 설치하지 않은 경우 대리인을 증치세 원천징수의무자로 하며 대리인이 없는 경우 발주자가 원천징수의무자가 된다.

공사와 용역의 발주업체는 계약을 체결한 날 부터 30일 내 소재지 관할 세무기관에 아래의 증명자료를 제공할 수 없을 경우 증치세 원천징수를 하여야 한다.

- 비거주기업의 중국내 공상등기와 세무등기증명 사본 및 사업활동을 하는 증명자료
- 비거주기업이 중국내 대리인에게 위임하는 위임장 및 수탁자의 승낙서

③ 원천징수 신고

원천징수의무자는 규정된 기한 내 사업장 소재지 또는 거주지 관할 세무기관에 원천징수한 세액을 신고납부하여야 한다.

④ 증치세 신고서류

비거주기업의 증치세신고는 증치세납세신고표와 함께 아래의 서류를 첨부하여야 한다.

- 공사 또는 용역의 결산보고 및 기타 설명자료
- 공사 또는 용역에 참여하거나 가공, 수리수선을 제공한 외국인의 성명, 국적, 출입국 시기, 중국에서의 근무시간, 지점, 내용, 보수기준, 지급방식, 관련 비용 등
- 관할 세무기관이 요구하는 기타 관련 자료

3. 배당, 이자, 임대료, 특허권사용료 및 재산양도소득

중국의 현행 세법은 비거주기업이 중국에서 배당 등 지분투자수익, 이자, 리스료, 특허권사용료, 재산양도소득 및 기타 소득(이하 “배당소득 등”)을 취득하는 경우 원천징수를 하여야 하며, 법률 또는 계약서의 규정에 따라 비거주기업에게 대급을 지급하는 단위 또는 개인이 원천징수의무자가 된다.

현행 중국의 기업소득세법 및 실시조례에서는 위의 비거주기업의 소득에 대해

10%로 기업소득세를 징수하고 있다.

1) 등기서류 관리

(1) 원정징수 등기

원천징수의무자와 비거주기업이 처음 배당소득 등과 관련이 있는 계약 또는 협의를 체결할 때, 원천징수의무자는 계약 체결일부터 30일 이내 관할 세무기관에 신고하고 원천징수 등기를 하여야 한다.

(2) 기업소득세 원천징수 계약서 서류 등기표

원천징수의무자가 비거주기업과 배당소득 등과 관련이 있는 계약을 체결할 때마다 계약 체결일부터 30일 이내 관할 세무기관에 <기업소득세 원천징수 계약서류 등기표>, 계약서 사본 및 관련 자료를 제출하여야 한다.

주식양도거래 당사자가 모두 비거주기업이고 외국에서 거래된 경우 해당 거주기업이 세무등기를 변경할 때 주식양도계약서 사본을 관할 세무기관에 제출하여야 한다.

(3) 원천징수 장부 및 계약서의 서류화

원천징수의무자는 원천징수세액의 장부와 계약서를 서류화하여 기업소득세 원천징수현황을 정확하게 기록하고 세무기관의 검사를 받아야 한다.

2) 납부세액 계산

원천징수의무자는 아래의 공식에 따라 기업소득세를 원천징수한다.

기업소득세 원천징수세액＝소득금액×실제징수율

위에서 소득금액은 각각 다음과 같이 계산한다.

구 분	설 명
배당, 이자, 임대료, 특허권사용료소득	수입전액
재산양도소득	양도가액에서 취득원가와 부대비용을 차감한 금액
기타소득	앞의 규정을 참조하여 계산한 소득금액

실제징수율은 기업소득세법의 세율 및 조세협정에 의한 세율이다.

원천징수를 할 때 주의하여야 할 점은 다음과 같다.

- 외화로 지급할 때 기업소득세를 신고납부할 때 원천징수 당일 국가가 공포한 인민폐 기준환율로 환산하여 납부세액을 계산한다.
- 계약에 의해 세액을 원천징수의무자가 부담하는 경우 세전으로 환산한다.
- 영개증정책이 실시중인 비거주기업이 배당 등의 소득으로 증치세를 납부하여야 하는 경우 증치세를 제외한 금액을 소득금액으로 한다.

3) 원천징수

배당 등의 소득을 지급시 원천징수와 관련된 내용은 다음과 같다.

구 분	관련내용
원천징수의 시기	매 회 배당소득 등을 지급할 때 원천징수해야 한다.
원천징수의 신고	7일 내 관할 세무기관에 <중국 기업소득세 원천징수 보고표> 및 관련 자료를 7일 내에 제출해야 한다.
감면 또는 조세특례가 있는 경우	관련 감면관리방법 및 행정심사절차에 따라야 한다.
조세협정이 있는 경우	조세협정을 신청할 수 있다.
과세 후 특례 또는 조세특례를 신청하는 경우	관할 세무기관이 특례 또는 조세특례규정을 심사하여 과다납부한 세액은 환급한다.
비거주기업이 원천징수를 거절하는 경우	원천징수의무자는 비거주기업의 원천징수상당액을 지급하지 않고 1일내 관할 세무기관에 보고한다.
원천징수를 할 수 없는 경우	비거주기업은 대금을 받은 날부터 7일 이내 소득발생지 관할 세무기관에 신고납부하여야 한다.

구 분	관 련 내 용
비거주기업의 소득발생지가 여러 군데일 경우	한군데 선택하여 신고납부하며 신고납부 소재지 관할 세무기관에 관련자료를 신고하여야 한다.
비거주기업이 신고납부하지 않을 경우	신고납부 소재지 관할 세무기관이 납부하도록 독촉하고, 독촉 후에도 납부하지 않을 경우 중국내 다른 수입 항목 및 지급인에게 지급을 청구한다.
분할지급하는 경우	원천징수의무자는 계약상 최후 대금 지급일일 전 15일 이내 관할 세무기관에 계약서상 전체 대금지급 명세, 전기 원천징수표, 및 완납증명을 제출하고 원천징수세액을 정산한다.

4) 기타 관련 규정

(1) 배당 등 지분투자수익

중국내 거주기업이 중국내 사업장이 없는 비거주기업에 배당 등 지분투자수익을 지급할 경우 배당을 결의한 날 기업소득세를 원천징수하여야 하며, 배당 결의일보다 먼저 배당을 지급할 경우, 실제 지급할 때 원천징수하여야 한다.

구 분	처 리 방 법
거주기업이 비거주기업 주주에게 2008년도 이후 지급하는 배당소득	10%의 기업소득세를 원천징수한다. 단 중국 정부가 체결한 조세협정의 규정에 다른 규정이 있는 경우 조세협정의 규정에 따른다.
중국내 상장된 거주기업이 비거주기업 주주에게 2008년도 이후 지급하는 배당소득	10%의 기업소득세를 원천징수한다. 단 비거주기업 주주가 조세협정의 대우를 받을 경우 조세협정의 규정에 따른다.
중국 거주기업이 해외 H주 비거주기업 주주에게 2008년 이후 지급하는 배당소득	10%의 기업소득세를 원천징수한다.
QFII가 중국내 기업에서 받은 배당소득	10%의 기업소득세를 원천징수한다.

구 분	처리방법
홍콩시장 투자자가 후강통을 통하여 상하이증권거래소에 상장된 A주에 투자하여 받은 배당소득	10%의 기업소득세를 원천징수한다.

(2) 이자의 원천징수 문제

구 분	세무처리
QFII가 중국에서 이자를 받을 때	10%의 기업소득세를 납부하여야 하며 중국에서 지급할 때 원천징수한다.
해외 금융기관이 중국 금융기관에서 대출이자를 받을 때	기업소득세를 원천징수한다.
중국내 기구가 중국은행의 해외 지점에 이자를 지급할 때	원천징수하지 아니한다.

(3) 금융리스와 부동산 임대료

① 금융리스하는 경우

중국내 사업장이 없는 비거주기업이 금융리스방식으로 설비 또는 물품을 중국내 기업에 리스하여 사용하게 하고 리스기간 종료 후 설비 또는 물품의 소유권을 중국내 기업에게 이전하기로 하는 경우, 비거주기업은 계약서에 약정된 기한에 따라 받는 리스료에서 취득원가를 차감한 잔액을 대출이자로 보아 기업소득세를 납부하여야 하며 대금지급 시 원천징수하여야 한다.

② 주택 등 부동산을 임대하는 경우

비거주기업이 중국에 있는 주택, 건축물 등 부동산을 임대하는 경우 임대료 전액에 대해 기업소득세를 납부하여야 하며 대금지급 시 원천징수하여야 한다.

만약 비거주기업이 인원을 파견하거나 중국내 다른 단위 또는 개인에게 위탁하여 관리하는 경우, 중국내 사업장이 있는 것으로 보아 비거주기업은 기업소득세를 직접 신고납부하여야 한다(원천징수대상이 아님).

(4) 재산양도소득

① 토지사용권 양도소득

비거주기업이 중국내에 사업장은 없으나 토지사용권을 양도하거나 사업장은 있으나 토지사용권의 양도소득과 사업장과 실제적인 관계가 없는 경우 양도가액에서 취득원가를 차감한 잔액을 토지사용권 양도소득으로 하여 기업소득세를 납부하여야 하며 원천징수의무자가 대금 지급시 원천징수한다.

② 주식양도소득

비거주기업이 중국내에서 주식을 양도하여 취득한 주식양도소득은 기업소득세를 납부하여야 하며, 공개된 증권시장에서 중국 거죽기업의 주식을 매매하여 취득한 소득은 포함하지 아니한다.

주식양도소득의 계산공식은 다음과 같다.

주식양도소득 = 양도가액 − 취득원가

원천징수의무자가 원천징수를 하지 않거나 할 수 없는 경우 비거주기업이 주식양도 계약서 또는 협의서에 약정된 양도일로부터 7일내에 양도대상기업 소재지 관할 세무기관에 기업소득세를 신고납부하여야 한다.

비거주기업이 주식을 양도하면서 양도대금을 분할하여 지급받기로 한 경우, 계약서 또는 협의서의 효력이 발생하고 주권의 변경수속이 완성된 날에 수입이 실현된 것으로 본다.

③ QFII와 RQFII

2014년 11월 17일부터 QFII와 RQFII 자격을 취득한 기관투자가 중국내의 주식 등의 양도소득에 대해서는 기업소득세를 면제한다.

용어설명 QFII과 RQFII

• QFII(Qualified Foreign Institutional Investors, 적격 외국인 기관투자가)

QFII는 상하이와 선전 주식시장에서 중국인 투자전용 주식(A주)을 직접 사들일 수 있는 자격을 지닌 외국투자기관이다. 국내에서는 자산운용사 7개사(푸르덴셜, 미래에셋, 삼성, 한화, 한국, 동양, KB)와 은행 2개사(한국산업은행, 우리은행) 등 총 9곳이 QFII 자격을 취득했다.

• RQFII(RMB Qualified Foreign Institutional Investor, 위안화 적격 외국인 기관투자가) RQFII는 외국인 투자자에게 중국 본토의 주식 · 채권 등에 직접 투자할 수 있도록 한도를 주는 제도로, 한국은 2014년 7월 800억 위안(약 13조원)에 달하는 한도를 부여받았다.

④ 홍콩시장 투자자

홍콩시장 투자자가 후강통(沪港通)을 통하여 상하이증권거래소에 상장된 A주식에 투자하여 취득한 양도차익에 대해서는 소득세를 면제한다.

⑤ 연체이자

중국내 기업과 비거주기업이 이자, 임대료, 특허권사용비 등과 관련된 계약 또는 협의를 체결하면서 계약서 또는 협의에 약정된 기일까지 위의 대금을 지급하지 않는 경우로서 이미 당기 원가나 비용으로 계상되어 기업소득세 신고 시 공제된 경우, 대금지급여부에 관계없이 소득으로 보아 기업소득세 신고납부시 기업소득세를 원천징수하여야 한다.

또한 계약서상 대금 지급기일 이전에 지급한 경우는 대금을 실제 지급할 때 기업소득세를 원천징수하여야 한다(대금지급기준).

⑥ 담보비

비거주기업이 중국에서 담보비를 취득하는 경우 기업소득세법의 규정에 따라 기업소득세를 납부하여야 하며, '담보비'는 중국내 기업 또는 개인이 차입, 매매, 화물운수, 위탁가공, 임대, 공사의 수주 등 경제활동에 있어서 비거주기업이 제공하는 담보에 대하여 지급하는 비용을 말한다.

4. 중국내 기구와 개인이 외화지급시 조세관리

1) 해외로 외화지급시 세무보고를 해야 하는 경우

중국내 기구 또는 개인이 해외로 한번에 5만달러 이상의 외화자금을 지급하는 경우 소재지 관할 세무기관에 세무보고를 하여야 한다.

- 해외기구 또는 개인이 중국으로부터 받은 운수, 여행, 통신, 건축설치 및 용역의 도급, 보험용역, 금융용역, 컴퓨터와 정보용역, 특허권 사용, 정부용역 및 기타 용역의 수입
- 해외 개인이 중국내에서 근무하고 받은 급여, 해외 기구 또는 개인이 중국에서 받은 배당금, 이자, 담보비 및 자본이전이 아닌 기증, 배상, 조세, 우연소득 등의 수입과 경상이전수입
- 해외 기구 또는 개인이 중국으로부터 받은 금융리스료, 부동산 양도대금, 주식 양도대금 및 외국 투자자의 합법적인 소득

외국 투자자가 중국에 직접 투자한 합법적인 소득으로 다시 중국에 한번에 5만달러 이상 투자할 경우 세무보고를 하여야 한다.

2) 해외로 외화지급시 세무보고를 할 필요가 없는 경우

- 중국내 기구 또는 개인이 아래의 외화자금을 지급할 경우에는 <서비스무역 등 항목의 세무보고표>(이하 "<보고표>")를 제출할 필요가 없다.
- 중국내 기구가 외국에서 발생한 출장비, 회의, 상품전시 등의 비용
- 중국내 기구가 외국의 대표기구의 사무비용 및 중국내기구가 외국에서 도급받은 공사대금
- 중국내 기구가 외국에서 발생한 수출입무역의 수수료, 보험비, 배상금 등
- 수입무역대금 중 외국 기구가 받은 국제운수비용
- 보험료 등 관련비용
- 운수 또는 원양어업에 종사하는 중국내기구가 외국에서 발생한 수리비, 유류대, 항구비용 등의 비용
- 중국내 여행회사가 해외관광업무 중 발생한 각종 해외 비용
- 아시아개발은행과 세계은행 산하의 국제금융공사가 중국에서 취득한 소득 또는 수입
- 외국정부와 국제금융조직이 중국에 제공한 차관의 이자
- 외환지정은행 또는 재무공사 자신이 차입한 차입금의 이자
- 중국 성급 이상 국가기관이 대외 무상으로 지원하는 원조금
- 중국내 증권회사 또는 증권결제원이 외국기구 또는 개인에게 지급하는 배당,

이자 및 유가증권처분대금

- 중국 개인이 유학, 여행, 친지방문 등으로 사적으로 외화 사용
- 국가가 규정하는 기타의 경우

3) 해외로 외화지급시 세무보고의 절차

(1) 관할 세무기관에 계약서와 거리증빙 사본

중국내 기구 또는 개인(이하 "보고자")이 해외 지급에 대한 세무보고를 하는 경우 관할 세무기관에 날인된 계약서 또는 거래증빙의 사본을 제출하고 3부의 <보고표>를 작성하여 제출하여야 한다. 보고자는 관할 세무기관의 세무처리창구에서 <보고표>를 받아 사용하거나 관할 세무기관의 홈페이지에서 다운받아 사용할 수 있다.

동일한 계약서에 분할지급하는 경우 제출자는 매회 외화를 지급하기 전 세무보고를 하여야 하며 최초 보고시에만 계약서 또는 거래증빙의 사본을 제출하면 된다.

(2) 해외 개인과 거래

해외 개인이 서비스무역을 한 수익과 경상적인 이전으로 해외로 지급할 경우 개인 외환관리의 규정에 따라 처리하여야 한다.

(3) 서류보고자가 제출한 서류

제출자가 제출할 서류는 모든 갖추었고 <보고표>를 모두 작성하였을 경우 관할 세무기관은 현장에서 세무사항의 심사를 할 필요 없이 <보고표>의 접수번호를 부여하여 날인하고 3부를 다음과 같이 처리한다.

- 현장에서 제출자에게 반환
- 자체 보관
- 익월 10일전 우편 또는 기타의 방법으로 제출자의 관할 세무기관에 전달

(4) 외환지급심사

제출자가 세무보고를 한 후, 관할 세무기관이 날인한 <보고표>를 가지고 외환관

리규정에 따라 외환지정은행에 가서 외환지급심사를 거쳐야 한다.

(5) 심사의 진행

관할 세무기관은 <보고표>를 접수한 날부터 15영업일 내에 제출한 <보고표> 및 첨부서류를 심사하여야 하며 심사내용은 다음과 같다.

- 서류정보 및 실제 지급금액이 일치하는지의 여부
- 해외로 지급하는 금액에 대해 세액을 납부하였는지의 여부
- 조세특례를 신청한 경우 조세법률이나 조세협정의 규정에 해당하는지의 여부

(6) 원천징수의무

관할 세무기관이 심사과정에서 해외로 지급하는 항목에서 원천징수하지 않은 것을 발견한 경우, 서면으로 납세의무자 또는 원천징수의무자에게 고지하여 신고납부의무 또는 원천징수의무를 이행하도록 하고, 세액을 추징하고 세법의 규정에 의하여 처벌한다.

III. 국외소득 조세관리

거주기업과 비거주기업이 중국내에 설립한 사업장(기구 및 장소)이 아래의 소득을 취득하고 이미 국외에서 납부한 기업소득세액은 당기 납부세액에서 공제할 수 있으며, 공제세액은 본 법의 규정에 의하여 계산한 세액을 한도로 하고 공제한도액을 초과한 부분은 5년 이내에 매년 공제한도액을 당해 연도 공제액을 공제한 후의 잔액에 대해 이월하여 공제할 수 있다.

- 거주기업이 중국외 원천소득을 취득한 경우
- 중국내 사업장을 설치한 비거주기업이 중국외에서 해당 사업장과 실제적인 관련이 있는 과세소득을 취득할 경우

거주기업 및 비거주기업이 중국내에 사업장을 설치하고 납부세액 중에서 외국에

서 납부한 세액을 공제할 경우 공제절차는 다음과 같다.

1. 적용범위

1) 납세의무자의 외국소득의 범위

외국납부세액공제를 적용할 수 있는 납세의무자는 두 가지 종류가 있다.

구 분	의 미
거주기업 (居民企业)	취득한 외국소득에 대해 직접 납부하였거나 간접 부담한 외국납부세액에 대해서 납부세액에서 공제한다. (외국의 법률에 따라 설립되었으나 실제관리기구가 중국에 있고 중국세법에서 거주기업으로 판정된 기업 포함)
비거주기업 (非居民企业)	비거주기업이 중국내 설립한 사업장이 외국에서 취득한 소득이 사업장과 실제 관계가 있는 경우, 직접 납부한 외국납부세액에 대해서 공제한다.

2) 공제방법

외국납부세액공제는 직접공제와 간접공제 두 가지로 구분한다.

구 분	공 제 방 법
직접공제 (直接抵免)	기업이 직접 납세의무자가 되어 외국원천소득을 외국에서 납부한 세액을 중국에서 납부하여야 할 세액에서 공제하는 것을 말한다. 직접공제는 주로 기업이 외국에서의 세전이익에 대해 외국에서 납부한 기업소득세 및 외국에서 취득한 배당소득 등 지분투자소득, 이자소득, 임대소득, 특허권사용료, 재산양도소득 등의 소득에 대해 외국에서 원천징수한 소득을 말한다.
간접공제 (间接抵免)	외국기업이 배당을 분배하기 전의 이윤에 대해 납부한 외국소득세액 중 중국의 거주기업이 분배 받은 해당 배당소득 성질의 소득에 대해 간접적으로 부담한 부분을 중국의 납부하여야 할 세액에서 공제하는 것을 말한다.

구 분	공 제 방 법
	예를 들어, 중국의 모회사의 해외자회사가 소재국에서 기업소득세를 납부한 후, 세후이윤의 일부분을 배당으로 모회사에게 분배하는 경우 자회사가 해외에서 해당소득에 대해 실제 납부한 기업소득세액 중에서 모회사의 배당소득이 전체 세후이윤에서 차지하는 비율이 모회사가 간접적으로 부담하는 해외 기업소득세액이다.

2. 외국납부세액 공제계산의 기본항목

기업은 세법의 규정에 따라 아래의 당기 외국납부세액공제에 해당되는 항목을 정확하게 계산하여 당기 공제가능한 국가별 외국납부세액과 공제한도액을 계산하여야 한다.

- 중국내 소득의 과세표준과 국가별 외국소득의 과세표준
- 국가별 공제가능한 외국납부세액
- 국가별 외국납부세액 공제한도액

만약 실제 공제가능한 국가별 외국납부세액을 정확하게 계산할 수 없는 경우 해당 국가에서 납부한 세액은 모두 납부세액에서 공제할 수 없으며 이월공제도 할 수 없다.

기업이 외국소득을 취득할 경우 외국에서 이미 실제 직접 납부하였거나 간접 부담한 기업소득세 성질의 세액은 외국납부세액공제액을 계산할 때 기본항목에 포함시킨다.

중국내외소득의 국가별 과세표준, 공제가능한 외국납부세액, 공제한도액, 공제액

실제 공제가능한 국가별 외국납부세액을 정확하게 계산할 수 없는 경우에는 공제받을 수 없다.

3. 외국 소득금액의 계산

외국납부세액공제를 받기 위해서는 아래의 규정에 따라 외국 소득금액을 확정하고 외국납부세액을 계산한다.

외국소득에 따라 외국납부세액을 적용하여 직접 공제하는 소득금액을 계산할 때 해당 외국소득에 대해 직접 납부한 외국납부세액을 환원한 후의 해외 세전소득으로 한다.

위에서 직접 납부한 세액을 환원한 후의 소득 중 배당소득에 속하는 경우 외국납부세액에 간접 공제를 적용하는 해외소득을 계산할 때 해외소득에 간접 부담한 세액을 환원하여 재계산하여야 하는데, 이는 해외 배당소득을 해외 배당소득의 세후 순소득과 해당 소득에 대해 직접 납부하거나 간접 부담한 세액의 합계로 한다.

위의 세액을 환원한 후의 해외 세전소득에 대하여 다시 기업의 소득금액 총액을 계산할 때 세법의 규정에 따라 이미 공제한 관련 원가 및 비용 중 해외 소득과 관련이 있으면 조정하여 공제한 후 해외 소득금액을 계산한다.

1) 지점의 해외소득

거주기업이 해외에 투자하여 법인격이 없는 지점을 설치하여 취득한 해외 소득은 해외 수입총액에서 해당 비용을 차감한 잔액을 과세소득으로 하여 소득금액을 계산하며, 소득과 비용은 세법의 규정에 따른다.

거주기업이 해외에서 독립적인 납세지위가 없는 지점에서 취득한 해외소득은 중국으로 송금여부에 불구하고 모두 기업의 납세연도의 해외 소득금액으로 한다.

지점이 이윤분배기능이 없어서 거주기업이 해외에서 독립적인 지위가 없는 지점을 설치하고 취득한 해외소득은 중국내 송금여부에 불구하고 모두 기업의 납세연도의 해외 과세소득으로 한다.

해외 지점의 합리적인 지출의 범위는 주로 종업원 급여, 감가상각비, 이자비용, 세금과공과 및 본점의 지점 분담비용 등이다.

2) 배당소득 등

(1) 적용범위 및 실현시기

거주기업이 해외에서 아래의 소득을 취득할 경우 해당 소득에 대한 비용을 공제한 잔액이 소득금액이 되며, 소득의 실현시기는 다음과 같다.

구 분	소득의 실현시기	원가 및 비용의 공제기준
배당소득 등 지분투자수입	배당 결의일	해외투자업무와 관련이 있는 연구 및 금융원가와 관리비용
이자소득	계약서 상 대금지급일	이자소득과 관련이 있는 금융원가와 관리비용
임대료	〃	• 금융리스 : 금융원가 • 운용리스 : 감가상각비
특허권사용료	〃	특허권 자산의 연구개발비와 상각비
자산양도수입	〃	양도원가와 부대비용

(2) 소득의 실현시기 및 공제연도

해외소득의 실현시기 및 세액공제연도는 다음과 같다.

종 류	구 분	실 현 시 기
배당소득 등 지분투자수입	배당 결의일과 실제 수령한 날이 다를 경우	배당 결의일을 기준으로 소득을 인식한다.
이자, 리스료, 특허권 사용료, 자산양도수입	계약서상 대금지급일이 없는 경우	계약서상 대금지급일을 기준으로 소득을 인식한다.

어느 과세연도의 해외소득을 받기 전 이미 세액을 납부한 경우, 다음연도 5월 31일 기업소득세를 정산하기 전까지는 세액공제를 소급하여 계산할 수 있다.

3) 비거주기업

비거주기업이 중국에 사업장을 설치한 후, 해외에서 소득이 발생하였으나 중국 사업장과 실제적인 관계가 있는 각종 소득은 위 (2)의 규정에 따라 소득금액을 계산한다.

4) 공통비용의 안분

해외 소득금액을 계산할 때 중국내외의 소득을 취득하기 위하여 발생된 공통비용으로서 해외소득의 취득과 관련이 있거나 합리적인 비용은 아래와 같은 방법을 사용하여 중국내외의 소득금액으로 각각 배분하여 공제한다.

"공통비용'은 해외소득의 취득과 관련이 있으나 해외 소득금액 계산에 포함되지 아니한 원가와 비용으로서 영업비용, 관리비용 및 재무비용 등이 있다.

기업이 총소득금액을 계산할 때 이러한 공통비용은 국가별로 금액을 전체 금액으로 안분하여 아래의 방법들을 사용하여 특정 국가의 지점 비용으로 공제한다

- 자산비례
- 수입비례
- 종업원급여 비례
- 기타 합리적인 비례

위의 배분비율이 한번 정해지면 관할 세무기관에 제출하여야 하며 특별한 이유가 없으면 변경할 수 없다.

5) 지점의 결손금 처리

연간 해외 소득금액을 합산할 때 한 국가의 지점에서 발생한 결손금은 중국의 기업 또는 다른 국가의 지점의 소득에서 공제할 수 없으며 이후 연도에 이월하여 자신의 소득에서 공제할 수 있다.

어느 한 사업연도 총소득금액은 소득(+)이고 지점에서 결손금이 발생한 경우, 실제 결손금이 발행하였으나 기업 전체는 소득이므로 기업 전체의 소득은 (+)로 공제를 받지 못했으므로, 해당 지점의 결손금 이월공제기간은 5년의 제한을 받지 아니한다.

구 분	처 리 방 법
전체 소득금액은 (+)이고 해외 지점의 결손금이 있는 경우	무기한 이월공제가 가능하다.

구 분	처 리 방 법
전체 소득금액은 (-)이고 해외 지점의 결손금이 전체 소득금액보다 더 큰 경우	전체 소득금액을 초과하는 부분은 5년간 이월공제를 적용하며, 전체 소득금액을 초과하지 않는 부분은 무기한 이월공제가 가능하다.

4. 공제가능한 외국납부세액

공제할 수 있는 외국납부세액은 기업이 해외 원천소득을 해당 국가의 세법규정에 따라 납부하여야 하거나 실제 납부한 기업소득세를 말한다.

1) 외국납부세액공제를 받을 수 없는 경우

(1) 착오로 납부한 세액

소득 원천국의 규정의 적용 착오로 납부하지 않아도 될 세액을 납부한 경우로서, 착오로 납부하였거나 착오로 징수한 외국납부세액은 해당 국가에 경정청구를 하여 환급을 받을 수 있으므로 이 부분은 외국납부세액공제를 받을 수 없다.

(2) 조세협정의 규정으로 과세할 수 없는 세액

중국 정부와 다른 국가의 정부가 체결한 조세협정의 규정에 따라 상대방 국가의 비과세항목에 해당하는 소득이지만 상대방 국가가 징수한 기업소득세는 기업이 과세한 국가에 환급을 신청하여야 한다.

기업이 해외 소득에 대해 소득원천국 국가에서 과세할 때 조세협정의 세율보다 높게 적용하여 과다징수한 세액이 여기에 해당한다.

(3) 가산세 및 가산금

과소납부하거나 지연납부하여 부담한 가산세 및 가산금 또는 벌금.

(4) 실제 환급받은 세액

해외소득의 납세의무자 또는 이해당사자가 외국의 과세당국으로부터 실제 환급받은 세액. 관련 국가가 특정 목적을 위해 규정한 조세특례 및 정부가 징수 후 환급하는 방식으로 기납부한 세액을 환급하는 세액이 여기에 해당한다.

(5) 면세소득에 해당하는 부분

중국 기업소득세법의 규정에 따라 면세된 소득에 해당하는 외국납부세액은 비록 외국에서 납부하였으나 중국의 세법에서 해당소득에 대해 면제하므로 면제부분에 해당하는 외국납부세액은 공제할 수 없다.

(6) 과세소득에서 공제된 외국납부세액

국무원 재정, 세무 주관부문의 규정에 따라 해외의 과세소득에서 손금으로 이미 공제된 외국납부세액은 중국의 세법에 외국납부세액에 대해 비용으로 보아 해외 과세소득에서 공제하는 것으로 규정되어 있는 경우 외국납부세액에서 공제할 수 없다.

2) 외국납부세액공제 기본조건

외국납부세액으로 공제할 수 있는 조건은 아래와 같다.

(1) 실제 납부한 세액

기업이 해외 원천소득에 대해 외국의 세법규정에 따라 납부한 세액이어야 한다.

(2) 기업소득세액

납부한 세액이 기업소득세 성질의 세액이어야 한다. 국가별로 기업소득세의 명칭이 다른데(법인소득세, 회사소득세, 법인세 등), 기업소득세 성질의 세액은 기업의 순소득에 대해 징수한 세액인지 여부가 판정기준이 된다.

(3) 납부세액을 이미 납부한 세액

세액공제는 이중과세문제를 해결하는데 있으므로, 기업이 납부하여야 할 기업소득세를 실제 납부한 세액이어야 한다.

(4) 공제가능한 기업소득세액

조세협정에서 소득세항목을 적용하지 않거나 협정을 체결하지 않은 국가의 소득은 기업에 대해 징수한 기업소득세 세액인지 판정할 수 없으므로 상급기관에 보고하여 국가세무총국이 결정한다.

3) 공제가능한 외국납부세액의 환산

기업이 취득한 해외소득에 대해 직접 납부하거나 간접 부담한 세액이 외화인 경우 아래와 같이 인민폐로 공제세액을 계산한다.

구 분	계 산 방 법
기장통화가 인민폐인 경우	해외소득을 장부에 기장할 때 사용된 인민폐 환율에 따라 환산한다.
기장통화가 인민폐 이외인 경우	해당 해외소득이 실현될 때 대응되는 중국의 납세연도 종료일의 인민폐 기준환율로 환산한다.

5. 간접납부세액의 계산

거주기업이 위의 외국소득에 대해 간접 부담한 세액을 사용하여 세액공제를 할 때 있어서, 실제 간접 부담한 세액은 직접 또는 간접보유방식으로 합계 20% 이상 보유한 외국기업으로부터 받은 배당소득 등 지분투자수익 중에서 최하위 외국기업에서 시작하여 순서대로 계산한 상위 기업이 부담한 세액을 말하여 계산공식은 다음과 같다.

$$\text{본 단계 기업이 납부한 세액이 상위 기업이 부담한 세액} = \begin{pmatrix}\text{본 단계 기업이 이윤과 투자수익에 대해} \\ \text{실제 납부한 세액+간접 부담한 세액}\end{pmatrix} \times \frac{\text{본 단계 기업이 배당한 배당금}}{\text{본 단계 기업의 세후이윤}}$$

1) 공식의 용어 설명

용 어	설 명
본 단계 기업	실제 배당을 실시한 외국의 피투자기업
본 단계 기업이 이윤과 투자수익에 대해 실제 납부한 세액	본 단계 기업이 소재국의 법에 따라 소득에 대해 납부한 기업소득세와 피투자회사 소재국이 배당한 배당 등 지분투자수익에 대해 원천징수한 세액
본 단계 기업이 간접 부담한 세액	해당 기업이 자회사로부터 배당받으면서 간접 부담한 부분으로서 자회사가 소득에 대해 납부한 기업소득세액
본 단계 기업이 배당한 배당금	해당 기업이 상위 기업에게 실제 배당하면서 원천징수되기 전의 배당금
본 단계 기업의 세후이윤	해당기업이 세전순이익에서 실제 납부한 기업소득세를 차감한 후의 순이익

2) 배당금의 원천이 여러 연도일 경우

기업이 지분을 보유한 회사로부터 여러 연도에 걸친 세후 미처분이익잉여금으로 배당받은 경우, 해당 배당금이 대응되는 매 연도의 미처분이익잉여금에 따라 해당 배당한 이윤에 간접 부담한 세액을 각각 구분하여 계산하여, 각 연도에 계산한 간접 부담한 세액의 합계로서, 배당받은 기업이 해당 연도 중 배당받은 소득에 간접 부담한 세액이 된다.

3) 국가가 다른 경우

외국의 제2단계 및 이하 단계의 기업이 다른 국가에 소재하고 있는 경우, 거주기업이 외국세액부담액을 계산할 때 모두 외국의 제1단계기업의 소재국을 국가별로 구분하여 집계하며, 제1단계의 이하 단계의 소재국은 고려하지 아니한다.

6. 간접납부세액공제 외국주식비율의 계산

별도의 규정이 있는 경우를 제외하고 거주기업이 직접 또는 간접적으로 20%이상의 지분을 보유하고 있는 외국기업은 아래의 주식보유방식의 3단계 외국기업에 국한된다.

- 제1단계 : 어느 거주기업이 직접 20%이상의 지분을 보유하고 있는 외국기업
- 제2단계 : 어느 제1단계 외국기업이 직접 20% 이상의 지분을 보유하고 있고, 어느 거주기업이 직접 지분을 보유하거나 하나 또는 하나 이상의 지분보유조건을 갖춘 외국기업을 통하여 합계 20% 이상의 지분을 보유하고 있는 외국기업
- 제3단계 : 하나의 제2단계 외국기업이 직접 20% 이상의 지분을 보유하고 있고 어느 거주기업이 직접 지분을 보유하거나 하나 또는 하나 이상의 지분보유조건을 갖춘 외국기업을 통하여 합계 20% 이상의 지분을 보유하고 있는 외국기업

'지분보유조건'은 각 단계의 기업이 직접 보유, 간접 보유 및 거주기업이 간접보유하는 비율 합계를 계산하기 위한 각 기업의 보유비율이 20%에 달하는 지분보유비율을 말한다.

7. 납부세액의 확정

거주기업이 중국 정부와 조세협정을 체결한 국가로부터 취득한 소득은 해당 국가의 조세 법률에 따라 감면 또는 면제대우를 받고 공제감면세액이 조세협정의 규정에 따라 이미 세액을 납부한 것으로 보아 중국의 납부세액에서 공제한 경우, 해당 감면 또는 면제세액은 기업이 실제 납부한 외국납부세액으로 하여 공제를 받을 수 있다.

1) 상호면세

현재 기업소득세법은 중국과 체결한 조세협정의 규정에는 조세 상호면세제도가 있다. 거주기업이 중국과 조세협정을 체결한 국가에서 취득한 소득이 해당 국가에서 감면 또는 면제대우를 받고 이미 감면 또는 면제받은 세액이 조세협정의 규정에 따라 기납부세액으로 보아 중국의 납부세액에서 공제한 경우 관할 세무기관의 확인을 거쳐 외국납부세액 신고시 기납부세액으로 본다.

2) 상호면세액의 계산

조세 상호면세액은 아래와 같이 계산한다.

구 분	계 산 방 법
조세협정에서 정율로 상호면세하는 경우	상호면세액은 해당 정율로 계산한 외국납부세액이 실제 납부한 외국납부세액을 초과한 금액이 된다.
조세협정에서 한 국가의 조세특례액을 열거하여 상호면세하는 경우	상호 면세액은 협정국가의 조세법률의 규정의 세율에 따라 계산한 납부세액이 실제 납부한 세액을 초과하는 금액이 되며, 실제 조세특례가 된다.

3) 상호면세가 안되는 경우

외국소득이 간이징수방법을 사용하여 공제액을 계산하는 경우 상호면세는 적용하지 아니한다.

4) 원천국 소득이 아닌 것으로 판정된 경우

기업이 취득한 외국소득이 원천국 조세법률의 규정에 따라 소재국 과세소득이 아니라 중국의 원천소득으로 판정된 경우 조세 상호면세에 해당이 되지 않고 전액을 중국의 조세법률에 따라 기업소득세를 납부하여야 한다.

8. 세액공제한도의 계산

외국납부세액공제는 국가별로 구분하여 공제한도액을 계산한다.

특정 국가의 외국납부세액 공제한도액

$$= \text{중국내외 총소득에 대한 납부세액} \times \frac{\text{특정 국가의 원천소득}}{\text{중국내외 소득금액 총액}}$$

1) 적용세율

중국내외에서 발생한 모든 소득금액에 대한 소득세율은 25%이며, 중국내의 소득이 세법의 규정에 따라 감면을 받더라도 외국납부세액공제를 계산할 때 중국내외 소득금액에 적용되는 세율은 25%이다.

별도의 규정이 있어 중국외 소득과 중국내 소득이 동일한 조세특례를 받을 경우 특례세율 또는 조세부담율에 따라 납부세액과 공제한도액을 계산하여야 한다.

중국내 및 중국외 사업활동과 관련 있는 연구개발비 총액, 수입총액, 매출총액, 첨단기술 수입(제품 및 용역) 등의 지표로 신청하고 인정을 거친 첨단기술기업의 경우 중국외 원천소득은 첨단기술기업의 조세특례를 받을 수 있으며, 중국외 원천소득에 대해서도 15%의 세율로 기업소득세를 납부할 수 있으며, 공제한도액을 계산할 때에도 15%의 세율로 중국내외 총납부세액을 계산할 수 있다.

2) 중국내외 소득간 결손금의 공제

당기 중국내 및 중국외 소득금액이 결손일 경우에는 당기 납부세액은 없으며 외국납부세액공제 한도액도 없다.

중국내 소득은 결손이고 중국외 소득은 있는 경우로서 중국외의 소득을 중국내 결손에 상계한 경우에는 이후 사업연도에서 발생한 소득으로 결손금을 공제할 수 없다. 따라서 외국납부세액공제 한도액을 계산할 때 당기 중국내 및 중국외 소득총액이 결손인 경우 소득금액은 '0'이 되고 외국납부세액도 '0'이 된다.

중국외 소득에 대해 외국에서 납부한 세액으로서 당기 공제할 수 없는 금액은 이후 5년내 이월하여 공제할 수 있다.

3) 중국내외 이익과 결손이 각각 발생한 경우

중국내에서는 결손이 발생하였으나 중국외 여러 국가에서는 소득이 발생하여 중국내 결손을 공제한 경우, 결손에 공제하는데 사용한 소득의 원천국 순서를 선택할 수 있다.

9. 외국납부세액 공제액의 계산

외국에서 이미 납부하였거나 간접 부담할 소득세액에 대해 외국납부세액공제액을 계산할 때 외국의 한 국가에서 당해 연도에 실제 납부한 소득세액(납부하였거나 간접 부담한 소득세액 포함, 이하 같다.)과 공제한도액을 비교하여 아래와 같이 공제한다.

구 분	외국납부세액 공제액
국가별로 실제 납부한 소득세액 < 공제한도액	실제 납부한 세액
국가별로 실제 납부한 소득세액 > 공제한도액	공제한도액
국가별로 납부한 소득세액 중 공제받지 못한 부분	5개연도까지 이월하여 공제

외국의 한 국가에서 당해 연도 실제 납부한 소득세액의 구체적인 공제방법으로 기업은 매년 국가별로 공제한도액을 계산하여 공제세액을 계산하며 공제한도액을 초과하는 부분은 이후 5개연도까지 이월하여 공제받을 수 있다. 당해 공제대상세액과 이월공제세액이 있는 경우에는 당해 공제대상세액을 먼저 공제한 뒤 이월공제세액을 공제한다.

사 례 13-1

A회사가 신고한 내역은 다음과 같다(금액 단위 : 만위안).

1. 중국내 및 중국외 전체 소득금액 15,796.25
2. 중국외 배당소득 5,250(외국에서 직접 10%로 납부한 소득세 525를 환원하였으며, 외국에서 간접 부담한 세액은 포함하지 아니하였음)
   그 중 미국에서의 배당소득 2,250, 영국에서의 배당소득 3,000
3. 동시에 A회사는 자회사 B의 관리비용 433.75를 지출하였는데,
   - 미국의 B1 및 B2 자회사의 관리비용 184.50
   - 영국의 B3 및 B4 자회사의 관리비용 249.25

요구

위와 같은 경우 미국과 영국의 4군데 자회사에서 받은 배당소득의 납부세액을 계산할 때 외국납부세액공제를 계산하시오.

풀이

1. 국가별 공제한도액 계산

① 중국외 배당소득은 중국외 순배당소득과 외국에서 직접 납부하였거나 간접 부담한 세액의 합계액으로서
   =5,250.00 + 2,203.75=7,453.75
   그 중,
   미국의 배당소득=2,250.00+912.50=3,162.50
   영국의 배당소득=3,000.00+1,291.25=4,291.25

② 중국외 배당소득에서 관리비용을 차감한 후의 소득금액
   =7,453.75-433.75=7,020.00
   그 중,
   미국의 배당소득의 조정 후 소득금액=3,162.50-184.50=2,978.00
   영국의 배당소득의 조정 후 소득금액=4,291.25-249.25=4,042.00

③ 중국외 간접 부담한 세액
   중국외에서 간접 부담한 세액을 환원 계산한 후의 중국내외 소득금액 총액 :
   이미 직접 납부한 세액을 환원한 중국외 소득금액+간접세액
   =15,796.25+2,203.75=18,000.00

④ 납부세액 총액
   소득금액 총액×적용세율=18,000×25%=4,500

⑤ 공제한도액의 계산
- 미국 원천소득의 공제한도액
=납부세액×미국의 소득금액/중국내외 총소득금액
=4,500×2,978/18,000=744.50
- 영국 원천소득의 공제한도액
=납부세액×영국의 소득금액/중국내외 총소득금액
=4,500×4,042/18,000=1,010.50

2. 외국납부세액공제액의 계산
위의 결과에 따라 A회사가 외국납부세액공제로 공제받을 수 있는 세액은 다음과 같다.
① 미국
- 공제가능한 세액=직접 세액 225+간접 부담액 912.5=1,137.5
- 공제한도액=744.5
- 당기 공제세액=744.5
- 이월공제가 가능한 외국납부세액=1,137.5−744.5=393.0

② 영국
- 공제가능한 세액=직접 세액 300+간접 부담액 1291.25=1,591.25
- 공제한도액=1,010.5
- 당기 공제세액=1,010.5
- 이월공제가 가능한 외국납부세액=1,591.25−1,010.5=580.75

③ 공제세액 및 납부세액
당기 실제 공제세액 합계=744.5+1010.5=1,755
납부세액=4,500−1,755=2,745

10. 간이공제방법

간이공제방법을 사용할 경우 "국가별 공제"원칙을 따라야 하며 간이공제방법을 적용할 경우 두 가지 방법이 있다.

1) 객관적으로 확인할 수 없는 경우

기업이 국외에서 영업이익 및 간접납부세액공제가 가능한 배당소득을 취득한 경우 소득 원천국의 정부기관이 발급한 납부증명이 있더라도 객관적으로 보아 외국에 세액을 납부하여야 하거나 납부한 사실을 증명할 수 없을 경우, 소득에 대해 직접 납부하였거나 간접 부담한 세액이 소득원천국의 실제 유효세율이 12.5% 이상인 경우 이외에 외국에 소득금액의 12.5%를 공제한도액으로 하여 외국에서 발급받은 납부증명이 한도액보다 많은 부분은 공제할 수 없다.

2) 실제 유효세율로 공제하는 경우

기업이 국외에서 영업이익 및 간접납부세액공제가 가능한 배당소득을 취득한 경우 소득에 대해 납부하였거나 간접 부담한 세액이 소득 원천국의 법정세율 및 실제 유효세율이 중국보다 높은 경우 외국의 소득금액과 기업소득세법의 세율로 계산한 금액을 외국납부세액 공제한도로 한다.

"실제 유효세율"은 실제 납부하였거나 부담한 기업소득세액과 소득금액의 비율이다.

법정세율이 중국보다 높은 국가

미국, 아르헨티나, 부룬디, 카메룬, 쿠바, 프랑스, 일본, 모로코, 파키스탄, 잠비아, 쿠웨이트, 앙골라, 시리아, 요르단, 라오스

위의 규정 이외에 다음과 같은 투자소득 중 소득원천국에서 직접 납부한 세액은 직접공제규정에 따라 공제세액을 계산한다.

- 배당소득(국외의 20%이하의 지분을 보유하는 자회사로부터 받은 배당소득)
- 이자소득
- 임대소득
- 특허권사용료(ROYALTY)
- 재산양도소득

11. 해외지점과 중국의 과세연도의 확정

1) 납세연도가 다를 경우

외국에 투자하여 설립한 지점의 납세연도가 중국의 납세연도와 다른 경우 중국의 과세연도와 대응되는 외국의 납세연도는 외국의 납세연도 종료일이 속하는 납

세연도로 한다.

2) 세액공제의 귀속시기

기업이 위 1)의 규정 이외의 외국소득을 취득하여 실제 납부하였거나 간접 부담한 외국 소득세는 해당 외국소득의 실현일이 속하는 중국의 납세연도의 납부세액에서 공제세액을 계산한다.

기업이 외국에서 취득한 배당소득의 실현일은 피투자회사가 배당을 결의한 날로 본다.

12. 외국납부세액공제 후 납부세액의 계산

기업이 외국납부세액을 공제한 후, 실제 납부하여야 할 세액의 계산공식은 다음과 같다.

납부하여야 할 세액＝중국내외 전체 납부세액－공제감면세액－외국납부세액공제

공식에서 공제감면세액은 환경보호, 절수 및 에너지 절약, 안전생산 등의 전용설비에 투자한 금액으로서 투자금액의 일정부분으로 세액을 공제감면하는 것을 말한다.

외국납부세액공제액은 외국에 납부한 세액 중 공제한도액 이내에서 공제하는 세액을 말한다.

IV. 국제 조세회피와 조세회피 방지

1. BEPS(Benefit Erosion and Profit Shifting)

세원이전을 통한 세원잠식(이하 "BEPS"라 한다.)은 G20 지도자들이 서명하고 OECD에 위탁하여 추진하고 있는 국제 조세개혁프로젝트로서, G20체제에서 각 국이 협력하여 국제 탈세에 대응하여 공동으로 전세계 경제성장에 도움이 되도록 국제 조세규칙체계와 행정협력체제를 갖추고자 하는 중요한 조치이다.

2013년 6월 OECD는 <BEPS행동계획>을 선포하여 9월 러시아 상트페테르부르크 정상회담에서 각국 정상들이 동의하였으며, 2015년 10월, OECD는 BEPS행동계획을 발표하였으며 BEPS행동계획은 전체 15항의 산출성과와 13가지 최종보고와 1가지 해석을 포함하고 있다.

1) BEPS 행동계획

BEPS 행동계획은 크게 5대 분류, 15개 프로젝트의 행동을 포함하며 각각 2014년 9월, 2015년 9월 및 2015년 연말 이전에 단계별로 완성되며 G20의 재무부장관과 중앙은행 행장 회의에 제출되어 심의를 받은 후 G20 정상회담에서 서명하였다.

(1) BEPS 의 15가지 항목의 행동계획 분류

유 형	행동계획(프로젝트)
디지털 경제의 도래에 대한 대처	디지털 경제
각 국 기업소득세 세제에 협조	혼성불일치, 피지배 외국회사의 이자공제 규칙, 부적절한 조세특례제도의 검토
현행 조세협정과 이전가격의 국제 규칙의 리모델링	조세협정 남용, 고정사업장 무형자산, 위험과 자본, 기타 고위험 거래

유 형	행동계획(프로젝트)
조세 투명성과 확실성을 제고	데이터 통계 분석, 이전가격 결정의 동기자료 강제공시 원칙, 분쟁 해결
다자간 협의를 개발하여 행동계획의 실시를 촉진	다자간 협약

(2) BEPS 15가지 행동계획의 핵심 내용

구 분	주 제	핵 심 내 용
행동계획 1	디지털 경제	디지털 경제환경 하에서의 비즈니스 모델 특징에 따라 현행 세제(증치세 포함), 조세협정과 이전가격의 가격결정규칙의 문제점을 재검토하고 국내 입법과 국제조세규칙을 조정하는 건의를 제출한다.
행동계획 2	혼성불일치	두 국가 또는 다국간의 세제 차이(보통 동일한 실체 또는 소득 성질에 대한 인정이 다르고, 동일한 소득 또는 거래에 대하여 세무처리가 다른 경우)를 이용하여 이중 또는 다중 과세되지 않는 결과를 가져오는 조세계획에 대하여 국내 입법과 국제조세규칙을 조정하는 건의를 제출한다.
행동계획 3	피지배 외국법인 규칙	피지배 외국법인 규칙, 이윤 체류 또는 역외 이전의 방지를 어떻게 강화할 것인지에 대하여 정책적인 건의를 제출한다.
행동계획 4	이자의 공제	이자의 지급과 금융상품 거래를 이용한 조세를 회피하는 문제에 대하여 국내 입법과 국제 조세 규칙의 조정에 대하여 건의를 제출한다. 이 작업은 혼성불일치 행동계획과 피지배 외국법인 규칙 행동계획과 상호 협조하여야 한다.
행동계획 5	부적절한 조세특례제도의 검토	OECD회원국과 비회권국의 특례 세제를 심사하고 각국의 유해한 소득세 특례 제도를 개선 또는 폐지하도록 하여 유해한 조세 경쟁 문제를 해결할 수 있는 건의를 제출한다.

<table>
<tr><th>구 분</th><th>주 제</th><th>핵 심 내 용</th></tr>
<tr><td>행동계획 6</td><td>조세협정의 남용</td><td>각종 협정대우를 남용하는 현상에 대하여 조세협정에 대하여 수정·보완하여 분명히 하고, 필요한 경우 국내법을 수정하여 조세협정의 남용을 방지한다.</td></tr>
<tr><td>행동계획 7</td><td>고정사업장</td><td>조세협정 중 고정사업장에 대한 정의를 수정하여 고정사업장 개설을 피하는 행위를 방지한다.</td></tr>
<tr><td>행동계획 8</td><td>무형자산</td><td rowspan="3">규칙을 제정하여 그룹 내부와 관계회사간 무형자산, 위험과 자본의 인위적인 분배를 통하여 이윤을 저세율 지구로 이전하는 조세회피행위에 대응한다.</td></tr>
<tr><td>행동계획 9</td><td>위험과 자본</td></tr>
<tr><td>행동계획 10</td><td>기타 고위험 거래</td></tr>
<tr><td>행동계획 11</td><td>데이터 통계분석</td><td>BEPS행위에 대한 데이터 수집시스템을 구축하고 지표체계를 분석하여 감독과 예방지표로 사용하여 분석연구를 함으로써 BEPS행위 규모와 경제영향을 추정한다.</td></tr>
<tr><td>행동계획 12</td><td>강제 공시 원칙</td><td>각국은 조세계획방안 공시제도(납세자가 공시하여야 하는 거래 내용, 공시 방식, 처벌 조치와 정보 사용 등을 포함)를 설계하는 것을 협조하여 세무기관이 조세 위험에 대한 세무기관의 감독과 관리를 강화한다.</td></tr>
<tr><td>행동계획 13</td><td>이전가격 동기자료</td><td>기업은 원가의 기초위에서 이전가격 결정에 대한 동기자료 공용 템플릿을 작성하여 조세 투명성 향상과 납세자의 부담을 감소시키고 있다.</td></tr>
<tr><td>행동계획 14</td><td>분쟁 해결</td><td>현재 대부분의 쌍방조세협정은 아직 중재조항이 없고 일부 국가는 납세의무자의 상호협상 절차의 신청에 대하여 제한 규정이 있는데, 이런 상황에 대하여 본 행동계획은 보다 효과적인 분쟁 해결시스템을 구축하여 국제 투자자들의 이중과세 문제를 해결 하려는데 그 취지를 두고 있다.</td></tr>
<tr><td>행동계획 15</td><td>다자간 협의</td><td>행동계획의 성과를 신속히 실현하기 위하여 다자간 협의를 연구 및 제정하여 현행 협정조항에 대하여 개정과 보완을 한다.</td></tr>
</table>

(3) BEPS 15가지 행동계획의 실질

BEPS 15개 행동계획의 내용과 기술은 매우 방대하고 복잡하지만 2014년 2월 G20 재무장관과 중앙은행 총재가 시드니 회의에서 달성한 원칙(조세는 실질 경제활동 및 가치창조와 서로 매칭되어야 하는 원칙)을 준수하고 있다.

현재의 소득세 국제규칙은 1차 세계대전 후 1923년에 수립된 것으로서 이미 백년 가까이 시행되어 왔으며 주로 소득의 원천국과 거주국 사이에서 조세권익의 배분을 하였으며 원천국의 과세권을 제한하고 국제 투자를 촉진하는 것을 배분 원칙으로 하였다. 이러한 규칙의 시행 결과는 다국적기업의 이익 추구로 인하여 원천국에서 조세를 회피하고 거주국에서도 조세를 회피하게 되어 거주국과 원천국의 세원이 잠식되고 이윤이 저세율 지역과 조세피난지로의 이전이었다. 거주국과 원천국 사이에는 세율의 차이가 존재하므로 기업의 이윤이 세율이 낮은 국가로 이전되는 것은 자연스러운 현상이다. 현재 글로벌 이윤의 50% 이상은 국제 거래와 관련이 있으며 특히 그룹의 국제적 특수관계자간 거래금액은 매우 크다. 이런 거래는 모두 기존의 규칙과 시스템하에서 조세회피계획을 진행하고 있다. 그 결과 조세권익과 실질적 경제활동의 불일치로 경제활동의 발생지에서는 합당한 이윤 및 세액징수가 이루어지지 않는 상황이 되어 생산요소의 국제적 배치가 왜곡되고 조세 평등이 도전에 직면하게 되어 국제조세질서는 심각한 위협을 받게 되었다. 따라서 국제 사회는 협력을 통하여 기존 국제조세규칙의 체계를 개혁하여 급속히 발전하는 경제의 글로벌화에 적응하여야 한다.

2) BEPS의 성과

2014년 6월 26일 OECD는 15개 실행계획 중 달성한 7개의 성과와 이를 바탕으로 한 하나의 해석성 선언을 통과시켰고 2014년 9월 16일 대외적으로 발표하였다. 2015년 10월 5일 OECD는 2014년 9월에 발표한 BEPS 프로젝트의 최초 7개 달성 성과를 바탕으로 BEPS 프로젝트의 15개 달성 성과를 전부 발표하였으며, 이러한 성과는 기준 국제조세규칙의 체계를 리모델링하고 각국의 세제를 개선하는데 중요한 의의가 있으며, 중국의 세제개혁을 촉진하고 중국의 대외개방 및 세제의 현대화에 맞는 국제조세제도와 징수관리체계를 구축하는데도 중요한 의의가 있다.

3) BEPS의 영향

세원이전을 통한 세원잠식(이하 "BEPS")은 정책조정을 통하여 과세행위를 경제활동과 가치창조를 일치하도록 하여 조세수입을 늘릴 뿐만 아니라 국제적으로 공통된 인식의 기초 위에서 BEPS문제에 대한 국제조세규칙을 제정하여 납세의무자가 확정성과 예측가능성을 높여 과세표준을 보호하도록 하는 목적이다. 이러한 작업은 이중비과세를 제거하는 것이지만 이 과정 중 제정된 신규칙이 이중과세를 초래하여 납세자의 부담이 증가하거나 합법적인 국제거래를 저해하여서는 안된다.

BEPS 행동계획의 최종 성과는 G20 정상회담에서 각국 지도자들의 수락을 받았을 뿐 법률적인 측면에서 엄격한 구속을 받지는 않지만 정치적인 측면에서의 승낙 및 기타 국가가 행동계획 틀에서 전개하는 세제개혁은 불가피하게 중국의 조세제도와 조세관리에 영향을 끼치게 될 것이며 행동계획의 최종결과에 관계없이 중국은 신규칙의 접수와 의무이행의 압력에 직면하게 될 것이다.

개혁의 결과는 아래와 같이 3단계의 규칙 협조를 수반할 것이다.

① 각 국의 국내 조세 입법에 대한 건의

② 소득세영역에서의 국제규칙 개정(주로 OECD 조세협정모델 및 해당 주석과 OECD의 이전가격 결정에 대한 지침)

③ 다자간 법률 협약 형성 및 다자간 조세 조정 진행

첫 번째 단계는 입법 주권과 관련이 있고, 두 번째 단계는 양자 담판권과 관련이 있으며, 세 번째 단계는 참여국의 각자 입법 주권과 양자협상권 모두를 요구한다. 세 단계 모두 국제 거래의 소득세정책의 협조와 관련이 있으며, 자본, 기술 및 인원 등 생산요소의 국제적 배치와 직접적인 관계가 있다.

2. 일반 조세회피방지

기업소득세법의 규정에 따라 세무기관은 기업이 합리적인 이유가 없이 소득금액을 감소시켰을 경우 이에 대하여 심사·평가 및 조사하여 소득금액을 조정할 수 있다.

1) 일반 조세회피방지

일반 조세회피방지 관리를 규범화하기 위하여 기업소득세법 및 실시조례, 세수 징수관리법 및 실시세칙의 규정에 따라 국가세무총국은 일반 조세회피방지 관리방법(시행)(이하 '방법')을 제정하였다.

(1) 일반 조세회피방지 개론

① 적용대상

기업이 합리적인 이유가 없이 소득금액을 감소시킨 경우 세무기관은 합리적인 방법으로 조정할 수 있다.

'합리적인 이유가 없이'란 세액을 감소, 면제 또는 지연 납부하는 것을 목적으로 하는 것을 말한다.

<방법>은 세무기관이 위의 규정에 따라 기업이 합리적인 이유가 없이 실시하여 획득한 조세이익의 회피에 대하여 실시한 특별납세조정에 적용된다. 그 중 '조세이익'이란 납부세액을 감소, 면제 또는 지연 납부하는 것을 의미한다.

조세회피는 조세이익 획득을 유일한 목적 또는 주요 목적으로 하고 형식은 세법 규정에 부합하지만 경제적 실질과는 맞지 않는 방식으로 조세이익을 획득하는 특징이 있다.

아래의 경우에는 <방법>이 적용되지 아니한다.

- 국제거래 또는 지급과는 무관한 조치
- 세액납부의 회피, 추징세액의 납부회피, 세액의 편취(騙取), 조세 저항 혐의 및 계산서의 허위 발급 등 조세위법행위

② 조정방법

세무기관은 합리적인 이유와 경제적 실질을 기준으로 하여 실질이 형식보다 중요하다는 원칙하에 특별납세조정을 실시하여야 하며 조정방법은 아래와 같은 방법이 있다.

- 이미 조치를 취한 전부 또는 일부 거래를 재정의한다.
- 조세에 있어서 거래당사자의 존재를 부정하거나, 또는 해당 거래당사자와 거래상대

방을 하나의 실체로 간주한다
- 관련 소득, 공제, 조세특례, 외국납부세액공제 등에 대해 재정의하거나 거래 당사자 간 재분배한다.
- 기타 합리적인 방법

③ 적용방법

기업의 조치가 이전가격, 원가분담, 피지배외국회사, 과소자본세제 등 기타의 특별납세조정의 범위에 속할 경우, 기타의 특별납세조정 관련 규정을 우선 적용하여야 한다. 기업의 조치가 수익자, 이익제한 등 조세협정의 집행 범위에 속할 경우 조세협정의 집행 관련 규정을 우선 적용하여야 한다.

(2) 일반 조세회피방지에 대한 조사

① 세무조사통지서의 송달

관할 세무기관에서 일반 조세회피방지에 대한 조사를 실시할 경우 조사기업에 <세무검사통지서>를 송달하여야 한다.

② 자료의 제출

위의 통지서를 받은 조사 대상 기업이 <방법>중의 조세회피행위에 속하지 않는다고 판단할 경우 <세무검사통지서>를 받은 날 부터 60일 이내에 아래와 같은 자료를 제출하여야 한다.

- 조치의 배경자료
- 조치의 상업목적 등 설명 서류
- 조치와 관련이 있는 이사회 결의, 비망록, 전자메일 등과 같은 내부 의사결정과 관리자료
- 조치와 관련이 있는 계약서, 보충 협의서, 대금수수증빙 등과 같은 상세한 거래 자료
- 거래상대방과의 교류 정보
- 조세회피행위에 해당하지 않음을 증명할 수 있는 기타 자료
- 세무기관이 기타 필요하다고 요구한 자료

기업이 특수한 상황으로 인하여 제출기한까지 위의 자료를 제공할 수 없는 경우 관할 세무기관에 서면으로 연기신청을 할 수 있으며 승인을 얻어 연기가 가능하다.

단, 연기기한은 30일을 초과할 수 없다. 관할 세무기관은 연기신청을 받은 날 부터 15일 이내에 서면으로 회신하여야 하며 기한까지 회신하지 않을 경우 연기신청에 동의한 것으로 본다

③ 자료의 제출을 거부할 경우

기업이 자료의 제출을 거부할 경우 관할 세무기관은 조세징수관리법의 규정에 따라 결정한다.

④ 조사가 필요한 경우

일반 조세회피방지에 대한 조사가 계획자, 특수관계자 및 특수관계자와의 거래업무의 조사와 관련 있는 다른 기업에 대한 조사가 필요할 경우 관할 세무기관은 <세무사항통지서>를 송달하여야 한다.

(3) 일반 조세회피방지 분쟁 처리

① 법적 구제의 신청

조사대상기업이 관할 세무기관의 일반 조세회피방지에 대한 조정결정에 대하여 이의가 있을 경우 관련 법률의 규정에 따라 법적 구제를 신청할 수 있다.

② 상호협상절차 신청

조사대상기업이 중국 세무기관의 일반 조세회피방지에 대한 조정이 국제 이중과세를 야기하거나 조세협정의 규정에 부합되지 않는다고 판단할 경우 조세협정 및 관련 규정에 따라 상호협상절차의 시행을 신청할 수 있다.

2) 간접적 재산 양도

비거주기업이 중국 거주기업의 주식 등 재산을 간접 양도하는 것을 규범화하고 강화하기 위하여 국가세무총국은 <비거주기업이 재산을 간접 양도하는 문제에 관한 공고(이하 '공고')>를 시행하였고, 본 공고의 제정과 시행은 일반 조세회피방지 규정의 중국의 과세대상재산을 간접양도하는데 있어서 구체적인 응용이며 국가 조세주권과 권익을 보호하는 중요한 수단으로서 주요 내용은 다음과 같다.

(1) 간접양도에 대한 재검토

비거주기업이 합리적인 이유가 없이 중국 거주기업의 지분 등 재산을 간접 양도하여 기업소득세 납세의무를 회피한 경우 기업소득세법의 규정에 따라 해당 간접양도거래를 재검토하여 중국 거주기업의 지분 등 재산을 직접 양도하는 것으로 보아야 한다.

'중국 거주기업 지분 등 재산'이란 비거주기업이 직접 보유하고 있고 양도를 통하여 획득한 소득에 있어서 중국세법의 규정에 따라 중국에서 기업소득세를 납부하여야 하는 중국내 사업장 재산, 중국내 부동산, 중국 거주기업의 지분투자자산 등(이하 '중국 과세대상재산')을 말한다.

'중국 과세대상재산의 간접 양도'란 비거주기업이 중국 과세대상자산을 직접 및 간접 보유하고 있는 해외기업(해외에 등록된 중국 거주기업은 제외하며, 이하 '해외기업')의 지분 양도를 통하여 직접 중국 과세대상자산을 양도하는 경우와 같거나 유사한 결과를 발생시키는 거래로서 비거주기업이 구조조정을 통해 해외기업의 주주의 변화를 일으키는 경우를 포함한다. 중국 과세대상재산을 간접 양도하는 비거주기업을 '지분 양도자'라고 칭한다.

(2) 세무처리 진행

위의 규정에 적용되는 지분 양도자가 해외기업 지분을 양도하여 취득한 소득 중 중국 과세대상재산에 속하는 금액(이하 '중국 과세대상재산의 간접양도소득')은 아래의 순서에 따라 세무처리를 하여야 한다.

순서	세 무 처 리
제1단계	해외기업 및 직접 또는 간접 중국 과세대상재산을 보유하고 있는 산하기업이 중국내 설치한 사업장의 재산에 속하는 금액(이하 '사업장 재산의 간접양도소득')은 사업장과 실제적인 관계가 있는 소득으로 보아 기업소득세법의 규정에 따라 과세한다. 즉 비거주기업이 중국내 사업장을 둔 경우로서 사업장이 중국에서 취득한 소득 및 중국외에서 취득하였으나 사업장과 실제적인 관계가 있는 소득에 대해서 기업소득세를 납부하여야 한다.
제2단계	위의 규정에 적용되는 경우 이외에 중국내 부동산에 속하는 금액(이하 '부동산 간접양도소득')은 중국내 원천의 부동산 양도소득으로 보아 기업소득

순서	세 무 처 리
	세법의 규정에 따라 과세한다. 즉 비거주기업이 중국내 사업장이 없거나 사업장이 있더라도 취득한 소득이 사업장과 실제적인 관계가 없는 경우 중국내 원천소득에 대해서만 기업소득세를 납부하여야 한다.
제3단계	위의 제1단계와 제2단계의 규정 이외에 중국 거주기업의 지분투자자산에 속하는 금액(이하 '지분 간접양도소득')은 중국내 원천의 지분양도소득으로 보아 기업소득세법의 규정에 따라 과세한다. 즉 비거주기업이 중국내 사업장이 없거나 사업장이 있더라도 취득한 소득이 사업장과 실제적인 관계가 없는 경우 중국내 원천소득에 대해서만 기업소득세를 납부하여야 한다.

(3) 종합 분석

합리적인 이유를 판단할 때 중국 과세대상재산의 간접양도거래와 관련된 전체 규정들을 전반적으로 고려하여야 하고 실제 상황에 따라 아래와 같은 요소들을 종합 분석하여야 한다.

- 해외법인의 지분 가치가 중국 과세대상재산으로부터 직접 또는 간접적으로 발생하였는지 여부
- 해외법인의 자산은 주로 중국내의 직접 또는 간접적인 투자로 구성됐는지 여부 또는 취득한 수익이 중국내에서 직접 또는 간접적으로 발생하였는지 여부
- 해외법인 및 중국 과세대상재산을 직접 또는 간접 보유한 소속 법인이 실제로 이행하고 있는 기능과 부담하고 있는 위험이 기업구조가 경제적 실질을 가지고 있는지 및 증명할 수 있는지의 여부
- 해외법인의 주주, 사업모델 및 관련 조직구조의 존속기간
- 중국 과세대상재산을 간접 양도하는 거래에 있어서 해외에서의 미지급소득세 상황
- 지분 양도자가 중국 과세대상재산의 간접투자, 간접양도거래와 중국 과세대상자산의 직접투자, 직접양도거래와의 대체가능성
- 중국 과세대상재산의 간접양도소득에 있어서 중국에서 적용 가능한 조세협정 또는 규정
- 기타 관련 요소

(4) 합리적인 이유가 없는 경우

아래에서 설명하는 (5)와 (6)의 상황 외 중국 과세대상재산의 간접양도와 관련이

있는 전반적 규정이 아래의 경우에 동시에 부합할 경우 위의 (3)에 따른 분석과 판단이 필요 없이 합리적인 이유가 없는 경우로 직접 판정할 수 있다.

- 해외법인 지분의 75% 이상의 가치가 직접 또는 간접적으로 중국 과세대상재산으로부터 발생한 경우
- 중국 과세대상자산의 간접양도거래가 발생하기 전 1년 내의 일정 시점에서 해외법인의 자산 총액(현금 미포함)의 90% 이상이 직접 또는 간접적으로 중국내의 투자로 구성되었거나 중국 과세대상자산의 간접 양도거래 발생 전 1년 내 해외법인이 획득한 소득의 90% 이상이 직접 또는 간접적으로 중국내에서 발생한 경우
- 해외법인 및 중국 과세대상자산을 직접 또는 간접적으로 보유한 소속법인이 법적 요구를 만족할 수 있는 조직 형식으로 소재국에서 등기하여 법률이 요구하는 조직 형식을 갖추었으나 실제 이행한 기능 및 부담하는 위험이 제한되어 있어 경제적 실질임을 증명하기에 부족한 경우
- 중국 과세대상자산의 간접양도거래에 있어서 해외에서 부담하는 납부세액이 중국 과세대상자산을 직접 양도하는 거래로 중국에서 부담할 수 있는 세액보다 적은 경우

(5) 적용이 되지 않는 경우

중국 과세대상자산의 간접양도와 관련된 전반적 규정이 아래의 상황에 해당할 경우 위의 (1)의 규정은 적용하지 아니한다.

- 비거주기업이 공개시장에서 동일한 상장 해외법인 지분을 매입 및 매각하여 중국 과세대상자산을 간접양도하여 획득한 소득
- 비거주기업이 중국 과세대상자산을 직접 보유하고 양도한 상황에서 적용 가능한 조세협정 또는 규정에 따라 해당 재산양도소득은 중국에서 기업소득세를 면제할 수 있다.

(6) 합리적인 이유가 있는 경우

중국 과세대상자산의 간접양도에 있어서 아래의 조건을 동시에 갖출 경우 합리적인 이유가 있는 것으로 판정하여야 한다.

- 거래 쌍방의 지분 관계가 아래의 하나에 해당할 경우
- 지분 양도자가 지분 양수자의 80% 이상의 지분을 직접 또는 간접적으로 보유하는 경우

- 지분 양수자가 지분 양도자의 80% 이상의 지분을 직접 또는 간접적으로 보유하는 경우
- 지분 양도자와 양수자의 지분 80% 이상이 직접 또는 간접적으로 한명이 보유하고 있는 경우

해외법인 지분의 50% 이상의 가치가 직접 또는 간접적으로 중국내 부동산에서 발생할 경우 위에서의 지분비율은 100%이어야 한다.

간접적으로 보유하는 지분은 지분보유구조 중 각 기업의 지분보유비율을 곱하여 계산한다.

이번 간접양도거래 후 재차 발생할 수 있는 간접양도거래는 해당 간접양도 거래가 발생하지 않는 상황에서의 동일하거나 유사한 간접양도거래와 비교하여야 하며, 이 경우 중국의 소득세 부담은 감소될 수 없다.

지분 양수자는 모두 해당 기업 또는 그와 지배관계가 있는 기업의 지분(상장기업의 지분은 제외)으로 지분거래의 대가를 지불하여야 한다.

(7) 신고납부하여야 하는 경우

사업장 재산의 간접양도소득은 <공고>의 규정에 따라 기업소득세를 납부하여야 할 경우 납세의무가 발생한 날이 속하는 납세연도의 해당 사업장의 소득에 산입하여야 하고 기업소득세를 신고납부하여야 한다.

(8) 원천징수의무자

부동산 간접양도소득 또는 지분 간접양도소득은 <공고>의 규정에 따라 기업소득세를 납부하여야 할 경우 법률 또는 계약에 따라 지분 양도자에게 관련 대금의 지급의무를 직접 부담하고 있는 단위 또는 개인을 원천징수의무자로 본다.

원천징수의무자가 납부세액을 일부 혹은 전부 납부하지 않을 경우 지분 양도자는 납세의무 발생일로부터 7일 이내에 관할 세무기관에 세액을 신고납부하고 지분양도수익과 세금산출자료를 제공하여야 한다. 관할 세무기관은 세액을 수납한 후 30일 이내에 세무총국에 보고하여야 한다.

원천징수의무자가 세액을 납부하지 않거나 및 지분 양도자가 세액을 납부하지 않을 경우 관할 세무기관은 조세징수관리법 및 동 실시세칙에 따라 원천징수의무

자의 책임을 추궁할 수 있다. 단, 원천징수의무자가 지분양도계약 또는 협의 체결일로부터 30일 내에 아래의 (9)의 규정에 따라 자료를 제출한 경우 해당 책임을 경감 또는 면제할 수 있다.

비거주기업이 중국 과세대상자산을 직접 보유 및 양도한 상황에서 과세대상자산 양도소득의 관할 세무기관은 전술한 (2)의 규정 중 세가지 상황을 고려하여야 한다.

(9) 신고납부서류

중국 과세대상자산의 간접양도거래 당사자 및 지분이 간접양도된 중국 거주기업은 관할 세무기관에 지분양도사항을 보고하고 아래의 자료를 제출하여야 한다.

- 지분양도계약 또는 협의(외국어로 된 경우 중국어 번역본도 동시에 제공하여야 하며 이는 아래의 자료에도 동일하게 적용된다.)
- 지분양도 전후의 기업 지분 구조도
- 해외법인 및 중국 과세대상자산을 직접 또는 간접적으로 보유한 소속 법인의 과거 2개 연도의 재무제표
- 중국 과세대상자산의 간접양도거래에 있어서 (1)에 해당하지 않음을 입증할 수 있는 자료

(10) 추가 제출자료

중국 과세대상자산의 간접양도거래 당사자와 지분이 간접양도된 중국 거주기업은 관할 세무기관의 요구에 따라 아래와 같은 자료를 제출하여야 한다.

- 위의 (9)에서 규정한 자료(이미 제출한 자료는 제외)
- 중국 과세대상자산의 간접양도거래 전체계획과 관련된 의사결정 또는 집행과정의 정보
- 해외법인 및 중국 과세대상자산을 직접 또는 간접적으로 보유한 소속 법인의 생산, 경영, 인원, 회계업무, 재산 등 관련 정보 및 내외부의 회계감사 상황
- 해외 지분양도가격을 결정하는데 사용된 자산평가보고 및 기타 평가 증빙
- 중국 과세대상자산의 간접양도거래에 있어서 해외 납부하여야 할 소득세 상황
- 상기 (5), (6) 적용과 관련된 증거 정보
- 기타 관련 자료

(11) 관할 세무기관이 많을 경우

지분 양도자가 동일한 해외법인의 지분을 직접 양도하여 두 항목 이상의 중국 과세대상자산의 간접 양도를 초래한 경우 규정에 따라 과세하여야 하고 둘 이상의 관할 세무기관과 관련이 있을 경우 지분 양도자는 각 관할 세무기관별로 각각 기업소득세를 신고납부하여야 한다.

(12) 신고납부하지 않은 경우

지분 양도자가 중국 과세대상자산의 간접양도소득에 따른 납부세액을 납부기한까지 전부 또는 일부를 납부하지 않고 원천징수의무자도 납부하지 아니한 경우, 체납 세액을 추징하고 기업소득세법 실시조례의 관련 규정에 따라 지분 양도자에 대하여 일별로 이자를 추징하여야 한다.

지분 양도자가 해외법인 지분 양도계약서 또는 협의 체결일로부터 30일까지 위의 '(9)'에서 규정한 자료를 제출하거나'(7), (8)'의 규정에 따라 세액을 신고납부한 경우, 기업소득세법 실시조례에서 규정한 기준금리에 따라 이자를 계산하고, 규정에 따라 자료를 제공하지 않거나 세액을 신고납부하지 않을 경우 기준금리에 5%를 가산하여 이자를 계산하여야 한다.

(13) 적용대상기업

공고는 중국내에서 사업장을 설치하지 않은 비거주기업이 취득한 중국 과세대상재산의 간접양도소득 또는 비거주기업이 사업장을 설치하였으나 해당 사업장과 실제적인 관계가 없는 중국 과세대상재산의 간접양도소득에 적용된다.

지분 양도자가 해외법인 지분 양도로 취득한 소득(중국 과세대상재산의 간접양도소득 포함)이 그가 설립한 국내 사업장과 실제적인 관계가 있을 경우 공고의 규정을 적용하지 않고 직접 기업소득세법의 규정에 따라 과세하여야 한다. 즉, 비거주기업이 중국내에서 설치한 사업장은 해당 사업장과 실제적인 관계가 있는 소득에 대해서만 기업소득세를 납부한다.

(14) 조세협정과 규정이 다를 경우

공고의 규정과 조세협정의 내용이 다를 경우 조세협정에 따른다.

3. 특별납세조정

1) 이전가격(转让定价)

"이전가격"이란 거래 당사자간에 결정한 거래가격으로서 일반적으로 특수관계자간의 내부 양도거래에서 결정한 가격을 의미하며 해당 내부 거래가격은 보통 일반 시장에서의 가격과는 다르다. 이전가격은 현대의 기업, 특히 다국적기업에서 국제조세회피에 이용하는 중요한 수단으로서 주로 각국의 조세차이를 이용하여 실시하고 있다. 국제 특수관계자의 이전가격은 흔히 다국적기업의 이익조정을 통해 시장의 일반 수급관계의 규제를 쉽게 받지 않으며 상품과 용역의 내부거래에 있어서 독립기업간의 정상거래가격과 다른 가격산정기준을 채택하고 있다. 그들은 흔히 낮은 내부 이전가격으로 고율의 과세국가로부터 저율의 과세국가 또는 조세 피난처로 상품을 판매하고 비용을 분배하거나 높은 내부 이전가격으로 저율의 과세국가 또는 조세 피난지로부터 고율의 국가로 상품을 판매하고 비용을 분배하는 방식으로 국제 관계회사의 전체적인 조세부담을 감소시키고 있다.

기업소득세법과 조세징수관리법의 규정에 따라 세무기관은 기업과 특수관계자 사이의 업무 거래가 정상가격원칙에 해당하는지 여부에 있어 심사평가와 조사조정을 할 수 있다. 해당 부분에 있어서 국가세무총국은 특별납세조정 실시방법(시행)에서 상세하게 규정하였으며 본 장 5절의 이전가격을 참고한다.

2) 원가배분약정(成本分摊协议)

기업과 특수관계자가 원가배분약정을 체결하고 공동으로 연구개발, 무형자산 양수 또는 공동으로 용역을 제공하거나 제공받는 경우 아래의 규정에 따라야 한다.

(1) 수익권의 공유

원가배분약정에 참여한 당사자는 개발 · 양수한 무형자산 또는 참여한 용역활동에 대하여 수익권을 가질 수 있으며, 상응하는 활동원가를 부담하여야 한다. 특수관계자가 부담하는 원가는 특수관계가 없는 비교가능한 조건하에서 수익권을 획득하기 위하여 지급한 원가와 일치하여야 한다.

참여자가 원가배분약정을 이용하여 개발 또는 양수한 무형자산에는 특허권사용료를 별도로 지급할 필요가 없다.

(2) 합리성이 있을 것

기업은 원가배분약정과 관련된 무형자산 또는 용역의 수익권에 대하여 합리적이고 측정가능한 예상 이익이 있어야 하며 합리적인 비즈니스 가설과 영업 관습을 기초로 하여야 한다.

(3) 적용대상

용역과 관련된 원가배분약정은 일반적으로 그룹의 구매와 그룹 마케팅 기획에 적용된다.

(4) 원가배분약정에 포함되는 내용

원가배분약정에는 주로 아래와 같은 내용이 포함된다.

- 참여자의 명칭, 소재국, 특수관계, 협의 중의 권리와 의무
- 원가배분약정과 관련된 무형자산 또는 용역의 내용, 범위, 협의에 관련된 연구개발 또는 용역활동의 구체적인 담당자, 담당자의 직책 및 임무
- 협의기한
- 참여자의 예상이익 계산방법과 가설
- 참여자가 초기 투입과 후속 원가로 지불할 금액, 형식, 가치의 확인 방법 및 정상가격원칙에 대한 설명
- 참여자의 회계처리방법 적용 및 회계처리변경에 대한 설명
- 참여자의 협의 가입과 탈퇴 절차 및 처리 규정
- 참여자 사이의 보상 지급 조건 및 처리 규정

• 협의의 변경 또는 중지 조건 및 처리 규정
• 참여자가 아닌 자가 협정성과를 사용할 경우 이에 대한 규정

(5) 원가배분약정의 제출서류

기업은 특수관계자와 원가배분약정을 체결한 날부터 30일 이내 관할 세무기관에 원가배분약정의 부본을 제출하여야 하고 당해연도 기업소득세를 신고납부할 때 <중국 기업 연도의 특수관계자거래 보고표>를 제출하여야 한다.

세무기관은 원가배분약정의 후속관리를 강화하여야 하고 정상가격원칙과 원가와 비용의 대응원칙에 맞지 않는 원가배분약정에 대하여 특별납세조정을 실시하여야 한다.

(6) 원가배분약정에 변동이 생기는 경우

이미 실시하여 일정한 자산을 형성한 원가배분약정의 내용에 변동이 발생하거나 약정의 이행을 중지하는 경우 정상가격원칙에 따라 아래와 같이 처리하여야 한다.

구 분	처 리 방 법
가입금 지급	신규로 참여하는 자는 기존 약정의 성과 수익권을 획득하기 위하여 합리적인 지급을 하여야 한다.
보상 탈퇴	당초 참여자가 약정 이행에서 탈퇴하고 기존 약정의 성과 수익권을 다른 참여자에게 양도하는 경우 합리적인 보상을 받아야 한다.
참여자가 변경된 후	각자의 수익과 원가배분상황에 대하여 관련 조정을 진행하여야 한다.
약정이 중지되는 경우	각 참여자는 기존 협정 성과에 대하여 합리적인 분배를 진행하여야 한다.

기업이 위와 같은 경우에 대하여 정상가격원칙에 따라 처리하지 않아 과세소득을 감소시킨 경우 세무기관은 조정할 권리가 있다.

(7) 수익과 원가가 일치하지 않을 경우

기업이 원가배분약정을 집행하는 기간동안 참여자가 실제로 누린 수익과 배분된 원가가 일치하지 않을 경우 실제 상황에 따라 보상 조정을 하여야 한다. 참여자가 보상 조정을 하지 않을 경우 세무기관은 특별납세조사조정을 하여야 한다.

(8) 원가배분약정의 세무처리

정상가격원칙에 부합되는 원가배분약정에 있어서 세무처리는 아래와 같다.

- 약정에 따라 기업에게 배분한 원가는 약정에서 규정한 각 연도의 세전에서 공제한다.
- 보상 조정과 관련되는 부분은 보상이 조정된 연도의 과세소득에 산입한다.
- 무형자산과 관련되는 원가배분약정에 있어서 가입금 지급, 보상 탈퇴 또는 약정 중지의 경우 이와 관련된 약정 성과를 배분할 때 자산의 구매 또는 처분 관련 규정에 따라 처리하여야 한다.

(9) 이전가격 사전합의(预约定价安排)

기업이 이전가격 사전합의 관리규정(제5장 '이전가격' 중 '이전가격 사전합의')에 따라 이전가격 사전합의 방식으로 원가배분약정을 달성할 수 있다.

(10) 원가배분약정 서류

기업이 원가배분약정을 체결 또는 집행할 경우 아래와 같은 원가배분약정의 특수사항 서류들을 준비하여야 한다.

- 원가배분약정 사본
- 각 참여자간 달성한 원가배분약정 실시를 위한 기타 협정
- 비참여자가 약정성과를 사용하는 경우, 지급 금액과 형식, 참여자간 지급 금액의 배분방식
- 해당 연도 원가배분약정의 참여자 가입 및 탈퇴 상황, 가입 및 탈퇴한 참여자 명칭, 소재국가와 특수관계, 가입금 지급 또는 보상탈퇴의 금액 및 형식 등을 포함한다.
- 원가배분약정의 변경 또는 중지 상황, 변경 또는 중지 사유, 이미 형성된 약정성과에 대한 처리 또는 배분 등을 포함한다.
- 해당 연도에서 원가배분약정으로 발생한 원가총액 및 구성 상황

- 해당 연도 각 참여자의 원가배분상황, 원가로 지급한 금액, 형식과 대상, 보상지불 생성 또는 접수 금액, 형식과 대상 포함한다.
- 해당 연도 약정의 예상이익과 실제이익간의 비교 및 이로 인한 조정
- 예상이익의 산출, 계량변수의 선정 및 계산방법과 변경사유 등을 포함한다.

원가배분약정 특수사항 서류는 특수관계거래가 발생한 다음연도 6월 30일 이전까지 준비가 완료되어야 하고 세무기관의 요청일로부터 30일 이내 제출하여야 한다.

(11) 직접 배분한 원가

기업이 특수관계자와 체결한 원가배분약정 중 아래의 직접 배분한 원가는 공제할 수 없다.

- 합리적인 이유와 경제적 실질이 없는 경우
- 정상가격원칙의 요건에 맞지 않는 경우
- 원가와 수익이 대응되지 않는 경우
- 원가배분약정과 관련된 동기자료를 규정에 따라 등록, 준비, 보존 제공하지 않은 경우
- 원가배분약정 체결일부터 경영기한이 20년이 안되는 경우

3) 피지배 외국법인(受控外国企业)

(1) 피지배 외국법인의 개념

'피지배 외국법인'이란 거주기업 또는 거주기업과 거주자(이하 '중국 거주자 주주')가 지배하고 있는 기업으로서 실제 조세부담이 중국의 기업소득세율 25%의 50% 이하인 국가(지역)에 설립하였지만 합리적인 경영의 수요가 없이 이익을 배분하지 않거나 배분을 감소시킨 외국법인을 말한다. 피지배 외국법인의 상기 이익 중 해당 거주기업 주주에 귀속되어야 하는 부분을 배분한 것으로 간주하여 해당 거주기업의 당기 소득에 산입한다.

'지배'란 주식, 자금, 경영, 매매 등 여러 방면에 대한 실질적인 지배를 의미한다. 그 중 '주식지배'란 중국 거주자 주주가 납세연도의 하루라도 직접 또는 간접적인

방법으로 외국법인의 지분을 단독으로 10% 이상의 의결권 있는 주식을 보유하면서 50% 이상의 주식을 공동으로 소유하고 있는 것을 말한다. 중국 거주자 주주가 여러 단계로 간접 보유하고 있는 주식은 각 단계별 지분비율을 곱하여 계산하며 중간단계의 보유 주식이 50%이상 초과시 100%로 계산한다.

(2) 기업소득세 신고서류

중국 거주기업 주주는 해당 연도 기업소득세 납세신고시 대외 투자정보와 대외투자상황표를 제출하여야 한다.

(3) 배당소득의 계산

중국 거주기업 주주가 당기 피지배 외국법인으로부터 받았을 배당금으로 간주하는 소득은 아래와 같은 공식으로 산출하여 산입한다.

> 중국 거주기업 주주의 당기 소득＝간주배당소득×실제 지분보유 일수/피지배 외국법인의 과세연도 일수×주주 지분비율

중국 거주자 주주가 다단계로 간접적으로 지분을 보유하는 경우 주주 지분비율은 단계별 지분비율에 따라 곱하여 계산한다.

(4) 납세연도가 다를 경우

피지배 외국법인과 중국 거주기업 주주의 납세연도가 다를 경우 간주배당소득은 피지배 외국법인 납세연도 종료일이 속한 중국 거주기업 주주의 납세연도에 산입하여야 한다.

(5) 외국납부세액공제

중국 거주기업 주주의 당기 소득에 산입하고 이미 해외에서 납부한 기업소득세는 소득세법 또는 조세협정의 규정에 따라 공제 또는 면제할 수 있다.

(6) 이미 배당소득으로 과세한 경우

피지배 외국법인이 실제로 배분한 이익이 이미 기업소득세법의 규정에 따라 배

분으로 간주하여 세금을 납부하였을 경우 중국 거주기업 주주의 당기 소득에 산입하지 아니한다.

(7) 간주배당소득으로 보지 않는 경우

중국 거주자 주주가 자신이 지배하고 있는 외국법인이 아래의 조건에 해당하는 것을 증명할 수 있는 자료를 제공할 수 있을 경우 외국법인이 배분하지 않거나 일부 배분한 이익을 배당금으로 간주하지 않고 중국 거주기업 주주의 당기 소득에 산입하지 아니한다.

- 국가세무총국이 지정한 저세율국가가 아닌 경우
- 주로 적극적 경영활동으로 소득을 취득한 경우
- 연간 이익총액이 500만 위안 이하인 경우

4) 과소자본세제(资本弱化)

(1) 과소자본세제의 개념

기업이 특수관계자로부터 접수한 채권투자와 지분투자의 비율이 일정 기준을 초과하여 발생한 이자지출에 대해서는 과세소득 계산시 손금으로 공제할 수 없다.

구 분	의 미
채권투자 (债券性投资)	기업이 직접 또는 간접적으로 특수관계자로부터 받은 자금으로서 원금 상환과 이자 지급이 필요하거나 기타 이자지급의 방식으로 보상을 실시하는 융자를 말한다. 기업이 간접적으로 특수관계자로부터 받은 채권투자는 아래와 같다 • 특수관계자가 특수관계가 없는 제3자를 통하여 제공한 채권투자 • 특수관계가 없는 제3자가 제공한 채권투자로서 특수관계자가 담보하고 연대책임을 지는 경우 • 기타 간접적인 방법으로 특수관계자로부터 받은 채권성질이 있는 채권투자
지분투자 (权益性投资)	기업이 원금 상환과 이자를 지급할 필요가 없는 투자로서 투자자가 순자산에 대하여 소유권을 지는 투자를 말한다.

구 분	의 미
이자지출 (利息支出)	직접 또는 간접적으로 채권투자와 관련되어 실제 지급한 이자, 보증비, 저당비 그리고 기타 이자성격의 비용 등을 말한다.

(2) 과세소득 산출

과세소득을 계산할 때 소득에서 공제할 수 없는 이자지출은 아래의 공식에 따라 계산한다.

공제할 수 없는 이자지출(지급이자 손금불산입)

$$= \text{해당 연도 특수관계자에게 실제 지급한 이자} \times \left(1 - \frac{\text{기준비율}}{\text{특수관계자 채권자본비율}}\right)$$

과소자본세제와 관련한 용어는 다음과 같다.

용 어	설 명
특수관계자 채권자본비율	기업이 전체 특수관계자로부터 받은 채권투자(이하 '채권투자') 대비 기업이 특수관계자로부터 받은 지분투자(이하 '지분투자')의 비율을 말하며 채권투자는 특수관계자가 각종 형식으로 담보를 제공한 채권투자를 포함한다.
기준비율	재정부, 국가세무총국이 특수관계자 이자지출의 세전공제와 관련한 조세정책문제에 대한 통지(财税[2008] 121호)에서 규정한 비율을 말하며 구체적인 규정은 아래와 같다. • 과세소득을 계산할 때 기업이 특수관계자에게 실제 지급한 이자지출에 대하여 아래의 기준비율과 세법의 규정을 초과하지 않은 부분을 공제하며 초과하는 부분은 과세소득에서 공제할 수 없다. 기업이 관계자에게 실제로 지급한 이자지출에 있어서 특수관계자의 채권투자와 지분투자의 비율은 아래 A, B와 같다. A. 금융기업 5 : 1 B. 기타기업 2 : 1 • 기업이 세법 및 해당 실시조례의 규정에 따라 관련 자료를 제공하고 특수관계자와의 거래활동이 정상가격원칙에 일치함을 증명할 수 있는 경우 또는 해당 기업의 실제 과세 부담이 국내 특수관계자보다 높지 않을 경우 국내 특수관계자에게 실제 지급한 이자비용

용 어	설 명
	은 과세소득 계산시 공제할 수 있다. • 기업이 금융업과 비금융업을 동시에 영위할 경우 특수관계자에게 지급하는 실제 이자지출은 합리적인 방법으로 구분하여 계산하여야 한다. 합리적인 방법으로 구분하여 계산하지 않을 경우 위의 '기타 기업'의 비율에 따라 이자지출 공제액을 계산한다. • 기업이 특수관계자로부터 규정에 부합되지 않는 이자수익을 취득할 경우 기업소득세를 납부하여야 한다.

(3) 채권자본비율의 구체적인 계산방법

특수관계자의 채권자본비율의 구체적인 계산방법은 다음과 같다.

- 특수관계자 채권자본비율＝연도 매월 평균 특수관계자 채권투자 합계액/연도 매월 평균 지분투자 합계액
- 매월 평균 특수관계자 채권투자＝(채권투자 월초 잔액＋월말 잔액)/2
- 매월 평균 특수관계자 지분투자＝(지분투자 월초 잔액＋월말 잔액)/2

지분투자는 기업 자산부채표(재무상태표)의 소유자권익(자본) 금액을 말하며, 소유자권익이 납입자본과 자본잉여금의 합보다 작을 경우 납입자본과 자본잉여금의 합계가 되며, 납입자본과 자본잉여금의 합이 납입자본보다 작을 경우 지분투자는 납입자본이 된다.

(4) 손금으로 공제할 수 없는 이자비용

과세소득 계산시 공제할 수 없는 이자지출은 이월공제를 할 수 없다. 실제로 각 특수관계자에게 지급한 이자는 각 특수관계자 이자총액 비율에 따라 각 특수관계자에게 배분하고 그 중 실제 세부담이 기업의 국내 특수관계자보다 높은 배분이자는 공제할 수 있다. 직접 또는 간접적으로 해외 특수관계자에게 실제 지급한 이자는 배당으로 간주하여 이자와 배당에 각각 적용되는 소득세 세율의 차이에 따라 기업소득세를 추징하며 이미 원천징수한 소득세액이 배당에 따라 과세할 소득세액보다 많을 경우 초과 부분은 환급하지 아니한다.

(5) 과소자본세제의 서류

기업의 특수관계자 채권자본비율이 기준비율을 초과하여 정상가격원칙에 해당함을 설명하여야 할 경우 과소자본과 관련된 서류를 준비하여야 하며 아래와 같은 내용이 포함된다.

- 기업의 상환능력과 차입능력 분석
- 그룹의 차입능력 및 융자구조상황 분석
- 기업 등록자본 등 지분투자의 변동상황 설명
- 특수관계자 채권투자의 성질, 목적 그리고 취득시의 시장 상황
- 특수관계자 채권투자의 화폐종류, 금액, 이자율, 기한 및 융자조건
- 특수관계자가 아닌 자가 상기 융자조건, 융자금액 및 이자율을 수용할 수 있는지 여부
- 기업이 채권투자를 받기 위하여 제공한 담보물 상황 및 조건
- 담보제공자의 상황 및 담보 조건
- 동종, 동기간 대출금의 이자율 상황 및 융자조건
- 전환사채가 있을 경우 전환조건
- 정상가격원칙에 해당함을 증명할 수 있는 기타 자료

과소자본세제의 서류는 특수관계자 거래가 발생한 연도의 다음연도 6월 30일까지 준비하여야 하며 세무기관이 요청한 날부터 30일 이내 제공하여야 한다.

(6) 서류의 제출

기업이 특수관계자 채권투자금액, 이자율, 기한, 융자조건 및 채권자본비율 등이 정상가격원칙에 해당함을 증명함에 있어 과소자본세제 서류 등 동기자료를 규정에 따라 준비, 보존, 제공하지 아니할 경우 기준비율을 초과한 특수관계자 이자지출은 과세소득 계산시 공제할 수 없다.

(7) 실제 이자지급

'실제 이자자급'은 기업이 발생주의 원칙에 따라 원가와 비용에 산입하는 이자를 말한다.

기업이 실제 특수관계자에게 지급한 이자에 이전가격 문제가 존재할 경우, 세무기관은 우선 이전가격조사 및 조정의 관련 규정에 따라 이전가격을 조사조정 하여

야 한다.

V. 이전가격

중국 세법의 규정에 따라 세무기관은 기업과 그의 특수관계자 사이의 업무 거래가 정상가격원칙에 부합되는지에 대해 심사, 평가 및 조사를 할 수 있다. 정상가격원칙에 부합되지 않아 납세하여야 할 수입 또는 소득을 감소시킨 특수관계자와의 거래에 대해 세무기관은 합리적인 방법을 선택하여 이전가격의 납세조정을 할 수 있다.

1. 특수관계자 신고

장부기장방식으로 과세하는 거주기업과 중국내에 사업장을 설치하고 사실대로 기업소득세를 신고납부하는 비거주기업이 세무기관에 사업연도의 기업소득세 납세신고서를 송부할 경우 특수관계자와의 업무거래에 대해 특수관계자 신고를 하고, <중국 기업의 사업연도 특수관계자와의 업무거래 보고표(2016년)>(이하 “사업연도 특수관계자간 거래 보고표”)를 제출하여야 한다. 기업이 기한까지 사업연도 특수관계 업무거래 보고표를 제출할 수가 없어 연기가 필요한 경우, 세수징수관리법 및 실시세칙의 규정에 따라 처리하여야 한다.

1) 특수관계자

(1) 특수관계자의 범위

기업소득세법 및 실시조례의 규정에 따라 ‘특수관계자’는 기업과 아래와 같은 특수관계가 있는 기업과 기타 조직 또는 개인을 말한다.

- 자금, 경영, 구매와 판매 등의 측면에서 직접 또는 간접적인 지배 관계가 존재하는 경우
- 직접 또는 간접적으로 동일 제3자에 의해 지배되는 경우
- 이익(포괄적 의미의) 측면에서 서로 관련이 있는 기타 관계가 존재하는 경우

(2) 특수관계를 구성하는 경우

기업이 기타 기업, 조직 또는 개인과 아래 각호의 관계가 존재할 경우, 특수관계를 구성한다.

① 어느 한쪽이 직접 또는 간접적으로 다른 쪽의 총 지분의 25% 이상 보유하는 경우, 양쪽이 모두 동일한 제3자가 총 지분의 25% 이상 보유하고 있는 경우. 만약 일방이 중간 단계를 통해 다른 쪽의 지분을 보유하고 있는 경우 중간 단계에 대한 지분 보유 비율이 25% 이상일 경우, 다른 쪽에 대한 지분 보유 비율은 중간 단계가 다른 쪽에 대한 지분 보유 비율에 따라 계산한다. 둘 이상의 부부, 직계친족, 형제자매 및 기타 부양이나 봉양관계의 자연인이 공동으로 동일 기업의 지분을 소유할 경우, 특수관계를 판정할 때 지분 보유 비율을 합하여 계산한다.

② 양쪽이 상호 지분 보유 관계가 존재하거나 동일한 제3자가 지분을 보유하는 경우로서 지분 보유 비율에서 위의 ①의 규정에 도달하지 못하나 양쪽 간에 대여차입한 자금 총액이 어느 한 쪽의 납입자본에서 차지하는 비율이 50% 이상이거나 한쪽이 대여차입한 자금 총액의 10%이상을 다른 쪽이 담보하는 경우(독립적인 금융기관과의 대여차입 또는 담보 제외)

대여차입한 자금 총액이 납입자본에서 차지하는 비율
=연도 가중평균한 대여차입한 자금/연도 가중평균한 납입자본
연도 가중평균 대여차입한 자금=i건 차입 또는 대출한 자금의 장부금액×i건 차입 또는 대출한 자금의 실제 점용일수/365

③ 양쪽이 상호 지분 보유 관계가 있거나 동일한 제3자가 지분을 소유하는 경우로서 지분 보유 비율이 ①의 규정에는 도달하지 못하지만 한쪽의 사업활동이 다른 쪽이 특허권, 특허기술, 상표권, 저작권 등 지적재산권을 제공하여야만 가능한 경우

④ 양쪽이 상호 지분 보유 관계가 있거나 동일한 제3자가 지분을 소유하는 경우로서 지분 보유 비율이 ①의 규정에는 도달하지 못하지만 한쪽의 구매, 판매, 용역의 제공 등의 경영활동이 다른 쪽에 의해 지배되는 경우, '지배'란 한쪽이 다른 쪽의 재무와 경영정책을 결정할 권한이 있으며 다른 쪽의 경영활동으로부터 이익을 얻을 수 있는 경우

⑤ 일방이 과반수의 임원 또는 과반수 이상의 고위관리임원(상장회사 이사회 비서, 총경리, 부총경리, 재무책임자와 회사 정관에 규정하는 기타 인원 포함)이 다른 일방에 의해 임명 또는 파견되거나 동시에 다른 일방의 이사 또는 고위관리임원을 맡는 경우, 또는 쌍방이 각 과반수의 이사 또는 과반수의 고위관리임원이 동일한 제3자에 의해 임명 또는 파견되는 경우

⑥ 부부, 직계친족, 형제자매 및 기타 부양이나 봉양 관계가 있는 두 명의 자연인이 각기 쌍방과 위의 ①에서 ⑤의 관계가 있는 경우

⑦ 쌍방이 실질적으로 기타의 공동이익이 있는 경우

위의 ②의 규정 이외에 특수관계가 연도 내에 변화가 발생하는 경우, 특수관계는 실제 존속한 기간에 따라 인정한다.

(3) 국가 및 국유관리부문의 경우

국가가 지분을 보유하거나 국유자산관리부문이 이사, 고위관리임원을 파견하여 위의 (2)의 ①에서 ⑤에 해당하는 경우 특수관계가 성립하지 않는다.

2) 특수관계자간 거래의 유형

특수관계자간 거래에는 아래와 같은 몇 가지의 유형이 있다.

유 형	종 류
유형자산 사용권 또는 소유권의 양도	상품, 제품, 건물, 구축물, 교통수단, 기계설비, 공구와 기구 등
금융자산의 양도	매출채권, 받을어음, 기타 미수금, 지분 투자, 채권 투자와 파생금융상품으로 형성된 자산 등

유 형	종 류
무형자산 사용권 또는 소유권의 양도	특허권, 특허가 아닌 기술, 상업비밀, 상표권, 브랜드, 고객명단, 판매경로, 특허경영권, 정부허가, 저작권 등
자금융통	각종 장단기 자금의 대여와 차입(그룹의 자금 포함), 담보금 등
용역거래	시장조사, 마케팅 기획, 대행, 설계, 컨설팅, 행정관리, 기술용역, 연구개발 계약, 정비수리, 법률 용역, 재무관리, 재무감사, 초빙, 교육훈련, 집중구매 등

3) 국가별 보고

(1) 국가별 보고의 의의

국가별 보고는 주로 최상위 지주회사에 소속된 다국적기업 그룹의 모든 구성원 실체의 전세계의 소득, 세수와 업무활동의 국가별 분포 현황을 공시한다.

'최상위 지주회사'는 그에 소속된 다국적기업그룹의 모든 구성원 실체의 재무제표를 취합할 수 있으며 동시에 다른 구성원 실체의 연결재무제표에는 포함되지 않는 기업을 말하며, 구성원 실체는 아래와 같은 내용을 포함한다.

- 다국적기업그룹의 연결재무제표에 실제로 포함된 실체
- 다국적기업그룹이 해당 실체의 지분을 소지하고 또 공개된 증권시장 거래의 요구에 따라 포함되어야 하나 실제 다국적기업그룹 연결재무제표에 포함되지 않은 실체
- 업무 규모 또는 중요성 정도라는 이유로 다국적기업그룹 연결재무제표에 포함되지 않은 실체
- 독립적으로 결산하고 재무제표를 작성하는 상설사업장

(2) 국가별 보고 작성

아래에 해당하는 거주기업은 <연도 특수관계자간 업무거래 보고표>를 송부할 때 국가별 보고를 작성하여야 한다.

- 해당 거주기업이 다국적기업그룹의 최상위 지주회사이고 전년도 연결재무제표의 수입 금액 합계가 55억위안을 초과하는 경우
- 해당 거주기업이 다국적기업그룹에 의해 국가별 보고 제출기업으로 지정된 경우

(3) 국가별 보고 제외 대상

최상위 지주회사가 중국 거주기업의 다국적기업그룹이고, 그의 정보가 국가안전과 관련되는 경우 국가의 관련 규정에 따라 일부 또는 전부의 국가별 보고 작성을 면제한다.

(4) 국가별 보고의 정보 교환

세무기관은 중국이 체결한 협정, 협의에 따라 국가별 보고의 정보 교환을 할 수 있다.

(5) 세무기관의 제출요구

기업이 위의 (2)에 규정한 국가별 보고 작성의 범위에는 속하지 않지만 그가 소속된 다국적기업그룹이 다른 국가의 관련 규정에 따라 국가별 보고를 준비하여야 하고 아래의 조건에 해당할 경우 세무기관은 특별납세조사를 실시할 때 기업에 국가별 보고 제출할 것을 요구할 수 있다.

- 다국적기업그룹이 어떠한 국가에도 국가별 보고를 제출하지 않은 경우
- 다국적기업그룹이 비록 이미 다른 국가에 국가별 보고를 제출하였으나, 중국이 해당 국가와 국가별 보고의 정보교환체제를 구축하지 않은 경우
- 다국적기업그룹이 이미 기타 국가에 국가별 보고를 제출하였고 또 중국이 해당 국가와 국가별 보고의 정보교환체제를 구축하였으나 실제로 국가별 보고가 중국에 성공적으로 교환되지 않은 경우

2. 동기자료 관리(同期资料管理)

기업은 기업소득세법 실시조례의 규정에 근거하여 납세연도 에 따라 특수관계자간 거래의 동기자료를 준비하고 세무기관의 요구에 따라 특수관계자간 거래의 동기자료를 제공하여야 한다. 동기자료에는 주체(主体 : 주요 부분) 서류, 현지 서류와 특수사항 서류서가 포함된다.

1) 주체 서류(主体文档)

(1) 주체 서류 준비 대상

아래의 조건에 해당하는 기업은 주체 서류를 준비하여야 한다.

- 연도 내에 국제 특수관계자간 거래가 발생하였고 해당 기업의 연결재무제표의 최상위 지주회사가 소속된 그룹이 이미 주체문세를 준비한 경우
- 연간 특수관계자간 거래 총액이 10억위안을 초과하는 경우

(2) 주체 서류의 내용

주체 서류는 주로 최상위 지주회사가 그룹에 소속된 기업의 전세계 업무 전체 현황을 공시하며 아래와 같은 내용이 포함된다.

① 조직구조

도표 형식으로 기업그룹의 전세계의 조직구조, 지분구조 및 모든 구성원 실체의 지리적 분포를 설명한다.

'구성원 실체'는 기업그룹 내의 모든 운영실체를 가리킨다. 이에는 회사형 기업, 조인트기업 및 상설사업장 등이 포함된다.

② 기업그룹의 업무

- 기업그룹의 업무 설명. 이에는 이익의 중요가치 공헌 요소를 포함한다.
- 기업그룹 매출액 1~5위 및 매출액의 5% 이상을 차지하는 제품 또는 용역의 공급사슬 및 시장의 주요 분포 현황. 공급사슬 현황은 도표 형식으로 설명할 수 있다
- 기업그룹의 연구개발 외 중요하게 관련되는 용역에 대한 간략한 설명. 설명 내용은 주요 용역 제공자가 용역을 제공할 수 있는 능력, 용역원가 배분 및 관련 용역의 가격을 확정하는 이전가격 결정 정책이 포함된다.
- 기업그룹 내의 각 구성원 실체의 주요 가치 공헌 분석. 이에는 집행에 있어서 중요한 기능, 부담하는 중대한 위험 및 사용하는 중요자산이 포함된다.
- 기업그룹이 회계연도 내에 발생한 기업 업무 재조정, 산업구조 조정, 그룹 내의 기업기능, 위험이나 자산의 이전
- 기업그룹이 회계연도내 발생한 기업 법률형식의 변화, 채무재조정, 지분 인수, 자산 인수, 합병, 분할 등

③ 무형자산

- 기업그룹이 무형자산을 개발, 응용하고 무형자산 소유권 귀속을 확정하는 전체적인 전략. 이에는 주요 연구개발기구 소재지와 연구개발 관리활동 발생지 및 주요 기능, 위험, 자산과 인원 현황이 포함됨.
- 기업그룹이 이전가격 결정에 대해 현저한 영향이 있는 무형자산 또는 무형자산 조합 및 이에 대응되는 무형자산의 소유권자
- 기업그룹 내 각 구성원 실체와 특수관계자와의 무형자산 중요 협의서 리스트, 중요 협의서는 원가분담약정, 주요 연구개발용역 협의서와 허가 협의서 등이 포함된다.
- 기업그룹내 연구개발 활동 및 무형자산과 관련된 이전가격 결정정책
- 기업그룹이 회계연도내 중요한 무형자산 소유권과 사용권을 특수관계자에게 양도한 현황. 이에는 양도와 관련된 기업, 국가 그리고 양도가격 등이 포함된다.

④ 융자활동

- 기업그룹 내부 각 특수관계자간의 융자 배치 및 특수관계가 없는 자와의 주요 융자 배치
- 기업그룹 내 융자기능을 주로 제공하는 구성원 실체의 현황. 이에는 등록지와 실제 관리기구 소재지가 포함된다.
- 기업그룹 내부 각 특수관계자간 융자배치의 전체 이전가격 결정정책

⑤ 재무와 세무상황

- 기업그룹의 최근 1개 회계연도의 연결재무제표
- 기업그룹내 각 구성원 실체가 체결한 일방 사전가격합의, 양자 사전가격합의 및 국가간 소득 분배와 관련된 기타 세수 판정 리스트 및 간략한 설명
- 국가별 보고를 제출하는 기업의 명칭 및 소재지

2) 현지 문서(本地文档)

(1) 현지 문서 준비대상

연도의 특수관계자간 거래금액이 아래에 해당하는 기업은 현지 문서를 준비하여야 한다.

- 유형자산 소유권 양도금액(내료가공업무는 연도별 수출입 통관신고가격에 따라 계산)이 2억위안 초과하는 경우
- 금융자산 양도금액이 1억위안 초과하는 경우
- 무형자산 소유권 양도금액이 1억위안 초과하는 경우
- 기타 특수관계 거래금액 합계가 4,000만 위안 초과하는 경우

기업이 사전가격합의를 집행할 경우, 사전가격합의가 관련된 특수관계자간 거래금액은 위의 ①~④에서 규정한 특수관계자간 거래금액의 범위에 산입하지 않는다.

(2) 현지 문서에 포함할 내용

현지 문서는 주로 기업 특수관계자간 거래에 관한 상세 정보를 공시하며 아래와 같은 내용이 포함된다.

① 기업 개황

- 조직구조 - 기업의 각 직능부서의 설치, 직책범위와 종업원의 수 등
- 관리구조 - 기업의 각 관리층의 보고대상 및 보고대상의 주요 사무장소
- 업무묘사 - 기업이 소속된 업계의 발전개황, 산업정책, 업계제한 등 기업과 업계에 영향을 주는 주요 경제와 법률문제, 주요 경쟁자 등
- 경영전략 - 기업의 각 부서, 각 부분의 업무흐름, 운영방식, 가치 공헌요소 등
- 재무자료 - 기업의 유형별 업무 및 제품의 수입, 원가, 비용 및 이익
- 본 기업과 관련이 있거나 본 기업에 영향을 줄 수 있는 구조조정 또는 무형자산 양도현황 및 본 기업에 대한 영향 분석

② 특수관계자

- 특수관계자 정보 - 직접 또는 간접적으로 기업 지분을 보유한 특수관계자 및 기업과 거래가 발생한 특수관계자. 해당 내용에는 특수관계자의 명칭, 법정 대표자, 고위관리임원의 구성현황, 등록주소, 실제 경영주소 및 특수관계자인 개인의 성명, 국적, 거주지 등의 현황을 포함한다.
- 상기 특수관계자에게 적용한 소득세 성질을 가진 세금의 종류, 세율 및 조세특혜
- 당 회계연도 내의 기업 특수관계자의 변동 현황

③ 특수관계자간 거래

- 특수관계자간 거래의 개황 :
  - 특수관계자간 거래 설명과 명세 : 특수관계자간 거래와 관련된 계약서 또는 협의서 사본 및 집행현황 설명, 거래 목적물의 특성, 특수관계자간 거래의 유형, 참여자, 시간, 금액, 결제 화폐, 거래 조건, 무역 형식 및 특수관계자간 거래와 특수관계자가 아닌 자와의 거래 업무의 공통점과 차이점이 포함된다.
  - 특수관계자간 거래 절차 : 특수관계자간 거래의 정보 흐름, 물류와 자금의 흐름, 특수관계자가 아닌 자 와의 거래 절차의 공통점과 차이점을 포함한다.
  - 기능 위험의 설명 : 기업 및 특수관계자가 각종 특수관계자간 거래에서 집행한 기능, 부담한 위험과 사용한 자산을 포함한다.
  - 거래가격 결정에 영향을 주는 요소 : 특수관계자간 거래와 관련된 무형자산 및 그 영향, 원가 절약, 시장 프리미엄 등 지역 특수 요소를 포함한다.
  - 지역 특수 요소 : 노동력의 원가, 환경 원가, 시장 규모, 시장경쟁 정도, 소비자 구매력, 상품 또는 용역의 대체가능성, 정부 통제 등 측면에서 분석을 하여야 한다.
  - 특수관계자간 거래 데이터 : 각 특수관계자, 각종 특수관계자간 거래와 관련된 거래금액을 포함하며. 특수관계자간 거래와 특수관계자가 아닌 자와의 거래의 수입, 원가, 비용과 이익을 각각 공시하고, 이를 직접 취합할 수 없을 경우 합리적인 비율에 따라 구분하여 그 비율에 대한 근거를 설명하여야 한다.
- 가치사슬분석 - 기업그룹 내 업무 흐름, 물류와 자금 흐름이 포함되어야 하며, 상품, 용역 또는 기타 거래 목적물의 설계, 개발, 생산제조 마케팅, 판매, 납품, 결산, 소비, A/S, 순환이용 등 각 단계 및 그 참여자를 포함하며, 각 부분 참여자의 최근 회계연도의 재무제표와 지역적인 특수 요소가 기업의 가치 창출에 공헌한 계량적인 정보와 그 귀속에 대한 분석이 포함되어야 하며 기업 그룹 이익이 전세계 가치사슬에서의 배분원칙과 배분결과에 포함되어야 한다.
- 대외투자 : 대외투자의 기본 정보는 대외투자 항목의 투자지역, 금액, 주 영업활동 및 전략 계획을 포함하여야 한다. 대외투자의 기본 정보는 대외투자 프로젝트의 지분구조, 조직구조, 고위관리임원의 고용방식, 프로젝트 의사결정 권한의 귀속을 포함하여야 한다. 대외투자 프로젝트 데이터는 대외투자 프로젝트의 운영 데이터를 포함하여야 한다.
- 특수관계자의 지분 양도 :
  - 지분 양도 개황 : 양도배경, 참여자, 시간, 가격, 지급방식 및 지분 양도에 영향을 주는 기타 요소를 포함한다.
  - 지분 양도 목적물과 관련된 정보 : 지분 양도 목적물의 소재지, 양도자가 해당 지분을 획득한 시기, 방식 및 원가, 지분 양도 수익 등 정보를 포함하여야 한다.

- 자산실사 보고 또는 자산평가 보고 등 지분 양도와 관련된 기타 정보도 포함하여야 한다.
- 특수용역 : 특수용역의 개황은 용역 제공자와 접수자, 용역의 구체적인 내용, 특성, 전개방식, 가격결정의 원칙, 지급형식 및 용역제공 후 각 방면의 수익 발생현황을 포함하여야 한다. 용역원가의 집계방법, 항목, 금액, 분배기준, 계산과정 및 결과도 포함하여야 하며 기업 및 기업그룹이 특수관계가 없는 자와 동일 또는 유사한 용역거래가 발생하는 경우 특수용역과 비특수용역의 가격결정원칙과 거래결과 면에서 공통점과 차이점을 상세히 설명하여야 한다.
- 기업의 특수관계자간 거래와 직접 관련될 경우, 중국 이외의 기타 국가의 주관 세무당국이 체결한 사전가격합의와 기타 세수 판정에 대한 정보

④ 비교가능성 분석

- 비교가능성 분석에서 고려하는 요소는 거래자산 또는 용역의 특성, 거래 각 방면의 기능, 위험과 자산, 계약조항, 경제환경, 경영전략 등을 포함하여야 한다.
- 비교가능한 기업이 집행하는 기능은 부담하는 위험 및 사용하는 자산 등의 관련 정보를 포함하여야 한다.
- 비교가능한 대상을 검색하는 방법은 그 정보의 출처 및 선택 조건과 이유를 포함하여야 한다.
- 선정한 내부 또는 외부의 비교가능한 지배를 받지 않는 거래 정보와 비교가능한 기업의 재무정보
- 비교가능 데이터의 차이 조정 및 이유

⑤ 이전가격 결정 방법의 선택과 사용

- 평가대상의 선택과 그 이유
- 이전가격 결정방법의 선택 및 이유. 어떠한 이전가격 결정방법을 선택하더라도 그룹 전체의 이익 또는 잔여 이익에 대한 공헌을 설명하여야 한다.
- 비교가능한 특수관계가 없는 자와의 거래가격 또는 이익을 결정하는 과정에서 내린 가정과 판단
- 합리적인 이전가격 결정방법과 비교가능한 분석결과를 이용하여 비교 가능한 특수관계자가 아닌 자와의 거래의 가격 또는 이익의 확정
- 선정한 이전가격 결정 방법을 뒷받침할 수 있는 기타 자료
- 특수관계자간 거래 가격결정의 정상가격원칙에 부합하는지의 분석 및 결론

3) 특수사항 문서(特殊事项文档)

특수사항 문서는 원가분담약정 특수사항 문서와 과소자본세제 특수사항 문서를 포함한다.

- 기업이 원가분담약정을 체결 또는 집행하는 경우 원가분담약정과 관련된 특수사항 문서를 준비하여야 한다.
- 기업이 특수관계자와의 채무자본비율이 표준비율을 초과하여 정상가격원칙에 부합함을 설명하여야 할 경우에는 과소자본세제와 관련된 특수사항 문서를 준비하여야 한다.
- 특수사항 문서의 상세 내용은 본 장 '4. 국제 조세회피와 조세회피 방지'의 특별납세조정의 내용을 참고한다.

4) 면제하는 경우

- 기업이 국내 특수관계자들과의 거래가 발생할 경우 주체 문서, 현지 문서와 특수 사항 문서를 준비하지 않아도 된다.
- 기업이 사전가격합의를 집행할 경우 사전가격합의와 관련된 특수관계자간 거래의 현지 문서와 특수사항 문서를 준비하지 않아도 된다.

5) 기한 및 기타 요구

(1) 제출기한

주체 서류는 기업그룹의 최상위 지주기업의 회계연도 종료일부터 12개월내에 준비하여야 하며, 현지 문서와 특수사항 문서는 특수관계자간 거래가 발생한 다음 연도 6월 30일까지 준비하여야 한다. 동기자료는 세무기관의 요구일로부터 30일 이내에 제공하여야 하며, 기업이 불가항력적인 원인으로 동기자료를 기한내에 제공할 수 없을 경우 그 사유가 제거된 날로부터 30일 이내에 동기자료를 제공하여야 한다.

(2) 작성 언어

동기자료는 중국어로 작성하여야 하며 인용한 정보자료의 출처를 표시하여야 한다.

(3) 기업 및 대표자의 날인

동기자료는 기업의 도장을 날인하여야 하고 법정 대표인 또는 법정 대표인이 위임한 대표가 날인하여야 한다.

(4) 보관기한

동기자료는 세무기관이 요구한 준비완료일로부터 10년간 보관하여야 하며, 기업이 합병 혹은 분할된 경우 합병, 분할 후의 기업이 동기자료를 보관하여야 한다.

(5) 세액 및 가산금의 추징

기업이 관련 규정에 따라 특수관계자 신고를 하고 동기자료 및 관련자료를 제공한 뒤 세무기관이 특별납세조정조사를 실시하여 세액을 추징하는 경우, 기업소득세법 실시조례의 규정에 따라 세액 귀속연도의 중국 인민은행이 공포한 세액추징기간의 인민폐 대출금 기준금리에 따라 이자를 추징할 수 있다.

3. 이전가격 결정방법

기업이 특수관계자간 거래가 발생한 경우 세무기관이 이를 심사 평가할 때 모두 정상가격원칙에 따라 합리적인 이전가격 결정방법을 선정하여야 한다. 기업소득세법 실시조례의 규정에 따르면 이전가격 결정방법은 비교가능 제3자 가격방법, 재판매가격방법, 원가가산방법, 거래순이익방법, 이익분할방법 및 정상가격원칙에 맞는 기타의 방법이 있다.

합리적인 이전가격 결정방법을 선정할 경우 비교가능성 분석을 하여야 하며, 비교가능성 분석요소는 주로 거래자산 또는 용역의 특성, 거래 각 당사자의 기능과 위험, 계약조항, 경제환경 및 경영전략의 다섯 가지 측면을 포함한다.

1) 비교가능 제3자 가격방법(可比非受控价格法)

'비교가능 제3자 가격방법'은 특수관계가 없는 거래 당사자가 진행하는 동일 또는 유사한 거래의 가격에 따라 가격을 결정하는 방법을 말한다. 이 방법은 특수관계가 없는 거래당사자가 진행하는 동일하거나 유사한 업무활동을 특수관계자가 진행할 경우 특수관계자가 아닌 자가 받는 가격을 특수관계자간 거래의 공정한 거래가격으로 하여 모든 유형의 특수관계자간 거래에 적용한다.

'비교가능성 분석'은 특수관계자간 거래와 특수관계가 없는 자와의 거래에 있어서 자산 또는 용역의 특성, 계약조항 및 경제환경에서의 차이를 특별히 고찰하여야 하며, 거래유형에 따라 구체적으로 아래와 같은 내용을 포함한다.

(1) 유형자산의 매매 또는 양도

- 매매 또는 양도과정 : 거래의 시간과 장소, 납품조건, 납품수속, 지급조건, 거래수량, A/S 시간 및 장소 등을 포함한다.
- 매매 또는 양도단계 : 출하, 도매, 소매, 수출 등의 부분을 포함한다.
- 매매 또는 양도재화 : 품명, 브랜드, 규격, 모델번호, 성능, 구조, 외형, 포장 등을 포함한다.
- 매매 또는 양도환경 : 민족의 풍습, 소비자 선호, 정국의 안정 정도 및 재정, 세수, 외화정책 등을 포함한다.

(2) 유형자산의 사용

- 자산의 성능, 규격, 모델번호, 구조, 자산의 유형, 감가상각 방법
- 사용권을 제공하는 시간, 시간, 장소
- 자산 소유자의 자산에 대한 투자지출, 정비·수리비용 등

(3) 무형자산의 양도와 사용

- 무형자산의 유형, 용도, 적용 업종, 예상수익
- 무형자산의 개발투자, 양도조건, 독점 정도, 국가 법률의 보호를 받는 정도와 기한, 양수 원가와 비용, 기능, 위험, 대체 가능성 등

(4) 자금의 융통

융자 금액, 화폐 종류, 기한, 담보, 융자인의 자격 및 신용, 상환방식, 이자계산방식 등

(5) 용역의 제공

업무의 성질, 기술 요구, 전문 수준, 부담하는 책임, 대금 지급조건과 방식, 직접 및 간접원가 등

특수관계자간 거래와 특수관계가 아닌 자의 거래 사이에 위의 측면에서 중대한 차이가 존재할 경우 해당 차이가 가격에 미치는 영향에 대해 합리적인 조정을 하여야 하며 합리적으로 조정할 수 없을 경우 규정에 따라 다른 합리적인 이전가격 결정방법을 선택하여야 한다.

2) 재판매가격방법(再销售价格法)

'재판매가격방법'은 특수관계자로부터 구입한 상품을 다시 특수관계가 없는 거래상대방에 판매하는 가격에서 동일 또는 유사한 거래의 매출총이익을 공제하여 가격을 결정하는 방법을 말한다. 이 방법은 특수관계자가 상품을 구입한 후 다시 특수관계가 없는 자에게 판매하는 가격에서 비교가능한 제3자와의 거래에서 발생한 매출총이익을 공제한 후의 금액을 특수관계자가 상품을 구입한 공정 거래가격으로 하며, 일반적인 경우 재판매자가 상품에 대해 외형과 성능 그리고 구조를 변경하거나 상표를 교체하는 등 실질적인 가치를 증가시키는 활동은 없이 간단한 가공 또는 단순한 매매업무에 적용된다.

재판매가격방법의 계산공식은 아래와 같다.

- 공정거래가격＝제3자에게 재판매한 가격×(1－비교가능한 제3자 거래 매출총이익율)
- 비교가능한 제3자 매출총이익율＝비교가능한 제3자 거래 매출총이익/비교가능한 제3자 거래 순수입액×100%

비교가능성 분석은 특수관계자간 거래와 제3자 거래가 기능적인 위험 및 계약조항에서의 차이 그리고 매출총이익율에 영향을 주는 기타 요소를 고려하여야 한다. 이에는 판매, 광고 및 용역의 기능, 재고자산 위험, 기계와 설비의 가치 및 내용연수, 무형자산의 사용과 그 가치, 도매 및 소매 단계, 비즈니스 경험, 회계처리 및 관리효율 등을 포함한다.

특수관계자간 거래와 제3자 거래 사이에 위의 측면에서 중대한 차이가 있을 경우, 해당 차이가 매출총이익율에 미치는 영향에 대해 합리적인 조정을 하여야 하며, 합리적으로 조정할 수 없을 경우 다른 합리적인 이전가격 결정방법을 선택하여야 한다.

3) 원가가산방법(成本加成法)

'원가가산방법'은 원가에 합리적인 비용과 이익을 가산하여 가격을 결정하는 방법을 말한다. 이 방법은 특수관계자간 거래에서 발생한 합리적인 원가에 비교 가능한 제3자 거래에서의 총이익을 특수관계자간 거래의 공정 거래가격으로 하며 일반적인 경우 유형자산의 매매, 양도 및 사용, 용역 제공 또는 자금의 융통의 특수관계자간 거래에 적용하며 계산공식은 아래와 같다.

- 공정가래가격＝특수관자 거래에서의 합리적인 원가×(1＋비교가능한 제3자 거래의 원가 가산율)
- 비교가능한 제3자 거래의 원가 가산율＝비교가능한 제3자 거래의 매출총이익/비교가능한 제3자 거래의 원가×100%

비교가능성 분석은 특수관계자간 거래와 제3자 거래의 기능적인 위험 및 계약조항에서의 차이 그리고 원가 가산율에 영향을 주는 기타 요소를 고려하여야 한다. 이에는 제조, 가공, 설치 및 테스트 기능, 시장 및 외환위험, 기계와 설비의 가치 및 내용연수, 무형자산의 사용과 그 가치, 비즈니스 경험, 회계처리 및 관리효율 등을 포함한다.

4) 거래순이익방법(交易净利润法)

'거래순이익방법'은 특수관계가 없는 거래 당사자가 동일 또는 유사한 업무를 통해 취득한 순이익의 수준에 따라 이익을 확정하는 방법을 말한다. 이 방법은 비교 가능한 제3자 거래의 이익률을 지표로 하여 특수관계자간 거래의 순이익을 확정할 수 있으며, 일반적인 경우 유형자산의 매매, 양도와 사용, 무형자산의 양도와 사용 및 용역 제공 등 특수관계자간 거래에 적용한다. 그 중 이익률 지표에는 자산수익률, 매출이익률, 전체원가 가산률, 베리비율(매출총이익과 매출원가+일반관리비용 합의 비율을 의미) 등을 포함한다.

비교 가능성분석은 특수관계자간 거래와 제3자 거래의 기능적인 위험 및 경제환경에서의 차이 그리고 영업이익에 영향을 주는 기타 요소를 고려하여야 하며, 집행기능, 위험 부담과 자산 사용, 업계와 시장 현황, 경영규모, 경제주기와 제품 생명주기, 원가, 비용, 소득과 자산이 각 거래간 분담되는 정도, 회계처리 및 경영관리효율 등을 포함한다.

특수관계자간 거래와 제3자 거래 사이에 위에서 설명한 요소들에 중대한 차이가 있을 경우, 해당 차이가 영업이익에 미치는 영향에 대해 합리적인 조정을 하여야 하며 합리적으로 조정할 수 없을 경우 다른 합리적인 이전가격 결정방법을 선택하여야 한다.

5) 이익분할방법(利润分割法)

'이익분할방법'은 특수관계자의 거래에서 발생한 전체이익(결합이익) 또는 적자를 각 당사자 사이에 합리적인 기준에 따라 배분하는 방법을 말한다. 이 방법은 기업과 특수관계자가 특수관계자간 거래의 전체이익(결합이익)에 대한 공헌도에 근거해 각자 배분하여야 할 이익을 계산한다. 이익분할방법은 일반 이익분할방법과 잔여 이익분할방법으로 나눈다.

구 분	구체적인 이익분할방법
일반 이익분할방법 (一般李润分割法)	특수관계자간 거래에서 각 참여자가 집행한 기능, 부담한 위험, 사용한 자산에 따라 각자 취득하여야 할 이익을 확정한다.

구 분	구체적인 이익분할방법
잔여 이익분할방법(剩余利润分割法)	특수관계자간 거래에서 각 당사자의 전체이익(결합이익)에서 당사자에게 분배한 일반 이익을 차감한 잔액을 당사자가 공헌한 정도에 따라 다시 배분을 한다.

이익분할방법은 일반적으로 각 당사자 특수관계자간 거래가 고도로 통합되고 또 단독으로는 각 당사자의 거래결과를 평가할 수 없는 경우에 적용한다.

비교가능성 분석은 거래 당사자가 집행한 기능, 부담한 위험과 사용한 자산, 원가, 비용, 소득과 자산이 각 거래간 분담되는 정도, 회계처리, 당사자의 잔여이익에 대한 공헌도를 결정하는데 사용한 정보와 가정과 조건의 신뢰성을 특별히 고려하여야 한다.

4. 이전가격 결정에 대한 조사 및 조정

세무기관은 <세수징수관리법> 및 동 실시세칙의 세무검사 규정에 근거하여 조사대상기업을 확정하고, 이전가격 결정 조사, 조정을 진행할 수 있다. 피조사기업은 특수관계자간 거래 상황을 사실대로 보고하고 관련 자료를 제공하여야 하며, 거절 또는 은닉하면 안된다.

1) 이전가격 결정에 대한 조사

(1) 이전가격 결정에 대한 중점 조사기업

세법 규정에 따라 이전가격 결정에 대한 조사는 아래와 같은 기업을 위주로 선택하여야 한다.

- 특수관계자와의 거래 금액이 비교적 크거나 유형이 많은 기업
- 지속적인 적자, 이익이 적거나 이익이 급증한 기업
- 동종 업계의 이윤수준보다 작은 기업
- 부담한 위험 대비하여 이익의 수준이 현저하게 떨어지는 기업
- 조세피난처의 특수관계자와 업무거래가 발생한 기업

• 특수관계자와의 거래를 신고를 하지 않거나 자료를 준비하지 않은 기업
• 기타 정상거래원칙을 현저하게 위반한 기업

실제 조세 부담이 동일한 국내 특수관계자와의 거래에 대해서는 해당 거래가 직접 또는 간접적으로 국가 전체 세수수입의 감소를 초래하지 않는 경우, 이전가격 결정에 대하여 조사와 조정을 하지 않는 것을 원칙으로 한다.

(2) 서류 심사

세무기관은 일상적인 징수관리를 통해 서류 심사를 하여 조사대상기업을 확정하여야 한다. 서류 심사는 주로 조사대상기업이 과거에 제출한 연도별 소득세 신고자료 및 특수관계자와의 거래 보고표 등 납세자료에 근거하여 기업의 사업상황, 특수관계자와의 거래 등의 상황에 대해 종합적인 평가와 분석을 진행한다. 기업은 서류 심사 단계에서 세무기관에 자료를 제공할 수 있다.

(3) 현장 조사

세무기관이 이미 확정한 조사대상에 대해 <기업소득세법> 및 실시조례와 <세수징수관리법> 및 실시세칙의 규정에 따라 현장 조사를 실시하여야 한다.

• 현장 조사 인원은 2명 이상이어야 한다.
• 현장 조사시 조사인원은 <세무검사증>을 제시하고 <세무검사 통지서>를 송달한다.
• 현장 조사는 법정절차에 따라 문의, 장부자료 확인 및 현장 검사 등의 방식을 취할 수 있다.
• 문의 시에는 전문인원이 <문의(조사) 기록>을 작성하여야 하고 기업에게는 사실대로 상황을 제공하지 않을 경우 감당하여야 할 법적 책임을 고지하여야 한다. <문의(조사) 기록>은 피 조사 기업의 확인을 거쳐야 한다.
• 장부 및 관련 자료의 확인이 필요할 경우, <세수 징수관리법 실시세칙>의 규정에 따라 <장부자료 수거확인 통지서>, <장부자료 수거확인 리스트>를 작성하고 관련 법정 수속을 진행하여야 하며, 수거해서 확인한 장부, 장부기록 증빙 등의 자료는 적절히 보관한 후 법정 시한까지 반환하여야 한다.
• 현장 검사 중 발견한 문제와 상황에 대해서는 조사 인원이 <문의(조사)기록>을 작성한다. <문의(조사) 기록>은 2명 이상의 조사 인원이 서명하고 필요할 경우 조사대상기업의 확인을 거쳐야 한다. 조사대상기업이 거절할 경우, 2명 이상의 조사 인원이 서명하고 보관한다.

- 기록, 녹음, 녹화, 사진 촬영과 복제 방식으로 안건과 관련있는 자료를 요청할 수 있으나 반드시 원본을 보관하는 곳 및 출처를 표시하여야 하며, 원본을 보관하는 곳 또는 제공하는 곳에서 확인 후 "원본대조필"을 기입하고 날인한다.
- 증인의 입증이 필요할 경우, 사전에 증인에게 사실대로 상황을 제공하지 않을 경우 감당하게 될 법적 책임을 고지하여야 한다. 증인의 증언자료는 본인이 서명 또는 날인한다.

(4) 자료 수집

세무기관이 <기업 소득세법> 및 실시조례의 규정에 근거하여 이전가격 결정에 대하여 조사를 실시할 경우, 기업 및 특수거래자 및 특수관계자와의 거래의 조사와 관련된 다른 기업(이하 "비교가능 기업"이라 한다.)에게 관련 자료 제공을 요구할 수 있고, <세무 사항 통지서>를 송달한다.

- 기업은 <세무사항 통지서>에 규정한 기한내에 관련 자료를 제공하여야 하고, 특수한 상황으로 인해 제때에 제공할 수 없을 경우, 세무기관에 서면으로 연기 신청을 하여야 하며, 세무기관의 비준을 거친 후 연기하여 제공하는 것이 가능하나 그 기한이 30일을 초과해서는 안된다. 세무기관은 기업의 연기 신청을 받은 날로부터 15일내에 회신을 하여야 하며, 기한을 지나 회신하지 않을 경우엔 세무기관이 기업의 연기 신청에 동의한 것으로 간주한다.
- 기업의 특수관계자 및 비교가능 기업은 세무기관과 약정한 기한내에 관련 자료를 제공하여야 하며, 약정기한은 60일을 초과해선 안된다.

기업의 특수관계자 및 비교가능 기업은 세무기관의 요구에 따라 진실되고 완전한 관련 자료를 제출하여야 한다.

(5) 세무기관의 요구자료

세무기관은 기업이 신고한 정보를 확인하고, 기업에게 <기업 비교가능성 요소 분석표>를 작성할 것을 요구하여야 한다.

세무기관은 기업이 제출한 자료에 기초하여 <기업 특수관계 인정표>, <기업 특수관계자와의 거래 인정표>, <기업 비교가능성 요소 분석 인정표>를 작성한 후 피조사기업의 확인을 거친다.

(6) 조사의 진행

이전가격 결정에 대한 조사가 특수관계자와 비교가능 기업의 조사와 관련될 경우, 세무기관은 <세무 검사 통지서>를 송달하여 조사를 진행한다.

(7) 심사와 확인

세무기관이 기업, 특수관계자 및 비교가능 기업이 제공한 관련 자료를 심사할 때, 현장조사, 협조동의 발송 및 공개된 정보 열람 등의 방식을 통하여 확인할 수 있다. 국외의 관련 자료를 취득할 필요가 있을 경우, 조세협정의 정보 교환 절차를 거치거나 중국의 외국 주재 기구를 통해 관련 정보를 조사·수집할 수 있다. 외국의 특수관계자와 관련이 있을 경우, 세무기관은 기업에게 공증기관의 증명을 요구할 수 있다.

(8) 분석과 평가

세무기관은 규정된 이전가격 결정 방법(즉, 비교가능한 비통제가격방법, 재판매가격방법, 원가가산방법, 거래순이익방법, 이익분할방법 및 정상가격원칙에 맞는 기타 방법)으로 기업의 특수관계자와의 거래가 정상가격원칙에 부합되는지를 분석, 평가하여야 한다. 평가 분석시에는 공개 정보 자료를 사용할 수도 있고 비공개 정보 자료를 사용할 수도 있다.

2) 이전가격 결정에 대한 조정

(1) 조정의 원칙

세무기관이 기업의 특수관계자간 거래를 분석하고 평가할 때, 기업이 비교가능 기업과의 운영자본이 달라서 발생하는 영업이익의 차이는 조정하지 않음을 원칙으로 한다. 조정이 필요한 경우에는 국가세무총국의 비준을 거쳐야 한다.

(2) 이익수준의 확정

특수관계자의 주문에 따라 가공제조하고, 경영 의사결정, 제품 연구개발, 판매 등 기능을 부담하지 않는 기업은 의사결정의 실수, 가동률의 저하, 제품 판매의 부진 등의 원인으로 인한 위험과 손실을 부담하지 말아야 하며, 일반적인 경우 일정한 이익율 수준을 유지하여야 한다. 적자가 발생한 기업에 대해 세무기관은 경제분석에 기초하여 적절한 비교가능 가격 또는 비교가능 기업을 선택하여 기업의 적절한 이익수준을 확정하여야 한다.

(3) 거래의 상계원칙

기업과 특수관계자 사이의 거래에 대한 채권과 채무가 서로 상계될 때와 세무기관은 비교가능성 분석과 납세조정을 할 때 상계된 거래를 환원함을 원칙으로 한다.

(4) 조정 원칙

세무기관이 사분위법으로 기업의 이윤수준을 분석, 평가할 때, 기업 이윤수준이 비교가능 기업의 이윤율 구간의 중간값보다 낮을 경우, 중간값보다 낮지 않은 것으로 조정함을 원칙으로 한다.

(5) 정상가격원칙에 맞지 않을 경우

조사결과 기업의 특수관계자간 거래가 정상가격원칙에 부합될 경우, 세무기관은 이전가격 결정에 대한 조사 결론을 내리고 기업에 <특별납세 조사결론 통지서>를 송달하여야 한다.

(6) 이전가격 결정에 대한 조정

조사결과, 기업의 특수관계자간 거래가 정상가격원칙에 부합되지 않아 납세하여야 할 수입 또는 소득이 감소할 경우, 세무기관은 아래와 같은 절차에 따라 이전가격 결정에 대한 납세조정을 실시하여야 한다.

- 추산, 논증과 비교가능성 분석에 기초하여 특별납세조사의 초안을 작성한다.
- 초안의 조정방안에 근거하여 기업과 협상시, 세무기관과 기업 쌍방은 모두 주요 협상당사자를 지정하여야 하고, 조사인원은 <협상내용 기록>을 작성하여 쌍방의 주요 협상당사자가 서명 확인하여야 한다. 기업이 서명 확인을 거절할 경우, 2명

이상의 조사인원이 서명하고 이를 보관한다.

- 기업이 초안의 조정방안에 대해 이의가 있을 경우, 세무기관이 규정한 기한 내에 관련 자료를 제공하여야 하며, 세무기관은 자료를 받은 후 심사하여 심의결정을 내려야 한다.
- 심의결정에 근거하여 기업에 <특별납세조사 초안의 조정 통지서>를 송달하고, 기업이 초안의 조정 의견에 이의가 있을 경우에는 통지서를 받은 날로부터 7일내에 서면으로 제출하여야 하며, 세무기관은 기업의 의견을 받은 후 재차 협상 및 심의하여야 한다. 기업이 기한이 지난 후에도 이의를 제출하지 않을 경우, 초안의 조정의견에 동의한 것으로 간주한다.
- 최종 조정방안을 확정하여 기업에 <특별납세조사 조정 통지서>를 송달한다.

(7) 세액과 이자의 납부

기업은 <특별납세조사 조정 통지서>를 받은 후 규정된 기한에 따라 세액과 이자를 납부하여야 한다.

3) 추적관리(跟踪管理)

세무기관은 이전가격 결정에 대한 납세조정을 실시한 후, 조정된 연도의 다음부터 5년동안 추적관리를 실시하여야 한다. 추적관리 기간동안 기업은 추적연도의 다음해 6월 20일까지 세무기관에 추적연도의 동기자료를 제출하여야 하고, 세무기관은 동기자료와 납세신고자료에 근거하여, 다음의 내용을 중점 분석, 평가를 진행한다.

- 기업의 투자, 경영상황 및 변화 현황
- 기업의 납세 신고액 변화 현황
- 기업의 경영성과 변화 현황
- 특수관계자 거래 변화 현황

세무기관이 추적관리 기간 동안 기업의 이전가격 결정에 특이사항을 발견할 경우, 즉시 기업과 소통하여 자체 조정할 것을 요구하거나 관련 규정에 따라 이전가격 결정에 대해 조사 조정을 진행하여야 한다.

4) 국외 특수관계자에게 지급하는 비용의 이전가격 결정 관리

기업이 국외 특수관계자에게 지급하는 비용에 대한 이전가격 결정에 대한 관리를 규범화 하기 위하여, 국가세무총국은 <기업이 국외 특수관계자에게 지급하는 비용의 기업소득세 문제에 관한 공고>를 공포하였으며 주요 내용은 다음과 같다.

(1) 비용지급의 원칙

기업이 국외 특수관계자에게 비용을 지급할 때에는 정상가격원칙에 부합되어야 하고, 정상가격원칙을 따르지 않고 국외 특수관계자에게 지급한 비용에 대해서는 세무기관이 조정을 진행할 수 있다.

(2) 관련 자료의 제출

기업이 국외 특수관계자에게 비용을 지급 시, 관할 세무기관은 기업에게 특수관계자와 체결한 계약서 또는 협의서 및 거래가 진실하게 발생하였음을 증명할 수 있고 정상가격원칙에 부합되는 관련 자료를 제공할 것을 요구할 수 있다.

(3) 손금으로 인정되지 않는 비용

기업이 기능이 없으며, 위험을 부담하지 않고, 실질적인 경영활동이 없는 국외 특수관계자에게 지급한 비용은 기업의 소득금액 계산시 공제할 수 없다.

(4) 손금산입 요건

기업이 국외 특수관계자로부터 용역을 제공받기 위해 비용을 지급시, 기업은 이를 통해 직, 간접적인 경제적 이익을 얻을 수 있어야 한다. 기업이 다음과 같은 용역을 제공받는 대가로 국외 특수관계자에게 지급한 비용은 기업의 납세 소득액을 계산시 공제할 수 없다.

- 기업의 기능 및 위험 부담 또는 경영과 무관한 용역활동
- 특수관계자간 거래자가 기업의 직접 또는 간접 투자자의 투자이익을 보장하기 위하여 기업에 대해 실시한 통제, 관리와 감독 등의 용역활동

- 특수관계자가 제공한 용역을 기업이 이미 제3자로부터 구매하였거나 자체적으로 실시한 용역활동
- 기업이 모 그룹에 소속되어 별도의 수익을 획득하고, 그룹 내 특수관계자가 해당 기업을 상대로 한 구체적인 용역활동
- 이미 다른 특수관계자간 거래를 통해 보상을 받은 용역활동
- 기업에 직접 또는 간접적인 경제이익을 가져올 수 없는 기타 용역활동

(5) 특허권사용료(ROYALTY)

기업이 국외 특수관계자가 제공한 무형자산을 사용하여 특허권사용료를 지급하여야 할 경우, 특수관계자 각 당사자가 해당 무형자산의 가치 창출에 대한 공헌 정도를 고려하여 각자 누려야 할 경제적 이익을 확정하여야 한다. 기업이 무형자산의 법적 소유권만 보유할 뿐 그 가치창출에 대해 공헌을 하지 않은 특수관계자에게 특허권사용료를 지급하는 것이 정상가격원칙에 맞지 않을 경우, 기업의 납세 소득액을 계산시 이를 공제할 수 없다.

(6) 특별납세조정

기업이 국외 특수관계자에게 지급하는 비용이 정상가격원칙에 맞지 않을 경우, 세무기관은 해당 사업을 실행한 납세연도로부터 10년내에 특별납세조정을 실시할 수 있다.

5. 사전가격합의(预约定价安排)

사전가격합의는 기업이 향후 특수관계자와의 거래의 가격결정 원칙과 계산방법에 대해 세무기관에 제출 및 신청하여 세무기관과 정상가격원칙에 따라 협상하여 도출한 협의를 의미한다. 참여한 국가세무 주관 당국의 수에 따라 사전가격합의는 일방, 양자, 다자 3가지 유형으로 나눌 수 있다.

기업이 한 국가의 세무기관과 체결한 사전가격합의는 일방 사전가격합의이다. 일방 사전가격합의는 기업이 국내 특수관계자간 거래의 사전가격합의의 가격결정

원칙과 방법만 제공하므로 기업의 국외 특수관계자간 거래는 소재국 세무기관과 이전가격 결정에 대한 조사와 조정의 위험을 효과적으로 피하지는 못한다. 따라서 일방 사전가격합의는 국제 이중과세를 피할 수 없다.

기업이 둘 또는 둘 이상 국가의 세무당국과 체결한 사전가격합의는 양자 또는 다자 사전가격합의이며, 양자 또는 다자 사전가격합의는 세무당국이 기업의 국제적인 특수관계자 거래의 가격결정 원칙과 방법에 대해 합의를 함으로써 국제 이중 과세를 효과적으로 회피하고 기업의 이전가격 결정 문제에 대해 확정성을 제공한다.

기업 소득세법의 규정에 따라 기업은 세무기관과 함께 기업의 향후 특수관계자와의 거래의 가격결정 원칙과 계산방법에 대해 사전가격합의를 할 수 있으며, 사전가격합의의 협상·체결 과 집행은 예비회담, 의향 협상, 분석 및 평가, 정식 신청, 협상·체결 과 감독 집행 6단계를 거친다.

1) 사전가격합의의 적용범위

(1) 적용기간

사전가격합의는 관할 세무기관이 기업에게 협상·체결 의향의 <세무사항 통지서>를 송달하고 접수한 날이 속하는 납세연도로부터 3~5개 연도의 특수관계자간 거래에 적용된다. “관할 세무기관”은 특별납세조정사항을 책임지는 세무기관을 말한다(이하 동일).

(2) 소급적용기간

기업이 이전 연도의 특수관계자간 거래가 사전가격합의 적용연도와 동일하거나 유사할 경우, 기업의 신청을 거쳐 세무기관은 사전가격합의에서 확정한 가격결정 원칙과 계산방법을 이전 연도 해당 특수관계자간 거래의 평가와 조정에 소급 적용할 수 있으며, 소급기간은 최대 10년으로 한다.

(3) 적용제외 대상

사전가격합의의 협상·체결 은 세무기관이 기업에 대해 사전가격합의를 적용하지 않은 연도 및 특수관계자간 거래의 특별납세조사 조정과 감독 관리에 영향을 주지 않는다.

(4) 적용대상 기업

사전가격합의는 관할 세무기관이 기업에게 협상·체결 의향의 <세무사항 통지서>를 송달하여 접수한 날의 속하는 연도의 이전 3개연도의 매년 특수관계자간 거래금액이 4000만위안 이상 발생한 기업에 적용된다.

2) 사전가격합의의 예비 회담

기업이 사전가격합의를 협상·체결할 의향이 있을 경우, 세무기관에 서면으로 예비회담 신청을 하여야 하며, 세무기관은 기업과 예비회담을 진행할 수 있다.

(1) 일방 사전가격합의를 신청할 경우

기업이 일방 사전가격합의를 신청할 경우, 세무기관에 서면으로 예비회담을 신청하고, <사전가격합의 예비회담 신청서>를 제출하여야 한다. 관할 세무기관은 기업과 예비회담 진행을 준비한다.

(2) 양자 또는 다자 사전가격합의를 신청할 경우

기업이 양자 또는 다자 사전가격합의를 신청할 경우, 국가세무총국과 관할 세무기관에 서면으로 예비회담을 청하고, <사전가격합의 예비회담 신청서>를 제출하여야 한다. 국가세무총국은 기업과 예비회담 진행을 준비한다.

(3) 예비회담 내용

예비회담 기간에 기업은 다음과 같은 내용에 대해 간략한 설명을 하여야 한다.

- 사전가격합의의 적용연도
- 사전가격합의와 관련된 특수관계자 및 특수관계자간 거래
- 기업 및 소속된 그룹의 조직 구조와 관리 구조
- 기업의 최근 3~5개 연도 사업 상황 및 동기자료 등

- 사전가격합의가 각 특수관계자의 기능과 위험에 미치는 영향. 여기에는 기능과 위험을 구분할 때 쓰인 근거로서의 기구, 인원, 비용, 자산 등이 포함된다.
- 시장상황의 설명. 여기에는 업계 발전 추이와 경쟁환경 등이 포함됨.
- 원가 절약, 시장 프리미엄 등 지역별 우세 사항 여부.
- 사전가격합의가 예전 연도로 소급 적용 가능 여부.
- 설명이 필요한 기타 상황

(4) 사전가격합의 내용의 설명

기업이 양자 또는 다자 사전가격합의를 신청할 경우, 위 '③'에서 규정한 내용에 대해 간략한 설명과 더불어 다음과 같은 내용을 설명하여야 한다.

- 조세협정을 체결한 상대방 세무당국에 사전가격합의 신청을 제출한 상황
- 사전가격합의에 연관된 특수관계자의 최근 3~5년간 사업 상황 및 특수관계자간 거래 상황
- 국제 이중과세 연관 여부 및 그에 대한 설명

(5) 자료의 보완

예비회담 기간에 기업은 세무기관의 요구에 따라 자료를 보완하여야 한다.

3) 사전가격합의의 협상 · 체결 의향

세무기관과 기업이 예비회담 기간에 합의를 보았을 경우, 관할 세무기관은 기업에 협상 · 체결 의향에 동의하는 <세무사항 통지서>를 송달하고, 기업은 <세무사항 통지서>를 받은 후 세무기관에 협상 · 체결 의향을 제출한다.

(1) 일방 신청서 제출

기업이 일방 사전가격합의를 신청할 때에는 관할 세무기관에 <사전가격합의 협상체결 의향서> 및 일방 사전가격합의 신청 초안을 제출하여야 한다.

(2) 양자, 다자 신청서 제출

기업이 양자 또는 다자 사전가격합의를 신청할 때에는 국가세무총국과 관할 세무기관에 <사전가격합의 협상·체결 의향서> 및 양자 또는 다자 사전가격합의 신청 초안을 제출하여야 한다.

(3) 자료의 보완

사전가격합의 신청 초안에는 아래와 같은 내용이 포함되어야 한다.

- 사전가격합의의 적용연도
- 사전가격합의와 연관된 특수관계자 및 특수관계자간 거래
- 기업 및 소속 그룹의 조직구조와 관리구조
- 기업의 최근 3~5년간 사업현황, 재무회계보고, 감사보고, 동기자료 등
- 사전가격합의와 관련된 각 특수관계자의 기능과 위험에 대한 설명. 기능과 위험의 구분에 사용된 기구, 인원, 비용, 자산 등이 포함됨
- 사전가격합의에 사용한 가격결정원칙과 계산방법 및 해당 가격결정원칙과 계산방법을 뒷받침하는 기능과 위험의 분석, 비교가능성 분석 및 가정조건 등
- 가치사슬 또는 공급사슬 분석 및 원가절약, 시장 프리미엄 등 지역별 우세 사항에 대한 고려
- 업계 발전추세와 경쟁환경 등을 포함한 시장상황 설명
- 사전가격합의 적용기간의 경영규모, 경영효익의 예측 및 경영계획 등
- 사전가격합의의 이전연도 소급적용 여부
- 사전가격합의에 영향이 있는 국내, 국외 업계의 관련 법률과 법규
- 기업에 아래의 '(5)'에 열거한 상황이 존재하지 않는 것에 관한 설명
- 설명이 필요한 기타 상황

(4) 신청 초안의 포함내용

양자 또는 다자 사전가격합의 신청 초안은 아래와 같은 내용이 포함하여야 한다.

- 조세협정 체결 상대방 세무당국에 사전가격합의 신청을 제출한 상황
- 사전가격합의와 관련된 특수관계자의 최근 3~5년간 사업현황 및 특수관계자간 거래 현황
- 국제 이중 과세와의 연관여부 및 그 설명

(5) 협상 · 체결의 거절사유

아래에 해당할 경우 세무기관은 기업이 제출한 협상 · 체결 의향을 거절할 수 있다.

- 세무기관이 이미 기업에 대해 특별납세조정 입안조사 또는 기타 세금관련 조사를 실시하였고 아직 종결하지 않은 경우
- 연도별 특수관계자간 업무거래 보고표를 작성하지 않은 경우
- 동기자료를 준비, 보관 및 제공하지 않은 경우
- 예비회담 단계에서 세무기관과 기업이 합의를 하지 못한 경우

4) 사전가격합의의 분석 및 평가

기업이 협상 · 체결 의향을 제출한 후 세무기관은 사전가격합의 신청 초안의 내용을 분석하여 정상가격원칙에 맞는지의 여부를 평가하여야 한다. 그리고 분석평가의 구체적인 상황에 근거하여 기업에게 관련 자료를 보충하여 제공할 것을 요구할 수 있다.

세무기관은 다음과 같은 측면에서 분석 및 평가를 진행할 수 있다.

구 분	분석 및 평가진행방법
기능과 위험 상황	기업과 특수관계자간 제품 공급, 생산, 운송, 판매 등 각 단계 및 무형자산의 연구개발 등 측면에서 각각의 공헌여부, 집행한 기능 및 재고자산, 신용대출, 외환, 시장 등 측면에서 부담한 위험 등을 분석 및 평가한다.
비교가능한 거래정보	기업이 제공한 비교가능한 거래정보를 분석 및 평가하여 존재하는 실질성 차이에 대해 조정한다.
특수관계자간 거래 데이터	사전가격합의에 관련된 특수관계자간 거래의 수입, 원가, 비용과 이익이 단독으로 결산되었는지 또는 합리적 비율에 따라 구분했는지를 분석 및 평가한다.
가격결정 원칙과 계산방법	기업이 사전가격합의에서 적용한 가격결정원칙과 계산방법을 분석 및 평가한다. 이전연도의 소급 적용을 신청할 경우에는 설명을 하여야 한다.

구 분	분석 및 평가진행방법
가치사슬 분석과 공헌 분석	기업이 가치사슬 또는 공급사슬에 대한 분석의 명확성 여부, 원가절약, 시장 프리미엄 등 지역 우세사항에 대한 충분성 고려 여부, 본 기업이 가치창출에 대해 공헌한 정도의 고려여부 등을 평가한다.
거래가격 또는 이익수준	상기 분석 및 평가 결과에 근거하여 정상가격원칙에 부합되는 가격 또는 이익수준을 확정한다.
가정조건	업계 이익수준과 기업의 사업활동에 영향을 미치는 요소 및 정도를 분석 및 평가하여 사전가격합의가 적용하는 가정조건을 합리적으로 정한다.

분석 및 평가 단계에서 세무기관은 기업과 함께 사전가격합의 신청 초안에 대해 토론할 수 있으며, 기능과 위험, 현장 방문 협상을 진행할 수 있다. 세무기관이 사전가격합의 신청 초안이 정상가격원칙에 맞지 않는다고 판단할 경우 기업은 세무기관과 협상하여 조정을 진행하여야 한다.

5) 사전가격합의의 정식 신청

분석 및 평가를 거쳐 세무기관이 사전가격합의 신청 초안이 정상가격원칙에 맞는다고 판단할 경우, 관할 세무기관은 기업에 정식 신청에 동의하는 <세무사항 통지서>를 송달하고, 기업은 통지서를 받은 후 세무기관에 <사전가격합의 정식 신청서>를 제출할 수 있으며 또한 사전가격합의 정식 신청도 첨부하여 제출한다.

(1) 일방 사전가격합의를 신청할 경우

기업이 일방 사전가격합의를 신청할 경우, 관할 세무기관에 상기 자료를 제출하여야 한다.

(2) 양자 또는 다자 사전가격협의를 신청할 경우

기업이 양자 또는 다자 사전가격합의를 신청할 경우, 국가세무총국과 관할 세무기관에 동시에 상기 자료를 제출하여야 하며, 관련 규정에 따라 특별납세조정의 상호 협상 절차를 시작하는 신청을 하여야 한다.

(3) 정식 신청의 거절사유

다음 각호에 해당할 경우 세무기관은 기업의 정식 신청을 거절할 수 있다.

- 사전가격합의 신청 초안이 적용하고자 하는 가격결정원칙과 계산방법이 불합리하고 기업이 협상조정을 거절할 경우
- 기업이 관련 자료를 제공하지 않거나 또는 제공한 자료가 세무기관의 요구에 맞지 않고 제때에 정정하지 않을 경우
- 기업이 세무기관의 현장 방문 협상에 협조하지 않을 경우
- 사전가격합의 협상 · 체결 에 적합하지 않은 기타 상황

6) 사전가격합의의 협상 · 체결

(1) 사전가격협의서의 작성

세무기관은 분석 및 평가를 바탕으로 협상방안을 만들어 협상을 진행하여야 한다.

구 분	협상진행방법
관할 세무기관이 기업과 일방 사전가격합의 협상을 하고 합의를 볼 경우	일방 사전가격합의서를 작성한다.
국가세무총국과 조세협정 상대방 세무당국이 양자 또는 다자 사전가격합의 협상을 하고 합의를 볼 경우	양자 또는 다자 사전가격합의서를 작성한다.

(2) 사전가격합의서의 내용

사전가격합의 문건에는 아래와 같은 내용이 포함될 수 있다.

- 기업 및 특수관계자의 명칭, 주소 등 기본 정보
- 사전가격합의에 관련되는 특수관계자간 거래 및 적용연도
- 사전가격합의에 적용한 가격결정원칙과 계산방법 및 비교가능한 가격 이익수준 등
- 이전가격 결정 방법의 운용 및 계산 기초와 관련된 전문용어의 정의
- 가정조건 및 가정조건 변동의 통지의무
- 기업의 연도 보고 의무
- 사전가격합의의 효력

- 사전가격합의의 재계약
- 사전가격합의의 효력 발생, 수정과 종료
- 분쟁의 해결
- 문건 자료 등 정보의 비밀유지의무
- 일방 사전가격합의의 정보 교환
- 부칙

(3) 일방 사전가격합의 체결

관할 세무기관이 기업과 일방 사전가격합의 문건에 대해 합의한 후, 양방의 법정 대표 또는 그 수권대표는 일방 사전가격합의를 체결한다.

(4) 양자 또는 다자 사전가격합의 체결

국가세무총국과 조세협정 체결의 상대방 세무당국이 양자 또는 다자 사전가격합의 문건에 대해 합의한 후, 양방 또는 다자 세무당국이 수권한 대표는 양자 또는 다자 사전가격합의를 체결한다. 국가세무총국은 사전가격합의를 관할 세무기관에 전달하여야 하고, 관할 세무기관은 기업에 <세무사항 통지서>를 송달하고 사전가격합의를 제공하며 집행을 하여야 한다.

(5) 사전가격합의의 소급적용

사전가격합의가 적용연도 또는 소급연도의 추가납부 또는 환급문제가 있을 경우 세무기관은 납세연도별로 추가징수 또는 환급하여야 할 세액을 계산하고 기업에 <사전가격합의 세금 추가납부(환급) 통지서>를 송달하여야 한다.

7) 사전가격합의 집행의 감독

세무기관은 사전가격합의의 집행상황을 감독하여야 한다.

(1) 자료의 보관

사전가격합의 집행기간 동안 기업은 장부와 관련 기록 등을 포함한 사전가격합의와 관련된 문건과 자료를 완전하게 보관하여야 하며 분실, 소각과 이전을 해서는 안된다.

(2) 사전가격합의의 보고

기업은 납세연도 종료 후 6개월 내에 관할 세무기관에 사전가격합의 현황을 서면과 전자로 연도보고를 하여야 하며, 관할 세무기관은 전자로 국가세무총국에 연도보고를 하여야 한다. 양자 또는 다자 사전가격합의일 경우, 기업은 관할 세무기관에 사전가격합의 현황을 서면과 전자로 연도보고를 함과 동시에 전자로 국가세무총국에 연도보고를 하여야 한다.

연도보고는 보고기간내 기업 경영현황 및 사전가격합의 집행현황을 설명하여야 하며 아래의 경우에도 설명을 하여야 한다.

- 사전가격합의를 수정, 중지하여야 할 경우
- 미해결된 문제가 있거나 문제발생이 예상될 경우

(3) 집행의 감독

사전가격합의 집행기간 동안 관할 세무기관은 매년 기업의 사전가격합의 집행현황을 감독하여야 한다. 감독내용은 기업의 사전가격합의 조항 및 요구 준수여부, 연도보고에 기업의 실제 경영상황 반영여부, 사전가격합의에 묘사한 가정조건의 유효적인 지속 여부 등이 포함된다.

(4) 사전가격합의의 변경

사전가격합의 집행기간 동안 사전가격합의의 실질적인 변화가 발생할 경우 변화발생일로부터 30일내에 서면으로 관할 세무기관에 보고하여 해당 변화가 사전가격합의를 집행하는데 대한 영향을 자세히 설명하고 관련 자료를 송부하여야 한다. 객관적 원인에 의해 제때에 보고할 수 없을 경우 보고를 연기할 수 있으나 연장기한은 30일을 초과하지 못한다.

세무기관은 기업의 서면보고를 받은 후 기업의 실질적인 변화 상황을 분석하여 실질성의 변화가 사전가격합의에 미치는 영향에 따라 사전가격합의를 수정 또는 중지할 수 있다. 사전가격합의의 집행을 정지할 경우, 세무기관은 기업과 함께 본 공고에 규정한 절차와 요구에 따라 사전가격합의를 재협상할 수 있다.

(5) 감독의 실시

국가세무국과 지방세무국이 기업과 공동으로 사전가격합의를 체결 후 집행기간 동안 기업은 국가세무국과 지방세무국에 각각 연도보고와 실질적 변화보고를 제출해야 한다. 국가세무국과 지방세무국은 기업의 사전가격합의 집행상황에 대해 연합하여 감독을 실시하여야 한다.

(6) 사전가격합의의 만료

사전가격합의는 집행기간 만료 후 자동으로 효력을 상실한다. 기업이 재계약을 원할 경우 사전가격합의 집행기간 만료 90일전에 세무기관에 재계약을 신청하고, <사전가격합의 재계약 신청서>를 송부하여 현행 사전가격합의 집행현황을 보고하고, 현행 사전가격합의에 기술된 사실과 경영환경에 실질적 변화가 발생하였는지의 설명자료 및 사전가격합의 재계약 연도의 예측상황 등 관련 자료를 제공하여야 한다.

(7) 사전가격합의의 조정

사전가격합의는 사분위법을 적용하여 가격 또는 이익수준을 확정하고, 사전가격합의 집행기간 동안 기업의 당해 실제 경영결과가 사분위 구간 외에 있을 경우, 세무기관은 실제 경영성과를 사분위 구간의 중간치로 조정할 수 있다. 사전가격합의 집행기간 만료 시, 기업의 각 연도 경영성과의 가중 평균값이 구간 중간치보다 낮고 중간치로 조정되지 않았을 경우, 세무기관은 재계약 신청을 접수하지 않는다.

양자 또는 다자 사전가격합의 집행기간 동안 위의 문제가 있을 경우, 관할 세무기관은 즉시 관련 상황을 국가세무총국에 보고하여야 한다.

(8) 의견 조율

사전가격합의 집행기간 동안 관할 세무기관과 기업간 의견차이가 발생할 경우 쌍방은 협상을 진행하여야 한다. 협상으로 해결되지 않을 경우 상급 세무기관에 보고하여 조율을 받는다. 양자 또는 다자 사전가격합의와 연관될 경우에는 국가세무총국에 보고하여 조율을 받아야 하며, 하급 세무기관은 상급 세무기관 또는 국가세무총국의 결정을 따라야 한다. 기업이 계속하여 수용하지 않을 경우 사전가격합의의 집행을 정지할 수 있다.

8) 사전가격합의의 우선 접수

아래의 경우 세무기관은 기업이 제출한 정식 신청을 우선 접수할 수 있다.

- 기업의 특수관계자에 대한 신고와 자료의 준비 및 공시가 충분한 경우
- 기업의 납세신용등급이 A급인 경우
- 세무기관이 이미 기업에 대해 특별납세 조사조정을 진행하였고 이미 종결한 경우
- 체결한 사전가격합의 집행기간이 만료되어 기업이 재계약을 신청하였으며 사전가격합의에 서술한 사실과 환경에 실질적인 변화가 발생하지 않은 경우
- 기업이 제출한 신청 자료가 충분하고, 가치사슬 또는 공급사슬에 대한 분석이 명확하고 합리적이며, 원가의 절감, 시장 프리미엄 등 지역의 특수 요소를 충분히 고려하였고, 적용하고자 한 가격결정원칙과 계산방법이 합리적인 경우
- 기업이 적극적으로 세무기관이 실시하는 사전가격합의 협상 · 체결 작업에 협조하는 경우
- 양자 또는 다자 사전가격합의를 신청하고 이와 관련된 조세협정 체결 상대방 세무당국이 비교적 강한 협상 · 체결 의사가 있고 또 사전가격합의를 중요하게 여기는 경우
- 사전가격합의 협상 · 체결에 유리한 기타 요소

9) 사전가격합의의 기타 사항

(1) 사전가격합의의 일시 중단 또는 중지

사전가격합의 체결 전 세무기관과 기업은 사전가격합의 절차를 일시 중단 또는 중지할 수 있다. 기업 또는 특수관계자가 고의로 사전가격합의에 필요한 자료를 제공하지 않거나 거짓, 불완전한 자료를 제공하거나, 또는 기타 협조를 하지 않아 사전가격합의를 진행할 수 없을 경우, 세무기관은 사전가격합의를 일시 중단 또는 중지할 수 있다. 양자 또는 다자 사전가격합의와 연관될 경우, 조세협정 체결 각

측의 세무당국의 협상을 거쳐 사전가격합의를 일시 중단 또는 중지할 수 있다. 세무기관이 사전가격합의를 일시 중단 또는 중지할 경우, 기업에 <세무사항 통지서>를 송달하고 원인을 설명하여야 한다. 기업이 사전가격합의 절차를 일시 중단 또는 중지할 경우에는 세무기관에 서면으로 설명서를 제출하여야 한다.

(2) 사전가격합의를 체결하지 않은 경우

규정된 권한과 절차에 따라 사전가격합의를 체결하지 않거나 기업이 사실을 은닉한 것을 발견할 경우, 세무기관은 사전가격합의가 원천 무효임을 인정하고 기업에 <세무사항 통지서>를 송달하고 원인을 설명하여야 한다. 기업이 사전가격합의를 집행하지 않거나 사전가격합의를 위반한 기타 상황이 존재함을 발견할 경우 상황에 따라 사전가격합의를 중지할 수 있다.

(3) 여러 세무기관에 관련되는 경우

사전가격합의가 동시에 둘 또는 둘 이상의 성, 자치구, 직할시와 계획단열시 세무기관과 관련있거나 동시에 국가세무국과 지방세무국과 관련될 경우, 국가세무총국이 일괄하여 조율한다.

기업은 상기 일방 사전가격합의를 신청할 경우, 국가세무총국 및 국가세무총국이 지정한 세무기관에 동시에 사전가격합의 협상·체결과 관련된 신청을 하여야 한다. 국가세무총국은 기업과 일방 사전가격합의를 일괄적으로 체결하거나 세무기관을 지정하여 기업과 일방 사전가격합의를 일괄적으로 체결할 수 있으며, 각 관할 세무기관이 기업과 각각 일방 사전가격합의를 체결할 수도 있다.

(4) 사전가격합의의 일시 중단, 정지

일방 사전가격합의가 하나의 성, 자치구, 직할시와 계획단열시 또는 둘 이상의 관할 세무기관과 관련되거나 국가세무국이나 지방세무국과 관련될 경우, 성, 자치구, 직할시와 계획단열시의 관련 세무기관이 일괄적으로 조율한다.

(5) 비밀유지 의무

세무기관과 기업은 사전가격합의 협상체결 과정에서 취득한 모든 정보자료에 대하여 비밀유지 의무를 갖는다. 법에 따라 정보를 제공하여야 하는 경우 외에, 납세의무자의 동의없이 세무기관은 사전가격합의와 관련된 정보를 누설할 수 없다.

(6) 사전가격합의를 하지 못한 경우

세무기관과 기업이 사전가격합의를 하지 못할 경우, 세무기관은 협상과정에서 취득한 기업의 제의, 추론, 관념과 판단 등의 정보를 해당 사전가격합의와 관련된 특수관계자와의 거래에 대한 특별납세 조사·조정에 사용할 수 없다.

(7) 정보교환의 실시

국가의 안전과 관련된 정보 외에 국가세무총국은 대외로 체결한 국제공약, 협정, 협의 등 관련 규정에 따라 기타 국가(지역) 세무당국과 2016년 4월 1일 이후 체결한 일방 사전가격합의 문건의 정보교환을 할 수 있다. 기업은 일방 사전가격합의를 체결 시 최상위지배회사, 상급 직접 지배회사 및 일방 사전가격합의와 연관된 국외 특수관계자 소재국(지역)의 명단을 제공하여야 한다.

VI. 국제 조세관리협약

중국은 2013년 8월 27일 <다자 조세 징수관리 상호 공약>(이하 “공약”)에 서명하고 공약의 56번째 조약 체결국이 되었으며, G20회원국은 모두 이 공약에 가입하였다. 2015년 7월 1일, 제12기 전국인민대표대회 상무위원회 제15차 회의에서 국무원의 <다자 조세징수관리 상호 공약>에 관한 의안을 표결로 통과시켰다. 나날이 중대해지는 국제 탈세문제에 대응하기 위하여 국제사회는 국제조세협력을 중시하고 있고 이에 공약의 영향은 빠르게 상승하고 있으며 현재 나날이 확대되고 있는 국제조세협력의 새로운 표준이 되고 있다. 중국은 공약에 서명하고 집행하여 중국이 국제조세협력을 통해 국제 납세의무자의 조세서비스와 징수관리 수준을 향상시켜 공평하고 투명한 조세환경을 조성하는데 도움이 되게 하고 있다.

1. 정보 교환

조세정보의 교환은 중국이 조세협정 체결국으로서 부담하는 일종의 국제의무이며 중국이 다른 국가(지역)의 세무당국과 국제 조세협력을 진행하고 중국의 합법적인 조세권익을 보호하는 중요한 방식이다. 국제 조세협력을 강화하고 국제 조세정보 교환을 규범화하기 위하여 국가세무총국은 <국제 조세정보 교환 작업 규정>(이하 "규정")을 제정하였다.

1) 정보 교환의 개론

정보 교환이란 중국이 조세협정을 체결한 국가(이하 "체결국")의 세무당국과 조세협정 및 관련 세금에 대한 국내법을 정확하게 집행하기 위하여 필요한 정보를 상호 교환하는 행위를 의미한다.

정보 교환은 조세협정의 효력발생 및 집행 후에 진행되며, 조세정보와 관련된 사항은 조세협정의 효력발생 및 집행 이전으로 소급할 수 있다.

정보 교환은 조세협정에서 규정한 권리와 의무 범위내에서 진행한다. 중국은 체결국으로부터 조세정보를 취득할 수 있는 권리가 있으며, 체결국에 조세정보를 제공하여야 할 의무도 있다.

정보 교환은 조세협정에 명시한 주관당국 또는 권리를 위임받은 기관을 통해 진행한다. 중국의 주관당국은 국가세무총국(이하 "총국"이라 약칭)이다.

2) 정보교환의 유형과 범위

(1) 정보 교환의 유형

정보 교환의 유형에는 전문 정보 교환, 자동 정보 교환, 자발적 정보 교환 및 동시

세무조사, 수권대표 방문과 업종별 정보 교환 등이 포함된다.

유 형	의 미
전문 정보 교환 (专项情报交换)	체결국의 주관당국이 국내의 세무안건에 대해서 조세협정에 근거하여 상대방 체결국의 주관당국에게 관련 정보를 요구하며 조사에 협조할 것을 청구하는 행위를 말하며, 회사 또는 개인의 신분 조사 및 수집, 대금과 비용의 지급 및 수취, 재산의 양도 또는 재산 사용 제공 등 납세와 관련된 상황, 자료, 증빙을 포함한다.
자동 정보 교환 (自动情报交换)	체결국 쌍방 주관당국이 협정에 근거하여 대량의 형식으로 납세의무자의 특정 수입의 조세정보를 제공하는 행위를 말하며, 특정 수입에는 이자, 배당, 특허권 사용료 수입, 급여와 상여 및 퇴직금 수입, 수수료수입 및 인적용역수입, 재산 수익과 영업 수입 등을 포함한다.
자발적 정보 교환 (自发情报交换)	체결국 주관당국이 조세법의 집행과정에서 획득한 정보가 상대방 체결국의 주관당국이 조세협정 및 관련 세금과 관련된 국내법을 집행을 하는데 도움이 된다고 판단하는 정보를 자발적으로 제공하는 행위를 말하며, 회사 또는 개인의 대금 및 비용의 지급 및 수취, 재산 양도 또는 재산 사용 제공 등 납세와 관련된 상황, 자료 등을 포함한다.
동시 세무조사 (同期税务检查)	체결국 주관당국간의 동시 세무조사협약에 따라, 각자의 조세 관할권을 독립적으로 유효하게 행사할 수 있는 구역내에서 공동 또는 관련 이익이 있는 납세의무자의 세무사항에 대해 조사를 동시에 진행하고, 조사 중 획득한 조세정보를 상호 교류 또는 교환하는 행위를 말한다.
수권대표 방문 (授权代表访问)	체결국 쌍방 주관당국이 수권대표 방문 협의에 따라, 쌍방 주관당국의 동의를 거쳐 서로 상대방의 조세 관할권을 유효하게 행사할 수 있는 구역에 가서 현장 방문을 진행함으로써 조세정보를 획득, 조사하는 행위를 말한다.
업종별 정보 교환 (行业范围情报交换)	체결국 쌍방 주관당국이 공동으로 특정 업종의 경영방식, 자금 운용방식, 가격결정방식 및 탈세 방법 등에 대해 조사, 연구·분석하여, 관련 조세정보를 서로 교환하는 행위를 말한다.

(2) 정보 교환의 범위

체결국 쌍방간에 별도의 규정 있는 경우 이외에 정보의 교환 범위는 다음과 같다.

구 분	범 위
국가의 범위	중국과 정보 교환 조항이 포함된 조세협정을 정식으로 체결하고 유효하게 집행하고 있는 국가에 한정된다.
세금의 범위	조세협정에 규정한 종류에만 한정되며, 주로 소득과 재산적 성격의 세금을 뜻한다.
납세자의 범위	조세협정 체결국 일방 또는 쌍방의 거주자에만 한정된다.
지역의 범위	체결국 쌍방이 조세관할권을 유효하게 행사하는 구역에만 한정된다.

(3) 중국의 정보교환

중국은 상대방 체결국 주관당국으로부터 획득한 조세정보를 조세법 집행의 근거로 삼을 수 있고 법적 소송절차에서 이를 제시할 수 있다.

3) 조세정보의 비밀유지

(1) 기본 원칙

조세정보는 비밀문건으로서 다뤄져야 한다. 조세정보의 제작, 취득, 발송, 전달, 사용, 보관 및 소각할 경우 <중국 국가비밀보호법>, <국가보밀국의 국가비밀 저장장치 및 비밀유지 · 관리에 관한 규정>, <경제업무 중 국가비밀 및 그 비밀 등급 구체 범위의 규정> 등의 법률과 법규에 따라 집행하여야 한다.

(2) 비밀등급의 확정 원칙

조세정보 비밀등급의 확정 원칙은 다음과 같다.

구 분	대 상
비밀급 (秘密级)	일반적인 조세정보
기밀급 (机密级)	• 조세정보 사항이 탈세, 조세 포탈 또는 조세 법률과 법규를 엄중하게 위반하는 행위와 연관될 경우 • 체결국 주관당국의 조세정보에 대해 특별한 비밀유지 요구가 있을 경우
극비급 (绝密级)	조세정보가 중요한 국가비밀과 연관되어 있어, 누설시에 국가의 안전과 이익에 중대한 손해를 미칠 수 있는 경우
밀급 (密级)	조세정보의 내용이 다른 부문 또는 업계의 비밀사항과 연관될 경우, 해당 부문의 비밀유지 범위에 따라 등급을 정하는 경우

비밀등급을 정하기 어려운 정보는 관할 세무기관이 상급 세무기관에 보고하여 최종적으로 국가세무총국이 비밀등급을 결정한다

(3) 비밀유지 기한

비밀등급 확정과 동시에 비밀유지 기한을 정하여야 한다.

구 분	비밀유지 기한
극비급 정보	30년
기밀급 정보	20년
비밀급 정보	10년

비밀유지 기한에 대해 특수한 요구가 있거나 비밀등급 또는 유지 기한을 변경하여야 할 경우, 관할 세무기관은 상급 세무기관에 승인을 받아야 하고 이를 조세정보 비밀문건에 명시하여야 한다.

(4) 제공을 거절할 경우

세무기관이 조세정보를 조사, 수집, 작성할 때 납세의무자, 원천징수의무자 또는 기타 당사자가 관련 자료의 제공을 거절할 경우, 세무기관은 그에게 국가보밀주관부문이 발급한 국가비밀감정증명을 제공할 것을 요구하여야 한다. 그리고 세무기관은 위의 조세정보를 상급 기간에 보고할 때 상기 상황에 대해 설명을 하여야

한다.

(5) 고지의무

세무기관은 정보의 수집 목적, 정보의 출처와 내용을 관련 납세의무자, 원천징수의무자 또는 기타 당사자 및 조세협정에 포함된 세금 종류와 상응하는 국내법 집행과 관련된 부문 또는 인원에게 고지하여야 하고 비밀유지의무도 고지하여야 한다.

아래에 해당할 경우 국가세무총국의 승인 없이 세무기관은 고지할 수 없다.

- 납세의무자, 원천징수의무자 또는 기타 당사자에게 중대한 조세 위법 범죄 혐의가 있어 고지를 할 경우 세무조사에 영향을 줄 수 있는 경우
- 체결국 주관당국이 정보의 출처와 내용을 납세의무자, 원천징수의무자 또는 기타 당사자에게 고지할 수 없다고 규정한 경우

(6) 비밀유지의무

조세정보를 소송절차에서 증거로 사용시, 세무기관은 행정소송법 등 법률 규정에 따라 법정에서 관련정보에 대해 공개 질의하지 말 것을 신청하여야 한다

4) 정보교환의 기타 규정

<규정>은 <내륙과 홍콩특별행정구의 소득에 대한 이중과세 방지에 관한 배치>와 <내륙과 마카오특별행정구의 소득에 대한 이중과세 방지에 관한 배치>에 동시 적용한다.

제 14 장

한중조세협정 해설

1992년 한국과 중국이 정식으로 수교된 이후 한국과 중국간에 정치, 경제, 사회, 문화 등 다방면에 걸쳐서 상호교류가 급격히 증가하여 왔다. 그 중에서 무역, 투자, 합자, 합작 등과 같은 경제방면에서의 교류의 증대는 필연적으로 조세문제를 수반하게 되며, 양국간의 서로 다른 조세법률 등의 문제로 인하여 이러한 경제방면에서의 교류가 영향을 받아 위축될 수도 있다. 경제교류에 있어 장애가 될 수 있는 조세방면에서의 차이를 해소하고 상호간에 협정을 체결함으로써 양국간의 경제교류는 더욱 촉진되었다.

이와 같이 양국 정부간에 체결된 조세협정의 정식 명칭은 '대한민국 정부와 중화인민공화국 정부간의 「소득에 대한 이중과세방지 및 탈세방지에 관한 협정」(关于对所得避免双重征税和防止偷漏税的协定)'으로서 한중조세협정이라고 하며, 이하 '본 협정'이라고 약칭하여 사용하기로 한다.

용어설명 일방체약국과 타방체약국

한중조세협정은 한국과 중국 사이에 소득에 대한 이중과세와 탈세를 방지하기 위하여 양국간에 체결된 조세협정으로서 생소한 용어들이 자주 등장한다. 이하 본서에서는 협정상의 용어들을 평소에 사용하는 쉬운 용어들로 대체하여 이해를 돕고자 한다.

일방체약국(缔约国一方)

'일방체약국'이란 조세협정을 체결한 당사국에 있어서 어느 한 국가를 의미한다. 이 일방체약국의 의미는 각 납세의무자를 기준으로 하여 한국이 될 수도 있고 중국이 될 수도 있다.
이하 여기에서는 일방체약국을 '자국(自國)'이라는 용어로 통일하여 사용하기로 한다.

타방체약국(缔约国另一方)
'타방체약국'이란 조세협정을 체결한 당사국에 있어서 상대방이 되는 국가를 의미한다. 만약 일방체약국이 한국인 경우 타방체약국은 그 상대방인 중국이 되며, 일방체약국이 중국인 경우 타방체약국은 한국이 된다.
이하 여기에서는 타방체약국을 '타국(他國)'이라는 용어로 사용하기로 한다.

일방체약국과 타방체약국을 각각 한국과 중국으로 규정하여 사용할 수도 있으나, 이 용어는 보는 관점에 따라 달라질 수 있으므로 국가명을 별도로 지칭하지 않고 상황에 맞추어 자국과 타국이라는 용어로 규정하여 사용하기로 한다.
따라서 한중조세협정의 내용 중에 사용된 일방체약국은 자국이라는 용어로 사용하여 한국의 관점에서는 자국이 한국을 의미하고, 중국의 관점에서는 자국이 중국을 의미하게 된다. 이와 대비되는 개념인 타방체약국은 타국이라는 용어를 사용하며 이는 자국에 해당하는 일방체약국의 상대방 국가를 의미한다.

I. 협정의 개요 및 연혁

본 협정은 1994년 중국 베이징에서 최초로 체결되었으며, 그 후 제1의정서 및 제2의정서를 거쳐서 현재에 이르고 있다.

- 1994년 3월 28일 : 본 협정의 최초 체결
- 1994년 3월 28일 : 본 협정의 체결과 동시에 제1의정서 합의
- 2006년 3월 23일 : 제2의정서로 본 협정의 일부 내용을 개정하기로 합의
- 2007년 7월 13일 : 양해각서 교환

II. 적용범위 및 대상 조세

1. 인적 적용범위(제1조)

본 협정의 적용대상은 한국과 중국의 거주자에게 해당된다. 따라서 한국과 중국의 거주자에 해당하지 않는 자는 본 협정의 적용대상이 되지 아니한다.

2. 대상 조세(제2조)

1) 일반적인 대상

본 협정은 과세방법의 여하에 불구하고 자국 또는 지방당국이 소득에 대해 과세하는 모든 조세에 대해 적용된다.

모든 소득 또는 특정 소득에 대해 과세하는 조세는 동산 또는 부동산을 양도하여 발생한 소득 및 자본의 증가에 대해 징수하는 조세를 포함하며 모든 소득에 대해 과세하는 조세로 본다.

2) 현행 조세의 범위

본 협정이 적용되는 현행 조세는 다음과 같다.

소득의 종류	한 국	중 국
개인의 소득	소 득 세	개인소득세
법인(기업)의 소득	법 인 세	기업소득세
지 방 세	지방소득세	지방소득세
약 칭	한국의 조세	중국의 조세

(주1) 당초의 본 협정에서는 중국의 조세에 외상투자기업과 외국기업의 소득세 항목이 있었으나, 2007년 중국의 기업소득세법이 개정되면서 모두 기업소득세법에 통합되어 기업소득세에

포함되어 있다.

(주2) 한국의 조세에는 소득세 또는 법인세의 과세표준에 직접적 또는 간접적으로 추가 징수되는 농어촌특별세도 포함된다(제2의정서 제2조 개정).

3) 조세의 변동이 있는 경우

• 본 협정은 본 협정의 서명일 이후에 조세의 범위에 변동이 있는 경우 이와 동일하거나 실질적으로 유사한 경우에 속하는 조세를 증가 또는 대체시키는 경우에도 적용된다.

• 양국의 권한 있는 당국은 자국 세법의 개정내용을 합리적인 기간 내에 상호 통보한다.

III. 용어의 정의

1. 일반 정의(제3조)

1) 중국

'중국'이라 함은 중화인민공화국을 의미하며, 지리적 의미에서는 중국 세법이 적용되는 중화인민공화국의 모든 영토와 영해 및 국제법에 따라 해저, 하층토의 자원, 해저 위의 수역 자원을 개발할 수 있는 주권을 가진 영해 이외의 지역을 포함한다.

2) 한국

'한국'이라 함은 대한민국을 의미하며, 지리적 의미에서는 한국 세법이 적용 되는 대한민국의 모든 영토와 영해 및 국제법에 따라 해저, 하층토의 자원, 해저 위의 수역 자원을 개발할 수 있는 주권을 지난 영해 이외의 지역을 포함한다.

3) 자국 및 타국의 의미

본 협정에서 사용된 일방체약국과 타방체약국은 각각 자국 및 타국을 의미하며, '자국(自國)' 및 '타국(他國)'이라 함은 문맥이나 상황에 따라 각각 중국 또는 한국을 말한다.

4) 조세의 개념

'조세'라 함은 중국의 조세 또는 한국의 조세를 각각 말한다.

5) 자(人)의 개념

'자(人)'이라 함은 개인, 회사(기업) 및 기타 단체를 포함한다.

6) 회사(公司)의 개념

'회사'라 함은 법인격이 있는 단체 또는 조세의 목적상 법인격이 있는 단체로 보는 실체를 말한다.

7) 자국의 기업 및 타국의 기업

'자국(自國)의 기업' 및 '타국(他國)의 기업'이라 함은 각각 자국의 거주자가 경영하는 기업과 타국의 거주자가 경영하는 기업을 의미다.

8) 국민의 개념

'국민'이라 함은 다음을 말한다.

- 자국 또는 타국의 국적을 가진 모든 개인
- 자국 또는 타국의 현행 법률에 따라 그 지위를 부여 받은 모든 법인(기업), 동업기업 및 협회

9) 국제운수

'국제운수'라 함은 자국에 본점이나 실제관리기구를 두고 있는 기업이 선박 또는 항공기로 운수업을 영위하는 것을 말하며, 타국의 각 지역 간에 선박이나 항공기로 운수업을 영위하는 것은 포함하지 아니한다.

10) 권한있는 당국

'권한있는 당국'이라 함은 중국의 경우 국가세무총국 또는 그의 권한있는 대표를 말하며, 한국의 경우 재정경제원장관(현, 기획재정부) 또는 그의 권한있는 대표를 말한다.

2. 거주자의 개념

1) 자국(自國)의 거주자

'자국의 거주자'라 함은 자국의 법률에 따라 거주지, 거소, 본점이나 실제관리기구의 소재지 및 이와 유사한 기준으로 해당 국가에 납세의무가 있는 자를 말한다.

2) 동시에 양 국가의 거주자인 경우

개인이 동시에 양 국가의 거주자가 되는 경우 그의 지위는 아래의 규정에 따라 결정된다.

구　　분	거주국의 판정기준
개인의 항구적인 거주지가 있는 경우	개인이 항구적인 거주지를 두고 있는 국가의 거주자로 보며, 만약 양 국가에 동시에 항구적 거주지가 있는 경우 개인과 경제적 관계가 더 밀접한 국가의 거주자로 본다.
개인의 경제적 관계가 더 밀접한 국가를 결정할 수 없거나 어느 국가에	일상적인 거소를 두고 있는 국가의 거주자로 본다.

구 분	거주국의 판정기준
도 항구적인 거주지가 없는 경우	
개인이 동시에 양 국가에 일상적인 거소가 있거나 어느 국가에도 일상적인 거소가 없는 경우	국민인 국가의 거주자로 본다.
개인이 동시에 양 국가의 국민이거나 어느 국가의 국민도 아닌 경우	양국의 권한있는 당국이 상호 합의하여 문제를 해결한다.

거주자의 개념

본 협정에서 거주자의 개념이 중요한 이유는 양국에서 거주자의 개념을 어떻게 정하느냐에 따라서 각국의 조세관할권에 영향을 미치기 때문이다.

일반적으로 거주자는 국내외의 모든 과세행위에 대한 무한 납세의무를 부담하게 되지만 비거주자의 경우에는 국내의 과세행위에 대한 유한 납세의무를 부담하게 된다.

3. 고정사업장(제5조)

1) 고정사업장의 개념

'고정사업장'이라 함은 기업의 사업이 전적 또는 부분적으로 영위되는 사업상 고정된 장소를 말하며, 다음과 같은 장소를 포함한다.

- 관리장소
- 지점
- 사무소
- 공장
- 작업장
- 광산, 유전, 가스정, 채석장 및 기타 자연자원을 채취하는 장소
- 건축장소, 건축, 조립, 설치공정 또는 위의 장소나 공사와 관련된 감독활동을 포함하되 6월을 초과하여 존속하는 경우에 한한다.
- 기업이 타국에서 피고용인 또는 기타 종사자를 통하여 용역(자문용역을 포함)을 제공할 경우에는 12개월 중에서 연속 또는 누계로 6개월을 초과한 경우로 한한다.

2) 고정사업장이 아닌 경우

다음과 같은 장소는 고정사업장으로 보지 아니한다.

- 기업의 재화나 상품의 저장, 전시 또는 인도의 목적만을 위한 시설의 사용
- 저장, 전시 또는 인도의 목적으로 기업의 재화 또는 상품을 보유하는 경우
- 다른 기업을 위한 가공만을 목적으로 기업의 재화 또는 상품을 보유하는 경우
- 기업이 재화 또는 상품을 구매하거나 정보를 수집하기 위하여 설치한 고정사업장
- 기업의 기타 예비적 또는 보조적 활동을 목적으로 설치한 고정사업장
- 위에 규정된 활동을 모두 하기 위하여 설치한 고정사업장으로서 이러한 활동들이 예비적 또는 보조적 성질에 속하는 경우

3) 대리활동의 경우

개인(독립적인 대리인 제외)이 자국에서 타국의 기업을 대리하여 활동하는 경우로서 해당 기업의 명의로 계약을 체결하는 권한이 있고 이러한 권한을 행사할 수 있는 경우, 이 개인이 해당 기업을 위해 행하는 활동은 모두 해당 기업이 자국에 고정사업장을 설치한 것으로 본다. 단, 개인이 고정사업장으로 보지 않는 경우(위의 '2)'의 경우)를 통하여 활동하는 경우에는 고정사업장으로 보지 아니한다.

4) 독립적인 대리인의 경우

자국의 기업이 자신의 사업을 영위하고 있는 중개인 또는 독립적 지위를 가진 기타 대리인을 통하여 타국에서 사업을 경영하는 경우에는 타국에 고정사업장을 설치한 것으로 보지 아니한다. 다만 이러한 대리인의 활동이 전부 또는 대부분 해당 기업을 대표할 경우에는 독립된 지위를 가진 대리인으로 보지 아니한다.

5) 지배관계에 있는 경우

자국의 거주기업이 타국의 거주기업 또는 타국에서 영업 중인 기업(고정사업장을 통하는지의 여부와 무관)을 지배하거나 지배될 경우에는 이러한 사실만으로 어떠한 기업이 타기업의 고정사업장이 되지는 않는다.

IV. 소득의 종류

본 협정의 대상이 되는 소득에는 다음과 같은 것이 있다.

구 분	조 문	구 분	조 문
부동산 소득	제6조	양도소득	제13조
사업이윤	제7조	독립적 인적용역	제14조
해운 및 항공운수	제8조	종속적 인적용역	제15조
특수관계기업	제9조	이사의 보수	제16조
배당소득	제10조	예술인 및 체육인	제17조
이자소득	제11조	퇴직금	제18조
사용료(Royalty)	제12조	정부용역	제19조

1. 부동산 소득(제6조)

1) 부동산의 개념

'부동산'이라 함은 당해 재산이 소재하는 체약국의 법률에서 규정하는 의미에 따르며 부동산에 부속되는 재산, 농업과 임업에 사용되는 가축 또는 장비, 토지재산에 관한 일반 법률규정이 적용되는 권리, 부동산의 사용수익권 및 광물자원, 수자원 및 기타 천연자원을 채취 또는 채취할 수 있는 권리로 고정적 또는 비고정적 수입을 취득할 권리를 포함한다. 단, 선박과 항공기는 부동산으로 보지 아니한다.

2) 부동산 소득

- 자국의 거주자가 타국에 소재하는 부동산으로부터 취득한 소득(농업 또는 임업 소득을 포함한다)은 부동산의 소재지국인 타국에서 과세할 수 있다.

- 부동산을 직접 사용하거나, 임대 또는 기타의 형식으로 사용하여 취득한 소득에 대해서도 적용한다.
- 기업의 부동산소득과 독립적 인적용역을 제공하는데 사용된 부동산소득에도 적용된다.

2. 사업이윤(제7조)

1) 사업이윤에 대한 과세

기업의 이윤은 해당 국가에서만 과세된다. 단 기업이 타국에 설치한 고정사업장을 통하여 타국에서 사업을 영위하는 경우에는 제외하며, 타국의 고정사업장을 통하여 타국에서 사업을 할 경우 그 이윤에 대해서는 고정사업장이 소재하고 있는 타국에서 과세할 수 있다.

기업이 타국에 설치한 고정사업장을 통하여 타국에서 사업을 하는 경우, 해당 고정사업장은 독립적인 지점으로 보며 고정사업장이 속한 기업과 완전히 독립적으로 처리하여 해당 고정사업장이 얻을 수 있는 이윤은 해당 고정사업장이 속한 국가에 귀속시킨다.

2) 사업이윤의 범위

고정사업장의 이윤은 사업활동을 영위하는 과정에서 발생한 각종 비용(행정 및 일반관리비 포함)이 해당 고정사업장의 소재국 또는 기타 어떠한 지방에서 발생되었더라도 공제할 수 있다.

3) 공통비용을 배분하는 경우

자국에서 기업의 전체이윤을 일정한 비율에 따라 소속된 부서에 배부하는 방법으로 고정사업장의 이윤을 결정하는 경우, 위의 '2)'의 규정은 자국이 분배방법에 따라 과세대상 이윤을 확정하는데 제한을 받지 아니한다. 다만, 채택한 배분방법에 의한 결과는 본 조에서 규정한 원칙에 따라야 한다.

4) 사업이윤의 결정

- 고정사업장이 기업을 위해 재화 또는 상품을 구입한다는 이유만으로 이윤을 고정사업장에 귀속시킬 수 없다.
- 사업이윤의 결정에서 합리적이고 충분한 이유로 변동되는 경우 이외에는 매년 동일한 방법을 사용하여 고정사업장에 귀속되는 이윤을 결정하여야 한다.
- 이윤 중에서 본 협정의 다른 조항에서 별도로 규정된 소득항목이 있을 경우, 본 조의 규정은 다른 조항의 별도의 규정에 영향을 줄 수 없다.

3. 해운 및 항공운수(제8조)

- 선박 또는 항공기로 국제 운수업무를 영위하여 취득한 이윤은 기업의 본점이나 실제관리기구가 있는 국가에서만 과세한다.
- 해운기업의 본점 또는 실제관리기구가 선박인 경우 선박의 모항이 있는 국가가 소재지국이 되며, 모항이 없는 경우에는 선박 운영자의 거주지국을 소재국으로 본다.
- 동업경영, 합작경영 또는 국제 경영기구에 참가하여 취득한 이윤에도 적용된다.

4. 특수관계기업(제9조)

아래의 경우와 같이 특수관계기업 간의 거래가 독립적인 기업 간의 관계와 달라서 이러한 특수관계로 인하여 그 중 한 기업이 취득한 이윤이 작거나 없을 경우 동 이윤은 해당 기업의 이윤에 포함시켜 과세한다.

- 자국의 기업이 타국의 기업의 경영, 지배 또는 자본에 직접 또는 간접으로 참여하는 경우

• 동일인이 자국의 기업과 타국의 기업의 경영, 지배 또는 자본에 직접 또는 간접으로 참여하는 경우

5. 배당소득(제10조)

1) 배당소득의 과세

거주기업이 타국의 거주자에게 지급하는 배당금은 타국에서 과세할 수 있다.

2) 배당소득의 원천징수

배당금은 배당금을 지급하는 회사의 거주국에서도 해당 국가의 법률에 따라 과세할 수 있으며, 수령자가 주식의 수익자인 경우에는 징수세액은 다음을 초과할 수 없다.

구 분	징 수 세 액
수익자가 배당을 지급하는 회사의 25퍼센트 이상을 직접 소유하는 법인(조합은 제외)인 경우	배당총액의 5퍼센트
기타의 경우	배당총액의 10퍼센트

이 규정은 회사가 배당금을 지급하기 전의 이윤(세전 순이익)에 대해 과세하는 기업소득세에 영향을 미치지 아니한다.

3) 배당의 범위

'배당'이라 함은 주식 또는 비채권관계로 이윤을 배분 받을 수 있는 권리로부터 취득하는 소득 및 이윤을 분배하는 회사가 거주자인 체약국의 법률에 따라 배당소득으로 보아 과세하는 기타 회사의 권리로 취득하는 소득을 말한다.

4) 실제적인 관계가 있는 경우

배당금의 수익자가 자국의 거주자이고 배당금 지급회사가 타국의 거주자인 경우로서, 타국에 설립된 고정사업장이 사업을 영위하거나 타국에 설립된 고정시설이 독립적인 인적용역을 영위하여 배당금을 지급하는 주식과 고정사업장 또는 고정시설이 실제적인 관계가 있는 경우에는 위의 규정을 적용하지 않고 구체적인 상황을 보아 본 협정 제7조 또는 제14조의 규정을 적용한다.

5) 미분배이윤에 대한 과세

거주기업이 타국으로부터 이윤 또는 소득을 취득하는 경우 타국은 해당 기업이 지급하는 배당금에 대해서 어떠한 과세도 할 수 없다. 단, 타국의 거주자에게 지급한 배당금 또는 배당금을 지급한 주식과 타국에 설립된 고정사업장 또는 고정시설과 실제관계가 있는 경우에는 제외한다. 해당 기업의 미분배이윤에 대해서는 비록 지급한 배당금 또는 미분배이윤의 전부 또는 일부가 타국의 이윤 또는 소득에서 발생되었더라도 타국은 어떠한 과세도 할 수 없다.

6. 이자소득(제11조)

1) 이자소득의 과세

자국에서 발생하여 타국의 거주자에게 지급하는 이자는 타국에서 과세할 수 있다.

2) 이자소득의 원천징수

이자소득은 이자소득이 발생한 국가에서도 자국의 법률에 따라 과세할 수 있다. 다만, 수령자가 이자의 수익자인 경우에는 과세세액은 이자총액의 10%를 초과할 수 없다.

3) 이자소득을 면세하는 경우

자국에서 발생하는 이자로서 타국의 정부(그 지방당국 또는 중앙은행 또는 정부의 기능을 하는 금융기관 포함)가 취득하는 이자 또는 타국의 거주자가 취득하는 이자소득으로서 그 채권이 자국의 정부(그 지방당국 또는 중앙은행 또는 정부의 기능을 수행하는 금융기관 포함)가 보증하거나 간접적으로 자금을 제공하는 경우에는 자국은 면세하여야 한다.

4) 이자소득의 개념

'이자소득'이라 함은 담보 여부와 채무자의 이윤에 대한 참가권의 여부에 관계없이 모든 종류의 채권으로부터 발생하는 소득을 말하며, 특히 국채, 공채 또는 사채로부터 발생하는 소득으로서 이에 부수되는 프리미엄 등을 포함한다.

5) 실제적인 관계가 있는 경우

이자소득의 수익자가 자국의 거주자인 경우 이자소득이 타국에서 발생한 경우로서 타국에 설치된 고정사업장에서 사업을 영위하거나 타국에 설치된 고정시설에서 독립적 인적용역을 제공하는 과정에서 발생하고 이자를 지급하는 채권과 고정사업장 또는 고정시설 사이에 실제관계가 있는 경우에는 구체적인 상황에 따라 제7조 또는 제14조의 규정을 적용하여야 한다.

6) 정부 등이 이자를 지급하는 경우

이자소득을 지급하는 자가 자국의 정부, 지방당국 또는 거주자인 경우에는 이자소득은 그 자국에서 발생한 것으로 본다. 그러나 이자를 지급하는 자가 자국의 거주자 여부에 관계없이 자국에서 고정사업장 또는 고정시설을 설치하고 이자를 지급하는 채무와 고정사업장 또는 고정시설 사이에 실제관계가 있고 그가 이자를 부담하는 경우, 이 이자는 고정사업장 또는 고정시설이 소재하는 국가에서 발생한 것으로 본다.

7) 특수관계가 있을 경우

지급자와 수익자 사이 또는 지급자 및 수익자와 제3자 사이의 특수관계로 인하여 특수관계가 없을 때보다 지급되는 이자가 많을 경우 본 조의 규정은 특수관계가 없을 경우의 이자금액에 대해서만 적용된다. 이러한 상황 하에서 초과되는 부분은 본 협정의 다른 규정을 적절하게 고려하여 각국의 법률에 따라 과세되어야 한다 (2006년 3월 23일 제2의정서 개정).

7. 사용료(Royalty)(제12조)

1) 사용료에 대한 과세

자국에서 발생하여 타국의 거주자에게 지급되는 사용료(Royalty)에 대하여는 타국에서 과세할 수 있다.

2) 사용료의 원천징수

사용료가 발생한 국가에서도 자국의 법률에 따라 과세할 수 있다. 다만, 수령인이 그 사용료의 수익자인 경우 과세세액은 사용료 총액의 10퍼센트를 초과할 수 없다.

3) 사용료의 개념

'사용료'라 함은 문학작품 · 예술작품 또는 학술작품(영화필름, 라디오, TV, 방송용 필름, 테이프를 포함)의 판권 · 특허권 · 상표권 · 의장이나 실용신안 · 도면 · 비밀공식, 비밀공정의 사용 또는 사용권 또는 산업적 · 상업적 또는 학술적 장비의 사용 또는 사용권 또는 산업적 · 상업적 · 학술적 경험에 관한 정보의 대가로서 받는 모든 종류의 대금을 말한다.

4) 실제적인 관계가 있는 경우

사용료의 수익자가 자국의 거주자인 경우 사용료가 타국에서 발생하였을 경우, 타국에 설치된 고정사업장을 통하여 사업을 영위하거나 타국에 설치된 고정시설을 통하여 독립적 인적용역을 제공하는 경우로서 사용료를 지급하는 권리 또는 재산과 해당 고정사업장 또는 고정시설 사이에 실제관계가 있는 경우에는 구체적인 상황을 보아 제7조 또는 제14조의 규정을 적용하여야 한다.

5) 사용료의 발생지

사용료의 지급자가 자국의 정부, 지방 당국 또는 거주자인 경우에는 사용료가 자국에서 발생하는 것으로 본다. 그러나 사용료를 지급하는 자가 자국의 거주자 여부에 관계없이 자국에서 고정사업장 또는 고정시설을 설치하고 사용료를 지급하여야 하는 의무와 고정사업장 또는 고정시설과 실제관련이 있으며 해당 고정사업장 또는 고정시설이 사용료를 부담하는 경우, 이러한 사용료는 고정사업장 또는 고정시설이 소재하는 국가에서 발생한 것으로 본다.

6) 특수관계가 있는 경우

사용료를 지급하는 자와 수익자 사이 또는 그들과 타인 사이에 특수관계가 있는 경우로서 사용, 권리 또는 정보와 관련하여 지급하는 사용료의 금액이 지급자와 수익자 사이에 특수관계가 없는 경우보다 더 많을 경우에는 본 협정의 기타 규정을 유의하여 각 체약국의 법률에 따라 과세하여야 한다.

8. 양도소득(제13조)

거주자 또는 거주기업이 자국이 아닌 타국에서 부동산 등을 양도하여 발생한 양도소득은 아래와 같이 처리한다.

구 분	과 세 방 법
자국의 거주자가 타국에 소재하는 부동산을 양도하여 취득한 수익	부동산의 소재지인 타국에서 과세할 수 있다.
한 기업이 타국에 설치한 고정사업장의 일부 동산을 양도하거나 거주자가 타국에서 독립적인 인적용역을 제공하는 고정시설의 동산을 양도하여 취득한 수익	고정사업장 또는 고정시설을 양도하여 취득한 수익을 포함하여 타국에서 과세할 수 있다.
국제 운수업무를 영위하는 선박 또는 항공기를 양도하거나 위의 선박 또는 항공기의 운행과 관련되는 동산을 양도하여 취득한 수입	해당 기업의 본점 소재지 또는 실제관리기구가 소재하는 체약국에서 과세한다.
회사의 재산인 주식을 양도하여 취득한 소득으로서 회사의 재산이 직접 또는 간접적으로 자국에 소재하고 있는 부동산으로 구성되어 있는 경우	자국(自國)에서 과세할 수 있다.
위의 재산 이외의 재산을 양도하여 취득한 소득	양도자가 거주자인 국가에서 과세한다.

9. 독립적 인적용역(제14조)

1) 과세범위

자국의 거주자가 전문적인 용역 또는 기타 독립적인 활동으로 취득한 소득은 자국에서만 과세한다. 다만, 다음 중 하나에 해당하는 경우에는 타국에서도 과세할 수 있다.

구 분	과 세 방 법
타국에서 용역을 제공하기 위하여 계속 사용하는 고정시설을 설치한 경우	타국은 고정시설에 귀속되는 소득에 대해서만 과세할 수 있다.
과세연도 중에 타국에서 연속 또는 누계로 183일을 초과하여 체류하는 경우	타국은 타국에서 영위하여 취득한 소득에 대해서만 과세할 수 있다.

2) 전문적 용역의 범위

'전문적 용역'이라 함은 독립적인 과학, 문학, 예술, 교육활동 및 의사, 변호사, 기술사, 건축사, 치과의사 및 회계사의 독립적인 활동을 포함한다.

10. 종속적 인적용역(제15조)

1) 기본원칙

자국의 거주자가 재직 중 취득한 근로소득과 기타 유사한 보수는 자국에서 과세하며, 타국에서 고용되어 취득한 보수는 타국에서 과세할 수 있다.

예외규정 :

- 제16조(이사의 보수)
- 제18조(퇴직금)
- 제19조(정부 용역)
- 제20조(학생 및 훈련생)
- 제21조(교사 및 연구자)

위의 경우에는 본 협정에서 별도로 규정하고 있어 각 조의 규정에 따라 처리한다.

2) 자국에서 과세하는 경우

자국의 거주자가 타국에서 고용되어 취득한 보수가 동시에 아래의 조건을 충족하는 경우

- 수령자가 12개월의 기간 중 연속 또는 누계하여 183일을 초과하여 타국에 머무르지 않고,
- 해당 보수가 타국의 거주자인 고용주 또는 고용주를 대신하여 지급하는 것이 아닐 경우
- 해당 보수는 고용주가 자국에 설치한 고정사업장이나 고정시설에서 부담하는 것이 아닐 것

3) 국제 운수업무의 경우

자국에서 국제 운수업무를 영위하는 선박이나 비행기에 고용되어 취득한 보수는 동 기업의 본점 소재지 또는 실제관리기구가 있는 체약국에서 과세한다.

11. 이사의 보수(제16조)

자국의 거주자가 타국의 거주기업의 이사회의 구성원으로서 취득한 이사의 보수 및 이와 유사한 지급액은 타국에서 과세할 수 있다.

12. 예술인 및 체육인(제17조)

구 분	과 세 기 준
자국의 거주자가 연극·영화·라디오 또는 TV의 연예인이나 음악가와 같은 예술인 또는 체육인으로서 타국에서 개인적으로 활동하여 취득한 소득	타국에서 과세할 수 있다.
예술인 또는 체육인이 개인적으로 활동하여 취득한 소득이 자신이 아닌 타인에게 귀속되는 경우	예술인 또는 체육인이 활동하는 국가에서 과세할 수 있다.
거주자인 예술인 또는 체육인이 타국에서 양국정부간의 문화교류계획에 따라 활동하여 취득하는 소득	타국에서 면제할 수 있다.

13. 퇴직금(제18조)

- 과거의 고용관계로 자국의 거주자에게 지급하는 퇴직금과 이와 유사한 보수는 자국에서만 과세한다.
- 자국의 정부 또는 지방 당국이 사회보험제도의 복지제도에 따라 지급한 퇴직

금과 이와 유사한 보수는 자국에서만 과세한다.

14. 정부용역(제19조)

구 분	과 세 기 준
자국의 정부, 지방 당국 또는 기구가 정부의 기능을 수행하여 용역을 제공한 개인에게 지급한 퇴직금 이외의 보수	자국에서만 과세한다.
용역이 타국에서 제공되고 용역을 제공한 개인이 타국의 거주자로서 아래에 해당할 경우 • 타국의 국민인 경우 • 단지 해당 용역을 제공하기 때문에 타국의 거주자가 된 경우가 아닌 경우	타국에서만 과세한다.
정부의 기능을 수행하여 용역을 제공한 개인에게 자국의 정부, 지방 당국, 기구 또는 그의 기금이 지급한 퇴직금	자국에서만 과세한다.
용역을 제공한 개인이 타국의 거주자이면서 국민인 경우	타국에서만 과세한다.

15. 학생 및 훈련생(제20조)

학생, 기업의 훈련생 또는 인턴사원이 자국을 방문하기 전에 타국의 거주자이며, 단지 교육 또는 훈련을 받을 목적으로 자국에 머무르면서 생계의 유지, 교육 또는 훈련을 받기 위하여 자국에서 아래의 대금이나 소득을 취득하는 경우에는 자국에서는 과세하지 아니한다.

- 생계의 유지, 교육, 학습, 연구 또는 훈련의 목적으로 취득한 대금
- 정부 또는 과학, 교육, 문화기구 등이 지급하는 학자보조금, 장학금 또는 장려금
- 자국에서 받는 교육 또는 훈련과 관련된 인적용역의 제공으로 얻는 소득

16. 교사 및 연구원(제21조)

자국의 대학 등 교육기관 또는 자국의 정부가 승인한 기타 비영리 교육 또는 연구기구의 초청으로 단지 강의, 강좌 또는 연구를 목적으로 자국에 거주하는 경우로서 교육, 강의 또는 연구로 인하여 취득하는 보수에 대해서는 자국은 제일 처음 도착한 날부터 3년간 면세한다.

17. 기타소득(제22조)

1) 기타소득에 대한 과세

본 협정의 각 조에서 규정되지 아니한 소득을 거주자가 취득하는 경우에는 소득의 발생장소에 불문하고 자국에서만 과세한다.

2) 실제적인 관계가 있는 경우

본 협정 제6조의 부동산소득 이외의 소득의 수취인이 자국의 거주자로서 타국에 설치한 고정사업장을 통하여 타국에서 사업을 영위하거나 타국에 설치한 고정시설을 통하여 타국에서 독립적인 인적용역을 제공할 경우, 소득을 지급할 권리 또는 재산이 고정사업장 또는 고정시설과 실제적인 관계가 있는 경우에는 위의 규정을 적용하지 않고 각각의 상황에 따라 제7조 또는 제14조의 규정을 적용한다.

V. 이중과세방지의 방법

1. 이중과세방지방법(제23조)

1) 중국 거주자에 대한 이중과세방지

- 중국 거주자가 한국으로부터 취득한 소득을 한국의 세법과 본 협정의 규정에 따라 한국에서 납부한 세액은 해당 거주자에게 과세하는 중국의 조세로부터 공제할 수 있다. 단, 공제액은 해당 소득이 중국의 세법에 따라 계산한 중국의 세액을 초과할 수는 없다.
- 한국으로부터 취득한 소득 중 한국의 거주기업이 중국 거주기업에 지급한 배당금으로서 해당 중국 거주기업이 배당금을 지급한 회사의 주식을 10% 이상 보유하고 있는 경우, 해당 공제액은 배당금을 지급하는 회사가 동 소득에 대해 납부하여야 하는 한국의 조세를 고려하여야 한다.

2) 한국 거주자에 대한 이중과세방지(2006년 3월 23일 제2의정서로 개정)

- 중국 법률과 본 협정의 규정에 따라 중국내 원천소득에 대하여 납부하여야 할 중국의 조세(배당금의 경우 배당을 하기 전의 이윤에 대해 징수하는 조세는 제외한다)를 직접 납부하든 원천징수되든 모두 소득에 대해 징수하는 한국의 조세에서 공제가 가능하다. 다만 공제세액은 중국내 원천소득이 전체 소득에서 차지하는 비율을 초과하지 아니한다.
- 한국 거주기업이 배당금을 지급한 중국 거주기업 주식의 100분의 10 이상을 소유하고 있는 경우, 중국 거주기업이 한국 거주기업에 배당금을 지급할 때의 공제액은 배당금을 지급한 기업이 소득에 대해 납부한 중국의 조세를 고려하여야 한다.

3) 이중과세방지 방법(2006년 3월 23일 제2의정서 개정)

구 분	이중과세방지방법
조세특례의 유무	자국에서 납부하여야 하는 세액은 산출세액에서 감면, 공제 등의 세액을 포함하는 것으로 본다.
제10조 제②항, 제11조 제②항 및 제12조 제②항의 세액	각각 배당금, 이자 및 특허권사용료의 10퍼센트인 것으로 본다.
적용기간	본 협정이 발효하는 2005년 1월 1일부터 시작하여 10년 동안 적용한다(2006년 3월 23일 개정).

(주) 당초 협정 제23조 제③항의 적용기간은 2006년 2월 23일 제2의정서에서 위와 같이 개정되었음.

4) 사실판단(2006년 3월 23일 제2의정서 개정)

자국의 거주자가 타국으로부터 취득한 소득에 대해 자국의 권한있는 당국이 타국의 권한있는 당국과 협의하여 다음을 참작하여 해당 거주자가 이익을 받지 못할 경우 해당 거주자는 그런 소득에 대해 세액을 납부하지 않는 것으로 본다.

- 자신이나 타인의 이익을 위하여 제23조 제③항의 규정을 이용할 목적으로 어떠한 행위를 하였는지의 여부
- 자국 또는 타국의 거주자가 아닌 자에게 혜택이 귀속되는지의 여부
- 본 협정이 적용되는 세금의 탈세를 방지하는 경우

2. 무차별 대우(제24조)

1) 국민(개인)에 대한 무차별 대우

자국의 국민이 타국에서 부담하는 조세 또는 관련 조건은 타국의 국민이 같은 상황 하에서 부담하여야 할 조세 또는 조건과 다르거나 과중해서는 안된다. 본 조의 규정은 제1조의 규정에 불구하고 일방 또는 양방체약국의 거주자가 아닌 자에게도 적용한다.

2) 기업에 대한 무차별대우

자국의 기업이 타국의 고정사업장에서 부담하는 조세는 타국의 동일 업종의 기업보다 높아서는 안된다. 본 규정은 자국이 민사적 지위 또는 가족부양책임으로 자국의 거주자에게 부여되는 어떠한 공제, 조세특례 또는 면제를 타국의 거주자에게도 부여되어야 하는 것은 아니다.

3) 과세이윤 결정의 무차별 대우

자국의 기업이 타국의 거주자에게 지급하는 이자, 특허권사용료 및 기타 대금은 동 기업의 과세이윤을 결정할 때 동일한 조건하에서 자국의 거주자에게 지급하는 것과 같이 공제할 수 있다.

4) 지배관계하에서의 무차별 대우

자국의 기업의 자본의 전부 또는 일부가 직접 또는 간접적으로 타국의 1인 또는 1인 이상의 거주자에 의하여 소유 또는 지배되는 경우, 그 기업이 동 자국에서 부담하는 조세 또는 관련 조건은 동 자국의 다른 유사한 업종의 기업이 부담하거나 부담할 조세 또는 관련조건과 다르거나 과중해서는 안된다.

5) 무차별 대우의 적용 범위

본 조의 무차별 대우에 관한 규정은 제2조의 규정에 불구하고 모든 종류 조세에 대하여 적용한다.

VI. 상호합의절차 및 협조

1. 상호합의절차(제25조)

1) 이의의 제기

양국의 조치가 본 협정의 규정에 맞지 않게 과세되거나 과세할 경우 본인이 거주자인 체약국의 권한있는 당국에 사안을 제출할 수 있으며, 그 사안이 무차별대우(제24조)에 해당할 경우 본인이 국민인 국가의 권한있는 당국에 사안을 제출할 수 있다.

해당 사안은 본 협정의 규정에 따르지 않는 과세조치의 제1차 통지일로부터 3년 이내에 제출하여야 한다.

2) 이의제기에 대한 해결

권한있는 당국은 이의가 정당하다고 인정되고 혼자서는 원만하게 해결할 수 없는 경우 타국의 권한있는 당국과 상호 협의하여 해결하여 본 협정의 규정에 맞지 않는 과세를 방지하여야 한다. 도출된 합의는 양 체약국의 국내 법률의 시간적 제약을 받지 않고 시행되어야 한다.

3) 문제점 해결

양국의 권한있는 당국은 협의를 통하여 본 협정의 해석 또는 실시에서 발생된 문제점 또는 의문을 해결하여야 하며, 본 협정에 규정되지 아니한 이중과세방지의 문제에 대해서도 협의할 수 있다.

4) 의견 교환

양국의 권한있는 당국은 상호협의에 도달하기 위하여 상호간에 직접 의견을 교환할 수 있다. 협의에 도달하기 위하여 양 체약국의 권한있는 당국의 대표는 회담을 진행하여 구두로 의견을 교환할 수 있다.

2. 정보의 교환(제26조)

1) 상호 정보의 교환

양국의 권한있는 당국은 본 협정의 규정을 시행하는데 필요한 정보 또는 양국이 본 협정에 관계되는 세목(특히 탈세방지에 관한 정보)에 관한 국내 법률의 규정에 필요한 정보를 서로 교환하여야 하며, 정보의 교환은 제1조의 제한을 받지 아니한다.

자국이 입수한 정보는 국내법에 따라 입수한 정보와 동일하게 비밀로 취급되어야 하며, 본 협정의 적용 대상이 되는 조세의 부과 · 징수 집행, 기소 또는 쟁송청구의 결정에 관련되는 자 또는 당국(행정 · 사법기관을 포함)에 대하여만 공개된다. 위의 자 또는 당국은 그러한 목적을 위하여만 정보를 사용할 수 있으며 공개 법정의 소송절차 또는 법정의 판결에서 관련 정보를 공개할 수 있다.

2) 상호협의의 예외

위의 규정은 어떠한 경우에도 자국이 아래 의무가 있는 것으로 해석되지 아니한다.

- 자국 또는 타국의 법률 및 행정관행에 저촉되는 행정적 조치를 수행하는 것
- 자국 또는 타국의 법률 또는 정상적인 행정 경로를 통해서는 획득할 수 없는 정보를 제공하는 것
- 교역상 · 사업상 · 산업상 · 상업상 · 전문적인 비밀 또는 거래과정을 누설하는 정보 또는 누설이 공공정책(공공질서)에 위반될 수 있는 정보를 제공하는 것

3. 외교관 및 영사관원(제27조)

본 협정은 국제법의 일반원칙 또는 특별협정의 규정에 의한 외교관 및 영사관원의 조세특권에 영향을 미치지 아니한다.

VII. 협정기간

1. 협정의 발효(제28조)

본 협정은 양국에서 본 협정의 발효에 필요한 각자의 법적 절차가 완료되었음을 통보하는 외교 공문이 교환된 날로부터 30일째 되는 날부터 발효된다.

본 협정은 구체적으로 다음과 같이 효력을 가진다.

구　분	효 력 기 간
원천징수되는 조세	본 협정이 발효되는 연도의 다음연도 1월 1일 또는 그 이후부터
기타의 조세	본 협정이 발효되는 연도의 다음연도 1월 1일 또는 그 이후에 개시되는 과세연도부터

2. 협정의 종료(제29조)

본 협정은 무기한으로 효력을 가지며 각 국은 발효일로부터 만 5년 경과 후 개시되는 어느 연도의 6월 30일 이전에 외교경로를 통하여 타국에 대하여 서면으로 본 협정의 종료를 통보할 수 있다. 아래의 경우 본 협정은 효력이 정지된다.

구　분	효 력 기 간
원천징수되는 조세	종료통보가 행하여진 연도의 다음연도 1월 1일 또는 그 이후부터
기타의 조세	종료통보가 행하여진 연도의 다음연도 1월 1일 및 그 이후에 개시되는 과세연도부터

VIII. 의정서의 내용

1994년 한국과 중국 정부간에 한중조세협정이 체결된 이후 협정의 원활한 실시를 위하여 추가로 의정서를 체결하였으며, 2006년 3월 23일 체결된 제2의정서는 많은 내용들이 개정되었다.

1. 제1의정서(1994년 3월 28일)

제1의정서는 본 협정이 체결됨과 동시에 맺어졌으며 주로 본 협정의 내용을 보완하는 것이 대부분이었다.

1) 해운 및 항공운수(제8조)

본 협정 제8조 '해운 및 항공운수'에 관하여, 중국은 선박 또는 항공기로 국제운수업무를 영위하는 한국 기업에 대해 영업세를 면세하며, 한국은 선박 또는 항공기로 국제운수업무를 영위하는 중국 기업에 대해 부가가치세를 면세하는 것으로 양해한다.

2) 종속적 인적용역(제15조)

본 협정 제15조 '종속적 인적용역'에 관하여, 자국의 해운 또는 항공 운수기업이 타국에 파견하는 임직원의 보수는 자국에서만 과세하는 것으로 양해한다.

2. 제2의정서

2006년 3월 23일 중국과 한국 정부는 1994년 3월 28일 북경에서 체결된 대한민국

정부와 중화인민공화국 정부(이하 '체약당사국'이라 한다) 간의 「소득에 대한 이중과세방지와 탈세방지에 관한 협정」(이하 '본 협정'이라 한다)의 일부 내용을 다음과 같이 개정하기로 동의하였다.

1) 제1조(협정 제1조 수정)

회사, 신탁 또는 그 밖의 실체가 자국의 거주자이고, 그것이 자국의 거주자가 아닌 일인 또는 다수에 의해 소유되거나 지배되고, 자국이 해당 회사, 신탁 또는 그 밖의 실체의 소득에 대해 과세하는 조세(어떠한 방식으로든 회사, 신탁, 그 밖의 실체 또는 기타 어떠한 사람에 대해 적용되는 상환, 보충, 불입, 세액공제 및 소득공제와 같은 세액의 감소 또는 상쇄시키는 세액을 고려한 후)가 해당 회사 자본의 모든 지분 또는 신탁이나 그 실체의 모든 자기자본(상황에 따라 정한다)과 비교하여, 자국의 일인 또는 다수의 거주자가 수익을 얻어 소유함으로써 자국이 징수하여야 할 조세가 실질적으로 감소할 경우, 이러한 회사, 신탁 또는 그 실체에 대해서 본 협정은 적용되지 아니한다. 그러나 만약 낮게 과세되는 소득 중에서 100분의 90 또는 대다수의 소득이 투자업무가 아닌 적극적인 교역 또는 사업행위로 발생된 것일 경우 위의 규정은 적용하지 아니한다.

2) 제2조(협정 제2조 수정)

한국의 조세는 소득세 또는 법인세의 과세표준에 직접적 또는 간접적으로 추가 징수되는 농어촌특별세도 포함하는 것으로 한다.

3) 제3조(협정 제11조 수정)

협정 제11조 제7항은 삭제되고 다음과 같이 대체된다.

'⑦ 이자 지급자와 수익자 사이 또는 지급자 및 수익자와 제3자 사이에 특수관계가 있어서 지급되는 이자금액이 특수관계가 없을 경우보다 더 많을 경우 본 조의 규정은 특수관계가 없을 경우의 이자금액에 대해서만 적용된다. 이러한 경우 초과되는 부분은 본 협정의 다른 규정을 고려하여 각 국의 법률에 따라 과세되어야 한다.'

4) 제4조(협정 제23조 제①항 수정)

협정의 한국어본 제23조 제②항과 중국어본 제23조 제①항은 삭제되고 다음과 같이 대체된다.

'① 한국 거주자에 대한 이중과세방지는 다음과 같다.

한국 외의 국가에서 납부한 조세에 대하여 한국 세법의 규정에 따라 한국의 조세에서 공제가 가능한 규정(본 협정의 일반적인 원칙에 영향을 미치지 아니한다)

1. 중국 법률과 본 협정의 규정에 따라 중국내 원천소득에 대하여 납부하여야 할 중국 조세(배당금의 경우 배당을 하기 전의 이윤에 대해 징수하는 조세는 제외한다)가 직접 납부하든 원천징수되든 모두 한국의 조세에서 공제가 가능하다. 다만 공제세액은 중국내 원천소득이 전체 소득에서 차지하는 비율을 초과하지 아니한다.
2. 한국 거주기업이 배당금을 지급한 중국 거주기업 주식의 100분의 10 이상을 소유하고 있는 경우, 중국 거주기업이 한국 거주기업에 배당금을 지급할 때의 공제액은 배당금을 지급한 기업이 소득에 대해 납부한 중국의 조세를 고려하여야 한다(위 '1.'의 규정에 따라 공제가 가능한 중국 조세를 포함한다).'

5) 제5조(제23조 제③항 수정)

본 협정 제23조 제③항은 삭제되고 다음과 같이 대체되며 2005년 1월 1일부터 10년 동안 적용된다.

'③ 본 조 제①항 가목 및 제②항에서 말하는 자국에서 납부하여야 하는 조세는 산출세액에서 체약국의 경제발전을 촉진하기 위한 법률에 의해 감면 기타 조세특례로 납부하지 아니하는 세액을 포함하는 것으로 한다. 본 항에서 제10조 제②항, 제11조 제②항과 제12조 제②항의 경우에서의 세액은 각각 배당, 이자 및 사용료 총액의 10퍼센트인 것으로 본다.'

본 협정 제23조 제③항은 2005년 1월 1일부터 10년간으로 개정된다.

6) 제6조(제23조 제③항 수정)

협정 제23조 제③항의 규정에 불구하고 자국의 거주자가 타국에서 취득한 소득이 해당 항에서 말하는 소득이고 자국의 권한있는 당국이 타국의 권한있는 당국과 협의하여 다음을 참작하여 해당 거주자가 제23조 제3항에 규정된 이익을 받지 못할 경우 해당 거주자는 그런 소득에 대해 세액을 납부하지 않는 것으로 본다.

가. 자신이나 타인의 이익을 위하여 제23조 제3항의 규정을 이용할 목적으로 어떠한 행위를 하였는지의 여부

나. 자국이나 타국의 거주자가 아닌 자에게 혜택이 귀속되는지의 여부

다. 본 협정이 적용되는 세금의 탈세의 방지

7) 제7조(부칙)

양 체약당사국은 제2의정서의 발효를 위하여 각국의 법에 의하여 요구되는 절차가 완료되었음을 외교적 수단을 통하여 상호 통보한다. 동 제2의정서는 차후에 통보하는 날에 발효된다.

참고 … 본 협정의 중한대조

본서의 부록2에 한중조세협정을 중국어본과 한국어본으로 대조하여 비교하여 첨부함으로써 독자들이 참고할 수 있도록 하였다.

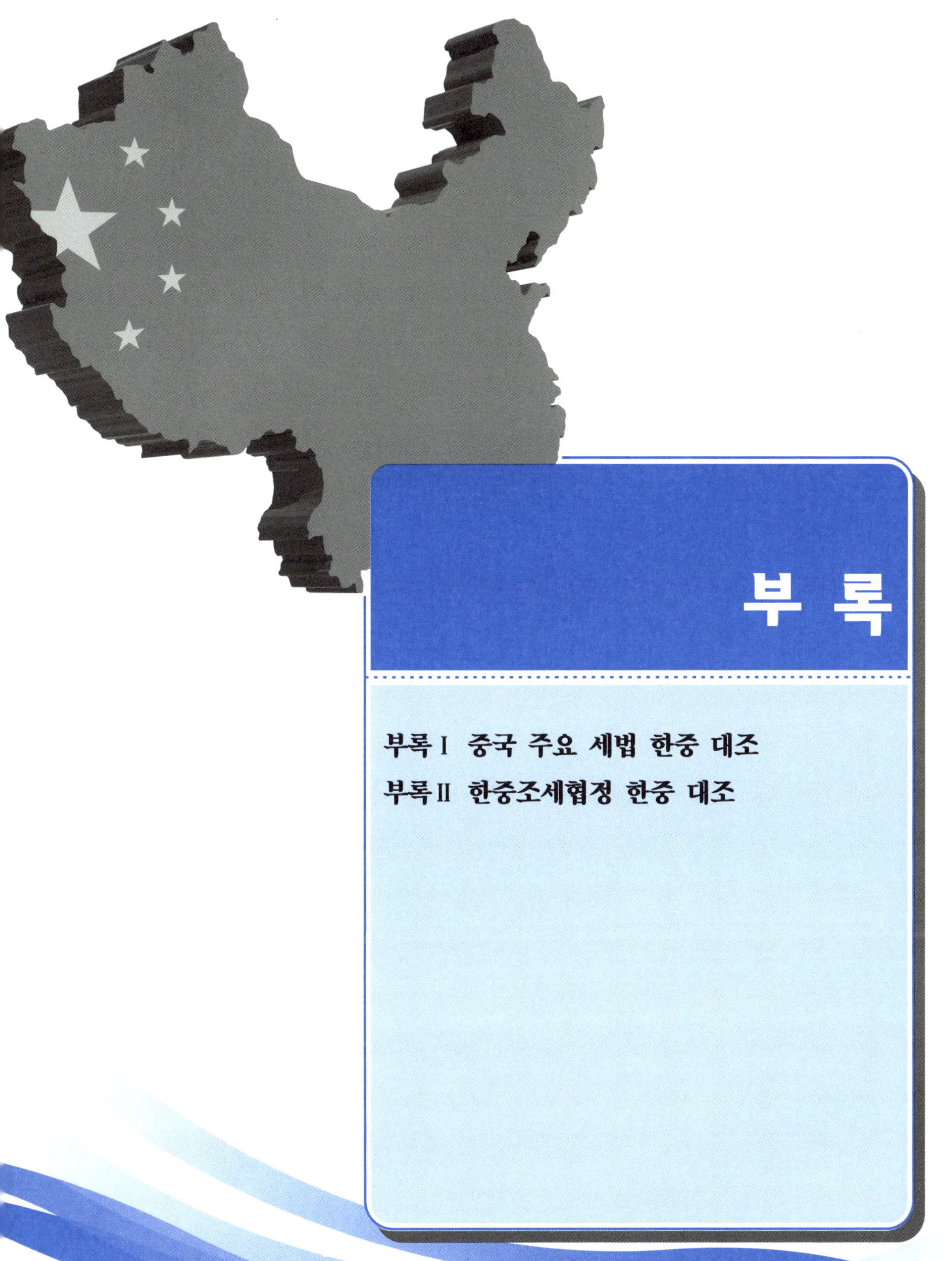

부 록

부록Ⅰ. 중국 주요 세법 한중 대조

본 부록에서는 현행 중국세법 중에서 아래와 같은 주요 세법 및 실시세칙을 중국어와 한국어로 대조하여 첨부하여 본서를 읽는 과정에서 관련 조문을 쉽게 찾아보고 이해하는데 도움을 줄 수 있도록 하였다.

• 주의사항

1. 본문에서 설명한 바와 같이 한국의 시행령에 해당하는 부분이 실시조례, 실시세칙 등으로 명칭이 약간씩 다르다는 것을 알 수 있다.
2. 한국의 세법에서는 각 조에서 조의 제목이 있으나 중국에서는 각 조의 제목이 없어서 여기서는 한국의 세법에 익숙한 독자가 이해하기 쉽도록 저자가 각 조의 제목을 별도로 부여하였다.
3. 한국의 세법에서는 각 조의 내용에 구분이 필요할 경우 항, 호, 목의 순서대로 구분되어 각각 번호를 부여하고 있으나, 중국의 세법은 관, 항의 순서대로 되어 있는데, 관은 한국의 항의 개념과 비슷하며 일련 번호가 없으며, 중국의 항은 한국의 호의 개념과 비슷하며 일련 번호가 있다. 따라서 이해의 편의를 위하여 중국의 세법을 한국에 맞게 수정하여 중국의 관은 항으로, 항은 호로 번역하고 한국의 세법에 맞는 번호를 표기하였다.

• 부록의 순서

본 부록에서 내용의 순서에 따라 기업소득세법(제3장), 개인소득세법(제4장), 증치세법(제6장), 소비세법(제7장)을 첨부하였으며 각 법(잠행조례)의 하위 법규인 실시조례 또는 실시세칙를 첨부하여 실무에 참고할 수 있도록 하였다.

본 서의 내용 중 첨부하지 않은 세목에 대해서 의문이 있을 경우 답변을 해줄 것을 약속드린다.

중국의 조세법령	한국의 조세법령
Ⅰ. 기업소득세법	
1. 기업소득세법	법인세법
2. 기업소득세법 실시조례	법인세법 시행령
Ⅱ. 개인소득세법	
3. 개인소득세법	소득세법
4. 개인소득세법 실시조례	소득세법 시행령
Ⅲ. 증치세법	
5. 증치세 잠행조례	부가가치세법(재화)
6. 증치세 잠행조례 실시세칙	부가가치세법(재화) 시행령
Ⅳ. 소비세법	
7. 소비세 잠행조례	개별소비세법
8. 소비세 잠행조례 실시세칙	개별소비세법 시행령

1. 企业所得税法(한국의 법인세법)

中国 企业所得税法

(2007年3月16日第十届全国人民代表大会第五次会议通过)

第一章 总则

第一条 在中华人民共和国境内，企业和其他取得收入的组织(以下统称企业)为企业所得税的纳税人，依照本法的规定缴纳企业所得税。

个人独资企业、合伙企业不适用本法。

第二条 企业分为居民企业和非居民企业。

本法所称居民企业，是指依法在中国境内成立，或者依照外国(地区)法律成立但实际管理机构在中国境内的企业。

本法所称非居民企业，是指依照外国(地 区)法律成立且实际管理机构不在中国境内，但在中国境内设立机构、场所的，或者在中国境内未设立机构、场所，但有来源于中国境内所得的企业。

第三条 居民企业应当就其来源于中国境内、境外的所得缴纳企业所得税。

非居民企业在中国境内设立机构、场所的，应当就其所设机构、场所取得的来源于中国境内的所得，以及发生在中国境外但与其所设机构、场所有实际联系的所得，缴纳企业所得税。

非居民企业在中国境内未设立机构、场所的，或者虽设立机构、场所但取得的所得与其所设机构、场所没有实际联系的，应当就其来源于中国境内的所得缴纳企业所得税。

중국 기업소득세법

(2007년 3월 6일 제10기 전국인민대표자대회 제5차 회의에서 통과되었다.)

제1장 총칙

제1조 [적용범위] ① 중화인민공화국 경내(이하 '중국내'라 한다.)에서 기업 및 소득이 있는 기타 조직(이하 '기업'이라 한다.)은 기업소득세 납세의무자가 되며, 본 법이 정하는 규정에 따라 기업소득세를 납부하여야 한다.

② 개인독자기업 및 동업기업은 본 법을 적용하지 아니한다.

제2조 [기업의 분류] ① 기업은 거주기업과 비거주기업으로 분류한다.

② 본 법에서 말하는 '거주기업'이란 법률에 따라 중국내에서 설립되었거나, 외국(지역)의 법률에 따라 설립되었으나, 실제 관리기구가 중국내에 있는 기업을 말한다.

③ 본 법에서 말하는 '비거주기업'이란 외국(지역)의 법률에 따라 설립되고 실제관리기구는 중국내에 없지만 중국내에 사업장을 두고 있거나, 중국내에 사업장은 없지만 중국내의 원천소득이 있는 기업을 말한다.

제3조 [거주기업] ① 거주기업은 중국내 및 중국외 모든 원천소득에 대하여 기업소득세를 납부하여야한다.

② 비거주기업이 중국내에 사업장(机构, 场所)을 두고 있는 경우에는 사업장이 취득한 중국내 원천소득 및 중국외에서 취득한 소득 중 사업장과 실제적인 관계가 있는 소득에 대해서는 기업소득세를 납부하여야 한다.

③ 비거주기업이 중국내에 사업장을 두고 있지 않은 경우 또는 사업장은 있으나 취득한 소득과 당해 사업장과 실제적인 관계가 없는 경우에는 중국내의 원천소득에 대하여 기업소득세를 납부하여야 한다.

第四条 企业所得税的税率为25%。

非居民企业取得本法第三条第三款规定的所得，适用税率为20%。

제4조 [세율] ① 기업소득세의 세율은 25%로 한다.
② 비거주기업이 본 법 제3조 제③항에서 규정한 소득을 취득하는 경우의 적용세율은 20%이다.

第二章 应纳税所得额

제2장 과세표준

第五条 企业每一纳税年度的收入总额，减除不征税收入、免税收入、各项扣除以及允许弥补的以前年度亏损后的余额，为应纳税所得额。

제5조 [과세표준의 계산] 기업의 각 사업연도의 수입총액에서 비과세수입, 면세수입, 각종 공제 및 공제가 가능한 이전 사업연도의 결손금을 차감한 후의 잔액이 과세표준이 된다.

第六条 企业以货币形式和非货币形式从各种来源取得的收入，为收入总额。包括：
(一)销售货物收入；
(二)提供劳务收入；
(三)转让财产收入；
(四)股息、红利等权益性投资收益；
(五)利息收入；
(六)租金收入；
(七)特许权使用费收入；
(八)接受捐赠收入；
(九)其他收入。

제6조 [수입총액] 수입총액은 기업이 화폐 또는 비화폐로 취득한 다음과 같은 모든 수입액을 포함한다.
1. 재화판매수입
2. 용역제공수입
3. 재산양도수입
4. 배당 등 지분투자수입
5. 이자수입
6. 임대수입
7. 특허권사용료수입
8. 수증수입
9. 기타의 수입

第七条 收入总额中的下列收入为不征税收入：
(一)财政拨款；
(二)依法收取并纳入财政管理的行政事业性收费、政府性基金；
(三)国务院规定的其他不征税收入。

제7조 [비과세수입] 수입총액 중에서 아래의 수입은 비과세수입에 해당한다.
1. 재정보조
2. 법률에 따라 수취하여 재정관리로 납입한 행정사업성 수수료 및 정부성 기금
3. 국무원이 규정한 기타 비과세수입

第八条 企业实际发生的与取得收入有关的、合理的支出，包括成本、费用、税金、损失和其他支出，准予在计算应纳税所得额时扣除。

제8조 [공제항목] 기업에서 실제 발생한 원가, 비용, 세금, 손실과 기타의 지출로서 수입과 관련이 있는 합리적인 지출은 과세표준을 계산할 때 공제할 수 있다.

第九条 企业发生的公益性捐赠支出，在年度利润总额12%以内的部分，准予在计算应纳税所得额时扣除。

제9조 [공익 기부금] 기업이 지출한 공익 기부금은 사업연도 이윤총액의 12% 이내에서 과세표준 계산시 공제할 수 있다. (한국과 다름)

第十条 在计算应纳税所得额时，下列支

제10조 [불공제 항목] 과세표준을 계산할 때 아래의

出不得扣除：
(一)向投资者支付的股息、红利等权益性投资收益款项；
(二)企业所得税税款；
(三)税收滞纳金；
(四)罚金、罚款和被没收财物的损失；
(五)本法第九条规定以外的捐赠支出；
(六)赞助支出；
(七)未经核定的准备金支出；
(八)与取得收入无关的其他支出。

지출은 공제할 수 없다.(손금불산입)
1. 투자자에게 지급한 배당 등 지분투자수입 항목
2. 기업소득세 세액
3. 체납금 (가산금)
4. 벌금 및 벌과금과 재산몰수로 인한 손실
5. 본 법 제9조에서 규정한 것 이외의 기부금
6. 찬조지출
7. 심사승인을 거치지 않은 충당금 지출
8. 취득한 소득과 무관한 기타의 지출

第十一条 在计算应纳税所得额时，企业按照规定计算的固定资产折旧，准予扣除。

下列固定资产不得计算折旧扣除：
(一)房屋、建筑物以外未投入使用的固定资产；
(二)以经营租赁方式租入的固定资产；
(三)以融资租赁方式租出的固定资产；
(四)已足额提取折旧仍继续使用的固定资产；
(五)与经营活动无关的固定资产；
(六)单独估价作为固定资产入账的土地；
(七)其他不得计算折旧扣除的固定资产。

제11조 [감가상각] ① 과세표준을 계산할 때 고정자산의 상각비는 한도내에서 공제할 수 있다.
② 아래에 열거하는 고정자산에 대해서는 감가상각비를 공제할 수 없다.
1. 주택, 건축물 이외에 아직 사용하지 아니한 고정자산
2. 운용리스방식으로 리스한 고정자산
3. 금융리스방식으로 리스해 준 고정자산
4. 상각을 완료하였으나 계속 사용 중인 고정자산
5. 사업활동과 무관한 고정자산
6. 단독으로 평가하여 고정자산으로 계상한 토지
7. 기타 감가상각으로 공제할 수 없는 고정자산

第十二条 在计算应纳税所得额时，企业按照规定计算的无形资产摊销费用，准予扣除。

下列无形资产不得计算摊销费用扣除：
(一)自行开发的支出已在计算应纳税所得额时扣除的无形资产；
(二)自创商誉；
(三)与经营活动无关的无形资产；
(四)其他不得计算摊销费用扣除的无形资产。

제12조 [무형자산 상각] ① 과세표준을 계산할 때 무형자산의 상각비는 한도내에서 공제할 수 있다.
② 아래의 무형자산에 대한 상각비는 공제할 수 없다.
1. 개발비가 과세표준을 계산할 때 이미 공제항목으로 공제된 무형자산
2. 자가 창출한 영업권
3. 사업활동과 무관한 무형자산
4. 상각비를 공제할 수 없는 무형자산

第十三条 在计算应纳税所得额时，企业发生的下列支出作为长期待摊费用，按照规定摊销的，准予扣除：
(一)已足额提取折旧的固定资产的改建支出；
(二)租入固定资产的改建支出；
(三)固定资产的大修理支出；

제13조 [장기이연비용] 과세표준을 계산할 때 아래와 같은 지출을 장기이연비용으로 계상하여 상각하는 경우 한도내에서 공제할 수 있다.
1. 상각이 완료된 고정자산에 대한 개량 지출
2. 리스한 고정자산에 대한 개량 지출
3. 고정자산의 대수리 지출

(四)其他应当作为长期待摊费用的支出。

4. 기타 장기이연비용으로 계상하여야 하는 지출

第十四条 企业对外投资期间，投资资产的成本在计算应纳税所得额时不得扣除。

제14조 [투자자산] 기업이 외부에 투자한 기간 동안 투자자산의 원가는 과세표준을 계산할 때 공제할 수 없다.

第十五条 企业使用或者销售存货，按照规定计算的存货成本，准予在计算应纳税所得额时扣除。

제15조 [재고자산] 기업이 사용 또는 판매한 재고자산의 원가는 과세표준을 계산할 때 공제할 수 있다.

第十六条 企业转让资产，该项资产的净值，准予在计算应纳税所得额时扣除。

제16조 [양도자산] 기업이 자산을 양도할 때 자산의 장부가액은 과세표준을 계산할 때 공제할 수 있다.

第十七条 企业在汇总计算缴纳企业所得税时，其境外营业机构的亏损不得抵减境内营业机构的盈利。

제17조 [상계 금지] 기업이 총괄하여 기업소득세를 납부할 때 중국외 영업기구의 손실을 중국내 영업기구의 이익과 상계할 수 없다.

第十八条 企业纳税年度发生的亏损，准予向以后年度结转，用以后年度的所得弥补，但结转年限最长不得超过五年。

제18조 [이월결손금] 기업이 과세연도에 발생한 결손금은 이후의 사업연도에서 발생한 소득금액에서 5년 동안 공제할 수 있다.

第十九条 非居民企业取得本法第三条第三款规定的所得，按照下列方法计算其应纳税所得额：
(一)股息、红利等权益性投资收益和利息、租金、特许权使用费所得，以收入全额为应纳税所得额；
(二)转让财产所得，以收入全额减除财产净值后的余额为应纳税所得额；
(三)其他所得，参照前两项规定的方法计算应纳税所得额。

제19조 [비거주기업] 비거주기업이 본 법 제3조 제③항에 규정된 수입을 취득하는 경우 아래의 방법에 따라 과세표준을 계산한다.

1. 배당 등 지분투자수익과 이자, 임대료, 특허권사용료 수입은 수입총액이 과세표준이 된다.
2. 재산양도소득은 수입총액에서 양도한 재산의 장부가액을 차감한 후의 잔액이 과세표준이 된다.
3. 기타의 소득은 앞의 두 규정을 참고하여 과세표준을 계산한다.

第二十条 本章规定的收入、扣除的具体范围、标准和资产的税务处理的具体办法，由国务院财政、税务主管部门规定。

제20조 [위임 법규] 본 장의 수입 및 공제(손금)의 구체적인 범위 및 기준과 자산의 세무처리방법은 국무원의 재정, 세무 주관부문이 규정한다.

第二十一条 在计算应纳税所得额时，企业财务、会计处理办法与税收法律、行政法规的规定不一致的，应当依照税收法律、行政法规的规定计算。

제21조 [조세 법률] 과세표준을 계산할 때 기업의 회계처리방법과 세법 및 행정법규가 일치하지 않는 경우 세법 및 행정법규의 규정에 따라야 한다.

第三章 应纳税额

第二十二条 企业的应纳税所得额乘以适用税率，减除依照本法关于税收优惠的规定减免和抵免的税额后的余额，为应纳税额。

第二十三条 企业取得的下列所得已在境外缴纳的所得税税额，可以从其当期应纳税额中抵免，抵免限额为该项所得依照本法规定计算的应纳税额；超过抵免限额的部分，可以在以后五个年度内，用每年度抵免限额抵免当年应抵税额后的余额进行抵补：
(一)居民企业来源于中国境外的应税所得；
(二)非居民企业在中国境内设立机构、场所，取得发生在中国境外但与该机构、场所有实际联系的应税所得。

第二十四条 居民企业从其直接或者间接控制的外国企业分得的来源于中国境外的股息、红利等权益性投资收益，外国企业在境外实际缴纳的所得税税额中属于该项所得负担的部分，可以作为该居民企业的可抵免境外所得税税额，在本法第二十三条规定的抵免限额内抵免。

第四章 税收优惠

第二十五条 国家对重点扶持和鼓励发展的产业和项目，给予企业所得税优惠。

第二十六条 企业的下列收入为免税收入：
(一)国债利息收入；
(二)符合条件的居民企业之间的股息、红利等权益性投资收益；
(三)在中国境内设立机构、场所的非居民企业从居民企业取得与该机构、场所有实际联系的股息、红利等权益性投资收益；

제3장 납부세액

제22조 [납부세액] 기업의 과세표준에 적용세율을 곱하고, 본 법의 조세특례규정에 따라 세액을 감면하고 상계한 후의 잔액을 납부할 세액으로 한다.

제23조 [외국납부세액공제] 기업이 아래의 수입을 취득하면서 이미 중국외에서 기업소득세를 납부한 경우 당기의 납부세액에서 공제할 수 있으며, 공제한도는 해당 수입에 대하여 본 법의 규정에 따라 계산한 납부세액으로 한다. 공제한도를 초과한 부분은 이후 5년 이내의 각 사업연도의 납부세액에서 공제한도를 계산한 후의 잔액에 대해 공제할 수 있다.
1. 거주기업이 중국외 원천소득을 취득한 경우
2. 비거주기업이 중국내에 사업장을 설치하고 중국외에서 해당 사업장과 실제적인 관계가 있는 소득을 취득한 경우

제24조 [외국납부세액] 거주기업이 직접 또는 간접적으로 지배하고 있는 외국기업으로부터 받은 중국외 원천소득인 배당 등 지분투자수입은 외국기업이 중국외에서 실제 납부한 소득세액 중 해당 수입이 부담한 부분은, 해당 거주기업의 공제가능한 외국납부세액으로 보아 본 법 제23조에서 규정한 공제 한도액에서 공제할 수 있다.

제4장 조세특례

제25조 [조세특례] 국가가 중점적으로 지원 및 장려하는 산업과 업종에 대하여 기업소득세 특례를 주고 있다.

제26조 [면세수입] 면세수입은 다음과 같다.
1. 국채이자 수입
2. 조건을 갖춘 거주기업간의 배당 등 지분투자수익
3. 중국내에 사업장이 있는 비거주기업이 거주기업으로부터 취득한 것으로서 사업장과 실제적인 관계가 있는 배당 등 지분투자수익
4. 조건을 갖춘 비영리조직의 수입

(四)符合条件的非营利组织的收入。

第二十七条 企业的下列所得，可以免征、减征企业所得税：
(一)从事农、林、牧、渔业项目的所得；
(二)从事国家重点扶持的公共基础设施项目投资经营的所得；
(三)从事符合条件的环境保护、节能节水项目的所得；
(四)符合条件的技术转让所得；
(五)本法第三条第三款规定的所得。

제27조 [감면소득] 기업의 아래의 소득은 기업소득세를 면제 또는 감면할 수 있다.
1. 농, 임, 목, 어업의 소득
2. 국가가 중점 지원하는 사회간접자본에 투자하여 취득한 소득
3. 조건을 갖춘 환경 보호, 에너지 절약 및 절수 업종을 영위하여 취득한 소득
4. 조건을 갖춘 기술양도 소득
5. 본 법 제3조 제③항에서 규정한 소득

第二十八条 符合条件的小型微利企业，减按20%的税率征收企业所得税。
国家需要重点扶持的高新技术企业，减按15%的税率征收企业所得税。

제28조 [특례 세율] ① 조건을 갖춘 소기업은 20%의 세율을 적용하여 기업소득세를 과세한다.
② 국가가 중점 지원할 필요가 있는 첨단기술기업은 15%의 세율을 적용하여 기업소득세를 과세한다.

第二十九条 民族自治地方的自治机关对本民族自治地方的企业应缴纳的企业所得税中属于地方分享的部分，可以决定减征或者免征。自治州、自治县决定减征或者免征的，须报省、自治区、直辖市人民政府批准。

제29조 [민족자치지방] 민족자치지방의 자치기관은 민족자치지방의 기업이 납부하여야 할 기업소득세 중에서 지방에 귀속되는 부분에 대하여 감면여부를 결정할 수 있다. 자치주 및 자치현이 감면을 결정하는 경우에는 성, 자치구 및 직할시 인민정부의 비준을 거쳐야 한다.

第三十条 企业的下列支出，可以在计算应纳税所得额时加计扣除：
(一)开发新技术、新产品、新工艺发生的研究开发费用；
(二)安置残疾人员及国家鼓励安置的其他就业人员所支付的工资。

제30조 [추가공제] 아래의 지출은 과세표준을 계산할 때 추가로 공제할 수 있다.
1. 신기술, 신상품, 신공예를 개발할 때 발생한 연구개발비
2. 장애인 및 국가가 고용을 장려하는 구직자를 고용하고 지급한 급여

第三十一条 创业投资企业从事国家需要重点扶持和鼓励的创业投资，可以按投资额的一定比例抵扣应纳税所得额。

제31조 [창업투자 공제] 창업투자기업이 국가가 중점적으로 지원하고 장려하는 창업투자를 영위하는 경우, 투자액의 일정비율을 과세표준에서 공제할 수 있다.

第三十二条 企业的固定资产由于技术进步等原因，确需加速折旧的，可以缩短折旧年限或者采取加速折旧的方法。

제32조 [가속상각] 고정자산이 기술진보 등의 원인으로 가속상각을 할 필요가 있는 경우, 내용연수를 단축하거나 가속상각방법을 사용할 수 있다.

第三十三条 企业综合利用资源，生产符

제33조 [수입 차감] 기업이 자원을 종합적으로 이용

合国家产业政策规定的产品所取得的收入，可以在计算应纳税所得额时减计收入。

하여 국가 산업정책에서 규정하는 제품을 생산하여 취득한 수입은 과세표준을 계산할 때 수입에서 차감할 수 있다.

第三十四条 企业购置用于环境保护、节能节水、安全生产等专用设备的投资额，可以按一定比例实行税额抵免。

제34조 [세액공제] 환경 보호, 에너지 및 수자원 절약, 안전 생산 등에 사용되는 전용설비를 구입한 투자액은 일정한 비율에 따라 세액공제를 할 수 있다.

第三十五条 本法规定的税收优惠的具体办法，由国务院规定。

제35조 [위임 규정] 본 법에서 규정한 조세 특례의 구체적인 방법은 국무원이 규정한다.

第三十六条 根据国民经济和社会发展的需要，或者由于突发事件等原因对企业经营活动产生重大影响的，国务院可以制定企业所得税专项优惠政策，报全国人民代表大会常务委员会备案。

제36조 [조세특례] 국민경제와 사회발전의 필요 또는 우발적인 사건 등으로 기업의 사업활동에 중대한 영향을 미치는 경우, 국무원은 기업소득세의 조세특례 규정을 제정할 수 있으며 전인대 상무위에 보고한다.

第五章 源泉扣缴

제5장 원천징수

第三十七条 对非居民企业取得本法第三条第三款规定的所得应缴纳的所得税，实行源泉扣缴，以支付人为扣缴义务人。税款由扣缴义务人在每次支付或者到期应支付时，从支付或者到期应支付的款项中扣缴。

제37조 [원천징수 대상] 비거주기업이 본 법 제3조 제③항에서 규정하는 소득에 대하여 납부하여야 하는 소득세는 원천징수를 하여야 하며 지급자가 원천징수의무자가 된다. 원천징수하여야 할 세액은 원천징수의무자가 매회 지급하거나 만기가 되어 지급하여야 할 금액에서 원천징수한다.

第三十八条 对非居民企业在中国境内取得工程作业和劳务所得应缴纳的所得税，税务机关可以指定工程价款或者劳务费的支付人为扣缴义务人。

제38조 [원천징수의무자] 비거주기업이 중국내에서 공사수입과 용역소득을 취득하여 납부하여야 하는 소득세에 대해서는 세무기관이 공사대금 또는 용역비의 지급자를 원천징수의무자로 지정할 수 있다.

第三十九条 依照本法第三十七条、第三十八条规定应当扣缴的所得税，扣缴义务人未依法扣缴或者无法履行扣缴义务的，由纳税人在所得发生地缴纳。纳税人未依法缴纳的，税务机关可以从该纳税人在中国境内其他收入项目的支付人应付的款项中，追缴该纳税人的应纳税款。

제39조 [원천징수 불이행] 본 법 제37조 및 제38조의 규정에 따라 원천징수하여야 할 소득세를 원천징수의무자가 원천징수하지 아니하거나 원천징수를 이행할 수 없을 경우에는 납세의무자가 소득 발생지에서 납부한다. 납세의무자가 납부하지 않을 경우에는 세무기관이 납세의무자의 중국내 다른 수입의 지급자가 지급하여야 할 대금 중에서 납부세액을 추징할 수 있다.

第四十条 扣缴义务人每次代扣的税款，

제40조 [납부기한] 원천징수의무자가 매회 원천징수

应当自代扣之日起七日内缴入国库，并向所在地的税务机关报送扣缴企业所得税报告表。

한 세액은 원천징수일로부터 7일 내에 국고에 납입하고 소재지 세무기관에 기업소득세 원천징수 보고서를 제출하여야 한다.

第六章 特别纳税调整

제6장 특별납세조정

第四十一条 企业与其关联方之间的业务往来，不符合独立交易原则而减少企业或者其关联方应纳税收入或者所得额的，税务机关有权按照合理方法调整。

企业与其关联方共同开发、受让无形资产，或者共同提供、接受劳务发生的成本，在计算应纳税所得额时应当按照独立交易原则进行分摊。

제41조 [특별납세조정] ① 기업과 특수관계자와의 거래가 정상가격원칙에 맞지 않아 기업 또는 특수관계자의 과세수입 또는 소득액을 감소시킨 경우, 세무기관은 합리적인 방법에 따라 조정할 수 있다.
② 기업과 특수관계자가 공동으로 개발하거나 무형자산의 양수 또는 공동으로 용역을 제공받아 발생한 원가는 과세표준을 계산할 때 정상가격원칙에 따라 배분하여야 한다.

第四十二条 企业可以向税务机关提出与其关联方之间业务往来的定价原则和计算方法，税务机关与企业协商、确认后，达成预约定价安排。

제42조 [가격결정방법] 기업은 세무기관에 특수관계자와의 거래에 대한 가격결정원칙과 계산방법을 제출할 수 있으며, 세무기관은 기업과의 협상 및 확인 후 가격결정방법을 사전에 합의할 수 있다.

第四十三条 企业向税务机关报送年度企业所得税纳税申报表时，应当就其与关联方之间的业务往来，附送年度关联业务往来报告表。

税务机关在进行关联业务调查时，企业及其关联方，以及与关联业务调查有关的其他企业，应当按照规定提供相关资料。

제43조 [자료의 제출] ① 기업이 세무기관에 사업연도의 기업소득세 납부신고서를 제출하는 때에는 특수관계자와의 거래에 대하여 사업연도의 특수관계자간 거래보고서를 첨부하여 제출하여야 한다.
② 세무기관이 특수관계자간 거래를 조사할 때에는 기업 및 특수관계자 그리고 특수관계자간 거래 조사와 관련이 있는 기타의 기업은 규정에 따라 관련 자료를 제출하여야 한다.

第四十四条 企业不提供与其关联方之间业务往来资料，或者提供虚假、不完整资料，未能真实反映其关联业务往来情况的，税务机关有权依法核定其应纳税所得额。

제44조 [추계결정] 특수관계자와의 거래에 관한 자료를 기업이 제출하지 않거나 허위 또는 불완전한 자료를 제출하여 특수관계자간 거래의 상황을 사실대로 반영할 수 없는 경우, 세무기관이 과세표준을 추계결정할 수 있다.

第四十五条 由居民企业，或者由居民企业和中国居民控制的设立在实际税负明显低于本法第四条第一款规定税率水平的国家(地区)的企业，并非由于合理的经营需要而对利润不作分配或者减少分配

제45조 [간주배당] 거주기업 또는 거주기업과 중국거주자가 지배하는 실제 세부담이 본 법 제4조 제①항에서 규정한 세율보다 현저하게 낮은 수준인 국가(지역)에 설립된 기업으로서 합리적인 이유 없이 이윤을 분배하지 않거나 작게 분배하는 경우, 위의 이윤

的，上述利润中应归属于该居民企业的部分，应当计入该居民企业的当期收入。

중에서 당해 거주기업에 귀속되는 부분은 당해 거주기업의 당기수입에 산입하여야 한다.

第四十六条 企业从其关联方接受的债权性投资与权益性投资的比例超过规定标准而发生的利息支出，不得在计算应纳税所得额时扣除。

제46조 [과소자본세제] 기업이 특수관계자로부터 받은 채권투자와 지분투자의 비율이 기준을 초과함으로서 발생한 이자비용은 과세표준 계산시 공제할 수 없다.

第四十七条 企业实施其他不具有合理商业目的的安排而减少其应纳税收入或者所得额的，税务机关有权按照合理方法调整。

제47조 [조정] 기업이 기타 합리적인 상업목적이 없는 행위로 과세수입 또는 과세표준을 감소시킨 경우, 세무기관은 합리적인 방법에 따라 이를 조정할 수 있다.

第四十八条 税务机关依照本章规定作出纳税调整，需要补征税款的，应当补征税款，并按照国务院规定加收利息。

제48조 [세액 추징] 세무기관이 본 장에 규정에 따라 세무조정하여 세액을 추징하여야 할 경우에는 세액을 추징하고 국무원의 규정에 따라 이자를 추가로 징수하여야 한다.

第七章 征收管理

제7장 징수관리

第四十九条 企业所得税的征收管理除本法规定外，依照「中华人民共和国税收征收管理法」的规定执行。

제49조 [징수관리] 기업소득세의 징수관리는 본 법의 규정 이외에 「중화인민공화국 세수징수관리법」의 규정에 따라 집행한다.

第五十条 除税收法律、行政法规另有规定外，居民企业以企业登记注册地为纳税地点；但登记注册地在境外的，以实际管理机构所在地为纳税地点。

居民企业在中国境内设立不具有法人资格的营业机构的，应当汇总计算并缴纳企业所得税。

제50조 [거주기업의 납세지] ① 조세 법률 및 행정법규에 별도의 규정이 있는 경우 이외에 거주기업은 기업 등기등록지를 납세지로 하며, 등기등록지가 중국외인 경우에는 실제관리기구의 소재지를 납세지로 한다.

② 거주기업이 중국내에 법인격이 없는 영업기구를 설립하는 경우에는 합산하여 기업소득세를 납부하여야 한다.

第五十一条 非居民企业取得本法第三条第二款规定的所得，以机构、场所所在地为纳税地点。非居民企业在中国境内设立两个或者两个以上机构、场所的，经税务机关审核批准，可以选择由其主要机构、场所汇总缴纳企业所得税。

非居民企业取得本法第三条第三款规

제51조 [비거주기업의 납세지] ① 비거주기업이 본 법 제3조 제③항에 규정된 소득을 취득하는 경우 사업장 소재지가 납세지가 된다. 비거주기업이 중국내에 둘 또는 둘 이상의 사업장을 둔 경우에는 세무기관의 심사비준을 거쳐 주된 사업장이 기업소득세를 합산하여 납부하는 것을 선택할 수 있다.

② 비거주기업이 본 법 제3조 제③항에 규정된 소득

定的所得，以扣缴义务人所在地为纳税地点。

을 취득하는 경우 원천징수의무자의 소재지를 납세지로 한다.

第五十二条 除国务院另有规定外，企业之间不得合并缴纳企业所得税。

제52조 [연결납세] 국무원이 별도로 규정한 경우 이외에는 기업간에는 기업소득세를 연결납세할 수 없다.

第五十三条 企业所得税按纳税年度计算。纳税年度自公历1月1日起至12月31日止。

企业在一个纳税年度中间开业，或者终止经营活动，使该纳税年度的实际经营期不足十二个月的，应当以其实际经营期为一个纳税年度。

企业依法清算时，应当以清算期间作为一个纳税年度。

제53조 [과세연도] ① 기업소득세는 과세연도에 따라 계산하며 과세연도는 양력 1월 1일부터 12월 31일까지로 한다.

② 기업이 한 과세연도 도중에 개업하거나 사업활동을 중지하여 당해 과세연도의 기간이 12개월이 안 되는 경우에는 실제 사업기간이 하나의 과세기간이 된다.

③ 기업이 법률에 따라 청산하는 경우 청산기간이 하나의 과세연도가 된다.

第五十四条 企业所得税分月或者分季预缴。

企业应当自月份或者季度终了之日起十五日内，向税务机关报送预缴企业所得税纳税申报表，预缴税款。

企业应当自年度终了之日起五个月内，向税务机关报送年度企业所得税纳税申报表，并汇算清缴，结清应缴应退税款。

企业在报送企业所得税纳税申报表时，应当按照规定附送财务会计报告和其他有关资料。

제54조 [중간예납] ① 기업소득세는 매월 또는 매분기별로 세액을 예납한다.

② 기업은 매월 또는 매분기 종료일로부터 15일 이내에 세무기관에 기업소득세 예정납부 신고서를 제출하고 세액을 예납하여야 한다.

③ 기업은 사업연도 종료일로부터 5개월 이내에 세무기관에 당해 사업연도의 기업소득세 신고납부서를 제출하고 세액을 정산하여야 한다.

④ 기업이 기업소득세 신고납부서를 제출할 때에는 회계보고서와 기타 관련 자료를 제출하여야 한다.

第五十五条 企业在年度中间终止经营活动的，应当自实际经营终止之日起六十日内，向税务机关办理当期企业所得税汇算清缴。

企业应当在办理注销登记前，就其清算所得向税务机关申报并依法缴纳企业所得税。

제55조 [사업의 중지] ① 기업이 과세연도 도중에 사업활동을 중지하는 경우, 실제 중지일로부터 60일 이내에 세무기관에 당기의 기업소득세를 정산하여야 한다.

② 기업은 말소등기를 하기 전에 청산소득에 대해 세무기관에 신고하고 기업소득세를 납부하여야 한다.

第五十六条 依照本法缴纳的企业所得税，以人民币计算。所得以人民币以外的货币计算的，应当折合成人民币计算并缴纳税款。

제56조 [통화] 본 법에 따라 납부하는 기업소득세는 인민폐로 계산하여야 하며, 인민폐 이외의 화폐로 계산된 소득은 인민폐로 환산하여 세액을 납부하여야 한다.

第八章 附则

第五十七条 本法公布前已经批准设立的企业，依照当时的税收法律、行政法规规定，享受低税率优惠的，按照国务院规定，可以在本法施行后五年内，逐步过渡到本法规定的税率；享受定期减免税优惠的，按照国务院规定，可以在本法施行后继续享受到期满为止，但因未获利而尚未享受优惠的，优惠期限从本法施行年度起计算。

法律设置的发展对外经济合作和技术交流的特定地区内，以及国务院已规定执行上述地区特殊政策的地区内新设立的国家需要重点扶持的高新技术企业，可以享受过渡性税收优惠，具体办法由国务院规定。

国家已确定的其他鼓励类企业，可以按照国务院规定享受减免税优惠。

第五十八条 中华人民共和国政府同外国政府订立的有关税收的协定与本法有不同规定的，依照协定的规定办理。

第五十九条 国务院根据本法制定实施条例。

第六十条 本法自2008年1月1日起施行。1991年4月9日第七届全国人民代表大会第四次会议通过的「中华人民共和国外商投资企业和外国企业所得税法」和1993年12月13日国务院发布的「中华人民共和国企业所得税暂行条例」同时废止。

제8장 부칙

제57조 [조세특례] ① 본 법이 공포되기 이전에 비준 설립된 기업이 당시의 조세법률과 행정법규의 규정에 따라 저세율 특례를 받는 경우에는 국무원의 규정에 따라 본 법 시행 후 5년에 걸쳐 점차 본 법에서 규정하는 세율을 적용할 수 있다. 정기 감면의 조세특례를 받는 경우에는 국무원의 규정에 따라 본 법 시행 후 계속하여 누릴 수 있으나, 이윤이 없어서 특례를 받을 수 없는 경우 특례기한은 본 법이 시행되는 연도부터 기산한다.
② 법률에서 규정한 대외 경제합작과 기술교류를 발전시키는 특정지구 및 국무원이 위의 지구에 특별정책을 집행하기로 규정한 지구에서 새로 설립된 국가가 중점 지원할 필요가 있는 첨단기술기업은 과도기성 조세특례를 받을 수 있으며 구체적인 방법은 국무원이 규정한다.
③ 국가가 이미 정한 기타 장려업종은 국무원의 규정에 따라 조세특례를 받을 수 있다.

제58조 [조세협정] 중국 정부와 외국 정부 사이의 조세협정과 본 법이 다를 경우에는 조세협정의 규정에 따른다.

제59조 [실시조례] 국무원은 본 법의 규정에 따라 「실시조례」를 제정한다.

제60조 [부칙] 본 법은 2008년 1월 1일부터 시행한다. 1991년 4월 9일 제7기 전국인민대표대회 제4차 회의에서 통과된 「중화인민공화국 외상투자기업과 외국기업소득세」와 1993년 12월 13일 국무원이 공포한 「중화인민공화국 기업소득세 잠행조례」는 동시에 폐지한다.

2. 企业所得税法 实施条例(한국의 법인세법 시행령)

中国 企业所得税法 实施条例

中华人民共和国国务院令第512号

「中华人民共和国企业所得税法实施条例」已经2007年11月28日国务院第197次常务会议通过, 现予公布, 自2008年1月1日起施行。

总 理 温家宝 二○○七年十二月六日

第一章 总 则

第一条 根据「中华人民共和国企业所得税法」(以下简称企业所得税法) 的规定, 制定本条例。

第二条 企业所得税法第一条所称个人独资企业、合伙企业, 是指依照中国法律、行政法规成立的个人独资企业、合伙企业。

第三条 企业所得税法第二条所称依法在中国境内成立的企业, 包括依照中国法律、行政法规在中国境内成立的企业、事业单位、社会团体以及其他取得收入的组织。

企业所得税法第二条所称依照外国 (地区) 法律成立的企业, 包括依照外国 (地区) 法律成立的企业和其他取得收入的组织。

第四条 企业所得税法第二条所称实际管理机构, 是指对企业的生产经营、人员、账务、财产等实施实质性全面管理和控制的机构。

第五条 企业所得税法第二条第三款所称机构、场所, 是指在中国境内从事生产经营活动的机构、场所, 包括:

(一) 管理机构、营业机构、办事机构;

중국 기업소득세법 실시조례

중화인민공화국 국무원령 제512호

「중화인민공화국 기업소득세법 실시조례」는 2007년 11월 28일 국무원 제197차 상무회의에서 통과되어 공포하고 2008년 1월 1일부터 시행한다.

총리 원자바오 2007년 12월 6일

제1장 총칙

제1조 [제정근거] 「중화인민공화국 기업소득세법」(이하 "기업소득세법"이라 한다.)의 규정에 근거하여 본 조례를 제정한다.

제2조 [개인독자기업] 기업소득세법 제1조에서 말하는 "개인독자기업과 동업기업"이란 중국의 법률 및 행정법규에 따라 설립된 개인독자기업 및 동업기업을 말한다.

제3조 [중국내에서 설립된 기업] ① 기업소득세법 제2조에서 말하는 "법에 따라 중국내에서 설립된 기업"이란 중국의 법률 및 행정법규에 따라 중국내에 설립된 기업, 사업단위, 사회단체 및 기타 수입이 있는 조직을 포함한다.

② 기업소득세법 제2조에서 말하는 "외국(지구) 법률에 따라 설립된 기업"이란 외국(지구) 법률에 따라 설립된 기업과 기타 수입이 있는 조직을 포함한다.

제4조 [실제관리기구] 기업소득세법 제2조에서 말하는 "실제관리기구"란 기업의 사업활동, 인원, 재무, 재산 등에 대해 실질적이고 전면적인 관리와 통제를 행하는 기구를 말한다.

제5조 [사업장] ① 기업소득세법 제2조 제③항에서 말하는 "사업장(机构、场所)"란 중국내에서 사업활동을 하는 부서 및 장소를 말하며 다음을 포함한다.

1. 관리부서, 영업부서, 사무부서

（二）工厂、农场、开采自然资源的场所；
（三）提供劳务的场所；
（四）从事建筑、安装、装配、修理、勘探等工程作业的场所；
（五）其他从事生产经营活动的机构、场所。

非居民企业委托营业代理人在中国境内从事生产经营活动的，包括委托单位或者个人经常代其签订合同，或者储存、交付货物等，该营业代理人视为非居民企业在中国境内设立的机构、场所。

2. 공장, 농장, 자연자원을 채취하는 장소
3. 용역을 제공하는 장소
4. 건축, 설치, 조립, 수리, 탐사 등의 작업을 행하는 장소
5. 기타 사업활동을 영위하는 부서 및 장소

② 비거주기업이 영업대리인에게 위탁하여 중국내에서 사업활동을 영위하는 경우 그 영업대리인은 비거주기업이 중국내 설립한 사업장으로 본다. 사업활동은 단위 또는 개인에게 위탁하여 경상적으로 비거주기업을 대리하여 계약 체결 또는 재화를 보관 및 납품하는 것을 포함한다.

第六条 企业所得税法第三条所称所得，包括销售货物所得、提供劳务所得、转让财产所得、股息红利等权益性投资所得、利息所得、租金所得、特许权使用费所得、接受捐赠所得和其他所得。

제6조 [소득] 기업소득세법 제3조에서 말하는 “소득”은 재화판매소득, 용역제공소득, 재산양도소득, 배당 등 지분투자소득, 이자소득, 임대소득, 특허권사용료소득, 수증소득 및 기타의 소득을 포함한다.

第七条 企业所得税法第三条所称来源于中国境内、境外的所得，按照以下原则确定：
（一）销售货物所得，按照交易活动发生地确定；
（二）提供劳务所得，按照劳务发生地确定；
（三）转让财产所得，不动产转让所得按照不动产所在地确定，动产转让所得按照转让动产的企业或者机构、场所所在地确定，权益性投资资产转让所得按照被投资企业所在地确定；
（四）股息、红利等权益性投资所得，按照分配所得的企业所在地确定；
（五）利息所得、租金所得、特许权使用费所得，按照负担、支付所得的企业或者机构、场所所在地确定，或者按照负担、支付所得的个人的住所地确定；
（六）其他所得，由国务院财政、税务主管部门确定。

제7조 [원천소득의 기준] 기업소득세법 제3조에서 말하는 “중국내와 중국외의 원천소득”은 다음의 원칙에 따라 확정한다:
1. 재화판매소득은 거래발생지에 따라 확정한다.
2. 용역제공소득은 용역발생지에 따라 확정한다.
3. 재산양도소득은 부동산의 양도는 부동산 소재지에 따라, 동산의 양도는 동산을 양도한 기업 또는 사업장의 소재지에 따라, 지분투자의 양도는 피투자기업의 소재지에 따라 확정한다.
4. 배당 등 지분투자소득은 소득을 분배하는 기업의 소재지에 따라 확정한다.
5. 이자소득, 임대소득, 특허권사용료소득은 소득을 부담 또는 지급하는 기업 또는 사업장의 소재지에 따라 확정하고 지급자가 개인인 경우 주소지에 따라 확정한다.
6. 기타소득은 국무원 재정, 세무주관부문이 정한다.

第八条 企业所得税法第三条所称实际联系，是指非居民企业在中国境内设立的机构、场所拥有据以取得所得的股权、债权，以及拥有、管理、控制据以取得所得的财产等。

제8조 [실제적인 관계] 기업소득세법 제3조에서 말하는 “실제적인 관계”란 비거주기업이 중국내에 설립한 사업장이 지분 및 채권을 보유하여 소득을 취득하거나 재산 등을 보유, 관리, 지배하여 소득을 취득하는 것을 말한다.

第二章 应纳税所得额

第一节 一般规定

第九条 企业应纳税所得额的计算，以权责发生制为原则，属于当期的收入和费用，不论款项是否收付，均作为当期的收入和费用；不属于当期的收入和费用，即使款项已经在当期收付，均不作为当期的收入和费用。本条例和国务院财政、税务主管部门另有规定的除外。

第十条 企业所得税法第五条所称亏损，是指企业依照企业所得税法和本条例的规定将每一纳税年度的收入总额减除不征税收入、免税收入和各项扣除后小于零的数额。

第十一条 企业所得税法第五十五条所称清算所得，是指企业的全部资产可变现价值或者交易价格减除资产净值、清算费用以及相关税费等后的余额。

投资方企业从被清算企业分得的剩余资产，其中相当于从被清算企业累计未分配利润和累计盈余公积中应当分得的部分，应当确认为股息所得；剩余资产减除上述股息所得后的余额，超过或者低于投资成本的部分，应当确认为投资资产转让所得或者损失。

第二节 收入

第十二条 企业所得税法第六条所称企业取得收入的货币形式，包括现金、存款、应收账款、应收票据、准备持有至到期的债券投资以及债务的豁免等。

企业所得税法第六条所称企业取得收入的非货币形式，包括固定资产、生物资产、无形资产、股权投资、存货、不准备持有至到期的债券投资、劳务以及有关权益等。

第十三条 企业所得税法第六条所称企业

제2장 과세표준

제1절 일반규정

제9조 [원칙] 기업의 과세표준의 계산은 발생주의를 원칙으로 당기에 속하는 수입 및 비용은 대금의 수수에 관계없이 모두 당기의 수입 및 비용으로 처리하고, 당기에 속하지 않은 수입 및 비용은 당기에 대금을 수수하였더라도 당기의 수입 및 비용으로서 처리하지 않는다. 본 조례 및 국무원 재정, 세무주관부문이 별도로 규정하는 경우에는 제외한다.

제10조 [결손금] 기업소득세법 제5조에서 말하는 "결손금"이란 기업이 기업소득세법 및 본 조례의 규정에 따라 각 과세연도의 수입총액에서 비과세수입, 면세수입 및 각 항목을 공제한 후의 잔액이 0보다 작은 경우를 말한다.

제11조 [청산소득] ① 기업소득세법 제55조에서 말하는 "청산소득"이란 기업의 전체 자산을 현금화한 가액에서 자산의 장부가액, 청산비용, 관련 부대비용 등을 공제한 후의 잔액을 말한다.
② 투자기업이 피청산기업으로부터 받은 잔여자산 중에서 피청산기업의 미처분이익잉여금의 지분 해당액은 배당소득으로 인식하고, 잔여자산에서 위의 배당소득을 공제한 후의 잔액과 투자자의 투자금액과의 차이부분은 자산양도소득 또는 손실로 인식하여야 한다.

제2절 수입

제12조 [수입의 형태] ① 기업소득세법 제6조에서 말하는 "기업이 취득한 화폐성 수입"은 현금, 은행예금, 매출채권, 받을어음, 만기보유증권 및 채무면제이익 등을 포함한다.
② 기업소득세 제6조에서 말하는 "기업이 취득한 비화폐성 수입"은 고정자산, 생물자산, 무형자산, 지분투자, 재고자산, 매도가능증권, 용역 및 관련 권리 등을 포함한다.

제13조 [비화폐성 수입] ① 기업소득세법 제6조에서

以非货币形式取得的收入，应当按照公允价值确定收入额。

前款所称公允价值，是指按照市场价格确定的价值。

第十四条 企业所得税法第六条第（一）项所称销售货物收入，是指企业销售商品、产品、原材料、包装物、低值易耗品以及其他存货取得的收入。

第十五条 企业所得税法第六条第（二）项所称提供劳务收入，是指企业从事建筑安装、修理修配、交通运输、仓储租赁、金融保险、邮电通信、咨询经纪、文化体育、科学研究、技术服务、教育培训、餐饮住宿、中介代理、卫生保健、社区服务、旅游、娱乐、加工以及其他劳务服务活动取得的收入。

第十六条 企业所得税法第六条第（三）项所称转让财产收入，是指企业转让固定资产、生物资产、无形资产、股权、债权等财产取得的收入。

第十七条 企业所得税法第六条第（四）项所称股息、红利等权益性投资收益，是指企业因权益性投资从被投资方取得的收入。

股息、红利等权益性投资收益，除国务院财政、税务主管部门另有规定外，按照被投资方作出利润分配决定的日期确认收入的实现。

第十八条 企业所得税法第六条第（五）项所称利息收入，是指企业将资金提供他人使用但不构成权益性投资，或者因他人占用本企业资金取得的收入，包括存款利息、贷款利息、债券利息、欠款利息等收入。

利息收入，按照合同约定的债务人应付利息的日期确认收入的实现。

第十九条 企业所得税法第六条第（六）项所

말하는 “기업이 취득한 비화폐성 수입”은 공정가액에 따라 수입액을 확정하여야 한다.
② 전항의 “공정가액”이란 시장가격에 따라 확정된 가액을 말한다.

제14조 [재화판매수입] 기업소득세법 제6조 제1호에서 말하는 “재화판매수입”이란 기업이 상품, 제품, 원재료, 포장재, 소모품 및 기타 재고자산을 판매하여 취득한 수입을 말한다.

제15조 [용역제공수입] 기업소득세법 제6조 제2호에서 말하는 “용역제공수입”이란 기업이 건축, 수리, 수선, 교통운수, 창고 보관 및 임대, 금융보험, 우편통신, 중개자문, 문화체육, 과학연구, 기술용역, 교육 연수, 음식 숙박, 중개대리, 위생보건, 사회용역, 여행, 오락, 가공 및 기타 용역을 제공하여 취득한 수입을 말한다.

제16조 [재산양도수입] 기업소득세법 제6조 제3호에서 말하는 “재산양도수입”이란 기업이 고정자산, 생물자산, 무형자산, 지분, 채권 등의 재산을 양도하여 취득한 수입을 말한다.

제17조 [배당 등 지분투자수입] ① 기업소득세법 제6조 제4호에서 말하는 “배당 등 지분투자수입”이란 기업이 지분투자를 통해 피투자자로부터 취득한 수입을 말한다.
② 배당 등 지분투자수입은 국무원 재정, 세무주관부문이 별도 규정하는 경우를 제외하고는 피투자기업이 배당을 결정한 날에 수입을 인식한다.

제18조 [이자수입] ① 기업소득세법 제6조 제5호에서 말하는 “이자수입”이란 기업이 자금을 지분투자 이외의 형식으로 타인에게 제공하여 취득한 수입을 말하며, 예금이자, 대출이자, 채권이자, 연체이자 등의 수입을 포함한다.
② 이자수입은 계약에 약정된 채무자가 이자를 지급하여야 하는 날에 수입을 인식한다.

제19조 [임대수입] ① 기업소득세법 제6조 6호에서

称租金收入，是指企业提供固定资产、包装物或者其他有形资产的使用权取得的收入。

租金收入，按照合同约定的承租人应付租金的日期确认收入的实现。

말하는 "임대수입"이란 기업이 고정자산, 포장재 혹은 기타 유형자산을 임대하여 취득한 수입을 말한다.
② 임대수입은 계약서에 약정된 임대료 지급 약정일에 수입을 인식한다.

第二十条 企业所得税法第六条第（七）项所称特许权使用费收入，是指企业提供专利权、非专利技术、商标权、著作权以及其他特许权的使用权取得的收入。

特许权使用费收入，按照合同约定的特许权使用人应付特许权使用费的日期确认收入的实现。

제20조 [특허권사용료수입] ① 기업소득세법 제6조 제7호에서 말하는 "특허권사용료수입"이란 기업이 특허권, 비특허기술, 상표권, 저작권 및 그 외의 특허권의 사용권을 제공하여 취득하는 수입을 말한다.
② 특허권사용료수입은 계약서에 약정된 특허권사용료 지급일에 수입을 인식한다.

第二十一条 企业所得税法第六条第（八）项所称接受捐赠收入，是指企业接受的来自其他企业、组织或者个人无偿给予的货币性资产、非货币性资产。

接受捐赠收入，按照实际收到捐赠资产的日期确认收入的实现。

제21조 [수증수입] ① 기업소득세법 제6조 제8호에서 말하는 "수증수입"이란 기업이 다른 기업, 조직 혹은 개인으로부터 무상으로 화폐성 및 비화폐성 자산을 받는 것을 말한다.
② 수증수입은 수증자산을 실제 받은 날에 수입을 인식한다.

第二十二条 企业所得税法第六条第（九）项所称其他收入，是指企业取得的除企业所得税法第六条第（一）项至第（八）项规定的收入外的其他收入，包括企业资产溢余收入、逾期未退包装物押金收入、确实无法偿付的应付款项、已作坏账损失处理后又收回的应收款项、债务重组收入、补贴收入、违约金收入、汇兑收益等。

제22조 [기타의 수입] 기업소득세법 제6조 제9호에서 말하는 "기타의 수입"이란 기업이 기업소득세 제6조 제1호부터 제8호에 규정된 수입 이외의 기타의 수입을 취득하는 것을 말하여, 자산의 재고차익, 기한경과로 반환하지 않는 포장재 보증금 수입, 지급할 수 없는 미지급금, 상각채권추심이익, 채무재조정수입, 보조금수입, 위약금수입, 환차수익 등을 포함한다.

第二十三条 企业的下列生产经营业务可以分期确认收入的实现：

（一）以分期收款方式销售货物的，按照合同约定的收款日期确认收入的实现；

（二）企业受托加工制造大型机械设备、船舶、飞机，以及从事建筑、安装、装配工程业务或者提供其他劳务等，持续时间超过12个月的，按照纳税年度内完工进度或者完成的工作量确认收入的实现。

제23조 [수입의 인식시기] 아래와 같은 사업활동은 기간별로 수입을 인식할 수 있다.

1. 할부방식으로 재화를 판매한 경우 계약서에 약정된 대금 수령일에 수입을 인식한다.
2. 기업이 대형 기계설비, 선박, 비행기 등의 제작 및 건축, 설치, 조립업무와 기타의 용역의 제공을 수탁받는 경우로서 12개월 이상이 소요되는 경우에는 과세연도의 공사진행율 또는 완성작업량에 따라 수입을 인식한다.

第二十四条 采取产品分成方式取得收入

제24조 [공동 생산방식] 공동 생산방식으로 수입을

的，按照企业分得产品的日期确认收入的实现，其收入额按照产品的公允价值确定。

취득하는 경우 기업이 제품을 나누어 받은 날에 수입을 인식하고 수입액은 제품의 공정가액에 따라 확정한다.

第二十五条 企业发生非货币性资产交换，以及将货物、财产、劳务用于捐赠、偿债、赞助、集资、广告、样品、职工福利或者利润分配等用途的，应当视同销售货物、转让财产或者提供劳务，但国务院财政、税务主管部门另有规定的除外。

제25조 [간주공급] 기업이 현물교환이 발생한 경우 및 재화, 재산, 용역의 무상제공, 채무변제, 찬조, 자금모집, 광고, 샘플, 종업원 복리 또는 이익배분 등의 용도로 사용하는 경우, 재화의 판매, 재산의 양도 및 용역의 제공으로 보아야 하며, 국무원 재정, 세무주관부문이 별도로 규정하는 경우는 제외한다.

第二十六条 企业所得税法第七条第（一）项所称财政拨款，是指各级人民政府对纳入预算管理的事业单位、社会团体等组织拨付的财政资金，但国务院和国务院财政、税务主管部门另有规定的除外。

企业所得税法第七条第（二）项所称行政事业性收费，是指依照法律法规等有关规定，按照国务院规定程序批准，在实施社会公共管理，以及在向公民、法人或者其他组织提供特定公共服务过程中，向特定对象收取并纳入财政管理的费用。

企业所得税法第七条第（二）项所称政府性基金，是指企业依照法律、行政法规等有关规定，代政府收取的具有专项用途的财政资金。

企业所得税法第七条第（三）项所称国务院规定的其他不征税收入，是指企业取得的，由国务院财政、税务主管部门规定专项用途并经国务院批准的财政性资金。

제26조 [재정보조] ① 기업소득세법 제7조 제1호에서 말하는 "재정보조"란 각 급 인민정부가 예산관리에 포함되는 사업단위, 사회단체 등의 조직에 지급한 재정자금을 말하며, 국무원 및 국무원 재정, 세무주관부문이 별도로 규정한 경우에는 제외한다.

② 기업소득세법 제7조 제2호에서 말하는 "행정사업성 수수료"란 법률, 법규 등의 규정에 의거하여 국무원이 규정한 절차에 따른 비준을 받아 사회 공공관리의 실시 및 국민, 법인 또는 기타 조직에 대해 특정 공공서비스를 제공하는 과정에서 특정 대상으로부터 받아서 재정관리에 귀속시킨 비용을 말한다.

③ 기업소득세법 제7조 제2호에서 말하는 "정부성 기금"이란 기업이 법률, 행정법규 등의 규정에 근거하여 정부를 대신하여 받은 전용 용도가 있는 재정자금을 말한다.

④ 기업소득세법 제7조 제3호에서 말하는 "국무원이 규정한 기타 비과세수입"이란 기업이 취득한 것으로서 국무원 재정, 세무주관부문이 전용 용도를 규정하고 국무원의 비준을 거친 재정자금을 말한다.

第三节 扣除

제3절 공제

第二十七条 企业所得税法第八条所称有关的支出，是指与取得收入直接相关的支出。

企业所得税法第八条所称合理的支出，是指符合生产经营活动常规，应当计入当期损益或者有关资产成本的必要和正常的支出。

제27조 [관련있는 지출] ① 기업소득세법 제8조에서 말하는 "관련이 있는 지출"이란 수입의 획득과 직접 관련이 있는 지출을 말한다.

② 기업소득세법 제8조에서 말하는 "합리적인 지출"이란 사업활동의 통념에 맞는 것으로서 당기 손익 혹은 관련된 자산의 원가에 계상할 수 있는 정상적인 지출을 말한다.

第二十八条 企业发生的支出应当区分收益性支出和资本性支出。收益性支出在发生当期直接扣除；资本性支出应当分期扣除或者计入有关资产成本，不得在发生当期直接扣除。

企业的不征税收入用于支出所形成的费用或者财产，不得扣除或者计算对应的折旧、摊销扣除。

除企业所得税法和本条例另有规定外，企业实际发生的成本、费用、税金、损失和其他支出，不得重复扣除。

제28조 [지출의 구분] ① 기업에서 발생한 지출은 수익적지출과 자본적지출로 구분한다. 수익적지출은 발생할 때 직접 공제하고, 자본적지출은 기간별로 나누어 공제하거나 관련된 자산의 원가에 계상하여야 하고 발생할 때 직접 공제할 수 없다.
② 기업의 비과세수입에 사용된 지출로 발생한 비용 또는 재산은 공제 또는 상각할 수 없다.
③ 기업소득세법 및 본 조례에서 별도로 규정하는 경우 이외에는 기업에서 실제 발생한 원가, 비용, 세금, 손실 및 기타 지출은 중복하여 공제할 수 없다.

第二十九条 企业所得税法第八条所称成本，是指企业在生产经营活动中发生的销售成本、销货成本、业务支出以及其他耗费。

제29조 [원가] 기업소득세법 제8조에서 말하는 "원가"란 기업의 사업활동 과정에서 발생한 매출원가, 판매원가, 업무지출 및 기타 지출을 말한다.

第三十条 企业所得税法第八条所称费用，是指企业在生产经营活动中发生的销售费用、管理费用和财务费用，已经计入成本的有关费用除外。

제30조 [비용] 기업소득세법 제8조에서 말하는 "비용"이란 기업의 사업활동 과정에서 발생한 판매비용, 관리비용 및 재무비용을 가리키며 이미 원가에 계상된 관련 비용은 제외한다.

第三十一条 企业所得税法第八条所称税金，是指企业发生的除企业所得税和允许抵扣的增值税以外的各项税金及其附加。

제31조 [세금] 기업소득세법 제8조에서 말하는 "세금"이란 기업에서 발생한 기업소득세 및 공제가 가능한 증치세 이외의 각종 세금 및 부가를 말한다.

第三十二条 企业所得税法第八条所称损失，是指企业在生产经营活动中发生的固定资产和存货的盘亏、毁损、报废损失，转让财产损失，呆账损失，坏账损失，自然灾害等不可抗力因素造成的损失以及其他损失。

企业发生的损失，减除责任人赔偿和保险赔款后的余额，依照国务院财政、税务主管部门的规定扣除。

企业已经作为损失处理的资产，在以后纳税年度又全部收回或者部分收回时，应当计入当期收入。

제32조 [손실] ① 기업소득세법 제8조에서 말하는 "손실"이란 기업의 사업활동 과정에서 발생한 고정자산 및 재고자산의 감손, 훼손, 폐기 손실, 재산양도손실, 대손상각, 그리고 자연재해 등의 불가항력에 의한 손실 및 기타의 손실을 말한다.
② 기업에서 발생한 손실은 책임자의 배상 및 보험배상금을 차감한 잔액을 국무원의 재정, 세무주관부문의 규정에 따라 공제한다.
③ 기업이 이미 손실로서 처리한 자산을 이후 과세연도에 전부 또는 일부를 회수한 경우에는 당기의 수입에 계상하여야 한다.

第三十三条 企业所得税法第八条所称其他支出，是指除成本、费用、税金、损失外，企业在生产经营活动中发生的与

제33조 [기타의 지출] 기업소득세법 제8조에서 말하는 "기타의 지출"이란 원가, 비용, 세금, 손실 이외 기업의 사업활동 과정에서 발생한 사업활동과 관련이 있

生产经营活动有关的、合理的支出。

第三十四条 企业发生的合理的工资薪金支出，准予扣除。

前款所称工资薪金，是指企业每一纳税年度支付给在本企业任职或者受雇的员工的所有现金形式或者非现金形式的劳动报酬，包括基本工资、奖金、津贴、补贴、年终加薪、加班工资，以及与员工任职或者受雇有关的其他支出。

第三十五条 企业依照国务院有关主管部门或者省级人民政府规定的范围和标准为职工缴纳的基本养老保险费、基本医疗保险费、失业保险费、工伤保险费、生育保险费等基本社会保险费和住房公积金，准予扣除。

企业为投资者或者职工支付的补充养老保险费、补充医疗保险费，在国务院财政、税务主管部门规定的范围和标准内，准予扣除。

第三十六条 除企业依照国家有关规定为特殊工种职工支付的人身安全保险费和国务院财政、税务主管部门规定可以扣除的其他商业保险费外，企业为投资者或者职工支付的商业保险费，不得扣除。

第三十七条 企业在生产经营活动中发生的合理的不需要资本化的借款费用，准予扣除。

企业为购置、建造固定资产、无形资产和经过12个月以上的建造才能达到预定可销售状态的存货发生借款的，在有关资产购置、建造期间发生的合理的借款费用，应当作为资本性支出计入有关资产的成本，并依照本条例的规定扣除。

第三十八条 企业在生产经营活动中发生的下列利息支出，准予扣除：

（一）非金融企业向金融企业借款的利息支

는 합리적인 지출을 말한다.

제34조 [임금과 급여] ① 기업에서 발생한 합리적인 임금과 급여는 공제할 수 있다.
② 제①항에서 말하는 “임금과 급여”란 기업이 각 과세연도에 기업에 재직 또는 고용된 직원에게 지급하는 모든 현금 혹은 비현금성 노동보수를 말하며, 기본급여, 상여, 수당, 보조금, 연말 특별상여, 잔업 수당 및 재직 또는 고용과 관련있는 기타의 지출을 포함한다.

제35조 [사회보장비] ① 기업이 국무원의 관련 부문 또는 성급 인민정부가 규정한 범위와 기준에 따라 종업원을 위하여 납부한 기본 양로보험비, 기본 의료보험비, 실업보험비, 산재보험비, 생육보험비 등 기본 사회보험비와 주택적립금은 공제할 수 있다.
② 기업이 투자자 또는 종업원을 위하여 지급한 보충 양로보험비, 보충 의료보험비는 국무원의 재정, 세무 주관부문이 규정하는 범위와 기준을 한도로 공제할 수 있다.

제36조 [보험료] 기업이 국가의 규정에 따라 특수 직종의 종업원을 위해 지급하는 신체안전 보험료 및 국무원의 재정, 세무주관부문이 공제할 수 있다고 규정하는 기타 상업 보험료를 제외하고 투자자 또는 종업원을 위해 지급하는 상업 보험료는 공제할 수 없다.

제37조 [금융비용의 자본화] ① 기업의 사업활동 과정에서 발생한 자본화가 필요가 없는 합리적인 차입비용은 발생시에 공제할 수 있다.
② 기업이 고정자산, 무형자산 및 12개월 이상의 제조기간이 필요한 재고자산을 구입 또는 제조를 하기 위하여 차입한 경우로서 관련 자산의 구입, 건설 및 제조기간 동안에 발생한 합리적 차입비용은 자본적 지출로 보아 관련 자산의 원가에 계상하여야 하며 본 조례의 규정에 따라 공제한다.

제38조 [이자비용] 기업의 사업활동 과정에서 발생한 다음의 이자비용은 공제할 수 있다.
1. 비금융기업이 금융기업으로부터 차입한 이자비용,

出、金融企业的各项存款利息支出和同业拆借利息支出、企业经批准发行债券的利息支出；

（二）非金融企业向非金融企业借款的利息支出，不超过按照金融企业同期同类贷款利率计算的数额的部分。

금융기관의 각종 예금에 대한 이자비용과 콜금리 비용, 기업이 비준을 거쳐 발행한 채권의 이자비용

2. 비금융기업이 비금융기업으로부터 차입한 이자비용은 금융기간의 동일한 종류의 대출이자율에 따라 계산한 금액을 초과하지 않는 부분

第三十九条 企业在货币交易中，以及纳税年度终了时将人民币以外的货币性资产、负债按照期末即期人民币汇率中间价折算为人民币时产生的汇兑损失，除已经计入有关资产成本以及与向所有者进行利润分配相关的部分外，准予扣除。

제39조 [외화의 환산] 기업의 화폐 거래 및 과세연도 종료 시점에 인민폐 이외의 화폐성 외화자산과 외화부채를 기말의 인민폐 기준환율로 환산하여 발생하는 외화환산손실은 관련 자산의 원가에 계상한 부분 및 소유자에게 이익을 분배한 부분을 제외하고 공제할 수 있다.

第四十条 企业发生的职工福利费支出，不超过工资薪金总额14%的部分，准予扣除。

제40조 [복리후생비] 기업에서 발생한 종업원 복리후생비는 임금과 급여 총액의 14%까지는 공제할 수 있다.

第四十一条 企业拨缴的工会经费，不超过工资薪金总额2%的部分，准予扣除。

제41조 [노동조합비] 기업이 지출한 노동조합비는 임금과 급여 총액의 2%까지는 공제할 수 있다.

第四十二条 除国务院财政、税务主管部门另有规定外，企业发生的职工教育经费支出，不超过工资薪金总额2.5%的部分，准予扣除；超过部分，准予在以后纳税年度结转扣除。

제42조 [교육경비] 국무원 재정, 세무주관부문이 별도로 규정한 경우를 제외하고 기업에서 발생한 종업원 교육경비지출은 임금급여총액의 2.5%까지는 공제할 수 있으며, 초과부분은 이후 과세연도에 이월하여 공제할 수 있다.

第四十三条 企业发生的与生产经营活动有关的业务招待费支出，按照发生额的60%扣除，但最高不得超过当年销售（营业）收入的5‰。

제43조 [접대비] 기업에서 발생한 사업활동과 관련된 접대비는 발생액의 60%를 공제할 수 있으나 당년도 매출액(영업수입)의 0.5%를 초과할 수 없다.

第四十四条 企业发生的符合条件的广告费和业务宣传费支出，除国务院财政、税务主管部门另有规定外，不超过当年销售（营业）收入15%的部分，准予扣除；超过部分，准予在以后纳税年度结转扣除。

제44조 [광고선전비] 기업에서 발생한 광고선전비는 국무원 재정, 세무주관부문이 별도로 규정한 경우를 제외하고 매출액(영업수입)의 15%까지는 공제할 수 있고 초과분은 이후 과세연도에 이월하여 공제할 수 있다.

第四十五条 企业依照法律、行政法规有关规定提取的用于环境保护、生态恢复等方面的专项资金，准予扣除。上述专

제45조 [전용자금] 기업이 법률, 행정법규의 관련규정에 근거하여 계상한 환경보호, 생태회복 등에 사용되는 전용자금은 공제할 수 있다. 상술된 전용자금을

项资金提取后改变用途的，不得扣除。

계상한 후 용도를 변경한 경우는 공제할 수 없다.

第四十六条 企业参加财产保险，按照规定缴纳的保险费，准予扣除。

제46조 [보험료] 기업이 재산보험에 가입하고 규정에 따라 납부한 보험료는 공제할 수 있다.

第四十七条 企业根据生产经营活动的需要租入固定资产支付的租赁费，按照以下方法扣除：

（一）以经营租赁方式租入固定资产发生的租赁费支出，按照租赁期限均匀扣除；

（二）以融资租赁方式租入固定资产发生的租赁费支出，按照规定构成融资租入固定资产价值的部分应当提取折旧费用，分期扣除。

제47조 [리스비용] 기업이 사업활동에 필요한 고정자산을 리스하고 지불한 리스비용은 다음의 방법에 의해 공제한다.

1. 운용리스방식으로 리스한 고정자산의 리스 비용은 리스기간에 따라 균등하게 공제한다.
2. 금융리스방식으로 리스한 고정자산의 리스 비용은 금융리스 고정자산의 가치에 해당되는 부분에 대해 감가상각비를 계상하고 각 기간별로 공제한다.

第四十八条 企业发生的合理的劳动保护支出，准予扣除。

제48조 [노동보호 지출] 기업에서 발생한 합리적인 노동보호 지출은 공제할 수 있다.

第四十九条 企业之间支付的管理费、企业内营业机构之间支付的租金和特许权使用费，以及非银行企业内营业机构之间支付的利息，不得扣除。

제49조 [사내비용] 기업간 지불한 관리비, 기업내 영업기구간 지불한 임대료와 특허권사용료 및 비은행기업내 영업기구간에 지불한 이자는 공제할 수 없다.

第五十条 非居民企业在中国境内设立的机构、场所，就其中国境外总机构发生的与该机构、场所生产经营有关的费用，能够提供总机构出具的费用汇集范围、定额、分配依据和方法等证明文件，并合理分摊的，准予扣除。

제50조 [공통 경비] 비거주기업이 중국내에 사업장을 설립한 경우 중국외의 본점에서 발생한 비용 중 해당 사업장의 사업활동과 관련이 있는 비용은 본점이 발급한 비용의 집계범위, 기준, 분배근거 및 증명서류를 제출할 수 있고 합리적으로 배분된 부분은 공제할 수 있다.

第五十一条 企业所得税法第九条所称公益性捐赠，是指企业通过公益性社会团体或者县级以上人民政府及其部门，用于「中华人民共和国公益事业捐赠法」规定的公益事业的捐赠。

제51조 [공익 기부금] 기업소득세법 제9조에서 말하는 "공익 기부금"이란 기업이 공익성 사회단체 또는 현급 이상의 인민정부 등의 기관을 통해 "중국 공익사업 기부법"이 규정한 공익사업에 사용되는 기부금을 말한다.

第五十二条 本条例第五十一条所称公益性社会团体，是指同时符合下列条件的基金会、慈善组织等社会团体：

（一）依法登记，具有法人资格；

제52조 [공익성 사회단체] 본 조례 제51조에서 말하는 "공익성 사회단체"란 아래의 조건을 동시에 갖춘 기금회, 자선조직 등의 사회단체를 말한다.

1. 법에 따라 등기하여 법인자격이 있을 것

（二）以发展公益事业为宗旨，且不以营利为目的；

（三）全部资产及其增值为该法人所有；

（四）收益和营运结余主要用于符合该法人设立目的的事业；

（五）终止后的剩余财产不归属任何个人或者营利组织；

（六）不经营与其设立目的无关的业务；

（七）有健全的财务会计制度；

（八）捐赠者不以任何形式参与社会团体财产的分配；

（九）国务院财政、税务主管部门会同国务院民政部门等登记管理部门规定的其他条件。

2. 공익사업의 발전을 취지로 하고 영리를 목적으로 하지 않을 것

3. 모든 자산 및 잉여금을 그 법인이 소유할 것

4. 수익 및 운영상의 잉여금은 주로 설립목적에 맞는 사업에 사용될 것

5. 사업이 종료된 후의 잔여재산은 어떠한 개인 또는 영리조직에게도 귀속되지 않을 것

6. 설립목적과 무관한 사업을 하지 않을 것

7. 건전한 회계제도를 갖출 것

8. 출연자는 어떠한 형태로라도 사회단체의 재산분배에 참여하지 않을 것

9. 국무원의 재정, 세무주관부문이 국무원 민정부문 등의 등기관리부문과 같이 규정한 기타의 조건

第五十三条 企业发生的公益性捐赠支出，不超过年度利润总额12%的部分，准予扣除。

年度利润总额，是指企业依照国家统一会计制度的规定计算的年度会计利润。

제53조 [기부금의 한도] ① 기업에서 발생한 공익 기부금의 지출은 세전순이익의 12%를 초과하지 않는 부분을 공제할 수 있다.

② '세전순이익'이란 기업이 국가의 회계제도의 규정에 따라 계산한 세전순이익을 말한다.

第五十四条 企业所得税法第十条第（六）项所称赞助支出，是指企业发生的与生产经营活动无关的各种非广告性质支出。

제54조 [찬조 지출] 기업소득세법 제10조 제6호에서 말하는 "찬조 지출"이란 기업에서 사업활동과 관련이 없는 각종 비광고성 지출을 말한다.

第五十五条 企业所得税法第十条第（七）项所称未经核定的准备金支出，是指不符合国务院财政、税务主管部门规定的各项资产减值准备、风险准备等准备金支出。

제55조 [충당금] 기업소득세법 제10조 제7호에서 말하는 "심사승인을 거치지 않은 충당금 지출"이란 국무원의 재정, 세무주관부문의 규정에 맞지 않는 각종 자산평가손실충당금, 위험충당금 등의 충당금 전입액을 말한다.

第四节 资产的税务处理

제4절 자산의 세무처리

第五十六条 企业的各项资产，包括固定资产、生物资产、无形资产、长期待摊费用、投资资产、存货等，以历史成本为计税基础。

前款所称历史成本，是指企业取得该项资产时实际发生的支出。

企业持有各项资产期间资产增值或者减值，除国务院财政、税务主管部门规

제56조 [과세기초] ① 고정자산, 생물자산, 무형자산, 장기이연비용, 투자자산, 재고자산 등을 포함한 기업의 각종 자산은 취득원가를 과세기초로 한다.

② 제①항에서 말하는 "취득원가"란 기업이 해당 자산을 취득한 때에 실제 발생한 지출을 말한다.

③ 기업이 각종 자산을 보유하는 동안 자산가치가 증가 혹은 감소되었을 경우 국무원의 재정, 세무주관부

定可以确认损益外，不得调整该资产的计税基础。

문이 손익을 인식할 수 있다고 규정한 경우를 제외하고 해당 자산의 과세기초를 조정할 수 없다.

第五十七条 企业所得税法第十一条所称固定资产，是指企业为生产产品、提供劳务、出租或者经营管理而持有的、使用时间超过12个月的非货币性资产，包括房屋、建筑物、机器、机械、运输工具以及其他与生产经营活动有关的设备、器具、工具等。

제57조 [고정자산] 기업소득세법 제11조에서 말하는 “고정자산”이란 기업이 제품생산, 용역제공, 임대 또는 경영관리를 위해 보유하고 있는 것으로서 사용기간이 12개월을 넘는 비화폐성자산을 말하며, 건물, 건축물, 기기, 기계, 차량운반구 및 그 외의 사업활동과 관련이 있는 설비, 기구, 공구 등을 포함한다.

第五十八条 固定资产按照以下方法确定计税基础：

（一）外购的固定资产，以购买价款和支付的相关税费以及直接归属于使该资产达到预定用途发生的其他支出为计税基础；

（二）自行建造的固定资产，以竣工结算前发生的支出为计税基础；

（三）融资租入的固定资产，以租赁合同约定的付款总额和承租人在签订租赁合同过程中发生的相关费用为计税基础，租赁合同未约定付款总额的，以该资产的公允价值和承租人在签订租赁合同过程中发生的相关费用为计税基础；

（四）盘盈的固定资产，以同类固定资产的重置完全价值为计税基础；

（五）通过捐赠、投资、非货币性资产交换、债务重组等方式取得的固定资产，以该资产的公允价值和支付的相关税费为计税基础；

（六）改建的固定资产，除企业所得税法第十三条第（一）项和第（二）项规定的支出外，以改建过程中发生的改建支出增加计税基础。

제58조 [고정자산의 과세기초] 고정자산은 다음의 방법으로 과세기초를 확정한다.

1. 외부에서 매입한 고정자산은 매입가격과 지불한 부대비용 및 사용가능상태까지 발생한 기타의 지출을 합한 금액을 과세기초로 한다.
2. 직접 건조(건설 및 제조)한 고정자산은 준공정산까지 발생한 지출을 과세기초로 한다.
3. 금융리스로 리스한 고정자산은 리스계약서에 약정된 지급총액과 리스이용자가 리스계약을 체결하는 과정에서 발생한 관련 비용을 과세기초로 한다. 리스계약서에 지급총액을 약정하지 않은 경우에는 해당 자산의 공정가액과 리스이용자가 리스계약을 체결하는 과정에서 발생한 관련 비용을 과세기초로 한다.
4. 부외 고정자산은 동종 고정자산의 재취득원가를 과세기초로 한다.
5. 수증, 투자, 비화폐성자산의 교환, 채무재조정 등의 방식으로 취득한 고정자산은 해당 자산의 공정가액과 지불한 부대비용을 과세기초로 한다.
6. 개축한 고정자산은 기업소득세법 제13조 제1호와 제2호의 규정에 의한 지출 이외에는 개축과정에서 발생한 지출은 자본적지출로 과세기초에 가산한다.

第五十九条 固定资产按照直线法计算的折旧，准予扣除。

企业应当自固定资产投入使用月份的次月起计算折旧；停止使用的固定资产，应当自停止使用月份的次月起停止计算折旧。

제59조 [고정자산의 상각] ① 고정자산은 정액법으로 계산한 감가상각비를 공제할 수 있다.
② 기업은 고정자산을 사용하기 시작한 익월부터 감가상각비를 계상하고, 사용을 정지한 익월부터 감가상각비의 계상을 정지하여야 한다.

企业应当根据固定资产的性质和使用情况，合理确定固定资产的预计净残值。固定资产的预计净残值一经确定，不得变更。

③ 기업은 고정자산의 성질과 사용현황에 따라 고정자산의 예상 잔존가액을 합리적으로 추정하여야 하며, 한번 확정된 예상 잔존가액은 변경할 수 없다.

第六十条 除国务院财政、税务主管部门另有规定外，固定资产计算折旧的最低年限如下：

（一）房屋、建筑物，为20年；

（二）飞机、火车、轮船、机器、机械和其他生产设备，为10年；

（三）与生产经营活动有关的器具、工具、家具等，为5年；

（四）飞机、火车、轮船以外的运输工具，为4年；

（五）电子设备，为3年。

제60조 [내용연수] 국무원의 재정, 세무주관부문이 별도로 규정한 경우 이외에 고정자산의 최저 내용연수는 다음과 같다.

1. 건물, 건축물 : 20년
2. 비행기, 열차, 선박, 기기, 기계장치 및 기타의 생산설비 : 10년
3. 사업활동과 관련있는 기구, 공구, 가구 등 : 5년
4. 비행기, 열차, 선박 이외의 운수장비 : 4년
5. 전자설비 : 3년

第六十一条 从事开采石油、天然气等矿产资源的企业，在开始商业性生产前发生的费用和有关固定资产的折耗、折旧方法，由国务院财政、税务主管部门另行规定。

제61조 [채굴사업] 석유, 천연가스 등 광산자원의 채굴에 종사하는 기업이 생산개시 이전에 발생한 비용 및 관련된 고정자산의 감모, 감가상각방법은 국무원의 재정, 세무주관부문이 별도로 규정한다.

第六十二条 生产性生物资产按照以下方法确定计税基础：

（一）外购的生产性生物资产，以购买价款和支付的相关税费为计税基础；

（二）通过捐赠、投资、非货币性资产交换、债务重组等方式取得的生产性生物资产，以该资产的公允价值和支付的相关税费为计税基础。

前款所称生产性生物资产，是指企业为生产农产品、提供劳务或者出租等而持有的生物资产，包括经济林、薪炭林、产畜和役畜等。

제62조 [생산성 생물자산] ① 생산성 생물자산은 다음의 방법에 의하여 과세기초를 확정한다.

1. 외부에서 매입한 생산성 생물자산은 매입가격과 지불한 부대비용을 과세기초로 한다.
2. 수증, 투자, 비화폐성자산의 교환, 채무재조정 등의 방식으로 취득한 생산성 생물자산은 해당 자산의 공정가액과 지불한 부대비용을 과세기초로 한다.

② 제①항의 "생산성 생물자산"이란 기업이 농산품 생산, 용역 제공 또는 임대 등의 목적으로 보유한 생물자산을 말하며, 경제림, 신탄림, 가축 등을 포함한다.

第六十三条 生产性生物资产按照直线法计算的折旧，准予扣除。

企业应当自生产性生物资产投入使用月份的次月起计算折旧；停止使用的生产性生物资产，应当自停止使用月份的次月起停止计算折旧。

제63조 [생물자산] ① 생산성 생물자산은 정액법에 의해 감가상각비를 계상하여 공제할 수 있다.

기업은 생산성 생물자산의 사용을 개시한 익월부터 감가상각비를 계상해야 한다.

② 사용을 정지한 생산성 생물자산은 사용을 정지한 익월부터 감가상각비의 계상을 정지해야 한다.

企业应当根据生产性生物资产的性质和使用情况，合理确定生产性生物资产的预计净残值。生产性生物资产的预计净残值一经确定，不得变更。

③ 기업은 생산성 생물자산의 성질과 사용상황에 근거하여 생산성 생물자산의 추정잔존가액을 합리적으로 확정한다. 생산성 생물자산의 추정잔존가액은 한 번 확정되면 변경할 수 없다.

第六十四条 生产性生物资产计算折旧的最低年限如下：

（一）林木类生产性生物资产，为10年；

（二）畜类生产性生物资产，为3年。

제64조 [생물자산의 내용연수] 생산성 생물자산의 감가상각비 계산의 최저 내용연수는 다음과 같다.

1. 임목류의 생산성 생물자산 : 10년
2. 가축류의 생산성 생물자산 : 3년

第六十五条 企业所得税法第十二条所称无形资产，是指企业为生产产品、提供劳务、出租或者经营管理而持有的、没有实物形态的非货币性长期资产，包括专利权、商标权、著作权、土地使用权、非专利技术、商誉等。

제65조 [무형자산] 기업소득세법 제12조에서 말하는 "무형자산"이란 기업이 제품 생산, 용역 제공, 임대 또는 경영관리를 위해 보유하는 것으로서 실물 형태가 없는 비화폐성 장기자산을 말하며, 특허권, 상표권, 저작권, 토지사용권, 비특허기술, 영업권 등을 포함한다.

第六十六条 无形资产按照以下方法确定计税基础：

（一）外购的无形资产，以购买价款和支付的相关税费以及直接归属于使该资产达到预定用途发生的其他支出为计税基础；

（二）自行开发的无形资产，以开发过程中该资产符合资本化条件后至达到预定用途前发生的支出为计税基础；

（三）通过捐赠、投资、非货币性资产交换、债务重组等方式取得的无形资产，以该资产的公允价值和支付的相关税费为计税基础。

제66조 [무형자산의 과세기초] 무형자산은 다음의 방법에 따라 과세기초를 확정한다.

1. 외부에서 매입한 무형자산은 매입가격, 지불한 부대비용 및 해당 자산이 예정 용도에 사용가능할 때까지 발생한 기타의 지출을 과세기초로 한다.
2. 자체 개발한 무형자산은 개발 과정에서 자본화의 조건을 갖출 때부터 예정 용도에 사용가능할 때까지 발생한 지출을 과세기초로 한다.
3. 수증, 투자, 비화폐성자산의 교환, 채무재조정 등의 방식으로 취득한 무형자산은 해당자산의 공정가액과 지불된 부대비용을 과세기초로 한다.

第六十七条 无形资产按照直线法计算的摊销费用，准予扣除。

无形资产的摊销年限不得低于10年。

作为投资或者受让的无形资产，有关法律规定或者合同约定了使用年限的，可以按照规定或者约定的使用年限分期摊销。

外购商誉的支出，在企业整体转让或者清算时，准予扣除。

제67조 [무형자산의 상각] ① 무형자산은 정액법에 따라 계산한 상각비를 공제할 수 있다.

② 무형자산의 내용연수는 10년보다 작을 수 없다.

③ 투자 또는 매입한 무형자산은 내용연수가 관련 법률에 규정되어 있거나 계약서에 약정되어 있는 경우 규정 또는 약정된 내용연수에 의해 상각한다.

④ 외부에서 매입한 영업권의 지출은 기업전체를 양도 혹은 청산하는 경우 공제할 수 있다.

第六十八条 企业所得税法第十三条第

제68조 [개량지출] ① 기업소득세 제13조 제1호와 제

（一）项和第（二）项所称固定资产的改建支出，是指改变房屋或者建筑物结构、延长使用年限等发生的支出。

企业所得税法第十三条第（一）项规定的支出，按照固定资产预计尚可使用年限分期摊销；第（二）项规定的支出，按照合同约定的剩余租赁期限分期摊销。

改建的固定资产延长使用年限的，除企业所得税法第十三条第（一）项和第（二）项规定外，应当适当延长折旧年限。

2호에서 말하는 "고정자산의 개량 지출"이란 건물 또는 건축물의 구조의 변경, 내용연수의 연장 등을 위해 발생하는 지출을 말한다.

② 기업소득세법 제13조 제1호에서 규정된 지출은 고정자산의 추정 내용연수에 따라 상각하고, 제2호에서 규정된 지출은 계약서에 약정된 잔존 리스기간에 따라 상각한다.

③ 개량 지출로 고정자산의 내용연수가 연장된 경우, 기업소득세법 제13조 제1호 및 제2호에 규정된 경우를 제외하고는 감가상각연수를 적절히 연장하여야 한다.

第六十九条 企业所得税法第十三条第（三）项所称固定资产的大修理支出，是指同时符合下列条件的支出：

（一）修理支出达到取得固定资产时的计税基础50%以上；

（二）修理后固定资产的使用年限延长2年以上。

企业所得税法第十三条第（三）项规定的支出，按照固定资产尚可使用年限分期摊销。

제69조 [대수리 지출] ① 기업소득세법 제13조 제3호에서 말하는 "고정자산의 대수리 지출"이란 다음의 조건을 동시에 갖춘 지출을 말한다.

1. 수리 지출이 고정자산을 취득할 때의 과세기초의 50% 이상인 경우
2. 수리 후의 고정자산의 내용연수가 2년 이상 연장되는 경우

② 기업소득세법 제13조 제3호에서 규정된 지출은 고정자산의 잔존 내용연수에 따라 상각한다.

第七十条 企业所得税法第十三条第（四）项所称其他应当作为长期待摊费用的支出，自支出发生月份的次月起，分期摊销，摊销年限不得低于3年。

제70조 [장기이연비용] 기업소득세법 제13조 제4호에서 말하는 "기타 장기이연비용"은 지출이 발생한 달의 익월부터 상각하고 상각 내용연수는 3년보다 작을 수 없다.

第七十一条 企业所得税法第十四条所称投资资产，是指企业对外进行权益性投资和债权性投资形成的资产。

企业在转让或者处置投资资产时，投资资产的成本，准予扣除。

投资资产按照以下方法确定成本：

（一）通过支付现金方式取得的投资资产，以购买价款为成本；

（二）通过支付现金以外的方式取得的投资资产，以该资产的公允价值和支付的相关税费为成本。

제71조 [투자자산] ① 기업소득세법 제14조에서 말하는 "투자자산"이란 기업이 외부에 지분투자와 채권투자를 하여 형성된 자산을 말한다.

② 기업이 투자자산을 양도 또는 처분할 때에는 투자자산의 원가를 공제할 수 있다.

③ 투자자산은 다음의 방법으로 원가를 확정한다.

1. 현금으로 취득한 투자자산은 매입원가를 원가로 한다.
2. 현금 이외의 방식으로 취득한 투자자산은 해당 자산의 공정가액과 지불된 부대비용을 원가로 한다.

第七十二条 企业所得税法第十五条所称存

제72조 [재고자산] ① 기업소득세법 제15조에서 말하하

货，是指企业持有以备出售的产品或者商品、处在生产过程中的在产品、在生产或者提供劳务过程中耗用的材料和物料等。

存货按照以下方法确定成本：

（一）通过支付现金方式取得的存货，以购买价款和支付的相关税费为成本；

（二）通过支付现金以外的方式取得的存货，以该存货的公允价值和支付的相关税费为成本；

（三）生产性生物资产收获的农产品，以产出或者采收过程中发生的材料费、人工费和分摊的间接费用等必要支出为成本。

는 "재고자산"이란 기업이 판매를 위하여 보유하는 제품, 상품, 재공품, 생산 또는 용역제공과정에서 소모되는 재료와 자재를 말한다.

② 재고자산은 아래와 같이 원가를 확정한다.

1. 현금으로 취득한 재고자산은 매입원가와 부대비용을 원가로 한다.
2. 현금 이외의 방식으로 취득한 재고자산은 해당 자산의 공정가액과 부대비용을 원가로 한다.
3. 생산성 생물자산으로부터 수확한 농산품은 생산 또는 수확 과정에서 발생한 재료비, 노무비 및 배부되어야 할 간접비용 등의 지출을 원가로 한다.

第七十三条 企业使用或者销售的存货的成本计算方法，可以在先进先出法、加权平均法、个别计价法中选用一种。计价方法一经选用，不得随意变更。

제73조 [재고자산의 평가] 기업이 사용 또는 판매한 재고자산의 원가는 선입선출법, 가중평균법, 개별법 중 한 가지를 선택할 수 있으며, 한번 결정된 계산방법은 임의로 변경할 수 없다.

第七十四条 企业所得税法第十六条所称资产的净值和第十九条所称财产净值，是指有关资产、财产的计税基础减除已经按照规定扣除的折旧、折耗、摊销、准备金等后的余额。

제74조 [장부가액] 기업소득세법 제16조에서 말하는 "자산의 장부가액" 및 제19조에서 "재산의 장부가액"이란 관련된 자산과 재산의 과세기초에서 규정에 따라 이미 공제한 감가상각비, 감모, 충당금 등을 차감한 후의 잔액을 말한다.

第七十五条 除国务院财政、税务主管部门另有规定外，企业在重组过程中，应当在交易发生时确认有关资产的转让所得或者损失，相关资产应当按照交易价格重新确定计税基础。

제75조 [구조조정시의 양도소득] 국무원의 재정, 세무주관부문이 별도로 규정한 경우를 제외하고 기업은 구조조정 과정에서 거래가 발생한 때 관련 자산의 양도소득 또는 손실을 인식하여야 하며, 관련 자산은 거래가액에 따라 과세기초를 재계산하여야 한다.

第三章 应纳税额

제3장 납부세액

第七十六条 企业所得税法第二十二条规定的应纳税额的计算公式为：

应纳税额 ＝ 应纳税所得额×适用税率－减免税额－抵免税额

公式中的减免税额和抵免税额，是指依照企业所得税法和国务院的税收优惠规定减征、免征和抵免的应纳税额。

제76조 [납부세액] ① 기업소득세법 제22조에서 규정하는 납부세액의 계산공식은 다음과 같다.

납부세액＝과세표준×적용세율－감면세액－공제세액

② 공식에서의 감면세액과 공제세액은 기업소득세법과 국무원의 조세특례규정에 따라 감면, 면제, 공제되는 납부세액을 말한다.

第七十七条 企业所得税法第二十三条所称已在境外缴纳的所得税税额，是指企业来源于中国境外的所得依照中国境外税收法律以及相关规定应当缴纳并已经实际缴纳的企业所得税性质的税款。

제77조 [외국납부세액] 기업소득세법 제23조에서 말하는 "국외에서 납부한 소득세액"이란 기업의 중국외 원천소득에 대하여 해당 조세 법률 및 관련 규정에 따라 납부하여야 하거나 납부한 기업소득세 종류의 세액을 말한다.

第七十八条 企业所得税法第二十三条所称抵免限额，是指企业来源于中国境外的所得，依照企业所得税法和本条例的规定计算的应纳税额。除国务院财政、税务主管部门另有规定外，该抵免限额应当分国（地区）不分项计算，计算公式如下：

抵免限额＝中国境内、境外所得依照企业所得税法和本条例的规定计算的应纳税总额×来源于某国（地区）的应纳税所得额÷中国境内、境外应纳税所得总额

제78조 [공제 한도] 기업소득세법 제23조에서 말하는 "공제 한도액"이란 기업이 중국외 원천소득에 대하여 기업소득세법과 본 조례의 규정에 따라 계산한 납부세액을 말한다. 국무원의 재정, 세무주관부문이 별도로 규정하는 경우를 제외하고 공제 한도액은 국가(지역)별로 구분하되 항목별로는 분류하지 않고 계산하며, 그 계산공식은 다음과 같다.

공제 한도액＝기업소득세법 및 본 조례에 따라 계산된 중국내외의 전체 납부세액×특정국가(지역)의 과세표준÷중국내 및 중국외의 과세표준 총액

第七十九条 企业所得税法第二十三条所称5个年度，是指从企业取得的来源于中国境外的所得，已经在中国境外缴纳的企业所得税性质的税额超过抵免限额的当年的次年起连续5个纳税年度。

제79조 [5년 이내] 기업소득세법 제23조에서 말하는 "5년 이내"란 기업이 취득한 중국외 원천소득에 대하여 이미 중국외에서 납부한 기업소득세의 성질을 갖는 세액이 공제 한도액을 초과한 년도의 익년부터 연속하는 5개 과세연도를 말한다.

第八十条 企业所得税法第二十四条所称直接控制，是指居民企业直接持有外国企业20%以上股份。

企业所得税法第二十四条所称间接控制，是指居民企业以间接持股方式持有外国企业20%以上股份，具体认定办法由国务院财政、税务主管部门另行制定。

제80조 [직접 지배] ① 기업소득세법 제24조에서 말하는 "직접 지배"란 거주기업이 외국기업의 지분을 20% 이상 직접 보유하는 것을 말한다.

② 기업소득세법 제24조에서 말하는 "간접 지배"란 거주기업이 외국기업의 지분을 20%이상 간접적으로 보유하는 것을 말하며, 구체적인 방법은 국무원의 재정, 세무주관부문이 별도로 규정한다.

第八十一条 企业依照企业所得税法第二十三条、第二十四条的规定抵免企业所得税税额时，应当提供中国境外税务机关出具的税款所属年度的有关纳税凭证。

제81조 [납세증빙] 기업이 기업소득세법 제23조 및 제24조의 규정에 따라 기업소득세를 공제할 때에는 중국외의 세무기관이 발행한 납세증빙을 제출하여야 한다.

第四章 税收优惠

제4장 조세특례

第八十二条 企业所得税法第二十六条第（一）项所称国债利息收入，是指企业持有国务院

제82조 [국채이자] 기업소득세법 제26조 제1호에서 말하는 "국채이자"란 기업이 국무원 재정부문이 발행

财政部门发行的国债取得的利息收入。

한 국채를 보유하여 취득한 이자수입을 말한다.

第八十三条 企业所得税法第二十六条第（二）项所称符合条件的居民企业之间的股息、红利等权益性投资收益，是指居民企业直接投资于其他居民企业取得的投资收益。企业所得税法第二十六条第（二）项和第（三）项所称股息、红利等权益性投资收益，不包括连续持有居民企业公开发行并上市流通的股票不足12个月取得的投资收益。

제83조 [배당소득] 기업소득세법 제26조 제2호에서 말하는 "조건을 갖춘 거주기업간의 배당 등 지분투자수익"이란 거주기업이 다른 거주기업에 직접 투자하여 취득한 투자수익을 말한다. 기업소득세법 제2호 및 제3호의 "배당 등 지분투자수익"은 거주기업이 공개발행하고 상장되어 유통되는 주식을 12개월 미만 보유하여 취득한 투자수익은 포함하지 않는다.

第八十四条 企业所得税法第二十六条第（四）项所称符合条件的非营利组织，是指同时符合下列条件的组织：

（一）依法履行非营利组织登记手续；

（二）从事公益性或者非营利性活动；

（三）取得的收入除用于与该组织有关的、合理的支出外，全部用于登记核定或者章程规定的公益性或者非营利性事业；

（四）财产及其孳息不用于分配；

（五）按照登记核定或者章程规定，该组织注销后的剩余财产用于公益性或者非营利性目的，或者由登记管理机关转赠给与该组织性质、宗旨相同的组织，并向社会公告；

（六）投入人对投入该组织的财产不保留或者享有任何财产权利；

（七）工作人员工资福利开支控制在规定的比例内，不变相分配该组织的财产。

前款规定的非营利组织的认定管理办法由国务院财政、税务主管部门会同国务院有关部门制定。

제84조 [비영리조직] ① 기업소득세법 제26조 제4호에서 말하는 "조건을 갖춘 비영리조직"이란 다음의 조건을 동시에 갖춘 조직을 말한다.

1. 법에 따라 비영리조직 등기를 하였을 것
2. 공익 또는 비영리활동에 종사하고 있을 것
3. 취득한 수입은 해당 조직과 관련된 합리적인 지출에 사용하는 경우 이외에는 모두 등기심사 또는 정관에서 규정한 공익 또는 비영리사업에 사용할 것
4. 재산 및 그 수익을 분배하지 아니할 것
5. 등기심사 또는 정관의 규정에 따라 해당 조직이 말소된 후, 잔여재산을 공익 또는 비영리 목적으로 사용하거나 등기관리기구가 해당 조직의 성질, 목적과 같은 조직에 증여하고 사회에 공고할 것
6. 출연자가 해당 조직에 출연한 재산에 대하여 어떠한 재산권도 행사하지 않을 것
7. 직원의 급여와 복리지출이 규정에 따라 집행되고 해당 조직의 재산을 처분하여 분배하지 않을 것

② 제①항에서 규정한 비영리조직의 인정관리방법은 국무원의 재정, 세무주관부문이 국무원의 관련 부문과 같이 제정한다.

第八十五条 企业所得税法第二十六条第（四）项所称符合条件的非营利组织的收入，不包括非营利组织从事营利性活动取得的收入，但国务院财政、税务主管部门另有规定的除外。

제85조 [비영리조직의 수입] 기업소득세법 제26조 제4호에서 말하는 "조건을 갖춘 비영리조직의 수입"이란 비영리조직이 영리활동을 영위하여 취득한 수입을 포함하지 않는다. 단, 국무원의 재정, 세무주관부문이 별도로 규정하는 경우는 제외한다.

第八十六条 企业所得税法第二十七条第（一）项规定的企业从事农、林、牧、

제86조 [감면소득] ① 기업소득세법 제27조 제1호에서 규정하는 농, 임, 목, 어업에 종사하여 취득한 소득

渔业项目的所得，可以免征、减征企业所得税，是指：

（一）企业从事下列项目的所得，免征企业所得税：

1.蔬菜、谷物、薯类、油料、豆类、棉花、麻类、糖料、水果、坚果的种植；

2.农作物新品种的选育；

3.中药材的种植；

4.林木的培育和种植；

5.牲畜、家禽的饲养；

6.林产品的采集；

7.灌溉、农产品初加工、兽医、农技推广、农机作业和维修等农、林、牧、渔服务业项目；

8.远洋捕捞。

（二）企业从事下列项目的所得，减半征收企业所得税：

1.花卉、茶以及其他饮料作物和香料作物的种植；

2.海水养殖、内陆养殖。

企业从事国家限制和禁止发展的项目，不得享受本条规定的企业所得税优惠。

은 다음의 규정에 따라 기업소득세를 면제 또는 감면할 수 있다.

1. 기업이 아래의 업종을 영위하여 취득한 소득은 기업소득세를 면제한다.
   가. 채소, 곡물, 감자류, 식물류의 원료, 콩류, 면화, 마류, 설탕 원료, 과일, 견과의 재배
   나. 농작물 신품종의 선종 및 육종
   다. 약재의 재배
   라. 임목의 육성과 재배
   마. 가축, 가금류의 사육
   바. 임산품의 채집
   사. 관개, 농산품의 초기 가공, 수의, 농업기술의 보급, 농기계작업 및 보수 등의 농, 임, 목, 어업 서비스업
   아. 원양어업
2. 기업이 다음의 업종을 영위하여 취득한 소득은 기업소득세를 50% 감면하여 징수한다.
   가. 화훼, 차 및 기타 음료 작물과 향료작물의 재배
   나. 해수양식, 내륙양식

② 국가가 발전을 제한하고 금지하는 업종은 본 조의 기업소득세 특례를 받을 수 없다.

第八十七条 企业所得税法第二十七条第（二）项所称国家重点扶持的公共基础设施项目，是指「公共基础设施项目企业所得税优惠目录」规定的港口码头、机场、铁路、公路、城市公共交通、电力、水利等项目。

企业从事前款规定的国家重点扶持的公共基础设施项目的投资经营的所得，自项目取得第一笔生产经营收入所属纳税年度起，第一年至第三年免征企业所得税，第四年至第六年减半征收企业所得税。

企业承包经营、承包建设和内部自建自用本条规定的项目，不得享受本条规定的企业所得税优惠。

제87조 [사회간접자본] ① 기업소득세법 제27조 제2호에서 “국가가 중점 지원하는 사회간접자본”이란 「사회간접자본의 기업소득세 특례 목록」에서 규정하는 항만부두, 공항, 철도, 도로, 도시 공공교통, 전력, 수리시설 등의 업종을 말한다.

② 기업이 제①항에서 규정하는 「국가가 중점 지원하는 사회간접자본」에 투자하여 영위하여 취득한 소득은 최초로 소득이 발생한 연도부터 3년까지는 기업소득세를 면제하고 4년째부터 6년까지는 기업소득세를 50% 감면한다.

③ 기업이 본 조에서 규정하는 사업을 도급경영하거나 도급건설하여 직접 사용하는 경우에는 본 조에서 규정하는 기업소득세 특례를 받을 수 없다.

第八十八条 企业所得税法第二十七条第（三）项所称符合条件的环境保护、节能节水项目，包括公共污水处理、公共

제88조 [환경보호] ① 기업소득세법 제27조 제3호에서 말하는 “조건을 갖춘 환경보호, 에너지 절약 및 절수 업종”은 공공오수 처리, 공공쓰레기 처리, 메탄가

垃圾处理、沼气综合开发利用、节能减排技术改造、海水淡化等。项目的具体条件和范围由国务院财政、税务主管部门商国务院有关部门制订，报国务院批准后公布施行。

企业从事前款规定的符合条件的环境保护、节能节水项目的所得，自项目取得第一笔生产经营收入所属纳税年度起，第一年至第三年免征企业所得税，第四年至第六年减半征收企业所得税。

스의 종합개발 이용, 에너지 절약과 배출 감소를 위한 기술개조, 해수 담수화 등을 포함한다. 업종의 구체적인 조건과 범위는 국무원의 재정, 세무주관부문이 국무원 관련 부문과 공동으로 제정하고 국무원의 비준을 얻은 후 공포하고 시행한다.

② 기업이 제①항에서 규정한 환경보호, 에너지 절약 및 절수 업종을 영위하여 취득한 소득은 최초로 소득이 발생한 연도부터 제3년도까지는 기업소득세를 면제하고 제4년도부터 제6년도까지는 기업소득세를 50% 감면한다.

第八十九条 依照本条例第八十七条和第八十八条规定享受减免税优惠的项目，在减免税期限内转让的，受让方自受让之日起，可以在剩余期限内享受规定的减免税优惠；减免税期限届满后转让的，受让方不得就该项目重复享受减免税优惠。

제89조 [사후관리] 본 조례 제87조 및 제88조의 규정에 따라 감면특례를 받는 업종을 감면기간이 만료되기 이전에 양도하는 경우, 양수자는 양수받은 날부터 남은 기간 동안 감면특례를 계속하여 받을 수 있으며, 감면기간이 만료된 후 양도하는 경우 양수자는 해당 업종에 대하여 감면특례를 받을 수 없다.

第九十条 企业所得税法第二十七条第（四）项所称符合条件的技术转让所得免征、减征企业所得税，是指一个纳税年度内，居民企业技术转让所得不超过500万元的部分，免征企业所得税；超过500万元的部分，减半征收企业所得税。

제90조 [기술양도소득] 기업소득세법 제27조 제4호에서 말하는 "조건을 갖춘 기술양도소득에 대한 기업소득세의 면제 또는 감면"이란 한 과세연도에 거주기업의 기술양도소득이 500만위안 이하의 부분은 기업소득세를 면제하고, 500만위안을 초과하는 부분은 기업소득세를 50% 감면하는 것을 말한다.

第九十一条 非居民企业取得企业所得税法第二十七条第（五）项规定的所得，减按10%的税率征收企业所得税。

下列所得可以免征企业所得税：

（一）外国政府向中国政府提供贷款取得的利息所得；

（二）国际金融组织向中国政府和居民企业提供优惠贷款取得的利息所得；

（三）经国务院批准的其他所得。

제91조 [10% 세율] 비거주기업이 기업소득세법 제27조 제5호에서 규정하는 소득을 취득한 경우 10%의 세율을 적용하여 기업소득세를 징수한다.

② 아래의 소득은 기업소득세를 면제할 수 있다.

1. 외국정부가 중국정부에 대출하여 취득한 이자소득
2. 국제금융기구가 중국정부 및 비거주기업에 우대대출하여 취득한 이자소득
3. 국무원이 비준한 기타소득

第九十二条 企业所得税法第二十八条第一款所称符合条件的小型微利企业，是指从事国家非限制和禁止行业，并符合下列条件的企业：

（一）工业企业，年度应纳税所得额不

제92조 [소기업] 기업소득세법 제28조 제①항에서 말하는 "조건을 갖춘 소기업"이란 국가가 제한, 금지하지 않는 업종을 영위하고 다음의 조건을 갖춘 기업을 말한다.

1. 제조업 : 연간 과세표준이 30만위안을 초과하지 않

超过30万元，从业人数不超过100人，资产总额不超过3000万元；

（二）其他企业，年度应纳税所得额不超过30万元，从业人数不超过80人，资产总额不超过1000万元。

고, 종업원수가 100명을 초과하지 않으며 자산총액이 3,000만위안을 초과하지 않을 것

2. 기타의 기업 : 연간 과세표준이 30만위안을 초과하지 않으며 종업원수가 80명을 초과하지 않고 자산총액이 1,000만위안을 초과하지 않을 것

第九十三条 企业所得税法第二十八条第二款所称国家需要重点扶持的高新技术企业，是指拥有核心自主知识产权，并同时符合下列条件的企业：

（一）产品（服务）属于「国家重点支持的高新技术领域」规定的范围；

（二）研究开发费用占销售收入的比例不低于规定比例；

（三）高新技术产品（服务）收入占企业总收入的比例不低于规定比例；

（四）科技人员占企业职工总数的比例不低于规定比例；

（五）高新技术企业认定管理办法规定的其他条件。

「国家重点支持的高新技术领域」和高新技术企业认定管理办法由国务院科技、财政、税务主管部门商国务院有关部门制订，报国务院批准后公布施行。

제93조 [첨단기술기업] ① 기업소득세법 제28조 제②항에서 말하는 "국가가 중점 지원할 필요가 있는 첨단기술기업"이란 자체적으로 주요 핵심적인 지적재산권을 보유하고 다음의 요건을 동시에 갖춘 기업을 말한다.

1. 제품(서비스)이 「국가가 중점 지원하는 첨단기술영역」에서 규정하는 범위에 속할 것
2. 연구개발비가 매출액에서 차지하는 비율이 규정된 비율보다 낮지 않을 것
3. 첨단기술제품(서비스)의 수입이 기업의 수입총액에서 차지하는 비율이 규정된 비율보다 낮지 않을 것
4. 과학기술인력이 기업의 총종업원수에서 차지하는 비율이 규정된 비율보다 낮지 않을 것
5. 첨단기술기업 인정관리방법이 규정한 기타 조건

② 「국가가 중점 지원하는 첨단기술 영역」 및 첨단기술기업 인정관리방법은 국무원 과학기술, 재정, 세무주관부문이 국무원의 관련 부문과 공동으로 제정하고, 공무원의 비준을 얻은 후 공포하여 시행한다.

第九十四条 企业所得税法第二十九条所称民族自治地方，是指依照「中华人民共和国民族区域自治法」的规定，实行民族区域自治的自治区、自治州、自治县。

对民族自治地方内国家限制和禁止行业的企业，不得减征或者免征企业所得税。

제94조 [민족자치지방] ① 기업소득세법 제29조에서 말하는 "민족자치지방"이란 「중국 민족구역 자치법」의 규정에 따라 민족구역 자치를 실시하는 자치구, 자치주, 자치현을 말한다.

② 민족자치지방내에서 국가가 제한 또는 금지하는 업종에 대해서는 기업소득세를 감면 또는 면제받을 수 없다.

第九十五条 企业所得税法第三十条第（一）项所称研究开发费用的加计扣除，是指企业为开发新技术、新产品、新工艺发生的研究开发费用，未形成无形资产计入当期损益的，在按照规定据实扣除的基础上，按照研究开发费用的50%加计扣除；形成无形资产的，按照无形资产成本的150%摊销。

제95조 [연구개발비 추가공제] 기업소득세법 제30조 제1호에서 말하는 "연구개발비 추가공제"란 기업이 신기술, 신제품, 신공예를 개발하기 위하여 발생한 연구개발비를 말하며, 무형자산으로 계상되지 않고 당기 손익에 계상되는 경우에는 연구개발비의 50%를 추가로 공제하고, 무형자산으로 계상되는 경우에는 무형자산 원가의 150%를 상각하는 것을 말한다.

第九十六条 企业所得税法第三十条第（二）项所称企业安置残疾人员所支付的工资的加计扣除，是指企业安置残疾人员的，在按照支付给残疾职工工资据实扣除的基础上，按照支付给残疾职工工资的100%加计扣除。残疾人员的范围适用「中华人民共和国残疾人保障法」的有关规定。

企业所得税法第三十条第（二）项所称企业安置国家鼓励安置的其他就业人员所支付的工资的加计扣除办法，由国务院另行规定。

제96조 [장애인 추가공제] ① 기업소득세법 제30조 제2호에서 말하는 "기업이 장애인을 고용하고 지급하는 급여의 추가공제"란 기업이 장애자를 고용한 경우에는 장애인에게 실제 지급한 급여의 100%를 추가로 공제하는 것을 말한다. 장애인의 범위는 「중국 장애인 보장법」의 관련 규정을 적용한다.

② 기업소득세법 제30조 제2호의 "국가가 고용을 장려하는 구직자를 고용하고 지급한 급여의 추가공제 방법"은 국무원이 별도로 규정한다.

第九十七条 企业所得税法第三十一条所称抵扣应纳税所得额，是指创业投资企业采取股权投资方式投资于未上市的中小高新技术企业2年以上的，可以按照其投资额的70%在股权持有满2年的当年抵扣该创业投资企业的应纳税所得额；当年不足抵扣的，可以在以后纳税年度结转抵扣。

제97조 [창업투자 공제] 기업소득세법 제31조에서 말하는 "과세표준에서 공제"란 창업투자기업이 지분투자의 방식으로 비상장 중소 첨단기술기업에 2년 이상 투자한 경우, 투자액의 70%를 지분 보유기간이 만 2년이 된 해에 창업투자기업의 과세표준에서 공제하는 것을 말하며, 당해 연도에 전부 공제할 수 없는 경우에는 이후의 과세연도에 이월하여 공제할 수 있다.

第九十八条 企业所得税法第三十二条所称可以采取缩短折旧年限或者采取加速折旧的方法的固定资产，包括：

（一）由于技术进步，产品更新换代较快的固定资产；

（二）常年处于强震动、高腐蚀状态的固定资产。

采取缩短折旧年限方法的，最低折旧年限不得低于本条例第六十条规定折旧年限的60%；采取加速折旧方法的，可以采取双倍余额递减法或者年数总和法。

제98조 [가속상각] ① 기업소득세법 제32조에서 말하는 "내용연수를 단축하거나 가속상각방법을 사용할 수 있는 고정자산"이란 다음을 포함한다.

1. 기술진보에 의해 제품의 모델교체가 비교적 빠른 고정자산
2. 항상 진동이 강하고 부식하기 쉬운 상태에 있는 고정자산

② 내용연수를 단축하는 경우 내용연수는 본 조례 제60조에서 규정하는 감가상각 내용연수의 60%보다 낮을 수 없으며, 가속상각방법을 채용하는 경우는 이중체감법 또는 연수합계법을 사용할 수 있다.

第九十九条 企业所得税法第三十三条所称减计收入，是指企业以「资源综合利用企业所得税优惠目录」规定的资源作为主要原材料，生产国家非限制和禁止并符合国家和行业相关标准的产品取得的收入，减按90%计入收入总额。

前款所称原材料占生产产品材料的比例不得低于「资源综合利用企业所得税优惠目录」规定的标准。

제99조 [수입 차감] ① 기업소득세법 제33조에서 말하는 "수입 차감"이란 기업이 「자원 종합이용의기업소득세 특례목록」에서 규정하는 자원을 주요 원재료로 하여, 국가가 제한 또는 금지하지 않고 국가 및 업계의 기준에 맞는 제품을 생산하여 취득한 수입을 90%로 감액하여 수입총액으로 하는 것을 말한다.

② 제①항에서 원재료가 제품을 생산하는데 필요한 재료에서 차지하는 비율은 「자원 종합이용의 기업소득세 특례목록」에서 규정된 표준보다 낮을 수 없다.

第一百条 企业所得税法第三十四条所称税额抵免，是指企业购置并实际使用「环境保护专用设备企业所得税优惠目录」、「节能节水专用设备企业所得税优惠目录」和「安全生产专用设备企业所得税优惠目录」规定的环境保护、节能节水、安全生产等专用设备的，该专用设备的投资额的10%可以从企业当年的应纳税额中抵免；当年不足抵免的，可以在以后5个纳税年度结转抵免。

享受前款规定的企业所得税优惠的企业，应当实际购置并自身实际投入使用前款规定的专用设备；企业购置上述专用设备在5年内转让、出租的，应当停止享受企业所得税优惠，并补缴已经抵免的企业所得税税款。

제100조 [세액공제] ① 기업소득세법 제34조에서 말하는 "세액공제"란 「환경보호 전용설비 기업소득세 특례목록」, 「에너지 절약, 절수 전용설비 기업소득세 특례목록」 및 「안전생산 전용설비 기업소득세 특례목록」에서 규정하는 환경보호, 에너지 절약, 절수, 안전생산 등의 전용설비를 기업이 구입하고 사용하는 경우, 설비 투자액의 10%를 기업의 당년도 납부세액에서 공제할 수 있으며, 당년도에 공제하지 못한 부분은 이후 5년 이내에 이월하여 공제할 수 있다.

② 제①항에서 규정하는 기업소득세 특례를 받는 기업은 제①항에 규정된 전용설비를 실제로 구입하여 사용하여야 한다. 기업이 위의 전용설비를 구입한 후 5년 내에 양도 또는 임대한 경우 기업소득세 특례를 정지하며 이미 공제한 세액을 추가납부하여야 한다.

第一百零一条 本章第八十七条、第九十九条、第一百条规定的企业所得税优惠目录，由国务院财政、税务主管部门商国务院有关部门制订，报国务院批准后公布施行。

제101조 [조세특례] 본 장 제87조, 제99조, 제100조에서 규정한 기업소득세 특례목록은 국무원의 재정, 세무주관부문이 국무원 관련부문과 공동으로 제정하여 국무원의 비준을 얻은 후 공포, 시행한다.

第一百零二条 企业同时从事适用不同企业所得税待遇的项目的，其优惠项目应当单独计算所得，并合理分摊企业的期间费用；没有单独计算的，不得享受企业所得税优惠。

제102조 [구분경리] 기업이 동시에 여러 종류의 기업소득세 특례업종을 영위하는 경우, 해당 특례업종은 구분하여 소득을 계산하고 비용을 합리적으로 배분하여야 하며, 구분하지 않을 경우 기업소득세 특례를 적용받을 수 없다.

第五章 源泉扣缴

제5장 원천징수

第一百零三条 依照企业所得税法对非居民企业应当缴纳的企业所得税实行源泉扣缴的，应当依照企业所得税法第十九条的规定计算应纳税所得额。

企业所得税法第十九条所称收入全额，是指非居民企业向支付人收取的全部价款和价外费用。

제103조 [원천징수] ① 기업소득세법에 따라 비거주기업이 납부해야 하는 기업소득세에 대해 원천징수하여야 하는 경우 기업소득세법 제19조의 규정에 따라 과세표준을 계산하여야 한다.

② 기업소득세법 제19조에서 말하는 "수입총액"이란 비거주기업이 지급자로부터 받은 전체 대가 및 가격 외 비용을 말한다.

第一百零四条 企业所得税法第三十七条所称支付人，是指依照有关法律规定或者合同约定对非居民企业直接负有支付相关款项义务的单位或者个人。

제104조 [지급자] 기업소득세법 제37조에서 말하는 "지급자"란 법률 규정 또는 계약에 따라 비거주기업에게 직접 관련 대가를 지급하여야 하는 단위 또는 개인을 말한다.

第一百零五条 企业所得税法第三十七条所称支付，包括现金支付、汇拨支付、转账支付和权益兑价支付等货币支付和非货币支付。

企业所得税法第三十七条所称到期应支付的款项，是指支付人按照权责发生制原则应当计入相关成本、费用的应付款项。

제105조 [지급] ① 기업소득세법 제37조에서 말하는 "지급"이란 현금지급, 우편송금, 계좌이체 및 지분의 대체지급 등 화폐성 지급 및 비화폐성 지급을 말한다.
② 기업소득세법 제37조에서 말하는 "만기가 되어 지급하여야 할 대금"이란 지급자가 발생주의 원칙에 따라 원가 및 비용을 인식하여야 하는 미지급항목을 말한다.

第一百零六条 企业所得税法第三十八条规定的可以指定扣缴义务人的情形，包括：

（一）预计工程作业或者提供劳务期限不足一个纳税年度，且有证据表明不履行纳税义务的；

（二）没有办理税务登记或者临时税务登记，且未委托中国境内的代理人履行纳税义务的；

（三）未按照规定期限办理企业所得税纳税申报或者预缴申报的。

前款规定的扣缴义务人，由县级以上税务机关指定，并同时告知扣缴义务人所扣税款的计算依据、计算方法、扣缴期限和扣缴方式。

제106조 [원천징수의무자] ① 기업소득세법 제38조에서 원천징수의무자를 지정할 수 있는 경우는 다음과 같다.

1. 예상 공사 또는 용역제공기간이 한 과세연도 미만이고 납세의무를 이행하지 않을 증거가 있는 경우
2. 세무등기 또는 임시 세무등기를 하지 않고 중국내의 대리인에게 납세의무의 이행을 위탁하지 않은 경우
3. 규정된 기한 내에 기업소득세의 납세신고 또는 중간예납을 하지 않은 경우

② 제①항의 원천징수의무자는 현급 이상 세무기관이 지정하고 원천징수의무자에게 징수액의 계산근거, 계산방법, 원천징수기한 및 원천징수방법을 고지한다.

第一百零七条 企业所得税法第三十九条所称所得发生地，是指依照本条例第七条规定的原则确定的所得发生地。在中国境内存在多处所得发生地的，由纳税人选择其中之一申报缴纳企业所得税。

제107조 [소득 발생지] 기업소득세법 제39조에서 말하는 "소득 발생지"란 본 조례 제7조에서 규정하는 원칙에 의한 소득 발생지를 말하며, 중국내에서 여러 장소의 소득 발생지가 있을 경우 납세의무자가 그 중에서 하나를 선택하여 기업소득세를 신고납부하여야 한다.

第一百零八条 企业所得税法第三十九条所称该纳税人在中国境内其他收入，是指该纳税人在中国境内取得的其他各种来源的收入。

税务机关在追缴该纳税人应纳税款时，应当将追缴理由、追缴数额、缴纳期限和缴纳方式等告知该纳税人。

제108조 [중국내 기타수입] ① 기업소득세법 제39조에서 말하는 "납세의무자의 중국내 기타 수입"이란 해당 납세의무자가 중국내에서 취득한 기타 각종 원천에 의한 수입을 말한다.
② 세무기관이 납세의무자의 납부세액을 추징할 때에는 추징 이유, 추징액, 납부기한 및 납부방식 등을 해당 납세의무자에게 고지하여야 한다.

第六章 特别纳税调整

第一百零九条 企业所得税法第四十一条所称关联方，是指与企业有下列关联关系之一的企业、其他组织或者个人：

（一）在资金、经营、购销等方面存在直接或者间接的控制关系；

（二）直接或者间接地同为第三者控制；

（三）在利益上具有相关联的其他关系。

第一百一十条 企业所得税法第四十一条所称独立交易原则，是指没有关联关系的交易各方，按照公平成交价格和营业常规进行业务往来遵循的原则。

第一百一十一条 企业所得税法第四十一条所称合理方法，包括：

（一）可比非受控价格法，是指按照没有关联关系的交易各方进行相同或者类似业务往来的价格进行定价的方法；

（二）再销售价格法，是指按照从关联方购进商品再销售给没有关联关系的交易方的价格，减除相同或者类似业务的销售毛利进行定价的方法；

（三）成本加成法，是指按照成本加合理的费用和利润进行定价的方法；

（四）交易净利润法，是指按照没有关联关系的交易各方进行相同或者类似业务往来取得的净利润水平确定利润的方法；

（五）利润分割法，是指将企业与其关联方的合并利润或者亏损在各方之间采用合理标准进行分配的方法；

（六）其他符合独立交易原则的方法。

第一百一十二条 企业可以依照企业所得税法第四十一条第二款的规定，按照独立交易原则与其关联方分摊共同发生的成本，达成成本分摊协议。

企业与其关联方分摊成本时，应当按

제6장 특별납세조정

제109조 [특수관계자] 기업소득세법 제41조에서 말하는 특수관계자"란 기업과 다음 중 한 가지에 해당하는 관계가 있는 기업, 기타 조직 또는 개인을 말한다.

1. 자금, 경영, 구매와 판매 등에 있어 직접 또는 간접적인 지배관계가 있는 경우
2. 직접 또는 간접적으로 동일한 제3자에 의해 지배를 받고 있는 경우
3. 이익상 서로 관계가 있는 기타의 관계

제110조 [정상가격원칙] 기업소득세법 제41조에서 말하는 "정상가격원칙"이란 특수관계가 없는 거래당사자가 공정거래가격 및 상관습에 따라 거래할 때 준수해야 하는 원칙을 말한다.

제111조 [합리적인 방법] 기업소득세법 제41조에서 말하는 "합리적인 방법"은 다음을 포함한다.

1. 독립가격비교법 : 특수관계가 없는 거래당사자가 같거나 유사한 거래를 할 때의 가격에 의해 가격을 결정하는 방법
2. 재판매가격법 : 특수관계자로부터 구입한 상품을 특수관계가 없는 상대방에게 재판매할 때의 가격에서 같거나 유사한 거래의 매출총이익을 차감하여 가격을 결정하는 방법
3. 원가가산법 : 원가에 합리적인 비용과 이익을 가산하여 가격을 결정하는 방법
4. 거래순이익법 : 특수관계가 없는 거래당사자가 같거나 유사한 거래를 할 때 얻는 순이익의 수준에 의하여 이익을 확정하는 방법
5. 이익분할법 : 기업과 특수관계자의 총이익 또는 총손실을 합리적인 기준을 사용하여 양측 간에 배분하는 방법
6. 기타 정상가격원칙에 부합하는 방법

제112조 [원가분담협의] ① 기업은 기업소득세법 제41조 제②항의 규정에 의거, 정상가격원칙에 따라 특수관계자와 공통으로 발생한 원가를 분담하고 원가분담협의를 체결할 수 있다.

② 기업과 특수관계자가 원가를 분담할 때에는 원가

照成本与预期收益相配比的原则进行分摊，并在税务机关规定的期限内，按照税务机关的要求报送有关资料。

企业与其关联方分摊成本时违反本条第一款、第二款规定的，其自行分摊的成本不得在计算应纳税所得额时扣除。

와 예상수입의 대응의 원칙에 따라 분담하고, 세무기관이 규정하는 기한 내에 세무기관의 요구에 따라 관련 자료를 제출해야 한다.

③ 기업이 특수관계자와 원가를 배분할 때 본 조 제①항과 제②항의 규정을 위반한 경우에는 배분한 원가를 과세표준 계산시 공제할 수 없다.

第一百一十三条 企业所得税法第四十二条所称预约定价安排，是指企业就其未来年度关联交易的定价原则和计算方法，向税务机关提出申请，与税务机关按照独立交易原则协商、确认后达成的协议。

제113조 [사전 가격결정 협의] 기업소득세법 제42조에서 말하는 "사전 가격결정 협의"란 기업이 미래의 특수관계자와의 거래의 가격결정원칙 및 계산방법에 대해 세무기관에 신청하고, 세무기관과 정상가격원칙에 따라 협상 및 확인한 다음 달성한 협의를 말한다.

第一百一十四条 企业所得税法第四十三条所称相关资料，包括：

（一）与关联业务往来有关的价格、费用的制定标准、计算方法和说明等同期资料；

（二）关联业务往来所涉及的财产、财产使用权、劳务等的再销售（转让）价格或者最终销售（转让）价格的相关资料；

（三）与关联业务调查有关的其他企业应当提供的与被调查企业可比的产品价格、定价方式以及利润水平等资料；

（四）其他与关联业务往来有关的资料。

企业所得税法第四十三条所称与关联业务调查有关的其他企业，是指与被调查企业在生产经营内容和方式上相类似的企业。

企业应当在税务机关规定的期限内提供与关联业务往来有关的价格、费用的制定标准、计算方法和说明等资料。关联方以及与关联业务调查有关的其他企业应当在税务机关与其约定的期限内提供相关资料。

제114조 [관련자료] ① 기업소득세법 제43조에서 말하는 "관련 자료"는 다음을 포함한다.

1. 특수관계자간 거래와 관련이 있는 가격과 비용의 결정기준, 계산방법 및 설명 등 동일 기간의 자료
2. 특수관계자간 거래에 관련된 재산, 재산사용권, 용역 등의 재판매(양도)가격 또는 최종판매(양도)가격에 관한 자료
3. 특수관계자간 거래의 조사와 관련이 있는 기타의 기업이 제출해야 할 피조사기업과 비교가능한 제품가격, 가격결정방법 및 이익수준 등의 자료
4. 기타 특수관계자간 거래와 관련이 있는 자료

② 기업소득세법 제43조에서 말하는 "특수관계자간 거래의 조사와 관련이 있는 기타의 기업"이란 사업활동의 내용과 방식이 피조사기업과 유사한 기업을 말한다.

③ 기업은 세무기관이 규정하는 기한 내에 특수관계자간 거래와 관련이 있는 가격과 비용의 결정기준, 계산방법 및 설명 등의 자료를 제출해야 한다. 특수관계자 및 특수관계자간 거래의 조사와 관련이 있는 기타의 기업은 세무기관이 정한 기한 내에 관련 자료를 제출하여야 한다.

第一百一十五条 税务机关依照企业所得税法第四十四条的规定核定企业的应纳税所得额时，可以采用下列方法：

（一）参照同类或者类似企业的利润率

제115조 [추계결정] ① 세무기관이 기업소득세법 제44조의 규정에 따라 기업의 과세표준을 추계결정하는 경우에는 다음의 방법을 사용할 수 있다.

1. 동종 또는 유사기업의 이익율수준을 참조하여 추

水平核定；

(二) 按照企业成本加合理的费用和利润的方法核定；

(三) 按照关联企业集团整体利润的合理比例核定；

(四) 按照其他合理方法核定。

企业对税务机关按照前款规定的方法核定的应纳税所得额有异议的，应当提供相关证据，经税务机关认定后，调整核定的应纳税所得额。

계결정하는 방법

2. 기업의 원가에 합리적인 비용 및 이익을 가산하는 방법으로 추계결정하는 방법
3. 특수관계자 그룹 전체 이윤의 합리적인 비율에 따라 추계결정하는 방법
4. 기타 합리적 방법으로 추계결정하는 방법

② 세무기관이 제①항에서 규정한 방법에 따라 추계결정한 과세표준에 대해 이의가 있을 경우 기업은 관련 증거를 제출해야 하며, 세무기관이 검토하여 이미 추계결정한 과세표준을 조정한다.

第一百一十六条 企业所得税法第四十五条所称中国居民，是指根据「中华人民共和国个人所得税法」的规定，就其从中国境内、境外取得的所得在中国缴纳个人所得税的个人。

제116조 [중국 거주자] 기업소득세법 제45조에서 말하는 "중국 거주자"란 「중국 개인소득세법」의 규정에 따라 중국내 및 중국외에서 취득한 소득에 대하여 중국에서 개인소득세를 납부하는 개인을 말한다.

第一百一十七条 企业所得税法第四十五条所称控制，包括：

(一) 居民企业或者中国居民直接或者间接单一持有外国企业10%以上有表决权股份，且由其共同持有该外国企业50%以上股份；

(二) 居民企业，或者居民企业和中国居民持股比例没有达到第（一）项规定的标准，但在股份、资金、经营、购销等方面对该外国企业构成实质控制。

제117조 [지배] 기업소득세법 제45조에서 말하는 "지배"는 다음을 포함한다.

1. 거주기업 또는 중국 거주자가 직접 또는 간접적으로 외국기업의 의결권이 있는 지분을 단독으로 10% 이상 보유하고 공동으로 50% 이상 보유하는 경우
2. 거주기업 또는 거주기업과 중국 거주자의 지분보유비율이 제1호에서 규정하는 기준에는 미치지 못하지만 지분, 자금, 경영, 구매와 판매 등에 있어서 해당 외국기업을 실질적으로 지배하는 경우

第一百一十八条 企业所得税法第四十五条所称实际税负明显低于企业所得税法第四条第一款规定税率水平，是指低于企业所得税法第四条第一款规定税率的50%。

제118조 [실제 세부담] 기업소득세법 제45조에서 말하는 "실제 세부담이 본 법 제4조 제①항에서 규정한 세율의 수준보다 현저히 낮은 경우"란 기업소득세법 제4조 제①항에서 규정하는 세율의 50%를 넘지 않는 것을 말한다.

第一百一十九条 企业所得税法第四十六条所称债权性投资，是指企业直接或者间接从关联方获得的，需要偿还本金和支付利息或者需要以其他具有支付利息性质的方式予以补偿的融资。

企业间接从关联方获得的债权性投

제119조 [채권투자] ① 기업소득세법 제46조에서 말하는 "채권투자"란 기업이 직접 또는 간접적으로 특수관계자로부터 받은 것으로, 원리금을 상환하여야 하거나 이자지급의 성질을 갖는 방식으로 보상을 하여야 하는 융자를 말한다.

② 기업이 간접적으로 특수관계자로부터 받은 채권

资，包括：

（一）关联方通过无关联第三方提供的债权性投资；

（二）无关联第三方提供的、由关联方担保且负有连带责任的债权性投资；

（三）其他间接从关联方获得的具有负债实质的债权性投资。

企业所得税法第四十六条所称权益性投资，是指企业接受的不需要偿还本金和支付利息，投资人对企业净资产拥有所有权的投资。

企业所得税法第四十六条所称标准，由国务院财政、税务主管部门另行规定。

투자는 다음과 같은 것을 포함한다.

1. 특수관계자가 특수관계가 없는 제3자를 통하여 제공한 채권투자
2. 특수관계가 없는 제3자가 제공한 것으로서 특수관계자가 보증하고 연대책임을 지는 채권투자
3. 기타 간접적으로 특수관계자로부터 받은 부채의 성격을 갖는 채권투자

③ 기업소득세법 제46조에서의 “지분투자”란 기업이 원리금을 상환할 필요가 없는 투자를 받은 것으로 투자자는 기업의 순자산에 대하여 소유권을 가진 투자를 말한다.

④ 기업소득세법 제46조에서 말하는 “기준”은 국무원의 재정, 세무주관부문이 별도로 규정한다.

第一百二十条 企业所得税法第四十七条所称不具有合理商业目的，是指以减少、免除或者推迟缴纳税款为主要目的。

제120조 [합리적인 상업목적] 기업소득세법 제47조에서 말하는 “합리적인 상업목적이 없는 경우”란 납부세액의 감소, 면제 또는 납부 지연을 주된 목적으로 하는 것을 말한다.

第一百二十一条 税务机关根据税收法律、行政法规的规定，对企业作出特别纳税调整的，应当对补征的税款，自税款所属纳税年度的次年6月1日起至补缴税款之日止的期间，按日加收利息。

前款规定加收的利息，不得在计算应纳税所得额时扣除。

제121조 [이자의 징수] ① 세무기관이 조세법률 및 행정법규의 규정에 따라 기업에 대해 특별납세조정을 하여 추징하는 세액에 대하여 추징세액의 귀속 과세연도의 익년 6월 1일부터 추가납부일까지의 기간 동안 일별로 이자를 가산하여 징수한다.

② 제①항에 의해 가산하여 징수하는 이자는 과세표준을 계산할 때 공제할 수 없다.

第一百二十二条 企业所得税法第四十八条所称利息，应当按照税款所属纳税年度中国人民银行公布的与补税期间同期的人民币贷款基准利率加5个百分点计算。

企业依照企业所得税法第四十三条和本条例的规定提供有关资料的，可以只按前款规定的人民币贷款基准利率计算利息。

제122조 [이자] ① 기업소득세법 제48조에서 말하는 “이자“는 추징세액의 귀속 과세연도에 중국인민은행이 공포한 세액의 추징기간에 대한 인민폐 대출기준금리에 5%를 추가하여 계산한다.

② 기업이 기업소득세법 제43조 및 본 조례의 규정에 따라 관련 자료를 제출할 경우 제①항에서 규정하는 인민폐 대출기준금리에 따라 이자를 계산할 수 있다.

第一百二十三条 企业与其关联方之间的业务往来，不符合独立交易原则，或者企业实施其他不具有合理商业目的的安排的，税务机关有权在该业务发生的纳税年度起10年内，进行纳税调整。

제123조 [납세조정 기한] 기업과 특수관계자간의 거래가 정상가격원칙에 맞지 않거나 기업이 기타 합리적인 상업목적이 없이 처리한 경우, 세무기관은 해당 거래가 발생한 과세연도로부터 10년 이내에 납세조정을 할 수 있다.

第七章 征收管理

제7장 징수관리

第一百二十四条 企业所得税法第五十条所称企业登记注册地，是指企业依照国家有关规定登记注册的住所地。

제124조 [등기등록지] 기업소득세법 제50조에서 말하는 “기업의 등기등록지”란 기업이 국가의 규정에 따라 등기등록한 주소지를 말한다.

第一百二十五条 企业汇总计算并缴纳企业所得税时，应当统一核算应纳税所得额，具体办法由国务院财政、税务主管部门另行制定。

제125조 [합산 납부] 기업이 기업소득세를 합산 납부하는 경우에는 과세표준을 합산하여 계산하여야 하며, 구체적인 방법은 국무원의 재정, 세무주관부문이 별도로 규정한다.

第一百二十六条 企业所得税法第五十一条所称主要机构、场所，应当同时符合下列条件：

（一）对其他各机构、场所的生产经营活动负有监督管理责任；

（二）设有完整的账簿、凭证，能够准确反映各机构、场所的收入、成本、费用和盈亏情况。

제126조 [주된 사업장] 기업소득세법 제51조에서 말하는 “주된 사업장”은 아래의 조건을 동시에 갖추어야 한다.

1. 다른 사업장의 사업활동에 대하여 감독 관리책임을 질 것
2. 장부, 증빙을 완비하고 각 사업장의 수입, 원가, 비용 및 손익의 상황을 정확하게 반영할 수 있을 것

第一百二十七条 企业所得税法第五十一条所称经税务机关审核批准，是指经各机构、场所所在地税务机关的共同上级税务机关审核批准。

非居民企业经批准汇总缴纳企业所得税后，需要增设、合并、迁移、关闭机构、场所或者停止机构、场所业务的，应当事先由负责汇总申报缴纳企业所得税的主要机构、场所向其所在地税务机关报告；需要变更汇总缴纳企业所得税的主要机构、场所的，依照前款规定办理。

제127조 [심사비준] ① 기업소득세법 제51조에서 말하는 “세무기관의 심사비준을 거쳐”란 각 사업장의 소재지 세무기관이 공동으로 상급 세무기관의 심사비준을 거치는 것을 말한다.

② 비거주기업이 비준을 거쳐 기업소득세를 합산하여 납부한 후 사업장을 증설, 합병, 이전, 폐쇄 또는 정지할 경우, 기업소득세를 합산하여 납부하는 주된 사업장이 사전에 소재지 세무기관에 보고하여야 하며, 주된 사업장의 변경이 필요한 경우에는 제①항의 규정에 따라 처리한다.

第一百二十八条 企业所得税分月或者分季预缴，由税务机关具体核定。

企业根据企业所得税法第五十四条规定分月或者分季预缴企业所得税时，应当按照月度或者季度的实际利润额预缴；按照月度或者季度的实际利润额预缴有困难的，可以按照上一纳税年度应纳税所得额的月度或者季度平均额预缴，或者按照经

제128조 [중간예납] ① 기업소득세를 월별 또는 분기별로 중간예납하는지는 세무기관이 결정한다.

② 기업이 기업소득세법 제54조의 규정에 따라 월별 또는 분기별로 기업소득세를 중간예납할 때에는 월 또는 분기의 실제 이익에 따라야 하며, 월 또는 분기의 실제 이익에 따라 중간예납하기 곤란한 경우에는 직전 과세연도의 과세표준의 월평균 또는 분기별 평균에 의하거나 세무기관이 허용하는 기타의 방법에

税务机关认可的其他方法预缴。预缴方法一经确定，该纳税年度内不得随意变更。

따라 중간예납할 수 있다. 중간예납의 방법은 한 번 확정되면 해당 과세연도에는 변경할 수 없다.

第一百二十九条 企业在纳税年度内无论盈利或者亏损，都应当依照企业所得税法第五十四条规定的期限，向税务机关报送预缴企业所得税纳税申报表、年度企业所得税纳税申报表、财务会计报告和税务机关规定应当报送的其他有关资料。

제129조 [자료의 제출] 기업은 과세연도내 이익 또는 손실에 관계없이 기업소득세법 제54조에서 규정하는 기한에 따라 세무기관에 기업소득세 중간예납신고서, 연도 기업소득세납세신고서, 재무회계보고 및 세무기관이 규정한 기타 관련 자료를 제출하여야 한다.

第一百三十条 企业所得以人民币以外的货币计算的，预缴企业所得税时，应当按照月度或者季度最后一日的人民币汇率中间价，折合成人民币计算应纳税所得额。年度终了汇算清缴时，对已经按照月度或者季度预缴税款的，不再重新折合计算，只就该纳税年度内未缴纳企业所得税的部分，按照纳税年度最后一日的人民币汇率中间价，折合成人民币计算应纳税所得额。

经税务机关检查确认，企业少计或者多计前款规定的所得的，应当按照检查确认补税或者退税时的上一个月最后一日的人民币汇率中间价，将少计或者多计的所得折合成人民币计算应纳税所得额，再计算应补缴或者应退的税款。

제130조 [외화의 환산] ① 기업의 소득이 인민폐 이외의 외화로 계산된 경우로서 기업소득세를 중간예납할 때 월 또는 분기 최종일의 인민폐 기준환율로 환산하여 과세표준을 계산하여야 한다. 연도 종료시 세액을 정산할 때에는 월 또는 분기에 중간예납한 세액에 대하여 다시 환산을 하지 않고 해당 과세연도의 미납한 부분만 과세연도 최종일의 인민폐 기준환율로 환산하여 과세표준을 계산한다.

② 세무기관의 조사와 확인을 거쳐 기업이 제①항에서 규정한 소득이 과소 또는 과대계상된 경우에는 세액의 추가납부 또는 환급을 조사하여 확인된 시점의 전월 최종일의 인민폐 기준환율로 과소 또는 과대계상된 소득으로 환산하여 과세표준을 계산하여 추가납부 혹은 환급해야 할 세액을 재계산한다.

第八章 附则

제8장 부칙

第一百三十一条 企业所得税法第五十七条第一款所称本法公布前已经批准设立的企业，是指企业所得税法公布前已经完成登记注册的企业。

제131조 [부칙] 기업소득세법 제57조 제①항에서 말하는 “본 법의 공포 이전에 이미 비준 설립된 기업”이란 기업소득세법의 공포 이전에 이미 등록등기를 마친 기업을 말한다.

第一百三十二条 在香港特别行政区、澳门特别行政区和台湾地区成立的企业，参照适用企业所得税法第二条第二款、第三款的有关规定。

제132조 [적용범위] 홍콩특별행정구, 마카오특별행정구 및 대만지역에 설립된 기업은 기업소득세법 제2조 제②항 및 제③항의 관련 규정을 참조하여 적용한다.

第一百三十三条 本条例自2008年1月1日起施行。1991年6月30日国务院发布的「中

제133조 [시행일] 본 조례는 2008년 1월 1일부터 시행하며, 1991년 6월 30일 국무원이 공포한 「중화인민공

华人民共和国外商投资企业和外国企业所得税法实施细则」和1994年2月4日财政部发布的「中华人民共和国企业所得税暂行条例实施细则」同时废止。

화국 외상투자기업 및 외국기업소득세법 실시세칙」 및 1994년 2월 4일 재정부가 공포한 「중화인민공화국 기업소득세 잠행조례실시세칙」은 폐지한다.

3. 个人所得税法(한국의 소득세법)

中国 个人所得税法

中华人民共和国主席令第四十八号

「全国人民代表大会常务委员会关于修改〈中华人民共和国个人所得税法〉的决定」已由中华人民共和国第十一届全国人民代表大会常务委员会第二十一次会议于２０１１年６月３０日通过，现予公布，自２０１１年９月１日起施行。

中华人民共和国主席 胡锦涛
2011年6月30日

第一条 在中国境内有住所，或者无住所而在境内居住满一年的个人，从中国境内和境外取得的所得，依照本法规定缴纳个人所得税。

在中国境内无住所又不居住或者无住所而在境内居住不满一年的个人，从中国境内取得的所得，依照本法规定缴纳个人所得税。

第二条 下列各项个人所得，应纳个人所得税：

(一) 工资、薪金所得；

(二) 个体工商户的生产、经营所得；

(三) 对企事业单位的承包经营、承租经营所得；

(四) 劳务报酬所得；

(五) 稿酬所得；

(六) 特许权使用费所得；

중국 개인소득세법

중화인민공화국 주석령 제48호

전국인민대표대회 상무위원회가 「중화인민공화국 개인소득세법」을 개정하는 결정이 이미 중화인민공화국 제11기 전국인민대회의 상무위원회 제21차 회의에서 2011년 6월 30일 통과되어 공포하며 2011년 9월 1일부터 시행한다.

중화인민공화국 주석 후진타오(胡锦涛)
2011년 6월 30일

제1조 [납세의무자] ① 중국내에 주소가 있거나 주소는 없지만 중국내에서 만 1년 거주한 개인은 중국내 및 중국외에서 취득한 소득에 대해 본 법의 규정에 따라 개인소득세를 납부한다.
② 중국내에 주소가 없으며 거주하지 않거나 주소가 없으며 중국내 만 1년 이하 거주한 개인은 중국내에서 취득한 소득에 대해 본 법의 규정에 따라 개인소득세를 납부한다.

제2조 [과세대상] 아래의 각 호의 개인소득은 개인소득세를 납부하여야 한다.
1. 근로소득(급여, 임금)
2. 개인사업자의 사업소득
3. 기업단위에 대한 도급경영소득 및 수탁경영소득
4. 인적용역소득
5. 원고료소득
6. 특허권사용료소득
7. 이자소득 및 배당소득

（七）利息、股息、红利所得；
（八）财产租赁所得；
（九）财产转让所得；
（十）偶然所得；
（十一）经国务院财政部门确定征税的其他所得。

8. 재산임대소득
9. 재산양도소득
10. 우연소득
11. 국무원과 재정부가 과세하기로 한 기타의 소득

第三条 个人所得税的税率：
（一）工资、薪金所得，适用超额累进税率，税率为百分之三至百分之四十五（税率表附后）。
（二）个体工商户的生产、经营所得和对企事业单位的承包经营、承租经营所得，适用百分之五至百分之三十五的超额累进税率（税率表附后）。
（三）稿酬所得，适用比例税率，税率为百分之二十，并按应纳税额减征百分之三十。
（四）劳务报酬所得，适用比例税率，税率为百分之二十。对劳务报酬所得一次收入畸高的，可以实行加成征收，具体办法由国务院规定。
（五）特许权使用费所得，利息、股息、红利所得，财产租赁所得，财产转让所得，偶然所得和其他所得，适用比例税率，税率为百分之二十。

제3조 [세율] 개인소득세의 세율은 다음과 같다.
1. 근로소득(급여, 임금)은 3%와 45% 사이의 초과액 누진세율을 적용한다(별첨 세율표 참조).
2. 개인사업자의 사업소득과 기업 단위의 도급경영소득 및 수탁경영소득은 3%와 35% 사이의 초과액 누진세율을 적용한다(별첨 세율표 참조).
3. 원고료소득은 20% 비례세율로 과세하되 납부세액의 30%를 감면하여 징수한다.
4. 인적용역소득은 20% 비례세율로 과세하되, 인적용역소득의 매회 수입이 매우 높은 경우에는 누진세율로 과세하며 구체적인 방법은 국무원이 정한다.
5. 특허권사용료소득, 이자소득, 배당소득, 재화의 임대소득, 재화의 양도소득, 우연소득 및 기타의 소득은 20% 비례세율로 과세한다.

第四条 下列各项个人所得，免纳个人所得税：
（一）省级人民政府、国务院部委和中国人民解放军军以上单位，以及外国组织、国际组织颁发的科学、教育、技术、文化、卫生、体育、环境保护等方面的奖金；
（二）国债和国家发行的金融债券利息；
（三）按照国家统一规定发给的补贴、津贴；
（四）福利费、抚恤金、救济金；
（五）保险赔款；
（六）军人的转业费、复员费；
（七）按照国家统一规定发给干部、职工的安家费、退职费、退休工资、离休工资、离休生活补助费；

제4조 [비과세소득] 아래의 개인소득은 개인소득세를 과세하지 아니한다.
1. 성급 인민정부, 국무원 각 부처, 중국 인민해방군의 군 이상 부대단위 및 외국기구와 국제조직이 수여하는 과학, 교육, 기술, 문화, 위생, 체육, 환경보호 분야에 대한 포상금
2. 국채이자 및 국가가 발행한 금융채권의 이자
3. 국가의 규정에 따라 지급되는 보조금 및 수당
4. 복리후생비 및 구제금
5. 보험배상금
6. 군인이 받은 전역비 등 수당
7. 국가의 규정에 따라 간부와 종업원에게 지급하는 정착금, 퇴직금, 퇴직생계수당, 생활보조금 등
8. 중국의 법률에 따라 면세되는 각국의 주중 외교관,

（八）依照我国有关法律规定应予免税的各国驻华使馆、领事馆的外交代表、领事官员和其他人员的所得；

（九）中国政府参加的国际公约、签订的协议中规定免税的所得；

（十）经国务院财政部门批准免税的所得。

영사 및 소속 직원의 소득

9. 중국 정부가 국제협약 및 조세협정에서 규정하고 있는 면세소득

10. 국무원 재정부문의 비준을 받아 면세되는 소득

第五条 有下列情形之一的，经批准可以减征个人所得税：

（一）残疾、孤老人员和烈属的所得；

（二）因严重自然灾害造成重大损失的；

（三）其他经国务院财政部门批准减税的。

제5조 [감면대상] 아래 각 항에 해당하는 경우에는 비준을 거쳐 개인소득세를 감면할 수 있다.

1. 장애인, 독거노인 및 열사 유족의 소득
2. 자연재해로 중대한 손실을 입은 경우
3. 기타 국무원 재정부문이 감면을 비준한 경우

第六条 应纳税所得额的计算：

（一）工资、薪金所得，以每月收入额减除费用三千五百元后的余额，为应纳税所得额。

（二）个体工商户的生产、经营所得，以每一纳税年度的收入总额减除成本、费用以及损失后的余额，为应纳税所得额。

（三）对企事业单位的承包经营、承租经营所得，以每一纳税年度的收入总额，减除必要费用后的余额，为应纳税所得额。

（四）劳务报酬所得、稿酬所得、特许权使用费所得、财产租赁所得，每次收入不超过四千元的，减除费用八百元；四千元以上的，减除百分之二十的费用，其余额为应纳税所得额。

（五）财产转让所得，以转让财产的收入额减除财产原值和合理费用后的余额，为应纳税所得额。

（六）利息、股息、红利所得，偶然所得和其他所得，以每次收入额为应纳税所得额。

个人将其所得对教育事业和其他公益事业捐赠的部分，按照国务院有关规定从应纳税所得中扣除。

对在中国境内无住所而在中国境内取得工资、薪金所得的纳税义务人和在中国境内有住所而在中国境外取得工资、薪金所得的纳税义务人，可以根据其平均收入水平、生活水平以及汇率变化情

제6조 [과세표준] ① 과세표준의 계산은 다음과 같다.

1. 근로소득(급여, 임금)은 매월 급여총액에서 3,500원을 공제한 금액이 과세표준이 된다.
2. 개인사업자의 사업소득은 각 과세연도의 수입총액에서 원가, 비용 및 손실을 공제한 후의 잔액이 과세표준이 된다.
3. 기업 단위에 대한 도급경영소득 및 수탁경영소득은 각 과세연도의 수입총액에서 필요경비를 공제한 후의 잔액이 과세표준이 된다.
4. 인적용역소득, 원고료소득, 특허권사용료소득 및 재산임대소득은 매회 수입이 4,000위안 미만일 때에는 800위안을 공제하고, 4,000위안 이상일 때에는 수입의 20%를 공제한 후의 잔액이 과세표준이 된다.
5. 재화의 양도소득은 양도가액에서 재산의 취득원가 및 합리적인 비용을 공제한 잔액이 과세표준이 된다.
6. 이자소득, 배당소득, 우연소득과 기타의 소득은 매회 수입이 과세표준이 된다.(비용 공제가 없음)

② 개인이 소득의 일부를 교육사업 및 기타 공익사업에 기부한 경우에는 국무원의 규정에 따라 과세표준에서 공제한다.

③ 중국내에 주소가 없으면서 중국내에서 근로소득이 있는 납세의무자와 중국내에 주소가 있으면서 중국외에서 취득한 근로소득이 있는 납세의무자에 대해서는 평균 수입수준, 생활수준 및 환율변동에 근거하여 추가공제할 수 있으며, 추가공제의 범위 및 기준

况确定附加减除费用，附加减除费用适用的范围和标准由国务院规定。

은 국무원이 정한다.

第七条 纳税义务人从中国境外取得的所得，准予其在应纳税额中扣除已在境外缴纳的个人所得税税额。但扣除额不得超过该纳税义务人境外所得依照本法规定计算的应纳税额。

제7조 [외국납부세액공제] 납세의무자가 중국외에서 취득한 소득은 외국에서 이미 납부한 세액을 공제할 수 있으며, 공제세액은 납세의무자가 중국외소득에 대해 본 법의 규정에 의한 납부세액을 초과할 수 없다.

第八条 个人所得税，以所得人为纳税义务人，以支付所得的单位或者个人为扣缴义务人。个人所得超过国务院规定数额的，在两处以上取得工资、薪金所得或者没有扣缴义务人的，以及具有国务院规定的其他情形的，纳税义务人应当按照国家规定办理纳税申报。扣缴义务人应当按照国家规定办理全员全额扣缴申报。

제8조 [원천징수의무] 개인소득세는 소득자가 납세의무자가 되며 소득을 지급하는 단위나 개인은 원천징수의무자가 된다. 개인의 소득이 국무원이 규정한 금액을 초과하는 경우로서 근로소득을 두 군데 이상에서 받거나 원천징수의무자가 없는 경우 및 국무원이 규정하는 기타의 경우에는 납세의무자가 납세신고를 하여야 한다. 원천징수의무자는 소득자의 소득 전체에 대해 원천징수하여 신고하여야 한다.

第九条 扣缴义务人每月所扣的税款，自行申报纳税人每月应纳的税款，都应当在次月十五日内缴入国库，并向税务机关报送纳税申报表。

工资、薪金所得应纳的税款，按月计征，由扣缴义务人或者纳税义务人在次月十五日内缴入国库，并向税务机关报送纳税申报表。特定行业的工资、薪金所得应纳的税款，可以实行按年计算、分月预缴的方式计征，具体办法由国务院规定。

个体工商户的生产、经营所得应纳的税款，按年计算，分月预缴，由纳税义务人在次月十五日内预缴，年度终了后三个月内汇算清缴，多退少补。

对企事业单位的承包经营、承租经营所得应纳的税款，按年计算，由纳税义务人在年度终了后三十日内缴入国库，并向税务机关报送纳税申报表。纳税义务人在一年内分次取得承包经营、承租经营所得的，应当在取得每次所得后的十五日内预缴，年度终了后三个月内汇算清缴，多退少补。

제9조 [신고 및 납부] ① 원천징수의무자가 매월 원천징수하는 세액과 납세의무자가 매월 납부하여야 할 세액은 다음 달 15일까지 국고에 납입하고 세무기관에 신고서를 제출해야한다.

② 근로소득에 대한 납부세액은 월별로 계산하여 원천징수의무자 또는 납세의무자가 다음 달 15일까지 국고에 납입하고 세무기관에 신고서를 제출한다. 특정 업종의 근로소득에 대한 납부세액은 연도별로 계산하고 월별로 예납할 수 있으며, 구체적인 방법은 국무원이 별도로 정한다.

③ 개인사업자의 사업소득에 대한 납부세액은 연도별로 계산하고 월별로 예납하며, 납세의무자는 다음 달 15일까지 예납하고 과세연도 종료일 이후 3개월 이내에 정산하여야 한다.

④ 기업 단위에 대한 도급경영소득 및 수탁경영소득에 대한 납부세액은 연도별로 계산하며, 납세의무자는 과세연도 종료일 이후 30일 이내에 국고에 납입하고 세무기관에 신고서를 제출하여야 한다. 납세의무자가 1년 중 여러 차례 도급경영 및 수탁경영소득을 취득하는 경우 취득한 날부터 15일내에 예납하고 과세연도 종료 후 3월내에 정산하여야 한다.

⑤ 중국외에서 취득한 소득이 있는 납세의무자는 과

从中国境外取得所得的纳税义务人，应当在年度终了后三十日内，将应纳的税款缴入国库，并向税务机关报送纳税申报表。

세연도 종료 후 30일내에 세액을 납부하고 세무기관에 신고서를 제출하여야 한다.

第十条 各项所得的计算，以人民币为单位。所得为外国货币的，按照国家外汇管理机关规定的外汇牌价折合成人民币缴纳税款。

제10조 [화폐] 각 소득은 인민폐로 계산하며 소득이 외화일 경우에는 국가 외환관리기관이 고시하는 환율로 환산하여 세액을 납부한다.

第十一条 对扣缴义务人按照所扣缴的税款，付给百分之二的手续费。

제11조 [원천징수 수수료] 원천징수한 세액의 2%를 원천징수의무자에게 수수료로 지급한다.

第十二条 对储蓄存款利息所得开征、减征、停征个人所得税及其具体办法，由国务院规定。

제12조 [예금이자소득] 예금이자소득에 대한 개인소득세의 과세 개시, 감면 및 과세 정지의 구체적인 방법은 국무원이 규정한다.

第十三条 个人所得税的征收管理，依照「中华人民共和国税收征收管理法」的规定执行。

제13조 [징수관리] 개인소득세의 징수관리는 「중국 세수징수관리법」에 따른다.

第十四条 国务院根据本法制定实施条例。

제14조 [실시조례의 제정] 국무원은 본 법을 기초로 실시조례를 제정한다.

第十五条 本法自公布之日起施行。

제15조 [시행일] 본 법은 공포일부터 시행한다.

个人所得税税率表一
(工资、薪金所得适用)

级数	全月应纳税所得额	税率
1	不超过1500元的	3%
2	超过1500元 至4500元的部分	10%
3	超过4500元 至9000元的部分	20
4	超过9000元 至35000元的部分	25%
5	超过35000元 至55000元的部分	30%
6	超过55000元 至80000元的部分	35%
7	超过80000元的部分	45%

(注：本表所称全月应纳税所得额是指依照本法第六条的规定，以每月收入额减除费用三千

개인소득세율표 표(1)
(급여, 임금에 적용)

등급	월간 과세표준	세율
1	1,500위안까지	3%
2	1,500위안부터 4,500위안까지	10%
3	4,500위안부터 9,000위안까지	20
4	9,000위안부터 35,000위안까지	25%
5	35,000위안부터 55,000위안까지	30%
6	55,000위안부터 80,000위안까지	35%
7	80,000위안초과	45%

(주) 본 표의 월별 과세표준은 본 법 제6조의 규정에 의하여 매월 수입액에 3,500위안 또는 추가공제를 차감한 잔액임.

五百元以及附加减除费用后的余额。）

个人所得税税率表二
（个体工商户的生产、经营所得和对企事业单位的承包经营、承租经营所得适用）

级数	全年应纳税所得额	税率
1	不超过15000元的	5%
2	超过15000元 至30000元的部分	10%
3	超过30000元 至60000元的部分	20%
4	超过60000元 至100000元的部分	30%
5	超过100000元的部分	35%

（注：本表所称全年应纳税所得额是指依照本法第六条的规定，以每一纳税年度的收入总额减除成本、费用以及损失后的余额。）

개인소득세율표 표(2)
(개인사업자의 사업소득과 도급경영소득 및 수탁경영소득에 대해 적용됨)

등급	연간 과세표준	세율
1	15,000위안 이하	5%
2	15,000위안부터 30,000위안까지	10%
3	30,000위안부터 60,000위안까지	20%
4	60,000위안부터 100,000위안까지	30%
5	100,00위안 초과	35%

(주) 본 표의 연간 과세표준은 본 법 제6조의 규정에 의하여 각 과세연도의 수입총액에 원가, 비용 및 손실을 차감한 잔액임.

4. 个人所得税法 实施条例(한국의 소득세법 시행령)

中国 个人所得税法 实施条例

（1994年1月28日中华人民共和国国务院令第142号发布，根据2005年12月19日「国务院关于修改〈中华人民共和国个人所得税法实施条例〉的决定」第一次修订，根据2008年2月18日「国务院关于修改〈中华人民共和国个人所得税法实施条例〉的决定」第二次修订 根据2011年7月19日「国务院关于修改〈中华人民共和国个人所得税法实施条例〉的决定」第三次修订）

第一条 根据「中华人民共和国个人所得税法」（以下简称税法）的规定，制定本条例。

第二条 税法第一条第一款所说的在中国境内有住所的个人，是指因户籍、家庭、经济

중국 개인소득세법 실시조례

(1994년 1월 28일 중화인민공화국 국무원령 제142호로 공포하고 2005년 12월 19일 「국무원의 중화인민공화국 개인소득세법 실시조례의 개정에 관한 결정」에 따라 제1차 개정을 하고, 2008년 2월 18일 「국무원의 중화인민공화국 개인소득세법 실시조례의 개정에 관한 결정」에 따라 제2차 개정을 하고, 2011년 7월 19일 「국무원의 중국 개인소득세 실시조례의 개정에 관한 결정」에 따라 제3차 개정을 하였다.

제1조 [제정 근거] 「중화인민공화국 개인소득세법」(이하 "본 법"이라 한다.)의 규정에 따라 본 조례를 제정한다.

제2조 [거주자] 본 법 제1조 ①항에서 말하는 '중국 내 주소가 있는 개인'이란 호적, 가정 및 경제이익의

利益关系而在中国境内习惯性居住的个人。

관계로 중국내에 계속 거주하는 개인을 말한다.

第三条 税法第一条第一款所说的在境内居住满一年，是指在一个纳税年度中在中国境内居住365日。临时离境的，不扣减日数。

前款所说的临时离境，是指在一个纳税年度中一次不超过30日或者多次累计不超过90日的离境。

제3조 [거주와 출국] ① 본 법 제1조 제①항에서 말하는 "중국내에서 만 1년 거주하는 경우"란 한 과세연도 중에 중국내에서 365일 거주하는 것을 말하며, 임시출국은 거주기간에 그대로 포함된다.
② 제①항에서 말하는 "임시출국"이란 한 과세연도 중에 일회 출국일수가 30일을 초과하지 않거나 연간 누계출국일수가 90일을 초과하지 않을 경우를 말한다.

第四条 税法第一条第一款、第二款所说的从中国境内取得的所得，是指来源于中国境内的所得；所说的从中国境外取得的所得，是指来源于中国境外的所得。

제4조 [중국내 및 중국외 원천소득] 본 법 제1조 제①항 및 제②항에서 말하는 "중국내에서 취득한 소득"이란 소득의 원천이 중국내에 있는 소득이며, "중국외에서 취득한 소득"이란 소득의 원천이 중국외에 있는 소득을 말한다.

第五条 下列所得，不论支付地点是否在中国境内，均为来源于中国境内的所得：

（一）因任职、受雇、履约等而在中国境内提供劳务取得的所得；

（二）将财产出租给承租人在中国境内使用而取得的所得；

（三）转让中国境内的建筑物、土地使用权等财产或者在中国境内转让其他财产取得的所得；

（四）许可各种特许权在中国境内使用而取得的所得；

（五）从中国境内的公司、企业以及其他经济组织或者个人取得的利息、股息、红利所得。

제5조 [중국내 원천소득] 다음의 소득은 지급된 장소에 관계없이 모두 중국내 원천소득으로 본다.

1. 중국내에서 재직, 고용, 계약 이행으로 용역을 제공하고 취득한 소득
2. 재산을 임대하여 임차인이 중국내에서 사용하여 취득한 소득
3. 중국내의 건축물, 토지사용권 등 기타의 재산을 양도하고 취득한 소득
4. 특허권을 중국내에서 사용하게 하고 취득한 소득
5. 중국내의 회사, 기업 및 기타 경제조직 또는 개인으로부터 취득한 이자소득 또는 배당소득

第六条 在中国境内无住所，但是居住一年以上五年以下的个人，其来源于中国境外的所得，经主管税务机关批准，可以只就由中国境内公司、企业以及其他经济组织或者个人支付的部分缴纳个人所得税；居住超过五年的个人，从第六年起，应当就其来源于中国境外的全部所得缴纳个人所得税。

제6조 [1년~5년 거주] 중국내에 주소는 없으나 중국내에서 1년 이상 5년 이하 거주한 개인의 중국외 원천소득은 관할 세무기관의 비준을 거쳐 중국내 회사, 기업 및 기타 경제조직 또는 개인이 지급한 부분에 대해서만 개인소득세를 납부할 수 있으며, 5년 이상 거주한 개인은 6년째부터 중국외 원천소득 전부에 대해서 개인소득세를 납부하여야 한다.

第七条 在中国境内无住所，但是在一个

제7조 [주소가 없는 경우] 중국내에 주소는 없으나 한

纳税年度中在中国境内连续或者累计居住不超过90日的个人，其来源于中国境内的所得，由境外雇主支付并且不由该雇主在中国境内的机构、场所负担的部分，免予缴纳个人所得税。

과세연도에 중국에 연속 또는 누계 거주기간의 합계가 90일(조세협정이 체결된 국가는 183일)을 초과하지 않는 개인의 중국내 원천소득은 중국외 고용주가 지급하고 해당 고용주의 중국내의 사업장에서 부담하지 않는 부분은 개인소득세를 면제한다.

第八条 税法第二条所说的各项个人所得的范围：

（一）工资、薪金所得，是指个人因任职或者受雇而取得的工资、薪金、奖金、年终加薪、劳动分红、津贴、补贴以及与任职或者受雇有关的其他所得。

（二）个体工商户的生产、经营所得，是指：

1. 个体工商户从事工业、手工业、建筑业、交通运输业、商业、饮食业、服务业、修理业以及其他行业生产、经营取得的所得；

2. 个人经政府有关部门批准，取得执照，从事办学、医疗、咨询以及其他有偿服务活动取得的所得；

3. 其他个人从事个体工商业生产、经营取得的所得；

4. 上述个体工商户和个人取得的与生产、经营有关的各项应纳税所得。

（三）对企事业单位的承包经营、承租经营所得，是指个人承包经营、承租经营以及转包、转租取得的所得，包括个人按月或者按次取得的工资、薪金性质的所得。

（四）劳务报酬所得，是指个人从事设计、装潢、安装、制图、化验、测试、医疗、法律、会计、咨询、讲学、新闻、广播、翻译、审稿、书画、雕刻、影视、录音、录像、演出、表演、广告、展览、技术服务、介绍服务、经纪服务、代办服务以及其他劳务取得的所得。

（五）稿酬所得，是指个人因其作品以图书、报刊形式出版、发表而取得的所得。

（六）特许权使用费所得，是指个人提供专利权、商标权、著作权、非专利技术以及其他特许权的使用权取得的所得；提供著作权的使用权取得的所得，不包括稿酬所得。

（七）利息、股息、红利所得，是指个人拥有

제8조 [과세대상] ① 본 법 제2조에서 말하는 개인소득의 범위는 다음과 같다.

1. 근로소득(급여, 임금)은 개인이 재직함으로서 받는 급여, 임금, 상금, 연말상여금, 보조금 및 고용과 관련된 기타의 소득을 말한다.
2. 개인사업자의 사업소득은 다음과 같다.
   가. 개인사업자가 공업, 수공업, 건축업, 교통운수업, 상업, 음숙업, 서비스업, 수리업 및 기타 업종을 영위하여 얻은 소득
   나. 개인이 정부 유관부문으로부터 영업집조를 받아 교육, 의료, 자문 및 기타 유상 용역업을 영위하여 취득한 소득
   다. 기타 개인이 개인사업을 영위하여 취득한 소득
   라. 위의 개인사업자와 개인이 사업활동과 관련하여 취득한 각종 과세대상소득
3. 기업 단위에 대한 도급경영소득 및 수탁경영소득은 개인이 도급경영, 수탁경영을 하여 취득한 소득을 말하며 개인이 월별 또는 횟수별로 취득한 급여, 임금 성격의 소득을 포함한다.
4. 인적용역소득은 개인이 설계, 장식, 설치, 제도, 화학실험, 의료, 법률, 회계, 자문, 강의, 뉴스, 방송, 번역, 투고, 서화, 조각, 영화, 녹음, 촬영, 공연, 연기, 광고, 전시, 기술서비스, 서비스소개, 중개, 대리업 및 기타 용역을 제공하고 취득한 소득을 말한다.
5. 원고료소득은 개인이 작품을 도서, 간행물 형식으로 출판 또는 발표하고 취득한 소득을 말한다.
6. 특허권사용료소득은 개인이 특허권, 상표권, 저작권, 비특허기술 및 기타의 특허권의 사용권을 제공하고 취득한 소득을 말하며, 저작권의 사용권을 제공하여 취득한 소득에는 원고료소득을 포함하지 아니한다.
7. 이자소득 및 배당소득은 개인이 채권이나 주식을 보유함으로써 취득한 이자 및 배당소득을 말한다.

债权、股权而取得的利息、股息、红利所得。

（八）财产租赁所得，是指个人出租建筑物、土地使用权、机器设备、车船以及其他财产取得的所得。

（九）财产转让所得，是指个人转让有价证券、股权、建筑物、土地使用权、机器设备、车船以及其他财产取得的所得。

（十）偶然所得，是指个人得奖、中奖、中彩以及其他偶然性质的所得。

个人取得的所得，难以界定应纳税所得项目的，由主管税务机关确定。

8. 재산임대소득은 개인이 건축물, 토지사용권, 기계설비, 자동차, 선박 및 기타 재산을 임대하여 취득한 소득을 말한다.
9. 재산양도소득은 개인이 유가증권, 주식, 건축물, 토지사용권, 기계설비, 자동차, 선박 및 기타 재산을 양도하여 취득한 소득을 말한다.
10. 우연소득은 개인이 복권 등에 당첨되어 우연적으로 취득한 소득을 말한다.

② 개인이 취득한 소득이 소득의 종류를 구분하기 어려운 경우에는 관할 세무기관이 결정한다.

第九条 对股票转让所得征收个人所得税的办法，由国务院财政部门另行制定，报国务院批准施行。

제9조 [주식양도소득] 주식양도소득에 대해 개인소득세를 과세하는 방법은 국무원 재정부문이 별도로 제정하며 국무원의 비준을 거쳐 시행한다.

第十条 个人所得的形式，包括现金、实物、有价证券和其他形式的经济利益。所得为实物的，应当按照取得的凭证上所注明的价格计算应纳税所得额；无凭证的实物或者凭证上所注明的价格明显偏低的，参照市场价格核定应纳税所得额。所得为有价证券的，根据票面价格和市场价格核定应纳税所得额。所得为其他形式的经济利益的，参照市场价格核定应纳税所得额。

제10조 [소득의 형태] 개인소득의 형식은 현금, 현물, 유가증권과 기타의 경제이익을 포함한다. 소득을 현물로 받은 경우에는 취득한 증빙에 기재된 가격에 따라 과세표준을 계산하며, 증빙이 없거나 증빙에 기재된 가격이 현저하게 낮은 경우에는 시장가격을 참조하여 과세표준을 추계결정한다. 소득을 유가증권으로 받은 경우에는 액면가격과 시장가격에 따라 과세표준을 추계결정한다. 소득을 기타의 경제이익으로 받은 경우에는 시장가격을 참조하여 과세표준을 추계결정한다.

第十一条 税法第三条第四项所说的劳务报酬所得一次收入畸高，是指个人一次取得劳务报酬，其应纳税所得额超过2万元。

对前款应纳税所得额超过2万元至5万元的部分，依照税法规定计算应纳税额后再按照应纳税额加征五成；超过5万元的部分，加征十成。

제11조 [고액의 인적용역소득] ① 본 법 제3조 제4호에서 말하는 "인적용역소득의 매회 수입이 매우 높은 경우"란 개인이 한번에 취득한 용역보수의 과세표준이 20,000위안을 초과하는 경우를 말한다.

② 제①항의 과세표준이 20,000~50,000위안인 경우에는 본 법의 규정에 따라 납부세액을 계산한 후 다시 50%를 가산하고, 50,000위안을 초과하는 부분은 100%를 가산한다.

第十二条 税法第四条第二项所说的国债利息，是指个人持有中华人民共和国财政部发行的债券而取得的利息；所说的国家发行的金融债券利息，是指个人持有经国

제12조 [국채이자 등] 본 법 제4조 제2호에서 말하는 "국채이자"란 중국 재정부가 발행한 채권을 보유함으로써 취득한 이자소득을 말하며, "국가가 발행한 금융채권의 이자"란 국무원의 비준을 거쳐 발행한 금융

务院批准发行的金融债券而取得的利息。

채권을 보유함으로써 취득한 이자소득을 말한다.

第十三条 税法第四条第三项所说的按照国家统一规定发给的补贴、津贴，是指按照国务院规定发给的政府特殊津贴、院士津贴、资深院士津贴，以及国务院规定免纳个人所得税的其他补贴、津贴。

제13조 [보조금 및 수당] 본 법 제4조 제3호에서 말하는 "국가의 규정에 따라 지급되는 보조금 및 수당"이란 국무원의 규정에 따라 지급되는 정부의 특별수당 및 국무원이 개인소득세를 면제하도록 규정한 기타의 보조금을 말한다.

第十四条 税法第四条第四项所说的福利费，是指根据国家有关规定，从企业、事业单位、国家机关、社会团体提留的福利费或者工会经费中支付给个人的生活补助费；所说的救济金，是指各级人民政府民政部门支付给个人的生活困难补助费。

제14조 [복리후생비] 본 법 제4조 제4호에서 말하는 "복리후생비"란 국가의 규정에 따라 기업, 사업단위, 국가기관, 사회단체로부터 받은 복리후생비 또는 노동조합경비에서 개인에게 지급한 생활보조비를 말하며, "구제금"이란 각급 인민정부의 민정부문이 개인에게 지급한 생계보조비를 말한다.

第十五条 税法第四条第八项所说的依照我国法律规定应予免税的各国驻华使馆、领事馆的外交代表、领事官员和其他人员的所得，是指依照「中华人民共和国外交特权与豁免条例」和「中华人民共和国领事特权与豁免条例」规定免税的所得。

제15조 [면세] 본 법 제4조 제8호에서 말하는 "중국의 법률에 따라 면세되는 각국의 주중 외교관, 영사 및 소속 직원의 소득"이란 「중국 외교특권과 면제 조례」와 「중국 영사특권과 면제 조례」의 규정에 따라 면세하는 소득을 말한다.

第十六条 税法第五条所说的减征个人所得税，其减征的幅度和期限由省、自治区、直辖市人民政府规定。

제16조 [감면] 본 법 제5조에서 말하는 "개인소득세의 감면"의 감면 한도와 감면 기한은 성, 자치구, 직할시의 인민정부가 규정한다.

第十七条 税法第六条第一款第二项所说的成本、费用，是指纳税义务人从事生产、经营所发生的各项直接支出和分配计入成本的间接费用以及销售费用、管理费用、财务费用；所说的损失，是指纳税义务人在生产、经营过程中发生的各项营业外支出。

从事生产、经营的纳税义务人未提供完整、准确的纳税资料，不能正确计算应纳税所得额的，由主管税务机关核定其应纳税所得额。

제17조 [원가 및 비용] ① 본 법 제6조 제①항 제2호에서 말하는 "원가 및 비용"이란 납세의무자가 사업활동을 영위하는 과정에서 발생한 각종 직접 지출과 원가에 배분된 간접비용 및 판매비용, 관리비용, 재무비용 등을 말하며, "손실"이란 납세의무자가 사업활동을 영위하는 과정에서 발생한 각종 영업외지출을 말한다.

② 사업활동을 영위하는 납세의무자가 완전하고 정확한 납세자료를 제공하지 않아 과세표준을 정확하게 계산할 수 없는 경우에는 관할 세무기관이 과세표준을 추계결정한다.

第十八条 税法第六条第一款第三项所说的每一纳税年度的收入总额，是指纳税义务人

제18조 [수입총액] 본 법 제6조 제①항 제3호에서 말하는 "각 사업연도의 수입총액"이란 납세의무자가 도

按照承包经营、承租经营合同规定分得的经营利润和工资、薪金性质的所得；所说的减除必要费用，是指按月减除3500元。

급경영, 수탁경영계약의 규정에 따라 나누어 받은 이윤과 급여, 임금성질의 소득을 말하며, "공제금액"은 매월 3,500위안이다.

第十九条 税法第六条第一款第五项所说的财产原值，是指：

（一）有价证券，为买入价以及买入时按照规定交纳的有关费用；

（二）建筑物，为建造费或者购进价格以及其他有关费用；

（三）土地使用权，为取得土地使用权所支付的金额、开发土地的费用以及其他有关费用；

（四）机器设备、车船，为购进价格、运输费、安装费以及其他有关费用；

（五）其他财产，参照以上方法确定。

纳税义务人未提供完整、准确的财产原值凭证，不能正确计算财产原值的，由主管税务机关核定其财产原值。

제19조 [재산의 취득원가] ① 본 법 제6조 제①항 제5호에서 말하는 "재산의 취득원가"는 다음과 같다.

1. 유가증권의 경우, 매입가격 및 매입시에 지급한 부대비용
2. 건축물의 경우, 건축비 또는 매입가격 및 기타 부대비용
3. 토지사용권의 경우, 토지사용권을 취득하기 위하여 지급한 금액, 토지의 개발비용 및 기타 부대비용
4. 기계설비, 자동차, 선박의 경우, 매입가격, 운임, 설치비 및 기타 부대비용
5. 기타재산의 경우, 위의 방법을 참조하여 결정한다.

② 납세의무자가 완전하고 정확한 재산의 취득원가의 증빙서류를 제공하지 않아 취득원가를 정확하게 계산하기 어려운 경우에는 관할 세무기관이 재산원가를 추계결정한다.

第二十条 税法第六条第一款第五项所说的合理费用，是指卖出财产时按照规定支付的有关费用。

제20조 [합리적 비용] 본 법 제6조 제①항 제5호에서 말하는 "합리적인 비용"이란 재산을 양도할 때 지급하여야 하는 부대비용을 말한다.

第二十一条 税法第六条第一款第四项、第六项所说的每次，按照以下方法确定：

（一）劳务报酬所得，属于一次性收入的，以取得该项收入为一次；属于同一项目连续性收入的，以一个月内取得的收入为一次。

（二）稿酬所得，以每次出版、发表取得的收入为一次。

（三）特许权使用费所得，以一项特许权的一次许可使用所取得的收入为一次。

（四）财产租赁所得，以一个月内取得的收入为一次。

（五）利息、股息、红利所得，以支付利息、股息、红利时取得的收入为一次。

（六）偶然所得，以每次取得该项收入

제21조 [매회의 개념] 본 법 제6조 제①항 제4호와 제6호에서 말하는 "매회"란 다음과 같다.

1. 인적용역소득이 일회성 수입에 속할 경우에는 해당 수입을 취득하는 것을 일회 수입으로 보며, 동일한 소득을 연속 취득하는 경우에는 1개월간 취득한 수입이 일회 수입이 된다.
2. 원고료소득의 경우 매회 출판 또는 발표하여 취득한 수입이 일회 수입이 된다.
3. 특허권사용료소득은 해당 특허권을 사용하게 할 때마다 취득한 수입이 일회 수입이 된다.
4. 재산임대소득은 1개월 동안 취득한 수입이 일회 수입이 된다.
5. 이자소득 및 배당소득은 이자 및 배당을 지급할 때 취득한 수입이 일회 수입이 된다.
6. 우연소득은 매회 취득한 수입이 일회 수입이 된다.

为一次。

第二十二条 财产转让所得，按照一次转让财产的收入额减除财产原值和合理费用后的余额，计算纳税。

제22조 [재산양도소득] 재산양도소득은 재산을 양도한 수입에서 취득원가와 합리적인 비용을 차감한 후의 잔액에 대해 계산하여 납세한다.

第二十三条 两个或者两个以上的个人共同取得同一项目收入的，应当对每个人取得的收入分别按照税法规定减除费用后计算纳税。

제23조 [공동소득] 둘 또는 둘 이상의 개인이 하나의 수입을 공동으로 취득한 경우에는 각자가 취득한 수입에서 각각 세법에서 규정한 비용을 차감한 후의 잔액에 대해 계산하여 납부한다.

第二十四条 税法第六条第二款所说的个人将其所得对教育事业和其他公益事业的捐赠，是指个人将其所得通过中国境内的社会团体、国家机关向教育和其他社会公益事业以及遭受严重自然灾害地区、贫困地区的捐赠。

捐赠额未超过纳税义务人申报的应纳税所得额30%的部分，可以从其应纳税所得额中扣除。

제24조 [공익 기부금] ① 본 법 제6조 제②항에서 말하는 "개인이 소득의 일부를 교육사업 및 기타 공익사업에 기부한 경우"란 개인이 소득의 일부를 중국내의 사회단체, 국가기관을 통하여 교육사업과 기타 사회공익사업 및 자연재해지역과 빈곤지역에 기증하는 것을 말한다.

② 기부금액은 납세의무자가 신고한 과세표준의 30%까지 과세표준에서 공제할 수 있다.

第二十五条 按照国家规定，单位为个人缴付和个人缴付的基本养老保险费、基本医疗保险费、失业保险费、住房公积金，从纳税义务人的应纳税所得额中扣除。

제25조 [사회보장비] 국가의 규정에 따라 단위가 개인을 위해 납부하거나 개인이 납부한 기본양로보험비, 기본의료보험비, 실업보험비, 주택공적금은 납세의무자의 과세소득에서 공제된다.

第二十六条 税法第六条第三款所说的在中国境外取得工资、薪金所得，是指在中国境外任职或者受雇而取得的工资、薪金所得。

제26조 [중국외에서 취득한 근로소득] 본 법 제6조 제③항에서 말하는 "중국외에서 취득한 급여, 임금"이란 중국외에서 재직하거나 고용되어 취득한 급여, 임금을 말한다.

第二十七条 税法第六条第三款所说的附加减除费用，是指每月在减除3500元费用的基础上，再减除本条例第二十九条规定数额的费用。

제27조 [추가공제] 본 법 제6조 제③항에서 말하는 "추가공제"란 매월 3,500위안을 공제하는 것 이외에 본 조례 제29조에 규정된 액수를 추가로 공제하는 것을 말한다.

第二十八条 税法第六条第三款所说的附加减除费用适用的范围，是指：

（一）在中国境内的外商投资企业和外国企业中工作的外籍人员；

제28조 [추가공제비용의 적용범위] 본 법 제6조 제③항에서의 추가공제의 적용범위는 다음과 같다.

1. 중국내의 외국투자기업과 외국기업에서 근무하는 외국인

（二）应聘在中国境内的企业、事业单位、社会团体、国家机关中工作的外籍专家；
（三）在中国境内有住所而在中国境外任职或者受雇取得工资、薪金所得的个人；
（四）国务院财政、税务主管部门确定的其他人员。

2. 중국내의 기업, 사업단위, 사회단체, 국가기관에서 근무하는 외국인 전문가
3. 중국내에 주소가 있으며 중국외에서 재직 또는 근무하여 급여, 임금을 취득하는 개인
4. 기타 국무원의 재정, 세무주관부문이 규정하는 자

第二十九条 税法第六条第三款所说的附加减除费用标准为1300元。

제29조 [추가공제비용의 기준금액] 본 법 제6조 제③항에서 말하는 추가공제는 1, 300위안이다.

第三十条 华侨和香港、澳门、台湾同胞，参照本条例第二十七条、第二十八条、第二十九条的规定执行。

제30조 [화교, 홍콩, 마카오, 대만 동포] 화교, 홍콩, 마카오, 대만 동포에 대해서는 본 조례 제26조, 28조 및 제29조의 규정을 준용하여 처리한다.

第三十一条 在中国境内有住所，或者无住所而在境内居住满一年的个人，从中国境内和境外取得的所得，应当分别计算应纳税额。

제31조 [거주자의 세액계산] 중국내에 주소가 있거나 주소는 없지만 중국내 거주기간이 만 1년인 개인은 중국내 및 중국외에서 취득한 소득에 대해 각각 납부세액을 계산하여야 한다.

第三十二条 税法第七条所说的已在境外缴纳的个人所得税税额，是指纳税义务人从中国境外取得的所得，依照该所得来源国家或者地区的法律应当缴纳并且实际已经缴纳的税额。

제32조 [외국납부세액] 본 법 제7조에서 말하는 “중국외에서 이미 납부한 개인소득세”란 납세의무자가 중국외에서 취득한 소득에 대해 해당 소득이 발생한 국가(지역)의 법률에 따라 납부하여야 하거나 실제 납부한 세액을 말한다.

第三十三条 税法第七条所说的依照税法规定计算的应纳税额，是指纳税义务人从中国境外取得的所得，区别不同国家或者地区和不同所得项目，依照税法规定的费用减除标准和适用税率计算的应纳税额；同一国家或者地区内不同所得项目的应纳税额之和，为该国家或者地区的扣除限额。

纳税义务人在中国境外一个国家或者地区实际已经缴纳的个人所得税税额，低于依照前款规定计算出的该国家或者地区扣除限额的，应当在中国缴纳差额部分的税款；超过该国家或者地区扣除限额的，其超过部分不得在本纳税年度的应纳税额中扣除，但是可以在以后纳税年度的该国家或者地区扣除限额的余额中补扣。补扣期

제33조 [외국납부세액공제] ① 본 법 제7조에서 말하는 “본 법의 규정에 따라 계산한 납부세액”이란 납세의무자가 중국외에서 취득한 소득에 대해 국가별, 소득별로 구별하여 본 법에 규정된 공제표준과 세율을 적용하여 계산한 납부세액을 말하며, 동일한 국가 또는 지역에서 취득한 각 소득별 납부세액의 합계가 국가 또는 지역의 공제한도액이 된다.
② 납세의무자가 중국외의 국가 또는 지역에서 이미 납부한 개인소득세액이 제①항의 규정에 따라 계산한 국가 또는 지역의 공제한도액보다 작을 경우에는 중국에서 차액을 납부하여야 하며, 국가 또는 지역의 공제한도액보다 많을 경우에는 초과된 부분은 납부세액에서 공제할 수 없으며 이후 5년까지 해당 국가 또는 지역의 공제한도액의 잔액에서 공제할 수 있다.

限最长不得超过五年。

第三十四条 纳税义务人依照税法第七条的规定申请扣除已在境外缴纳的个人所得税税额时，应当提供境外税务机关填发的完税凭证原件。

제34조 [외국납부세액공제의 신청] 납세의무자는 본 법 제7조의 규정에 따라 중국외에서 이미 납부한 개인소득세의 세액공제를 신청하려면 국외의 세무기관이 발급한 완납증명서 원본을 제출하여야 한다.

第三十五条 扣缴义务人在向个人支付应税款项时，应当依照税法规定代扣税款，按时缴库，并专项记载备查。

前款所说的支付，包括现金支付、汇拨支付、转账支付和以有价证券、实物以及其他形式的支付。

제35조 [원천징수] ① 원천징수의무자가 개인에게 과세소득을 지급할 때에는 본 법의 규정에 따라 세액을 원천징수하여 규정에 따라 납부하고 해당 기록을 보관하여야 한다.

② 제①항에서 말하는 “지급”은 현금 지급, 우편송금, 계좌이체 및 유가증권, 실물 및 기타 형식의 지급을 포함한다.

第三十六条 纳税义务人有下列情形之一的，应当按照规定到主管税务机关办理纳税申报：

（一）年所得12万元以上的；

（二）从中国境内两处或者两处以上取得工资、薪金所得的；

（三）从中国境外取得所得的；

（四）取得应纳税所得，没有扣缴义务人的；

（五）国务院规定的其他情形。

年所得12万元以上的纳税义务人，在年度终了后3个月内到主管税务机关办理纳税申报。

纳税义务人办理纳税申报的地点以及其他有关事项的管理办法，由国务院税务主管部门制定。

제36조 [납세신고 의무자] ① 다음의 납세의무자는 관할 세무기관에 납세신고를 하여야 한다.

1. 연간 소득이 12만위안 이상인 경우
2. 중국내에 둘 또는 둘 이상의 장소에서 급여, 임금을 취득하는 경우
3. 중국외로부터 소득을 취득한 경우
4. 과세소득을 취득하였으나 원천징수의무자가 없는 경우
5. 국무원이 규정한 기타의 경우

② 연간 소득이 12만위안 이상인 납세의무자는 연도 종료 후 3개월 이내에 관할 세무기관에 납세신고를 하여야 한다.

③ 납세의무자가 납세신고를 하는 장소 등의 관리방법은 국무원 세무주관부문이 제정한다.

第三十七条 税法第八条所说的全员全额扣缴申报，是指扣缴义务人在代扣税款的次月内，向主管税务机关报送其支付所得个人的基本信息、支付所得数额、扣缴税款的具体数额和总额以及其他相关涉税信息。

全员全额扣缴申报的管理办法，由国务院税务主管部门制定。

제37조 [원천징수방법] ① 본 법 제8조에 말하는 “소득 전체를 원천징수하고 신고한다.”란 원천징수의무자가 원천징수한 다음달에 관할 세무기관에 소득을 지급한 개인의 기본 정보, 소득금액, 원천징수한 세액과 총액 및 기타 세무와 관련된 정보를 제출하는 것을 말한다.

② 소득 전체에 대한 원천징수의 관리방법은 국무원 세무주관부문이 제정한다.

第三十八条 自行申报的纳税义务人，在申报纳税时，其在中国境内已扣缴的税款，准予按照规定从应纳税额中扣除。

제38조 [원천징수세액의 공제] 직접 신고납부한 납세의무자는 신고납부할 때 중국내에서 이미 원천징수된 세액은 납부세액에서 공제할 수 있다.

第三十九条 纳税义务人兼有税法第二条所列的两项或者两项以上的所得的，按项分别计算纳税。在中国境内两处或者两处以上取得税法第二条第一项、第二项、第三项所得的，同项所得合并计算纳税。

제39조 [소득 구분] 납세의무자가 본 법 제2조에 열거된 둘 또는 둘 이상의 소득이 있을 경우에는 소득별로 각각 계산하여 납부하여야 한다. 중국내에서 둘 또는 둘 이상의 곳으로부터 제2조 제1호, 제2호 및 제3호의 소득을 취득하는 경우에는 소득별로 합산하여 납부하여야 한다(근로소득 및 사업소득만 합산함).

第四十条 税法第九条第二款所说的特定行业，是指采掘业、远洋运输业、远洋捕捞业以及国务院财政、税务主管部门确定的其他行业。

제40조 [특정 업종] 본 법 제9조 제②항에서 말하는 "특정 업종"이란 채굴업, 원양운수업, 원양어업 및 국무원 재정, 세무주관부문이 정한 업종을 말한다.

第四十一条 税法第九条第二款所说的按年计算、分月预缴的计征方式，是指本条例第四十条所列的特定行业职工的工资、薪金所得应纳的税款，按月预缴，自年度终了之日起30日内，合计其全年工资、薪金所得，再按12个月平均并计算实际应纳的税款，多退少补。

제41조 [세액의 정산] 본 법 제9조 제②항에서 말하는 "연도별로 계산하고 월별로 예납하는 방식"이란 본 조례 제40조에 열거된 특정 업종의 종업원에게 지급되는 근로소득의 납부세액은 월별로 예납하고 과세연도 종료일로부터 30일 내에 연간 근로소득을 모두 합산한 다음 12개월로 평균하여 실제 납부할 세액을 계산하여 정산하는 것을 말한다.

第四十二条 税法第九条第四款所说的由纳税义务人在年度终了后30日内将应纳的税款缴入国库，是指在年终一次性取得承包经营、承租经营所得的纳税义务人，自取得收入之日起30日内将应纳的税款缴入国库。

제42조 [납부기한] 본 법 제9조 제④항에서 말하는 "납세의무자는 과세연도 종류일 이후 30일 이내에 국고에 납입한다."란 연말에 한번에 도급경영소득 또는 임차경영소득을 취득하는 납세의무자는 소득을 취득한 날부터 30일 이내에 납부세액을 납부하여야 하는 것을 말한다.

第四十三条 依照税法第十条的规定，所得为外国货币的，应当按照填开完税凭证的上一月最后一日人民币汇率中间价，折合成人民币计算应纳税所得额。依照税法规定，在年度终了后汇算清缴的，对已经按月或者按次预缴税款的外国货币所得，不再重新折算；对应当补缴税款的所得部分，按照上一纳税年度最后一日人民币汇率中间价，折合成人民币计算应纳税所得额。

제43조 [외화의 환산] 본 법 제10조의 규정에 따라 외화소득은 완납증빙이 작성된 전월말 인민폐 기준환율로 환산하여 소득금액을 계산하여야 한다. 본 법의 규정에 따라 과세연도 종료 후에 세액을 정산하는 경우에는 이미 월별 또는 회수별로 세액을 예납한 외화 소득은 다시 환산하지는 아니하며, 세액을 추가로 납부하여야 하는 소득에 대해서는 전년말 인민폐 기준환율로 환산하여 소득금액을 계산한다.

第四十四条 税务机关按照税法第十一条的规定付给扣缴义务人手续费时，应当按月填开收入退还书发给扣缴义务人。扣缴义务人持收入退还书向指定的银行办理退库手续。

제44조 [원천징수 수수료] 세무기관이 본 법 제11조의 규정에 따라 원천징수의무자에게 수수료를 지급할 때에는 월별로 '수입반환서'를 발급하여야 하며, 원천징수의무자는 수입반환서를 가지고 지정된 은행에 가서 수수료를 수령한다.

第四十五条 个人所得税纳税申报表、扣缴个人所得税报告表和个人所得税完税凭证式样，由国务院税务主管部门统一制定。

제45조 [신고 서식] 개인소득세 신고납부서, 개인소득세 원천징수 보고표, 개인소득세 완납증명 등의 양식은 국무원 세무주관부문이 제정한다.

第四十六条 税法和本条例所说的纳税年度，自公历1月1日起至12月31日止。

제46조 [과세연도] 본 법과 본 조례의 과세연도는 1월 1일부터 12월 31일까지이다.

第四十七条 1994纳税年度起，个人所得税依照税法以及本条例的规定计算征收。

제47조 [징수 기준] 1994년부터 개인소득세는 본 법 및 본 조례의 규정에 따라 계산하여 징수한다.

第四十八条 本条例自发布之日起施行。1987年8月8日国务院发布的「中华人民共和国国务院关于对来华工作的外籍人员工资、薪金所得减征个人所得税的暂行规定」同时废止。

제48조 [시행일] 본 조례는 공포일부터 시행하며, 1987년 8월 8일 국무원이 공포한 「국무원이 중국에서 근무하는 외국인의 급여, 임금의 개인소득세를 감면하는 것에 관한 잠행규정」은 폐지한다.

5. 增值税 暂行条例[한국의 부가가치세법(재화)]

中国 增值税 暂行条例

中华人民共和国 国务院令第538号

《中华人民共和国增值税暂行条例》已经2008年11月5日 国务院第34次常务会议修订通过，现将修订后的《中华人民共和国增值税暂行条例》公布，自2009年1月1日 起施行。

总理　温家宝　二〇〇八年十一月十日

第一条 在中华人民共和国境内销售货物或者提供加工、修理修配劳务以及进口货物的单位和个人，为增值税的纳税人，应当依照本条例缴纳增值税。

중국 증치세 잠행조례

중화인민공화국 국무원령 제538호

「중화인민공화국 증치세 잠행조례」는 2008년 11월 5의 국무원 제34차 상무회의에서 개정되어 통과되었으며, 개정된 「중화인민공화국 증치세 잠행조례(이하 "증치세법"이라 한다」를 공포하며 2009년 1월 1일부터 시행한다.

총리 원쟈바오 2008년 11월 10일

제1조 [납세의무자] 중화인민공화국 경내(이하 '중국 내'라 한다.)에서 재화를 판매하거나, 가공 또는 수리, 수선용역을 제공하거나, 재화를 수입하는 단위와 개인은 증치세 납세의무자가 되며, 본 조례에 따라 증치

第二条 增值税税率：

（一）纳税人销售或者进口货物，除本条第㈡项、第㈢项规定外，税率为17%。

（二）纳税人销售或者进口下列货物，税率为13%：

1.粮食、食用植物油；

2.自来水、暖气、冷气、热水、煤气、石油液化气、天然气、沼气、居民用煤炭制品；

3.图书、报纸、杂志；

4.饲料、化肥、农药、农机、农膜；

5.国务院规定的其他货物。

（三）纳税人出口货物，税率为零；但是，国务院另有规定的除外。

（四）纳税人提供加工、修理修配劳务（以下称应税劳务），税率为17%。

税率的调整，由国务院决定。

第三条 纳税人兼营不同税率的货物或者应税劳务，应当分别核算不同税率货物或者应税劳务的销售额；未分别核算销售额的，从高适用税率。

第四条 除本条例第十一条规定外，纳税人销售货物或者提供应税劳务（以下简称销售货物或者应税劳务），应纳税额为当期销项税额抵扣当期进项税额后的余额。应纳税额计算公式：

应纳税额＝当期销项税额－当期进项税额

当期销项税额小于当期进项税额不足抵扣时，其不足部分可以结转下期继续抵扣。

第五条 纳税人销售货物或者应税劳务，按照销售额和本条例第二条规定的税率计算并向购买方收取的增值税额，为销项税额。销项税额计算公式：

销项税额＝销售额×税率

第六条 销售额为纳税人销售货物或者应

세를 납부하여야 한다.

제2조 [세율] ① 증치세 세율은 아래와 같다.

1. 납세의무자가 재화를 판매 또는 수입하는 경우, 본조의 제2호와 제3호 이외에는 17%
2. 납세의무자가 아래의 재화를 판매 또는 수입하는 경우 13%
   가. 양식 및 식용식물유
   나. 상수도, 난방, 냉방, 온수, 석탄가스, 액화 석유가스, 천연가스, 메탄가스, 거주민용 석탄제품
   다. 도서, 신문, 잡지
   라. 사료, 화학비료, 농약, 농기계, 농업용 비닐
   마. 국무원이 규정하는 기타 재화
3. 납세의무자가 수출하는 재화는 '영세율'을 적용하며, 국무원이 별도로 규정하는 경우에는 제외한다.
4. 납세의무자가 제공하는 가공 및 수리, 수선용역(이하 '과세용역'이라 한다.)은 17%

② 세율의 조정은 국무원이 결정한다.

제3조 [겸영행위] 납세의무자가 세율이 다른 재화 또는 과세용역을 겸영하는 경우에는 매출액을 세율별로 각각 구분경리하여야 하며, 구분경리하지 아니한 경우에는 높은 세율을 적용한다.

제4조 [납부세액] ① 본 조례 제11조의 규정 이외에 납세의무자가 재화를 판매하거나 과세용역을 제공하는 경우(이하 "재화 또는 과세용역의 판매"라 한다.) 납부세액은 매출세액에서 당기 매입세액을 공제한 후의 잔액으로 한다.

납부세액＝당기 매출세액－당기 매입세액

② 당기 매출세액이 당기 매입세액보다 작은 경우에는 차기에 이월하여 계속 공제할 수 있다.

제5조 [매출세액] 납세의무자의 재화 또는 과세용역의 판매는 매출액에 본 조례 제2조에서 규정하는 세율을 곱하여 구매자로부터 받은 증치세액을 매출세액으로 하며, 매출세액의 계산공식은 다음과 같다.

매출세액＝매출액×세율

제6조 [매출액] ① 매출액은 납세의무자가 재화 또는

税劳务向购买方收取的全部价款和价外费用，但是不包括收取的销项税额。

销售额以人民币计算。纳税人以人民币以外的货币结算销售额的，应当折合成人民币计算。

과세용역을 판매한 후 구매자로부터 받은 모든 대가와 부대비용이며 증치세액은 포함하지 아니한다.
② 매출액은 인민폐로 계산하며, 인민폐 이외의 화폐로 받은 경우에는 인민폐로 환산하여야 한다.

第七条 纳税人销售货物或者应税劳务的价格明显偏低并无正当理由的，由主管税务机关核定其销售额。

제7조 [매출액의 추계결정] 납세의무자의 재화 또는 과세용역의 판매가격이 현저히 낮고 정당한 이유가 없는 경우에는 관할 세무기관이 매출액을 추계결정한다.

第八条 纳税人购进货物或者接受应税劳务（以下简称购进货物或者应税劳务）支付或者负担的增值税额，为进项税额。

下列进项税额准予从销项税额中抵扣：

（一）从销售方取得的增值税专用发票上注明的增值税额。

（二）从海关取得的海关进口增值税专用缴款书上注明的增值税额。

（三）购进农产品，除取得增值税专用发票或者海关进口增值税专用缴款书外，按照农产品收购发票或者销售发票上注明的农产品买价和13%的扣除率计算的进项税额。进项税额计算公式：

进项税额＝买价×扣除率

（四）购进或者销售货物以及在生产经营过程中支付运输费用的，按照运输费用结算单据上注明的运输费用金额和7%的扣除率计算的进项税额。进项税额计算公式：

进项税额＝运输费用金额×扣除率

准予抵扣的项目和扣除率的调整，由国务院决定。

제8조 [매입세액] ① 납세의무자가 재화를 구매하거나 과세용역을 제공받고 (이하 “재화 또는 과세용역의 구매”라 한다.) 지불 또는 부담하는 증치세액을 ‘매입세액’이라 한다.

아래의 매입세액은 매출세액에서 공제할 수 있다.

1. 판매자로부터 받은 증치세 전용계산서에 표시된 증치세액
2. 해관으로부터 받은 해관의 수입 증치세 전용납부서에 기재된 증치세액
3. 농산품을 구매하면서 받은 증치세 전용계산서 또는 해관의 수입 증치세 전용납부서 이외의 농산품 구매 영수증 또는 판매 영수증에 기재된 농산품의 구입가격에 13%의 공제율을 곱하여 계산한 매입세액

   매입세액＝구입가격×공제율
4. 재화를 구매 또는 판매하거나 사업을 영위하는 과정에서 지급한 운임은 운임의 영수증에 기재된 금액에 7%의 세율을 곱하여 계산한 금액으로서 계산 공식은 다음과 같다.

   매입세액＝운임×공제율

② 공제가능한 항목과 공제율의 조정은 국무원이 결정한다.

第九条 纳税人购进货物或者应税劳务，取得的增值税扣税凭证不符合法律、行政法规或者国务院税务主管部门有关规定的，其进项税额不得从销项税额中抵扣。

제9조 [매입세액 공제] 납세의무자가 재화 또는 과세용역을 구매할 때 받은 증치세 공제증빙이 법률, 행정법규 및 국무원 세무주관부문의 규정에 맞지 않을 경우, 매입세액은 매출세액에서 공제할 수 없다.

第十条 下列项目的进项税额不得从销项税额中抵扣：

제10조 [매입세액 불공제] 아래의 매입세액은 매출세액에서 공제할 수 없다.

（一）用于非增值税应税项目、免征增值税项目、集体福利或者个人消费的购进货物或者应税劳务；

（二）非正常损失的购进货物及相关的应税劳务；

（三）非正常损失的在产品、产成品所耗用的购进货物或者应税劳务；

（四）国务院财政、税务主管部门规定的纳税人自用消费品；

（五）本条第（一）项至第(四)项规定的货物的运输费用和销售免税货物的运输费用。

1. 증치세 비과세항목, 증치세 면제항목, 복리후생 또는 개인의 소비용에 사용된 재화와 과세용역의 구매
2. 비정상 손실을 입은 구입재화 및 과세용역
3. 비정상 손실을 입은 재공품과 제품에 사용된 재화와 과세용역
4. 국무원의 재정, 세무주관부문이 규정한 납세의무자가 직접 사용한 재화
5. 본 조 제1호부터 제4호에서 규정한 재화의 운임과 면세재화의 판매로 인한 운임

第十一条 小规模纳税人销售货物或者应税劳务，实行按照销售额和征收率计算应纳税额的简易办法，并不得抵扣进项税额。应纳税额计算公式：

应纳税额＝销售额×征收率

小规模纳税人的标准由国务院财政、税务主管部门规定。

제11조 [소규모 납세의무자] ① 소규모 납세의무자는 재화 또는 과세용역의 판매에 대해 매출액과 징수율을 곱하여 납부세액을 계산하는 '간이징수방법'을 사용하며, 매입세액을 공제할 수 없다.

납부세액＝매출액×징수율

② 소규모 납세의무자의 기준은 국무원의 재정, 세무주관부문이 결정한다.

第十二条 小规模纳税人增值税征收率为3%。

征收率的调整，由国务院决定。

제12조 [소규모 납세의무자의 세율] ① 소규모 납세의무자의 증치세 징수율은 3%로 한다.

② 징수율의 조정은 국무원이 결정한다.

第十三条 小规模纳税人以外的纳税人应当向主管税务机关申请资格认定。具体认定办法由国务院税务主管部门制定。

小规模纳税人会计核算健全，能够提供准确税务资料的，可以向主管税务机关申请资格认定，不作为小规模纳税人，依照本条例有关规定计算应纳税额。

제13조 [일반 납세의무자의 자격인정] ① 소규모 납세의무자 이외의 납세의무자는 관할 세무기관에 자격 인정을 신청하여야 하며, 구체적 인정 방법은 국무원 세무주관부문이 제정한다.

② 소규모 납세의무자 회계제도가 완비되어 있고 세무자료를 정확하게 제공할 수 있는 경우, 관할 세무기관에 자격인정을 신청하여 소규모 납세의무자로 보지 않고 본 조례의 규정에 따라 납부세액을 계산할 수 있다.

第十四条 纳税人进口货物，按照组成计税价格和本条例第二条规定的税率计算应纳税额。组成计税价格和应纳税额计算公式：

组成计税价格＝关税完税价格＋关税＋消费税

제14조 [산정가격] 납세의무자가 수입한 재화는 산정가격과 본 조례 제2조에서 정한 세율에 따라 납부세액을 계산하며, 산정가격과 납부세액의 계산공식은 다음과 같다.

산정가격＝관세 과세가격＋관세＋소비세

납부세액＝산정가격×세율

应纳税额＝组成计税价格×税率

第十五条 下列项目免征增值税:
（一）农业生产者销售的自产农产品；
（二）避孕药品和用具；
（三）古旧图书；
（四）直接用于科学研究、科学试验和教学的进口仪器、设备；
（五）外国政府、国际组织无偿援助的进口物资和设备；
（六）由残疾人的组织直接进口供残疾人专用的物品；
（七）销售的自己使用过的物品。

除前款规定外，增值税的免税、减税项目由国务院规定。任何地区、部门均不得规定免税、减税项目。

제15조 [증치세의 감면] ① 아래의 항목은 증치세를 면제한다.
1. 농업생산자가 판매한 자가생산 농산품
2. 피임약과 용구
3. 중고서적
4. 과학연구, 과학실험 및 교육에 직접 사용되는 수입계기와 설비
5. 외국정부와 국제기구가 무상으로 지원한 수입물자와 설비
6. 장애자 조직이 직접 수입하는 장애인 전용물품
7. 자기가 사용하던 물품의 판매.

② 위 ①항의 규정 이외에 증치세의 감면항목은 국무원이 규정하며, 어떠한 지역 또는 부서도 감면항목을 정할 수 없다.

第十六条 纳税人兼营免税、减税项目的，应当分别核算免税、减税项目的销售额；未分别核算销售额的，不得免税、减税。

제16조 [감면항목의 겸영] 납세의무자가 감면항목을 겸영할 경우에는 감면항목의 매출액을 별도로 구분하여야 하며, 매출액을 구분하지 않을 경우에는 감면을 받을 수 없다.

第十七条 纳税人销售额未达到国务院财政、税务主管部门规定的增值税起征点的，免征增值税；达到起征点的，依照本条例规定全额计算缴纳增值税。

제17조 [증치세 면세점] 납세의무자의 매출액이 국무원의 재정, 세무주관부문이 정한 증치세 면세점보다 작은 경우에는 증치세를 면제하며, 면세점에 도달한 경우에는 본 조례의 규정에 따라 증치세를 계산하여 납부하여야 한다.

第十八条 中华人民共和国境外的单位或者个人在境内提供应税劳务，在境内未设有经营机构的，以其境内代理人为扣缴义务人；在境内没有代理人的，以购买方为扣缴义务人。

제18조 [원천징수 및 대리징수] 중국외의 단위 또는 개인이 중국내에서 과세용역을 제공하는 경우로서 중국내 사업장이 없는 경우 중국내의 대리인이 원천징수의무자가 되며, 중국내에 대리인이 없는 경우에는 구매자가 원천징수의무자가 된다.

第十九条 增值税纳税义务发生时间:
（一）销售货物或者应税劳务，为收讫销售款项或者取得索取销售款项凭据的当天；先开具发票的，为开具发票的当天。
（二）进口货物，为报关进口的当天。

제19조 [납세의무의 성립시기] ① 증치세 납세의무 성립시기는 다음과 같다.
1. 재화 또는 과세용역의 판매는 매출대금을 수령하거나 매출대금을 수령할 증빙을 받은 당일이 되며, 세금계산서를 먼저 발행한 경우에는 발행한 날이 된다.
2. 재화의 수입은 수입신고를 한 날이 된다.

增值税扣缴义务发生时间为纳税人增值税纳税义务发生的当天。

第二十条 增值税由税务机关征收，进口货物的增值税由海关代征。

个人携带或者邮寄进境自用物品的增值税，连同关税一并计征。具体办法由国务院关税税则委员会会同有关部门制定。

第二十一条 纳税人销售货物或者应税劳务，应当向索取增值税专用发票的购买方开具增值税专用发票，并在增值税专用发票上分别注明销售额和销项税额。

属于下列情形之一的，不得开具增值税专用发票：

（一）向消费者个人销售货物或者应税劳务的；

（二）销售货物或者应税劳务适用免税规定的；

（三）小规模纳税人销售货物或者应税劳务的。

第二十二条 增值税纳税地点:

（一）固定业户应当向其机构所在地的主管税务机关申报纳税。总机构和分支机构不在同一县（市）的，应当分别向各自所在地的主管税务机关申报纳税；经国务院财政、税务主管部门或者其授权的财政、税务机关批准，可以由总机构汇总向总机构所在地的主管税务机关申报纳税。

（二）固定业户到外县（市）销售货物或者应税劳务，应当向其机构所在地的主管税务机关申请开具外出经营活动税收管理证明，并向其机构所在地的主管税务机关申报纳税；未开具证明的，应当向销售地或者劳务发生地的主管税务机关申报纳税；未向销售地或者劳务发生地的主管税务机关申报纳税的，由其机构所在地的主管税务机关补征税款。

② 증치세 원천징수의무의 성립시기는 납세의무자가 증치세 납세의무가 성립한 날이 된다.

제20조 [징수기관] ① 증치세는 세무기관이 징수하며, 수입한 재화의 증치세는 해관이 대신 징수한다.
② 개인이 휴대하거나 우편으로 수입한 자가사용 물품의 증치세는 관세와 함께 계산하여 징수하며, 구체적인 방법은 국무원 관세 세칙위원회에서 관련 부서와 협조하여 제정한다.

제21조 [전용계산서의 발행] ① 납세의무자가 재화 또는 과세용역을 판매한 경우에는 전용계산서를 발행하여야 하며, 전용계산서에 매출액과 증치세액을 구분하여 표시하여야 한다.
② 아래에 해당하는 경우 증치세 전용계산서를 발행할 수 없다.

1. 소비자 개인에게 재화 또는 과세용역을 공급하는 경우
2. 재화 또는 과세용역의 공급이 면세항목에 해당할 경우
3. 소규모 납세의무자가 재화 또는 과세용역을 제공하는 경우

제22조 [납세지] ① 증치세 납세지는 아래와 같다.

1. 고정사업장이 있는 경우에는 사업장 소재지의 관할 세무기관에 신고납부하여야 한다. 본점과 지점이 같은 현(시)에 있지 않은 경우에는 각각 소재지 관할 세무기관에 신고납부하여야 한다. 국무원의 재정, 세무주관부문 또는 그의 수권을 받은 재정, 세무기관의 비준을 거쳐 본점에서 총괄하여 본점 소재지 관할 세무기관에 신고납부할 수 있다.
2. 고정사업장이 있는 사업자가 다른 현[시]에서 재화 또는 과세용역을 판매한 경우에는 사업장 소재지의 관할 세무기관에 '타지역 사업활동에 대한 세수관리증명'을 신청하여 사업장 소재지 관할 세무기관에 신고납부하여야 한다. 만약 증명을 발급하지 않은 경우에는 판매지 또는 용역 제공지의 관할 세무기관에 신고납부하여야 한다. 판매지 또는 용역 제공지의 관할 세무기관에 신고납부하지 않은 경우에는 사업장 소재지의 관할 세무기관이 해당 세

（三）非固定业户销售货物或者应税劳务，应当向销售地或者劳务发生地的主管税务机关申报纳税；未向销售地或者劳务发生地的主管税务机关申报纳税的，由其机构所在地或者居住地的主管税务机关补征税款。

（四）进口货物，应当向报关地海关申报纳税。

扣缴义务人应当向其机构所在地或者居住地的主管税务机关申报缴纳其扣缴的税款。

액을 추징한다.

3. 고정사업장이 없는 사업자가 재화 또는 과세용역을 판매한 경우에는 판매지 또는 용역 제공지의 관할 세무기관에 신고납부하여야 하며, 신고납부하지 않은 경우에는 사업장 소재지 또는 거주지 관할 세무기관이 해당 세액을 추징한다.

4. 수입한 재화는 수입을 통관신고를 한 해관에 신고납부하여야 한다.

② 원천징수의무자는 사업장 소재지 또는 거주지 관할 세무기관에 원천징수한 세액을 신고납부하여야 한다.

第二十三条 增值税的纳税期限分别为1日、3日、5日、10日、15日、1个月或者1个季度。纳税人的具体纳税期限，由主管税务机关根据纳税人应纳税额的大小分别核定；不能按照固定期限纳税的，可以按次纳税。

纳税人以1个月或者1个季度为1个纳税期的，自期满之日起15日内申报纳税；以1日、3日、5日、10日或者15日为1个纳税期的，自期满之日起5日内预缴税款，于次月1日起15日内申报纳税并结清上月应纳税款。

扣缴义务人解缴税款的期限，依照前两款规定执行。

제23조 [과세기간] ① 증치세의 과세기간은 1일, 3일, 5일, 10일, 15일, 1개월 또는 1분기이다. 납세의무자의 구체적인 과세기간은 관할 세무기관이 납세의무자의 납부세액의 크기에 따라 별도로 심사, 확정하며 고정적인 기간에 따라 납부할 수 없는 경우 거래건별로 납부할 수 있다.

② 납세의무자가 1개월 또는 1분기를 하나의 과세기간으로 하는 경우에는 기간 만료일부터 15일 내에 신고납부하여야 하며, 1일, 3일, 5일, 10일 또는 15일을 하나의 과세기간으로 하는 경우에는 기간이 만료된 날로부터 5일 내에 세액을 예납하고 익월 15일 내에 신고납부하고 하고 전월의 납부세액을 정산하여야 한다.

③ 원천징수의무자의 세액납부기한은 위의 ①항 및 ②항의 규정에 따라 처리한다.

第二十四条 纳税人进口货物，应当自海关填发海关进口增值税专用缴款书之日起15日内缴纳税款。

제24조 [수입재화의 납부기한] 납세의무자가 재화를 수입한 경우에는 해관이 해관의 수입 증치세 전용납부서를 발급한 날로부터 15일 내에 세액을 납부하여야 한다.

第二十五条 纳税人出口货物适用退（免）税规定的，应当向海关办理出口手续，凭出口报关单等有关凭证，在规定的出口退（免）税申报期内按月向主管税务机关申报办理该项出口货物的退（免）税。具体办法由国务院财政、税务主管部门制定。

出口货物办理退税后发生退货或者退关

제25조 [수출재화의 면세 및 환급] ① 납세의무자가 재화를 수출하여 환급(면세)대상이 되는 경우에는 해관에 수출절차를 밟아야 하며, 수출신고명세서 등에 따라 수출재화의 환급(면세) 신고기한내에 월별로 관할 세무기관에 수출재화의 환급(면세)을 신고하여야 하며, 구체적인 방법은 국무원의 재정, 세무주관부문이 제정한다.

② 수출재화의 환급을 받은 후 반품이 발생하는 경우

的，纳税人应当依法补缴已退的税款。

환급받은 세액을 다시 납부하여야 한다.

第二十六条 增值税的征收管理，依照「中华人民共和国税收征收管理法」及本条例有关规定执行。

제26조 [증치세의 징수관리] 증치세의 징수관리는 「중국 세수징수관리법」 및 본 조례의 규정에 따라 집행한다.

第二十七条 本条例自2009年1月1日起施行。

제27조 본 조례는 2009년 1월 1일부터 시행한다.

6. 增值税 暂行条例 实施细则[한국의 부가가치세법(재화) 시행령]

中国 增值税 暂行条例 实施细则

중국 증치세 잠행조례 실시세칙

(2008年12月18日财政部国家税务总局令第50号公布，根据2011年10月28日「关于修改〈中华人民共和国增值税暂行条例实施细则〉的决定」修订)

(2008년 12월 18일 재정부와 국가세무총국령 제50호로 공포되고 2011년 10월 28일 「중화인민공화국 증치세 잠행조례 실시세칙의 개정에 관한 결정」에 따라 개정하였다.

第一条 根据「中华人民共和国增值税暂行条例」（以下简称条例），制定本细则。

제1조 [제정 근거] 「중화인민공화국 증치세 잠행조례」(이하 "증치세법"이라 한다.)에 따라 본 세칙을 제정한다.

第二条 条例第一条所称货物，是指有形动产，包括电力、热力、气体在内。

条例第一条所称加工，是指受托加工货物，即委托方提供原料及主要材料，受托方按照委托方的要求，制造货物并收取加工费的业务。

条例第一条所称修理修配，是指受托对损伤和丧失功能的货物进行修复，使其恢复原状和功能的业务。

제2조 [정의] ① 증치세법 제1조에서 말하는 '재화'란 유형동산을 말하며 전력, 열, 가스를 포함한다.
② 증치세법 제1조에서 말하는 '가공'이란 재화의 가공을 수탁받아 위탁자가 원재료 및 주요 재료를 제공하고 수탁자는 위탁자의 요구에 따라 가공하고 가공비를 받는 것을 말한다.
③ 증치세법 제1조에서 말하는 '수리, 수선'이란 손상되거나 기능이 상실된 재화를 수선하여 원상 또는 기능을 회복시키는 것을 말한다.

第三条 条例第一条所称销售货物，是指有偿转让货物的所有权。

条例第一条所称提供加工、修理修配劳务（以下称应税劳务），是指有偿提供加工、修理修配劳务。单位或者个体工商户聘用的员工为本单位或者雇主提供加工、修理修配劳务，不包括在内。

本细则所称有偿，是指从购买方取得

제3조 [재화의 판매 및 과세용역의 제공] ① 증치세법 제1조에서 말하는 '재화의 판매'란 재화의 소유권을 유상으로 이전하는 것을 말한다.
② 증치세법 제1조에서 말하는 '가공 및 수리, 수선용역을 제공하는 것'(이하 "과세용역"이라 한다)이란 유상으로 가공 및 수리, 수선용역을 제공하는 것을 말한다. 단위 또는 개인사업자가 고용한 종업원이 단위 또는 고용주를 위하여 가공 또는 수리, 수선용역을 제공

货币、货物或者其他经济利益。

하는 것은 제외한다.

③ 본 세칙에서 말하는 '유상'이란 구매자로부터 화폐, 현물 또는 기타 경제적 이익을 얻는 것을 말한다.

第四条 单位或者个体工商户的下列行为，视同销售货物：

（一）将货物交付其他单位或者个人代销；

（二）销售代销货物；

（三）设有两个以上机构并实行统一核算的纳税人，将货物从一个机构移送其他机构用于销售，但相关机构设在同一县（市）的除外；

（四）将自产或者委托加工的货物用于非增值税应税项目；

（五）将自产、委托加工的货物用于集体福利或者个人消费；

（六）将自产、委托加工或者购进的货物作为投资，提供给其他单位或者个体工商户；

（七）将自产、委托加工或者购进的货物分配给股东或者投资者；

（八）将自产、委托加工或者购进的货物无偿赠送其他单位或者个人。

제4조 [간주매출] 단위나 개인사업자의 다음 행위는 재화의 판매로 간주한다.

1. 재화를 대리판매하기 위해 타인에게 교부하는 경우
2. 재화를 대리판매 하는 경우
3. 둘 이상의 사업장이 있고 총괄납부하는 납세의무자가 재화를 한 사업장에서 다른 사업장에 판매하도록 이송하는 경우, 단 관련 사업장이 동일한 현(시)에 있는 경우는 제외한다.
4. 자가생산 또는 위탁가공한 재화를 증치세 비과세 항목에 사용하는 경우
5. 자가생산 또는 위탁가공한 재화를 복리후생 또는 개인의 소비에 사용한 경우
6. 자가생산, 위탁가공 또는 매입한 재화를 투자의 목적으로 타인에게 제공하는 경우
7. 자가생산, 위탁가공 또는 매입한 재화를 주주 또는 투자자에게 배분하는 경우
8. 자가생산, 위탁가공 또는 매입한 재화를 무상으로 타인에게 증여하는 경우

第五条 一项销售行为如果既涉及货物又涉及非增值税应税劳务，为混合销售行为。除本细则第六条的规定外，从事货物的生产、批发或者零售的企业、企业性单位和个体工商户的混合销售行为，视为销售货物，应当缴纳增值税；其他单位和个人的混合销售行为，视为销售非增值税应税劳务，不缴纳增值税。

本条第一款所称非增值税应税劳务，是指属于应缴营业税的交通运输业、建筑业、金融保险业、邮电通信业、文化体育业、娱乐业、服务业税目征收范围的劳务。

本条第一款所称从事货物的生产、批发或者零售的企业、企业性单位和个体工商户，包括以从事货物的生产、批发或者零售为主，并兼营非增值税应税劳务的单位和个体工商户在内。

제5조 [혼합판매행위의 개념] ① 하나의 판매행위가 재화의 판매와 증치세 비과세용역에 동시에 해당될 경우 '혼합판매행위'라 한다. 본 세칙 제6조의 규정 이외에 재화의 생산, 도매 또는 소매업을 영위하는 기업 및 기업형 단위와 개인사업자의 혼합판매행위는 재화의 판매로 보아 증치세를 납부하여야 하며, 기타의 단위와 개인의 판매행위는 증치세 비과세용역을 제공한 것으로 보아 증치세를 납부하지 아니한다.

② 제①항에서 말하는 '증치세 비과세용역'은 영업세를 납부하여야 하는 교통운수업, 건축업, 금융보험업, 우편통신업, 문화체육업, 오락업, 서비스업의 과세범위에 속하는 용역을 말한다.

③ 제①항에서 말하는 '재화의 생산, 도매 또는 소매업을 영위하는 기업 및 기업형 단위와 개인사업자'는 재화의 생산, 도매 및 소매업을 위주로 하고 증치세 비과세용역을 겸영하는 단위와 개인사업자를 포함한다.

第六条 纳税人的下列混合销售行为，应当分别核算货物的销售额和非增值税应税劳务的营业额，并根据其销售货物的销售额计算缴纳增值税，非增值税应税劳务的营业额不缴纳增值税；未分别核算的，由主管税务机关核定其货物的销售额：

（一）销售自产货物并同时提供建筑业劳务的行为；

（二）财政部、国家税务总局规定的其他情形。

제6조 [혼합판매행위에 대한 과세] 납세의무자의 아래의 혼합판매행위는 재화의 판매액과 증치세 비과세용역의 영업액을 구분경리하여, 재화의 판매액에 따라 증치세를 납부하고 증치세 비과세용역의 영업액은 증치세를 납부하지 않는다. 구분경리하지 않는 경우에는 관할 세무기관이 재화의 판매액을 추계결정한다.

1. 자가생산한 재화를 판매하면서 동시에 건축용역에 제공하는 행위
2. 재정부, 국가세무총국이 규정한 기타의 경우

第七条 纳税人兼营非增值税应税项目的，应分别核算货物或者应税劳务的销售额和非增值税应税项目的营业额；未分别核算的，由主管税务机关核定货物或者应税劳务的销售额。

제7조 [겸영행위] 납세의무자가 증치세 비과세항목을 겸영하는 경우에는 재화 또는 과세용역의 매출액과 증치세 비과세용역의 영업수입액을 구분경리하여야 하며, 구분경리하지 않은 경우 관할 세무기관은 재화 또는 과세용역의 매출액을 추계결정한다.

第八条 条例第一条所称在中华人民共和国境内（以下简称境内）销售货物或者提供加工、修理修配劳务，是指：

（一）销售货物的起运地或者所在地在境内；

（二）提供的应税劳务发生在境内。

제8조 [과세범위] 증치세법 제1조에서 말하는 '중화인민공화국 경내(이하 "중국내"라 한다)에서 재화를 판매하거나 가공 및 수리, 수선업무의 제공'은 다음을 말한다.

1. 판매한 재화의 발송지 또는 소재지가 중국내인 경우
2. 제공한 과세용역의 발생지가 중국내인 경우

第九条 条例第一条所称单位，是指企业、行政单位、事业单位、军事单位、社会团体及其他单位。

条例第一条所称个人，是指个体工商户和其他个人。

제9조 [단위 및 개인] ① 증치세법 제1조에서 말하는 '단위'란 기업, 행정단위, 사업단위, 군사단위, 사회단체 및 기타의 단위를 말한다.

② 증치세법 제1조에서 말하는 '개인'은 개인사업자와 기타의 개인을 말한다.

第十条 单位租赁或者承包给其他单位或者个人经营的，以承租人或者承包人为纳税人。

제10조 [도급경영자와 수탁경영자] 단위가 다른 단위 또는 개인에게 도급경영 또는 수탁경영을 하게 하는 경우, 도급경영자와 수탁경영자가 납세의무자가 된다.

第十一条 小规模纳税人以外的纳税人（以下称一般纳税人）因销售货物退回或者折让而退还给购买方的增值税额，应从发生销售货物退回或者折让当期的销项税额中扣减；因购进货物退出或者折让而收回的

제11조 [매출환입] ① 소규모 납세의무자 이외의 납세의무자(이하 "일반 납세의무자"라 한다)가 판매한 재화의 반품이나 할인으로 인하여 증치세를 환불받을 경우, 반품이나 할인이 발생한 과세기간의 매출세액에서 공제하여야 하며, 매입한 재화가 반품 또는 할인

增值税额，应从发生购进货物退出或者折让当期的进项税额中扣减。

一般纳税人销售货物或者应税劳务，开具增值税专用发票后，发生销售货物退回或者折让、开票有误等情形，应按国家税务总局的规定开具红字增值税专用发票。未按规定开具红字增值税专用发票的，增值税额不得从销项税额中扣减。

으로 증치세를 돌려줄 경우 반품이나 할인이 발생한 과세기간의 매입세액에서 공제하여야 한다.

② 일반 납세의무자가 재화 또는 과세용역을 공급하고 증치세 전용계산서를 발행한 후 판매한 재화의 반품이나 할인 또는 발행한 계산서에 오류가 있는 경우에는 적색의 증치세 전용계산서를 발행하여야 하며, 적색의 전용계산서를 발행하지 않는 경우 매출세액에서 공제할 수 없다.

第十二条　条例第六条第一款所称价外费用，包括价外向购买方收取的手续费、补贴、基金、集资费、返还利润、奖励费、违约金、滞纳金、延期付款利息、赔偿金、代收款项、代垫款项、包装费、包装物租金、储备费、优质费、运输装卸费以及其他各种性质的价外收费。但下列项目不包括在内：

（一）受托加工应征消费税的消费品所代收代缴的消费税；

（二）同时符合以下条件的代垫运输费用：

1.承运部门的运输费用发票开具给购买方的；

2.纳税人将该项发票转交给购买方的。

（三）同时符合以下条件代为收取的政府性基金或者行政事业性收费：

1.由国务院或者财政部批准设立的政府性基金，由国务院或者省级人民政府及其财政、价格主管部门批准设立的行政事业性收费；

2.收取时开具省级以上财政部门印制的财政票据；

3.所收款项全额上缴财政。

（四）销售货物的同时代办保险等而向购买方收取的保险费，以及向购买方收取的代购买方缴纳的车辆购置税、车辆牌照费。

제12조 [부대비용] 증치세법 제6조 제①항에서 말하는 '부대비용'은 대가 이외에 구매자로부터 받는 수수료, 보조금, 기금, 자금모집비, 반환이윤, 장려금, 위약금, 연체금, 연체이자, 배상금, 대납금, 포장비, 포장물 임대료, 예비비, 품질보상비, 운임하역비 및 기타의 각종 부대비용을 포함하며, 아래는 포함하지 아니한다.

1. 과세대상 소비품을 수탁가공하여 대리징수한 소비세
2. 동시에 다음의 조건을 모두 갖춘 운임 대납액
   가. 운송부문의 운임영수증이 구매자에게 발행될 것
   나. 납세의무자가 운임영수증을 구매자에게 교부할 것
3. 동시에 다음의 조건을 모두 갖추고 대신 수취한 정부기금 또는 행정사업수수료
   가. 국무원 또는 재정부가 비준한 정부기금, 국무원 또는 성급 인민정부와 그 재정, 가격주관부문이 비준한 행정사업수수료
   나. 수취시 성급이상 재정부문이 인쇄한 재정 영수증을 발급할 것
   다. 전액을 국가 재정에 귀속시킬 것
4. 재화를 판매하면서 동시에 보험업무 등을 대행하여 구매자로부터 보험료, 차량취득세 및 차량등록비를 대신 받는 경우

第十三条　混合销售行为依照本细则第五条规定应当缴纳增值税的，其销售额为货物的销售额与非增值税应税劳务营业额的合计。

제13조 [혼합판매행위의 과세] 혼합판매행위가 본 세칙 제5조의 규정에 따라 증치세를 납부하여야 하는 경우, 매출액은 재화의 매출액과 증치세 비과세용역의 영업액의 합계가 된다.

第十四条 一般纳税人销售货物或者应税劳务，采用销售额和销项税额合并定价方法的，按下列公式计算销售额：

销售额 ＝ 含税销售额÷（1＋税率）

제14조 [매출액의 환산] 납세의무자가 재화 또는 과세용역을 판매하면서 매출액과 매출세액을 합산하여 가격을 결정하는 경우 아래의 공식에 따라 매출액을 계산한다.

매출액＝세포함 매출액÷(1＋세율)

第十五条 纳税人按人民币以外的货币结算销售额的，其销售额的人民币折合率可以选择销售额发生的当天或者当月1日的人民币汇率中间价。纳税人应在事先确定采用何种折合率，确定后1年内不得变更。

제15조 [외화의 환산] 납세의무자의 매출액이 인민폐 이외의 화폐인 경우 당해 매출액의 인민폐 환산율은 매출액이 발생한 날 또는 당월 1일의 인민폐 기준환율 중에서 선택할 수 있다. 납세의무자는 적용환율을 사전에 결정하여야 하며, 결정 후 1년 내에는 변경할 수 없다.

第十六条 纳税人有条例第七条所称价格明显偏低并无正当理由或者有本细则第四条所列视同销售货物行为而无销售额者，按下列顺序确定销售额：

（一）按纳税人最近时期同类货物的平均销售价格确定；

（二）按其他纳税人最近时期同类货物的平均销售价格确定；

（三）按组成计税价格确定。组成计税价格的公式为：

组成计税价格＝成本 ×（1＋成本利润率）

属于应征消费税的货物，其组成计税价格中应加计消费税额。

公式中的成本是指：销售自产货物的为实际生产成本，销售外购货物的为实际采购成本。公式中的成本利润率由国家税务总局确定。

제16조 [매출액의 결정방법] ① 증치세법 제7조에서 말하는 '가격이 현저히 낮고 정당한 사유가 없는 경우' 및 본 세칙 제4조에 열거된 '재화의 간주매출행위'에 해당할 경우, 아래의 순서에 따라 매출액을 결정한다.

1. 납세의무자의 최근 동종 재화의 평균 판매가격에 따라 결정한다.
2. 다른 납세의무자의 최근 동종 재화의 평균 판매가격에 따라 결정한다.
3. 산정가격에 따라 결정하며 산정가격의 공식은 다음과 같다.

산정가격＝원가×(1＋원가이윤율)

② 과세대상 소비품에 속하는 재화의 산정가격은 소비세액을 포함시켜야 한다.

③ 공식중의 '원가'는 생산한 재화를 판매한 경우에는 실제 생산한 원가를 말하고, 구입한 재화를 판매한 경우에는 실제 구입원가를 말하며 원가이윤율은 국가세무총국이 결정한다.

第十七条 条例第八条第二款第（三）项所称买价，包括纳税人购进农产品在农产品收购发票或者销售发票上注明的价款和按规定缴纳的烟叶税。

제17조 [구입가격] 증치세법 제8조 제②항 제3호에서 말하는 '구입가격'은 납세의무자가 구입한 농산품의 농산품 구입 영수증 또는 판매 영수증에 기재된 대가와 규정에 따라 납부한 담배세를 포함한다.

第十八条 条例第八条第二款第（四）项所称运输费用金额，是指运输费用结算单据上注明的运输费用（包括铁路临管

제18조 [운임] 증치세법 제8조 제②항 제4호에서 말하는 '운임'은 운임 명세서에 기재된 운임(철도운임 포함)과 건설기금을 포함하며, 상하역비, 보험비 등

线及铁路专线运输费用）、建设基金，不包括装卸费、保险费等其他杂费。

기타의 비용은 포함하지 아니한다.

第十九条 条例第九条所称增值税扣税凭证，是指增值税专用发票、海关进口增值税专用缴款书、农产品收购发票和农产品销售发票以及运输费用结算单据。

제19조 [매입세액 공제] 증치세법 제9조에서 말하는 '증치세 공제증빙'은 증치세 전용계산서, 해관의 수입 증치세 전용납부서, 농산품 구입 및 판매 영수증과 운임명세서를 말한다.

第二十条 混合销售行为依照本细则第五条规定应当缴纳增值税的，该混合销售行为所涉及的非增值税应税劳务所用购进货物的进项税额，符合条例第八条规定的，准予从销项税额中抵扣。

제20조 [혼합판매행위] 혼합판매행위가 본 세칙 제5조의 규정에 따라 증치세를 납부하여야 하는 경우, 혼합판매행위와 연관된 증치세 비과세용역에 사용된 매입세액은 증치세법 제8조의 규정을 갖춘 경우 매출세액에서 공제할 수 있다.

第二十一条 条例第十条第（一）项所称购进货物，不包括既用于增值税应税项目（不含免征增值税项目）也用于非增值税应税项目、免征增值税（以下简称免税）项目、集体福利或者个人消费的固定资产。

前款所称固定资产，是指使用期限超过12个月的机器、机械、运输工具以及其他与生产经营有关的设备、工具、器具等。

제21조 [매입재화] ① 증치세법 제10조 제1호에서 말하는 '매입재화'는 증치세 과세항목에 사용되면서(증치세 면세항목 불포함) 증치세 비과세항목, 증치세 면세항목, 복리후생에 동시에 사용되는 경우와 개인이 소비하는 고정자산은 포함하지 아니한다.
② 제①항에서 말하는 '고정자산'이란 사용기간이 12개월을 초과하는 기기, 기계, 운송공구와 기타 사업의 영위와 관련이 있는 설비, 공구, 기구 등을 말한다.

第二十二条 条例第十条第（一）项所称个人消费包括纳税人的交际应酬消费。

제22조 [개인 소비] 증치세법 제10조 제①항에서 말하는 '개인 소비'는 납세의무자의 접대비를 포함한다.

第二十三条 条例第十条第（一）项和本细则所称非增值税应税项目，是指提供非增值税应税劳务、转让无形资产、销售不动产和不动产在建工程。

前款所称不动产是指不能移动或者移动后会引起性质、形状改变的财产，包括建筑物、构筑物和其他土地附着物。

纳税人新建、改建、扩建、修缮、装饰不动产，均属于不动产在建工程。

제23조 [증치세 비과세항목] ① 증치세법 제10조 제1호와 본 세칙에서 말하는 '증치세 비과세항목'이란 증치세 비과세용역을 제공하거나, 무형자산을 양도하거나, 부동산 또는 건설중인 자산을 판매하는 것을 말한다.
② 제①항에서 말하는 '부동산'이란 이동이 불가능하거나 이동 후 성질 또는 형상이 변하는 재산을 말하며, 건축물, 구축물과 기타 토지 부착물을 포함한다.
③ 납세의무자가 부동산을 신축, 개축, 증축, 수선, 장식하는 경우 모두 건설중인자산에 속한다.

第二十四条 条例第十条第（二）项所称非正常损失，是指因管理不善造成被盗、丢失、霉烂变质的损失。

제24조 [비정상 손실] 증치세법 제10조 제2호에서 말하는 '비정상 손실'이란 관리상의 부주의로 인한 도난, 분실, 부패로 발생한 손실을 말한다.

第二十五条 纳税人自用的应征消费税的摩托车、汽车、游艇，其进项税额不得从销项税额中抵扣。

제25조 [소비성 지출] 납세의무자가 사용하던 과세대상 소비품의 오토바이, 자동차, 요트의 매입세액은 매출세액에서 공제할 수 없다.

第二十六条 一般纳税人兼营免税项目或者非增值税应税劳务而无法划分不得抵扣的进项税额的，按下列公式计算不得抵扣的进项税额：

不得抵扣的进项税额 = 当月无法划分的全部进项税额×当月免税项目销售额、非增值税应税劳务营业额合计÷当月全部销售额、营业额合计

제26조 [매입세액의 안분계산] 일반납세의무자가 면세사업 또는 증치세 비과세용역을 겸영하는 경우 공제할 수 없는 매입세액을 구분할 수 없는 경우, 아래의 공식에 따라 공제할 수 없는 매입세액을 계산한다.

공제할 수 없는 매입세액=당월 구분할 수 없는 전체 매입세액×(당월 면세사업과 증치세 비과세용역의 매출액÷당월 전체 매출액과 영업액의 합계)

第二十七条 已抵扣进项税额的购进货物或者应税劳务，发生条例第十条规定的情形的（免税项目、非增值税应税劳务除外），应当将该项购进货物或者应税劳务的进项税额从当期的进项税额中扣减；无法确定该项进项税额的，按当期实际成本计算应扣减的进项税额。

제27조 [매입세액 불공제] 매입세액을 이미 공제한 매입재화 또는 과세용역이 증치세법 제10조에 규정된 상황(면세사업과 증치세 비과세용역 제외)이 발생한 경우, 매입한 재화 또는 과세용역의 매입세액은 당기의 매입세액으로부터 차감하여야 하며, 차감할 매입세액을 계산할 수 없을 경우에는 당기 실제 원가를 기준으로 차감하여야 할 매입세액을 계산하여야 한다.

第二十八条 条例第十一条所称小规模纳税人的标准为：

（一）从事货物生产或者提供应税劳务的纳税人，以及以从事货物生产或者提供应税劳务为主，并兼营货物批发或者零售的纳税人，年应征增值税销售额（以下简称应税销售额）在50万元以下（含本数,下同）的；

（二）除本条第一款第（一）项规定以外的纳税人，年应税销售额在80万元以下的。

本条第一款所称以从事货物生产或者提供应税劳务为主，是指纳税人的年货物生产或者提供应税劳务的销售额占年应税销售额的比重在50%以上。

제28조 [소규모 납세의무자의 기준] ① 증치세법 제11조에서 말하는 '소규모 납세의무자의 기준'은 다음과 같다.

1. 재화의 생산 또는 과세용역의 제공을 영위하는 납세의무자 및 재화의 생산 또는 과세용역의 제공을 위주로 하며 재화의 도매 또는 소매를 겸영하는 납세의무자로서, 연간 증치세 과세대상 매출액이 50만위안 이하(50만위안을 포함한다.)인 경우
2. 본 조 제①항 제1호 이외의 납세의무자는 연간 과세대상 매출액이 800,000위안 이하인 경우

② 본 조 제①항에서 '재화의 생산 또는 과세용역의 제공을 위주로 한다.'란 납세의무자의 연간 재화의 생산 또는 제공한 과세용역의 매출액이 연간 과세대상 매출액의 50% 이상인 경우를 말한다.

第二十九条 年应税销售额超过小规模纳税人标准的其他个人按小规模纳税人纳税；非企业性单位、不经常发生应税行为的企业可选择按小规模纳税人纳税。

제29조 [납세의무자의 선택] 연간 과세대상 매출액이 소규모 납세의무자의 기준을 초과하는 기타의 개인은 소규모 납세의무자로 보아 신고납부하며, 비기업형 단위, 비경상적으로 과세행위가 발생하는 기업

은 소규모 납세의무자에 의한 납부를 선택할 수 있다.

第三十条 小规模纳税人的销售额不包括其应纳税额。

小规模纳税人销售货物或者应税劳务采用销售额和应纳税额合并定价方法的，按下列公式计算销售额：

销售额＝含税销售额÷（1＋征收率）

제30조 [매출액] ① 소규모 납세의무자의 매출액에는 납부세액이 포함되지 않는다.

② 소규모 납세의무자가 매출액과 납부세액을 합쳐서 판매하는 경우, 아래의 공식에 따라 매출액을 계산한다.

매출액＝세포함 매출액 / (1＋징수율)

第三十一条 小规模纳税人因销售货物退回或者折让退还给购买方的销售额，应从发生销售货物退回或者折让当期的销售额中扣减。

제31조 [매출환입 또는 매출할인] 소규모 납세의무자가 매출환입 또는 매출할인으로 인하여 감소되는 매출액은 매출환입 또는 매출할인이 발생한 기간의 매출액에서 차감하여야 한다.

第三十二条 条例第十三条和本细则所称会计核算健全，是指能够按照国家统一的会计制度规定设置账簿，根据合法、有效凭证核算。

제32조 [회계제도의 완비] 증치세법 제13조와 본 세칙에서 말하는 '회계제도의 완비'란 국가의 회계제도의 규정에 따라 장부를 설치하고 유효한 증빙을 기준으로 결산하는 것을 말한다.

第三十三条 除国家税务总局另有规定外，纳税人一经认定为一般纳税人后，不得转为小规模纳税人。

제33조 [사업자의 전환] 국가세무총국의 별도 규정 이외에 납세의무자가 일반 납세의무자로 인정된 후에는 소규모 납세의무자로 전환될 수 없다.

第三十四条 有下列情形之一者，应按销售额依照增值税税率计算应纳税额，不得抵扣进项税额，也不得使用增值税专用发票：

（一）一般纳税人会计核算不健全，或者不能够提供准确税务资料的；

（二）除本细则第二十九条规定外，纳税人销售额超过小规模纳税人标准，未申请办理一般纳税人认定手续的。

제34조 [납부세액] 아래의 경우에 해당하는 자는 매출액과 증치세 세율에 따라 증치세를 납부하여야 하며, 매입세액을 공제할 수 없고 증치세 전용계산서를 발행할 수 없다.

1. 일반 납세의무자의 회계결산이 불완전하거나 납세자료를 정확하게 제공할 수 없는 경우
2. 본 세칙 제29조의 규정 이외에, 납세의무자의 매출액이 소규모 납세의무자의 기준을 초과하였으나 일반 납세의무자 인정 신청을 하지 않은 경우

第三十五条 条例第十五条规定的部分免税项目的范围，限定如下：

（一）第一款第（一）项所称农业，是指种植业、养殖业、林业、牧业、水产业。

农业生产者，包括从事农业生产的单位和个人。

农产品，是指初级农产品，具体范围

제35조 [면세사업] 증치세법 제15조에서 규정하는 면세사업의 범위는 다음과 같다.

1. 제①항 제1호에서 말하는 '농업'은 식재업, 종묘업, 임업, 목축업, 수산업을 말한다.

   '농업생산자'는 농업생산에 종사하는 단위 및 개인을 포함한다.

   '농산품'은 1차 농산물을 말하며 구체적인 범위는

由财政部、国家税务总局确定。

（二）第一款第（三）项所称古旧图书，是指向社会收购的古书和旧书。

（三）第一款第（七）项所称自己使用过的物品，是指其他个人自己使用过的物品。

재정부와 국가세무총국이 정한다.

2. 제①항 제3호에서 말하는 '중고서적'이란 외부로부터 구입한 중고서적을 말한다.

3. 제①항 제7호에서 말하는 '자기가 사용하던 물품'은 개인이 사용하던 물품을 말한다.

第三十六条 纳税人销售货物或者应税劳务适用免税规定的，可以放弃免税，依照条例的规定缴纳增值税。放弃免税后，36个月内不得再申请免税。

제36조 [면세의 포기] 납세의무자는 재화의 판매 또는 과세용역의 제공이 면세규정헤 해당되는 경우, 면세를 포기하고 증치세법의 규정에 따라 증치세를 납부할 수 있다. 면세를 포기한 후 36개월 내에는 면세 신청을 할 수 없다.

第三十七条 增值税起征点的适用范围限于个人。

增值税起征点的幅度规定如下：

（一）销售货物的，为月销售额5000－20000元；

（二）销售应税劳务的，为月销售额5000－20000元；

（三）按次纳税的，为每次（日）销售额300－500元。

前款所称销售额，是指本细则第三十条第一款所称小规模纳税人的销售额。

省、自治区、直辖市财政厅（局）和国家税务局应在规定的幅度内，根据实际情况确定本地区适用的起征点，并报财政部、国家税务总局备案。

제37조 [면세점] ① 증치세 면세점의 적용범위는 개인에 한한다.

② 증치세 면세점은 다음과 같다.

1. 재화를 판매하는 경우 : 월 매출액 5,000위안부터 20,000위안까지
2. 과세용역을 제공하는 경우 : 월 매출액 5,000위안부터 20,000위안까지
3. 거래건별로 과세하는 경우 : 거래건별(매일) 매출액 300위안부터 500위안까지

③ 제①항 및 ②항에서 말하는 '매출액'이란 본 세칙 제25조의 제①항에서 말하는 '소규모 납세의무자의 매출액'을 말한다.

④ 성, 자치구, 직할시 재정청(국)과 국가세무국은 규정된 범위 내에서 현지의 상황을 고려하여 해당 지역에서 적용할 면세점을 결정하고 국가세무총국에 보고하여야 한다.

第三十八条 条例第十九条第一款第（一）项规定的收讫销售款项或者取得索取销售款项凭据的当天，按销售结算方式的不同，具体为：

（一）采取直接收款方式销售货物，不论货物是否发出，均为收到销售款或者取得索取销售款凭据的当天；

（二）采取托收承付和委托银行收款方式销售货物，为发出货物并办妥托收手续的当天；

（三）采取赊销和分期收款方式销售货

제38조 [납세의무의 성립시기] 증치세법 제19조 제①항 제1호에 규정된 '매출대금을 수령하거나 매출대금을 수령할 증빙을 받은 당일'은 판매방식에 따라 아래와 같다.

1. 직접 수금방식으로 재화를 판매할 경우 : 재화의 발송여부에 불구하고 대금을 수령하거나 매출대금을 수령할 증빙을 받은 날
2. 추심결제 또는 은행에 추심을 의뢰하는 방식으로 재화를 판매하는 경우 : 재화를 발송하고 추심절차를 마친 날
3. 외상판매와 할부방식으로 재화를 판매하는 경우 :

物，为书面合同约定的收款日期的当天，无书面合同的或者书面合同没有约定收款日期的，为货物发出的当天；

（四）采取预收货款方式销售货物，为货物发出的当天，但生产销售生产工期超过12个月的大型机械设备、船舶、飞机等货物，为收到预收款或者书面合同约定的收款日期的当天；

（五）委托其他纳税人代销货物，为收到代销单位的代销清单或者收到全部或者部分货款的当天。未收到代销清单及货款的，为发出代销货物满180天的当天；

（六）销售应税劳务，为提供劳务同时收讫销售款或者取得索取销售款的凭据的当天；

（七）纳税人发生本细则第四条第（三）项至第（八）项所列视同销售货物行为，为货物移送的当天。

서면 계약서에 약정된 대금 수령일이 되며, 서면 계약서가 없거나 서면 계약서에 대금 수령일이 없는 경우에는 재화를 발송한 날

4. 선수금 방식으로 재화를 판매하는 경우 : 재화가 발송된 날이 되며, 생산기간이 12개월 이상이 소요되는 대형 기계설비, 선박, 비행기 등의 재화를 생산하는 경우에는 선수금을 받거나 서면 계약서에 약정된 대금 수령일
5. 다른 납세의무자에게 재화의 판매를 위탁한 경우 : 수탁자의 대리판매 명세서를 받은 날 또는 대가의 전부 또는 일부를 받은 날이 되며, 대리판매 명세서 및 대금을 받지 아니한 경우에는 재화를 발송한 날부터 180일이 되는 날
6. 과세용역을 제공한 경우 : 용역을 제공하고 용역대가를 수령하거나 용역대가를 수령할 증빙을 받은 날
7. 본 세칙 제4조 제3호부터 제8호에 열거된 간주매출 행위가 발생할 경우 : 재화가 이송된 날

第三十九条　条例第二十三条以1个季度为纳税期限的规定仅适用于小规模纳税人。小规模纳税人的具体纳税期限，由主管税务机关根据其应纳税额的大小分别核定。

제39조 [과세기간을 1분기로 하는 경우] 증치세법 제23조에서 1분기를 과세기간으로 하는 규정은 소규모 납세의무자에 한하여 적용한다. 소규모 납세의무자의 구체적인 과세기간은 관할 세무기관이 납부세액의 크기에 따라 결정한다.

第四十条　本细则自2009年1月1日 起施行。

제40조 [부칙] 본 세칙은 2009년 1월 1일부터 시행한다.

7. 消费税 暂行条例(한국의 개별소비세법)

中国 消费税 暂行条例

中华人民共和国国务院令539号

「中华人民共和国消费税暂行条例」已经2008年11月5日国务院第34次常务会议修订通过，现将修订后的「中华人民共和国消费税暂行条例」公布，自2009年1月1日起施行。

중국 소비세 잠행조례

중화인민공화국 국무원령 제539호

2008년 11월 5일 국무원 제34차 상무회의에서 「중화인민공화국 소비세 잠행조례」의 개정이 통과되어 개정된 「중화인민공화국 소비세 잠행조례」(이하 "소비세법"이라 한다)를 공포하고 2009년 1월 1일부터 시행한다.

总 理 温家宝 二〇〇八年十一月十日

총리 원쟈바오 2008년 11월 10일

第一条 中华人民共和国境内生产、委托加工和进口本条例规定的消费品的单位和个人，以及国务院确定的销售本条例规定的消费品的其他单位和个人，为消费税的纳税人，应当依照本条例缴纳消费税。

제1조 [납세의무자] 중화인민공화국 경내(이하 '중국내'라 한다.)에서 본 소비세법에서 규정하는 소비품(이하 "과세대상 소비품"이라 한다.)을 생산, 위탁가공 또는 수입하는 단위와 개인, 그리고 국무원에서 정한 과세대상 소비품을 판매하는 단위와 개인은 소비세 납세의무자가 되며 소비세법에 따라 소비세를 납부하여야 한다.

第二条 消费税的税目、税率，依照本条例所附的「消费税税目税率表」执行。

消费税税目、税率的调整，由国务院决定。

제2조 [세목과 세율] ① 소비세의 과세항목과 세율은 본 조례에 첨부된 '소비세 과세항목 및 세율표'에 따른다.
② 소비세 과세항목, 세율의 조정은 국무원이 결정한다.

第三条 纳税人兼营不同税率的应当缴纳消费税的消费品（以下简称应税消费品），应当分别核算不同税率应税消费品的销售额、销售数量；未分别核算销售额、销售数量，或者将不同税率的应税消费品组成成套消费品销售的，从高适用税率。

제3조 [구분경리] 서로 다른 세율이 적용되는 과세대상 소비품을 겸영하는 납세의무자는 과세대상 소비품의 매출액과 판매수량을 세율별로 구분하여야 하며, 구분하지 않았거나 서로 다른 세율이 적용되는 과세대상 소비품을 함께 판매하는 경우에는 높은 세율을 적용한다.

第四条 纳税人生产的应税消费品，于纳税人销售时纳税。纳税人自产自用的应税消费品，用于连续生产应税消费品的，不纳税；用于其他方面的，于移送使用时纳税。

委托加工的应税消费品，除受托方为个人外，由受托方在向委托方交货时代收代缴税款。委托加工的应税消费品，委托方用于连续生产应税消费品的，所纳税款准予按规定抵扣。

进口的应税消费品，于报关进口时纳税。

제4조 [납세의무의 성립시기] ① 납세의무자가 생산한 과세대상 소비품은 납세의무자가 판매할 때 과세된다. 납세의무자가 자기가 생산하여 자기가 사용하는 과세대상 소비품을 과세대상 소비품의 생산에 계속하여 사용하는 경우는 비과세하지만, 기타 목적에 사용하는 경우에는 전용될 때 소비세를 과세한다.
② 위탁가공하는 과세대상 소비품은 수탁자가 개인인 경우 이외에, 수탁자가 위탁자에게 재화를 인도할 때 소비세를 대리징수 납부하여야 한다. 위탁가공한 과세대상 소비품을 위탁자가 생산에 계속하여 사용하는 경우 납부한 소비세는 공제받을 수 있다.
③ 수입하는 과세대상 소비품은 수입신고를 할 때 과세한다.

第五条 消费税实行从价定率、从量定额，或者从价定率和从量定额复合计税（以下简称复合计税）的办法计算应纳税额。应纳税额计算公式：

제5조 [과세기준] ① 소비세는 종가법, 종량법 및 종가법과 종량법의 복합방법으로 납부세액을 계산하며, 납부세액의 계산공식은 다음과 같다.
② 종가법에 의할 경우 납부세액＝매출액×세율

实行从价定率办法计算的应纳税额＝销售额×比例税率

实行从量定额办法计算的应纳税额＝销售数量×定额税率

实行复合计税办法计算的应纳税额＝销售额×比例税率＋销售数量×定额税率

纳税人销售的应税消费品，以人民币计算销售额。纳税人以人民币以外的货币结算销售额的，应当折合成人民币计算。

③ 종량법에 의할 경우 납부세액＝매출수량×단위당 세액

④ 종가법과 종량법의 복합방법에 의할 경우 납부세액＝매출액×세율＋매출수량×단위당 세액

⑤ 납세의무자가 판매한 과세대상 소비품의 매출액은 인민폐로 계산해야 한다. 외화로 매출액을 정하는 경우 인민폐로 환산하여야 한다.

第六条 销售额为纳税人销售应税消费品向购买方收取的全部价款和价外费用。

제6조 [매출액] 매출액은 납세의무자가 판매한 과세대상 소비품의 대가로서 구매자로부터 받아야 할 대금 및 부대비용 전체이다.

第七条 纳税人自产自用的应税消费品，按照纳税人生产的同类消费品的销售价格计算纳税；没有同类消费品销售价格的，按照组成计税价格计算纳税。

实行从价定率办法计算纳税的组成计税价格计算公式：

组成计税价格＝（成本＋利润）÷（1－比例税率）

实行复合计税办法计算纳税的组成计税价格计算公式：

组成计税价格＝（成本＋利润＋自产自用数量×定额税率）÷（1－比例税率）

제7조 [산정가격] ① 납세의무자가 직접 생산하여 자기가 사용한 과세대상 소비품은 납세의무자가 생산한 동종의 소비품의 판매가격에 따라 납부세액을 계산하며, 동종의 소비품의 판매가격이 없는 경우 산정가액에 따라 납부세액을 계산한다.

② 종가법에 의할 경우 산정가격의 계산공식：

산정가격＝(원가＋이윤) / (1－소비세율)

③ 복합방법에 의할 경우 산정가격의 계산공식：

산정가격＝(원가＋이윤＋자가생산 자가소비 수량×단위당 세액) / ([1－소비세율)

第八条 委托加工的应税消费品，按照受托方的同类消费品的销售价格计算纳税；没有同类消费品销售价格的，按照组成计税价格计算纳税。

实行从价定率办法计算纳税的组成计税价格计算公式：

组成计税价格＝（材料成本＋加工费）÷（1－比例税率）

实行复合计税办法计算纳税的组成计税价格计算公式：

组成计税价格＝（材料成本＋加工费＋委托加工数量×定额税率）÷（1－比例税率）

제8조 [위탁가공] ① 위탁가공한 과세대상 소비품은 수탁자의 동종 소비품의 판매가격에 따라 납부세액을 계산하며, 동종 소비품의 판매가격이 없는 경우에는 산정가격에 따라 납부한다.

② 종가법에 의할 경우 산정가격의 계산공식：

산정가격＝(재료원가＋가공비) / (1－소비세율)

③ 복합방법에 의할 경우 산정가격의 계산공식：

산정가격＝(재료원가＋가공비＋위탁가공 수량×단위당 세액) / (1－소비세율)

第九条 进口的应税消费品，按照组成计税价格计算纳税。

实行从价定率办法计算纳税的组成计税价格计算公式：

组成计税价格＝（关税完税价格＋关税）÷（1－消费税比例税率）

实行复合计税办法计算纳税的组成计税价格计算公式：

组成计税价格＝（关税完税价格＋关税＋进口数量×消费税定额税率）÷（1－消费税比例税率）

제9조 [수입재화] ① 수입하는 과세대상 소비품은 산정가격에 따라 계산하여 납부한다.

② 종가법에 의할 경우 산정가격의 계산공식 :

산정가격＝[관세 과세가격＋관세) / [1－소비세율)

③ 복합방법에 의할 경우 산정가격의 계산공식 :

산정가격＝(관세 과세가격＋관세＋수입수량×소비세율) / (1－소비세율)

第十条 纳税人应税消费品的计税价格明显偏低并无正当理由的，由主管税务机关核定其计税价格。

제10조 [추계결정] 납세의무자의 과세대상 소비품의 과세표준이 현저하게 낮고 정당한 이유가 없는 경우 관할 세무기관이 과세표준을 추계결정한다.

第十一条 对纳税人出口应税消费品，免征消费税；国务院另有规定的除外。出口应税消费品的免税办法，由国务院财政、税务主管部门规定。

제11조 [수출재화] 납세의무자가 과세대상 소비품을 수출하는 경우 국무원이 별도로 정하는 경우 이외에는 소비세를 면제한다. 과세대상 소비품의 수출에 대한 면제방법은 국무원 재정, 세무부문이 규정한다.

第十二条 消费税由税务机关征收，进口的应税消费品的消费税由海关代征。

个人携带或者邮寄进境的应税消费品的消费税，连同关税一并计征。具体办法由国务院关税税则委员会会同有关部门制定。

제12조 [징수기관] ① 소비세는 세무기관이 징수하고, 수입한 과세대상 소비품에 대한 소비세는 해관이 대리징수한다.

② 개인이 휴대 또는 우편으로 중국내에 들어오는 과세대상 소비품의 소비세는 관세와 함께 징수한다. 구체적인 방법은 국무원 관세세칙위원회가 관련부서와 함께 제정한다.

第十三条 纳税人销售的应税消费品，以及自产自用的应税消费品，除国务院财政、税务主管部门另有规定外，应当向纳税人机构所在地或者居住地的主管税务机关申报纳税。

委托加工的应税消费品，除受托方为个人外，由受托方向机构所在地或者居住地的主管税务机关解缴消费税税款。

进口的应税消费品，应当向报关地海关申报纳税。

제13조 [납세지] ① 국무원 재정, 세무부문이 별도로 정하는 경우를 제외하고, 납세의무자가 판매하는 과세대상 소비품과 직접 생산하여 자기가 사용하는 과세대상 소비품은 납세의무자의 사업장 의 소재지 또는 거주지 관할 세무기관에 소비세를 신고납부하여야 한다.

② 위탁가공한 과세대상 소비품은 수탁자가 개인인 경우 이외에 수탁자가 사업장 소재지 또는 거주지 관할 세무기관에 소비세를 신고납부하여야 한다.

③ 수입한 과세대상 소비품은 수입자나 그 대리인이 수입신고하는 세관에 소비세를 신고납부하여야 한다.

第十四条 消费税的纳税期限分别为1日、3日、5日、10日、15日、1个月或者1个季度。纳税人的具体纳税期限，由主管税务机关根据纳税人应纳税额的大小分别核定；不能按照固定期限纳税的，可以按次纳税。

纳税人以1个月或者1个季度为1个纳税期的，自期满之日起15日内申报纳税；以1日、3日、5日、10日或者15日为1个纳税期的，自期满之日起5日内预缴税款，于次月1日起15日内申报纳税并结清上月应纳税款。

第十五条 纳税人进口应税消费品，应当自海关填发海关进口消费税专用缴款书之日起15日内缴纳税款。

第十六条 消费税的征收管理，依照「中华人民共和国税收征收管理法」及本条例有关规定执行。

第十七条 本条例自2009年1月1日 起施行。

附：消费税税目税率表

税　　目	税 率 (元)
1. 烟	
1) 卷烟	
(1)甲类卷烟[调拨价格70元以上)	56%＋0.003/支
(2)甲类卷烟[调拨价格70元以下)	36%＋0.003/支
(3) 批发环节	5%
2) 雪茄烟	36%
3) 烟丝	30%
2. 酒及酒精	
1) 白酒	20%＋0.5/500㎖
2) 黄酒	240 / 톤
3) 啤酒	
(1) 甲类啤酒	250 / 톤
(2) 乙类啤酒	220 / 톤
4) 其他酒	10%
5) 酒精	5%
3. 化妆品	30%
4. 贵重首饰及珠宝玉石	
1) 金银首饰、铂金首饰及钻饰饰品	5%

제14조 [과세기간] ① 소비세의 과세기간은 1일, 3일, 5일, 15일, 1개월 또는 1분기이다. 납세의무자의 구체적인 과세기간은 관할 세무기관이 납부세액의 크기에 따라 별도로 정한다. 정기적인 과세기간에 따라 납세할 수 없는 소비세는 거래건별로 납세할 수 있다. ② 납세의무자가 1개월 혹은 1분기를 하나의 과세기간으로 하는 경우에는 과세기간 종료일로부터 15일 이내에 신고납부하여야 하며, 1일, 3일, 5일, 10일 또는 15일을 하나의 과세기간으로 하는 경우에는 과세기간 종료일로부터 5일 이내에 세액을 예납하고 익월의 초일부터 15일 이내에 전월의 납부세액을 정산하여야 한다.

제15조 [수입재화] 납세의무자가 과세대상 소비품을 수입하는 경우에는 해관이 「해관의 수입 소비세 전용 납부서」를 발급한 날부터 15일 이내에 세액을 납부하여야 한다.

제16조 [징수관리] 소비세의 징수 및 관리는 「중화인민공화국 세수징수관리법」 및 소비세법의 관련규정에 따라야 한다.

제17조 본 조례는 2009년 1월 1일부터 시행한다.

첨부 : 소비세 과세항목 및 세율표

과　세　항　목	세 율(위안)
1. 담배	
1) 담배	
(1) 갑종 담배(조달가격 70위안 이하)	56%＋0.003/개피
(2) 을종 담배(조달가격 70위안 이상)	36%＋0.003/개피
(3) 도매단계	5%
2) 시가	36%
3) 생연초(烟丝)	30%
2. 주류 및 주정	
1) 백주	20%＋0.5/500㎖
2) 황주	240 / 톤
3) 맥주	
(1) 갑종(甲类) 맥주	250 / 톤
(2) 을종(乙类) 맥주	220 / 톤
4) 기타 주류	10%
5) 주정	5%
3. 화장품	30%
4. 귀금속 및 보석류	
1) 금은보석, 다이아몬드, 다이아몬드 장신구	5%

2) 其他贵重首饰和珠宝玉石	10%
5. 鞭炮、焰火	15%
6. 成品油	
1) 汽油	
(1) 含铅汽油	1.40 / 리터
(2) 无铅汽油	1.00 / 리터
2) 柴油	0.80 / 리터
3) 航空煤油	0.80 /터
4) 石脑油	1.00 / 리터
5) 溶剂油	1.00 / 리터
6) 润滑油	1.00 / 리터
7) 燃料油	0.80 / 리터
7. 汽车轮胎	3%
8. 摩托车	
(1) 汽缸容量 250ml 以下	3%
(2) 汽缸容量 250ml 以上	10%
9. 小汽车	
1) 乘用车	
(1) 汽缸容量 1.0L 以下	1%
(2) 汽缸容量 1.0L-1.5L	3%
(3) 汽缸容量 1.5L-2.0L	5%
(4) 汽缸容量 2.0L-2.5L	9%
(5) 汽缸容量 2.5L-3.0L	12%
(6) 汽缸容量 3.0L-4.0L	25%
(7) 汽缸容量 4.0L 以上	40%
2) 中轻型商用客车	5%
10. 高尔夫球及球具	10%
11. 高当手表	20%
12. 游艇	10%
13. 木制一次性筷子	5%
14. 实木地板	5%

2) 기타 귀금속, 보석	10%
5. 폭죽, 불꽃	15%
6. 석유제품	
1) 휘발유	
(1) 유연 휘발유	1.40 / 리터
(2) 무연 휘발유	1.00 / 리터
2) 디젤유	0.80 / 리터
3) 항공유	0.80 / 리터
4) 나프타	1.00 / 리터
5) 용제유	1.00 / 리터
6) 윤활유	1.00 / 리터
7) 연료용 기름	0.80 / 리터
7. 자동차 타이어	3%
8. 오토바이	
(1) 배기량 250ml 이하	3%
(2) 배기량 250ml 초과	10%
9. 자동차	
1) 승용차	
(1) 배기량 1.0L 이하	1%
(2) 배기량 1.0L-1.5L	3%
(3) 배기량 1.5L-2.0L	5%
(4) 배기량 2.0L-2.5L	9%
(5) 배기량 2.5L-3.0L	12%
(6) 배기량 3.0L-4.0L	25%
(7) 배기량 4.0L 초과	40%
2) 중형 승합차	5%
10. 골프 용품	10%
11. 고급 시계	20%
12. 요트	10%
13. 일회용 나무 젓가락	5%
14. 원목 바닥재	5%

8. 消费税 暂行条例 实施细则(한국의 개별소비세법 시행령)

中国 消费税 暂行条例 实施细则

财政部 国家税务总局第51号令

第一条 根据「中华人民共和国消费税暂行条例」(以下简称条例), 制定本细则。

第二条 条例第一条所称单位, 是指企业、行政单位、事业单位、军事单位、社会团体及其他单位。

条例第一条所称个人, 是指个体工商户及其他个人。

条例第一条所称在中华人民共和国境内, 是指生产、委托加工和进口属于应当缴纳消费税的消费品的起运地或者所在地在境内。

第三条 条例所附「消费税税目税率表」中所列应税消费品的具体征税范围, 由财政部、国家税务总局确定。

第四条 条例第三条所称纳税人兼营不同税率的应当缴纳消费税的消费品, 是指纳税人生产销售两种税率以上的应税消费品。

第五条 条例第四条第一款所称销售, 是指有偿转让应税消费品的所有权。

前款所称有偿, 是指从购买方取得货币、货物或者其他经济利益。

第六条 条例第四条第一款所称用于连续生产应税消费品, 是指纳税人将自产自用的应税消费品作为直接材料生产最

중국 소비세 잠행조례 실시세칙

재정부 및 국가세무총국 제51호령

제1조 [제정근거] 「중화인민공화국 소비세 잠행조례」(이하 "소비세법"이라 한다.)에 따라 본 세칙을 제정한다.

제2조 [정의] ① 소비세법 제1조에서 말하는 '단위'란 기업, 행정단위, 사업단위, 군사단위, 사회단체 및 기타의 단위를 말한다.
② 소비세법 제1조에서 말하는 '개인'이란 개인사업자 및 기타의 개인을 말한다.
③ 소비세법 제1조에서 말하는 '중화인민공화국 경내'란 과세대상에 속하는 소비품을 생산, 위탁가공, 수입하는 경우의 발송지 또는 소재지가 중국내인 경우를 말한다.

제3조 [과세대상과 세율] 소비세법에 첨부된 「소비세 과세항목 및 세율표」에 있는 과세대상 소비품의 구체적인 과세범위는 재정부와 국가세무총국이 정한다.

제4조 [구분경리] 소비세법 제3조에서 말하는 '서로 다른 세율의 과세대상 소비품을 겸영하는 납세의무자'란 납세의무자가 두 가지 이상의 세율이 적용되는 과세대상 소비품을 생산 또는 판매하는 경우를 말한다.

제5조 [판매] ① 소비세법 제4조의 제①항에서 말하는 '판매'란 과세대상 소비품의 소유권을 유상으로 양도하는 것을 말한다.
② 제①항에서 말하는 '유상'이란 구매자로부터 화폐, 현물 또는 기타 경제적 이익을 받고 과세대상 소비품을 양도하는 것을 말한다.

제6조 [과세대상] ① 소비세법 제4조 제①항에서 말하는 '과세대상 소비품의 생산에 연속 사용하는 경우'란 납세의무자가 생산한 과세대상 소비품을 직접재료로

终应税消费品，自产自用应税消费品构成最终应税消费品的实体。

条例第四条第一款所称用于其他方面，是指纳税人将自产自用应税消费品用于生产非应税消费品、在建工程、管理部门、非生产机构、提供劳务、馈赠、赞助、集资、广告、样品、职工福利、奖励等方面。

사용하여 최종 과세대상 소비품을 생산하는 것으로서, 생산한 과세대상 소비품이 최종 과세대상 소비품의 일부를 구성하는 것을 말한다.

② 소비세법 제4조의 제①항에서 말하는 '기타 목적에 사용하는 경우'란 납세의무자가 자신이 생산하여 사용하는 과세대상 소비품을 비과세대상 소비품의 생산, 제조공정, 관리부문, 비생산부문, 서비스제공 및 증여, 후원, 기금모집, 광고, 견본, 직원복지, 포상 등에 사용하는 것을 말한다.

第七条 条例第四条第二款所称委托加工的应税消费品，是指由委托方提供原料和主要材料，受托方只收取加工费和代垫部分辅助材料加工的应税消费品。对于由受托方提供原材料生产的应税消费品，或者受托方先将原材料卖给委托方，然后再接受加工的应税消费品，以及由受托方以委托方名义购进原材料生产的应税消费品，不论在财务上是否作销售处理，都不得作为委托加工应税消费品，而应当按照销售自制应税消费品缴纳消费税。

委托加工的应税消费品直接出售的，不再缴纳消费税。

委托个人加工的应税消费品，由委托方收回后缴纳消费税。

제7조 [위탁가공] ① 소비세법 제4조 제②항에서 말하는 '위탁가공하는 과세대상 소비품'이란 위탁자가 원재료 및 주요 재료를 제공하고, 수탁자는 가공비와 대신 지급한 일부 보조재료비만 받고 가공한 과세대상 소비품을 말한다. 수탁자가 원재료를 제공하거나, 수탁자가 위탁자에게 원재료를 판매한 후 수탁받아 가공하거나, 또는 수탁자가 위탁자의 명의로 원재료를 구입하여 생산한 과세대상 소비품에 대해서는 회계처리방법에 관계없이 과세대상 소비품을 위탁가공한 것으로 보지 아니하고 과세대상 소비품을 직접 생산한 것으로 보아 소비세를 납부한다.

② 위탁가공한 과세대상 소비품을 직접 판매한 경우에는 더 이상 소비세를 납부하지 아니한다.

③ 개인에게 위탁하여 가공한 과세대상 소비품은 위탁자가 회수한 후 소비세를 납부한다.

第八条 消费税纳税义务发生时间，根据条例第四条的规定，分列如下：

(一) 纳税人销售应税消费品的，按不同的销售结算方式分别为：

1.采取赊销和分期收款结算方式的，为书面合同约定的收款日期的当天，书面合同没有约定收款日期或者无书面合同的，为发出应税消费品的当天；

2.采取预收货款结算方式的，为发出应税消费品的当天；

3.采取托收承付和委托银行收款方式的，为发出应税消费品并办妥托收手续的当天；

4.采取其他结算方式的，为收讫销售款或者取得索取销售款凭据的当天。

제8조 [납세의무의 성립시기] 소비세 납세의무의 성립시기는 소비세법 제4조의 규정에 따라 아래와 같다.

1. 납세의무자가 과세대상 소비품을 판매하는 경우에는 판매방식에 따라 납세의무 성립시기를 아래와 같이 본다.
   가. 외상판매와 할부판매방식인 경우에는 서면 계약서에 약정된 대금회수기일이 되며, 서면 계약서에 대금회수기일이 없거나 서면 계약서가 없는 경우에는 과세대상 소비품을 발송한 날
   나. 대금을 미리 받는 경우에는 과세대상 소비품을 발송한 날
   다. 추심결제와 은행이 대신 추심하는 경우에는 과세대상 소비품을 발송하고 추심수속을 마친 날
   라. 기타의 결제방식의 경우에는 판매대금을 받았

（二）纳税人自产自用应税消费品的，为移送使用的当天。
（三）纳税人委托加工应税消费品的，为纳税人提货的当天。
（四）纳税人进口应税消费品的，为报关进口的当天。

거나 판매대금 회수 증빙을 받은 날
2. 직접 생산한 과세대상 소비품을 자가사용하는 경우에는 전용하여 사용한 날
3. 과세대상 소비품을 위탁가공하는 경우에는 납세의무자가 받은 날
4. 수입한 과세대상 소비품은 수입신고일

第九条 条例第五条第一款所称销售数量，是指应税消费品的数量。具体为：
（一）销售应税消费品的，为应税消费品的销售数量；
（二）自产自用应税消费品的，为应税消费品的移送使用数量；
（三）委托加工应税消费品的，为纳税人收回的应税消费品数量；
（四）进口应税消费品的，为海关核定的应税消费品进口征税数量。

제9조 [매출수량] 소비세법 제5조 제①항에서 말하는 '매출수량'이란 과세대상 소비품의 수량으로서 구체적으로 설명하면 다음과 같다.
1. 과세대상 소비품의 판매한 경우에는 과세대상 소비품의 매출수량
2. 생산한 과세대상 소비품을 직접 사용한 경우에는 과세대상 소비품을 전용하여 사용한 수량
3. 과세대상 소비품을 위탁가공한 경우에는 납세의무자가 회수한 과세대상 소비품의 수량
4. 과세소비품을 수입한 경우에는 해관이 심사 확정한 과세소비품의 수입수량

第十条 实行从量定额办法计算应纳税额的应税消费品，计量单位的换算标准如下：
（一）黄酒 1吨＝962升
（二）啤酒 1吨＝988升
（三）汽油 1吨＝1388升
（四）柴油 1吨＝1176升
（五）航空煤油 1吨＝1246升
（六）石脑油 1吨＝1385升
（七）溶剂油 1吨＝1282升
（八）润滑油 1吨＝1126升
（九）燃料油 1吨＝1015升

제10조 [환산표준] 종량법으로 납부세액을 계산하는 과세대상 소비품의 계량단위의 환산표준은 다음과 같다.
1. 황주 1톤＝962 리터
2. 맥주 1톤＝988 리터
3. 휘발유 1톤＝1388 리터
4. 경유 1톤＝1176 리터
5. 항공유 1톤＝1246 리터
6. 나프타 1톤＝1385 리터
7. 용제유 1톤＝1282 리터
8. 윤활유 1톤＝1126 리터
9. 연료유 1톤＝1015 리터

第十一条 纳税人销售的应税消费品，以人民币以外的货币结算销售额的，其销售额的人民币折合率可以选择销售额发生的当天或者当月1日的人民币汇率中间价。纳税人应在事先确定采用何种折合率，确定后1年内不得变更。

제11조 [외화의 환산] 납세의무자가 판매한 과세대상 소비품이 인민폐 이외의 화폐로 판매대금을 받는 경우, 매출액이 발생한 당일 또는 당월 1일의 인민폐 기준환율로 매출액을 환산한다. 납세의무자는 사전에 환산기준을 선택해야 하며 선택한 후 1년 이내에는 변경할 수 없다.

第十二条 条例第六条所称销售额，不

제12조 [매출액] 소비세법 제6조에서 말하는 '매출액'

包括应向购货方收取的增值税税款。如果纳税人应税消费品的销售额中未扣除增值税税款或者因不得开具增值税专用发票而发生价款和增值税税款合并收取的，在计算消费税时，应当换算为不含增值税税款的销售额。其换算公式为：

应税消费品的销售额 含= 增值税的销售额 ÷ (1 + 增值税税率或者征收率)

第十三条 应税消费品连同包装物销售的，无论包装物是否单独计价以及在会计上如何核算，均应并入应税消费品的销售额中缴纳消费税。如果包装物不作价随同产品销售，而是收取押金，此项押金则不应并入应税消费品的销售额中征税。但对因逾期未收回的包装物不再退还的或者已收取的时间超过12个月的押金，应并入应税消费品的销售额，按照应税消费品的适用税率缴纳消费税。

对既作价随同应税消费品销售，又另外收取押金的包装物的押金，凡纳税人在规定的期限内没有退还的，均应并入应税消费品的销售额，按照应税消费品的适用税率缴纳消费税。

第十四条 条例第六条所称价外费用，是指价外向购买方收取的手续费、补贴、基金、集资费、返还利润、奖励费、违约金、滞纳金、延期付款利息、赔偿金、代收款项、代垫款项、包装费、包装物租金、储备费、优质费、运输装卸费以及其他各种性质的价外收费。但下列项目不包括在内：

(一) 同时符合以下条件的代垫运输费用：

1. 承运部门的运输费用发票开具给购买方的；

2. 纳税人将该项发票转交给购买方的。

(二) 同时符合以下条件代为收取的政府性基金或者行政事业性收费：

1.由国务院或者财政部批准设立的政府

은 구매자로부터 받은 증치세는 포함되지 아니한다. 과세대상 소비품의 매출액에서 증치세를 차감하지 않았거나 증치세 전용계산서를 발행하지 않아 매출액에 증치세가 포함되어 있을 경우에는 소비세를 계산할 때 증치세가 포함되지 않은 매출액으로 환산하여야 하며, 환산공식은 다음과 같다.

과세대상 소비품의 매출액=증치세가 포함된 매출액÷[증치세율 또는 징수율)

제13조 [포장재] ① 과세대상 소비품을 포장재와 함께 판매하는 경우 포장재가 별도로 구분되는지 또는 회계처리방법에 관계없이 모두 과세대상 소비품의 매출액에 포함시켜 소비세를 납부하여야 한다. 포장재가 제품과 같이 판매되지 않고 보증금의 형태로 받는 경우에는 과세대상 소비품의 판매액에 포함시키지 아니한다. 그러나 기한을 넘기거나 1년을 넘겨서 되돌려줄 필요가 없는 보증금은 과세대상 소비품의 매출액에 포함시켜서 소비세를 납부하여야 한다.

② 가치가 있고 과세대상 소비품과 함께 판매되고 별도로 보증금을 받은 포장재의 보증금을 납세의무자가 규정된 기한내에 되돌려주지 않는 경우에는, 과세대상 소비품의 매출액에 포함시켜 소비세를 납부하여야 한다.

제14조 [부대비용] 소비세법 제6조에서 말하는 '부대비용'이란 가격 외에 매입자로부터 받은 수수료, 보조금, 기금, 자금모집비, 반환이익, 장려금, 연체이자, 배상금, 선수금액, 대납금, 취급수수료, 포장비, 포장물 임대료, 예비비, 품질보상비, 운임 및 하역비 및 기타 성격의 부대비용을 말하며, 다음의 금액은 포함하지 않는다.

1. 아래 조건을 동시에 갖춘 운임 대납 비용：
   가. 운수부문의 운송비 영수증이 구매자에게 발급된 운임
   나. 납세의무자가 해당 영수증을 구매자에게 전해준 경우
2. 아래 조건을 동시에 갖춘 대리수취한 정부기금 또는 행정사업수수료
   가. 국무원 또는 인민정부 및 그의 재정 및 가격주

性基金，由国务院或者省级人民政府及其财政、价格主管部门批准设立的行政事业性收费；

2. 收取时开具省级以上财政部门印制的财政票据；

3. 所收款项全额上缴财政。

관부문이 비준하여 설립한 행정사업수수료

나. 수취시 성급이상 재정부문이 인쇄한 재정영수증을 발급할 경우

다. 수취한 금액 전부를 재정에 상납 할 경우

第十五条 条例第七条第一款所称纳税人自产自用的应税消费品，是指依照条例第四条第一款规定于移送使用时纳税的应税消费品。

条例第七条第一款、第八条第一款所称同类消费品的销售价格，是指纳税人或者代收代缴义务人当月销售的同类消费品的销售价格，如果当月同类消费品各期销售价格高低不同，应按销售数量加权平均计算。但销售的应税消费品有下列情况之一的，不得列入加权平均计算：

(一) 销售价格明显偏低并无正当理由的；

(二) 无销售价格的。

如果当月无销售或者当月未完结，应按照同类消费品上月或者最近月份的销售价格计算纳税。

제15조 [전용] ① 소비세법 제7조의 제①항에서 말하는 '납세의무자가 직접 생산한 과세대상 소비품을 자신이 사용하는 경우'는 소비세법 제4조 제1관의 규정에 따라 전용하여 사용할 때 납부한 과세대상 소비품을 말한다.

② 소비세법 제7조 제①항 및 제8조 제①항에서 말하는 '동종 소비재의 판매가격'이란 납세의무자나 대리징수 의무자가 당월에 판매한 동종 소비품의 판매가격을 말하고, 당월 동종 소비품의 판매가격이 각각 다를 경우에는 판매수량에 따라 가중평균하여 계산해야 한다. 단 판매한 과세대상 소비품이 다음 각 호의 1에 해당하는 경우에는 가중평균법으로 매출액을 계산할 수 없다.

1. 판매가격이 정당한 사유없이 현저히 낮은 경우
2. 판매가격이 없는 경우

③ 당월에 판매가 없거나 판매가 완료되지 않은 경우에는 동종 소비품의 전월 또는 최근 월의 판매가격에 따라 세액을 납부한다.

第十六条 条例第七条所称成本，是指应税消费品的产品生产成本。

第十七条 条例第七条所称利润，是指根据应税消费品的全国平均成本利润率计算的利润。应税消费品全国平均成本利润率由国家税务总局确定。

제16조 [원가] 소비세법 제7조에서 말하는 '원가'란 과세대상 소비품의 제품제조원가를 말한다.

제17조 [이윤] 소비세법 제7조에서 말하는 '이윤'이란 과세대상 소비품의 전국 평균 원가이윤율에 따라 계산한 이윤으로서 국가세무총국이 결정한다.

第十八条 条例第八条所称材料成本，是指委托方所提供加工材料的实际成本。

委托加工应税消费品的纳税人，必须在委托加工合同上如实注明（或者以其他方式提供）材料成本，凡未提供材料成本的，受托方主管税务机关有权核定其材料成本。

제18조 [재료원가] ① 소비세법 제8조에서 말하는 '재료원가'란 위탁자가 제공하는 가공재료의 실제원가를 말한다.

② 과세대상 소비품을 위탁가공하는 납세의무자는 위탁가공 계약서에 재료원가를 기재하여야 하며, 재료원가가 제공되지 않은 경우 수탁자의 관할 세무기관이 그 재료원가를 추계결정한다.

第十九条　条例第八条所称加工费，是指受托方加工应税消费品向委托方所收取的全部费用（包括代垫辅助材料的实际成本）。

제19조 [가공수수료] 소비세법 제8조에서 말하는 '가공수수료'란 과세대상 소비품을 가공할 때 위탁자로부터 받은 모든 비용(대신 지급한 보조재료의 실제원가를 포함)을 말한다.

第二十条　条例第九条所称关税完税价格，是指海关核定的关税计税价格。

제20조 [관세 과세가격] 소비세법 제9조에서 말하는 '관세 과세가격'이란 해관에서 추계결정하는 관세 과세가격을 말한다.

第二十一条　条例第十条所称应税消费品的计税价格的核定权限规定如下：

（一）卷烟、白酒和小汽车的计税价格由国家税务总局核定，送财政部备案；

（二）其他应税消费品的计税价格由省、自治区和直辖市国家税务局核定；

（三）进口的应税消费品的计税价格由海关核定。

제21조 [추계결정 권한] 소비세법 제10조에서의 과세대상 소비품의 과세가격의 추계결정 권한은 다음과 같다.

1. 담배, 백주와 소형 승용차의 과세가격은 국가세무총국이 결정하고 재정부에 보고한다.
2. 기타 과세대상 소비품의 과세가격은 성, 자치구와 직할시의 국가세무국이 추계결정한다.
3. 수입한 과세대상 소비품의 과세가격은 해관이 추계결정한다.

第二十二条　出口的应税消费品办理退税后，发生退关，或者国外退货进口时予以免税的，报关出口者必须及时向其机构所在地或者居住地主管税务机关申报补缴已退的消费税税款。

纳税人直接出口的应税消费品办理免税后，发生退关或者国外退货，进口时已予以免税的，经机构所在地或者居住地主管税务机关批准，可暂不办理补税，待其转为国内销售时，再申报补缴消费税。

제22조 [반품 또는 환입] ① 과세대상 소비품을 수출하고 수출환급을 받은 후 수출이 취소되거나 해외로부터 반품되어 수입할 때 면제할 수 있으며, 신고한 수출자는 적기에 사업장 소재지 또는 거주지 관할 세무기관에 환급받은 소비세액을 납부하는 신고를 하여야 한다.

② 납세의무자가 직접 수출한 과세대상 소비품을 면제처리한 후, 수출이 취소되거나 반품되어 수입할 때 면제할 수 있는 것은 사업장 소재지 또는 거주지 관할 세무기관의 비준을 거쳐 잠정적으로 세액납부를 하지 않을 수 있으며, 국내에 판매될 때 다시 소비세를 신고납부하여야 한다.

第二十三条　纳税人销售的应税消费品，如因质量等原因由购买者退回时，经机构所在地或者居住地主管税务机关审核批准后，可退还已缴纳的消费税税款。

제23조 [환급] 납세의무자가 판매한 과세대상 소비품이 품질 등의 이유로 구매자가 반품할 경우, 사업장 소재지 또는 거주지 관할 세무기관의 심사비준을 거쳐 이미 납부한 세액을 환급받을 수 있다.

第二十四条　纳税人到外县（市）销售或者委托外县（市）代销自产应税消费

제24조 [위탁판매] ① 납세의무자가 생산한 과세대상 소비품을 다른 현(시)에서 판매하거나 위탁판매하는

品的，于应税消费品销售后，向机构所在地或者居住地主管税务机关申报纳税。

纳税人的总机构与分支机构不在同一县（市）的，应当分别向各自机构所在地的主管税务机关申报纳税；经财政部、国家税务总局或者其授权的财政、税务机关批准，可以由总机构汇总向总机构所在地的主管税务机关申报纳税。

委托个人加工的应税消费品，由委托方向其机构所在地或者居住地主管税务机关申报纳税。

进口的应税消费品，由进口人或者其代理人向报关地海关申报纳税。

第二十五条 本细则自2009年1月1日 起施行。

경우에는 과세대상 소비품을 판매한 후 사업장 소재지 또는 거주지 관할 세무기관에 신고납부하여야 한다.

② 납세의무자의 본점과 지점이 동일한 현(시)에 있지 않을 경우에는 각각의 사업장 소재지 관할 세무기관에 신고납부하여야 한다. 재정부와 국가세무총국 또는 수권을 받은 재정 세무기관의 비준을 거쳐 본점이 본점 소재지 관할 세무기관에 총괄하여 신고납부할 수 있다.

③ 개인에게 위탁하여 가공한 과세소비품은 위탁자가 사업장 소재지 또는 거주지 관할 세무기관에 신고납부하여야 한다.

④ 수입한 과세대상 소비품은 수입자 또는 대리인이 신고지 해관에 신고납부하여야 한다.

제25호 [시행일] 본 세칙은 2009년 1월 1일부터 시행한다.

부록Ⅱ. 한중조세협정 한중 대조

中华人民共和国政府和大韩民国政府

关于对所得避免双重征税和防止偷漏税的协定

中华人民共和国政府和大韩民国政府，愿意缔结关于对所得避免双重征税和防止偷漏税的协定，达成协议如下：

第一条 人的范围
本协定适用于缔约国一方或者同时为双方居民的人。

第二条 税种范围
一、本协定适用于由缔约国一方或其地方当局对所得征收的所有税收，不论其征收方式如何。
二、对全部所得或某项所得征收的税收，包括对来自转让动产或不动产的收益征收的税收以及对资本增值征收的税收，应视为对所得征收的税收。
三、本协定适用的现行税种是：
(一) 在中华人民共和国：
1. 个人所得税；
2. 外商投资企业和外国企业所得税；
3. 地方所得税。
(以下简称“中国税收”)
(二) 在大韩民国：
1. 所得税；
2. 公司税；
3. 居民税。
(以下简称“韩国税收”)
四、本协定也适用于本协定签订之日后征收的属于增加或者代替第三款所列现行税种的相同或者实质相似的税收。缔约国双

대한민국 정부와 중화인민공화국 정부간의

소득에 대한 이중과세 및 탈세 방지에 관한 협정

중화인민공화국 정부와 대한민국 정부는 「소득에 대한 이중과세 및 탈세 방지에 관한 협정」을 체결하기로 하고 아래와 같이 협의하였다.

제1조【인적 적용범위】
본 협정은 체약국의 일방 또는 동시에 양방의 거주자가 되는 사람에게 적용한다.

제2조【대상 조세】
① 본 협정은 그 과세방법의 여하에 불구하고 일방 체약국 또는 그 지방당국이 소득에 대해 과세하는 모든 조세에 대해 적용된다.
② 모든 소득 또는 특정 소득에 대해 과세하는 조세는 동산 또는 부동산을 양도하여 발생한 소득 및 자본의 증가에 대해 과세하는 조세를 포함하며, 모두 소득에 대해 과세하는 조세로 본다.
③ 본 협정이 적용되는 현행 조세는 다음과 같다.
1. 중화인민공화국에 있어서는,
⑴ 개인소득세
⑵ 외상투자기업과 외국기업의 소득세
⑶ 지방소득세
(이하 “중국의 조세”라 한다)
2. 대한민국에 있어서는,
⑴ 소득세
⑵ 법인세
⑶ 지방소득세(구 주민세)
(이하 “한국의 조세”라 한다)
④ 본 협정은 본 협정의 서명일 이후에 과세하는 것으로 제③항에 열거된 현행 조세와 동일하거나 실질적으로 유사한 경우에 속하는 조세를 증가 또는 대체시

方主管当局应将各自税法所作出的实质变动，在其变动后的适当时间内通知对方。

키는 경우에도 적용된다. 체약국 양방의 권한있는 당국은 자국 세법의 개정내용을 합리적인 시간내에 상호 통보한다.

第三条 一般定义

一、在本协定中，除上下文另有解释的以外：

(一) “中国”一语是指中华人民共和国；用于地理概念时，是指实施有关中国税收法律的所有中华人民共和国领土，包括领海，以及根据国际法，中华人民共和国拥有勘探和开发海底和底土资源以及海底以上水域资源的主权权利的领海以外的区域；

(二) “韩国”一语是指大韩民国；用于地理概念时，是指实施有关韩国税收法律的所有大韩民国领土，包括领海，以及根据国际法，大韩民国拥有勘探和开发海底和底土资源以及海底以上水域资源的主权权利的领海以外的区域；

(三) “缔约国一方”和“缔约国另一方”的用语，按照上下文，是指中国或者韩国；

(四) “税收”一语按照上下文，是指中国税收或者韩国税收；

(五) “人”一语包括个人、公司和其他团体；

(六) “公司”一语是指法人团体或者在税收上视同法人团体的实体；

(七) “缔约国一方企业”和“缔约国另一方企业”的用语，分别指缔约国一方居民经营的企业和缔约国另一方居民经营的企业；

(八) “国民”一语是指：

1. 所有具有缔约国一方国籍的个人；
2. 所有按照缔约国一方现行法律，取得其地位的法人、合伙企业和协会；

(九) “国际运输”一语是指在缔约国一方设有总机构或实际管理机构的企业以船舶或飞机经营的运输，不包括仅在缔约国另一方各地之间以船舶或飞机经营的运输；

제3조【일반 정의】

① 본 협정의 목적상 문맥에 따라 달리 해석되는 경우 이외에는 다음과 같이 정의한다.

1. “중국”이라 함은 중화인민공화국을 의미하며, 지리적 의미에서는 중국 세법이 적용되는 중화인민공화국의 모든 영토를 말하며, 영해 및 국제법에 따라 해저, 하층토의 자원, 해저위의 수역 자원을 개발할 수 있는 주권을 가진 영해 이외의 지역을 포함한다.
2. “한국”이라 함은 대한민국을 의미하며, 지리적 의미에서는 한국 세법이 적용되는 대한민국의 모든 영토를 말하며, 영해 및 국제법에 따라 해저, 하층토의 자원, 해저위의 수역 자원을 개발할 수 있는 주권을 지난 영해 이외의 지역을 포함한다.
3. “일방체약국” 및 “타방체약국”이라 함은 문맥에 따라 중국 또는 한국을 말한다.
4. “조세”라 함은 중국의 조세 또는 한국의 조세를 말한다.
5. “자(人)”라 함은 개인, 회사 및 기타 단체를 포함한다.
6. “회사”라 함은 법인격이 있는 단체 또는 조세의 목적상 법인격이 있는 단체로 보는 실체를 말한다.
7. “일방체약국의 기업” 및 “타방체약국의 기업”이라 함은 각각 일방체약국의 거주자가 경영하는 기업과 타방체약국의 거주자가 경영하는 기업을 말한다.
8. “국민”이라 함은 다음을 말한다.
   ⑴ 일방체약국의 국적을 가진 모든 개인
   ⑵ 일방체약국의 현행 법률에 따라 그 지위를 부여받은 모든 기업(법인), 동업기업 및 협회
9. “국제운수”라 함은 일방체약국에 본점이나 실제 관리기구를 두고 있는 기업이 선박 또는 항공기로 운영하는 운수를 말하며, 타방체약국의 각 지역 간에 선박이나 항공기로 운영하는 운수는 포함하지 아니한다.

(十) "主管当局"一语：
1. 在中国方面，是指国家税务总局或其授权的代表；
2. 在韩国方面，是指财务部长或其授权的代表。

二、缔约国一方在实施本协定时，对于未经本协定明确定义的用语，除上下文另有解释的以外，应当具有该缔约国适用于本协定的税种的法律所规定的含义。

10. "권한있는 당국"이라 함은 다음을 말한다.
(1) 중국의 경우, 국가세무총국 또는 그의 권한있는 대표
(2) 한국의 경우, 재무부(현, 기획재정부)장관 또는 그의 권한있는 대표

② 일방체약국이 본 협정을 실시할 때 본 협정에 정의되지 않은 용어에 대해서는 문맥에 따라 달리 해석되지 아니하는 한, 해당체약국이 본 협정의 조세의 종류의 법률에 사용되는 의미를 가진다.

第四条 居民

一、在本协定中，"缔约国一方居民"一语是指按照该缔约国法律，由于住所、居所、总机构、实际管理机构所在地，或者其他类似的标准，在该缔约国负有纳税义务的人。

二、由于第一款的规定，同时为缔约国双方居民的个人，其身份应按以下规则确定：

(一) 应认为是其有永久性住所所在缔约国的居民；如果在缔约国双方同时有永久性住所，应认为是与其个人和经济关系更密切(重要利益中心) 所在缔约国的居民；
(二) 如果其重要利益中心所在国无法确定，或者在缔约国任何一方都没有永久性住所，应认为是其有习惯性居处所在国的居民；
(三) 如果其在缔约国双方都有，或者都没有习惯性居处，应认为是其国民所属缔约国的居民；
(四) 如果其同时是缔约国双方的国民，或者不是缔约国任何一方的国民，缔约国双方主管当局应通过协商解决。

三、由于第一款的规定，除个人以外，同时为缔约国双方居民的人，缔约国双方主管当局应通过协商设法解决，并确定对其适用本协定的方式。

제4조【거주자】

① 본 협정의 목적상 "일방체약국의 거주자"라 함은 해당 체약국의 법률에 따라 주소, 거소, 본점이나 실제관리기구의 소재지 또는 이와 유사한 기준으로 해당 체약국에 납세의무가 있는 자를 말한다.

② 제①항의 규정에 의하여 개인이 동시에 양 체약국의 거주자가 되는 경우, 그의 지위는 아래의 규정에 따라 결정된다.

1. 동 개인이 항구적인 주소를 두고 있는 체약국의 거주자로 본다. 만약 양 체약국에 동시에 항구적 주소가 있는 경우에는 그 개인과 경제적 관계가 더 밀접한(중대한 이해관계 기준) 체약국의 거주자로 본다.
2. 동 개인의 중대한 이해관계가 있는 체약국을 결정할 수 없거나 어느 체약국에서도 항구적인 주소가 없는 경우에는 일상적인 거소를 두고 있는 체약국의 거주자로 본다.
3. 동 개인이 동시에 양 체약국에 일상적인 거소를 두고 있거나 어느 체약국에서도 일상적인 거소를 두고 있지 않은 경우에는 국민인 체약국의 거주자로 본다.
4. 동 개인이 동시에 양 체약국의 국민이거나 어느 체약국의 국민도 아닌 경우에는 양 체약국의 권한있는 당국이 상호 합의하여 문제를 해결한다.

③ 제①항의 규정에 의하여 개인 이외에 동시에 양 체약국의 거주자가 되는 경우에는 양 체약국의 권한있는 당국이 상호 합의하여 문제를 해결한다.

第五条 常设机构

一、在本协定中，"常设机构"一语是指企

제5조【고정사업장】

① 본 협정에서 "고정사업장"이라 함은 기업의 사업

业进行全部或部分营业的固定营业场所。
二、“常设机构”一语特别包括：
(一) 管理场所；
(二) 分支机构；
(三) 办事处；
(四) 工厂；
(五) 作业场所；
(六) 矿场、油井或气井、采石场或者其他开采自然资源的场所。
三、“常设机构”一语还包括：
(一) 建筑工地，建筑、装配或安装工程，或者与其有关的监督管理活动，但仅以该工地、工程或活动连续6 个月以上的为限；
(二) 缔约国一方企业通过雇员或者雇用的其他人员，在缔约国另一方为同一个项目或相关联的项目提供的劳务，包括咨询劳务，仅以在任何12个月中连续或累计超过6个月的为限。
四、虽有第一款至第三款的规定，“常设机构”一语应认为不包括：
(一) 专为储存、陈列或者交付本企业货物或者商品的目的而使用的设施；
(二) 专为储存、陈列或者交付的目的而保存本企业货物或者商品的库存；
(三) 专为另一企业加工的目的而保存本企业货物或者商品的库存；
(四) 专为本企业采购货物或者商品，或者搜集情报的目的所设的固定营业场所；
(五) 专为本企业进行其他准备性或辅助性活动的目的所设的固定营业场所；
(六) 专为本款第(一)项至第(五)项活动的结合所设的固定营业场所，如果由于这种结合使该固定营业场所的全部活动属于准备性质或辅助性质。
五、虽有第一款和第二款的规定，当一个人(除适用第六款规定的独立代理人以外)在缔约国一方代表缔约国另一方的企业进行活动，有权并经常行使这种权力以该企业的名义签订合同，这个人为该企业进行的任何活

이 전적 또는 부분적으로 영위되는 고정된 사업장소를 말한다.
② “고정사업장”이라 함은 특히 다음을 포함한다.
1. 관리장소
2. 지점
3. 사무소
4. 공장
5. 작업장
6. 광산, 유전, 가스정, 채석장 및 기타 자연자원을 채취하는 장소
③ “고정사업장”은 또한 다음을 포함한다.
1. 건축 장소, 건축, 조립, 설치공정 또는 이상의 장소나 공사와 관련된 감독활동을 포함하되 그러한 공사 또는 활동이 6월을 초과하여 존속하는 경우에 한한다.
2. 일방체약국의 기업의 타방체약국에서 피고용인 또는 기타 종사자를 통하여 하나 이상의 용역(자문용역을 포함)을 제공할 경우에는 12개월 중에서 연속 또는 누계로 6개월을 초과한 경우로 한한다.
④ 제①항 내지 제③항의 규정에도 불구하고 “고정사업장”은 다음을 포함하지 아니하는 것으로 본다.
1. 재화나 상품의 저장, 전시 또는 인도의 목적만을 위한 시설의 사용
2. 저장, 전시 또는 인도의 목적으로 재화 또는 상품을 보유하는 것.
3. 다른 기업을 위한 가공만을 목적으로 재화 또는 상품을 보유하는 것
4. 재화 또는 상품을 구매하거나 정보를 수집하기 위하여 설치한 고정사업장
5. 기타 예비적 또는 보조적 활동을 목적으로 설치한 고정사업장
6. 본 항 1호 내지 5호에 규정된 활동을 하기 위하여 설치한 고정사업장으로서 이러한 활동들이 예비적 또는 보조적 성질에 속하는 경우
⑤ 제①항과 제②항의 규정에도 불구하고, 한 개인(제⑥항의 독립적인 대리인 제외)이 일방체약국에서 타방체약국의 기업을 대표하여 활동하는 경우로서 해당 기업의 명의로 계약의 체결 및 권한을 행사할 수 있는 경우에는 모두 해당 기업이 일방체약국에

动，应认为该企业在该缔约国一方设有常设机构。除非这个人通过固定营业场所进行的活动限于第四款的规定，按照该款规定，不应认为该固定营业场所是常设机构。

六、缔约国一方企业仅通过按常规经营本身业务的经纪人、一般佣金代理人或者任何其他独立代理人在缔约国另一方进行营业，不应认为在该缔约国另一方设有常设机构。但如果这个代理人的活动全部或几乎全部代表该企业，不应认为是本款所指的独立代理人。

七、缔约国一方居民公司，控制或被控制于缔约国另一方居民公司或者在该缔约国另一方进行营业的公司(不论是否通过常设机构)，此项事实不能据以使任何一方公司构成另一方公司的常设机构。

고정사업장을 설치한 것으로 본다. 단, 개인이 고정사업장을 통하여 제④항의 활동을 하는 경우에는 고정사업장으로 보지 아니한다.

⑥ 일방체약국의 기업이 자신의 사업을 별도로 영위하고 있는 중개인, 일반위탁매매인 또는 독립적 지위를 가진 기타 대리인을 통하여 타방체약국에서 사업을 경영하는 경우에는 타방체약국에서 고정사업장을 설치한 것으로 보지 아니한다. 단 이러한 대리인의 활동이 전부 또는 거의 대부분 해당 기업을 대표할 경우에는 독립된 지위를 가진 대리인으로 보지 아니한다.

⑦ 일방체약국의 거주기업이 타방체약국의 거주기업 또는 타방체약국에서 영업 중인 기업(고정사업장을 통하는지의 여부에 관계없이)을 지배하거나 지배될 경우 이러한 사실만으로 타회사의 고정사업장이 되지는 않는다.

第六条 不动产所得

一、缔约国一方居民从位于缔约国另一方的不动产取得的所得(包括农业或林业所得)，可以在该缔约国另一方征税。

二、“不动产”一语应当具有财产所在地的缔约国的法律所规定的含义。该用语在任何情况下应包括附属于不动产的财产，农业和林业所使用的牲畜和设备，有关地产的一般法律规定所适用的权利，不动产的用益权以及由于开采或有权开采矿藏、水源和其他自然资源取得的不固定或固定收入的权利。船舶和飞机不应视为不动产。

三、第一款的规定应适用于从直接使用、出租或者任何其他形式使用不动产取得的所得。

四、第一款和第三款的规定也适用于企业的不动产所得和用于进行独立个人劳务的不动产所得。

제6조【부동산 소득】

① 일방체약국의 거주자가 타방체약국에 소재하는 부동산으로부터 취득한 소득(농업 또는 임업소득 포함)은 타방체약국에서 과세할 수 있다.

② “부동산”이라 함은 재산이 소재하는 체약국의 법률이 규정하는 정의에 따른다. 이 용어는 어떠한 경우에도 부동산에 부속되는 재산, 농업과 임업에 사용되는 가축 또는 장비, 토지재산에 관한 일반 법률이 적용되는 권리, 부동산의 사용수익권 및 광물자원, 수자원 및 기타 천연자원을 채취 또는 채취할 수 있는 권리로 고정적 또는 비고정적 수입을 취득할 권리를 포함한다. 선박과 항공기는 부동산으로 보지 아니한다.

③ 제①항의 규정은 부동산을 직접 사용, 임대 또는 기타의 형식으로 취득한 소득에 대해서도 적용한다.

④ 제①항 및 제③항의 규정은 기업의 부동산소득과 독립적 인적용역을 제공하는데 사용된 부동산소득에도 적용된다.

第七条 营业利润

一、缔约国一方企业的利润应仅在该缔约国征税，但该企业通过设在缔约国另一方的常设机构在该缔约国另一方进行营业的

제7조【사업이윤】

① 일방체약국 기업의 이윤은 해당 체약국에서만 과세된다. 단 기업이 타방체약국에 설치한 고정사업장을 통하여 타방체약국에서 사업을 하는 경우는 제외

除外。如果该企业通过设在该缔约国另一方的常设机构在该缔约国另一方进行营业，其利润可以在该缔约国另一方征税，但应仅以属于该常设机构的利润为限。

二、除适用第三款的规定以外，缔约国一方企业通过设在缔约国另一方的常设机构在该缔约国另一方进行营业，应将该常设机构视同在相同或类似情况下从事相同或类似活动的独立分设企业，并同该常设机构所隶属的企业完全独立处理，该常设机构可能得到的利润在缔约国各方应归属于该常设机构。

三、在确定常设机构的利润时，应当允许扣除其进行营业发生的各项费用，包括行政和一般管理费用，不论其发生于该常设机构所在国或者其他任何地方。

四、如果缔约国一方习惯于以企业总利润按一定比例分配给所属各单位的方法来确定常设机构的利润，则第二款规定并不妨碍该缔约国按这种习惯分配方法确定其应纳税的利润。但是，采用的分配方法所得到的结果，应与本条所规定的原则一致。

五、不应仅由于常设机构为企业采购货物或商品，将利润归属于该常设机构。

六、在上述各款中，除有适当的和充分的理由需要变动外，每年应采用相同的方法确定属于常设机构的利润。

七、利润中如果包括有本协定其他各条单独规定的所得项目时，本条规定不应影响其他各条的规定。

한다. 만약 기업이 타방체약국의 고정사업장을 통하여 타방체약국에서 사업을 할 경우 그 이윤은 타방체약국에서 과세할 수 있으며 해당 고정사업장의 이윤에 속하는 부분에 한한다.

② 제③항의 규정을 적용하는 경우 이외에 일방체약국의 기업이 타방체약국에 설치한 고정사업장을 통하여 타방체약국에서 사업을 하는 경우, 고정사업장은 같거나 유사한 상황 하에서 같거나 유사한 활동을 영위하는 독립적인 지점으로 보며 기업과는 완전히 독립적으로 처리하여 해당 고정사업장이 얻을 수 있는 이윤은 체약국 각방에서 해당 고정사업장에 귀속시킨다.

③ 고정사업장의 이윤을 결정할 때에는 사업활동을 하면서 발생한 각종 비용(행정 및 일반관리비 포함)이 해당 고정사업장의 소재국 또는 어떠한 지방에서 발생되었더라도 공제할 수 있다.

④ 일방체약국이 기업의 전체이윤을 일정한 비율에 따라 분배하는 방법으로 고정사업장의 이윤을 결정하는 경우, 제②항의 규정은 동 일방체약국이 이러한 분배방법으로 과세대상 이윤을 확정하는데 영향을 주지 아니한다. 다만, 채택한 분배방법에 의한 결과는 본 조에서 규정한 원칙에 따라야 한다.

⑤ 고정사업장이 재화 또는 상품을 구입한다는 이유만으로 이윤을 고정사업장에 귀속시킬 수 없다.

⑥ 위의 각 항에서 합리적이고 충분한 이유로 변동되는 경우 이외에는 매년 동일한 방법을 사용하여 고정사업장의 이윤을 결정하여야 한다.

⑦ 이윤 중에서 본 협정의 다른 조항에서 별도로 규정된 소득항목이 있을 경우, 본 조의 규정은 다른 조항의 별도의 규정에 영향을 줄 수 없다.

第八条 海运和空运

一、以船舶或飞机经营国际运输业务所取得的利润，应仅在企业总机构或实际管理机构所在缔约国征税。

二、船运企业的总机构或实际管理机构设在船舶上的，应以船舶母港所在缔约国为所在国；没有母港的，以船舶经营者为其居民的缔约国为所在国。

三、第一款规定也适用于参加合伙经营、联

제8조【해운 및 항공운수】

① 선박 또는 항공기로 국제 운수업무를 영위하여 취득한 이윤은 기업의 본점이나 실제관리기구가 있는 체약국에서만 과세한다.

② 해운기업의 본점 또는 실제관리기구가 선박인 경우 선박의 모항이 있는 체약국이 소재국이 되며, 모항이 없는 경우에는 선박 운영자의 거주국을 소재국으로 본다.

③ 제①항의 규정은 동업경영, 합작경영 또는 국제

合经营或者参加国际经营机构取得的利润。

경영기구에 참가하여 취득한 이윤에도 적용된다.

第九条 联属企业

当：

(一) 缔约国一方企业直接或者间接参与缔约国另一方企业的管理、控制或资本，或者

(二) 同一人直接或者间接参与缔约国一方企业和缔约国另一方企业的管理、控制或资本，

在上述任何一种情况下，两个企业之间的商业或财务关系不同于独立企业之间的关系，因此，本应由其中一个企业取得，但由于这些情况而没有取得的利润，可以计入该企业的利润，并据以征税。

제9조【특수관계기업】

① 일방체약국의 기업이 타방체약국의 기업의 경영, 지배 또는 자본에 참여하거나,

② 동일인이 직접 또는 간접적으로 일방체약국의 기업과 타방체약국 기업의 경영, 지배 또는 자본에 참여하는 경우,

위의 어떠한 경우에도 두 기업 사이의 거래 또는 재무관계가 독립적인 기업 간의 관계와는 달라서 그 중 한 기업이 취득했어야 할 이윤이 없을 경우 해당 기업의 이윤에 포함시켜 과세한다.

第十条 股息

一、缔约国一方居民公司支付给缔约国另一方居民的股息，可以在该缔约国另一方征税。

二、然而，这些股息也可以在支付股息的公司是其居民的缔约国，按照该缔约国法律征税。但是，如果收款人是股息受益所有人，则所征税款不应超过：

(一) 如果受益所有人是直接拥有该支付股息公司至少25%资本的公司(合伙企业除外)，为该股息总额的5%;

(二) 在其他情况下，为该股息总额的10%。

本款规定，不应影响对该公司支付股息前的利润所征收的公司利润税。

三、本条“股息”一语是指从股份或者非债权关系分享利润的权利取得的所得，以及按照分配利润的公司是其居民的缔约国法律，视同股份所得同样征税的其他公司权利取得的所得。

四、如果股息受益所有人是缔约国一方居民，在支付股息的公司是其居民的缔约国另一方，通过设在该缔约国另一方的常设机构进行营业或者通过设在该缔约国另一方的固定基地从事独立个人劳务，据以支付股息的股份与该常设机构或固定基地有

제10조【배당소득】

① 일방체약국의 거주기업이 타방체약국의 거주자에게 지급하는 배당금은 타방체약국에서 과세할 수 있다.

② 그러나, 동 배당금은 배당금 지급회사가 거주자인 체약국에서도 해당 체약국의 법률에 따라 과세할 수 있다. 다만, 만약 수령자가 주식의 수익자인 경우 과세세액은 다음을 초과할 수 없다.

1. 수익자가 배당금 지급회사의 자본의 25퍼센트 이상을 직접 소유하는 법인(조합은 제외한다)인 경우에는 배당총액의 5퍼센트
2. 기타의 경우에는 배당총액의 10퍼센트

본 항의 규정은 배당금 지급 전의 이윤에 대해 과세하는 기업소득세에 영향을 미치지 아니한다.

③ 본 조에서의 “배당”이라 함은 주식 또는 비채권관계로 이윤을 배분받을 권리로부터 취득하는 소득 및 이윤을 분배하는 회사가 거주자인 체약국의 법률이 배당소득으로 보아 과세하는 기타 회사의 권리로 취득한 소득을 말한다.

④ 배당금의 수익자가 일방체약국의 거주자이고 배당금을 지급하는 회사가 해당 거주자의 타방체약국인 경우로서, 타방체약국에 설립된 고정사업장이 사업을 영위하거나 타방체약국에 설립된 고정시설이 독립적인 인적용역을 영위하여 배당금을 지급하는 주식과 고정사업장 또는 고정시설이 실제적인 관계

实际联系的，不适用第一款和第二款的规定。在这种情况下，应视具体情况适用第七条或第十四条的规定。

五、缔约国一方居民公司从缔约国另一方取得利润或所得，该缔约国另一方不得对该公司支付的股息征收任何税收。但支付给该缔约国另一方居民的股息或者据以支付股息的股份与设在缔约国另一方的常设机构或固定基地有实际联系的除外。对于该公司的未分配的利润，即使支付的股息或未分配的利润全部或部分是发生于该缔约国另一方的利润或所得，该缔约国另一方也不得征收任何税收。

가 있는 경우, 위의 제①항 및 제②항의 규정을 적용하지 않고 구체적인 상황을 보아 제7조 또는 제14조의 규정을 적용한다.

⑤ 일방체약국의 거주기업이 타방체약국으로부터 이윤 또는 소득을 취득하는 경우, 타방체약국은 해당 기업이 지급한 배당금에 대해서 어떠한 과세도 할 수 없다. 단, 타방체약국의 거주자에게 지급한 배당금 또는 배당금을 지급한 주식과 타방체약국에 설립된 고정사업장 또는 고정시설과 실제관계가 있는 경우에는 제외한다. 해당 기업의 미분배이윤에 대해서는 비록 지급한 배당금 또는 미분배이윤의 전부 또는 일부가 타방체약국의 이윤 또는 소득에서 발생되었더라도 타방체약국은 어떠한 과세도 할 수 없다.

第十一条 利息

一、发生于缔约国一方而支付给缔约国另一方居民的利息，可以在该缔约国另一方征税。

二、然而，这些利息也可以在该利息发生的缔约国，按照该缔约国的法律征税。但是，如果收款人是利息受益所有人，则所征税款不应超过利息总额的10%。

三、虽有第二款的规定，发生于缔约国一方而为缔约国另一方政府，包括其地方当局或者缔约国另一方中央银行或行使政府职能的金融机构取得的利息；或者为该缔约国另一方居民取得的利息，其债权是由该缔约国另一方政府，包括其地方当局或者缔约国另一方中央银行或行使政府职能的金融机构担保或者间接提供资金的，应在该缔约国一方免税。

四、本条“利息”一语是指从各种债权取得的所得，不论其有无抵押担保或者是否有权分享债务人的利润；特别是从公债、债券或者信用债券取得的所得，包括其溢价和奖金。

五、如果利息受益所有人是缔约国一方居民，在利息发生的缔约国另一方，通过设在该缔约国另一方的常设机构进行营业或者通过设在该缔约国另一方的固定基地从事独立个人劳务，据以支付该利息的债权

제11조【이자소득】

① 일방체약국에서 발생하여 타방체약국의 거주자에게 지급한 이자는 타방체약국에서 과세할 수 있다.

② 그러나 이러한 이자는 이자가 발생한 체약국에서도 자국의 법률에 따라 과세할 수 있다. 다만 수령자가 이자의 수익자인 경우에는 과세세액은 이자총액의 10%를 초과할 수 없다.

③ 제②항의 규정에도 불구하고, 일방체약국에서 발생하는 이자로서 타방체약국의 정부(지방당국 또는 타방체약국의 중앙은행 또는 정부의 기능을 하는 금융기관 포함)가 취득한 이자 또는 타방체약국의 거주자가 취득한 이자소득의 경우, 그 채권이 타방체약국의 정부(지방당국 또는 타방체약국의 중앙은행 또는 정부의 기능을 수행하는 금융기관 포함)가 보증하거나 간접적으로 자금을 제공하는 경우에는 일방체약국은 면세하여야 한다.

④ 본 조에서 “이자”라 함은 보증여부와 채무자의 이윤에 대한 참가권의 여부에 관계없이 모든 종류의 채권으로부터 발생하는 소득을 말하며, 특히 국공채 또는 사채로부터 발생하는 소득으로서 이에 부수되는 프리미엄 등을 포함한다.

⑤ 이자의 수익자가 일방체약국의 거주자이며 이자가 타방체약국에서 발생한 경우로서 타방체약국에 설치된 고정사업장에서 사업을 영위하거나 타방체약국에 설치된 고정시설에서 독립적 인적용역을 제공하는 경우 이자를 지급하는 채권과 고정사업장 또

与该常设机构或者固定基地有实际联系的，不适用第一款、第二款和第三款的规定。在这种情况下，应视具体情况适用第七条或第十四条的规定。

六、如果支付利息的人为缔约国一方政府、地方当局或该缔约国居民，应认为该利息发生在该缔约国。然而，当支付利息的人不论是否为缔约国一方居民，在缔约国一方设有常设机构或者固定基地，支付该利息的债务与该常设机构或者固定基地有联系，并由其负担该利息，上述利息应认为发生于该常设机构或固定基地所在缔约国。

七、由于支付利息的人与受益所有人之间或者他们与其他人之间的特殊关系，就有关债权所支付的利息数额超出支付人与受益所有人没有上述关系所能同意的数额时，本条规定应仅适用于后来提及的数额。在这种情况下，对该支付款项的超出部分，仍应按各缔约国的法律征税，但应对本协定其他规定予以适当注意。

第十二条 特许权使用费

一、发生于缔约国一方而支付给缔约国另一方居民的特许权使用费，可以在该缔约国另一方征税。

二、然而，这些特许权使用费也可以在其发生的缔约国，按照该缔约国的法律征税。但是，如果收款人是特许权使用费受益所有人，则所征税款不应超过特许权使用费总额的10%。

三、本条“特许权使用费”一语是指使用或有权使用文学、艺术或科学著作，包括电影影片、无线电或电视广播使用的胶片、磁带的版权，专利、专有技术、商标、设计或模型、图纸、秘密配方或秘密程序所支付的作为报酬的各种款项，或者使用或有权使用工业、商业、科学设备或有关工业、商业、科学经验的情报所支付的作为报酬的各种款项。

四、如果特许权使用费受益所有人是缔约国

는 고정시설 사이에 실제관계가 있는 경우에는 제①항 , 제②항 및 제③항을 적용하지 아니하고, 구체적인 상황에 따라 제7조 또는 제14조의 규정을 적용하여야 한다.

⑥ 이자를 지급하는 자가 일방체약국의 정부, 지방당국 또는 동 체약국의 거주자인 경우에는 이자의 발생지를 일방체약국에서 발생한 것으로 본다. 그러나 이자를 지급하는 자가 일방체약국의 거주자 여부를 불문하고 일방체약국에서 고정사업장 또는 고정시설을 설치하고 이자를 지급하는 채무와 고정사업장 또는 고정시설 사이에 실제관계가 있고 그가 이자를 부담하는 경우, 이 이자는 고정사업장 또는 고정시설이 소재하는 체약국에서 발생한 것으로 본다.

⑦ 지급자와 수익자 사이 또는 그들(지급자와 수익자)과 타인 사이에 특수관계가 있을 경우에 채권과 관련하여 지급하는 이자금액이 특수관계가 없을 경우보다 더 많을 경우에는 후자(정상이자)의 금액에 대해서만 적용되어야 한다. 이러한 경우 초과되는 부분은 본 협정의 다른 규정을 적절하게 고려하여 각국의 법률에 따라 과세하여야 한다.

제12조【사용료】

① 일방체약국에서 발생하여 타방체약국의 거주자에게 지급되는 사용료(Royalty)에 대하여는 타방체약국에서 과세할 수 있다.

② 그러나 이러한 사용료는 사용료가 발생한 체약국에서도 자국의 법률에 따라 과세할 수 있다. 다만, 수취인이 그 사용료의 수익자인 경우 과세세액은 사용료 총액의 10퍼센트를 초과할 수 없다.

③ 이 조에서 “사용료”라 함은 문학작품・예술작품 또는 학술작품(영화필름, 라디오 또는 텔레비전 방송용 필름, 테이프 포함)의 판권・특허권・전유기술・상표권・의장이나 신안・도면・비밀공식, 비밀공정의 사용으로 지급하는 각종 보수 또는 산업적・상업적 또는 과학장비나 그의 경험의 사용으로 지급하는 각종 보수를 말한다.

④ 사용료의 수익자가 일방체약국의 거주자로서 사용료가 타방체약국에서 발생하였을 경우 타방체약국에 설치된 고정사업장을 통하여 사업을 영위하거나 타방체약국에 설치된 고정시설을 통하여 독립적

一方居民，在特许权使用费发生的缔约国另一方，通过设在该缔约国另一方的常设机构进行营业或者通过设在该缔约国另一方的固定基地从事独立个人劳务，据以支付该特许权使用费的权利或财产与该常设机构或固定基地有实际联系的，不适用第一款和第二款的规定。在这种情况下，应视具体情况适用第七条或第十四条的规定。

五、如果支付特许权使用费的人是缔约国一方政府、其地方当局或该缔约国居民，应认为该特许权使用费发生在该缔约国。然而，当支付特许权使用费的人不论是否为缔约国一方居民，在缔约国一方设有常设机构或者固定基地，支付该特许权使用费的义务与该常设机构或者固定基地有联系，并由其负担这种特许权使用费，上述特许权使用费应认为发生于该常设机构或者固定基地所在缔约国。

六、由于支付特许权使用费的人与受益所有人之间或他们与其他人之间的特殊关系，就有关使用、权利或情报支付的特许权使用费数额超出支付人与受益所有人没有上述关系所能同意的数额时，本条规定应仅适用于后来提及的数额。在这种情况下，对该支付款项的超出部分，仍应按各缔约国的法律征税，但应对本协定其他规定予以适当注意。

인적용역을 제공하는 경우로서 사용료를 지급하는 권리 또는 재산과 해당 고정사업장 또는 고정시설 사이에 실제관계가 있는 경우에는 제①항과 제②항의 규정을 적용하지 않고 구체적인 상황을 보아 제7조 또는 제14조의 규정을 적용하여야 한다.

⑤ 사용료의 지급자가 일방체약국의 정부, 지방 당국 또는 거주자인 경우에는 사용료가 일방체약국에서 발생하는 것으로 본다. 그러나 사용료를 지급하는 자가 일방체약국의 거주자 여부에 관계없이 일방체약국에서 고정사업장 또는 고정시설을 설치하고 사용료를 지급하여야 할 의무와 고정사업장 또는 고정시설과 실제적인 관계가 있으며 해당 고정사업장 또는 고정시설이 사용료를 부담하는 경우, 사용료는 고정사업장 또는 고정시설이 소재하는 국가에서 발생한 것으로 본다.

⑥ 사용료를 지급하는 자와 수익자 사이 또는 그들과 타인 사이에 특수관계가 있는 경우로서 사용, 권리 또는 정보와 관련하여 지급하는 사용료의 금액이 특수관계가 없는 경우보다 더 많을 경우에는 본 조의 규정은 후자(정상가격)의 금액을 적용하여야 한다. 이러한 경우 지급자가 초과하여 지출한 부분은 본 협정의 기타 규정을 유의하여 각 체약국의 법률에 따라 과세하여야 한다.

第十三条 财产收益

一、缔约国一方居民转让第六条所述位于缔约国另一方的不动产取得的收益，可以在该缔约国另一方征税。

二、转让缔约国一方企业在缔约国另一方的常设机构营业财产部分的动产，或者缔约国一方居民在缔约国另一方从事独立个人劳务的固定基地的动产取得的收益，包括转让常设机构(单独或者随同整个企业)或者固定基地取得的收益，可以在该缔约国另一方征税。

三、转让从事国际运输的船舶或飞机，或

제13조【양도소득】

① 일방체약국의 거주자가 제6조에서 말하는 타방체약국에 소재하는 부동산을 양도하여 취득한 수익은 타방체약국에서 과세할 수 있다.

② 일방체약국의 기업이 타방체약국에 설치한 고정사업장의 사업용 일부 동산을 양도하거나 일방체약국의 거주자가 타방체약국에서 독립적인 인적용역을 제공하는 고정시설의 동산을 양도하여 취득한 수익은 고정사업장(전체 또는 일부) 또는 고정시설을 양도하여 취득한 수익을 포함하여 타방체약국에서 과세할 수 있다.

③ 국제 운수업무를 영위하는 선박 또는 항공기를

者转让属于经营上述船舶、飞机的动产取得的收益，应仅在该企业总机构或实际管理机构所在缔约国征税。

四、转让一个公司财产股份的股票取得的收益，该公司的财产又主要直接或者间接由位于缔约国一方的不动产所组成，可以在该缔约国一方征税。

五、转让第一款至第四款所述财产以外的其他财产取得的收益，应仅在转让者为其居民的缔约国征税。

양도하거나 위의 선박 또는 항공기의 운항과 관련되는 동산을 양도하여 취득한 수입은 기업의 본점 소재지 또는 실제관리기구가 소재하는 체약국에서 과세한다.

④ 회사의 재산인 주식을 양도하여 취득한 소득으로서 동 회사의 재산이 직접 또는 간접적으로 일방체약국에 소재하고 있는 부동산으로 구성되어 있는 경우 일방체약국에서 과세할 수 있다.

⑤ 제①항 내지 제④항의 재산 이외의 재산을 양도하여 취득한 소득은 양도자가 거주자인 체약국에서만 과세한다.

第十四条 独立个人劳务

一、缔约国一方居民由于专业性劳务或者其他独立性活动取得的所得，应仅在该缔约国征税。但具有以下情况之一的，可以在缔约国另一方征税：

(一) 在缔约国另一方为从事上述活动设有经常使用的固定基地。在这种情况下，该缔约国另一方可以仅对属于该固定基地的所得征税；

(二) 在有关历年中在缔约国另一方停留连续或累计超过183天。在这种情况下，该缔约国另一方可以仅对在该缔约国进行活动取得的所得征税。

二、"专业性劳务"一语特别包括独立的科学、文学、艺术、教育或教学活动，以及医师、律师、工程师、建筑师、牙医师和会计师的独立活动。

제14조【독립적 인적용역】

① 일방체약국의 거주자가 전문적인 용역 또는 기타 독립적인 활동으로 취득한 소득은 일방체약국에서만 과세한다. 다만, 다음 중 하나에 해당하는 경우에는 타방체약국에서도 과세할 수 있다.

1. 타방체약국에서 위의 활동을 영위하기 위하여 계속 사용하는 고정시설을 설치한 경우. 이 경우 타방체약국은 고정시설에 귀속되는 소득에 대해서만 과세할 수 있다.
2. 과세연도 중에 타방체약국에서 연속 또는 누계하여 183일을 초과하여 체류하는 경우. 이 경우 타방체약국은 동 체약국에서 영위하여 취득한 소득에 대해서만 과세할 수 있다.

② "전문적 용역"이라 함은 독립적인 과학, 문학, 예술, 교육활동 및 의사, 변호사, 기술사, 건축사, 치과의사 및 회계사의 독립적인 활동을 포함한다.

第十五条 非独立个人劳务

一、除适用第十六条、第十八条、第十九条、第二十条和第二十一条的规定以外，缔约国一方居民因受雇取得的薪金、工资和其他类似报酬，除在缔约国另一方从事受雇的活动以外，应仅在该缔约国一方征税。在该缔约国另一方从事受雇的活动取得的报酬，可以在该缔约国另一方征税。

二、虽有第一款的规定，缔约国一方居民因在缔约国另一方从事受雇的活动取得的

제15조【종속적 인적용역】

① 제16조(이사의 보수)·제18조(퇴직금)·제19조(정부 용역)·제20조(학생 및 훈련생) 및 제21조(교사 및 연구자)의 규정을 적용하는 경우 이외에, 일방체약국의 거주자가 고용되어 취득한 근로소득과 기타 유사한 보수가 타방체약국에서 고용되는 경우 이외에는 일방체약국에서 과세한다. 동 타방체약국에서 고용되어 취득한 보수는 타방체약국에서 과세할 수 있다.

② 제①항의 규정에 불구하고, 일방체약국의 거주자

报酬同时具有以下三个条件的，应仅在该缔约国一方征税：

(一) 收款人在有关任何12个月中在该缔约国另一方停留连续或累计不超过183天；

(二) 该项报酬由并非该缔约国另一方居民的雇主支付或代表该雇主支付；

(三) 该项报酬不是由雇主设在该缔约国另一方的常设机构或固定基地所负担。

三、虽有第一款和第二款的规定，在缔约国一方企业经营国际运输的船舶或飞机上从事受雇的活动取得的报酬，应仅在该企业总机构或实际管理机构所在缔约国征税。

가 타방체약국에서 고용되어 취득한 보수가 동시에 아래의 조건을 충족하는 경우 일방체약국에서 과세한다.

1. 수령자가 12개월 중 연속 또는 누계로 183일을 초과하여 타방체약국에 머무르지 않고,
2. 해당 보수가 타방체약국의 거주자인 고용주 또는 고용주를 대신하여 지급하는 것이 아닐 경우
3. 해당 보수는 고용주가 일방체약국에 설치한 고정사업장이나 고정시설에서 부담하는 것이 아닐 것

③ 제①항 및 제②항의 규정에 불구하고 일방체약국의 기업이 국제 운수업무를 영위하는 선박이나 비행기에 고용되어 취득한 보수는 동 기업의 본점 소재지 또는 실제관리기구가 있는 체약국에서 과세한다.

第十六条 董事费

缔约国一方居民作为缔约国另一方居民公司的董事会成员取得的董事费和其他类似款项，可以在该缔约国另一方征税。

제16조【이사의 보수】

일방체약국의 거주자가 타방체약국의 거주기업의 이사회의 구성원으로서 취득한 이사의 보수 및 이와 유사한 지급액은 타방체약국에서 과세할 수 있다.

第十七条 艺术家和运动员

一、虽有第十四条和第十五条的规定，缔约国一方居民，作为表演家，如戏剧、电影、广播或电视艺术家、音乐家或作为运动员，在缔约国另一方从事其个人活动取得的所得，可以在该缔约国另一方征税。

二、虽有第七条、第十四条和第十五条的规定，表演家或运动员从事其个人活动取得的所得，并非归属表演家或运动员本人，而是归属于其他人，可以在该表演家或运动员从事其活动的缔约国征税。

三、虽有第一款和第二款的规定，作为缔约国一方居民的表演家或运动员在缔约国另一方按照缔约国双方政府的文化交流计划进行活动取得的所得，在该缔约国另一方应予免税。

제17조【예술인 및 체육인】

① 제14조 및 제15조의 규정에도 불구하고, 일방체약국의 거주자가 연극・영화・라디오 또는 TV의 연예인이나 음악가와 같은 예술인 또는 체육인으로서 타방체약국에서 개인적으로 활동하여 취득한 소득은 타방체약국에서 과세할 수 있다.

② 제7조, 제14조 및 제15조의 규정에 불구하고 예술인 또는 체육인이 개인적으로 활동하여 취득한 소득이 자신에게 귀속되지 아니하고 타인에게 귀속되는 경우에는 예술인 또는 체육인이 활동하는 체약국에서 과세할 수 있다.

③ 제①항 및 제②항의 규정에도 불구하고 일방체약국의 거주자인 예술인 또는 체육인이 타방체약국에서 양 체약국 정부 간의 문화교류계획에 따라 수행한 활동으로 취득하는 소득은 타방체약국에서 면제할 수 있다.

第十八条 退休金

一、除适用第十九条第二款的规定以外，因以前的雇佣关系支付给缔约国一方居民的退休金和其他类似报酬，应仅在该缔约

제18조【퇴직금】

① 제19조 제②항의 규정 이외에, 과거의 고용관계로 일방체약국의 거주자에게 지급하는 퇴직금 등의 보수는 일방체약국에서만 과세한다.

国一方征税。
二、虽有第一款的规定，缔约国一方政府或其地方当局按社会保险制度的公共福利计划支付的退休金和其他类似款项，应仅在该缔约国一方征税。

② 제①항의 규정에도 불구하고 일방체약국의 정부 또는 지방 당국이 사회보험제도의 공공복리계획에 따라 지급한 퇴직금과 이와 유사한 보수는 일방체약국에서만 과세한다.

第十九条 政府服务
一、
(一) 缔约国一方政府、其地方当局或机构对履行政府职责向其提供服务的个人支付退休金以外的报酬，应仅在该缔约国一方征税。
(二) 但是，如果该项服务是在缔约国另一方提供，而且提供服务的个人是该缔约国另一方居民，并且该居民：
1. 是该缔约国另一方国民；或者
2. 不是仅由于提供该项服务，而成为该缔约国另一方的居民，
该项报酬，应仅在该缔约国另一方征税。
二、
(一) 缔约国一方政府、其地方当局或机构支付或者从其建立的基金中支付给履行政府职责向其提供服务的个人的退休金，应仅在该缔约国一方征税。
(二) 但是，如果提供服务的个人是缔约国另一方居民，并且是其国民的，该项退休金应仅在该缔约国另一方征税。
三、第十五条、第十六条、第十七条和第十八条的规定，应适用于向缔约国一方政府或地方当局举办的事业提供服务取得的报酬和退休金。

제19조【정부 용역】
①
1. 일방체약국 정부, 지방 당국 또는 기구가 정부의 기능을 수행하여 용역을 제공한 개인에게 지급한 퇴직금 이외의 보수는 일방체약국에서만 과세한다.
2. 만약 그 용역이 타방체약국에서 제공되고 용역을 제공한 개인이 타방체약국의 거주자로서 해당 거주자가 다음에 해당할 경우에는 해당 보수는 타방체약국에서만 과세한다.
 가. 동 타방체약국의 국민인 경우, 또는
 나. 단지 해당 용역을 제공하기 위하여 타방체약국의 거주자가 된 경우가 아닌 경우
②
1. 정부의 기능을 수행하여 용역을 제공한 개인에게 일방체약국의 정부, 지방 당국 또는 기구가 지급하거나 그가 건립한 기금에서 지급한 퇴직금은 일방체약국에서만 과세한다.
2. 만약 용역을 제공한 개인이 타방체약국의 거주자이면서 국민인 경우에는 동 퇴직금은 타방체약국에서만 과세하여야 한다.
③ 제15조, 제16조, 제17조 및 제18조의 규정은 일방체약국의 정부 또는 지방당국이 운영하는 사업에 용역을 제공하여 취득한 보수와 퇴직금에 대해서도 적용된다.

第二十条 学生和实习人员
学生、企业学徒或实习生是、或者在紧接前往缔约国一方之前曾是缔约国另一方居民，仅由于接受教育、培训的目的，停留在该缔约国一方，其为了维持生活、接受教育或培训的目的停留在该缔约国一方，对其收到或取得的下列款项或所得，该缔约国一方应免予征税：

제20조【학생 및 훈련생】
① 학생, 기업의 훈련생 또는 인턴사원이 일방체약국으로 오기 직전에 타방체약국의 거주자이며, 단지 교육 또는 훈련을 받을 목적으로 일방체약국에 머무르면서 생계의 유지, 교육 또는 훈련을 받기 위하여 아래의 대금이나 소득을 취득하는 경우에는 일방체약국에서는 과세하지 아니한다.
1. 생계의 유지, 교육, 학습, 연구 또는 훈련의 목적으

(一) 为了维持生活、接受教育、学习、研究或培训的目的，从该缔约国一方境外取得的款项；
(二) 政府或科学、教育、文化机构或其他免税组织给予的助学金、奖学金或奖金；
(三) 在该缔约国一方从事与其接受教育或培训有关的个人劳务的所得。

로 일방체약국의 국외로부터 취득한 대금
2. 정부 또는 과학, 교육, 문화기구 또는 기타 면세기관이 제공하는 학자보조금, 장학금 또는 장려금
3. 일방체약국에서 받는 교육 또는 훈련과 관련된 인적용역으로부터 얻는 소득

第二十一条 教师和研究人员
任何个人是、或者在紧接前往缔约国一方之前曾是缔约国另一方居民，应缔约国一方的大学、学院、学校或为该缔约国一方政府承认的非营利的其他教育或科研机构的邀请，仅为从事教学、讲学或研究的目的，停留在该缔约国一方。对其由于教学、讲学或研究取得的报酬，该缔约国一方应自其第一次到达之日起，3年内免予征税。

제21조【교사 및 연구원】
① 어떠한 개인이든 일방체약국으로 오기 직전에 타방체약국의 거주자이든, 일방체약국의 대학 등 교육기관 또는 일방체약국의 정부가 승인한 기타 비영리 교육 또는 연구기관의 초청으로 단지 강의, 강좌 또는 연구를 목적으로 일방체약국에 거주하는 경우로서 교육, 강의 또는 연구로 취득하는 보수에 대해서 일방체약국은 처음 도착한 날부터 3년간 면세한다.

第二十二条 其他所得
一、缔约国一方居民取得的各项所得，不论在什么地方发生的，凡本协定上述各条未作规定的，应仅在该缔约国一方征税。
二、第六条第二款规定的不动产所得以外的其他所得，如果所得收款人为缔约国一方居民，通过设在缔约国另一方的常设机构在该缔约国另一方进行营业，或者通过设在该缔约国另一方的固定基地在该缔约国另一方从事独立个人劳务，据以支付所得的权利或财产与该常设机构或固定基地有实际联系的，不适用第一款的规定。在这种情况下，应视具体情况分别适用第七条或第十四条的规定。

제22조【기타소득】
① 일방체약국의 거주자가 취득한 각종 소득은 어느 지방에서 발생하였든 본 협정의 각 조에서 규정되지 않은 소득은 일방체약국에서만 과세한다.
② 제6조 제②항에서 규정하는 부동산소득 이외의 소득의 수취인이 일방체약국의 거주자로서 타방체약국에 설치한 고정사업장을 통하여 타방체약국에서 사업을 영위하거나 타방체약국에 설치한 고정시설을 통하여 타방체약국에서 독립적인 인적용역을 제공할 경우, 소득을 지급할 권리 또는 재산이 고정사업장 또는 고정시설과 실제적인 관계가 있는 경우에는 제①항의 규정을 적용하지 않고 구체적인 상황에 따라 각각 제7조 또는 제14조의 규정을 적용하여야 한다.

第二十三条 消除双重征税方法
一、对中国居民，消除双重征税如下：
(一) 中国居民从韩国取得的所得，按照韩国税法和本协定的规定在韩国缴纳的税额，可以在对该居民征收的中国税收中抵免。但是，抵免额不应超过对该项所得按照中国税法和规章计算的

제23조【이중과세 방지 방법】
① 중국 거주자에 대한 이중과세 방지는 아래와 같다.
1. 중국 거주자가 한국으로부터 취득한 소득을 한국의 세법과 본 협정의 규정에 따라 한국에서 납부한 세액은 해당 거주자에게 과세하는 중국의 조세로부터 공제할 수 있다. 단, 공제액은 해당 소득이 중국의 세법에 따라 계산한 중국의 세액을 초과할

中国税收数额。

(二) 从韩国取得的所得是韩国居民公司支付给中国居民公司的股息, 同时该中国居民公司拥有支付股息公司股份不少于10%的, 该项抵免应考虑支付该股息公司就该项所得缴纳的韩国税收。

二、对韩国居民, 避免双重征税如下：

按照韩国税法关于允许在韩国以外的国家应缴纳的税收, 可以在韩国税收中抵免的规定(应不影响本协定总的原则), 按照中国法律和本协定的规定, 就来源于中国境内的所得应缴纳的中国税收(在股息的情况下, 对分配股息前的利润征收的税收除外), 不论直接支付或者通过扣除, 应允许在对该所得应征收的韩国税收中抵免。但是, 抵免额不应超过来源于中国境内的所得占适用于韩国税收总所得的份额。

三、本条第一款和第二款所述在缔约国一方应缴纳的税额, 应视为包括假如没有按照该缔约国为促进经济发展的法律规定给予减免税或其他税收优惠而本应缴纳的税额。

本款中, 在第十条第二款、第十一条第二款和第十二条第二款的情况下, 该项税额应分别视为股息、利息和特许权使用费总额的10%。

第二十四条 无差别待遇

一、缔约国一方国民在缔约国另一方负担的税收或者有关条件, 不应与该缔约国另一方国民在相同情况下, 负担或可能负担的税收或者有关条件不同或比其更重。虽有第一条的规定, 本款规定也应适用于不是缔约国一方或者双方居民的人。

二、缔约国一方企业在缔约国另一方常设机构的税收负担, 不应高于该缔约国另一方对其本国进行同样活动的企业。本规定不应理解为缔约国一方由于民事地位、家庭负担给予该缔约国居民的任何扣除、优惠或减免也必须给予该缔约国另一方居

수는 없다.

2. 한국으로부터 취득한 소득이 한국의 거주기업이 중국 거주기업에 지급한 배당금으로서 중국 거주기업이 배당금을 지급한 회사의 주식을 10% 이상 보유하고 있는 경우, 공제액은 배당금을 지급하는 회사가 소득에 대해 납부하여야 하는 한국의 조세를 고려하여야 한다.

② 한국 거주자에 대한 이중과세 방지는 아래와 같다. 한국의 세법에서 외국에 납부한 세액을 한국의 조세에서 공제할 수 있는 규정(본 협정의 일반원칙에 영향을 미쳐서는 안된다.)에 따라, 중국의 법률과 본 협정의 규정에 따라 중국내 원천소득에 대하여 납부하여야 할 중국의 조세(배당금의 경우 배당금을 지급하기 전의 이윤에 대해 과세하는 부분은 제외)는 직접 지급하든 원천징수하든 소득에 대해 한국에서 징수하여야 할 조세에서 공제할 수 있으며, 공제액은 중국내 원천소득이 전체소득에서 차지하는 부분을 초과할 수 없다.

③ 본 조의 제①항 및 제②항에서 말하는 일방체약국에서 납부하여야 하는 세액은 체약국이 경제발전을 추진하기 위한 법률에 따라 감면 또는 조세특례가 없을 경우 납부하여야 할 세액을 포함하는 것으로 본다.

본 항 중에서 제10조 제②항 , 제11조 제②항 및 제12조 제②항의 경우 세액은 각각 배당금, 이자 및 특허권사용료의 10퍼센트인 것으로 본다.

제24조【무차별 대우】

① 일방체약국의 국민이 타방체약국에서 부담하는 조세 또는 조건은 타방체약국의 국민이 같은 상황에서 부담하여야 할 조세 또는 조건과 다르거나 과중해서는 안된다. 본 조의 규정은 제1조의 규정에 불구하고 일방 또는 양방체약국의 거주자가 아닌 자에게도 적용된다.

② 일방체약국의 기업이 타방체약국의 고정사업장에서 부담하는 조세는 타방체약국의 동일 업종의 기업보다 높아서는 안된다. 본 규정은 일방체약국이 민사적 지위 또는 가족부양책임으로 일방체약국의 거주자에게 부여되는 어떠한 공제, 조세특례 또는 면제도 타방체약국의 거주자에게도 부여되어야 하는 것

民。

三、除适用第九条、第十一条第七款或第十二条第六款规定外，缔约国一方企业支付给缔约国另一方居民的利息、特许权使用费和其他款项，在确定该企业应纳税利润时，应与在同样情况下支付给该缔约国一方居民同样予以扣除。

四、缔约国一方企业的资本全部或部分，直接或间接为缔约国另一方一个或一个以上的居民拥有或控制，该企业在该缔约国一方负担的税收或者有关条件，不应与该缔约国一方其他同类企业的负担或可能负担的税收或者有关条件不同或比其更重。

五、虽有第二条的规定，本条规定应适用于各种税收。

은 아니다.

③ 제9조, 제11조 제⑦항 또는 제12조 제⑥항의 규정이 적용되는 경우 이외에 일방체약국의 기업이 타방체약국의 거주자에게 지급하는 이자, 특허권사용료 및 기타 대금은 동 기업의 과세이윤을 결정할 때 동일한 조건하에서 일방체약국의 거주자에게 지급하는 것과 동일하게 공제하여야 한다.

④ 일방체약국의 기업의 자본의 전부 또는 일부가 직접 또는 간접적으로 타방체약국의 1인 또는 1인 이상의 거주자에 의하여 소유 또는 지배되는 경우, 그 기업이 일방체약국에서 부담하는 조세 또는 조건은 동 일방체약국의 유사한 업종의 기업이 부담하거나 부담할 조세 또는 조건보다 과중해서는 안된다.

⑤ 제2조의 규정에 불구하고 본 조의 규정은 모든 종류 조세에 대하여 적용한다.

第二十五条 协商程序

一、当一个人认为，缔约国一方或者双方所采取的措施，导致或将导致对其不符合本协定规定的征税时，可以不考虑各缔约国国内法律的补救办法，将案情提交本人为其居民的缔约国主管当局；或者如果其案情属于第二十四条第一款，可以提交本人为其国民的缔约国主管当局。该项案情必须在不符合本协定规定的征税措施第一次通知之日起，3年内提出。

二、上述主管当局如果认为所提意见合理，又不能单方面圆满解决时，应设法同缔约国另一方主管当局相互协商解决，以避免不符合本协定规定的征税。达成的协议应予执行，而不受各缔约国国内法律的时间限制。

三、缔约国双方主管当局应通过协议设法解决在解释或实施本协定时所发生的困难或疑义，也可以对本协定未作规定的消除双重征税问题进行协商。

四、缔约国双方主管当局为达成第二款和第三款的协议，可以相互直接联系。为有助于达成协议，双方主管当局的代表可以进行会谈，口头交换意见。

제25조【상호합의 절차】

① 일방 또는 양 체약국의 조치가 자신에게 본 협정의 규정에 맞지 않게 과세되거나 과세할 것으로 볼 경우 각 체약국의 국내 법률의 구제수단을 고려하지 않고 본인이 거주자인 체약국의 권한있는 당국에 사안을 제출할 수 있으며, 그 사안이 제24조 제①항에 해당할 경우 본인이 국민인 체약국의 권한있는 당국에 사안 제출할 수 있다. 해당 사안은 과세조치의 제1차 통지일로부터 3년 이내에 제출하여야 한다.

② 권한있는 당국은 이의가 정당하다고 인정되고 혼자서는 원만하게 해결할 수 없는 경우 타방체약국의 권한있는 당국과 상호협의하여 해결하여 본 협정의 규정에 맞지 않는 과세를 방지하여야 한다. 도출된 합의는 양 체약국의 국내 법률의 시간적 제약을 받지 않고 시행되어야 한다.

③ 양 체약국의 권한있는 당국은 협의를 통하여 본 협정의 해석 또는 실시에 발생된 문제점이나 의문을 해결하여야 하며, 본 협정에 규정되지 아니한 이중과세 방지의 문제에 대해서도 협의할 수 있다.

④ 양 체약국의 권한있는 당국은 제②항과 제③항의 협의를 위하여 상호간에 직접 의견을 교환할 수 있다. 협의에 도달하기 위하여 양 체약국의 권한있는 당국의 대표는 회담을 통하여 구두로 의견을 교환할 수 있다.

第二十六条 情报交换

一、缔约国双方主管当局应交换为实施本协定的规定所需要的情报，或缔约国双方关于本协定所涉及的税种的国内法律的规定所需要的情报(以根据这些法律征税与本协定不相抵触为限) ，特别是防止偷漏税的情报。情报交换不受第一条的限制。缔约国一方收到的情报应与按照该国国内法得到的情报同样作密件处理，仅应告知与本协定所含税种有关的查定、征收、执行、起诉或裁决上诉有关的人员或当局(包括法院和行政管理部门) 。上述人员或当局应仅为上述目的使用该情报，但可以在公开法庭的诉讼程序或法庭判决中公开有关情报。

二、第一款的规定在任何情况下，不应被理解为缔约国一方有以下义务：

(一) 采取与该缔约国或缔约国另一方法律和行政惯例相违背的行政措施；

(二) 提供按照该缔约国或缔约国另一方法律或正常行政渠道不能得到的情报；

(三) 提供泄露任何贸易、经营、工业、商业、专业秘密、贸易过程的情报或者泄露会违反公共政策(公共秩序)的情报。

第二十七条 外交代表和领事官员

本协定应不影响按国际法一般规则或特别协定规定的外交代表或领事官员的税收特权。

第二十八条 生效

一、本协定在缔约国双方交换外交照会确认已履行为本协定生效所必需的各自的法律程序之日起的第三十天开始生效。

二、本协定将有效于：

(一) 本协定生效年度的次年1月1日或以后源泉扣缴的税收；

(二) 本协定生效年度的次年1月1日或以后

제26조【정보교환】

① 양 체약국의 권한있는 당국은 본 협정의 규정을 시행하는데 필요한 정보 또는 양 체약국이 본 협정에 관계되는 세목에 관한 국내 법률의 규정에 필요한 정보(특히 각 체약국의 법률과 본 협정에 저촉되지 아니한 범위 내에서 탈세 방지에 관한 정보)를 서로 교환하여야 하며, 정보의 교환은 제1조의 제한을 받지 아니한다. 일방체약국이 입수한 정보는 동 체약국의 국내법에 따라 입수한 정보와 동일하게 비밀로 취급되어야 하며, 본 협정의 적용 대상이 되는 조세의 부과·징수·집행·기소 또는 쟁송청구의 결정에 관련되는 자 또는 당국(행정·사법기관을 포함)에 대하여만 공개된다. 위의 자 또는 당국은 위의 목적을 위하여만 정보를 사용할 수 있으며 공개 법정의 소송절차 또는 법정의 판결에서 관련 정보를 공개할 수 있다.

② 제①항의 규정은 어떠한 경우에도 일방체약국이 아래 의무가 있는 것으로 해석되지 아니한다.

1. 일방 또는 타방체약국의 법률 및 행정관행에 저촉되는 행정적 조치를 수행하는 것
2. 일방 또는 타방체약국의 법률 또는 정상적인 행정 경로를 통해서는 획득할 수 없는 정보를 제공하는 것
3. 교역상·사업상·산업상·상업상·전문적인 비밀 또는 거래과정을 누설하는 정보 또는 누설이 공공정책(공공질서)에 위반될 수 있는 정보를 제공하는 것

제27조【외교관 및 영사관원】

본 협정은 국제법의 일반원칙 또는 특별협정의 규정에 의한 외교관 및 영사관원의 조세특권에 영향을 미치지 아니한다.

제28조【발효】

① 본 협정은 양 체약국에서 본 협정의 발효에 필요한 각자의 법적 절차가 완료되었음을 통보하는 외교 공한이 교환된 날로부터 30일째 되는 날부터 발효된다.

② 본 협정은 다음에 대하여 효력을 가진다.

1. 원천징수되는 조세는 본 협정이 발효되는 연도의 다음연도 1월 1일 또는 그 이후부터
2. 기타의 조세는 본 협정이 발효되는 연도의 다음연

开始的纳税年度中的其他税收。

第二十九条 终止

本协定应长期有效。但缔约国任何一方可以在本协定生效之日起满5 年后任何历年6月30日或以前，通过外交途径书面通知对方终止本协定。在下列情况下，本协定停止有效：

(一) 终止通知发出年度的次年1 月1日或以后源泉扣缴的税收；

(二) 终止通知发出年度的次年1月1日或以后开始的纳税年度中的其他税收。

下列代表，经各自政府正式授权，已在本协定上签字为证。

本协定于1994年3月28日在北京签订，一式两份，每份都用中文、韩文和英文写成，三种文本同等作准，如在解释上遇有分歧，应以英文本为准。

中华人民共和国政府	大韩民国政府
代 表 刘仲藜	代 表 韩升洲

도 1월 1일 또는 그 이후에 개시되는 과세연도부터

제29조【종료】

① 본 협정은 무기한으로 효력을 가지며 각 체약국은 발효일로부터 만 5년 후 개시되는 연도의 6월 30일 이전에 서면으로 본 협정의 종료를 통보할 수 있다. 아래의 경우 본 협정은 효력이 정지된다.

1. 원천징수되는 조세는 종료통보를 한 연도의 다음 연도 1월 1일 또는 그 이후부터
2. 기타의 조세는 종료통보가 행하여진 연도의 다음 연도 1월 1일 또는 이후에 개시되는 과세연도부터

각 정부로부터 정식으로 권한을 위임받은 아래의 대표들은 이미 본 협정에 서명을 하였다.

본 협정은 1994년 3월 28일 북경에서 정본인 한국어, 중국어 및 영어로 각 2부로 작성되어 체결되었으며 해석에 있어서 이견이 있는 경우 영어본이 우선한다.

대한민국	중화인민공화국
정부를 위하여	정부를 위하여

议 定 书

在签订中华人民共和国政府和大韩民国政府关于对所得避免双重征税和防止偷漏税的协定时，双方同意下列规定作为本协定的组成部分：

一、关于第八条“海运和空运”，双方认为：中国对以船舶或飞机从事国际运输业务的韩国企业免予征收营业税；韩国对以船舶或飞机从事国际运输业务的中国企业

의 정 서

대한민국 정부와 중화인민공화국 정부 간의 소득의 이중과세와 탈세 방지에 관한 협정을 체결함에 있어서 양측은 아래의 규정이 본 협정의 일부를 이루는 것임을 합의하였다.

1. 제8조 “해운 및 항공운수”에 관하여, 중국은 선박 또는 항공기로 국제 운수업무를 영위하는 한국 기업에 대해 영업세를 면제하며, 한국은 선박 또는 항공기로 국제 운수업무를 영위하는 중국 기업에 대해

免予征收增值税。

二、关于第十五条"非独立个人劳务"，双方认为：缔约国一方的海运或空运企业派驻缔约国另一方雇员的报酬，应仅在该缔约国一方征税。

下列代表，经各自政府正式授权，已在本议定书上签字为证。

本议定书于1994年3月28日在北京签订，一式两份，每份都用中文、韩文和英文写成，三种文本同等作准。如在解释上遇有分歧，应以英文本为准。

中华人民共和国 大韩民国
政府代表刘仲藜 政府代表韩升洲

부가가치세를 면제하는 것으로 한다.

2. 제15조 "종속적 인적용역"에 관하여, 일방체약국의 해운 또는 항공운수기업이 타방체약국에 파견하는 임직원의 보수는 일방체약국에서만 과세하는 것으로 한다.

이상의 증거로, 하기 서명자는 각자의 정부로부터 권한을 위임받아 이 의정서를 서명하였다.

1994년 3월 28일 북경에서 동등히 정본인 한국어, 중국어 및 영어로 각 2부를 작성하였으며, 해석상 이견이 있는 경우에는 영어본이 우선한다.

중화인민공화국 대한민국
정부 대표 刘仲藜 정부 대표 한승주

中华人民共和国政府和大韩民国政府

关于对所得避免双重征税和防止偷漏税的协定第二议定书

关于一九九四年三月二十八日在北京签署的《中华人民共和国政府与大韩民国政府关于对所得避免双重征税和防止偷漏税的协定》(以下简称"协定")，中华人民共和国政府和大韩民国政府同意下列规定作为协定的组成部分：

第一条

关于协定之第一条，双方认为：如果公司、信托或者其他实体是缔约国一方的居民，它由非该国居民一人或多人直接或间接受益所有或控制，且该国对该公司、信

대한민국 정부와 중화인민공화국 정부 간의

소득에 대한 이중과세와 탈세 방지에 관한 협정에 관한 제2의정서

1994년 3월 28일 북경에서 체결된 대한민국 정부와 중화인민공화국 정부(이하 "체약당사국"이라 한다) 간의 「소득에 대한 이중과세와 탈세 방지에 관한 협정」(이하 "협정"이라 한다)에 관하여 중화인민공화국 정부와 대한민국 정부는 아래의 규정을 협정의 일부로 할 것을 동의한다.

제1조(협정 제1조 수정)

회사, 신탁 또는 그 밖의 실체가 일방체약국의 거주자이고, 그들이 동 체약국의 거주자가 아닌 일인 또는 다수에 의해 소유되거나 지배되고, 동 체약국이 해당 회사, 신탁 또는 그 밖의 실체의 소득에 대해

托或者其他实体的所得征收的税收(在考虑了以任何方式减少或者抵消的税额，包括对公司、信托或者其他实体或者对其他任何人的退税、补偿、捐赠、抵免或者宽免后)，相比该公司股本的所有股份，或该信托或其它实体的所有权益(依情况而定)，由该国一个或多个居民个人受益所有时，该国本应征收的税收有实质性减少，则协定不适用于这样的公司、信托或者实体。然而，如果被征低税的所得中有百分之九十或者更多的部分是完全来源于积极的贸易或者经营行为而不是投资业务时，则上述规定不适用。

과세하는 조세(회사, 신탁, 그 밖의 실체 또는 기타 어떠한 사람에 대해 적용되는 상환, 보충, 불입, 세액공제 및 소득공제와 같은 세액의 감소 또는 상쇄시키는 세액을 고려한 후)가 해당 회사 자본의 모든 지분 또는 신탁이나 그 실체의 모든 자기자본과 비교하여, 동 체약국의 일인 또는 다수의 거주자가 수익을 얻어 소유함으로써 동 체약국이 징수하여야 할 조세가 실질적으로 감소할 경우, 이러한 회사, 신탁 또는 그 실체에 대해서 본 협정은 적용되지 아니한다. 만약 낮게 과세되는 소득 중에서 100분의 90 또는 대다수의 소득이 투자업무가 아닌 적극적인 교역 또는 사업행위로 발생된 것 일 경우 위의 규정은 적용하지 아니한다.

第二条

协定第二条韩国方面的税种应理解为包括韩国在所得税或者公司税的税基上直接或者间接附加征收的农村发展特别税。

제2조(협정 제2조 수정)

한국의 조세는 소득세 또는 법인세의 과세표준에 직접 또는 간접적으로 추가 징수되는 농어촌특별세도 포함되는 것으로 한다.

第三条

删除协定第十一条第七款，以下列表述代替：

“七、由于支付利息的人与受益所有人之间或者他们与其他人之间的特殊关系，所支付的利息数额超出支付人与受益所有人没有上述关系所能同意的数额时，本条规定应仅适用于后来提及的数额。在这种情况下，对该支付款项的超出部分，仍应按各缔约国的法律征税，但应对本协定其他规定予以适当注意。”

제3조(협정 제11조 수정)

협정 제11조 제7항은 삭제하고 다음과 같이 대체한다.

“⑦ 이자 지급자와 수익자 사이 또는 지급자 및 수익자와 제3자 사이의 특수관계로 인하여 지급되는 이자금액이 특수관계가 없을 경우의 이자금액을 초과할 경우, 본 조의 규정은 특수관계가 없을 경우의 이자금액에 대해서만 적용된다. 이러한 상황에서 초과되는 부분은 본 협정의 다른 규정을 고려하여 각 체약국의 법률에 따라 과세되어야 한다.

第四条

删除协定韩方文本第二十三条第一款和中方文本第二十三条第二款，以下列表述代替：

“对韩国居民，避免双重征税如下：

按照韩国税法关于在韩国以外的国家应缴纳的税收允许在韩国税收中抵免的规定(应不影响本协定总的原则)：

(一) 按照中国法律和本协定的规定，就来

제4조(협정 제23조 제①항 수정)

협정의 한국어본 제23조 제②항과 중국어본 제23조 제①항은 삭제하고 다음과 같이 대체한다.

“① 한국 거주자에 대한 이중과세 방지는 다음과 같다. 한국외의 국가에서 납부한 조세에 대하여 한국 세법의 규정에 따라 한국의 조세에서 공제가 가능한 규정(본 협정의 일반적인 원칙에 영향을 미치지 아니한다.)

1. 중국 법률과 본 협정의 규정에 따라 중국내 원천

源于中国境内的所得应缴纳的中国税收(在股息的情况下，对分配股息前的利润征收的税收除外)，不论是直接缴纳或者扣缴的，应允许在对该所得应征收的韩国税收中抵免。但是，抵免额不应超过来源于中国境内的所得占适用于韩国税收总所得的份额。

(二) 关于中国居民公司向韩国居民公司支付的股息，如果该韩国公司持有支付股息的中国公司不少于百分之十的股份，该项抵免应考虑支付该股息公司就该项所得缴纳的中国税收。(除根据本款(一)项的规定允许抵免的任何中国税收外)。”

소득에 대하여 납부하여야 할 중국 조세(배당금의 경우 배당을 하기 전의 이윤에 대해 징수하는 조세는 제외한다.)를 직접 납부하든 원천징수되든 모두 해당 소득에 대해 과세하는 한국의 조세에서 공제가 가능하다. 다만 공제세액은 중국내 원천소득이 전체 소득에서 차지하는 비율을 초과하지 아니한다.

2. 한국 거주기업이 배당금을 지급한 중국 거주기업 주식의 100분의 10 이상을 소유하고 있는 경우, 중국 거주기업이 한국 거주기업에 배당금을 지급할 때의 공제액은 배당금을 지급한 기업이 소득에 대해 납부한 중국의 조세를 고려하여야 한다.(제1호의 규정에 따라 공제가 가능한 중국 조세는 제외한다.)”

第五条

一、删除协定第二十三条第三款，以下列表述代替，并将适用于2005年1月1日开始之后的十年期间：

“三、本条第一款第(一)项和第二款所述在缔约国一方应缴纳的税额，应视为包括本应缴纳的，但按该缔约国为促进经济发展的法律规定给予减免税或其他税收优惠而未缴纳的税额。本款中，在第十条第二款、第十一条第二款和第十二条第二款的情况下，该项税额应分别视为股息、利息和特许权使用费总额的百分之十。”

二、删除第二十三条第四款。

제5조(제23조 제③항 수정)

① 협정 제23조 제③항은 삭제하고 다음과 같이 대체하며 2005년 1월 1일부터 10년 동안 적용된다.

“③ 본 조 제①항 제1호 및 제②항에서 말하는 일방 체약당사국에서 납부하여야 하는 조세는 산출세액에서 해당 체약국의 경제발전을 촉진하기 위한 법률에 의한 감면 기타 조세특례로 납부하지 아니하는 세액을 포함하는 것으로 한다. 본 항에서 제10조 제②항, 제11조 제②항과 제12조 제②항의 경우에는 세액은 각각 배당, 이자 및 사용료 총액의 10퍼센트인 것으로 본다.”

2. 협정 제23조 제④항은 삭제한다.

第六条

尽管有第二十三条第三款之规定，当缔约国一方居民从缔约国另一方获得的所得是该款所指的所得，且缔约国一方主管当局在与缔约国另一方主管当局协商并考虑下列规定后认为，该居民不应享受第二十三条第三款所规定之利益时，该居民不应被视为就提及的所得缴纳了税收：

(一) 任何人为其个人或其他人的利益，是否以利用协定第二十三条第三款为目的而做出了安排；或

제6조

협정 제23조 제③항의 규정에 불구하고 일방 체약국의 거주자가 타방 체약당사국으로부터 취득한 소득이 해당 항에서 말하는 소득이고 일방 체약국의 권한있는 당국이 타방체약국의 권한있는 당국과 협의하여 다음을 참작하여 해당 거주자가 제23조 제③항에 규정된 이익을 받지 못할 경우 해당 거주자는 그런 소득에 대해 세액을 납부하지 않는 것으로 본다.

가. 어떤 사람도 자신이나 타인의 이익을 위하여 본 협정 제23조 제③항의 규정을 이용할 목적으로 어떠한 행위를 하였는지의 여부, 또는

(二) 是否任何受益发生或可能发生于既不是缔约国一方居民也不是缔约国另一方居民的人；或
(三) 本协定所适用税种的防止偷、漏、骗税。

第七条
缔约国双方应通过外交渠道相互通知对方已经完成该第二议定书生效所需要的法律程序。该第二议定书自最后的一方通知之日起生效。

经其各自政府授权，下列代表签署该第二议定书。

该第二议定书于2006 年3 月 23 日在北京签署，一式两份，每份都用中文、韩文和英文写成。所有文本同等有效，解释遇有分歧时，以英文为准。

中华人民共和国	大韩民国
政府代表	政府代表

나. 어떤 혜택이 일방 체약국이나 타방 체약국의 거주자가 아닌 자에게 귀속되는지의 여부, 또는
다. 본 협정이 적용되는 세금의 탈세의 방지

제7조
양 체약당사국은 제2의정서의 발효를 위하여 각국의 법에 의하여 요구되는 절차가 완료되었음을 외교적 수단을 통하여 상호 통보한다. 동 제2의정서는 나중에 통보하는 날에 발효된다.

아래 서명자는 그들 각자의 정부로부터 정당하게 권한을 위임받아 동 제2의정서에 서명하였다.

2006년 3월 23일 베이징에서 동등하게 정본인 한국어, 중국어 및 영어로 각 2부씩 작성하였으며, 해석상 이견이 있을 경우 영어본이 우선한다.

중화인민공화국	대한민국
정부를 대표하여	정부를 대표하여

《中华人民共和国政府和大韩民国政府关于对所得避免双重征税和防止偷漏税的协定》

谅解备忘录

中华人民共和国政府主管当局和大韩民国政府主管当局为适当地执行《中华人民共和国政府和大韩民国政府关于对所得避免双重征税和防止偷漏税的协定》，已就第十一条第三款和第十九条第一款和第二款举行会谈，并就以下达成一致意见：

중화인민공화국 정부와 대한민국 정부 간의 소득에 대한 이중과세와 탈세 방지에 관한 협정

양 해 각 서

[2007.7.13.]

중화인민공화국 정부와 대한민국 정부의 권한있는 당국은 「대한민국 정부와 중화인민공화국 정부 간의 소득에 대한 조세의 이중과세와 탈세 방지를 위한 협정」의 적절한 시행을 위해, 제11조 제③항과 제19조 제①항 및 제②항에 대한 협상을 갖고 다음과 같이 합의하였다.

一、第十一条第三款中，“中央银行和行使政府职能的金融机构”一语是指：

(一) 在中国：

1. 中国人民银行；
2. 国家开发银行；
3. 中国进出口银行；
4. 中国农业发展银行；
5. 中国出口信用保险公司；
6. 全国社会保障基金理事会；
7. 其所有权结构和职能相当于“韩国投资公司”的组织(名称待双方主管当局通过换函确定)；
8. 执行银行业、保险和证券监管职能的组织；
9. 缔约国双方主管当局通过协商同意的其他金融机构；

(二) 在韩国：

1. 韩国银行；
2. 韩国产业银行；
3. 韩国进出口银行；
4. 韩国投资公司；
5. 韩国出口保险公司；
6. 韩国金融监督院；以及
7. 缔约国双方主管当局通过协商同意的其他金融机构。

二、第十九条第一款和第二款的规定也应适用于下述机构支付的报酬或退休金：

(一) 在中国：

1. 中国人民银行；
2. 国家开发银行；
3. 中国进出口银行；
4. 中国农业发展银行；
5. 中国国际贸易促进委员会；
6. 中国出口信用保险公司；
7. 全国社会保障基金理事会；
8. 其所有权结构和职能相当于“韩国投资公司”的组织(名称待双方主管当局通过换函确定)；
9. 执行银行业、保险和证券监管职能的组织；
10. 缔约国双方主管当局通过协商同意的其他金融机构；

1. 제11조 제③항 중에서, “중앙은행 및 정부성격의 기능을 수행하는 금융기관”이라 함은,

가. 중국의 경우,

⑴ 중국인민은행(中國人民銀行)
⑵ 국가개발은행(國家開發銀行)
⑶ 중국수출입은행(中國進出口銀行)
⑷ 중국농업발전은행(中國農業發展銀行)
⑸ 중국수출신용보험공사(中國出口信用保險公司)
⑹ 전국사회보장기금이사회(全國社會保障基金理事會)
⑺ 한국투자공사와 기능이 비슷한 기관(명칭은 양국이 협의하여 정한다)
⑻ 은행업, 보험업, 증권 감독 기능을 수행하는 조직
⑼ 양 체약국의 권한있는 당국 간에 상호합의를 통해 합의된 기타 금융기관

나. 한국의 경우,

⑴ 한국은행
⑵ 한국산업은행
⑶ 한국수출입은행
⑷ 한국투자공사
⑸ 한국수출보험공사
⑹ 한국 금융감독원
⑺ 양 체약국의 권한있는 당국 간에 상호합의를 통해 합의된 기타 금융기관

2. 제19조 제①항 및 제②항의 규정은 아래의 기관이 지급하는 보수 또는 연금에 대해서도 적용된다.

가. 중국의 경우,

⑴ 중국인민은행(中國人民銀行)
⑵ 국가개발은행(國家開發銀行)
⑶ 중국수출입은행(中國進出口銀行)
⑷ 중국농업발전은행(中國農業發展銀行)
⑸ 중국국제무역촉진위원회(中國國際貿易促進委員會)
⑹ 중국수출신용보험공사(中國出口信用保險公司)
⑺ 전국사회보장기금이사회(全國社會保障基金理事會)
⑻ 한국투자공사의 기능을 하는 기관(명칭은 상호간에 합의하여 결정한다)
⑼ 은행업, 보험업, 증권 감독 기능을 수행하는 조직
⑽ 양 체약국의 권한있는 당국 간에 상호합의를 통해 합의된 기타 금융기관

(二) 在韩国：

1. 韩国银行；
2. 韩国产业银行；
3. 韩国进出口银行；
4. 韩国贸易投资促进局；
5. 韩国旅游组织；
6. 韩国投资公司；
7. 韩国出口保险公司；
8. 韩国金融监督院；以及
9. 缔约国双方主管当局通过协商同意的其他金融机构。

三、本谅解备忘录将自正式签署之日起生效，并取代1994年11月26日签署的《关于中华人民共和国政府和大韩民国政府间税收协定谅解备忘录》。

本谅解备忘录于2007年7月13日在北京签订，一式两份，用中文、韩文和英文写成，各种文本同等作准。如在解释上遇有分歧，应以英文本为准。

中华人民共和国 政府主管当局代表	大韩民国 政府主管当局代表
国家税务总局副局长 王 力	财政经济部税制室长 许龙锡

나. 한국의 경우,

(1) 한국은행
(2) 한국산업은행
(3) 한국수출입은행
(4) 대한무역투자진흥공사
(5) 한국관광공사
(6) 한국투자공사
(7) 한국수출보험공사
(8) 한국 금융감독원
(9) 양 체약국의 권한있는 당국 간에 상호합의를 통해 합의된 기타 금융기관

3. 1994년 11월 26일 서명된 “중화인민공화국 정부와 대한민국 정부 간의 조세협정에 관한 양해각서”는 이 양해각서의 공식 서명일로부터 이것으로 대체된다.

2007년 7월 13일 북경에서 서명되었으며 동등하게 정본인 중국어, 한국어, 영어로 각 2부를 작성하였으며, 해석상의 차이가 있는 경우에는 영어본이 우선한다.

중화인민공화국의 권한있는 당국을 대표하여	대한민국의 권한있는 당국을 대표하여
국가세무총국 부국장 王 力	재정경제부 세제실장 허용석

저·자·약·력

<책임집필>

공인회계사 김준호

(현) 삼화회계법인 전무이사
(전) 한양대학교 겸임교수(중국 세법)
(전) 영화회계법인 근무
(전) 중소기업진흥공단 자문위원
고려대학교 경영학과 졸업
中國社會科學院 졸업 경영학박사(회계학 전공)
학위논문 : 「中韓合併會計準則比較分析」(2009)

<집필진>

공인회계사 김도균

(현) 삼화회계법인 부대표
(전) 대광경영자문차이나 법인장
(전) KPMG, 산은캐피탈 근무
고려대학교 경제학과 졸업
경희대학교 중국경영학과 석사
학위논문 : 「중국의 증치세 제도에 관한 고찰」(2005)

법학박사 고현승

(현) 대광경영자문차이나 법인장
復旦大學 法學院 민상법석사
華東政法大學 금융법박사
학위논문 : 「論産融結合的法律監管」

최신 중국세법실무 정가 80,000원

저　자 삼화회계법인
발행인 서 동 혁
편　집 권 아 정

발행처 ㈜영화조세통람

펴낸날 2012년 3월 9일 초판 인쇄
2012년 3월 16일 초판 발행
2014년 7월 7일 개정판 발행
2017년 7월 6일 개정2판 발행

저자와의 협의하에 인지생략

주　소 서울특별시 중구 동호로 14길 5－6(신당동)
등　록 1976. 11. 5. 제9－81호
전　화 대　　표 02) 2231－7027 Fax 02) 2234－1754
출판사업부 02) 2231－7141 Fax 02) 2231－7994

구입문의 (02) 2231－7027～9 ISBN 979－11－6064－040－3 13320

㈜영화조세통람은 좋은 책을 만들기 위해 독자 여러분의 의견을 기다립니다.
E-mail(josetop@inaus.co.kr)과 홈페이지(www.taxnet.co.kr)의 고객지원센터 단행본란